1 MONTH OF
FREE
READING

at

www.ForgottenBooks.com

By purchasing this book you are eligible for one month membership to ForgottenBooks.com, giving you unlimited access to our entire collection of over 1,000,000 titles via our web site and mobile apps.

To claim your free month visit:

www.forgottenbooks.com/free671793

ISBN 978-0-484-45180-2
PIBN 10671793

Geschichte der
österreichischen Industrie
und ihrer Förderung unter Kaiser Franz I.

Mit besonderer Berücksichtigung der Großindustrie
und unter Benützung archivalischer Quellen verfaßt

von

Dr. Johann Slokar.

Wien 1914.
Verlag von F. Tempsky.

Ec.H
S 6347 ge.

613741
4.7.55

Buchdruckerei G. Freytag, Gesellschaft m. b. H. Wien.

Dieses Buch verdankt seine Entstehung einem Zufalle. Vor einigen Jahren machte ich mit Freunden einen Ausflug in das Bergland der Karpathen. In einem entlegenen Seitentale gelangten wir an eine alte Glasfabrik, die unsere Aufmerksamkeit erregte und eine Diskussion über ihre Begründung, ihr Alter, ihre Entwicklung und ihre Geschicke hervorrief.

Von der Glasfabrik ausgehend, kamen wir auf die Begründung der österreichischen Industrie im allgemeinen zu sprechen. Wir waren uns klar, daß die wesentlichen Anfänge der Industrie Österreichs mit der Regierungszeit Kaiser Franz' I. zusammenfallen, daß aber über diese Anfänge sowie über die Entwicklung der Industrie in den ersten Jahrzehnten des 19. Jahrhunderts verhältnismäßig zu wenig bekannt sei und daß es ein verdienstliches Beginnen wäre, eine auf eingehenden Quellenstudien begründete, zusammenhängende Geschichte der österreichischen Industrie während der Regierungszeit Kaiser Franz' I. zu schreiben.

Ich brachte diesem Gegenstande besonders großes Interesse entgegen, da auch meine Vorfahren in jener Zeit nach Österreich einwanderten und 1819 in Brünn eine Tuchfabrik begründeten.

Mit der Verfassung dieses Buches habe ich einen jungen Mann, Herrn Dr. Slokar, betraut, der meiner Ansicht nach seine Aufgabe mit großem Fleiß und viel Geschick gelöst hat.

Aus diesen Darstellungen wird man dankbar das große Interesse entnehmen, das der Kaiser der Entwicklung der Industrie entgegenbrachte, und die Würdigung und Förderung erkennen, die alle gewerblichen und industriellen Bestrebungen bei den Hof- und Regierungsbehörden fanden.

Wenn die Gegenwart — Unternehmer und Verwaltung — auf nun neuer, ganz geänderter gesetzlicher Unterlage manche Lehre und Anregung aus diesem Buche, das die Vergangenheit darstellt, empfinge, so wäre diese Arbeit nicht ohne Nutzen für das wirtschaftliche Leben unseres Vaterlandes.

Wien, im Mai 1914.

Paul von Schoeller.

Vorwort.

Als ich im Mai 1911 vom Herrenhausmitgliede Paul Ritter von Schoeller, Präsidenten der niederösterreichischen Handels- und Gewerbekammer, unter Zusicherung seiner materiellen Unterstützung aufgefordert wurde, eine Geschichte der österreichischen Industrie und ihrer Förderung unter Kaiser Franz I. mit besonderer Berücksichtigung der Großindustrie zu verfassen, war ich mir der Schwierigkeiten, die einem solchen Unternehmen entgegenstanden, wohl bewußt. Der große Umfang des Stoffes, der fast völlige Mangel an Vorarbeiten sowie die Zerstreutheit und Lückenhaftigkeit des Quellenmaterials machten umfassende, bis in die Einzelheiten reichende Vorerhebungen und Materialiensammlungen notwendig. Die Fülle des dadurch zustande gekommenen Stoffes barg wieder die Gefahr in sich, in der Masse von Details zu versinken und die Vollendung der Arbeit in absehbarer Zeit in Frage zu stellen.

Daher entschloß ich mich, viele Fragen, die das Forschungsgebiet in bedeutendem Maß ausgedehnt hätten, von vornherein aus dem Kreise meiner Betrachtungen auszuschalten und mich auf die Geschichte der produzierenden Gewerbe mit besonderer Hervorhebung der Großindustrie zu beschränken. Nicht näher eingegangen bin ich auf die Organisation und Entwicklung des inneren und auswärtigen Handels, ebenso wie ich auch die Handelspolitik, die gewerblichen Kreditverhältnisse sowie die sozialpolitischen Fragen im allgemeinen nicht in den Kreis meiner Ausführungen einbezogen habe.

Die Fülle des Quellenmaterials ließ auch für das begrenzte Gebiet keine vollständige Ausbeute zu, so daß ich bei der Darstellung nur auf jene bedeutenden und charakteristischen Züge und Einrichtungen hinweisen zu müssen glaubte, welche ein deutliches Bild der Entwicklung der Industrie und der Industriepolitik jener Zeit vor Augen zu führen geeignet zu sein scheinen.

Die Arbeit zerfällt in zwei Bücher. Das erste behandelt die allgemeine (d. h. die auf alle Industriezweige in gleicher Weise Bezug habende) Gewerbepolitik, wobei einzelne wichtigere Fragen und Teile hervorgehoben und einer eingehenderen Darstellung unterzogen wurden. Das zweite Buch umfaßt die besondere Gewerbepolitik bezüglich der einzelnen Industriezweige samt einer kurzen Darstellung der Entwicklung der einzelnen Industriegruppen.

Die Verhandlungen im ersten Buche sind auch dort, wo dies nicht durch Anführungszeichen gekennzeichnet ist, fast wörtlich wiedergegeben, so daß sie ein getreues Bild der damaligen Beratungen und Erörterungen darstellen.

Ich kann mir unmöglich schmeicheln, die Arbeit als eine abgeschlossene zu betrachten; sie schließt weiteres Forschen auf diesem Gebiete nicht nur nicht aus, sondern sollte es vielmehr nur noch anregen. Diese Zusammenstellung eröffnet dem Fachmann einen Einblick in die Fülle von Fragen auf den einzelnen Gebieten der Geschichte des Gewerbewesens und der Gewerbepolitik, die einer eingehenden, erschöpfenden monographischen Darstellung dringend bedürfen. Denn nur auf diesem Wege wird es einmal möglich sein, zu einer befriedigenden Geschichte der österreichischen Industrie zu gelangen. Darin lag ja die Hauptschwierigkeit dieser Arbeit, daß die meisten Fragen auf Grund archivalischer Originalquellen behandelt werden mußten, deren erschöpfende Erforschung die Arbeitskraft eines Menschen auf viele Jahre hinaus in Anspruch nehmen würde.

Viele Kapitel des zweiten Buches sind einstweilen nur als ein erster Versuch anzusehen, der noch einer weitgehenden Vervollständigung und Vertiefung bedarf. Die Lückenhaftigkeit des Quellenmaterials ließ auch keine systematische Darstellung zu, welche sich an den Produktionsprozeß vom Rohstoffe bis zum Ganzfabrikat anschließen würde.

Vorzügliche Dienste leisteten mir für die Kenntnis der Verhältnisse in den Zeiten vor Franz I. die umfassenden Arbeiten von H. v. Srbik und Karl Přibram. Vielleicht gibt die vorliegende Arbeit die Anregung zur Entstehung weiterer die Geschichte eines Industriezweiges oder der industriellen Verhältnisse einzelner Teilgebiete unseres Vaterlandes behandelnden Darstellungen, wie sie bisher von D'Elvert, Hallwich, Grunzel, Migerka, Deutsch, Cronbach, Salz u. a. vorliegen. Dann erst wird die Zeit gekommen sein, um die Geschichte der österreichischen Industrie am Ende des 18. und in der ersten Hälfte des 19. Jahrhunderts auf besserer Grundlage zu schreiben.

Zu hohem Danke verpflichtet bin ich für die mir zuteil gewordene Förderung und Unterstützung den Direktoren und Beamten der verschiedenen Archive und Bibliotheken, und zwar:

Vom k. u. k. gemeinsamen Finanzarchiv: Seiner Exzellenz Sektionschef Dr. L. v. Thálloczy sowie den Herren Hofrat Kreyczi, Archivar Dr. Bodenstein, Archivar Dr. Ivanic und Vizearchivar Dr. Eckhart.

Vom k. u. k. Haus-, Hof- und Staatsarchiv dem Herrn Direktor Sektionschef Dr. von Károlyi sowie den Herren Sektionsrat Professor Dr. Stokka, Vizearchivar Dr. Luntz und Dr. Groß.

Vom Archiv des k. k. Ministeriums des Innern den Herren Staatsarchivar Dr. Huffnagl und Dr. Stritzko.

Vom Archiv des k. k. Finanzministeriums den Herren Archivdirektor Dr. von Hofmann und Hofsekretär Dr. Witting.

Vom k. k. Statthaltereiarchiv in Wien den Herren Dr. Mayer und Dr. Seidl.

Vom k. k. Statthaltereiarchiv in Prag dem Herrn Direktor Köppl sowie Herrn Bergl.

Von der k. k. Statthalterei in Brünn Herrn Dr. Meister.

Vom Landesarchiv in Brünn Herrn Direktor Professor Dr. Bretholz.

Von der Landesbibliothek in Brünn Herrn Direktor, kais. Rat Dr. Schram.

Von der k. k. Universitätsbibliothek in Wien Herrn Dr. Viktor Kraft.

Vom Archiv der Stadt Wien den Herren Direktor Hango und Dr. Fajkmajer.

Sehr verbunden bin ich endlich Seiner Exzellenz Feldmarschalleutnant Heinrich Ritter von Krauß-Elislago, Kommandanten der 22. Landwehr-Infanterie-Truppendivision in Graz, für die freundliche Übersendung des von dessen Großvater, dem gewesenen Hofrate bei der k. k. allgemeinen Hofkammer Anton Ritter von Krauß-Elislago, verfaßten und hinterlassenen Manuskripts: „Aktenmäßige Darstellung der Verhandlungen zum Behufe der Zustandebringung einer den Fortschritten der Zeit und den Verhältnissen der österreichischen Monarchie entsprechenden Handels- und Gewerbegesetzgebung".

Der Verlagsanstalt bin ich für die schöne Ausstattung des Werkes zu Dank verpflichtet.

Der Fachmann, der auf diesem Gebiete selbst schon gearbeitet hat, weiß den mühevollen Weg zu würdigen, der dabei begangen werden muß. Nicht immer steht der Erfolg mit der aufgewendeten Arbeit in Einklang. Dennoch wäre es sehr zu wünschen, daß die unermeßlichen Schätze, die noch in den Archiven schlummern, in größerem Maßstabe als bisher durchforscht und der wissenschaftlichen Verwertung zugeführt würden. Wenn die vorliegende Arbeit hinsichtlich der auf die Geschichte der Industrie Bezug habenden archivalischen Quellen dies beschleunigen sollte, so wird sie damit ihren Hauptzweck erfüllt haben.

Wien, im Dezember 1913.

J. Slokar.

Inhaltsübersicht.

Zweites Buch: Geschichte der besonderen Industriepolitik und die Entwicklung der einzelnen Industriezweige.

Erklärung der gebrauchten Abkürzungen:

A. = Archiv; H. K. A. = Hofkammerarchiv (gemeinsames Finanzarchiv); Min. In. =
Ministerium des Innern; Fin. Min. = k. k. österr. Finanzministerium; St. A. = Statth.
A. = Statthaltereiarchiv; Kom. = Kommerz; Kom. Kom. = Kommerzkommission; Kom.
Kam. = Kommerzkammer; Kom. Praes. = Kommerz-Präsidium; P. P. = Präsidialakten;
Staatsrat = Staatsratsakten aus dem k. u. k. Haus-, Hof- und Staatsarchiv.

Erstes Buch.

□ □ □

Geschichte
der allgemeinen Industriepolitik in Österreich
unter Kaiser Franz I.

Einleitung.

Der Same, den Colbert in den Wind gestreut hatte, trieb nicht nur in Frankreich Früchte. Seine Ideen fanden, dank der ihnen innewohnenden überzeugenden Kraft, bald überall Eingang und riefen Bemühungen zu ihrer Verwirklichung hervor. Wenn aber einzelne idealistisch angehauchte patriotische Männer schon frühzeitig der Meinung waren, Österreich brauche nur seine Naturschätze nach diesen Ideen zu entwickeln und zu verwerten, um bald alle anderen Staaten an Reichtum und Macht zu übertreffen, so waren dies nur theoretische Konstruktionen, deren Verwirklichung gerade in der aus so heterogenen Elementen bestehenden Habsburgermonarchie noch schier unüberbrückbare Hindernisse entgegenstanden.

Es konnte wenig helfen, wenn Karl VI. das Straßenwesen verbesserte und Triest und Fiume zu Freihäfen erklärte. Das Ziel des Merkantilismus, der „Aktivhandel", konnte nur durch allmähliche Vermehrung und Vervollkommnung der Produktion erreicht werden.

Zu Anfang des 18. Jahrhunderts war der Außenhandel der Monarchie noch stark passiv, für den Export kamen überhaupt nur Tücher aus Böhmen und Mähren, Leinen aus Schlesien und den angrenzenden Gebieten, Glas aus Böhmen und Eisenwaren aus Inner- und Oberösterreich in Betracht.

Das Haupthindernis einer gedeihlichen Weiterentwicklung des Gewerbes bestand in der Zunftverfassung, welche das damalige Gewerbewesen in den Städten — und auf dem Lande kam es überhaupt fast gar nicht in Betracht — ganz und gar beherrschte und durch ihre starre Organisation weder eine quantitative noch eine qualitative Hebung der Produktion zuließ.

Der Staatsverwaltung entging es denn auch nicht, wo der Hebel angesetzt werden mußte. Daher wurden als Gegengewicht gegen die gebundene Arbeitsverfassung seit dem Anfang des 18. Jahrhunderts F a b r i k s - p r i v i l e g i e n verliehen, wobei unter dem Schutze eines „Privativums" die ausschließliche Erzeugung und der Verkauf der selbstproduzierten Industrieerzeugnisse innerhalb eines oder mehrerer der Erbländer bei gänzlicher Freiheit von jedem Zunftzwange vor sich gehen konnte. Solche Unternehmungen wurden gegen die inländische Konkurrenz durch ihr Privileg, gegen die ausländische durch Einfuhrbeschränkungen geschützt. Die Erteilung von Fabriksprivilegien bedeutete die erste Durchbrechung der Zunftverfassung, den ersten Schritt zur freien Entfaltung der Produktion, zur Entwicklung der Industrie auf kapitalistischer Grundlage. Die Fabriken waren allerdings noch meist kleine Unternehmungen; die größeren, hauptsächlich dem Gebiete der Textilindustrie angehörenden, beruhten auf der Organisation des Verlagssystems und der Hausindustrie. Die Bezeichnung Fabrikant wurde damals und bis zum Anfang des 19. Jahrhunderts im weitesten Sinne des Wortes gebraucht.

Die ebenfalls unter Karl VI. erfolgte Einführung der „S c h u t z d e k r e t e" (1725) war der zweite Schritt der Emanzipation der Staatsverwaltung in Gewerbefragen vom Diktat der zünftigen Meister[1]).

Die Bemühungen der Staatsverwaltung zur Schaffung einer heimischen Industrie konnten damals noch keinen rechten Erfolg zeitigen, da sie auf halbem Wege zum Stillstand kamen. Wie hätte es gelingen können, auf Grund des Fabrikssystems durch Verleihung von Monopolsrechten den Unternehmungsgeist zu wecken und Kapitalskräfte zu Unternehmungen zu gewinnen, wenn man alle die Hemmnisse des Absatzes und des Verkehrs beibehielt. Nicht genug, daß es damals neben den Einfuhr- auch noch Ausfuhr- und Durchfuhrzölle gab und der Zoll nicht dem Schutze industrieller Interessen, sondern fiskalischen Bedürfnissen diente, nicht genug damit, es bildete außerdem jedes Erbland sein eigenes Zollgebiet. An den Grenzen jedes einzelnen der die Monarchie bildenden Erbländer mußten die durchgeführten Waren nochmals „vermantet" werden, wozu noch, wenn sie in den Städten, als den Zentren von Handel und Verkehr, verkauft werden wollten, die „Consumogebühr" hinzukam[2]). Diese wiederholten Zwangsabgaben verteuerten die Waren so sehr, daß sie jeden lebhaften Verkehr unterbinden mußten. Dies mag auch der Hauptgrund gewesen sein, warum viele, zu Anfang des 18. Jahrhunderts gegründete, große Unternehmungen ein baldiges Ende fanden, andere wieder erst viel später zur Blüte gelangen konnten.

Jedenfalls bedeutete es einen Fortschritt, daß Karl VI. in der Zollpolitik wenigstens den streng fiskalischen Standpunkt der früheren Zeit etwas milderte, ebenso wie die von ihm geschaffenen eigenen Kommerzbehörden einen Beweis seiner besonderen Fürsorge für diesen Zweig der Volkswirtschaft liefern.

Ein noch durch und durch agrarisches Land konnte nicht über Nacht in einen Industriestaat verwandelt werden und nur ein schrittweises Vorgehen konnte eine durch keine Rückschläge gestörte, gesunde Entwicklung verbürgen.

Maria Theresia war es vorbehalten, das von Karl begonnene Werk mit mehr Glück und Erfolg fortzusetzen.

Kein Mittel wurde unversucht gelassen, um die Produktion zu heben. Darunter spielten die ziemlich beträchtlichen staatlichen Vorschüsse die größte Rolle, welche zur Gründung von Unternehmungen verliehen wurden. Mit Prämien für ausländische, geschickte Arbeiter wurde nicht gespart, ausgezeichnete Handwerker wurden nach Österreich berufen, um neue Industriezweige einzuführen oder bestehende zu verbessern, Spinn- und Webschulen errichtet, Werkzeuge (Spindeln, Webstühle) an das Landvolk verteilt und die Kultur der Rohprodukte gefördert. Die Verleihung von Fabriksprivilegien, allerdings immer mehr ohne die als schädlich angesehenen ausschließenden Rechte, wurde fortgesetzt und hatte zahlreiche Fabriksgründungen zur Folge. Wo alle diese

---

[1]) Přibram, Gesch. d. österr. Gewerbepolitik, I, 8—19. — [2]) Srbik, Der staatliche Exporthandel, 145; Reschauer, Der Kampf der Handwerkerzünfte usw., S. 10.

Unterstützungen nicht helfen wollten und Gefahr bestand, daß eine hervorragende Gründung eingehen könnte, griff die Staatsverwaltung selbst ein und übernahm die Unternehmung auf eigene Rechnung. So kamen mehrere bedeutende Fabriksunternehmungen, deren einige noch im 19. Jahrhundert eine große Rolle zu spielen berufen waren, in den Besitz des Staates.

Zur Sicherstellung der guten Qualität der Waren wurden unter Maria Theresia, namentlich für die verschiedenen Zweige der Textilindustrie, Qualitätenordnungen erlassen, welche den technischen Fabrikationsprozeß sowie die Maße der Ware genau regelten, wobei durch staatliche Beschaumeister die Einhaltung dieser Vorschriften überwacht und durch den Qualitätenstempel bezeugt werden sollte. Dadurch sollte die Ware im Großhandel zu einer vertretbaren werden, denn in einem „großen Commercio kann man sich unmöglich Zeit nehmen, ein jedes Stück Ware besonders zu untersuchen"[1]. In der Sucht nach Regelung ging man sogar so weit, daß man vielfach selbst den Gesellenlohn fixierte.

Auch wurden viele Maßnahmen zur Erleichterung des inländischen Absatzes getroffen, den Fabrikanten jedoch der Detailhandel zugunsten der von den Produzenten streng geschiedenen Handelsleute nicht allgemein gestattet[2].

Der bestehenden Fesseln wurde die Produktion in vielen Erwerbszweigen entledigt, indem mehrere Gewerbe ganz freigegeben wurden, ebenso wie die Fabriken von einzelnen drückenden grundherrschaftlichen und staatlichen Abgaben befreit wurden.

In der zweiten Hälfte der Regierung Maria Theresias wurde sowohl bei der Erteilung von Fabrikskonzessionen als auch bezüglich der positiven Unterstützungen sparsamer vorgegangen, um zu verhindern, daß zu viele Fabriken einer Gattung entstehen und die Konkurrenz zu groß werde. Hingegen wurden kleinen Meistern auch weiterhin Unterstützungen , zur Anschaffung von Instrumenten und Werkstühlen zuteil[3].

Die Schädlichkeit der Zwischenzollinien im Innern der Monarchie war schon lange erkannt und die „Rectificirung der Mauten" schon seit dem Anfang des 18. Jahrhunderts erwogen worden. Aber erst die am 15. Juli 1775 samt Zolltarif in Kraft getretene neue Zollordnung räumte mit einem großen Teil dieser Zollinien auf. Von da an bildeten Böhmen, Mähren, Schlesien, die zwei Erzherzogtümer, Innerösterreich sowie Görz und Gradisca und das österreichische Litorale ein einheitliches Zollgebiet. Außerhalb desselben blieben nur noch Tirol, Triest und Fiume, Eger samt Bezirk und Pilsen[4].

Die von Karl VI. in Angriff genommenen Straßenbauten wurden fortgesetzt, eine Menge von Kanälen und Kanalisierungsarbeiten in Aussicht genommen, intensiv an der Hebung des Seehandels gearbeitet und in den ausländischen Seehäfen, vor allem im Orient, Konsuln angestellt.[5]

---

[1]) Justi, Manufakturen und Fabriken, 2. Aufl., 1786, I, 120. — [2]) Přibram, a. a. O., I, 63 f . — [3]) Přibram, a. a. O., I, 217 ff. — [4]) Beer, Die Zollpolitik usw. unter Maria Theresia in Mitt. d. Inst. f. ö. Geschichtsf., XIV., 237 ff. — [5]) Beer, Die österr. Handelspol. usw. in Archiv f. österr. Gesch., Bd. 86, S. 73.

. In den letzten Jahren Maria Theresias machten sich schon stark die frei-heitlichen Ideen geltend, welche später, unter ihrem Nachfolger, voll zur Geltung kommen sollten. Das Streben, das ganze Kommerzwesen bis in die kleinsten Details selbst zu leiten und zu regeln, wurde von der Staatsverwaltung teil-weise aufgegeben, was sich am deutlichsten in der Wiedervereinigung der Kommerzbehörden mit den politischen widerspiegelt[1]). Mit der Aufhebung der Kommerzkonzesse und Kommerzkommissionen in den Ländern ging das Verleihungsrecht der Kommerzialgewerbe an die Länderstellen über. Das nicht veröffentlichte Zirkular vom 30. März 1776 an die Länderstellen enthielt schon die. Richtlinien, welche späterhin für das Gewerbewesen maßgebend wurden und lange blieben. Wenn auch so manches durch die Nichtveröffent-lichung desselben nicht ·sogleich zur Ausführung kam, so erfolgte doch später die Lösung vieler Fragen im Sinne der in diesem Zirkular ausgesprochenen freiheitlichen Ideen[2]). Der Vortrag von 1779, durch welchen die Hofkanzlei den Antrag stellte, den Kommerzialprofessionisten den Kleinverkauf ihrer Produkte zu gestatten, und ihn ausführlich begründete, zeigt trotz seines einst-weiligen Mißerfolges, welch ein ganz anderer, liberalerer Geist schon die obersten Behörden beseelte[3]).

Was die Anfänge der Großindustrie anbelangt, die in den vielen Fabriken-gründungen unter Maria Theresia eigentlich zu suchen sind, so sind dieselben keineswegs erfreulich. Die meisten mit staatlichen Unterstützungen ins Leben gerufenen Fabriken gerieten aus Mangel an Absatz ins Stocken, die Waren waren noch schlecht und teuer, so daß der Kaufmann die fremden bevorzugen mußte. Selbst der Versuch, durch Errichtung von Handlungsgesellschaften den Absatz zu erleichtern, scheiterte. Ja, auch der Staat machte mit den ära-rischen Fabriken so schlechte Erfahrungen, daß man einige an Private ver-kaufte, während bei anderen selbst dies nicht gelang[4]).

Die Großbetriebe hatten damals vor dem Aufkommen der Zeit und Arbeit sparenden Maschinen gegenüber den kleinen Unternehmungen keine besonderen Vorteile, so daß ihr Mißerfolg nicht wundernehmen kann. Zu einem dauernden Übergewicht der Großindustrie konnten nur die modernen Maschinen führen, die erst seit der Wende des 18. und 19. Jahrhunderts in Österreich allmählich Eingang fanden. Nur dort konnten sich schon vorher Großunternehmungen entwickeln, wo viele Tausende von Arbeitern ohne wesentliche Vermehrung der Regiekosten auf Grund des Verlagssystems beschäftigt werden konnten, wie dies auf dem Gebiete der Textilindustrie der Fall war. Nur bei diesen Industriezweigen konnte daher vorerst das Übergewicht des Kapitalismus zur Geltung kommen.

Größere Fortschritte machte die Industrie unter Kaiser Josef. Im Gegen-satz zum früheren reinen Merkantilismus wollte Josef nicht so sehr durch positive Unterstützungen fördernd wirken, als vielmehr die Industrie von

---

[1]) Přibram, a. a. O., I, 266 ff. — [2]) Přibram, a. a. O., I., 319 ff.; Die Normalverordnung vom 30. März 1776, abgedruckt bei Reschauer, a. a. O., 13 ff.; vgl. auch S. 111 f. — [3]) Přibram, a. a. O., I, 332 ff.; vgl. auch S. 143 f. — [4]) Přibram, a. a. O., I, 199 ff.

allen Hindernissen und Fesseln befreien und so ihre ungehemmte Entwicklung ermöglichen. Konsequenz auf diesem Gebiete kann Josef sicher nicht abgesprochen werden, wobei allerdings auch der Fehler nicht übersehen werden darf, den er dadurch beging, daß er sich viel zu sehr von naturrechtlichen und physiokratischen Ideen leiten ließ, ohne das historisch Gewordene genügend zu beachten.

Durch schärfste Prohibition (Zollordnung vom 27. August 1784) sollte der Industrie der inländische Markt, der durch die im selben Jahre erfolgte Einbeziehung Galiziens und der Zollausschlüsse von Pilsen und Eger in das österreichische Zollgebiet beträchtlich erweitert wurde[1]), gesichert werden, während daneben durch allseitige, wenn auch nur indirekte, staatliche Förderung der Industrie dieselbe zur Befriedigung des gesamten inländischen Bedarfes instand gesetzt werden sollte. Durch Hinwegräumung von Hindernissen sollte die Entstehung einer genügend großen Zahl von Unternehmungen ermöglicht werden, um dadurch einerseits einer tatsächlichen Monopolstellung vorzubeugen, anderseits durch eine möglichst große Konkurrenz im Inlande ein Aneiferungsmittel zur fortwährenden Verbesserung der Technik und Erweiterung der Betriebe zu schaffen. Dabei darf aber nicht angenommen werden, daß die positive staatliche Unterstützung aufgehört hätte; sie wurde jedoch nur dort angewendet, wo an ein Emporkommen ohne dieselbe nicht gehofft werden konnte.

Von den Veränderungen in der Behördenorganisation muß erwähnt werden die Vereinigung der Hofkammer und Bankodeputation mit der Hofkanzlei (1782). Seit 1784 führte der bei der niederösterreichischen Regierung zu Lokalerhebungen in Fabrikenangelegenheiten bestimmte Beamte den Titel Fabrikeninspektor. In Böhmen fungierte in derselben Eigenschaft ebenfalls ein Gubernialbeamter mit dem Titel eines Kommerzienrates. Die Verleihung der Kommerzial- und Fabriksbefugnisse oblag in erster Instanz den Länderstellen, die der Polizeigewerbe den Magistraten und Obrigkeiten. Nur in Mähren hatten die letzteren auch das Verleihungsrecht für Kommerzialbefugnisse und seit 1784 wurde auch den Magistraten in Böhmen dasselbe Recht zuerkannt.

Durch das Toleranzpatent vom 13. Oktober 1781 wurden auch die christlichen Akatholiken gegen Dispensation zu Ansässigkeit, Bürger- und Meisterrecht zugelassen, was für die Entwicklung des Gewerbewesens durch Einwanderung zahlreicher kapitalskräftiger Protestanten von großer Bedeutung wurde[2]). Die Juden wurden auch zur Ergreifung nützlicher Gewerbe zugelassen und ihnen manche Zugeständnisse gegenüber den in politischer Hinsicht bestehenden Beschränkungen zuteil[3]).

Bei Verleihung von Kommerzialgewerben wurde liberal vorgegangen, ohne sich an eine bestimmte Zahl zu halten, und es sollte nur auf Fähigkeit, Sittlichkeit und Gewerbsamkeit, dann auf eine angemessene Zahl gut vollbrachter Gesellenjahre bei den Meisterrechtswerbern gesehen werden.

---

[1]) A. Beer, Die österr. Handelspolitik im 19. Jahrh., S. 7. — [2]) Přibram, a. a. O., I, 345—359. — [3]) Vgl. S. 259 ff.

Die schon von Maria Theresia angebahnte Befreiung der Textilindustrie vom Zunftzwange wurde durchgeführt, ebenso auf dem Gebiete der Metalle verarbeitenden Gewerbe einschneidende Reformen vorgenommen. Die Glocken- und Rotgießerei wurden vom Zunftzwange befreit, ebenso die Orgel- und Instrumentenfabrikation, während andere minder bedeutsame Zweige ganz freigegeben wurden.

Dem Privilegienwesen war die Zeit Kaiser Josefs, wie allen Monopolen und Beschränkungen, nicht günstig gesinnt. Doch wurden ausschließende Rechte auf neue Erfindungen, die sonst keine Aussicht auf Verwertung gehabt hätten, wenn auch in geringer Zahl, erteilt.

Zahlreiche Zwangsvorschriften aus früherer Zeit, welche teils der Sicherung einer guten Produktion, teils der Sicherstellung genügenden und billigen Rohstoffes für einzelne Gewerbegattungen dienen sollten, sowie Lohnbestimmungen und ähnliche Vorschriften wurden aufgehoben oder wenigstens nicht angewendet[1]).

Anderseits fehlte es aber nicht an Fällen, in welchen staatliche Beamte sich direkt in den Produktionsprozeß einmischten, so daß sich sogar der merkwürdige Fall ereignen konnte, daß der böhmische Kommerzienrat Schreyer ein Stück appretierte Leinwand, weil es nicht gut gebleicht war, aus dem Laden des Kaufmanns wieder zum Bleicher zurückschickte und diesen zwang, es auf eigene Kosten nochmals zu bleichen[2]).

Die Fabrikprivilegien, welche vorher nur als Ausnahmen galten, wurden zu einer ständigen Einrichtung der Gewerbeverfassung, für welche schon allgemein gültige rechtliche Normen aufkamen[3]). Die Verschleißrechte der Fabrikanten und Gewerbetreibenden wurden geregelt und erweitert[4]), die großen Beschränkungen im Eisenhandel, welche die Produktion selbst lähmten, größtenteils aufgehoben[5]).

Vor der Einführung der Prohibition war Josef für staatliche Vorschüsse an Fabrikanten nicht eingenommen und noch im Jahre 1784 erledigte er ein diesbezügliches Gesuch dahin, er sei „derlei Kommerzialvorschüsse, die meistens privativa oder monopolia nach sich ziehen, zu leisten nicht gesinnt". Ein Fabrikant, dessen Unternehmen gut sei, werde ohnehin bei Privaten Kredit finden. Und selbst als die Hofkanzlei über diese Entschließung, welche den Charakter einer Normalvorschrift zu haben schien, Vorstellungen erhob, da die Vorschüsse das wirksamste Mittel seien, um die Industrie emporzubringen und nur an neue Unternehmungen zur Überwindung der anfänglichen Schwierigkeiten verliehen würden, entschied der Kaiser, es sollen künftighin keine unverzinslichen Vorschüsse mehr erteilt werden, da sie nur eine einseitige Begünstigung einzelner Fabrikanten gegenüber denjenigen, welche Gelder auf Zinsen aufnehmen müssen, darstellen[6]).

Seit der Einführung der schärfsten Prohibition machte sich aber die Erteilung von staatlichen Unterstützungen und Vorschüssen an einzelne Unternehmungen wieder notwendig, um den inländischen Bedarf ganz befriedigen

---

[1]) Vgl. unten S. 387, 390 f., 445. — [2]) Vgl. S. 360. — [3]) Přibram, a. a. O., I, 359—388. — [4]) Vgl. S. 144 ff. — [5]) Vgl. S. 445. — [6]) Staatsrat 1784, Nr. 777.

zu können; 1785 wurden allgemeine Richtlinien zu diesem Zwecke festgesetzt. Sämtlichen Länderchefs wurde ein Verzeichnis jener Waren zugesendet, deren Erzeugung im Inlande noch fehlte oder in noch nicht genügender Ausdehnung betrieben wurde und sie wurden, ermächtigt, einzelne Meister und Fabrikanten aus diesen Erwerbszweigen, welche sich in den Städten niederlassen wollten, mit Vorschüssen von 200 bis 500 fl. zu unterstützen, ja ihnen in besonders rücksichtswürdigen Fällen 200 bis 300 fl. zur Aufmunterung zu schenken. Dabei sollte besonders auf jene Manufakturzweige gesehen werden, welche bezüglich der Produktionsbedingungen und der Beschaffung des Rohstoffes der Natur des Landes am besten angepaßt seien. Man könne nicht in allen Ländern und Orten gleiche oder ähnliche Manufakturen ins Leben rufen und verbreiten. Daher sollte unterstützt werden in Böhmen die Textilindustrie, in Mähren die Tuch- und Leinenindustrie, in Niederösterreich das Kunst- und Luxusgewerbe, in Oberösterreich und Innerösterreich die Strick- und Wirkwarenerzeugung sowie die Eisenverarbeitung, in Görz die Seidenindustrie.

Die staatlichen Geldunterstützungen an Fabriken erreichten bedeutende Beträge, wozu noch die teils unentgeltlich, teils um geringe Summen erfolgte Überlassung zahlreicher Gebäude aufgehobener Klöster an Fabrikanten hinzukam[1]).

In Ungarn wurden keine Fabriken vom Staate unterstützt, welche den erbländischen Konkurrenz machen könnten, weil die ungarischen Unternehmungen wegen der dortigen viel billigeren Lebensmittel im Vorteil waren und es den Grundherrschaften unbenommen war, auf eigene Kosten Fabriken zu errichten[2]).

Zur Erleichterung der Reisen der Fabrikanten ins Ausland in Geschäftsangelegenheiten, um „mit ihren Abnehmern, Korrespondenten, Gläubigern oder Schuldnern Verabredungen zu pflegen, auch neue Entdeckungen aufzusuchen oder wohl gar fremde Künstler anzuwerben", wurden dieselben von den Taxen für die Erlaubnis, außer Landes zu reisen, befreit[3]).

„So kann das Urteil über die josefinische Industriepolitik nicht anders als günstig lauten. Die Staatsverwaltung verstand, was der Industrie not tat: frei von jedem Fiskalismus, von jeder überflüssigen Bevormundungssucht, ließ sie der Entwicklung des Gewerbelebens ihren freien Lauf, und wenn sie da und dort auch Unternehmungen, die nicht lebensfähig waren, mit größeren Vorschüssen unterstützte und mit materiellen Opfern aufrecht zu erhalten suchte, wenn sie sich gelegentlich von abenteuernden Ausländern, die ihr Glück in den Erblanden versuchten, hintergehen ließ — es kann dieses Zuviel das allgemeine günstige Urteil nicht beeinträchtigen"[4]).

In der Zunftpolitik setzte Kaiser Josef das von Maria Theresia begonnene Werk der Ersetzung des Zunftzwanges durch ein staatliches Konzessionssystem fort, ohne aber radikale Reformen einzuführen. Fähigen Gesellen sollte der Zutritt zum Meisterrechte nicht erschwert werden; die Beschränkung der Meister

---

[1]) Příbram, a. a. O., I, 388—411. — [2]) Staatsrat 1785, Nr. 2717. — [3]) Staatsrat 1789, Nr. 4240. — [4]) Příbram, a. a. O., I, 411.

auf eine bestimmte Zahl wurde aufgehoben. Den Zunftprivilegien wurde die Bestätigung versagt[1]). Da die allgemeinen Reformversuche bezüglich der Zunftverfassung fehlschlugen, so blieb sie auch weiterhin „ein Flickwerk, mit Widersprüchen und Lücken aller Art behaftet. Man beließ es auch weiterhin bei dem großen Einfluß der Innungen auf die Besetzung neuer Meisterstellen, ohne diesen Einfluß durch Gesetze näher zu regeln". Nur gegen die Handwerksmißbräuche trat man durch Verbote auf[2]).

Im allgemeinen muß gesagt werden, daß die Industriepolitik Josefs II. die Großindustrie auch nicht über ihre ersten Anfänge hinwegbrachte, da die Voraussetzungen dafür auch unter seiner Regierung noch nicht gegeben waren. Die Fabriken hatten damals noch nicht den Charakter moderner Großunternehmungen und selbst bei den zahlreiche Hände beschäftigenden Unternehmungen der Textilindustrie waren nur die Appretur und der Handel zentralisiert. Die Überlegenheit der Fabriken gegenüber den kleineren Unternehmern beruhte nur in der Kapitalskraft und in der nach kaufmännischen Grundsätzen geregelten Organisation, ohne irgend einen Vorsprung auf dem Gebiete der Produktionstechnik. Das moderne Maschinenwesen, welches diese Verhältnisse zugunsten der kapitalskräftigen Großunternehmungen ändern sollte, fand erst später Eingang.

Um so mehr tritt die große Menschenliebe des Kaisers hervor, die ihn zu gesetzlichen Verfügungen zum Schutze der in Fabriken beschäftigten Kinder veranlaßte. Durch Handbillet vom 20. November 1786 gab er die Anregung zur Erlassung diesbezüglicher gesetzlicher Bestimmungen zum Schutze der Kinder gegen körperliche und moralische Gefährdung. Wenn diese ersten Fabriksgesetze Österreichs auch nicht lange in Wirksamkeit blieben und bald in Vergessenheit gerieten, so bleibt doch dem menschenfreundlichen Kaiser das Verdienst, sie zuerst angeregt und eingeführt zu haben[3]).

In den letzten Jahren Josefs machte sich schon deutlich die Unzufriedenheit mit seiner liberalen Wirtschaftspolitik geltend, um so mehr als ungünstige äußere Verhältnisse, vor allem der unglückliche Verlauf des Türkenkrieges, eine wirtschaftliche Depression zur Folge hatten, welche um so empfindlicher war, als sie auf eine Periode des Aufschwunges unmittelbar folgte. Dies gab den von Beschränkungsgeist erfüllten zünftigen Kreisen einen willkommenen Anlaß zu Beschwerden und Rekriminationen.

Der allgemeine Ansturm, der nach Josefs II. Tode gegen seine Reformen ausbrach, zwang Leopold II., gegen seine Überzeugung manche Beschränkungen der Verkehrsfreiheit wieder einzuführen. Namentlich wirkte seit dieser Zeit, angesichts der großen Umwälzungen in Frankreich, die Furcht vor revolutionären Bewegungen lähmend auf die Wirtschaftspolitik und leitete eine Periode des Schwankens ein, welche weder die theresianisch-josefinische Richtung konsequent beizubehalten noch zu ihrer Aufhebung den Mut aufbrachte; es

---

[1]) Přibram, a. a. O., I, 412 ff. — [2]) Přibram, a. a. O., I, 421 ff. — [3]) Vgl. Näheres bei Mises, Zur Gesch. d. österr. Fabriksgesetzg. in Zeitschr. f. Volksw., Sozialpol. u. Verwaltung, XIV, S. 210 ff.

war dies eine Politik der Suche nach einer neuen Orientierung, da die freiheitlichen Ideen durch den Ansturm von Unzufriedenheit im Innern nach dem Tode
Josefs und die französische Revolution und ihre Ausartungen Schiffbruch
gelitten zu haben schienen. So blieb die Staatsverwaltung einstweilen auf dem
Standpunkte des status quo, wobei nur jene Anordnungen eine Änderung
erfuhren, die zu den meisten Klagen Anlaß gegeben hatten. Es war dies eine
unausbleibliche Folge der vielfach überstürzten Neuerungen Josefs, für welche
die Verhältnisse der Monarchie noch nicht genügend reif waren. Hatte sich
doch Josef selbst gezwungen gesehen, noch kurz vor seinem Ende fast alle jene
Maßnahmen, welche auf dem Gebiete der Lebensmittelpolitik für Wien nach
seiner Meinung wohltätig hätten wirken sollen, wieder zurückzuziehen[1]). Auch
ohne den eingetretenen Thronwechsel wäre die Ideenrichtung wahrscheinlich
eine andere geworden. Die Schrecken der französischen Revolution und die
allgemeine Unzufriedenheit im Innern hatten zur Folge gehabt, daß man von
nun an gegenüber den Klagen von seiten der Gewerbetreibenden sich nicht
mehr so schroff ablehnend verhielt wie bis dahin, sondern sie soviel als möglich
berücksichtigte. Da aber diese Klagen vor allem aus den Kreisen der zünftigen
Gewerbetreibenden stammten — die Unzünftigen verfügten über keine Organisation und konnten daher ihre Stimme nicht so leicht erheben —, so richteten
sie sich immer gegen die Liberalität und forderten die Wiedereinführung von
Beschränkungen. Und die Staatsverwaltung, die sich die Zufriedenstellung
der Bevölkerung sehr angelegen sein ließ, da sie durch Überhandnehmen der
Unzufriedenheit innere Unruhen befürchtete, wich vielfach von der bisherigen
Entwicklung etwas ab und suchte den scheinbar allgemeinen Wünschen entgegen-
zukommen. Auf dieser Grundlage war nur eine Politik der fortwährenden
Schwankungen, ohne bestimmte Richtlinien, möglich. Erst allmählich konnte
sich daraus eine Differenzierung dessen ergeben, was von der früheren Politik
sich bewährt und als nützlich erprobt hatte, und die Scheidung von demjenigen,
was nur als Ausfluß einer zu sehr von den theoretischen Anschauungen der
Aufklärungsideen beherrschten Richtung sich um das tatsächlich Bestehende
zu wenig gekümmert hatte und an den Schwierigkeiten der Durchsetzung
scheitern mußte. Die Wirtschaftspolitik mußte von neuem allmählich aufzu-
bauen beginnen, sich dabei aber immer auf die herrschenden Bedürfnisse stützen.

Die bei weitem größere Zahl der Gewerbetreibenden war mit der Politik
Josefs unzufrieden, das Volk murrte und so sahen sich selbst die obersten
Behörden veranlaßt, Kaiser Leopold für die Wiedereinführung vielfacher
Beschränkungen zu gewinnen. Dies geschah allerdings nur auf dem Gebiete
der Kleingewerbe, vor allem der Lebensmittelgewerbe in Wien, um die
Unzufriedenheit zu bannen[2]). Da an eine allgemeine Rückgängigmachung des
schon Geschehenen ohne Beeinträchtigung der Industrie nicht gedacht werden
konnte, „schien ein vorläufiger Stillstand in allen Maßnahmen der Gewerbepolitik, ein status quo im Gewerbewesen selbst, das Beste zu sein"[3]). Bis zur

---

[1]) Přibram, a. a. O., I, 481 ff. — [2]) Přibram, a. a. O., I, 485—508. — [3]) Přibram, a. a. O.,
I, 508 f.

Fixierung der künftigen Gewerbepolitik und Gewerbeverfassung sollte nichts geändert werden. Die Gewerbe sollten zugleich nicht ohne Not vermehrt werden, um einer Übersetzung vorzubeugen.

Bezüglich der Zunftpolitik verblieb man bei den Maßnahmen Josefs „da alle Zünfte in gewisser Betrachtung auf ein Monopol und auf Beschränkung der Industrie, auf Neckereien von seiten der Vorsteher hinauslaufen" und daher schädlich seien[1]). Gesuche um Wiedereinführung von aufgehobenen Zünften wurden abgewiesen, die Bestätigung von Zunftprivilegien verweigert.

Im Jahre 1791 wurde die Verleihung aller Kommerzialgewerbe mit Ausnahme der Großhandlungen und förmlichen Fabriksbefugnisse, deren Verleihung den Länderstellen vorbehalten blieb, den Magistraten und Ortsobrigkeiten in erster Instanz überlassen, wobei der Rekurs an die Landes- und Hofstelle offen blieb. Dies bedeutete beim reaktionären und zünftlerischen Geiste, der diese untersten Behörden erfüllte, jedenfalls eine Erschwerung der Erlangung von Befugnissen, wie dies deutlich aus einer Beschwerdeschrift der Stadt Wien von 1790 erhellt, die sich über die Vermehrung der Gewerbe folgendermaßen ausdrückte: „Um die aus dem Bevölkerungsgrundsatze fließende Vervielfältigung der Nahrungswege zu bewirken, wurden die Fabriken in der Hauptstadt zusammengedrängt, die sogenannten fabriksmäßigen Befugnisse fast bis in das Unendliche erteilt, die Gewerbe ohne Rücksicht auf das Bedürfnis des Publikums zu einer den Gewerbsinhabern und dem Publikum selbst lästigen, übermäßigen Anzahl festgesetzt, alle Zünfte und Professionen mit neuen Meistern überschwemmt und dadurch veranlaßt, daß nicht nur das Publikum nunmehr alle Bedürfnisse viel teuerer als vorhin zu bezahlen genötigt ist, sondern, daß auch die Gewerbsleute selbst einer mit den anderen zugrunde gehen müssen"[2]).

Die höheren Behörden teilten aber diesen Standpunkt nicht, sondern standen auf dem Boden der Normalverordnung von 1776, welche nur für Polizeigewerbe Beschränkungen vorsah, während bei Kommerzialgewerben freiere Grundsätze angewendet werden sollten. Die Hofkanzlei war gegen jede weitere Beschränkung ebenso wie die Länderstellen, vor allem die von Böhmen[3]).

Wenn auch den Tendenzen der Magistrate und Ortsobrigkeiten, denen die Verleihung fast aller Gewerbe in erster Instanz anvertraut worden war, durch das Rekursrecht an die höherern Behörden ein Riegel vorgeschoben war, so wurde anderseits dem Mißbrauch des Rekursrechtes Tür und Tor geöffnet, indem dasselbe auch den Zünften und Gremien, ja sogar einzelnen am betreffenden Orte ansässigen Gewerbetreibenden zuerkannt wurde, so daß bis zur Erledigung aller Rekurse und somit bis zur definitiven Zuerkennung einer Befugnis oft Jahre vergehen mußten. Der Rekurs wurde zur Regel, so daß die Verleihung von Kommerzialgewerben auf einem langen, eigentümlichen Wege der Devolution meistens von der Hofstelle erfolgen mußte[4]).

Alle diese Maßnahmen hätten eigentlich nur Provisorien sein sollen, denn bei den vielen Beschwerden, welche gegen die Wirtschaftspolitik Josefs

---

[1]) Přibram, a. a. O., I, 509 ff. — [2]) Přibram, a. a. O., I, 516 f. — [3]) Přibram, a. a. O. I, 517 ff. [4]) Přibram, a. a. O., I, 524 ff.

erhoben wurden, schien sie einer allgemeinen Revision sehr bedürftig zu sein. Zu diesem Zwecke setzte Kaiser Leopold II. schon zu Ende 1790 eine „konsultierende Finanzhofkommission" ein, welche sich in erster Linie mit den Prinzipien der josefinischen Zoll- und Prohibitivgesetze beschäftigen, anderseits aber auch ein Gutachten erstatten sollte über die künftige Richtung der Gewerbepolitik, besonders in jenen Zweigen, von deren Seite die meisten Beschwerden eingelaufen waren, nämlich „was man für die Hinkunft bei Aufnahme der Handwerker in denen Städten für Grundsätze annehmen und für dieselben festsetzen sollte". Da diese kurzlebige Kommission ihrer Aufgabe nicht nachkam, wurde die Bearbeitung jener Grundsätze der künftigen Gewerbepolitik der Hofkanzlei und Hofkammer zugewiesen. Hofrat von Sonnenfels arbeitete darauf zwei Entwürfe aus, eine „Ausarbeitung über die Grundsätze wegen Aufnahme der Handwerker und Gewerbsleute in den Städten" und ein Gutachten über „die Grenzlinien zwischen den Polizei- und Kommerzialgewerben, dann die Grundsätze für die letzteren".

Diese dienten bei der kommissionellen Verhandlung der beiden Hofstellen zur weiteren Grundlage. Die Richtung, welche diese Schriften einhielten, wird schon durch die Einleitungssätze gekennzeichnet: „Bey dem Gegenstande, worüber Seine Majestät Grundsätze zu bestimmen entschlossen sind, liegen Irrthum und Schwanken der Vorkehrungen hauptsächlich in dem Äußersten der sich entgegengesetzten Meinungen, deren eine durch Kleinfügigkeiten der Vorschriften und Anstalten, Zwang und bedrückende Beschränkungen, die andere durch unrichtig angewandte Begriffe von Freiheit, Ungebundenheit und Unordnung herbeiführet ... Wie überall, wo die Meinungen voneinander in der größten Entfernung abstehen, also auch bei dieser Frage, wird den Nachteilen nur auf eine Mittellinie ausgebeugt werden können". Als Mitglied der Hofkanzlei schenkte Sonnenfels vor allem den Polizeigewerben eine erhöhte Aufmerksamkeit, während die Kommerzialgewerbe sehr kurz abgetan, die Fabriksbefugnisse überhaupt nicht erwähnt wurden. Diese von Sonnenfels aufgestellten Grundsätze wurden von der Hofkanzlei angenommen, worauf der Kaiser die Vernehmung der Länderstellen anordnete. Bezüglich der Kommerzialgewerbe stand allen Länderstellen fest, daß bei ihnen von einer künstlichen Herstellung des Gleichgewichtes zwischen Angebot und Nachfrage keine Rede sein könne.

Alle diese Verhandlungen und Erhebungen blieben aber für die weitere Entwicklung der Gewerbepolitik ohne Bedeutung, denn sie verliefen resultatlos[1].

Aber auch auf die Fabriken und Manufakturen wurde nicht vergessen. Als die Seidenzeugfabrikanten ein Gesuch einreichten mit der Bitte um Wiedereinführung der Warenstempelung und um Abstellung des Schleichhandels, welcher ihre Fabriken mit dem Untergange bedrohe, da richtete Kaiser Leopold unter dem 25. Jänner 1792 ein Handbillet an den Hofkammerpräsidenten Grafen Chotek, welches nach dem einleitenden Satze: „Da ich nun nicht allein vollkommen geneigt bin, soviel als möglich den Bitten dieser Fabrikanten

---

[1]) Přibram, a. a. O., I, 535 ff.

Genüge zu leisten und beizustehen, sondern ich mir immer alles dasjenige besonders zu Herzen genommen habe, was zur Aufnahme und zum Vorteil der inländischen Manufaktur gereichen kann", den Auftrag enthielt, eine Hofkommission zusammenzusetzen, zu welcher der Hofkammerpräsident die Mitglieder vorzuschlagen habe, welche mit Zuziehung der Fabrikanten über folgende Gegenstände zu beraten und ein Gutachten vorzulegen haben sollte: 1. Über alle Maßnahmen, „welche zur besseren Aufnahme, Erweiterung, Unterstützung der inländischen Fabriken und Manufakturen und Hintanhaltung der Konterbande nützlich sein könnten". 2. Ob die Warenstempelung wieder einzuführen sei und unter welchen Modalitäten, damit sie der Industrie nicht schädlich werde und den Schleichhandel nicht begünstige. 3. „Wie den Schwärzungen besonders auf den Grenzen Einhalt getan werden könnte, ohne dadurch den Handel im Innern des Landes durch unnötigen und unbilligen Zwang zu hemmen, und durch was für Mittel." Endlich sollten 4. Vorschläge erstattet werden, wie man durch eine öffentliche Erklärung den verbreiteten Gerüchten, daß das Einfuhrverbot fremder Waren aufgehoben werden solle, entgegentreten sollte, damit die Fabriken durch diese unbegründeten Gerüchte keinen Schaden erleiden.

Die Hofkommission, die infolgedessen zusammentrat, beschloß zur Hintanhaltung des Schleichhandels die Wiedereinführung der Stempelung. Betreffs der Maßnahmen zur Hebung der Fabriken glaubte sie jedoch, daß es zunächst notwendig wäre, von allen deutscherbländischen und ungarischen Provinzen ein verläßliches Kommerzial- und Manufakturschema unter Festsetzung eines sechsmonatigen Termins abzufordern, und trug daher an, ein diesbezügliches Zirkular an alle Länderstellen und die Statthalterei in Ofen zu erlassen.

Erst nach Einlangen dieser Aufschlüsse wollte die Hofkommission Vorschläge zur Hebung der inländischen Industrie machen.

Diese Anträge erhielten auch die kaiserliche Genehmigung. Von seiten der Länderstellen scheinen aber überhaupt keine Berichte eingelangt zu sein, so daß die ganze Angelegenheit im Sande verlief[1]).

Wenn diese Verhandlungen auch zu keinem positiven Erfolge führten, so kann dennoch nicht geleugnet werden, daß sie den Willen der Staatsverwaltung, der Industrie die verdiente Förderung zukommen zu lassen, deutlich dokumentieren.

So war das Vermächtnis, das Leopold II. (gestorben am 1. März 1792) seinem Nachfolger hinterließ, auf dem Gebiete der Gewerbepolitik kein gerade erfreuliches. Nirgends klare gesetzliche Bestimmungen, ja nicht einmal allgemein anerkannte und gehandhabte Richtlinien, während die sogar zwischen den untersten und oberen Behörden bestehenden Gegensätze das Ganze noch mehr verwickelten.

---

[1]) Staatsrat 1792, Nr. 2526, 2770. Přibram, der (S. 536) nur die Abforderung der Fabrikenverzeichnisse von den Länderstellen erwähnt, scheinen diese Akten entgangen zu sein. Vielleicht ist auf diese Aufforderung an die Länderstellen eine erhaltene ausführliche Manufaktur- und Kommerztabelle für Böhmen f. d. Jahr 1797 zurückzuführen. (Befindlich H. K. A. Kom. Praes. 1822, Nr. 495.)

Die Industriepolitik unter Kaiser Franz I.

I. Kapitel.

Die allgemeine Industriepolitik von 1792 bis 1798.

Kaiser Leopold hatte die Aufgabe gehabt, die aufgeregten Gemüter im Innern zu besänftigen, das abgefallene Belgien wieder zu gewinnen und den Türkenkrieg zu beendigen, während die Ereignisse, die sich in Frankreich abspielten, und die Unruhen in Polen weitere Befürchtungen erwecken mußten.

Wenn auch nicht die inneren, so sollten die äußeren Verhältnisse unter Franz I. viel gefährlichere Verwicklungen mit sich bringen. Nach dem Ausbruche des Krieges mit Frankreich (1792) begann der erste Koalitionskrieg (1793—1797), an welchem fast ganz Europa beteiligt war. Bald waren die österreichischen Niederlande von den Feinden erobert, worauf die wechselnden Erfolge des Krieges erst durch den siegreichen Zug Bonapartes durch Oberitalien und Innerösterreich bis Leoben 1797 ein Ende fanden.

Die Schrecken dieser Kriegsperiode mußten auch auf die Gewerbepolitik einen Einfluß ausüben.

Die von Leopold verfügte Trennung der Hofkammer von der Hofkanzlei Behörden. wurde 1792 wieder rückgängig gemacht und die Agenden beider Hofstellen dem Directorium in cameralibus et publico-politicis übertragen.

An der Gewerbepolitik selbst wurde zunächst nichts geändert, dafür machten sich aber aus Furcht vor revolutionären Bewegungen im Innern polizeiliche Einflüsse immer mehr geltend. Durch den Umstand, daß an die Stelle der nach dem Tode Josefs eingetretenen Systemlosigkeit keine neuen systematischen Grundsätze traten, wurde die Gewerbepolitik in den einzelnen Provinzen verschieden gehandhabt, viele Verordnungen gerieten durch Nichtanwendung in Vergessenheit, an allgemeinen Richtlinien fehlte es gänzlich.

Die Verfügungen der Hofstellen trugen zur Entwirrung gar nichts bei, da sie anstatt fester, präziser Normen, nur allgemeine, vage Weisungen enthielten, mit dem Hinweis auf die Berücksichtigung des Nahrungsstandes der Bevölkerung und des Lokalbedarfes. Ja selbst Einschränkungen der Zahl der Gewerbe kamen vor.

Die Privilegien der Zünfte wurden zwar auch jetzt nicht wieder bestätigt, Die Zünfte. wohingegen jedoch die Erhaltung dieser Körperschaften aus polizeilichen Rücksichten als notwendig erachtet wurde, da sie Zucht und Ordnung unter den Meistern und Gesellen verbürgten.

Die Vorstellungen der Zünfte gegen die Übersetzung und Vermehrung der Gewerbe wollten nicht aufhören, ebenso wie die Gesuche um Erneuerung aufgehobener, um Einführung neuer Zünfte oder um Erweiterung von Zunft-

14

privilegien. Die meisten dieser Gesuche wurden abschlägig beschieden, doch wurden hie und da auch kleinere Beschränkungen wieder eingeführt.

Verschleiß-
rechte der
Fabrikanten. Der von Josef den Fabrikanten bewilligte Ausschnitt erhielt eine Erweiterung, indem ihnen auch gestattet wurde, jene Waren in ihren Gewölben zu verkaufen, die sie auf ihre Rechnung in anderen Provinzen der Monarchie herstellen ließen. Als eine besondere Begünstigung der Großunternehmungen kann der 1797 von der Hofstelle gebilligte Grundsatz angesehen werden, wonach der Ausschnitt in eigenen Gewölben nur jenen Unternehmern gestattet werden sollte, die sich durch einen ausgezeichneten Betrieb und gute Waren besonders hervortaten, somit gewissermaßen als Belohnung für den ausgedehnten Betrieb und die Vorzüglichkeit der Fabrikate. Allerdings bedeutete dies anderseits ein gewisses Entgegenkommen gegenüber den Wünschen der Handelsleute.

Qualitäten-
ordnungen. Im Jahre 1794 beschäftigte man sich mit der Frage der Wiedereinführung der Qualitäten- und Beschauordnung für Seidenzeuge und Samt, eventuell für die gesamte Textilindustrie und in Oberösterreich wurde für Leinwand und Wollenzeuge tatsächlich wiederum eine Qualitätenordnung erlassen und die Aufsicht über deren Einhaltung den zünftigen Viertelsmeistern übertragen. Im übrigen kam es aber nicht dazu[1]).

Im Jahre 1796 wurde eine Verordnung gegen den unechten Druck und das unechte Färben in der Baumwollindustrie erlassen, „da es zu den Pflichten des Staates gehöre, für die echte Herstellung einer allgemein gebrauchten Ware, wovon die Einfuhr aus der Fremde verboten ist, zu sorgen"[2]).

Privilegien. In der Erteilung ausschließender Privilegien wurde unter Franz liberaler vorgegangen, ohne daß sich jedoch in dieser Periode feste Grundsätze dafür entwickelt hätten. Es war dies noch immer ein Gnadenakt des Kaisers, auf welchen kein rechtlicher Anspruch erhoben werden konnte[3]).

Vorschüsse. Auf dem Gebiete der Förderung der Industrie fehlte es auch an einheitlichen Gesichtspunkten. Die Gewährung von Ärarialvorschüssen hörte, angesichts der schlechten finanziellen Lage des Staates und der Mißerfolge der Geldunterstützungen in früheren Zeiten, fast ganz auf und solche Gesuche wurden als „ganz ungewöhnlich" bezeichnet und abgewiesen.

Fabriks-
befugnisse. Die Kompetenz der Behörden war geteilt, je nachdem es sich um förmliche oder einfache Fabriksbefugnisse handelte, indem die Verleihung der ersteren der Landesstelle zustand, die der einfachen den Magistraten und Ortsobrigkeiten. Und dennoch war die Grenze zwischen diesen zwei Befugnisarten nirgends genau fixiert, und als dies geschah, war dies nur bezüglich Niederösterreichs und Böhmens der Fall, während bei den übrigen Ländern die frühere Unklarheit noch lange herrschend blieb[4]). Während andererseits allmählich die den förmlichen Fabriken zustehenden Rechte und Begünstigungen normiert wurden, welche neben der vollen Freiheit von jedem Zunftzwange große Erleichterungen und Auszeichnungen zum Inhalte hatten[5]), fehlt es auch weiterhin nicht an merkwürdigen Anordnungen der Hofstelle, welche einer Bevorzugung der

---

[1]) Vgl. alles Nähere Přibram, a. a. O., I, 562 ff. — [2]) Vgl. unten S. 127 ff. — [3]) Vgl. unten S. 251 ff. — [4]) Přibram, a. a. O., I, 573, 581 f. — [5]) Vgl. unten S. 268 u. 275 ff.

Kleingewerbe gleichkamen[1]). Ja es wurde sogar durch Hofdekret vom 12. Juli 1793 verfügt, daß die Regierung vor Verleihung von Großhandlungs- und förmlichen Fabriksbefugnissen jederzeit, nach Einvernehmung der unteren Behörden, die Anzeige an die Hofstelle zu machen habe[2]). Diese Anordnung, die eine Einschränkung des Verleihungsrechtes der Landesstelle bedeutete, scheint allerdings nicht beachtet worden zu sein.

Besonders aus einem Grunde herrschte gegen die Großbetriebe eine gewisse Abneigung, nämlich aus Furcht vor revolutionären Bewegungen. Dieses Miß-trauen mußte natürlich um so größer sein gegen Arbeiter, die von den französischen Umsturzideen schon beeinflußt sein konnten.

Furcht vor Revolutionen. Polizeigeist.

Der Direktorialkanzler Graf Rottenhan hatte im September 1793, also zu einer Zeit, wo die österreichischen Truppen ins französische Gebiet eingerückt waren, den Antrag gemacht, einen Sachverständigen in die Gebiete des nördlichen Frankreich zu schicken, um über die dortigen Fabriken Erhebungen zu pflegen, in die Manipulation Einsicht zu nehmen und eventuell einige Fachleute nach Österreich zu locken, was für die inländische Industrie von großem Nutzen sein könnte. Dies besonders auf dem Gebiete der Zeugfabriken, Zwirn- und Garnbleichen und der Baumwollmaschinenspinnerei. Der liberale Staatsrat Eger meinte dazu mit Recht: „Auf einer Seite will man die Franzosen alle aus den Erbstaaten abschaffen, auf der anderen dieselben herbeilocken." Auch wäre eine solche Maßnahme mit Auslagen verbunden, während der Staat viel dringendere Ausgaben nicht bedecken könne. So lautete denn auch die allerhöchste Entschließung: „Bei dermaligen Umständen, wo die Herbeilockung einiger französischer Künstler doch immer bedenklich, auch mit Auslagen verbunden wäre, läßt sich dieser Antrag nicht wohl benützen"[3]).

Ein noch viel mehr charakteristischer Fall, der den großen Einfluß der polizeilichen Bedenken im damaligen Österreich illustriert, ereignete sich 1796. Da suchte ein Triester Handlungshaus um Aufnahme des Marseiller Mützenfabrikanten Rau in den österreichischen Staatsverband an und bemerkte zugleich, dieser sei schon von Kaiser Josef zur Übersiedlung nach Triest unter vorteilhaften Bedingungen aufgemuntert worden. Das Handlungshaus erbot sich, durch denselben in Triest die Fabrikation von roten Mützen, welche früher im Werte von mehreren Millionen aus Marseille in die Levante versendet worden waren, einzuführen.

Der Triester Gouverneur findet die Sache vorteilhaft; ebenso die Hofstelle; doch glaubt diese, sich zunächst mit einer Anfrage an den Polizeiminister wenden zu müssen, denn „es machen die dermaligen Zeitumstände die wachsamste Aufmerksamkeit von seiten der Polizei notwendig, damit die so schädlichen französischen Gesinnungen und Sitten auf keine Art etwa auch in den k. k. Erblanden eingeführt werden. Und da es bei diesem Antrage noch beinahe das Ansehen gewinnt, das es hiebei nicht nur auf die Erlaubnis zur Nieder-

---

[1]) Přibram, a. a. O., I, 583, Anm. 5. — [2]) H. K. A. Kom. N. Ö. Fasz. 63/1, Nr. 41 ex jul. u. Nr. 25 ex aug. 1793. — [3]) Staatsrat 1793, Nr. 3652.

lassung des Marseiller Fabrikanten Rau, sondern auch darauf ankommen würde, daß derselbe, weil man in Triest die nämliche Zahl Mützen für die Levante, die er bisher in Marseille verfertigt hatte, jährlich zustande bringen will, manche und vielleicht mehrere seiner jetzigen zu dieser Arbeit geschickten Individuen mit sich nach Triest zu bringen wünscht", so glaubt die Hofstelle die Äußerung des Polizeiministers sich einholen zu müssen, „ob nicht nur gegen die Bewilligung der Niederlassung des Fabrikanten Rau in Triest keine erhebliche Bedenklichkeit obwalte, sondern was auch für Vorsichten auf dem Fall, als dem Rau das Verlangen, einige geschickte bei seiner Mützenfabrikation bisher gebrauchte Leute nach Triest zu bringen, bewilligt werden sollte, einzutreten hätten und endlich, weil diese roten, für die Levante bestimmten und daselbst schon lange üblichen Mützen doch mit den französischen sogenannten Freiheitsmützen einige Ähnlichkeit, wenigstens der Farbe nach, zu haben scheinen, ob es nötig sein dürfte, die erforderlichen Vorsiehten zu treffen, damit alle derlei Mützen nach der Levante versendet und nichts davon in den k. k. Erblanden verkauft werde".

Diese Ausführungen sind zu deutlich, als daß sie eines weiteren Kommentars bedürfen würden. Und so geschah es denn, daß auf Wunsch der obersten Polizeihofstelle die Einwanderung nur unter schweren Bedingungen gestattet wurde. Das Handlungshaus, welches sich um die Einwanderung des Rau eingesetzt hatte, sollte für ihn und dessen Gehilfen Bürgschaft leisten; den Einwandernden sollte ein solcher Aufenthaltsort angewiesen werden, daß man sie leicht beobachten könne; damit keine Mützen im Inlande bleiben, sollte der Erzeuger verhalten werden, sich vierteljährlich über die Zahl der erzeugten Kappen und durch die Originalresponsalien über ihre Ablieferung nach der Levante auszuweisen. Insbesondere sollten aber über diese Franzosen beobachtet werden, „ob sie sich ernstlich mit der Fabrikatur beschäftigen oder ob vielleicht ein oder anderer derselben nur unter diesem Vorwande sich eingeschlichen habe, um durch Reden und Handlungen seine heimlichen, schädlichen Absichten unbemerkt zu erreichen, in welchem zweiten Falle derselbe nach Beschaffenheit der Umstände behandelt und die bedenklich Befundenen wieder außer Landes gebracht werden müßten"[1].

Beschrän- Diese Furcht vor Ruhestörungen hatte auch besondere Vorkehrungen für kung der Wien zur Folge, wo sich naturgemäß das Arbeiterproletariat am meisten ver-Fabriken in breitet hatte. Nach der französischen Revolution begann man im Anwachsen Wien. des städtischen Proletariats eine Gefahr für die bestehende Ordnung zu sehen. „Diese Gattung nahrungsloser und größtenteils ungesitteter Menschen" sei es, meinte der Polizeiminister Graf Pergen 1794, „welche jedem Staate die größte Gefahr, besonders bey jetzigen Zeiten androhe, da durch dieselbe die Jacobiner den Umsturz der französischen Regierung und das allgemeine Unglück Europens bewirkt haben und durch eben diese Staatsumwälzer ähnliche Comploten in einigen anderen Staaten durch Dahinsendung vieler Geldsummen

---

[1] H. K. A. Kom. Litorale, Fasz. 95, Nr. 20 ex majo, 11 ex junio, 32 ex aug. u. 11 ex Nov. 1796.

schon wirklich bis fast zum Ausbruche angesponnen worden, und es kaum zu bezweifeln sei, sie dürften was Ähnliches auch hierlands, wo nicht schon versucht haben, dennoch es noch zu tun die Absicht haben". Daher trug Graf Pergen, neben strenger Überwachung der Fremden und Einschränkung der Bautätigkeit in Wien, auch auf ein Verbot an, in der Hauptstadt neue Fabriken zu errichten, endlich auf Ehebeschränkungen für Handwerksgesellen und jene Personen, die keinen genügenden Erwerb nachweisen konnten.

Das Direktorium, bei welchem zur Verhandlung über diese Anträge eine eigene Kommission eingesetzt worden war, konnte den Ansichten des Grafen Pergen nicht widersprechen und glaubte als Ursache der zunehmenden Arbeiterbevölkerung in erster Linie die in der Hauptstadt angelegten und zu sehr begünstigten Fabriken hinstellen zu können, welche ihre Arbeiter vom Lande hereinholen oder anderen nützlichen Gewerben entziehen. Anderseits könne als eine der Ursachen angesehen werden der „Umstand, daß man die bürgerlichen Nahrungswege so sehr für jeden erleichtert, frei erklärt und fast jedem Handwerksgesellen gestattet hat, sein Handwerk oder Gewerbe auf freie Hand zu treiben und sogar mit seinen Erzeugnissen zu hausieren". Diese Ansammlung der proletarischen Volksmassen sei gefährlich, weil diese, da sie nichts zu verlieren haben, wohl aber nur etwas gewinnen könnten, zu allem bereit seien. Die Fabriken seien zwar für den Staat sehr nützlich, sie hätten aber auch Nachteile, einerseits durch Verminderung der Landbevölkerung und anderseits durch die Sittenlosigkeit, die das enge Zusammenleben derselben in den Städten zur Folge habe.

Infolgedessen trug die Kommission auf zahlreiche Beschränkungen an, während der oberste Kanzler selbst, welcher dieses Protokoll vom 23. November 1794 dem Kaiser vorlegte, der Meinung war, es sollten die angestrebten Verhältnisse nicht durch Zwang, sondern durch gegenteilige Begünstigungen erreicht werden, somit die Abhaltung der Fabriken von der Hauptstadt durch ihre besondere Begünstigung auf dem Lande.

Im Staatsrat waren die Anhänger des liberalen Systems, so namentlich Eger und Zinzendorf, über die Zwangsvorschläge geradezu entsetzt. Eger, der gegen jede Beschränkung der Fabriken in Wien und gegen die Ehebeschränkungen scharf auftrat, meinte, dem ganzen Vortrage müßte als Motto der Satz vorangestellt werden: „multum agendo nihil agere, multum dicendo nihil dicere". Er setzte ausführlich auseinander, wie die Fabriken in der Residenzstadt notwendig seien, weil daselbst der größte Geldumlauf und der größte Bedarf sei und sich daselbst die reichsten Leute befinden. Die Verlegung der Fabriken auf das flache Land sei unmöglich, weil dort die Vorbedingungen nicht vorhanden seien. „Die Errichtung neuer Fabriken zu erschweren wäre die gewünschteste Anstalt für die dermaligen Fabriksinhaber, um ihnen das Monopol der Erzeugung mit allen seinen Vorteilen in die Hand zu spielen. Es ist doch gar zu sonderbar, daß in einem Staate, wo auf fast einstimmiges ministerielles Einraten das Einfuhrverbot fremder Waren zum System geworden, man der Erweiterung und Vervielfältigung der Manufakturen durch allerlei Wege Hindernisse legen will." Zinzendorf meinte, „das ganze Projekt, die

18

Lamenten und die meist unpassenden Heilungsmittel gehören unter das trop gouverner". Man dürfe „vague Lamentationen" nicht für Wahrheit nehmen. Im allgemeinen schloß er sich sonst den Ausführungen Egers an.

Diese scharf ablehnende Sprache gegen die angetragenen Beschränkungen hatte auch den Erfolg, daß die allerhöchste Entschließung wenigstens jeden kategorischen Befehl unterließ, um die für notwendig erachteten Verhältnisse herzustellen. Bezüglich der Zahl der Gewerbe bestimmte sie, es sei dies eine Angelegenheit, welche in den Wirkungskreis der Magistrate und Ortsobrigkeiten gehöre, weil diesen die lokalen Verhältnisse und der Nahrungsstand am besten bekannt seien und ihnen am Wohlstand ihrer Bürger am meisten gelegen sein müsse. Daher seien die Magistrate und Obrigkeiten anzuweisen, sich nach diesen Grundsätzen zu richten und die Zahl der Meisterschaften nie ohne Not und noch weniger „aus Parteilichkeit" zum Nachteile der bestehenden zu vermehren. Hingegen sei die Errichtung von Fabriken auf dem Lande zu begünstigen, den Gesellen in der Hauptstadt das Heiraten zu erschweren und die Erlaubnis nur auf das Land und die Landstädte zu beschränken[1].

Während in dieser Entschließung von einer Verhinderung der Anlegung neuer Fabriken in der Hauptstadt nicht gesprochen wird, heißt es sonderbarerweise im diesbezüglichen Dekret des Direktoriums an die niederösterreichische Regierung vom 9. Jänner 1795 in schärferer Form, es solle „streng darauf gehalten werden, daß die Anlegung neuer Fabriken in der Hauptstadt auf alle Art verhindert, hingegen die Errichtung derselben auf dem Lande begünstigt werde"[2].

Diese Beschränkungen für Fabriken in Wien verdienen um so mehr eine vorsichtige Beurteilung, als sie, ihrer Absicht nach, nicht als ein industriefeindlicher Akt betrachtet werden dürfen. Schon unter Maria Theresia war man der Anschauung, daß die Entstehung von großen Fabriken in Wien nicht zu begünstigen sei, weil daselbst die Lebensmittelpreise höher und auch die sonstigen Auslagen größer seien, was eine Preissteigerung der Produkte zur Folge haben müsse. Deshalb trug man sich mit dem Plane, „die Fabriken von Wien in tunlicher Art nach und nach in die Landstädte zu versetzen"[3]. Die ökonomische Literatur jener Zeit vertrat diesen Standpunkt theoretisch[4]. Lange wurde an dem Grundsatze festgehalten, daß für Fabriken der Standort auf dem Lande günstiger sei als in der Hauptstadt. Ein Hofdekret vom 9. Februar 1797 drückte sich diesbezüglich sehr deutlich aus, größere Städte könnten am wenigsten der Ort sein, um daselbst Fabriken zu errichten, „wo sie mehrere Vorteile, die sie auf dem Land eine wohlfeile Ware zu erzeugen

---

[1]) Staatsrat 1794, Nr. 4072, Přibram, a. a. O., I, 586 ff. — [2]) Abschrift bei Staatsrat 1803, Nr. 603. — [3]) Přibram, a. a. O., I., 170. — [4]) Vgl. Justi, Manufakturen und Fabriken, 2. Aufl., 1786, I, 81 f.: „In der Residenzstadt muß man die Manufakturen nicht anlegen. In der Hauptstadt des Landes ist es ungleich teuerer als in allen anderen Gegenden sowohl in Ansehung der Hausmiete als der Lebensmittel. Die Arbeiter müssen also teuerer bezahlt werden und dies verteuert die Waren ... es ist eine sehr notwendige Maxime eines weisen Regenten, daß er die Nahrung und die Zirkulation des Geldes allenthalben in seinen Staaten gleich zu verbreiten sucht."

instand setzen, verlieren würden"[1]). Auch fehlte es nicht an Versuchen, diesem Grundsatze bei Errichtung neuer Fabriken Geltung zu verschaffen. So mußte 1797 dem Brünner Matthias Mundy, weil auf die Klagen der Brünner Tuch-macher hin das Kreisamt, das Gubernium und die Hofstelle der Meinung waren, er solle die Fabrik nicht in Brünn, sondern auf dem Land errichten, erst vom Kaiser die Bewilligung zur Errichtung derselben in der Landeshauptstadt erteilt werden[2]).

Wenn auch der Geist, der die Gewerbepolitik dieser Zeit beherrschte, nicht sympathisch wirken mag, so kann nach dem Gesagten doch nicht geleugnet werden, daß auch jene Maßnahmen, welche für die Fortentwicklung der Industrie nicht gerade günstig sein konnten, nicht industriefeindlichen Tendenzen entsprangen, sondern nur der gewissen Ratlosigkeit der damaligen Staatsverwaltung und vor allem polizeilichen Rücksichten und Einflüssen zuzuschreiben sind.

Selbst auf dem Gebiete der Gewerbegesetzgebung zeigt sich damals vielfach eine gänzliche Unorientiertheit. Zahlreiche gewerberechtliche Fragen hatten sich ausgebildet, ohne jemals eine klare rechtliche Fixierung erfahren zu haben[3]). Die Unterscheidung zwischen Kommerzial- und Polizeigewerben war schon lange in Übung, ohne daß eine feste, begründete Begrenzung festgestellt worden oder wenigstens den Behörden bekannt gewesen wäre. Seit 1791 beschäftigte man sich mit dieser Abgrenzung und da die darüber befragten Länderstellen Zwangsmaßregeln auch für die Kommerzialgewerbe in Antrag gebracht hatten, so sah sich die Hofstelle 1799 veranlaßt, dieselben zu belehren, daß diese Gewerbe nach ganz anderen und freieren, wenn auch nicht völlig unbeschränkten Grundsätzen geleitet werden müssen als die Polizeigewerbe. Diese Frage fand erst 1809 ihren Abschluß[4]). *(Randglosse: Kommerzial- und Polizeigewerbe.)*

Auf dem Gebiete der auswärtigen Handelspolitik blieb es bei dem von Josef II. inaugurierten Prohibitionssystem. Die Kommerzialstempelung der inländischen Waren, zur Unterscheidung derselben von den ausländischen, war von Leopold 1791 aufgehoben worden, da die staatlichen Regiekosten und die Belästigungen der Fabrikanten größer waren als der Nutzen. Aber auf dringende Bitten der Fabrikanten wurde sie im November 1792 wieder ein-geführt[5]). Doch sie hatte wieder einen den Erwartungen entgegengesetzten Erfolg, denn der Stempel, der durch bestechliche Beamte auch auf ausländische Waren angebracht wurde, schützte sogar dieselben vor der Beschlagnahme, auch wenn sie als ausländisch erkannt worden waren. So mußte die Stempelung, statt den Schleichhandel zu hindern, denselben nur noch begünstigen. Daher sah sich die Hofkammer veranlaßt, 1800 an die Bankalgefällenadministrationen die Normalverordnung zu erlassen, daß auch echt gestempelte Waren, wenn *(Randglosse: Prohibition und Stempelung.)*

---

[1]) Barth, Allgem. österr. Gewerbs- und Handelsgesetzkunde, I, 284. Ebendaselbst der Hofbescheid vom 6. Febr. 1800, daß in Ansehung der Fabriken mehr auf deren Etablierung und Verbreitung auf dem Land als auf deren mit anderweitigen Nachteilen so verbundene Anhäufung bei der Hauptstadt das Augenmerk zu richten sei. — [2]) Staatsrat 1797, Nr. 3920. — [3]) Vgl. oben S. 14 bezüglich der Grenzlinie zwischen förmlichen und einfachen Fabriks-befugnissen. — [4]) Vgl. unten S. 132 ff. — [5]) Kopetz, Allgem. österr. Gewerbsgesetzkunde, II, 223.

sie von Sachverständigen als ausländisch erkannt werden, da sie durch den Stempel nicht aufhören, ausländischen Ursprungs zu sein, als fremde Waren nach den gesetzlichen Bestimmungen zu behandeln seien[1]).

Begünsti-
gung der
Fabrikanten
bezüglich
der Militär-
lasten.

Bei der langen Militärdienstzeit des 18. und der ersten Hälfte des 19. Jahrhunderts band dieser Dienst den dazu Berufenen für eine ganze Reihe von Jahren und entzog ihn seiner gewöhnlichen Beschäftigung. Dies mußte namentlich die Industrie in den Anfängen ihrer Entwicklung empfindlich treffen, da die größeren Fabriken sich meist ihre Werkführer und Arbeiter selbst mit Mühe und Kosten ausbilden mußten. Die Heranziehung der Leiter oder der wenigen gelernten Arbeiter einer Fabrik zum Militärdienste hätte in jenen Zeiten, in welchen ein Ersatz nicht leicht ausfindig gemacht werden konnte, geradezu die Betriebseinstellung zur Folge haben können. Ebenso hätten die Militäreinquartierungen bei ihrer Anwendung auch in bezug auf die Fabriksgebäude den Betrieb oft lahmgelegt. Kein Wunder daher, daß die Staatsverwaltung in der Zeit, in welcher sie sich bemühte, eine heimische Industrie zu schaffen, bestrebt war, diese Härten soviel als möglich zu mildern.

Schon unter Maria Theresia wurde den Fabriken in ihren Privilegien meistens auch die Befreiung von der Militärstellung für die Inhaber und ihre Hilfsarbeiter, mit alleiniger Ausnahme der Handlanger und Taglöhner zugestanden und diese Befreiung bald auch auf mehrere Kommerzialgewerbe ausgedehnt[2]).

Das Werbbezirkssystem von 1781 ließ die nämlichen Rücksichten für die bei Gewerben und Fabriken unumgänglich notwendigen Arbeiter eintreten[3]). Ebenso bestimmten die Hofdekrete vom 27. Mai, 26. Juli und 22. August 1791, daß nicht nur die Werkführer, sondern auch die Arbeiter von Fabriken, sowohl Gesellen als auch Lehrjungen, welche schon ein Jahr in jener Fabrik beschäftigt seien, von der Rekrutierung freizulassen seien[4]). Bei diesem Zustande verblieb es bis 1804. Weitere Befreiungen erfolgten jedoch nicht leicht und vielfach wurden solche Gesuche abgewiesen, namentlich in Fällen, wo die zum Militärdienste herangezogenen Arbeiter unschwer zu ersetzen waren. So wurde der Prager Handelsmann Johann Georg Berger 1794 mit seinem Gesuche um Befreiung der Bleichergesellen von der Rekrutierung abgewiesen mit dem Bedeuten, nur solche Leute bei der Bleicherei zu verwenden,

---

[1]) A. d. k. k. Min. In. G. 6., 1800, Sept. 23. Das böhmische Gubernium meinte diesbezüglich in einem Berichte vom 3. April 1792: „Man ist hierorts ganz wohl überzeugt, daß die bestandene Stempelung nicht so zweckmäßig war, als solche hätte sein sollen, da einerseits selbe zuviel kostete, andererseits aber (welches zwar nicht erwiesen, jedoch sicher zu vermuten ist) schon darum selbst zur Schwärzungsbeförderung viel beigetragen hat, weil die wenigsten der angestellten Stempler einige Warenkenntnisse hatten und dieselben durch lange Zeit keine Besoldung erhalten haben, folglich ein leben und ihren Dienst besorgen zu können, von anderen Leuten sich bezahlen lassen mußten" (Statth. A. Prag. 1786—1795, Kom. Fasz. 7, subn. 19). — [2]) Kopetz, Allgemeine österreichische Gewerbsgesetzkunde, II, 24; Wildner, Das österr. Fabrikenrecht, 214; Přibram, a. a. O., I, 72, 76. — [3]) Kopetz, a. a. O., II, 25. — [4]) H. K. A. Kom. N.-Ö. Fasz. 63/1, Nr. 34 ex jun., 32 u. 60 ex jul., 72 ex aug. 1791. Pol. Ges. Samml. 1791, Jul. 26.

die zum Soldatenstande nicht tauglich, zu Bleicharbeiten aber ganz gut zu brauchen seien[1]).

Beweise von Industriefreundlichkeit des Kaisers und der Behörden in jener Zeit sind auch sonst nicht selten. Im Jahre 1793 wurde Franz Xav. Lang, Inhaber der Ebreichsdorfer Zitz- und Kottonfabrik in den Ritterstand erhoben[2]). Dem Seidenzeugfabrikanten in Wien Jonas wurde eine goldene Medaille verliehen „als Merkmal der allerhöchsten Zufriedenheit über seine ersprießliche Verwendung im Fabriksfache und zur Aneiferung anderer zu ähnlichen, dem Staate nützlichen Unternehmungen"[3]). 1795 verlieh der Kaiser den Pilsner Tuchfabrikanten Gebrüder Tuschner wegen der von ihnen abgelegten Beweise unermüdlichen Fleißes in der Erzeugung feiner wollener Tücher, namentlich aber weil sie Maschinen und geschickte Weber auf eigene Kosten aus dem Auslande beriefen, Lehrlinge unterrichten ließen und durch ausgedehnten Handel die Industrie wesentlich förderten, zwei goldene Denkmünzen, wobei ihnen noch weitere Belohnungen in Aussicht gestellt wurden für den Fall, daß sie in ihrem Bestreben um die Emporbringung der Industrie verharren sollten[4]). Ebenso bewilligte der Kaiser 1798 dem Anton Parz in Marburg eine Belohnung von 50 fl., weil er eine Säge- und Stampfmaschine erfunden hatte[5]).

Ungefähr mit dem Jahre 1798 beginnt eine neue Periode, die namentlich durch die Einführung von neuen, den Betriebsprozeß wesentlich beeinflussenden Maschinen dem Kapital einen immer größeren Einfluß zu sichern berufen war. Während das ganze Fabrikswesen des 18. Jahrhunderts noch einen handwerksmäßigen Charakter hatte, wurde es jetzt bald anders; die kaufmännisch geleiteten, Maschinen verwendenden und auf kapitalistischer Grundlage beruhenden Fabriken traten zu den kleinen Unternehmern in einen immer größeren Gegensatz, die zünftigen Meister verloren teilweise ihre Selbständigkeit, indem sie vielfach bei ihren Mitmeistern oder in Fabriken als Werkführer Arbeit nahmen, wenn sie es nicht zuwege brachten, selbst den Weg zum Großbetriebe zu finden und Fabrikanten zu werden.

Zu seiner Entfaltung brauchte der Kapitalismus keines besonderen staatlichen Schutzes, sondern nur genügende Freiheit, somit Befreiung von den Fesseln, die dem Gewerbewesen noch anhafteten. Dies sollte auch der Gewerbepolitik der nächsten Jahre das charakteristische Gepräge geben als einer Periode des Kampfes der eine neue Zeit repräsentierenden Wirtschaftskräfte gegen die überkommenen Hemmnisse der industriellen Entwicklung.

II. Kapitel.
Die allgemeine Industriepolitik von 1798 bis 1816.

In der Behördenorganisation traten zwischen 1798 und 1816 keine wesentlichen Änderungen ein. Die 1797 erfolgte Trennung der Hofkammer von der Hofkanzlei wurde 1801 wieder aufgehoben. Schon 1802 erfolgte jedoch die

Margin notes: Auszeichnungen. — Behörden.

---

[1]) Statth. A. Prag. Kom. 1796—1805, Fasz. 12, subu. 41, 1794, März 20. — [2]) Staatsrat 1793, Nr. 3536. — [3]) Staatsrat 1793, Nr. 2999. — [4]) Statth. A. Prag, Kom. Fasz. 8, subn. 35, 1795, Febr. 12, Sept. 5. — [5]) H. K. A. Kom. I.-Ö., Fasz. 92, Nr. 2 ex dec. 1798.

abermalige und diesmal dauernde Trennung der vereinigten Hofstelle in die Hofkammer, Ministerialbankohofdeputation, Finanz- und Kommerzhofstelle einerseits, die vereinigte böhmisch-österreichische Hofkanzlei anderseits.

In Wien wurde 1807 als eine Mittelbehörde zwischen Magistrat und Landesregierung die Stadthauptmannschaft errichtet, der das Verleihungsrecht der Schutz- und einfachen Fabriksbefugnisse zustand[1]).

Das Jahr 1798 bildet eigentlich den Anfang der franziszeischen Industriepolitik, denn bis dahin hatte sie sich unter dem Einflusse der französischen Revolution einerseits, der dem Tode Josefs II. folgenden Reaktion gegen dessen radikale Ziele anderseits auf einer Bahn der Unsicherheit und Systemlosigkeit bewegt und so förmlich auf der Suche nach einer neuen Orientierung befunden.

Jetzt wehte ein anderer Geist und die Kommerzbehörden waren, von naturrechtlichen Ideen beeinflußt, bemüht, Hindernisse der gewerblichen Entwicklung möglichst zu mildern, wenn nicht ganz aufzuheben und jede nicht unbedingt notwendige Einflußnahme zu vermeiden. Dies zeigte sich schon sehr bald.

Allgemeine Bewilligung der Beschäftigung von Gesellen außer Haus (1801). Eine für die Entwicklung und Ausdehnung der Gewerbe wichtige Frage bestand darin, ob den Unternehmern gestattet werden solle, Gesellen außer Haus Stühle zur Verfügung zu stellen und sie für sich zu beschäftigen. Die fabriksmäßig Befugten hatten dieses Recht von jeher. In einzelnen Gewerbezweigen hatten auch die Meister dieses Recht schon erlangt. Aber allgemein für alle Gewerbe bestand es noch nicht.

Da eine solche Gepflogenheit dem Zunftsystem und Zunftgeiste gar nicht entsprach, war es klar, daß sich die Innungen gegen die Zulassung einer solchen Erleichterung mit Händen und Füßen sträuben würden.

Im Jahre 1792 hatte die Innung der Wiener bürgerlichen Strumpfwirkermeister den Beschluß gefaßt, daß künftighin kein Meister einen Arbeitsstuhl einem Gesellen außer Haus, in die Wohnung desselben, geben, sondern jeder Meister alle Stühle in seiner Werkstätte betreiben, folglich, wenn einer einen Stuhl bei einem Gesellen hätte, denselben zurücknehmen solle. Viele fühlten sich jedoch durch diesen Beschluß beschwert und einige Meister baten 1795 die Regierung um Aufhebung dieses Verbotes. Sie wurden aber von derselben, nach Einvernehmung und dem einstimmigen Einraten des Stadtmagistrats und der Fabrikeninspektion abgewiesen, weil der größere Teil der Meisterschaft diese Anordnung nützlich befunden und bei der Kommission der Meinung Ausdruck gegeben habe, daß die Außerhausgebung von Arbeitsstühlen zu Mißbräuchen und Störereien führe, da eine Kontrolle, ob ein Geselle auf eigene oder eines anderen Meisters Rechnung arbeite, nicht leicht möglich sei. Allerdings wurde der Magistrat zugleich von der Regierung darauf aufmerksam gemacht, er hätte, da solche Innungsbeschlüsse durch mehrere Verordnungen verboten worden seien, auch diesen Beschluß nicht bestätigen sollen.

---

[1]) Rudolf Payer von Thurn: Die k. k. Hofstellen, ihre Chefs u. deren Stellvertreter 1749 bis 1848. Wien, 1902, Schulbücherverlag (Tabelle). Kopetz, a. a. O., II, 436 ff., 448; Barth, a. a. O., IV, 31 ff.

Durch diesen Erfolg ermutigt, bat die Meisterschaft 1796, es solle auch den fabriksmäßig Befugten verboten werden, Stühle außer Haus zu geben; sie wurde aber natürlicherweise abgewiesen, mit der Begründung, daß sich das Verbot der Arbeit der Gesellen außer der Werkstätte des Meisters nur auf die zunftmäßigen Unternehmungen beziehe, „bei fabriksmäßig Befugten aber einen solchen Zwang einzuführen nicht rätlich sei, weil dergleichen Fabrikanten ihre Gesellen zu Hause oft nicht unterbringen können"; auch sei das Überhandnehmen der Störerei dadurch nicht zu befürchten, da ja die Vorsicht beobachtet werde, daß der Stuhl dem Fabrikanten eigentümlich gehören und dieser dem Gesellen ein Zeugnis ausstellen müsse, daß er für ihn arbeite.

Bald darauf ergriffen die 1795 mit ihrem Gesuch um Bewilligung der Haltung von Stühlen außer Hause abgewiesenen Strumpfwirkermeister gegen diese Abweisung den Rekurs, wurden aber durch Hofdekret vom 3. November 1796 neuerdings abgewiesen, bei welcher Gelegenheit sonderbarerweise zugleich verordnet wurde, daß auch einem fabriksmäßig Befugten, dem das Halten von Stühlen außer Haus von der Regierung bewilligt worden war, dies verboten werde. Dieser Fabrikant überreichte aber demgegenüber 1797 eine Vorstellung bei Hof und setzte es durch, daß ihm, der eine Fabriksbefugnis besaß und daher an den Innungsbeschluß der Meisterschaft nicht gebunden sein konnte, das Halten von Stühlen außer Haus gestattet wurde.

Aber auch nicht fabriksmäßig befugte Meister fühlten sich durch dieses Verbot in der Erweiterungsmöglichkeit ihrer Betriebe natürlicherweise eingeengt und erstrebten durch ein Hofgesuch die Aufhebung des Innungsbeschlusses von 1792. Der Stadtmagistrat trug zwar wieder auf Abweisung an, blieb jedoch diesmal mit dieser Ansicht allein. Die Zeiten und die Ansichten über die Beschränkungen der Industrie hatten sich schon geklärt, die Wünsche des Zunftgeistes konnten kein Verständnis mehr finden.

Der Fabrikeninspektor ging in seinem diesbezüglichen Berichte vom 11. März 1801 von der Ansicht, die er 1795 vertreten hatte, ab und riet nunmehr an, das Halten von Stühlen außer Haus allgemein zu gestatten, jedoch unter folgenden Vorsichten: 1. daß der Meister einem Gesellen nur einen Stuhl in seine Wohnung gebe, 2. daß dieser Stuhl immer im Eigentum des Meisters verbleibe, 3. daß der Meister zugleich dem Gesellen ein schriftliches Zeugnis darüber ausstelle, daß er für ihn arbeite. Das bestehende Verbot sei ganz aufzuheben, und zwar aus folgenden Gründen: 1. Der Innungsbeschluß von 1792 ist überhaupt nur dadurch zustande gekommen, daß der verstorbene Vorsteher Fieber die listige Vorspieglung gebraucht hatte, daß auch die Schutzverwandten fabriksmäßig und Landesbefugten ebenso wie die Strickermeister zur Zurücknahme ihrer Stühle nach Hause verhalten werden würden. 2. „Weil dieser Zwang der Erweiterung der Beschäftigung und Fabrikation höchst hinderlich sei." 3. Weil die Haltung vieler Stühle im Hause des Meisters sehr große Wohnungen erfordern würde, wodurch, wegen der hohen Zinse, die Produkte stark verteuert würden. Die meisten Hauseigentümer nehmen viele Stühle wegen ihrer Schwere und des Getöses nicht gerne in ihr

Haus, während verheiratete Gesellen in ihren Wohnungen einen Stuhl leicht unterbringen können. Auch sei bei mehreren anderen Innungen, wie den Seidenzeugmachern, Baum-, Schafwoll- und Leinenwebern und Posamentierern dieser Zwang schon abgeschafft worden.

Die Zunft machte zwar bei der kommissionellen Beratung allerlei Einwendungen, wie daß zu Hause die Aufsicht über die Zucht unmöglich sei, das Material nicht kontrolliert werden könne, Störerei zu befürchten sei, der Unterricht der Lehrlinge leiden werde, wenn die Meister sehr viel außer Haus zu tun haben und ähnliches, hatten aber mit diesen Einwürfen nur noch den Erfolg, daß ausdrücklich bemerkt wurde, „der ganze Innungsbeschluß selbst scheine nicht soviel aus einer guten Absicht und Liebe zur Ordnung, sondern vielmehr aus einem Handwerksneide der Meisterschaft gegen die Fabrikanten und Strickermeister entstanden zu sein".

So trug denn auch die Regierung in ihrem Bericht an die Hofstelle an, es solle das Außerhausgeben von Stühlen unter den von der Fabrikeninspektion formulierten Vorsichten gestattet werden. „Dies sei auch und in dem gegenwärtigen Zeitpunkte um so notwendiger, als nicht nur die Wohnungszinse außerordentlich gestiegen seien, sondern auch insbesondere einleuchtend sei, daß es, bei der vergrößerten Anzahl der Fabrikanten aller Art und der so sehr zugenommenen Volksmenge, den Meistern und Fabrikanten, die nicht selbst eigene Häuser und Fabriksgebäude besitzen, beinahe ganz unmöglich werden müsse, hier in Wien so große Wohnungen zu finden, daß sie zur Aufstellung aller ihrer Werkstühle hinreichten." Durch Aufhebung dieses Zwanges können kleinere Betriebe leicht erweitert werden.

Der Antrag und dessen Begründung fand bei der Hofstelle vollen Anklang und durch Hofdekret vom 8. Oktober 1801 wurde der Regierung bekanntgegeben, der Antrag sei den echten Kommerzialgrundsätzen um so mehr angemessen, „als jeder nicht höchst nötige Zwang und jede Beschränkung die Fortschritte des Erwerbfleißes nur hemmt und die zweckmäßigste Unterstützung und Beförderung desselben in der Beseitigung der annoch vorhandenen Hindernisse besteht, worunter jede Vermehrung der Kosten, jeder Zeitverlust und jede Erschwerung des so wohlfeilen und vorteilhaften Hauserwerbes vorzüglich gerechnet werden muß". Daher sei die Verlegung der Gesellen mit Arbeit außer Haus allen Meistern und befugten Fabrikanten ohne Anstand bei allen Kommerzialgewerben und Beschäftigungen unter den von der Regierung angetragenen Vorsichten nicht nur zu gestatten, sondern durchaus zu begünstigen[1]).

Nichts könnte den Umschwung der Anschauungen über die Gewerbebeschränkungen seit 1798 so deutlich kennzeichnen wie die Wechselfälle, denen diese Frage bis zu ihrer definitiven Erledigung ausgesetzt war. Ein anderer Geist wehte bei den Kommerzbehörden.

---

[1]) H. K. A. Kom. N.-Ö., Fasz. 63/1. Nr. 7 ex oct. 1801.

Inzwischen bereitete sich von anderer Seite ein merkwürdiger Ansturm Versuch der Fernhaltung der Fabriken aus Wien. gegen die Fabriken in Wien vor, den abzuwehren die Kommerzhofstelle sich alle Mühe geben mußte.

Um die Jahrhundertwende herrschte in der Residenzstadt ein ungeheurer Wohnungsmangel und infolgedessen auch eine dementsprechende Wohnungsteuerung. Der Hausbesitzer und Kapitalisten bemächtigte sich ein wahrer Wuchergeist, und 1801 wurden die Zinse selbst für die Wohnungen, welche nur von der ärmsten Volksklasse benützt wurden, um 20 bis 100 und mehr Prozent gesteigert. Dabei war die Wohnungsnot so groß, daß nach einem Polizeibericht eine arme Familie in der Totenkammer einer Vorstadt, eine andere während des strengsten Winters in einem Gartenhaus, ein Fiaker mit Weib und Kind wochenlang auf offener Straße in seinem Wagen übernachten mußte. Infolgedessen entstand in der Bevölkerung eine furchtbare Erregung und der Polizeidirektor selbst mußte berichten: „allmählich äußert sich die Stimme des Volkes gegen den Monarchen und die Staatsverwaltung".

Als nun in diesem Jahre ein Webergeselle, Georg Pillasch, um eine fabriks- Bericht der niederösterreichischen Regierung vom 29. September 1801mäßige Befugnis ansuchte, da beschloß die niederösterreichische Regierung mit Stimmenmehrheit, bei der Hofstelle anzutragen, daß zur Verhütung einer noch größeren Teuerung der Lebensmittel und der Wohnungszinse in Zukunft in einem Umkreise von vier Meilen von Wien weder eine förmliche noch eine einfache Fabriksbefugnis in der Weberei oder in der Lederbereitung verliehen werden solle; die Bittwerber für solche Befugnisse sollten angewiesen werden, sich auf dem flachen Lande dazu einen tauglichen Niederlassungsort ausfindig zu machen. Die Minderheit der Stimmen der Regierung sah jedoch diesen Antrag und dessen Durchführung als der inländischen Industrie äußerst nachteilig an. Deshalb wurde die Regierung von der Hofstelle angewiesen, darüber zunächst auch die Fabrikeninspektion zu befragen und sodann einen neuen, ausführlichen Bericht zu erstatten.

Die Fabrikeninspektion gab ihr Gutachten dahin ab, es sei nicht daran zu denken, die Webereien und Lederfabriken aus Wien zu entfernen, denn auf dem flachen Lande sei es beinahe unmöglich, fähige Webergesellen zu finden, oder sie müßten erst mit viel Mühe und Kosten zu den feineren Arbeiten ausgebildet werden. Auch eine genügende Anzahl von Lehrlingen sei auf dem flachen Lande nicht aufzubringen. Nur in einer großen Stadt befinden sich alle Hilfsmittel zur Verfertigung der feineren Webereiwerkzeuge, ebenso wie die Färber, Appreteure, Drucker u. dgl. Nur in Wien haben die Fabrikanten Gelegenheit, die benötigten englischen Gespinste nach Wahl und Bedarf bei den Handelsleuten zu kaufen. Die Fabriken seien an der Zinssteuerung nicht schuld, da sie keiner großen Gebäude oder Werkstätten bedürfen, vielmehr die Stühle unter die in Verlag arbeitenden Gesellen verteilt seien, während in den Fabriksgebäuden nur die Vorräte an Gespinst und fertiger Ware sowie die Appreturmaschinen aufbewahrt werden. Die Lederfabrikanten können ihren Bedarf an Fellen auch nur in Wien ohne bedeutende Frachtkosten decken.

Bei der Landesstelle gingen die Meinungen stark auseinander. Einige Räte (Freiherr v. Managetta, v. Resper, Graf Hoyos und Graf Palm) waren

der Meinung, alles was den Namen einer Fabrik führe, hätte mit
dem Absterben der gegenwärtigen Besitzer einzugehen und in
Wien sollten nur die eigentlichen Meister und höchstens die
Schutzverwandten, die auf die eigene Hand beschränkt sind,
geduldet werden.

Der Referent der Landesstelle, Freiherr von Kielmannsegge, ein
Mann von großem Wissen und mit weitem Blicke, hielt jedoch die gewaltsame
Fernhaltung der Fabriken von der Hauptstadt für 1. unnotwendig, 2. unaus-
führbar, 3. äußerst verderblich.

Sie sei nicht notwendig, denn die eigentliche Absicht, dadurch die Preise
der Lebensmittel und der Wohnungen billiger zu gestalten, könne nicht erreicht
werden. Die Lebensmittel in Wien seien überhaupt die niedrigsten unter allen
Hauptstädten Europas. Die eigentliche Ursache der Teuerung sei vor allem der
langjährige Krieg, die Verluste, welche die Armee so oft durch Wegnahme
beträchtlicher Magazine durch die Feinde erlitt, die wieder schnell ersetzt
werden mußten, die feindlichen Truppen im Lande, die viel zerstörten und
verwüsteten; nicht zuletzt die Lieferanten, die das Aufkaufen im Lande in eine
Art System brachten und zum Besten der Armeen, aber zum Nachteile der
Städter begünstigt wurden, die Menge von Papiergeld und schlechten Münz-
sorten, alle diese Umstände hätten zur Teuerung beigetragen.

In Niederösterreich werde überhaupt nicht soviel Getreide erzeugt, als
es zur Ernährung aller seiner Bewohner bedürfe, ebenso wie Vieh eingeführt
werden müsse. Es würde demnach gleichviel, ob die Verzehrung in Wien
oder in einem Gebiete von vier Meilen außerhalb der Stadt geschehe.

Die Fabriken seien auch am Wohnungsmangel nicht schuld, denn die Bevölkerung habe sich seit 1796 nicht vermehrt und damals seien keine Klagen
darüber gehört worden. Nur stelle man gegenwärtig an die Wohnungen höhere
Anforderungen, der Kaufmann, der Gewerbsmann und der Beamte begnüge
sich nicht mehr mit einer Wohnung wie früher. Wesentlich hätten zum
Wohnungsmangel das Militär, die vielen anwesenden fremden Hofhaltungen
sowie die Ansiedlung vieler Fremden überhaupt beigetragen.

Das einzige Mittel, der gegenwärtigen Wohnungsteuerung zu steuern, bestehe
in der Aufhebung des Bauverbotes; man solle Wien nicht mehr als eine Festung
ansehen. Daneben dürfte zur Erreichung dieses Zieles auch beitragen die
Abschaffung der Juden, die Verminderung der Griechen, die
Verlegung mehrerer Militär-, besonders Artilleriezweige sowie
auch größerer Institute, die mit der Hauptstadt in keinem wesentlichen
Zusammenhange stehen.

Nicht nur unnötig, sondern auch undurchführbar sei die Entfernung der
Fabriken von Wien. Außer der k. k. Porzellanfabrik bestehe daselbst überhaupt
keine große Fabrik im wirklichen Sinne des Wortes. Die anderen Fabriken
seien nicht in großen Gebäuden untergebracht, sondern die Werkstühle in
kleineren Wohnungen unter die Arbeiter verteilt; die Kaufleute borgen den
Fabrikanten das rohe Material; wenn ein Stück fertig sei, werde es abgeliefert
und bezahlt und nur durch diese günstigen Verhältnisse sei die Erzeugung

und der Absatz an Waren so bedeutend. Auf dem Lande würden alle diese für die Fabrikation günstigen Verhältnisse verloren gehen.

Für die Fabriken wäre die Entfernung aus der Stadt auch äußerst verderblich, denn es hieße dies überhaupt die Fabriken gänzlich unterdrücken. Zwischen Fabriken und Gewerben sei da kein Unterschied möglich. Daher würde man Gefahr laufen, wollte man die beabsichtigte Fernhaltung von Wien durchführen, alles dasjenige zu vernichten, was die Weisheit der Regenten seit Jahrhunderten mit soviel Mühe zustande gebracht habe, und dies in einem Zeitpunkte zugrunde zu richten, wo es die ungünstigsten Verhältnisse am dringendsten fordern, die inländische Betriebsamkeit auf alle nur mögliche Art zu ermuntern und zu unterstützen. An zahlreichen Waren würde man bald vollkommen Mangel leiden, da sie von den gewöhnlichen Meisterschaften nicht verfertigt werden; die Fabriksarbeiter würden sich auf dem Lande nicht ansiedeln, sondern größtenteils auswandern.

Den überzeugendsten Beweis von der Schädlichkeit der beabsichtigten Maßnahme liefere die Erfahrung, daß die meisten Gewerbe auf dem Lande weder in der Geschicklichkeit Fortschritte aufweisen noch großen Nutzen abwerfen, sondern der Gewerbetreibende stets unter die ärmste Klasse der Ortsbewohner gehöre. Auch seien die Gemeinden und Herrschaften gegen die Ansiedlung neuer Gewerbetreibenden und es müßte daher vor allem eine allgemeine Gewerbefreiheit auf dem flachen Lande und in den Provinzialstädten eingeführt werden. Aber auch an diesen Orten herrsche überall ein fühlbarer Mangel an Wohnungen, so daß man sie selbst für das Militär kaum auftreiben könne. Auch wäre auf dem Lande die polizeiliche Aufsicht kaum durchführbar. Daraus erhelle die Unmöglichkeit der Durchführung der beabsichtigten Maßnahmen. Sollte aber doch einmal, meinte der Referent weiter, die Staatsverwaltung das Zuströmen zur Residenzstadt durch Zwangsmittel verhindern wollen, so könnten dabei, nach den vorausgeschickten Ausführungen, die Fabrikanten wohl an allerletzter Stelle an die Reihe kommen. Zunächst müßten die Reichen den Platz räumen, die sich hier nur unterhalten und ein üppiges Leben führen, wenn man nicht berücksichtigen würde, welchen großen Vorteil die Hauptstadt durch ihren Aufenthalt genieße. Es könnten auch die Gutsbesitzer gezwungen werden, wenigstens einen Teil des Jahres auf ihren Landsitzen zuzubringen und ihren eigenen Untertanen den Umlauf des Geldes zu gönnen, das sie von ihnen beziehen.

In jedem Falle könnte das Verbot, eine Fabrik in der Hauptstadt zu errichten, doch nur diejenigen treffen, welche eine förmliche Landesbefugnis beanspruchen, denn alle fabriksmäßigen Befugnisse aus der Stadt fernzuhalten sei überhaupt unmöglich, wenn man nicht den ganzen Gewerbefleiß unterdrücken wolle. Nur eine Konzession glaubte der Referent machen zu können: jene Fabriken, welche durch Rauch, Getöse, ekelhafte und ungesunde Ausdünstungen den Umwohnern Unbequemlichkeiten verursachen, wie chemische Fabriken, Salpetersiedereien, Scheidewasserbrennereien, Berlinerblaufabriken und jene, welche mit Quecksilber in Feuer arbeiten, sollten aus der Hauptstadt entfernt oder auf abgelegene Plätze gewiesen werden, ebenso wie dies auch bei mehreren bürgerlichen Gewerben eintreten könnte, wie Fleischern, Gerbern, Seifen- und Leimsiedern, Kupferschmieden u. dgl.

Bericht der niederöster- reichischen Regierung vom 23.März 1802. Diese eingehenden und überzeugenden Ausführungen des Referenten der Landesstelle fanden bei den Räten nur geringen Anklang und blieben in der Minderheit. Nur der Regierungsrat Graf Harrach und der Vizepräsident Graf Kuefstein stimmten ihm bei.

So beschloß die niederösterreichische Regierung, bei ihrem früheren Beschluß, auf Entfernung der Fabriken aus Wien und Umgebung zu beharren. Der diesbezügliche Bericht ging unter dem 23. März 1802 an die Hofstelle[1]).

Ganz unabhängig davon suchte die damals ins Leben gerufene Kommission in Wohlfeilheitsangelegenheiten gegen die Wohnungsteuerung radikale Mittel ausfindig zu machen und anzuwenden und trug durch Vortrag vom 10. Februar 1802 an, einstweilen provisorisch, bis wohl überdachte und alles umfassende Vorschläge für bleibende Maßnahmen ausgearbeitet sein würden, ein Moratorium zu erlassen, wonach sämtliche inner den Linien Wiens befindlichen Hauseigentümer ohne Ausnahme bis auf weitere allerhöchsten Befehl bei Strafe des zweifachen Zinsbetrages keinen höheren Zins, als den sie zu Michaeli 1801 bezogen hatten, abzufordern, und die Zinsparteien bei gleichmäßiger Strafe zu bezahlen berechtigt sein sollten, wobei dem Anzeiger einer solchen Übertretung nebst Verschweigung seines Namens ein Drittel des erlegten Strafgeldes zugesichert werden, die übrigen zwei Drittel aber dem Armeninstitut anheimfallen sollten.

Dieser merkwürdige Vorschlag kam im Staatsrate zur Beratung, wobei die ganze Frage der Wohnungsteuerung und des Wohnungsmangels gründlich erörtert und zahlreiche Mittel zur Abhilfe vorgeschlagen wurden.

Erzherzog Karl meinte jedoch, alle vorgeschlagenen Maßregeln würden ebenso wie das Provisorium kaum etwas nützen, und schlug selbst andere Abhilfsmittel vor, darunter: „keine neuen Fabriken mehr innerhalb der Linie aufzunehmen und selbst auf Entfernung der schon vorhandenen bei jeder Gelegenheit, wo es sich tun läßt, Bedacht zu nehmen". Dadurch würde die Volksmenge in Wien vermindert und viele Wohnungen gewonnen werden. „Es ist überhaupt sehr widersinnig, Fabriken, wenn die Gattung ihrer Arbeiten es nicht durchaus nötig macht, in einer Hauptstadt zu etablieren, wo Miete, Arbeitslohn, Holz und alle möglichen Bedürfnisse weit teurer sind, als anderswo."

Neben anderen Beschlüssen zur Linderung der Wohnungsnot, wie die Beschaffung von Naturalwohnungen für die Beamten, Beschränkung der Aftervermietungen, Entfernung von öffentlichen Instituten aus Wien u. dgl. drang denn auch die Anschauung durch, daß die Entfernung der Fabriken die Wohnungsnot wesentlich beheben werde, wobei man der Meinung war, daß die Fabriken

---

[1]) Original H. K. A. Kom. N.-Ö., Fasz. 63/1, Nr. 37 ex jun. 1804.

auf dem Lande ein noch leichteres Fortkommen finden könnten als in der teuren Stadt.

So erging unter dem 22. Februar 1802 an den Präsidenten der vereinigten Hofstelle, Grafen Lažansky, ein allerhöchstes Kabinettschreiben mit der Weisung, die Errichtung von neuen Fabriken in Wien und den Vorstädten gänzlich einzustellen; in Zukunft daher ohne allerhöchste besondere Genehmigung daselbst weder eine neue Fabrik zu errichten noch eine Befugnis hiezu zu erteilen oder auf andere zu übertragen, vielmehr nach Maßgabe, als irgend eine Fabrik oder Fabriksbefugnis aufhört, dieselbe ohne weiters eingehen zu lassen[1]). Kabinett schreiben vom 22. Februa 1802.

Die vereinigte Hofstelle, die sich der Tragweite dieses kaiserlichen Befehles wohl bewußt war, erstattete darüber schon acht Tage später, unter dem 3. März einen vom Referenten, Grafen Herberstein-Moltke, verfaßten, alleruntertänigsten Vortrag, durch welchen sie sich bemühte, die Unmöglichkeit und äußerste Schädlichkeit der Durchführung dieser Anordnung auseinanderzusetzen. „Es wäre äußerst pflichtwidrig von dieser treugehorsamsten Hofstelle, welcher die Ausdehnung dieses allerhöchsten Auftrages und seine Folgen wohl bekannt sind, wenn sie nicht ohne irgend eine Zurückhaltung und mit der dem allgemeinen Besten schuldigen Freimütigkeit Euerer Majestät gegen diesen so unbeschränkten Befehl die nachdrücklichste Vorstellung in Ehrfurcht darbrächte, deren Gründlichkeit sie nur durch Anführung vieler Details der so mannigfachen Verhältnisse erweisen kann." Vortrag vom 3. März 1802.

Die Angelegenheit teile sich in drei Fragen: 1. Ist es ausführbar, würde es nicht vielmehr äußerst schädlich sein, die Erteilung neuer Fabriksbefugnisse in Wien ganz einzustellen? 2. Ist es ausführbar, würde es nicht vielmehr äußerst schädlich sein und selbst eine offenbare Kränkung des Eigentums ausmachen, wenn man die Übertragung der Fabriksbefugnisse hindern und ihre Auflassung gesetzlich bewirken wollte? 3. Würde dadurch der Stadt Wien eine wahre Hilfe, dem Gesamtstaate aber nicht ein unberechenbarer Schade, zugefügt werden?

Es sei zwar jedermann der Grundsatz nur allzu bekannt, daß es wünschenswert wäre, die Fabriken und größeren Unternehmungen nicht in wenigen Städten zusammen zu sehen, sondern in den Provinzen und auf dem flachen Lande verteilt zu finden. Wenn man aber das Detail der Verhältnisse und insbesondere die Lage und Beschaffenheit der Provinzen der Monarchie näher betrachte, so sei bald die volle Unmöglichkeit der baldigen Erreichung dieses Wunsches klar. Zwar könne der obige Grundsatz nicht widerlegt werden, doch könne bewiesen werden, daß zur Erreichung desselben keineswegs ein Zwang eintreten müsse, da aus der einzigen Ursache, daß eine Unternehmung anderswo nüzlicher wäre, nicht die Folgerung gezogen werden dürfe, sie dorthin mit Gewalt zu versetzen, denn

---

[1]) Staatsrat 1802, Nr. 780; 1069; H. K. A. Kom. N.-Ö., Fasz. 63/1, Nr. 35 ex apr., Nr. 37 ex jun. 1804.

es sollen in einem Staate, in welchem der Unternehmungsgeist noch schüchtern sei und erst aufzukeimen beginne, dem Unternehmer keine Abschreckungsgründe und Hindernisse in den Weg gelegt werden. Die Wahl des Ortes müsse seiner eigenen Spekulation überlassen bleiben; sobald der Taglohn und das sonstige Fortkommen in den Städten zu hoch sein werde, werde ihn sein eigener Rechnungsgeist aus der Stadt verweisen. Wenn die Unternehmungen sich so stark in die Städte und besonders nach Wien drängen, so folge daraus, daß sie hier ihr Fortkommen besser und leichter finden als anderswo.

Zur Zeit Kaiser Josefs sei es viel leichter gewesen, Fabriken auf dem Land ins Leben zu rufen. Es sei damals getrachtet worden, die Provinzstädte und Märkte zu heben, durch die Menge der aufgehobenen Klöster sei es möglich gewesen, viele derartige Gebäude unentgeltlich oder um einen sehr niedrigen Preis einwandernden Unternehmern zu überlassen; auch seien die Fabrikanten damals mit Vorschüssen und Begünstigungen beteilt worden, welche der Staatsverwaltung das Recht gaben, Bedingungen zu stellen, unter anderem auch die, die Unternehmung nicht in Wien zu errichten.

Gegenwärtig aber, wo ein zehnjähriger, außerordentlich blutiger Krieg alle Provinzen entvölkert habe, wo der Lohn so hoch stehe, wo den Fabrikanten keine Begünstigungen zuteil werden, die Reichen sich selten zur Unterstützung bereit finden, wo die Besitzer der größeren Herrschaften die Fabriken in ihrem Gebiete so oft noch als einen Feind betrachten, der den Ackerbautaglohn verteuere, wo selbst die Magistrate der Städte ebenso darüber zu denken viele Beweise geliefert haben und „aller Belehrung ungeachtet auch manche Länderstellen solche Grundsätze äußern[1]), jetzt, wo auf dem Lande gar keine leerstehenden Gebäude, noch weniger Mietwohnungen zu finden seien, jetzt habe in der Tat die öffentliche Verwaltung aufgehört, eine Gewalt über die Unternehmungen auszuüben, sie habe beinahe kein Recht, ihnen strenge, beschwerende Bedingungen aufzubürden, und sie sei (man müsse hier offene Sprache führen) wahrhaft in dem Falle, den Unternehmern für ihr Fleißigseinwollen danken zu müssen, weit mehr als die Unternehmer in dem Falle seien, der öffentlichen Verwaltung für das erhaltene Befugnis zu danken, welches eine einsichtige und billige Staatsverwaltung überhaupt, noch weniger aber bei den bestehenden Verbotsgesetzen zu versagen sich wohl nie entschließen werde, weil das Erwerbsrecht nicht verletzt werden dürfe". Die Staatsverwaltung würde sich selbst schaden, würde sie Maßregeln ergreifen, welche von Unternehmungen abschrecken oder dieselben gar unmöglich machen.

In Wien allein fließe der ganze Urstoff in großer Menge zusammen, sei wegen der Konkurrenz bei größter Auswahl dennoch am billigsten und wegen der persönlichen Bekanntschaften auf Kredit zu haben; in Wien seien allein

---

[1]) Gemeint ist hier der erste Bericht der niederösterreichischen Regierung an die Hofstelle mit dem Antrag auf Entfernung der Fabriken aus Wien, der unter dem 29. Sept. 1801 erstattet wurde (siehe oben S. 25). Der zweite mit den oben erwähnten Ausführungen des Referenten Freiherrn von Kielmannsegge erfolgte erst später, unter dem 23. März 1802.

geschickte Hilfsarbeiter für Maschinen, Werkzeuge und Zeichnungen aufzutreiben, nur hier eine genügende Zahl von Gesellen zu haben, nur hier stehen
Farbstoffe, Färbereien u. dgl. nach Auswahl und jederzeit zu Gebote, nur in
Wien sei der Absatz sehr leicht, weil hier viele Handelsleute auf Verlag erzeugen
lassen und den Absatz selbst weiter besorgen. Die Fabriken in Wien ersparen
die Kosten für das Hin- und Herverfrachten des Urstoffes und der Waren,
der anfangende Unternehmer finde hier ganze Vorstädte, die bloß für Fabriken
gebaut seien. Auf dem flachen Lande wäre er gezwungen, sich ein eigenes Gebäude zu bauen, so daß sein kleines Kapital kaum dazu hinreichen würde. Nur
in der Großstadt könne in der Not Kredit und Unterstützung erhalten werden.
Hier sei auch der Taglohn, besonders für Weiber und Kinder, niedriger als auf
dem flachen Lande, hier erleichtern auch die großen Märkte und der große
Verkehr auf den hier sich kreuzenden Straßen den Absatz, so daß der Fabrikant
sich eine gewisse Unabhängigkeit vom Handelsmann bewahren könne. Für
feine und künstlerische Arbeiten seien nur in Wien Künstler, Gelehrte, Chemiker,
Technologen und Mechaniker, welche dem Fabrikanten mit Rat und Tat beistehen. Durch die Fabriken finde das in allen großen Städten
notwendigerweise befindliche Gesindel Beschäftigung, so daß
dieselben die besten, zweckmäßigsten und nützlichsten Versorgungsanstalten ausmachen.

Der Umstand, daß so viele Fabriken in Wien entstanden seien, beweise
schon die Richtigkeit aller hier angeführten Tatsachen. Die Entfernung dieser
Unternehmungen aus der Stadt hieße nichts anderes, als zwei Drittel davon
ganz zu „vertilgen", so wie zwei Drittel bei Bestand dieser Einschränkungen
nicht entstanden wären.

In anderen Ländern sei nirgends ein solcher Zwang zu sehen und gerade
die industriereichsten Staaten seien mit großen Städten besät, haben vermögende Einwohner und seien von Straßen und Kanälen durchzogen. Österreich hingegen „zeichnet sich durch den Mangel aller dieser Vervollkommnungen aus".

Wie sehr es in der Natur der Sache selbst liege, daß die zahlreichsten
Fabriksbetriebe in den Großstädten zu finden seien, werde noch deutlicher,
wenn man jene zahllosen kleinen und mittelgroßen Fabriken und Unternehmungen und ihre Verhältnisse untersuche, welche gerade den größten Teil
der Betriebsamkeit der Residenz ausmachen. Golddrahtzieher, Fein- und Kunstdrechsler, Silberarbeiter, Feinzeugschmiede, Kunstschlosser und Kunstschreiner,
Maschinisten, Verfertiger feiner Werkzeuge und unzählige ähnliche Beschäftigungszweige können nur in einer großen Stadt einen Erwerb finden, wo ein
zahlreicher Bedarf ihrer besseren Erzeugnisse bestehe, wo höherer Luxus vorhanden sei. So wäre es kaum möglich, eine genaue Grenzlinie zu
bestimmen zwischen jenen Gewerbezweigen, die auf das flache
Land zu verweisen, und jenen, die in Wien zu dulden wären.

Diese Ausführungen beweisen, so fährt der Vortrag fort, „daß der ämtliche Einfluß, daß das Verordnen, daß jeder Zwang in Erwerbssachen die gefährlichste aller Klippen sei, daß in diesem Fache

ein Meer von Detailen bestehe, die die öffentliche Verwaltung
ämtlich zu übersehen und durch Gesetze zu leiten nicht vermag,
daß hier der natürliche, von selbst entstehende Gang allein
alles entscheide und selbst das wahre Geleise hervorbringe,
daß hier noch weniger als in irgend einem anderen Zweige ein
gäher Sprung auch bei aller angewandten Gewalt möglich sei,
daß also zur Entfernung der Fabriken aus der Hauptstadt kein
anderer Weg übrig bleibe, als hierin in den Provinzen und den
dort verteilten kleineren Städten jene Vorteile entstehen zu
machen, welche dem besseren Kunstfleiße unentbehrlich sind,
in der Überzeugung, daß sodann der abgezielte Endzweck gar
bald von selbst werde erreicht sein. In diesem Zweige wirken
daher wahrhaft und mit Nutzen nur indirekte Wege, sie wirken
langsam, aber mit desto größerem Vorteil und gewiß ist es,
daß in diesem Zweig eine einzige Zeile von Verordnung sehr
leicht mehr schaden kann, als ein halbes Jahrhundert zu ersetzen
vermag".

„Damit aber Euere Majestät hieraus nicht auf das Urteil verfallen mögen,
als habe diese treugehorsamste Hofstelle auf diesen wichtigen Endzweck, die
Provinzen und ihre Städte zu beleben und die Fabriken allgemach dahin zu
locken, nicht vorgedacht, so muß man hier noch bemerken, daß man in dieser
Absicht allen Länderstellen wiederholt und nachdrücklich aufgetragen habe,
jeder Fabrik ohne Anstand zu gestatten, die ihr nötigen Hilfsarbeiter sich bei-
zulegen, die von großen Städten entfernten Unternehmungen auf alle Art zu
begünstigen und zu bewilligen und in den größten Hauptstädten sich nur dahin
zu beschränken, keinen schädlichen Zwang eintreten zu lassen. Wenn Eucre
Majestät dies nicht genug wirkend finden sollten, so wird man bei Gelegenheit
der Beratung über alle Gewerbe einen eigenen Vorschlag hinzufügen, um
eigene freye Erwerbsstädte, sogenannte Fabriksstädte zu kreiren,
welche nach ihrer Lage dem Erwerbszweige angemessen sein müssen, und dergestalt hofft man Euere Majestät überzeugt zu haben, daß gegenwärtig eine
Zwangsmaßregel von den unberechenbarsten und allerschädlichsten Folgen
wäre."

Gegen die für jede neue Befugnisverleihung angeordnete besondere allerhöchste Genehmigung wird im Vortrage vorgebracht, daß beim Unternehmer
jede verlorene Woche den Verlust eines kleinen Kapitals ausmache und es selbst
dem Ansehen Seiner Majestät nicht angemessen sein könne, Gewerbebefugnisse,
die jede Ortsobrigkeit verleihen dürfe, nur von dem höchsten Thron zu bestätigen und mit Zeitverlust einholen zu dürfen.

Die Durchführung der anbefohlenen Maßregel der Entfernung der Fabriken
wäre auch eine Kränkung des Eigentumsrechtes und die Unternehmer müßten
um ihre Kinder besorgt sein, wenn sie ein mühevoll begonnenes Werk auflassen
sollten, woraus sie kaum die Hälfte des wahren Wertes bezogen haben. Erst
vor kurzem habe sich eine Kommission mit der Frage beschäftigt, die für den
Schleichhandel so gefährlichen Fabriken an der Grenze wegzubringen, sei aber

davon abgekommen, da die Versetzung sehr große Nachteile mit sich bringen würde, die größer wären als das Übel, das man bekämpfen wolle. Die Befugnisse seien zwar persönlich, aber Billigkeit und Nutzen des Staates erfordern zugleich, sie stets zu erneuern, denn sonst wäre der Kredit erschüttert, weil jedes Unternehmen als ein ephemeres Wesen betrachtet werden müßte.

Durch die Entfernung der Fabriken würde endlich auch die Residenzstadt ˜elbst einen unberechenbaren Schaden erleiden, denn sie würde aufhören, die Pflanzschule des guten Geschmackes zu sein.

Mit der nochmaligen Beschwörung um Vermeidung jeden Zwanges und mit der Bemerkung, daß einerseits indirekte Begünstigung der Fabriken auf dem Land, anderseits die Zunahme der Lebensmittel- und Wohnungsteuerung in Wien selbst dazu beitragen werde, die Fabriken von der Residenz wegzubringen, schloß dieser denkwürdige Vortrag vom 3. März 1802.

Dadurch befand sich die Hofstelle in offener Opposition gegen einen auf Beschluß des Staatsrates hin ergangenen ausdrücklichen kaiserlichen Befehl. Dieser Befehl wurde nicht durchgeführt, denn die Durchführung wurde in diesem Vortrag als schädlich, ja unmöglich bezeichnet und dadurch mindestens bis zur Erledigung dieses Vortrages aufgeschoben.

Am Tage vorher, dem 2. März, war aber schon ein zweites kaiserliches Handbillet, datiert vom 28. Februar, an den Präsidenten der vereinigten Hofstelle, Grafen Lažansky, eingelangt mit der Anordnung, der niederösterreichischen Regierung und dem Wiener Magistrat aufzutragen, auch mit der Verleihung der Meisterrechte und Gewerbebefugnisse so sparsam als möglich vorzugehen und dieselben nur bei besonders rücksichtswürdigen Umständen zu erteilen, damit auch von dieser Seite zur notwendigen Verminderung der übermäßigen Bevölkerung nach Möglichkeit beigetragen werde. Durch dieses Handschreiben wurde die Verfügung, die betreffs der Fabriken am 22. Februar getroffen worden war, auch auf die Meisterrechte und Gewerbebefugnisse ausgedehnt. Die Gründe, die gegen die Entfernung der Fabriken und überhaupt für die Unmöglichkeit der Durchführung dieser Maßnahme angeführt werden konnten, mußten aber naturgemäß auch für alle übrigen Kommerzialgewerbe gelten, wenn sie auch ohne Fabriksbefugnis ausgeübt wurden.

Handschreiben vom 28. Februar 1802.

Daher sah sich die vereinigte Hofstelle veranlaßt, auch bezüglich dieses Handschreibens Vorstellungen zu erheben, was durch einen ebenfalls vom Grafen Herberstein-Moltke verfaßten Vortrag unter dem 10. März 1802 erfolgte. Es wurde in demselben ausführlich auseinandergesetzt, daß bezüglich der Polizeigewerbe, welche nur den Lokalbedarf zu befriedigen bestimmt seien, ohnehin vielfältige Anordnungen bestehen, dieselben nicht ohne Not, sondern nur nach Maßgabe des Bedarfes zu vermehren. Bei den Kommerzialgewerben hingegen können Beschränkungen ebensowenig Anwendung finden wie bei den Fabriken, denn es finden sich hier auch Meister, die 50 und mehr Werkstühle beschäftigen, so daß bei ihnen dieselben Verhältnisse herrschen, wie sie bezüglich der Fabriken durch den Vortrag vom 3. März auseinandergesetzt worden seien. Deshalb

Vortrag vom 10. März 1802.

wurde im allgemeinen auf die diesbezüglichen Ausführungen des Vortrages vom
3. März verwiesen. Höchstens könnten die Länderstellen darauf aufmerksam
gemacht werden, auf dem flachen Land und in den Provinzstädten die Kommerzialgewerbe keinen engen Grenzen zu unterziehen und die Verleihung von
Befugnissen daselbst nicht zu erschweren, während in Wien neue Verleihungen
erschwert werden könnten.

Bericht der
niederöster-
reichischen
Regierung
vom
23. März
1802.

13 Tage nach Erstattung dieses Vortrages wurde unter dem 23. März der
oben erwähnte Bericht der niederösterreichischen Regierung an die Hofstelle
erstattet, durch welchen angezeigt wurde, daß die Stimmenmehrheit der Landesstelle trotz des so überaus glänzenden Plaidoyers des Referenten Freiherrn
von Kielmannsegge den Beschluß gefaßt hatte, die Entfernung der Fabriken
aus Wien anzutragen. Dieser Beschluß stand mit den Verhandlungen, welche
zu den kaiserlichen Handschreiben vom 22. und 28. Februar geführt hatten,
in keinem Zusammenhange, war vielmehr, wie oben ausgeführt, zum erstenmal schon im September 1801 gefaßt und sodann, auf die Weisung der Hofstelle hin, nach nochmaliger gründlicher Verhandlung 1802 wiederholt worden.

Vortrag
vom
19. Mai
1802.

Da inzwischen die erwähnten kaiserlichen Handschreiben erflossen waren,
deren Absicht sich mit dem Beschlusse der Regierung eigentlich deckte, so
konnte die Hofstelle über den Antrag der Regierung nicht mehr selbst entscheiden, sondern sie war gezwungen, einen neuen diesbezüglichen Vortrag zu
erstatten, was auch unter dem 19. Mai 1802 erfolgte.

Die treffenden Bemerkungen, die der Referent der Landesstelle zur Begründung seines Standpunktes anführte, daß die Entfernung der Fabriken aus
Wien nicht notwendig, nicht ausführbar und äußerst verderblich sei, bedurften
keiner weiteren Erläuterungen, so daß sie ohneweiters vom Referenten der
Hofstelle übernommen werden konnten, welcher sich außerdem auf seine diesbezüglichen Ausführungen in den Vorträgen vom 3. und 10. März berufen
konnte. Nach nochmaliger Hervorhebung der wichtigsten Bedenken gegen
jede Zwangsmaßregel schloß die Hofstelle mit der dringenden Bitte, „keiner
allzu schnellen, schädlichen und gewaltsamen Maßregel Platz
zu geben“.

Die Erledigung dieser Vorträge ließ lange auf sich warten, so daß die Hofstelle auch nicht zur Durchführung der Anordnungen vom 22. und 28. Februar
schritt.

Die drei Vorträge kamen im Staatsrate gemeinsam zur Verhandlung,
wobei der Referent (Baldacci) selbst bemerkte, daß mehrere der angeführten
Gründe ihm von hohem Gewichte zu sein scheinen. Namentlich habe Freiherr
von Kielmannsegge die Sache vortrefflich aufgefaßt. Der Referent des Staatsrates war auch überzeugt, daß mehrere Industriezweige außerhalb Wiens nicht
bestehen können. Bei diesen „wäre die Verweigerung des Befugnisses
in einem Umkreise der Stadt eine offenbare Unterdrückung der
Industrie, die man zu begünstigen doch so äußerst erhebliche
Ursache hat“. Reelle Begünstigungen gestatte die Lage der Finanzen nicht;
deshalb sei die zweite Art der Begünstigungen: die Hinwegräumung der Hindernisse nicht zu versagen. „Nichts ist mit der Industrie unverträglicher als

Zwang und Beschränkung." Dadurch, daß die niederösterreichische Regierung von der Hofstelle angewiesen worden sei, in den Berichten über Gesuche um Befugniserteilungen nach Einvernehmung derBittsteller jederzeit anzuzeigen, aus welchen Ursachen sie glauben, nicht imstande zu sein, ihre Unternehmung außerhalb Wiens mit Nutzen zu betreiben, sei der Weg zur Erreichung der allerhöchsten Absicht, insoweit dies ohne Benachteiligung der Industrie geschehen könne, schon gebahnt. In diesem Sinne erging auch am 21. April 1804 die allerhöchste Entschließung auf den Vortrag vom 19. Mai 1802 (zugleich als Erledigung auch der Vorträge vom 3. und 10. März 1802), es sei, um die im allerhöchsten Handschreiben vom 22. Februar 1802 angedeutete Absicht nach Möglichkeit zu erreichen, zugleich aber den Nachteilen auszuweichen, die von der Hofstelle ausführlich geschildert worden sind, außer den den Länderstellen und besonders der niederösterreichischen Regierung bereits erteilten Weisungen die letztere noch zu beauftragen, „in reife Überlegung zu ziehen, welche Fabriken und Gewerbe ohne Beirrung ihres Unternehmens und ohne Besorgnis, daß solches entweder gar nicht entstehe oder bald nach seiner Entstehung wieder in Verfall gerate, von der Hauptstadt entfernt gehalten", somit die unter dem 22. Februar 1802 ergangenen Anordnungen bei denselben unbedingt zur Geltung gebracht werden könnten, ferner welche Fabriken wegen des Rauches, Getöses oder Gestankes entweder aus der Stadt und den Vorstädten ganz zu entfernen oder wenigstens auf entlegene Plätze zu verweisen wären. Diese Vorschläge habe dann die Kommerzhofstelle im Einvernehmen mit der Hofkanzlei samt Gutachten zur neuerlichen allerhöchsten Schlußfassung vorzulegen.

Allerhöchste Entschließung vom 21. April 1804.

Damit war die Angelegenheit aber noch gar nicht so glimpflich erledigt, wie der Inhalt dieser Entschließung es vermuten ließe. Denn parallel waren inzwischen die Verhandlungen, die 1802 von der Kommission in Wohlfeilheitssachen mit Vorschlägen zur Behebung des Wohnungsmangels und der Zinsteuerung begonnen worden waren und den Anstoß zum Handschreiben vom 22. Februar gegeben hatten, fortgesetzt worden.

Auf die Anzeige der Polizeihofstelle hin, daß zur Michaelisauszugszeit 1802 mehr als 250 Familien aus Mangel an Wohnungen in Wien ohne Obdach sein würden, forderte der Kaiser unter dem 26. Juli von der Polizeihofstelle einen Vorschlag ab, wie die übermäßig angewachsene Einwohnerzahl Wiens vermindert und namentlich ob und wie den vielen Heiraten der Handwerksgesellen, Bedienten und anderer Menschen, die sich über ein dauerndes hinreichendes Einkommen nicht ausweisen können, Schranken gesetzt werden könnten. Unter dem 20. September erstattete die Polizeihofstelle ihre Vorschläge. Der Kaiser hielt jedoch die Angelegenheit für zu wichtig, um hierüber bloß auf einseitiges Einraten dieser Hofstelle eine Entschließung zu fassen, und teilte daher diesen Antrag mit Handbillet vom 2. Dezember 1802 dem obersten Kanzler Grafen von Ugarte mit dem Auftrage mit, hierüber eine aus Individuen der politischen und Polizeihofstelle, der niederösterreichischen Regierung, der Ober-

polizeidirektion und aus zwei Räten der obersten Justizstelle bestehende Kon-
zertationskommission abhalten zu lassen und sodann das Resultat der Beratung
samt dem Entwurfe der vorgeschlagenen Verfügungen vorzulegen.

Diese Kommission wurde am 25. Jänner 1803 abgehalten, wobei von der
Hofkanzlei der oberste Kanzler Graf v. Ugarte, der Hofkanzler Freiherr von
der Mark, die Hofräte Freiherr von Haan (als Referent), Graf von Kuefstein
und Graf von Althann, von der obersten Justizstelle die Hofräte von Aichen
und von Pitreich, von seiten der Polizeihofstelle und Polizeioberdirektion die
Hofräte von Schilling und von Ley, endlich von der niederösterreichischen
Regierung der Vizepräsident Graf von Mittrowsky, der Regierungsrat Freiherr
von Sala und die Regierungsräte Freiherr von Managetta und Graf Hoyos
beteiligt waren.

Die Vorschläge der Polizeihofstelle gingen dahin a) den hiesigen Aufenthalt
für In- und Ausländer zu erschweren, b) die Verehelichung der niederen Volksklassen zu beschränken und c) die Vergrößerung der nahe an den Linien liegenden
Ortschaften durch neue Bauführungen auf noch nicht bebauten Gründen zu
verbieten. Die Polizeihofstelle war der Ansicht, die Anhäufung einer zu großen
Masse Volkes besonders der niederen Gattung an einem und dem nämlichen
Ort unterliege immer wichtigen Bedenken.

Die Bevölkerung Wiens betrug 1791: 209.231, 1796: 235.098, 1800: 232.637
Einwohner. Es konnte somit von einem großen Anwachsen derselben keine
Rede sein. Dennoch ging man bei der Beratung über diesen Punkt einfach
hinweg und glaubte folgende Maßnahmen zur Verhinderung der Anhäufung von
Menschen in der Hauptstadt vorschlagen zu können: 1. Abschaffung der Müßigen, Nahrungslosen oder mit schädlichem Erwerbe sich abgebenden. 2. „Hätte
es von der Errichtung noch mehrerer Fabriken in und um die
Stadt, deren außerordentlich zahlreiches Personal, welches den
größten und bei manchen Gelegenheiten den unbändigsten Teil
der hiesigen Volkspopulation ausmacht, von nun an ganz abzukommen und wären dieselben vielmehr auf das flache Land,
und zwar wenigstens eine Meile von der Stadt hinweg, von den Linien
an zu rechnen, zu verweisen, auch allda nach Umständen zu
begünstigen." 3. „Wären auch die Gewerbe, deren Zahl beinahe
schon in jeder Kategorie übersetzt ist, nicht weiters zu vermehren, sondern vielmehr dem Magistrat die Verminderung
derselben, dort wo sie tunlich ist, nachdrücklich aufzutragen
und von demselben sowohl als von der Landesstelle auf das
jüngst ergangene Verbot der sogenannten Schutzverleihungen
genau zu halten." 4. Beschränkung der Eheschließungen bei den niederen
Klassen. 5. Beschränkung der Zahl der Höcker, Ablöser und Trödler. 6. Bau-
verbot für eine Meile um die Stadt, von den Linien an.

Mit dem Antrage des Referenten, Freiherrn von Haan, die Errichtung weiterer
Fabriken in Wien zu verbieten, waren alle Stimmen der Kommission einverstanden,
indem zur Begründung hinzugefügt wurde, es sei sowohl für die Landesstelle als auch für die Polizeibehörden sehr beschwerlich, die

Übersicht und Leitung der in den Fabriken befindlichen, so zahlreichen, außer den Arbeitsstunden in allen Ecken der Vorstädte zerstreuten und mit ganz eigenen Grundsätzen ausgerüsteten Volksklassen zu führen. Um aber diese Absicht sicher zu erreichen und nicht durch eine zu nahe Ansiedlung vereiteln zu lassen, sollte das Verbot auf zwei Meilen, von den Linien an, ausgedehnt werden.

Die einstimmige Annahme dieser Anträge kann bei der Zusammensetzung der Kommission nicht wundernehmen, da in derselben die Hofkanzlei, die Polizeihofstelle und die oberste Justizstelle vertreten waren sowie von der niederösterreichischen Regierung gerade die zwei Regierungsräte entsendet worden waren, welche bei den von der niederösterreichischen Regierung 1801 und 1802 ausgegangenen Anträgen auf Beschränkung der Fabriken in Wien für dieselben am wärmsten eingetreten waren, ja am liebsten alle Fabriken aufgehoben und verboten hätten. Anderseits muß die Zusammensetzung der Kommission auch dafür verantwortlich gemacht werden, daß die ursprüngliche Frage der Verminderung der Bevölkerung wegen der Lebensmittel- und namentlich Wohnungsteuerung im Laufe der Beratung zur Frage der polizeilichen Überwachung der Fabriksarbeiter verdreht wurde, wodurch die Zustimmung für fabrikenfeindliche Anträge viel leichter zu erreichen war.

Merkwürdigerweise wurde hier über so wichtige Kommerzialangelegenheiten leichten Herzens verhandelt und es wurden darüber Beschlüsse gefaßt, ohne die Kommerzhofstelle als die berufene Vertreterin der industriellen Interessen den Beratungen zuzuziehen oder sie wenigstens um ihre Meinung zu befragen. Deshalb erscheint es fast selbstverständlich, daß auch mit dem Antrag auf Verminderung der Gewerbe alle Stimmführer einverstanden waren. „Nur wurde die Bemerkung gemacht, da die Gewerbeverleihungen teils der politischen, teils der Finanzhofstelle zustehen und dadurch manchmal geschehe, daß ein Bittwerber, wenn er bei einer dieser Behörden abgewiesen werde, seine Bitte bei der anderen anbringe und die Gewährung derselben erhalte, daß es also höchst notwendig sei, eine bestimmte Absonderung derjenigen Gewerbe herzustellen, welche unter die eine oder die andere dieser Behörden gehören." Diese Stelle richtet sich direkt gegen die Hofkammer, welche nach den von ihr für die ihr unterstehenden Kommerzialgewerbe folgerichtig gehandhabten Grundsätzen bei Verleihungen immer sehr liberal vorging.

Diese Anträge, welche Seiner Majestät zur Genehmigung vorgelegt wurden, kamen im Staatsrate zur nochmaligen Beratung. In das Votum des Staatsratsreferenten (Freiherrn von Fechtig) kam unter anderem auch der Vorschlag, „daß es in Zukunft von der Errichtung noch mehrerer Fabriken in und um die Stadt von nun an ganz abzukommen habe, dieselben vielmehr auf das flache Land, und zwar wenigstens zwei Meilen von der Stadt hinweg, von den Linien an zu rechnen, verwiesen und dort nach Umständen begünstigt werden sollten". Es habe

dies zwar schon das Direktorialdekret vom Jahre 1795[1]) verboten, welches
Verbot aber nicht gehandhabt worden zu sein scheine. „Ohne in die Frage
einzugehen,“ fuhr der Staatsratsreferent fort, „ob eine große Stadt
überhaupt wohl ein schicklicher Ort, wenigstens für die meisten
Fabriken, selbst ihres eigenen Vorteils wegen sei, bin ich mit
diesem Vorschlage schon aus dem Grund einverstanden, weil durch
die Ausführung desselben für die Zukunft die Vermehrung einer,
wie die Kommission selbst bemerkt, ohnehin schon zu beträchtlichen und nach Umständen auch bedenklichen Volksklasse in
den Gegenden der Hauptstadt verhindert werden kann. Es wäre
daher von nun an nicht nur die Anlegung einer jeden neuen Fabrik in dem
angetragenen Bezirk ohne besondere allerhöchste Erlaubnis zu verbieten,
sondern den hiesigen Behörden zur Pflicht zu machen, ihr vorzügliches Augenmerk darauf zu richten, daß bei sich ergebenden Veränderungen mit den Inhabern oder wenn sonst sich eine Gelegenheit hiezu anbietet, auch die bereits
hier und in einem Umkreise von zwei Meilen bestehenden Fabriken, insoweit es immer tunlich ist, außer diesen Umkreis
übersetzt werden.“ Bezüglich der Gewerbe solle für die Zukunft bestimmt
werden a) daß inner den Linien von nun an gar kein neues Gewerbe von was
immer für einer Art ohne Bewilligung der Hofstellen errichtet, b) durchaus
keine Schutzverleihung mehr erteilt und c) darauf gesehen werden sollte, auch
die schon bestehenden Gewerbe, von denen die meisten ohnehin schon zu übersetzt seien, nach und nach wieder zu vermindern.

    Diese Verhandlungen fanden im Staatsrat im Jahre 1803 statt. Merk-
würdigerweise scheint aber der Referent von den Vorträgen,
welche die vereinigte Hofstelle am 3. und 10. März sowie am
19. Mai 1802 bezüglich der Unmöglichkeit und Schädlichkeit der
Entfernung der Fabriken aus Wien erstattet hatte, keine Ahnung
gehabt zu haben. Baldacci, der bei der Beratung über die letzteren Vorträge Referent gewesen war, erinnerte sich zwar daran und bemerkte in seinem
Votum, daß auf Grund dieser besonderen Verhandlungen und bei der all-
seitig anerkannten Untunlichkeit einer allgemeinen Verfügung
angetragen worden sei, von den Behörden ein Gutachten abzufordern, welche
Fabriken und Gewerbe ohne Nachteil auf das Land verlegt und welche wegen
des Rauches, Getöses und Gestankes aus der Stadt und den Vorstädten zu
entfernen wären. Geradezu staunenerregend ist demgegenüber seine weitere
Bemerkung: „Einstweilen habe ich zwar gegen das Verbot, neue
Fabriken zu errichten, nichts einzuwenden. Allein da unter den
Fabriken mehrere sind, die nicht leicht anderwärts als in der
Hauptstadt fortkommen können und überhaupt bei diesem
Gegenstande nähere Bestimmungen unvermeidlich sind, so dürfte
meines Erachtens vor der Hand zwar das Verbot als ein Pro-
visorium, jedoch nicht auf eine oder zwei, sondern wenigstens auf vier Meilen,

---

[1]) Vgl. oben S. 16 ff.

weil durch solch eine geringe Entfernung die ganze Absicht
vereitelt werden kann, mit dem Beisatze festgesetzt werden,
daß, wo Gründe zu einer Ausnahme vorhanden sind, dies angezeigt, im allgemeinen aber die weitere allerhöchste Entschließung abgewartet werden solle". Er war also einerseits von der „all-
seitig anerkannten Untunlichkeit" dieser Beschränkungen überzeugt, hatte
aber anderseits einstweilen dagegen nichts einzuwenden, sondern schlug
sogar eine Verschärfung vor. So weit war schon die ganze Sache auf das polizeiliche Gebiet hinübergeglitten, daß Staatsrat von Lorenz das Verbot sogar bis
auf sechs Meilen festgesetzt wissen wollte, „weil in kritischen Fällen
dem Fabriksgesinde der Weg von zwei oder auch vier Meilen
nach Wien nie zu weit sein würde". Geradezu wohltuend wirkt es,
daß Grohmann als einziger die Bemerkung einflocht, es hätten bei der Beratung über die Fabriken und Gewerbe auch einige Mitglieder der Kommerzhofstelle zugezogen werden sollen. Zinzendorf stimmte auch für die Vorschläge
des Referenten, unterließ es aber nicht, eine seiner häufigen, dem Sinne nach
immer einander ähnlichen Bemerkungen hinzuzufügen, daß nach seiner Ansicht gar vieles in diesem „komplizierten Geschäfte" unter das „trop gouverner"
gehöre und zur „Verfertigung sehr entbehrlicher Schreibereien" Gelegenheit
geben werde.

Unter dem 26. April 1804 erfloß darauf die allerhöchste Entschließung, Entschlie-
welche, neben Eheschließungs- und Aufenthaltsbeschränkungen, bezüglich der ßung vom
Fabriken bestimmte, es sei der niederösterreichischen Regierung die 26. April
Anlegung jeder neuen Fabrik inner den Linien und in einem
Umkreise von vier Meilen von den Linien an bis zur Feststellung
der über Vortrag der vereinigten Hofstelle vom 19. Mai 1802 abgeforderten Vorschläge ohne allerhöchste Erlaubnis zu verbieten und derselben zur Pflicht zu machen, ihr vorzügliches Augenmerk
darauf zu richten, daß, wenn sich eine Gelegenheit ergebe, auch bereits in
diesem Umkreise bestehende Fabriken, insoweit es immer tunlich sei, außer
diesen Umkreis übersetzt werden. Von dieser Anordnung sei auch die Finanzhofstelle zur genauesten Befolgung zu verständigen.

Auch die vom Staatsratsreferenten angetragenen Beschränkungen der
Gewerbe wurden genehmigt.

Damit künftig zwischen beiden Hofstellen keine Kollisionen mehr entstehen, habe sich die Hofkanzlei entweder mit der Finanzhofstelle über die
Gewerbe, deren Verleihung einer jeden von ihnen zustehen soll, zu verständigen
oder es haben beide Behörden in zweifelhaften Fällen sich vorläufig ins Einvernehmen setzen[1]).

So hatten zwei parallele Aktionen ein verschiedenes Resultat erreicht.
Die Abwehraktion der vereinigten Hofstelle gegen die beschränkenden Verfügungen vom 22. und 28. Februar 1802 hatte die allerhöchste Entschließung

---

[1]) H. K. A. Kom. N.-Ö., Fasz. 63/1. Nr. 35 ex apr., 37 ex jun. 1804; Staatsrat 1802, Nr. 780,
1069, 1113, 2178; 1803, Nr. 602; A. d. Min. In., V, G. 5, Karton 2934.

vom 21. April 1804 zur Folge gehabt, wonach in reife Überlegung hätte gezogen werden sollen, welche Fabriken und Gewerbe o h n e B e i r r u n g i h r e s U n t e r n e h m e n s und w e l c h e w e g e n d e s R a u c h e s, Getöses oder Ges t a n k e s von der Stadt ferngehalten werden sollen. Die Durchführung dieses Befehls hätte leicht ohne irgendwelche Schädigung der Industrie geschehen können. Nur fünf Tage später erfloß die allerhöchste Entschließung über die Anträge, welche ohne Befragung der Kommerzhofstelle formuliert und in demselben Staatsrate wie die Abwehrvorträge der obersten Kommerzbehörde durchberaten worden waren. Was die erste Entschließung aufgehoben und gemildert hatte, verschärfte die zweite wieder, indem sie die im Februar 1802 erflossenen beschränkenden Verfügungen präziser formulierte und erneuerte.

Gegensatz zwischen Hofkammer und Hofkanzlei bezüglich der Liberalität. Die Hofkammer hatte die Befehle vom Februar 1802 nicht sehr genau genommen; zunächst hatte sie deren Durchführung durch die in ihren Vorträgen dagegen vorgebrachten Einwendungen für aufgeschoben gehalten und die allerhöchste Entschließung vom 21. April 1804 war auch ziemlich in ihrem Sinne ausgefallen. Aber auch nach der kategorisch gehaltenen Entschließung vom 26. April war sie bestrebt, so schonend als möglich vorzugehen. Mehrmals hatte sie während dieser Zeit auch Gelegenheit, ihren Standpunkt gegenüber der Hofkanzlei zu vertreten. So hatte letztere durch Dekret vom 26. Oktober 1802 der niederösterreichischen Regierung aufgetragen, mit der Verleihung von Schutzdekreten innezuhalten. Die Landesstelle sah sich infolge dieses allgemeinen Verbotes veranlaßt, bei der Hofkammer anzufragen, ob dieses Verbot auch auf die Kommerzialgewerbe anzuwenden sei. Auf Intervention der Hofkammer erklärte nun die Hofkanzlei, die erwähnte Verordnung habe nur für die Polizeigewerbe gegolten, worauf die Hofkammer die Regierung dementsprechend belehrte[1]).

Bald darauf ereignete sich ein viel krasserer Fall. Die Hofkammer hatte unter dem 13. Dezember 1802 der Regierung aufgetragen, den Übergang von Seidenzeugfabrikanten zur Meisterschaft (wozu das Bürgerrecht erforderlich war), wenn einzelne derselben dies begehren sollten, nicht zu erschweren. Infolgedessen verlieh die Regierung 1804 dem Seidenzeugfabrikanten Josef Auer das Bürgerrecht, um ihm den Übergang zur Meisterschaft zu ermöglichen. Diese Verfügung wurde aber durch die Hofkanzlei aufgehoben, denn „wenn man diesen Weg einschlägt, so würden, da es derlei Fabriksbefugnisse viele gibt, mehrere hundert neue Bürger und Meister entstehen, da zahlreiche derlei Befugte den nämlichen Schritt machen würden, welchen man es sodann nicht mehr abschlagen könnte, woraus nur Unordnung und Überhäufung der Gewerbe entstehen und die höchste Absicht, die Fabriken nach Tunlichkeit aufs Land zu übersetzen, ganz vereitelt würde, weil, wenn die hiezu Befugten einmal Bürger von Wien sind, man sie nicht von hier wohl mehr entfernen kann". Unter dem 31. August 1804 teilte die Hofkanzlei dies der Hofkammer mit. Diese war durch diese Einmischung in ihren Wirkungskreis um so weniger angenehm berührt, als sie dadurch ihr Bestreben, die Einschränkungen der

---

[1]) H. K. A. Kom. N.-Ö., Fasz. 63/1, Nr. 37 ex jan. 1803.

Gewerbe in Wien möglichst zu mildern, gehemmt und durchkreuzt sah. Deshalb unterließ sie es auch nicht, in ihrer Antwort an die Hofkanzlei zu bemerken, die Verleihung der Fabriksbefugnisse und Kommerzialgewerbe sei immer unter der Oberaufsicht der Hofkammer gewesen. Von echten Kommerzialgrundsätzen geleitet, habe sie der Regierung den Auftrag gegeben, den Übertritt der Fabrikanten zur Meisterschaft und ebenso jenen der Bürger und Meister in die Klasse der Fabrikanten nicht zu erschweren, weil dies das sicherste Mittel sei, die Gehässigkeiten zwischen diesen beiden Klassen zu mildern, den Anständen, welche sich beim Aufdingen der Lehrlinge, wenn sie bei Fabrikanten gelernt haben, ergeben, wenigstens einigermaßen zu begegnen, manchen Unordnungen zu steuern und die Freiheit des Erwerbes möglichst zu begünstigen. Sie würde noch immer diesen Grundsatz aufrecht erhalten, wenn nicht seither die allerhöchste Entschließung herabgelangt wäre, die Fabriken und Gewerbe in Wien nach Möglichkeit zu vermindern. Infolge dieses Befehles, welcher sonst ohne Wirkung bleiben würde, werde es allerdings notwendig sein, nur in jenem Fall einem Fabrikanten den Übertritt zum Bürger- und Meisterrechte zu gestatten, wenn ein Bürgerrecht wirklich erledigt sei. In diesem Sinne wurde auch die Regierung beschieden[1]).

Aber auch weiterhin pflegte die Hofkanzlei öfters auch bezüglich der Kommerzialgewerbe Dekrete an die Unterbehörden zu erlassen und so gewissermaßen eine Art Oberaufsicht über die ihr koordinierte Kommerzhofstelle zu führen. Die letztere sah sich schließlich gezwungen, in einer Note vom 16. Juni 1807 die Worte einzuflechten: „. . . kann man einer löblichen Hofkanzlei den Wunsch nicht bergen, daß dieselbe in Hinsicht der Kommerzialbefugnisse mit dieser Hofstelle, in deren Wirkungskreis dieselben gehören, überhaupt ins Einvernehmen zu setzen belieben möge"[2]).

Formell hielt sich die Hofkammer streng an die kaiserlichen Befehle und erließ auch Weisungen in diesem Sinn an die niederösterreichische Regierung[3]). Anderseits gab sie aber selbst zu, daß sie, bei aller Beachtung der kaiserlichen Befehle, doch die Zwangsmaßregeln soviel als möglich zu mäßigen getrachtet habe[4]).

Auch in anderer Beziehung wurden die liberalen Grundsätze der Hofkammer durchkreuzt, um ja eine Verminderung der Gewerbe in Wien zu erreichen; ja dies ging so weit, daß man auch Bestimmungen, die nicht für Wien allein Geltung hatten, schärfer interpretierte.

So hatte die Hofkammer gegenüber der Praxis der niederösterreichischen Regierung, daß, wenn ein Fabrikant das Fabriksgebäude, die Werkzeuge und Vorräte verkaufte, ihm auch die Befugnis entzogen wurde, der Regierung unter dem 30. Juli 1804 mitgeteilt, der Verkauf des Gebäudes, der Werkzeuge und Vorräte beweise nicht immer den Entschluß, die Fabrikation ganz aufzulassen,

---

[1]) H. K. A. Kom. N.-Ö., Fasz. 63/1, Nr. 36 ex sept. 1804. — [2]) H. K. A. Kom. N.-Ö., Fasz. 63, Nr. 43 ex jun. 1807. — [3]) H. K. A. Kom. N.-Ö., Fasz. 63/1, Nr. 12 ex mart., 48 ex aug. 1803, 47 ex jul. 1804. — [4]) H. K. A. Kom. N.-Ö., Fasz. 63/1, Nr. 30 ex majo 1804.

so daß hieraus keine allgemeine Regel gefolgert werden könne. Schon unter dem 24. September desselben Jahres mußte sie aber infolge allerhöchster Weisung der Regierung die Mitteilung zukommen lassen, daß nicht bloß bei Konkurs, sondern überhaupt in allen Fällen, in welchen Fabrikanten die Gebäude und Einrichtungen verkaufen oder die Fabrikation gänzlich aufgeben, denselben die Fabriksbefugnis zu entziehen sei, und wenn sie später um dieselbe wieder ansuchen, sie ihnen nur insoweit verliehen werden dürfe, als die Erteilung den dermaligen Umständen und den bestehenden Vorschriften ganz angemessen befunden werden sollte[1]).

Erleichterung der Gründungen auf dem Lande. Die Begründung von Fabriken auf dem flachen Lande wurde aber gemäß den damaligen Absichten der Staatsverwaltung auf jede Weise erleichtert und begünstigt, ebenso wie jene Fabrikanten, welche sich herbeilassen wollten, ihren Betrieb aus Wien zu entfernen. So wurde ein Drechsler, dessen Gesuch um Verleihung der Landesfabriksbefugnis oder des Bürger- und Meisterrechtes von der Regierung abschlägig beschieden worden war, auch mit dem Rekurs unter dem 18. April 1803 abgewiesen, „es wäre denn, daß der Rekurrent das angesuchte Befugnis auf dem Lande auszuüben sich entschließen wollte und sich auch wirklich dahin entfernte"[2]). Auch wurde bei der Übersetzung der Unternehmung auf das Land die Landesfabriksbefugnis leichter verliehen, denn „wenn man den Fabriksunternehmungen, welche dem Wunsche der öffentlichen Verwaltung gemäß auf dem Lande sich begründen, die zu ihrer Beförderung dienlichen und beinahe notwendigen Begünstigungen und Vorrechte zu bewilligen Anstand nehmen wollte, so würde die so wichtige Absicht, die zahlreichen Fabriken dieser Hauptstadt auf das flache Land zu entfernen, nie erreicht werden"[3]).

Allmählich begann jedoch auch in bezug auf Wien eine mildere Auffassung der beschränkenden Bestimmungen durchzudringen. Die niederösterreichische Regierung fragte 1805 bei der Hofkammer an, ob auch künftighin zur Verleihung neuer Kommerzialgewerbe in Wien und in einem Umkreise von vier Meilen die Genehmigung der Hofstelle eingeholt werden müsse, nachdem nach einer ihr zur Darnachachtung bekannt gegebenen allerhöchsten Entschließung neue Polizeigewerbe von den Obrigkeiten mit Zustimmung der Regierung erteilt werden könnten. Bei Aufrechterhaltung dieses Zustandes wäre die Verleihung der Kommerzialgewerbe engeren Grenzen unterzogen als die der Polizeigewerbe, während doch sonst die Kommerzialgewerbe immer nach liberaleren Grundsätzen behandelt worden seien.

Durch Vortrag vom 26. März 1805 trug die Hofstelle an, nur die Verleihung von förmlichen Fabriksbefugnissen und solchen Gewerben, welche eine größere Anzahl von Menschen und ausgedehnte Wohnungen erfordern, für Wien und vier Meilen im Umkreise der Hofstelle oder Seiner Majestät vorzubehalten,

---

[1]) H. K. A. Kom. N.-Ö., Fasz. 63/1, Nr. 44 ex jul., 23 ex sept. 1804; Staatsrat 1804, Nr. 3132. — [2]) H. K. A. Kom. N.-Ö., Fasz. 72, Nr. 24 ex apr. 1803. — [3]) H. K. A. Kom. N.-Ö. Fasz. 72, Nr. 21 ex oct. 1802.

die Verleihung aller übrigen niederen Befugnisse und Gewerbe aber der Landesstelle zu überlassen. Diese Anträge erhielten die kaiserliche Genehmigung mit der näheren Bestimmung, daß sich die Hofstelle die Verleihung von Landesfabriksbefugnissen und jener Gewerbe, die eine größere Anzahl von Menschen oder ausgedehntere Wohnungen erfordern, in Fällen, in welchen die Fabrik oder das Gewerbe nicht schon zuvor in Betrieb stand, selbst vorzubehalten und nur dann, wenn eine wesentliche Meinungsverschiedenheit zwischen ihr und der Regierung obwalten würde, den Gegenstand der kaiserlichen Schlußfassung vorzulegen hätte[1]).

Unter allen Wiener Fabrikationszweigen war die Zahl der Seidenzeugfabrikanten bei weitem die größte. Die niederösterreichische Regierung führte nun in einem Berichte vom September 1805 nochmals die Gründe an, weshalb die Übersetzung dieser Fabrikanten auf das Land unmöglich sei. Die Hofkammer beruhigte sie durch die Bemerkung, daß schon durch die Entschließung vom 21. April 1804 angeordnet worden sei, daß jene Unternehmungen, deren Mißlingen oder zu starke Erschwerung zu befürchten wäre, in Wien zu gestatten seien. Danach habe sich die Regierung als allerhöchst vorgezeichneter Richtschnur in Zukunft genau zu benehmen[2]). Dabei ignorierte die Hofkammer offenbar absichtlich die schärfere Fassung der Entschließung vom 26. April 1804.

In der Tat erfolgten um diese Zeit mehrere Verleihungen dieser Art. Durch die Sitzungsprotokolle der Hofkammer gelangte dies zur Kenntnis des Kaisers, worauf die Hofkammer die Akten über die Verleihung der Befugnis zur Erzeugung von Seidenzeugen an Josef Fallzorger vorlegen mußte. Die allerhöchste Entschließung darauf lautete: „Da Fallzorger die Seidenzeugmacherei nicht einmal ordentlich erlernt hat, da es an Anwerbern dieser Art hierorts ohnehin nicht mangelt, da sie in den letzteren Zeiten in Verfall geraten sind, da ich schon so oft bestimmt erklärt habe, daß ich die Manufakturen in Wien überhaupt und insbesondere, wenn sie von größerem Umfange sind, ohne entschiedene Notwendigkeit nicht nur nicht vermehrt, sondern vielmehr nach Tunlichkeit vermindert wissen will, so hätte die Kommerzhofstelle die Übertragung der vorlängst erloschenen persönlichen Befugnis des Vaters Fallzorger auf den Sohn schlechterdings nicht erlauben, sondern letzteren darauf beschränken sollen, als Werkmeister des Fabrikanten Fachine auf vorschriftsmäßige Art fortzuarbeiten und will ich über diese mir zum Mißfallen gereichende Befugniserteilung als über eine geschehene Sache nur in der zuversichtlichen Voraussicht hinausgehen, daß sich die Kommerzhofstelle von nun an eine genauere Befolgung meiner Anordnungen ernstlich zur schuldigen Obliegenheit machen werde."

Um dieselbe Zeit hatte Christian Brenner, der eine Befugnis zur Seidenwarenerzeugung für das flache Land hatte, ersucht, ihm die Befugnis für Wien zu verleihen, da er auf dem Lande weder eine angemessene Wohnung noch taugliche Gesellen aufbringen könne, beim Ankauf des Rohstoffes und dem

---

[1]) H. K. A. Kom. N.-Ö., Fasz. 63/1, Nr. 17 ex jul. 1805. — [2]) H. K. A. Kom. N.-Ö., Fasz. 71, Nr. 20 ex apr. 1806.

Absatze der Waren Schwierigkeiten begegne und auch keine Art von Hilfsarbeitern auftreiben könne. Die Fabrikeninspektion unterstützte dieses Ansuchen und bemerkte, die Gründe, welche früher zur Verminderung der Gewerbe
zu raten schienen, bestünden nicht mehr. Ebenso trug auch die Regierung auf
Bewilligung an. Die Hofstelle hätte dies ohneweiters getan, wäre nicht inzwischen die obige kaiserliche Entscheidung über den Fall Fallzorger herabgelangt. So sah sie sich veranlaßt, unter dem 20. Oktober 1806 einen neuerlichen Vortrag zu erstatten. Wieder führte sie umständlich alle Gründe an,
weshalb die Entfernung der Fabriken aus Wien und ihr Fortkommen auf dem
Lande nicht möglich sei. Die Fabriken, welche die Wohnungen und die Lebensmittel in Wien nicht verteuern, seien sogar hier notwendig, denn ohne sie würde
,,wahres Elend unter der armen Klasse der Stadtbewohner entstehen, dann erst würde die Volksmenge wirklich fürchterlich
zu werden anfangen". Damit versuchte die Hofkammer ihrerseits polizeiliche Bedenken zugunsten der Fabriken in Wien anzuführen, um dadurch
ihren Zweck leichter zu erreichen. Seine Majestät habe, so fuhr sie fort, im April
1804 befohlen, in reife Überlegung zu ziehen, welche Fabriken ohne Beirrung
ihres Unternehmens auf das flache Land versetzt werden könnten. Die Seidenindustrie sei von allen Industriezweigen am wenigsten dazu geeignet, könne
somit ohne Besorgnis, daß solche Unternehmungen überhaupt nicht entstehen
oder bald nach der Entstehung wieder in Verfall geraten, nicht von der Hauptstadt entfernt werden. In diesem Sinne sei die Hofkammer vorgegangen, somit
genau nach dem kaiserlichen Befehle. Sie habe eben nur solche Fabriken und
Gewerbe in Wien noch ferner entstehen lassen, bei welchen die Besorgnis vorlag,
daß sie sonst gar nicht entstehen oder bald nach ihrer Entstehung wieder zugrunde gehen würden. ,,Übrigens würde es in keinem Fall etwas nützen,
einzelne Fabrikanten und Befugte von Wien fernzuhalten, da die übrigen dann
nur um so viel mehr erzeugen und gewinnen und nur die Entfernten das Opfer
der ergriffenen Maßregel sein würden. Keiner derjenigen, die zur Erzeugung
der Seidenwaren befugt seien, er heiße nun Fabrikant, Meister oder Gewerbsmann, könne auf eine bestimmte Anzahl von Stühlen beschränkt werden.
Die Beschäftigung der Verbannten würde also den hier Bleibenden zuwachsen, diese würden ihre Werke vergrößern und
mehrere Gesellen halten. Die Bevölkerung würde nicht vermindert werden,
aber die Konkurrenz der Erzeuger, die bessere Teilung des Gewinns, würde
abnehmen." ,,Es ist der natürliche Gang der Industrie, insofern
sie mit Erzeugung von Luxuswaren sich beschäftigt, daß sie in
großen Städten zuerst entsteht, dort zuerst festen Fuß faßt und von
dort aus erst in ihrem natürlichen Fortschritt auf das flache Land, in die kleineren
Städte sich verbreitet." ,,Alle Arten von Zwang, alle Gattungen von
Fesseln sind Todfeinde der Industrie. Nur dort, wo eine liberale
Staatsverwaltung dem Unternehmungsgeiste einen freien Spielraum läßt, nur
dort erhebt er mit Macht sein Haupt zum kühnen Fluge. Nur dort sieht man
Kunstfleiß und Industrie auf mannigfaltige Art, in mannigfaltigen Abwechslungen
blühen. Das Beispiel aller Zeiten, aller Staaten, die durch Handel und

Gewerbe reich und mächtig wurden, bestätigt diesen Satz." „Aus ebendiesem Grunde kann man in Absicht auf alle Kommerzialunternehmungen nur für die ausgedehntere Konkurrenz stimmen. Gerade das Streben und Ringen von vielen nach größerer Vollkommenheit bei den nämlichen Erzeugnissen, gerade dieser rege Wetteifer von vielen, die nach dem nämlichen Ziele trachten, ist der mächtigste Hebel für die Industrie, die wirksamste Schwungfeder aller Handelsunternehmungen. Die zweckmäßigste Kommerzialleitung ist diejenige, welche sich immer mehr leidend als wirkend benimmt und ihre Tätigkeit mehr in Hinwegräumung der Hindernisse als in bestimmten Anordnungen und Einrichtungen äußert."

Auf diese Begründung der Notwendigkeit einer liberalen Behandlung der Kommerzialgewerbe gestützt, trug die Hofstelle an, den Gründern von Kommerzialunternehmungen sowohl in bezug auf den Ort, wo sie ihre Unternehmung errichten wollen, als auf die Zweige der Industrie, denen sie ihre Tätigkeit zu widmen gesinnt sind, soviel als möglich freie Wahl zu lassen. Nach einem so langwierigen Kriege sei eine Unterstützung der Industrie unbedingt notwendig. Wenn auch in Österreich die Produkte des Ackerbaus und der Viehzucht immer die reichsten Quellen des Nationalreichtums bleiben würden, so sei es ebenso gewiß, daß Handel und Industrie auch auf die Landwirtschaft günstig zurückwirken.

Zwar erreichte die Hofkammer durch diesen Vortrag nicht den gewünschten Erfolg, nämlich die Rückgängigmachung der Befehle auf möglichste Beschränkung und Entfernung der Fabriken von Wien, und der Anfang der allerhöchsten Entschließung lautete ziemlich schroff zurückweisend: „Diese unaufgefordert erstattete Rechtfertigung dient zu keinem Gebrauch." Dennoch hatte diese Entschließung wenigstens eine Beschleunigung der endlichen, definitiven Lösung der Frage, ob und welche Fabriken von Wien fernzuhalten seien, zur Folge, indem sie die baldigste Erstattung des diesbezüglich abgeforderten Berichtes anbefahl. Bis zur Erledigung dieser Frage habe man sich genau an die ergangenen Befehle betreffs Nichtvermehrung der Fabriken und Gewerbe zu halten. Christian Brenner wurde abgewiesen. Daraufhin wurde seitens der Hofkammer sofort von der Regierung der Bericht über die Frage, welche Fabriken ohne Schaden von Wien entfernt werden könnten, betrieben[1].

Eine Folge dieser Entschließung war allerdings auch, daß mehrere Befugniswerber zur Erzeugung von Seidenwaren abgewiesen werden mußten[2].

Daß der Kaiser aber nicht die Absicht hatte, in Wien bestehende Unternehmungen zu ihrem Schaden oder mit Gewalt auf das flache Land zu verlegen, zeigt folgende im Jänner 1808 erfolgte allerhöchste Erinnerung zum Protokoll der Hofkammer vom 15. Oktober 1807: „Obschon die hiesige Landesregierung von meiner ausdrücklichen Anordnung, vermöge welcher die Fabriksbefugnisse hier in Wien und in einem Umkreise von vier Meilen nicht weiter vermehrt, sondern vielmehr nach Tunlichkeit vermindert werden sollen, eigenmächtig

---

[1] H. K. A. Kom. N.-Ö., Fasz. 63/1, Nr. 51 ex sept. 1807. — [2] H. K. A. Kom. N.-Ö., Fasz. 63/1, Nr. 31 u. 51 ex sept., 63 ex dec. 1807.

46

abzugehen sich nicht hätte erlauben sollen, so darf doch diese Ordnungs-
widrigkeit nicht der Anlaß werden, schuldlose Parteien zu be-
nachteiligen und schon bestehende Fabriksunternehmungen
ohneweiters von hier auf das platte Land zu verweisen, wodurch meinen diesfälligen Entschließungen eine nirgends bestimmt darin enthaltene Ausdehnung gegeben wird. Es ist daher
mein Wille, daß diejenigen Fabrikanten, denen die Regierung eine Befugnis
für die Hauptstadt erteilt hat, welche sie bereits ausüben, . . . auch forthin,
insofern ihnen sonst nichts Widriges zur Last fällt, im ungestörten Besitz ihrer
Befugnis bleiben sollen"[1]).

Vortrag vom 19. Juli 1808 über die Frage, welche Fabriken von Wien fern-gehalten werden könnten. Schon unter dem 20. Oktober 1807 wurde von der niederösterreichischen
Regierung an die Hofkammer über die Frage Bericht erstattet, welche Fabriken
ohne Schaden von der Hauptstadt und Umgebung ferngehalten und welche wegen
Gestank, Getöse oder Rauch verlegt werden sollen. Das Gutachten der Regierung
verbreitete sich a) über den Nutzen der Anlegung von Fabriks- und Manufaktur-
städten, b) über die wohltätigen Folgen, die sich von der Einführung der Gewerbefreiheit und Aufhebung der Zünfte erwarten ließen, c) über alle Maßnahmen,
welche noch erforderlich wären, um Handel und Industrie zu verbreiten und auf
jene hohe Stufe der Vollkommenheit zu bringen, welche geeignet wäre, die
erschöpften Staatskräfte wieder zu beleben und den „Nationalreichtum" zu heben.

Auf Grund dieses Berichtes wurde vom Hofkammerreferenten Anton von
Krauß am 10. November 1807 der erste Entwurf eines Vortrages verfaßt.
Bezüglich der Fabriksstädte sollte in jeder Provinz eine ihrer geographischen
Lage und übrigen Verhältnissen zufolge zum Handel besonders geeignete Stadt
ausersehen und durch alle nur erdenklichen Freiheiten und Begünstigungen
ausgezeichnet werden. Unter den Begünstigungen müßte auf alle Fälle die
Gewerbefreiheit und die Enthebung von der Zunftverfassung in erster Linie in
Betracht kommen. „Daß das gotische Gebäude der Zunftverfassung,
welches sich noch aus den finsteren Zeiten des Mittelalters her-
schreibt, wo der Handelsstand unter dem Joche der Knecht-
schaft seufzte, nicht mehr für unsere Lage und Verhältnisse
passe, ist eine ziemlich allgemein anerkannte Wahrheit, so wie
die Geschichte beweist, daß der Handel stets nur der Freiheit sein Gedeihen
verdanke. Im Schoße der Handelsfreiheit blühte das Kommerz als eine Folge
der Kreuzzüge zuerst in den italienischen Städten empor, nach ihnen erhoben
sich mächtig die Hansa und die deutschen Reichsstädte, Englands Nationalreichtum ward durch sie begründet und ist noch jetzt der Grundstein derselben,
nachdem ein Steuart, ein Adam Smith und andere aufgeklärte Männer,
deren Namen so oft selbst in den Reden der Parlamentsglieder ehrenvoll erwähnt werden, das System der Handelsfreiheit in die vollste Evidenz
gesetzt haben." Selbst in Rußland habe sich durch größere Freiheit der Handelsstand stark gehoben. In Österreich seien gerade jene Erwerbszweige, welche
von Kaiser Josef für unzünftig und frei erklärt wurden, in der schönsten Blüte.

---

[1]) H. K. A. Kom. N.-Ö., Fasz. 63/1, Nr. 38 ex jan. 1808.

„Gewiß sind auch alle Behörden Euerer Majestät von dieser Wahrheit überzeugt, daß die Zünfte, so wie alle Konfraternitäten, einen Staat
im Staate bilden, welche den Ansichten der Staatsverwaltung
entgegenarbeiten, ihr eigenes Korporationsinteresse auf Kosten des allgemeinen zu befördern suchen und zum Teil Ursache der so ungeheuren Teuerung sind, da es ihnen leicht wird, sich zu verabreden und gegen das Publikum
zu verschwören, was sonst nicht der Fall wäre." So denke die Hofkammer und
die beiden wichtigsten Länderstellen der Monarchie, jene von Niederösterreich
und Böhmen.

Außerdem müßten auch die von der niederösterreichischen Regierung
vorgeschlagenen sonstigen Maßnahmen zur Vervollkommnung des Handels
und der Industrie durchgeführt werden.

Erst wenn diese Grundsätze durchgeführt wären, könnte man an die Verminderung der Gewerbe in Wien denken. Wenn der Kaiser, ungeachtet aller
Vorstellungen der Hofkammer, „durch überwiegende Gründe, welche jedoch
treugehorsamsten Orts gänzlich unbekannt sind", sich bestimmt finden sollte,
die bisherigen Anordnungen aufrecht zu erhalten, so könnten die Fabriken und
Gewerbe in der Hauptstadt, wenn sie schon nicht vermehrt werden sollten,
doch auf keinen Fall vermindert werden. Hingegen könnten von der Hauptstadt nach dem Einraten der Regierung Leichenhöfe, Abdeckereien, Leim-
und Beinsiedereien, Berlinerblau-, Scheidewasser-, Pottasche- und Salmiak-
fabriken, dann Ziegel- und Geschirrbrennereien aus Gesundheitsrücksichten
entfernt werden. Im übrigen sollten aber endlich alle jene Maßnahmen, wodurch man der Teuerung in der Hauptstadt steuern
wollte, ein für allemal und mit Entschlossenheit aufgehoben
werden, weil sich sonst trotz aller Verbote auch weiterhin ein Heer von Unbefugten hereinschleichen und so die Verminderung der Gewerbe vereiteln
würde.

Graf Herberstein-Moltke meinte, die drei Punkte aus dem Berichte
der Regierung über Fabriksstädte, Gewerbefreiheit und sonstige Begünstigungen sollten aus dem Vortragsentwurf ausgeschieden werden, da sie viel
zu wichtige Fragen berühren, welche nicht ohne gründliche und erschöpfende
Begutachtung der allerhöchsten Schlußfassung vorgelegt werden sollen. Es
sollte vielmehr nur die Frage erörtert werden, welche Fabriken aus Wien entfernt
werden können. Auch Freiherr von Eder war der Ansicht, es handle sich
hier nur um die Frage, ob es solche Fabriken und Gewerbe gebe, die unbedingt
entfernt werden müßten. Der kaiserliche Befehl sage eigentlich, daß nur jene
Fabriken verlegt werden sollen, die mit dem nämlichen Vorteil auf dem Lande
betrieben werden können. Wenn bei einer Fabrik erhoben würde, daß diese
ohne Nachteil auch auf dem Lande fortkommen könne, so sei dies noch kein
Grund, Seiner Majestät vorzuschlagen, Fabriken solcher Art auf das Land
zu versetzen, weil mehrere Fabriken dieser Art in Wien nach Erfordernis ihrer
Unternehmung eingerichtete Häuser haben können, und diese somit ohne
Nachteil nicht versetzt werden könnten. Man müßte also die Verhältnisse
im einzelnen untersuchen. Es solle daher beantragt werden, daß die Ver-

mehrung der Fabriken für die Zukunft zu vermeiden sei, bestehende Unternehmungen aber nur dann entfernt werden sollen, wenn dies ohne Nachteil für sie geschehen könne. Graf Dörpfeld war der Anschauung, es sei alles, nur nicht in gleichem Maße, schädlich, ob man nun die Industrieunternehmungen überhaupt von der Hauptstadt mit Gewalt verdränge oder die erledigten Befugnisse in Wien nicht mehr verleihe oder aber die Vermehrung der Gewerbe nicht gestatte. Im ersteren Falle würde die Industrie am Schlagflusse, in den beiden letzteren an der Auszehrung sterben. Die Zahl der ohne Nachteil entfernbaren Gewerbe sei so gering, daß sie für die Verminderung der Bevölkerung überhaupt nicht in Betracht kommen könne. Nur Graf von Pelzeln vertrat den Standpunkt, es dürfte nur wenige Fabriken geben, die nur in Großstädten gedeihen können. In Böhmen, Mähren und Oberösterreich seien fast alle auf dem flachen Lande. Dies sei auch für die Sittlichkeit vorteilhafter. Die Landstädte, die in Verfall seien, würden sich dadurch wieder heben.

Zuletzt meinte der Referent auf die Frage, welche Fabriken entfernt werden sollten, könne man nur antworten: „keine" außer den im Vortrage erwähnten wegen Gestank, Getöse oder Rauch; hingegen glaubte er auf die Frage, welche Gewerbe durch indirekte Mittel ferngehalten oder verlegt werden könnten, bestimmt antworten zu können: „alle".

Auf Grund dieser Beratung wurde vom Referenten ein zweiter und Finalentwurf zum Vortrage verfaßt. Nur jene Fabriken sollen entfernt werden, welche durch Getöse, Rauch und Gestank die Einwohner belästigen. Neue oder erledigte Befugnisse dieser Art sollen nicht mehr verliehen werden. Einige Beschäftigungen, die Lärm verursachen (Schlosser, Schmiede, Klempner u. dgl.), die aber für den Lokalbedarf unentbehrlich seien, können aus der Stadt nicht entfernt werden. Ferner sollte man bei Verleihung von neuen oder erledigten Fabriks- oder Gewerbebefugnissen darauf sehen, ob starker Holzverbrauch oder andere volkswirtschaftliche Rücksichten ihrer Erteilung im Wege stehen, in welchem Falle diese für die Hauptstadt und vier Meilen im Umkreise nicht bewilligt werden sollten. Darunter wären namentlich die Tuch- und Wollenzeugfabriken zu verstehen, welche sich aber schon durch ihr eigenes Interesse von der Hauptstadt fernhalten. Von der Entfernung sollen ganz ausgeschlossen bleiben jene Industriezweige, welche einer besonderen Vorbildung in technischen und wissenschaftlichen Fächern oder gemeinnütziger Anstalten der Hauptstadt bedürfen, ferner jene, welche einer öffentlichen Aufsicht von seiten der Staatsverwaltung unterliegen (Gold- und Silberarbeiter u. dgl.) oder die fast ausschließlich für den Luxus und die Mode der Hauptstadt arbeiten. Aus diesen Gründen müßte besonders auf die Seidenzeugmacherei Rücksicht genommen werden.

Nachdem sich die Hofkanzlei mit diesen Ausführungen einverstanden erklärt hatte, wurde der Vortrag unter dem 19. Juli 1808 erstattet[1].

---

[1] H. K. A. Kom. N. - Ö., Fasz. 63/1, Nr. 34 ex jan. 1808, Nr. 24 ex mart. 1809.

Im Jänner 1809 erfolgte folgende allerhöchste Entschließung: „Nachdem sich die Lage der Umstände in den letzten Jahren so sehr verändert hat, daß nunmehr eine Änderung des bisher notwendig befundenen Systems tunlich geworden, so gestatte ich, daß es von den im Jahre 1802 eingeführten Beschränkungen sowohl in Rücksicht der Polizei- als Kommerzialgewerbe, jedoch nur in Ansehung der Hauptstadt mit Inbegriff der Vorstädte, nicht aber des Umkreises derselben, wieder abkomme und will, daß nur jene Gewerbe davon hintangehalten und entfernt werden, die daselbst gefährlich sind; auch geht mein bestimmter Wille dahin, daß Fabriksbefugnisse oder Gewerbe nur an solche Personen verliehen werden, die mit hinreichendem Vermögen versehen sind, und sie gehörig und ohne auf schädliche und immoralische Mittel zu verfallen, zu besitzen und fortzuführen imstande sind, auch daß jene Gattungen von Gewerben, welche für sich allein mit rechtlichen Mitteln und ohne Nachteil des Publikums nicht leicht bestehen können, mit anderen ähnlichen, wo es tunlich ist, vereinigt werden"[1]).

So hatte der nicht aus Feindseligkeit gegen die Industrie, sondern ursprünglich nur in der Absicht, dadurch der Lebensmittelteuerung und dem Wohnungsmangel zu steuern, später immer mehr aus polizeilichen Rücksichten begonnene Kampf um die Freiheit der Entwicklung der Industrie in der Residenzstadt mit einem Siege der von der Hofkammer verteidigten liberalen Prinzipien geendet. Dieser Ausgang hatte nicht nur für Wien, sondern auch für die ganze Monarchie eine weitgehende Bedeutung, denn von nun an trug die Hofkammer kein Bedenken mehr, die „gesetzmäßig vorgeschriebene Industrialfreiheit zur unabweichlichen Grundlage der Kommerzialleitung" der ganzen Monarchie zu erklären und die Länderstellen zu deren Handhabung anzuhalten[2]).

Zwar war der Erfolg noch kein vollständiger, da für den Umkreis der Residenz außerhalb der Vorstädte die Beschränkungen noch aufrecht blieben; doch war die Aufhebung auch dieser unverständlichen und durch nichts zu rechtfertigenden Verfügung nach Beseitigung der Hauptbeschränkungen nur mehr eine Frage von kurzer Zeit. Denn die Hofkammer ruhte nicht eher.

Als sich ein Fall ergab, in welchem wegen der bestehenden Verbotsgesetze für die Umgebung ein Ansuchen hätte abgewiesen werden sollen, befragte die Hofkammer zunächst die Hofkanzlei um ihre Meinung, worauf diese die Gründe angab, weshalb die Verbotsgesetze für die Umgebung aufrecht erhalten worden waren. Es waren dies „Rücksichten der Polizei und der Ruralökonomie". Weil nämlich die Ortsbehörden die Polizei nur als „ein sehr unbedeutendes Nebengeschäft" betreiben, so würden da die Arbeiter ohne Zucht und Aufsicht gelassen werden, was Unsicherheit und Unsittlichkeit zur Folge haben würde, wodurch auch das Landvolk angesteckt werden könnte. Die Hofkanzlei selbst teilte diese Ansicht nicht, indem sie der Meinung war, daß die Interessen des Unternehmers ihn selbst dazu treiben, auf die Befolgung

Marginal notes: Aufhebung der Beschränkungen bezüglich Wiens und der Vorstädte (1809).

Erklärung der Gewerbefreiheit zur gesetzlichen Grundlage der Komerzialleitung (1809).

---

¹) H. K. A. Kom. N.-Ö., Fasz. 63/1, Nr. 33 ex jan., 24 ex mart. 1809, Staatsrat 1808, Nr. 3017. — ²) Vgl. unten S. 135.

aller Forderungen der Sittlichkeit bedacht zu sein. „Was die Hilfsarbeiter betrifft, so mögen jene der untersten Klassen immerhin sehr roh sein, aber ganz unrichtig ist das allgemeine und ungünstige Urteil, mit dem über sie gesprochen wird. Kein Meister, kein Fabriksinhaber nimmt Leute zum Müßiggang auf. Er beschäftigt sie viel und anhaltend. Der fleißige, arbeitsame Mann aber, so anstößig sein Benehmen auch sonst scheinen mag, ist nie weder dem Staatsverbande noch den Sitten gefährlich.... Nie werden endlich die Gewerbe und Fabriken so nahe grenzen, daß Verabredungen unter den Hilfsarbeitern zu gefährlichen Maßregeln eintreten können, zu denen sie unter besonderen Umständen etwa geneigt sein dürften."

Bezüglich der landwirtschaftlichen Interessen war man bei Belassung der Beschränkungen für die Umgebung Wiens der Meinung, daß durch eine Vermehrung der Gewerbe um Wien der Landwirtschaft Arbeiter entzogen und nach und nach der Grund und Boden statt für den Ackerbau für Fabriken benützt würde. Die Hofkanzlei bemerkte demgegenüber, daß die wenigsten Gewerbe Grund und Boden zu ihrem Betriebe bedürfen. Auch stünden dem Ankauf und der willkürlichen Verwendung des Ackerlandes genügende Gesetze entgegen, um von dieser Seite jeder Besorgnis überhoben sein zu können. Anderseits sei zu bedenken, daß die Industrie den Ackerbau fördere und umgekehrt, wenn beide nur ihrer natürlichen, zwangslosen Entwicklung überlassen werden. Aus diesen Gründen war die Hofkanzlei für die Aufhebung der noch aufrecht gebliebenen beschränkenden Verbotsgesetze.

Vortrag vom 31. Juli 1810
Die Hofkammer erstattete unter dem 31. Juli 1810 einen diesbezüglichen Vortrag, in welchem alle Gründe, die für eine unbedingte Industriefreiheit sprechen, wiederum ausführlich auseinandergesetzt wurden.

Gänzliche Aufhebung der Beschränkungen auch für die Umgebung Wiens.
Durch allerhöchste Entschließung vom 25. Februar 1811 wurde denn auch dieses letzte Verbot aufgehoben mit der einzigen, leicht begreiflichen Einschränkung, daß auch in Hinkunft in diesem Umkreise von zwei Meilen die Errichtung von Fabriken und Gewerben, mit welchen ein großer Holzverbrauch verbunden sei, nicht gestattet werden solle[1].

Damit war das 1802 begonnene Ringen zwischen den liberalen Kommerzialgrundsätzen einerseits und den durch die Teuerung und polizeiliche Einflüsse hervorgerufenen, die Beschränkung der Gewerbe in Wien fordernden Strömungen anderseits nach neunjähriger Dauer zugunsten der freiheitlichen Ideen entschieden. Längst waren schon die Lehren von Adam Smith auch in Österreich eingedrungen und hatten Anhänger genug gefunden, ebenso wie seine Grundsätze von den Professoren der Universitäten vertreten und vorgetragen wurden[2]. Der wirtschaftliche Liberalismus begann auch in Österreich seinen Einzug zu halten.

Beschränkungen bezüglich jener Gewerbe, die viel Holz

---

[1] H. K. A. Kom. N.-Ö., Fasz. 63/1, Nr. 7 ex martio, 14 ex apr. 1811; Staatsrat 1810, Nr. 2250. — [2] Vgl. auch Beidtel, Gesch. d. österr. Staatsverwaltung, II, 39 f.

verbrauchen, waren gar nichts Neues mehr. Schon das Patent vom 5. April 1754 bestimmte, daß Glas- und andere holzverzehrende Fabriken bloß in Gegenden angelegt werden sollen, wo Holz im Überflusse zur Verfügung steht. Das Waldpatent vom 1. Juli 1813 enthält ähnliche Bestimmungen (§ 10). In Wien war namentlich der Mangel an Bauholz, der sich fühlbar machte, weshalb mehrmals verordnet werden mußte, keine Befugnisse zur Errichtung oder Erweiterung bereits bestehender, brennstoffverzehrender Gewerbe zu erteilen, es sei denn, sie würden mit Steinkohlen oder Torf betrieben (Hofdekrete vom 6. Februar 1810, 15. März 1810, 26. März 1815[1]).

Die Beschränkungen für Wien von 1802 bis 1811 waren nur eine auf die Hauptstadt beschränkte, allerdings etwas merkwürdige und für den Zeitgeist charakteristische Episode. Außerhalb Wiens wurde auch während dieser Zeit mit der damals größtmöglichen Liberalität vorgegangen und die Unterbehörden öfters in diesem Sinne angewiesen. 1807 wurde gelegentlich der Erledigung eines Rekurses dem steirischen Gubernium bedeutet, es habe sich zur genauen Richtschnur für die Zukunft zu nehmen, daß „die Kommerzialgewerbe sich nicht so wie die Polizeigewerbe auf den bloßen Lokalbedarf beschränken lassen, da die Erweiterung des Provinzialverkehrs, die Aufmunterung des Kunstfleißes, die Beförderung der Konkurrenz und die dadurch zu bezweckende bessere Bedienung des Publikums unter jene Hauptrücksichten gehören, welche nie außer Acht gelassen werden sollen"[2]. *(Marginalie rechts: Liberale Politik außerhalb Wiens.)*

Noch deutlicher spricht sich ein Dekret vom 28. März 1809 an die Regierung in Salzburg aus: „Der kleinliche Unterschied von Provinz zu Provinz ist für die Würde eines großen Staates zu geringfügig und hindert den innigen Verein, den die Staatsverwaltung bezielet, den gegenseitigen Absatz und Vorteil zu sehr, um denselben Platz greifen zu lassen. Liberalität in Erteilung der Befugnisse, Handhabung der Industrialfreiheit, Aufhebung der lästigen Hindernisse und Beschränkungen, welche dem Fortschreiten des Nationalwohlstandes so sehr im Wege stehen und überhaupt Beseitigung aller ängstlichen Nebenrücksichten haben Handel und Kunstfleiß in den österreichischen Staaten mächtig emporgehoben und dürfen auch von der Regierung in Salzburg nicht außer Acht gelassen werden, um die väterlichen Absichten Seiner Majestät so schnell als möglich zu befördern"[3].

Endlich wurde den Länderstellen durch Zirkular vom 2. Mai 1809, durch welches ihnen die neue Grenzlinie zwischen den Polizei- und Kommerzialgewerben bekanntgegeben wurde, zugleich eingeschärft, daß die gesetzmäßig vorgeschriebene Industrialfreiheit, deren Handhabung schon durch so viele nachdrücklich wiederholte Verordnungen den Länderstellen ans Herz gelegt worden sei, zur unabweichlichen Basis der Kommerzialleitung

---

[1]) Barth, a. a. O., I, 286 ff. — [2]) H. K. A. Kom. I.-Ö., Fasz. 92, Nr. 8 ex febr. 1807. — [3]) H. K. A. Kom. N.-Ö., Fasz. 63/1, Nr. 63 ex mart. 1809. Ähnlich die Dekrete an die niederösterreichische Regierung vom 25. März 1809 (Nr. 57 ex mart.) und an die oberösterreichische Regierung vom 26. April (Nr. 41 ex apr. 1809).

anzunehmen sei und sowohl die Länderstellen als auch die unteren Behörden sich nur nach ihren Grundsätzen zu richten haben[1]).

Die Schwierigkeiten, gegen welche die oberste Kommerzbehörde die Grundsätze der Gewerbefreiheit allmählich durchzusetzen hatte, waren nicht gering. Selbst bei den ihr unterstehenden Behörden fand sie nicht immer Verständnis und Unterstützung.

So sah sich die Hofkammer 1810, da sie aus den Gestionsprotokollen und den häufigen Rekursen ersehen hatte, „daß in Böhmen, ungeachtet der wiederholt anbefohlenen Liberalität in Kommerzialangelegenheiten, noch immer den Beschränkungsgrundsätzen gefolgt wurde", dem böhmischen Gubernium die die Hofkammer leitenden Grundsätze zur unabweichlichen Richtschnur für die Zukunft, zur Leitung der Unterbehörden und zur eigenen Belehrung bekanntzugeben. Dieses Dekret ist so charakteristisch für den damals im Schoße der Kommerzhofstelle herrschenden Geist und die von ihr ausgehende Industriepolitik, daß es notwendig erscheint, die wichtigsten Stellen aus diesem förmlich wie ein Glaubensbekenntnis des wirtschaftlichen Liberalismus klingenden Dokument wörtlich wiederzugeben: „Solange nicht eine ausgiebige Aktivbilanz gewonnen, der unverhältnismäßige Ausfluß des baren Geldes gehemmt und die Masse der Nationalkräfte in eine solche freie Tätigkeit versetzt wird, daß alle Zweige des Erwerbsfleißes harmonisch und mit Energie zu dem großen Ganzen zusammenwirken, läßt sich für das Allgemeine wenig hoffen. Nur der große Überfluß der inneren Produktion gegen die eigene Verzehrung kann die Preise herunterstimmen, die Konkurrenz mit dem Ausland und die Ausfuhr dahin begründen. In einem Lande, wo jeder Staatsbürger, wenn er anders nicht gegen die Gesetze handelt, frei wirken und erwerben kann, wo das erwerbende Verdienst aufrecht erhalten, geschützt und aufgemuntert wird und so mit einem Worte die Staatsverwaltung nach großen, umfassenden und humanen Grundsätzen, entfernt von kleinlichen, die Besorgnis wichtiger Geschäfte verhindernden Einmischungen in das unübersehbare Detail des einzelnen Erwerbes zu Werke geht, nimmt der allgemeine Wohlstand und die Bevölkerung mittelbar sowohl als unmittelbar durch das Zuströmen von nützlichen Fremden offenbar zu. Erhöhter Nationalwohlstand und vermehrte Bevölkerung aber, durch eine vernünftige Aufklärung geleitet, würden das große Problem auflösen helfen, womit man gegenwärtig beschäftigt ist[2]). Dagegen hat bewährte Erfahrung bewiesen, zu welchem Ziele Beschränkungen des Erwerbsfleißes und Beschützung des Zunftgeistes führen. Gemeinschädliches Monopol, Verfolgung, Unterdrückung und Entgang der talentvollsten Gewerbsleute, Abschreckung des fremden Talents, Lücken in der Gesamtmasse des Erwerbsfleißes, Mangel an hinlänglicher Arbeit im Inlande, Teuerung und Verfall des allgemeinen Wohlstandes, Abnahme der Bevölkerung, hohe Preise, Nichtbefriedigung des Publikums und sicher nie zu erreichender Aktivhandel sind in dem Gefolge eines ängstlichen Geistes der öffentlichen

---

[1]) Vgl. S. 135. — [2]) Gemeint ist das Ziel: „Die Wunden verheerender Kriege zu heilen, den Nationalwohlstand wieder herzustellen, die zerrütteten Staatsfinanzen zu verbessern".

Verwaltung, der aus Übermaß von Sorgfalt für einzelne Zweige den immer mehr einwurzelnden Krebsschaden des Hauptstammes übersieht."

„Übersetzung der Gewerbe, Mangel an Brennstoffen, Verteuerung der Wohnungen u. dgl. m. sind die Egyde, unter welche sich der Zunftgeist flüchtet und das Urteil der Behörden zu führen sucht". „Allein wenn vollkommene Erwerbsfreiheit gehandhabt wird, stellt sich das Gleichgewicht zwischen den Gewerben von selbst her. Gewerbe, bei denen sich kein angemessener Vorteil mehr anbietet, vermindern sich von selbst, wogegen sich jene Gewerbe vermehren, bei denen unbefriedigte Nachfragen zunehmen und welche folglich lohnenderen Verdienst versprechen. Jene Gegenden und Orte, wo Mangel oder Teuerung des Brennstoffes und der Wohnungen auf eine unerschwingliche Art überhandnimmt, werden gegen holzreiche oder wenig bevölkerte vertauscht."

„Im Fache der Industrie besonders hängt der individuelle Vorteil des Erwerbes von so vielen kleinen Umständen ab, welche die Staatsverwaltung selbst mit einem Heere von Beamten nicht zu ergründen vermag, welche aber der Einzelne, der diese Verhältnisse in seiner Sphäre am besten beurteilen kann, genau verspüret und gegen die Nachfragen des Publikums, welches diesfalls der kompetente Richter ist, abzumessen weiß. Und nicht allein die Unmöglichkeit, daß die Staatsverwaltung bei den hundertfachen Erwerbszweigen jede der unendlichen Varietäten verspüre, sondern auch der schwerfällige Gang der Dikasterialverhandlungen schadet durch allzu ängstliche Einmengung bei einem Fache, wo es sich oft einzig und allein um Benutzung des Augenblicks handelt. Eine Übersetzung der Gewerbe ist bei den gegenwärtigen Umständen. wo es nach langen menschenraubenden Kriegen fast in allen Fächern an arbeitenden Händen fehlt, kaum denkbar. Diejenigen also, welche arbeiten können und wollen, sind, anstatt abzuschrecken, vielmehr dazu aufzumuntern, und es wäre in der Tat hart, wenn man einem Familienvater, der sein Fach vorzüglich gut erlernt hat . . . verbieten wollte, sich und seine Familie auf eine ehrliche Art durch seine Händearbeit auf eigene Rechnung sein Brot zu verdienen. Eine solche Strenge wäre des Beispiels wegen auch aus politischen Rücksichten nicht ratsam, weil ein solches Benehmen der Staatsverwaltung keineswegs geeignet wäre, zu den ehelichen Verbindungen in der bürgerlichen Gesellschaft zu ermuntern."

„Die Industrialunternehmungen, so wie sie einen größeren Umfang gewinnen, größere Maschinen, Wasserwerke, einen größeren Überfluß an Brennmaterial u. dgl. bedürfen, werden sich von selbst den Mauern der Hauptstadt entziehen und durch ihre Ansiedlungen auf dem flachen Land auch dem ackerbauenden Stande den doppelten Vorteil gewähren, daß sie teils die müßigen Hände, die Weiber, Kinder und Greise mit Arbeit versorgen, teils Eigentümer von Realitäten werden, auf welche sie den Überfluß ihrer Kapitalien wenden, welchem Umstande das in diesem Fache zum Beispiel dienende England, wo größtenteils Kaufleute und reiche Fabrikanten und Gewerbsleute den Ackerbau und die Viehzucht befördern helfen, seinen Wohlstand verdankt. Ebensowenig als der Landmann verhindert werden darf, dem Ackerbau obzuliegen, sondern vielmehr zur besseren Kultur aufgemuntert wird, ebensowenig darf der Gewerbsmann verhindert werden, sich dem Kunstfleiße zu ergeben und die Geschicklichkeit seiner Hände zur Verbesserung seines Schicksals zu benützen. Nur dann, wenn Ackerbau und Kunstfleiß, die zwei eng verbundenen Stützen des Nationalwohlstandes, nach vernünftigen Grundsätzen der Staatsökonomie geleitet, sich wechselseitig unter die Arme greifen und beide die Vorteile der Erwerbsfreiheit und einer vernünftigen Aufklärung genießen, wird man mit Beruhigung in die Zukunft blicken können." „Man hat es notwendig gefunden, dem Gubernium diese weitläufige Belehrung zu machen, weil man von den Unterbehörden nicht soviel eine blinde Befolgung der hierortigen Anordnungen als die Überzeugung von jenen Grundsätzen erwartet, welche einen integrierenden Teil des neuen **Kommerzsystems** ausmachen, welche nach dem ausdrücklichen Willen Seiner Majestät nach ihrem ganzen Umfang ausgeübt werden und zur Aufmunterung des Nationalgeistes mit aller Publizität verkündet werden sollen"[1]).

So hatte der Kampf der Hofstelle um Verhinderung der Beschränkungen für Wien schließlich den Erfolg, daß sie nach der Aufhebung dieser Verbotsgesetze die Liberalität als einzigen Grundsatz aufstellte, der die Behörden, im Rahmen der bestehenden Gewerbegesetze, zu leiten habe.

Die Beschränkungen für Wien in den Jahren von 1802 bis 1811 hatten keine für die industrielle Entwicklung der Hauptstadt ungünstigen Folgen gehabt, da einerseits in rücksichtswürdigen Fällen Ausnahmen gemacht wurden[2]), anderseits aber gerade in jener Zeit infolge der andauernden Kriege sich der Arbeitermangel immer mehr fühlbar machte. Die Erleichterung, welche durch die die englische Konkurrenz abhaltende Kontinentalsperre der inländischen Industrie zuteil wurde, wurde zum großen Teile durch die starke Entziehung von Arbeitern durch den Krieg und durch die auf die Staatsbürger schwer drückenden Kriegslasten aufgewogen. Endlich kam noch das Finanzpatent vom 20. Februar 1811 hinzu mit allen Folgen, welche diese Krise für das Wirtschaftsleben haben mußte.

Wirtschaftliche Depression seit 1811.

Amtliche Erhebungen ergaben, auch wenn sie als noch so unzuverlässig angesehen werden, doch die zweifellose Tatsache, daß die Zahl der in gewerblichen und industriellen Unternehmungen beschäftigten Arbeiter in dieser Zeit stark gesunken war. Die niederösterreichische Fabrikeninspektion hatte berechnet, daß die Zahl der in Fabriken und Kommerzialgewerben in Niederösterreich beschäftigten Arbeiter zu Ende 1810 sich auf 63.218, zwei Jahre später auf nur 42.247 Köpfe belaufen hatte, so daß die Verminderung ein Drittel betrug. Zwei Ursachen führte die niederösterreichische Regierung dafür an, eine innere und eine äußere. Als innere die Finanzoperationen von 1811, welche große Umwälzungen in den Geldverhältnissen herbeiführten, während gerade durch das Übermaß der Bankozettel eine übermäßig angeregte und erweiterte

---

[1]) Statth. A. Prag 1806—1815, Kom. Fasz. 14, subn. 48. Hofdekret vom 3. Juli 1810. — [2]) Vgl. z. B. unten S. 502.

industrielle Produktion verursacht worden war, welcher seit dem Finanzpatent eine plötzliche Stockung folgte. Als äußere Ursache mußten angenommen werden der Verlust mehrerer für den Absatz wichtiger Provinzen, der Krieg Frankreichs und der Pforte mit Rußland und die drückende, auf Abschließung abzielende Handelspolitik fremder Staaten. In Böhmen wurde in derselben Zeit bei den Kommerzialgewerben eine Verminderung der Arbeiterzahl um 69.144 Köpfe festgestellt und dafür dieselben Ursachen angeführt wie von der niederösterreichischen Regierung. Ebenso wurde auch in Mähren und Schlesien sowie in Innerösterreich eine starke Verminderung der in der Industrie beschäftigten Arbeiter nachgewiesen. Vielfach wurde zur Abhilfe auch auf Herabsetzung der Steuern und Zölle angetragen. Die Hofkammer meinte aber (1813), die ganze Frage der Ursachen und der Abhilfsmittel sei durch die inzwischen ganz veränderten inneren und äußeren Verhältnisse nicht mehr praktisch, da sich allmählich normale Verhältnisse wieder von selbst einstellen würden, weshalb auch keine Vorkehrungen notwendig seien[1]).

An der Befreiung der Industrie von lästigen, aus früheren Zeiten stammenden Fesseln arbeitete die Kommerzhofstelle bei jeder sich bietenden Gelegenheit weiter. *Aufhebung von Beschränkungen be-*

Da bei einigen Gewerben, so namentlich bei den Sensen-, Sicheln- und Strohmessererzeugern noch Bestimmungen bestanden, nach welchen die Aufdingung von Lehrjungen auf eine bestimmte Zahl, ja selbst nur auf einen einzigen für jeden Meister beschränkt war, so wurde, „da eine solche Beschränkung, sie mag sich auf altes Herkommen oder Statuten gründen oder selbst durch frühere Verfügungen eine Bestätigung erhalten haben, mit den dermaligen von Seiner Majestät Allerhöchst sanktionierten liberaleren Kommerzialgrundsätzen und mit den im Geiste derselben ergangenen neuen Verordnungen im offenbaren Widerspruche steht und ebenso wie der Vorzug, welcher noch hie und da den Meistersöhnen bei der Aufdingung und Freisprechung vor anderen Lehrjungen gegeben wird, als ein Hindernis der Ausbildung vorzüglicher Arbeiter und eine Hemmung des Fortschreitens der Industrie nicht mehr zulässig ist", an alle Länderstellen unter dem 29. Mai 1816 ein Dekret erlassen, durch welches für alle Kommerzialgewerbe für die Zukunft festgesetzt wurde a) daß es jedem, der auf was immer für einem zu den Kommerzialbeschäftigungen gehörigen Zweige der Industrie das Meisterrecht besitzt, ganz frei und unbenommen sei, Lehrjungen in unbeschränkter Zahl aufzudingen und freizusprechen; b) jenen Lehrjungen, deren besondere Geschicklichkeit erwiesen sei, ein Teil der sonst erforderlichen Lehrzeit nachgesehen, den Meistersöhnen aber in keiner Hinsicht vor anderen Lehrjungen ein Vorzug gegeben werden dürfe. Dabei verstehe es sich von selbst, daß diejenigen, die kein förmliches Meisterrecht, sondern nur eine bloße Befugnis *Zahl der Lehrjungen (1816).*

---

[1]) H. K. A. Kom. N.-Ö., Fasz. 63/1, Nr. 31 ex sept. 1812; Kom. Kammer, Fasz. 29, Nr. 16 ex febr. 1814; Statth. A. Prag, 1806—1815, Kom. Fasz. 1, subn. 124 (Sept. 1811); Staatsrat 1812, Nr. 3230.

besitzen, die aber das Recht zur Aufnahme von Lehrjungen haben, ebenfalls Lehrjungen in beliebiger Anzahl aufnehmen können[1]).

Bestimmungen über die Standortsveränderung von Gewerben. Auch in bezug auf die Übersetzung eines Gewerbes von einem Ort an einen anderen herrschten bis dahin vielfach unklare Verhältnisse und beschränkende Bestimmungen, obwohl schon die nicht veröffentlichte Normalverordnung vom 30. März 1776 die volle Freizügigkeit der Fabrikanten und Manufakturisten bezüglich des Betriebsortes vorgesehen hatte[2]). Infolgedessen erstattete die Hofkammer einen Vortrag, dessen Anträge der Kaiser nach Einvernehmung der Hofkanzlei genehmigte. Darauf erging unter dem 7. Dezember 1815 an alle Länderstellen die Weisung, daß a) jedem Gewerbsmanne die Wahl seines Standortes in jenem Bezirk, für welchen er die Befugnis erhalten habe, freizustellen und daher, solange er in jenem Orte bleibe (in Wien in der inneren Stadt oder in jener Vorstadt, für welche ihm ursprünglich die Befugnis verliehen worden sei), er in der Wahl seines Standortes nicht zu beschränken, jedoch zu verpflichten sei, jede Veränderung der Ortsobrigkeit anzuzeigen; b) hingegen dürfe die Übersetzung eines Gewerbes von einem Ortsbezirk in einen anderen nicht mehr der Willkür des Gewerbsmannes überlassen bleiben, da dies nicht nur die Zunftverfassung verwirren, sondern auch eine Umgehung des den Ortsobrigkeiten in erster Instanz zustehenden Gewerbeverleihungsrechtes bedeuten würde[3]).

Erste Anläufe zu einer allgemeinen Reform der Gewerbeverfassung. In dieser Periode kam es schon zu Anläufen zu einer allgemeinen Gewerbereform, welche zunächst von der niederösterreichischen Regierung ausgingen. Unter dem 7. August 1808 war dieselbe von der Hofkammer beauftragt worden, ein Gutachten darüber zu erstatten, ob die Gestattung der Haltung von Lehrjungen seitens der Befugten für die Industrie im allgemeinen ersprießlich sei oder nicht. Die Regierung griff die Sache jedoch von einem sehr weitgehenden Standpunkt auf und übertrug der Stadthauptmannschaft die Erörterung und Beantwortung folgender Fragen: a) Worin bestehen die Rechte der Meisterschaften und worauf werden sie begründet? b) Welche weiteren Befugnisse und Privilegien bestehen außer diesen Rechten? c) Wie sind sie entstanden, welche Verordnungen liegen ihnen zugrunde? d) Ist die bisherige Vervielfältigung der Begünstigungsarten rätlich oder nicht, ihr fernerer Bestand schädlich oder unschädlich? e) Auf welche bestimmten Gattungen von Befugnissen soll man sich beschränken, ,,insofern es sich um die Aufstellung eines Systems handelt", und welche Grundsätze sind diesfalls die richtigsten?

Die Hofkammer, der die Regierung diese Fragestellung an die Stadthauptmannschaft mitteilte und nach Eintreffen der Antwort einen diesbezüglichen Bericht in Aussicht stellte, nahm diese Mitteilung mit Befriedigung zur Kenntnis, meinte jedoch unter dem 25. März 1809, es werde der Aufmerksamkeit der Regierung nicht entgehen, wie wichtig diese Ausarbeitung besonders in dem

---

[1]) H. K. A. Kom. Kammer, Fasz. 29, Nr. 67 ex majo 1816. — [2]) Reschauer, Gesch. d. Kampfes der Handwerkerzünfte usw. 14. — [3]) H. K. A. Kom. Kammer, Fasz. 29, Nr. 5 ex junio 1816. Staatsrat 1815, Nr. 7486.

Augenblicke sei, wo der Mangel an arbeitenden Händen überhandnehme, wo es daher vor allem darauf ankomme, solche Einrichtungen zu treffen, daß die im Lande vorhandenen Arbeiter auf eine solche Weise beschäftigt werden, daß sie die größtmögliche Arbeit vollbringen, und wo „eine wohlberechnete Industrialfreiheit und ein vernünftiges Gewerbssystem zur Steuerung so mancher sich eingeschlichener Zunftmißbräuche zum wahren Bedürfnis geworden sei"[1]).

Das Haupthindernis gegen eine durchgreifende Reform der Gewerbeverfassung auf liberaler Grundlage bildeten zweifellos die Zünfte. Kein Wunder, daß die Kommerzhofstelle, so oft sie auf dieselben zu sprechen kam, niemals um energische Ausdrücke verlegen war, um nur ihre Schädlichkeit für die Entwicklung der Industrie in so grellem Licht als möglich schildern zu können. Immer und immer wieder werden die Unterbehörden davor gewarnt, „den gefährlichen Einstreuungen des Monopols und des Zunftgeistes" Gehòr zu schenken.

Bei Gelegenheit einiger Beschwerden gegen die Freiheit der Leinenweberei forderte die Hofkammer im Jahre 1810 von der niederösterreichischen Regierung einen diesbezüglichen Bericht ab, mit dem Beisatze, daß sie bei diesem Anlaß auch jene Bemerkungen zur Sprache bringen könne, die sich ihr etwa über das Zunftwesen im allgemeinen aufdrängen.

Die Regierung benützte diesen Wink, um in ihrem Berichte vom 14. Juli 1810 ausführlich auf die Nachteile einer eingeschränkten Gewerbeverfassung hinzuweisen und zugleich Vorschläge zur Verbesserung der bisher in Österreich bestehenden vorzulegen.

Bericht der niederösterreichischen Regierung vom 14. Juli 181

Der Hofkammer mußte dieser Bericht zwar behagen; doch konnte sie sich angesichts der Wichtigkeit des Gegenstandes nicht entschließen, einen entscheidenden Schritt zu tun, ohne vorher auch die übrigen Länderstellen zu befragen, einerseits über die Ausführbarkeit der Anträge der niederösterreichischen Regierung, anderseits, im Bejahungsfalle, über die Art, wie sie ohne empfindliche Störung des Ganges der Industrie in Ausführung zu bringen wären. Dies geschah am 22. Dezember 1812.

Der Bericht der niederösterreichischen Regierung war für die Zünfte keineswegs günstig. Der Referent der Stadthauptmannschaft meinte, die Zunftverfassung sei besonders deshalb verderblich, weil die Meister jeder Innung sich der Erteilung neuer Befugnisse durch allerlei Ränke zu widersetzen trachten und so gerade die geschicktesten Arbeiter zur freien Ausübung ihrer erlernten Profession nicht gelangen können. Deshalb hätte die bisher vorgeschriebene Zuziehung der Innungsvorsteher zu den Verhandlungen über Gewerbeverleihungen ganz aufzuhören, da sie auch sonst unnötig sei. Die Meisterstücke sollten auch abkommen, weil bei der Beurteilung derselben große Parteilichkeit herrsche. Endlich wären Rekurse der Innungen gegen Gewerbeverleihungen nicht mehr zu dulden.

Der Referent der niederösterreichischen Regierung war der Ansicht, das

---

[1]) H. K. A. Kom. N.-Ö., Fasz. 63/1, Nr. 57 ex mart. 1809.

Schädliche der Zünfte bestehe vorzüglich in ihrer Unverträg-
lichkeit mit der Liberalität. Da letztere aber die Grundlage
einer guten Gewerbeverfassung sei, so müsse man vor allem
untersuchen, welche Grenzen eine vernünftige Gewerbefreiheit
haben müsse.

Es ergebe sich somit die Frage: Inwieweit hat die Staatsverwaltung in die
gewerbliche Privatbetriebsamkeit einzuwirken und sie gewissen Beschränkungen
zu unterziehen? Diese Fragen zu beantworten sei um so zeitgemäßer, als es
notwendig sei, die so oft schon höchstenorts wiederholten, aber
nur allgemeinen Empfehlungen und Anweisungen zur Liberalität,
um ihnen einen kräftigeren Erfolg als bisher zu verschaffen, auf streng entwickelte feste Grundsätze zurückzuführen und in genau bestimmten Gesetzen und Vorschriften auszudrücken.

Es müsse vor allem versucht werden, die Gewerbefreiheit mit den notwendigen Beschränkungen in Einklang zu bringen. Die erste Einteilung der
Gewerbe sei jene in freie und eigentliche Gewerbe. Freie Gewerbe
seien jene Beschäftigungen, welche keine Vorkenntnisse erfordern und als
Nebenbeschäftigung betrieben werden, bei welchen also jede Einmengung des
Staates unnötig und schädlich sei, weil sie eine zwecklose Störung der Privat-
freiheit und eine unwirtschaftliche Erweiterung der Wirksamkeit der Behörden
wäre. Eigentliche Gewerbe hingegen seien jene Arbeiten, welche außer
dem Gebiete der Haus- oder Landwirtschaft liegen, einer wesentlichen Vervollkommnung fähig und zum selbständigen Erwerbe geeignet sind, weshalb
sie höhere Interessen des Staates berühren und einer Aufsicht seitens des Staates
zu unterziehen seien. Nur bei den eigentlichen Gewerben seien gewisse Beschränkungen seitens der Staatsverwaltung notwendig. Was den Gegenstand
des Gewerbebetriebes anbelangt sowie die Art der Manipulation, die Beschaffenheit des Produktes und den Preis, so bedürfen diese Seiten keiner gesetzlichen
Bestimmung und sind ganz frei zu lassen, „indem die Staatsverwaltung
zu wenig Einsicht in die so verschiedenen, mit jedem Augenblicke veränderlichen, partikulären Verhältnisse der Gewerbsleute sowohl als des von ihnen abnehmenden Publikums kennt,
um allgemein gültige Vorschriften zu erlassen, weil schon überhaupt das Beste in Ansehung der Gegenstände der Gewerbe ein
zu relativer Begriff ist und sich nicht leicht etwas als allgemein, unter
allen Umständen, ohne Ausnahme, für das Beste bestimmen läßt, jede gesetzliche Bestimmung hierüber leicht in einzelnen Fällen schädlich werden kann
und um so unnötiger ist, als der eigene Vorteil jeden Gewerbsmann von selbst
bestimmen wird, die bessere Methode, wenn sie nur gehörig bekannt geworden,
zu ergreifen und es auch durch bessere Waren seinen Mitkonkurrenten zuvor-
zutun". Deshalb seien auch Preistaxenfixierungen und Qualitätenordnungen
zu vermeiden.

Manche Beschränkungen des Gewerbebetriebs seien auch aus Rücksichten
der öffentlichen Sicherheit notwendig, so daß die Gewerbefreiheit in mancher
Beziehung schon durch allgemeine Anordnungen eingeschränkt werden müsse.

(So bezüglich des Verkaufs von Schießpulver, der Verzinnung von Geschirr, der Bereitung und des Verkaufs von Arzneien u. dgl.)

In der Wahl des Standortes dürfe nie die geringste Einschränkung der Gewerbefreiheit stattfinden. „Wie das Gewerbe an einem Orte bestehen kann mit Rücksicht auf die dort bestehenden Gewerbe und anderes, sind Fragen, welche die Staatsverwaltung schlechterdings nie auch nur mit einiger Richtigkeit und Verläßlichkeit zu beantworten imstande ist". „Sie läuft daher bei jeder beschränkenden Bestimmung Gefahr, der Gewerbsindustrie und dem Vorteile des Publikums zu nahe zu treten." Der Unternehmer werde, durch sein eigenes Interesse geleitet, den Standort viel besser wählen können und so werde sich schon von selbst die Zahl und Stellung der Gewerbe in das richtige Gleichgewicht bringen. Die möglichen geringen Nachteile dieser Freiheit würden durch die Vorteile entschieden aufgewogen, indem bei voller Freizügigkeit die Gewerbe am zahlreichsten verbreitet und die wohltätigen Wirkungen der vermehrten Konkurrenz in höchstem Maße eintreten würden, was einen verstärkten Wetteifer, eine Verbesserung der Produkte und Erniedrigung der Preise zur Folge haben müßte. Beschränkungen in der Wahl des Standortes seien nur aus Polizeirücksichten bei gewissen Gattungen von Gewerben zulässig. (So z. B. Pulvermühlen, Schenken u. dgl.)

Auch betreffs der Personen, welche ein Gewerbe betreiben wollen, seien gewisse Beschränkungen notwendig. In bezug auf die Unternehmer ist „in rechtlicher Beziehung eines der heiligsten natürlichen Rechte des Menschen jenes, mit einer selbst gewählten Arbeit sich selbständig zu ernähren, welches die Staatsverwaltung schützen muß, weshalb schon nach öffentlichem Rechte die Gewerbsfreiheit Regel und jede Einschränkung derselben Ausnahme ist, welche nur im Kollisionsfalle mit strengen Privatrechten und dem allgemeinen Nutzen stattfinden darf."

Wo Beschränkungen unumgänglich nötig seien, da müssen sie für jeden gleich sein. Es müsse daher jedem, der die gesetzlichen persönlichen Erfordernisse besitzt, die persönliche Gewerbebefugnis ohneweiters zuerkannt werden. Aus diesem Grunde dürfe die Zahl und Vermehrung der Gewerbe nicht beschränkt werden und müsse der bisherige Grundsatz der Gewerbeverleihung, das erledigte Gewerbe dem würdigsten unter mehreren geeigneten Bewerbern zu erteilen, dahin erweitert werden, daß ohne Rücksicht auf eine Erledigung jedem, der die gesetzlichen Eigenschaften besitzt, auf sein Ansuchen eine Befugnis zu verleihen sei. Nur bei jenen Gewerben dürfe eine Ausnahme eintreten, deren Zahl aus Polizeirücksichten beschränkt sei. Die verkäuflichen und radizierten Gewerbe, die den modernen Grundsätzen nicht mehr entsprechen, sollten bald eingelöst und ganz abgestellt werden.

Sonstige persönliche Bedingungen, die zu fordern seien, beziehen sich auf die Großjährigkeit, die nötige Vorbildung und den Besitz von genügendem Vermögen für den Gewerbebetrieb. Betreffs der Vorbildung wäre zu fordern die Kenntnis des Lesens, Schreibens, Rechnens und der Religionslehre. Darüber hätte sich der Befugniswerber mit Zeugnissen auszuweisen oder einer Prüfung zu unterziehen. Außerdem hätte er sich in Ansehung der Erlernung des Gewerbes mit Zeugnissen einer öffentlichen Lehranstalt oder über die praktische Aneignung der Kenntnisse als Hilfsarbeiter oder aber durch Ablegung eines Probestückes auszuweisen. Doch gebe es zu wenige theoretische Lehranstalten, und wenn es deren auch viele gäbe, so könnten sie niemals allgemein zugänglich sein. Die Beurteilung von Probestücken stoße anderseits auf viele Schwierigkeiten und Unzukömmlichkeiten. Es wäre daher vielleicht am besten, die Geschicklichkeit an der Zahl der als Hilfsarbeiter in der Profession zugebrachten Jahre zu beurteilen. Die Zahl dieser Jahre müßte bei jedem Gewerbe besonders festgesetzt werden und niemals unter zwei und auch nicht über zehn Jahre dauern. Außerdem könnten bei mehreren Gewerbearten auch Prüfungszeugnisse über theoretische Kenntnisse, eventuell, wenn nötig, auch ,,mit Vorsicht eingeleitete'' praktische Probearbeiten zur Bedingung festgesetzt werden.

Die Festsetzung eines bestimmten Vermögens sei notwendig, um voreilige Unternehmungen zu verhindern, welche zu großem Selbstvertrauen und Täuschungen entspringen, namentlich in der Zeit des Überganges zur vollständigen Gewerbefreiheit. Der notwendige ,,Fund'' müsse für jede Gewerbegattung nach ihrer Natur und ihrem Standorte näher bestimmt werden.

Die uneheliche oder ausländische Geburt, die Nationalität und auch die Religion, insoferne letztere nur eine der tolerierten ist, dürfe kein Hindernis zum selbständigen Gewerbebetriebe sein. Bei gewissen Gewerben müsse aber wohl die Geschicklichkeit und Moralität berücksichtigt werden, weil sonst gefährliche Folgen für die öffentliche Sicherheit eintreten könnten. (Z. B. bei Wundärzten, Apothekern, Bau- und Zimmermeistern, Wirten u. dgl.)

Die persönlichen Verhältnisse der Hilfsarbeiter bei Gewerben sollten ebenfalls nicht ganz dem natürlichen freien Gange des bloßen Privatübereinkommens zwischen ihnen und den Unternehmern überlassen werden, sondern müßten einer näheren Aufsicht und Leitung der Staatsverwaltung unterzogen werden. Man müsse dabei zwischen dem Lehrvertrag und dem Arbeitsvertrage unterscheiden. Der Lehrvertrag müsse auf längere Zeit geschlossen werden, damit die Lehre vollständig und der Lehrherr entschädigt werde für die Lehre und für das anfängliche Mißverhältnis der Arbeit. Der Arbeitsvertrag hingegen könne unbestimmt auf längere oder kürzere Zeit eingegangen und der Lohn dabei nach der bloßen Zeit oder nach der Menge der geleisteten Arbeit bedungen werden. Die Arbeitsverträge seien eine Art von Dienstverträgen und wären somit der Gesindeordnung zu unterwerfen. Es müßte aber die Gesindeordnung für die Anwendung auf diese Verträge modifiziert werden, da sie über die Dienstverträge hinausgehen. Diese analog mit der allgemeinen Gesindeordnung zu entwerfende ,,Gewerbsgesinde- oder Gewerbsgehülfenordnung'' müßte dann noch für einzelne Gewerbearten nach ihrer eigenen Natur einige besondere Modifikationen erhalten.

Eine große Last für die Industrie sei ferner die Wehrpflicht, besonders bei Gewerben, welche eine ordentliche Schulung der Arbeiter erfordern oder wenn der Unternehmer zum Militär rücken muß und so die ganze Unternehmung ins Stocken gerät. Es dürften daher die unentbehrlichsten selbständigen Unternehmer und die unentbehrlichen Hilfsarbeiter von der Militärstellung ausgenommen bleiben. Da aber bei der Liberalität der Gewerbeverleihungen dabei Mißbräuche sehr leicht eintreten könnten, so sollte die Militärbefreiung entweder bloß auf die bedeutendsten selbständigen Gewerbunternehmungen beschränkt werden oder aber bei Verleihung der Gewerbe darauf geschaut werden, daß der Befugniswerber zur Militärpflicht untauglich sei oder aber dieselbe erfüllt habe.

Was die Zünfte betrifft, so meinte die Regierung, sie seien, im allgemeinen betrachtet, als gesellschaftliche Vereinigungen gleichartiger Gewerbunternehmer zur Förderung ihrer gemeinschaftlichen Erwerbsangelegenheiten eine noch gar nicht verwerfliche, sondern zweifellos sehr nützliche Einrichtung. Sie können in vielen Beziehungen nützlich werden, indem durch ihre Vermittlung Maßnahmen der Staatsverwaltung viel schneller und verläßlicher durchgeführt werden können.

Sie können auch für mehreres Vorsorge treffen, wofür der einzelne nicht fähig sei, so die Errichtung größerer Maschinen, die gemeinschaftlich benützt werden, Errichtung von Fonds für Witwen, Waisen und Kranke u. dgl. „Die Zünfte sind daher unstreitig in allen diesen Beziehungen, indem sie der Staatsverwaltung die Einsicht in die Gewerbsverhältnisse, die Aufsicht über die Beobachtung der Gesetze und die Vollstreckung der wichtigsten Anordnungen so wesentlich erleichtern und manche willkommene, freiwillige Privatanstalt entstehen machen und aufrecht halten, eine sehr nützliche Polizeianstalt." Deshalb seien sie nicht ganz abzuschaffen, sondern es sollte sogar nach der Meinung der Regierung die Errichtung neuer Zünfte bei Gewerben, die bis dahin nur isoliert bestanden, auf ihr Verlangen nicht versagt werden. „Das eigentlich Schädliche der Zünfte besteht nur in dem auf Geschlossenheit hinarbeitenden, aller Liberalität widerstrebenden Monopolgeiste derselben und dem Einflusse, den dieser Geist auf das Verfahren der Behörden gewinnt." Die Tendenz der Zünfte äußere sich nach zwei Richtungen hin: 1. durch direkte Mittel, indem sie sich Privilegien und Ansprüche auf eine besondere Begünstigung von seiten des Staates anmaßen und in mündlichen und schriftlichen Vorstellungen bei den Behörden gegen Gewerbeverleihungen eifern; 2. durch indirekte Mittel, indem sie die Neuverleihungen dadurch zu vereiteln suchen, daß sie den Personen, die sich darum bewerben, tausend Schwierigkeiten und Hindernisse in der Ausweisung der erforderlichen Eigenschaften zur Erlangung des Befugnis in den Weg legen. Vielfach würden die Behörden zum Eingehen auf ihre Wünsche dadurch bewogen, daß sie mehrere alte Gesetze und Verordnungen befolgen, die noch von Zunftgeist erfüllt sind und die Vermehrung der Gewerbe verbieten, während in neueren Verordnungen nur allgemeine Empfehlungen der Liberalität, aber keine bestimmten Anordnungen über das Verfahren enthalten seien. „So wird denn

beinahe über jede Gewerbeverleihung ein Prozeß durch vier
Instanzen geführt, wo dieselben Deduktionen der Zünfte und
der mit ihnen einverstandenen Behörden über die Widerrecht-
lichkeit und Schädlichkeit der Gewerbevermehrung und dieselben Widerlegungen aus liberalen Grundsätzen von seiten der
erleuchteten Behörden unzählige Male wiederholt und die Akten
der Registraturen zu ungeheuren Convoluten aufgehäuft werden,
während die durch diese Verhandlungen von neuen Gewerbs-
unternehmungen zurückgehaltenen Hände eine für den Staat
weit gemeinnützigere Arbeit geliefert hätten." Daher könne man
sich auch für die Beibehaltung des Zunftwesens in seiner bisherigen Gestalt
nicht erklären.

Es wäre also 1. der Hauptgrundsatz der Liberalität zum Gesetze
zu erheben und allen Behörden zur strengen Richtschnur ihres Benehmens
vorzuschreiben, daß bei Erteilung neuer Gewerbebefugnisse auf die Zahl der
Gewerbe oder vorhandenen Erledigungen keine Rücksicht zu nehmen, sondern
einzig nur zu erwägen sei, ob der Bittsteller die zum Gewerbebetriebe erforderlichen Eigenschaften habe. Die Zünfte sollen über die Zulässigkeit von Verleihungen weder befragt werden, noch ihnen gegen dieselben das Rekursrecht
zustehen.

2. Ebenso müßten die persönlichen Erfordernisse zur Erlangung einer Gewerbebefugnis genau bestimmt und allen Behörden zur Darnachachtung vorgeschrieben werden. Die Zünfte hätten
dabei nur über die Eigenschaften der Bittwerber und auch darüber nur insoweit es die Behörde notwendig findet, sie zu vernehmen, nähere Aufklärungen zu erteilen. So könnte man die Zünfte zur Äußerung über die Echtheit
der Zeugnisse, Kundschaften und Lehrbriefe u. dgl. auffordern.

Außerdem wäre 1. ein Schema zu entwerfen, welche Gewerbearten als
freie Beschäftigungen zu gelten haben und welche als Gewerbe. 2. Eine allgemeine Polizeiordnung für Hilfsarbeiter bei den Gewerben zu erlassen, welche
sowohl für zünftige als auch für unzünftige Beschäftigungen zu gelten und nur
in einigen Nebenbestimmungen, je nach der Natur einzelner Gewerbe, besondere
Modifikationen aufzuweisen hätte. 3. Die Militärexemptionen für die in gewerblichen Unternehmungen Beschäftigten sollten neu bestimmt werden. 4. Sollte
ein neues Gewerbsteuersystem ausgearbeitet werden, was auch schon im Zuge
sei. 5. Sollte eine Hauptnorm über die Organisierung der Zünfte erlassen werden.

Die Mehrheit der Stimmen der niederösterreichischen Regierung war mit
den Anträgen des Referenten einverstanden, mit der Einschränkung, daß sich
dieselben einstweilen nur auf Kommerzialgewerbe zu erstrecken hätten, weil
die bisherigen Verordnungen, welche Liberalität anordneten, sich nur auf die
Kommerzial- und nicht auf die Polizeigewerbe bezogen hätten und weil bei den
letzteren eine unbeschränkte Gewerbevermehrung gefährlich werden könnte.
Auf diese könnten diese Anordnungen erst dann ausgedehnt werden, wenn sie
sich bei den Kommerzialgewerben bewährt hätten.

Diese Ausführungen der niederösterreichischen Regierung bildeten die

Grundlage der Beratung für die übrigen Länderstellen, welche, wie oben erwähnt, unter dem 22. Dezember 1812 diesen Bericht zugestellt erhielten, mit der Aufforderung, sich darüber ausführlich zu äußern. Bis Juni 1816 hatten sich die übrigen Länderstellen mit Ausnahme der innerösterreichischen auch schon geäußert[1]). Mit dem Inslebentreten der durch Kabinettschreiben vom 11. Juli 1816 zur Regulierung der Kommerzangelegenheiten berufenen Kommerzhofkommission, zu deren Aufgabe auch die Reorganisierung der gesamten Gewerbeverfassung gehörte, fand dieser interessante Anlauf zu einer allgemeinen Gewerbereform vorläufig seinen Abschluß.

Wegen des gegenüber dem Auslande bestehenden absoluten Prohibitivsystems blieb der Schleichhandel der einzige Weg zur Hereinbringung fremder, außer Handel gesetzter Waren. Die mangelhafte Absperrung der Grenzen begünstigte ihn und vollends war es während der Kriegszeiten nicht möglich gewesen, Grenzwachmannschaften in ausreichender Zahl zu verwenden[2]). Die Errichtung von Fabriken oder Niederlagen an der Grenze konnte zum Schleichhandel mißbraucht werden und zu diesem Zweck auch nur zum Schein erfolgen. Infolgedessen sah sich die Staatsverwaltung gezwungen, die Errichtung von Fabriken und gewerblichen Unternehmungen an der Grenze Beschränkungen zu unterziehen, damit das im Interesse der Industrie gehandhabte Prohibitivsystem nicht illusorisch gemacht werde. Durch Hofdekret vom 8. Oktober 1801 wurde angeordnet, daß in der Entfernung einer Meile von der Grenze neue Unternehmungen in solchen Artikeln, welche dem Schleichhandel unterliegen und in welchen dem Auslande die Konkurrenz noch nicht abgewonnen sei, nicht gestattet werden sollen[3]). Auch wurde erwogen, ob es nicht angezeigt wäre, die innerhalb dieses Gebietes schon befindlichen Unternehmungen zu entfernen. Zu diesem Zwecke wurde eine eigene Kommission aufgestellt, welche aber bei näherer Erwägung bald einsah, daß die Versetzung Nachteile mit sich bringen würde, welche größer wären als das Übel, dem man abhelfen wollte[4]).

Die Periode von 1798 bis 1816 war in der österreichischen Industriepolitik trotz der schweren Zeiten keine sterile. Abgesehen von den nicht aus Feindschaft gegenüber der Industrie angeordneten vorübergehenden Beschränkungen der Gewerbe in Wien, machte in dieser Periode die allmähliche Ausbildung und Durchsetzung der Prinzipien der Gewerbefreiheit doch einige Schritte nach vorwärts.

(Marginalie:) Fabriken an der Grenze.

---

[1]) H. K. A. Kom. N.-Ö., Fasz. 63/1, Nr. 73 ex dec. 1812; Kom. Kam. Fasz. 29, Nr. 61 ex junio 1816. Der Bericht der niederösterreichischen Regierung liegt in vollständiger Abschrift vor, die der anderen Länderstellen sind unauffindbar. Vgl. auch H. K. A. Kom. Kommission, Fasz. 33, Nr. 58 ex oct. 1817. — [2]) Vgl. Staatsrat 1795, Nr. 1148: „Es wird der Schleichhandel in einer so ausgebreiteten Monarchie nie ganz vermieden werden, besonders in einem Zeitpunkte, wo der Kordon sehr geschwächt ist und die Neueinrichtung desselben während des Krieges nicht wohl statthaben könnte." — [3]) Statth. A. Prag, 1816—1825, Kom. Fasz. 1, subn. 1, 1820, Febr. 9; Barth, a. a. O., II, 455. — [4]) H. K. A. Kom. N.-Ö., Fasz. 63/1, Nr. 35 ex apr. 1804 (Vortrag vom 3. März 1802).

Diese Periode umfaßte von äußeren Ereignissen die Zeiträume des zweiten (1798—1801) und des dritten Koalitionskrieges (1805), welch letzterer für Österreich, neben den gewaltigen wirtschaftlichen Schäden infolge der feindlichen Invasion, durch den Preßburger Frieden den Verlust von Vorderösterreich, Tirol und des Venezianischen bedeutete; weiters den Krieg von 1809 (Aspern, Wagram), welcher die Heimsuchung eines großen Teiles der Monarchie durch feindliche Truppen und im Frieden von Wien die Abtretung von Tirol, Salzburg, eines Teiles von Galizien und des ganzen Küstengebietes zur Folge hatte. Das Jahr 1812 brachte die erzwungene Beteiligung Österreichs am Zuge der großen Armee gegen Rußland, das Jahr 1813 die blutigen Kämpfe im Norden, welche den industriereichen Gebieten Nordböhmens ungeheuren Schaden zufügten und in der befreienden Schlacht bei Leipzig ihr Ende fanden. 1814 folgte der Marsch der Verbündeten bis Paris, darauf der glänzende Wiener Kongreß (September 1814 bis Juni 1815), endlich nach abermaligen Kämpfen der zweite Pariser Frieden vom 20. November 1815.

Von für Österreich bedeutungsvollen wirtschaftlichen Ereignissen fallen in diese Periode die Kontinentalsperre (1806—1814) und die Finanzkrise von 1811.

Kontinental-sperre. Die Kontinentalsperre hatte auf die verschiedenen Zweige der Industrie eine verschiedene Wirkung. Jene Industriezweige, für welche die englische Industrie bis dahin nicht nur bei ihrem Export ein unüberwindliches Hindernis war, sondern denen sie durch den Schleichhandel selbst im Inlande starken Schaden zufügte, atmeten in dieser Zeit erleichtert auf und nahmen einen schönen Aufschwung. So namentlich die Baum- und die Schafwollindustrie[1]). Auf andere Industriezweige, wie die Glas- und Leinenindustrie, die auch auf den Export angewiesen waren, hatte die Kontinentalsperre zusammen mit den fortwährenden Kriegen einen ungünstigen Einfluß[2]). Anderseits hatte aber die Absperrung des Festlandes und die dadurch bedingte Unmöglichkeit der Einfuhr von Kolonialprodukten die Entstehung eines, allerdings nach ihrer Aufhebung wieder eingegangenen, neuen Industriezweiges in Österreich zur Folge gehabt: der Zuckererzeugung aus inländischen Stoffen[3]).

Finanz-patent von 1811. Die günstigen Wirkungen der Abhaltung der englischen und französischen Konkurrenz wurden aber größtenteils durch die Schäden des Finanzkrachs von 1811 paralysiert[4]), dessen Folgen sich noch mehrere Jahre darnach geltend machten. Der schwankende Geldkurs, der seinerseits zur Agiotage und gesteigerter Spekulation Anlaß gab, die schweren Lasten, die das Volk persönlich und finanziell zu tragen hatte, die feindlichen Einfälle, die durch die Kriegsoperationen und öfteren Abtretungen von Gebietsteilen verursachten vielfachen Stockungen im Absatz untergruben den Kredit und schädigten dadurch auch die Produktion und den Handel in hohem Maße. Als weitere Folge der Finanzkrise stellte sich eine enorme Teuerung der Lebensmittel, der Miete und der Löhne ein. In einigen Industriezweigen, welche von der Stockung ergriffen worden waren, waren zahlreiche Arbeiterentlassungen an der Tagesordnung,

---

[1]) Vgl. unt. u S. 269, 281, 290 ff., 319, 328. — [2]) Vgl. unten S. 368, 372, 377, 521, 524. — [3]) Vgl. unten S. 578 ff. — [4]) Vgl. darüber: P. Stiassny, Der österreichische Staatsbankerott von 1811.

in anderen herrschte drückender Arbeitermangel[1]). Zu all dem kam noch nach dem Frieden das Wiedereintreten der mit der vollen Wucht der aufgespeicherten Vorräte sich geltend machenden englischen Konkurrenz[2]).

Die Einführung der neuen Erwerbsteuer durch Patent vom 31. Dezember 1812 bedeutete auch eine schwere Belastung der damals so bedrängten Industrie[3]).

Trotz der unaufhörlichen Kriege lieferte das Konskriptionssystem von 1804 auch den Beweis, daß die Gesetzgebung bemüht war, der Industrie jene Begünstigungen zuzuwenden, welche mit den gerade in jenen kriegerischen Zeiten hochgespannten Anforderungen der Vaterlandsverteidigung in Einklang gebracht werden konnten. Nach dem Konskriptionspatent vom 25. Oktober 1804 waren Großhändler sowie jene, welche in Städten und Märkten mit einem „regulierten" Magistrat ein bürgerliches Gewerbe und das Bürger- und Meisterrecht besaßen, von der Militärstellung befreit. Selbst die Professionisten auf dem Lande sollten zu dieser Kategorie gezählt werden, wenn ihr Handwerk die Haupt-, der Landbau bloß eine Nebenbeschäftigung ausmachte. Schutz- und fabriksmäßig Befugte waren dagegen von der Militärstellung nicht frei, wenn sie sich nicht loskauften. Bei Privatfabriken und Manufakturen gehörten nur die Direktoren, „Kontrolleurs" und Buchhalter und bei den Fabriken überhaupt nur diejenigen, deren Kenntnisse schwer zu ersetzen sind, als „Koloristen, Sekretisten" u. dgl. in die Rubrik der zeitlich Befreiten. Ebenso die ersten Werkführer und vorzüglichsten Arbeiter beim Bergbau, bei Salz-, Salpeter-, Pulver-, Hammer- und Eisenwerken. Wegen dieser nur beschränkten, zeitlichen Befreiungen bestimmte § 40, daß alle Gattungen von Industrieunternehmungen sich soviel als möglich mit solchen arbeitsfähigen Menschen versehen sollen, die zum Militärdienst untauglich seien[4]).

In diese Periode der Kriege und Krisen fällt die Einführung vieler wichtiger Maschinen, somit der erste Anfang einer modernen Großindustrie in Österreich. So die der Spinnmaschinen, des Schnellschützen und mehrerer Verbesserungen in der Textildruckerei[5]). Gerade der Einführung von technischen Verbesserungen standen die mißlichen Kreditverhältnisse am meisten im Wege, so daß nur die kapitalskräftigen Unternehmer diesen Weg beschreiten konnten und sich so die Verallgemeinerung der technischen Fortschritte ungemein verzögern mußte.

Die Staatsverwaltung suchte dabei nach Möglichkeit zu helfen, begünstigte die Einführung und Verbreitung von Maschinen[6]), förderte die Fabrikanten und Gewerbetreibenden durch liberale Auslegung der ihre Verschleiß- und Niederlagsrechte regelnden Gesetze[7]) und durch möglichste Milderung von noch bestehenden Beschränkungen, regelte, um zu neuen Erfindungen anzueifern, das Privilegienwesen[8]) und suchte durch Belehrungen, Unterstützungen und Auszeichnungen den Gewerbefleiß zu heben und durch Verbreitung technischer

Marginal notes: Erwerbsteuerpaten v(m z, 31. De 1812. — Militärbegünstigungen.

---

[1]) Vgl. unten S. 271 ff., 281, 292, 319, 328 ff. — [2]) Vgl. unten S. 271 ff., 319. — [3]) Vgl. S. 129; Näheres über die Besteuerung der Gewerbe bei Kopetz, a. a. O., II, 181 ff. — [4]) Kopetz, a. a. O., II, 25; Barth, a. a. O., II, 387; Pol. Ges. Samml.; H. K. A. Kom. N.-Ö., Fasz. 63/1, Nr. 43 ex mart. 1805. — [5]) Vgl. unten S. 178 ff. — [6]) Vgl. unten S. 177 ff. — [7]) Vgl. unten S. 142 ff. — [8]) Vgl. unten S. 252 f.

66

Bildung befruchtend zu wirken[1]). Zur Erweiterung des Absatzes sollte auch das 1807 vom Kaiser errichtete Fabriksproduktenmusterkabinett das Seinige beitragen[2]). Hervorragenden und verdienstvollen Industriellen wurde der Adelsstand verliehen, „da es im Interesse der Staatsverwaltung selbst liegt, solche Verdienste nicht unbelohnt zu übergehen"[3]).
Trotz aller dieser Maßnahmen überwogen die Wirkungen der politischen und wirtschaftlichen Krisen, so daß der Übergang von dieser Periode zur nächsten, welcher es vorbehalten blieb, die blutenden Wunden zu heilen, für die Monarchie eine Zeit allgemeiner wirtschaftlicher Depression war, welche erst nach langer Zeit und nur allmählich wieder behoben werden konnte.

III. Kapitel.

Die allgemeine Industriepolitik von 1816 bis 1830.

Behörden. In der Behördenorganisation traten in dieser Periode keine wesentlichen Änderungen ein. Bemerkenswert ist nur, daß die Kommerzhofkommission während ihres kurzen Bestandes (1816—1824) für fast alle Gewerbeangelegenheiten die oberste Instanz darstellte, so daß die Hofkammer in kommerziellen Angelegenheiten während dieser Zeit fast ganz ausgeschaltet blieb. Die Trennung der obersten Leitung in Gewerbeangelegenheiten zwischen der Kommerz- und der politischen Hofstelle, je nachdem es sich um Kommerzial- oder Polizeigewerbe handelte, blieb auch während dieser Periode aufrecht. Im Jahre 1819 wurde die Wiener Stadthauptmannschaft, 1825 die Fabrikeninspektion in Wien und der Kommerzienrat in Prag aufgehoben[4]).

Fortdauer der wirtschaftlichen Depression. Die Nachwirkungen der schweren politischen und wirtschaftlichen Krisen der früheren Periode machten sich noch stark geltend, die Produktion wurde eingeschränkt, Arbeiterentlassungen waren an der Tagesordnung, die Not bei Unternehmern und Arbeitern war sehr groß. Man trachtete das Drückende der Lage möglichst zu mildern, was allerdings bei den zerrütteten Staatsfinanzen nicht leicht möglich war. Dennoch wurde manches getan, in Böhmen sogar eine staatliche Leineneinkaufsanstalt ins Leben gerufen, um dem Elend der dortigen Spinner und Weber abzuhelfen[5]). Unter den Wiener Seidenzeugmachern herrschte auch schwere Not und die Regierung erwog, wie ihnen Unterstützung zuteil werden sollte. Durch Geldunterstützungen konnte dem Übel auf die Dauer nicht abgeholfen werden, da die Ursachen viel tiefere waren, die nur durch großzügige gewerbepolitische Maßnahmen beseitigt werden konnten[6]).

Allgemeine Klagen. Selbst große, kapitalkräftige Fabriken begannen zu wanken und bestürmten die Staatsverwaltung und den Kaiser mit Klagen über den Verfall

---

[1]) Vgl. unten S. 157 ff. — [2]) Vgl. unten S. 228 ff. — [3]) So wurde der Adelsstand verliehen 1815 dem Baumwollfabrikanten Fridolin Jenny, 1816 dem um die Industrie verdienten Großhändler Chr. H. Coith (H. K. A.. Kom.. Kammer, Fasz. 9, Nr. 37 ex jan. 1815, Nr. 39 ex mart. 1816). — [4]) Kopetz, a. a. O., II, 448, Über die Fabrikeninspektion vgl. unten S. 103 f. — [5]) Vgl. unten S. 368 f. — [6]) Statth. A. Wien, 1817, A. 30 Nr. 8087.

ihrer Unternehmungen und Vorschlägen zur Abhilfe. So erhoben Vorstellungen die niederösterreichischen Spinnfabriksinhaber, die Baum- und Schafwollwarenfabrikanten, die bürgerlichen Weber und Seidenzeugmacher, dann die Webermeister und Wollspinner an der böhmischen Grenze, endlich die böhmischen Landesfabriken. Unter den böhmischen Landesfabrikanten, welche ihre Klagen vorbrachten, befanden sich auch die leistungsfähigsten und kapitalkräftigsten Unternehmer, wie Leitenberger, Graf Kinsky, Fürst Auersperg, Anton Richter u. a. m. In der von diesen und zahlreichen anderen Fabrikanten unterzeichneten Eingabe schildern sie, wie wohlhabende Leute verarmen, den Betrieb nicht fortsetzen und die Erwerbsteuer nicht entrichten können, wie geschickte und fleißige Arbeiter auswandern müssen und das Gewerbe dem Verfalle entgegengehe. Besonderes Interesse gewinnen diese Beschwerden dadurch, daß auch große Fabrikanten den Grundsatz der freien Konkurrenz als schädlich hinstellen. Es ist ein deutliches Zeugnis der schweren Not, in der sich die Industrie befand, daß sich große Fabrikanten, welche unabhängig von der Zunftverfassung, ja im Gegensatz zu den zünftigen Gewerben emporgekommen waren, bewogen fanden, gegen die Gewerbefreiheit aufzutreten. „Wir wollen nicht die Vorteile einer dem jedesmaligen Zustande der Nation angemessenen Ausdehnung der Gewerbe bestreiten, aber wir müssen doch gegen die rücksichtslosen Verteidiger des Konkurrenzsystems bemerken, wie eine unbedingte Konkurrenz weder mit einem der Hauptzwecke des Staates (die Sicherheit seiner Bürger zu schützen) vereinbar sei, noch insbesondere unserer Staatsverfassung entspreche." Durch stillschweigende Auflösung der bisher bestandenen Verbindung zwischen Unternehmern und Gehilfen sei ein die öffentliche Sittlichkeit förderndes Verhältnis zerstört worden. Es seien von den Behörden Meisterrechte und Gewerbebefugnisse ohne strengen Nachweis der Geschicklichkeit und des nötigen Betriebskapitals verliehen worden, ohne Rücksicht, ob die Möglichkeit eines Auskommens an bestimmten Orten vorhanden sei, ob nicht nachteilige Wirkungen folgen würden. So hätten vielfach leichtsinnige und sorglose Menschen ohne Kenntnisse, mit unzureichenden Unternehmungsfonds Fabriken übernommen, durch allmähliche, nicht so leicht merkbare Verschlechterungen der Waren die Konsumenten hintergangen und so das Gewerbe in Mißkredit gebracht und geschädigt. Dabei scheinen die Fabrikanten nicht gewußt zu haben, daß gerade die obersten Kommerzbehörden, in der Überzeugung, den Fabriken dadurch zu nützen, die eifrigsten Verfechter der Gewerbefreiheit waren und die Einhaltung dieser Grundsätze den Unterbehörden immer wieder einschärften.

Die eigentliche Ursache des wirtschaftlichen Stillstandes war die bis 1811, begünstigt durch das viele Papiergeld, herrschende Hochkonjunktur mit starker Gründungstätigkeit und Produktion, auf welche dann einerseits die Finanzkrise von 1811, anderseits die Aufhebung der Kontinentalsperre mit desto schrecklicheren Wirkungen folgten.

Zum Beweise, wie sehr das Gewerbe in Mißkredit gekommen sei, führen die böhmischen Fabrikanten an, man höre häufig, nicht vom Pöbel, sondern von gebildeten Menschen, ja sogar von Regierungsbeamten die Äußerung:

„Österreich sei ein ackerbauender Staat und bedürfe keiner Fabriken, sie
würden ihm vielmehr lästig"[1]), und suchen mit dem Hinweis auf den Nutzen der
Fabriken für die Steuerkraft und die Unabhängigkeit vom Auslande diese
Behauptungen zu entkräften.

Der Spekulationsgeist nahm immer mehr zu, die Gewerbesteuer wirkte
drückend, der Schleichhandel wurde überaus schwunghaft betrieben, fremde
Staaten, namentlich Rußland, sperrten sich ab, was einer Unterbindung wichtiger
Exportmöglichkeiten gleichkam, wegen schlechter Ernten stiegen die Lebensmittelpreise außerordentlich und im Gefolge davon auch die Arbeitslöhne.
Durch alle diese Verhältnisse war auch die Konsumkraft der Bevölkerung so
sehr geschwächt, daß nur für unbedingt notwendige Artikel noch einige Absatzmöglichkeit vorhanden war.

Zur Abhilfe gegen diese Notlage schlugen die Fabrikanten vor, der Kaiser
möge eine Kommission bestellen, zu welcher auch Deputierte der verschiedenen
Baumwollfabriken zugezogen werden sollten, um ihre Ansichten und Wünsche
ausführlich vortragen und darüber die nötigen Auskünfte geben zu können.
Ihre Wünsche gingen dahin, die Regierung solle vor allem mit Verleihungen
von Meisterrechten sowie Gewerbe- und Fabriksbefugnissen in einigen bereits
übersetzten Zweigen der Baumwollindustrie auf mehrere Jahre innehalten
und bei künftigen Verleihungen auf genügendes Unternehmungskapital und
Redlichkeit beim Unternehmer, auf erprobte Kenntnisse und Erfahrung bei
Direktoren von Unternehmungen schauen. Außerdem möge der Verkauf der
Fabriken samt der Berechtigung erlaubt, somit die Befugnis zu einer nicht
persönlichen gemacht werden. Zum Schutze der gewerblichen Muster sollen
gesetzliche Normen erlassen werden[2]); der Landbau solle von allen Hindernissen befreit werden, damit die Vermehrung seiner Erzeugnisse mit der Zunahme der Bevölkerung gleichen Schritt halten könne. Übrigens sei die
Teuerung der Lebensmittel nicht nur der schlechten Ernte, sondern auch dem
Wucher zuzuschreiben. Bezüglich der auswärtigen Handelspolitik sollen die
Rohstoffe und unentbehrlichen Hilfsstoffe mit einem geringeren Zolle belegt,
die wiedererworbenen italienischen Provinzen in das prohibitive Zollgebiet
einbezogen, für inländische Waren aber ganz geöffnet werden und zur Mitwirkung bei der Bekämpfung des Schleichhandels sollen die Fabrikanten selbst
herangezogen werden.

Ebenso suchten auch die anderen Fabrikanten und Gewerbeklassen um
Beschränkung der Befugnisverleihungen an[3]).

Diese Zustände und ähnliche Erwägungen spiegeln sich auch in einer
damals erschienenen Schrift wider, in welcher die Verhältnisse vielfach treffend
geschildert werden und der Verfasser die Notwendigkeit und Nützlichkeit der
Industrie gegen alle Anwürfe zu verteidigen und zu beweisen sucht[4]). Die

---

[1]) Daß es solche Beamte gab, wenn auch glücklicherweise recht wenige, vgl. oben
S. 25 f. — [2]) Vgl. darüber unten S. 255. — [3]) H. K. A. Kom. Praes. 1818, Nr. 614, Staats-
rat 1816, Nr. 9860. — [4]) Töpfer, Betrachtungen über die Frage: Sind die Fabriken nützlich?
Wien 1817.

Kriegsjahre, das Kontinentalsystem und dessen spätere Aufhebung und die übrigen widrigen Umstände „brachten einen Zustand hervor, in welchem es dem geübtesten Kalkulanten unmöglich ward, eine nur wahrscheinliche Rechnung zu machen"[1]. „Tausende von Familien betteln, Tausende sind um einen großen Teil ihres Fonds gekommen; überläßt man die Krankheit in diesem kritischen Moment der Natur, so ist die Verbreitung des Übels unvermeidlich und ohne Grenzen. Der Untergang so vieler Fabriken hat auch auf manche Geldbesitzer gewirkt, neben der Stockung des Warenabsatzes ist auch der Geldmangel eingetreten und die Furcht vor dem Verluste seiner Kapitalien schreckt den noch Wohlhabenden von jeder Unterstützung zurück. Bald, sehr bald, dürfte jede Hilfe zu spät werden. Der Einsturz morscher Gebäude geschieht nicht allmählich, wie ihr Bau. Vergeblich dürfte Österreich um den Verlust seiner Industrie in Kürze die Hände ringen"[2].

Die Zeiten hatten sich geändert. Alle diese Klagen fanden wohl die richtige Beurteilung, aber gegenwärtig waren die Behörden weit davon entfernt, sich, wie zur Zeit der Thronbesteigung Leopolds II., von solchen vielfach reaktionären Wünschen beeinflussen zu lassen. Die Staatsverwaltung wußte, daß durch einzelne Maßnahmen der darniederliegenden Industrie nicht geholfen werden konnte, sondern daß durchgreifende Reformen erforderlich waren. Die ersten Anläufe dazu waren schon getan und nun galt es, diese Anfänge systematisch fort und zu einem gedeihlichen Ende zu führen. Dieser Erwägung entsprang die durch Kabinettschreiben vom 11. Juli 1816 erfolgte Einsetzung der Kommerzhofkommission, zu deren Wirkungskreis durch Entschließung vom 11. September 1816 alle Kommerzangelegenheiten zugewiesen wurden, damit sie sich besonders mit Vorschlägen zu Reformen und Verbesserungen auf dem Gebiete des Gewerbewesens, zur Regulierung desselben, befasse. Die gesamte Gewerbe- und Handelspolitik und oberste Verwaltung lagen so in den Jahren von 1816 bis 1824 in den Händen dieser im letztgenannten Jahre wieder aufgehobenen Kommission. Zu ihrem Wirkungskreise gehörten: Handelsverträge, Konsularwesen, Merkantil- und Industrialtabellen (gewerbliche Statistik), Zollwesen, Seeschiffahrtspolizei, Merkantil- und Wechselgerichtsangelegenheiten, Fondsbestimmungen und -ausweisungen, Protokollierungen der Firmen und Gesellschaftsverträge, Einziehung der Befugnisse in Konkursfällen u. dgl. Weiters die Einführung neuer ausländischer Industriezweige sowie neuer ausgezeichneter Fabriksunternehmungen und technischer oder chemischer Erfindungen, Verleihung ausschließender Privilegien, Unterstützung einzelner Fabriken und Gewerbe; außerdem die Kommerzialwarenstempelung, die Fabrikeninspektion, das polytechnische Institut und die Akademie der bildenden Künste, letztere zwei soweit sie mit dem Gewerbewesen zusammenhingen; sodann die gewöhnliche Fabriks- und Kommerzialgewerbeleitung und die Bewilligung zur Errichtung von Zuckerraffinerien. Außerdem war sie die oberste Instanz in allen Gewerbeangelegenheiten (abgesehen von den Polizeigewerben) und an sie waren alle diesbezüglichen Berichte einzusenden. Der

Errichtung der Kommerzhofkommission.

---

¹) Töpfer, a. a. O. 13. — ²) Töpfer, a. a. O. 31 ff.

Hofkammer verblieben nur die Zollmanipulationsgegenstände und die Angelegenheiten, die sich auf die Exekutive des Zollwesens bezogen.

Eine Regulierung des Gewerbewesens war schon deshalb notwendig, weil
am Ende der Kriegsperiode große Gebiete teils neu, teils wiedergewonnen
wurden, Gebiete, welche vielfach, wie namentlich das lombardisch-venezianische
Königreich auf dem Gebiete des Gewerbewesens ganz andere Grundsätze aufwiesen als die altösterreichischen Provinzen. Eine Vereinheitlichung war dringend
geboten. Daher wurde die Kommerzhofkommission auch angewiesen, bei ihren
Vorschlägen zu Verbesserungen auf dem Gebiete des Gewerbewesens auf die
Verhältnisse und das Interesse der einzelnen Länder und der Gesamtmonarchie
(somit auch Ungarns und Oberitaliens) Rücksicht zu nehmen. Die Kommission
war zu diesem Zweck ermächtigt, im Erforderungsfalle Handelsleute und
Fabrikanten von den bedeutenden Handels- und Fabriksplätzen der Monarchie
zu vernehmen, um ihre Ansichten, Wünsche und Vorschläge über die zur Belebung des Handels und der Industrie erforderlichen Maßnahmen kennen zu
lernen. Zum Präsidenten der Kommerzhofkommission wurde Ritter von Stahl
ernannt[1]).

Abweisung
von Ge-
suchen um
Beschrän-
kungen auf
dem Ge-
biete der
Gewerbe-
verleihun-
gen. Zunächst hatte sich die Kommission mit den zahlreichen Vorstellungen
und Klagen über den Verfall der Industrie zu beschäftigen und dem Kaiser die
Ursachen der Stockung aufzuklären. Auch mit den oben erwähnten Ausführungen der böhmischen Baumwollwarenfabrikanten mußte sie sich abgeben.
Bezüglich der Forderung nach Bestellung einer eigenen Kommission, welcher
die Fabrikanten ihre Wünsche vorbringen könnten, war sie der Meinung, dies
sei nicht notwendig, da die Kommerzhofkommission schon zu diesem Zwecke
aufgestellt worden sei. Gegenüber den Klagen gegen die allzu große Vermehrung
der Gewerbe und der unbeschränkten Erteilung von Befugnissen wies sie darauf
hin, daß Meisterrechte und Fabriksbefugnisse nur an solche Bewerber erteilt
werden, welche die erforderlichen Kenntnisse und Fähigkeiten und den gehörigen
Fonds ausweisen[2]). Der Verkauf der Gewerbe könne nicht zugestanden werden,
weil dadurch einerseits die Aufhebung der schon bestehenden verkäuflichen
Gewerbe vereitelt, andererseits reiche Fabrikanten sich durch Ankauf der übrigen
Fabriken ein Monopol zu schaffen in der Lage wären. Die Einführung eines
gesetzlichen Musterschutzes sei nicht wünschenswert und wie alle Alleinrechte
überflüssig und schädlich[3]). Dem Wunsche, die oberitalienischen Provinzen in
das österreichische Zollsystem einzubeziehen und die Prohibition auch auf dieselben auszudehnen, war durch allerhöchste Entschließungen vom 28. Juni
und 2. August 1817 entsprochen und dadurch der österreichischen Industrie
ein großes Absatzgebiet reserviert worden. Infolgedessen sah sich die Kommerz-

---

[1]) Krauß-Elislago, Aktenmäßige Darstellung der Verhandlungen usw. (Manuskript im
Archiv der Familie Krauß-Elislago). Statth. A. Prag, 1816—1825, Kom. Fasz. 1, subn. 1;
Zirkular des böhm. Gubern. vom 26. Juli 1816; Kopetz, a. a. O., II, 438; Barth, a. a. O., IV
72—85. Vgl. auch unten S. 199 f. — [2]) Dies ist nicht ganz richtig, eine Fondsausweisung war
für Gewerbe im allgemeinen mit Ausnahme von Zuckerraffinerien nicht notwendig. Anders
stand es mit den Handelsbefugnissen (Kopetz, a. a. O., I, 340 ff.). — [3]) Vgl. unten S. 255.

hofkommission veranlaßt, den böhmischen Baumwollfabrikanten anzuraten, den Erfolg der von der Staatsverwaltung schon getroffenen und der noch im Zuge befindlichen Maßregeln vertrauensvoll abzuwarten[1]).

Da in jener Zeit der wirtschaftlichen Depression die Ansicht allgemein verbreitet war, daß die zu starke Vermehrung der Gewerbe zur Verschlechterung ihres Zustandes wesentlich beigetragen habe, so bedurfte es einer besonderen Geschicklichkeit von seiten der Kommerzhofkommission, um die zahlreichen Majestätsgesuche der Innungen um Einschränkung der Befugnisverleihungen abzuwehren. Ein solches Majestätsgesuch hatte auch das Wiener Mittel der bürgerlichen Weber eingereicht. Die darüber vernommene Fabrikeninspektion und die Stadthauptmannschaft sprachen sich gegen jede Beschränkung aus, ebenso wie die niederösterreichische Regierung, welche der Meinung war, man könne nicht denjenigen, welche die Mittel haben, in diesen schweren Zeiten zu produzieren, die Befugnis dazu versagen. ,,Selbst in dem Falle,'' meinte sie, ,,daß die vermehrten Gewerbsleute nicht alle bestehen könnten, wäre es für das Allgemeine und für die Zukunft vorteilhafter, wenn der träge und talentlose Fabrikant zugrunde gehe, als daß durch Rettung desselben die Akquisition derjenigen gehindert werde, welche Natur, Zufall oder selbst Bildung mit vorzüglichen Eigenschaften ausgestattet haben.'' Die Kommerzhofkommission wies in ihrem Gutachten darauf hin, daß in den letzten Jahren mehrere ähnliche auf Beschränkung der Gewerbeverleihungen gerichtete Gesuche nicht nur von der allgemeinen Hofkammer, sondern auch durch allerhöchste Entschließungen abgewiesen worden seien. Um so mehr habe dies bei der Weberei als einer freien Beschäftigung zu geschehen. Im Staatsrate war der Referent Ritter von Schüller mit dem Antrage der Kommission einverstanden, hingegen fühlte sich Staatsrat Freiherr von Stifft ,,aus Überzeugung verpflichtet'', folgende Gegenbemerkungen zu machen: ,,Die liberalen Grundsätze, selbst die richtigsten, wenn sie unbedingt und allgemein nach dem Wortlaute in die Ausübung gebracht werden, führen immer zu Mißgriffen ... Vom Monopol bis zur gänzlichen Freigebung stehen unzählige Abstufungen inne. In der Mitte liegt das, was zum Ziele führt und wonach die Staatsverwaltung greifen muß.'' Wenn durch starke Vermehrung der Gewerbe zu viel produziert werde, so müsse durch Verschlechterung der Erzeugnisse hereingebracht werden, was durch Verminderung des Absatzes dem einzelnen entgeht, so daß die Gewerbe nicht vorwärts, sondern rückwärts schreiten. Deshalb solle von nun an ein bestimmtes Vermögen festgesetzt werden, über welches sich jeder Befugniswerber innerhalb der Linien Wiens ausweisen müßte, wenn er die Befugnis erhalten wolle. Die anderen Staatsräte schlossen sich jedoch der Ansicht des Referenten an, so daß die Anträge der Kommerzhofkommission die kaiserliche Genehmigung erhielten[2]).

Diese Zeit gewinnt in anderer Hinsicht dadurch an Interesse, daß die Industriellen allmählich zur Einsicht zu kommen begannen, daß sie in erster Linie selbst berufen seien, die Industrie zu heben, dies um so mehr, als die

Anfänge eines selbständigen Auftretens der Industrie.

---

[1]) H. K. A. Kom. Praes. 1818, Nr. 614. — [2]) Staatsrat 1816, Nr. 9860.

72

Staatsverwaltung ohnehin bemüht war, noch bestehende Hindernisse der Entwicklung zu beseitigen oder zu mildern und sich wegen der schlechten Lage der
staatlichen Finanzen auf eine positive Unterstützung nicht leicht einlassen
konnte.

So entstanden in dieser Zeit die ersten Organisationen von Fabrikanten
und Handelsleuten zur Vertretung und Wahrung ihrer Interessen. Während
der erste Anlauf dazu, nämlich der Vorschlag Heinrich Hopfs zur Errichtung
eines Vereins „zur Beförderung der vaterländischen Gewerbsbetriebsamkeit",
nicht zustande kam und auch der in Verbindung mit dem polytechnischen
Institut geplante Verein dieser Art niemals ins Leben trat, vereinigten sich
zuerst 1817 die niederösterreichischen privilegierten Zitz- und Kattunfabrikanten zu einem formlosen Verein und wählten ihre Repräsentanten zur Vertretung ihrer Gesamtheit. Die Kommerzhofkommission nahm denn dies auch
zur Kenntnis[1]. Aber auch sonst begannen sich die Fabrikanten immer mehr
zu rühren, sie überhäuften den Kaiser und die Hofstellen mit Beschwerden
und Bittschriften einerseits wie auch anderseits mit Dankschreiben für
getroffene industriefreundliche und ihnen nützliche Verfügungen[2].

Plan zur
Errichtung
von
Handels-
kammern. Die Kommerzhofkommission und insbesondere ihr Präsident, Ritter von
Stahl, waren überhaupt von der Notwendigkeit der Heranziehung der Indu-
striellen selbst durchdrungen, um die Bedürfnisse der Industrie sowohl hinsichtlich der Gesetzgebung als der Verwaltung kennen zu lernen, da sich die
Behörden niemals so gründliche Kenntnisse über jedes Gebiet der wirtschaftlichen Tätigkeit verschaffen können wie die Männer, die sich in ihrem Fach
ihr ganzes Leben hindurch mit Vorteil betätigen. Zu diesem Zwecke sollten
Vereine ausgezeichneter Männer aus dem Gebiete des Handels und der Industrie
im weitesten Sinne vom Staate organisiert werden, um deren Kenntnisse und
Ratschläge bei der Leitung des Kommerzialwesens zu verwerten. Die Kommerzhofkommission war sogar der Ansicht, sie würde sonst ihrer Aufgabe, die gesamten Verhältnisse des Handels und der Industrie neu zu regeln, nur schwer
oder vielleicht überhaupt nie entsprechen können und faßte 1818 den Plan,
beim Kaiser den Antrag zu stellen, es mögen in den Provinzialhauptstädten
und anderen wichtigen Verkehrs- und Industriezentren Handelskammern errichtet werden[3]. Es kam zwar nicht dazu, doch zeigt dieser Plan und die Begründung desselben den weiten Blick dieser Hofstelle ebenso wie das tiefe Verständnis für die Bedürfnisse des wirtschaftlichen Lebens, welches Männer wie
Stahl und der Referent von Krauß bekundeten und dadurch ihrer Zeit in Österreich weit vorauseilten. Vielleicht war es gerade dieser großzügige Reform-
geist, welcher die leitenden Männer dieser Kommission beseelte, der es bewirkte, daß die meisten ihrer weit ausgreifenden Pläne entweder wegen der noch
nicht genügend ausgereiften allgemeinen Erkenntnis ihrer Notwendigkeit oder

---

[1] Vgl. unten S. 214. — [2] So dankten 1817 zahlreiche Fabrikanten gemeinsam dem
Kaiser für das auf die italienischen Provinzen ausgedehnte Verbot der Einfuhr fremder Waren.
Ebenso für den Entschluß der Kaiserin, sich nur inländischer Stoffe zu bedienen. (H. K. A.
Kom. Praes. 1818, Nr. 1017, 1244). Vgl. auch oben S. 66 f. — [3] Vgl. unten S. 200 ff.

aber, wie die allgemeine Reform der Gewerbeverfassung, wegen der an die großen Kodifikationsarbeiten des 18. und des beginnenden 19. Jahrhunderts erinnernden, umfassenden, sich auf lange Jahre ausdehnenden Vorarbeiten erst in viel späterer Zeit zustande kamen, wo die Kommerzhofkommission schon längst der Vergangenheit angehörte.

In innigem Zusammenhange mit dem Plane der Errichtung von Handels- kammern standen auch die Bestrebungen der Kommission zur Verbesserung oder eigentlich Schaffung einer Handels- und Industriestatistik, da die bis dahin bestandenen Tabellen (bis 1812 Manufakturs- und Kommerzialtabellen auf Grund behördlicher Erhebungen, seit 1812 in Verbindung mit der Einhebung der Erwerbsteuer), auch wenn sie wirklich regelmäßig entworfen und der Hofstelle eingesendet worden wären, der Aufgabe einer solchen Statistik, eine genaue Kenntnis der tatsächlichen Verhältnisse zu vermitteln, niemals hätten entsprechen können. Anderseits war sich die Kommission darüber klar, daß man nur dann einschneidende Maßregeln auf dem Gebiete der Gewerbeverfassung und des Gewerbewesens überhaupt mit Beruhigung vornehmen könne, wenn man eine ganz genaue Kenntnis der gewerblichen Verhältnisse habe, wenn man über ausführliche und die tatsächlichen Verhältnisse genau widerspiegelnde Daten verfüge. Die Handelskammern sollten daher zur Verfassung einer genauen und verläßlichen Statistik herangezogen werden[1]). Da es zur Errichtung von Handelskammern nicht kam, blieb auch dieser Plan auf dem Papiere. *Bestrebungen, die Gewerbestatistik zu verbessern.*

Wenn es auch der Kommerzhofkommission nicht beschieden war, die zu ihrem Programm gehörende allgemeine Regulierung des Gewerbewesens durchzuführen, und sie sich begnügen mußte, die Vorarbeiten dazu zu veranlassen[2]), so bemühte sie sich mit größerem Erfolge, wenigstens Teilgebiete der Gewerbeverfassung einheitlich zu regeln, einzelne Bestimmungen zu verbessern oder neu festzusetzen.

Ihren Bemühungen war es zu verdanken, daß 1817 genaue Bedingungen festgesetzt und vom Kaiser genehmigt wurden, unter denen den Juden der Ankauf von Realitäten zum Fabriksbetrieb auf jedesmaliges Ansuchen gestattet werden sollte, so daß diese bis dahin nur von Fall zu Fall verschieden erfolgten Bewilligungen eine rechtlich genau fixierte Grundlage erhielten, welche für spätere Fälle maßgebend blieb[3]). *Regelung des Ankaufs von Realitäten durch Juden für den Fabriksbetrieb.*

Bezüglich der Verschleiß- und Niederlagsrechte der Gewerbetreibenden faßte die Kommerzhofkommission die bestehenden Bestimmungen einheitlich zusammen, um dadurch gegenüber den bis dahin in den einzelnen Ländern *Verschleiß- und Niederlagsrechte.*

---

[1]) Schiff, Die ältere Gewerbestatistik in Stat. Monatsschr., N. F. XII, 617 ff.; Kopetz, a. a. O., II, 8 f.; Barth, a. a. O., II, 355. Über die Manufakturtabellen äußerte sich 1809 der Hofkammerreferent von Krauß, daß sie seit Jahren nur mehr von der oberösterreichischen und mährischen Regierung eingesendet wurden. Auch seien sie in ihrem dermaligen Zustande teils unnütz und überflüssig, teils einseitig und unrichtig. So mancher Irrtum werde darin immer wieder von neuem abgeschrieben (H. K. A. Kom. N.-Ö., Fasz. 63/1, Nr. 59 ex jan. 1809). — Vgl. auch Krauß-Elislago, Auto-Biographie, S. 213 f. — [2]) Vgl. unten S. 97 ff. — [3]) Vgl. unten S. 262 ff.

herrschenden vielfach verworrenen Ansichten ein einheitliches Vorgehen herbeizuführen[1]).

*Privilegien-
recht.* Seit der Wiedervereinigung der lombardisch-venezianischen Länder mit
Österreich machte die Verschiedenheit, nach welcher das Privilegienwesen
in diesen Ländern gegenüber den altösterreichischen behandelt wurde, eine
Änderung des österreichischen Privilegiensystems notwendig, um ein gleichförmiges Vorgehen auf diesem für die Industrie nicht unwesentlichen Gebiete
zu ermöglichen, was durch das Privilegienpatent vom 8. Dezember 1820 erfolgte,
welches gegenüber dem bis dahin bestandenen wesentliche Verbesserungen und
Vervollkommnungen aufwies[2]).

*Kommer-
zial- und
Polizei-
gewerbe.* Da die Kommerzhofkommission selbst einsah, daß sich die Vorarbeiten zur
Regulierung des gesamten Gewerbesystems sehr lange hinausziehen würden,
suchte sie wenigstens noch weitere Teilgebiete, die ihr besonders wichtig erschienen, einstweilen zu regeln. Zu den willkürlichsten Bestimmungen der
ganzen damaligen Gewerbeverfassung gehörte zweifellos die Einteilung der
Gewerbe in Polizei- und Kommerzialbeschäftigungen, durch welche die Entwicklung mancher zu der ersteren Gruppe gezählten Erwerbszweige durch die
geforderte Berücksichtigung des Lokalbedarfes in ihrer Ausdehnung und Vermehrung gehemmt war. Es hätte schon nach dem Geschäftskreise der Kommission dieselbe im Einverständnisse mit der Hofkanzlei, welcher die Polizeigewerbe unterstanden, „ein der Natur der Sache mehr entsprechendes System"
aufstellen sollen, wobei die Polizeigewerbe der Zahl nach hätten sehr eingeschränkt werden sollen. Die Kommerzhofkommission machte auch verschiedene
Versuche, diese Angelegenheit, welche die kaiserliche Genehmigung erhalten
hatte, in Angriff zu nehmen und durchzuführen, welches Bestreben aber jedesmal
an der Haltung der Hofkanzlei scheiterte, welche diese Frage zusammen mit der
allgemeinen Gewerbeverfassung verhandelt wissen wollte[3]).

*Bekämpfung
des
Schleich-
handels.* Als eine der Hauptursachen der mißlichen Lage, in welcher sich die österreichische Industrie im zweiten Jahrzehnt des 19. Jahrhunderts nach Aufhebung des Kontinentalsystems befand, wurde allgemein von den Fabrikanten
der überhandnehmende Schleichhandel mit englischen Waren angegeben. Was
half die strengste Prohibition zum Schutze der inländischen Produktion, wenn
der Grenzschutz so mangelhaft war, daß die Schwärzungen im größten Maßstabe vor sich gehen konnten. Selbst die zur Abwehr berufenen Behörden
mußten zugeben, daß die Schwärzungen sehr beträchtlich seien, aber mit den
ihnen zu Gebote stehenden Mitteln nicht verhindert werden könnten. Was
halfen alle Klagen, wenn selbst die zu Vorschlägen, wie man diesem Übel abhelfen sollte, am ehesten berufenen Faktoren, die Zollgefällenadministration
einerseits, die Fabrikanten andererseits vielfach entgegengesetzte Ansichten
vertraten. So schlug die böhmische Zollgefällenadministration 1817 zu diesem
Zwecke die Stempelung aller inländischen Kottonwaren vor, während die
Fabrikanten der Ansicht waren, man solle die Kommerzialwarenstempelung
überhaupt aufheben, dagegen aber jede nicht mit einem inländischen Fabriks-

---

[1]) Vgl. unten S. 149. — [2]) Vgl. unten S. 253 f. — [3]) Vgl. unten S. 136 ff.

oder Meisterzeichen versehene Baumwollware als Konterbande behandeln.
Während anderseits die Fabrikanten der Meinung waren, der beste Schutz
sei eine gute Grenzsperre, weshalb sie auf Absperrung der Grenze durch Militär
antrugen, wobei demselben „die Vorteile des Apprehendenten zuzuweisen
wären", glaubte die Zollgefällenverwaltung, mit besseren Konfiskationsmaß-
nahmen in Innern auskommen zu können und den Zweck eher zu erreichen,
indem sie zugleich die Ernennung einer aus notorisch redlichen, bekannten
Fabrikanten bestehenden Kommission vorschlug, welche die angehaltenen
verdächtigen Kottonwaren rücksichtlich ihrer Nationalität zu prüfen hätte[1]).

Es wurde zwar über die Verbesserung aller zur Abhaltung des Schleichhandels vorgesehenen Einrichtungen viel beraten, doch war die Einführung
wirklich wirksamer Maßnahmen um so schwieriger, als sich viele als nicht leicht
durchführbar erwiesen, wie die strenge Absperrung der Grenze, andere aber
die Fabrikanten selbst zu belästigen und zu schädigen drohten.

Da die Zitz- und Kattunfabrikanten den Kaiser mit diesbezüglichen Vorstellungen und Vorschlägen förmlich bestürmten, wurde 1822 eine eigene Kommission zur Beratung dieser Angelegenheit eingesetzt[2]).

Als man infolgedessen begann, gegen verdächtige Waren mit der Konfiskation
und gegen die Fabrikanten sogar mit der Sperrung der Fabriken und Niederlagen vorzugehen, da erhoben sich wiederum Klagen und Bitten um Abhilfe
gegen diese Strenge. Da diese Maßnahmen in oberster Instanz der allgemeinen
Hofkammer unterstanden, während das übrige Gewerbewesen der Kommerzhofkommission zugewiesen war, so wendeten sich die Fabrikanten an die letztere
um Intervention bei der Hofkammer. So führten 1823 böhmische Baumwolldruckfabrikanten, denen wegen des Verdachtes der Schwärzung der Garne
sowohl ihre Fabriken in Böhmen als auch ihre Niederlagen in Wien gesperrt
worden waren, in ihrer Beschwerdeschrift aus, dieses Verfahren verdiene in
kommerzieller Hinsicht die Aufmerksamkeit der Kommerzhofkommission, da
als erwiesen angenommen werden könne, daß man die ausländische Herkunft
des Garnes an einem fertigen Stoffe nicht mit Gewißheit erkennen könne, daher
die Beschlagnahme ihrer Waren einerseits zwecklos sei, anderseits aber ihren
Kredit und Absatz schwer schädige. Diese Art des Verfahrens störe den Fabriks-
und Handelsbetrieb so sehr, daß sich die Bittsteller für berechtigt halten, den
Schutz der Kommerzhofkommission in Anspruch nehmen zu dürfen.

Letztere setzte sich denn auch für diese Fabrikanten bei der Hofkammer
ein, indem sie auf die der Industrie durch solche Verfügungen drohenden Schäden
hinwies und die Bemerkung einflocht, daß es sehr zu wünschen wäre, „daß die
Bankalbehörden in Verfolgung ihrer Zwecke mit aller Vorsicht und Rücksicht
vorgehen und ihre mit augenblicklicher Hemmung des ganzen Betriebes und
Erwerbes einer Fabrik, oft mit dem Ruin großer Establissements verbundenen
Beschlagnahmungen nicht weiter ausdehnen und nur dort eintreten lassen

---

[1]) H. K. A. Kom. Kommission, Fasz. 14, Nr. 1, 2, 5, 6, ex jul. 1817, Nr. 5 ex jun. 1818;
Kom. Kommission, Fasz. 31, Nr. 125 ex febr. 1817. — [2]) Staatsrat 1822, Nr. 6694.

möchten, wo sie zum Zwecke, nämlich zur Entdeckung eingeschwärzter Waren führen können".

Dieser besondere Fall gab dann die Veranlassung zu ausführlichen Erwägungen und Verhandlungen über die Einführung einer neuen Warenbezeichnungsordnung für alle gedruckten Baumwollstoffe, wobei von seiten der Kommerzhofkommission besonders die Einführung einer Privatwarenbezeichnung erwogen wurde. Der Vorschlag zur Einführung der letzteren statt der Kommerzialwarenstempelung war von der Kommerzhofkommission schon 1820 und 1821 nach gründlichen Verhandlungen gemacht worden, ohne aber zur Durchführung zu gelangen, da gegen die Aufhebung der Kommerzialwarenstempelung wichtige Bedenken zu sprechen schienen. Ebensowenig drang dieser Antrag 1823 durch, wonach aber die Privatwarenbezeichnung provisorisch, ohne Aufhebung der Kommerzialwarenstempelung, hätte eingeführt werden sollen. Es blieb alles beim alten. So mußte der Fabrikant immer besorgt sein, daß ihm die Ware konfisziert werde, weil ein Sachverständiger das Garn, das er bei einem befugten Kaufmanne gekauft hatte, für ausländisch erklärte, was auch nicht selten geschah, wie dies die vielen dringenden Vorstellungen beweisen. Die Handhabung der diesbezüglichen Vorschriften scheint damals so streng gewesen zu sein, daß sich die Kommerzhofkommission 1824 wiederum veranlaßt sah, in dieser Angelegenheit bei der Hofkammer zu intervenieren, um eine Schädigung der Industrie hintanzuhalten. Kein Fabrikant, auch der rechtlichste nicht, würde es beim Fortdauern solcher Maßnahmen wagen können, sich neue Vorräte, auch auf legalstem Wege zu verschaffen, da er nicht sicher wäre, auch diese beanständet und von den Sachverständigen als ausländisch erklärt zu sehen. Daher meinte die Kommerzhofkommission, es wäre am besten, wenn das Verfahren gegen alle Fabrikanten, gegen welche nur das Urteil der „sogenannten Kunstverständigen", daß ihre Waren ausländisch seien, vorliege, eingestellt würde[1]).

Diese Verhältnisse sind besonders deshalb interessant, da hier eine zugunsten der inländischen Produktion getroffene Maßregel eine wahre Plage für die Industrie zu werden drohte. Dabei darf aber nicht übersehen werden, daß der überhandnehmende Schleichhandel und die dadurch verursachten Klagen der Fabrikanten die Regierung zur schärferen Handhabung der bestehenden Vorschriften förmlich gezwungen hatten. Der Staatsverwaltung stand dabei kein anderes Mittel als das Urteil von Sachverständigen zu Gebote, da das zweite Mittel, welches zur Erkennung der inländischen Waren hätte dienen sollen, die Stempelung, in großem Umfange gerade zur Deckung des Schleichhandels mißbraucht wurde. Die Stempelbeamten waren Bestechungen leicht zugänglich, so daß man schließlich beinahe keine ausländische Ware finden konnte, welche nicht mit dem die inländische Provenienz bezeugen sollenden Stempel versehen gewesen wäre, indem die Stempelbeamten in Grenzgebieten vielfach mit ihrer Presse über die Grenze gingen und daselbst alles, was ihnen vorgelegt

---

[1]) H. K. A. Kom. Praes. 1823, Nr. 1030, 1100, 1107, 1135; 1824, Nr. 142, 143; Staatsrat 1824, Nr. 3858, 4232.

wurde, mit dem echten österreichischen Stempel versahen. Merkwürdigerweise wurde diese Stempelung, obwohl man von ihrer Zwecklosigkeit und ihrem Mißbrauch überzeugt war und dieselbe für die Fabrikanten nur eine Belästigung darstellte, immer weiter beibehalten, ohne daß man den Mut aufgebracht hätte, sie abzuschaffen[1]).

Fabriken oder Niederlagen an der Grenze konnten zum Schleichhandel besonders leicht mißbraucht werden. 1801 war daher angeordnet worden, daß in der Entfernung von einer Meile von der Grenze die Errichtung von Fabriken, deren Produkte dem Schleichhandel unterliegen, nicht gestattet werden sollte. 1820 kam diese Angelegenheit gelegentlich einer Anzeige des Bankalinspektors in Eger wieder zur Sprache. Der Kommerzhofkommission scheint auch diese Beschränkung nicht sympathisch gewesen zu sein, denn sie forderte unter dem 19. Februar vom böhmischen Gubernium ein Gutachten darüber, ob die Anordnung, daß innerhalb einer bestimmten Entfernung von der Grenze keine Fabriken errichtet werden sollen, daselbst wirklich bestehe, ob sie gehandhabt werde, was für oder gegen eine solche Bestimmung spreche und ob den Schwärzungen durch die Fabriken an der Grenze nicht auf irgend eine andere, zweckmäßigere Art Einhalt getan werden könnte. Das Gubernium berichtete, daß das Hofdekret vom 8. Oktober 1801 bestehe, aber nur dort angewendet werde, wo die Gefahr von Schwärzungen wirklich vorliege. Eine allgemeine Anwendung desselben oder gar die Entfernung der an der Grenze bestehenden Fabriken wäre nicht ausführbar und schädlich. Außerdem würden dadurch die Schwärzungen nicht hintangehalten werden, denn den Waren, welche einmal den Weg über die Grenze gefunden hätten, sei die Entfernung einer Meile vom Lagerplatze kein Hindernis mehr. Da gerade die Grenzbewohner Böhmens die Baumwollfabrikation als Spinner oder Weber betreiben, würde durch den Vollzug der erwähnten Verordnung den Grenzbewohnern der Erwerb entzogen, was zur Folge hätte, daß auch die Fabriken, welche jene einzelnen Arbeiter beschäftigen und mit Vorschüssen unterstützen, selbst ins Stocken geraten würden. Eine gute Zollaufsicht an der Grenze dürfte mehr als jede andere, in den Organismus der inländischen Industrie störend eingreifende Maßregel der Schwärzung ein Ende machen.

Die Hofkammer hingegen war der Ansicht, daß es wohl angezeigt wäre, die Errichtung neuer oder Wiedererrichtung bereits eingegangener Fabriken an der Grenze nicht mehr zu gestatten. Da nicht geleugnet werden konnte, daß tatsächlich viele Unternehmungen nur zu dem Zwecke an der Grenze errichtet wurden, um fremde Waren einschwärzen zu können, so galt es diesbezüglich um so mehr etwas zu verfügen, als die Klagen über den Schleichhandel und dessen schädliche Wirkungen nicht verstummen wollten. Daher wurden durch Präsidialdekret der Kommerzhofkommission vom 22. Februar 1822 alle Länderchefs jener Länder, die an das Ausland grenzten, zur strengsten Überwachung der Fabriken in der Nähe der Grenze angewiesen, „wegen der über-

Fabriken an der Grenze.

---

[1]) Vgl. die diesbezüglichen Verhandlungen A. d. k. k. Fin. Min. Kom., Fasz. 15, Nr. 395 ex mart. 1843. Vgl. auch oben S. 19 f.

handnehmenden Schwärzungen und Unfüge, welche sich dieselben erlauben". Außerdem wurden sie beauftragt, binnen 14 Tagen eine genaue Beschreibung aller in der Entfernung von einer deutschen Meile von der ausländischen Grenze bestehenden Fabriken verfassen zu lassen und an die Kommerzhofkommission einzusenden, worauf erst weitere Weisungen erfolgen würden. Inzwischen sollten aber ohne Genehmigung der Kommerzhofkommission keine Bewilligungen zur Errichtung von Fabriken innerhalb der erwähnten Gebiete erteilt werden[1]).

Zu näheren Verfügungen ist es offenbar nicht gekommen, so daß dieser Zustand auch nach Aufhebung der Kommerzhofkommission (1824) weiter in Kraft blieb; nur scheint die von derselben anbefohlene Bewilligung der Hofstelle zur Errichtung von Fabriken an der Grenze in Vergessenheit geraten zu sein.

Bei der Handhabung dieser Bestimmungen waren die Behörden möglichst bestrebt, Härten zu vermeiden, um nicht eine zur Förderung der Industrie bestimmte Einrichtung zu einer ihr schädlichen zu machen. In diesem Sinne suchte auch die Hofkammer in Rekursfällen die Unterbehörden zu belehren. So begründete sie durch Dekret vom 6. Juli 1827 an das böhmische Gubernium, welches gegen die Ansicht der Zollgefällenverwaltung auf Bewilligung eines diesbezüglichen Ansuchens angetragen hatte, ihre bestätigende Entscheidung folgendermaßen: „So sehr es auch im Interesse der Staatsverwaltung liegen muß, auf Hintanhaltung oder vielmehr auf tunlichste Beschränkung des in jeder Hinsicht höchst verderblichen Schleichhandels einzuwirken, und so dringend auch die Beweggründe sein mögen, welche. dieselbe bestimmen, Maßregeln zu ergreifen, um die heimischen Fabriken zu hindern, an dem Schleichhandel teilzunehmen, so darf bei Ergreifung dieser Maßregeln doch niemals die Betrachtung außer acht gelassen werden, daß die Beförderung der einheimischen Industrie immer der höchste Zweck aller Zoll- und Gewerbsverfügungen sein müsse und daß daher eine bis zum Übermaß getriebene Strenge dieser Verfügungen für die Nationalbetriebsamkeit ein größeres Übel herbeiführen dürfte, als die Unzukömmlichkeit ist, welcher zu begegnen man die Absicht hat"[2]).

Um künftighin zu vermeiden, daß vielleicht die Bewilligung zur Errichtung einer Fabrik an der Grenze von den Unterbehörden ohne reifliche Erwägung und für einen Ort, der nicht leicht überwacht werden kann, erteilt werden könnte, worauf man entweder die Fabrik zum Schaden des Unternehmers von dort entfernen oder aber die Gefahr der Schwärzung dulden müßte, erließ die Hofkammer unter dem 2. April 1828 abermals die Anordnung, daß die Errichtung von Fabriken innerhalb einer Meile von der Grenze ohne Erlaubnis der Hofkammer nicht erfolgen dürfe. Insbesondere seien alle Baumwollspinnereien mit deutschen oder englischen Maschinen, dann alle Anstalten zum Färben,

---

[1]) H. K. A. Kom. Praes. 1820, Nr. 110, 737; 1822, Nr. 148; Statth. A. Prag, 1816—1825, Kom. Fasz. 1, subn. 1, 1820 Febr. 19; Kopetz, a. a. O., II, 489. — [2]) H. K. A. Kom. Kammer, Fasz. 31, Nr. 72 ex julio 1827.

Bleichen und Drucken von Baumwollwaren, ohne Rücksicht auf ihren Umfang zu den Unternehmungen zu rechnen, welche der erwähnten Bewilligung bedürfen, weil bei diesen die Gefahr des Schleichhandels besonders groß sei. Bei diesbezüglichen Gesuchen sei von den politischen Behörden im Einverständnisse mit der Zolladministration zu untersuchen, ob es sich nicht um Benützung von Lokalvorteilen handle, die der Staat verlieren würde, wenn die Bewilligung verweigert würde, ob der Gegenstand der Fabrikation einer bedeutenden Gefahr des Schleichhandels unterliege und ob die Ortsverhältnisse eine wirksame zollamtliche Aufsicht zulassen.

Daß diese Maßnahme aber überhaupt nur so weit angewendet werden sollte, als dies ohne Schädigung der Industrie möglich war, sah sich die Hofkammer selbst hie und da gezwungen, ausdrücklich zu betonen, so schon im selben Jahre anläßlich eines Rekursfalles aus Böhmen: „Der Geist des hierortigen Dekrets vom 2. April 1828 in betreff der Industrialunternehmungen an der Grenze der Monarchie zielt keineswegs dahin, die zahlreiche Bevölkerung in dem daselbst bezeichneten Grenzbezirk, die besonders in den minder fruchtbaren Gegenden ihren Haupterwerb in dem Betriebe nützlicher Gewerbe findet, von solchen Nahrungswegen unbedingt und allgemein auszuschließen und dadurch gleichsam den indirekten Zwang herbeizuführen, daß den Grenzbewohnern keine anderen Unterhaltsmittel als unerlaubte Wege und Schleichhandel erübrigen, sondern die hierortige Absicht war vielmehr dahin gerichtet, die oberste Aufsicht über die Grenzfabriken und Unternehmungen hierorts zu konzentrieren, damit nicht wie früher durch zu große Nachsicht mancher Ortsbehörden Bewilligungen zu Unternehmungen an der Grenze erteilt werden, welche aus örtlichen, persönlichen oder anderen Rücksichten sehr wichtige Bedenken gegen sich haben, daß dieselben unvermeidliche Beeinträchtigungen des zum Behufe der inländischen Betriebsamkeit eingeführten Schutzsystems und Zolldefraudationen besorgen lassen"[1]). Ähnlich lauteten auch andere diesbezügliche Entscheidungen der Hofkammer[2]).

Die Neuregelung des Privilegienwesens gab den Anstoß zur Erlassung von Bestimmungen über Aktiengesellschaften. Da nach dem Privilegienpatent von 1820 jeder Privilegieninhaber das Recht hatte, zur Ausübung seines Privilegiums beliebige Gesellschafter aufzunehmen, diese Bestimmung aber nicht deutlich ausdrückte, ob darunter auch die Gründung von Aktiengesellschaften zu verstehen sei, anderseits aber zur Verwertung so mancher wichtiger Erfindung diese Form der Vergesellschaftung am entsprechendsten sein mußte, sah sich die Kommerzhofkommission veranlaßt, zur Errichtung von Aktiengesellschaften im allgemeinen Stellung zu nehmen, um so mehr, als bis dahin bezüglich der Gründung solcher Vereine nur die Bestimmung des Hofdekrets vom 12. November 1787 bestand, wonach dazu in jedem Falle die Bewilligung der Hofstelle eingeholt werden mußte[3]).

Aktienrecht (1821).

---

[1]) H. K. A. Kom. Kammer, Fasz. 29, Nr. 67 ex mart. u. Nr. 131 ex sept. 1828, Fasz. 31, Nr. 35 ex jan. 1829, Fasz. 42, Nr. 40 ex dec. 1830. — [2]) Z. B. H. K. A. Kom. Kammer, Fasz. 57, Nr. 117 ex dec. 1828. — [3]) Kopetz, a. a. O., II, 124 f.

Die Kommerzhofkommission erließ nun, um der Bildung von Aktiengesellschaften keine unnötigen Hindernisse in den Weg zu legen und so vielleicht
die Ausführung mancher gemeinnütziger Unternehmung zu verhindern, anderseits um die Staatsverwaltung vor jeder Verantwortlichkeit, das Publikum vor
jeder Täuschung über den Einfluß der Staatsverwaltung auf solche Gesellschaften zu bewahren, unter dem 15. Oktober 1821 die Bestimmungen, daß die
Ankündigung von Aktiengesellschaften zwar zulässig sei, daß aber jede solche
Ankündigung nur als eine private erfolgen dürfe, somit ohne den Beisatz „mit
Genehmigung der Regierung". Die Regierung habe sich dabei in keine wie
immer geartete Würdigung der Privatinteressen einzulassen. Weiters müsse
vorher den gesetzlichen Vorschriften über die Fabriksgesellschaften Genüge
geleistet werden und der Aktienplan nebst den Statuten („Kontraktentwurf")
beim Merkantil- und Wechselgericht protokolliert werden. Endlich müsse der
Ankündigung der ganze Aktienplan und Kontraktentwurf samt Mustern der
Aktien und Subskriptionsscheine beigefügt sein, damit sich jeder, welcher
Aktien kaufen wolle, vorher bei Rechts- und Sachverständigen über die Rechtlichkeit, Billigkeit und Zweckmäßigkeit der Aktiengesellschaft Rat holen
könne[1]. Dies war das erste diesbezügliche Regulativ in Österreich und seine
Bestimmungen blieben bis 1840 die einzige Richtschnur der Behörden bei Ver-
handlungen über derartige Ansuchen.

Militär-
lieferungen
und Indu-
strie.

Zur Linderung der Not der Leinenspinner und Weber in Böhmen hatte
man 1817 zu Landskron eine staatliche Einkaufsanstalt für Militärleinwand
errichtet, welche sich sehr gut bewährte[2]. Auf Grund eines von der Hofkammer
erstatteten Vortrages über die günstigen Resultate dieser Einrichtung wurde
1820 vom Kaiser angeordnet, es solle zwischen der vereinigten Hofkanzlei,
dem Hofkriegsrat und der allgemeinen Hofkammer beraten werden, ob nicht
auch das Tuch zum Armeebedarfe auf eine ähnliche Weise zum Vorteile des
Ärars beschafft werden könnte.

Zugleich hatte die zur Prüfung des Militärbekleidungs- und Ausrüstungssystems aufgestellte Hofkommission vom Kaiser den Auftrag erhalten, sich
zur genauen Erörterung der Militärbekleidungs- und Ausrüstungssysteme mit
der Kommerzhofkommission ins Einvernehmen zu setzen und zu erheben, wie
es mit der Fabrikation und dem Absatze der zur Bekleidung der Truppen
nötigen Artikel in den verschiedenen Provinzen stehe, welchen Einfluß die
bis dahin üblichen Einkaufsmodalitäten des Militärbedarfs und insbesondere
der für den ganzen Umfang der Monarchie vom 1. November 1819 an auf drei
Jahre mit der Gesellschaft Georg Rosa, Emanuel & Co., Simon Lämel & Sohn,
Veit Ehrenstamm, Jakob Lang, Samuel Kaan & Co. abgeschlossene Tuchlieferungskontrakt ausgeübt habe.

Die Hofkommission zur Prüfung des Militärbekleidungssystems ersuchte
die Kommerzhofkommission um ihre diesbezügliche Meinung. Diese forderte

---

[1] Ganz abgedruckt bei Harkup, Beiträge zur Kenntnis der Handels- u. Gewerbeverf. usw.
(1829), S. 171 ff.; Statth. A. Wien, 1820, A. 1, Nr. 49469; A. d. k. k. Fin. Min. Kom., Fasz. 29,
Nr. 77 ex Sept. 1840. — [2] Vgl. unten S. 368 f.

zunächst von jenen Länderstellen nähere Aufklärungen, in welchen die vom Militär benötigten Waren in erster Linie erzeugt wurden, und legte diesen Länderchefs folgende Fragen zur Beantwortung vor: 1. Auf welcher Höhe die Fabrikation und der Absatz der Tücher, Leinwanden und des Leders daselbst stehe. 2. Welchen Einfluß der oben erwähnte Tuchlieferungskontrakt auf die Industrie ausübe und 3. ob nicht alle Artikel zur Ausrüstung und Bekleidung der Truppen besser durch Einkaufsanstalten besorgt werden könnten.

Auf die erste Frage bemerkten die Länderstellen im allgemeinen, daß die ungünstigen Zeit- und Geldverhältnisse, der Mangel an genügenden Betriebskapitalien, der dem Handel verderbliche Spekulationsgeist, die durch den geringen Ertrag von Grund und Boden selbst den höheren Ständen zur Notwendigkeit gewordene Einschränkung ihres Haushaltes und ihrer Bedürfnisse und mehrere andere Umstände den Warenabsatz vermindert und eine Stockung des Handels, der Fabrikation und der Gewerbe hervorgebracht hatten. Außerdem gaben die Länderstellen darüber Auskunft, welche Waren die Fabriken und Gewerbe ihres Landes für den Bedarf des Militärs liefern könnten.

Besonderes Interesse aber verdienen die Berichte der Länderstellen über die Wirkungen des vom Ärar mit der erwähnten Gesellschaft geschlossenen Tuchlieferungsvertrags, welcher von den Militärbehörden nicht nur ohne Zuziehung, sondern sogar ohne Vernehmung der Kommerzbehörden abgeschlossen worden war. Der Oberstburggraf von Böhmen und der Gouverneur von Mähren berichteten darüber, dieser Vertrag habe, nach den Äußerungen sämtlicher hierüber einvernommenen Kreishauptleute in den Gegenden, deren Einwohner sich am meisten mit der Tucherzeugung beschäftigen, die nachteiligsten Wirkungen in bezug auf die Industrie und auf den Nahrungserwerb der Erzeuger.

Die das Tuch liefernde Kompagnie war nicht eigener Erzeuger, sondern sie war genötigt, die Anschaffung der Tücher zum Teil an Subkontrahenten zu überlassen, zum anderen Teile durch ihre „ausgesetzten Bestellten" die nötige Quantität von Tüchern entweder aufzukaufen oder aber auf ihre Rechnung erzeugen zu lassen. Mit der Erzeugung von Militärtüchern befaßten sich die mehr bemittelten Tuchmacher wegen des zu geringen Profits überhaupt nicht, sondern nur die ganz armen, die nicht einmal im Besitze von genügendem Vermögen waren, um sich die nötige Wolle selbst zu beschaffen, so daß sie die Wolle von den Bestellern übernehmen mußten und so ihnen ganz ausgeliefert waren. „Für die Verfertigung eines Stückes Tuch," so heißt es in einem dieser Berichte wörtlich, „an welchem ein Tuchmacher samt seinen Angehörigen 14 Tage zu arbeiten hat, erhält er von der Tuchlieferungsgesellschaft 16 fl., wovon ihm jedoch nur 8 fl. bleiben, da er von den übrigen den Spinnerlohn und seine Werkzeuge beischaffen muß. Doch selbst von diesem kargen Lohne, welcher geringer als der eines gemeinen Taglöhners ist, werden ihm Abzüge gemacht, weil gewöhnlich die den Tuchmachern von den

Lieferanten gegebene Wolle schlecht ist und überklaubt sowie auch gereinigt werden muß, wodurch sich an der zum Verarbeiten geeigneten Wolle ein bedeutender Abgang ergibt, welchen der Tuchmacher ersetzen muß." All dies auf sich zu nehmen seien die Tuchmacher gezwungen, teils weil sie gewöhnlich Vorschüsse an Geld und Wolle von den Lieferanten erhalten, teils weil sie sonst den Bruch ihrer mit denselben geschlossenen Verträge und den Entgang ihres letzten, wenn auch noch so dürftigen Erwerbes befürchten müssen. Dies sei auch der Grund, weshalb sie sich darüber noch nicht beklagt hätten. „In jenen Gegenden hingegen, wo die Lieferanten den Tuchmachern keine Vorschüsse an Wolle geben, sondern das Tuch um bares Geld von ihnen kaufen, zahlen sie denselben für die Elle 3 fl. 30 kr., während sie vom Ärarium 3 fl. 45 kr. erhalten, und gewinnen daher bei 70.000 per Akkord übernommenen Tüchern 350.000 fl., dann bei jedem Zentner Wolle, die die Tuchmacher zur Vermeidung aller Verdrießlichkeiten doch von ihnen zu nehmen gezwungen sind, 10 fl., zusammen daher 600.000 fl., welcher Gewinn zwar die Lieferanten bereichert, ohne die Landesindustrie zu befördern und ohne dem Gewerbsmanne seine Subsistenz zu verbessern."

Die Folge davon sei, daß trotz des Riesengewinnes dieser Spekulanten die Erzeuger für Hungerlöhne arbeiten müssen und der Staat schlechte Ware um einen Preis bekomme, für welchen er weit solidere geliefert erhalten könnte. Daher bedeute der Tuchlieferungskontrakt nicht nur keine Hebung, sondern geradezu eine erhebliche Schädigung der Industrie. Alle Länderstellen waren darüber einig, daß diese Lieferungsverträge für die Industrie schädlich seien, und beantragten, die Bedürfnisse für das Militär entweder durch Einkaufsanstalten oder aber von den verschiedenen Zünften aus erster Hand anzuschaffen. Dies würde vor allem zur Emporbringung der kleinen Fabriken beitragen, ebenso wie zur Beseitigung der drückenden Verhältnisse, in welche die Erzeuger durch die Lieferanten versetzt werden, weiters zur Vermehrung des Erwerbes vieler Gebirgsbewohner, endlich zum Vorteile des Ärars, welches bessere und billigere Ware erhalten würde. Das mährisch-schlesische Gubernium machte den Antrag, für jene Orte, an welchen zahlreiche Tuchmacher oder Tuchfabrikanten bestehen, politische Tucheinkaufs- und Übernahmskommissäre von erprobter Redlichkeit zu bestellen, denselben zur Beurteilung der Qualität der zum Ankaufe für den Militärbedarf angebotenen Tücher zwei Sachverständige aus dem Tuchmachermittel gegen verhältnismäßige Entschädigung für ihre Mühewaltung beizugeben und diese Kommissäre mit der Vollmacht zu versehen, die von ihnen als echt und qualitätsmäßig anerkannten Tücher für die Militärbehörde unwiderruflich zu übernehmen. Dabei hätte das Ärar die Qualität der Tücher, ihre Breite und ihr Ellenmaß genau zu bestimmen und die Preise so festzusetzen, daß dieselben bei Berücksichtigung des Wertes des Urstoffes und der sonstigen Betriebsanlagen dem Erzeuger einen verhältnismäßig entsprechenden Verdienst sichern würden.

Der Abschluß dieses Tuchlieferungsvertrages und dessen Wirkungen einerseits, der Umstand anderseits, daß die Kommerzbehörden von diesem Vertrage überhaupt nicht einmal in Kenntnis gesetzt worden waren, zeigt zur

Genüge, wie wenig man damals noch daran dachte, die Militärlieferungen überhaupt in industriepolitisch vorteilhafter Weise zu vergeben. Jetzt trat die Kommerzhofkommission dafür ein, man solle die Zwischenhändler bei der Deckung der Bedürfnisse für die Armee ausschalten und die Lieferungen den einzelnen Zünften und kleineren Erzeugern übertragen. Sie hielt sich verpflichtet, „aus Rücksichten der Nationalindustrie und des damit eng verbundenen Staatsinteresses sich laut für die Realisierung dieses ihres Antrages auszusprechen", und überließ es sonst dem Ermessen der zur Prüfung des Militärbekleidungs- und Ausrüstungssystems aufgestellten Hofkommission, auf welche Art dieser Vorschlag durchgeführt werden sollte[1]). Zu einem entscheidenden Schritt in dieser Richtung sollte es aber noch lange nicht kommen.

Gegenüber der Frage der Errichtung von Fabriken auf Staatskosten verhielt man sich damals, wie schon lange vorher, ganz ablehnend, „da es im allgemeinen den anerkannten staatswirtschaftlichen Grundsätzen widerspricht, auf Ärarialkosten Fabriken zu errichten und zu betreiben, wenn nicht zugleich der höhere Zweck einer Kunst- oder Bildungsanstalt damit verbunden ist"[2]). Wo aber der letztere Fall eintrat, da unterließ es die Staatsverwaltung nicht, die Einführung von Verbesserungen der Fabrikation auf Staatskosten zu fördern oder selbst einzuleiten. So erteilte in der staatlichen Rannersdorfer Papierfabrik 1816—1819 ein in den Niederlanden ausgelernter Tuchspänmacher auf Staatskosten Unterricht in der Erzeugung von Tuchpreßspänen[3]) und in derselben Zeit wurde in Steyr von einem holländischen Meister ebenfalls auf Ärarialkosten die Tuchscherenfabrikation betrieben und Unterricht in derselben erteilt[4]). Wenn auch die Erfolge dabei den Erwartungen nicht entsprachen, so kann die gute Absicht der Regierung doch nicht in Abrede gestellt werden. Dasselbe muß auch bezüglich der großen Geldunterstützungen gesagt werden, mit welchen sie sich, wenn auch mit geringem Erfolge, die Einführung und Verbreitung der Flachsspinnmaschinen zu fördern bemüht hat[5]).

Der schweren Krise, von welcher die österreichische Finanzverwaltung zu Anfang des zweiten Jahrzehnts des 19. Jahrhunderts heimgesucht worden war, wurde schon gedacht. Die Nachwirkungen derselben machten sich noch lange geltend. Daß die Staatsverwaltung dennoch ernstlich bestrebt war, den Bedürfnissen der Industrie und ihrer Fortentwicklung so weit als möglich Rechnung zu tragen, zeigt neben den eben erwähnten gewerbepolitischen Maßnahmen auch der Umstand, daß sie die großen Kosten nicht scheute, um das 1815 errichtete Wiener polytechnische Institut in munifizentester Weise auszustatten und so eine Anstalt zu schaffen, welche für das höhere gewerbliche Bildungswesen und für die Schaffung einer Industrie auf moderner Grundlage von weitgehender Bedeutung werden sollte[6]).

Der Verbesserung des Kredit- und Geldwesens sollte die durch Finanz-

(Marginalien:) Staatliche Anstalten zur Verbesserung einzelner Produktionszweige.

National-bank.

---

[1]) H. K. A. Kom. Kommission, Fasz. 21, Nr. 125 ex majo 1822. — [2]) H. K. A. Kom. Kammer, Fasz. 51, Nr. 8 ex nov. 1816. — [3]) Vgl. unten S. 320, 425. — [4]) Vgl. unten S. 194, 320. — [5]) Vgl. unten S. 191 ff, 367. — [6]) Vgl. unten S. 167 ff.

patent vom 1. Juni 1816 mit einem Privilegium ausgestattete österreichische Nationalbank dienen, die einerseits bestimmt war, den Wechsel- und Hypothekarkredit zu sichern und zu erweitern, anderseits aber durch Einlösung der Einlösungs- oder Antizipationsscheine die Geldverhältnisse der Monarchie zu erleichtern und den Geldumlauf allmählich auf die Grundlage der Konventionsmünze zurückzuführen. Schon das Aktienkapital der Bank im Betrage von 100 Millionen Gulden in Einlösungsscheinen und 10 Millionen Gulden Konventionsmünze befreite den Geldumlauf der Monarchie um 100 Millionen Gulden in Einlösungs- und Antizipationsscheinen und trug zur Verbesserung der Kurse des Papiergeldes bei. Namentlich die Erleichterung und Erweiterung des Eskomptekredits durch diese Bank mußte dem Handel und dem Gewerbe in dieser Zeit der Depression, in welcher Gründungs- und Betriebskapital so schwer zu beschaffen war, sehr zugute kommen[1]).

Um die Produktion zu beleben und die Heranziehung neuer Kapitalien zu derselben möglichst zu erleichtern, huldigte die Kommerzhofkommission in betreff der Gewerbeverleihungen der größtmöglichen Liberalität. Anderseits erwartete sie von der Ausdehnung des österreichischen Prohibitivsystems auf die oberitalienischen Provinzen und die dadurch bewirkte Ausdehnung des konkurrenzfreien Absatzgebietes für die inländische Produktion eine Belebung und Erweiterung des Absatzes.

Handels- und Industriezeitung.   Zur Verbreitung der Kenntnisse über die Leistungsfähigkeit der österreichischen Industrie im In- und Auslande, um anderseits auch dem Unternehmungsgeiste vielleicht durch Aneiferung und Aufklärung unter die Arme zu helfen, die Produzenten durch die Anerkennung ausgezeichneter Leistungen zur Verbesserung und Erweiterung ihrer Betriebe aufzumuntern, sollte eine Handels- und Industriezeitung herausgegeben werden, deren Notwendigkeit von der niederösterreichischen Regierung schon 1817 betont worden war und die seit 1819 in den Jahrbüchern des Wiener polytechnischen Instituts tatsächlich ins Leben trat[2]).

Ausstellungen.   Zur Erleichterung des Absatzes und zur Anspornung der Produktion sollten jährlich in Verbindung mit dem polytechnischen Institut Industrieausstellungen veranstaltet und der Bericht darüber in den Jahrbüchern des Instituts veröffentlicht werden[3]). Denselben Zweck sollte die permanente Ausstellung des Fabriksproduktenkabinetts am polytechnischen Institut mit didaktischen Zwecken verbinden[4]). Zu wirklichen Gewerbeausstellungen ist es jedoch erst am Ende dieser Periode gekommen[5]).

Verleihungen des Adelsstandes oder von anderen Auszeichnungen und Belohnungen an hervorragende Industrielle und geschickte Arbeiter kamen auch in dieser Periode vor. Endlich war die Kommerzhofkommission bestrebt, die Einwanderung hervorragender ausländischer Indu-

---

[1]) Vgl. E. Th. Hohler, Histor.-pol. Erläuterung über Bankanstalten überhaupt und über die österr. Nationalbank insbesondere. Wien 1816, S. 34 ff. — [2]) H. K. A. Kom. Kommission, Fasz. 29, Nr. 214 ex dec. 1817. — Vgl. auch unten S. 169. — [3]) Vgl. unten S. 230. — [4]) Vgl. unten S. 228 ff. — [5]) Vgl. unten S. 232 ff.

strieller nach Möglichkeit zu begünstigen und zu erleichtern, wobei ihr dies auch bezüglich einiger Unternehmungen gelang, die bald zur Zierde der österreichischen Industrie gehören sollten (Vaucher du Pasquier, Gebrüder Schoeller[1]).

Wie schon bis dahin, so blieb auch damals und weiterhin das immer wieder gegen die Liberalität bei Gewerbeverleihungen von seiten der Zünfte vorgebrachte Argument, daß die Liberalität und die dadurch hervorgebrachte Übersetzung der Gewerbe an allen Übeln schuld sei, so am Verfalle der Gewerbe, der Verschlechterung der Produktion und der Untergrabung des Absatzes und des Kredits. Immer wieder mußte die Hofstelle dieser Ansicht entgegentreten, um die Liberalität bezüglich der Gewerbeverleihungen zu verteidigen.

Versuch, die Verleihungen vor Gewerben zu beschränken 1822—1827

Im November 1821 sah sie sich so veranlaßt, anläßlich eines Rekurses dem böhmischen Gubernium zu bedeuten, es liege gar nicht im Geiste der Gesetze, „die Privatindustrie dergestalt zu bevormundschaften, daß man sich von Staats wegen bei Errichtung ganz neuer, ohne die besondere Begünstigung von Landesfabriksprivilegien zu unternehmender Fabriken in eine ängstliche Vorerhebung über die Mittel zum Betriebe" und ähnliches einlasse[2].

Da die Innungen durch Vorstellungen bei der Hofstelle ihr Ziel nicht erreichen konnten, so bestürmten sie den Kaiser mit Petitionen um Abstellung des liberalen Systems. Sie erreichten auf diese Weise, daß unter dem 10. August 1822[3] ein Kabinettschreiben an den obersten Kanzler Grafen Saurau erging, welches sich mit dieser Frage beschäftigte. Die Vorsteher mehrerer Mittel von „Fabrikanten" und bürgerlichen Gewerbetreibenden hätten um Sistierung der freien Gewerbeverleihung gebeten, mit dem Hinweis auf die Nachteile der unverhältnismäßigen Vermehrung der Gewerbe. „Wenn einerseits sich die Vorteile nicht verkennen lassen, die aus der Gewerbskonkurrenz entspringen, insofern selbe dem wirklichen Bedarf angemessen ist, so kann es anderseits der Staatsverwaltung nicht gleichgültig sein, wenn diese Gewerbsvermehrungen in einem solchen Maße ausgedehnt werden, daß dieselben nicht nur den weitesten Bedarf überschreiten, sondern sogar die wirkliche Existenz der Gewerbsleute bedrohen und dieselben in einen dem Staate sehr empfindlich werdenden Zustand der Armut und daraus entspringender Steuerunfähigkeit versetzen, wodurch auch andere böse Folgen entstehen können. Die betreffenden Hofstellen und Behörden hätten daher schon längst bedacht sein sollen, bei Ausübung der Konkurrenzgrundsätze mit dem erforderlichen Maße vorzugehen und hiernach den Unterbehörden die erforderlichen Weisungen als Richtschnur zu erteilen. Da dies nicht geschehen zu sein scheint, so mache ich die Kanzlei, soweit es ihren Wirkungskreis betrifft, streng verantwortlich, Gewerbsverleihungen für die Zukunft nur für den absolut not-

Kabinettschreiben vom 10. August 1822.

---

[1] Vgl. unten S. 282, 321. — [2] H. K. A. Kom. Kommission, Fasz. 42, Nr. 26 ex nov. 1821. — [3] Schon früher hatten die bürgerlichen H a n d e l s leute es erreicht, daß der Kaiser der Kommerzhofkommission befahl, über die zu starke Vermehrung der Handelsleute und die Schäden des liberalen Systems ein Gutachten zu erstatten. Näheres darüber vgl. bei Reschauer, a. a. O., 64 ff.

wendigen Bedarf zu gestatten und auch die Kommerzhofkommission
in meinem Namen hiernach zu einem gleichförmigen Benehmen anzuweisen.
Die betreffenden Hofstellen haben mir anzuzeigen, was sie in
dieser Sache verfügt haben werden und welche Vorschriften
sie hierwegen zu erteilen gedenken."
Wiederum zeigte sich hier die viel zu weit gehende Geneigtheit des Kaisers,
Petitionen soweit als möglich zu berücksichtigen, um die Untertanen zufrieden-
zustellen, und, ohne die Hofstellen zunächst darüber zu befragen, Verfügungen
zu erlassen, die sich später als überhaupt nicht oder nur mit Beeinträchtigung
wichtiger staatlicher Interessen durchführbar erwiesen.

Auffallend ist dabei schon die Tatsache, daß sich das Kabinettschreiben
in erster Linie an die Hofkanzlei wendet, welcher nur die Polizeigewerbe unterstanden, bei welchen das liberale Verleihungsprinzip überhaupt nie in Anwendung gestanden war. Anderseits wurde aber die Verfügung durch den letzten
Satz wesentlich gemildert, durch den die Hofstellen angewiesen wurden, dem
Kaiser anzuzeigen, welche Vorschriften sie zu erlassen gedenken.

Da schon die gesetzliche Scheidung der Gewerbe in Kommerzial- und
Polizeibeschäftigungen darauf beruhte, daß die ersteren nicht nur zur Befriedigung des Lokalbedarfes produzieren, der Bedarf der ganzen Monarchie und
des Exports aber unmöglich genau bestimmt werden konnte, so konnte bei
ihnen von einer Beschränkung der Verleihungen nicht leicht die Rede sein.
Daher erstattete die Kommerzhofkommission unter dem 29. Oktober 1822
einen alleruntertänigsten Vortrag, wodurch sie die bezüglich der Kommerzialbeschäftigungen gegen ihre Beschränkung auf einen willkürlich angenommenen
notwendigen Bedarf obwaltenden Umstände und Hindernisse anzeigte und
antrug, es beim bestehenden System der Kommerzialgewerbeleitung bis zur
allgemeinen Revision der Gewerbeverfassung zu belassen. Zugleich setzte sie
alle Gründe ausführlich auseinander, welche gegen jede Beschränkung sprachen,
um desto überzeugender darzustellen, welche Nachteile für die Industrie und
für den Staat entstehen würden, „wenn man diesen unermüdeten kurz-
sichtigen Behelligern ihre unsinnigen Bitten gewährte".

Vortrag
vom
29. Okt.
1822.

Die besonderen, hier obwaltenden Verhältnisse und die Überzeugung, daß
alle Einschränkungen von seiten der Staatsverwaltung „nicht nur mit den schäd-
lichsten Folgen für die Nationalbetriebsamkeit verbunden, sondern auch gegen
die Grundsätze der allgemeinen Billigkeit streiten würden, wenn man ohne
streng erwiesene Notwendigkeit dem Rechte jedes Staatsbürgers, sich
durch eine gewisse von ihm gewählte Arbeit den nötigen Erwerb
und Unterhalt zu nahe treten, teils aber auch dem Fortschreiten der Privatindustrie, das bloß von einer freien und unbeschränkten
Bewegung des Kunst- und Gewerbsfleißes abhängt, hinderlich sein wollte",
hätten die österreichische Staatsverwaltung schon frühzeitig bestimmt, mehrere
Kommerzialbeschäftigungen ganz freizugeben, ebenso wie auch schon unter
Maria Theresia anbefohlen worden sei, keine nicht zünftigen Gewerbe mehr für
zünftig zu erklären. Ebenso habe der Kaiser 1809 und 1811 die Industrialfreiheit zur Basis der Kommerzialgewerbsleitung auf-

gestellt, indem er angeordnet habe, daß es von den 1802 anbefohlenen Beschränkungen wieder abzukomm n habe. An dieses
von Seiner Majestät sanktionierte System hätten sich die Behörden seitdem
immer gehalten. Von einer Fesselung der Kommerzialgewerbe, welche beim
bestehenden Prohibitivsystem einerseits den ganzen inländischen Bedarf befriedigen, anderseits noch für den Export produzieren sollen, könne keine
Rede sein; im Gegenteil erheische es das öffentliche Interesse, jeden Zwang auf
dem Gebiete der Industrie sorgfältigst zu beseitigen. „Jede Beschränkung,
die hier auf Kosten des Talents, der Arbeitsamkeit und redlichen Genügsamkeit
eintreten würde, kann nur als das Grab der Nationalbetriebsamkeit und als eine
offenbare Verletzung des individuellen Erwerbsrechtes und der Gerechtigkeitsliebe der Staatsverwaltung angesehen werden, die alle ihre Untertanen mit
gleicher Liebe umfassen, mit gleicher wohlwollender Fürsorge für ihren Unterhalt bedenken soll." Wollte man aber aus Gründen, die die Kommerzhofkommission nicht einsehen könne, die Industrie dennoch Beschränkungen
unterziehen, so müßte erst ein verläßlicher Maßstab gefunden werden zur
Beantwortung der Frage, ob und inwiefern die Vermehrung einer Gewerbegattung notwendig sei oder nicht. Die Beantwortung dieser Frage wäre sicher
eine sehr schwierige, wenn nicht ganz unlösliche Aufgabe.

Außerdem müßte, wenn die Berücksichtigung des Ortsbedarfes bei Verleihung von Kommerzialbefugnissen angeordnet werden sollte, diese Beurteilung den Ortsobrigkeiten überlassen werden, denen die Gewerbeverleihung
in erster Instanz zustehe. „Allein abgesehen von dem beschränkten Standpunkt, auf dem diese Behörden stehen und der es ihnen unmöglich macht, die
allgemeinen Rücksichten und Verhältnisse gehörig zu würdigen, dürfte es
um so gewagter sein, in einer für den Nationalwohlstand so wichtigen Angelegenheit in das Urteil der einzelnen Dominien und Ortsobrigkeiten zu kompromittieren, als die Erfahrung sattsam bewiesen hat, wie sehr hier Parteilichkeit,
Bestechung und Nepotismus Eingang findet und wie oft die geschicktesten
Individuen minder geschickten einzig und allein aus dem Grunde nachstehen
müssen, weil letzteren das Glück zuteil wurde, Meistersöhne zu sein oder Ver-
wandte oder Bekannte zu besitzen, die auf den Akt der Gewerbeverleihung
Einfluß nehmen."

Ebenso wie bei den Kommerzialgewerben sei auch beim Groß- und Detailhandel eine Berücksichtigung des Ortsbedarfes nicht möglich, welcher nur bei
den Polizeigewerben und dem Krämerhandel in Betracht kommen könne.
Nachdem die Kommerzhofkommission noch die günstigen Wirkungen der
Gewerbefreiheit in Oberitalien hervorgehoben hatte, trug sie auf Nichtberück-
sichtigung der Wünsche der Beschwerdeführer an, da sonst alles vernichtet
würde, was die Staatsverwaltung mit vieler Mühe durch eine Reihe von Jahren
zustande gebracht habe. Was die Beschwerdeführer verlangen, seien im Grunde
genommen nichts als eigennützige monopolistische Begünstigungen. Der Vortrag schloß mit folgenden Sätzen: „Die treugehorsamste Kommerzhofkommission
hält sich daher verpflichtet, Euere Majestät in aller Ehrfurcht wiederholt zu
bitten, nicht nur die Bittsteller mit ihrem ungeräumten Gesuche ein für allemal

zur Ruhe zu verweisen, sondern es auch bei dem bestehenden System der
Kommerzialgewerbsleitung fortan, und zwar um so mehr zu belassen, als selbst
bei aller Verbesserung, die unser Gewerbswesen noch bedarf und worüber man
die Vorschläge, sobald die Vorerörterungen über diese wichtige Angelegenheit
gehörig vorbereitet sind, Euerer Majestät untertänigst vorschlagen wird, nie
von einer weiteren Beschränkung der Kommerzialgewerbe die
Rede sein kann. Alles, was man daher in dieser Sache untertänigst veranlassen könnte, dürfte mit Euerer Majestät gnädigster Genehmigung darin
bestehen, daß den Länderstellen wiederholt die Weisung erteilt würde, sich
bei Leitung der Kommerzialgewerbe vor der Hand noch genau an die jetzt
bestehenden gesetzlichen Bestimmungen zu halten und sorgfältigst darauf zu
sehen, daß nur jene Individuen zum selbständigen Betriebe von Gewerbsunter-
nehmungen zugelassen werden, die sich über den Besitz der hiezu erforderlichen
persönlichen Eigenschaften auf eine befriedigende Art ausgewiesen haben"[1]).

Hand-
schreiben
vom
5. Nov.
1822.
Inzwischen scheinen weitere Klagen über Gewerbeverleihungen an den
Kaiser gelangt zu sein, worauf unter dem 5. November 1822, noch bevor der
Inhalt des eben erwähnten Vortrags zur allerhöchsten Kenntnis gelangt war,
ein Handschreiben an den Präsidenten der Kommerzhofkommission Ritter
von Stahl erfloß, des Inhalts, die Kommerzhofkommission sei nach der Weisung
vom 10. August verpflichtet, auch wenn sie gegen dieselbe eine Vorstellung für
notwendig erachte, bis zur definitiven Entscheidung keine Kommerzialbefugnis
mehr zu verleihen. Dennoch sollen aber noch weitere Kommerzialgewerbe verliehen worden sein, so daß von der Kommerzhofkommission keine Weisungen
zur Befolgung der Anordnung vom 10. August hinausgegeben worden zu sein
scheinen. Die Kommission solle daher unverzüglich Auskunft geben, ob und
wann ihr von seiten der Hofkanzlei das Kabinettschreiben vom 10. August mitgeteilt worden sei und wann die Kommerzhofkommission dasselbe den Unterbehörden zur Danachachtung intimiert oder was sie sonst verfügt habe. Weiters
ob seit jenem Verbot entweder von der Kommerzhofkommission oder den Unterbehörden wirklich Kommerzialgewerbe verliehen worden seien und wenn dies
der Fall sein sollte, wodurch diese dem kaiserlichen Befehle zuwiderlaufende,
ja dasselbe geradezu vereitelnde Verfügung gerechtfertigt werden könne. Bis
zur Erledigung des zu erstattenden Berichtes habe die Kommerzhofkommission jede fernere Verleihung von Kommerzialgewerben
zu sistieren.

Vortrag
vom 7. Nov.
1822.
Selbst diesem unzweideutigen Befehle war die Kommerzhofkommission
nicht gesonnen, sich zum Schaden der Industrie zu fügen. Schon unter dem
7. November erstattete Präsident von Stahl einen Vortrag, in welchem er vor
allem darauf hinwies, daß die Durchführung des kaiserlichen Befehls der ganzen
Industrie und dem Wohlstande des ganzen Gewerbestandes den Todesstoß
versetzen würde. Falls aber der Kaiser dessenungeachtet auf Durchführung
des Verbotes bestehen sollte, so erbitte er sich nur noch die nähere Bestimmung:

---

[1]) H. K. A. Kom. Kommission, Fasz. 29, Nr. 162 ex oct. 1822; Kom. Kammer, Fasz. 29,
Nr. 61 ex martio 1827; Staatsrat 1822, Nr. 5546, 7544.

a) ob die anbefohlene Sistierung der Gewerbeverleihungen eine allgemeine Wirkung nicht nur für die Provinzialhauptstädte, sondern auch für die übrigen Städte und das flache Land haben solle; *b*) ob dieser Befehl auch jene Beschäftigungszweige zu umfassen habe, die auf dem Lande und teilweise in den Städten selbst ganz frei sind und daher bis nun von jedermann ausgeübt werden konnten, wodurch Tausende, ja vielleicht Millionen Menschen, und zwar der ärmsten Klasse ihren Erwerb gefunden haben; *c*) ob dieses „beschränkende Gewerbesystem" auch im lombardisch-venezianischen Königreiche, im Küstenlande und in Dalmatien, wo absolute Gewerbe- und Handelsfreiheit mit dem besten Erfolge bestehe, eingeführt, sohin ob auch daselbst die bisher bestandene Gewerbe- und Handelsfreiheit dem Zunft- und Innungssystem aufgeopfert werden solle. „Geruhen Euere Majestät, mir über diese alleruntertänigsten Anfragen die näheren Andeutungen und Befehle, die zu meiner Beruhigung und Bedeckung sowie auch zur Vermeidung eines jeden Mißgriffs notwendig sind, zu erteilen, und ich werde sodann unverzüglich die nötigen Maßregeln ergreifen, die zur Vollführung dieses allerhöchsten Befehles notwendig sind"[1]).

Hatte die Kommerzhofkommission nach dem Befehle vom 10. August der Hofkanzlei gegenüber bemerkt, sie halte sich für verpflichtet, dem Kaiser eine ehrerbietige Vorstellung zu überreichen und könne daher vor Herablangung der weiteren allerhöchsten Entschließung keine Weisungen an die Unterbehörden erlassen[2]), so griff sie jetzt vor allem zu dem bewährten Mittel, Vorstellungen dagegen zu erheben, zugleich aber, für den Fall ihrer Erfolglosigkeit, Anfragen zu stellen, ohne deren Beantwortung eine Ausführung der Beschränkungen nicht möglich war. Die ganze Formulierung und der Inhalt dieser Anfragen zeigt, daß sie nicht so sehr als Fragen, sondern vielmehr als Hauptargumente gegen beschränkende Verfügungen hätten wirken sollen. Auf jeden Fall mußten die Fragen eine Wirkung haben; wenn keine andere, so doch die, daß bis zu ihrer Erledigung lange Zeit verstreichen mußte. Bis dahin verschob aber die Kommerzhofkommission die Durchführung des strikten Befehls des Kaisers, weil sie zu ihrer „Beruhigung und Bedeckung" zunächst die näheren Befehle abwarten wollte. Dem kaiserlichen Befehle setzte die Hofstelle, um nach ihrer Überzeugung der Industrie nicht zu schaden, direkt passiven Widerstand entgegen, in der Hoffnung, dessen Durchführung so ganz zu vereiteln.

Und tatsächlich gelang der Plan. Denn erst durch Kabinettschreiben vom 18. Mai 1824 wurde der Vortrag der Kommerzhofkommission vom 29. Oktober 1822 (zugleich als Erledigung des Vortrages vom 7. November 1822) dem Hofkanzleipräsidenten übersendet, damit dieser Gegenstand in einer gemeinschaftlichen Beratung einer aus Räten der Hofkanzlei und der Hofkammer bestehenden Kommission (die Kommerzhofkommission war inzwischen schon aufgehoben worden) verhandelt werde, um sodann dem Kaiser ein Gutachten zu erstatten, was zu verfügen wäre, um, ohne die Industrie zu hemmen, die Gewerbetreibenden, Fabrikanten und Handelsleute „vor ihrem Unter-

Kabinett-
schreiben
vom 18. Mai
1824.

---

[1]) H. K. A. Kom. Praes. 1822, Nr. 1067; Staatsrat 1822, Nr. 7402, 7575. — [2]) H. K. A. Kom. Kammer, Fasz. 29, Nr. 97 ex jan. 1828.

gange zu retten und die durch die Not entstandene Pfuscherei" und die anderen noch ärgeren Unfüge, Betrügereien und selbst dem Export nachteiligen Folgen hintanzuhalten.

Am 22. Juli 1824 fand diese gemeinsame Kommission statt, wobei der Referent, Hofrat von Droßdick von der Hofkanzlei, den Ansichten, welche die Kommerzhofkommission in ihrem Vortrage vom 29. Oktober 1822 auseinandergesetzt hatte, ganz zustimmte und bemerkte: Die Staatsverwaltung „darf den eigennützigen Bestrebungen der bereits bestehenden Gewerbsinhaber zur Sicherung eines erhöhten Gewinns nicht nachgeben und ihre einseitigen in Privathinsicht eingebrachten Vorstellungen wegen besorgter Beeinträchtigung auf keine Weise beachten, weil sie sonst durch eine scheinbar gerechte und billige Beschützung und Begünstigung der ersteren doch offenbar nur ein Unrecht und eine Unbilligkeit allen übrigen gewerblustigen Individuen zufügen würde, welche ganz gleiche Ansprüche geltend machen können, um aus derselben Quelle auch für sich einen Erwerb und Gewinn zu schöpfen. Sie darf sich daher bei den Gewerbsverleihungen einzig nur durch öffentliche Rücksichten leiten lassen und daher auch nur die in dieser Beziehung von den bestehenden Gewerbsinhabern vorgebrachten Vorstellungen einer näheren Beachtung würdigen". „Auf diesen allgemeinen Ansichten beruht durchaus schon die bisherige österreichische Gesetzgebung, welche in voller Übereinstimmung mit ihrem übrigen allgemeinen Charakter auch in Ansehung der Gewerbsverleihung zwischen den beiden Extremen einer ungebundenen Gewerbsfreiheit und eines die Industrie beengenden Zunftzwanges die weise Mittelstraße beobachtet." An der bisherigen Verfassung der Kommerzialgewerbe und ihrer Verleihung solle nichts geändert werden. Nur sollen, um das behördliche Verfahren bei Verleihungen zu vereinfachen und zu verkürzen, genaue Bestimmungen über die erforderlichen Eigenschaften festgesetzt werden, ohne welche nie, bei deren Nachweis aber immer die Verleihung von Kommerzialgewerbebefugnissen stattzufinden hätte. Die einfache Betonung der Liberalität sei zu unbestimmt und bedürfe daher dieser näheren Ergänzung. Von einem Untergange der Gewerbe, von welchem die Vorstellungen der Innungen sprechen, sei keine Rede. Zwar sei es um die Gewerbe schlechter bestellt als vor 1811, wo das Papiergeld zu einer riesigen Produktion geführt hatte, es seien aber auch gegenwärtig die Klagen übertrieben, weil Heimsagungen und Konkurse sehr selten seien. Die bestehenden Gewerbe wären statt einer Beschränkung eher einer weiteren Vermehrung fähig. Daher meinte der Referent, es wären höchstens nach dem Antrage der ehemaligen Kommerzhofkommission die Behörden anzuweisen, die bestehenden Vorschriften genau zu beobachten. Freiherr von Krieg von der Hofkammer erklärte ergänzend, er habe die meisten Fabriken Wiens besucht, alle in voller Tätigkeit gefunden und in keiner Klage wegen Mangel an Absatz gehört. Ritter von Stahl teilte mit, daß nach Berichten von Handelskommissären vielfach sogar Monate vergehen, bis ihre Bestellungen effektuiert werden, so daß es an Nachfrage und Absatz für die Fabriken nicht fehlen könne.

Das Resultat der Beratungen war, daß die Kommission einstimmig den Beschluß faßte, Seine Majestät zu bitten, es bei den bisher bestehenden Vorschriften über die Verleihung von Polizei- und Kommerzialgewerben zu belassen, wobei höchstens die Behörden angewiesen werden sollten, dieselben genau zu beobachten. Es könnte nachteilig sein, neue Beschränkungen einzuführen[1]). Dieser Beschluß wurde dem Kaiser zur Genehmigung vorgelegt.

Auch während dieser Verhandlungen ruhten die Gegner der Liberalität nicht und richteten weitere Petitionen an den Kaiser und an die Hofstellen. So bat im September 1823 der Wiener bürgerliche Handelsstand den Kaiser, den Auftrag vom 10. August 1822 zu erneuern, womit die Aufhebung des Liberalitätssystems und die Innehaltung mit den Verleihungen der Kommerzialbefugnisse anbefohlen worden sei. Dabei bemerkten sie: „Euere Majestät haben huldreichst geruht, in dem herabgelassenen allerhöchsten Handschreiben das bis dahin bestandene Liberalitätssystem als nicht mehr zeitgemäß seiend zu erklären und die den Zeitverhältnissen entsprechende Sistierung der Kommerzialgewerbsverleihungen allergnädigst anzubefehlen"[2]). Im August 1824 gingen die Laibacher Handelsleute die Hofkanzlei um Beschränkung der Kommerzial- und Industrialfreiheit an[3]).

Es half ihnen aber alles nichts mehr, denn die Hofstellen, in erster Linie die Hofkammer, hatten durch überzeugende Ausführungen und zähe Ausdauer diese Vorstöße des Beschränkungsgeistes abgewehrt. Auf den Vortrag, welcher die Beschlüsse der aus Räten der Hofkanzlei und der Hofkammer bestehenden Kommission dem Kaiser zur Genehmigung vorlegte, erfloß unter dem 24. Februar 1827 die allerhöchste Entschließung, welche die Anträge genehmigte, wobei die Hofkammer den Unterbehörden zur Pflicht machen sollte, bei Verleihung von Kommerzialgewerben sich genau und streng an die bestehenden Vorschriften zu halten, die Gewerbe- und Handelsbefugnisse nicht ohne Grund zu vermehren und die Gewerbetreibenden und Handelsleute gegen unbefugte Eingriffe und Störungen ihrer Gerechtsame nachdrücklich zu schützen[4]).

Entschließung vom 24. Februar 1827.

Unter demselben Datum wurde auch der Vortrag vom 22. Jänner 1822, welchen die Hofkammer über die Vorstellungen des Wiener bürgerlichen Handelsstandes „gegen die Vermehrung der Handelspartheien" und gegen das angebliche Liberalitätssystem erstattet hatte, in demselben Sinne erledigt[5]).

Damit hatte diese Episode nach fast fünf Jahren ein glückliches Ende genommen. Im Gegensatz zu den Kämpfen zwischen dem Liberalitäts- und dem Beschränkungsgeiste zu Anfang des Jahrhunderts, haben es jetzt die Kommerzhofstellen zustande gebracht, die Sistierung der Gewerbeverleihungen überhaupt ganz zu hintertreiben. Der Kaiser, der sich durch seine leichte Zugänglichkeit für die Wünsche des Volkes und durch sein Bestreben, womöglich allen Klagen abzuhelfen, veranlaßt gesehen hatte, beschränkende Maßnahmen anzuordnen, war dabei nicht etwa von industriefeindlichen Ten-

---

[1]) H. K. A. Kom. Kammer, Fasz. 29, Nr. 97 ex jan. 1828. Staatsrat 1822, Nr. 7544. — [2]) H. K. A. Kom. Kammer, Fasz. 29, Nr. 26 ex sept 1824. — [3]) H. K. A. Kom. Kammer, Fasz. 9, Nr. 50 ex augusto 1824. — [4]) H. K. A. Kom. Kammer, Fasz. 29, Nr. 61 ex martio 1827. — [5]) H. K. A. Kom. Kammer Fasz 9, Nr. 52 ex martio 1827.

92

denzen erfüllt, sondern er wollte im Gegenteil, da er die an ihn gelangten stark übertreibenden Vorstellungen für wahr hielt, „die Gewerbsleute, Fabrikanten und Handelsleute vor ihrem Untergange retten". Er glaubte eben, wie dies der Inhalt des Kabinettschreibens vom 10. August 1822 bezeugt, die Gewerbevermehrung hätte einen solchen Grad erreicht, „daß sie die wirkliche Existenz der Gewerbsleute bedrohe". Nebenbei spielte auch noch die Furcht vor Unruhen eine Rolle, worauf die Stelle des genannten Handschreibens hindeutet, daß die Gewerbetreibenden durch unverhältnismäßige Vermehrung der Gewerbe verarmen könnten, „wodurch auch andere böse Folgen entstehen können".

Einführung der österreichischen Gewerbeverfassung im Salzburger und Innkreise (1825).

Daß die Hofstellen fest überzeugt waren, eine Änderung im Liberalitätssystem sei unmöglich, beweist am besten der Umstand, daß sie noch vor Erledigung des Vortrags von 1824 über die anbefohlenen Gewerbebeschränkungen, gelegentlich der 1825 erfolgten Einführung der österreichischen Gewerbeverfassung im Salzburger- und Innkreise den dortigen Behörden ausdrücklich die gesetzlich vorgeschriebene Industrialfreiheit als Basis der Kommerzialleitung, von welcher man bei Kommerzialgewerben nicht abweichen dürfe, einschärften. Bezüglich der Zünfte wurde den dortigen Behörden folgendes als Richtschnur bekanntgegeben: „Die Zünfte sind, jedoch nur zum Behufe der polizeilichen Aufsicht und der Legalität in Beziehung auf die Erlernung eines Gewerbes, die Gesellenbestimmung und die Eigenschaften zum Meisterrechte, da, wo sie bestehen, beizubehalten, und wo sie bei künftigen Gewerben nicht bestehen, einzuführen. Diese Zünfte haben sich jedoch ausschließlich auf erwähnten Zweck zu beschränken und sie haben ein für allemal kein Recht, aus dem Titel der Beeinträchtigung gegen verliehene neue Meisterrechte Vorstellungen und Protestationen einzulegen"[1]. Auch bei der Entscheidung der Frage, ob die Übersetzung eines Gewerbes aus einem Bezirk in einen anderen zulässig sei, sollen die gewöhnlichen Einstreuungen anderer ähnlicher Gewerbetreibender und die Klagen gegen Beeinträchtigungen den Behörden nicht als Motive dienen, sondern es seien bloß jene Anstände zu berücksichtigen, welche sich aus Polizeirücksichten oder auch aus der Gewerbeverfassung und nach den für die Verleihung bestehenden Gesetzen ergeben[2].

Aufhebung der Zwischenzollinie zwischen den Erbländern und Tirol und Vorarlberg (1825).

Im Jahre 1825 wurde die bis dahin bestandene Zwischenzollinie zwischen Tirol und Vorarlberg einerseits, zwischen Tirol und den übrigen Erbländern andererseits aufgehoben, so daß von 1826 an diese beiden Länder dem österreichischen Zollverband angehören[3].

Keine Erlöschung der Gewerbebefugnisse bei Nichtbetrieb (seit 1827).

Auch sonst suchte die Kommerzhofstelle angesichts des Umstandes, daß die begonnene Reform der ganzen Gewerbeverfassung ein baldiges Ende nicht erwarten ließ, Härten und Mängel der bestehenden Gesetze zu mildern oder zu beheben. Eine dieser Härten bestand darin, daß der Verlust der Befugnis nicht nur durch Tod, Heimsagung und Konkurs erfolgte, sondern nach einem Hofdekret vom 24. September 1804 auch wenn der Unternehmer das Gebäude

---

[1] Vgl. die merkwürdige Übereinstimmung dieser Ausführung mit den Äußerungen der niederösterreichischen Regierung in ihrem Berichte vom 14. Juli 1810, oben S. 57, 61 f. — [2] H. K. A. Kom. Kammer, Fasz. 29, Nr. 67 ex martio 1829. — [3] Kopetz, a. a. O., II, 210.

und die Betriebseinrichtung verkaufte oder die Fabrikation sonst aufgab und drei Jahre nicht betrieb[1]). Die Geltung dieser Vorschrift wurde 1826 auch auf Illyrien ausgedehnt. Es bedeutete aber eine offenbare Ungerechtigkeit, einen Unternehmer, der durch irgendwelche ungünstigen Verhältnisse außerstande war, sein Unternehmen eine Zeitlang zu betreiben, auch weiterhin zu verhindern, den Betrieb wieder aufzunehmen. Dies stand in offenem Widerspruche mit den Absichten der damaligen Kommerzialleitung, weshalb sich die Hofkammer darüber mit der Hofkanzlei ins Einvernehmen setzte, welche sodann unter dem 12. Jänner 1827 an die Unterbehörden die Weisung erließ, wonach die persönlichen Gewerbe nur mit dem Tod erlöschen sollen, wenn der Unternehmer der Befugnis nicht selbst entsagt oder derselben nicht durch ein Vergehen verlustig wird und die Erwerbsteuer gehörig entrichtet. Eine Ausnahme bleibe noch fernerhin nur bei den Gewerben bestehen, welche dazu bestimmt sind, das Publikum mit den ersten Lebensbedürfnissen zu versorgen, wie die Fleischhauer und Bäcker[2]). Da sich aber nun der Fall ergeben konnte, daß ein Unternehmer das Gewerbe durch längere Zeit nicht betreiben konnte, um aber die Befugnis nicht zu verlieren, die Erwerbsteuer zahlen mußte, sah sich die Hofkanzlei unter dem 4. Juni 1828 nachträglich zu bestimmen veranlaßt, daß persönliche (Polizei- und Kommerzial-) Gewerbe nicht erlöschen, wenn der Befugte aus wirklicher Unvermögenheit, die Erwerbsteuer zu entrichten, das Gewerbe nur zeitweilig aufzugeben gezwungen ist. Nur müsse dies bei der Obrigkeit gehörig gemeldet werden, damit diese überwachen könne, daß das Gewerbe nicht ohne Entrichtung der Erwerbsteuer betrieben werde. Sobald es dem Gewerbetreibenden wieder möglich ist, den Betrieb zu eröffnen und die Erwerbsteuer wieder zu zahlen, brauche er nur, ohne um eine neue Befugnis anzusuchen, der Obrigkeit die Wiedereröffnung des Betriebes anzuzeigen und den Erwerbsteuerschein zu lösen[3]).

Eine weitere Beschränkung, die in Zollrücksichten ihren Grund hatte und nach der Ansicht der Hofkammer nicht mehr in voller Schärfe begründet war, war die, daß seit 1808 niemand zu gestatten war, Gewerbe- und Handelsbefugnisse im In- und Auslande gleichzeitig zu besitzen, mit Ausnahme von Niederlagen, die ein inländischer Unternehmer im Auslande errichten wollte. Da diese Bestimmung manchmal zu Unbilligkeiten führen konnte, welche mit dem damaligen Geiste der Industriepolitik nicht in Einklang gebracht werde konnten, so beauftragte die Hofkammer anläßlich eines besonderen Falles im Jahre 1826 die Länderstellen, sich darüber zu äußern, ob diese Bestimmungen auch weiterhin als allgemein bindende Normen in Geltung bleiben sollen oder ob in besonderen Fällen, wo Rücksichten für das Beste der inländischen Industrie oder für die Beförderung des allgemeinen Handelsverkehres mit dem Ausland es erfordern, Ausnahmen gestattet werden sollen[4]). In dieser Periode gelangte diese Frage aber noch nicht zur Entscheidung.

Gleichzeitiger Besitz von Unternehmungen im In- und Auslande.

---

[1]) Vgl. oben S. 41 f. — [2]) H. K. A. Kom. Kammer, Fasz. 29, Nr. 126 ex jul. u. 134 ex dec. 1826, Nr. 116 ex febr. 1827. — [3]) H. K. A. Kom. Kammer, Fasz. 29, Nr. 124 ex jun. 1828; Reschauer, a. a. O. 34 f. — [4]) H. K. A. Kom. Kammer, Fasz. 29, Nr. 31 ex jul. 1826.

Die alten theresianischen Qualitätenordnungen hatten bei den Fortschritten, welche alle Industriezweige seit jener Zeit schon gemacht hatten,
keine Berechtigung mehr, ihre Anwendung wäre geradezu als eine Fessel für
das Gewerbewesen erschienen. Merkwürdigerweise standen einige dieser Ordnungen noch in dieser Periode in Geltung, wurden jedoch selbstverständlicher-
weise nicht angewendet. Die Seidenqualitätenordnung war schon von
Kaiser Josef 1782 aufgehoben und auch bis dahin nicht beobachtet
worden[1]). Das Fortschreiten der Industrie mit großem Kapitalsaufwande,
die Verwendung von Maschinen und die Berücksichtigung von Mode und Geschmack in Farbe und Zeichnung wurde von den kleinen Meistern, die den
großen Unternehmungen darin nicht folgen konnten, mit Mißgunst betrachtet.
In dem Bestreben, sich gegen diese mächtige Konkurrenz zu schützen, kamen
sie darauf, daß viele der alten Qualitätenordnungen nicht aufgehoben seien
und eigentlich noch beobachtet werden müßten.

So glaubten 1817 sogar mehrere mährisch-schlesische Kreisämter, die
alte Tuchmacherordnung sollte zur Hebung der Industrie und des Exports
wieder eingeführt werden, und das mährisch-schlesische Gubernium hielt dies
auch für wünschenswert, wobei jedoch die Anwendung „aus einleuchtenden
Gründen" insbesondere auf die Fabrikanten und nicht bloß auf die Tuchmacher ausgedehnt werden müßte, weil manche Fabriken schlechtere Waren
als ein Landtuchmeister erzeugen und sie wegen ihres stärkeren Absatzes ins
Ausland allein den Nationalkredit heben oder untergraben können[2]).

Es kam zwar nicht dazu, da der Hofstelle der wahre Wert solcher Ordnungen
wohl bekannt war und sie diese Beschränkung des Erfindungsgeistes und Verhinderung von technischen Vervollkommnungen auf keinen Fall wieder auf-
leben gelassen hätte; doch bleibt es trotzdem merkwürdig genug, daß die Landesstelle einer industriereichen Provinz, in welcher gerade die Tuchindustrie in
der Reihe der gewerblichen Betätigungen an erster Stelle stand, die Einführung
solcher dem Geiste der Zeit gar nicht mehr entsprechender Zwangsmaßregeln
als höchst wünschenswert und notwendig hinstellen konnte.

Da in derselben Zeit wegen des Überhandnehmens des Falschdrucks seitens
der Baumwollwarenfabrikanten Klagen immer häufiger wurden und die niederösterreichische Regierung (1817) die veraltete Zirkularverordnung von 1796[3])
gegen den Falschdruck wieder anwenden lassen wollte, hatte die Kommerzhofkommission bei ihren Bemühungen, der Industrie keine unnötigen Hindernisse in den Weg zu legen, einen um so schwierigeren Stand, als vielfach auch
Fabrikanten um die Wiedereinführung solcher Verbotsbestimmungen baten
und das böhmische Gubernium sich infolgedessen veranlaßt sah, jene Verordnung 1821 wieder zu publizieren. Da die Bestimmungen von 1796 dem Stande
der Fabrikation um 1820 schon bei weitem nicht mehr entsprachen und gerade
die Druckerei wesentliche Verbesserungen erfahren hatte, so glaubte die Kommerzhofkommission, da sie anderseits die nachteiligen Folgen einer unbeschränkten Falschdruckerei auch nicht übersehen konnte, daß die diesbezüglich

---

[1]) Vgl. unten S. 387, 390 f. — [2]) Vgl. unten S. 323. — [3]) Vgl. oben S. 14.

etwa zu erlassenden Bestimmungen doch einerseits den Fabrikanten vollständig freie Hand lassen, anderseits aber das kaufende Publikum vor Betrug schützen müßten. Diese Beratung kam wegen der Aufhebung der Kommerzhofkommission (1824) nicht zu Ende. Merkwürdigerweise fand man aber dennoch nicht den Mut, die Verordnung von 1796 wenigstens aufzuheben, damit sie nicht willkürlich zu Schikanen mißbraucht werde. So kam es, daß noch 1827 anläßlich eines besonderen Falles die niederösterreichische Regierung neuerlich vor einem Dilemma stand, ob sie diese noch geltenden Bestimmungen anwenden solle oder nicht. Die infolgedessen wieder begonnenen Verhandlungen fanden weder unter Franz I. noch unter dessen Nachfolger einen Abschluß[1].

Ebenso waren die Leinwandordnungen nicht aufgehoben, so daß sie noch 1825 und 1826 den Gegenstand von Verhandlungen bildeten, wobei sich die Staatsverwaltung gegen ihre Wiederanwendung von vornherein ganz ablehnend verhielt[2].

Dem Eifer der Kommerzhofstelle, die Schranken möglichst zu beseitigen, stand aber vielfach der Geist der damaligen Zeit entgegen, sich womöglich in alles einzumischen und alles zu überwachen. Man hob nicht gern alte Gesetze auf, ohne irgend etwas an ihre Stelle zu setzen. Dies mußte die Hofstelle bei der Frage der Aufhebung der ganz und gar schon außer Gebrauch gekommenen Glasmacherordnung für Böhmen von 1767 erfahren, worüber die Verhandlungen 1827 begannen und erst 1835 mit der tatsächlichen Aufhebung ihren Abschluß fanden. Der erste Antrag der Hofkammer im Jahre 1827, jene obsoleten und unanwendbaren Bestimmungen einfach außer Kraft zu setzen, war nicht durchgedrungen, indem zunächst Nachforschungen befohlen worden waren, wie die Verfassung der Glasfabrikation in anderen Ländern beschaffen sei, und Anträge abverlangt worden waren, welche Vorschriften an die Stelle der aufzuhebenden Bestimmungen treten sollen. Und die Behörden mußten sich mit Geduld diesen umfassenden Erhebungen unterziehen, um eine materiell nicht mehr geltende Verordnung endlich auch formell außer Kraft zu setzen[3].

Wieviel Zeit und Arbeit mußte verwendet werden, um diese Qualitätenordnungen unschädlich zu machen, obwohl die Kommerzhofstelle sie, wenn es in ihrer Macht gelegen wäre, kurzerhand aufgehoben hätte und sie bei jeder Gelegenheit „als Zwangsanstalten überflüssig, zweckwidrig, nachteilig und sogar unausführbar" nannte[4]. Die Entwicklung ging nur langsam vorwärts, da es noch genug Hindernisse und Bestrebungen gab, welche der Durchsetzung einer dem bei den damaligen Kommerzbehörden herrschenden Geiste entsprechenden Gewerbefreiheit im Wege standen.

Betreffs der Militärbegünstigungen für Gewerbetreibende und Fabrikanten wurde es im Laufe der Zeit immer schwieriger, Befreiungen in großem Umfange zuzugestehen, da der Militarismus seit den Napoleonischen Kriegen immer

Militärbegünstigungen.

---

[1]) Vgl. unten S. 275 ff. — [2]) Vgl. unten S. 369 f. — [3]) Vgl. unten S. 515 ff. — [4]) H. K. A. Kom. Kammer, Fasz. 31, Nr. 48 ex dec. 1825, Fasz. 45, Nr. 130 ex jul. 1827.

größere Fortschritte machte. So bröckelten selbst die kargen Militärbefreiungen des Konskriptionspatents von 1804 allmählich ab, um bald ihren praktischen Wert fast ganz einzubüßen. Durch Entschließung vom 26. August 1817 wurde die Sonderstellung der Gesellen und Lehrjungen bei den Sensen-, Sichel- und Strohmesserwerken, welche bis dahin Militärfreiheit genossen hatten, aufgehoben und auch für diese die allgemeinen Vorschriften des Konskriptionspatents von 1804 in Geltung gebracht, da diese Begünstigung nur zur Befreiung von Meistersöhnen mißbraucht worden war[1]). Ja, die Militärsorgen begannen bald einen Charakter anzunehmen, der den Gewerben und der Industrie leicht schädlich hätte werden können. So verordneten Hofkanzleidekrete vom 6. Dezemder 1822 und vom 10. Jänner 1824, es sollen die Obrigkeiten, wenn sie mit ihrem Kontingent nicht aufkommen können, zur Zeit der Rekrutierung keine Gewerbe an Leute erteilen, die zur Militärdienstleistung geeignet seien. Hiebei sei aber die Absicht der Staatsverwaltung keineswegs dahin gerichtet, die zum Wehrstand geeigneten zum Nachteile der Industrie vom selbständigen Gewerbe- und Industriebetriebe auszuschließen, sondern nur die Verleihung von Befugnissen zu hindern, welche ohne Rücksicht auf den Bedarf des Publikums an Individuen in der Absicht verliehen werden könnten, um sie der Militärwidmung ohne zureichende Gründe zu entziehen.

Der Hofkammer war die durch die unbestimmte und Willkürlichkeiten aller Art gestattende Fassung dieser Anordnung mögliche ungünstige Wirkung gleich klar und sie entwickelte denn auch ihre diesbezüglichen Bedenken in einer Note an die Hofkanzlei vom 30. April 1825. Da nach dem österreichischen Konskriptionsgesetze die Militärpflicht bis über das vierzigste Lebensjahr hinausreichte, so könnte nach der Verordnung von 1822 niemand vor Erreichung dieses Alters zur selbständigen Ausübung einer Gewerbe- oder Fabriksbefugnis gelangen, was für die Industrie unübersehbare Nachteile mit sich bringen würde. Dies könne die Hofkanzlei wohl nicht beabsichtigt haben. Die Hofkanzlei erwiderte, sie teile ganz die Ansicht der Hofkammer und könne ihr zugleich zur Beruhigung mitteilen, daß vorläufig eine Änderung nicht notwendig sei, da ohnehin die Umgestaltung des Konskriptionssystems nach dem Geiste der lombardisch-venezianischen Verfassung im Zuge sei[2]).

Die neuen Grundsätze über die Rekrutierung, welche durch Hofkanzleidekret vom 7. August 1827 erlassen wurden, hoben die 1804 den vorzüglichsten Arbeitern bei Privatfabriken, bei Salz-, Hammer- und Eisenwerken bewilligte zeitliche Befreiung auf. Nur bezüglich der Berg-, Pulver- und Salpeterarbeiter sollte es bis zur Erlassung einer neuen Vorschrift bei den bestehenden Bestimmungen verbleiben. Es blieben also seitdem nur die Inhaber von Gewerben von der Militärstellung befreit, welche das Bürger- und Meisterrecht in Städten und Märkten mit einem „regulierten" Magistrat besaßen. Für die Großindustrie hatte damit im allgemeinen die Befreiung vom Militärdienste ganz aufgehört, wobei für die Unternehmer allerdings die Bestimmung in Betracht kam, daß

---

[1]) Staatsrat 1817, Nr. 3493. — [2]) H. K. A. Kom. Kammer, Fasz. 53, Nr. 118 ex apr., 41 ex jun. 1825.

den Rekruten ohne Ausnahme die Stellvertretung in Friedenszeiten gestattet war[1]).

Die Gewerbeverfassung, wie sie zu Anfang des 19. Jahrhunderts bestand, hatte keine einheitliche Grundlage, sondern beruhte auf zahlreichen, teilweise sehr alten Gesetzen und Verordnungen, wie sich eben die Anschauungen über das Gewerbewesen allmählich entwickelt und geändert hatten. Aus den zahlreichen, zu verschiedenen Zeiten und aus verschiedenen Anlässen ergangenen Bestimmungen mußten die Zentralbehörden allmählich zu ihrem Gebrauch und zur Richtschnur für die Unterbehörden ein System zusammenflicken, welches aber, seiner zusammenhanglosen Entstehung entsprechend, nicht vollkommen, auch nicht ganz ohne innere Widersprüche sein und daher auf die Dauer den Bedürfnissen nicht genügen konnte. Dazu kam die große Fülle von Anordnungen, die dem Geiste der Zeit gar nicht mehr entsprachen, die aber nicht aufgehoben worden waren und deshalb formell noch in Geltung standen. Es war weder der Kommerzhofstelle angenehm noch für die Entwicklung der Gewerbepolitik günstig, wenn einerseits die Liberalität als leitender Gedanke bei der Behandlung der Kommerzangelegenheiten hingestellt und von der obersten Kommerzbehörde auch gehandhabt wurde, anderseits aber durch das Vorhandensein von diesen Ideen widersprechenden, nicht außer Kraft gesetzten Grundsätzen den Gegnern dieses Systems jederzeit Gelegenheit geboten war, einen Kampf zwischen Liberalität und Beschränkung zu provozieren und dabei ihr Glück durch Verfolgung ihrer vermeintlichen Rechte bis zur allerhöchsten Instanz zu versuchen. Die Hofkammer hatte dies selbst gelegentlich der Beschränkungen von 1802 bis 1811 fühlen müssen, wieviel Mühe und Ausdauer es kostete, Grundsätze zu verteidigen, die, wenn auch noch so begründet, ja notwendig, doch nirgends gesetzlich fixiert gewesen waren und durch äußerst bestehende Scheingründe bekämpft werden konnten. So kam es, daß schließlich der damalige Kampf den Anschein erwecken mußte, als ob nicht die Verordnung, welche die Einschränkung der Gewerbeverleihungen bezweckte, eine Änderung herbeiführen wollte, sondern als ob die Hofkammer mit ihrem Eintreten für die möglichste Unbeschränktheit neue Grundsätze einzuführen bestrebt gewesen wäre.

Wie sehr mußte bei diesen Verhältnissen der Mangel einer einheitlichen systematischen Regelung des Gewerbewesens gefühlt werden und dies noch im klassischen Zeitalter der Kodifikationen, in welchem eben auf dem Gebiete des Straf- und des bürgerlichen Rechtes neue Gesetzbücher an die Stelle früherer partikularistischer Zustände getreten waren.

Es ist schon oben ausgeführt worden, wie die niederösterreichische Regierung anläßlich der Abforderung eines Gutachtens über ein Gesuch um Beschränkung der Leinenweberei die Gelegenheit benützt hatte, um in ihrem Berichte vom 14. Juli 1810 auf die Nachteile von Beschränkungen in der Gewerbeverfassung hinzuweisen und zugleich Vorschläge zur Verbesserung der Kommerzialverfassung der Hofkammer vorzulegen. Die Hofkammer hielt die Befragung der

Verhandlungen und Vorarbeiten zu einer Reform der gesamten Gewerbeverfassung.

---

[1]) Pol. Ges. Samml. 1827, Aug. 7; Kopetz, a. a. O., II, 26.

Slokar, Geschichte der österr. Industrie.

übrigen Länderstellen für unumgänglich notwendig, welche sich, mit Ausnahme der innerösterreichischen, bis Juni 1816 äußerten[1]). Somit begannen die Verhandlungen über die Reform der Gewerbeverfassung in ihren ersten Anfängen im Jahre 1810, um mit einigen Unterbrechungen fast ein halbes Jahrhundert zu dauern.

Weiter gediehen die Verhandlungen, die bis 1816 darüber gepflogen worden waren, unmittelbar nicht, denn es wurde, um dieses schwierige Problem einem gedeihlichen Ende zuzuführen, das ganze Reformwerk einer eigenen Hofkommission anvertraut, welche durch Kabinettschreiben vom 11. Juli 1816 als Kommerzhofkommission ins Leben gerufen wurde. Sie sollte namentlich angesichts des Umstandes, daß der endgültige Friede der Monarchie einen erheblichen Landzuwachs gebracht hatte, dem österreichischen Industrie- und Handelssystem eine den veränderten Verhältnissen entsprechende Einrichtung geben, eine engere Verbindung der neu erworbenen Provinzen mit den alten schaffen, um so den inneren Verkehr möglichst zu erleichtern.

Die Kommerzhofkommission stand da vor einer sehr schwierigen Aufgabe. Es galt vor allem, um auf Grund des Vorhandenen etwas Neues, Vollkommeneres aufbauen zu können, das Bestehende zu kennen. Die Einzelheiten der gewerberechtlichen Verhältnisse waren schon in den altösterreichischen Provinzen nicht immer gleich, von Ungarn oder gar von den oberitalienischen Provinzen mit ihrer auf dem Prinzip der Gewerbefreiheit beruhenden Kommerzverfassung gar nicht zu reden. Charakteristisch für die damaligen Zustände war es, daß nicht nur im zweiten Jahrzehnt des 19. Jahrhunderts, sondern auch noch viel später die Kommerzhofstelle sich unzählige Male vor einer prinzipiellen Entscheidung gezwungen sah, zunächst bei allen Länderstellen anzufragen, welche Grundsätze in jedem Lande bei dieser Angelegenheit angewendet werden, was die Verhandlungen immer auf lange Zeit, manchmal auf mehrere Jahre hinaus, verschob. Daher mußten die Verhältnisse in den einzelnen Provinzen vor Erlassung eines allgemeinen Gewerbegesetzes in Erfahrung gebracht werden, da ein solches Gesetz nur auf den tatsächlich bestehenden Verhältnissen aufgebaut werden kann. Von diesem Grundsatz ausgehend verfügte die Kommerzhofkommission nach den vom Referenten Anton von Krauß entwickelten Ansichten am 5. Februar 1819 die Besorgung von Bearbeitungen der bestehenden Gewerbe- und Handelsverfassung jeder einzelnen Provinz der Monarchie. Auf Grund dieser Ausarbeitungen würde es dann nach der Meinung der Kommerzhofkommission erst möglich werden, die österreichische Handels- und Gewerbegesetzgebung „von manchen Schlacken und Hindernissen zu reinigen, welche der Entwicklung der vaterländischen Industrie noch immer in einem hohen Grade entgegen sind".

Eine Erleichterung der Durchführung dieser Anordnung bedeutete das die Gewerbeverhältnisse Niederösterreichs behandelnde Werk des Grafen J. L. E. von Barth-Barthenheim, dessen erste Teile schon 1819 erschienen. Die Kommerzhofkommission übersendete dieses Werk an die einzelnen Länder-

---

[1]) Siehe oben S. 62 f.

stellen und lud die Länderchefs ein, es durchgehen, die darin angeführten Gesetze mit denjenigen der Provinz vergleichen, die Verschiedenheit derselben
anmerken und die eigenen Provinzialgewohnheiten anführen zu lassen. Sodann
solle jede einzelne Abteilung auf dieselbe Art, wie dies im Werke von Barth
der Fall sei, bearbeitet der Kommerzhofkommission vorgelegt werden; bei
dieser sollte dann im Departement des Regierungsrates Anton von Krauß,
welchem der Entwurf des neuen Gewerbesystems zugewiesen worden war,
eine Übersicht der Provinzialgewerbeverfassungen zusammengestellt werden.

Diese Aufforderung an die Länderstellen war von Erfolg begleitet, aus
Österreich ob der Enns, Innerösterreich, Illyrien und Galizien langten Bei-
träge ein, über die Gewerbe- und Handelsverfassung in den venezianischen
Provinzen sandte der Sekretär der Handelskammer in Venedig ein vollständiges
Werk ein, ebenso wie auch über die Verhältnisse in Dalmatien ein ausführlicher
Bericht erstattet wurde. In Böhmen bewog der Oberstburggraf schon 1819 den
Professor der politischen Wissenschaften und der Gesetzeskunde in Prag
Gustav Kopetz zur Übernahme der Bearbeitung für Böhmen und ließ ihm
alle Unterstützung angedeihen.

Zu gleicher Zeit bemühte sich die Kommerzhofkommission, aus den vorgeschrittensten Staaten Europas, besonders aus England und Frankreich das
Vorzüglichste ihrer Gewerbe- und Handelsgesetzgebung zu sammeln, um auch
die bewährten Erfahrungen des Auslandes verwerten zu können. Durch allmähliche, partienweise Aufstellung der neuen Grundsätze und ihre spätere
Zusammenfügung wollte dann die Kommission ein neues Handels- und Gewerbe-
gesetzbuch schaffen[1]).

Allmählich langten die Elaborate über die Verhältnisse in den einzelnen
Provinzen ein, wovon einige in Druck erschienen[2]).

Nachdem die Kommerzhofkommission so in den Besitz eines sehr umfangreichen Materials über alle Provinzen gelangt war, waren dadurch die Vorarbeiten noch lange nicht abgeschlossen, denn jetzt galt es, mit Berücksichtigung dieser Elaborate eine Übersicht des Zustandes der Gewerbeverfassung
der ganzen Monarchie samt den provinziellen Abweichungen zu gewinnen.
Nur dadurch konnten diese Materialien bei der Beratung der Gewerbereform
herangezogen werden.

Der Präsident der Kommerzhofkommission Philipp Ritter von Stahl bewog
Gustav Kopetz zur Übernahme der Bearbeitung dieser schwierigen, aber unumgänglich notwendigen Generalübersicht, wobei die Sprache der Gesetze
möglichst beibehalten und auch die einzelnen Gesetze angeführt werden sollten
(September 1822).

Damit war die Gewerbereform notwendigerweise wieder auf mehrere Jahre
hinausgeschoben, denn diese mühevolle Arbeit ließ ihre Beendigung nicht so

---

[1]) Krauß-Elislago, Aktenmäßige Darstellung der Verhandlungen usw. (Manuskript im
Familienarchiv); Staatsrat 1820, Nr. 2296; Kopetz, a. a. O., Vorbericht zum I. Bande, III ff. —
[2]) Krauß-Elislago, a. a. O.; Kopetz, a. a. O. Vorbericht zum I. Bande, S. VIII, einzeln aufgezählt.

bald erwarten. Diese Ausarbeitung war noch lange nicht fertiggestellt, als die Kommerzhofkommission durch allerhöchste Entschließung vom 16. April 1824 wieder aufgehoben wurde und ihr Wirkungskreis wieder an die allgemeine Hofkammer überging.

Letztere ließ jedoch das begonnene Werk nicht fallen, versprach Kopetz bei seiner Arbeit alle Unterstützung und Förderung, veranlaßte die fortwährende Nachlieferung der noch fehlenden Provinzialarbeiten und gab auch alle gewünschten oder für notwendig erachteten Aufklärungen. Um Kopetz die Aufgabe zu erleichtern, wurde er 1826 auf sein Ansuchen auf ein Jahr vom Lehramt enthoben, so daß er sich ganz dieser Arbeit widmen konnte. So war er imstande, sein Werk über die Grundsätze der bestehenden Gewerbegesetzgebung nach ihren allgemeinen, polizeilichen und staatswirtschaftlichen Beziehungen schon in den Jahren 1826 und 1827 der Hofkammer zu überreichen. Diese vergleichende Übersicht der damals bestehenden Handels- und Gewerbeverfassung der Monarchie erschien 1829 in zwei Bänden in Druck[1]) und ihr Wert ist besonders deshalb groß, weil sie durchwegs auf Grundlage von offiziellen Quellen ausgearbeitet wurde.

Dieses Werk hätte die Grundlage der weiteren Beratung für den ersten Teil des „Handelskodex" bilden sollen, welcher nach der allerhöchsten Entschließung vom 28. Oktober 1826 in zwei Teile zu zerfallen hatte, von denen der erste das politische Handelsgesetzbuch enthalten und von der Hofkammer redigiert werden sollte, während die Ausarbeitung des für den zweiten Teil bestimmten eigentlichen Handelsrechtes der Hofkommission in Justizgesetzsachen übertragen wurde"[2]).

Wie sehr auch der Kaiser den Wert dieser Ausarbeitung zu schätzen verstand, zeigt der Umstand, daß er Kopetz, statt ihm die von der Hofkammer angetragene Würde eines Gubernialrates zu verleihen, in den österreichischen Adelstand mit Nachsicht der Taxen erhob[3]).

Das Werk von Kopetz wurde sämtlichen Hof- und Länderstellen zugeschickt und die letzteren wurden aufgefordert, es zu benützen, „um Lücken auszufüllen und Mängel zu verbessern, bis das in der Verhandlung befindliche neue allgemeine Gewerbs- und Handelsgesetz mehr Ordnung, Einheit und Übereinstimmung in das Ganze gebracht haben werde"[2]).

Damit hatten die Reformbestrebungen am Ende dieser Periode wenigstens das eine Ergebnis gezeitigt, daß man klar wußte, was damals in den einzelnen Provinzen in Geltung war. Weiter ist die Neuregulierung in dieser Periode nicht gediehen.

Von welchem Geiste die obersten Kommerzbehörden in dieser Epoche beseelt waren, ist aus den bisherigen Ausführungen deutlich ersichtlich. Da sie

---

[1]) W. Gustav Kopetz, Allgem. österr. Gewerbsgesetzkunde, Wien 1829. — [2]) Krauß-Elislago, Aktenmäßige Darstellung usw. (Manuskript im Familienarchiv). — [3]) Kopetz, a. a. O., I, Vorbericht; H. K. A. Kom. Kammer, Fasz. 29, Nr. 107 ex sept. 1824, Nr. 86 ex nov. 1825, Nr. 123 ex febr. 1826, Nr. 91 ex martio 1830; Staatsrat 1826, Nr. 402; A. d. k. k. Fin. Min., Kom., Fasz. 29, Nr. 3 ex martio 1833.

selbst einsahen, daß die angestrebte Gewerbereform nicht so bald zu einem gedeih-
lichen Ende werde gebracht werden können, waren sie bemüht, inzwischen
wenigstens einzelne Willkürlichkeiten und Unvollkommenheit des bestehenden
Systems zu entfernen oder zu mildern, was ihnen allerdings nicht immer gelang[1]).
Anderseits bot sich ihnen dabei eine gute Gelegenheit, um ihnen mißliebige
Vorstellungen und Anträge mit dem Hinweis auf die im Zuge befindliche
Gesamtreform, von welcher einzelne Fragen nicht getrennt werden könnten,
abzuwehren.

So wurde schon gelegentlich eines unter dem 10. März 1812 vom mährisch-
schlesischen Gubernium gemachten Antrages, die Iglauer Tuchmacherordnung
aufzuheben und die allgemeine Tuchmacherordnung von 1755 dem Zeitgeiste
gemäß zu verbessern und wieder einzuführen, bemerkt, darüber könne eine
definitive Entscheidung nicht geschöpft werden, um nicht den künftigen Bestimmungen in bezug auf die Neuregulierung des Gewerbe- und Zunftwesens,
worüber die Verhandlungen eingeleitet worden seien, vorzugreifen. Ebenso
erhielt dasselbe Gubernium auf seinen unter dem 26. September 1817 gemachten
Antrag über das Gesuch der Bielitzer Handelsleute, die schlesische Tuchmacherordnung „zum Besten der dortigen Tuchfabriken" wieder einzuführen, die
Antwort, die Angelegenheit stehe mit der neuen Gewerbe- und Zunftverfassung
in einem so engen Zusammenhange, daß, „ohne sich den Nachteilen eines einseitigen Verfahrens auszusetzen, diese Gegenstände nicht getrennt behandelt
werden können"[2]). Die Weber in Deutschliebau wurden 1815 mit ihrem Gesuch um Bewilligung der Errichtung einer eigenen Zunft abgewiesen, da die
Regulierung des Zunftwesens und insbesondere der Weberzünfte in Verhandlung
stehe, „welche mehr die Beschränkung als die Ausdehnung der Zünfte zum
Zwecke habe"[3]).

In diese Periode der ungefähr bis zur Mitte des 3. Jahrzehnts dauernden
Nachwirkungen der Krisen fällt der immer stärker werdende Übergang vom
Hand- zum Maschinenbetrieb und die schrittweise Entstehung einer wirklichen
Großindustrie in modernem Sinn, auf rein kapitalistischer Grundlage. Bei den
verhältnismäßig großen Kosten der Maschinen und den schlechten Kreditverhält-
nissen konnten sich kapitalsschwache Unternehmer auf dieses Gebiet nicht
begeben und hatten daher einen immer schwereren Kampf zu bestehen. Der
Gegensatz zwischen Großindustrie und kleinen Unternehmungen war schon
deutlich erkennbar.

Der Zustand der Depression begann sich seit 1820 allmählich zu bessern.
1816 wurde in Österreich die erste Dampfmaschine aufgestellt, der erst 1820
und 1823 weitere folgten, und im Jahre 1830 waren ihrer schon 18 in Betrieb[4]).
Dasselbe Bild des wieder beginnenden Lebens liefert uns die Entwicklung der
Baumwollmaschinenspinnereien. Von 1801 bis 1814 waren deren in Niederösterreich 12 entstanden, worauf dann erst zwischen 1820 und 1828 wieder
.Neugründungen folgten, und zwar in der Zahl von 18, so daß die Gesamtzahl dieser

Anfänge der moder- nen Groß- industrie.

---

[1]) Vgl. S. 136 ff., 149 ff. — [2]) H. K. A. Kom. Kommission, Fasz. 33, Nr. 58 ex oct. 1817. —
[3]) H. K. A. Kom. Kammer, Fasz. 31, Nr. 53 ex martio 1815. — [4]) Vgl. unten S. 182.

Unternehmungen 1828 schon 30 betrug[1]). Der Übergang zur Großindustrie mit Maschinenbetrieb ist hier unverkennbar ebenso wie die Besserung der Zeitverhältnisse seit 1820. Nicht nur, daß nur die kapitalskräftigen Unternehmer sich die teueren Maschinen anschaffen konnten und so den technischen Prozeß wesentlich zu vervollkommnen imstande waren, fast ihnen allein kamen auch die höheren technischen Bildungsanstalten[2]) zugute, ebenso wie sie auf den gewerblichen Ausstellungen, deren regelmäßige Veranstaltung am Ende dieser Periode begann[3]), am glänzendsten auftreten konnten und so für ihren Absatz einen größeren Nutzen hatten.

Arbeiter-schutz.   Von einer Einmischung des Staates zum Schutze der Arbeiter oder der arbeitenden Frauen und Kinder war in dieser Periode noch keine Rede, geschweige denn von einer diesbezüglichen Gesetzgebung. Die Kinderschutzgesetze Kaiser Josefs II.[4]) waren fast ganz in Vergessenheit geraten und wurden nicht angewendet, ja es galt geradezu als ein Verdienst, möglichst junge Kinder zu beschäftigen, so daß sich die Fabrikanten förmlich veranlaßt sahen, auf diese Tatsache selbst prahlend hinzuweisen[5]). Auch das Verhältnis zwischen Arbeitern und Unternehmern war in keiner Weise geregelt, es galt immer mehr[6]) als das unbestrittenste Gebiet der Privatautonomie, welches nur durch freies Übereinkommen zwischen Arbeitgeber und Arbeitnehmer geregelt werden dürfe[7]).

Es konnte nicht viel helfen, daß die Kinderschutzbestimmungen Kaiser Josefs 1816 wieder bekanntgemacht wurden und den Kreiskommissären, der Stadthauptmannschaft und Fabrikeninspektion zur Pflicht gemacht wurde, auf genaue Einhaltung derselben zu schauen. Mit Vorschriften zur Sicherstellung des Besuchs der Schule seitens der in Fabriken beschäftigten Kinder und zum Schutze der Sittlichkeit war bei den geänderten Verhältnissen nicht mehr genug getan, die modernen Betriebe erforderten Maßnahmen zum Schutze der physischen Entwicklung der jugendlichen Arbeiter. Und gerade in letzterer Beziehung wurde 1816 nur bestimmt, daß eine besondere Aufmerksamkeit seitens des Arztes, dem die Visitation der Fabrikslehrlinge oblag, ihm zum besonderen Verdienste werde angerechnet werden, „da bei Fabriken die Gefahr körperlicher Verkrüppelung doppelt groß ist"[8]). Sonst gar keine nähere Bestimmung, nach welcher sich die Aufsichtsorgane hätten richten können, und was dann allerdings als selbstverständlich erscheinen muß, auch gar keine Andeutung über die etwa anzuwendenden Abhilfsmittel gegen zutage tretende diesbezügliche Mißstände.

Vielleicht könnte man als Anfang eines Schutzes der in gewerblichen Betrieben beschäftigten Arbeiter die Bestimmungen ansehen, die durch aller-

---

[1]) Vgl. unten S. 283. — [2]) Vgl. unten S. 163 ff. — [3]) Vgl unten S. 232 ff. — [4]) Vgl. oben S. 8. — [5]) Vaterl. Blätter 1812, Nr. 87 bei Besprechung der Moroschen Tuchfabrik: „Wieviel Geduld und Aufopferung kostete es, einige hundert kleine Kinder von 6 bis 10 Jahren — die Erwachsenen hielten diese Arbeit für entehrend — mit Spinnarbeit zu beschäftigen." Vgl. auch unten S. 340. — [6]) Zu Anfang des Jahrhunderts glaubte man auf dasselbe noch die Gesindeordnung anwenden zu können. (Vgl. oben S. 60.) — [7]) Vgl. Reschauer, a. a. O., 191 ff. — [8]) Mises, a. a. O., 210 ff.; Kopetz, a. a. O., I, 116; Barth, a. a. O., II, 43—46.

höchste Entschließung vom 6. November 1817 bezüglich der Vorsichtsmaßregeln erlassen wurden, um die aus dem Betriebe von Dampfmaschinen möglicherweise entspringenden Unglücksfälle zu verhüten[1]), anderseits die unter dem 15. Mai 1828 ergangenen Vorschriften betreffs der Erzeugung von Knallpräparaten und Zündhütchen[2]), obwohl sie mehr den Zweck verfolgten, die Allgemeinheit als die dabei beschäftigten Arbeiter vor Unglücksfällen zu bewahren. Sonst hatte sich die Staatsverwaltung bis dahin um das physische und moralische Wohl der Fabriksarbeiter noch nicht gekümmert, da dies auch den damals und noch später geltenden Prinzipien der Nichteinmischung nicht entsprochen hätte.

Diesem Prinzip fiel auch jene behördliche Einrichtung in dieser Zeit zum Opfer, welche zur Überwachung der Durchführung der Arbeiterschutzbestimmungen am ehesten geeignet gewesen wäre: die Fabrikeninspektion. Die Anfänge der niederösterreichischen Fabrikeninspektion und des Prager Kommerzienrates reichen in die Zeit Maria Theresias zurück. Unter Kaiser Josef wurden die Agenden derselben noch von einem einzigen Beamten erledigt, dem ein Kanzellist beigegeben war. Bald war aber daraus, infolge des Anwachsens der Geschäfte wegen der in alles eingreifenden und alles, was auf die Fabriken Bezug hatte, unterstützenden Tätigkeit der Staatsverwaltung, ein förmliches Amt entstanden. *Die Fabrikeninspektion und ihre Aufhebung.*

Bezüglich des Wirkungskreises sollte dieses Amt, wie sich die Instruktion ausdrückte, das Auge und Ohr der Regierung im weiten Gebiete des Handels und der Industrie sein, die neuen Werkzeuge, Maschinen und Handgriffe der Fabrikanten und Gewerbetreibenden beobachten, ihren Vorrat, ihren Absatz und, wenn nötig, auch ihre Bücher untersuchen, sich über die Zahl der sich dem einen oder anderen Erwerbszweige Widmenden eine Übersicht verschaffen, sich Kenntnis über die dem Kunstfleiße ergebenen Personen, über ihre Vermögensverhältnisse und die Ausdehnung ihrer Betriebe erwerben; die durch besondere Fähigkeiten sich auszeichnenden Gesellen kennen lernen, über die Werkmeister und namentlich über die Fabrikenpolizei wachen; den Behörden in Kommerzialangelegenheiten die nötigen Aufschlüsse erteilen; über die Ärarialvorschüsse im Einvernehmen mit der Kammerprokuratur Vormerkung halten und die Ratenzahlungen in Erinnerung bringen; die Bildung der Lehrlinge beaufsichtigen und in Evidenz halten sowie durch Bereisen des Landes sich genaue Kenntnis der Fabriken verschaffen, endlich die Industrial- und Kommerzialtabellen verfassen. Somit war der Wirkungskreis ein sehr umfassender. Unter den Männern, welche in diesem Amte tätig waren, ragten in Böhmen Schreyer und Rößler, in Niederösterreich Stephan von Keeß besonders hervor, wobei der erstere und der letztere sich auch durch ihre literarische Tätigkeit um das Gewerbewesen große Verdienste erwarben.

Die niederösterreichische Regierung machte 1803 den Vorschlag, die Fabrikeninspektion durch Zerlegung in mehrere Fachabteilungen unter Leitung von Universitätsprofessoren ihrem infolge der Entwicklung der Industrie immer ausgedehnter sich gestaltenden Wirkungskreise gemäß auszugestalten und sie

---

[1]) Vgl. unten S. 197 f. — [2]) Pol. Ges. Samml.

auf diese Weise in die Lage zu versetzen, über jedes Gebiet der gewerblichen Betätigung fachmännische Gutachten abzugeben und auf die Verbesserung der Fabrikation Einfluß zu nehmen. Dieser Vorschlag fand jedoch keinen Anklang; die Hofkammer meinte, die Fabrikeninspektion habe nicht das Gewerbewesen zu leiten und zu verbessern, sondern sie vertrete nur die Regierung bei Lokalerhebungen. Zur Vervollkommnung der Produktion werde das projektierte polytechnische Institut beitragen.

Als allmählich die meisten direkten Unterstützungen von Fabriken durch den Staat aufhörten, seit 1813 an die Stelle der alten Manufakturtabellen die Erwerbsteuertabellen traten, seit der Errichtung des polytechnischen Instituts dieses in technischen Angelegenheiten viel verläßlichere Gutachten erstatten konnte, wurde die Fabrikeninspektion in vieler Hinsicht überflüssig, dies um so mehr, als auch bezüglich des ihr verbliebenen Wirkungskreises bei den Fortschritten der Industrie die Verhältnisse von einigen Beamten nicht mehr übersehen und daher auch keine verläßlichen Auskünfte erstattet werden konnten. Anderseits konnte die Fabrikeninspektion ihre Amtsgewalt infolge der ihr zustehenden Befugnis, in das Innerste der Gewerbebetriebe einzudringen, leicht mißbrauchen. Als nun 1822 durch den zweiten Kommissär der niederösterreichischen Fabrikeninspektion ein Fall von Prävarikation tatsächlich verübt wurde, da wurde die Fabrikeninspektion und der Prager Kommerzienrat auf Grund eines Vortrags der Hofkammer vom 4. September 1824, welche dabei ihrer Meinung Ausdruck gab, die Regierung werde sich praktische Auskünfte viel leichter und verläßlicher aus erster Quelle durch Zurateziehung praktischer Sachverständiger oder, nach Errichtung von Handelskammern, von diesen verschaffen können, durch allerhöchste Entschließung vom 1. Jänner 1825 aufgehoben[1]).

Kaiserhaus und Industrie.

Das große Interesse, welches der Kaiser für die Industrie und ihre gedeihliche Entwicklung hegte, bewies er bei zahlreichen Gelegenheiten. Er kargte nicht mit Aufmunterungen, Geldbelohnungen, Ordensauszeichnungen und Verleihungen des Adelsstandes an verdiente Fabrikanten, Werkführer und Arbeiter. Um das Vorurteil und die Vorliebe für ausländische Waren, welche namentlich in den höheren Ständen herrschten, auszumerzen, ging die Kaiserin mit gutem Beispiele voran, indem sie nur inländische Erzeugnisse zu ihrem Gebrauche verwendete[2]), ebenso wie der ganze Hof. Die Kaiserin ließ sogar einmal einem Handelsmann ein Seidenzeug zurückstellen, weil sie es für ein ausländisches Fabrikat hielt, und nahm es erst an, nachdem ihr der inländische Ursprung nachgewiesen worden war[3]). Ein gleiches Interesse für die heimische Produktion zeigte Kronprinz Ferdinand, der es 1819, nachdem er die Sammlung gewerblicher Produkte des Fabrikeninspektionskommissärs von Keeß gesehen hatte, nicht unterlassen konnte, auch selbst eine solche Sammlung von

---

[1]) H. K. A. Kom. Kommission, Fasz. 1, Nr. 237 ex oct. 1818; Kom. Kammer, Fasz. 1, Nr. 157 ex sept. 1824, Nr. 91 ex jan., Nr. 122 ex majo 1825, Nr. 164 ex oct. 1826. Staatsrat 1803, Nr. 3624; Barth, a. a. O., IV, 93—102. — [2]) H. K. A. Kom. Praes. 1818, Nr. 1012. — [3]) Töpfer, Betrachtungen usw. 62.

Rohstoffen und Fabrikaten aller Gewerbezweige und Provinzen der Monarchie anzulegen[1]).

Ungefähr mit dem Ende des 3. Jahrzehnts des 19. Jahrhunderts beginnt eine neue Periode der Geschichte der österreichischen Industrie. Die Periode von 1816 bis 1830 kann man nach ihrem allgemeinen Charakter bezeichnen als die Zeit der großen wirtschaftlichen Depression und ihres allmählichen Abflauens, der großen Vorarbeiten zu einer allgemeinen Reform der Gewerbeverfassung, der allmählichen durch das Vordringen der Maschinen immer stärkeren Entwicklung der Großindustrie auf kapitalistischer Grundlage sowie der Vorbereitung eines selbständigen Auftretens der Industrie.

IV. Kapitel.

Die allgemeine Industriepolitik von 1830 bis 1835 mit einem Überblicke der weiteren Entwicklung bis 1848.

Um 1830 beginnt in Österreich eine neue Periode gewerblicher und gewerbepolitischer Entwicklung. Die große wirtschaftliche Krise und ihre Nachwirkungen (1811 bis um 1825) waren überwunden, die Dampfmaschine gewann besonders seit 1830 immer mehr an Boden, in allen Zweigen der Industrie entwickelten sich Großbetriebe, welche bald die führende Rolle im gewerblichen Leben an sich zu reißen bestrebt waren, ja die technischen Vervollkommnungen und neuen Errungenschaften sowie ihre immer größere Verbreitung sollten sogar ganze Industriezweige neu erstehen lassen (Zucker- und Maschinenindustrie).

Den großen Unternehmern gewährte ihre Kapitalskraft, ihre höhere Bildung und die dadurch bedingte höhere gesellschaftliche Stellung auch einen größeren Einfluß, der auch der Industrie im allgemeinen zugute kommen mußte. Nicht zuletzt trug zur Erhöhung des Ansehens der Industrie die lebhafte Teilnahme und Unterstützung bei, deren sie sich seitens des hohen Adels und nicht minder seitens des Kaisers und der Mitglieder des kaiserlichen Hauses zu erfreuen hatte.

Dies zeigte sich gleich beim ersten selbständigen Auftreten der Industrie. Die Industrie war mündig geworden und wollte sich nicht mehr mit Petitionen und Vorstellungen begnügen und den Behörden die Sorge um ihre Angelegenheiten überlassen, sie begann sich vielmehr zu organisieren, um ihre Interessen, soweit dies nach den staatlichen Gesetzen möglich war, selbst zu wahren und zu vertreten. Im Dezember 1829 erfolgte die Genehmigung der Statuten des unter dem Schutze des Kaisers stehenden böhmischen Gewerbevereines, welcher sich aber erst 1833 konstituierte. Ihm folgte 1837 der innerösterreichische, 1839 der niederösterreichische Gewerbeverein, wobei die Verhandlungen und Vorarbeiten bezüglich des ersteren schon zu Lebzeiten Franz I., betreffs des letzteren gleich nach seinem Tode begonnen hatten.

Diese Vereinigungen, an deren Entstehung und Leitung die Behörden, der Adel, ja selbst Mitglieder des kaiserlichen Hauses hervorragenden Anteil hatten, bildeten bald den Mittelpunkt der Vertreter der Großindustrie und

Entstehung gewerblicher Vereine.

---

[1]) Vgl. unten S. 231.

suchten durch Mittel, welche bis dahin von der Staatsverwaltung nicht oder wenigstens nicht in genügendem Maß angewendet worden waren, die industrielle Entwicklung zu fördern und zu vervollkommnen, durch Belehrung, Aufklärung, Aneiferung und Verbreitung gewerblicher Bildung überhaupt die Produktion zu erweitern und zu verbessern, durch Veranstaltung von Ausstellungen und andere Mittel neue Absatzmöglichkeiten zu schaffen, den staatlichen Behörden an die Hand zu gehen. Die letzteren verhielten sich gegenüber diesen Vereinigungen nicht nur nicht ablehnend, sondern unterstützten ihre Bestrebungen aufs eifrigste und zogen sie zu ihrer Beratung in weitgehendem Maße heran, so daß diese Vereine tatsächlich teilweise einen ähnlichen Wirkungskreis wie die späteren Handelskammern hatten.

Auch das Standesbewußtsein der Industriellen mußte durch diese Organisationen gestärkt und gehoben werden[1]).

Aus-stellungen. Die Veranstaltung von Industrieausstellungen hatte eigentlich den Anstoß zur Bildung von Gewerbevereinen gegeben. Diese Ausstellungen waren die großen Repräsentationsfeste der heimischen Produktion, wo sie ihr Prachtgewand zeigen, ihre Ausdehnung und Mannigfaltigkeit vor aller Welt entfalten konnte. Es ist ein großes Verdienst des Oberstburggrafen von Böhmen Grafen Chotek, daß er, den Traditionen des böhmischen Adels folgend, die Veranstaltung von Gewerbeausstellungen anregte und durch den glänzenden Erfolg derselben in den Jahren 1828, 1829 und 1831 einerseits zur Bildung des böhmischen Gewerbevereines, anderseits aber zur Abhaltung weiterer Gewerbeausstellungen sowohl in Böhmen als auch in den übrigen Ländern der Monarchie und in der Residenzstadt die Veranlassung gab. Die Zentralausstellungen in Wien (1835, 1839, 1845) wurden, ebenso wie die böhmischen von 1828, 1829 und 1831, direkt von den staatlichen Behörden organisiert und auch zum Gelingen der übrigen trug der Unterstützung der Behörden nicht wenig bei. Die Teilnahme und das Interesse des Kaiserhauses, vor allem des Kaisers selbst und des Erzherzogs Johann, erhob die meisten dieser Ausstellungen zu wahren Festen der Industrie, wo es galt, sich durch vollendete Leistungen neben der Gunst des kaufenden Publikums auch die allerhöchste Anerkennung zu erringen. Die gewerblichen Ausstellungen der ersten Hälfte des 19. Jahrhunderts haben so zweifellos sehr viel zur Hebung der Industrie und ihres Ansehens beigetragen[2]).

Provinzial-Handels-kommissio-nen. Angesichts des Aufschwunges der heimischen gewerblichen Produktion war es für die Behörden immer schwieriger, über industrielle Fragen Verfügungen zu erlassen, da sie das weite Gebiet der sich immer mehr ausdehnenden industriellen Betätigung immer weniger selbst gründlich und verläßlich zu kennen und zu beurteilen imstande waren. Hatte die Kommerzhofkommission schon 1818 die Errichtung von Handelskammern zur Unterstützung und Beratung der staatlichen Behörden für nützlich, ja notwendig erachtet, ohne aber damit durchdringen zu können, um wieviel wünschenswerter mußte eine solche Heranziehung von Industriellen beim allgemeinen wirtschaftlichen Aufschwunge seit der zweiten Hälfte der Zwanzigerjahre erscheinen. So rief die Hofkammer 1832

---

[1]) Alles Nähere vgl. S. 210 ff. — [2]) Alles Nähere vgl. unten S. 225 ff.

Provinzial-Handelskommissionen ins Leben, welche, aus Vertretern des Handels, der Industrie und der Landwirtschaft bestehend, zwar keinen so weitgehenden Wirkungskreis erhielten, wie er den anderthalb Jahrzehnte vorher in Aussicht genommenen Handelskammern zugedacht war, aber dennoch einen wichtigen Schritt nach vorwärts darstellen, indem so einerseits die Länderstellen verpflichtet waren, bei Beratung wichtiger kommerzieller Gegenstände die Stimmen der produzierenden Klassen zu hören, ebenso wie auch diesen dadurch Gelegenheit geboten war, ihre Interessen bei den Behörden unmittelbar zu vertreten.

Mit diesen Kommissionen wurden aber keine guten Erfahrungen gemacht, da es ihnen an einer festen Organisation mangelte, und sie konnten um so weniger zu einer größeren Bedeutung gelangen, als die bald darauf entstandenen Gewerbevereine den größten Teil ihres Wirkungskreises ausfüllten und dank ihrer Organisation, ihren Mitteln und ihrem Ansehen bald eine so intensive Tätigkeit entfalten konnten, daß die Handelskommissionen fast ganz in Vergessenheit gerieten[1]).

Der Gegensatz zwischen Groß- und Kleinbetrieben begann schon fühlbar zu werden. Zur steigenden Konkurrenz der großen, durch Maschinen betriebenen Unternehmungen kam 1831 das Auftreten und die gewaltige Verbreitung der Cholera hinzu, wodurch das wirtschaftliche Getriebe zum Teil ins Stocken geriet, so daß sich namentlich bei den kleineren Unternehmern und den zünftigen Meistern große Not und Unzufriedenheit einstellte. Wie immer in schlechten Zeiten, so schoben sie auch diesmal die Schuld an ihrer mißlichen Lage der Überfüllung der Gewerbe und somit der liberalen Verleihung derselben zu. Der Kaiser, der für Klagen seiner Untertanen immer zugänglich gewesen war, wurde in seinen alten Jahren noch empfänglicher, wozu wiederum die Furcht, daß die Unzufriedenheit des Volkes Unruhen zur Folge haben könnte, auch das Ihrige beitrug. Letzteres war um so begreiflicher, als das Jahr 1830 in Frankreich die Julirevolution mit gewaltsamem Thronwechsel gebracht hatte, worauf sich Belgien empörte und von Holland losriß, endlich die Polen Rußlands für ihre Unabhängigkeit zu den Waffen griffen, welch letzterer Aufstand erst 1831 blutig niedergeschlagen werden konnte. Ja in Italien mußten zur Unterdrückung aufständischer Bewegungen in der ersten Hälfte des Jahres 1831 selbst österreichische Truppen aufgeboten werden. Auch in Deutschland züngelte an verschiedenen Stellen die Flamme des Aufstandes empor.

Dies konnte auf den alten Kaiser Franz nicht ohne Eindruck bleiben; schon unter dem 8. März 1831 erließ er ein Handschreiben an den obersten Kanzler, es sei ihm zur Kenntnis gekommen, daß Fremden Privilegien und Gewerbebefugnisse verliehen worden seien, ohne vorher über deren Gesinnung verläßliche Auskünfte erlangt zu haben. Künftighin habe dies erst dann zu geschehen, wenn der Befugniswerber von der Polizeibehörde als unbedenklich anerkannt worden ist[2]).

Angriffe gegen das liberale Gewerbeverleihungssystem und ihre Abwehr. 1831—1835.

---

[1]) Alles Nähere vgl. unten S. 208 ff; außerdem auch S. 114. — [2]) A. d. k. k. Fin. Min. Kom., Fasz. 29, Nr. 116 ex martio 1831.

Wegen der fortwährenden Klagen seitens der Zünfte, die Gewerbe seien überhäuft, befürchtete er eine allgemeine Unzufriedenheit und sah sich daher zu beschränkenden Maßnahmen veranlaßt. So erging unter dem 10. August 1831 ein Handschreiben an den obersten Kanzler Grafen von Mittrowsky des Inhalts, es dürfte, da Handel und Gewerbe stocken, die Festsetzung mehrerer Klassen der Erwerbsteuer notwendig und zweckmäßig sein, weil viele Unternehmer ihre Befugnis bloß deshalb aufgeben, weil sie die Steuer nicht entrichten können. „Ebenso .soll auch die Überfüllung von Gewerbs- und Handelsbefugnissen, wodurch auch oberflächlich verfertigte Waren erzeugt werden, den Verfall der Industrie mit sich bringen, zur Verarmung der Familien beitragen und auf den öffentlichen und privaten Kredit nachteilig einwirken." Daher erging an den obersten Kanzler der Befehl, bei der vereinigten Hofkanzlei in Überlegung zu nehmen, durch welche Maßnahmen der übermäßigen Vermehrung der Gewerbe- und Handelsbefugnisse vorgebeugt werden könne, und das Resultat der Beratung zur allerhöchsten Schlußfassung vorzulegen.

Bald darauf scheinen weitere Petitionen an den Kaiser gerichtet worden zu sein, denn schon am 17. August erging an den Grafen Mittrowsky der strikte Befehl, die Verleihung von Gewerben, die nicht radiziert oder nicht verkäuflich sind, bis auf weitere Anordnung sogleich einzustellen.

Die Hofkanzlei war der Meinung, daß sich der kaiserliche Befehl nur auf die Hauptstädte beziehe, da auf dem flachen Lande von einer Überfüllung der Gewerbe nicht gesprochen werden konnte. Daher verfügte sie bezüglich der ihr unterstehenden Polizeigewerbe, daß in Wien und den übrigen Hauptstädten die Verleihungen persönlicher Befugnisse sogleich eingestellt werden. Den Antrag, diese Verfügung auf die Hauptstädte zu beschränken, genehmigte auch der Kaiser.

In betreff der Kommerzialgewerbe teilte die Hofkanzlei die kaiserlichen Befehle der Hofkammer mit, indem sie es ihr überließ, in dieser Gewerbeklasse das für notwendig Erachtete zu veranlassen. Der Referent der Hofkammer, Ottenfeld, meinte, der kaiserliche Befehl beziehe sich nur auf die Polizeigewerbe, da sonst die Anordnung notwendigerweise direkt oder indirekt auch an die Hofkammer ergangen wäre, während die beiden kaiserlichen Handschreiben weder die Hofkammer noch die Kommerzialgewerbe erwähnten. Dennoch hielt die Hofkammer es für notwendig, um für den Fall, als die Sistierung der Gewerbeverleihungen sich auch auf die Kommerzialgewerbe hätte erstrecken sollen, gedeckt zu sein, einen Vortrag darüber zu erstatten, was auch unter dem

7. September 1831 erfolgte. Die Hofkammer führte da zunächst aus, sie halte sich verpflichtet, die Aufmerksamkeit Seiner Majestät „auf die aus einer gewaltsamen Änderung in dem bisherigen Kommerzialgewerbesystem notwendigerweise entspringenden sehr schädlichen Folgen zu lenken und in aller Untertänigkeit die mannigfaltigen wichtigen, größtenteils unbesiegbaren Nachteile, die aus einem gänzlichen Verbote der Kommerzialgewerbsverleihungen unter allen Umständen, vorzüglich aber unter den gegenwärtigen Verhältnissen unerläßlich entspringen würden, mit offener, Euerer Majestät allerhöchstem Dienste sowie dem allgemeinen Besten schuldigen Freimütigkeit näher zu be-

rühren". Die Kommerzialgewerbe nehmen auf die Handelsaktivität des Staates den größten Einfluß und verdienen daher besondere Rücksicht. Bei ihnen sei jede Beschränkung schädlich, da einerseits das Publikum durch die freie Konkurrenz besser bedient werde, anderseits aber der Fortschritt der Industrie von ihrer freien Bewegung abhänge. Durch Zwangsmaßregeln würden auch geschickte Ausländer vor der Einwanderung abgeschreckt. Der Schaden für die Industrie wäre namentlich deshalb sehr schwerwiegend, weil dadurch das Privatinteresse, als das wirksamste Element, das die menschliche Betriebsamkeit weckt, leitet und fördert, seine treibende Kraft verlieren würde. Beschränkungen würden ein heiliges Recht der Untertanen verletzen, sich und ihre Familien auf eine ehrliche und gemeinnützige Weise durch ihren Fleiß und ihrer Hände Arbeit zu ernähren. Der Umstand, daß in der Monarchie fast nur in Böhmen, Niederösterreich und Mähren eine entwickelte Industrie vorhanden sei, würde eher für eine Erweiterung, nicht für eine Beschränkung der Gewerbe sprechen, da der Bedarf für 34 Millionen Menschen sehr groß sei. Diese Gründe hätten den Kaiser schon 1809 und 1811 bewogen, die Gewerbefreiheit zur Basis der Kommerzialgewerbeleitung zu machen und alle Beschränkungen aufzuheben. Die Industrie habe unter der Herrschaft dieses Systems auch tatsächlich einen großen Aufschwung genommen und gerade in dem Augenblicke, wo infolge der allgemeinen Stockung die Erwerbslosigkeit um sich greife, wäre es doppelt nachteilig, wenn man durch Beschränkungen verhindern wollte, daß die Erwerbslosen Beschäftigung finden. Jede Beschränkung der Gewerbe wäre daher das Grab der Industrie, eine Verletzung des allgemeinen Erwerbsrechtes und der Gerechtigkeitsliebe der Staatsverwaltung, welche eine gleich liebevolle Behandlung aller Untertanen erheische. Deshalb bat die Hofkammer für den Fall, als sich die kaiserlichen Anordnungen auch auf die Kommerzialgewerbe hätten ausdehnen sollen, in dieser Gruppe von Gewerben das bisherige, bewährte System auch weiterhin in Wirksamkeit zu belassen[1]).

Durch diesen Vortrag wurde zunächst die Gefahr einer Beschränkung der Kommerzialgewerbe abgewendet, denn bis zur Erledigung desselben hatte die Hofkammer freie Hand. Die Beschränkungen bezüglich der Polizeigewerbe sind aber auch immerhin merkwürdig genug, da ja bei denselben immer der Lokalbedarf berücksichtigt worden war, wodurch die Gefahr einer zu starken Vermehrung ohnehin seit jeher ausgeschlossen war.

Die Sistierung der Verleihung von Polizeigewerben hatte aber die Zünfte der Kommerzialbeschäftigungen ermutigt, ihre Vorstellungen zu erneuern. So stellte das Mittel der Wiener Sattler 1832 die Bitte, die Verleihung neuer Sattlerbefugnisse einzustellen. Die Hofkammer sah sich gezwungen, durch Vortrag vom 26. August 1832 wieder alle Gründe auseinanderzusetzen, welche das liberale als das beste Gewerbesystem erscheinen lassen, und festzustellen, daß gerade die Sattler am wenigsten Grund zur Klage hätten, indem der Gebrauch ihrer Erzeugnisse in den letzten Jahren stark gewachsen sei und viele

Weitere Gesuche um Beschränkung der Gewerbeverleihungen.

---

[1]) A. d. k. k. Fin. Min. Kom., Fasz. 29, Nr. 55 ex sept. 1831; Staatsrat 1831, Nr. 4547, 4648, 5255.

Sattler zu Wohlstand gelangt seien. Es liege aber nicht in der Macht der Staatsverwaltung, ganz zu verhindern, daß ein oder der andere Gewerbetreibende wegen Mangel an Fleiß, zu großen Aufwandes, Spekulationen oder auch nur aus unverschuldeten Unglücksfällen herabkomme, da überhaupt kein Gewerbesystem dies alles hintanzuhalten imstande wäre. Der Kaiser schloß sich diesen Ausführungen an und wies das Ansuchen ab (14. Dezember).

Bald darauf mußte die Hofkammer einen weiteren Vortrag erstatten über ein Gesuch der Wiener Wachszieherzunft um Aufhebung der dem Anton Dal Piaz von der niederösterreichischen Regierung verliehenen Befugnis und um allerhöchste Anordnung, daß das Wachsziehergewerbe aus der Reihe der Kommerzialbeschäftigungen in die Kategorie der Polizeigewerbe übertragen werde. Sie scheinen somit selbst eingesehen zu haben, daß Verleihungsbeschränkungen bei Kommerzialgewerben nicht am Platze sein können, und glaubten daher, dasselbe Ziel durch Erklärung ihres Erwerbszweiges als Polizeigewerbe erreichen zu können. Aber hierin hatten sie sich getäuscht, denn die Hofkammer bemühte sich im Gegenteil schon lange, den Begriff der Polizeigewerbe soweit als möglich einzuschränken und möglichst viele der noch in diese Kategorie eingereihten Beschäftigungen zu Kommerzialgewerben zu erklären[1]), so daß ihre Haltung gegenüber diesem Ansinnen der Wachszieher von vornherein klar war. In ihrem diesbezüglichen Vortrage vom 28. Dezember 1832 bemerkte sie, diese Vorstellungen seien ,,offenbar durch den Gewerbsneid hervorgerufen, womit die Innungen der hiesigen kommerziellen Gewerbsleute auf die durch die vorübergegangene Cholerasperre veranlaßte Sistierung der Polizeigewerbsbefugnisse hinblicken und durch übertriebene und falsche Angaben ähnliche Beschränkungen zu ihrem Privatvorteile durchzusetzen hoffen". So wies der Kaiser auch die Wachszieher ab (7. Februar 1833).

Um dieselbe Zeit hatte auch das Mittel der Wiener Wagner um Einstellung der Verleihung neuer Wagnerbefugnisse und um Einreihung ihres Gewerbes in die Klasse der Polizeigewerbe angesucht, ebenso die Wiener Gold- und Silberarbeiter um Einstellung der ferneren Befugnisverleihungen, 1833 die Vorsteher der Wiener Deckenmacherinnung um Beschränkung der Gewerbeverleihungen und Übersetzung ihres Gewerbes in die Reihe der Polizeibeschäftigungen, das Wiener Buchbindermittel, daß die Vermehrung der Buchbindergewerbe in Wien zeitweilig eingestellt und die Anzahl derselben überhaupt auf eine bestimmte Zahl beschränkt werde, endlich der bürgerliche Handelsstand in Klagenfurt um Untersagung weiterer Befugniserteilungen in Klagenfurt.

Alle diese Ansuchen mußte die Hofkammer entkräften und ihre Grundlosigkeit nachweisen, was ihr auch jedesmal gelang, so daß der Kaiser durchwegs die Anträge der Hofstelle genehmigte und die Gesuchsteller abschlägig bescheiden ließ[2]).

Durch Abweisung aller dieser Vorstellungen war eigentlich auch die von der Hofkammer durch Vortrag vom 7. September 1831 verteidigte Frage

---

[1]) Vgl. unten S. 136 ff. — [2]) Ausführlich Reschauer, a. a. O., 80—94, A. d. k. k. Fin. Min. Komm., Fasz. 29, Nr. 18 ex jan. 1835.

schon entschieden, obwohl noch lange keine allerhöchste Entschließung darauf erfolgte.

Selbst bezüglich der Polizeigewerbe wurden die Beschränkungen auf Antrag der Hofkanzlei für Triest im Oktober 1832, für Lemberg im September 1833, für Prag im Februar 1834 wieder aufgehoben, so daß mit Verleihungen wieder vorgegangen werden konnte. Auch in Wien hatte die Sistierung der Verleihung von Polizeigewerben nur üble Folgen gehabt, indem die Störerei überhandnahm, so daß weder die Meister noch das Publikum von der Sistierung einen Nutzen hatten[1]).

Inzwischen hatte der Kaiser durch Handschreiben vom 17. August 1832 der Hofkammer aufgetragen, da der Wunsch nach Beschränkung der liberalen Kommerzialgrundsätze, namentlich bei der Verleihung von Handlungsbefug- nissen, welche dadurch in ihrem Fortkommen gefährdet seien, häufig ausge- sprochen werde, nach reifer Prüfung und Einvernehmung der Unterbehörden ihr Gutachten abzugeben, ob und bei welchen Handels- und Gewerbeklassen eine Beschränkung etwa eingeführt werden könne. Hand-schreiben vom 17. August 1832.

Die Hofkammer forderte daraufhin Berichte von allen Länderstellen ab, welche bis Ende 1834 einlangten.

Die Zünfte gaben sich jedoch noch nicht zufrieden und belästigten trotz ihrer fortwährenden Mißerfolge den Kaiser auch weiterhin mit ihren Vorstellun- gen, so daß er sich veranlaßt sah, unter dem 21. November 1834 abermals ein Handschreiben an den Vizepräsidenten der Hofkammer, Ritter von Eichhoff, zu richten, es sei ihm angezeigt worden, daß sich die Gewerbe von Wien fast ausnahmslos nach „einer baldigen Besserung ihres Zustandes sehnen". Ihre schlechte Lage werde teils der fortwährenden Vermehrung derselben, teils der Verzehrungssteuer zugeschrieben. Die Hofkammer habe im Einverständnisse mit der Hofkanzlei von dieser Anzeige gehörigen Amtsgebrauch zu machen. Hand-schreiben vom 21. Novem-ber 1834.

Der Referent der Hofkammer, Anton von Krauß, stellte nun die auf Grund des Handschreibens vom 17. August 1832 von den Länderstellen eingelangten Berichte zugleich als Erledigung des Auftrags dieses zweiten Handschreibens zusammen und teilte die ganze Zusammenstellung samt seinen diesbezüglichen Ausführungen am 8. Jänner 1835 der Hofkanzlei mit. Dabei führte er aus, aus der Geschichte der österreichischen Gesetzgebung über das Handels- und Gewerbewesen gehe deutlich hervor, daß die aus vieljähriger Erfahrung gereifte Überzeugung, daß Handel und Gewerbe nur dann zu einer für den National- wohlstand gedeihlichen Entwicklung gelangen können, wenn sie, geschützt vor hemmenden Einwirkungen, sich frei bewegen können, die österreichische Regierung schon frühzeitig angeeifert habe, dem aus älteren Zeiten der Beschränkungen hervorgegangenen Monopolgeiste der geschlossenen Handels- und Gewerbekorporationen kräftig entgegenzuwirken und sonach die Industrie allmählich und mit größtmöglicher Schonung der bestehenden Verhältnisse einem minder beschränkten System zuzuführen. Vortrag vom 12. März 1835.

Die Hauptgrundsätze des bestehenden Systems seien bereits in der unter

---

[1]) Reschauer, a. a. O., 94 ff.

Maria Theresia erflossenen Normalverordnung vom 30. März 1776[1]) vorgezeichnet worden, in welcher die allerhöchste Absicht ausgedrückt wurde, geschickten Individuen die Gelegenheit, sich ehrlich zu ernähren, möglichst zu erleichtern, nicht nur die Einheimischen von der Auswanderung abzuhalten, sondern auch fremde geschickte Arbeiter zur Einwanderung zu bewegen, überhaupt durch Erleichterung der Nahrungswege die Vermehrung der Bevölkerung und dadurch auch die Hebung des Ackerbaues herbeizuführen. Den Magistraten und Ortsobrigkeiten sollte die Verleihung von Gewerbebefugnissen, ohne sich an eine bestimmte Zahl zu binden, überlassen bleiben, wobei ihnen aufgetragen werden sollte, die Erlangung des Bürger- und Meisterrechtes nicht zu erschweren, sondern auf alle nur immer billige und tunliche Weise zu erleichtern.

Auch habe diese Verordnung untersagt, Gewerbe und Handlungen neu auf Häuser zu radizieren, jedem „Fabrikanten" hingegen die freie Wahl seines Niederlassungsortes überlassen und die Freiheit des Gewerbebetriebes als das einzige Mittel bezeichnet, um fremde, geschickte Arbeiter hereinzuziehen, und die einheimischen anzueifern, immer bessere Waren zu erzeugen. Zwar sei nach Einvernehmung der Länderstellen von der damaligen Hofstelle in der Sitzung vom 1. März 1777 beschlossen worden, diese Normalverordnung wegen mehrerer damals noch von den Meistern und Länderstellen besorgten Kollisionen mit den vielen reichszünftigen Kommerzialprofessionisten nicht öffentlich bekanntzumachen, aber doch nach und nach darauf bedacht zu sein, im Laufe der Zeit im Sinne dieser allerhöchsten Anordnung vorzugehen. In diesem Sinne seien auch seitdem alle Abänderungen und Verbesserungen des Handels- und Gewerbesystems vorgenommen, viele früher bestandene Beschränkungen aufgehoben und Hindernisse beseitigt worden.

Von den einvernommenen acht Länderstellen hatten sich (1832—1834) sieben für und nur die Stimmenmehrheit einer einzigen, der mährisch-schlesischen, gegen das bestehende liberale Gewerbesystem ausgesprochen, von 69 Kreisämtern 53 für und 16 gegen, von 180 Ortsobrigkeiten 70 für, 110 gegen und von den einvernommenen 82 Zünften 2 für und 80 gegen dasselbe. Von den Anhängern des Liberalitätssystems hatten einige sogar auf Einführung einer vollständigen Gewerbefreiheit angetragen. Die Gründe, welche zugunsten des bestehenden Systems sprechen, meinte der Hofkammerreferent, seien meistens aus den Werken der Schriftsteller, welche über dieses Fach handeln, die Gründe gegen dasselbe aber aus den Vorstellungen der Zünfte und Korporationen, mit welchen sie die Behörden unaufhörlich belästigen, geschöpft.

Die Benennung Liberalitätsprinzip sei überhaupt falsch, weil die Gewerbe noch vielfachen Beschränkungen unterliegen. Die bestehenden Grundsätze hätten außerdem 1809, 1811 und 1827[2]) die allerhöchste Genehmigung und Billigung erhalten. Die wahren Ursachen von Stockungen seien nicht in der liberalen Handhabung der Gewerbegesetze zu suchen, sondern seien anderer Art; so vor allem das österreichische Rekrutierungssystem, welches, auf eine 14jährige Kapitulation gegründet, dem Gewerbestande die kräftigsten Hilfs-

---

[1]) Vgl. oben S. 4. — [2]) Vgl. oben S. 49, 50, 85 ff.

arbeiter entziehe, weiters der Mangel an Kapital zu Unternehmungen. Insbesondere habe der französische Krieg viel Kapital verschlungen, außerdem sei viel Geld an Börsenspekulationen beteiligt. Ein weiteres Hindernis sei die Größe der öffentlichen und privaten Abgaben, die beim Antritte des Gewerbes zu entrichten seien, weiters das Verfahren bei Befugnisverleihungen, endlich die Erwerbsteuer. „Nachdem der Gewerbsmann sich durch den dreifachen Rekursinstanzenzug durchgearbeitet, für die Agenzieen und leider hie und da bei den Unterbehörden sich eingeschlichenen ungebührlichen Auslagen, für die Gewerbs-Antritts- und Inkorporierungstaxen, für die Einrichtung der Gewerbslokalitäten, Herbeischaffung der Werkzeuge, Maschinen und Vorräte, Wohnungseinrichtungen u. dgl. sein oft sauer erworbenes und erspartes Geld aufgezehrt hat, ist er gehalten, nebst dem Unterhalte für die Lehrjungen und Gesellen und den fortlaufenden Betriebsauslagen, nebst den Beiträgen für die Zunftauslagen und verschiedenen Gewerbesteuern auch die jährliche Erwerbsteuer zu bezahlen".

Diese Hindernisse halten viele von der selbständigen Betreibung von Gewerben ab. Daß aber im Inlande nicht genügend erzeugt werde, beweise schon der lebhafte Schleichhandel. Der Staat habe schon ein halbes Jahrhundert lang Millionen an Zolleinnahmen geopfert, um die inländische Industrie vor der ausländischen Konkurrenz zu schützen. Würde man jetzt im Innern Beschränkungen der Produktion einführen, um auch die inländische Konkurrenz auszuschalten, so wäre das Publikum einem Monopol preisgegeben, die Waren würden verteuert und verschlechtert und jeder Wetteifer gelähmt.

Das bestehende System habe sehr gute Resultate gezeigt, was aus der Besserung des Aktivhandels, aus der Zunahme der Steuereingänge aus Handel und Industrie erhelle, so daß sich der angebliche Verfall der Industrie, den die Gegner der bestehenden Ordnung behaupten, gar nicht nachweisen lasse. Die Staatsverwaltung könne den wirklichen Bedarf unmöglich bestimmen und sie würde sich einer unermeßlichen Verantwortung aussetzen, wenn sie das Verhältnis zwischen Produktion und Konsumtion bei einer Bevölkerung von mehr als 34 Millionen Menschen und einer zahllosen Menge von Kommerzialgewerben ermitteln wollte. Würde man, den Einflüsterungen der Zünfte folgend, die Zahl der Gewerbe dem Ermessen, d. i. der Willkür der Behörden überlassen, so würden dadurch nur Unzukömmlichkeiten und den gröbsten Pflichtvernachlässigungen und dem Bestechungsgeiste Tor und Angel geöffnet werden. Selbst auf die Prüfung einer größeren oder geringeren Geschicklichkeit der Befugniswerber könne sich die Staatsverwaltung, wenn die Lehr- und Servierjahre gehörig nachgewiesen werden, nicht einlassen, weil die Beamten keine Sachverständigen seien, die Gewerbegenossen aber aus Befangenheit gerade gegen den geschicktesten Bewerber aus Furcht vor Konkurrenz am parteiischesten vorgehen.

Wenn man glaube, durch Verminderung der Gewerbe könnten sich wenigere, aber desto ausgedehntere Unternehmungen entwickeln, so könne dies nicht maßgebend sein, da die Ansicht falsch sei, daß eine kleine Anzahl großer Unternehmungen für die Allgemeinheit vorteilhafter sei als eine große Anzahl kleiner. Zu großen Unternehmungen gehören auch große Kapitalien und diese stehen nur wenigen zu Gebote, durch kleinere, aber zahlreiche Unternehmungen fließen aber dem Handel und der Industrie viel mehr Kapitalien zu und die Produktion wachse. Bei einer geringen Zahl von Unternehmungen höre auch der Wetteifer auf und das Publikum könne durch überspannte Preise gedrückt werden.

Aus diesen Gründen war die Hofkammer der Meinung, die Gewerbeverfassung sei keinen Änderungen in rückschrittlichem Sinne zu unterziehen. Hingegen sei die Hofkammer bereit, später, nach der allerhöchsten Entscheidung über einige schon erstattete Verbesserungsvorschläge weitere Anträge dieser Art zu unterbreiten.

Über diese Ausführungen ersuchte die Hofkammer zunächst unter dem 8. Jänner 1835 die Hofkanzlei um ihre Meinung, um sie sodann Seiner Majestät zur Schlußfassung vorzulegen[1]).

In dem reichen Material, welches die Äußerungen aller Unterbehörden für und gegen das bestehende System darstellen, wiederholen sich alle jene Ansichten, welche von jeher einerseits von der Hofstelle und den meisten Länderstellen, anderseits aber von den Zünften und meistens auch von den Magistraten und Ortsobrigkeiten diesbezüglich vorgebracht worden waren[2]). Dabei muß aber einiges als besonders merkwürdig hervorgehoben werden. Zunächst muß es auffallen, daß die Landesstelle eines der gewerbereichsten Länder, Mährens und Schlesiens, sich mit Stimmenmehrheit für den reaktionären Standpunkt aussprach und der Meinung war, daß Fabriksunternehmungen, deren Fabrikate auch von zünftigen Meistern erzeugt werden, unter allen Umständen nur zünftig betrieben werden sollten. Ein zweiter interessanter Punkt betrifft die Stellungnahme der Handelskommissionen. Da zeigte es sich, daß die Zusammensetzung derselben zur Folge hatte, daß sich die Stimmenmehrheit für Beschränkungen aussprach, da die Mitglieder aus dem Stande der Landwirtschaft und des Handels dabei den Ausschlag gaben, während sich nur die Mitglieder aus dem Fabrikantenstande für eine freiere Behandlung aussprachen[3]). Diese Körperschaften, die als eine Art Interessenvertretung für Handel und Gewerbe gedacht waren, zeigten so infolge ihrer Zusammensetzung ihre vollständige Unfähigkeit, die ihnen zugedachte Aufgabe zu erfüllen.

Im allgemeinen brachte jedoch diese Gewerbeenquete nicht viel Neues, weil ja der Standpunkt der meisten Behörden mit wenigen Ausnahmen der Hofkammer im voraus bekannt war, da sie schon vorher bei zahlreichen Rekursfällen und Beschwerden ihre Ansichten kennen zu lernen Gelegenheit hatte. Auch die von der Hofkammer zur Widerlegung der gegnerischen Ausführungen vorgebrachten Argumente sind meistens Wiederholungen der Auseinander-

---

[1]) A. d. k. k. Fin. Min. Kom., Fasz. 29, Nr. 110 ex nov. 1834, Nr. 18 ex jan., 15 ex jul. 1835. — [2]) Das diesbezügliche Material ist veröffentlicht von Reschauer, a. a. O., 105—167. Die Behauptung Reschauers (S. 102): „Die Hofkammer war eben tief verletzt darüber, daß der Kaiser es überhaupt für notwendig hielt, die Gutachten der Unterbehörden einholen zu lassen, und daher auch bestrebt, dem Monarchen die Überflüssigkeit der ganzen Einvernehmung nahezulegen", ist wohl ganz unbegründet. Die Einvernehmung der Unterbehörden war vor allen wichtigen Beratungen üblich. — [3]) Vgl. Reschauer, a. a. O., 106 ff., 135, 154.

setzungen, welche die Kommerzhofstellen gelegentlich der anbefohlenen Beschränkungen in den Jahren 1801 bis 1811 und 1822 bis 1827 vorgebracht hatten und die sie auch bei jeder sich bietenden Gelegenheit, den Unterbehörden zur Danachachtung einzuschärfen pflegten.

Die Beantwortung der Frage, ob und bei welchen Handels- und Gewerbeklassen eine Beschränkung der liberalen Grundsätze einzutreten hätte, zu welchem Zwecke diese umfangreichen Erhebungen vorgenommen worden waren, hatte aber noch vor Unterbreitung der Ergebnisse zur allerhöchsten Schlußfassung ihre ganze Bedeutung verloren, da Kaiser Franz inzwischen unter dem 4. Februar 1835 die Ausarbeitung eines ganz neuen Gewerbekonzessionssystems angeordnet hatte.

Handschreiben vom 4. Februar 1835.

Daher meinte die Hofkanzlei, die Verhandlung habe durch das Handschreiben vom 4. Februar eine ganz andere Richtung erhalten, weshalb die Frage, ob und welche Beschränkungen in der Gewerbeverfassung einzutreten hätten, nur mehr in Verbindung mit den Verhandlungen über das allgemeine Gewerbegesetz verhandelt werden könnten.

Dennoch erstattete die Hofkammer unter dem 12. März 1835 den Vortrag und stellte zugleich die Bitte, sowohl die umfangreichen Belege dieses Vortrags als auch die schon früher erstatteten Vorschläge über geplante Teilreformen (namentlich über die Niederlagsrechte der Fabriken und Gewerbe und über die Grenzlinie zwischen Kommerzial- und Polizeigewerben) wieder herabgelangen zu lassen, um davon bei den kommissionellen Beratungen des Entwurfes des neuen Gewerbegesetzes Gebrauch machen zu können.

Kaiser Franz hatte dies nicht mehr erlebt, denn er war am 2. März gestorben.

Tod Franz I., 2. März 1835.

Nachdem die Angelegenheit anderseits durch das Handschreiben vom 4. Februar schon jede Aktualität verloren hatte, nahm Kaiser Ferdinand durch Entschließung vom 6. April den Inhalt des Vortrags einfach zur Kenntnis[1].

Entschließung vom 6. April 1835.

Die Frage, ob die durch Handschreiben vom 10. und 17. August 1831 angeordnete Sistierung der Verleihungen auch auf die Kommerzialgewerbe angewendet werden sollte, hatte, wie schon oben erwähnt, den Vortrag der Hofkammer vom 7. September 1831 zur Folge gehabt, durch welchen diese die Unmöglichkeit der Ausdehnung dieser Beschränkungen auf die Kommerzialgewerbe nachzuweisen suchte. Dieser Vortrag, der einen so großen Abgrund zwischen den Anschauungen der obersten Kommerzbehörde und den Wünschen der Zünfte kennzeichnete, hatte den Gedanken reifen lassen, daß eine allgemeine, wohlerwogene Reform des gesamten Gewerbekonzessionssystems ratsam wäre. In dieser Ansicht konnte man nur noch bestärkt werden durch den Umstand,

---

[1]) Krauß-Elislago, Aktenmäßige Darstellung der Verhandlungen usw. (Manuskript im Familienarchiv). A. d. k. k. Fin. Min. Kom., Fasz. 29, Nr. 79 ex martio und 29 ex apr. 1835; Staatsrat 1835, Nr. 1641. — Der von Reschauer (S. 167) konstruierte Zusammenhang zwischen diesem Vortrag und dem Handschreiben vom 4. Februar beruht auf einem Irrtum, indem der Vortrag der Hofkammer nicht, wie er behauptet, anfangs Jänner, sondern nach Erlassung des Handschreibens vom 4. Februar, erst unter dem 12. März erstattet wurde. Anfang Jänner war der Vortragsentwurf der Hofkanzlei mitgeteilt worden.

116

daß die Hofkammer um dieselbe Zeit Reformvorschläge behufs einheitlicher

Regelung einzelner gewerberechtlicher Fragen erstattet hatte[1]). Von diesem Standpunkt ausgehend, erledigte Kaiser Franz durch Entschließung vom 4. Februar 1835 den Vortrag der Hofkammer vom 7. September 1831, indem er sie anwies, sich bei Verleihung von Kommerzialgewerben genau an die bestehenden Vorschriften zu halten und sich sonst auf das am gleichen Tage an den Vizepräsidenten der allgemeinen Hofkammer Ritter von Eichhoff erlassene Kabinettschreiben bezog. Am selben Tage fand auch ein Vortrag der Hofkanzlei vom 1. September 1831 über die durch Kabinettschreiben vom 10. August 1831 ergangenen Weisungen seine Erledigung, mit Bezugnahme auf das am 4. Februar 1835 auch an den obersten Kanzler erlassene Kabinettschreiben betreffs eines neuen Gewerbegesetzes.

Zugleich wurde auch das noch für Wien bestehende Verbot der Verleihung von Polizeigewerben aufgehoben und die Behörden angewiesen, sich wieder nach den bestehenden, die Berücksichtigung des Lokalbedarfes anordnenden Vorschriften zu richten[2]).

Der Kaiser hatte aus den Vorstellungen der Zünfte und den Vorträgen der Hofstellen das eine unzweifelhaft richtig erkannt, daß das damals bestehende Gewerbesystem nicht genügend genaue Bestimmungen über die Gewerbeverleihungen enthielt und daß es daher wesentlich von den Anschauungen der Behörden abhing, ob einem Bewerber eine Befugnis verliehen wurde oder nicht. Seit dem Anfange des Jahrhunderts wurde von den Hofstellen immer wieder der Grundsatz der Liberalität bei Gewerbeverleihungen eingeschärft, ohne daß jemals nähere Bestimmungen darüber erlassen worden wären[3]). Nun galt es, jede Willkür auszuschalten und feste Grundsätze aufzustellen, damit auch auf wirtschaftlichem Gebiet eine vollständige Rechtssicherheit hergestellt werde.

Von diesem Gesichtspunkte ging Kaiser Franz bei Erlassung des Kabinettschreibens vom 4. Februar 1835 an den Vizepräsidenten von Eichhoff aus, welches folgendermaßen lautete: „Um in dem Gewerbewesen den Schwankungen zwischen der Ungebundenheit und den mehr oder weniger beschränkten Konzessionen eine feste Richtung zu geben und der Willkür der mit dem Verleihungsrechte begabten Behörden soviel möglich zu steuern, ist meine Absicht, den selbständigen Gewerbebetrieb in meinen deutschen Staaten zwar nur vermittelst eigener Konzessionen zu gestatten, zum Behufe derer Erwirkung aber für jede Gewerbsgattung bestimmte Bedingungen festzusetzen, deren genaue Erfüllung dem Kandidaten obliegen soll und nach welcher erst das Befugnis zu erteilen, sowie im entgegengesetzten Falle zu verweigern oder zurückzunehmen ist, in der Art, daß die Behörden sowohl bei ihrem ersten Ausspruche als im Berufungswege nur auf die Untersuchung und Entscheidung der faktischen Frage beschränkt sein würden: ob der Befugniswerber allen Erfordernissen des Gesetzes entsprochen habe oder nicht, woraus die Verleihung oder Versagung des Befugnisses sich von selbst ergibt."

---

[1]) Siehe unten S. 117 f. — [2]) A. d. k. k. Fin. Min. Kom., Fasz. 29, Nr. 35 ex febr., 27 ex martio 1835, Staatsrat 1831, Nr. 5255, 5430, 1835. Nr. 749. — [3]) Vgl. oben S. 49 u. 58.

„Was die Bedingungen betrifft, so werden einige zum Beispiel in Beziehung auf das Alter, die vorausgegangene Erfüllung oder Vertretung der Militärpflicht, die guten Sitten u. dgl. im allgemeinen, andere, wie die relative Vorbildung, das Vermögen der Bewerber, die Zahl im Verhältnis der Bevölkerung die Lokalverhältnisse, das Bedürfnis etc. etc., nach den Gewerbsgattungen, den Provinzen und Lokalitäten verschieden festgesetzt und zugleich darauf Bedacht genommen werden müssen, daß jeder Bewerber durch einige Zeit als Hilfsarbeiter sich tadellos verwendet habe, um einerseits den Stand der Hilfsarbeiter zum Nachteile der selbständigen Gewerbeunternehmungen nicht zu schwächen und anderseits durch die jedermann eröffnete Aussicht, durch Zeit, Fleiß, Redlichkeit und Sparsamkeit zur Selbständigkeit zu gelangen, die Sitten und Arbeitsneigung dieser Klasse zu verbessern. Sie werden bei der Hofkammer eine Kommission unter ihrem eigenen oder dem Vorsitz eines Vizepräsidenten einsetzen, welche in diesem Sinne und ohne die bestehenden Innungen und die Rechte der radizierten und verkäuflichen Gewerbe in die Frage zu stellen, die Vorschläge zu bearbeiten und mir selbe allenfalls teilweise nach den verschiedenen Gewerbsklassen mit Anführung und Benützung der schon bestehenden Vorschriften vorzulegen hat. Diese Arbeit hat nicht allein die Kommerzial-, sondern auch die Polizeigewerbe zu erfassen, welche Unterscheidung nach Vollendung und Sanktionierung der neuen Gewerbsverfassung ganz aufzuhören hat. Dieser Kommission sind auch Hofräte der vereinigten Hofkanzlei beizuziehen"[1]).

Die Beratungen zur Reform der Gewerbeverfassung, welche schon 1810[2]), dann mit der Errichtung der Kommerzhofkommission (1816)[3]) auch formell ihren Anfang und deren Vorarbeiten durch die Bearbeitung und Veröffentlichung einer genauen Übersicht über den bestehenden Zustand durch Kopetz (1829) ihren vorläufigen Abschluß genommen hatten, sollten jetzt wieder anfangen.

Der Gedanke, die Gewerbeverfassung zu reformieren, hatte aber auch inzwischen nicht geruht, die Verhandlungen dauerten vielmehr fort[4]). Außerdem wollte die Hofstelle wiederum inzwischen gewisse Teilgebiete der Gewerbeverfassung im voraus einzeln neu regeln.

Teilreformen und Reformversuche 1830—1835.

In den Jahren 1831 und 1832 führten die Hofkammer und die Hofkanzlei Verhandlungen, welche zum Antrage führten, die einzig noch bestehende gewiß unbillige und durch nichts gerechtfertigte Militärbefreiung von Gewerbetreibenden, welche das Bürger- und Meisterrecht in Städten und Märkten mit reguliertem Magistrat besaßen, abzuschaffen, damit alle Gewerbetreibenden diesbezüglich dem gleichen Maßstab unterworfen seien, was auch Kaiser Ferdinand durch Entschließung vom 29. April 1835 genehmigte, wonach bis zur definitiven Regelung des Konskriptions- und Rekrutierungssystems die den Gewerbeinhabern bis dahin zugestandenen Befreiungen ganz aufzuhören hätten und dieselben den nämlichen Bestimmungen unterworfen sein sollten wie alle übrigen Bevölkerungsklassen[5]).

Aufhebung aller Militärbegünstigungen.

---

[1]) Staatsrat 1835, Nr. 749. — [2]) Vgl. oben S. 56 ff. — [3]) Vgl. oben S. 97 ff. — [4]) Vgl. unten S. 138. — [5]) A. d. k. k. Fin. Min. Kom., Fasz. 29, Nr. 124 ex apr. 1831, Nr. 106 ex jun. 1835.

Auch andere Teilgebiete suchte die Hofkammer allmählich neu zu regeln.

Vortrag vom 18. Mai 1831 über die Grenzlinie zwischen Kommerzial- und Polizeigewerben. So wollte sie aus der Zahl der Polizeigewerbe alle jene ausscheiden, welche einer größeren Entwicklung fähig schienen und daher nach den freieren Grundsätzen der Kommerzialgewerbe behandelt werden sollten. Trotz des Widerstandes der Hofkanzlei, welche diese Frage erst in Zusammenhang mit der gesamten Gewerbereform geregelt wissen wollte, erstattete sie unter dem 18. Mai 1831 einen diesbezüglichen Vortrag[1]).

Vortrag vom 24. August 1832 über die Niederlagsrechte der Fabrikanten und Gewerbetreibenden. Eine weitere Frage, welche die Hofkammer beschäftigte, war die bis dahin noch fehlende einheitliche Regelung der Niederlagsrechte der Fabrikanten und Gewerbetreibenden, weshalb sie unter dem 24. August 1832 auch darüber dem Kaiser Vorschläge erstattete[2]).

Keiner dieser Anträge war noch erledigt, als sie durch das Kabinettschreiben Franz I. vom 4. Februar 1835 und die dadurch angeordnete allgemeine Revision der Gewerbeverfassung gegenstandslos wurden. Infolgedessen wurden von Kaiser Ferdinand alle zusammen mit dem Vortrage vom 12. März 1835 unter dem 6. April dieses Jahres, mit dem Hinweise darauf, daß sie durch die angeordnete Bearbeitung eines neuen Gewerbegesetzes ihre Erledigung gefunden hätten, an die Hofkammer zurückgesendet[3]).

Vergebung von Militärlieferungen. Auch die Frage der direkten Heranziehung von Gewerbetreibenden zu Lieferungen für das Militär kam in dieser Periode zur Erledigung. Die Verhandlungen, welche darüber in den Jahren 1820 bis 1822 geführt worden waren[4]), hatten keinen unmittelbaren Erfolg gehabt. Von seiten der Gewerbetreibenden langten auch weiterhin Petitionen an den Kaiser, es möge ihnen Gelegenheit geboten werden, ihre Erzeugnisse unmittelbar der Militärverwaltung zu verkaufen. Der Kaiser machte durch Handschreiben vom 23. November 1831 den Hofkriegsrat auf diese Beschwerden aufmerksam, welcher infolgedessen bekanntgab, daß, um sowohl die Nachteile für das Ärar abzuwenden, als auch die Produzenten gegen Bedrückungen von seiten der Lieferanten zu schützen, den Produzenten der freie Verkehr mit dem Ärar freistehe. Dabei werde ihnen Gelegenheit geboten, ihre Erzeugnisse, welche für die Bedürfnisse der Armee geeignet seien, direkt an die betreffenden Branchen abzuliefern. Um dies zu erleichtern, wurde auch die Übernahme kleinerer Partien bewilligt. Das Preismaximum, unter und um welches die Lieferungen übernommen werden sollten, wurde von Zeit zu Zeit bekanntgemacht. Zu Anfang des Jahres 1832 wurde diese Verfügung, welche jedenfalls einen großen Fortschritt bedeutete, in den amtlichen Zeitungen durch die politischen Behörden veröffentlicht und die Gewerbetreibenden darauf aufmerksam gemacht[5]).

Privilegienrecht. Im Jahre 1832 erfolgte eine teilweise Neuregulierung des Privilegiengesetzes[6]).

Besitz von Gewerben im In- und Auslande. Im Jahre 1833 wurde auch das seit 1808 bestehende Verbot, Gewerbe gleichzeitig im In- und dem benachbarten Auslande zu halten, aufgehoben[7]).

[1]) Vgl. unten S. 138 ff. — [2]) Vgl. unten S. 151 ff. — [3]) A. d. k. k. Fin. Min. Kom., Fasz. 29; Nr. 29 ex apr. 1835. — [4]) Vgl. oben S. 80 ff. — [5]) Grazer Zeitung vom 8. März 1832. — [6]) Vgl. unten S. 254. — [7]) Entschließung vom 23. Apr. 1833. Reschauer, a. a. O., 36. — Vgl. oben S. 93.

Kaiser Franz hatte, wie oben erwähnt, noch unmittelbar vor seinem Tode die Neuregulierung der Gewerbeverfassung angeordnet, ohne daß es jedoch weder ihm noch seinem Nachfolger vergönnt gewesen wäre, diese wirklich zu Ende zu führen. In Befolgung der kaiserlichen Anordnung vom 4. Februar 1835 trat eine Kommission zur Beratung dieses Gegenstandes zusammen, welcher von der Hofkanzlei die Hofräte Nadherny und Otto, von der Hofkammer die Hofräte Schwarzhuber, v. Pusswald, Witteczek und Esch, der Vizepräsident von Hauer und als die maßgebendste Person der Referent Anton Edler von Krauß angehörten. Bis Dezember 1835 hatte der Referent die Vorarbeiten vollendet[1]), so daß am 12. dieses Monats die kommissionellen Beratungen beginnen konnten, welche nach 14 Sitzungen am 16. Mai 1836 ihren Abschluß fanden. Die Beratung ergab in allen wichtigen Punkten die volle Übereinstimmung der Ansichten, nur bei wenigen nebensächlichen Bestimmungen gab es verschiedene Meinungen. Durch Vortrag vom 17. Juni 1836 wurde der Entwurf dem Kaiser zur Schlußfassung vorgelegt[2]). *(Margin: Entwurf eines neuen Gewerbekonzessionsgesetzes (1836).)*

(Margin: Vortrag vom 17. Juni 1836.)

Dieser Entwurf, so mühevoll auch seine Zusammenstellung und so lehrreich sein Inhalt sein mag[3]), gelangte nicht zu praktischer Bedeutung, da er niemals Gesetzeskraft erlangte. Im Jahre 1839 hatte er die kaiserliche Genehmigung noch immer nicht erhalten, so daß sich die Hofkammer veranlaßt sah, die Erledigung desselben zu betreiben. Als 1840 Baron Kübeck Präsident der Hofkammer wurde, der ganz von den Ideen der Gewerbefreiheit beseelt war[4]), zog er den Entwurf, da er ihn für noch nicht genügend durchberaten hielt, unter dem 15. April 1841 wieder zurück, in der Absicht, ihn einer neuerlichen Verhandlung und Revision zu unterziehen. Im Jahre 1846 wurde dieser Entwurf sämtlichen Landespräsidien zur Äußerung übersendet, um sodann, nach erfolgter Berücksichtigung der Bemerkungen der Landesregierungen, die endgültige Redigierung Seiner Majestät zur allerhöchsten Schlußfassung vorzulegen. Dazu kam es jedoch in der ersten Hälfte des Jahrhunderts nicht mehr. Damit hatte auch dieser schon weit gediehene Versuch, ein neues Gewerbegesetz zu schaffen, seinen vorläufigen Abschluß gefunden[5]). *(Margin: Zurückziehung des Entwurfes (1841).)*

Die Zeiten hatten sich schon stark geändert, die Industrie schritt im Laufe der Jahre, der meisten Hemmnisse entledigt, unaufhaltsam weiter. Selbst die Zünfte mußten sich diesem Zuge der Zeit anschließen, wollten sie nicht dem Untergange geweiht sein. Wo sie dies taten, wie die Reichenberger Tuchmacherzunft, da erhielten sie sich auf der Höhe der Zeit, die zünftigen Meister wurden Fabrikanten, machten sich alle technischen Errungenschaften zu eigen und waren weit entfernt, die Konkurrenz der Fabriken zu fürchten.

---

[1]) Zwei Abschriften dieses Entwurfes, welcher als Grundlage für die weiteren Beratungen diente, befinden sich im A. d. k. k. Fin. Min. P. P. 1844, Nr. 5197. — [2]) A. d. k. k. Fin. Min. 1836 P. P. 3905., Staatsrat 1836, Nr. 3425; vgl. auch Krauß-Elislago: Autobiographie, S. 143 f. — [3]) Abschriften davon im A. d. k. k. Fin. Min. P. P. 1846, Nr. 5829. Die wichtigen Stellen veröffentlicht von Reschauer, a. a. O., S. 180—197. — [4]) Vgl. darüber unten S. 155. — [5]) Staatsrat 1839, Nr. 6713, 1841, Nr. 1962; A. d. k. k. Fin. Min. 1836 P. P. 3905, 1841 P. P. 4822, 1845 P. P. 2867.

Die anderen aber, die dieser Entwicklung nicht folgen konnten, wurden durch die Großindustrie immer mehr in die zweite Reihe gedrängt, weshalb sie sich auch weiterhin durch Vorstellungen und Bitten an die Behörden helfen zu können glaubten. Gegenwärtig konnten sie aber damit nichts mehr erreichen. Wie die Behörden darüber bis dahin gedacht hatten, ist aus dem Bisherigen zur Genüge ersichtlich und auch weiterhin boten ihnen solche Beschwerden nur die Gelegenheit, um auf die Wohltaten der Gewerbefreiheit und die schädlichen Umtriebe der Zünfte hinzuweisen. So meinte die Hofkammer im Jahre 1839, es sei eine bekannte Tatsache, daß in Oberitalien, wo keine geschlossenen Gewerbekorporationen bestehen und wo der Antritt eines Gewerbes jeder Art weder durch Nachweisung bestimmter persönlicher Eigenschaften noch durch sonstige gesetzliche Formalitäten bedingt sei, seit der Einverleibung dieser Länder in den österreichischen Kaiserstaat nie eine Beschwerde über Überfüllung der Gewerbe- und Handelsunternehmungen vorgekommen und Gegenstand amtlicher Verhandlungen gewesen sei und daß der Wohlstand dieser Provinzen „unter dem Schutze eines freien Gewerbe- und Handelsystems" eine Stufe erreicht habe, wodurch dieselben mit den reichsten und blühendsten auswärtigen Staaten einen Vergleich auszuhalten vermögen, während die Behörden und der Kaiser selbst von den Gewerbe- und Handelskorporationen der altösterreichischen Provinzen, wo zur selbständigen Ausübung von Unternehmungen ohnehin der Nachweis einer Reihe von Lehr- und Servier- oder Gesellenjahren, unbescholtener Lebenswandel, strenge Beobachtung der Zollgesetze, Fondsausweisungen und anderes gefordert werde und wo der Bewerber einen „dreifachen, durch die Schikanen des Zunftgeistes und durch mancherlei Umtriebe bei den Behörden selbst oft in die Jahre sich hinausdehnenden Rekursinstanzenzug" durchzumachen habe, bevor er in den Besitz einer rechtskräftigen Gewerbe- oder Handelsbefugnis gelange, unablässig mit Bitten und Beschwerden um Beschränkung und um Monopolrechte belästigt werden[1]).

Namentlich die Wiener Zünfte zeichneten sich durch ihr Ankämpfen gegen das Liberalitätssystem aus. Kaiser Ferdinand sah sich durch ihre Petitionen veranlaßt, durch Kabinettschreiben vom 24. September 1842 der Hofkanzlei aufzutragen, diesen Angaben, daß durch die allzu große Liberalität in der Erteilung von Gewerbebefugnissen den „Fabrikanten" besonders in Wien wesentlicher Schade erwachse, auf den Grund zu gehen und das eventuell notwendig Befundene zu verfügen. Die Hofkanzlei untersuchte die Angelegenheit und kam zur Einsicht, daß die Beschwerden ganz unbegründet waren. Die Hofkammer erklärte sogar, sie müßte sich vielmehr, wenn irgend eine Änderung im bestehenden System vorgenommen werden sollte, für eine Erleichterung des Zutrittes zum selbständigen Erwerbe als für eine weitere Beschränkung aussprechen[2]).

Arbeiterschutz. Mit Fragen des Arbeiterschutzes begann man sich erst in den dreißiger Jahren zu beschäftigen.

---

[1]) Staatsrat 1839, Nr. 1836. — [2]) A. d. k. k. Fin. Min. Kom., Fasz. 17, Nr. 1986 ex 1842.

In einem gewissen Sinne könnte man hier auch die Bestimmungen bezüglich der Sicherheitsmaßnahmen gegen Explosionen von Dampfkesseln anführen, weil bei solchen Unglücksfällen gerade die Arbeiter in erster Linie gefährdet werden mußten, obwohl bei Erlassung dieser Bestimmungen nicht so sehr an einen Arbeiterschutz als an einen Schutz gegen Unglücksfälle überhaupt gedacht wurde. Die Sicherheitsbestimmungen gegen Explosion von Dampfkesseln, die 1817 nur bezüglich der Dampfschiffe erlassen worden waren, wurden 1831[1]), da sich bis dahin der Gebrauch von Dampfmaschinen auch in Fabriken stark verbreitet hatte, auf alle in Gebrauch stehenden Dampfmaschinen ausgedehnt und verbessert, worauf erst 1843 neue diesbezügliche Bestimmungen folgten[2]).

Die Staatsverwaltung stand betreffs solcher Regelungen auf dem Standpunkte, daß, „da das Gedeihen und der Aufschwung der Industrie wegen ihrer hohen Wichtigkeit für die allgemeine Wohlfahrt auf jede angemessene Weise befördert und demzufolge jede nicht unbedingt notwendige Beschränkung ferngehalten werden müsse‘, von selbst folge, „daß auch durch keine an sich entbehrliche und zu weit getriebene Vorsichtsmaßregel eine Belästigung derselben zugewendet werden dürfe“[3]). Als im Jahre 1835 in einer Zündhölzchenfabrik in Ottakring eine Arbeiterin durch eine Explosion verunglückte, da meinte die niederösterreichische Regierung, es sollten für die Zukunft weitere Vorsichtsmaßregeln zur Verhütung von Unglücksfällen vorgeschrieben werden. Die Hofkanzlei erwiderte jedoch, sie finde keine Veranlassung, den bezüglich der Erzeugung von Knallpräparaten und Zündhütchen unter dem 15. Mai 1828 bereits erlassenen Vorschriften noch weitere gesetzliche Anordnungen folgen zu lassen, „weil es sich auch ohne eine darüber bestehende ausdrückliche Vorschrift ohnehin von selbst versteht, daß jeder Unternehmer einer Fabrikation von was immer für einer gefährlichen Art verpflichtet ist, die Arbeiter, welche er dazu aufnimmt, sorgfältig zu wählen, sie gleich bei der Aufnahme mit den dabei eintretenden Gefahren bekannt zu machen, sie über die zu beobachtenden Vorsichten zu belehren, über deren Befolgung zu wachen und sorgfältig alles zu beseitigen, was Gefahr bringen kann, daher auch die große Anhäufung von leicht entzündbaren Vorräten im Arbeitszimmer zu vermeiden, und weil, wenn ein Unternehmer durch Unterlassung obiger Vorsichten an einem sich ereignenden Unglücksfall eine Schuld trägt, ohnehin zu erwarten ist, daß die Gerichte ihn über eine gegen ihn eingebrachte Klage zur gebührenden Ersatzleistung verhalten werden“[4]).

Die Arbeitsverhältnisse in Fabriken bargen auch, abgesehen von Unglücksfällen für das körperliche und sittliche Wohl der Arbeiter, namentlich der in jugendlichem Alter stehenden, mancherlei Gefahren, ohne daß sich die Staatsverwaltung bis dahin darum gekümmert hätte.

---

[1]) Hofkanzleidekret vom 30. März 1831. — [2]) A. h. Entschließung vom 25. Nov. 1843. — [3]) Hofkanzleidekret vom 7. Dez. 1844. Statth. A. Wien, 1844. G. 4. Nr. 26446. — [4]) Statth. A. Wien, 1835. F. 18, Nr. 10358.

Schon im Motivenberichte zum Entwurf einer neuen Gewerbeverfassung von 1836 wurde auf die physische und moralische Vernachlässigung der Kinder in den Fabriken, ihre übermäßige Anstrengung und dadurch verursachte Verkrüpplung und moralische Schädigung hingewiesen, welche Umstände schon oft von Sachkennern und Menschenfreunden zur Sprache gebracht worden seien. Deshalb meinte die Hofkammer, es sollten durch die zur Durchführung der neuen Gewerbeordnung zu erlassende Instruktion die Länderstellen zu einer Zusammenstellung der zum Schutze der Kinder bestehenden Vorschriften aufgefordert werden, um sie nach einer Revision wieder bekanntzumachen[1]).

Das Vorarlberger Kreisamt hat aber das Verdienst, der Gefährdung der Arbeiter und namentlich der Kinder in den Fabriken zuerst größere Aufmerksamkeit geschenkt und weitere Schritte veranlaßt zu haben. Nachdem es schon am 9. Jänner 1834 angeordnet hatte, daß schulpflichtige Kinder in Fabriken nicht aufgenommen und Knaben unter zwölf, Mädchen unter zehn Jahren überhaupt nicht verwendet werden dürfen, erließ es, da diese erste Anordnung nicht befolgt worden war, im Oktober 1835 eine neue Verordnung, wobei zugleich Geldstrafen auf Übertretung derselben festgesetzt wurden. Da weitergehende Maßnahmen nicht mehr innerhalb seines Wirkungskreises getroffen werden konnten, erstattete es im Jänner 1836 Bericht an das Gubernium, mit dem Antrage weitergehender Maßregeln. Der Bericht forderte Verbot der Nachtarbeit für Personen unter 18 Jahren. Das Gubernium war mit dem Antrage prinzipiell einverstanden, doch wollte es zunächst versuchen, diese Forderungen durch gütliches Übereinkommen mit den Fabriksbesitzern zu erreichen. Gleichzeitig fragte es bei den Länderstellen von Wien, Prag und Brünn an, welche Maßnahmen daselbst zur Verbesserung der Lage der Fabriksarbeiter bestehen oder geplant seien, da bei Erlassung solcher Anordnungen nur für Vorarlberg die dortige Industrie geschädigt werden könnte.

Inzwischen hatte man auch in Niederösterreich einen Anlauf genommen, indem die Regierung, um die durch einen Bericht des Bezirksarztes Dr. Lacki vom Jahre 1837 zutage geförderten Mißstände abzustellen, unter dem 16. Juli 1839 die Verordnung erließ, wonach Kinder vor dem zurückgelegten 12. Lebensjahre in Fabriken in der Regel nicht verwendet werden dürfen (nur ausnahmsweise solche zwischen neun und zwölf Jahren), wobei die Arbeitszeit für Kinder mit höchstens 13 Stunden täglich mit Verbot der Nachtarbeit festgesetzt wurde. Aber diese Verordnung trat nicht in Kraft, da die Erlassung solcher Bestimmungen in den Wirkungskreis der Hofkanzlei gehörte. Die letztere trug nun den Länderstellen auf, über diese Verordnung der niederösterreichischen Regierung ein Gutachten abzugeben und namentlich auch, ob die schon bestehenden Vorschriften genügen oder nicht.

Da kamen die Anträge des Tiroler Guberniums, worauf der Kaiser unter dem 10. März 1840 die Beseitigung dieser Übelstände befahl.

Die Länderstellen und die Hofkanzlei waren der Meinung, daß die Notwendigkeit gesetzlicher Maßnahmen zum Schutze erwachsener Arbeiter

---

[1]) Reschauer, a. a. O. 191 f.

nicht vorliege, sondern einzig zum Schutze der in Fabriken beschäftigten Kinder.

In den Fabriken in Vorarlberg (und in den anderen Ländern war es nicht viel anders) bestanden die Mißstände vor allem: 1. In der zu langen Arbeitszeit. In den meisten Fabriken wurde im Sommer von $5^1/_2$ Uhr früh bis $7^1/_2$ Uhr abends, im Winter von 6 Uhr früh bis 8 Uhr abends gearbeitet, wobei nur mittags eine Pause von einer Stunde gemacht wurde. Die Erwachsenen und die Kinder hatten dabei dieselben Arbeitsstunden. Was dies bedeutete, wird erst klar, wenn man erfährt, daß in den dortigen Baumwollspinnereien 35% aller Arbeiter Kinder unter 14 Jahren waren und daß viele dieser Kinder aus einer Entfernung von $1/_2$ bis $1^1/_2$ Stunden in die Fabrik gehen mußten. Deshalb meinte das Tiroler Gubernium, die allgemeine Fixierung der Arbeitszeit sei ein dringendes Bedürfnis. 2. Höchst schädlich war die schlechte Atmosphäre, in welcher sich die Arbeiter aufhalten mußten. 3. Physisch litten die Arbeiter auch durch die schlechte Nahrung, da sie meist eine kalte Kost vom Hause mitnehmen mußten.

Endlich meinte das Tiroler Gubernium, es sei nicht nur notwendig, Vorschriften zum Schutze der Arbeiter zu erlassen, sondern es müßten zugleich auch eigene Organe geschaffen werden, welche die Überwachung der Fabriken bezüglich der pünktlichen Befolgung dieser Vorschriften besorgen und die Regierung auf weitere Gebrechen aufmerksam machen sollten. Solche Organe seien in England unter der Benennung von Fabriksinspektoren schon vorhanden.

Zugleich hatte das Tiroler Gubernium in eigenem Wirkungskreise Vorsorge dafür getroffen, daß von seiten der Kreisämter auf gütlichem Weg auf die Fabriksbesitzer eingewirkt werde, um sie dazu zu bewegen, die zur Beseitigung jener Mißstände notwendigen, nicht unbillig erscheinenden Geldopfer zu bringen und dadurch zur möglichsten Abwendung der aus den bestehenden Zuständen zu erwartenden Nachteile selbst die Hand zu bieten.

In Böhmen beschäftigte sich der Gewerbeverein mit Verhandlungen über eine Fabrikenpolizeiordnung und schrieb 1839 für den besten Entwurf einer solchen einen Preis aus. Durch den Hinweis des Tiroler Guberniums auf die Mißstände in Vorarlberg sah sich das böhmische Gubernium veranlaßt, die Generaldirektion des genannten Vereins aufzufordern, bei den Beratungen über die Fabrikenpolizeiordnung auch auf jene Maßregeln Bedacht zu nehmen, welche zum Schutze der Fabriksarbeiter vor Benachteiligung in physischer Beziehung als Bedürfnis erscheinen[1]).

Auf Grund der nach Befragung der Länderstellen abgehaltenen Beratungen beschloß die Hofkanzlei 1843 auf Festsetzung folgender gesetzlicher Bestimmungen anzutragen: 1. Das zurückgelegte 12. Lebensjahr wäre in der Regel als das Alter festzusetzen, nach dessen Erreichung Kinder beiderlei Geschlechtes zur regelmäßigen Arbeit in Fabriken aufgenommen werden dürfen. 2. Ausnahmen von dieser Regel wären unter folgenden Bedingungen zu gestatten: a) daß die Kinder wenigstens das neunte Jahr zurückgelegt haben; b) daß sie

---

[1]) Statth. A. Prag, Kom., Fasz. 104, num. 2, subn. 8, 1837, März 10.

vorher durch drei Jahre den Schulunterricht genossen haben; *c*) daß zur Verwendung derselben die Bewilligung der Ortsobrigkeit eingeholt werde, welche sie nur nach vorläufiger Überzeugung der Erfüllung obiger Bedingungen zu erteilen hätte; *d*) daß für eine angemessene Fortsetzung des Religions- und Schulunterrichts solcher Kinder, solange sie im schulpflichtigen Alter sind, gesorgt werde. 3. Für die in Fabriken verwendeten Kinder wäre ein Maximum der Arbeitszeit festzusetzen, welches vom neunten bis zum zwölften Jahre täglich in zehn Stunden, vom zwölften bis zum sechzehnten in zwölf Stunden zu bestehen hätte. Diese Arbeitszeit müsse durch eine Ruhepause von mindestens einer Stunde unterbrochen sein. Vor dem zurückgelegten sechzehnten Jahre wäre die Beschäftigung zur Nachtzeit, d. i. von neun Uhr abends bis fünf Uhr morgens, gänzlich zu verbieten. 4. Die Fabriksinhaber haben zur Bewahrung guter Sitten in den Werkstätten zu sorgen. 5. Die Fabriksinhaber sind verpflichtet, über die in ihren Anstalten beschäftigten Jugendlichen beiderlei Geschlechts unter sechzehn Jahren Verzeichnisse zu führen, welche der Ortsobrigkeit und dem Seelsorger auf Verlangen jederzeit vorzulegen sind. 6. Übertretungen dieser Vorschriften sollen von den politischen Behörden mit Geldbußen von 2 bis 100 fl. C. M. bestraft werden. Bei wiederholten Übertretungen ist den betreffenden Unternehmern die Beschäftigung von Kindern unter zwölf Jahren ganz zu verbieten. 7. Den Ortsobrigkeiten, Schuldistriktsaufsehern und Seelsorgern liegt die Pflicht ob, für die Aufrechterhaltung dieser Vorschrift zu sorgen und sich davon durch Nachsicht in den Fabriken zu überzeugen.

Der niederösterreichische und der böhmische Gewerbeverein erklärten sich gegen die meisten Beschränkungen, insbesondere gegen die Feststellung einer Maximalarbeitszeit und das Verbot der Nachtarbeit.

Die Hofkanzlei war jedoch der Meinung, die dagegen vorgebrachten Einwendungen müßten höheren Pflichten der Staatsverwaltung weichen. Die Hofkammer stimmte den Ansichten der Hofkanzlei bei, nur wünschte sie klare Instruktionen für die Aufsichtsorgane und hielt die Heranziehung der Fabriksherren in Form von Vereinen zur Durchführung und Überwachung dieser Anordnungen für empfehlenswert, welchen Wünschen sich die Hofkanzlei anschloß.

Im September 1843 wurde der diesbezügliche Vortrag der Hofkanzlei (vom 19. Juni 1843) im Staatsrate einer Beratung unterzogen, welcher beschloß, zunächst die Äußerung unbefangener und erfahrener Sachverständiger über folgende Fragen einholen zu lassen: *a*) Ob ein, und im bejahenden Falle, welches Alter sich bestimmt festsetzen lasse, vor welchem Kinder ohne wesentliche Nachteile für ihren körperlichen Zustand und ihre Entwicklung zu anhaltender, gleichmäßiger, mechanischer Arbeit nicht verwendet werden können; *b*) welche die längste anhaltende Beschäftigung sei, die einem jugendlichen Arbeiter an einem Tag ohne Nachteil auferlegt werden kann; *c*) ob die Nachtarbeit in der Kindheit und Jugend, dann bis zu welchem Alter, so schädlich sei, daß sie zu untersagen wäre, oder unter welchen Bedingungen sie zugelassen werden könnte.

Unter dem 3. Dezember 1844 wurde die Angelegenheit der Hofkanzlei zur abermaligen Beratung übertragen, unter Berücksichtigung dieser drei Punkte, unter Heranziehung der diesbezüglich in Großbritannien, Frankreich, Preußen,

Belgien und Bayern bestehenden gesetzlichen Vorschriften und unter Erwägung der Frage, ob solche Vorschriften sich bloß auf die Beschäftigung der Kinder in Fabriken auszudehnen hätten und, wenn dies der Fall sein sollte, wie die Grenzlinie zwischen den Fabriken und den übrigen gewerblichen Unternehmungen zu ziehen wäre.

Die Sachverständigen, die 1846 zusammentraten, sprachen sich mit Stimmenmehrheit gegen die Festsetzung eines Minimalalters und einer Maximalarbeitszeit aus. Die bestehenden Vorschriften fanden sie für genügend; nur sollte die Nachtarbeit für Kinder unter zwölf Jahren in der Regel verboten werden. Die Hofkanzlei und die Hofkammer waren jedoch anderer Ansicht und Hofrat von Krauß von der Hofkammer arbeitete einen diesbezüglichen Gesetzentwurf aus. Da aber die Hofkanzlei sich zunächst genauere Kenntnis über die bestehenden Verhältnisse verschaffen wollte, forderte sie im August 1846 von den Länderstellen Berichte über die Kinderarbeit in den Fabriken ab. Die Ereignisse von 1848 bereiteten diesen Verhandlungen ein Ende[1]).

Die Fürsorgetätigkeit einiger größerer Fabrikanten für ihre Arbeiter durch Errichtung von Kranken-, Unterstützungs- und Pensionskassen, Haltung eines eigenen Fabriksarztes, einer eigenen Apotheke u. dgl.[2]) konnte auf die im allgemeinen schlechte Lage der Arbeiter keinen Einfluß üben und einen gesetzlichen Arbeiterschutz keineswegs entbehrlich machen.

Kaiser Ferdinand beschloß durch Entschließung vom 8. Juli 1845, besondere Verdienste um die Emporbringung von Industrie und Handel durch Verleihung des Titels von Kommerzräten öffentlich anzuerkennen[3]). Kommerz-Rat-Titel.

Nicht minder aneifernd als die Verleihung von Titeln, Orden und des Adelsstandes mußten die häufigen persönlichen Besuche des Kaisers und von Mitgliedern des Kaiserhauses in Fabriken und gewerblichen Ausstellungen sowie die sonstigen Gunstbezeigungen wirken. Kaiser Ferdinand schenkte der Bibliothek des niederösterreichischen Gewerbevereines 400 Bücher und an den Vereinsversammlungen nahmen fast regelmäßig Mitglieder des Kaiserhauses teil. Die größten Verdienste erwarb sich in dieser Beziehung zweifellos Erzherzog Johann in der Steiermark, der sogar selbst an die Spitze der Industriellen als Generaldirektor des dortigen Gewerbevereins trat und an dessen Betätigung sich eifrigst beteiligte[4]). Kaiserhaus und Industrie.

Die gewerbliche Statistik wurde seit 1812 auf Grund der Erwerbsteuerausweise ausgearbeitet. Es trat darin auch keine Änderung ein, als seit 1829, Gewerbestatistik.

---

[1]) Staatsrat, 1843, Nr. 3538, alles Nähere vgl. bei Mises, a. a. O., 210 ff.; Krauß-Elislago, Autobiographie, S. 159 f. — [2]) Vgl. Hallwich, Leitenberger, S. 95, außerdem unten S. 297, Anm. 7, 332, 343, 528, 530. — [3]) A. d. k. k. Fin. Min. Kom., Fasz. 18, 1846, Nr. 1826; Kommerzienrat hieß die 1825 aufgehobene Prager Fabrikeninspektion. 1817 hatte ganz ausnahmsweise der Landskroner Fabrikant Erxleben den Titel eines K o m m e r z i e n r a t e s erhalten, weil er nach dem Tode des Fabrikeninspektors (Kommerzienrats) Rößler der geeignetste Mann für diesen Posten schien, während aus Zweckmäßigkeitsgründen Professor Neumann dazu berufen wurde (H. K. A. Kom. Kommission, Fasz. 1, Nr. 48 ex apr. 1817). — [4]) Vgl. unten S. 218 ff., 246 ff.

infolge der Schaffung eines eigenen statistischen Bureaus beim Präsidium des Generalrechnungsdirektoriums die Ausweise über Gewerbestatistik als ein Teil der „Tafeln zur Statistik der österreichischen Monarchie" zum amtlichen Gebrauche lithographisch vervielfältigt wurden[1]). Der Plan der Hofkammer, darin mit Zuhilfenahme der von den Provinzialhandelskommissionen gelieferten Ausarbeitungen eine Wendung herbeizuführen, scheiterte[2]). Ausschlaggebend wurde erst die 1840 erfolgte Schaffung einer Direktion für administrative Statistik unter Freiherrn von Czoernig. Die infolgedessen seit 1841 veröffentlichten „Tafeln zur Statistik der österreichischen Monarchie" enthalten die ersten, trotz aller Mängel ziemlich verläßlichen, amtlich gesammelten Daten über die industriellen Verhältnisse der ganzen Monarchie[3]).

Im ganzen kann das Bild der Industriepolitik von 1790 bis 1848, trotz aller zeitweiligen, manchmal sich sehr sonderbar gestaltenden Schwankungen und vielfachen Mißgriffe, als kein gerade ungünstiges bezeichnet werden. Nachdem bis 1798 eine durch die politischen Verhältnisse und die technischen Fortschritte notwendig gewordene Neuorientierung gefunden worden war, war im allgemeinen die ganze weitere Zeit hindurch der auf physiokratischen und naturrechtlichen Ideen beruhende Geist des wirtschaftlichen Liberalismus, welcher 1809 als die einzige gesetzmäßige Grundlage der Kommerzialleitung aufgestellt wurde[4]), die Richtschnur der Gewerbepolitik, ohne aber in der ersten Hälfte des Jahrhunderts auch eine bestimmtere formelle gesetzliche Sanktion erlangt zu haben. Die zeitweiligen, nicht von den obersten Kommerzbehörden ausgegangenen, von ihnen vielmehr abgewehrten Rückschläge können den allgemeinen Charakter dieser Epoche nicht ändern.

V. Kapitel.

Einteilung der Gewerbe[5]).

Seit dem Aufkommen der Schutzdekrete und Fabriksprivilegien zu Anfang des 18. Jahrhunderts und seit der unter Maria Theresia beginnenden Scheidung in Kommerzial- und Polizeibeschäftigungen zerfielen die Gewerbe in
1. zünftige und unzünftige,
2. radizierte, verkäufliche und persönliche,
3. Kommerzial- und Polizeigewerbe.

Freie Gewerbe. Die unzünftigen Gewerbe, zu deren Betrieb kein Meisterrecht notwendig war, zerfielen in freie und konzessionierte. Freie Gewerbe waren solche, zu deren Betrieb keine besonderen Vorkenntnisse notwendig waren, daher auch kein Nachweis der Erlernung gefordert werden konnte und welche, da sie meist als Nebenbeschäftigung betrieben wurden, keinerlei Befugniserteilung bedurften, sondern von jedermann frei ausgeübt werden konnten. Am wichtigsten darunter war die Spinnerei auf dem flachen Lande. Zahlreiche Gewerbe wurden seit

[1]) Schiff, a. a. O, 619. — [2]) A. d. k. k. Fin. Min. Kom., Fasz. 29, Nr. 43 ex jul. 1832, Nr. 115 ex febr. und 174 ex jun. 1840; Staatsrat 1840, Nr. 1360, 2139. Vgl. S. 201 u. 208 ff. — [3]) Schiff, a. a. O., 619 ff. — [4]) Vgl. S. 49 u. 135 f. — [5]) Ohne die Handelsgewerbe.

Maria Theresia für frei erklärt. Sie konnten auf eigene Hand oder aber mit Gehilfen ausgeübt werden.

Die konzessionierten unzünftigen Gewerbe zerfielen in Arbeits- und Fabriksbefugnisse.

Die Arbeitsbefugnisse verliehen das Recht zum selbständigen Betrieb eines Gewerbes auf eigene Hand oder mit einer geringen Anzahl (1, 2 oder höchstens 3) Gehilfen. Diese Befugten hatten nicht das Recht, Lehrjungen zu halten. Seit dem Anfange des 19. Jahrhunderts ging man allmählich von den Beschränkungen ab, so daß der Befugte bezüglich der Zahl der Gehilfen und Werkstühle ganz freie Hand erhielt. Auch wurde den Befugten, wenn ihr Betrieb dazu geeignet schien, die Aufnahme und Ausbildung von Lehrlingen auf ihr Ansuchen gestattet. Damit war aber der wesentlichste Unterschied zwischen den Arbeits- und Fabriksbefugnissen verwischt[1]). Arbeits-befugnisse

Die Fabriksbefugnisse. In der vortheresianischen Zeit entstanden Fabriken durch Verleihung eines kaiserlichen Privilegs, welches meist auch ein ausschließendes Recht zum Inhalte hatte. Das erste Fabriksprivilegium wurde 1709 in Wien verliehen. Die Begünstigungen, welche den Fabriken durch das Privileg zugestanden wurden, wiederholten sich in gleicher oder ähnlicher Form bei allen Fabriken, so daß sich daraus allmählich ein Fabrikenrecht entwickelte. Fabriks-befugnisse.

Schon im Zirkular vom 16. Juli 1770, durch welches von den Länderstellen Gutachten über den Entwurf eines Patents zur Festsetzung eines Systems in Fabriks- und Manufaktursachen abverlangt wurde, findet man die Begünstigungen aufgezählt, welche den Unternehmern von Fabriken zugesichert werden sollten, nämlich 1. Freiheit der zu Fabrikszwecken gewidmeten Gebäude von allen Reallasten und von der Einquartierung; 2. Befreiung des Fabriksinhabers, seiner Familie und seiner Arbeiter von der Rekrutierung und anderen persönlichen Diensten sowie von der Gewerbesteuer; 3. besonderer Schutz für fremde „Künstler und Fabrikanten", d. h. für die in Diensten des Fabriksunternehmers stehenden Werkmeister, Appreteure usw. und freier Abzug für dieselben im Falle ihrer Rückkehr in die Heimat; 4. das Recht der Einfuhr von Materialien und Gerätschaften, die in den Erblanden nicht erzeugt würden, gegen einen besonderen, mäßigen Zoll; 5. Schutz vor Konkurrenz in jenem Bezirk, in welchem die Fabrik errichtet wird; 6. Schutz gegen die Abredung der Arbeiter, indem die letzteren ohne schriftlichen Entlassungsschein ihres früheren Arbeitgebers von keinem anderen Fabriksinhaber sollten aufgenommen werden dürfen; 7. den Fabriksunternehmern wird das Recht zugedacht, auch zünftigen Leuten Arbeit zu geben, ihnen Kundschaften und Lehrbriefe zu erteilen und bei strenger Ahndung sollten die Zünfte zur Anerkennung dieses Rechtes verhalten sein. Ebenso blieb 8. das Recht der Fabriksinhaber, aller Orten Magazine und Niederlagen zu errichten und die eigenen Erzeugnisse stückweise zu verkaufen, aufrecht[2]). Hingegen war Maria Theresia

---

[1]) H. K. A. Kom. Kammer, Fasz. 29, Nr. 90 ex nov. 1824; Reschauer, a. a. O., 41 f. —
[2]) Přibram, a. a. O., I, 206 f., Anm. 1.

der Verleihung von ausschließenden Rechten abhold, so daß sie auch aus den Fabriksprivilegien verschwanden.

Was 1770 Entwurf blieb, wurde durch Hofdekret vom 17. August 1787, welches die „Vorzüge" der Fabriken bestimmte, gesetzlich fixiert. Danach hatten die Fabrikanten das Recht, alle Gattungen Arbeiter zu halten, zu lehren und auszubilden, den Handel und Verkauf ihrer Erzeugnisse frei und unbeschränkt im großen auszuüben und zu diesem Zweck in allen Hauptstädten der Erbländer eigene Niederlagen zu halten[1]), an den Fabriksgebäuden ein Schild mit dem kaiserlichen Adler und der Inschrift: „K. k. privilegierte Fabrik" auszuhängen und sich desselben Ausdruckes auch in ihrer Unterschrift zu bedienen. Außerdem sollten die denselben unentbehrlichen Arbeiter, solange sie in der Fabrik in Dienst und Arbeit standen, nicht zum Militärdienste herangezogen werden, die Fabriksgebäude von den Militäreinquartierungen enthoben, endlich sowohl der Fabrikseigentümer als auch die in der Fabrik beschäftigten Arbeiter von der Gewerbesteuer befreit sein[2]).

Kurz vorher war mit der Verleihung eines Fabriksprivilegiums noch so sehr der Gedanke an ein daran haftendes ausschließendes Recht verbunden, daß, als 1783 einem Fabrikanten ein Fabriksprivilegium erteilt wurde, der Zusatz für notwendig erachtet wurde, daß ihm ein Privilegium „auf die nämliche Art, wie solches anderen Fabriken, ohne einigen Privativo" verliehen werde[3]). Seit 1787 war dies nicht mehr notwendig, denn seitdem wurden die im erwähnten Hofdekret aufgezählten Begünstigungen als zum Inhalte jeder Fabriksbefugnis gehörend angesehen; das Fabriksprivilegium der früheren Zeiten war zu einer Fabriksbefugnis, einer Konzession, geworden, welche trotz der weiteren Bezeichnung als „Privilegium" mit einem ausschließenden Rechte nichts mehr zu tun hatte.

Durch die Festsetzung dieser Vorrechte der privilegierten Fabriken entstand bald die Zweiteilung der Fabriksbefugnisse in förmliche einerseits und einfache Fabriksbefugnisse anderseits, je nachdem sie aller dieser Begünstigungen teilhaftig waren oder nicht, welcher Unterschied sich jedoch erst am Anfange des 19. Jahrhunderts vollends durchsetzte. Seitdem hießen die förmlichen Fabriken auch förmliche Landesfabriken oder auch bloß Landesfabriken, auch privilegierte oder landesprivilegierte, endlich auch landesbefugte Fabriken.

So schoben sich, nachdem die Vorrechte der privilegierten Fabriken nur als Auszeichnung für besonders große Unternehmungen gedacht waren, „welche viele Menschen beschäftigen, ein bedeutendes Kapital vielmals umsetzen, den Wert von Produkten oder Fabrikaten durch vollendete Arbeit erhöhen, mit solchen Erzeugnissen einen großen Verkehr im In- und Auslande unterhalten, also zur Vermehrung des Nationalwohlstandes wirksam beitragen und daher zur Auszeichnung durch besondere Vorrechte geeignet und eines

---

[1]) Vgl. S. 142 ff. — [2]) Statth. A. Wien, Normalien 1787, A. 115, Nr. 17123. — [3]) Staatsrat 1783, Nr. 2971.

vorzüglichen Schutzes der öffentlichen Verwaltung würdig sind"[1]), zwischen diese und die Arbeitsbefugnisse die nicht privilegierten, einfachen Fabriksbefugnisse ein.

Seit 1787 änderte sich an den Vorrechten der landesbefugten Fabriken nur wenig, so daß dieselben um 1820 in folgendem bestanden: 1. in der Führung der Bezeichnung k. k. privilegierte Fabrik; 2. in der Führung des kaiserlichen Adlers im Schilde, Siegel und auf den Waren; 3. im Rechte, in den Hauptstädten der Provinzen Niederlagen zu errichten; 4. in der Befreiung der Fabriksgebäude von der Militäreinquartierung; 5. im Rechte, Lehrlinge zu halten und freizusprechen sowie Hilfsarbeiter aus ihrer Gewerbekategorie sowohl als auch aus allen anderen Gewerbeklassen zur eigenen Fabrikation zu halten, so daß z. B. ein Seidenfabrikant eine eigene Tischlerei und Schlosserei für seine Maschinenstühle und eine eigene Färberei haben durfte; 6. im Rechte, die Firma beim Wechselgerichte einzulegen; 7. genossen die landesbefugten Fabrikanten bei Konkursen bei Fabriksgeschäften für ihre Forderungen den Vorzug vor den Chirographargläubigern[2]). 8. In Niederösterreich hatten sie auch das Recht, auf Jahrmärkten ihre Waren mehrere Tage vor der Marktzeit auszulegen und zu verkaufen. Die Gewerbesteuerfreiheit hatte durch das Erwerbsteuerpatent vom 31. Dezember 1812 ein Ende genommen. Ebenso war die Militärbefreiung durch das Konskriptionspatent von 1804 stark eingeschränkt worden[3]).

In Galizien gab es überhaupt keine einfachen Fabriksbefugnisse, sondern nur privilegierte Fabriken[4]).

Mit dem Erwerbsteuerpatent hörte nicht nur die Befreiung von der Gewerbesteuer auf, sondern es wurden die landesbefugten Fabriken eben wegen der ihnen zustehenden Vorrechte in einem viel stärkeren Maße zur Steuerleistung herangezogen als die einfachen Fabriken und Gewerbe. So belief sich die Besteuerung der Landesfabriken in Wien in fünf Klassen abgestuft zwischen 50 und 1500 fl. jährlich; die der einfachen Fabriken und Gewerbe hingegen in zehn Klassen zwischen 5 und 100 fl.; in Prag, Lemberg, Brünn, Graz und Linz waren die Landesfabriken besteuert in fünf Klassen zwischen 40 und 1000 fl., die .einfachen Fabriken und Gewerbe in fünf Klassen zwischen 3 und 50 fl.; in allen anderen Städten und Orten die Landesfabriken in fünf Klassen zwischen 40 und 1000 fl., während für die einfachen Fabriken und Gewerbe noch weitere Abstufungen bestanden, und zwar in Städten und Orten mit über 4000 Einwohnern in drei Klassen zwischen 3 und 15 fl., in Städten und Orten mit 1000 bis 4000 Einwohnern in drei Klassen zwischen 2 fl. 30 kr. und 10 fl., endlich in allen Orten mit unter 1000 Einwohnern in drei Klassen zwischen 2 und 8 fl.

Lange dauerte es, bis sich der Unterschied zwischen einfachen und landes-

---

[1]) Kopetz, a. a. O., I, 112. — [2]) Später scheint diese Begünstigung nur mehr für Galizien in Geltung geblieben zu sein (Kopetz, a. a. O., I, 112 f.); im Hofkammerdekret vom 12. Nov. 1824 an das steir. Gub. über die Vorrechte der landesbef. Fabriken kommt sie nicht vor (H. K. A. Kom. Kammer, Fasz. 29, Nr. 90 ex nov. 1824). — [3]) H. K. A Kom. N.-Ö., Fasz. 71, Nr. 28 ex jun. 1803; Kopetz, a. a. O., I, 112 f.; Reschauer, a. a. O., 36 f. — Vgl. auch S. 65 f. — [4]) Kopetz, a. a. O., I, 113.

Slokar, Geschichte der österr. Industrie.

befugten Fabriken in allen Provinzen durchsetzte und von den Behörden richtig angewendet wurde. Bis weit in das erste Jahrzehnt des 19. Jahrhunderts hinein war einigen Länderstellen dieser Unterschied nicht klar, was um so mehr wundernehmen muß, als schon 1791 die Verleihung der förmlichen Fabriksbefugnisse den Länderstellen, die aller übrigen Gewerbe aber den Magistraten und Ortsobrigkeiten zugewiesen worden war. Hauptsächlich rührte diese Verwirrung daher, daß noch bis über das Ende des 18. Jahrhunderts hinaus die einfachen Fabriken als Landesfabriken bezeichnet wurden[1]), welche Bezeichnung jedoch allmählich um die Jahrhundertwende, als an die Stelle der Bezeichnung Fabriks-„Privilegium" der Ausdruck „Landesbefugnis" (im Gegensatz zur einfachen Befugnis) trat, für die privilegierten Fabriken angewendet wurde, so daß diese auch als förmliche Landesfabriken oder auch bloß Landesfabriken bezeichnet wurden[2]). So verwechselte die niederösterreichische Regierung noch 1802 die ordentliche (d. h. einfache) mit der förmlichen oder Landesfabriksbefugnis[3]); ebenso wurde in Böhmen bis 1816 die Unterscheidung nicht klar erfaßt, so daß die Hofstelle das Gubernium darüber belehren mußte[4]). Die obderennsische Regierung sah sich 1805 veranlaßt, eine Anfrage an die Hofstelle zu richten bezüglich der den Landesfabriken zustehenden Vorrechte[5]); das mährische Gubernium mußte öfters über den Unterschied zwischen den zwei Fabriksbefugnissen belehrt werden[6]) und das steirische Gubernium erbat sich sogar noch 1824 eine Belehrung über die Vorrechte der einfachen und der Landesfabriksbefugnisse[7]).

Zur Erlangung der förmlichen Fabriksbefugnis war es keineswegs notwendig, im Besitze der einfachen Fabriksbefugnis zu sein. Ja es konnten sogar förmliche Fabriksbefugnisse auf jene Erwerbszweige verliehen werden, welche als freie Gewerbe überhaupt keiner Befugnisse bedurften. Wollten ihre Besitzer der verschiedenen, den landesbefugten Fabriken vorbehaltenen Rechte, vor allem Niederlagen zu halten, teilhaftig werden, so mußten sie um die förmliche Fabriksbefugnis ansuchen, welche ihnen, wenn sie ihre Unternehmung

---

[1]) Statth. A. Wien, Normalien, 1797, A. 69, Nr. 21379. Hofdekret vom 28. Nov. 1797 über die Rechte der „L a n d e s f a b r i k e n", wobei die einfachen Fabriken gemeint sind, was aus dem Satze hervorgeht: „ . . . es wäre denn der Fall, daß die Zünfte einen vorzüglich geschickten Gesellen necken und ohne hinlängliche Ursache das Meisterrecht verweigern wollten, wo alsdann einem solchen Gesellen die Befugnis, f a b r i k s m ä ß i g arbeiten zu dürfen leichter erteilt werden kann". Noch viel deutlicher im Hofkammerdekret vom 26. Jänner 1813 an das mähr.-schles. Gub.: „Das einfache fabriksmäßige Befugnis, welches bisher infolge einer langjährigen Gewohnheit irrig mit der Benennung: Landesfabriksbefugnis bezeichnet wurde (Pol. Ges. Samml.). — [2]) H. K. A. Kom. N.-Ö., Fasz. 71, Nr. 28 ex jun. 1803: „einer k. k. privilegierten oder, was eines und dasselbe ist, einer Landesfabrik" . . . . (Die Hofkammer an die ung. Hofkanzlei). — [3]) H. K. A. Kom. N.-Ö., Fasz. 81 in genere, Nr. 23 ex jul. 1802. — [4]) Kopetz, a. a. O., II, 483 f. — [5]) H. K. A. Kom. N. Ö., Fasz. 63/1, Nr. 43 ex mart. 1805. — [6]) Es hatte noch 1812 einem l a n d e s b e f u g t e n Fabrikanten das k. k. F a b r i k s p r i v i l e g i u m verweigert, weil der Umfang seines Unternehmens noch nicht genug groß war! — [7]) H. K. A. Kom. Kammer, Fasz. 29, Nr. 90 ex nov. 1824; Statth. A. Brünn, 1811, April 26., 1812, April 10.

im großen betrieben und daher einer Erweiterung ihres Absatzes bedurften, auch verliehen wurde[1]).

Bezüglich jener zahlreichen Großunternehmer, welche namentlich bei der Glas-, Leinwand- und Spitzenindustrie viele Menschen mit Arbeit verlegten und selbst fast nur den Verkauf und Export der Waren besorgten, stand die Hofstelle bis 1813 auf dem Standpunkte, daß sie keine Fabrikanten, sondern nur Händler seien und deshalb auf die Landesfabriksbefugnis keinen Anspruch erheben könnten. 1813 war sie aber schon anderer Ansicht geworden und verfügte durch Dekret vom 13. April, daß auch solche Unternehmungen durch die Landesfabriksbefugnis auszuzeichnen seien, wenn sie die gehörige Ausdehnung haben. Diese Betriebsorganisation sei sogar in vielen Beziehungen wünschenswerter und vorteilhafter als das geschlossene Fabrikssystem[2]).

Die einfache Fabriksbefugnis wurde bald zum Bedürfnisse, weil die Arbeitsbefugnisse einerseits ursprünglich durch die Einschränkung auf eine geringe Zahl von Gehilfen in ihrer Erweiterungsmöglichkeit gehemmt waren, die Verleihung förmlicher Fabriksbefugnisse mit ihren Begünstigungen anderseits für die mehr oder weniger auf kapitalistischer Grundlage beruhenden Großunternehmungen vorbehalten blieb.

Einfache Fabriksbefugnisse wurden solchen Unternehmern erteilt, welche eine größere Geschicklichkeit, größeres Vermögen und ausgedehntere Betriebsvorrichtungen besaßen und so zu einem erweiterten Betriebe geeignet waren. Sie hatten das Recht, Gehilfen in unbeschränkter Zahl aufzunehmen und ihr Gewerbe mit soviel Stühlen, Maschinen und sonstigen Vorrichtungen, als sie es für gut fanden, zu betreiben.

Ursprünglich hatten sie nicht das nur den förmlichen Fabriken zustehende Recht, Lehrjungen selbst aufzunehmen und freizusprechen, waren vielmehr gehalten, ihre Lehrlinge bei den gleichartigen Zünften aufdingen und freisprechen zu lassen, welche dazu verpflichtet waren (Hofdekret vom 17. September 1787[3]). Später wurde dieses Recht auch den einfachen Fabriken zugestanden. Seit Anfang des 19. Jahrhunderts, als man von den Beschränkungen der Arbeitsbefugnisse allmählich fast ganz abging, so daß der mit einer Arbeitsbefugnis Beteilte in bezug auf die Zahl der Gehilfen und Werkstühle ganz unbeschränkt war, so wie ihm auch die Aufnahme und Bildung von Lehrjungen, wenn er durch einen guten und ausgedehnten Betrieb dazu geeignet schien, auf sein Ansuchen gestattet wurde, wurde der Unterschied zwischen den Arbeits- und einfachen Fabriksbefugnissen immer geringer[4]).

Beeinflußt von dem früher nur mit den förmlichen Fabriksbefugnissen verbundenen Rechte, wurde schon seit 1813 den einfachen Fabrikanten das

---

[1]) Statth. A. Prag, 1806—1815, Kom., Fasz. 12, subu. 49. Hofkammerdekret vom 14. Aug. 1810. — [2]) Vgl. unten S. 520 f. — [3]) Ebenso niederösterreichischer Regierungsbescheid vom 28. Mai 1783 (Wiener Stadtarchiv, Hof- u. Regierungsdekrete 1783, Juni 2., Fabriksprivilegien). — [4]) H. K. A. Kom. Kommission, Fasz. 29, Nr. 49 ex jul. 1821; Kom. Kammer, Fasz. 29, Nr. 90 ex nov. 1824; Reschauer, a. a. O., 40 (Hofkammerdekret v. 26. I. 1813), 41 f. (Hofkammerdekr. v. 12. XI. 1824), Kopetz, a. a. O., I, 114 f., 389 f.

Recht eingeräumt, nicht nur Gehilfen ihres Gewerbes in unbeschränkter Zahl zu beschäftigen, sondern überhaupt alle Arbeiter, welche zur vollständigen Verfertigung ihres Fabrikats notwendig waren, wenn dieselben sonst auch verschiedenen Gewerben zugewiesen waren, in ihrer Unternehmung zu vereinigen[1]).

Der Unterschied zwischen einfachen und landesbefugten Fabriken schrumpfte, nachdem viele Vorrechte der letzteren allmählich obsolet geworden waren, immer mehr zusammen, namentlich da die wichtigsten der übrig gebliebenen Begünstigungen, nämlich die Führung des kaiserlichen Adlers sowie die Haltung von Niederlagen außerhalb des Betriebsortes auch ausgezeichneten einfachen Fabriken, die letztere sogar auch einfachen Gewerbsleuten, die einen ausgedehnteren Betrieb hatten, vielfach verliehen wurden[2]).

Zur Erlangung einer einfachen oder förmlichen Fabriksbefugnis war es nicht notwendig, die Erlernung des Gewerbes nachzuweisen, da ja sonst gerade die kapitalskräftigsten Leute davon ausgeschlossen gewesen wären; dagegen mußte in diesem Falle ein sachkundiger Werkmeister zur Leitung des Betriebes angestellt werden[3]).

Die Begünstigungen, welche ausgedehnten Unternehmungen zunächst durch Verleihung der Landesfabriksbefugnis, später auch kleineren Fabrikanten zur Aneiferung, zur Ausdehnung ihres Betriebes auch durch Verleihung bloß einiger Vorrechte, wie die Bewilligung der Haltung von Niederlagen oder zur Führung des kaiserlichen Adlers, zuteil wurden, beweisen im Rahmen aller übrigen gewerbepolitischen Maßnahmen zur Genüge, wie sehr die Staatsverwaltung bemüht war, die Entstehung einer Großindustrie nach Kräften zu fördern und zu erleichtern.

Die radizierten und die verkäuflichen Gewerbe, welche dem Geiste des Konzessionssystems des absoluten Staates am wenigsten zusagten, konnten seit 1756 beziehungsweise 1775 nicht mehr vermehrt werden und hatten für die Entwicklung der Großindustrie und das Fortschreiten des Gewerbewesens überhaupt keine Bedeutung[4]). Die persönlichen Gewerbe, welche mit Ausnahme der radizierten und verkäuflichen alle Gewerbe umfaßten, beruhten auf der Konzession, welche mit dem Tod ihres Inhabers erlosch, so daß die Unternehmung nur durch Wiederverleihung der Befugnis von einem anderen fortbetrieben werden konnte.

Kommerzial- und Polizeigewerbe.   Eine sehr wichtige Unterscheidung, die der Gewerbeverfassung über ein Jahrhundert lang ihren Stempel aufdrückte, war die in Kommerzial- und Polizeibeschäftigungen.

---

[1]) Kopetz, a. a. O., I, 389 f.; Reschauer, a. a. O., 41 f. (Hofkammerdekr. v. 12. XI. 1824); Statth. A. Wien, 1824, A. 6, Nr. 25873 (Hofkammerdekr. v. 12. Mai 1824). Pol. Ges. Samml. (Hofkammerdekr. v. 26. I. 1813 an d. mähr.-schles. Gub.). — [2]) Kopetz, a. a. O., I, 112 f; H. K. A. Kom. N.-Ö., Fasz. 71, Nr. 28 ex jun. 1803: Note der Hofkammer an die ungar. Hofkanzlei vom 13. Juni 1803 über die Vorzüge der landesbefugten Fabriken: „Alle ü b r i g e n Befugnisse haben zwar einige dieser Vorzüge, aber diese Vorzüge werden ihnen nur nach Maß des Bedarfs einzeln und nach den Umständen gestattet." Vgl. auch S. 148. — [3]) Kopetz, a. a. O., I, 291, 401. — [4]) Přibram, a. a. O., I, 310 ff.; Barth, a. a. O., I, 97 ff., 113 ff.

Diese Scheidung tritt zuerst 1754 auf. Polizeigewerbe waren jene, deren Erzeugnisse nur für die Befriedigung des Lokalbedarfes am Betriebsorte bestimmt waren, Kommerzialgewerbe hingegen jene, welche nicht nur für den Lokalbedarf, sondern auch für den Absatz außerhalb des Fabrikationsortes arbeiteten. Die Kommerzialgewerbe waren zunächst taxativ aufgezählt, während alle übrigen zu den Polizeigewerben gehörten. Jedoch vermehrte sich im Laufe der Entwicklung des Gewerbewesens und des Verkehrs die Zahl der ersteren immer mehr auf Kosten der letzteren. Im Jahre 1791 wurde auch die Kompetenz der Hofstellen nach dieser Scheidung getrennt, indem die Kommerzialgewerbe in letzter Instanz der Kommerzhofstelle zugewiesen wurden, während die Polizeigewerbe zum Wirkungskreise der Hofkanzlei gehörten[1]).

Für die Großindustrie kommen fast nur die Kommerzialgewerbe in Betracht.

Die Grenze zwischen Polizei- und Kommerzialgewerben war nicht leicht zu treffen, da es einerseits von vornherein schwer zu bestimmen war, welche Gewerbe nur für den Lokalbedarf produzieren, anderseits sich dies im Laufe der Zeit vielfach ändern mußte. So kam es, daß die Abgrenzung dieser zwei Gewerbearten im Laufe der Zeit den Gegenstand interessanter Verhandlungen und Veränderungen bildete.

Da bei der Verleihung der für den Aktivhandel allein in Betracht kommenden Kommerzialbefugnisse nach ganz anderen, freieren Grundsätzen vorgegangen werden mußte als bei den Polizeigewerben, bei welchen Beschränkungen als unumgänglich notwendig erachtet wurden, um ihren Inhabern den Nahrungsstand zu sichern, so ergab sich im Laufe der weiteren Entwicklung bald die Notwendigkeit, die Grenzen zwischen diesen zwei Arten von Gewerben einer Revision zu unterziehen, damit nicht Gewerbe, die einer über den Lokalbedarf hinausreichenden Entwicklung fähig waren, durch die auf den Polizeigewerben lastenden Beschränkungen an ihrem Aufschwunge gehindert würden.

So begann man sich zu Anfang der Neunzigerjahre mit der Frage einer neuen Grenzlinie zu beschäftigen und dabei wurde gleich zu Anfang der Beratungen im Jänner 1792 auf Grund einer Ausarbeitung von Sonnenfels zunächst festgesetzt, daß als Kommerzialgewerbe diejenigen anzusehen seien, welche mit ihren Erzeugnissen sich nicht auf die Ortsbedürfnisse beschränken, sondern dabei auch den auswärtigen Absatz im Auge haben, wobei unter dem auswärtigen Absatze nicht bloß der Handel mit dem Auslande, sondern schon der Absatz außerhalb der Provinz, in welcher sich der Betriebsort befindet, zu verstehen sei. Da die Erzeugung bei diesen Gewerben nicht nach einer bestimmten Summe berechnet werden könne und daher von seiten der Staatsverwaltung keine Notwendigkeit vorliege, über das Gleichgewicht zwischen Nachfrage und Angebot zu wachen, so lasse sich bezüglich der künftigen Richtschnur zur Leitung dieser Gewerbe alles auf den einzigen Grundsatz zurückführen: daß Kommerzialgewerbe keinen anderen Beschränkungen unterworfen sein sollen als denjenigen, welche den Absatz zu vergrößern und die Vervollkommnung der Ware

---

[1]) Kopetz, a. a. O., II, 436 f.; Přibram, a. a. O., I, 34 ff.

an Güte und Schönheit zum Ziele haben, daher durch bestimmte Vorschriften Unfähige vom Gewerbebetrieb ausschließen sollen[1]).

- Am 23. März 1792 wurden diese Grundsätze den Länderstellen zur ausführlichen Äußerung über ihre Anwendbarkeit mitgeteilt. Es vergingen mehrere Jahre, bis diese Gutachten einliefen. Bis 1799 waren erst die Berichte einiger Länderstellen eingelangt, waren aber außerordentlich weitläufig und ebenso unbestimmt gehalten und brachten außerdem Zwangsmaßregeln in Antrag, „denen durchaus bei jenen Erwerbszweigen nicht stattgegeben werden konnte, welche sich entweder schon zu einem bedeutenden Kommerzialbetriebe erschwungen hatten oder dazu sehr leicht fähig wären". Daher sah sich die Hofstelle genötigt, unter dem 9. April 1799 den Länderstellen eine diesbezügliche Belehrung zukommen zu lassen. „Da nun alle jene Beschäftigungszweige, die zu dem eigentlichen Handel gehören, nach ganz anderen und freieren Grundsätzen, ohne deswegen in Unbeschränktheit und Vorschriftslosigkeit auszuarten, geleitet werden müssen, so ist vorzüglich daran gelegen, eine bestimmte Grenzlinie zwischen den Polizei- und den Kommerzialerwerbswegen vorzuzeichnen." Daher sei die Kommerzhofstelle mit der politischen dahin übereingekommen, daß alle jene Gewerbe, deren Absatz nur auf den Ortsbedarf, wo sie bestehen, beschränkt sei, als Polizeigewerbe, jene aber, die auch für den auswärtigen Verschleiß betrieben werden, als Kommerzialgewerbe, jedoch dergestalt zu betrachten seien, daß der auswärtige Absatz nicht in der eingeschränkten Bedeutung genommen werden dürfe, als ob er sich bis in das Ausland ausdehnen müßte, sondern es genüge, wenn er sich bis in eine andere Provinz, manchmal sogar nur bis außerhalb des Ortes, an welchem das Gewerbe betrieben werde, erstrecke. Bei manchen Gewerben werde es sogar, um sie als Kommerzialgewerbe zu erklären, hinlänglich sein, daß sie nur die Fähigkeit und Eigenschaft haben, sich zu diesem auswärtigen Handel sowie zur Hebung der Erzeugung und des Verkehrs zu entwickeln. Schon aus diesem Grundsatz ergebe sich, daß die Kommerzialgewerbe weit zahlreicher ausfallen müssen als die Polizeigewerbe; es werde daher bei der Bestimmung der Grenzlinie rätlich sein, nur die Polizeigewerbe eigens aufzuzählen, so daß alle übrigen als Kommerzialgewerbe betrachtet werden sollen, und zwar aus dem Grunde, weil sich die allgemeinen Ortsbedürfnisse und die Gewerbe, die sich lediglich mit deren Befriedigung beschäftigen und zu einer weiteren Ausdehnung weder bestimmt noch deren fähig seien, weit leichter zählen und einzeln bestimmen lassen. Als eine bestimmte Ausnahme und selbst als Grundsatz müsse jedoch angenommen werden, daß, wenn auch ein Gewerbe einen erweiterten Absatz genießt oder dazu fähig ist, es dennoch als Polizeigewerbe dann zu erklären sei, wenn Sanitäts- oder Sicherheitsrücksichten oder andere politische Verhältnisse dies notwendig oder ratsam erscheinen lassen[2]).

---

[1]) H. K. A. Kom. N.-Ö., Fasz. 63/1, Nr. 18 ex mart. 1792; Přibram, a. a. O., I, 542; Barth, a. a. O., I, 127—133. — [2]) H. K. A. Kom. N.-Ö., Fasz. 63/1, Nr. 11 ex apr. 1799.

Die Berichte der Länderstellen liefen nicht so bald ein. Im Mai 1804 hatte die niederösterreichische Regierung ihr Gutachten noch nicht erstattet. Diese Zeit war außerdem zur Festsetzung der Grundsätze für die Kommerzialgewerbe, die nach der Ansicht der Hofkammer möglichst liberal behandelt werden sollten, nicht günstig, da gerade damals zu den politischen Verhältnissen, welche ganz Europa in Atem hielten, noch der Umstand hinzukam, daß die Hofkammer einen harten Kampf zur Abwendung der infolge der Wohnungsteuerung angeordneten Beschränkung der Gewerbeverleihungen in Wien und Umgebung zu führen hatte[1]).

Dies verzögerte auch die Fortsetzung und den Abschluß der Verhandlungen über die Grenzlinie zwischen Kommerzial- und Polizeigewerben. Obwohl die Beratungen darüber noch lange nicht abgeschlossen waren, wurden die Kommerzialgewerbe nach den oben erörterten liberalen Grundsätzen schon in dieser Zeit behandelt[2]).

Erst 1808 waren alle Berichte der Länderstellen eingelangt und nun stellte der Referent der Hofkammer die Grundsätze über die Grenzlinie zwischen Polizei- und Kommerzialgewerben, ganz im Sinne der 1799 an die Länderstellen ergangenen Weisungen über die Richtlinien, welche bei der Erstattung ihrer Berichte über diese Frage zu beobachten seien, endgültig fest.

Die Hofkammer teilte diese Grundsätze am 24. Juni 1808 der Hofkanzlei Hofkammer mit[3]), worauf, nach deren Rückäußerung, mit Hofkammerdekret vom 2. Mai dekret vom 2. Mai 1809. 1809 das definitive Verzeichnis von 97 Polizeibeschäftigungen kundgemacht wurde[4]). Dieses Verzeichnis wurde den Länderstellen bekanntgegeben, wobei ihnen eingeschärft wurde, daß die gesetzmäßig vorgeschriebene Industrialfreiheit zur unabweichlichen Grundlage der Kommerzialleitung anzunehmen, insbesondere aber bei allen Verhandlungen sowohl als auch bei der Einsichtnahme der Dienstprotokolle der Unterbehörden auf das strengste darüber gewacht werden solle, ,,daß dieselben bei ihren Entscheidungen in keinem Falle von dieser Richtschnur abweichen und in keinem Falle den gefährlichen Einstreuungen des Monopols- und Zunftgeistes Gehör

---

[1]) Vgl. oben S. 25 ff. — [2]) H. K. A. Kom. N.-Ö., Fasz. 63/1, Nr. 10 ex dec. 1804. — [3]) H. K. A. Kom. N.-Ö., Fasz. 63/1, Nr. 22 ex jun. 1808. — [4]) Statth. A. Wien, 1810, B. 85, Nr. 521, Normalien; H. K. A. Kom. N.-Ö., Fasz. 63/1, Nr. 2 ex majo 1809; Pol. Ges. Samml.

Als Polizeigewerbe wurden festgesetzt: 1. Anstreicher, 2. Apotheker, 3. Bäcker, 4. Barbierer, 5. Bierbräuer, 6. Bierverleger, 7. Bierwirte, 8. Bierschänker, 9. Branntweiner, 10. Bratelbrater, 11. Brunnenmeister, 12. Buchdrucker, 13. Buchhändler, 14. Chocolatemacher, 15. Dürrkräutler, 16. Erbsenhändler, 17. Essighändler, 18. Faßbinder, Böttger, 19. Faßzieher, 20. Fischer, 21. Fischhändler, Fischkäufler, 22. Fleischhauer, Metzger, 23. Fleischselcher, Fleischräucherer, 24. Flecksieder, 25. Fragner, 26. Fratschlerinnen, Höckerweiber, Höckler, 27. Fuhrleute, Fiaker, Land- und Mietkutscher, 28. Fütterer, 29. Gänse- und Geflügelhändler, 30. Gärtner, 31. Gastwirte, 32. Geburtshelfer, 33. Germhändler, 34. Glaserer, 35. Gurkenhändler, 36. Greißler, 37. Grießler, 38. Hebammen, 39. Holipenbäckerinnen, 40. Holzführer, 41. Holzhändler, 42. Holzversilberer, 43. Hufschmiede, 44. Kaffeesieder, 45. Kalkbrenner, 46. Kästecher, 47. Kipflstände und Brotsitzer, 48. Köche, Garköche, Garküchler, 49. Krapfenbäcker, 50. Kräut-

geben, sondern die freie Konkurrenz mit Entfernung aller ängstlichen Nebenrücksichten standhaft behauptet werde". Außerdem wurde hinzugefügt, daß jene Erwerbszweige, die im Verzeichnis der Polizeigewerbe enthalten, aber nur in den größeren Städten oder nur in der Residenzstadt eigenen Befugnissen unterzogen, sonst aber freigelassen waren (als freie Gewerbe), dort, wo sie bis dahin keiner eigenen Befugniserteilung unterworfen waren, auch in Hinkunft frei zu bleiben hätten[1]).

Durch dieses äußerst wichtige Dekret wurde somit, da unter den Polizeigewerben fast gar keine bedeutenden Produktionsgewerbe zu finden sind, für fast alle Gewerbe und namentlich für die Großindustrie die Liberalität zum obersten Grundsatz erhoben, von welchem sich die Behörden bei Beurteilung der dieselben berührenden Angelegenheiten ausschließlich hätten leiten lassen sollen. Diese Verordnung bot der Hofkammer immer wieder die Handhabe, um die unteren Behörden auf die gesetzlich festgelegte Liberalität im Gewerbewesen aufmerksam zu machen.

Diese Grenze zwischen Kommerzial- und Polizeigewerben war und konnte keine dauernde sein, da die eine oder die andere Gattung von Polizeigewerben sich mit der Zeit nach der Richtung hin entwickeln konnte, daß sie zu den Kommerzialgewerben geschlagen werden mußte. Denn mit der zunehmenden Entwicklung des Verkehrs war es immer schwieriger, jene Gewerbe auszuscheiden, welche wirklich nur für den Lokalbedarf des Betriebsortes arbeiteten und die eines auswärtigen Absatzes nicht einmal fähig waren. Einem Aufschwunge der Polizeigewerbe stand aber der beschränkende Geist entgegen, in dessen Sinne bei Verleihung derselben vorgegangen werden mußte. Auch mußten sich verschiedene Anstände daraus ergeben, daß die oberste Leitung des Gewerbewesens teils in die Hände der Kommerzhofstelle, teils aber, und zwar bezüglich der Polizeigewerbe in jene der politischen Hofstelle gelegt wurden. Die Kommerzhofstelle trat auch bald dafür ein, den Kreis der Polizeigewerbe möglichst einzuschränken und alle Gewerbe, bei welchen dies nur möglich wäre, unter ihrer Leitung zu vereinigen. Der Präsident der Hofkammer, Graf Stadion, bemerkte schon im Vortrage vom 28. August 1816 über die nähere Bestimmung und Er-

---

lerinnen, Grünzeughändler, 51. Krennhändler, 52. Lackierer, 53. Lebzelter, 54. Margaronihändler, 55. Magenbeugelhändler, 56. Mandolettibäcker, 57. Maurer, 58. Mehlspeismacher, 59. Merungsräumer, 60. Methsieder, 61. Müller, 62. Musikanten, 63. Nachtführer, 64. Oebstler, Obsthändler, 65. Pastetenbäcker, 66. Perückenmacher, 67. Pflasterer, 68. Putzerinnen, als da sind: Band-, Dünntuch-, Hauben-, Spitzenputzerinnen u. dgl., 69. Rauchfangkehrer, 70. Sägemüller, 71. Sauerkräutler, 72. Schleifer, 73. Schlosser, gemeine, im Gegensatz mit den Kunstschlossern, welche letztere unter die Kommerzialgewerbe gehören, 74. Schiffmeister, 75. Schiffmüller, 76. Schmalzversilberer, 77. Schneider, 78. Schuster, 79. Seifensieder und Oehlerer, 80. Sesselträger, 81. Störk- und Haarpudermacher, 82. Steinmetze, 83. Stockatorer, 84. Tandler, Trödler, 85. Tischler, gemeine, im Gegensatz mit den Kunsttischlern, welche letztere unter die Kommerzialgewerbe gehören, 86. Traiteurs und Restaurateurs, 87. Wäscherinnen, 88. Weinschänker, 89. Wildpräthändler, 90. Wundärzte, 91. Wurstmacher, 92. Ziegelbrenner, 93. Ziegeldecker, 94. Ziegelstreicher, 95. Zimmermeister, 96. Zuckerbäcker, 97. Zwetschkenhändler.

[1]) H. K. A. Kom. N.-Ö., Fasz. 63/1, Nr. 2 ex majo 1809.

weiterung des Geschäftskreises der damals neu errichteten Kommerzhofkommission unter anderem: „Es wird in Absicht auf die in den deutschen Provinzen bestehende Trennung zwischen den sogenannten Polizei- und Kommerzialgewerben notwendig sein, daß von der Kommerzhofkommission im Einverständnis mit der vereinigten Hofkanzlei ein der Natur der Sache entsprechendes System aufgestellt werde, wobei allenfalls von dem Grundsatze auszugehen wäre, daß nur die der Satzung unterliegenden und die ersten Lebensbedürfnisse absetzenden Gewerbe noch fernerhin, jedoch gleichförmig in allen Provinzen unter der Leitung der politischen Hofstelle zu verbleiben hätten." Durch allerhöchste Entschließung vom 11. September 1816 erging denn auch die Weisung, das angetragene Einvernehmen zwischen der Kommerzhofkommission und der Hofkanzlei zu veranlassen und das Resultat zur allerhöchsten Schlußfassung vorzulegen. Unter dem 27. Jänner 1817 teilte die Kommerzhofkommission ihre Ansichten über diese Frage der Hofkanzlei mit. Die Einteilung der Gewerbe sei offenbar willkürlich festgesetzt worden. Deshalb schlug sie vor, daß bei einer neuerlichen Klassifizierung vom Grundsatz ausgegangen werden sollte, daß jene im Verzeichnis der Polizeigewerbe enthaltenen Beschäftigungen, die teils wirklich Kommerzialgewerbe seien, teils als Hilfs- und Vorbereitungsgewerbe mit anderen Kommerzialgewerben in enger Verbindung stehen, der Kommerzialleitung zu überlassen wären. So die Buchdrucker und Buchhändler, Schokolademacher, Großfuhrleute, Schiffmeister, Schlosser, Tischler, Sägemüller, Schuhmacher und Schneider. Die Hofkanzlei erwiderte jedoch unter dem 26. Februar 1818, daß vorderhand in dem Schema der Polizei und Kommerzialgewerbe keine Änderung vorzunehmen, sondern diese Angelegenheit mit der schon eingeleiteten Regulierung der ganzen Gewerbeverfassung in Verbindung zu bringen wäre. So blieb einstweilen alles beim alten[1]).

Als sich jedoch die Verhandlungen über die allgemeine Reform des Gewerbewesens immer mehr in die Länge zogen, regte die Kommerzhofkommission unter dem 25. August 1821 dieselbe Angelegenheit neuerlich an, worauf die Hofkanzlei unter dem 14. September, sich auf ihre Stellungnahme im Jahre 1818 berufend, erklärte, daß sich erst dann, wenn die Neuregulierung der Gewerbeverfassung beendigt sein werde, bestimmen lassen werde, ob der Unterschied zwischen den Polizei- und Kommerzialgewerben dann noch zu bestehen habe, und wenn dies der Fall sein sollte, welche Gewerbe nach den neuen Grundsätzen in die eine oder andere Klasse gehören sollen. Auch könne sie nicht einsehen, welche Vorteile für die Industrie durch die sofortige provisorische Ausscheidung einiger Gewerbe aus der Klasse der Polizeibeschäftigungen zu erreichen wären.

Als 1824 nach Aufhebung der Kommerzhofkommission auf kaiserlichen Befehl eine gemeinsame Beratung zwischen der Hofkammer und der Hofkanzlei über die von vielen Fabrikanten und Gewerbetreibenden geforderte Be-

---

[1]) Die Annahme Přibrams (I, 38, Anm. 1), wonach das Jahr 1816 „einen Grenzstein" auf dem Wege der natürlichen Entwicklung der allmählichen Zunahme der Zahl der Kommerzialgewerbe bildet, scheint somit auf einem Irrtum zu beruhen.

schränkung der Gewerbeverleihungen stattfand, da kam die Frage der Zuweisung mehrerer Polizeigewerbe zu den Kommerzialgewerben wieder zur Sprache. Dabei stimmten alle der Ansicht des Hofkanzleireferenten zu, daß bei den Polizeigewerben, hinsichtlich deren die Vorschrift bestand, daß vor jeder neuen Verleihung nicht nur die Eigenschaften des Bewerbers, sondern auch die Ortsbedürfnisse gehörig erwogen werden sollten, die Handhabung dieser Vorschrift wegen des so vagen Begriffes von Ortsbedürfnissen großen Schwierigkeiten und Willkürlichkeiten ausgesetzt sei, wobei sich namentlich bei solchen Gewerben Verlegenheiten ergaben, welche eigentlich ganz zur Klasse der Kommerzialgewerbe gehören sollten. Es wurde somit als wünschenswert bezeichnet, daß die schon mehrmals angeregte Ausscheidung solcher Beschäftigungen aus den Polizeigewerben endlich einmal vorgenommen werde.

Nach herabgelangter allerhöchster Entschließung auf den Vortrag über die von den Gewerbetreibenden erbetenen Gewerbeeinschränkungen erklärte sich (1827) die Hofkanzlei der Hofkammer gegenüber bereit, die Verhandlungen über die Klassifizierung der Gewerbe wieder aufzunehmen. Diesmal war es aber merkwürdigerweise die Hofkammer, welche es nicht an der Zeit fand, in Beratungen darüber einzugehen.

Darauf ruhte die Angelegenheit wieder längere Zeit und erst im Februar 1831 erinnerte die Hofkammer die politische Hofstelle mit Bezugnahme auf die früheren diesbezüglichen Verhandlungen wieder daran. Seitdem waren die Vorarbeiten bezüglich der Feststellung der Grundsätze der allgemeinen Gewerberegulierung weiter vorgeschritten und die Verhandlungen darüber waren schon im Zuge. Die Hofkammer meinte daher, es sei, um diese Verhandlungen mit erschöpfender Gründlichkeit pflegen zu können, vorläufig unumgänglich notwendig, die Vorfrage zwischen den kompetenten Hofstellen ins reine zu bringen: ob und welche Gewerbe etwa noch im Schema der Polizeigewerbe beizubehalten und welche zu denselben offenbar nicht gehörigen in die Klasse der Kommerzialgewerbe zu übersetzen wären. Dies sei ganz im Sinne der allerhöchsten Entschließung vom 11. September 1816, indem daselbst Seine Majestät diese Vorfrage nicht mit der allgemeinen Gewerberegulierung in Verbindung zu bringen, sondern darüber ein besonderes Gutachten zur Genehmigung vorzulegen befohlen habe. „Um nun bei der im Zuge befindlichen neuen Gewerberegulierung weiter fortschreiten zu können, erscheint es nicht länger verschieblich, in das nähere Detail der gedachten Vorfrage einzugehen, bei deren erschöpfender Behandlung es sich von selbst zeigen dürfte, wie dringend das Bedürfnis für die Nationalbetriebsamkeit sei, die Hindernisse zu beseitigen, die noch einer großen Masse von Gewerben deshalb im Wege stehen, weil sie ganz unzweckmäßig in die Reihe der Polizeigewerbe gestellt, noch mannigfaltigen diesfalls bestehenden Beschränkungen zum großen Schaden und Nachteile der Nationalökonomie unterliegen, und wie sehr man im Interesse der Industrie wünschen müsse, die Beseitigung jener Hindernisse auf einen noch so weiten, so verschiedenartigen Ansichten, Meinungen und Anträgen unterliegenden Zeitpunkt, bis zu welchem die neue Gewerberegulierung vollständig und definitiv beschlossen sein wird, nicht länger zu verschieben". Die Abgrenzung der zwei

Arten von Gewerben sei sehr schwer, denn es hänge vielfach von der Persönlichkeit des Gewerbetreibenden ab, ob er weit ausgedehnten Absatz hat oder
nicht. „Auf das Emporkommen und den Flor der Gewerbe kann
der Staat nur auf zweierlei Wegen einwirken: durch Unterrichtsanstalten und durch Beseitigung der Hindernisse, die dem Gewerbsbetriebe selbst entgegenstehen. Will der Staat weiter
gehen und bloß zugunsten einiger Monopolisten Beschränkungen
und Hindernisse handhaben, welche die freie Konkurrenz der
Arbeitsfähigkeit und Gewerbstätigkeit hemmen, so überliefert
er die größere Masse des konsumierenden Publikums der Willkür einzelner privilegierter Klassen, hindert das Emporkommen
der Betriebsamkeit und des darauf gegründeten Wohlstandes,
befördert den Müßiggang, Armut und Unzufriedenheit und ent-
zieht sich selbst die ergiebigsten Quellen des Staatseinkommens."
„Bei den hier angedeuteten Verhältnissen und bei den dringenden Bedürfnissen
der gegenwärtigen Zeit dürfte die durchaus nicht mehr angemessene Unterscheidung zwischen den sogenannten Polizei- und Kommerzialgewerben auch
nicht länger aufrecht erhalten werden. Selbst die Benennung erscheint ganz
unpassend, denn im Grunde ist jedes Kommerzialgewerbe auch ein Polizeigewerbe, d. i. Gegenstand der Polizeiaufsicht, insofern auch bei Kommerzialgewerben Polizeiübertretungen stattfinden können, deren Hintanhaltung und
Bestrafung der Staatspolizei zusteht, ebenso aber auch jedes Polizeigewerbe
ein Kommerzialgewerbe, weil sich die Ausübung gar keines Gewerbes denken
läßt, bei dem nicht der eine verkauft, der andere kauft, beide Waren oder
Geld gegeneinander austauschen, d. h. Handel (Kommerz) treiben."
Es wären also die Polizeigewerbe nicht mehr im bisherigen Umfang aufrecht zu erhalten, sondern es wären alle Gewerbe, welche sich mit Handel und
Industrie beschäftigen, aus dem Schema der Polizeigewerbe zu streichen, nach
gleichen Grundsätzen wie die übrigen Handels- und Gewerbszweige zu behandeln und unter dieselbe Leitung zu stellen. Jene hingegen, welche im Grunde
nichts anderes als Dienstleistungen gegen Entgelt seien, ohne daß sie mit dem
Warenverkehr und mit der Veredlung von Rohstoffen etwas zu tun hätten,
oder bei welchen besondere Rücksichten der höheren Gewerbepolizei eine von
den allgemeinen Gewerbgrundsätzen verschiedene Behandlung erforden,
wären unter der politischen Leitung zu belassen. Es hätten somit nur noch
26 Gewerbe als Polizeigewerbe auch weiterhin zu gelten, und zwar: 1. Die Sanitäts-
gewerbe (Apotheker, Geburtshelfer, Hebammen, Wundärzte, Barbiere und Hufschmiede, eventuell auch die Dürrkräutler). 2. Satzungsgewerbe, d. h. diejenigen, die früher in größerer Anzahl einer Satzung des Verkaufspreises unterworfen waren. 1831 waren dies nur mehr die Bäcker und Fleischhauer. 3. Die
Zensurgewerbe (Buchdrucker, Buchhändler), jedoch nur, wenn dies aus besonderen Polizeirücksichten notwendig erscheinen sollte. 4. Die Schankgewerbe
(Bierverleger, Bierschänker, Bierwirte, Branntweiner, Kaffeesieder, Weinschänker, Gastwirte, Köche, Traiteurs und Restaurateurs). 5. Die Lokalpolizei-
gewerbe (Musikanten, Fiaker, Mietkutscher, Sesselträger, Faßzieher, Rauch-

fangkehrer, Merungsräumer und Nachtführer, eventuell auch die Höcker und Trödler).

Die Viktualiengewerbe hätten aus der Liste der Polizeigewerbe gestrichen zu werden (Fischer, Gärtner, Müller, Wurstmacher, Bierbrauer usw.), da die meisten derselben schon zu freien Gewerben erklärt worden seien. So sei die Bierbrauerei zum eigenen Konsum durch die allerhöchste Entschließung vom 24. Oktober 1816 gegen Beobachtung der Steuervorschriften jedermann gestattet worden. Auch hätten seit der Aufhebung der Biersatzung im Jahre 1813 die Behörden es sich zur Pflicht gemacht, der Biererzeugung, folglich auch der Entstehung neuer Brauhäuser keine Hindernisse in den Weg zu legen, um dem Publikum nicht nur Bier in hinreichender Menge, sondern auch in entsprechender Qualität und in billigen Preisen zu verschaffen. Deshalb werde kein Anstand genommen, vermögenden Individuen, welche Brauereien zu errichten wünschen, selbst wenn sie dieselbe nicht zunftmäßig erlernt hätten, dies zu gestatten und bei Erteilung solcher Berechtigungen keineswegs nach der Strenge der für die Verleihung von Polizeigewerbebefugnissen bestehenden Vorschriften vorzugehen, weil der Absatz ihrer Erzeugnisse sich nichts weniger als auf den Standort beschränke und weil auch bei allen anderen vom Satzungs-. zwange entledigten Gewerben die Freigebung der Erzeugung und des Verschleißes mit dem besten Erfolge stattgefunden habe. Diese Grundsätze wurden von der Hofkanzlei wiederholt, so auch am 26. Juni 1829 aus Anlaß einer Beschwerde des Wiener Bräuervereines ausgesprochen. Ebenso hatte sich die allgemeine Hofkammer am 17. August 1829 damit vollkommen einverstanden erklärt, daß die Verleihung von Braubefugnissen nach Analogie der Fabriksbefugnisse zu behandeln sei.

Die Staatsverwaltung könne sich, meinte die Hofkammer weiter, ohne in offenbare Mißgriffe zu verfallen, unmöglich in die Beurteilung und Entscheidung der Frage einlassen: wie viele Gewerbetreibende in jedem Orte nach Maßgabe seiner Bevölkerung angesiedelt werden sollen, um Bedarf und Angebot ins Gleichgewicht zu setzen. Sie könne auch den Ortsbewohnern nicht verbieten, sich ihren Bedarf an Gewerbeartikeln von anderen Orten zu beschaffen. Je ängstlicher die Staatsverwaltung sich in das Detail der Industrie einmenge, desto mehr laufe sie Gefahr, gerade das Gegenteil von dem, was sie zu erzielen wünsche, zu erreichen und die Industrie, welche sie heben wolle, zu hemmen[1]).

Die Hofkanzlei erwiderte auf diese vom Hofkammerreferenten von Krauß verfaßten Ausführungen, sie könne von ihren in den Jahren 1818 und 1821 geäußerten Ansichten nicht abgehen, wonach diese Frage nicht allein, sondern nur in unmittelbarer Verbindung mit der allgemeinen Gewerberegulierung verhandelt und erledigt werden könne. Wenn einmal bei letzteren Verhandlungen die Frage entschieden sein werde, ob überhaupt noch ein Unterschied zwischen den Polizei- und Kommerzialgewerben bestehen soll und ob die Gewerbe überhaupt nur in der letzten Instanz getrennt behandelt werden sollen, dann werde die Frage über die Ausscheidung einiger Gewerbe aus dem Schema der Polizei-

---

[1]) A. d. k. k. Fin. Min.-Kom., Fasz. 29, Nr. 56 ex febr. 1831; Staatsrat 1831, Nr. 3069.

gewerbe von selbst wegfallen. Sie könne einen Nachteil für die Industrie aus dem gegenwärtigen Zustand nicht einsehen. Daher lehnte die Hofkanzlei unter dem 8. April 1831 auch die ihr von der Hofkammer angebotene gemeinschaftliche Sitzung in dieser Angelegenheit ab.

Die Hofkammer ließ sich jedoch dadurch nicht abschrecken und erstattete unter dem 18. Mai 1831 darüber einen alleruntertänigsten Vortrag. Im Staatsrate schloß man sich jedoch der Ansicht der Hofkanzlei an. So fand denn dieser Vortrag erst durch das Kabinettschreiben vom 4. Februar 1835 an den Vizepräsidenten der Hofkammer, Ritter von Eichhoff, seine Erledigung, welches Kabinettschreiben die Ausarbeitung eines neuen Gesetzes über die Behandlung der Gewerbeangelegenheiten in Angriff zu nehmen anordnete, zugleich aber bestimmte, daß nach Einführung der neuen Gewerbeverfassung der Unterschied zwischen Kommerzial- und Polizeigewerben aufzuhören habe[1]. Letztere Bestimmung kann jedenfalls als ein Erfolg der Hofkammer angesehen werden.

Damit schien die Angelegenheit bis zum Zeitpunkte der Vollendung und Einführung eines neuen Gewerbegesetzes aufgehoben.

Plötzlich erließ jedoch die Hofkammer am 20. April 1846 an die Länderstellen ein Dekret, sie finde im Einverständnisse mit der Hofkanzlei, ohne kaiserliche Genehmigung, da die Grenzlinie zwischen Polizei- und Kommerzialgewerben im Jahre 1809 auch im administrativen Weg erfolgt sei, zu verfügen, daß mehrere aufgezählte Gewerbe, welche bei der Entwicklung der Industrie nicht mehr zu den Polizeigewerben gezählt werden können, aus denselben ausgeschieden, nach den für die Kommerzialgewerbe bestehenden Grundsätzen behandelt werden und in letzter Instanz der Hofkammer unterstehen sollen[2].

Kaum war diese Maßregel bekannt geworden, als schon zahlreiche Gewerbetreibende und Zünfte sich mit Beschwerden an den Kaiser wendeten, mit der Bitte um Rückgängigmachung dieser Verfügung. Die Folge davon war, daß der Kaiser durch zwei Handschreiben vom 14. Juli 1846 an die Präsidenten der Hofkammer und der Hofkanzlei die Ausscheidung dieser Gewerbe aus der Reihe der Polizeigewerbe sistierte, den früheren Zustand wieder herstellte und auf die diesbezüglichen Rechtfertigungen der Hofstellen ihnen unter dem 20. April 1848 bedeutete, künftighin auf dem Gebiete des Gewerbekonzessionswesens ohne Einholung der allerhöchsten Entschließung keine Änderung vorzunehmen[3].

---

[1] A. d. k. k. Fin. Min Kom., Fasz. 29, Nr. 26 u. 28 ex apr. 1835; Staatsrat 1831, Nr. 3069. — [2] Diese Gewerbe waren: 1. die Anstreicherei, 2. Bierbrauerei, 3. Chokoladeerzeugung, 4. Faßbinderei, 5. die Fuhrwerksgewerbe, 6. Glaserei; 7. die Haarpuderfabrikation, 8. das Hufschmiedgewerbe, 9. die Lackiererei, 10. das Lebzeltergewerbe, 11. die Methsiederei, 12. die Schiffmeisterei, 13. das Schleifergewerbe, 14. das Schneidergewerbe, 15. das Schustergewerbe, 16. die Stärkefabrikation, 17. die Tischlerei, 18. die Zuckerbäckerei. — [3] A. d. k. k. Fin. Min.-Kom., Fasz. 17, 1846, Nr. 668; Staatsrat 1846, Nr. 3620, 4446. Die Annahme Přibrams (I, 38, Anm. 1), daß das Jahr 1846 einen Grenzstein auf dem natürlichen Wege der Entwicklung darstelle, wonach die Zahl der Kommerzialgewerbe allmählich immer mehr zunahm, ist somit nicht ganz richtig.

Die Geschichte der Abgrenzung der Polizei- und Kommerzialgewerbe
bietet ein schönes Bild des Kampfes neuer Ideen mit den Überresten der überkommenen Gewerbebeschränkungen.

VI. Kapitel.

Die Verschleiß- und Niederlagsrechte der Gewerbetreibenden und Fabrikanten.

Die wichtigste Vorbedingung zur größtmöglichen Ausdehnung der Produktion ist die Sicherung eines entsprechenden Absatzes. Wenn auch der Handel
als selbständiges Zwischenglied zwischen Produktion und Konsum nicht leicht
entbehrlich gemacht werden kann, vielmehr durch ihn nach dem Prinzip der
Arbeitsteilung eine bessere Organisation des Absatzes zu erwarten ist als von
den Produzenten, so sind anderseits die Bedenken gegen ein Monopol der
Handelsleute und die daraus für die Produktion möglicherweise erwachsenden
Schäden nicht minder schwerwiegend.

Unter Maria Theresia hatten die Fabrikanten noch nicht das Recht, ihre
Erzeugnisse im kleinen selbst zu verkaufen, sondern waren zu diesem Zweck
einzig und allein auf die Handelsleute angewiesen. Mit der Zeit wurde dieser
Zustand für die Industrie immer drückender und endlich unhaltbar. Den Fabrikanten mußte eine von den Handelsleuten unabhängige Absatzmöglichkeit
geboten werden. Da der inländische Konsum der Grundpfeiler der Industrie
sein muß, galt es hier vor allem, diesen so weit als möglich zu erleichtern. Dies
konnte einerseits durch Gestattung des Kleinverkaufes am Betriebsorte, anderseits an anderen Orten durch Bewilligung von Niederlagen geschehen.

Die Zeit Maria Theresias hielt noch strenge an der Scheidung zwischen dem
Fabrikanten- und dem Handelsstande fest. Die Fabrikanten erhielten durch
ihre Privilegien wohl das Recht, Niederlagen zu halten, aber nur um im großen
zu verkaufen. Auf die Dauer war dieser Zustand, namentlich bei der damaligen
Vorliebe der Handelsleute für die im wesentlichen besseren ausländischen Fabrikate, nicht haltbar, wollte man die Industrie in ihrer Entwicklung nicht hemmen.
Eine Produktion, welche nicht mehr auf Bestellung, sondern auf Vorrat für
den Markt arbeitete, konnte solche Fesseln nicht lange ertragen. Noch das
Handlungspatent vom 24. März 1764 bestimmte, den Manufakturisten und
Fabrikanten sei der Handel mit eigenen Waren, jedoch nur stückweise
im Hause und nur auf Jahrmärkten auch ellenweise gestattet. Dabei wurde
mit aller Schärfe darauf geachtet, daß von den Warenlagern nicht auch Kleinverkauf zum Schaden des Handelsstandes getrieben werde[1]). Den Kommerzbehörden wurde sogar aufgetragen, die den Fabrikanten früher zum Verkauf
ihrer Erzeugnisse im großen bewilligten Gewölbe wieder zu entziehen, sobald
sich hinreichende Verleger finden sowie für den Fall, daß ganze Zünfte und
Meisterschaften mit den letzteren freiwillig Verträge abschließen würden; auch
sollte jenen einzelnen Meistern der Handel und Ausschnitt verboten werden,

---

[1]) H. K. A. Kom. Böh., Fasz. 75, Nr. 43 ex jul. 1772; Kopetz, a. a. O., I. 410.

die sich einem solchen Vertrage nicht anschließen würden[1]). Der Inhalt dieser Verordnung blieb allerdings auf dem Papiere. Der Geist der Zeit erforderte eine unmittelbare Absatzfreiheit für die Fabrikanten und die Entwicklung führte allmählich diesem Ziele entgegen.

Schon das allerhöchste Patent vom 14. Oktober 1774, durch welches die Prohibitivgesetze eingeschränkt wurden, enthielt diesbezüglich die, wenn auch nur theoretisch, wichtige Bestimmung: „Wenn die Handelsleute sich zur Abnahme guter und in billigen Preisen verfertigter Waren von erbländischen Fabriken und Fabrikanten weigern, so ist alsdann diesen der öffentliche Handel und Ausschnitt ohneweiters zu gestatten[2]).“

Im Jahre 1777 wurde von der Hofkammer ein von der Hofkanzlei ausgearbeiteter Vorschlag wegen allgemeiner Erlaubniserteilung an die Fabrikanten zum Ausschnitt und Kleinverkauf ihrer Erzeugnisse an alle Länderstellen zur Begutachtung übersendet. Von den Länderstellen sprachen sich Böhmen, Schlesien und Niederösterreich für die Zugestehung der Freiheit des Verkaufs aus, die niederösterreichische Regierung sogar für den Verkauf in offenen Gewölben. Mähren und Oberösterreich hingegen verwarfen den Vorschlag. Der Referent der Hofstelle trug an, den Fabrikanten den Kleinhandel bei Hause, jedoch nicht in offenen Gewölben zu gestatten. Graf Philipp Herberstein-Moltke ging über den Antrag des Referenten hinaus und meinte, man solle dieses Recht noch weiter ausdehnen und die Befugnis, Gewölbe zu halten, wo nicht gar uneingeschränkt, so doch auf Ansuchen ziemlich frei gewähren. Die Waren würden dadurch wohlfeiler, während der Fabrikant mehr gewinne, indem er einen Teil des „Handelsprofits“ für sich habe. Er gewinne dadurch auch Einsicht in den herrschenden Geschmack. Das Vorurteil, daß gute Waren nur aus dem Auslande bezogen werden können, werde dadurch behoben und die Fabrikanten würden von den Bedrückungen seitens des Handelsstandes befreit. Es zeigen diese Verhandlungen und die Ausführungen im diesbezüglichen alleruntertänigsten Vortrage von seiten der Hofstellen und der meisten unteren Behörden ein großes Verständnis für die Bedürfnisse der Industrie und nicht in letzter Linie auch einen gewissen Mut, der eigenen Überzeugung zum Siege zu verhelfen, nachdem sich nicht nur die Praxis bis dahin, sondern auch die Wissenschaft dieser Frage gegenüber ablehnend verhalten hatte[3]).

Dieser Vortrag vom 26. Februar 1779 faßte alles zusammen, was zugunsten des Kleinverkaufes durch die Fabrikanten angeführt werden konnte. „Alle Völker, alle Regierungen“, so heißt es darin, „verehren die Freiheit im Kauf und Verkauf als die Seele der Handlung.“ „Ist es nicht eine himmelschreiende

---

[1]) Instruktion f. d. Kommerzkonseß in Böhmen vom 24. Okt. 1765; Kopetz, a. a. O., I, 411. — [2]) Přibram, a. a. O., I, 332. — [3]) Justi, Manufakturen und Fabriken, I (2. Aufl. 1786), S. 50: „Ich kann mich hier nicht in alle Umstände einlassen, womit man in verschiedenen Ländern die Manufakturiers und Fabrikanten zum Nachteile der Kaufleute begünstigt. Dieses einzige will ich nur noch anführen, daß man in einigen Ländern den Manufakturiers sogar den Einzelverkauf ihrer Waren gestattet. Das ist sowohl den Fabrikanten als auch dem Handelsstande nachteilig.“

Unbilligkeit, daß, wenn der Kaufmann eine bestellte Ware, weil sie nicht vollkommen nach seinem Sinne ausgefallen ist, dem Fabrikanten zurückschlägt, dieser unter Konfiskationsstrafe nicht einmal befugt ist, selbe, wie er selbst kann und mag, kleinweise zu verkaufen. Heute ist nur der Fabrikant an den Kaufmann, nicht dieser an jenen gebunden, da letzterer auch aus der Fremde die Waren beziehen kann." „Gesetze, die der freien Konkurrenz im Wege stehen, sind den eigenen Manufakturen höchst nachteilig." „Der gelehrte Engländer Locke hat in einer besonderen Abhandlung zu beweisen gesucht, daß man aller Kaufleute entbehren könnte und daß die Fabrikanten ganz allein befugt sein sollten, ihre Waren zu verkaufen, damit solche durch die vielen Hände der Verkäufer nicht verteuert werden." Der Erzeuger der Ware habe das Eigentum auf dieselbe und ihm gebühre deshalb auch der Vorteil aus dem Absatz. Ihm diese Vorteile zugunsten des Kaufmanns entziehen zu wollen, wäre eine grobe Verletzung der bürgerlichen Freiheit und würde den Konsumenten nur zum Schaden gereichen. Auch in einer anderen Hinsicht könne die Fortdauer dieses Verhältnisses für die Industrie schädlich werden, denn der Kaufmann werde, wenn er in der Fremde kaufen könne, dem einheimischen Fabrikanten nicht mehr Rohstoffe vorstrecken, ihn nicht mehr verlegen. Mit dem Hinweise, daß schon durch das Patent vom 14. Oktober 1774 bestimmt worden sei, es sei, wenn die Handelsleute sich zur Abnahme guter und billiger Waren von erbländischen Fabrikanten weigern sollten, diesen der Handel und Ausschnitt ohne weiters zu gestatten, unterbreitete die Hofstelle diesen Vortrag der Monarchin, nachdem einstimmig der Beschluß gefaßt worden war, daß den Fabrikanten insgesamt der Kleinverkauf ihrer selbsterzeugten Waren in Zukunft nicht nur auf Jahrmärkten, sondern auch bei Hause mit oder ohne Aushängung eines Schildes, keineswegs aber in offenen Gewölben, ohne Rücksicht auf die „grundlosen Einwendungen des Handelsstandes" gestattet werden solle.

Diese Ideen eilten der Zeit voraus, die gegenteiligen Ansichten, von Praxis und Wissenschaft festgehalten, waren noch zu tief eingewurzelt, um plötzlich aufgegeben zu werden. Die allerhöchste Entschließung darauf lautete denn auch kurz: „Der Handelsstand leydet ohnedem so vill, mithin wäre nichts zu erneuern" (1779)[1].

Es blieb somit einstweilen dabei, daß den Fabrikanten nur der Verkauf ganzer Stücke bei Hause und der ellenweise Verkauf zu Jahrmarktszeiten erlaubt war; sonst blieb ihnen der Verkauf im kleinen und das Halten offener Gewölbe verboten[2]. Der erste Ansturm gegen diese Monopolsrechte der Kaufleute war dadurch zwar abgeschlagen, doch sollte der alte Zustand nicht mehr lange aufrecht bleiben. Denn die Hofkammer griff die Sache nach dem Tode der Kaiserin gleich wieder auf und erstattete 1781 einen neuen diesbezüglichen Vortrag, welcher bald eine günstige Erledigung erhielt. Das Ergebnis davon war, daß das Hofdekret vom 21. Mai 1781 zu „mehrerer Beförderung der Gewerbsamkeit mittelst des geschwinden Absatzes" der Erzeugnisse den Fabrikanten

Hofdekret vom 21. Mai 1781. Bewilligung des Kleinverkaufes.

---

[1] H. K. A. Kom. Böh., Fasz. 75, Nr. 18 ex mart. 1779; Přibram, a. a . O., I, 332 ff. —
[2] Vgl. auch Kopetz, a. a. O., I, 410; Wildner, a. a. O., 199 f.

insgesamt den Kleinverkauf sowohl bei Hause als auch auf Jahrmärkten, mit oder ohne Aushängung des Schildes, keineswegs aber in offenen Gewölben, welche nur der Kaufmannschaft vorbehalten blieben, das ganze Jahr hindurch gestattete. Der erste Schritt zu einer weiteren Entwicklung in diesem Sinne war damit getan[1]).

. Den Lederern und Gerbern ganz Österreichs war schon durch Hofdekret vom 17. Februar 1781 das noch viel weiter gehende Recht zugestanden worden, in Wien, in und vor der Stadt, durch das ganze Jahr ihr Leder in öffentlichen Gewölben und ohne an eine Satzung gebunden zu sein, zu verkaufen[2]). Die ausgedehntesten Absatzerleichterungen erhielten jedoch die Eisenhammerwerke, welchen 1781 freigestellt wurde, an allen Orten Verkaufslager zu eröffnen und in denselben alle Gattungen ausgearbeiteten Eisens im großen und kleinen abzusetzen[3]).

Sofort nach Erlassung des Dekrets vom 21. Mai 1781 bewarben sich viele Fabrikanten um die Bewilligung zur Haltung einer Niederlage in Wien und es wurde ihnen dies regelmäßig gestattet. Mit Dekret vom 23. Juni wurde die niederösterreichische Regierung angewiesen, Fabrikanten, welche eine große Anzahl Stühle beschäftigen und mit einem großen Warenvorrat versehen sind, auf ihr Verlangen das Halten von Gewölben zum Kleinverkaufe zu bewilligen, wobei im übrigen auf die Bestimmungen des Dekrets vom 21. Mai verwiesen wurde[4]).

Der bürgerliche Handelsstand blieb auch nicht untätig, um seine Interessen gegenüber den Fabrikanten zu vertreten. So bat er 1781, man solle jenen Fabrikanten, welche das Recht hatten, ihre Erzeugnisse in öffentlichen Gewölben zu verkaufen, deren Räumung auftragen, da ihnen gegenwärtig ohnehin der Ausschnitt ihrer Waren bei Hause in und außer Jahrmarktszeiten gestattet sei. Diese Zumutung der Handelsleute wurde aber mit der Begründung abgewiesen, daß bei Erlassung der Verordnung vom 21. Mai die Absicht nicht dahin gegangen sei, jenen Fabrikanten, welche schon vorher die Erlaubnis erhalten hatten, öffentliche Gewölbe zu halten, dieselben zu entziehen[5]).

Um dieselbe Zeit wurde einem Fabrikanten die Eröffnung eines öffentlichen Gewölbes gestattet, weil er mit einem ansehnlichen Vorrate von Waren versehen war und nach seiner Angabe an die Kaufleute nichts absetzen konnte. Bei dieser Gelegenheit wurde der Regierung aufgetragen, von nun an in solchen besonderen Fällen stets auf Gestattung öffentlicher Gewölbe anzuraten. Dem gegenüber beschwerten sich die bürgerlichen Handelsleute wiederum. Die Hofstelle bemerkte jedoch, daß es bei dieser Weisung zu verbleiben habe, um so mehr als sich Fabrikanten ohnehin nur selten dazu erschwingen, sich mit eigenen

---

[1]) H. K. A. Kom. Böh., Fasz. 75, Nr. 14 ex majo 1781; A. d. Min. In. V, G. 5, Karton 2926; Staatsrat 1781, Nr. 1195; Kopetz, a. a. O., I, 411; Wildner, a. a. O., 200. — [2]) H. K. A. Kom., N.-Ö., Fasz. 71, Nr. 75 ex febr. 1781. — [3]) Patente v. 29. XII. 1781 u. 8. XI. 1782; Wildner, a. a. O. 202; A. d. k. k. Fin. Min. Kom., Fasz. 29, Nr. 134 ex jul. 1832; Statth. A. Wien, Normalien 1793, A. 20, Nr. 7220. — [4]) H. K. A. Kom. N.-Ö., Fasz. 71, Nr. 46 ex jun. 1781. — [5]) H. K. A. Kom. N.-Ö,. Fasz. 71, Nr. 36 ex jul. 1781.

Mitteln ein sortiertes Warenlager zu schaffen. Die Aussicht auf ein öffentliches Gewölbe könne den Fabrikanten zur Aneiferung dienen, wie denn auch dem Staate daran gelegen sei, durch solch billige Erleichterungen die Vermehrung und Ausdehnung der Fabriken soviel als möglich zu befördern. Und als sich der Handelsstand weigerte, die Gewölbediener der Seidenzeugmacher aufzudingen und freizusprechen, mit der Begründung, sie hätten die Handlung nicht erlernt, da wurde er von der Regierung dazu verhalten, da sich sonst kein Lehrling zu den Seidenzeugmachern in die Lehre begeben würde, wenn er nicht Hoffnung hätte, nach überstandener Lehrzeit von den Handelsleuten als ausgelernt anerkannt zu werden[1]).

Das Verhältnis zwischen Fabrikanten und Handelsleuten beschäftigte auch weiterhin die Staatsverwaltung in hohem Maße. Die Hofstelle blieb nicht bei den bisher zugunsten der Fabrikanten getroffenen Verfügungen, sondern ging noch weiter. Unter dem 5. Juni 1783 legte sie die Frage zur allerhöchsten Entschließung vor, ob Fabriken ausschneiden sollen und ob unter Umständen Fabrikanten auch das Halten öffentlicher Gewölbe zu diesem Zwecke bewilligt werden solle. „Erfordert es ihr Nutzen, wie er es in der Tat zu erfordern scheint, sich mit dem Kaufmanne zu halten, so wird die Fabrik ohnehin nicht ausschneiden; findet sie sich mit einem Artikel oder mit einer Klasse der Abnehmer in Verlegenheit, so ist sie doch wohl soviel als ein Kaufmann wert, dem noch 10 oder 20 Artikel zu seinem Verkehr übrig bleiben. Es würde hart sein, ihr dasjenige zu verweigern, was einzelnen Fabrikanten gestattet ist, nämlich den Ausschnitt bei Hause, ja zuweilen in öffentlichen Gewölben zu betreiben." Schließlich wurde angetragen, es sollen, ohne allgemeine Bestimmungen darüber zu erlassen, die Behörden ermächtigt werden, in vorkommenden Fällen nach den besonderen Umständen zu entscheiden. Die allerhöchste Entschließung fiel denn auch dahin aus, es könne den Fabriken der Ausschnitt und Verkauf im kleinen sowohl zu Hause als Hofdekret in einem öffentlichen Gewölbe gestattet werden, worauf dies durch Hofvom dekret vom 3. Juli 1783 den Länderstellen bekanntgegeben wurde, mit der 3. Juli 1783, Weisung, jenen Fabriken, welche darum ansuchen sollten, dies ohneweiters Bewilligung von öffent- zu gestatten[2]). Damit war ein weiterer wichtiger Schritt auf dem Wege der lichen Emanzipation der Produzenten von den Kaufleuten getan. Jedoch wurde Gewölben. die Haltung öffentlicher Gewölbe Gewerbetreibenden, deren Unternehmen keine große Ausdehnung hatte, nicht bewilligt[3]).

Nachdem das Verbot ausländischer Waren ausgesprochen worden war (1784) und die Kaufleute Waren aus dem Auslande nicht beziehen konnten, ging man bei der Bewilligung von Niederlagen und Gewölben an Fabrikanten strenger vor. So wurde im September 1788 die Iglauer Weberzunft mit ihrem Gesuche, in Wien eine Niederlage zum Verkauf ihrer Waren im großen errichten zu dürfen, abgewiesen, „weil es dem Manufakturstande nachteilig, der Handels-

---

[1]) H. K. A. Kom. N.-Ö., Fasz. 71, Nr. 11 ex nov., 65 ex dec. 1781. — [2]) H. K. A. Kom. N.-Ö., Fasz. 71, Nr. 19 ex jul. 1783; Kopetz, a. a. O., I, 410; Wildner, a. a. O., 200. — [3]) H. K. A. Kom. Böh., Fasz. 75, Nr. 23 ex oct. 1785.

schaft hingegen schädlich und bei dem nunmehr bestehenden Verbote fremder Waren die Gestattung dieser Bitte unbillig sein würde"[1]). Auf diese Weise wurden zahlreiche Gesuche abschlägig beschieden, einzelnen Fabrikanten wiederum nur der stückweise Verkauf gestattet.

Nur großen Unternehmungen erlaubte man nicht nur den Verkauf bei Hause, sondern auch die Haltung einer oder mehrerer Niederlagen außerhalb des Betriebsortes. In den Fabriksprivilegien war regelmäßig auch das Recht enthalten, außerhalb des Betriebsortes Magazine und Niederlagen zu errichten, was schon zur Zeit Maria Theresias zum wesentlichen Inhalte der förmlichen Fabriksbefugnisse geworden war, welches Recht jedoch meist mit Beschränkung auf die Hauptstädte der Erbländer aufgefaßt und ausgeübt worden war[2]). Durch Normalverordnung vom 18. Mai 1786 wurden die Länderstellen ermächtigt, dieses Niederlagsrecht der Landesfabriken auch auf die größeren Landstädte zu erstrecken[3]).

Niederlagsrechte der Fabriken.

Aber auch abgesehen von den privilegierten Fabriken zeigte sich die Neigung, in dieser Beziehung vor allem die großen Unternehmungen zu berücksichtigen, welche auch ein größeres Absatzbedürfnis hatten. Auch sollten die kleineren dadurch zur Erweiterung ihrer Betriebe angeeifert werden. Durch Dekret vom 19. September 1797 wurde der niederösterreichischen Regierung zu erkennen gegeben, daß der 1783 den Fabrikanten zugestandene Ausschnitt in eigenen öffentlichen Gewölben nicht ohne Unterschied jedem Erzeuger, sondern nur jenen zugestanden werden solle, deren Unternehmung sich durch große Ausdehnung und Vorzüglichkeit der Ware besonders auszeichnet[4]). Landesbefugten Fabrikanten wurde sogar erlaubt, in einem in Wien zu haltenden Gewölbe nicht nur die von ihnen selbst erzeugten Waren, sondern auch diejenigen frei zu verkaufen, die in einer anderen Provinz von solchen „Fabrikanten", die sie verlegten, verfertigt wurden, sofern diese von derselben Gattung waren, worauf sie die Landesbefugnis hatten[5]).

Die Beschwerden der Handelsleute wurden auch in dieser Zeit regelmäßig ohneweiters abgewiesen[6]).

Daß bezüglich der landesbefugten Fabriken das ursprünglich örtlich nicht beschränkte[7]) Niederlagsrecht bald mit Beschränkung auf die Hauptstädte der Länder aufgefaßt und gehandhabt wurde, erscheint leicht begreiflich, da die übrigen Städte damals ob ihrer Kleinheit und Unbedeutenheit als wichtigere Absatzgebiete meist nicht in Betracht kommen konnten. Aus diesem Grunde wurde, obwohl durch Verordnung vom 18. Mai 1786 ausdrücklich bestimmt

---

. . [1]) H. K. A. Kom. N. Ö., Fasz 71, Nr. 55 ex dec. 1788, Nr. 2 ex jan. 1789. — [2]) Vgl. S. 127 ff. — [3]) Statth. A. Wien, Normalien A. 17, 1839, Nr. 14550; Statth. A. Präg, 1826—1835, Kom., Fasz. 1, subn. 1; Hofkammerdekret vom 19. April 1834; die niederösterreichische Regierung hatte schon unter dem 3. Febr. 1785 eine dahingehende Weisung erhalten (H. K. A. Kom. N.-Ö., Fasz. 71, Nr. 6 ex febr. 1785). — [4]) H. K. A. Kom. N.-Ö., Fasz. 71, Nr. 9 ex sept. 1797. — [5]) Hofkammerdekret vom 30. Jän. 1795, Barth, a. a. O., I, 310 f. — [6]) H. K. A. Kom. N. Ö., Fasz. 71, Nr. 45 ex febr., Nr. 47 ex majo 1800. — [7]) Přibram, a. a. O., I, 206. Vgl. auch S. 127 ff.

worden war, daß den förmlichen Fabriken auch die Haltung von Niederlagen
in größeren Landstädten gestattet werden könne, bei der Bestimmung der
Vorrechte der Landesfabriken durch Hofdekret vom 17. August 1787 dennoch
dieses Recht dahin formuliert, daß sie in allen Hauptstädten der Erbländer
Niederlagen zu halten befugt seien[1]). Unter Kaiser Franz ging man aber bald
noch weiter als die Verordnung von 1786, indem man schon um die Jahrhundertwende auf dem Standpunkte stand, daß die landesbefugten Fabriken das Recht
haben, für den Verschleiß ihrer Erzeugnisse, „wo sie es ihres Vorteils zu sein
finden", Niederlagen zu eröffnen[2]) und ihnen sodann durch Hofverordnungen
vom 26. März und 9. September 1805 die Begünstigung eingeräumt wurde,
für den Verschleiß ihrer Erzeugnisse, „wo sie es nur immer ihrem Vorteile zusagend finden", nach vorläufig bei der Landesstelle angesuchter
Bewilligung, Niederlagen zu halten[3]).

In Ungarn hatten die privilegierten Fabriken das Recht, in allen königlichen Städten, nach Anmeldung beim Stadtmagistrat, Niederlagen zu errichten. Ebenso wurde österreichischen landesbefugten Fabriken gestattet, in
Ungarn Niederlagen zu halten, wie auch ungarischen in Österreich[4]).

Schon um die Jahrhundertwende war dieses Recht nicht mehr auf die
landesbefugten Fabriken beschränkt, sondern es wurde, ohne sich dabei auf
eine gesetzliche Bestimmung berufen zu können, in liberaler Weise auch einfachen Fabriken, deren Betrieb eine große Ausdehnung aufwies, ohneweiters
verliehen[5]). Durch Hofdekret vom 14. Juli 1812 wurden die Länderstellen diesbezüglich dahin belehrt, daß den zum Betriebe von Kommerzialgewerben
Befugten, welche ihre Betriebe auf dem Lande haben, im allgemeinen das Recht,
Verschleißgewölbe in der Stadt zu halten, nicht zugestanden werden könne,
wobei jedoch die Regierung zugleich ermächtigt wurde, wenn sich ein solcher
Unternehmer durch Neuheit oder vorzügliche Qualität und Preiswürdigkeit
seiner Erzeugnisse oder besondere Ausdehnung seiner Unternehmung auszeichnen sollte, demselben die Bewilligung zur Eröffnung eines solchen Verschleiß-
gewölbes in Wien zu erteilen. Den Kommerzialgewerbsbefugten innerhalb der
Linien Wiens könne dieses Recht ohneweiters zugestanden werden[6]).

Obwohl das Niederlagsrecht der landesbefugten Fabriken nicht auf die
Landeshauptstädte beschränkt war, und die Hofverordnung vom 9. Februar
1813 nochmals erklärte, daß sie nach Belieben in Haupt- oder Landesstädten

---

[1]) Vgl. S. 128. — [2]) H. K. A. Kom. N.-Ö., Fasz. 71, Nr. 21 ex dec. 1802, Nr. 28 ex jun.
1803. — [3]) A. d. k. k. Fin. Min. Kom., Fasz. 29, Nr. 134 ex jul. 1832; Staatsrat 1832, Nr. 5453;
Statth. A. Wien, Normalien A. 17, 1839, Nr. 14550. — [4]) H. K. A. Kom. N.-Ö., Fasz. 71,
Nr. 20 ex aug. 1803. — [5]) H. K. A. Kom. N.-Ö., Fasz. 71, Nr. 21 ex dec. 1802: „daß zwar dieses
Recht jenen, welche bloß eine fabriksmäßige Befugnis erhalten, bisher nicht zustand, jedoch
auch diesen bei erwiesener größerer Ausdehnung ihrer Fabrik die Eröffnung einer
Verschleißniederlage nie versagt worden ist". Nr. 28 ex jun. 1803:
„wird nur nach Maßgabe des Bedarfes einzeln und nach den Umständen gestattet". —
[6]) H. K. A. Kommerzkammer, Fasz. 29, Nr. 182 ex jul. 1829; A. d. k. k. Fin. Min. Kom.,
Fasz. 29, Nr. 134 ex jul. 1832.

Niederlagen zu halten befugt seien[1]), stand die Praxis konsequent auf dem entgegengesetzten Standpunkt und das böhmische Gubernium meinte bei einer diesbezüglichen Anfrage an die Hofstelle im Jahre 1817, eine Ausdehnung dieses Rechtes auch auf die anderen Städte würde den Fabriken nicht nützlich, im allgemeinen aber gefährlich und schädlich sein, denn die Juden würden in den Grenzgebieten Niederlagen errichten, um ausländische Waren einzuschwärzen.

Demgegenüber erklärte die Kommerzhofkommission durch Dekret vom 6. August, es habe in der Regel auch weiterhin „bei der bestehenden Observanz", vermöge welcher den privilegierten Landesfabriken nur das Recht zur Eröffnung von Niederlagen in allen Landeshauptstädten zustehe, zu verbleiben, wobei jedoch den Behörden vorbehalten bleiben müsse, bei besonders rücksichtswürdigen Umständen oder besonderen lokalen Verhältnissen Ausnahmen zu gestatten[2]). Die Hofstelle stand somit auf dem Standpunkte, daß in der förmlichen Fabriksbefugnis nur das Recht zur Haltung von Niederlagen in den Landeshauptstädten enthalten sei, während es dem Belieben der Behörden anheimgestellt sei, ob es in besonderen Fällen zur Aneiferung ratsam sei, dieses Recht auch auf andere Städte auszudehnen[3]).

In dieser Erwägung hatte die Kommerzhofkommission schon durch Dekret vom 30. Mai 1817 angeordnet, daß auch Unternehmern, die keine förmliche Fabriksbefugnis haben, ein Verschleißgewölbe in Wien bewilligt werden könne, weil das Interesse der Fabrikanten nicht jenem der Handelsleute nachgesetzt werden könne und weil es für das Publikum vorteilhaft und deshalb wünschenswert sei, wenn die Erzeugnisse großer und ausgezeichneter Fabriksunternehmungen unmittelbar von denselben zum Verkaufe gebracht werden, als wenn dies erst durch eine zweite Hand, durch den Handelsmann geschehe[4]). Der bestehende Rechtszustand wurde von der Kommerzhofkommission durch Dekret vom 24. Dezember 1817 dahin zusammengefaßt, daß 1. den Fabrikanten und Gewerbsleuten überhaupt der Verkauf ihrer eigenen Erzeugnisse bei Hause sowohl im großen als im kleinen gestattet sei; 2. jeder Fabrikant und Gewerbsmann berechtigt sei, in dem Orte seines Fabriks- oder Gewerbebetriebes ein offenes Verschleißgewölbe zu halten und in demselben sowie bei Hause seine Erzeugnisse im großen und im kleinen zu verkaufen; 3. den Landesfabrikanten insbesondere in den Niederlagen, welche sie in allen Provinzialhauptstädten nach vorläufiger Anmeldung bei der Landesstelle errichten dürfen, der Ausschnitt und Kleinverschleiß ihrer Erzeugnisse ebenso wie der Verkauf im großen unbeschränkt erlaubt sei; 4. jedoch alle Fabrikanten, einfache und landesbefugte ebenso wie jeder Gewerbsmann auf den Verkauf ihrer eigenen Erzeugnisse beschränkt seien[5]).

---

[1]) Hofkammerdekret v. 19. Apr. 1834, Statth. A. Prag, 1826—1835, Kom., Fasz. 1, subn. 1. — [2]) H. K. A. Kom. Kom., Fasz. 29, Nr. 37 ex aug. 1817; Kom. Kammer, Fasz. 29, Nr. 17 ex jan. 1825. — [3]) Vgl. ebenso A. d. k. k. Fin. Min. Kom., Fasz. 29, Nr. 134 ex jul. 1832. — [4]) Barth, a. a. O., I, 305 f.; ebenso A. d. k. k. Fin. Min. Kom., Fasz. 29, Nr. 134 ex jul. 1832. — [5]) Pol. Ges. Samml.; ebenso H. K. A. Kom. Kammer, Fasz. 29, Nr. 67 ex mart. 1829.

Anderseits wurde, um durch Mißbrauch dieser Begünstigung nicht dem
Schleichhandel die Türen zu öffnen, das Halten von Niederlagen bis zu einer
Entfernung von einer Meile von der Grenze nicht gestattet[1]).

Das Niederlagsrecht der Landesfabriken war eines ihrer wichtigsten,
vielleicht überhaupt das wichtigste Vorrecht. Durch das Erwerbsteuerpatent
vom 31. Dezember 1812 wurden die Landesfabriken, entsprechend ihrem meist
größeren Umfange, der durch das Niederlagsrecht erleichterten Absatzmöglichkeit und wegen der ihnen zustehenden sonstigen besonderen Vorrechte viel
stärker besteuert als die einfachen Fabriken[2]). Die Folge davon war, daß viele
Fabrikanten, deren Betrieb eine sehr große Ausdehnung hatte und sich auch
sonst zur Erlangung der Landesbefugnis eignete, um der viel höheren Besteuerung zu entgehen, es vorzogen, die einfache Befugnis beizubehalten und
mit Rücksicht auf die Ausdehnung ihrer Unternehmung um die Bewilligung
von Niederlagen einzuschreiten. Dadurch wurden einerseits die Staatsfinanzen
durch einen Ausfall an Steuern, anderseits aber auch die landesbefugten Fabriken geschädigt, da so das wichtigste Vorrecht, für welches sie sich einer
höheren Besteuerung unterziehen mußten, auch einfachen Fabriken ohne
materielle Opfer zuteil wurde. In Erwägung dieses Umstandes sah sich die
Kommerzhofkommission veranlaßt, durch Dekret vom 2. Mai 1820 zu verfügen,
künftighin, um die Vorrechte der Landesfabriken zu wahren, nicht landesbefugten
Fabrikanten nur ausnahmsweise, wenn besondere wichtige Rücksichten sich
dafür geltend machen sollten, die Haltung von Niederlagen zu gestatten[3]).

Aus denselben Gründen und um eine zu große Häufung von Niederlagen
in Wien hintanzuhalten, wurde durch allerhöchste Entschließung vom 26. November 1829 das der Regierung durch Dekret vom 14. Juli 1812 eingeräumte
Recht, den auf dem Lande zum Betriebe von Kommerzialgewerben befugten
(nicht landesbefugten) Unternehmern unter gewissen Bedingungen die Bewilligung zu erteilen, Verschleißgewölbe in Wien halten zu dürfen, trotz des eifrigen
Eintretens der Hofkammer für die Beibehaltung dieser die Industrie befördern-
den und aneifernden Begünstigung, wieder rückgängig gemacht. Zugleich wurde
der Hofkammer aufgetragen, wenn sie es für nötig finden sollte, in den Grundsätzen über die Niederlagsrechte Änderungen vorzunehmen, zunächst die
Behörden darüber einzuvernehmen und sodann eventuelle Anträge zur allerhöchsten Schlußfassung vorzulegen[4]).

Nach der Wiedererwerbung des lombardisch-venezianischen Königreiches
wurden einerseits die österreichischen Fabrikanten durch Hofverordnung vom
27. Oktober 1817 aufgefordert, in den neu erworbenen Provinzen Niederlagen
zu errichten, anderseits wurde ausgezeichneten oberitalienischen Fabrikanten,
obwohl in Oberitalien allgemeine Gewerbefreiheit herrschte und die verschiedenen Abstufungen der Fabriksbefugnisse unbekannt waren, auf ihr

---

[1]) H. K. A. Kom. Kammer, Fasz. 29, Nr. 29 ex märt. Nr. 131 ex sept. 1828. — [2]) Vgl. S. 129.
— [3]) Statth. A. Wien, Normalien 1820, A. 30, Nr. 20292. — [4]) H. K. A. Kom. Kammer,
Fasz. 29, Nr. 182 ex jul. 1829; Staatsrat 1832, Nr. 5453; Statth. A. Wien, Normalien A. 19,
Nr. 71704.

Ansuchen die Errichtung von Niederlagen in den altösterreichischen Provinzen gestattet.

Durch das Privilegienpatent vom 8. Dezember 1820 wurden den Inhabern ausschließender Privilegien die ausgedehntesten Rechte erteilt, „überall in der Monarchie Etablissements und Niederlagen zur Verfertigung und zum Verschleiße des Gegenstandes ihres Privilegiums zu errichten" (§ 11)[1]).

Da die Hofkammer der Meinung war, es sei nötig, für alle Fälle bestimmte einheitliche gesetzliche Bestimmungen über die Niederlagsrechte festzusetzen, forderte sie auf Grund der allerhöchsten Entschließung vom 26. November 1829 alle Länderstellen der altösterreichischen Provinzen auf, sich über die Frage gutächtlich zu äußern.

An das böhmische Gubernium erging diesbezüglich das Hofdekret vom 1. März 1831, wobei ihm zugleich zur Richtschnur die Auffassung der Hofstelle zu erkennen gegeben wurde, daß „das den landesbefugten Fabriken durch die bestehenden Vorschriften eingeräumte Recht, überall in den Provinzialhauptstädten der Monarchie Niederlagen zum Verschleiße ihrer Erzeugnisse zu eröffnen, nicht als ein denselben so ausschließend zukommendes Recht angesehen werden könne, daß sich nicht Umstände und Verhältnisse denken ließen, wo es dem Interesse der Industrie entspräche, von Fall zu Fall auch anderen Erzeugern, die entweder durch einen ausgedehnten Betrieb ihrer Unternehmung oder durch Güte ihrer Fabrikation sich besonders auszeichnen, die Bewilligung zu erteilen, zum besseren Absatz ihrer Erzeugnisse in dem einen oder dem anderen Orte ein Verschleißgewölbe zu eröffnen. Würde diese Begünstigung den mit keinem Landesfabriksbefugnisse beteilten Unternehmern unter keinen Umständen erteilt werden können, so würden dieselben in ihren Verschleißrechten mehr als jeder einfache Gewerbsmann beschränkt sein, da jeder Gewerbsmann das Recht habe, außer dem seinem Gewerbsbetriebe gewidmeten Lokal noch ein besonderes Verschleißgewölbe für den Absatz seiner Erzeugnisse zu halten, dagegen der eigentliche Fabrikant dieses direkten Mittels des Verkehrs beraubt und lediglich auf den Absatz im großen an Handelsleute beschränkt sein würde". Die Gewerbetreibenden und Handelsleute in der Stadt würden durch Erweiterung der Absatzrechte der Fabriken nicht leiden, da nur die bedeutenden Unternehmungen die Kosten einer eigenen Verschleißniederlage tragen können. Um für die Zukunft klare und bestimmte Normen zu schaffen, solle das Gubernium sich äußern: a) ob und welchen Gattungen von Fabrikanten für die Zukunft die Bewilligung zur Eröffnung von Verschleißgewölben außer dem Ort ihres Fabriksbetriebes und unter welchen Modalitäten zu erteilen sei? b) Ob die Bewilligung hiezu nur auf die Provinzialhauptstädte zu beschränken oder je nachdem es dem Interesse des Unternehmers zusagen würde, auch auf andere Orte auszudehnen sein dürfte? c) Ob sie nicht nur den Inhabern von Fabriken, sondern auch solchen Gewerbsleuten, die sich über einen besonders ausgezeichneten Gewerbebetrieb ausweisen, auf ihr Ansuchen zu erteilen wäre?

---

[1]) A. d. k. k. Fin. Min. Kom., Fasz. 29, Nr. 134 ex jul. 1832; Staatsrat 1832, Nr. 5453. Pol. Ges. Samml. (Patent vom 8. Dez. 1820).

d) Welcher Behörde die Macht zukommen solle, diese Bewilligung in erster Instanz zu erteilen, ob diese Befugnis der Landesstelle allein vorbehalten bleiben oder ob und inwiefern nicht auch den Ortsobrigkeiten ein bestimmter Einfluß zu gestatten sein dürfte[1]).

Die Gutachten der Länderstellen liefen bald ein. Die niederösterreichische Regierung war für die Belassung des Zustandes, wie er durch die Entschließung vom 26. November 1829 geschaffen worden war, weil einerseits die Landesfabriken größere Lasten tragen (bei der Besteuerung), anderseits aber durch Verleihung dieses Rechtes auch an andere Fabriken der Reiz der Landesfabriksbefugnis verloren gehen würde. Die oberösterreichische Regierung meinte, es solle dieses Recht auch den einfach Befugten und den Besitzern von Kommerzialgewerben überhaupt zugestanden werden. Nur der Präsident Graf Ugarte befürchtete davon eine allzu große Vermehrung der Gewerbe. Das Tiroler Gubernium war der Ansicht, daß das Recht, Niederlagen zu halten, von Fall zu Fall auch einfach Befugten verliehen werden könnte, und zwar ohne Beschränkung auf die Landeshauptstädte. Ebenso das steirische Gubernium, welches aber dieses Recht auch auf vorzügliche Gewerbsleute ausgedehnt wissen wollte. Das böhmische Gubernium meinte, daß im Falle der Ausdehnung dieses Rechtes auf die einfachen Fabrikanten und Gewerbsleute entweder die Erwerbsteuer für die Landesfabriken ermäßigt oder für die einfachen Fabriken und die Gewerbsleute erhöht werden müßte. Das Gubernium glaubte übrigens, daß eine solche Ausdehnung den Handelsstand schädigen würde, weshalb ihm eine unbeschränkte Zuerkennung des Rechtes zur Errichtung von Niederlagen weder tunlich noch notwendig schien. Es sollte vielmehr von Fall zu Fall Erzeugern mit ausgedehntem Betriebe zugestanden werden, und zwar ohne Einschränkung auf die Landeshauptstädte. Das küstenländische Gubernium wollte dieses Recht auf alle bedeutenderen einfach Befugten, jedoch nicht auf die Gewerbsleute ausdehnen, und zwar ebenfalls ohne Beschränkung auf die Landeshauptstädte. Die mährisch-schlesische Landesstelle war für die Belassung des bestehenden Zustandes, die galizische für die Gestattung von Niederlagen für alle befugten Fabrikanten und Gewerbsleute ohne Einschränkung auf die Landeshauptstädte.

Der Referent der Hofkammer, Anton von Krauß, faßte nun das Ganze zusammen, wobei er zugleich an einem geschichtlichen Überblicke der Entstehung des damaligen Rechtszustandes zeigte, wie die Staatsverwaltung schon bis dahin bestrebt gewesen war, „so wie sich infolge des bestehenden Handelssystems die Industrie in den österreichischen Staaten immer mehr und mehr zu entwickeln, aufzublühen und zu verbreiten anfing, derselben die Mittel und Wege des Absatzes und Verschleißes zu erleichtern". Jetzt sollten die so allmählich entstandenen fragmentarischen Bestimmungen in ein systematisches Ganzes umgewandelt werden. Eine allgemeine und unbedingte Niederlagsfreiheit der Fabrikanten könne vor allem aus Rücksichten gegen den Schleichhandel nicht angetragen

---

[1]) Statth. A. Prag, 1826—1835, Kom., Fasz. 1, subn. 1, Hofkammerdekret v. 1. März 1831.

werden, weil es bedenklich wäre, Niederlagen an der Grenze zu gestatten oder Niederlagen von Fabriken, welche sich an der Grenze befinden, im Innern des Landes. Durch unbeschränkte Niederlagsfreiheit würde auch die bestehende Handelsverfassung umgestoßen werden, welche nicht jedermann den Betrieb des Handels erlaubt. Anderseits soll aber die Beschränkung der Landesfabriken auf Niederlagen in den Provinzialhauptstädten nicht aufrecht bleiben. Bei den übrigen Kommerzialgewerben wäre es aber ein Widerspruch, einerseits der Zahl dieser Gewerbe keine Schranken zu setzen, weil sie hauptsächlich für den Absatz außerhalb des Betriebsortes arbeiten, anderseits aber diesen Absatz durch Versagung des Niederlagsrechtes zu erschweren. Durch Gestattung von Niederlagen werde bei diesen der Betrieb erweitert und dadurch die Erlangung der Landesfabriksbefugnis erleichtert werden. Deshalb glaubte die Hofkammer folgende Grundsätze aufstellen zu können: 1. In jenen Orten und Provinzen, in welchen eine unbeschränkte Niederlagsfreiheit bereits gesetzlich besteht, hat es dabei zu bleiben. 2. Wo eine solche Freiheit nicht besteht, wird das Recht, Niederlagen, sei es in der Provinzialhauptstadt oder auch an anderen Orten außerhalb des Ortes ihres Fabriksbetriebes, im Inlande zu eröffnen, in der Regel nur den k. k. privilegierten Landesfabriken und den Inhabern ausschließender Privilegien für die eigenen Erzeugnisse derselben vorbehalten. 3. Von diesem Rechte sind nur jene Niederlagen ausgenommen, welche im Umfang einer Meile von der ausländischen Grenze mit Artikeln eröffnet werden wollen, für deren Verfertigung und Verschleiß in diesem Umfange keine neue Unternehmung ohne besondere Konzession von der Hofkammer errichtet werden darf, ferner jene Niederlagen, welche in diesem Umfange bereits bestehende, dieselben Artikel verfertigende Landesfabriken im Innern der Monarchie etwa zu errichten beabsichtigen sollten, endlich jene, welche von wem immer an solchen Orten und mit solchen Artikeln eröffnet werden wollten, hinsichtlich deren ausschließende Privatrechte gesetzlich bestehen und durch Errichtung solcher Niederlagen Eingriffe in diese Rechte stattfinden würden. 4. Außerdem haben die k. k. privilegierten Landesfabriken und die Inhaber ausschließender Privilegien zur Errichtung von Niederlagen jener Artikel, zu deren Verfertigung und Verschleiß sie nach ihren Privilegien berechtigt sind und welche auch wirklich von ihrer Unternehmung verfertigt werden, an allen Orten, wo sie es ihrem Vorteile zusagend finden, keine andere Förmlichkeit zu beobachten als die Anmeldung bei der Ortsobrigkeit. 5. Die Inhaber von einfachen Fabriksbefugnissen sowie diejenigen, welche Gewerbe betreiben, dürfen unbeschadet des ihnen gesetzlich zustehenden Rechtes des Verschleißes ihrer Erzeugnisse bei Hause und in einem Verschleißgewölbe an dem Ort ihres Fabriks- oder Gewerbebetriebs außer diesem Ort in der Regel keine Niederlagen im Inland errichten. 6. Dessenungeachtet wird es denjenigen Fabrikanten und Kommerzialgewerbsleuten, welche sich über eine größere Ausdehnung ihres Fabriks- oder Gewerbebetriebes, über eine größere Anzahl arbeitender Hände, die sie beschäftigen und über die Preiswürdigkeit ihrer Erzeugnisse hinreichend auszuweisen vermögen, freistehen, bei jener Landesstelle, in deren Bezirk sie an dem einen oder anderen Ort eine

Niederlage eröffnen wollen, das Ansuchen darum zu stellen. 7. Die Landesstelle wird nach einer genauen Untersuchung über den Zustand der Fabriks- oder Gewerbsunternehmung und nach Befund der erhobenen Verhältnisse mit Vorbehalt des Rekurses an die Hofkammer über das gestellte Ansuchen zu entscheiden haben. 8. Es versteht sich von selbst, daß bei Erteilung dieser Begünstigung alle jene Ausnahmen zu gelten haben, welche unter 3. hinsichtlich der Landesfabriken und Privilegieninhaber angeführt worden sind. 9. Diejenigen Fabrikanten und Gewerbsleute (mit Ausnahme der landesbefugten Fabriken), welchen die Begünstigung der Errichtung einer Niederlage außerhalb des Ortes ihres Fabriks- oder Gewerbebetriebes zuteil wird, haben a) jede Niederlage besonders zu versteuern; b) sich jeden Eingriffes in die Rechte des Handelsstandes, folglich jeden unbefugten Verschleißes fremder Erzeugnisse in ihren Niederlagen zu enthalten; c) im Falle einer Überschreitung ihrer Befugnis die Entziehung des Niederlagsrechtes zu gewärtigen.

Die Hofkanzlei, die um ihre Meinung befragt wurde, hob hervor, daß die Beurteilung dieser Frage nicht in ihren Wirkungskreis falle, da die vorgeschlagenen Bestimmungen für Polizeigewerbe (die der Hofkanzlei unterstanden) nicht in Betracht kommen. Nur wünschte sie, da die Judensachen zu ihrer Kompetenz gehörten, noch den Zusatz: 10. Es versteht sich von selbst, daß in Fällen, wo Niederlagen von Israeliten errichtet und durch Israeliten betrieben werden wollen, die über die Ansässigmachung und den Aufenthalt der Israeliten bestehenden Vorschriften zu beobachten sein werden. Die Hofkammer erklärte sich mit diesem Zusatz einverstanden.

Der ganze Plan war inzwischen, offenbar durch Vorstellungen seitens der Handelsleute, zu Ohren des Kaisers gelangt, welcher infolgedessen durch Handschreiben vom 16. August 1832 befahl, in dieser Sache nichts ohne seine vorherige Genehmigung zu verfügen. Darauf erstattete die Hofkammer unter dem 24. August den Vortrag, in welchem sie die angeführten Vorschläge wegen einheitlicher Regelung des Niederlagsrechtes zur Genehmigung antrug[1].

Während sich die Hofkammer der nach den damaligen Verhältnissen größtmöglichen Liberalität zu nähern suchte, zeigte die Beratung im Staatsrat ein anderes Bild. Der Referent Baron Knorr war gegen jede Änderung des bestehenden Zustandes, da sich gerade die industriereichsten Länderstellen in diesem Sinn ausgesprochen hatten. Er meinte, die Hofkammer scheine, wie bei den Verhandlungen über die Grenzlinie zwischen Polizei- und Kommerzialgewerben, auch hier zu beabsichtigen, durch einzelne Änderungen in der bestehenden Gewerbelegislation sich dem System der Gewerbefreiheit mehr zu nähern. Dabei sei jedoch zu besorgen, daß die Gewerbegesetzgebung, da sie ein Ganzes bildet, immer lockerer, verwirrter und zuletzt der Willkür preisgegeben würde. So wünschenswert es auch sei, daß das Gewerbewesen von allem unnötigen Zwange befreit und sämtliche Bedingungen zur Erlangung von Gewerben derart festgesetzt würden, daß beim Vorhandensein

---

[1] A. d. k. k. Fin. Min. Kom., Fasz. 29, Nr. 134 ex jul., 191 ex aug. 1832; Staatsrat 1832, Nr. 5453.

derselben jeder zur Gewerbeausübung berechtigt wäre, so müßte doch eine solche Änderung in der bestehenden Gewerbeverfassung in ihrem ganzen Umfang aufgefaßt werden. Teilweise Aufhebungen der bestehenden Bestimmungen sollten, weil Lücken im Ganzen entstehen würden, nicht stattfinden. Auf dem entgegengesetzten Standpunkte stand Staatsrat Baron Kübeck, welcher für den Antrag der Hofkammer eintrat. Dabei führte er aus: „Ob die allgemeine Hofkammer schon Versuche gemacht habe, durch abgerissene Verfügungen zu dem System der Gewerbsfreiheit zu gelangen, ob sie überhaupt einen solchen Zweck, und zwar gegen allerhöchste Absichten in verdeckten Wegen verfolge, ist mir unbekannt. Ich gestehe, daß jede Waffe der Argumentation, welche die nicht offen erklärte Absicht einer Meinung angreift, die Diskussion auf einen ungleichen Boden stellt und meinem Gefühle widerstreitet. In den hier vorgeschlagenen Maßregeln könnte ich, nach meiner beschränkten Ansicht, einen solchen Versuch nicht wahrnehmen. Weit entfernt, darin einen Schritt zu dem System der Gewerbsfreiheit, wie ich sie nämlich verstehe, zu finden, würde ich vielmehr in ihnen vorzüglich die Grundlage aus einem zu beschränkenden Gesichtspunkte aufgefaßt glauben. Offenbar gehen die Hofstellen von der Maxime aus, daß unmittelbare Absatzanstalten der eigenen Gewerbserzeugnisse nicht in dem Umfange der Rechte des Gewerbsbefugnisses liegen, sondern ausnahmsweise der Gegenstand besonderer, nur einigen Gewerbsklassen eingeräumter Rechte oder besonders zu erwirkender Befugnisse sei, die an neue eigene Bedingungen gebunden sind. Ich verhehle es nicht und habe es auch bereits bemerkt, daß ich die entgegengesetzte Maxime für die richtigere halte, ohne mich darum für einen Vertreter der Gewerbsfreiheit in jenen Provinzen, wo sie nicht gesetzlich besteht, zu halten." „Man sollte glauben, daß die Regel gelten müsse: jedem Fabriks- und Gewerbsunternehmer stehe es frei, sein eigenes Fabrikat, wo und wie er kann, so vorteilhaft als möglich abzusetzen. Der Absatz ist der Zweck und das Bedingnis der Fortdauer eines Gewerbes. Mit dem Befugnisse zu einem Gewerbe scheint es, müsse ihm also auch das Recht des freien Absatzes seiner Gewerbserzeugnisse gegeben sein." Da manche Einschränkungen notwendig seien, so wäre der richtige Standpunkt der Gesetzgebung, die Regel vorauszusetzen und nur die Ausnahmen positiv zu bestimmen. Die bestehenden Gesetze seien aber so abgefaßt, als ob der umgekehrte Satz gälte. Er schloß seine Ausführungen mit den Worten: „Wenn ich den vorgeschlagenen Maßregeln gleichwohl zustimme, so geschieht es, weil ich ihren Gang den bisherigen Schritten der Regierung analog finde als eine folgerechte Durchführung nicht einer selbst geschaffenen Theorie, sondern der von der Regierung angenommenen und durch die ganze Gewerbsgesetzgebung verzweigten Grundsätze." Die Ansicht Knorrs erhielt dennoch die Mehrheit, für diejenige Kübecks setzten sich nur noch zwei Stimmen ein, darunter Erzherzog Franz Karl. Im Sinne der Mehrheit erfloß denn auch unter dem 6. April 1835 die Entschließung Kaiser Ferdinands des Inhalts: „Der Gegenstand dieses Vortrages ist bei der mit dem Kabinettschreiben vom 4. Februar 1835 angeordneten Bearbeitung eines neuen Gesetzes über die Behandlung der Gewerbsangelegenheiten aufzunehmen und mir mit den diesfalls zu erstattenden Vorschlägen gutächtlich vorzulegen." Damit wurde die Erledigung dieser Frage mit der Ausarbeitung eines neuen allgemeinen Gewerbegesetzes verknüpft und dadurch auf unbestimmte Zeit hinausgeschoben[1]).

In der Zwischenzeit von 1832 bis 1835 bewegten sich die Entscheidungen der Hofkammer in dieser Angelegenheit immer im Sinne der größtmöglichen Freiheit. So wurde das böhmische Gubernium durch Dekret vom 19. April 1834 einstweilen belehrt, daß durch die Hofverordnung vom 24. Dezember 1817, welche nur „vorübergehend und im allgemeinen" von dem als Regel bestehenden Rechte der Landesfabriken, in allen Provinzialhauptstädten nach vorläufiger Anmeldung bei der Landesstelle Niederlagen zu errichten, spreche, die früheren Bestimmungen der Hofverordnung vom 18. Mai 1786 und der Verfügung vom 9. Februar 1813, wonach dieses Recht ohne Beschränkung auf die Provinzialhauptstädte gelte, nicht widerrufen worden seien[2]). Ebenso wurde das mährischschlesische Gubernium anläßlich eines Rekurses am 12. September 1834 dahin unterrichtet, die Hofverordnung vom 24. Dezember 1817 gehe überhaupt vom Geiste der größtmöglichen Begünstigung des Absatzes der Fabriken aus und erwähne mit keinem Worte, daß die 1786 erlassene Bestimmung widerrufen sei. Es könne mithin auch der Sinn der erwähnten Verordnung von 1817 um so weniger in einer beschränkenden Auslegung verstanden werden, als der Zustand der Industrie und alle Verhältnisse sich seit 1786 dermaßen geändert haben, daß es im kommerziellen Interesse der Monarchie liege, den Absatz der erbländischen Fabriken noch viel mehr zu begünstigen als zu beschränken[3]).

Auch nach der allerhöchsten Entschließung vom 6. April 1835 ging die Hofkammer im selben Sinne vor. So belehrte sie anläßlich eines Rekurses durch Hofdekret vom 25. Februar 1839 die niederösterreichische Regierung, den landesbefugten Fabriken stehe das Recht zu, nicht nur in den Landeshauptstädten, sondern überall, wo sie es ihrem Vorteile entsprechend finden, Niederlagen zu halten[4]).

Es kann nicht wundernehmen, daß sich viele Länderstellen über den tatsächlichen Rechtszustand in dieser Angelegenheit nicht auskannten. Die durch den Vortrag vom 24. August 1832 von der Hofkammer beabsichtigte Vereinheitlichung der diebezüglich geltenden Grundsätze wurde vereitelt und es blieben somit die zahlreichen seit den achtziger Jahren des 18. Jahrhunderts erflossenen Verfügungen, die nicht selten untereinander in Widerspruch standen, auch weiterhin in Kraft. Die Hofkammer bemühte sich, durch zahlreiche in Rekursfällen getroffene Entscheidungen die Länderstellen über die Bedeutung eines möglichst ausgedehnten und unbeschränkten Absatzes für die Entwicklung der Industrie zu belehren und zu einer liberalen Handhabung der Bestimmungen über die Niederlagsrechte zu ermahnen. Der Erfolg bestand denn auch darin, daß, wie aus den obigen Ausführungen zu entnehmen ist, den industriellen Unter-

---

[1]) A. d. k. k. Fin. Min. Kom., Fasz. 29, Nr. 28 ex apr. 1834; Staatsrat 1832, Nr. 5453. — [2]) Statth. A. Prag, 1826—1835, Kom., Fasz. 1, subn. 1, Hofkammerdekret v. 19. April 1834. — [3]) A. d. k. k. Fin. Min. Kom., Fasz. 29, Nr. 52 ex sept. 1834. — [4]) Statth. A. Wien, Normalien, A. 17, Nr. 14550.

nehmungen die Absatzmöglichkeit durch Haltung von Niederlagen, wenn auch nicht rechtlich, so doch tatsächlich in weitem Maße gewährt wurde. Zur Beförderung des größtmöglichen Absatzes im Inlande durch Haltung von Niederlagen hatte sich somit die Kommerzialleitung alles zuzugestehen bemüht, was ohne allgemeine Gewerbefreiheit erreichbar war.

VII. Kapitel.

Geschichte des gewerblichen Unterrichtswesens.

Solange das Gewerbe eine rein handwerksmäßige Beschäftigung war und nur für den Lokalbedarf arbeitete, die Zunftverfassung anderseits den Meistern den Nahrungsstand sicherte, blieb der technische Betrieb in den althergebrachten Formen, welche sich die Lehrjungen und Gesellen auf empirischem Wege während ihrer Lehr- und Dienstjahre aneignen mußten. Da ein Streben nach möglichster Ausdehnung der Produktion nicht vorhanden war und es auch nicht gut sein konnte, blieb auch die Betriebstechnik jahrhundertelang immer auf derselben Stufe der Vollkommenheit oder besser der Unvollkommenheit. Das Bedürfnis nach eigenen gewerblichen Unterrichtseinrichtungen war damals noch nicht vorhanden. Als jedoch mit dem Fortschreiten der theoretischen Chemie und Mechanik allmählich auch die chemische und mechanische Technologie sich der wissenschaftlichen Errungenschaften bemächtigten, als anderseits die Lockerung der Zunftverfassung die Produktion von ihren Fesseln teilweise befreite und die ausgedehntere Produktion und die sich bessernden Verkehrsverhältnisse den Absatz vom lokalen Bedarf immer unabhängiger machten, da reifte bald die Einsicht, daß die neuen Betriebsmethoden den älteren an Leistungsfähigkeit weit überlegen waren.

Die Staatsverwaltungen, die seit Colbert es auf kommerziellem Gebiete für ihre oberste Pflicht hielten, den Ausfluß des Geldes durch möglichste Vervollkommnung und Ausdehnung der heimischen Produktion zu hemmen, ergriffen, von der richtigen Ansicht ausgehend, daß vollkommenere Betriebsmethoden, sich selbst überlassen, sich nur sehr langsam verbreiten, selbst die Initiative, um durch qualitative und quantitative Hebung der inländischen industriellen Erzeugnisse die staatliche Handels- und Zahlungsbilanz möglichst günstig zu beeinflussen.

Fremde geschickte Arbeiter und Fabrikanten wurden schon im Mittelalter öfters ins Inland berufen, um neue Fabrikationszweige einzuführen. Dies dauerte im 18. und auch im 19. Jahrhundert fort. So wurden unter Maria Theresia zur Verbesserung der Tuchfabrikation in Böhmen Niederländer und Italiener berufen und ihnen zahlreiche Begünstigungen erteilt. Zur Vervollkommnung der Tuchfärberei und Appretur wurde ein Schönfärber aus Frankreich mit einem jährlichen Gehalte zum Unterrichte von Landeskindern bestellt. Ebenso wurde mit Zuerkennung eines jährlichen Gehaltes zur Verbesserung der Färberei und Zurichtung der Wollenzeuge ein Appreteur aus England berufen. Zu demselben Zwecke kamen ins Land Glasfabrikanten aus Ferrara, schlesische Bleicher zur Verbesserung der Leinenbleicherei,

I. Gewerblicher Unterricht durch fremde und inländische geschickte „Fabrikanten" mit staatlicher Geldunterstützung.

158

schweizerische Appreteurs·und ausländische Blattbinder. Die meisten bezogen einen jährlichen Gehalt vom Staate. Zur Vervollkommnung der Papierfabrikation, namentlich des Packpapiers, wurde ebenfalls unter Maria Theresia ein ausländischer Papiermacher gewonnen[1]. Zur Verbesserung der Seidenindustrie wurden französische Meister berufen und es wurden ihnen gegen die Verpflichtung, möglichst viele Lehrjungen auszubilden, bedeutende staatliche Zuwendungen zuteil[2].

Unter Kaiser Josef wurde es nicht anders. Zahlreiche fremde „Fabrikanten" wurden durch große Geldunterstützungen, Vergütung der Reisekosten, Zusicherung der Freizügigkeit und Freiheit von der Rekrutierung und anderem bewogen, ins Inland zu übersiedeln, wo ihnen sodann noch Lehrlingsbeiträge für jeden Lehrling, der die Fabrikation vollkommen erlernte, verliehen wurden.

Auf diese Weise suchte die Staatsverwaltung mit Hilfe inländischer und fremder geschickter Fabrikanten auch weiterhin am Ende des 18. und in den ersten Jahrzehnten des 19. Jahrhunderts die inländische Produktionstechnik zu vervollkommnen. So erhielt z. B. im Jahre 1803 Josef Eberhartseder zu Linz für die Ausbildung zweier Lehrlinge in der Erzeugung von „Kartatschen", welche damals meist aus dem Auslande bezogen werden mußten, die Zusicherung eines Betrages von je 200 fl.[3]. Der Feilenfabrikant Wilhelm Böck zu Waidhofen a. Y. erhielt 1817 vom Kaiser eine Belohnung von 5000 fl., und zwar 2000 fl. sofort, während er sich für die übrigen 3000 fl. verpflichten mußte, sechs Lehrlinge in allen seine Kunst betreffenden Gegenständen auszubilden[4]. Um dieselbe Zeit wurden in der Tuchscherfabrikation bewährte holländische Meister berufen, um in Steyr auf Staatskosten die Tuchscherfabrikation, welche im Inlande noch nicht genügend ausgebildet war, zu betreiben und Lehrlinge auszubilden[5]. Ebenso wurde, um die Einfuhr ausländischer Preßspäne entbehrlich zu machen, ein in den Niederlanden ausgebildeter Tuchspänmacher verpflichtet, in der Rannersdorfer Ärarialpapierfabrik auf Staatskosten gegen ein Taggeld und eine Remuneration von 1200 fl. C. M. drei Individuen in diesem Fabrikationszweige zu unterweisen[6]. Wenn auch alle diese Maßnahmen nicht gerade den gewünschten Erfolg zeitigten, so muß der gute Wille der Staatsverwaltung doch nach Gebühr gewürdigt werden.

II. Allgemeine staatliche Belehrungen und Anordnungen zur Verbesserung und Ausdehnung der Produktion. Ein zweites von der Staatsverwaltung oft angewendetes Mittel zur Verbesserung der Qualität der inländischen Produktion waren Belehrungen, deren Berücksichtigung teilweise sogar erzwungen wurde.

So regelten die verschiedenen Papiermacherordnungen (für Mähren 1754, für Böhmen 1756) genau den Produktionsprozeß nach dem damals neuesten Stande der Technik, ordneten die genaue Befolgung dieser Vorschriften an und bestimmten für den Fall ihrer Nichteinhaltung empfindliche Strafen. So bestimmte die Papiermacherordnung vom 5. Mai 1756 für Böhmen: „diese Professionsordnung soll auf das genaueste beobachtet, die dargegen handelnden Meister das erstemal mit einem vierwöchentlichen Arreste, das andere Mal mit

---

[1] Kopetz, a. a. O., II, 59 f. — [2] Vgl. S. 386. — [3] H. K. A. Kom. N.-Ö., Fasz. 72, Nr. 3 ex febr. 1803. — [4] Vgl. unten S. 443. — [5] Vgl. S. 194, 320. — [6] Vgl. unten S. 320, 425.

gänzlicher Benehmung des Meisterrechtes, die Gesellen aber ohne Ausnahme
als Rekruten abzugeben, und wenn er dazu nicht tauglich, aus allen Erblanden
auf ewig abgeschafft werden"[1]).

Ähnlich regelte das ganze technische Verfahren auch die Schleierfabri-
zierungsordnung vom 31. Oktober 1755 sowie die Tuchmacherordnung vom
24. August 1758 für Böhmen[2]). Im Jahre 1751 wurde die Manufakturordnung
für Seidenzeuge erlassen, 1763 die Samtqualitätenordnung[3]). Die Zahl solcher
Qualitätenordnungen ist im ganzen sehr groß. Man übersah dabei unter Maria
Theresia, daß diese starren Ordnungen nur für den Augenblick vielleicht fördernd
wirken, mit der Zeit aber ein lästiger Hemmschuh werden und die Weiterentwicklung der Industrie geradezu unterbinden mußten. Das Schicksal dieser
Ordnungen war denn auch, daß sie allmählich in Vergessenheit gerieten und
nur wenige von ihnen am Ende des 18. und im 19. Jahrhundert ausdrücklich
außer Kraft gesetzt wurden[4]).

Die Nachfolger Maria Theresias griffen nicht mehr zu so radikalen und
problematischen Anordnungen, bemühten sich aber dennoch, auf ähnliche Art
der Industrie behilflich zu sein.

Im Jahre 1782 kaufte die Regierung von einem türkischen Färber das
„Arcanum" der türkischen Garnfärberei, um die Methode den Fabriksinhabern
mitzuteilen, welche sich mit der Erzeugung solcher Waren beschäftigten, welche
Mitteilungen in den Jahren 1791, 1792 und 1794 wiederholt wurden[5]).

Auch späterhin wurden über staatliche Anregung und auf ärarische Kosten
vielfach Belehrungen über neue Industriezweige und Betriebsarten verfaßt
und verbreitet. So wurde 1799 ein Unterricht über die Kultur des Saflors
verfaßt und verbreitet, um den Anbau dieser wichtigen Farbpflanze zu fördern[6]).
Im Jahre 1811 ordnete der Kaiser an, daß die Fischersche Methode der Zuckererzeugung aus Runkelrüben auf Staatskosten veröffentlicht werde[7]). 1812
erschien in den Vaterländischen Blättern ein ausführlicher Aufsatz über den
Anbau der Runkelrüben und die Erzeugung von Zucker aus denselben von
Hofrat J. Chr. Waickardt „auf unmittelbaren allerhöchsten Befehl Seiner
Majestät eingeruckt"[8]). Die 1810 erschienene Schrift von C. Böhringer über
die Zuckererzeugung aus dem Safte des Ahornbaumes wurde von der Hofkammer an die Länderstellen zur Verteilung versendet[9]) und im Jahre 1812
ließ die niederösterreichische Regierung auf Befehl Seiner Majestät durch
Professor Franz Schmidt eine Abhandlung über die Kultur der Ahornbäume
verfassen[10]). 1814 wurde eine Abhandlung des Abtes Mitterspacher über die
Zuckerfabrikation aus dem Safte der Maisstengel und des Ahorns den Länderstellen übersendet, damit die Verteilung derselben „nur an solche Individuen
geschehe, von denen man mit Grund vermuten kann, daß sie wirklich einen
nützlichen Gebrauch davon machen werden"[11]). Um den Flachsbau zu befördern,

---

[1]) A. d. Min. In. V, G. 5, Karton 2925. — [2]) Kopetz, a. a. O., II, 60 f. — [3]) Vgl. unten 385 f.
— [4]) Vgl. Barth, a. a. O., 131; auch unten S. 275 ff., 322 ff., 369 f., 385, 387, 390 f., 515 ff.
— [5]) Kopetz, a. a. O., II, 61. — [6]) Vgl. unten S. 557. — [7]) Siehe unten S. 581. — [8]) Siehe
unten S. 583. — [9]) Siehe unten S. 586 f. — [10]) Siehe unten S. 588. — [11]) Siehe unten S. 589.

wurde der zu Anfang des 19. Jahrhunderts auf Veranlassung der Prager patriotisch-ökonomischen Gesellschaft verfaßte Unterricht über den Flachsbau auf kaiserlichen Befehl durch die Kreisämter an die Obrigkeiten und Untertanen unentgeltlich verteilt[1]).

Auch wurden die Jahrbücher des polytechnischen Instituts zu solchen Belehrungen und Ermunterungen benützt[2]). Als seit dem vierten Jahrzehnt Gewerbevereine entstanden, übernahmen sie diese Seite der Aufklärung selbst und betätigten sich hierin durch eigene Publikationen und gewerbliche Zeitschriften sehr erfolgreich.

III. „Unterricht in Beschäftigungen, welche als Nebenerwerb den Wohlstand der unteren Klassen zu erhöhen und als wohlfeile Vorarbeiten den Fabriken und Manufakturen zu dienen geeignet waren"[3]).
Die sogenannten Spinn- und Webschulen, welche in der Zeit Maria Theresias entstanden, hatten vor allem den Zweck, diese Beschäftigungen, welche der Landbevölkerung einen Nebenverdienst sicherten, zu verbreiten und dadurch anderseits auch für die industriellen Unternehmer möglichst zahlreiche und billige Arbeitskräfte (Kinder) auszubilden. Durch Hofreskript vom 22. Februar 1755 wurde zuerst auf die Errichtung von Spinn- und Webschulen in Böhmen gedrungen. Es sollten die Spinner in der Verfertigung besserer Gespinste, die Weber in der Herstellung schweren Kommerzlinnens und feiner gezogener Waren unterrichtet werden. Im Jahre 1764 wurden die böhmischen Magistrate und Dominien durch einen besonderen Erlaß zur Errichtung von Spinnschulen aufgemuntert und 1765 wurde ein eigenes Spinnschulpatent für sämtliche österreichischen Provinzen erlassen, nach welchem in allen landesfürstlichen Städten und Märkten Spinnschulen in Flachs, Hanf, Wolle und Baumwolle den Winter über auf Kosten der Gemeinde erhalten werden sollten. Der Besuch derselben wurde den des Spinnens unkundigen Kindern der Professionisten und Handwerker vom 7. bis zum 15. Lebensjahre zur Pflicht gemacht, die Eltern und Vormünder wurden verhalten, bei Strafe darüber zu wachen. Durch Ferdinand Kindermann wurden diese Industrieschulen mit den Volksschulen verbunden und nahmen seitdem rasch zu. 1787 gab es ihrer in Böhmen über 100, 1790 schon 232[4]). Die Staatsverwaltung verlieh an die Schüler Geldbeiträge aus der Kommerzialkasse, den Lehrern, Obrigkeiten und magistratischen Beamten, welche sich dabei besonders eifrig betätigten, Prämien von 50 bis 150 fl.

Im Jahre 1797 wurde so den Beamten, Schullehrern und Dorfrichtern, welche die Wollspinnerei mit gutem Erfolge verbreitet haben würden, besondere Belohnung und Entschädigung für die aufgewendete Mühe zugesagt[5]).

Es darf jedoch nicht übersehen werden, daß dieser Spinnunterricht nicht gerade die Vervollkommnung der Technik und somit der Qualität der gewerblichen Produktion bezweckte oder erreichte. Der Zweck dieser Industrieschulen war vielmehr, der Industrie billige Arbeitskräfte, womöglich Kinder, zu verschaffen, wie ja überhaupt die theresianisch-josefinische Schulpolitik in der Kinderarbeit eine wünschenswerte und nützliche Einrichtung sah[6]). So hatten denn auch die Kommerzkonsesse dafür zu sorgen, daß den Fabriken und Meister-

---

[1]) Siehe unten S. 359. — [2]) Kopetz, a. a. O., II, 61. — [3]) Kopetz, a. a. O., II, 52. — [4]) Klimburg, Die Entw. des gew. Unterrichtsw. in Öst. 1—15. — [5]) Kopetz, a. a. O., II, 54 f. — [6]) Mises in Ztschr. f. Volksw., Sozialpol. und Verw. XIV, S. 209 ff.

schaften aus diesen Schulen „die zu ihren Manufakturen tauglichsten Spinner" zugewiesen werden"[1]). Diese Schulen konnten somit nur die Spinnerei und Weberei unter der Landbevölkerung verbreiten, welche von den großen Unternehmungen mit Arbeit verlegt wurde. Seit dem Aufkommen und Überhandnehmen der Maschinen, namentlich der Spinnmaschinen, mußten diese Schulen immer mehr an Bedeutung verlieren.

Dasselbe Ziel der Schaffung einer Nebenverdienstquelle hatten auch die unter Maria Theresia und später unter Kaiser Franz I. zu Anfang des 19. Jahrhunderts mit großen Kosten seitens des Staates errichteten und mehrere Jahre erhaltenen Spitzenunterrichtsanstalten. Dadurch wurde dieser Beschäftigungszweig stark verbreitet und die Organisierung wahrer Großbetriebe durch kapitalskräftige Verleger („Fabrikanten"), namentlich in Nordböhmen, ermöglicht. Die erste dieser Klöppelschulen nach niederländischer Art wurde 1768 auf Staatskosten in Prag gegründet und von einer Meisterin aus Brüssel geleitet, die zweite wurde 1805 von Charlotte van der Cruyce als staatliche Anstalt in Wien ins Leben gerufen, 1814 nach Prag verlegt und 1822 aufgehoben, nachdem sie der Staatskasse sehr viel gekostet und der Erfolg den aufgewendeten Opfern bei weitem nicht entsprochen hatte[2]).

Für viele Industriezweige waren geschickte Zeichner unentbehrlich. Dies gilt namentlich für die Textilindustrie (Druckerei), aber auch für andere, wie die Glas- und Porzellanfabrikation u. a. m.

IV. Manufakturzeichenschulen.

Die erste Manufakturzeichenschule wurde im Jahre 1758 in Wien vom Staate errichtet, auf Anregung des Fürsten Kaunitz, damaligen Botschafters am französischen Hofe. Sie war die erste gewerbliche Unterrichtsanstalt Österreichs, welche die Vervollkommnung der heimischen Industrie zum Ziele hatte, wenn sie auch nur ein beschränktes Gebiet umfaßte. Im Jahre 1786 wurde sie mit der Akademie der bildenden Künste vereinigt. Sie erfreute sich eines starken Besuches; 1814 war sie an Wochentagen von 230, an Sonntagen von 332 Schülern besucht[3]). Seit der Vereinigung mit der Akademie der bildenden Künste bildete sie eine eigene Abteilung derselben. Die Akademie selbst bestand seitdem aus vier Abteilungen: 1. Die Schule der Maler, Bildhauer, Kupferstecher und der Mosaik; 2. die Schule der Architektur; 3. Die Schule der Graveure; 4. die Schule der Anwendung der Kunst auf Manufakturen (hauptsächlich für Kunstweberei und Feinkunstdruckerei)[4]).

Kaiser Josef warnte vor bloßer Theorie und suchte dem Zeichenunterricht eine praktische Unterlage zu geben. Ein Hofdekret vom 7. Juli 1783 bestimmte, „daß in den Zeichenschulen den Knaben vorzüglich die Anleitung zur Abzeichnung geometrischer Figuren, des Laub- und Schnitzwerks zu geben sei, als welcher Unterricht ihrer künftigen Bestimmung zu Handwerkern oder Kotton-, Zitz- und Leinwanddruckfabrikanten weit mehr entspreche als das Zeichnen von Menschen, Tieren und Landschaften"[5]).

---

[1]) Kopetz, a. a. O., II, 55. — [2]) Vgl. unten S. 362 ff. — [3]) Klimburg, a. a. O. 1—15; H. K. A. Kom. Kammer, Fasz. 56, Nr. 58 ex majo 1814. — [4]) Statuten f. d. öst. kais. Ak. d. vereinigt. bild. Künste (1812) in Vaterl. Blätter 1813, Nr. 18. — [5]) Klimburg, a. a. O. 15 ff.

Immer mehr drang die Erkenntnis durch, daß das gewerbliche Bildungswesen eine der Grundbedingungen für den industriellen Fortschritt ausmache. Zu Anfang des 19. Jahrhunderts schrieb ein genauer Kenner der industriellen Verhältnisse (Demian): „Überhaupt sind Kenntnisse, besonders aber gründliche, nicht oberflächliche Manufakturkenntnisse, eines der wesentlichsten Stücke bei jeder Art von Manufaktur. Fehlen diese, dann kann man mit voller Sicherheit behaupten, daß sich das Manufakturwesen in dem Lande nie zu einem hohen Grade der Vollkommenheit emporarbeiten werde, besonders in jenen, wo Geschmack mit der Kunst, wie bei den Seidenmanufakturen, Hand in Hand gehen muß"[1]).

Schon unter Maria Theresia wurde an den Normal- und Hauptschulen auf die Vorbereitung für das Gewerbe besondere Rücksicht genommen (Schulordnung vom 6. Dezember 1774) und seit Josef II. dabei besonders auf den Zeichenunterricht Gewicht gelegt, soweit er für das Gewerbe unentbehrlich ist (Hofdekret vom 18. September 1782). Aber auch später wurde dies nicht aus dem Auge gelassen. In den meisten Hauptschulen der Monarchie wurde Unterricht im Zeichnen regelmäßig auch an Sonn- und Feiertagen erteilt, damit die Lehrjungen und Gesellen derjenigen Gewerbe, bei welchen die Zeichenkunst zur Vervollkommnung ihrer Arbeiten notwendig ist, in den Stand gesetzt werden, denselben zu besuchen (Verordnung in Prag vom 12. April 1799), und nach dem Schulplane vom 10. Februar 1804 war das für die meisten „Künstler und Professionisten" unentbehrliche Zeichnen ebenso wie die Geometrie, Mechanik, Naturgeschichte und Physik nach dem Bedürfnisse des Gewerbsmannes zum Unterrichte vorgeschrieben. Im Jahre 1808 wurde in Erwägung der Wichtigkeit des Zeichnens für Fabriken, Künste und Handwerke eine eigene Direktion des Kunstfaches sämtlicher mit den Volksschulen vereinigten Zeichnungsklassen aufgestellt, um eine gleichförmige Organisation und Leitung dieses Lehrfaches zu sichern (Allerhöchste Entschließung vom 4. September 1808). Für besonders gelungene Zeichnungen wurden aus dem Normalschulfonds Prämien bewilligt (Allerhöchste Entschließung vom 23. März 1821)[2]).

In der richtigen Erkenntnis der Wichtigkeit des Zeichenunterrichtes wurden später noch zahlreiche selbständige Manufakturzeichenschulen errichtet. So zunächst eine in Verbindung mit dem 1811 ins Leben gerufenen Joanneum in Graz. Der böhmische Gewerbeverein errichtete in Prag eine Zeichenschule, die täglich offen gehalten wurde. Der 1837 ins Leben gerufene innerösterreichische Gewerbeverein gründete Zeichenschulen in Graz (wo sie sich an die am Joanneum anschloß), Klagenfurt, Laibach, Steyr und Linz[3]). Im Jahre 1837 entstand in Wien ein eigener Verein „zur Beförderung der Manufakturzeichnung"[4]) und 1843 gründete der niederöster-

---

[1]) Archiv f. Geogr. u. Statistik (herausg. v. Liechtenstern) 1804, S. 234. — [2]) Kopetz, a. a. O., II, 41 f.; Pillwein, Neuester Wegweiser durch Linz 1824, S. 235: „Sonntags-Kunstschule für Professionisten und Handwerkslehrjungen". — [3]) Protok. d. inneröst. Gewerbever. 1839, S. 8, 30 ff., 1840, S. 12—27, 1841, S. 12—24, Inneröst. Industrie- u. Gewerbsbl. 1843. S. 109 ff., 1845, S. 332; Gesch. d. böhm. Gewerbevereins. — [4]) Siehe S. 223.

reichische Gewerbeverein eine Manufakturzeichenschule in Wien mit dem
Namen „Copiranstalt"[1]).

Durch diese Einrichtungen hob sich der Geschmack in der Fabrikation
und besonders die Wiener Erzeugnisse hatten bald, wegen der Feinheit und
Vollkommenheit der Zeichnungen, einen weit über die Grenzen der Monarchie
reichenden Ruf.

Hatten die Spinn- und Zeichenschulen mehr den Zweck, geschickte Arbeiter
auszubilden, so wurde es bald nötig, auch für die Ausbildung von guten Unternehmern und leitenden Beamten für die großen industriellen Betriebe Vorsorge zu treffen. Namentlich das streng prohibitive System in der auswärtigen
Handelspolitik seit Kaiser Josef II. machte einen gebildeten Fabrikanten- und
Handelsstand zur unumgänglichen Notwendigkeit, wollte man die Industrie so weit
heben, daß sie den inländischen Bedarf decke und vielleicht auch für den Export
in Betracht komme. Diesem Zwecke sollten vor allem die Realschulen dienen. V. Realschulen.

Im Jahre 1770 wurde von Johann Georg Wolf, der 1765 aus Baden nach
Wien gekommen war, die erste Realhandelsschule in Wien errichtet und im
folgenden Jahre unter dem Namen „Realhandelsakademie" durch Angliederung
eines zweiten Jahrganges erweitert. Ihr Zweck war die Bildung eines intelligenten Kaufmannsstandes[2]). Erst im 19. Jahrhundert wurden solche Schulen
zahlreicher. Von der 1795 eingesetzten Studienhofkommission unter dem
Vorsitze des Hofkanzlers Grafen Rottenhan ging der Vorschlag zur Gründung
von „Real- und Bürgerschulen" aus, welcher 1804 die allerhöchste Sanktion
erhielt. Sie sollten jene Schüler, welche sich den höheren Künsten, dem
Handel, dem Wechselgeschäfte, land- und staatswirtschaftlichen Ämtern oder
der Buchführung widmen wollten, heranbilden. Solche Anstalten sollten vor
allem in Wien, Prag, Innsbruck und Padua, später auch in kleineren Städten
errichtet werden. Im Unterrichtsplane waren unter anderem enthalten die
Baukunst, das „für die meisten Künstler und Professionisten so nötige Zeichnen"
und andere technisch-realistische Fächer für die Bedürfnisse des Gewerbsmannes[3]). Der Zweck der Realschulen war somit, gut unterrichtete und brauchbare Geschäftsmänner für die verschiedenen Arten der bürgerlichen Gewerbe,
für den Handel, die Fabriken und Manufakturen, für die Ökonomie, das Forst-
wesen und überhaupt für alle jene Berufsarten zu bilden, zu welchen „höhere
Gelehrsamkeit" im eigentlichen Sinne nicht erforderlich ist[4]).

Im Jahre 1809 wurde in Wien die erste Realschule nach diesem neuen
Plan ins Leben gerufen und bei der Errichtung des polytechnischen Instituts
als Vorbereitungsschule mit demselben vereinigt[5]).

Weitere Realschulen wurden sodann errichtet 1811 in Brünn, 1815 in
Brody, 1817 in Triest und Lemberg, 1834 in Prag und Rakonitz, 1837 in Reichenberg, 1845 in Graz[6]).

---

[1]) Auspitzer, 50 Jahre gewerbl. Bestrebungen, S. 377. — [2]) Klimburg, a. a. O. 1 ff. —
[3]) Klimburg, a. a. O. 17. — [4]) Barth, a. a. O., I, 211 f. — [5]) Exner, Polytechn. Inst. 21 ff.;
Beiträge zur Gesch. d. Gew. u. Erf., II, 199. — [6]) Klimburg, a. a. O. 20 ff.; Beiträge zur Gesch.
d. Gew. u. Erf., II, 200.

Vorteilhaft für die Entwicklung der Realschulen war eine allerhöchste Entschließung vom 7. Dezember 1825, durch welche angeordnet wurde, daß, weil sich die Zahl der Schüler an den philosophischen Lehranstalten der einzelnen Provinzen sehr vermehrt habe und die in ihrem Studium so weit vorgerückten Jünglinge sich schwer zum Eintritt in das bürgerliche Leben entschließen, daher, wenn die Kirche und der Staat ihrer nicht bedürfe, in eine kümmerliche Lage oder gar in Versuchung geraten, ihren Unterhalt auf unrechtem und bedenklichem Wege zu suchen, allen Länderstellen aufgetragen werden solle, auf Verminderung der Gymnasien, wo deren zu viele sind, und auf Genauigkeit im Klassifizieren zu drängen, damit Studierende, die keine Fortschritte in den Wissenschaften hoffen lassen, noch früh genug sich dem Handwerker- und Bürgerstande zuwenden können. Auch wurde angeordnet, besonders auf Vermehrung und Vervollständigung der technischen Studienanstalten hinzuwirken[1].

VI. Polytechnische Lehranstalten. Mit dem Aufkommen komplizierter Maschinen und mit den allgemeinen Fortschritten der Naturwissenschaften, vor allem der Chemie und der Mechanik, bekam die industrielle Betätigung einen ganz neuen Charakter. Kunst und Wissenschaft stellten sich immer mehr in den Dienst der Industrie und wurden von ihr untrennbar. Bei einzelnen Industriezweigen war bald die Frage überhaupt schwer zu beantworten, wo die Kunst oder Wissenschaft aufhörte und die industrielle Betätigung begann. So vor allem bei der Porzellan- und Glasindustrie, der chemischen Industrie, Bierbrauerei, Zuckerindustrie, Hüttenkunde, Maschinenerzeugung und mehreren anderen Erwerbszweigen. Durch diesen Wandel war auch das Bedürfnis nach einem gewerblichen Unterricht immer größer, welcher mit Berücksichtigung sämtlicher Errungenschaften der Wissenschaft und Kunst die höchste Ausbildung in allen industriellen Fächern gewährleisten sollte. Dies führte zur Schaffung von polytechnischen Unterrichtsanstalten.

Schon 1781 wurde es den Privatdozenten an der Wiener Universität freigestellt, über Technologie oder die Lehre von den Handwerken, Künsten, Manufakturen und Fabriken vorzutragen und dafür von den Zuhörern Bezahlung anzunehmen[2]. Polytechnische Institute entstanden aber erst im 19. Jahrhundert.

a) Prag (1806). Die erste wirkliche polytechnische Anstalt entstand in Prag und wurde nicht vom Staate, sondern von den Ständen errichtet, welche in diesem gewerbereichen Lande immer ein großes Verständnis für die Segnungen einer entwickelten Industrie bewiesen und immer an erster Stelle waren, wenn es galt, sich für dieselbe nützlich zu betätigen[3].

Von 1717 bis 1800 bestand in Prag eine ständische Ingenieurschule, gegründet, auf Anregung Christian Josef Willenbergs, hauptsächlich zur Ausbildung von Ingenieuren für die „Fortification". Willenberg war auch der erste Lehrer an dieser Schule, welche in Verbindung mit der Universität stand. Im Jahre 1787 wurde diese Lehrkanzel für Ingenieurwissenschaften der

---

[1] Göth, Joanneum 198 f. — [2] Staatsrat 1781, Nr. 559. — [3] Vgl. S. 216 u. 232.

philosophischen Fakultät der Universität angegliedert und es wurde bestimmt, daß nicht mehr Artilleriewissenschaften, sondern alle Kenntnisse vorgetragen werden sollen, welche der Zivilingenieur braucht. Sie war damit einer technischen Anstalt nähergekommen. Als Franz Leonhard Herget, der die Lehrkanzel seit 1767 innegehabt hatte, 1800 starb, da trat man an die Verwirklichung der Idee, ein selbständiges polytechnisches Institut zu errichten, heran.

Als Franz R. v. Gerstner, zugleich ein Mann der Wissenschaft als auch ein genauer Kenner der Industrie, in die von Kaiser Franz eingesetzte k. k. Studienrevisionshofkommission berufen wurde, hielt er 1798 seine Vorträge über das Studium der Naturgeschichte, Physik und Mathematik vor dieser Kommission, welche Vorträge die Gründung einer groß angelegten technischen Bildungsanstalt in Wien nach dem Muster der berühmten Pariser polytechnischen Schule bezweckten. Dabei setzte er den Nutzen einer solchen Schule auseinander: 1. Würde sie eine Pflanzschule für Lehrer sein; 2. könnte sie die Schulaufsicht über die unteren Lehranstalten üben; 3. würde dem Gewerbewesen ein unberechenbarer Nutzen verschafft werden durch die ausgebildeten Zöglinge, welche sich den Gewerben widmen und dieselben durch rationelle Behandlungsweise emporheben würden; 4. könnte die Regierung von der Anstalt bei technischen und wissenschaftlichen Fragen sich Gutachten erstatten lassen; 5. die Regierung gewänne tüchtig vorgebildete junge Leute für die Beamtenstellen in Kameral- und Bergwesen; endlich ließe sich 6. nach der Einrichtung der französischen école polytechnique die Anstalt zur Vorbildung für jene Militärs benützen, welche einer höheren wissenschaftlichen Ausbildung bedürfen, namentlich für jene, welche in den Generalstab aufgenommen werden sollen.

Dieses Projekt kam nicht zur Ausführung. Als nach dem Tode Hergets die Wiederbesetzung der Lehrkanzel an der Ingenieurschule in Prag erfolgen sollte, ergriff der Präsident der Studienhofkommission, Graf Rottenhan, die Gelegenheit, den Antrag auf Errichtung einer technischen Lehranstalt in Prag zu stellen. Der Antrag drang durch und Gerstner und Chevalier Landriani, welche bei der Organisation die führende Rolle spielten, stimmten darin überein, „daß eine technische Schule in Prag sehr nützlich sein würde, wenn selbe vor allem übrigen auf die Nationalgewerbe sehe, sonach die Leinen-, Woll- und Baumwollmanufakturen, die Erzeugung und Raffinierung des Glases und Eisens und der dahin gehörigen Gewerbe zu ihrem Hauptgegenstande machen würde, indem ein größerer Umfang nach dem Muster der französischen polytechnischen Schule und anderer Institute dieser Art teils an den erforderlichen Kosten, teils auch an dem Mangel der hiezu nötigen Lehrer unüberwindliche Schwierigkeiten finden würde. Hieraus folgt, daß die Lehrfächer der Chemie und Mechanik einstweilen für das Institut die wesentlichsten sein würden"[1]. „Die große Zahl der Gewerbe und die Verschiedenheit ihrer wissenschaftlichen Interessen fordern, daß der Unterricht nach Verschiedenheit der Gewerbsklassen abgeteilt, für jede Klasse besondere Unterrichtsstunden ausgemessen

---

[1] Jelinek, Das ständisch-polytechn. Institut zu Prag, S. 1—31.

und vorläufig bekanntgemacht werden.' „'Die Professoren müssen, um dem vorhabenden Zweck vollkommen zu entsprechen, auch außer ihren Lehrstunden zugänglich sein und jedem Belehrung suchenden Gewerbsmanne über besondere Vorfälle oder neue Erfindungen seines Gewerbes Auskunft erteilen." „Übrigens erfordert das Institut ein geräumiges Haus, welches für die Chemie mit Wasser und Gelegenheit zum Färben und Bleichen, für die Mechanik mit geräumigen Sälen zur Aufstellung der Maschinen und Modelle, mit einem angemessenen Platz zu hydraulischen Versuchen und mit den nötigen Werkstätten für die Handwerke versehen sein muß"[1]).

Die Stände übernahmen bereitwilligst die Kosten und mit Hofkanzleidekret vom 14. März 1803 erfolgte nicht nur die Mitteilung der kaiserlichen Genehmigung, sondern es wurden die Stände wegen des bewiesenen patriotischen Eifers auch belobt. Gerstner erhielt die Lehrkanzel für Mechanik[2]). Im Jahre 1806 erfolgte die Eröffnung dieser Anstalt zur Emporbringung der vaterländischen Gewerbe durch wissenschaftlichen Unterricht. Nach dem Lehrplane waren die Vorträge bestimmt a) für Söhne vermögender Künstler und Kaufleute, Eigentümer oder Vorsteher von Fabriken in Leinwand, Kotton, Tuch, Glas, Eisen; für Färber und Koloristen; für Uhr- und Instrumentenmacher, Maschinenarbeiter usw.; b) für Land- und Wasserbaumeister, „Landmesser oder Ingenieurs", Gutsbesitzer, Kameral- und Forstbeamte und überhaupt für alle, welche zwar nicht alle Abteilungen dieser Lehranstalt, aber doch einige Teile davon zu ihrem künftigen Berufe nötig haben; c) für Staatsbeamte in Fabriks- und Kommerzgegenständen oder im Land- und Wasserbauwesen; ebenso auch für künftige Lehrer und Professoren sowohl in diesen als auch anderen damit verwandten Wissenschaften. Vorlesungen wurden gehalten über Elementarmathematik und praktische Geometrie, Mechanik und Hydraulik, Land- und Wasserbaukunst, allgemeine und spezielle technische Chemie.

Bis 1815 war das Verhältnis des Instituts zur Universität ein unklares; in diesem Jahre wurde es erst ganz getrennt, wobei die Professoren in demselben Range verblieben. Seit 1817 wurden die Vorträge über Chemie erweitert durch Hinzufügung des Unterrichtes in der Agrikultur, Gärungschemie und Halurgie. Auch weiterhin wurde das Institut immer mehr vervollkommnet[3]).

Wie groß das Interesse der industriellen Kreise selbst für die möglichste Ausdehnung des gewerblichen Bildungswesens war, zeigt besonders deutlich ein Gesuch der böhmischen Bierverleger und Oberältesten der Bierbräugewerbe vom Jahre 1816 um Errichtung einer Unterrichtsanstalt für Bierbrauerei und Branntweinbrennerei in Verbindung mit dem Prager polytechnischen Institut, wobei sie sich bereit erklärten, alle hiezu erforderlichen Einrichtungs- und Unterhaltungskosten selbst zu tragen[4]).

Das Prager polytechnische Institut erlangte bald einen bedeutenden Ruf, eine große Zahl von Schülern drängte sich zum Eintritt in dasselbe und die daselbst Ausgebildeten fanden bald ein vorteilhaftes Unterkommen in Staats-

---

[1]) Jelinek, a. a. O. 32. — [2]) Jelinek, a. a. O. 33. — [3]) Jelinek, a. a. O. 36 ff. — [4]) Jelinek, a. a. O. 55.

oder Privatdiensten. Das Institut diente auch als Muster bei der Errichtung der Wiener polytechnischen Anstalt. Wiederholt wurde es vom Kaiser (1820, 1824) und von vielen anderen Fürstlichkeiten besucht[1]).

Dabei blieb das Institut seiner Bestimmung treu, in erster Linie der Industrie zu dienen. Neue Bedürfnisse der Industrie wurden immer berücksichtigt. So wurden 1833/34 die Unterrichtszweige der speziellen technischen Chemie durch Aufnahme von Vorlesungen über die Zuckerfabrikation vermehrt.

1830 wurde als Vorbereitungsschule in Verbindung mit dem Institut eine Realschule errichtet, welche jedoch erst 1833/34 definitiv organisiert war[2]).

Die Anzahl der Studierenden des polytechnischen Instituts betrug 1807 106, stieg fortwährend, belief sich 1827 auf 382, 1837 auf 376, 1843 auf 585, 1846 auf 853, um 1847 1037 und 1848 schon 1485 zu betragen[3]).

So war in Böhmen zuerst eine hohe Schule für die Industrie und das wirtschaftliche Leben überhaupt entstanden, wie sie der Geist der Zeit erforderte. Nicht lange blieb sie die einzige in der Monarchie.

Auch die Idee der Errichtung eines polytechnischen Instituts in Wien reicht, abgesehen von den erwähnten früheren Vorschlägen Gerstners, in die ersten Jahre des 19. Jahrhunderts zurück. *b) Wien (1815).*

Im Jahre 1803 hatte schon Kaiser Franz die neu geschaffene Großhandlungssteuer zur Bildung des Grundkapitals für ein allgemeines technisches Institut bestimmt. Diese Steuer hörte 1810 auf und das so gesammelte Kapital konnte sich nur mehr durch seine Zinsen vermehren. Da aber inzwischen in Prag eine polytechnische Anstalt in Vorbereitung stand und bald errichtet wurde, so konnte dieses Projekt nicht mehr einschlafen.

Über eine Bemerkung der Bankohofdeputation vom Jahre 1803, daß die Errichtung einer polytechnischen Schule sehr nützlich wäre, ,,wie sie gegenwärtig in Prag errichtet werden wird‘‘, und die Regierung aufzufordern wäre, einen diesbezüglichen Vorschlag zu machen, erging zu Anfang des Jahres 1804 die kaiserliche Entschließung: ,,Ich erwarte die verheißenen Vorschläge wegen Errichtung einer polytechnischen Schule‘‘ . . .[4]). Mit Hofdekret vom 16. April 1804 wurden der niederösterreichischen Regierung die Grundlinien vorgezeichnet, nach welchen sie ihre Vorschläge zu erstatten hatte. Infolgedessen wendete sich die Regierung unter dem 26. Februar 1805 an die böhmischen Stände mit dem Ansuchen um Übersendung des Organisationsplanes des Prager Instituts[5]). Die Regierung erstattete dann darüber zwei Berichte an die vereinigte Hofkanzlei, und zwar unter dem 2. Oktober 1806 und dem 9. April 1807, aber ohne endgültige Vorschläge, und durch Hofdekret vom 19. Dezember 1808 wurde sie wieder aufgefordert, den schon so lange rückständigen Bericht vorzulegen[6]). Im Februar 1809 machte die Bankohofdeputation anläßlich eines Vortrages über die Organisierung der niederösterreichischen Fabrikeninspektion wiederum den Vorschlag, ein polytechnisches Institut in Wien zu errichten, worauf die Entschließung erfloß: ,,Übrigens ist mein ernstlicher Wille, daß endlich einmal

---

[1]) Jelinek, a. a. O. 51 f. — [2]) Jelinek, a. a. O. 67—79. — [3]) Jelinek, a. a. O. 142 f. — [4]) Staatsrat 1803, Nr. 3624. — [5]) Exner, Polyt. Inst. 9, 13, 21; Jelinek, a. a. O. 52. — [6]) Statth. A. Wien, Karton 5761, A. 4, Nr. 888, Jahr 1809.

der Gegenstand wegen Errichtung eines polytechnischen Instituts in die Bearbeitung genommen und mir sobald möglich der diesfällige wohlüberdachte Vorschlag erstattet werde"[1]).

Am 11. September 1807 erging ein allerhöchstes Handschreiben, welches den kaiserlichen Entschluß kundgab, ein eigenes Kabinett zur Aufstellung sämtlicher inländischen Fabriks- und Manufakturprodukte in Wien zu errichten, was auch verwirklicht wurde[2]). Als nun 1809 Verhandlungen über die geeignetste Art der Aufstellung dieses Kabinetts geführt wurden, da meinte die Hofkammer in einer Note an den Oberstkämmerer Grafen Wrbna unter dem 21. März, dieses Kabinett werde erst dann seinen vollständigen, der Sache angemessenen Nutzen erreichen können, wenn es zur öffentlichen Benützung lehrreich gewidmet, mit dem schon lange in Antrag gebrachten polytechnischen Institut verbunden werde und wenn bei den künstlicheren Erzeugnissen auch die Modelle der Maschinen sowie Beschreibungen der Erzeugungsart an die Seite gestellt werden. Der Präsident der Hofkammer werde übrigens demnächst in die Lage kommen, über die Aufstellung eines eigenen vollständigen polytechnischen Instituts Seiner Majestät eine eigene Ausarbeitung vorzulegen, da hierin eines der vorzüglichsten Mittel liege, die Produkte nicht allein zu vermehren, sondern auch zu verbessern, wodurch der Passivhandel aufhören werde[3]).

Im Jahre 1810 wurde dem Hofkammerpräsidenten der erste Plan für das Institut von J. J. Prechtl übergeben. Im Jahre 1811 wurden die Verhandlungen fortgesetzt, welche einen langwierigen Verlauf nahmen und öfters unterbrochen wurden. Prechtl arbeitete die Detailpläne für die Organisation des künftigen Instituts aus. Zu Ende 1814 wurde zunächst ein Gebäude angekauft und zugleich beschlossen, ein neues Gebäude aufzuführen.

Am 6. November 1815 begannen die Vorlesungen. Der erste Direktor war J. J. Prechtl, einer der hervorragendsten Techniker jener Zeit. Mit dem Institut wurde die Realakademie als Vorbereitungsschule sowie das Fabriksproduktenkabinett, welches bis dahin unter eigener Direktion bestanden hatte, vereinigt[4]).

„Das k. k. polytechnische Institut ist eine Zentralbildungsanstalt für den Handel und für die Gewerbe durch die Verbreitung eines zweckmäßigen, ihre Vervollkommnung begründenden wissenschaftlichen Unterrichts, — ein Sammelplatz für die von den Wissenschaften ausgehenden Beförderungsmittel der Nationalindustrie, von welchem aus sich Belehrung und Rat für die Vervollkommnung der nützlichen Künste verbreitet, — ein Verein nützlicher Kräfte zur Emporhebung des inländischen Gewerbefleißes durch jede Art wissenschaftlichen Einflusses. Das polytechnische Institut wird also das Wesentliche dreyer Anstalten in sich vereinigen, von denen jede für sich schon wesentlich zur Erhöhung der technischen Künste und des Nationalwohlstandes beitragen wird,

---

¹) Staatsrat 1809, Nr. 753. — ²) Vgl. S. 228 ff. — ³) H. K. A. Kom. N.-Ö., Fasz. 63/1, Nr. 47 ex märt. 1809. — ⁴) Exner, a. a. O. 21—26, Beiträge zur Gesch. d. Gew. u. Erf., II, 217 ff.

nämlich einer technischen Lehranstalt, eines Konservatoriums für Künste und Gewerbe und eines Vereins zur Beförderung der Nationalindustrie"[1]).

Als Lehranstalt hatte das Institut zwei Abteilungen, eine kommerzielle und eine technische. Die Realschule diente als Vorbereitungsschule für beide Abteilungen und hatte zwei Jahrgänge.

Die technische Abteilung hatte als Lehrfächer 1. allgemeine technische Chemie, 2. einige spezielle chemisch-technische Fächer, 3. Physik, 4. Mathematik, 5. Maschinenlehre, 6. praktische Geometrie, 7. Land- und Wasserbaukunst, 8. Technologie.

Die Vorträge über spezielle technische Chemie umfaßten die praktische Gärungslehre (Weinbereitung, Bierbrauerei, Branntweinbrennerei, Essigsiederei, Brotbäckerei, Stärkebereitung usw.), ferner die Seifensiederei, Ledergerberei, Färberei, Zeugdruckerei und Bleicherei. Bei der Maschinenlehre oder Mechanik wurden sämtliche Maschinen beschrieben, nach Modellen erklärt, gehörig berechnet und die nötigen Detailanleitungen zur unmittelbaren Ausführung im großen gegeben.

Die empirische Technologie umfaßte in ihren Vorträgen die historische Darstellung jener Gewerbe, die, auf empirischer Manipulation beruhend, mit Hilfe der Mathematik, Physik und Chemie manche Vervollkommnung erreichen können, wie die Weberei, die Erzeugung von Waren aus Federn, Horn, Elfenbein, Wolle, die verschiedenen Holz- und Glasarbeiten, die Metallverarbeitung usw. Zur Unterstützung dieser Vorträge diente das Fabriksproduktenkabinett.

Um sich die notwendigen kaufmännischen Kenntnisse für die Fabriksgeschäftsführung anzueignen, konnten die Zöglinge der technischen Abteilung zugleich auch Unterricht in einigen oder allen Fächern der kommerziellen Abteilung genießen[2]).

„Sowohl um das Publikum von Zeit zu Zeit von der Tendenz und den Be- Jahrbücher. mühungen des Instituts zu belehren, als auch um einen Platz zu gewinnen, in welchem stets sowohl die in- als ausländischen Entdeckungen niedergelegt, verbreitet und gemeinnützig gemacht werden können, wird ein Journal in zwangsfreien Heften unter dem Titel ‚Jahrbücher des k. k. polytechnischen Instituts‘ herausgegeben."

„Dieses Journal enthält alles, was auf Beförderung des Gewerbefleißes in seinen verschiedenen Zweigen und Hilfsmitteln und auf die Erweiterung der Wissenschaften, welche die Lehrfächer des Instituts ausmachen, Bezug hat. Die in- und ausländischen Entdeckungen im Fache der Chemie, des Maschinenwesens und der übrigen Fächer des Instituts und was deshalb im Institut selbst geschehen ist, die Fortschritte der inländischen Industrialkultur, Abhandlungen der Professoren über die Erweiterung ihrer verschiedenen Fächer zum Behufe der Kunst und Wissenschaft, Auszüge aus fremden vorzüglichen Abhandlungen jenes Inhalts, Gutachten über technische Gegenstände, Bekanntmachung der Gegenstände, auf welche Erfindungsprivilegien erteilt worden

---

[1]) Verfassung d. polyt. Inst. (1818), S. 5. — [2]) Verfassung, S. 5—12.

sind, Nachrichten über das Fortschreiten der Sammlungen des Instituts usw. sind die Gegenstände jener Jahrbücher"[1]).

Sammlungen. Durch seine Sammlungen sollte das Institut ein Konservatorium für Künste und Gewerbe sein. „Die Sammlungen des polytechnischen Instituts machen eine eigene Seite desselben aus, in welcher es, von seiner Eigenschaft als Lehranstalt zum Teil unabhängig, die Stelle eines technischen Museums oder einer Erhaltungsanstalt für Künste und Gewerbe vertritt, welche durch zweckmäßig und vollständig aufgestellte technische Sammlungen eine anschauliche Darstellung des Zustandes der Industrialkultur und der ihr zugehörigen Wissenschaften und Hülfsmittel enthält. Außerdem dienen diese Sammlungen als instruktive Hülfsmittel für Lehrvorträge"[2]).

Für die kommerzielle Abteilung war die Sammlung für Warenkunde bestimmt. Die technische Abteilung hatte eine Sammlung chemischer Präparate und Produkte, ein mathematisches Kabinett mit mathematischen Werkzeugen und Vorrichtungen, ein physikalisches Kabinett, eine Modellensammlung (Maschinen), endlich eine mechanische Werkstätte, in welcher zunächst die Modelle für die Modellensammlung, außerdem physikalische und mathematische Apparate für das physikalische und mathematische Kabinett verfertigt und auch Vorrichtungen zu praktischen Versuchen ausgeführt wurden.

Das Fabriksproduktenkabinett war eine Sammlung, „welche den Zweck hatte, durch Aufstellung charakteristischer Muster aus sämtlichen Produktionen der nützlichen Künste eine Übersicht sowohl des gegenwärtigen Zustandes der Vervollkommnung in diesen Arbeiten als auch des allmählichen Fortschreitens derselben und dadurch ein Bild der Kulturstufe des inländischen Industriezustandes zu gewähren"[3]).

Verein. In Verbindung mit dem Institut sollte auch ein Verein zur Beförderung der Nationalindustrie geschaffen werden. Dieser Verein trat jedoch niemals ins Leben[4]).

Ausstellungen. „Um den Produkten der inländischen Gewerbsindustrie einen Vereinigungspunkt zu verschaffen, von welchem durch die gegenseitige Vergleichung sowohl eine rühmliche Nacheiferung als auch eine lebendige Erkenntnis und Übersicht der jährlichen Fortschritte der Industrialkultur ausgeht, und um den Fabrikanten eine günstige Gelegenheit zu verschaffen, die Fortschritte ihres Gewerbsfleißes bekannt zu machen", hätte im September jedes Jahres eine öffentliche Ausstellung von Fabriksprodukten im Gebäude des Instituts veranstaltet werden sollen, was aber auch nicht zur Ausführung kam[5]).

Im Jahre 1816 wurde ein neues Gebäude für das Institut erbaut und am 14. Oktober erfolgte durch Kaiser Franz die feierliche Grundsteinlegung. Die Aufschrift auf dem für die damalige Zeit geradezu großartigen Gebäude lautet: „Der Pflege, Erweiterung und Vervollkommnung des Gewerbefleißes, der Bürgerkünste und des Handels, Franz I." Die neuen Räume wurden 1818 bezogen.

---

[1]) Verfassung, S. 21. — [2]) Verfassung, S. 22. — [3]) Verfassung, S. 22—26; vgl. auch S. 228 ff. — [4]) Verfassung, 27; Exner, a. a. O. 75; vgl. auch S. 212, 221 f. — [5]) Verfassung 26; vgl. auch S. 230.

Das Institut gewann bald eine große Bedeutung und einen nicht auf das Inland beschränkten Ruf. Es wurde auch von der Staatsverwaltung zu Gutachten in Privilegien- und anderen technischen Angelegenheiten stark in Anspruch genommen[1]).

Im Jahre 1818 wurde das Fabriksproduktenkabinett durch Aufforderung an die Fabriksbesitzer und Gewerbetreibenden zur Einsendung von Musterstücken wesentlich bereichert und nahm auch später immer mehr zu. Im Jahre 1822 zählte die Sammlung schon 20.000 Musterstücke. Durch allerhöchste Entschließung vom 5. Dezember 1840 wurde das technische Kabinett Kaiser Ferdinands mit derselben vereinigt, wodurch sie ein wahrhaft großartiges Museum der österreichischen Industrie wurde. Diese Fabriksproduktensammlungen waren für jedermann zugänglich, hatten somit den Charakter einer permanenten Industrieausstellung[2]).

Früher als das polytechnische Institut in Wien war in Graz eine allerdings zunächst noch unvollkommene technische Lehranstalt, das Joanneum, entstanden. Erzherzog Johann hatte schon 1808 die Absicht, zur Aufstellung seiner Bibliothek und sonstigen wertvollen Sammlungen sich in Graz ein Haus anzukaufen. Zugleich entwarf er einen vollständigen Plan über die Errichtung und Organisierung eines Museums für Naturgeschichte, Chemie, Ökonomie und Technologie und über die Art und Weise, wie dieses Museum mit dem in Graz bestehenden Lyzeum in Verbindung gebracht werden könnte. Am 31. Jänner 1809 überreichte er diesen Plan seinem Bruder, Kaiser Franz. Er wolle, führte er aus, die Jugend Steiermarks befördern, und zwar in den Kenntnissen der Naturgeschichte, Ökonomie, Technologie und Chemie. Gleichzeitig bat er um Bewilligung der Ernennung eines Professors für Technologie, Chemie und Botanik am Lyzeum. Der Kaiser genehmigte diese Pläne. Am 1. April 1809 erklärten sich die Stände bereit, diesen Professor am Lyzeum zu besolden. Die Kriegsereignisse des Jahres 1809 verzögerten die Ausführung. 1810 wurden die Verhandlungen fortgesetzt. Die Stände erklärten sich auch bereit, in Graz ein Haus zu kaufen, welches die erforderlichen Eigenschaften zur Aufstellung des Museums besitze, zu welchem Zwecke denn auch 1811 der sogenannte Lesliehof erworben wurde.

Unter dem 1. Juli 1811 stellte der Erzherzog die Stiftungsurkunde aus und er selbst war es auch, der die Statuten zu der Anstalt entwarf (1. Dezember 1811).

Damit war der Grund gelegt zur allmählichen Entstehung der ständischen technischen Schule, des Joanneums. Die öffentlichen Vorträge über Mineralogie, Chemie, Botanik, Technologie und Astronomie begannen 1812 und gleichzeitig öffnete man dem Publikum sowohl die Sammlungen als auch die Lesezimmer.

Dies genügte jedoch weder dem Erzherzog noch den Ständen. Das Joanneum mußte sich, sollte die Haupttendenz des Instituts erreicht werden, in eine vollständige Bildungsanstalt verwandeln. Daher beauftragte der Erzherzog den

c) Graz.

---

[1]) Exner, a. a. O. 39—48. — [2]) Exner, a. a. O. 73 f.; A. d. k. k. Fin. Min. Kom., Fasz. 1, 1841, Nr. 556, 1844, Nr. 531, 1846, Nr. 2321, 1847, Nr. 2304; vgl. auch S. 230 f.

Kurator Kalchberg, den Professor Mohs und den Direktor des kaiserlichen technischen Privatkabinetts von Widtmannstetten, ihm wohldurchdachte und ausführliche Vorschläge vorzulegen. Die zwei letzteren taten dies gemeinsam und legten unter dem 10. November 1816 den Plan zu einem vollständigen polytechnischen Institut mit Anschluß einer Berg- und Hüttenschule und einer mechanischen Werkstätte vor.

Aber zur Verwirklichung dieser Idee fehlten nicht nur die Mittel, sondern es herrschte auch noch nicht das richtige Verständnis für die Notwendigkeit und Nützlichkeit einer so umfassenden Anstalt.

Wenn somit das damalige Joanneum zwar noch kein polytechnisches Institut war, so war doch der Grund gelegt, der einen weiteren Ausbau erleichterte[1]).

Die Anstalt hatte neben reichhaltigen naturhistorischen, geschichtlichen, archäologischen und landwirtschaftlichen Sammlungen auch eine gut eingerichtete Gewerbsproduktensammlung.

Allmählich entwickelte sich aus dieser Gründung, welche ursprünglich mehr ein Museum war, eine regelrechte technische Schule. Schon im Herbst 1812 wurde mit den Vorträgen begonnen, doch waren alle Zuhörer nur Gäste. Es handelte sich nun, ein bleibendes Auditorium zu schaffen.

Laut Studienhofkommissionsverordnung vom 23. November 1813 genehmigte zunächst der Kaiser, „daß jene Schüler, welche das Studium in Graz zurückgelegt haben, wenn sie Zeugnisse der ersten Fortgangklasse aus der am Joanneum erlernten Mineralogie und Botanik und aus der Zoologie von dem Professor der Physik am dortigen Lyzeum vorweisen, zu den medizinischen Studien zugelassen werden dürfen". Bald wurden auch bei sonstigen Anstellungen im Lande die mit Zeugnissen des Joanneums sich Ausweisenden vielfach vorgezogen, was der Anstalt immer mehr Schüler zuführte.

Ein weiterer Fortschritt in der Entwicklung wurde erreicht, als durch allerhöchste Entschließung vom 7. Dezember 1825 angeordnet wurde, daß die Vorlesungen über Astronomie und Technologie aufzuhören haben, daß aber die am Lyzeum bis dahin bestandene Lehrkanzel der Landwirtschaftskunde an das Joanneum übertragen, dem Professor der Landwirtschaft auch der Vortrag über Zoologie übergeben und eine Professur für Mechanik und Maschinenlehre errichtet werde. Zugleich wurde durch die Studienhofkommission bestimmt, daß die Professoren eigene Kataloge führen, ordentliche Prüfungen nach Vollendung ihres Lehrkurses vornehmen und die Klassenverzeichnisse durch den Vorstand der Anstalt den höheren Behörden vorlegen sollten.

Durch allerhöchste Entschließung vom 17. September 1826 wurden den Studierenden des I. Jahrgangs der Philosophie, welche einen Stiftungsplatz, ein Stipendium oder die Befreiung vom Erlage des Unterrichtsgeldes genossen, das Studium der Naturgeschichte zur Pflicht gemacht und, da an der Grazer Universität keine Lehrkanzel für Naturgeschichte bestand, wurden sie angewiesen, diesem Unterrichte am Joanneum beizuwohnen. Dieser obligate Besuch der Universitätsstudierenden währte bis 1846.

---

[1]) Göth, Joanneum, S. 1—32, Festschrift des Joanneums 1911, S. 11 ff.

Am 26. Dezember 1827 erfolgte eine wichtige Änderung in der Stellung des Joanneums und dessen eigentliche Organisation als Lehranstalt, indem durch den Kaiser der Kurator Ludwig, Abt zu Rein, zum Studiendirektor der Anstalt ernannt wurde; da unter einem auch die Besetzung der neu systemisierten Lehrkanzel für technisch-praktische Mathematik erfolgte, so begann neben dem Unterricht in den Naturwissenschaften auch ein technischer[1]).

Diese Änderungen hatten noch eine andere Folge. Denn zufolge der mit Studienhofkommissionsverordnung vom 7. Jänner 1832 erfolgten Erläuterung war nach dem Sinne der allerhöchsten Entschließung vom 26. Dezember 1827 den Studienzeugnissen des Joanneums die Gültigkeit wie den Zeugnissen an jeder anderen öffentlichen Lehranstalt zuerkannt und neuerlich festgesetzt worden, daß dieselben den legalen Beweis herstellen, ob, wann und mit welchem Erfolg ein Schüler ein Lehrfach studiert habe[2]).

Die Zeugnisse der Anstalt hatten aber dennoch noch immer nicht die volle Gültigkeit, namentlich weil sie keine Reziprozität mit den anderen technischen Instituten hatten. Der Grund dafür war namentlich der Mangel eines vollständigen Lehrplanes, ähnlich dem an den technischen Instituten zu Wien und Prag, der Abgang mehrerer Lehrfächer zur vollkommenen Ausbildung eines Technikers, die Regellosigkeit hinsichtlich der Bestimmung der Vorkenntnisse zum Eintritt in die Anstalt, endlich die mit der Einrichtung an den anderen technischen Instituten nicht gleichförmige Fächerabteilung, so daß der Übertritt eines Schülers vom Joanneum an eine andere Anstalt oder umgekehrt geradezu unmöglich war.

Nachdem diese Mängel beseitigt worden waren, und zwar durch Schaffung einer technischen Vorbereitungs- oder Realschule und die durch allerhöchste Entschließung vom 30. Jänner 1844 erfolgte Genehmigung des vollständigen Lehrplanes des Joanneums, war das vollständige Öffentlichkeitsrecht der Anstalt gegeben. Durch Studienhofkommissionsdekret vom 25. Oktober 1847 wurde allen Länderstellen mitgeteilt, „daß die Studienzeugnisse der ständischen Joanneums in Graz und der damit verbundenen Lehranstalten sowie der ständischen Realschule mit jenen, welche von Staatsanstalten ausgestellt werden, eine gleiche Gültigkeit haben und somit auch bei Dienstesbewerbungen und bei Beurteilung der Befreiung vom Militärdienst als gleich wirksame Behelfe anzusehen sind".

Eine Folge dieser Änderungen war auch, daß mittels kaiserlicher Entschließung vom 22. März 1845 bestimmt wurde, die Anordnung vom 24. Oktober 1843, nach welcher die Professoren der polytechnischen Lehranstalt in Prag mit denjenigen des Polytechnikums in Wien im Range gleichstehen, habe auch auf die Professoren am Joanneum volle Anwendung zu finden.

Die wirkliche Eröffnung der ständischen Realschule erfolgte am 2. Oktober 1845[3]).

Ständische Realschule (Vorbereitungsschule)

---

[1]) Göth, Joanneum, S. 120 ff., Festschrift 1911, S. 11 ff. — [2]) Kundmachung des k. k. steiermärk. Guberniums vom 16. Febr. 1832 in der Grazer Zeitung. — [3]) Göth, Joanneum, 120—134, Festschrift 1911, S. 11 ff.

Diese Realschule war eine technische Lehranstalt, welche die zweifache Bestimmung hatte, teils eine Vorbereitungsschule für die höheren Studien, teils eine für sich bestehende bürgerliche Bildungsanstalt zu sein. Da die höheren technischen Studien, welche am Joanneum gelehrt wurden, viele Vorkenntnisse voraussetzten, so hatte die Realschule den nächsten Zweck, die Kandidaten der Technik mit den nötigen Vorkenntnissen auszurüsten. Außerdem war sie bestimmt, eine Bildungsschule für Jünglinge des Gewerbestandes zu sein, welche ohne weitere Studien unmittelbar ins Gewerbeleben übertreten wollten[1]).

Ingenieurschule in Linz. In Linz bestand eine ständische Ingenieurschule. Zum Eintritt in dieselbe war die Absolvierung des ersten Jahrganges der Philosophie erforderlich. Der Unterricht war unentgeltlich und fand in den Wintermonaten Dienstag und Donnerstag, in den Sommermonaten auch noch am Samstag statt. Nur mußten die Schüler sich die erforderlichen Requisite selbst anschaffen[2]).

VII. Lehranstalten für Berg- und Hüttenkunde. Die erste Bergschule wurde von Karl VI. 1733 zu Joachimstal in Böhmen errichtet, unter Maria Theresia zunächst nach Prag und einige Jahre später (1770), unter Benennung „k. k. Bergakademie" nach Schemnitz in Ungarn übertragen[3]).

a) (Joachimstal-Prag)-Schemnitz. b) Vordernberg-(Leoben). Bald nach der Gründung des Joanneums befaßte man sich in Graz auch mit dem Gedanken, in Verbindung mit demselben eine Lehrkanzel für Eisenhüttenkunde zu errichten. Nachdem diesbezügliche Verhandlungen 1814—1816 zu keinem Resultat geführt hatten, kam die Angelegenheit 1828 wieder zur Sprache. Erst 1833 wurde ein Beschluß gefaßt, und zwar eine montanistische Lehranstalt in Vordernberg, dem Zentrum der alpenländischen Eisenproduktion, ins Leben zu rufen. Auf Vorschlag Erzherzog Johanns wurde 1835 Peter Tunner, Verweser bei dem fürstlich Schwarzenbergschen Eisenwerke zu Katsch bei Murau, zum Professor der Berg- und Hüttenkunde am Joanneum für diese Lehrkanzel ernannt und es wurden ihm die Mittel zur Verfügung gestellt, um in den Jahren 1835—1838 nicht nur alle inländischen, sondern die wichtigsten Eisenwerke von ganz Europa überhaupt zu besuchen.

Am 4. November 1840 wurde die neue ständische Lehranstalt feierlich eröffnet. Der ganze Lehrkurs war in zwei Jahrgänge abgeteilt und davon der erste dem Bergwesen im engeren Sinne, der zweite dem Hüttenwesen gewidmet. Als ordentliche Berg- oder Hütteneleven konnten nur jene Bewerber aufgenommen werden, welche die technischen Studien zu Wien, Prag oder Graz mit gutem Fortgang absolviert hatten.

Zur praktischen Ausbildung war mit der Anstalt eine Lehrfrischhütte verbunden und wurden größere und kleinere Exkursionen zur Besichtigung und zum Studium des Bergbaues und der Eisenwerke unternommen.

Im Jahre 1849 ging diese Lehranstalt schenkungsweise in den Besitz des Staates über und wurde nach Leoben übertragen[4]).

---

[1]) Innerösterr. Industrie- u. Gewerbsblatt 1845, S. 276. — [2]) Pillwein, a. a. O. 236 f. — [3]) Schmidt, Übersichtl. Gesch. des Bergb. u. Hüttenwesens, 147, Jelinek, a. a. O. 25; Salz, Gesch. d. böhm. Industrie, 204 f. — [4]) Göth, Joanneum, S. 182—195, Die Montan. Lehranstalt 1841, S. 3 ff,. 1842, S. 3, 1843—1846, S. 20 ff.

Durch Errichtung von technischen Unterrichtsanstalten war für die Aus- VIII. Sonn-
bildung von Leitern und Beamten von Fabriken und Unternehmungen vorge- tagsschulen
sorgt. An eigentlichen Gewerbeschulen für Arbeiter fehlte es jedoch noch immer, werker.
welcher Mangel lebhaft gefühlt wurde. In den Kreisen der Industriellen und
Gewerbetreibenden betonte man, daß „der Mangel an zweckmäßigen niederen
Industrie- oder Gewerbeschulen als ein Haupthindernis des schnellen Aufschwunges der Industrietätigkeit angesehen werden müsse". „Technische
Schulen in jeder Provinz gehören unter die dringendsten Bedürfnisse der Zeit"[1]).
    Die erste gewerbliche Sonntagsschule wurde vom Staat in Laibach zufolge
allerhöchster Entschließung vom 12. Jänner 1816 zunächst provisorisch errichtet und, da sie sich gut bewährte, im Jahre 1817 für definitiv erklärt. Der
Unterricht umfaßte zwei Jahrgänge und als Unterrichtsgegenstände: Zeichnen,
Arithmetik, Geometrie, Mechanik, für die Schüler der deutschen Schule auch
das Nötigste der Chemie und der Anwendung derselben auf Künste und Handwerke, für „Krainer" statt der Chemie die Baukunst. Für Krainer, welche der
deutschen Sprache nicht mächtig waren, erfolgte der Unterricht in der „kraine-
rischen" Sprache. An dieser „Gewerbsindustrieschule" wurde nur an Sonn-
und Feiertagen Unterricht erteilt. Leiter derselben war der Professor der
Physik am Laibacher Lyzeum Johann Kersnik[2]).
    Lange blieb diese Anstalt die einzige in Österreich und gerade in den
gewerbereichsten Ländern fehlten solche Schulen noch lange Jahre und
wurden endlich nicht vom Staat ins Leben gerufen, sondern verdankten dem
Eifer industrieller Körperschaften ihre Entstehung.
    Das Verdienst, weitere Gewerbeschulen dieser Art ins Leben gerufen zu
haben, gebührt dem Generaldirektionsmitgliede des böhmischen Gewerbevereines, Fürsten von Oettingen-Wallerstein, welcher, nachdem das Vereins-
mitglied Jakob Ritter von Schönfeld in der Vereinssitzung vom 1. Oktober 1834
dazu die Anregung gegeben hatte, eine solche Schule im Jahre 1835 zu
Königsaal auf eigene Kosten und, wie er sagte, als Probe errichtete, damit
die Generaldirektion aus den Erfahrungen an derselben am leichtesten die
Grundsätze abstrahieren könne, welche zur Beförderung technischer Bildung
im Inland am zweckmäßigsten in Anwendung zu bringen wären. Auch trug
er für die Herausgabe geeigneter Unterrichtsbücher für solche Schulen auf
eigene Kosten Sorge. Diesem Beispiele folgte als zweiter Fürst Fürstenberg
auf der Herrschaft Pürglitz.
    Der vorzügliche Erfolg der Gewerbeschule in Königsaal bewies die früher
(da die Laibacher Schule offenbar ganz unbekannt geblieben war) zum Teil
bezweifelte Möglichkeit und Nützlichkeit solcher Sonntagsschulen und bewog
die Generaldirektion des Vereines, zur Errichtung eines ähnlichen Instituts
in beiden Landessprachen in Prag selbst Anstalten zu treffen. Diese Sonntags-
schule in Prag (gegründet 1836) fand denn auch starken Zuspruch und allgemeine Anerkennung. Es sollte dieser Sonntagsunterricht eine Fortsetzung

[1]) Protokoll des innerösterr. Gewerbevereines 1838, S. 37—40. — [2]) Staatsrat 1817,
Nr. 10107.

des Wiederholungsunterrichtes bilden, die mangelhafte Schulbildung ersetzen und den Erwerbszweigen, die in der Gemeinde hauptsächlich getrieben werden, besonders angepaßt sein und so an kleinen Orten den Abgang von Real- und sonstigen Fachschulen möglichst ersetzen.

Diesem Beispiele folgend, entstanden in Böhmen allmählich, zum Teil infolge der Einflußnahme des Gewerbevereins, Sonntagsschulen in Pürglitz, Schönlinde, Leitmeritz, Pilsen und anderen Orten.

Die Sonntagsgewerbeschule in Prag genügte bald nicht mehr. Daher faßte man 1846 den Plan, eine vollständige Gewerbeschule zu errichten, wofür 1848 die Genehmigung der Regierung erfolgte. Bis zur Errichtung dieser Anstalt sollten die sonntägigen Vorträge in beiden Landessprachen fortgesetzt werden[1]).

Waren auch bis 1848 solche gewerbliche Sonntagsschulen nur erst in Krain und Böhmen vorhanden, so war dadurch dennoch der Grund zu einer weiteren Entwicklung gelegt, indem die Erfahrungen, die man durch diese Schulen sammelte, späterhin verwertet werden konnten und zur Einsicht der Nützlichkeit einer Verallgemeinerung des gewerblichen Unterrichtswesens führen mußten.

IX. Andere Mittel zur Verbreitung gewerblicher Bildung. Neben den Unterrichtsanstalten erhielten, namentlich seit den dreißiger Jahren auch mehrere andere Mittel zur Verbreitung gewerblicher Bildung eine immer größere Bedeutung.

a) Vorträge. So vor allem die von den Gewerbevereinen in Prag und Innerösterreich regelmäßig veranstalteten Vorträge technischen Inhalts, namentlich über Chemie, Mechanik, Baukunst und Geometrie[2]).

b) Reisestipendien. Der böhmische Gewerbeverein gewährte Schülern von Gewerbeschulen ebenso wie absolvierten Hörern von technischen Lehranstalten, Professoren und Professurskandidaten Reisestipendien zu Studienreisen im In- und Auslande, damit sie den industriellen Zustand aus eigener Anschauung kennen lernen[3]).

c) Technische Bibliotheken. Die Gewerbevereine legten auch Bibliotheken technischer Werke an, wobei sich namentlich der innerösterreichische Gewerbeverein besonders auszeichnete, der solche Bibliotheken nicht nur in Graz, sondern an allen Orten, wo er Zweigniederlassungen hatte, ins Leben rief[4]).

d) Technische Zeitschriften. Dieselben Vereine waren es, welche Zeitschriften technischen Inhalts herausgaben, welche zur Belehrung des Gewerbe- und Fabrikantenstandes bestimmt waren[5]). Das Wiener polytechnische Institut begann schon bald nach seiner Errichtung mit der Herausgabe der „Jahrbücher des k. k. polytechnischen Instituts in Wien", welche über alle Erscheinungen auf industriellem und technischem Gebiete berichteten und orientierten.

e) Gewerbliche Ausstellungen. Als vorzügliches Mittel der Belehrung über industrielle Verhältnisse, über die Entwicklung und Leistungsfähigkeit der Industrie als Ganzes sowohl als auch einzelner hervorragender Betriebe dürfen endlich nicht unerwähnt ge-

---

[1]) Gesch. d. böhm. Gewerbevereines (1858), S. 15—39. — [2]) Gesch. d. böhm. Gewerbevereines, 15 ff.; vgl. auch S. 219. — [3]) Gesch. d. böhm. Gewerbevereines, 22. — [4]) Vgl. S. 216, 219, 222. — [5]) Vgl. S. 216, 219, 222.

lassen werden die Industrieausstellungen, die teils direkt von den staatlichen
Behörden, teils von den Gewerbevereinen veranstaltet wurden. Demselben
Zwecke dienten auch die permanenten Industrieausstellungen, die Gewerbe-
museen[1]).

So hatte das gewerbliche Unterrichtswesen und die gewerbliche Bildung
überhaupt durch staatliche und private Tätigkeit bis zum Jahre 1848 große
Fortschritte gemacht. Gewerbliche Lehranstalten von der niedersten bis zur
höchsten Stufe bestanden schon, und wenn sich auch manches noch in den
Kinderschuhen befand und einer Vervollkommnung fähig oder sogar sehr bedürftig war, so konnte auf der schon geschaffenen Grundlage die weitere Entwicklung leicht aufgebaut werden.

VIII. Kapitel.

Stellungnahme der Staatsverwaltung zum Maschinenwesen.

Die Industrie hätte sich niemals zur modernen Großindustrie entwickelt,
wenn nicht das Aufkommen der Maschinen diesen Prozeß nicht nur beschleunigt,
sondern geradezu erst ermöglicht hätte. Ja, man kann ruhig behaupten, daß
die 1768 erfolgte Erfindung der Dampfmaschine durch James Watt die Grundbedingung für die Entstehung der Großindustrie schuf. Am Ende des 18. und
Anfang des 19. Jahrhunderts erfolgte auch die Erfindung der für die Weiterentwicklung und Vervollkommnung der Textilindustrie so wichtigen Spinnmaschinen und mechanischen Webstühle.

Langsam, jedoch unaufhaltsam verbreiteten sich seit dem Ende des 18. Jahrhunderts die modernen Maschinen und veränderten die Grundlage der industriellen Betätigung. Wer in der Fabrikation nicht zurückbleiben wollte, mußte
zu ihnen greifen, um den Produktionsprozeß zu vervollkommnen und die Fabrikate zu verbilligen. Die Vorteile, die die Maschinen boten, waren zu auffallend,
als daß man sie hätte übersehen und von ihnen abstrahieren können. Die
maschinelle Arbeit war viel gleichmäßiger und vollkommener als die Handarbeit. Der Maschinenbetrieb ermöglichte und forderte eine weitgehende, Zeit
und Geld sparende Arbeitsteilung. Die Größe der Produktion konnte, bei
immer geringerer Abhängigkeit von den zur Verfügung stehenden menschlichen
Arbeitskräften, beliebig ausgedehnt werden. Wie jede große Umwälzung, war
auch der Übergang vom Hand- zum Maschinenbetrieb ohne Erschütterungen
nicht möglich. Der Maschinenbetrieb erforderte viel mehr Kapital und war,
namentlich in den Anfängen, wo hinreichende Erfahrungen über den Bau,
die Leistungsfähigkeit und Lebensdauer der Maschinen noch fehlten, mit
großem Risiko verbunden. Nicht jeder konnte auf diesem Gebiete Schritt
halten und immer mehr mußte sich daher das Übergewicht des Kapitalismus
geltend machen. Die Maschinen haben dem Kapitalismus in der Wirtschaft
den Sieg verschafft.

---

[1]) Vgl. S. 225 ff.

Das Aufkommen der Dampfmaschine als treibende Kraft war zwar für alle Industriezweige von ausschlaggebender Bedeutung; noch größer aber waren die Veränderungen, welche sie auf dem Gebiete des Verkehrs zur Folge hatte, so daß die gesamte moderne Wirtschaft als Verkehrswirtschaft bezeichnet werden mußte.

Neben der Dampfmaschine hatten die Maschinen, welche den Betrieb der Textilindustrie gründlich umgestalteten, die größte Bedeutung. Bis in das 18. Jahrhundert hinein waren die Spinnerei und Weberei ungefähr auf derselben Stufe geblieben, auf welcher sie schon seit unvordenklichen Zeiten gewesen waren. Die Garne wurden mit Hilfe einer in einfachster Weise gedrehten Spindel gesponnen, die Gewebe mittels des mit der Hand durch das Fach geschobenen Schützens erzeugt. Nun wurde es aber bald anders. Im Jahre 1733 erfand John Kay den Schnellschützen, 1764 James Hargreaves die Jennymaschine, welche gleichzeitig acht Fäden zu spinnen imstande war; ihr folgten 1769 die von Richard Arkwright erfundene, nach dem Antriebe durch Wasserkraft sogenannte Water- oder nach dem singenden Tone der Spindeln Drosselmaschine und 1774 die von Samuel Crompton ersonnene Kombination dieser mit der Jennymaschine, die Mulemaschine. Die Mule- und die Watermaschinen bildeten den Ausgangspunkt für die ganze weitere Entwicklung der Spinnmaschinen[1]).

Um dieselbe Zeit erfuhr auch die Weberei grundlegende Verbesserungen. In den Jahren 1784—1787 erfanden beinahe gleichzeitig E. Cartwright und J. Jeffray den mechanischen Webstuhl, der in den nächsten Jahrzehnten die Handwebstühle immer mehr verdrängte. Die bis zum Anfange des 19. Jahrhunderts üblich gewesenen Maschinen zur Musterweberei erhielten erst durch die 1805 erfundenen und nach ihrem Erfinder K. M. Jacquard benannten Jacquardstühle ihre grundlegende Vervollkommnung.

Für die Seidenweberei wurden zuletzt mechanische Webstühle eingerichtet. Die Bemühungen, solche Stühle zu bauen, näherten sich zuerst in Österreich ihrer Verwirklichung, wo 1816 Th. Bischof und G. Hornbostel ein Privilegium auf Seidenwebstühle, die durch Wasserkraft betrieben wurden, erhielten und dieselben in der Fabrik zu Leobersdorf auch wirklich aufstellten[2]).

Die Jacquardmaschine kam 1816 zum erstenmal nach Wien, wo Woitech und Willmann sofort an den Bau derselben schritten und sie in Holz ausführten. Zahlreiche Verbesserungen wurden am Jacquardstuhle im Inland vorgenommen, darunter die bedeutendste in den Jahren 1838 und 1840 durch Th. Woitech in Wien, der so zum Erbauer der Wiener Doppelmaschine wurde.

Die Bandweberei verdankte Österreichern ebenfalls zahlreiche wichtige Verbesserungen[3]).

Der Bobbinetstuhl (erfunden 1809 durch Heathcoat) fand in Wien 1829 durch Ludwig Damböck Eingang[4]).

---

[1]) Gr. Ind. Oest., IV, 5 f. — [2]) Gr. Ind. Öst., IV, 11 ff. — [3]) Vgl. alle weiteren Einzelheiten in Gr. Ind. Öst., IV, 14 ff., und Keeß, Darstellung des Gewerbs- und Fabrikswesens, 1819 ff. (Ergänzung 1829/1830). — [4]) Gr. Ind. Öst., IV, 18.

Verhältnismäßig spät fanden in Österreich Dampfmaschinen Verbreitung. Die erste wurde 1816 in Mähren, in der Brünner Feintuchfabrik von J. H. Offermann aufgestellt; in Böhmen fand sie 1823, im Küstenlande 1825, in Niederösterreich 1826 Eingang[1]). Zunächst langsam, dann immer schneller vermehrte sich die Zahl derselben. In dieser Beziehung steht von allen Kronländern Mähren an erster Stelle. Im Jahre 1844 konnten in Brünn allein 33 Industrieunternehmungen gezählt werden, welche Dampfmaschinen im Betriebe hatten[2]): Im Jahre 1841 waren in Österreich folgende Dampfmaschinen aufgestellt[3]).

	Zahl	Pferde-kräfte		Zahl	Pferde-kräfte
Niederösterreich	56	758	Küstenland	3	53
Oberösterreich	2	12	Tirol	1	14
Steiermark	1	8	Böhmen	79	1050
Krain	4	113	Mähren und Schlesien .	77	795

Die Verteilung derselben auf die einzelnen Industriezweige ist aus folgender Zusammenstellung ersichtlich[4]):

	Zahl	Pferde-kräfte		Zahl	Pferde-kräfte
In Baumwollspinnereien:			Flachsspinnerei:		
Niederösterreich . . .	8	142	Niederösterreich: . . .	1	8
Krain	1	15	Seidenspinnerei:		
Tirol	1	14	Niederösterreich . . .	1	8
Böhmen	24	374	Schafwollspinnerei:		
	34	545	Niederösterreich . . .	3	44
In Kattunfabriken:			Böhmen	5	32
Niederösterreich . . .	1	4	Mähren und Schlesien	11	94
Böhmen	7	110		19	170
Mähren und Schlesien	1	12	Schafwollwaren- und		
	9	126	Tuchfabriken:		
Appretur und Mange:			Niederösterreich . . .	1	16
Niederösterreich . . .	4	40	Oberösterreich	1	4
Böhmen	1	6	Böhmen	6	111
Mähren und Schlesien	1	8	Mähren und Schlesien	31	344
	6	54		39	475

---

[1]) Hallwich, Reichenberg u. Umgeb., 517 f.; D'Elvert, Zur Kulturgesch. Mährens, I, 435; Breindl in Schram, Denkwürdigkeiten, II, 136. — [2]) Breindl in Schram, Vaterl. Denkwürdigkeiten, II, 138. — [3]) Tafeln zur Statistik d. österr. Monarchie f. d. Jahr 1841. — [4]) Tafeln zur Statistik d. österr. Monarchie f. 1841.

	Zahl	Pferde-kräfte
Lederfabrik:		
Mähren und Schlesien	1	10
Papierfabriken:		
Niederösterreich ...	2	44
Böhmen	2	48
	4	92
Buchdruckereien:		
Niederösterreich ...	2	9
Böhmen	1	4
	3	13
Rohr- und Rübenzucker-fabriken:		
Niederösterreich ...	2	8
Steiermark	1	8
Krain	1	8
Böhmen	5	48
Mähren und Schlesien	5	43
	14	115
Zichorienkaffeeerzeugung:		
Mähren und Schlesien	2	8
Ölpressen:		
Niederösterreich ...	1	6
Böhmen	1	10
Mähren und Schlesien	2	12
	4	28
Kerzenfabriken:		
Niederösterreich ...	1	16
Küstenland	1	6
	2	22
Holzschneidewerke:		
Niederösterreich ...	3	8
Böhmen	2	18
	5	26
Mahlmühlen:		
Niederösterreich ...	3	93
Oberösterreich	1	8
Küstenland	1	35
Mähren und Schlesien	2	7
Galizien	1	16
	8	159

	Zahl	Pferde-kräfte
Porzellan- und Email-fabriken:		
Niederösterreich ...	1	4
Böhmen	1	2
	2	6
Steinmetzarbeiten:		
Böhmen	1	2
Bergbau:		
Krain	2	90
Böhmen	17	205
Mähren und Schlesien	13	178
	32	473
Hochofengebläse:		
Böhmen	4	52
Mähren und Schlesien	6	70
	10	122
Streckwerke und Blech-walze:		
Niederösterreich ...	2	66
Stahlwaren-, Schrauben- und Nägelfabriken:		
Niederösterreich ...	3	20
Böhmen	1	20
	4	40
Geschütz- und Gewehr-fabriken:		
Niederösterreich ...	2	20
Münzprägung:		
Niederösterreich ...	2	28
Maschinenfabriken:		
Niederösterreich ...	2	8
Böhmen	1	8
Mähren und Schlesien	2	9
	5	25

Die Dampfmaschien traten in Benützung im Jahre (mit Inbegriff der Dampfbootmaschinen und Lokomotiven[1]):

Jahr	In der Provinz	Zahl	Pferde-kräfte	Jahr	In der Provinz	Zahl	Pferde-kräfte
1816	Mähren	1	10	1836	Niederösterreich. .	6	150
1820	Mähren	1	6		Küstenland . . .	1	100
					Böhmen	11	158
1823	Böhmen	1	6		Mähren	3	22
	Mähren	1	24	1837	Niederösterreich. .	11	195
1824	Böhmen	1	10		Küstenland . . .	7	715
1825	Küstenland . . .	2	80		Böhmen	17	228
	Böhmen	4	66		Mähren	2	16
1826	Niederösterreich. .	2	66	1838	Niederösterreich. .	14	484
					Oberösterreich . .	1	4
1828	Mähren	2	14		Krain	2	45
1829	Mähren	1	6		Küstenland . . .	5	520
1830	Niederösterreich. .	1	60		Böhmen	7	78
	Böhmen	3	37		Mähren	8	119
	Mähren	1	10	1839	Niederösterreich. .	11	255
1831	Niederösterreich. .	2	20		Oberösterreich . .	1	28
	Böhmen	2	16		Krain	1	60
	Mähren	3	16		Küstenland . . .	3	196
1832	Niederösterreich. .	1	22		Böhmen	9	141
	Mähren	2	9		Mähren	10	101
1833	Niederösterreich. .	1	50	1840	Niederösterreich. .	18	433
	Steiermark	1	8		Krain	1	14
	Böhmen	1	16		Tirol u. Vorarlberg	1	14
	Mähren	6	58		Böhmen	10	174
1834	Niederösterreich. .	2	60		Mähren	6	65
	Küstenland . . .	1	70		Galizien	1	16
	Böhmen	5	42	1841	Niederösterreich. .	51	1476
	Mähren	11	124		Küstenland . . .	1	6
1835	Niederösterreich. .	4	97		Böhmen	9	108
	Oberösterreich . .	1	8		Mähren	13	125
	Krain	1	8				
	Mähren	6	70				

Die steigende Zunahme der Dampfmaschinen (ohne Lokomotiven und Dampfbootmaschinen) veranschaulicht folgende Zusammenstellung (samt der Lombardei und Venetien[2]):

[1]) Tafeln zur Stat. d. österr. Mon. f. 1841. — [2]) Tafeln zur Stat. d. österr. Mon. f. 1841.

Jahr	Zahl	Pferdekräfte	Jahr	Zahl	Pferdekräfte
1816	1	10	1832	3	31
1820	1	6	1833	8	82
1823	2	30	1834	18	198
1824	1	10	1835	13	117
1825	4	66	1836	18	208
1826	2	66	1837	28	360
1827	—	—	1838	25	330
1828	2	14	1839	24	344
1829	1	6	1840	33	487
1830	4	47	1841	36	475
1831	7	52			

Schon frühzeitig war sich die österreichische Staatsverwaltung des hohen Nutzens der Maschinen für die Industrie wohl bewußt. Unter Josef II. wurden geschickten „Fabrikanten" hohe Vorschüsse zur Anschaffung von Maschinen und sonstigen notwendigen Werkzeugen erteilt[1]. Erzeugern von Maschinen wurden Geldgeschenke („Primen") zur Erweiterung ihrer Gewerbe verliehen oder sie wurden mit anderen Begünstigungen bedacht[2]. Die Erfinder von nützlichen Maschinen erhielten außerdem ausschließende Privilegien auf eine Reihe von Jahren[3].

Kaiser Franz I. hatte für den Nutzen der Maschinen dieselbe Einsicht, und obwohl unter seiner Regierung sonst wegen der durch die vielen Kriege zerrütteten Staatsfinanzen und des Durchdringens liberaler Ideen die Ärarialvorschüsse immer spärlicher werden mußten, so zeigte sich doch, daß zur Förderung und Verbreitung des Maschinenwesens dennoch von seiten des Staates keine Opfer gescheut wurden. Auch an Auszeichnungen ließ es der Kaiser nicht fehlen. So verlieh er in den ersten Jahren seiner Regierung (1795) den Pilsner Tuchfabrikanten Philipp und Daniel Tuschner, vorzüglich weil sie mehrere Maschinen und geschickte Weber auf eigene Kosten aus dem Ausland ins Land gezogen hatten, zwei goldene Denkmünzen[4].

Als im Jahre 1800 Freiherr von Glave-Kolbielski mit Rücksicht darauf, daß er nach vielen kostspieligen Bemühungen auf einer Reise ins Ausland einen englischen „Maschinenkünstler" ausfindig gemacht und ihn bewogen hatte, sich mit ihm zu vergesellschaften und nach Österreich einzuwandern, um ein

---

[1] Z. B. H. K. A. Kom. N.-Ö., Fasz. 72, Nr. 107 ex dec. 1784. Dem Papierdosen- und feine Blechwarenfabrikanten Paul Perdolt wird ein Vorschuß von 972 fl. zur Anschaffung einer Glanzmaschine erteilt. U. dgl. m. — [2] H. K. A. Kom. N.-Ö., Fasz. 72, Nr. 14 ex Febr. 1787. Dem Kartätschenmacher Petschker wird zur Erweiterung seines Gewerbes von Sr. Majestät eine Prime von 200 fl. bewilligt; 1781 wurde zwei Fabrikanten, die eine Maschine zur Bearbeitung der Wollenzeuge auf englische Art von Sachsen nach Böhmen bringen wollten, vom Kaiser eine Gnadengabe bewilligt (Staatsrat 1781, Nr. 2048). — [3] H. K. A. Kom. N.-Ö., Fasz. 72, Nr. 65 ex aug. 1783. — [4] Statth. A. Prag, 1786—1795, Kom., Fasz. 7, subn. 26, 1795, Sept. 5.

ausschließendes Privilegium zur Anlegung einer Fabrik von englischen Spinnmaschinen und um eine Landesfabriksbefugnis zur Maschinengarnspinnerei
ansuchte, da äußerte sich der Referent der Hofstelle, Graf Herberstein-Moltke,
im diesbezüglichen alleruntertänigsten Vortrage: „Gewiß ist es, daß nur durch
die neuen Fortschritte der inneren Industrie aller Art und durch den Handel
vorzüglich jene tiefen Wunden wieder zu heilen sein werden, welche die Monarchie durch diesen Krieg erlitten hat. Auch ist es einleuchtend, daß die Verbreitung von neuen Maschinen allein den so ansehnlichen Mangel an Menschenhänden mit vielfachem Gewinne zu ersetzen imstande sei und daß, obwohl der
Spekulations- und Rechnungsgeist in der Nation sehr zugenommen hat, der
gegenwärtige Moment des so hoch gestiegenen Taglohnes zur Verbreitung
ähnlicher Maschinen vorzüglich tauge, weil nur die Not die erste Lehrmeisterin
der Industrie ist und weil der vorher so wohlfeil bestandene Taglohn den weniger
kühnen, an den alten Gebrauch gewöhnten Unternehmern gewöhnlich die Annahme neuer Erfindungen und Maschinen als nicht hinlänglich gewinnbringend
darstellte".

So wurde denn dem Bittsteller zugesichert 1. in Ansehung aller Maschinen,
welche er und seine Gesellschaft in den österreichischen Staaten anfertigen oder
einführen würden, ein ausschließendes Privilegium auf zehn Jahre, wobei auf
die Übertretung dieses Privilegiums eine Strafsumme von 600 Species Dukaten
gesetzt wurde, welche dem Privilegieninhaber anheimzufallen hätte. 2. Daß
sowohl der englische „Maschinenkünstler" und dessen Familie als auch die von
ihm hereingebrachten übrigen Maschinisten und Arbeiter nebst ihren Angehörigen und Kindern von der Stellung zum Militär auf immer befreit bleiben
würden. 3. Es wird ihm die Anlegung seiner Maschinenfabriken in Wien oder
in der Nähe der Residenz gestattet. 4. Ebenso die Errichtung einer Garnmanu-
faktur zur Baum-, Schafwoll- und Flachsspinnerei, jedoch ohne ausschließendes
Recht. 5. Es wird dem Bittsteller die Befugnis erteilt, alle Arbeiter, welche in
dieser Maschinenfabrik oder zur Garnspinnerei verwendet werden, zur Geheim-
haltung alles dessen, was hievon zu ihrer Kenntnis gelangt, in Eides-
pflicht zu nehmen. 6. Es wird das ausschließende Privilegium nur auf den
Namen des Bittstellers mit Erwähnung seiner Gesellschaft, ohne jedoch dieselbe näher zu benennen, und mit dem Beisatz ausgefertigt, daß es ihm überlassen bleibe, dasselbe als sein Eigentum zu zedieren oder zu verkaufen oder
sich hiezu die Gesellschafter nach seinem Belieben zu wählen[1]). Daraus ist
ersichtlich, wie weitgehende Begünstigungen bei Einführung neuer nützlicher
Maschinen zuzugestehen die damalige Staatsverwaltung gesonnen war.

Allerdings war ihm dies nur unter der Bedingung zugesichert worden,
daß niemand schon solche Spinnmaschinen in Österreich betreibe.

Freiherr von Kolbielski war im Auftrag und auf Kosten der k. k. oktroyierten Kommerzialleih- und Wechselbank nach Deutschland und England
gereist und hatte daselbst einerseits mit dem englischen Spinn- und Maschinen-
meister Johann von Thornton einen Kontrakt auf 50 große Baumwollspinn-

[1]) H. K. A. Kom. N.-Ö., Fasz. 72, Nr. 33 ex mart. 1801.

maschinensätze geschlossen, war anderseits mit dem englischen Mechaniker Johann Lever einen Vertrag auf mehrere Arten von Spinnmaschinen für Baumwolle, Schafwolle und Flachs eingegangen, um eine förmliche englische Maschinenfabrik im Inland zu errichten.

Bald darauf reichten Fries & Ochs und ihr Gesellschafter Hebenstreit um ein ausschließendes Privilegium auf 15 Jahre auf englische Spinnmaschinen ein, die sie angeblich ganz aus inländischem Material durch englische „Künstler" verfertigt hatten.

Diese Gesuche hatten zur Folge, daß man sich von seiten der Staatsverwaltung entschloß, zunächst in Erfahrung zu bringen, ob nicht vielleicht solche Spinnmaschinen in Österreich schon in Verwendung standen. Auf kaiserlichen Befehl untersuchte daher (1801) der niederösterreichische Regierungsrat Baron Kielmannsegge mit Zuziehung des Professors der höheren Mathematik an der Prager Universität Franz Gerstner und des Ingenieurs beim Wiener Wasserbauamte von Dallstein als Sachverständige jene Fabriken in Böhmen und Niederösterreich, die sich mit der Baumwollspinnerei beschäftigten und hiezu Maschinen verwendeten[1]). In folgenden Unternehmungen wurden solche Maschinen vorgefunden: 1. In der privilegierten Zitz- und Kattunfabrik von Josef Leitenberger in Wernstadtl; 2. in der gräflich Rottenhanischen Zitz-, Kotton- und Musselinfabrik zu Gemnischt; 3. in der fürstlich Auerspergischen Fabrik zu Seltsch im Chrudimer und zu Malletsch im Časlauer Kreise. Weiters wurden untersucht 4. die von Freiherrn von Kolbielski durch Lever und Thornten ausgeführten Spinnmaschinen in Wien; 5. die von der Gesellschaft Fries & Co., Ochs, Geymüller und Hebenstreit in Wien erbauten Spinnmaschinen; 6. die in der Kettenhofer Fabrik in Verwendung stehenden Spinnmaschinen; 7. eine vom Arzte Dopfer erfundene Spinnmaschine; 8. die Spinnmaschinen des Wiener Fabrikanten Schimper und einiger anderer Wiener Fabrikanten; 9. die Spinnmaschine, auf welche 1798 dem Chevalier Landriani ein ausschließendes Privilegium verliehen worden war und welche in dieser Zeit einem gewissen Montallier gehörte; 10. die Spinnmaschine des Zitz- und Kattunfabrikanten Johann Christoph Breuer zu Kuttenberg.

Das Ergebnis dieser Untersuchung war, daß zwischen den in Böhmen besichtigten Maschinen und jenen, welche beim Freiherrn von Kolbielski teils in

---

[1]) An diese Reise knüpft sich eine interessante Episode. Baron Kielmannsegge hatte die Postillionstrinkgelder mit 1 fl. 30 kr. für jede Station berechnet, obwohl der Tarif dafür nur 34 kr. festsetzte. Da aber den „in Commissione" reisenden Beamten eine mäßige Überschreitung des tarifmäßigen Betrages gewöhnlich gestattet wurde, so sollte ihm zwar nicht der ganze eingerechnete Betrag, dennoch aber 1 fl. 8 kr. für jede Station bewilligt werden. Der Kaiser bewilligte jedoch den ganzen Betrag, da der Referent im Staatsrate (Grohmann) sich diesbezüglich folgendermaßen geäußert hatte: „Über die an die Postillione abgereichten Trinkgelder wäre um so mehr ohne allen Anstand hinauszugehen, als es schon lange kein Reisender mehr wagen darf, sich auf das patentmäßige Trinkgeld zu beschränken, wenn er sich nicht den unangenehmsten Begegnungen der Postillione oder wohl gar der Gefahr, durch ihren Unmut auf der Straße verunglückt zu werden, ausgesetzt sehen will" ... (Staatsrat 1802, Nr. 743).

Plänen, teils in Betrieb gefunden worden waren, gar kein wesentlicher Unterschied zu entdecken war oder erwiesen werden konnte. Die Sachverständigen waren sogar der Ansicht, daß die in Böhmen in Augenschein genommenen Maschinen „sowohl in mechanischer als auch in merkantilischer Hinsicht" einen entschiedenen Vorzug vor den Kolbielskischen verdienten. Die Maschinen, die in Böhmen in Verwendung standen, waren durchwegs im Inlande verfertigt. Die Sachverständigen konnten dabei sogar ihr Erstaunen nicht bergen, daß es der Betriebsamkeit dieser böhmischen Unternehmer in einem Zeitraume von wenigen Jahren gelungen war, für derart zusammengesetzte Maschinen Inländer so geschickt auszubilden, daß ihre Leistungen jenen nicht nachstanden, wenn sie dieselben nicht gar übertrafen, welche in Wien von kostspieligen, aus dem Auslande hereingebrachten Handwerkern verfertigt worden waren.

Die Sachverständigen fanden daher, daß kein Grund vorhanden sei, um irgend eine der genannten Unternehmungen durch eine besondere Begünstigung auszuzeichnen, hielten vielmehr alle einer gleichen Unterstützung und Aufmerksamkeit von seiten des Staates würdig.

Der Kaiser befahl nun der Hofstelle, indem er ihr das Resultat dieser Untersuchung mitteilte, es solle unter dem Vorsitze des Kanzlers eine eigene Kommission diese Angelegenheit gründlich untersuchen und dabei auch feststellen, welche Grundsätze und Vorsichten bezüglich der Behandlung von Privilegiengesuchen überhaupt zu bestimmen und den Länderstellen für die Zukunft zur genauen Beobachtung vorzuschreiben seien; außerdem auch zu erwägen, ob es nicht zweckmäßig wäre, Bittstellern, welche auf die Gründung ähnlicher Unternehmungen erweislich beträchtliche Kosten verwendet hatten, eigene Befugnisse zu erteilen und durch Verhinderung einer zu raschen Verbreitung solcher Unternehmungen ihnen eine billige Schadloshaltung für ihre Vorauslagen zu sichern. Solche Konzessionen hätten sich jedoch nur auf Maschinen zur Verspinnung von Baum- und Schafwolle, keineswegs aber auf die Verspinnung von Flachs auszudehnen, welch letzteres ausdrücklich auszunehmen wäre.

In dieser Verweigerung von Konzessionen auf Flachsspinnmaschinen spiegelt sich die damals weit verbreitete Befürchtung wider, es könnten die Maschinen den vielen Tausenden, welche sich mit der Flachsspinnerei beschäftigten, ihren Nahrungserwerb entziehen, welche Befürchtung auch die ökonomische Wissenschaft jener Zeit, allerdings in ablehnendem Sinn, einer Würdigung unterziehen mußte[1]).

---

[1]) So meinte Justi (Manufakturen und Fabriken [1786] I, 147), dieser Einwurf gegen die Nützlichkeit der Maschinen wäre nur dann gerechtfertigt, wenn es nicht möglich wäre, den durch die Maschinen ersparten Menschenhänden eine anderweitige Beschäftigung zu verschaffen, in welche Lage jedoch ein Staat wohl niemals gelangen könne. Noch 1841 schrieb Louis von Orth (Über die mech. Flachsspinnerei, Wien 1841, S. 49): „Es bleibt nun noch eine viel verbreitete Meinung zu widerlegen übrig, nämlich daß die Maschinenspinnerei dem Landvolke schädlich sei" . . . S. 51: „Man sah darin eine Beraubung der armen Leute. Die erleuchteten Regierungen aber teilten diese Ansicht nicht."

Außer mehreren anderen Privilegiengesuchen auf Maschinen lag um diese Zeit auch noch ein Gesuch des Brünner Feintuchfabrikanten Fr. W. Offermann vor, der anzeigte, daß er mit der Vervollkommnung und Zusammensetzung einer Schafwollspinnmaschine beschäftigt sei und zugleich bat, falls von einer anderen Seite auf eine ähnliche Maschine um ein ausschließendes Privilegium angesucht würde, auch auf ihn Rücksicht zu nehmen, damit er an dem Gebrauche seiner Maschine nicht gehindert werde.

Aus allem ist ersichtlich, wie die zu Anfang des 19. Jahrhunderts infolge Arbeitermangel stark gestiegenen Arbeitslöhne zur schnellen Einführung und Verbreitung von arbeitersparenden Maschinen aneiferten und wie plötzlich sich so viele Fabrikanten mit ihrer Einführung zu gleicher Zeit beschäftigten. Anderseits mußte aber die Staatsverwaltung jetzt einsehen, wie voreilig und in Verkennung des wirklichen Standes der Dinge sie dem Freiherrn von Kolbielski, der als erster an sie herangetreten war, große Begünstigungen in Aussicht gestellt hatte. Jetzt galt es, den Fehler wieder gutzumachen.

Bei den weiteren Verhandlungen über die Frage der Spinnmaschinen beschäftigte man sich auch mit den Bedenken, ob die Maschinen durch Verdrängung vieler Menschenhände doch nicht auch schädlich seien. Dieser Umstand wurde namentlich bezüglich der Flachsspinnmaschinen erwogen, da mit Flachsspinnerei viele Tausende von armen Gebirgsbewohnern, namentlich in Oberösterreich, Schlesien, Böhmen und Mähren beschäftigt waren, die durch Verbreitung von Flachsspinnmaschinen um den größten Teil ihres Erwerbes gekommen wären. Besonders war es Staatsrat Anton von Baldacci, welcher als Referent im Staatsrate der Meinung war, es sollten auf Spinnmaschinen keine Konzessionen erteilt werden, bis nicht der Einfluß derselben auf den Nahrungsstand der Bevölkerung festgestellt sei, denn sie könnten die Bevölkerung in einem Erwerbszweige, der nur in Böhmen an 600.000 Menschen Verdienst gebe, schwer schädigen.

Als Ausfluß dieser Bedenken erfloß denn auch im Jänner 1803 die allerhöchste Entschließung, daß es von jeder Verleihung von Privilegien auf Spinnmaschinen abzukommen habe und daß, um die beständige Übersicht und Kenntnis von der Zahl und den Fortschritten dieser Maschinen zu erhalten und den Einfluß derselben auf den Nahrungsstand der ärmeren Klassen der Untertanen beobachten zu können, für die Zukunft zu jeder solchen Unternehmung vorläufig die Bewilligung der Hofstelle angesucht werden müsse, daß jedoch vorderhand Befugnisse auf das Verspinnen von Flachs mittels Spinnmaschinen nicht erteilt werden sollen, bis nicht durch genaueste Prüfung die Überzeugung gewonnen sei, daß der Nahrungsstand der Bevölkerung darunter nicht leide.

Das dem Freiherrn von Kolbielski verliehene Privilegium wurde wegen der Defizienz der daran geknüpften Bedingung der Neuheit für hinfällig erklärt; hingegen wurde der Gesellschaft Fries & Co. und der oktroyierten Leihbank (welche die Spinnmaschine von Kolbielski übernommen hatte) die Landesfabriksbefugnis auf die Schaf- und Baumwollmaschinenspinnerei erteilt. Außerdem wurde Leitenberger zu Wernstadtl wegen der schon vor einigen Jahren in seiner

Fabrik mit gutem Erfolge angewendeten Spinnmaschinen im allerhöchsten Namen die verdiente Belobung ausgesprochen sowie die förmliche Fabriks- befugnis auf seine Baumwollmaschinenspinnerei verliehen; ebenso erhielten der Kuttenberger Fabrikant Breuer sowie die Spinnunternehmungen des Fürsten von Auersperg und des Grafen von Rottenhan die Landesfabriksbefugnis auf das Spinnen von Schaf- und Baumwolle. Dem Fürsten Karl von Auers- perg und dem Grafen von Rottenhan wurde wegen der Einführung und An- wendung der englischen Spinnmaschinen in ihren Fabriken im großen und der dadurch sich um den inländischen Gewerbefleiß erworbenen wesentlichen Ver- dienste auch die allerhöchste Zufriedenheit zu erkennen gegeben[1]).

Es sollten also künftighin Befugnisse auf die Verspinnung von Flachs mit Maschinen überhaupt nicht, auf die Verspinnung von Baum- und Schafwolle nur mit Bewilligung der Hofstelle erteilt werden dürfen. Letzteres bedeutete in Wirklichkeit nicht viel, da die Hofstelle sich selbst am wenigsten der Ein- sicht verschloß, daß die Beförderung und Verbreitung der Maschinen von größtem Nutzen für die Nationalbetriebsamkeit sei. Schon zu Anfang 1803 wurde so dem Kaufmanne Christian Friedrich Landrock aus Plauen und dem Mechaniker Johann Chr. Sennewald aus Greiz, welche mit dem Fabrikanten Josef Keilwerth zu Graslitz in Verbindung standen, die angesuchte Bewilligung sowohl zur Einwanderung nach Böhmen als zur Errichtung einer englischen Spinnmaschine auf Baum- und Schafwolle zu Graslitz erteilt und ihnen die Landesfabriksbefugnis verliehen[2]). Im selben Jahre wurde dem Freiherrn von Braun die Landesbefugnis zur Baumwollspinnerei auf Maschinen in Hernals bei Wien erteilt, ,,da bei dem immer mehr überhandnehmenden Mangel an arbeitenden Händen die Verbreitung der Maschinen auf alle nur mögliche Weise zu befördern ist‘‘[3]).

Trotz dieses einzig möglichen maschinenfreundlichen Standpunktes der Hofstellen oder vielmehr gerade deswegen erschien den einsichtsvollen Unter- behörden die vorgeschriebene Bewilligung der Hofstelle als eine unerklärliche Beschränkung.

Als Graf Magrini 1804 um die Bewilligung zur Errichtung einer Baumwoll- maschinenspinnerei ansuchte, da setzte Kommerzienrat Schreyer die Vorteile auseinander, welche das Maschinengespinst vor dem Handgespinste biete sowohl in bezug auf Feinheit und Güte als auch auf Preiswürdigkeit, Wohl- feilheit und schnellere Erzeugung. Schon aus diesem Grunde verdiene die Maschinenspinnerei allen Vorschub, ohne zu befürchten, daß der freie und unbeschränkte Gebrauch derselben einen wesentlichen Einfluß auf den Nahrungs- stand der ärmeren Klasse der Untertanen haben werde. ,,Böhmen ist ein indu- striöses Land.‘‘ so fährt Schreyer fort, ,,welches noch keine Gelegenheit ent- schlüpfen ließ, wo eine neue Quelle zum Nahrungsstand sich von weitem zeigte,

---

[1]) H. K. A. Kom. N.-Ö., Fasz. 72, Nr. 31 ex jun., Nr. 18 ex aug. 1801; Nr. 48 u. 49 ex apr. 1802, Nr. 6 ex jan. 1803; Staatsrat 1802, Nr. 3391; Statth. A. Prag, 1796—1805, Kom., Fasz. 13, subu. 17, 1803, Jan. 10. — [2]) Statth. A. Prag, 1796—1805, Kom., Fasz. 13, subn. 17, 1803, Jan. 10. — [3]) H. K. A. Kom. N.-Ö., Fasz. 72, Nr. 4 ex apr. 1809.

ihr hastig nachzujagen, und welches, sobald irgend eine Nahrungsquelle ver-
siegte, wie z. B. die Steinschneiderei zu Turnau, gleich wieder eine andere
mühsam aufsuchte, um sich Nahrung zu verschaffen. Dies ist der Fall mit
dem Übergange von der Flachs- zur Woll- und seit ungefähr 12 Jahren zur
Baumwollspinnerei, die, weil die Cottone die Leinwand verdrängten und die
Baumwollspinnerei mehr als die des Flachses und der Wolle einträgt, schnell
ergriffen und in manchen Gegenden des Landes, wo die Cottonfabriken sich
ausgebreitet hatten, zum beinahe einzigen Nahrungserwerb gewählt wurde".
Herrschend seien die Kottone und die Tucherzeugung beginne auch große Fort-
schritte zu machen. Diese beiden Produktionszweige fordern daher Freiheit
und können zum Vorteile des inländischen Kommerzes und zum Nutzen des
Staates nur dann zur Blüte gelangen, wenn keine Hindernisse im Wege stehen.
Der eingeschränkte Gebrauch der Maschinen sei eines dieser
Hindernisse für beide genannten Erwerbszweige.

Auch das böhmische Gubernium glaubte aus diesen Gründen, daß die
Spinnmaschinen nicht beschränkt werden sollten, da durch sie der Nahrungsstand der ärmeren Bevölkerung nicht leiden könne.

Von der Hofstelle wurde darauf dem Grafen Magrini die angesuchte Bewilligung erteilt. Dennoch blieb es aber auch weiterhin notwendig, vor der Errichtung von Spinnmaschinen die Bewilligung der Hofstelle einzuholen[1].

Die Einführung anderer Maschinen und die Verfertigung derselben im
Inlande wurde auf jede Weise gefördert. Es wurden nicht nur Befugnisse zur
Verfertigung von Maschinen und Werkzeugen ohneweiters verliehen, sondern
auch vielfach mit anderweitigen Begünstigungen verbunden, um so mehr
,,als an dergleichen Arbeitern, welche die erforderliche Geschicklichkeit besaßen, Werkstühle und Maschinen zu verfertigen, ohnehin noch Mangel" war[2].

Als 1806 der Wiener Arzt Dr. Eduard Dopfer um die fabriksmäßige Befugnis
auf die Maschinenspinnerei und auf die Verfertigung der hiezu erforderlichen
Werkzeuge ansuchte und auch um etliche Begünstigungen bat, da lautete die
Erledigung durch die Hofkammer: ,,Es wäre ebenso auffallend und unzweckmäßig, das in so allgemeinen Ausdrücken gestellte, viel umfassende Gesuch des
Bittstellers unbedingt zu gewähren, als es unbillig und den liberaleren Grundsätzen einer auf die Emporbringung der Industrie hinzielenden Kommerzialverwaltung widersprechen sein würde, denselben nach dem Einraten der
unteren Behörden geradezu abzuweisen und auf solche Art den Bittsteller nicht
nur den ganzen für seine Maschinen bisher gemachten Aufwand von Zeit und
Geld verlieren zu lassen, sondern ihn auch in die Unmöglichkeit zu versetzen
oder ihm doch wenigstens den Mut zu benehmen, sie durch weitere Versuche
zu verbessern, zu vervollkommnen und wahrhaft gemeinnützig zu machen.
Überhaupt kann die Verfertigung von Maschinen und die Verwendung derselben nicht gleich einem Handwerke behandelt
werden und derjenige, welcher sein ganzes Vermögen und seine

---

[1] Statth. A. Präg, 1796—1805, Kom., Fasz. 13, subn. 23, 1804, Apr. 19. — [2] H. K. A.
Kom. N.-Ö., Fasz. 72, Nr. 13 ex febr. 1802.

moralischen Kräfte auf Erfindung oder Anwendung neuer Maschinen verwendet, verdient besondere Rücksicht, wäre es auch nur, um den Geist der Industrie zu beleben und anzueifern." Daher wurde das Einraten der Regierung, dem Bittsteller eine fabriksmäßige Befugnis auf die Maschinenspinnerei und die Verfertigung der hiezu nötigen Werzkeuge zu erteilen genehmigt. „Daß die Maschinen des Bittstellers zu den unvollkommeneren in ihrer Art gezählt werden, kommt hier in keine Betrachtung, da es nur des Unternehmers Sache ist, seinen Erzeugnissen Absatz zu verschaffen"[1].

Im selben Jahre (1806) wurde den Fabriksunternehmern Tylor & Royce das Landesfabriksprivilegium zur Erzeugung sowohl der Spinn- als anderer Maschinen und Werkzeuge und zur Ausübung der Wollspinnerei erteilt[2]. Die Fortschritte, welche die Maschinenspinnerei im Auslande gemacht hatte, und der große Mangel an Arbeitskräften führten endlich dazu, daß man an die Aufhebung der beschränkenden Verordnung von 1803 zu denken begann.

Zu Ende 1810 und zum zweitenmal im Jänner 1811 forderte die Hofkammer von den Länderstellen Gutachten ab, „ob bei den gegenwärtigen Zeitumständen die Aufhebung der Verordnung, wodurch der Gebrauch der Flachsspinnmaschinen verboten werde, nicht rätlich wäre".

Besonders interessant ist das diesbezügliche Gutachten des böhmischen Kommerzienrats Rößler vom 27. Februar 1811. Er meinte, die Bearbeitung des Flachses bis zur fertigen Leinwand könne und werde nicht anders als mit Maschinen betrieben, denn die Breche, die Hechel, der Rocken und die Spindel seien auch wirkliche Maschinen. Er kenne überhaupt keine Verordnung, welche die Flachsspinnmaschine verbiete, finde sie auch in keiner Gesetzessammlung. Es war auch in der Tat der Gebrauch der Flachsspinnmaschinen nicht verboten, sondern nur den Behörden untersagt worden, Befugnisse auf die Flachsmaschinenspinnerei zu verleihen. Die Spinnerei konnte aber als ein freies Gewerbe auch ohne Befugnis betrieben werden, wobei es jedoch auch jedem freistand, um eine förmliche oder einfache Fabriksbefugnis anzusuchen[3]. In dieser Beziehung hatte somit Kommerzienrat Rößler auch recht.

Die Flachsspinnmaschinen, meinte Rößler weiter, durch welche man wie auf Baumwollspinnmaschinen 20 bis 200 Fäden auf einmal hervorzubringen imstande wäre, hätte man gar nicht zu fürchten, da sie überhaupt noch nicht erfunden seien und auf deren Erfindung erst unlängst der französische Kaiser eine Million Franken ausgesetzt habe. Wenn sie aber wirklich erfunden wären, was auch zweifellos geschehen werde, so hätte man weder Nahrungslosigkeit für die gegenwärtigen Flachsspinner noch auch solche Unruhen zu besorgen, wie sie in England bei der Einführung der Baumwollspinnmaschinen ausgebrochen seien. England habe gerade durch die Maschinen einen großen Vorsprung in der Wohlfeilheit der Waren erlangt. „Man glaubt daher unmaßgeblichst, die Aufhebung des Verbotes einer offenbar und allgemein anerkannten

---

[1] H. K. A. Kom. N.-Ö., Fasz. 72, Nr. 22 ex mart. 1806. — [2] H. K. A. Kom. N.-Ö., Fasz. 72, Nr. 8 ex jul. 1806. — [3] Vgl. Kopetz, a. a. O., II, 491.

nützlichen Sache wie die Flachsspinnmaschinen, wie alle Gewerbsmaschinen sind, sollte dem Geiste des Zeitalters nicht preisgegeben werden, sondern dieses Verbot der Vergessenheit, in welcher es sich zu befinden scheint, überlassen werden; statt dieser ohnehin zu keinem Zwecke dienenden Aufhebung des Verbotes sollte vielmehr eine die französische Regierung nachahmende, bedeutende Prämie auf die Herstellung einer über alles nützlichen Flachsspinnmaschine höchstenorts festgesetzt werden, durch deren Bekanntmachung sich dieses furchtsame Verbot älterer und weniger unterrichteter Zeiten von selbst behebt."

Das Gubernium meinte ebenfalls, daß ein Verbot nicht existiere, da das Hofkammerdekret vom 10. Jänner 1803, welches allein so gedeutet werden könnte, nicht publiziert, sondern bloß den Behörden zur Danachachtung zur Kenntnis gebracht worden sei[1]).

Tatsächlich wurde denn auch durch Hofdekret vom 28. Mai 1811 der Einführung von Flachsspinnmaschinen in sämtlichen Provinzen der Monarchie alle mögliche Erleichterung und Ermunterung verheißen, ohne von einer Aufhebung eines Verbotes zu sprechen[2]).

Zahlreiche Beweise liegen auch für die weitere Zeit vor dafür, daß die Behörden das Maschinenwesen zu begünstigen und zu unterstützen bestrebt waren.

Als das böhmische Gubernium 1812 dem Musselinfabrikanten zu Graslitz Ignaz Köstler die Bewilligung zur Errichtung einer Spinnmaschine für Baum- und Schafwolle versagte, da belehrte es die Hofkammer, daß diese Verweigerung mit jenen Grundsätzen in Widerspruch stehe, welche die Basis einer zweckmäßigen Kommerzialleitung ausmachen und von seiten der Staatsverwaltung als unabweichliche Richtschnur vorgeschrieben wurden. Die Errichtung einer neuen Spinnmaschine im Inlande, wodurch die Einfuhr fremder Gespinste und folglich auch der Ausfluß von klingender Münze vermindert werde, sei nicht nur wünschenswert, sondern verdiene besonders in einem Zeitpunkte, wo selbst schon bestehende Unternehmungen dieser Art wanken, auch alle indirekte Unterstützung der Staatsverwaltung. Wenn auf dem Gebiete der Kommerzialbeschäftigungen überhaupt die Zahl der in einem Bezirk bereits bestehenden Gewerbe derselben Art schlechterdings nicht berücksichtigt werden könne, so dürfe dies um so weniger bei Unternehmungen geschehen, an denen im Inlande zum Nachteile der Handelsbilanz noch Mangel sei und deren Absatz sich auf die ganze Monarchie und selbst ins Ausland erstrecke[3]). Und in einer Entscheidung der Hofkammer aus dem Jahre 1815 heißt es; „Die ehemals von seiten der Regierung gegen die Errichtung Menschenhände ersparender Maschinen getragenen Bedenken, welche auf dem Besorgnisse beruhen, daß dadurch der ärmeren, von der Handarbeit lebenden Klasse ihr Erwerb entzogen werde, verdienen wohl dermalen, bei den Fortschritten, welche die inländische Industrie bereits gemacht hat, bei der Vervollkommnung und Erweiterung, deren sie noch fähig ist, bei der Notwendigkeit der wohlfeileren und ausgebreiteteren

---

[1]) St. A. Prag, 1806—1815, Kom., Fasz. 12, subu. 59, 1811, Jän. 8. — [2]) Kopetz, a. a. O., I, 405, II, 38 f. u. 411; Barth, a. a. O., I, 54, II, 363. — [3]) Statth. A. Prag, 1806—1815, Kom., Fasz. 13, subn. 17. Hofdekret vom 9. Sept. 1812.

Erzeugung der Fabrikationsstoffe, um mit dem Auslande in Konkurrenz treten zu können, und bei dem Mangel an arbeitenden Händen, welcher nach vieljährigen blutigen Kriegen alle Zweige der Industrie und insbesondere den Ackerbau drückt, weder eine Rücksicht noch eine Erwähnung. Ebenso bedarf es wohl keiner näheren Erörterung, daß die Teilung der Arbeit die Folge und das Kennzeichen einer vervollkommneten Industrie ist, daß die Maschinenspinnerei, ebenso wie die Weberei, Druckerei, Färberei und andere ähnliche Erwerbszweige eine selbständige Beschäftigung ausmacht"[1]).

Vom Jahre 1803 bis 1811 waren Befugniserteilungen auf mechanische Flachsspinnereien verboten. Nachdem man die Verkehrtheit dieser Beschränkung eingesehen und 1811 daher nicht einmal den Mut aufzubringen vermocht hatte, dieses nicht öffentlich bekannt gewordene Verbot aufzuheben, da bemühte man sich, die Einführung und Verbreitung von Flachsspinnmaschinen möglichst zu fördern. Eine brauchbare Flachsspinnmaschine war aber noch nicht erfunden. Da meldeten sich 1815 die **Gebrüder Girard** aus Paris und wendeten sich mit einer Bittschrift an den Kaiser, indem sie sich erbötig machten, Flachsspinnmaschinen ihrer Erfindung in Österreich zu bauen und zu verkaufen. Daraufhin wurde **Philipp Girard** ein Privilegium zum Bau und Verkaufe seiner Flachsspinnmaschinen auf zehn Jahre erteilt, unter der Bedingung, daß er binnen einem Jahre solche Maschinen im Inlande erbaue. Wenn dies mit gutem Erfolge geschehen sei, würde ihm auch eine billige und angemessene Unterstützung zur Errichtung einer mechanischen Flachsspinnanstalt bewilligt werden[2]). Zugleich wurde der Hofkammer aufgetragen, den Brüdern Girard allen Vorschub und jegliche Unterstützung zuteil werden zu lassen und angemessene Räumlichkeiten in oder bei Wien zur Aufstellung ihrer Maschinen und zur Herstellung des vollständigen Beweises der Brauchbarkeit und Nützlichkeit derselben ohne Aufschub anzuweisen und sodann Seiner Majestät zu berichten, wie diesen Maschinen, wenn ihre Nützlichkeit ganz erprobt sei, so schnell als möglich eine große Verbreitung verschafft werden könnte[3]).

Philipp Girard wurden 1816 bedeutende staatliche Geldvorschüsse zuteil. Auch befahl der Kaiser „in der Erwägung, daß jede Unternehmung dieser Art im freien ungebundenen Privatbetriebe am besten gedeiht, es sei von seiten der Staatsverwaltung auf Girards Unternehmung kein wie immer gearteter unmittelbarer oder leitender Einfluß zu nehmen, sondern sich nur von Zeit zu Zeit die Überzeugung zu verschaffen, daß der erfolgte Ärarialvorschuß dem Zwecke gemäß verwendet und die Unternehmung zur vollständigen Ausführung gebracht werde"[4]).

Um dieselbe Zeit waren auch mehrere Inländer bemüht, eine brauchbare Flachsspinnmaschine zustande zu bringen. Während Girard in so ausgiebigem Maße vom Staat unterstützt wurde, blieben die inländischen Erfinder auf sich selbst angewiesen. Dies kann jedoch um so weniger wundernehmen, als selbst

---

[1]) H. K. A. Kommerzkammer, Fasz. 31, Nr. 7 ex apr. 1815. — [2]) H. K. A. Kommerzkammer, Fasz. 31, Nr. 72 ex oct. 1815. — [3]) H. K. A. Kommerzkammer, Fasz. 31, Nr. 73 ex nov. 1815. — [4]) H. K. A. Kommerzkammer, Fasz. 31, Nr. 34 ex märt, 75 u. 80 ex jun. 1816.

der sonst so weitblickende, um den österreichischen Handel und die Industrie
im allgemeinen und um den Leinwandhandel insbesondere hochverdiente
Chr. Polykarp Erxleben in Landskron bei einer Äußerung über die Verwendung
von Flachsspinnmaschinen im Ausland im Gegensatz zu Österreich meinte,
die Ursache des Mangels eines diesbezüglichen glücklichen Erfolges in Österreich
sei darin zu suchen, daß die Unternehmer entweder Laien in der Mechanik,
wie Franz Wurm, oder Dilettanten oder aber mit der Natur und Behandlungs-
art des Flachses nicht vertraut seien[1]).
Bald nahmen die Unterstützungen für Girard schon sehr große Formen an.
Am 2. September 1816 bewilligte der Kaiser, daß für denselben die Baumwollspinnfabrik zu Hirtenberg bei Baden um 45.000 fl. angekauft und ihm unentgeltlich überlassen werde, wofür er sich verpflichten mußte, sie nach zehn
Jahren um denselben Preis zu übernehmen. Weitere 45.000 fl., welche er auch
nach zehn Jahren zurückzuzahlen sich bereit erklärte, wurden ihm zu Adaptie-
rungen bewilligt[2]). Durch allerhöchste Entschließung vom 10. Juli 1817 wurde
weiters angeordnet, daß Philipp Girard a) für jeden der ersten hundert vollständigen Sätze seiner Flachsspinnmaschine, welche er Inländern liefern würde,
eine Prämie von 1000 fl. C. M. zugestanden und davon die eine Hälfte an den
ihm verliehenen Vorschüssen abgeschrieben, die andere aber ihm mit jeder
Ablieferung bar ausbezahlt werden sollte; b) daß ihm, wenn er sich unter der
eben erwähnten Begünstigung zur Verfertigung seiner Maschinen für den Verkauf verbindlich mache, die Summe von 22.000 fl. W. W., welche von dem zur
Vergrößerung des Fabriksgebäudes zu Hirtenberg zugestandenen Vorschusse
von 45.000 fl. W. W. noch ausständig war, sogleich auszufolgen sei; c) daß
ihm überdies ein Betrag von 3000 fl. C. M. als Vorschuß auf die ersten sechs
Maschinensätze ausbezahlt, wofür ihm jedoch für die ersten sechs Sätze keine
baren Prämien flüssig gemacht werden sollten; endlich wurde ihm d) eine Ver-
längerung des Privilegiums in Aussicht gestellt, wenn er während dieser Zeit
durch den Verkauf und die Verbreitung seiner Maschinen den Absichten Seiner
Majestät entsprochen haben würde.
So große Unterstützungen und Vorteile wurden Girard zugestanden,
gestützt auf ein günstiges Gutachten einer Kommission von Mitgliedern des
Kreisamtes unter dem Wiener Walde, der Fabrikeninspektion und des polytechnischen Instituts über die Brauchbarkeit seiner Maschinen. Nur die
niederösterreichische Regierung meinte, es sei zu bedauern, daß auf die sinn-
reiche inländische Erfindung von Wurm und Pausinger das angetragene und
schon zu einer Zeit, wo man von Girard noch gar nichts wußte, angesuchte
Privilegium noch nicht verliehen und dadurch die Ausführung dieser Maschine
vereitelt worden sei. Sonst stünde sie schon fertig da, und man hätte eher einen
Anhaltspunkt, um zu beurteilen, ob und inwiefern die Verbreitung der Girardschen Maschine fernere Opfer von seiten der Staatsverwaltung rätlich mache
oder ob diese nicht etwa der Verbreitung von Wurmschen Maschinen zu widmen

---

[1]) H. K. A. Kommerzkämmer, Fasz. 31, Nr. 6 ex julio 1816. — [2]) H. K. A. Kommerzkämmer, Fasz. 31, Nr. 33 u. 71 ex sept. 1816.

wären. Die niederösterreichische Regierung hielt die Ärarialunterstützungen
zur Beförderung der Girardschen Maschinen für doppelt gewagt, weil dieser keine
Sicherheit leisten könne und der Erfolg höchst ungewiß sei[1]).
Die Regierung sollte leider Recht behalten. Denn Girard war einer jener
zwar sehr begabten aber unruhigen und unsteten Köpfe, der mit immer neuen
Ideen auftauchte und zahlreiche Erfindungen machte, von dem aber gerade
deshalb die erfolgreiche Leitung und der günstige Betrieb eines Fabriksunter-
nehmens kaum zu erwarten war[2]). Endlich wurde man gegenüber seinen Gesuchen um immer weitere Unterstützungen auch seitens der Staatsverwaltung
mißtrauisch. Als er 1820 um einen weiteren Vorschuß von 25.000 fl. zur höheren
Emporbringung seines Unternehmens einschritt, wurde er endlich abgewiesen[3]).
Die Unternehmung verfiel immer mehr und das Geld, das bis dahin seitens des
Staates ausgegeben worden war, war umsonst verwendet worden. Im Jahre
1825 begab sich Girard nach Warschau, um daselbst im Fabriksfache für Rechnung der dortigen Regierung verwendet zu werden. Im Jahre 1827 schuldete
er der Staatsverwaltung schon 47.820 fl., während die Fabrik so sehr herab-
gekommen war, daß dabei nur einige Arbeiter Beschäftigung hatten und ein
Aufkommen des Unternehmens als ausgeschlossen gelten mußte; 1835 wurden
endlich sowohl die Fabrik als auch die Mobilien Girards im Exekutionswege
versteigert, wobei für das Fabriksgebäude der Betrag von 4920 fl. erzielt wurde[4]).
So kläglich endete dieses Unternehmen, von dessen reichlicher Unterstützung sich die Staatsverwaltung die größten Vorteile erhofft hatte.
Wenn der Eifer der Staatsverwaltung dabei so weit ging, daß viele Tausende
an Vorschüssen in fast leichtfertiger Weise verliehen wurden, nur um die Einführung und Verbreitung der Flachsspinnmaschinen zu befördern, so kann es
nicht wundernehmen, daß sie mit der Erteilung von ausschließenden Privilegien zur Aneiferung des Maschinenwesens noch freigebiger war. Hatte sie
sich mit Girard getäuscht und die Staatskassen geschädigt, so sollte sie sich um
dieselbe Zeit, nämlich 1816, durch ihren Eifer, keiner Sache, die einer Maschine
ähnlich sah, Hindernisse in den Weg zu legen, fast lächerlich machen.
Im Jahre 1815 suchte nämlich ein gewisser Raimund Gärber um ein fünf-
zehnjähriges ausschließendes Privilegium auf das von ihm erfundene perpetuum
mobile an, oder wie er es auch nannte: „Lebendiges Rad, Selbst- und Immer-
bewegungsmaschine“. Er behauptete, damit schon zwei große Mahlmühlen in

---

[1]) H. K. A. Kom. Kom., Fasz. 31, Nr. 129 ex jul., Nr. 23 ex aug. 1817. — [2]) So erhielt er
unter anderem ein Privilegium auf eine Verbesserung des Wattschen Zentrifugalregulators,
sodann auf eine Verbesserung an den Vorrichtungen zur Bereitung des Hanfes und des Flachses;
ebenso auf die Erfindung, aus Talg, Unschlitt und anderen Fetten Kerzen zu machen, welche
den Wachskerzen gleichkommen, und auf eine Verbesserung in der Erzeugung von Ziegeln.
Auch erfand er 1823 Verbesserungen der Kessel und Röhren der Dampfmaschinen für Schiffe
(Akten H. K. A. Kom. Kam., Fasz. 29, 1820—1830). — [3]) H. K. A. Kom. Kom., Fasz. 31,
Nr. 87 ex jun. 1821. — [4]) H. K. A. Kommerzkammer, Fasz. 31, Nr. 179 ex sept. u. 87 ex
dec. 1827; Nr. 36 ex sept. 1828; Nr. 118 ex aug., 110 ex oct., 109 ex nov. 1829; Nr. 146 ex jul.,
59 ex oct. 1830. Archiv d. k. k. Fin. Min., Fasz. 31, Nr. 27 ex jan. 1831, Nr. 125 u. 126 ex
mart. 1835.

Klosterneuburg zu betreiben. Eine Besichtigung der Maschine wollte er aber nicht zulassen, weil der Mechanismus ein zu einfacher sei, so daß ihn jeder nachahmen könnte. Deshalb bat er auch, ihn von der Vorlegung einer genauen Beschreibung zu entheben, welch letzteres eine Abweichung von den Direktiven bei Privilegienverleihungen bedeutet hätte.

Trotz des entschiedenen Widerspruches des Vizepräsidenten Grafen Herberstein-Moltke, welcher der Meinung Ausdruck verlieh, die Staatsverwaltung solle sich mit der Zusicherung eines Privilegiums auf eine Erfindung nicht selbst kompromittieren, deren Wahrheit noch nicht erwiesen, deren Möglichkeit selbst sehr zu bezweifeln sei und wobei die Zusicherung eines Privilegiums im voraus dem Bittsteller nur Gelegenheit geben könne, schwache Leute über Geldvorstreckungen irrezuführen, trotz dieses Widerspruches, der in der Minderheit blieb, wurde Gärber unter dem 25. Jänner 1816 das angesuchte Privilegium auf die Dauer von 15 Jahren verliehen[1].

Die Staatsverwaltung begnügte sich nicht damit, die Einführung von nützlichen Maschinen und Werkzeugen durch Privilegien und Geldvorschüsse zu unterstützen, sie griff sogar, wo auf eine andere Weise ein Erfolg nicht zu erwarten war, dazu, auf Staatskosten Verbesserungen einzuführen. So wurden in der Tuchscherenfabrikation bewährte holländische Meister nach Österreich berufen, wo sie in Steyr auf Staatskosten die Tuchscherenfabrikation betrieben und Lehrlinge auszubilden hatten. Da aber diese Tuchscherenfabrikationsanstalt einen sehr schwachen Besuch aufzuweisen hatte und kaum jemand aufzutreiben war, der einen Lehrling nach Steyr zu schicken bereit gewesen wäre, um denselben in der Tuchscherenerzeugung ausbilden zu lassen, so wurde diese Anstalt 1819 wieder aufgelassen[2].

Es konnte jetzt die Aufhebung dieser Anstalt um so leichteren Herzens vorgenommen werden, als in der Zwischenzeit ein Franzose, Chevalier de Cochelet, (am 29. Mai 1818) ein zehnjähriges Privilegium auf die von ihm erfundene Tuchschermaschine erhalten hatte, dieselbe 1819 auch wirklich aus Frankreich einführte und in Brünn aufstellte[3].

Bei der Einwanderung fremder, ausgezeichneter Fabrikanten wurde ihnen gewöhnlich die zollfreie Einfuhr der zu ihrem Fabriksbetriebe gehörigen Maschinen und Werkzeuge gestattet[4]. Auch wurde gestattet, Maschinen, die im Inlande noch unbekannt waren, wie auch Modelle von Maschinen überhaupt, zollfrei einzuführen[5]. Ja im Jahre 1827 wendete sich die Hofkammer selbst an den österreichischen Generalkonsul in Leipzig mit der Bitte, er möge sich in den sächsischen Kammgarnspinnereien Modelle und Zeichnungen der daselbst verwendeten Maschinen verschaffen und dieselben einsenden[6]. Im Präsidial-

---

[1]) H. K. A. Kommerzkammer, Fasz. 55, Nr. 54 ex mart. 1816. — [2]) H. K. A. Kommerzkammer, Fasz. 48, Nr. 16 ex aug. 1816, Nr. 9 ex jan. 1817, Kom. Praes. 1819, Nr. 27 (1818, Dez. 30), Nr. 719 (Aug. 25). — [3]) H. K. A. Kom. Praes. 1819, Nr. 59. — [4]) So z. B. bei der Einwanderung der Gebrüder Schoeller (H. K. A. Kom. Kom., Fasz. 33, Nr. 20 ex mart. 1820). — [5]) Tarif vom 15. Juni 1822. Kopetz, a. a. O., II, 40; Wildner, a. a. O. 145. — [6]) H. K. A. Kommerzkammer, Fasz. 55, Nr. 3 ex mart. 1827.

wege ergingen wiederholt Weisungen an die Generalkonsulate in London, Paris und Hamburg, von Zeit zu Zeit genaue Berichte über solche Erfindungen und industrielle Verbesserungen einzusenden, welche an Ort und Stelle besonderen Anwert finden und für die Zukunft bedeutende Vorteile versprechen, um dann solche Daten den Gewerbevereinen und polytechnischen Instituten mitzuteilen, „um auf dem möglichst schnellsten Wege die vaterländische Betriebsamkeit mit den Fortschritten des Auslandes bekannt zu machen und dadurch den nationalen Unternehmungsgeist zu beleben"[1]).

Ein wichtiges Anspornmittel zu technischen Erfindungen und Verbesserungen bildeten die ausschließenden Privilegien, welche besonders für das Maschinenfach eine große Bedeutung haben mußten[2]).

Bei der Errichtung des polytechnischen Instituts wurde unter die Lehrfächer der technischen Abteilung auch die Maschinenlehre aufgenommen[3]).

Dieses Interesse und diese Begünstigungen der Maschinen durch die Staatsverwaltung bewirkten denn auch nicht nur, daß sich die Maschinen in der österreichischen Industrie einbürgerten und die größeren Fabriken eigene Abteilungen hatten, in denen die zu ihrer Fabrikation notwendigen maschinellen Vorrichtungen verfertigt wurden, sondern sie legten auch den Grund zur Entwicklung einer eigenen Maschinenindustrie. Es finden sich in Österreich schon in der ersten Hälfte des 19. Jahrhunderts sogar einige Großbetriebe auf dem Gebiete dieses Industriezweiges[4]).

Neben der direkten und indirekten Förderung mußte jedoch die Regierung die Maschinen vielfach vor den gegen dieselben gerichteten Angriffen in Schutz nehmen. Die Maschinen hatten allmählich das Gewerbewesen zur Großindustrie zu entwickeln begonnen und derselben ein ganz anderes Ansehen gegeben. Das Vordringen des Kapitalismus war dadurch unaufhaltsam geworden. Die patriarchalisch-zünftlerischen Verhältnisse mußten dem modernen, gefühllosen und rücksichtslosen Geschäftsgeiste weichen. Das Verhältnis zwischen Unternehmer und Arbeiter änderte sich. Das fortwährende und immer schnellere Zunehmen der Maschinen in allen Arten von Betrieben erhöhte die Produktion in ungeahntem Maße, welcher Prozeß durch die grundstürzenden Veränderungen, welche um dieselbe Zeit auf dem Gebiete des Verkehrswesens eintraten, nur noch gefördert und beschleunigt wurde. Von der mächtigen Konkurrenz sahen sich die kapitalschwachen Gewerbetreibenden bald hart bedrängt und die Klagen gegen das Überhandnehmen der Maschinen wollten gar nicht aufhören.

Als 1819 Chevalier de Cochelet seine Tuchschermaschine in Brünn aufgestellt hatte und eine kommissionelle Besichtigung durch die Behörden unter Zuziehung von Fabrikanten ergab, daß die Leistungen dieser Maschine nichts mehr zu wünschen übrig ließen, da entstand begreiflicherweise ob der drohenden unüberwindlichen Rivalin unter den Tuchscherern und Tuchbereitern, die sich gerade damals infolge der herrschenden allgemeinen Geschäftsstockung in großer Not befanden, große Erregung. Als nun der „Österr. Beobachter" am

---

[1]) A. d. k. k. Fin. Min. $\dfrac{6448}{\text{P. P.}}$ ex 1842. — [2]) Vgl. 249 ff. — [3]) Vgl. S. 165 f. u. 169. —
[4]) Vgl. unten Kapitel ·XXVII.

18. März 1819 Nachrichten über die zu Vienne wegen der dahin eingeführten Tuchschermaschinen stattgefundenen Unruhen brachte, da bildete sich unter den Tuchbereiter- und Tuchschergesellen Brünns ein Komplott, mit der Absicht, die Cocheletsche Maschine zu zerstören. Am 23. März kam es beim Versuche der Ausführung dieses Planes zu tumultuarischen Auftritten; die Zerstörung der Maschine wurde jedoch durch die Wachsamkeit der Behörden vereitelt. Das Publikum war aber weit entfernt, gegen die an den Ausschreitungen Beteiligten empört zu sein, es hatte mit denselben eher Mitleid. So konnte die Brünner Polizeistelle, die Situation richtig erfassend, melden: „In dieser für die besagte Klasse Menschen sehr bedrängten Zeit erscheint nun eine Tuchscheermaschine, deren Vortrefflichkeit und besonderer Nutzen in Beziehung auf Zeit-, Mühe- und Menschenersparnis sich allgemein und einstimmig ausspricht und eine sehr bedeutende Anzahl von armen, zum Teil mit Familien belasteten Arbeitern, die nichts anderes als Tuchbereiten und Tuchscheeren gelernt haben, mit ihrer Entbehrlichkeit und ihrer Verdienst- und Nahrungslosigkeit bedroht. Diese sehr menschliche Berücksichtigung erweckte im Publikum das fast allgemeine Bedauern für diese Klasse Arbeiter und milderte in seinen Augen bedeutend die Sträflichkeit des von ihnen beabsichtigten Unternehmens". Ja selbst das mährische Landespräsidium fügte seinem Berichte über die günstig abgelaufenen Versuche mit der Cocheletschen Maschine hinzu, es wäre trotz dieser günstigen Resultate zu wünschen gewesen, daß die Aufstellung einer solchen, viele Menschenhände ersparenden Maschine nicht in Zeiten gefallen wäre, in welchen die Erwerbslosigkeit einen so großen Umfang angenommen habe[1].

Noch in den vierziger Jahren war es mit der Gegnerschaft gegen die Maschinen nicht besser geworden, so daß es auch zu offenen Unruhen kam. Im Juli 1844 waren verschiedene Städte Böhmens, vor allem Reichenberg die Stätte solcher Auftritte. Da wurden in den meisten Fabriken des Katharinabergerthales von leidenschaftlichen, verhetzten Menschen Maschinen zerstört, die Magazine geplündert und die Fabriksbesitzer und Werkführer bedroht und mißhandelt[2].

Im Jahre 1846 beschwerten sich in Wien die Druckergesellen gegen die immer stärker werdende Anwendung von Perotinmaschinen seitens der Druckfabriken, wodurch zahlreiche Menschen brotlos würden. Die Hofkammer konnte sich jedoch nur nach dem Zeitgeiste richten und stand daher auf dem Standpunkte, daß eine möglichst freie und ungehemmte Bewegung das Lebensprinzip der Fabriksindustrie und die Grundbedingung einer gedeihlichen Entwicklung derselben bilde und daß jede nicht durch öffentliche Rücksichten gebotene imperative Einmengung der Staatsverwaltung in den inneren Geschäftsbetrieb von Unternehmungen nur höchst störend auf sie wirken, ja selbst ihren Fortbestand bedrohen könnte. Daher habe sie, meinte sie in der Erledigung dieses Gesuches, schon gelegentlich früherer derartiger Ansuchen seitens böhmischer Druckarbeiter um ein förmliches Interdikt der Perotinmaschinen, Seiner

---

[1]) H. K. A. Kom. Praes. 1819, Nr. 215, 229, 323. — [2]) Hallwich, Reichenberg u. Umgeb. 530, Revue österr. Zustände, III (Leipzig 1845), S. 24 ff.

Majestät die Unmöglichkeit und Schädlichkeit solcher Maßnahmen auseinandergesetzt und die Zustimmung Seiner Majestät erlangt. Deshalb wurden auch
die jetzigen Gesuchsteller abgewiesen, obwohl die Hofkammer ihre Lage zu
würdigen verstand und dies auch bei der Erledigung zu erkennen gab: „Es läßt
sich zwar nicht in Abrede stellen, daß durch Einführung neuer Maschinen,
wie sie bei den gegenwärtigen Fortschritten des Erfindungsgeistes in rascher
Aufeinanderfolge dem Gebiete der Industrie zuströmen, einzelne Arbeiter-
klassen in eine beengte Lage geraten und wenigstens zeitweilig, bis sich ein
tauglicher Ausweis darbietet, mit Entbehrungen zu kämpfen haben mögen.
Derlei Verlegenheiten sind ein zwar unvermeidliches, aber doch nur vorüber-
gehendes Übel, ohne daß die Regierung sich deshalb verpflichtet halten müßte,
in die naturgemäße Gestaltung der gewerblichen Verhältnisse störend einzugreifen und das Aufblühen des einen oder des anderen Zweiges der Industrie
durch Zwangsmaßregeln, die das Verbot bestimmter Maschinen und Vorrichtungen oder die Beschränkung der Fabrikanten auf eine bestimmte nicht zu
überschreitende Anzahl von Lehrlingen sich darstellen würde, gewaltsam nieder-
zudrücken. Die Regierung tut in dieser Beziehung alles, was in ihrer Macht
steht, wenn sie durch Hinwegräumung der Hindernisse und Beschränkungen
der Arbeitstätigkeit den möglichst freien Spielraum gewährt, den Übergang
von einem Zweige der Beschäftigung zu anderen angemessen erleichtert, dem
Ausschließungsgeiste der Zünfte und Monopolisten nach Kräften entgegen-
wirkt und durch Herstellung einer vernünftigen Konkurrenz der Arbeiterschaft
dem rechtlichen Broterwerbe Vorschub leistet"[1]).

Die Verbreitung der Maschinen ließ sich durch solche Episoden nicht
aufhalten.

Neben den vielfach sicher auch übertriebenen Klagen über die Bedrängnis
durch die Maschinen fehlte es anderseits auch nicht an Lobrednern, die in das
andere Gegenteil verfielen. Man könnte schwerlich der Behauptung ohneweiters zustimmen, die das Organ des böhmischen Gewerbevereins 1835 aufstellte, indem es sich ausdrückte: „Seit der Einführung dieser und anderer
Maschinen finden tausende alter und junger Leute von beiderlei Geschlecht,
von denen viele zu schwach sind, durch ihre ehemalige Beschäftigungsweise
etwas zu verdienen, Unterhalt, Kleidung und häusliche Bequemlichkeit bei der
Bedienung von Maschinen, ohne dabei einen einzigen Tropfen Schweiß zu verlieren und zwar geschützt von der Hitze des Sommers und der Kälte des Winters
in Zimmern, die luftiger und gesünder sind als diejenigen, welche
Leute von Distinction in den Hauptstädten bewohnen"[2]).

In Zusammenhang mit dem Aufkommen des Maschinenwesens stehen auch
die ersten Anfänge einer Gesetzgebung zum Schutze gegen Unglücksfälle, die aus dem maschinellen Betriebe entspringen können, und zwar vorerst
durch den Betrieb von Dampfmaschinen.

Schon die durch die allerhöchste Entschließung vom 6. November 1817

---

[1]) A. d. k. k. Fin. Min. Kom., Fasz. 24, 1846, Nr. 488. — [2]) Mitteilungen f. Gewerbe u.
Handel, I (1835), S. 512.

erlassenen Vorschriften über die Erteilung ausschließender Privilegien auf die Schiffahrt mit Dampfbooten ordneten in den §§ 9—12 Vorsichtsmaßregeln zur Verhütung von Explosionen an; aber erst durch allerhöchste Entschließungen vom 8. September 1829 und 26. März 1831 wurden diese Bestimmungen erweitert und auf alle Dampfmaschinen überhaupt ausgedehnt. Zur amtlichen Untersuchung der Dampfkessel waren die polytechnischen Institute und, wo solche nicht bestanden, die Baudirektionen berufen. Durch allerhöchste Entschließung vom 25. November 1843 erfuhren diese Anordnungen noch weitere Ergänzungen[1]).

IX. Kapitel.

Beratung der Behörden durch Industrielle. Verhandlungen wegen Errichtung von Handelskammern.

Die Staatsverwaltung, die seit der Entwicklung des absoluten Polizeistaates in alles einzugreifen gewöhnt war, die alles, selbst das schwierigste Detail selbst regeln wollte, hatte im Laufe der Zeit Gelegenheit gehabt, an zahlreichen bitteren Enttäuschungen zu lernen, daß die Behörden nicht alles wissen, nicht alles verstehen, weil sie es eben nicht wissen, nicht verstehen können. Deshalb scheiterten die meisten, Einzelheiten auf wirtschaftlichem Gebiete regelnden Verordnungen; deshalb gelangte man bald zur Einsicht, daß der Staat auch nicht dazu berufen sei, selbst Fabriken auf eigene Kosten zu betreiben, daß die Staatsverwaltung nicht imstande sei, zu bestimmen, wieviel Gewerbe an einem Orte notwendig seien u. a. m. Einsichtsvolle Männer, namentlich bei den Kommerzbehörden — und dies muß festgehalten werden, daß gerade die Kommerzbehörden diesbezüglich zuerst modernen Geist zeigten — kamen bald zur Überzeugung, daß es so nicht weiter gehen könne, daß man auf wirtschaftlichem Gebiete nicht so weiter verordnen könne, ohne diejenigen zu hören, welche im wirtschaftlichen Getriebe selbst tätig sind und sich reiche Erfahrungen erworben haben.

Die Kommerzbehörden kamen bis in das 19. Jahrhundert hinein mit den Industriellen fast in gar keine Berührung. Die letzteren waren daher auf Petitionen an den Kaiser angewiesen, welche aber, von verschiedenen Parteien eingereicht, sich sehr oft diametral widersprachen und so den Behörden die Entscheidung ungemein erschwerten, indem z. B. die Fabrikanten für die Gestattung der Errichtung von Niederlagen in allen größeren Städten, die zünftigen Meister jedoch gegen eine solche Gestattung Petitionen einreichten. Außerdem war die Behörde den Zünften von vornherein abgeneigt, weshalb ganz leicht auch gutgemeinte und nützliche Vorschläge zusammen mit den den Innungsgeist charakterisierenden als „gefährliche Einstreuungen des Monopolgeistes" verworfen wurden.

So konnte denn der Referent der Kommerzhofkommission im Jahre 1818 über die theresianischen Kommerzkonsesse schreiben: „Sie würden sich ohne Zweifel unter allen Regierungsveränderungen, so wie anderwärts die Handels-

---

[1]) Pol. Ges. Samml.; Statth. A. Wien, 1831, A. 29, Nr. 19.953. 1844, G. 4, Nr. 26.446.

kammern, erhalten haben, wenn sie weniger kanzleienmäßig organisiert und durch Benützung der umfassenden Kenntnisse praktischer Männer mehr consolidiert worden wären. Allein die erfahreneren Kaufleute und Fabrikanten wurden aus übelverstandenem Mißtrauen selten oder nur einseitig gehört. Größtenteils mangelte es aber noch der Monarchie an solchen verläßlichen Männern. Die Konsesse verfielen daher nach und nach in den bureaumäßigen Schlendrian, in das Unwesen der Schreibseligkeit. Sie wollten alles regieren, sich in alles einmengen und entwarfen Qualitätenordnungen, die in der Ausführung tausend Schwierigkeiten unterlagen, die die Industrie durch unendliche Plackereien lähmten"[1]).

Nur vereinzelt sind die Fälle, in denen vor dem zweiten Jahrzehnte des 19. Jahrhunderts Fabrikanten zur Beratung von Behörden zugezogen wurden. So befahl Leopold II. einer im Jahre 1792 zur Erstattung von Vorschlägen zur Förderung der Fabriken und Manufakturen und zur Hintanhaltung des Schleichhandels aufgestellten Hofkommission, diese Gegenstände „mit Zuziehung der Fabrikanten" zu beraten[2]). Wenn diese Beratungen auch zu keinem praktischen Ergebnisse führten und im Sande verliefen, so zeigen sie doch, daß in dieser Periode, in welcher die Beschwerden der zünftigen Meister gegen die josefinische Politik möglichst berücksichtigt wurden, um die Untertanen zufrieden zu machen, auch die Fabrikanten in dieser Weise behandelt werden sollten. Ihre Vorstellungen sollten berücksichtigt, ihr Rat gehört werden.

Ebenso befahl Kaiser Franz 1807, als zahlreiche Fabrikanten und Gewerbetreibende Vorstellungen gegen die neue Warenstempelung vorbrachten, der Hofkammer, diese Beschwerden durch eine eigene Kommission beraten zu lassen und dabei erforderlichenfalls auch die Fabrikanten und Gewerbetreibenden selbst zu vernehmen[3]).

Als durch Kabinettschreiben vom 11. Juli 1816 die Errichtung einer eigenen Kommerzhofkommission beschlossen wurde, welche sich mit Vorschlägen zu Verbesserungen auf dem Gebiete der Kommerzangelegenheiten zu befassen hatte, da wurde gleich im genannten Kabinettschreiben hervorgehoben, „die Kommerzhofkommission sei ermächtigt, im Erfordernisfalle Handelsleute und Fabrikanten von den bedeutenden Handels- und Fabriksplätzen der Monarchie zu berufen, um ihre Ansichten, Wünsche und Vorschläge über Anstalten und Maßregeln zur Belebung des Handels und der Industrie zu vernehmen"[4]).

Diese Kommission zeigte denn auch während der kurzen Zeit ihres Bestandes

---

[1]) H. K. A. Kom. Kom., Fasz. 1, Nr. 237 ex oct. 1818. — [2]) Staatsrat 1792, Nr. 2770. — Vgl. auch oben S. 11 f. — [3]) Staatsrat 1807, Nr. 2832, 2974. — [4]) Statth. A.Prag, 1816—1825. Kom. Fasz. 1, subn. 1. 1816, Juli 26; Barth, a. a. O., IV, 71 f. — Vgl. hingegen die ganz irrigen Behauptungen Reschauers (Der Kampf usw. S. 102): „in dem patriarchalischen Staate des Kaisers Franz wäre der bloße Gedanke schon, daß sich Hofstellen direkt mit Vertrauensmännern der Kaufleute oder Handwerker ins Einvernehmen setzen, als eine solche Ungeheuerlichkeit erschienen, daß man denjenigen, der ihn etwa angeregt hätte, wahrscheinlich für wahnsinnig erklärt haben würde".

(1816—1824) einen durchaus modernen Geist. Als die niederösterreichischen privilegierten Zitz- und Kattunfabrikanten 1817 um Anerkennung der von ihnen gewählten Repräsentanten ansuchten, welche in Fällen, in welchen die Gesamtheit der Fabriksinhaber entweder ein gemeinschaftliches Ansuchen zu stellen oder auf Verlangen der Behörden gemeinschaftlich Äußerungen abzugeben hätten, dies im Namen des ganzen Gremiums zu tun berechtigt sein sollten, nahm die Kommerzhofkommission die Wahl dieser Repräsentanten zur Kenntnis[1]).

Der Wunsch, von den Behörden selbst gehört zu werden, war damals in industriellen Kreisen allgemein rege. Als im selben Jahre 1817 die böhmischen Landesfabriken beim Kaiser eine Vorstellung über den Verfall der Industrie einreichten, da schlugen sie unter anderem zur Abhilfe vor: Seine Majestät möge eine Kommission bestimmen, zu welcher Deputierte der verschiedenen Baumwollmanufakturen beigezogen werden sollen, um ihre Ansichten ausführlich vortragen und darüber die nötigen Auskünfte geben und verhandeln zu können[2]).

Projekt der Errichtung von Handelskammern 1816—1818.
Eine solche Kommission bestand aber schon in der Kommerzhofkommission, welche auch bald daran dachte, die Beratung der Behörden durch Industrielle gesetzlich zu organisieren.

In Frankreich bestanden schon seit der Mitte des 17. Jahrhunderts Handelskammern. Unter Napoleon I. wurde diese Einrichtung in allen unterworfenen Ländern, so 1811 auch in den lombardisch-venezianischen Provinzen eingeführt[3]). In Österreich hingegen stammen die ersten Erwägungen und Verhandlungen über die Einführung von Handelskammern aus dem Jahre 1816.

Kaum war die Kommerzhofkommission ins Leben getreten, da beschäftigte sie sich schon mit dieser Idee.

Als der Großhändler Hopf 1816 die Bildung eines Vereins zur Beförderung der Industrie vorschlug, meinte die niederösterreichische Regierung in ihrem Gutachten, es mangle in Österreich noch an zwei für die Industrie und Kommerzialleitung sehr wichtigen Anstalten a) an den in Frankreich und Italien bestehenden Kommerzkammern, b) an polytechnischen Gesellschaften, welche im Fache des Fabrikswesens das leisten sollten, was die Landwirtschaftsgesellschaften im Fache der Landwirtschaft wirklich leisteten[4]).

Als der Präsident der Kommerzhofkommission, Ritter von Stahl, im Vortrage vom 16. Dezember 1816, bei Gelegenheit des Vorschlags, wie die ihm anvertraute Stelle vorderhand mit dem erforderlichen Dienstpersonale zu besetzen wäre, „die ersten organischen Grundsätze zur Feststellung eines den Verhältnissen des Staates angemessenen Handelssystems entwickelte", da stand obenan der Antrag „zur Organisierung gut geordneter Kommerzkammern in allen Gouvernementshauptstädten der Monarchie"[5]).

Bei Gelegenheit des Besetzungsvorschlags der durch den Tod des Kommerzienrats Rößler in Böhmen erledigten Stelle bemerkte die Kommerzhofkom-

---

[1]) Vgl. S. 214. — [2]) Vgl. S. 68. — [3]) Art. Handels- u. Gew.-Kam. im österr. St. W. B., II. Aufl. — [4]) Vgl. S. 213. — [5]) H. K. A. Kom. Kom., Fasz. 1, Nr. 237 ex oct. 1818.

mission in einem Vortrage vom 18. Februar 1817, sie würde selbst ihrer Bestimmung nur schwer und vielleicht nie vollkommen zu entsprechen imstande sein, wenn ihr nicht in allen Provinzen der Monarchie eine Quelle eröffnet würde, aus der sie immer, schnell und mit Beruhigung genaue Auskünfte, verläßliche Daten und auf die wandelbaren Verhältnisse mit Sachkenntnis gegründete Urteile schöpfen könnte; daher werde sich die Notwendigkeit ergeben, so wie ehemals Kommerzkonsesse und Kommerzkommissionen bestanden, nunmehr wieder, jedoch in der weit zweckmäßiger scheinenden Art der in Frankreich und besonders im lombardisch-venezianischen Königreiche mit vollkommenem Erfolge bestehenden Kommerzkammern, Vereine der ausgezeichnetsten Männer im Gebiete des Kommerzes und der Fabrikation zu bilden, um deren Kenntnisse, Beobachtungen und Erfahrungen in allen wichtigen, in diese Zweige der öffentlichen Verwaltung eingreifenden Gegenständen, mit Vermeidung der mit den gewöhnlichen allgemeinen Erhebungen verbundenen unnützen Umtriebe und höchst nachteiligen Verzögerungen mit Vorteil benützen zu können. Durch allerhöchste Entschließung vom 31. März 1817 ordnete der Kaiser an, ,,daß der zugesagte Vorschlag wegen Errichtung von Kommerzkonsessen in allen Städten der Monarchie, wo sich Gubernien befinden, ohne Belastung des Aerarii ehestens vorgelegt werden solle"[1]).

Die niederösterreichische Regierung befürwortete in ihrem Gutachten über das Gesuch der niederösterreichischen Baumwollfabrikanten um Anerkennung ihrer Repräsentanten (1817) dieses Ansuchen mit dem Hinweise darauf, daß für den Fall, als auch in Österreich ordentliche Handelskammern errichtet werden sollten, es der Staatsverwaltung nicht unwillkommen sein dürfte, aus dem Stande der Kattunfabrikanten die Wahl bewährter Männer erleichtert zu finden[2]). Als dann die Kommerzhofkommission bald darauf von der Regierung über die Verfassung einer zweckmäßigen Industriestatistik Bericht abforderte, da meinte diese, es seien dazu einzig und allein Handelskammern geeignet, wie sie in den neu erworbenen oberitalienischen Provinzen bereits bestehen und für deren Errichtung in anderen Teilen der Monarchie die Kommerzhofkommission der Regierung ,,die erfreuliche Hoffnung zu geben geruhte"[3]). Und in der Tat meinte im Oktober 1818 der Referent der Kommission, die Verfassung zweckmäßiger und gleichförmiger Industrietabellen in allen Provinzen der österreichischen Monarchie sei ein Gegenstand, welcher bei der Verhandlung wegen Organisierung von Handelskammern zur Sprache kommen solle. Das Elaborat dazu sei eben fertiggestellt, über den Gegenstand jedoch noch nicht definitiv entschieden[4]).

Am 15. Oktober 1818 verfaßte der Referent der Kommerzhofkommission, Anton von Krauß, einen diesbezüglichen Vortragsentwurf. Zunächst gab dabei der Referent einen historischen Überblick über die Entwicklung der Handels-

[1]) H. K. A. Kom. Kom., Fasz. 1, Nr. 48 ex apr. 1817. — [2]) Vgl. S. 214. — [3]) H. K. A. Kom. Kommission, Fasz. 8, Nr. 223 ex sept. 1818. — [4]) H. K. A. Kom. Kommission, Fasz. 8, Nr. 25 ex oct. 1818.

kammern in Frankreich, sodann über jene der Kommerzkonsesse und Kommissionen unter Maria Theresia, welche letzteren durch den Umstand, daß sie bureaukratisch organisiert waren und die Kenntnisse erfahrener praktischer Männer nicht benützten, eine immer größere Zahl von Beamten erforderten und endlich soviel kosteten, daß es sowohl für die Industrie als auch für die Staatsfinanzen für zweckmäßiger befunden wurde, sie aufzuheben.

Josef II. habe durch Dekret vom 24. Juli 1786 in der Lombardei bereits Handelskammern organisiert, welche aus Großhändlern, Wechslern, Kaufleuten und Fabrikanten zusammengesetzt waren. Als Bonaparte die durch die Revolution aufgelösten Handelskammern in Frankreich wieder herstellte, da habe er sich diese lombardischen offenbar zum Vorbilde genommen, da die von ihm ins Leben gerufenen organisatorisch mit diesen fast ganz übereinstimmten. „Gegenwärtig, wo man bereits in mehreren Nachbarstaaten angefangen hat," so fährt der Referent fort, „vom Prohibitivsysteme zurückzukehren, wo es das allgemeine Interesse zu erfordern scheint, allmählich mit Vorsicht und nur nach vollständiger Erforschung aller bestehenden wahren Verhältnisse zu milderen Handelsgesetzen überzugehen, ohne jedoch das seit 30 Jahren bestehende, in so viele Interessen eingreifende Prohibitivsystem zerstörend für den Nationalwohlstand schnell einzureißen, wo noch so viele wichtige und umsichtsvolle Vorbereitungen notwendig sind, ist die Vereinigung der aufgeklärtesten, rechtlichsten und erfahrensten Kaufleute und Fabrikanten der Monarchie in Handelskammern, nach dem bewährten Beispiel anderer Länder und unter einigen, den allgemeinen und individuellen Verhältnissen des Staates entsprechenden, Modifikationen um so wünschenswerter, als die bisherigen Einrichtungen in dem größten Teile der Monarchie wenig dazu geeignet waren, um sich mittelst derselben eine klare und vollständige Kenntnis und Übersicht der Verhältnisse des Handels und der Industrie in allen Bestandteilen der Monarchie mit Beziehung gegeneinander und gegen fremde Staaten zu verschaffen, folglich die im Handschreiben vom 11. Juli 1816[1]) enthaltene wichtige Aufgabe befriedigend zu lösen".

„Die Zünfte, Gremien und Korporationen", von einem eingealterten Beschränkungsgeiste, von Brotneid und blinden Vorurteilen beseelt, erteilen selten oder nie verläßliche Auskünfte. Ihre Meinungen seien meistens einseitig und parteiisch; anstatt die Gegenstände der Verhandlungen aufzuklären, tragen sie gewöhnlich nur dazu bei, sie zu verwirren; wo die Interessen zweier Korporationen einander widerstreiten, gerate die Staatsverwaltung durch ihre Ränke und Scheingründe nicht selten in Verlegenheit.

Die Ortsobrigkeiten bleiben begreiflicherweise gewöhnlich bei den beschränkten Ansichten örtlicher Verhältnisse stehen. Ansichten über den Welthandel im großen, über die wirtschaftlichen Zusammenhänge und Wechselwirkungen seien von ihnen daher nicht zu erwarten, weshalb ihre Berichte gewöhnlich eine magere, ganz unbrauchbare Ausbeute liefern. Die Kreisämter seien mit ihren Untertanssachen, Streitigkeiten und Kommissionen, mit

---

[1]) Siehe oben S. 69.

Militärkonskriptions-, Einquartierungs- und Transportangelegenheiten, mit
Polizeisachen und anderen Agenden zu sehr in Anspruch genommen, ihr
Standpunkt sei überdies zu beschränkt, „um in den Geist des höheren
Handels- und Industrialsystems einzudringen". Nicht immer gehörig ange-
wendete theoretische Begriffe, Mangel an praktischen Erfahrungen und
Einsichten auf dem Gebiete des Handels und der Industrie, Mangel an
Kenntnissen über Handels- und Industriestatistik verleiten sie leicht zu Miß-
griffen. Selbst die Fabrikeninspektionen, die in Niederösterreich und Böhmen
bestehen, könnten, abgesehen von einigen hervorragenden dabei angestellten
Männern[1]), nach der Natur ihrer Organisation bei weitem nicht das leisten,
was von Handelskammern erwartet werden könne. Die Fabrikeninspektionen
hätten in Kommerzangelegenheiten das Auge und Ohr der Regierung sein
sollen. Aber „dieses Fach, welches beinahe keine Grenzen hat, können einzelne
Fabrikeninspektoren mit ein paar Kommissären unmöglich übersehen. Auch
der streng rechtliche Mann, mit dem ernsten Willen, kann in einem solchen
ausgedehnten Wirkungskreise die Einseitigkeit nicht vermeiden". Die Auskünfte dieser Inspektoren können nur in einzelnen unzusammenhängenden
Bruchstücken bestehen. Mißbräuche sind dabei sehr leicht möglich, da die
Inspektoren eine große Macht haben, überall Einsicht nehmen, nach Belieben
nützen oder schaden können. Dieses Auge und Ohr der Regierung kann
somit so schlecht funktionieren, daß die Staatsverwaltung darauf gestützt
Gefahr läuft, den wahren Interessen der Industrie widersprechende Verfügungen zu treffen.

Die Auskünfte, deren die Staatsverwaltung im Fache des Handels und der
Industrie bedürfe, seien entweder wissenschaftlich oder praktisch. Bezüglich
der ersteren, wenn es sich z. B. um Beurteilung neuer Erfindungen u. dgl. handelt,
leisten die polytechnischen Institute weit mehr als die Fabrikeninspektion und
seien allein zu einer solchen Beurteilung geeignet, weil ihnen alle Hilfsmittel
und Quellen zu Gebote stehen. „In Beziehung auf die praktischen Auskünfte,
welche die Staatsverwaltung bedarf, erscheint eine zweckmäßige, den Staats-
verhältnissen anpassende, unter wohlberechneten Modifikationen gut geordnete
Vereinigung der rechtlichsten, aufgeklärtesten und erfahrensten aus den verschiedenen Klassen der Staatsbürger, deren Interesse mit den mannigfaltigen
Zweigen der Nationalindustrie und des Handels innig verflochten ist, sorgsam
auserwählten, mit dem allgemeinen öffentlichen Vertrauen geehrten Männer
in Handelskammern als eine in allem Anbetracht vorzüglichere Quelle, um die
allgemeinen Ansichten, Wünsche und wohltätig einwirkenden Vorschläge über
Verbesserungen in den Anstalten des Handels und der Nationalindustrie zu
erlangen, als es mittelst der bureaukratischen Verfassung der Fabrikeninspektion
möglich ist. Bei der Wechselwirkung der verschiedenen Zweige des Handels
und der Industrie, bei dem Interesse, womit dieselben ineinander verflochten
sind, gewährt eine solche Vereinigung einsichtsvoller und rechtlicher Männer,
welche durch gegenseitige Mitteilung ihrer Ideen, durch Entgegenhaltung ihrer

---

[1]) Gemeint sind da wohl Schreyer, Keeß, Rößler und Neumann.

Ansichten das allgemeine Interesse in eine vollständige Harmonie zu bringen
wissen, wie es bei gut geordneten Handelskammern der Fall ist, weit mehr
Zuversicht und Vertrauen, als eine einzeln dastehende Fabrikeninspektion,
welche unmöglich alle jene vielseitigen praktischen Erfahrungen und Einsichten
in sich vereinigen, folglich sich so sehr des allgemeinen Zutrauens würdig machen
kann, als ein Collegium von Männern, die den einzelnen Gegenständen ihrer
Fächer ihr ganzes Leben mit Auszeichnung gewidmet haben, und welche dem
Staate um der Ehre willen dienen". „Daher wünschen auch die Handelsleute
und Fabrikanten, welche durch Erfahrungen die Überzeugung gewonnen haben,
daß alle gedachten Behörden gar nicht in der Lage sind, über so manche Gegenstände, welche sie betreffen, ein vollgültiges Urteil zu fällen, mit Sehnsucht die
Aufstellung von Handelskammern". ·

Organisa-
tions-
entwurf.
Die Stellen der Mitglieder der Handelskammern sollen Ehrenstellen sein,
so daß sie den Staat nichts kosten, anderseits aber die Behörden von Erhebungen und Geschäften entlasten würden, wodurch auch bedeutende Staats-
auslagen erspart werden könnten. Österreich sei weder ein reiner Ackerbau-,
noch ein reiner Industriestaat, weshalb ein einseitiges System für dasselbe nicht
passe. Wenn man auch die Wichtigkeit der Industrie nicht verkennen dürfe,
so dürfe doch auch nicht vergessen werden, daß der Landbau die Grundlage
des Nationalreichtums sei, daß er der Industrie Lebensmittel und Urstoffe
liefere und daß vielleicht seit Colberts Zeiten die meisten Staaten von Europa
sich zu sehr auf die Seite eines isolierten Merkantilsystems hingeneigt haben
dürften. Am dauerhaftesten und besten seien ohne Zweifel jene Staaten konstruiert, deren Existenz auf einer unbeeinflußten Wechselwirkung zwischen
Landbau, Industrie und Handel beruht. Das System des natürlichen Gleichgewichtes dieser Staatskräfte scheine allein dasjenige zu sein, von welchem der
unfehlbare Erfolg eines allmählich wiederkehrenden allgemeinen Wohlstandes
zu erwarten sei.

Nach dem nun vom Referenten auseinandergesetzten Organisationsentwurfe
sollten in allen Landeshauptstädten Handelskammern errichtet werden. Außerdem aber auch in anderen wichtigen Städten, deren Bedeutung in kommerzieller Hinsicht jener der Hauptstadt gleichkam oder sie gar übertraf, wie
Bozen, Brody, Rumburg, Reichenberg und Arnau. In minder wichtigen, jedoch
nicht unbedeutenden Städten sollten aber von den Haupthandelskammern in
den Landeshauptstädten abhängige Filialen (Handelsdeputationen) errichtet
werden, so in Bregenz, Rovereto, Riva, Ala, Ragusa, Spalato, Sebenico, Budweis und mehreren anderen Städten. Über den Zweck der Handelskammern
bestimmt der § 3 des Organisationsentwurfes: „Die Handelskammern haben
die Ansichten, Wünsche und Vorschläge jener Klassen der Staatsbürger, welche
auf das vielseitige Gebiet des Handels einen Einfluß nehmen und auf deren
Wohlstand oder Verarmung hinwieder der Flor oder das Stocken des Handels
einwirkt, über die Verbesserungen in den Anstalten zur Belebung des Handels
und der Industrie wie nicht minder über die Hinwegräumung jener Hindernisse,
welche dem Flor des Handels und der Industrie im Wege stehen, nach reifer
Überlegung und Beratung jener Gründe, welche für oder wider die darauf sich

beziehenden Verfügungen sprechen, zur genauesten Kenntnis der Staatsverwaltung zu bringen, ihre Committenten von den darauf zu gründenden Entscheidungen zu verständigen und über den Geist derselben aufzuklären; mit einem Worte eine glückliche Harmonie zwischen der Regierung und der öffentlichen Meinung zu begründen und sich mit unermüdeter Tätigkeit und reiner Vaterlandsliebe den Aufträgen der Staatsverwaltung zu unterziehen und überhaupt zur wirksamsten Beförderung alles dessen beizutragen, was den Handel und die Nationalindustrie blühend zu machen vermag". Der § 4 des Entwurfes handelt über die Zusammensetzung der Handelskammern. Sie haben aus nicht weniger als sechs und nicht mehr als zwölf Mitgliedern nach Maßgabe der örtlichen Verhältnisse von den verschiedenen Klassen der Großhändler, Wechsler, Kaufleute, Fabrikanten und praktischen Landwirte zu bestehen. Der physiokratische Einschlag läßt sich darin erkennen, daß auch die Landwirte zu den Handelskammern herangezogen werden sollen, weil „der Landbau im weitesten Verstande, die bestmögliche Kultur und Benützung der Urstoffe in den drei Reichen der Natur, die Grundlage alles Handels und aller Industrie ist". „Wo die wichtigen Interessen des Landbaus unbeachtet bleiben, wo ihre vielseitigen Berührungen mit den Interessen des Handels und der Industrie übersehen werden, da ist eine für den allgemeinen Wohlstand gefährliche Stockung des natürlichen Gleichgewichtes der nationalen Kräfte zu besorgen, der Landbau bleibt zurück und die Industrie beruht auf einem bloß erkünstelten Schein und wird das Opfer ungünstiger Zufälle. Nur von einer Vereinigung der rechtlichsten, einsichtsvollsten und erfahrensten Männer in den Fächern des Landbaus, der Industrie und des Handels in ein Kollegium, durch den somit erleichterten Austausch ihrer Ideen, lassen sich gründliche, systematische Resultate zur Beförderung des allgemeinen Wohlstandes, die Berichtigung manniger Vorurteile, eine mehrseitige Beachtung der Landeskultur und der inniger zusammenwirkenden Harmonie der auf das umfassende Gebiet der Nationalökonomie einwirkenden Klassen der Staatsbürger erwarten".

Der § 5 bestimmte, daß jede der verschiedenen Handelsklassen, sowie jede Klasse der Landesfabrikanten das Recht haben solle, zwei Bevollmächtigte zu wählen, welche Bevollmächtigten dann aus ihrer Mitte die Mitglieder für die Handelskammer wählen und sie durch die Landesstelle der Kommerzhofkommission zur Bestätigung anzeigen sollen. Anderseits sollen die Landwirtschaftsgesellschaften, wo sie bestehen, durch die Landesstelle eingeladen werden, zwei Mitglieder aus ihrer Mitte in die Handelskammer zu „deputieren". Wo keine solchen Gesellschaften bestehen und die Beiziehung von praktischen Landwirten notwendig wird, können Landwirte von der Landesstelle dazu eingeladen werden. Hauptsächlich ist dafür zu sorgen, daß die Hauptzweige des Handels und der Industrie eines jeden Landes durch eine verhältnismäßige Anzahl von Mitgliedern vertreten seien.

Der Entwurf dachte sich demnach alle Handels- und Gewerbefachgruppen einzeln formlos organisiert, wobei jede Fachgruppe zwei Vertreter wählt. Diese Vertreter wählen dann aus ihrer Mitte die Mitglieder für die Handelskammern. Wird z. B. die Zahl der Mitglieder für die Wiener Handelskammer auf zwölf festgesetzt, so werden zwei Mitglieder von den Großhändlern und Wechslern, zwei von den bürgerlichen Kaufleuten und sechs von den Landesfabrikanten gewählt; außerdem kommen zwei Mitglieder von der Landwirtschaftsgesellschaft hinzu. Gesetzt nun den Fall, daß Gegenstände, welche in das Fach des Lederhandels einschlagen, vorkommen und daß unter den zwei bürgerlichen Kaufleuten, welche Mitglieder der Handelskammer sind, sich keine Lederhändler befinden, so steht es sowohl der Staatsverwaltung als den Handelskammern frei, vorläufig darüber die zwei Bevollmächtigten der Lederhändler zu vernehmen und dann erst die Äußerung derselben bei der Handelskammer in Beratung zu ziehen und dabei die allenfalls eintretenden Rücksichten der Hornviehzucht durch die Landwirte und jene der Gerber durch die Landesfabrikanten würdigen zu lassen.

Der § 6 handelt über die Erfordernisse zur passiven Wahlberechtigung. Die zu Wählenden müssen umfassende Erfahrungen besitzen und „von dem fortwährenden Eifer für das Gedeihen der ihnen anvertrauten Zweige beseelt sein". Die Handelsleute müssen daher den Handel, die Fabrikanten ihre Fabriken und die Landwirte die praktische Landwirtschaft seit wenigstens zehn Jahren ununterbrochen betreiben. Die Mitglieder der Handelskammern müssen in jeder Beziehung das allgemeine Zutrauen verdienen und besitzen, weshalb nur Männer von allgemein anerkannter Rechtlichkeit, Solidität und aufrechtem Kredite dazu geeignet sind. Sie dürfen nie in Konkurs verfallen sein (§ 7). Die Stelle ist eine Ehrenstelle und dauert in der Regel vier Jahre, worauf Wiederwahl möglich ist. Alle zwei Jahre tritt die Hälfte der Mitglieder aus. Jede Neuwahl unterliegt der Bestätigung durch die Kommerzhofkommission. Wer sich durch eine angemessene Anzahl von Jahren bei der Handelskammer ausgezeichnet hat, hat Anspruch auf angemessene Gnadenbezeugungen (§ 8). Zur Besorgung und Leitung der Geschäfte werden den Handelskammern ein ständiger Sekretär und ein ständiger Adjunkt beigegeben. Der Sekretär ist die Seele der Anstalt, er führt die Kanzleidirektion, redigiert die Berichte, Äußerungen und Intimationen, leitet die Korrespondenz und das Geldwesen, entwirft die statistischen Tableaux usw. Die Besetzung dieser Stellen bleibt über Ternavorschlag der Handelskammern und Gutachten der Länderstellen der Kommerzhofkommission vorbehalten. „Diese Stellen dürften nach und nach eine treffliche Pflanzschule für die wichtigsten Konsulate im Auslande, auch für die Kommerzreferentenstellen überhaupt bilden" (§ 9). Die Handelskammern stehen unmittelbar unter den Länderstellen, mittelbar durch dieselben unter der Kommerzhofkommission, welcher es jedoch beliebig freisteht, auch unmittelbar an sie heranzutreten. Die Aufsicht über die Handelskammern führen die Kreishauptleute. Sie führen in der Regel den Vorsitz bei den Beratungen, vidieren die Berichte und fügen nötigenfalls ihre Bemerkungen dazu bei, ohne daß ihnen jedoch das Recht zustünde, die Beschlüsse der Handelskammern abzuändern oder auf ihre Beratung einen anderen Einfluß zu nehmen, als durch Handhabung der Geschäftsordnung. Den eigentlichen Vorsteher oder Präses hat die Kammer aus ihrer Mitte durch die Landesstelle der Kommerzhofkommission zur Bestätigung vorzuschlagen. Dieser Vorsteher führt in Abwesenheit des Kreishauptmanns den Vorsitz. Seine Stelle ist eine Ehrenstelle (§ 10).

Die Handelskammern, welchen bestimmte Bezirke zuzuweisen sind, halten zweimal monatlich Sitzungen, bei dringenden Angelegenheiten nötigenfalls auch außerordentliche Kommissionen. Alle drei Monate werden die Geschäftsprotokolle durch die Länderstellen der Kommerzhofkommission vorgelegt und am Schlusse des Jahres sollen derselben außerdem folgende Übersichten überreicht werden: *a*) ein statistisches Tableau über den Zustand des Handels und der Industrie der Provinz oder des besonderen Bezirkes, welcher der Handelskammer zugewiesen ist; *b*) ein Verwaltungsbericht über alles, was zur Beförderung des Handels und der Industrie im Laufe des Jahres geleistet worden ist mit Bemerkungen über das, was im künftigen Jahre zu leisten erübrigen dürfte mit eventuellen „freimütigen Vorschlägen"; *c*) eine Bilanz der Einkünfte und Auslagen der Handelskammer.

Durch diese Berichte wird die Kommerzhofkommission über den wahren Zustand der Industrie und des Handels unterrichtet sein und Tableaux für die ganze Monarchie ausarbeiten können (§ 11).

Die Auslagen werden unter alle Klassen von Kaufleuten und Fabrikanten repartiert, welche an den Vorteilen der Handelskammern Anteil nehmen (§ 12).

Der Vortragsentwurf vom 15. Oktober 1818 endigt mit der Bitte des Kommerzhofkommissionspräsidenten Ritter von Stahl um dringendste allerhöchste Entschließung, weil bis dahin mit allen wichtigen Verbesserungen abgewartet werden müsse[1]).

Der Vortrag wurde jedoch, unbekannt aus welchem Grunde, nicht erstattet, weshalb es auch zu keiner Verwirklichung der darin entwickelten Ideen kam[2]).

Aber die Hofbehörden verloren die Frage der Heranziehung von Industriellen zur Beratung und Vernehmung auch fernerhin nicht aus den Augen.

Als die Kommerzhofkommission 1823 den Entwurf eines Gesetzes gegen den Falschdruck in der Baumwollindustrie fertiggestellt hatte, da übersendete sie ihn den Länderstellen mit der Weisung, sich nach Einvernehmung theoretischer und praktischer Sachverständiger, insbesondere von Fabrikanten und Handelsleuten, die sich mit solchen Waren befassen, hierüber gutächtlich zu äußern[3]).

Als 1825 die Fabrikeninspektionen in Wien und Prag aufgehoben wurden und es sich darum handelte, einen Ersatz für dieselben ausfindig zu machen, da meinte der Hofkammerreferent v. Krauß: „Wenn die Fabrikeninspektionen aufgehoben sind, so wird es in Zukunft den Länderstellen auch freistehen, in kommissionellem Wege ... die ausgezeichnetsten Individuen des Fabriks- und Handelsstandes zur Beratung über Gegenstände vorzüglicher Wichtigkeit heranzuziehen. Auf diese Weise werden die geeigneten Erhebungen über das Handels- und Fabrikswesen der gedachten

---

[1]) H. K. A. Kom. Kom., Fasz. 1, Nr. 237 ex oct. 1818. — [2]) Vgl. Krauß-Elislago, Autobiographie, S. 133 f. — [3]) Vgl. unten S. 277.

Provinzen ebenso gut, wo nicht noch bei weitem besser als bisher von den
Fabrikeninspektionen gepflogen werden können"[1].

Im Jahre 1831 griff die Hofkammer auf die Idee der Beratung der Behörden
durch staatlich geregelte Fabrikantenorganisationen wieder zurück. Am
26. November wies sie die Länderstellen an, künftighin zur erschöpfenden Erörterung wichtiger kommerzieller Gegenstände, wenn diese vom Kommerzreferenten in Beratung genommen werden, zu den Beratungen einige Individuen
des Handelsstandes, wenigstens ein paar Fabriks- oder Manufaktursinhaber
jener Zweige der Industrie, welche in der Provinz am ausgedehntesten betrieben
werden, einige in der praktischen Landwirtschaft und in den technischen und ökonomischen Wissenschaften bewanderte Sachverständige, welche zu den kenntnis-
reichsten und solidesten Personen ihres Faches gehören und „die mit Unbefangenheit konziliatorisches Benehmen verbinden", beizuziehen und die erwähnten
Gegenstände erst dann mit dem erschöpfenden Gutachten der kommissionellen
Beratung bei der Landesstelle in Vortrag zu bringen. „Der Einfluß des Kommerzreferenten bei diesen Beratungen hat sich auf die Leitung derselben zu beschränken". „Ihm liegt bei diesen Beratungen kein anderes Geschäft ob, als
die praktischen Ansichten der Sachverständigen zu erheben, denen es überlassen bleiben muß, ihre Bemerkungen, Anträge und Vorschläge mit aller Freimütigkeit und Unbefangenheit entweder schriftlich oder mündlich zu Protokoll
zu geben. Nur wird es die Pflicht der Kommerzreferenten sein, dafür zu sorgen,
daß die zu erhebenden Daten so genau und erschöpfend als möglich erörtert
werden, indem dadurch die Behörden genauere und verläßlichere Anhalts-
punkte für ihre ferneren Beratungen erlangen werden, als es bei manchen bisher
nur einseitig und weniger verläßlich gepflogenen Sachverständigenerhebungen
der Fall sein konnte. Es versteht sich übrigens von selbst, daß die Gegenstände
der Beratung jederzeit den Kommissionsmitgliedern im voraus mitzuteilen sein
werden, damit sie gehörig vorbereitet und unterrichtet auch gediegene Abstim-
mungen abgeben können". Durch diese Beratung wird der Entscheidung der
Behörde nicht vorgegriffen, vielmehr werden dazu nur verläßliche Daten gesammelt[2].

Diese Industriellen, Kaufleute und Landwirte, deren Heranziehung ursprünglich nur gelegentlich von Fall zu Fall gedacht war, wurden schon 1832
als „Provinzial-Handelskommissionen" in eine ständige Organisation mit
eigenem Wirkungskreis umgewandelt. In ihre Kompetenz gehörte die Zustandebringung einer fortlaufenden statistischen Übersicht des Standes des Handels,
der Industrie und der Landwirtschaft, die Sammlung von Notizen über den
Fortgang des Privilegiensystems in jedem Jahre sowie überhaupt alle Erhebungen über die Wirkungen des Privilegiengesetzes auf die Industrie (was bis
dahin die Kreisämter zu besorgen hatten), endlich die Erörterung der Resultate
der Jahrmärkte. Die formellen Einleitungen zur Berufung der Kommissionen, die Vor-

---

[1] H. K. A. Kom. Kam., Fasz. 1, Nr. 122 ex majo 1825. — [2] A. d. k. k. Fin. Min.
Kom., Fasz. 29, Nr. 125 ex nov. 1831. — Statth. A. Wien, 1832, A. 29, Nr. 15.122.

bereitung der Gegenstände der Beratung u. dgl. wurden dem Ermessen des Landespräsidiums anheimgestellt[1]).

Schon 1832 wurde den Länderstellen aufgetragen, die Handelskommissionen anzuweisen, einen Hauptbericht über den Zustand der Landwirtschaft, der Industrie und des Handels, über die Hindernisse, die denselben im Wege stehen, über die Mittel, diese Hindernisse zu beseitigen und die Quellen des Nationalwohlstandes nach Möglichkeit zu fördern, am Schlusse des Jahres verfassen zu lassen und der Hofkammer vorzulegen, was künftighin jährlich geschehen sollte[2]).

So sollten, ohne wirkliche Handelskammern einzurichten, die Fabrikanten, Kaufleute und Landwirte zur Beratung der Behörden herangezogen und ihnen so die Gelegenheit geboten werden, in Angelegenheiten, die ihre Interessen berührten, ihre Stimmen vernehmen zu lassen.

Die Handelskommissionen lieferten mehrere räsonnierende Berichte über die wirtschaftlichen Verhältnisse in den ihnen zugewiesenen Gebieten mit einigen statistischen Daten[3]). Die Hofkammer wollte auf diesem Weg allmählich zu einer einheitlichen umfassenden Wirtschaftsstatistik der österreichischen Monarchie gelangen, was aber nicht gelang[4]).

In Provinzen, welche aus verschiedenen heterogenen Teilen bestanden und in welchen die Zusammensetzung einer Kommission, welche die wirtschaftlichen Verhältnisse des ganzen Landes hätte beurteilen können, nicht leicht tunlich war, wurden neben der Haupthandelskommission noch Filialkommissionen ins Leben gerufen, so im Küstenlande neben der Handelskommission in Triest noch eine Filialkommission in Görz für den Görzer Kreis und eine in Pisino für Istrien[5]).

Die Handelskommissionen bewährten sich überhaupt nicht[6]).

Inzwischen waren zuerst in Böhmen (1833), dann in Innerösterreich (1837) und endlich auch in Niederösterreich (1839) Gewerbevereine entstanden, deren Rat die Behörden in Gewerbeangelegenheiten öfters einholten, wie auch diese Vereine im allgemeinen allmählich einen ähnlichen Wirkungskreis erhielten, wie er den Handelskammern zugedacht gewesen war[7]).

In Böhmen machte das Landespräsidium schon 1833 den Vorschlag, die Agenden der Handelskommission dem dortigen Gewerbeverein zu übertragen, was aber von der Hofkammer nicht gebilligt wurde[8]).

Da man jedoch mit den Handelskommissionen keine guten Erfahrungen gemacht hatte, so ließ das Hofkammerpräsidium selbst 1840 beim niederösterreichischen Gewerbeverein anfragen, ,,ob und unter welchen Modalitäten der Verein die Erstattung des jährlichen Hauptberichtes zu übernehmen geneigt sei, was wohl um so mehr angenommen werden könne, als der Verein ohnehin

---

[1]) A. d. k. k. Fin. Min. Kom., Fasz. 29, Nr. 80 ex junio 1832. — [2]) A. d. k. k. Fin. Min. Kom., Fasz. 29, Nr. 43 ex julio 1832. — Vgl. auch S. 126. — [3]) Mehrere Berichte erhalten im A. d. k. k. Fin. Min. Kom., Fasz. 29, 1832 ff. — [4]) Vgl. S. 126. — [5]) A. d. k. k. Fin. Min. Kom., Fasz. 29, Nr. 59 ex apr.; 107 ex jul.; 25 u. 78 ex nov. 1840. — [6]) Vgl. oben S. 114. — [7]) Vgl. S. 216 ff. — [8]) Vgl. S. 217.

dem Zustande und der allmähligen Entwickelung der Industrie und des Handels seine besondere Aufmerksamkeit zu widmen sich vorgesetzt habe und auch demselben daran gelegen sein werde, die Staatsverwaltung auf die obwaltenden Hindernisse aufmerksam zu machen und die Mittel zu deren Beseitigung in Antrag bringen zu können"[1]). Wenn es auch nicht dazu kam, so zogen doch die Behörden Vertreter des Vereins oft fachlichen Verhandlungen bei, ebenso wie sie an den Verein zur Erstattung von Gutachten in zollpolitischen und anderen Angelegenheiten herantraten[2]).

Ebenso nahm der niederösterreichische Gewerbeverein 1848 lebhaften Anteil an der Beratung über die Errichtung von Handelskammern und seinen Anregungen ist es zu verdanken, daß durch Ministerialerlaß vom 15. Dezember 1848 (R. G. Bl. Nr. 27 ex 1849) provisorische Bestimmungen über die Errichtung von Handelskammern in Österreich ergingen[3]).

Damit war jenes Ziel, welches schon drei Jahrzehnte den leitenden Kommerzbehörden vorgeschwebt hatte und dessen Erreichung durch die Handelskommissionen sich als unmöglich herausgestellt hatte, endlich erreicht. Bis dahin hatte die Industrie bloß das Recht, mit Beschwerden und Vorschlägen an die Behörden heranzutreten; von nun an gab es Körperschaften, im Gegensatze zu den Handelskommissionen wohlorganisierte Körperschaften, zu deren Wirkungskreis dies gehörte; das frühere Recht war zu einer förmlichen Pflicht geworden.

X. Kapitel.

Geschichte der industriellen Vereine bis 1848.

Schon in der ersten Hälfte des 18. Jahrhunderts war eine Abneigung gegen das jeder freieren Entwicklung der Gewerbe entgegenstehende Zunftwesen zu bemerken. Diese Abneigung der Behörden wuchs immer mehr, mehrere ausgedehnte Erwerbszweige wurden für frei erklärt und durch Schutzdekrete und Fabriksprivilegien wurde die Geschlossenheit der Zünfte durchbrochen. Immer größer wurde das Mißtrauen der Behörden gegen diese Vereinigungen, welche der sich stärker geltend machenden modernen Verkehrswirtschaft wie ein Hemmschuh anhafteten. Gegen Ende des 18. und am Anfange des 19. Jahrhunderts wiederholen sich unzählige Male in offiziellen Akten und namentlich in den Akten der obersten Kommerzbehörden Hinweise und Auseinandersetzungen über die „schädlichen und gefährlichen Einstreuungen des Monopol- und Zunftgeistes" und immer wieder erfolgt die energische Zurückweisung der aus Brotneid erhobenen Beschwerden der Zunftgenossen gegen das dem Zeitgeist entsprechende liberale Vorgehen der Behörden. Erwägt man noch die damals herrschenden politischen Zustände, das stark entwickelte Polizei- und Bevormundungssystem, so muß die Abneigung der Behörden gegen jegliche Organisation von Standesgenossen selbstverständlich erscheinen. Ein Verein,

---

[1]) Auspitzer, 50 Jahre gewerbl. Bestrebungen, 23 ff. — [2]) Auspitzer, a. a. O., 337 f. — [3]) Die Handels- u. Gewerbekammer Wien, 1849—1899, S. 1 ff.; Auspitzer. a. a. O., 338 f.; Maresch, Art. Handels- u. Gewerbekammern im österr. St. W. B., II. Auflage.

der unbehelligt ein gemeinnütziges Ziel verfolgen wollte, mußte sich den Mantel des Patriotismus umhängen und auch nur den Schein einer politischen Betätigung vermeiden. So bestanden denn schon seit der theresianischen Zeit Vereine, die die Förderung der Landwirtschaft zum Zwecke hatten, darunter wohl als der bekannteste die im Jahre 1767 gegründete k. k. patriotisch-ökonomische Gesellschaft in Prag[1]).

Diese landwirtschaftlichen Gesellschaften hatten im 18. und noch mehr zu Anfang des 19. Jahrhunderts auch für die Industrie eine nicht geringe Bedeutung, namentlich wegen ihrer Verdienste um die Hebung der Flachskultur und die Verbreitung des Anbaus von Runkelrüben.

Eigentliche industrielle oder gewerbliche Vereine in modernem Sinne bestanden aber im 18. Jahrhundert noch nicht.

Als erste Vereinigung dieser Art entstand 1806 in Wien ein kaufmännischer Verein zur Belebung des Erwerbsfleißes, welcher aber bald in eine Spielgesellschaft ausartete und den Mitgliedern bedeutende Auslagen verursachte. Da die Regierung überdies Verabredungen über die Stimmung des Geldkurses befürchtete, so wurde er schon 1807, nach kurzer Dauer, wieder aufgehoben. *Kaufmännischer Verein 1806.*

Im Jahre 1818 schritt der Ausschuß der angesehensten Wiener Handelsleute und Fabrikanten um die Bewilligung eines neuen kaufmännischen Vereines ein, welcher aus 100 wirklichen, zu einem jährlichen Beitrage von 100 fl. C. M. sich verpflichtenden, dann aus höchstens 150 Ehrenmitgliedern, endlich aus den von Zeit zu Zeit in Wien ankommenden angesehenen Fremden bestehen sollte. Als Zweck dieses Vereines wurde angegeben: Unterhaltung in freien Stunden durch erlaubte Spiele, durch Lesen von Handelszeitschriften, Bewirtung fremder Handelsfreunde und leichtere Mitteilung von Handelsnachrichten zur Belebung des Erwerbsfleißes. *Kaufmännischer Verein 1819.*

Die Polizeioberdirektion fand wegen des Ansehens der Mitglieder ebensowie auch wegen des Zweckes des Vereines nichts einzuwenden und meinte, die Bildung desselben sollte unter der Bedingung gestattet werden, daß allen „in einem Konkurs oder in einer peinlichen Strafe befangenen" die Aufnahme zu verweigern, dem Polizeidirektor und den Aufsichtskommissären jederzeit der ungehinderte Zutritt einzuräumen, der Polizeioberdirektion alle drei Monate ein genaues Verzeichnis der Vereinsmitglieder vorzulegen, außerdem die Dauer der Zusammenkünfte niemals länger als bis Mitternacht und keine Tanzmusik zu gestatten wäre. Der Präsident der Polizeihofstelle, Graf Sedlnitzky, war der Ansicht, ähnliche Gesellschaften mit erlaubten Spielen seien weit weniger bedenklich als bloße Zusammenkünfte, „die so leicht in politische Kannengießereien und Tadel öffentlicher Verfügungen übergehen". Auch seien „die heutigen Zeitumstände nicht so beschaffen, daß man den ansehnlichen hiesigen Handels- und Fabrikantenstand, welcher soviel Treue, Ehrfurcht, Achtung, Vertrauen, Anhänglichkeit und Liebe zu Seiner Majestät und zu der Landesverfassung beweise, in der Art und Weise sich und seine Freunde unter öffent-

---

[1]) Kurzer Beitrag zur Gesch. d. k. k. patr. oek. Gesellschaft, S. 3, Hundert Jahre Arbeit, I, 21.

212

licher Aufsicht zu unterhalten beschränken sollte". Im Jahre 1819 wurde denn auch die Bildung des Vereines unter den angeführten Bedingungen gestattet[1]). Doch scheint er entweder niemals ins Leben getreten zu sein oder mindestens niemals irgend welche Bedeutung erlangt zu haben.

Diese zwei erwähnten kaufmännischen Vereine waren keineswegs Vereinigungen zur Förderung und Vervollkommnung der Produktion, somit überhaupt keine wirklichen industriellen Vereine.

Absicht der Verbindung eines Indu-strievereines mit dem polytechn. Institute.Als man an die Organisation des 1815 errichteten Wiener polytechnischen Instituts schritt, da griff man, nach einem Plane des Direktors Prechtl, die Idee auf, mit demselben einen Verein „nützlicher Kräfte zur Emporhebung des inländischen Gewerbsfleißes" zu verbinden. Als Vorbilder dienten dabei die Gesellschaften zur Aufmunterung der Künste und Gewerbe in Frankreich und England.

„Durch die Ernennung von Mitgliedern unter den Angesehenen und Honoratioren, dem Handelsstande und der Zahl gebildeter Fabrikanten" sollte das polytechnische Institut den Mittelpunkt eines Vereines zur Beförderung der Nationalindustrie bilden. Ein Hauptzweck dieses Vereines sollte die jährliche Ausschreibung bedeutender Preise auf Erfindungen und Verbesserungen auf technischem Gebiete sein[2]).

Dieser Verein ist jedoch, trotz mehrfacher Anläufe zu dessen Verwirklichung, niemals ins Leben getreten[3]).

Besonders charakteristisch ist es, daß dieser Verein durch seine Verbindung mit einer staatlichen Anstalt einen halboffiziellen Charakter hätte erhalten sollen.

Vorschlag von Heinrich Hopf 1816.Das erste Projekt eines privaten wirklichen Industrievereines stammt aus dem Jahre 1816. Der Wiener Großhändler Heinrich Hopf schlug da die Bildung eines Vereines zur „Beförderung der vaterländischen Gewerbsbetriebsamkeit" vor. Er sollte zum Zwecke haben: den Kunstfleiß in Österreich durch alle möglichen Mittel zu befördern und zu diesem Zweck inländische Künstler in ihren Bemühungen durch Prämien zu unterstützen, ihre Erfindungen und Verbesserungen gemeinnützig zu machen, einzelne Erfahrungen und Belehrungen einander mitzuteilen, neue oder verbesserte Gegenstände der inländischen Industrie zur allgemeinen Kenntnis zu bringen, fähigen Jünglingen den Besuch polytechnischer Lehranstalten durch Unterstützungen zu erleichtern, von den Fortschritten des Auslandes auf dem Gebiete der Mechanik und des Maschinenwesens frühe und genaue Kunde zu erlangen, sich von neuen Erfindungen Zeichnungen und Modelle zu verschaffen und so an fremden Vorteilen bald Anteil zu nehmen. Der Verein hätte aus Kaufleuten, Fabrikanten und Künstlern zu bestehen. Dadurch sollte die gerade damals in einem Zustande der Depression sich befindende Industrie den nötigen Aufschwung erlangen, um die Konkurrenz mit dem Ausland aushalten zu können. Die Gelehrten, Mechaniker und Künstler hätten keine Beiträge zu leisten, sondern nur sich zu betätigen

---

[1]) Staatsrat 1818, Nr. 8675. — [2]) Verfassung des k. k. polyt. Inst. in Wien, 1818, S. 27. — [3]) Staatsrat 1836, Nr. 3095. Vgl. auch unten S. 213 u. 221 f.

durch Untersuchung und Prüfung fremder Gedanken und Vorschläge. Der Endzweck des Vereines sollte sein, der inländischen Industrie, und zwar hauptsächlich dem Fabrikswesen durch ein gemeinschaftliches Zusammenwirken von Fabrikanten und Kaufleuten jene Mittel zu ihrer Emporbringung und Ausdehnung zu verschaffen, welche ihr durch die Kräfte des einzelnen nie verschafft werden könnten.

Die Fabrikeninspektion, die um ihre Ansicht über diesen Vorschlag befragt wurde, meinte in charakteristischer Weise, der Proponent könnte, da er als Gegner des Liberalitätsprinzips bekannt sei, „mit seinem noch unbekannten Anhang von Kaufleuten und Fabrikanten den Zweck verfolgen, den derzeit bestehenden Handelsberechtigungen und Fabriken das Monopol zu erringen". Der Direktor des polytechnischen Instituts, Prechtl, drückte den Wunsch aus, daß ein solcher Verein in Verbindung mit dem Institute gegründet werde, da er sonst niemals das gehörige Ansehen haben könnte. Die Stadthauptmannschaft hielt die Bedenken der Fabrikeninspektion für unbegründet und glaubte anderseits, daß der Verein auch ohne Verbindung mit dem polytechnischen Institute bestehen könnte. Die niederösterreichische Regierung war der Ansicht, daß es in Österreich noch an zwei für die Industrie und Kommerzialleitung sehr wichtigen Einrichtungen fehle a) an den in Frankreich und Italien bestehenden Kommerzkammern, b) an polytechnischen Gesellschaften, welche im Fache des Fabrikswesens das leisten sollten, was die Landwirtschaftsgesellschaften auf dem Gebiete der Landwirtschaft wirklich leisten. Der geplante Verein sei nützlich und könne überhaupt auf keinen Fall schaden. Von einer Verbindung desselben mit dem polytechnischen Institute sollte abgesehen werden.

Am 21. Februar 1817 erging diesbezüglich an die niederösterreichische Regierung folgendes Dekret der Kommerzhofkommission: „Da ein Verein zur Beförderung technischer Künste und Gewerbe eine jener Anstalten bildet, in welche das polytechnische Institut nach dem Plane zerfällt, welcher eben der definitiven allerhöchsten Genehmigung unterzogen wird, so hat die Regierung dem Hopf zu bedeuten, daß in dem gegenwärtigen Augenblick über seine Vorschläge kein Beschluß gefaßt werden könne, daß es ihm jedoch unbenommen bleibe, seinerzeit, wenn der Plan des von dem polytechnischen Institute zu bildenden Vereins durch herauskommende Programme bekannt und die Vereinsanstalt konsolidiert sein wird, für den Fall, als nicht etwa durch diesen Verein sein Plan sich von selbst beheben oder aber er sich selbst demselben anschließen würde, seinen Vorschlag zu erneuern"[1].

Es entstand aber weder der Verein in Verbindung mit dem polytechnischen Institute noch der von Hopf vorgeschlagene.

Das Bedürfnis der Großindustrie nach einer Organisation, um ihre Interessen mit größerem Nachdrucke vertreten zu können, machte sich immer mehr fühlbar. Am stärksten mußte sich dieser Mangel geltend machen in jenem Zweige der Industrie, welcher in seiner Entwicklung zur Großindustrie am meisten vorgeschritten war, nämlich der Baumwollindustrie. So geschah es

---

[1] H. K. A. Kom. Kom. Fasz. 56, Nr. 17 ex febr. 1817.

Repräsen-tanten der niederösterr. priv. Zitz-und Kattun-fabrikanten seit 1817.
auch, daß im Jahre 1817 die niederösterreichischen privilegierten Zitz- und Kattunfabrikanten, ohne einen förmlichen Verein zu gründen, fünf ihrer Standesgenossen, nämlich die Freiherren von Puthon und Lang, ferner die Fabrikanten Ziegler, Kunz und Faber, alle Eigentümer beziehungsweise Mitinteressenten der Sassiner, Ebreichsdorfer, Kettenhofer, Lettowitzer und St. Pöltener Fabriken, zu Repräsentanten und Bevollmächtigten ihrer Gesamtheit wählten und an die Regierung um Anerkennung derselben in dieser Eigenschaft herantraten, damit in Fällen, in welchen die Gesamtheit der Fabriksinhaber entweder ein gemeinschaftliches Ansuchen zu stellen oder auf Verlangen der Behörden gemeinschaftlich Äußerungen abzugeben hätte, diese Bevollmächtigten es im Namen des ganzen Gremiums zu tun berechtigt wären.

Zu diesem Ansuchen äußerte sich nun der Wiener Magistrat dahin, es sei dagegen nicht nur nichts einzuwenden, diese Maßregel sei vielmehr sehr erwünscht; die Erfahrung lehre, daß über Angelegenheiten, welche Gewerbeklassen betreffen, die keine ordentliche Repräsentation haben, die Behörden niemals unbefangene und zuverlässige Erklärungen und Aufschlüsse erlangen können, indem sie nur immer mit einzelnen Mitgliedern zu tun haben, die entweder, durch persönliches Interesse geleitet, keine verläßlichen Äußerungen abgeben oder aber sich gegen andere Standesgenossen keiner Verantwortlichkeit aussetzen wollen oder endlich sich wohl gar weigern, bei ordentlichen Kommissionen zu erscheinen, weil weder für das eine noch für das andere eine Verpflichtung vorliege. Das Merkantil- und Wechselgericht sowie die Stadthauptmannschaft, die auch um ihre Äußerung ersucht worden waren, hatten ebenfalls nichts dagegen einzuwenden. Die niederösterreichische Regierung befürwortete sogar die Anerkennung der Wahl der Repräsentanten und meinte, daß für den Fall, als auch in Österreich ordentliche Handelskammern errichtet werden sollten, es der Staatsverwaltung nicht unwillkommen sein dürfte, aus dem Stande der Kattunfabrikanten auf diese Weise die Wahl bewährter Männer erleichtert zu finden.

Die Kommerzhofkommission nahm hierauf die Wahl der Repräsentanten zur Kenntnis.

Damit war der erste Versuch zur Organisation eines Zweiges der Großindustrie zur Vertretung gemeinsamer Interessen von Erfolg gekrönt[1].

Wiederholt traten um diese Zeit Großindustrielle zur Wahrung ihrer Interessen gemeinsam auf, ohne zu einem Vereine organisiert zu sein. So erfolgte im Juni 1817 eine Vorstellung der böhmischen Landesfabriken über den Verfall der Industrie und die Ursachen desselben mit Vorschlägen zur Abhilfe. Diese Vorstellung war von 45 böhmischen Großindustriellen unterfertigt. Darin findet sich auch der Wunsch ausgedrückt, der Kaiser möge eine Kommission bestimmen, zu welcher Deputierte der verschiedenen Baumwollmanufakturen beigezogen werden sollen, um ihre Ansichten ausführlich vortragen und darüber die nötigen Auskünfte geben zu können[2].

---

[1] H. K. A. Kom. Kom., Fasz. 31, Nr. 26 ex dec. 1817, Nr. 41 ex dec. 1819; Barth, a. a. O. VI, 236. — [2] Vgl. S. 66 ff.

Ende 1817 treten als Repräsentanten der niederösterreichischen Zitz-
und Kattunfabriken Karl Freiherr v. Puthon und Johann Ziegler auf, anderseits aber im Namen und Auftrage sämtlicher Tuchfabriken Mährens Joh.
Bapt. Freiherr v. Puthon (Namiester Fabrik), sowie Hopf und Bräunlich in
Brünn[1]). Zahlreiche große Fabrikanten traten wieder 1818 gemeinsam auf,
nachdem das Verbot der Einfuhr fremder Waren auch auf das lombardisch-
venezianische Königreich ausgedehnt worden war und sie bestrebt waren,
vorteilhafte Handelsverbindungen mit diesen Ländern anzuknüpfen[2]). Im
selben Jahre setzte das Brünner „Fabriken-Gremium" die Namiester Tuchfabrik in Kenntnis, daß die Gebrüder Schoeller um mehrere Begünstigungen,
namentlich um Einfuhr von Tuch, angesucht hatten, worauf letztere eine Vorstellung an das Gubernium richtete, dies nicht zu gestatten[3]).

Im Jahre 1818 forderten die Repräsentanten der niederösterreichischen
landesbefugten Zitz- und Kattunfabrikanten die Erneuerung der Verordnung
gegen den Falschdruck vom 1. September 1796. Ebenso am 8. Dezember 1824
die baldige Bekanntmachung neuer Vorschriften über die Echtfärbung[4]). Im
März 1825 wiederholten sie die Bitte um baldige Erlassung einer Vorschrift
gegen den Falschdruck, wobei außerdem auch Hermann Leitenberger das
Gesuch im Namen von sieben böhmischen Fabriken mitunterfertigte[5]).

Die Spinnereien hatten ihre eigene formlose Organisation.

Ende 1826 traten für die niederösterreichischen Baumwollspinnfabrikanten Ausschüsse
der nieder-
die „Ausschüsse" derselben auf, indem sie die Regierung baten, sie möge den österreichi-
Konsul in Alexandrien zur Erstattung von Berichten über den Baumwoll- schen Baum
handel veranlassen, was auch zugestanden wurde[6]). wollspinn-
fabrikanten.

Im April 1827 zeigten die niederösterreichischen privilegierten Zitz- und
Kattunfabriken der Hofkammer an, daß sich der im Jahre 1817 unter ihnen
gebildete Verein und die damit verbundene Repräsentation durch einige Mitglieder desselben wieder aufgelöst habe[7]). Die Baumwollspinnereien blieben
jedoch auch weiterhin organisiert, denn im August 1828 überreichten ihre
„Ausschüsse" eine Denkschrift über den Zustand der österreichischen Baumwollspinnereien[8]) und im Juli 1829 brachten sie den Zustand des Baumwoll-
marktes der Regierung zur Kenntnis und gaben ihrer Meinung Ausdruck, daß
ein gesicherter Baumwollmarkt in den österreichischen Seehäfen sich so lange
nicht entwickeln werde, bis nicht regelmäßige, schnelle und zuverlässige Verbindungen mit Ägypten hergestellt würden[9]). Noch später, so 1836, wird diese
freie Vereinigung der niederösterreichischen Spinnfabriken, welche durch ihre
Ausschüsse vertreten wurden, erwähnt[10]).

---

[1]) H. K. A. Kom. Praes., Nr. 1017 ex 1818. — [2]) H. A. K. Kom. Praes., Nr. 1083 ex 1818,
Kom. Kom., Nr. 59 ex oct. 1818. —[3]) H. K. A. Kom. Praes., Nr. 1939 ex 1818. — [4]) H. K. A.
Kom. Kam., Fasz. 42, Nr. 56 ex mart. 1829. — [5]) H. K. A. Kom. Kam., Fasz. 42, Nr. 53 ex
mart. 1825. — [6]) H. K. A. Kom. Kam., Fasz. 5, Nr. 148 ex dec. 1826, Nr. 156 ex majo 1827.
Über diese Vereinigung vgl. auch unten S. 224. — [7]) H. K. A. Kom. Kam., Fasz. 31, Nr. 173
ex apr. 1827. — [8]) H. K. A. Kom. Kam., Fasz. 31, Nr. 86 ex aug. 1828. — [9]) H. K. A. Kom.
Kam., Fasz. 31, Nr. 96 ex jul. 1829. — [10]) Vgl. unten S. 224 f.

Verein zur
Ermunte-
rung des
Gewerbs-
geistes in
Böhmen
1829 (1833).

Der erste wirkliche Industrieverein in modernem Sinne wurde aber in Böhmen errichtet. Es ist dies der „Verein zur Ermunterung des Gewerbsgeistes in Böhmen", dessen Statuten durch allerhöchste Entschließung vom 9. Dezember 1829 genehmigt wurden.

Das Bedürfnis nach einem solchen Vereine, der „für die Pflege und den Schutz der industriellen Interessen im höheren Sinne freiwillige Kräfte vergesellschaften" sollte, wurde in Böhmen, dem industriereichsten Lande der Monarchie, begreiflicherweise am stärksten und zuerst fühlbar. Die in Prag seit 1828 veranstalteten Gewerbeausstellungen gaben den Anstoß zur Gründung des Vereines, indem jene Männer, die sich an der Organisation dieser Ausstellungen am eifrigsten beteiligt hatten, den Plan zur Gründung des Vereines faßten, wobei die eigentliche Anregung und die ersten Schritte zur Verwirklichung vom Grafen Josef Dietrichstein ausgingen. „Die segensreichen und ehrenvollen Erfolge des Ausstellungskomités sprachen für die Stabilität der Institution, für die Bildung eines stabilen Vereins zur Ermunterung des Gewerbsgeistes in Böhmen". Um das Zustandekommen des Vereines erwarben sich auch die böhmischen Stände und der böhmische Adel überhaupt hervorragende Verdienste. Der Verein konstituierte sich erst am 1. März 1833. Zum ersten Generaldirektor wurde Graf Dietrichstein gewählt[1]). Statutengemäß war der jeweilige Oberstburggraf Protektor des Vereines. Die Förderung und Hebung der Industrie in allen ihren Zweigen in Böhmen war der Zweck desselben. Als Mittel zur Erreichung dieses Zweckes waren vorgesehen 1. die technische Belehrung der gewerbetreibenden Klasse durch a) öffentliche Ausstellungen der inländischen Gewerbeerzeugnisse, b) Erwerbung und Vorzeigung von Musterstücken, c) Mitteilung in- und ausländischer Erfindungen, Verbesserungen und Abhandlungen durch eine technische Zeitschrift. 2. Belohnung gelöster technischer Aufgaben durch Geld und andere Preise. 3. Auszeichnung für technische Leistungen nach dem Ergebnisse der Gewerbeausstellungen[2]).

Dieser Verein entfaltete eine sehr lebhafte Tätigkeit und erstreckte seine Wirksamkeit auf die meisten den späteren Handelskammern zugewiesenen Agenden. Unter anderem veranstaltete er die Gewerbeausstellungen von 1833 und 1836 in Prag[3]), gab technische Zeitschriften heraus[4]), organisierte einen Sonntagsunterricht für Gesellen und Lehrlinge[5]), verlieh an Techniker Reisestipendien zum Besuche fremder Fabriksorte, gründete eine Bibliothek mit Lesekabinett, ließ umfassende statistische Daten über die böhmische Industrie sammeln und wirkte für den Export böhmischer Produkte nach dem Orient[6]). Damit die inländischen Gewerbetreibenden über die ausländischen Leistungen informiert werden können, gestattete der Kaiser auf Ansuchen des Vereines

---

[1]) A. d. k. k. Fin. Min. Kom., Fasz. 29, Nr. 111 ex jun. 1833; Kreutzberg, Der Verein usw., S. 8 ff.; Gesch. des böhm. Gewerbevereins, S. 4 ff.; Hundert Jahre Arbeit, I, 16; Mitteilungen f. Gew. u. Handel, 1839, Bd. 3, S. 99. — [2]) A. d. k. k. Fin. Min. Kom., Fasz. 29, Nr. 67 ex jan. 1834; Kreutzberg, Der Verein usw., S. 16 ff. — [3]) Vgl. S. 234 f. — [4]) Mitteilungen f. Gew. u. Handel; Jahrb. f. Fabrikanten und Gewerbetreibende oder Encyklopädische Zeitschr. des Gewerbewesens. — [5]) Vgl. S. 175 f. — [6]) Gesch. d. böhm. Gewerbevereins, S. 10 ff.

die zollfreie Einfuhr von Musterstücken, damit diese den betreffenden Gewerbetreibenden zur Benützung überlassen werden[1]). Der Verein sollte, wie Kreutzberg sich ausdrückt, eine alle Gewerbezweige mit allen Hilfsmitteln und Handgriffen bis in die kleinsten Einzelheiten umfassende praktische Lehranstalt für
das ganze Land werden, bei der die Zeitschrift die Lehrkanzel, die Ausstellung
den praktischen Kurs und die Würdigung des Verdienstes das Zeugnis vertritt[2]).

Die Generaldirektion des Vereines bildete durch eine lange Reihe von Jahren
das Organ, durch welches alle Anliegen und Bedürfnisse der böhmischen Industrie
der Regierung vorgebracht wurden, welches die Wünsche der Industrie eifrig
vertrat und von der Regierung in allen Angelegenheiten industrieller und
kommerzieller Natur um seine Ansicht gefragt wurde[3]). Das Ansehen des Vereines war gleich nach dessen Konstituierung so groß, daß das böhmische Landespräsidium am 27. Mai 1833 in einem Bericht an die Hofkammer den Antrag
machte, den gesamten Wirkungskreis der Provinzial-Handelskommission auf
denselben zu übertragen, da derselbe als ein Vereinigungspunkt des gesamten
industriellen und kommerziellen Interesses alle jene Aufgaben zu lösen imstande
sei, welche der Einsetzung der Provinzial-Handelskommissionen zugrunde
gelegt wurden. Die Hofkammer ging jedoch darauf nicht ein, weil die Handelskommissionen auch die Landwirtschaft zu berücksichtigen hatten und weil
die Gleichmäßigkeit in allen Provinzen erhalten bleiben sollte[4]).

Kein Zweig der industriellen Interessen wurde von diesem Verein außer acht
gelassen, so daß seine Tätigkeit eine immer umfassendere wurde. Besonders
erwähnt soll noch werden, daß er sich längere Zeit mit besonderem Interesse
mit der gesetzlichen Regelung der Arbeit und der sozialen Verhältnisse bei
der Großindustrie befaßte und beschloß, einen besonderen Fonds, der von
mehreren Freunden der Industrie für Preisaufgaben gewidmet worden war,
zuerst zu einem Preise für den besten Entwurf einer gesetzlichen Fabrikspolizei-
ordnung zu verwenden[5]).

Infolge der 1842 beschlossenen Statutenänderung traten seit 1844 viele
neue, namentlich bürgerliche und industrielle Elemente in den Verein, wodurch
dieser zwar an sozialer Geltung und Einfluß verlor, hingegen an Leben und
Sympathie in industriellen Kreisen zunahm. Immer mehr machte sich seitdem
das Bestreben nach selbständigem Auftreten der Industrie geltend und es
wurde die Einflußnahme von praktischen und intelligenten Industriellen auf
die Pflege und Vertretung der eigenen Interessen und auf das Vorgehen der
Staatsverwaltung in Zoll-, Finanz- und Fabriksgesetzgebung als unumgänglich
notwendig erkannt[6]).

Bald machten sich in Böhmen auch Bestrebungen geltend, Vereine von
Unternehmern einzelner Industriezweige ins Leben zu rufen. So teilte im April
1836 Fürst von Oettingen der Landesstelle mit, daß sich nach seinem Antrage
ein Verein von Zuckererzeugern aus inländischen Produkten zu bilden beabsich-

Plan zur
Gründung
eines
Vereines de
Zucker-
industrielle
(1836).

---

[1]) Kreutzberg, Der Verein usw., S. 36. — [2]) Kreutzberg, Der Verein usw., S. 44. — [3]) Gesch.
d. böhm. Gewerbevereins, S. 18. — [4]) A. d. k. k. Fin. Min. Kom., Fasz. 29, Nr. 111 ex jun. 1833.
— [5]) Gesch. d. böhm. Gewerbevereins, 19. — [6]) Gesch. d. böhm. Gewerbevereins, 28 ff.

tige, der sich zum Zwecke stelle, diesen in jeder Beziehung auch für den gesamten Staatshaushalt höchst wichtigen Industriezweig durch Zusammenwirken der Interessenten gehörig zu konsolidieren und der Staatsverwaltung über den Stand und die Fortschritte dieses Produktionszweiges sichere Kenntnisse zu verschaffen. Auch werde der Verein den Anbau von Rüben zu verbreiten suchen. Über dieses Gesuch wurde die patriotisch-ökonomische Gesellschaft befragt, welche ihr Gutachten dahin abgab, ein solcher Verein sei nicht notwendig, da ein Gewerbeverein schon bestehe, der alle Gewerbe fördere und der Zuckerindustrie keine besonderen Hindernisse entgegenstehen. Obwohl das Gubernium der Ansicht war, daß der Verein durch Mitteilung der gegenseitigen Erfahrungen in einem so jungen Produktionszweige nützlich sein könne und deshalb auf Bewilligung antrug, war der Referent der Hofstelle der Ansicht, daß die Beförderung des Anbaus der Runkelrüben in den Bereich der patriotisch-ökonomischen Gesellschaft, die Zuckerfabrikation aber zur Kompetenz des Vereines zur Ermunterung des Gewerbsgeistes gehöre[1]). Es wurde zwar diesbezüglich von der Hofkanzlei ein alleruntertänigster Vortrag erstattet (unter dem 25. November 1836), doch scheint es zur Gründung des Vereines nicht gekommen zu sein[2]).

Reichen
berger
Gewerbe
verein
(1845).Ein Industrieverein lokalen Charakters entstand in Böhmen schon in der ersten Hälfte des 19. Jahrhunderts, nämlich der zu Reichenberg, dessen Statuten durch allerhöchste Entschließung vom 21. Oktober 1845 genehmigt wurden[3]).

Inneröster
reichischer
Gewerbe
Verein
(1837).Der böhmische Gewerbeverein blieb nicht lange der einzige. Der große Erfolg, den die vom Armenversorgungsverein der Stadt Graz in den Jahren 1832 und 1833 veranstalteten Industrieausstellungen gehabt hatten, brachte den damaligen Förderer alles Guten und Nützlichen in Innerösterreich, Erzherzog Johann, auf die Idee, einen Gewerbeverein zu gründen, der solche Veranstaltungen zu einer regelmäßigen Einrichtung machen sollte. Um diesen Plan auszuführen, wollte sich der Erzherzog der ebenfalls von ihm ins Leben gerufenen Landwirtschaftsgesellschaft bedienen, welche denn auch schon Ende 1833 einen Entwurf der Statuten für diesen Verein den Landwirtschaftsgesellschaften in Kärnten und Krain zur Prüfung, Begutachtung und Sammlung von Beitrittserklärungen zuschickte[4]). Die Landwirtschaftsgesellschaft in Krain sprach sich jedoch für die Bildung eines Provinzialvereines aus und verhandelte wegen des Anschlusses Kärntens[5]), weshalb die steirische Landwirtschaftsgesellschaft beschloß, die Wirksamkeit des Grazer Vereines einstweilen auf die Steiermark zu beschränken und den beiden Nachbarprovinzen den Beitritt offen zu erhalten. Die Landesstelle ging auch hier wie in Böhmen bei der Gründung hilfreich zur Hand, indem sie zugleich die Kreishauptleute aufforderte, durch die ihnen unterstehenden Bezirkskommissariate Subskriptionen

---

[1]) St. A. Prag, 1836—1840, Fasz. 104, num. 2, subn. 3. — [2]) A. d. Min. In. Protokoll 1836 u. 1837. Die Akten selbst sind nicht auffindbar. Staatsrat 1836, Nr. 6539 ohne allerhöchste Entschließung. — [3]) A. d. k. k. Fin. Min. Kom., Fasz. 17, 1845, Nr. 2039. — [4]) Göth, Joanneum, S. 103, Protokoll der Gen. Vers. d. innerösterr. Gewerbevereins 1838, S. 20. — [5]) A. d. k. k. Fin. Min. Kom., Fasz. 29, Nr. 160 ex febr. 1835.

zum Beitritte zu sammeln. Die Landwirtschaftsgesellschaft Kärntens, die ihre Tätigkeit auch auf die Beförderung der Industrie ausgedehnt hatte, schloß sich bald an und ihr folgte auch diejenige Krains im Jahre 1835. Durch allerhöchste Entschließung vom 11. Februar 1837 erfolgte die Genehmigung der Statuten. Die Direktion des Vereines hatte ihren Sitz in Graz, während in Laibach und Klagenfurt Delegationen bestellt wurden. Im Jahre 1837 war von der Landwirtschaftsgesellschaft eine provisorische Direktion eingesetzt worden, worauf am 31. März 1838 die erste definitive Direktion gewählt wurde, an deren Spitze als Direktor Erzherzog Johann stand.

Sofort entfaltete der Verein eine ungemein vielseitige, rege Tätigkeit zur Förderung der Industrie und des Handels. Im Jahre 1837 übernahm es Erzherzog Johann selbst, während seiner Orientreise die durch die provisorische Direktion besorgten Muster innerösterreichischer Industrieerzeugnisse im Orient an Kaufleute und Konsulate zu verteilen. In Graz wurde ein Musterkabinett gewerblicher Erzeugnisse errichtet und 1840 auch jenes des Joanneums vom Verein übernommen. Öffentliche populäre Vorträge wurden vom Verein am Joanneum über Physik, an der Universität über Chemie und im Vereinslokale über beschreibende Geometrie und Zeichnen veranstaltet.

Im Jahre 1839 dehnte der Verein seine Tätigkeit auch über Oberösterreich aus, indem in Steyr ein Mandatariat gebildet wurde; im Jahre 1842 entstand ein solches auch in Linz und in Waidhofen a. Y. in Niederösterreich. Im Jahre 1843 wurde die Organisation einer eigenen Delegation für Oberösterreich beschlossen und infolgedessen der Titel umgeändert in „Verein zur Beförderung der Industrie und Gewerbe in Innerösterreich und dem Lande ob der Enns mit Salzburg". Im Jahre 1845 hatte der Verein Zweigniederlassungen in Laibach, Klagenfurt, Steyr, Linz, Ried, Gmunden und Waidhofen a. Y. Bei jeder Zweigniederlassung war eine Bibliothek technologischer Werke, Zeichenschulen für Gewerbetreibende, vielfach auch mechanische Werkstätten und Musterkabinette aufgestellt worden. Auch wurden populäre Vorträge über Baukunst, Mechanik und Geometrie abgehalten. Im Jahre 1846 zählte der Verein über 2700 Mitglieder, davon entfielen auf Oberösterreich 2184, auf die Steiermark 420, auf Kärnten 247, auf Krain 154, auf Niederösterreich 132; 1847 erfolgte die Schaffung einer eigenen Delegation auch für Salzburg.

In inniger Verbindung mit dem Vereine stand das in Graz von Karl von Frankenstein herausgegebene innerösterreichische Industrie- und Gewerbsblatt (1839 ff.) und es ist wesentlich den Bemühungen des Vereines zu verdanken, daß seit 1842 von Dr. Bleiweis in Laibach für die der deutschen Sprache nicht mächtigen Gewerbetreibenden Krains die Zeitschrift „Kmetijske in rokodelske novice"[1] herausgegeben wurde.

Neben der Verbreitung gewerblicher Bildung durch Vorträge, Bibliotheken, Schulen und Zeitschriften erwarb sich der Verein große Verdienste durch die Veranstaltung der Gewerbeausstellungen zu Klagenfurt (1838), Graz (1841), Laibach (1844) und Linz (1847). Auch gründete er 1839 eine Aktiengesellschaft

---

. [1]) Landwirtschafts- und Gewerbenachrichten.

unter der Firma „Gesellschaft zur Ausfuhr innerösterreichischer Erzeugnisse in Triest", um über diese Hafenstadt einen starken Export nach dem Orient hervorzurufen.

Durch seine ungemein erfolgreiche Tätigkeit wurde der Verein zu einer der hervorragendsten unter den vielen Gründungen Erzherzog Johanns[1]).

Aufstellung allgemeiner Grundsätze bezüglich der Behandlung der Gewerbevereine (1838). Um dieselbe Zeit wie in Innerösterreich trugen sich auch in Niederösterreich mehrere Fabrikanten mit der Idee, einen Gewerbeverein in Wien zu errichten. Ihr Ansuchen vom Jahre 1835 gab die Veranlassung zu einer prinzipiellen Stellungnahme der Staatsverwaltung zur Frage der Bildung von Gewerbevereinen überhaupt. Die Hofkanzlei stellte allgemeine Grundsätze hiefür auf, welche vom Kaiser durch allerhöchste Entschließung vom 6. Februar 1838 genehmigt wurden. Danach ist ein Gewerbe- oder Industrieverein ein Privatverein, dessen eigentümlicher besonderer Zweck auf die Beförderung der Industrie gerichtet ist. Die Aufgabe eines solchen Vereines stellt sich so dar, daß er vorzüglich bemüht sein soll, über den jeweiligen Stand und die Entwicklung der Industrie in allen ihren Zweigen, im In- und Auslande sich genaue Kenntnis zu verschaffen, hierüber fortwährend eine möglichst genaue Übersicht zu besitzen und durch eine Zeitschrift und durch periodische Ausstellungen von inländischen Produkten einerseits. das Publikum über noch nicht genügend bekannte und benützte höhere Leistungen der inländischen Industrie, anderseits die inländischen Unternehmer über die durch sie noch nicht gehörig befriedigten Wünsche und Anforderungen des Publikums sowie auch über nachahmungswürdige ausgezeichnete Leistungen des Auslandes näher zu unterrichten. Weiterhin ist die Aufgabe solcher Vereine, ausgezeichnete Leistungen durch Denkmünzen oder auf andere Art zu belohnen, nachahmungswürdige Muster aus dem Ausland anzuschaffen, Preisaufgaben auszuschreiben, talentvollen unbemittelten Individuen Unterstützungen und Vorschüsse zuteil werden zu lassen u. a. m.

Solche Vereine bedürfen, „wenn sie einen öffentlichen Charakter annehmen wollen", der Bewilligung der Staatsverwaltung, zu welchem Zwecke sie die Statuten im Entwurfe vorzulegen haben. Bei der Prüfung der Statuten sollen die Behörden namentlich auf die Möglichkeit zweier Ausartungen Bedacht nehmen. Einerseits kann einem solchen Vereine, wie jedem Privaten zwar nicht verwehrt werden, gemeinnützige Vorschläge zur Beförderung der Industrie überhaupt oder einzelner Zweige bei den Behörden zu überreichen. Allein, um der Freiheit des Ganges der Privatindustrie auf keine Weise zu nahe zu treten, darf er nie die Gestalt einer die Rechte und Interessen einzelner Gewerbeklassen gegenüber den Behörden förmlich vertretenden Korporation von der Art der Zünfte und Innungen annehmen und noch weniger könnten den zum Vereine gehörenden Unternehmern Vorrechte oder Begünstigungen vor den außerhalb

---

[1]) Göth, Joanneum, 103 f.; Protokoll usw., 1838, S. 20 ff., 1839, S. 30 ff., 1840, S. 12 ff.; 1841, S. 12 ff.; Innerösterr. Ind. u. Gew. Blatt, 1843, S. 109 ff.; 1844, S. 345 f., 1845, S. 52, 1846, S. 111, 1847, S. 203 ff. — Vgl. auch die vom Vereine an seine Mitglieder verteilte: „Kurze Darstellung des gesamten österr. Eisenhandels im südlichen Rußland und zu Triest", Graz, 1838.

des Vereines befindlichen Gewerbetreibenden zugestanden werden. Den Behörden bleibt es unbenommen, auch von solchen Vereinen in einzelnen Fällen, ebenso wie von anderen Privaten, deren Kenntnisse und Meinungen ein besonderes Vertrauen einflößen, ein Gutachten einzuholen. Allein um den geregelten Wirkungskreis der Behörden auf keine Weise zu beirren und davon nicht im geringsten abzuweichen, darf einem solchen Vereine nie ein ordentlicher Anteil und Einfluß auf amtliche Verhandlungen in Gewerbe- und Industrieangelegenheiten in der Form eines neuen Organs der Staatsverwaltung zugewiesen werden.

Gesuche zur Errichtung solcher Vereine sind von der Landesstelle der Hofkanzlei vorzulegen, worauf diese beim Kaiser um Bewilligung einzuschreiten hat.

Diese allgemeinen Grundsätze wurden allen Länderstellen mitgeteilt, damit sie ihnen bei Gesuchen um Bewilligung der Errichtung solcher Vereine als Richtschnur dienen[1]).

Wie in Böhmen und in der Steiermark gaben auch in Niederösterreich die Gewerbeausstellungen den unmittelbaren Anstoß zur Gründung des Gewerbevereines. Der Kommission, welche zur Leitung der Wiener Gewerbeausstellung des Jahres 1835 berufen worden war, gehörten unter anderen an: Der Großhändler Chr. Heinrich Edler von Coith sowie die Fabrikanten Michael Spoerlin, C. G. Hornbostel und Rudolf Arthaber. Diese Männer können als die Gründer des niederösterreichischen Gewerbevereines angesehen werden. Im November 1835 wurde zwecks Gründung des Vereines ein Gesuch an den Kaiser gerichtet, ·dessen erster Absatz wörtlich folgendermaßen lautete: „Lange schon nährten denkende und gebildete Manufakturinhaber in Wien den Wunsch, daß auch hier ein bereits in dem Königreiche Böhmen und im Lombardisch-Venezianischen Königreiche, sowie in mehreren auswärtigen Ländern mit großem Nutzen bestehendes Institut errichtet werde, nämlich: ein Verein zur Aufmunterung und Beförderung der gesamten Gewerbsbetriebsamkeit". Zugleich wurde ein Programm für die Tätigkeit des geplanten Vereines entworfen: „Vorurteile zu zerstreuen, praktische und theoretische Kenntnisse dem Gewerbsmanne zugänglich zu machen, ihn zu belehren über alles, was gutes und neues im Inlande verfertigt wird, ihm mit Rat und Tat an die Hand zu gehen, Sinn für Schönheit und guten Geschmack in ihm zu wecken, dies ist der Zweck, das schöne Ziel, welches die Unterzeichneten sich gesetzt haben, indem sie den Wunsch aussprachen, einen Verein zu gründen von Gewerbsmännern und Freunden der inländischen Industrie, die alle, von gleichem Eifer beseelt, bereit sind, ihre Kenntnisse, einen Teil ihrer Zeit und das nötige Geld zur Erreichung dieses nützlichen Zweckes zu verwenden". Am 16. Jänner 1836 wurde das Majestätsgesuch um Genehmigung dieser Grundsätze eingereicht.

Dieses Ansuchen gab, wie oben erwähnt, den Anstoß zur Feststellung prinzipieller Normen, wie künftighin gegenüber solchen Gesuchen seitens der Behörden verfahren werden sollte. Diese Verhandlungen einerseits und der Umstand anderseits, daß die niederösterreichische Regierung und die Direktion des polytechnischen Instituts, statt des vorgeschlagenen, den schon in der Ver-

Niederösterreichischer Gewerbeverein (1839).

---

[1]) A. d. k. k. Fin. Min. Kom., Fasz. 29, Nr. 173 ex mart. 1838.

fassung des polytechnischen Instituts vorgesehenen Verein in Verbindung mit
dem Institut ins Leben rufen wollten, damit aber nicht durchdrangen, verzögerte die Entscheidung bis 1838. Am 11. April 1838 wurde v. Coith aufgefordert, einen genaueren Entwurf des Planes und der Statuten für den neuen
Verein vorzulegen und durch ein Namensverzeichnis den Nachweis zu erbringen,
daß eine zureichende Anzahl von Personen bereit sei, dem Vereine beizutreten.
    Darauf erließen v. Coith, Arthaber, Spoerlin und Hornbostel die „Ein-
ladung zur Bildung eines Vereins, welcher die Belebung und Vervollkommnung
der Manufakturindustrie zum Zwecke hat, unter dem Titel österreichischer
Gewerbeverein". Dieser Aufruf hatte einen schönen Erfolg, worauf am 30. Dezember 1838 die „erste provisorische Generalversammlung zur Begründung
eines österreichischen Gewerbevereins" stattfand. Zum provisorischen Vorsteher wurde Graf Colloredo-Mannsfeld gewählt. Eine eigens dazu gewählte
Kommission entwarf die Statuten, welche im Oktober 1839 mit Abänderung
des Titels in „niederösterreichischer Gewerbeverein" genehmigt wurden. Am
8. Dezember 1839 wurde schon die erste Generalversammlung abgehalten;
jedoch war der Verein erst im Jänner 1840 endgültig konstituiert. Im April
dieses Jahres zählte er über 600 Mitglieder, im Jahre 1845 schon über 1000.
Der ersten statutenmäßigen Mai-Generalversammlung im Jahre 1840 wohnten
unter anderen der Protektor des Vereines, Erzherzog Franz Karl, ferner Erzherzog Stephan und der Staatskanzler Fürst Metternich bei.
    Die Statuten bestimmten als Zweck des Vereines die Aufmunterung, Be-
förderung und Vervollkommnung der Gewerbe durch jene Mittel, welche die
vereinigte Tätigkeit einer großen Anzahl mit den mannigfaltigsten theoretischen und praktischen Kenntnissen ausgerüsteter Männer darzubieten vermag
(§ 1). Er wollte bei den arbeitenden Klassen Liebe zur Arbeit, Sparsamkeit sowie
das Streben nach Belehrung und erhöhter Geschicklichkeit fördern (§ 2). Sein
Wirken sollte sich auch auf die für Gewerbe und Industrie wichtigen Wissenschaften und Künste erstrecken (§ 3). Zur Belehrung der Gewerbetreibenden
sollten eine Bibliothek, Lesezimmer, eine Sammlung von Zeichnungen, Modellen
und Mustern dienen (§ 4). Der Verein wollte außerdem neue Erfindungen
prüfen, den Wert derselben zu erforschen trachten und dem Gewerbestande
nur bewährte wichtige Tatsachen bekanntmachen. Auch wollte er Gegenstände oder neue Verfahren, welche von den Behörden oder von Vereinsmit-
gliedern zur Beurteilung an ihn gelangen, begutachten und sich überhaupt mit
allen jenen wissenschaftlichen Untersuchungen beschäftigen, welche die Vervollkommnung der Gewerbe bezwecken (§ 5). Weiters bestimmten die Statuten,
daß der Verein bemüht sein werde, den gewerblichen Fortschritt durch Preise,
Medaillen, Belohnungen und Unterstützungen zu fördern (§ 6) und durch alle
geeigneten Mittel auf die Vermehrung des Absatzes der heimischen Erzeugnisse
hinzuwirken (§ 7). Durch eine eigene Druckschrift würden seine Verhandlungen,
neue Tatsachen und Verbesserungen sowie die Resultate der eigenen Forschungen und Untersuchungen veröffentlicht werden (§ 8).
    Der niederösterreichische Gewerbeverein hatte von Anfang an ein hohes
Ansehen, so daß man schon 1840 daran dachte, anstatt durch die Provinzial-

handelskommission, durch den Verein die jährlichen Berichte über den Zustand der Industrie und des Handels erstatten zu lassen, wozu es jedoch
nicht kam.

Dem Vereine gehörten nicht nur Industrielle, Gewerbetreibende und Kaufleute, sondern auch zahlreiche hervorragende Mitglieder des Adels, der Armee,
der Beamtenschaft und der gelehrten Berufe an. Auch die k. k. Landwirtschaftsgesellschaft in Wien „bot bei jedem sich darbietenden Anlaß zur Förderung
der Zwecke des Vereins freundlichst die Hand und knüpfte so das schwester-
liche Band, das beide Gesellschaften umschlang, immer enger".

Das Wirken des niederösterreichischen Gewerbevereines ist auf allen Gebieten der gewerblichen Produktion, des gewerblichen Unterrichts, der gewerblichen Ausstellungen, des Handels und Verkehrs ein so umfassendes, daß kaum
ein Gebiet ausfindig gemacht werden könnte, auf welchem er sich nicht wesentliche Verdienste um den Fortschritt erworben hätte[1].

Die Wiener Ausstellung im Jahre 1835 gab nicht nur den Anstoß zur Grün- Verein zur
dung des niederösterreichischen Gewerbevereines, sondern auch zur Entstehung Förderung
einer anderen Vereinigung. Bei der Ausstellung hatte es sich nämlich gezeigt, der Manu-
fakturdaß die Produkte der österreichischen Industrie, bei aller sonstigen Vollkommen- zeichnung.
heit, an Geschmack der Zeichnungen und Formen noch manches zu wünschen
übrig ließen. Dieser Umstand führte 1837 zur Bildung eines Vereines „zur Beförderung der Manufakturzeichnung", welcher, ohne behördliche Genehmigung
und ohne sich jemals zu konstituieren, eine rege Tätigkeit auf diesem Gebiet
entfaltete. Der Verein war vorläufig auf fünf Jahre gegründet worden und die
Mitglieder leisteten Beiträge zur Ausschreibung von Konkursen für gute Zeichnungen, die darauf den Mitgliedern selbst zur Ausführung überlassen wurden.
Nach erfolgter Benützung wurden die Zeichnungen der Manufakturzeichenschule an der Akademie der bildenden Künste als Schülervorlagen übergeben.
Der Verein hatte aber mit Schwierigkeiten zu kämpfen und ging 1840 in den
niederösterreichischen Gewerbeverein auf[2].

Wenn die drei großen Gewerbevereine in Österreich, zu Wien, Prag und
Graz auch wirklich Großes geleistet haben, so konnte das gewerbliche Vereins-
leben Österreichs in der ersten Hälfte des 19. Jahrhunderts mit demjenigen
Deutschlands gar nicht verglichen werden. Während in Österreich im Jahre
1839 nur zwei Gewerbevereine bestanden (Prag und Graz), wurden damals in
Deutschland ihrer 59 gezählt[3].

Die große Bedeutung der gewerblichen Vereine liegt darin, daß sich in
ihnen die Interessen aller Industrie- und Gewerbekreise förmlich verkörperten,
daß sie das Rückgrat für die Gesamtheit der verschiedenen Kreise und Bedürf-

---

[1] Vgl. alles Nähere in der Darstellung von Dr. Emil Auspitzer: 50 Jahre gewerblicher
Bestrebungen, Wien, 1890; Staatsrat, 1836, Nr. 643; 3095. — [2] Auspitzer, a. a. O., S. 17 u.
211 f.; Auspitzer behauptet auf S. 17, daß dieser Verein behördlich genehmigt wurde, auf S. 211
hingegen das Gegenteil. In den Protokollen der Hofkanzlei ist er nicht erwähnt, weshalb er
wahrscheinlich ohne behördliche Genehmigung bestand. — [3] Innerösterr. Industrie- und
Gewerbeblatt, 1839, S. 13.

nisse der Industrie bildeten und der gewerblichen Tätigkeit allmählich das gaben, was ihr früher gefehlt hatte, nämlich das Selbstbewußtsein ihrer Bedeutung und förmlich ein selbständiges Leben. Die Industrie war mündig geworden, um sich in weitem Maße selbst zu leiten, sie bedurfte der behördlichen Vormundschaft nicht mehr.

Die Aufgabe, die sich die Vereine gestellt hatten, dem Gewerbe neues Leben einzuflößen, den Gewerbsfleiß durch den Gewerbsgeist vollkommen zu machen[1]), dieses Ziel haben sie in vollem Maß erreicht. Sie waren in dieser Hinsicht die hohen Schulen des wirtschaftlichen Fortschritts.

Ungarischer Gewerbeverein (1841). Im Jahre 1841 wurde der ungarische Gewerbs- und Industrieverein von Dr. Paul Balogh und Ludwig Kossuth ins Leben gerufen; 1842 veranstaltete er schon die erste Gewerbeausstellung. Außer der Abhaltung von Ausstellungen bezweckte er, die ungarische Industrie in allen ihren Zweigen möglichst zu heben, um Ungarn industriell von Österreich und dem Ausland unabhängig zu machen. Auch wurden Vorträge über Mechanik und Chemie abgehalten. Im Jahre 1844 hatte der Verein schon an 1000 Mitglieder[2]).

Gewerbevereine in Siebenbürgen (1841, 1844). Ebenfalls 1841 entstand der Hermannstädter Bürgerverein zur Beförderung der Industrie und Gewerbstätigkeit, 1844 der Gewerbeverein zu Kronstadt[3]).

Vereinigung der niederösterreichischen Baumwollspinnfabrikanten. Neben den allgemeinen Gewerbevereinen, deren Mitglieder sich aus allen Gebieten der Industrie rekrutierten, verloren die Vereinigungen, welche den näheren Kontakt der Fabrikanten desselben Industriezweiges vermitteln sollten, nicht an Interesse. Solche Vereinigungen hatten, wie schon erwähnt, schon seit 1817 zwischen den niederösterreichischen Baumwollfabrikanten bestanden[4]) und der formlose Verein der niederösterreichischen Baumwollspinnfabrikanten, welche ihre gemeinsamen Interessen durch freigewählte „Ausschüsse" vertraten, dauerte noch fort. Dieses Beispiel wollten die böhmischen Spinnfabrikanten nachahmen, weshalb das Handlungshaus Hanke & Söhne zusammen mit J. M. Kastner im Juli 1836 an die Behörden herantrat, einen solchen Verein für Böhmen zu bewilligen. Das böhmische Gubernium zog Erkundigungen über den niederösterreichischen Verein ein, deren Resultat folgenden Inhalt hatte: Die Spinnfabrikanten in Wien bilden ein Gremium, welches in jenen Fällen, in welchen es das Interesse der Spinnfabriken, der anzusuchende Schutz in Kommerzialangelegenheiten, eintretende Zollrücksichten und ähnliche Verhandlungen erfordern, zusammentritt, um im Wege gemeinschaftlicher Beratung jene Maßregeln zu ergreifen, die zur Beförderung des Handels- und des Nationalinteresses, endlich der Gewerbepolizei für notwendig erachtet werden. Dieser Verein in Wien besteht ohne eine höhere Sanktion, ohne förmliche Statuten und zahlt die erforderlichen Kosten durch Übereinstimmung der

---

[1]) Vgl. Kreutzberg, Der Verein zur Ermunterung usw., S. 10. — [2]) Staatsrat 1844, Nr. 903. Nach Bidermann, Die technische Bildung usw., S. 87, soll der Verein 1844 gegründet worden sein; in Wirklichkeit bestand er schon seit 1841 und entfaltete seitdem eine lebhafte Tätigkeit, obwohl die Statuten erst 1844 genehmigt wurden. Seine erste Generalversammlung und Konstituierung fand am 4. Juni 1842 statt (L. Kossuth, Bericht über die erste ungar. Gewerbe-Ausstellung i. J. 1842, Pest 1842, S. 5). — [3]) Staatsrat 1842, Nr. 3068. — [4]) Siehe oben S. 214 ff.

Mitglieder, deren Ansichten auch die Fabrikanten auf dem Land und die Abwesenden überhaupt beizupflichten gewöhnt sind.

Dieser Verein hat seine „Ausschüsse" gewählt und seitdem als Grundsatz angenommen, daß der erforderliche Geldbetrag zu den vorkommenden Auslagen von den Fabriksbesitzern nach der Zahl der Spindeln in den Fabriken berechnet und eingefordert werde.

Dieser Verein soll ferner von der k. k. niederösterreichischen Kameralgefällenverwaltung und dem k. k. Hauptzollamte zur Erleichterung des Geschäftsganges benützt und es sollen auch die für alle Spinnfabrikanten bestimmten Korrespondenzen an ihn gerichtet werden.

Derselbe hatte die Spinnfabrikanten in Böhmen schon früher zum Beitritt eingeladen, um im gemeinschaftlichen Interesse zu wirken und dadurch nicht nur die Zahlung der Auslagen zu erleichtern, sondern auch Nachrichten für die Beförderung der Industrie zu sammeln, gegen den Schleichhandel zu wirken und im allgemeinen Verkehr auf die Abstellung von wahrgenommenen Gebrechen bei den betreffenden Behörden Vorschläge einzubringen.

Der Prager Magistrat, die Kameralgefällenverwaltung und die Stadthauptmannschaft befürworteten das gegenwärtige Gesuch der böhmischen Spinnfabrikanten. In der ersten Hälfte des 19. Jahrhunderts scheint es jedoch zur Bildung eines solchen Vereines in Böhmen nicht gekommen zu sein[1]).

Die Ausschüsse der niederösterreichischen Baumwollspinnfabriken, unter denen sich seit den dreißiger Jahren auch Vertreter böhmischer Fabriken befanden, vertraten bei jeder sich bietenden Gelegenheit auch weiterhin die Interessen ihres Industriezweiges; so wiederum in den Jahren 1839 und 1844 besonders energisch[2]).

XI. Kapitel.
Geschichte der gewerblichen Ausstellungen 1791—1847.

Das wichtigste Mittel zur Beförderung des Absatzes von Industrieprodukten ist die möglichste Bekanntmachung derselben. Je mehr Gelegenheit Kaufleute und Konsumenten haben, mit den Erzeugnissen der heimischen Industrie unmittelbar bekannt zu werden, ihre Qualität und Preise kennen zu lernen, namentlich im Vergleiche mit den ausländischen Erzeugnissen, desto größer wird einerseits der Absatz jener Fabriken werden, welche gute und preiswürdige Erzeugnisse liefern, andererseits aber auch der Wetteifer unter den Fabrikanten, möglichst gute Produkte zu den geringsten Preisen auf den Markt zu bringen. Wenn einmal die Erkenntnis der Leistungsfähigkeit der heimischen Industrie im Inlande Boden gefaßt hat, schwinden auch die vielfach nur auf psychologischen Momenten beruhenden Vorurteile zugunsten ausländischer Waren. Gerade dieses letztere Vorurteil zu brechen, ist nicht leicht gelungen, trotz vielen dahin zielenden Bestrebungen der Staatsverwaltung.

---

[1]) St. A. Prag, 1836—1840, Fasz. 104, num. 2, subn. 6, 1836, Dez. 19. — [2]) A. d. k. k. Fin. Min. Kom., Fasz. 15, 1844, Nr. 239.

Als Mittel, um den Handelsstand mit den inländischen Fabrikaten bekannt zu machen, wurden unter Kaiser Josef II. Musterkarten inländischer Erzeugnisse mit Angabe des Preises unter die Handelsleute verteilt.

Im Jahre 1784, somit im Zusammenhange mit der Einführung der Prohibition, ging nämlich vom Prager Handelsstande die Anregung aus, die Regierung möge von sämtlichen inländischen Fabrikanten und ansehnlichen Manufakturisten solche Musterkarten abfordern und ihnen zustellen. Das böhmische Gubernium erließ denn auch an alle Kreisämter den Auftrag, solche Musterkarten nach beigeschlossenem Formular abzufordern und an das Gubernium einzusenden. Daselbst würden sie den Handelsleuten vorgewiesen werden, damit sich jeder überzeugen könne, ob die Erzeugnisse, die er benötigt, im Inlande erzeugt werden oder nicht[1]). Diese Maßnahme teilte das Gubernium der Hofstelle mit, welche sodann (am 8. November 1784) die übrigen Länderstellen aufforderte, auf schicklichem Wege, eventuell durch die Zeitung, bekannt zu machen, daß diejenigen Fabriksinhaber, Manufakturisten oder Verleger, welche wünschten, daß ihre Erzeugnisse in den Erblanden mehr bekannt würden, an die Landesstelle Musterkarten mit Angabe des Preises und gehöriger Bestimmung jener Eigenschaften der Waren, welche auf den Preis Einfluß haben, dann mit Beirückung ihrer Adresse einreichen können. Die Landesstelle würde diese Mitteilungen sodann den übrigen Länderstellen zur weiteren Bekanntmachung an die Handelsleute übermitteln[2]). Auf die Durchführung dieses Auftrages wurde streng geschaut, Ungenauigkeiten in der Bekanntmachung wurden von der Hofstelle gerügt[3]).

Ein wirksames Mittel, den Fabrikanten direkten, vom Handelsstande unabhängigen Absatz an die Konsumenten zu ermöglichen und ihre Erzeugnisse dem Publikum bekannt zu machen, waren auch die den großen Fabriken bewilligten Verschleißniederlagen in den großen Städten[4]).

Die vorzüglichste Einrichtung jedoch, um die Erzeugnisse aller, oder wenigstens der meisten bedeutenden Fabriks- und Gewerbeunternehmungen einer Provinz oder des ganzen Staates allen Interessenten vor Augen zu führen, um die Fabrikanten durch öffentliche Anerkennung und Auszeichnung zur Anspannung aller ihrer Kräfte und zur Vervollkommnung ihrer Produkte anzuspornen und so das Niveau der Industrie zu heben, und um durch das entfaltete Zeremoniell und durch Berichte den Glanz der heimischen Industrie zu steigern und deren Bedeutung allen anderen Ständen augenfällig zu machen, sind die Industrieausstellungen. Frühzeitig wurde dieses ausgezeichnete Förderungsmittel gerade in Österreich in den Dienst der Industrie gestellt.

Nachdem schon 1754 auf Veranlassung Loscanis auf der Chotekschen Insel bei Veltrus zur Feier der Anwesenheit Maria Theresias in Böhmen die erste bekannte Schaustellung böhmischer Gewerbeerzeugnisse veranstaltet

Muster-karten.

Ausstellungen.

---

[1]) Statth. A. Prag, 1784—1785 Kom. E. V/3,1784, Okt. 25. — [2]) H. K. A. Kom. N.-Ö., Fasz. 63/1, Nr. 28 ex nov. 1784; Barth, a. a. O., II, 355 f. — [3]) H. K. A. Kom. N. Ö., Fasz. 63/1, Nr. 28 ex nov. 1784. — [4]) Vgl. S. 142 ff.

worden war[1]), fand im Jahre 1791 in Prag die erste wirkliche Gewerbeausstellung Prag 1791. in Böhmen und in Österreich überhaupt statt[2]). Es geschah dies gelegentlich der Krönung Leopolds II. zum Könige, um demselben ein Bild der Fortschritte der böhmischen Industrie vor Augen zu führen. Die Ausstellung fand statt auf Veranlassung des Oberstburggrafen Grafen von Rottenhan, der selbst Eigentümer mehrerer Fabriken war. Fast alle bedeutenden Unternehmer folgten seiner diesbezüglichen Einladung und der unermüdliche und um die böhmische Industrie hochverdiente Kommerzienrat Schreyer ordnete die eingelaufenen Produkte und stellte sie nach den Urstoffen auf, aus denen sie verfertigt waren. Die Ausstellung fand im Prager Clementinum statt. Bei dem am 14. Oktober stattgefundenen Besuch derselben durch das Herrscherpaar in Begleitung mehrerer Erzherzoge wurde Seiner Majestät eine auf Veranlassung des Oberstburggrafen verfaßte, aktenmäßige Darstellung des böhmischen Gewerbewesens überreicht, worauf der Kaiser die Ausstellung besichtigte und über das Gesehene die vollste Zufriedenheit äußerte. Man sah auf der Ausstellung, auf welcher die Fabriken stark in den Vordergrund traten, Tücher aus der Graf Waldsteinschen Fabrik zu Oberleutensdorf, aus der Manetiner Fabrik des Grafen Lažansky, aus der Fabrik der Brüder Tuschner in Pilsen, aus der Fabrik zu Heraletz; Tücher und Wollenzeuge aus der Pollerskirchner, Neugedeiner und Osseker Fabrik, Baumwollwaren aus der fürstlich Auerspergschen Fabrik zu Tupadl und aus der Fabrik zu Rothenhaus, sowie Muster von fast allen Erzeugnissen böhmischen Gewerbefleißes[3]).

Besonders übertrafen die Baumwollwaren aus der Fabrik zu Tupadl die Erwartungen aller, ebenso wie die seidenen Strümpfe des Prager Meisters Warschetsky so sehr gefielen, daß der Meister den Auftrag bekam, solche Strümpfe, die sonst nirgends in Österreich zu haben waren, für den allerhöchsten Hof zu liefern[4]).

Kein Wunder, daß bei diesem Erfolge der Ausstellung bei der damals noch sehr starken Vorliebe für ausländische Erzeugnisse sich Stimmen vernehmbar machten, welche die inländische Provenienz einiger ausgestellter Waren bezweifelten. So trat der Prager Buchdrucker Johann Ferdinand Edler von Schönfeld offen mit dieser Verdächtigung hervor; bei der darüber geführten Untersuchung gestand er zwar, daß er keinen Beweis führen könne, doch konnten zwei Fabrikanten, Altmann in Rumburg und Münzberg in Schönlinde, nicht beweisen, daß sie den ausgestellten Manchester selbst verfertigt hatten. Sie

---

[1]) Hallwich in Österr. Ung. Mon. in Wort u. Bild, Böhmen, S. 634; derselbe: Anfänge der Großindustrie in Österr., 47. — [2]) Hundert Jahre Arbeit, I, 7 ff.; Art. Industrieausstellungen im Handwörterbuche d. Staatsw., III. Aufl. und im Österr. Staatswörterbuche, II. Aufl. — [3]) Debrois, Krönungsgesch., 177 ff.; Hundert Jahre Arbeit, I, 7 ff.; Noback, Über die erste Gewerbeausst. 1791. — [4]) Schreyer, Kommerz, Fabriken und Manufakturen in Briefen, I, S. 11, 13 f. Vgl. dazu die irrigen Ausführungen in „Hundert Jahre Arbeit", I, 12: „Merkwürdig ist es, daß Schreyer in seinen zahlreichen Schriften über das Gewerbewesen im Königreiche Böhmen weder der Ausstellung des Jahres 1791, noch des Ausstellungswesens überhaupt erwähnt", worauf dieses vermeintliche Stillschweigen Schreyers zu erklären versucht wird.

beriefen sich darauf, daß zwei bei ihnen früher kurze Zeit gewesene Arbeiter diesen verfertigt hätten, was aber nicht glaubwürdig war, da die Fabrikanten selbst keine Vorrichtungen zu dieser Fabrikation hatten, wandernde Burschen aber solche sicher nicht haben konnten.

Wenn somit auch einzelne Unternehmer in Täuschungsabsicht fremde Waren ausgestellt hatten, so kann dies den Erfolg der Veranstaltung nicht schmälern.

Die Kosten der Ausstellung, welche nur 378 fl. ausmachten, trug das Gubernium[1]).

Diese erste österreichische Gewerbeausstellung, oder wie man sie nannte „Warenkabinett"[2]), bedeutete somit im ganzen einen vollen Erfolg; es war dies das erste Auftreten der heimischen Industrie in der Öffentlichkeit.

Das hauptsächlichste Ergebnis dieser Ausstellung war, daß man sich der Bedeutung solcher Veranstaltungen für die vaterländische Industrie bewußt wurde.

Industrie-kabinett in Wien (1807). Bald dachte man daran, in Wien ein „Industriekabinett", welches die Rohstoffe und Fabrikate der ganzen Monarchie umfassen sollte, zu errichten, somit eine ständige Industrieausstellung zu schaffen. Freiherr von Kielmanns-egge reichte unter dem 27. Februar 1806 beim Kaiser einen Vorschlag ein über die Art und Weise, wie das Industriekabinett eingerichtet werden könnte[3]). Schon vor Mai 1807 wird als Direktor des „k. k. Fabrikproduktenkabinets" Alois von Widtmannstetten genannt[4]). Erst am 11. September 1807 erging aber ein allerhöchstes Handschreiben, durch welches der Entschluß kundgegeben wurde, ein eigenes Kabinett zur Aufstellung sämtlicher inländischer Fabriks- und Manufakturprodukte in Wien zu errichten, um jedermann instand zu setzen, sich eine allgemeine Übersicht dessen, was in den Erbstaaten erzeugt wird, zu verschaffen, hiedurch Absatz und Verkehr zu befördern und die Industrie anzueifern und zu beleben. Zu diesem Zwecke wünschte der Kaiser von jedem Fabriksbesitzer und Manufakturisten ein Muster der von ihm erzeugten Produkte in einer angemessenen Frist zu erhalten. Auch Musterkarten mit genauer Angabe der Gattung, des Maßes und des Preises konnten eingesendet werden. Alle Länderstellen wurden beauftragt, die Fabrikanten und Manufakturisten durch die Kreisbehörden dazu einzuladen[5]).

In den Jahren 1808 liefen zahlreiche Muster ein, anderseits wurde der Direktor von Widtmannstetten beauftragt, die vorzüglichsten Werkstätten jeder Provinz zu bereisen, die zu dieser Aufstellung geeigneten Muster auszuwählen und dieselben, falls sie nicht unentgeltlich zu haben sein sollten, käuflich zu erwerben[6]).

---

[1]) H. K. A. Kom. Böhm., Fasz. 75, Nr. 51 ex oct. 1791, Nr. 23 ex mart., 18 ex jul., 46 ex sept., 10 ex nov. 1792. — [2]) Schreyer, Kommerz, Fabriken und Manufakturen in Briefen, I, 11. — [3]) H. K. A. Kom. N.-Ö., Fasz. 63/1, Nr. 11 ex mart. 1812. — [4]) H. K. A. Kom. N. Ö., Fasz. 63/1, Nr. 47 ex mart. 1809. — [5]) Statth. A. Brünn, Kom., Fasz. 39, 16. Okt. 1807; H. K. A. Kom. N. Ö., Fasz. 63/1, Nr. 47 ex mart. 1809; Kopetz, a. a. O., II, 211. — [6]) H. K. A. Kom. N.-Ö., Fasz. 63/1, Nr. 59 ex jan. 1809.

Der Zweck dieses Kabinetts, welches auf unmittelbaren Befehl des Kaisers errichtet wurde, ging dahin, „aus der Gesamtmasse der inländischen Produkte und Fabrikate das vorzüglich Gute, Zweckmäßige, Schöne, Gefällige, Geschmackvolle und Belehrende in einem nicht zu kleinen, anständigen Formate, mit Hintanlassung bloßer Varietäten an einem eigens dazu gewählten Orte zu sammeln, die verwandten Dinge in einer harmonischen Ordnung, wohlverwahrt in guter Beleuchtung zusammenzustellen, dieses herrliche Museum mit auserwählten Gerätschaften, Instrumenten, Büchern, systematischen Katalogen usw. zu bereichern, mit der Zeit öffentliche Ausstellungen, Verteilung von Prämien, Ausschreibung von Preisfragen u. dgl. damit zu vereinigen und mit einem Wort eine öffentliche Anstalt zu errichten, welche, auf die erwünschte Stufe der Vollendung gebracht, mit Recht der Stolz der Nation, der Schauplatz der bewunderungswürdigen Fortschritte des inländischen Kunstfleißes, die Musterschule angehender Künstler und Gewerbsleute, ein Gegenstand der Bewunderung für Fremde und der Demütigung für unpatriotische, blinde Verehrer des Auslandes werden könnte"[1]).

Welch großes Interesse sich dafür überall geltend machte, zeigt einerseits der Eifer, mit welchem alle Länderstellen die Fabrikanten ermunterten, Musterstücke einzusenden und die letzteren wirklich einliefen, anderseits der Umstand, daß eine Landesstelle, nämlich jene von Krain, die Gelegenheit benützen wollte, um ein Provinzialindustriekabinett zu errichten. Zu diesem Zwecke wollte sie an die Fabrikanten herantreten, Duplikate der für das kaiserliche Kabinett eingesendeten Muster nach Laibach zu senden, wo das Industriekabinett mit der dortigen Ackerbaugesellschaft, der mechanischen Schule und dem Lyzeum verbunden und vom Ärar mit der Summe von 778 fl., welcher Betrag bis 1787 der dortigen Ackerbaugesellschaft verabfolgt worden war, dotiert werden sollte. Die Hofkammer wollte aber wegen der damaligen schlechten Finanzen diese Summe nicht opfern und wies darauf hin, daß gerade in Krain die Industrie bei weitem nicht so fortgeschritten sei, um eine Sammlung von Provinzialindustrieerzeugnissen zum lehrreichen Unterricht aufstellen zu können. Daher wurde die Landesstelle unter dem 20. Dezember 1808 aufgefordert, die angeordnete Einsendung von Duplikaten der Musterstücke zu widerrufen[2]).

So hatte der Wille des Kaisers in Wien ein ständiges Museum der österreichischen Industrie geschaffen. Schon 1809 hatte der Präsident der Hofkammer seine Meinung dahin geäußert, daß dieses Kabinett erst dann seinen vollständigen, der Sache angemessenen Nutzen erreichen können werde, wenn es zur öffentlichen Benützung lehrreich gewidmet, d. h. mit dem schon in Antrag gebrachten polytechnischen Institute verbunden werde, wenn außerdem, wenigstens bei den wichtigeren Artikeln das ausländische Erzeugnis zum Vergleiche beigestellt werde, um zu zeigen, worin das Inland dem Auslande überlegen sei oder ihm nachstehe, wenn endlich bei den „künstlerischen" Erzeugnissen auch die Modelle der Maschinen und die Beschreibung der Erzeugungsart

Projekt eine Provinzialindustriekabinetts in Laibach.

---

[1]) H. K. A. Kom. N.-Ö., Fasz. 63/1, Nr. 30 ex majo 1809. — [2]) H. K. A. Kom. I.-Ö., Fasz. 77, Nr. 9 ex dec. 1807, Nr. 1 ex mart., 7 ex dec. 1808.

230

Vereinigung mit dem polytechn. Institute. an die Seite gestellt werden[1]). Nach Errichtung des polytechnischen Instituts wurde dieses Kabinett demselben zugeteilt[2]). Durch neuerliche Aufforderungen an die Fabrikanten zur Einsendung weiterer Muster wurde es 1819 wesentlich bereichert[3]).

Projekt jährlicher Industrieausstellungen im polytechn. Institute. Auch war die Veranstaltung von jährlichen öffentlichen Industrieausstellungen im polytechnischen Institute geplant, „um den Produktionen der inländischen Gewerbsindustrie einen Vereinigungspunkt zu verschaffen, von welchem durch gegenseitige Vergleichung sowohl eine rühmliche Nacheiferung als auch eine lebendige Erkenntnis und Übersicht der jährlichen Fortschritte der Industrialkultur ausgeht, und um den Fabrikanten eine günstige Gelegenheit zu verschaffen, die Fortschritte ihres Gewerbfleißes bekannt zu machen"[4]). Es kam aber nicht dazu, da in dieser Zeit und bis gegen die Mitte des 3. Jahrzehnts des 19. Jahrhunderts auf wirtschaftlichem Gebiet eine starke Depression herrschte. Im Jahre 1840 wurde das Fabriksproduktenkabinett des polytechnischen Instituts aufgelöst und durch das technische Kabinett Kaiser Ferdinands ersetzt[5]).

Industrialmuseum am Joanneum in Graz. Neben dem Fabriksproduktenkabinett des Wiener polytechnischen Instituts darf nicht unerwähnt bleiben das Industrialmuseum, mit welchem das 1811 von Erzherzog Johann gegründete Joanneum in Graz ausgestattet wurde. Diese Anstalt hatte neben reichhaltigen naturhistorischen, geschichtlichen, archäologischen und landwirtschaftlichen Sammlungen auch ein bedeutendes Gewerbsproduktenmuseum. Letztere Sammlung hatte schon 1817 einen solchen Umfang angenommen, daß es nötig war, zwei große Zimmer zur Aufnahme der Einsendungen herzurichten. Den Grundstock bildete dabei, entsprechend dem industriellen Charakter des Landes, die Eisenindustrie, neben welcher auch Musterstücke aller anderen Industriezweige vertreten waren. Im Jahre 1822 waren bereits acht große Glasschränke gefüllt. Außer den inländischen Erzeugnissen (hauptsächlich aus der Steiermark, Kärnten, Krain und Oberösterreich) waren auch alle englischen eingereiht, die Erzherzog Johann mit besonderer Rücksicht auf die Landesindustrie ausgewählt hatte, als Feilen, Werkzeuge, Stahlgattungen, Bleche, Nägel u. dgl. Im Jahre 1840 wurde diese Sammlung, unter Vorbehalt des Eigentumsrechtes des Joanneums an den Verein zur Ermunterung der Gewerbe in Innerösterreich abgegeben und in das Vereinslokal übertragen, da dieser Verein sich unter anderem zur Aufgabe gesetzt hatte, durch Ausstellungen die Interessen der Industrie zu fördern und diese Sammlung auch nichts anderes als eine permanente Ausstellung dieser Art war[6]).

Sammlung von Stephan von Keeß. Noch zwei technisch-industrielle Sammlungen sind zu erwähnen. Die eine von Stephan von Keeß, seit 1810 erster Kommissär bei der niederösterreichischen

---

[1]) H. K. A. Kom. N.-Ö., Fasz. 63/1, Nr. 47 ex mart. 1809. — [2]) Durch allerhöchste Entschl. v. 15. Nov. 1815 (Staatsrat 1816, Nr. 476). — [3]) H. K. A. Kom. Kom., Fasz. 56, Nr. 167 ex febr. 1819; Verf. d. pol. Inst. (1818), S. 22 ff.; Barth, a. a. O., I, 210, 356 f.; Kopetz, a. a. O., II, 212. — [4]) Verfassung d. pol. Inst., S. 26. — [5]) Vgl. unten S. 231. — [6]) Göth, Joanneum, 100—104; vgl. auch S. 171 ff. u. 218 ff.

Fabrikeninspektion, mit unermüdlichem Eifer zur gründlichen Kenntnis der Gewerbe und Fabriken angelegt und fortwährend vervollständigt. Anfangs sammelte Keeß bloß Fabrikate, später auch Rohstoffe; 1819 belief sich die Zahl der Rohmaterialmuster auf über 1300, der Fabrikate auf gegen 9000 Stück. Schon damals schwebten Verhandlungen, welche die Erwerbung dieser Sammlung für das königliche Nationalmuseum in Pest zum Ziele hatten und in den nächsten Jahren auch zum Ziele führten[1]).

Eine weitere Fabriksproduktensammlung, deren Entstehung der soeben besprochenen und dem lebhaften Interesse, welches ein Mitglied des Kaiserhauses der inländischen Industrie entgegenbrachte, zuzuschreiben ist, ist jene des Kronprinzen Ferdinand. Der Kronprinz hatte die Sammlung von Keeß besichtigt und sich den darüber verfaßten Katalog vorlegen lassen. Da er für die Industrie sehr eingenommen war, spendete er der reichhaltigen Sammlung großen Beifall und da er den Nutzen einer solchen Zusammenstellung einsah, entstand in ihm der Wunsch, selbst in Besitz einer umfangreichen Sammlung von Erzeugnissen der ganzen Monarchie zu gelangen. Dieses Kabinett, dessen Zusammenstellung 1819 begann, wurde von Keeß und Blumenbach eingeteilt und aufgestellt. Es zerfiel in die Abteilung der rohen Materialien und in jene der Fabrikate. Die Zahl der rohen Materialien betrug 1829 schon 2775, jene der Fabrikate 28.000 Stück. Der stufenweise Gang der Fabrikation vom rohen Stoffe bis zum Ganzfabrikate war dabei stets berücksichtigt und anschaulich gemacht. Da erst nach der Gründung dieser Sammlung der Jacquardstuhl in Österreich eingeführt wurde, so war es besonders interessant, die Stoffe vor seiner Einführung mit jenen nach derselben zu vergleichen. Alle neuen Erfindungen und Verbesserungen wurden sofort in die Sammlung aufgenommen[2]).

In hochherziger Würdigung der Bedeutung, die eine solche Sammlung für den technischen Unterricht hat, ordnete der Kaiser durch allerhöchste Entschließung vom 5. Dezember 1840 die Einverleibung dieses seines technischen Kabinetts in das Wiener polytechnische Institut an, was auch 1842 erfolgte. Das bis dahin bestandene Fabrikproduktenkabinett des Instituts wurde aufgelöst, die unbrauchbaren, abgenützten und entbehrlichen Stücke desselben ausgemustert, die tauglichen und geeigneten Stücke aber zur Bereicherung des sonach allein verbleibenden k. k. technischen Kabinetts verwendet[3]).

(Marginalie:) Technisches Kabinett des Kronprinzen Ferdinand.

[1]) Keeß, Darstellung des Fabriks- und Gewerbswesens, I. u. II. Einleitung; Keeß u. Blumenbach, Systematische Darstellung der neuesten Fortschritte, II, 756. — [2]) Keeß u. Blumenbach, a. a. O., II, 756 ff.; H. K. A. Kom. Praes. 1818, Nr. 1935; diese Sammlung hat für den Historiker noch deshalb ein besonderes Interesse, weil bei dieser Gelegenheit auf Wunsch des Kronprinzen von den Länderstellen 1819 genaue Nachweisungen über die Fabriken ihres Landes abgefordert wurden, welche Berichte Daten über den Zustand der Industrie jener Zeit enthalten. H. K. A. Kom. Praes.: für Oberösterr. 1819, Nr. 444, für Krain 1819, Nr. 514, für Böhmen 1819, Nr. 550, für Mähren 1819, Nr. 287, für Steiermark und Kärnten 1819, Nr. 368, für das Küstenland 1819, Nr. 351, für Galizien 1819, Nr. 246, für den Villacher Kreis 1819, Nr. 245. — [3]) A. d. k. k. Fin. Min. Kom., Fasz. 1; 1841, Nr. 556, 1844, Nr. 531, 1846, Nr. 2321, 1847, Nr. 2304.

Damit schließt die Reihe der ständigen gewerblichen Ausstellungen, welche den Charakter von Museen hatten.

Ausstellung österreichischer Produkte in Leipzig 1816. Was die Ausstellungen österreichischer Fabrikate vorübergehenden Charakters betrifft, so begegnet man einer solchen zuerst wieder sonderbarerweise nicht im Inlande, sondern im Jahre 1816 in Leipzig. Durch Hofkammerdekret vom 23. Dezember 1815 wurden die österreichischen Fabrikanten und Handelsleute aufgefordert, die Leipziger Messe zu besuchen, mindestens aber Muster ihrer Erzeugnisse mit genauer Angabe des Maßes und Gewichtes, der Preise und der im Falle der Bestellung möglichen Lieferungsquantität, sowie die zum Absatze dienlichen weiteren Fabriksnachrichten an den k. k. Generalkonsul in Leipzig längstens bis 1. April einzusenden, der sie sodann während der nächsten Messe öffentlich ausstellen und die Beförderung der Nationalindustrie diesbezüglich sich angelegen sein lassen wird[1]). Im Jahre 1816 fand so während der Messe in Leipzig eine Ausstellung österreichischer Gewerbeprodukte statt, veranstaltet durch den Generalkonsul von Müller[2]).

Die Krise, welche die Aufhebung der Kontinentalsperre für die Industrie zur Folge hatte, welche Stockung sich bis um die Mitte des 3. Jahrzehnts des Jahrhunderts geltend machte, läßt es begreiflich erscheinen, daß während dieser Zeit keine öffentlichen Gewerbeausstellungen stattfanden.

Erst gegen Ende des 3. Jahrzehnts beginnt das Interesse für solche Veranstaltungen sich wieder zu zeigen. Da begegnet man zunächst wieder einer Ausstellung, welche dem Exporte zugute kommen sollte, nämlich einer von Ausstellung österreichischer Produkte in Leipzig 1828. Generalkonsul Ritter von Bergks 1828 in Leipzig während der Messe veranstalteten Schaustellung österreichischer Produkte[3]). Im selben Jahre wurde aber auch die erste wirkliche inländische Gewerbeschau des 19. Jahrhunderts veranstaltet.

Die böhmischen Gewerbeausstellungen in der ersten Hälfte des 19. Jahrhunderts.

Die Krönungsausstellung von 1791 in Prag war im 3. Jahrzehnte des 19. Jahrhunderts schon ganz vergessen. Ohne Anknüpfung an dieselbe beginnt nun eine Reihe von gewerblichen Ausstellungen.

Unschätzbar sind die Dienste, welche der böhmische Adel der aufkeimenden Industrie dieses Landes geleistet hat. Bei diesen Ausstellungen stand er wieder an erster Stelle.

Prag 1828. Als Graf Chotek 1826 Oberstburggraf von Böhmen wurde, regte er die Veranstaltung von Industrieausstellungen an. Bald begann man mit den Vorbereitungen. Durch Zirkular vom 21. Dezember 1827 wurden die Fabrikanten Böhmens davon in Kenntnis gesetzt und zur Einsendung entsprechender Fabrikate aufgefordert. Zur Organisierung und Leitung wurde eine eigene

---

[1]) Barth, a. a. O., II, 364 ff. — [2]) Mitth. f. Gew. u. Handel, II, 216, Notizen über Produktion usw., I, 4. — [3]) Mitth. f. Gew. u. Handel, II, 216.

Kommission bestellt[1]). Die Ausstellung veranstaltete das Gubernium „zur Bekämpfung des Vorurteils für die Industrieerzeugnisse des Auslandes, zur Bekanntmachung dessen, was Böhmen im Gebiete der Industrie als sein Erzeugnis bereits vorzuweisen vermag, zur Würdigung der Rangstufe, auf welche sich das Vaterland auch in dieser Hinsicht schon emporgeschwungen hat", im Jahre 1828 unter dem Referate des Gubernialrates v. Eichhoff.

Die Ausstellung fand im August 1828 in den Redoutensälen des ehemaligen Vusinschen Hauses in Prag statt und wies 220 Aussteller mit 1498 Objekten auf.

Obwohl nicht sehr zahlreich beschickt, lieferte sie doch ein erfreuliches und anschauliches Bild der Industrie des Landes und man konnte aus ihr „die Überzeugung gewinnen, daß die Industrie Böhmens sich bereits auf einer Stufe der Vollkommenheit befand, auf welcher es ihr bei angemessener Aneiferung und energischer Unterstützung kunstsinniger Patrioten ein Leichtes werden könnte, auch die höchste Stufe zu erreichen".

Bei dieser Ausstellung fand weder eine Beurteilung der ausgestellten Fabrikate noch eine Preisverteilung statt[2]).

Der Kaiser, dem über den Erfolg der Ausstellung Bericht erstattet wurde, ließ dem Oberstburggrafen seine Zufriedenheit, dem Gubernialrate v. Eichhoff sein Wohlgefallen aussprechen[3]).

Durch diesen Erfolg ermuntert und in der Absicht, durch periodische Prag 1829. Wiederholung der Ausstellungen die Fabrikanten zu größerem Wetteifer in der Vervollkommnung ihrer Erzeugnisse anzueifern, veranstaltete Graf Chotek 1829 eine zweite Landesindustrieausstellung, welche am 1. Juni im gräflich Ledeburschen Palais eröffnet wurde und sechs Wochen dauerte. Es wurden 257 Teilnehmer und 2177 Nummern gezählt. Die Leitung der ganzen Veranstaltung hatte über Aufforderung des Guberniums Graf Josef von Dietrichstein übernommen. Ein besonderes Interesse gewinnt sie dadurch, daß dabei zum erstenmal in Österreich eine offizielle Beurteilung der ausgestellten Produkte und eine Preisverteilung stattfand[4]). Die Grundsätze, nach welchen die Beurteilungskommission vorzugehen hatte, wurden vorher festgesetzt. Darunter befindet sich auch die etwas sonderbar anmutende Bestimmung, „daß notorisch zu hoch gestellte Preise von der Beurteilungskommission öffentlich zu rügen seien". Als Auszeichnungen dienten goldene, silberne und bronzene Medaillen sowie ehrenvolle Erwähnungen.

Die Preisverteilung fand erst am 5. April 1831 statt, im großen Promotionssaale des Carolinums, mit großer Feierlichkeit in Anwesenheit des Oberstburggrafen und Präsidenten des Landesguberniums Grafen Chotek[5]).

Da diese Gewerbeausstellungen sich periodisch wiederholen sollten, fand Prag 1831. die nächste, über abermalige Veranlassung des Grafen Chotek 1831 statt.

---

[1]) Kopetz, a. a. O., II, 214 f. — [2]) Bericht der Beurteilungskom. über die Ausst. v. 1829, S. 3; Hundert Jahre Arbeit, I, 13 f. — [3]) Staatsrat, 1829, Nr. 72. — [4]) Bericht der Beurteilungskom. über die Ausst. v. 1829, S. 3 ff.; Hundert Jahre Arbeit, I, 14 f. — [5]) Bericht der Beurteilungskom. über die Ausst. v. 1829, S. 6—37; Hundert Jahre Arbeit, I, 14 f.

Wegen der in diesem Jahre wütenden Cholera beteiligten sich daran nur 168 Aussteller mit 1934 Objekten. Die Ausstellung wurde am 22. Juni im großen Saale des gräflich Ledeburschen Palais eröffnet und dauerte bis zum 31. Juli. Außer der Cholera hatte die schwache Beteiligung, nach dem Geständnisse der Beurteilungskommission selbst, der Umstand mitverursacht, daß sich manche Aussteller bei der Prämienverteilung für die Ausstellung von 1829 zurückgesetzt fühlten. Trotz der geringen Zahl der Aussteller war aber der innere industrielle Gehalt der Veranstaltung viel bedeutender als bei den früheren. Die Prämienverteilung fand am 4. Oktober 1833 im spanischen Saale der Prager Hofburg statt. Als höchste Auszeichnung diente diesmal die Ernennung zum wirklichen Mitgliede des böhmischen Gewerbevereines, welcher sich im Frühjahre 1833 konstituiert hatte[1]).

Damit schloß die Reihe der unter der Ägide des böhmischen Landesguberniums veranstalteten Prager Gewerbeausstellungen. „Das Ergebnis rechtfertigte nicht nur die kühnsten Erwartungen jedes unbefangenen Vaterlandsfreundes, sondern wurde auch vom Ausland auf eine für Böhmen ehrenvolle Weise anerkannt, so daß von dorther, mit Berufung auf die Resultate der Gewerbsausstellungen, bei mehreren Fabrikanten Bestellungen einliefen auf Artikel, die früher keinen Absatz dahin hatten. In eben dem Maße aber, als die Ausstellungen das Drückende der Konkurrenz des Auslandes vermindern halfen und den einheimischen Produkten einen freieren Spielraum im Inneren vorbereiteten, wurde durch die . . . Prämienverteilung der Wetteifer der Produzierenden zur Überbietung ihrer gegenseitigen Leistungen kräftig angefacht und gesteigert"[2]).

Da zum statutenmäßigen Wirkungskreise des böhmischen Gewerbevereines nicht zuletzt die Veranstaltung von Gewerbeausstellungen mit Prämienverteilungen gehörte, wurden die folgenden von demselben eingeleitet.

Prag 1833.   Als Kaiser Franz im Sommer 1833 Böhmen besuchte und nach Prag kam, sprach er gegenüber dem Oberstburggrafen den Wunsch aus, eine Zusammenstellung der verschiedenen Landesfabrikate zu sehen, um sich von den Fortschritten der böhmischen Industrie selbst zu überzeugen. Der Oberstburggraf teilte diesen Wunsch der Generaldirektion des Gewerbevereines mit und forderte zugleich alle Gewerbsleute und Fabrikanten zur Einsendung der vorzüglichsten und gelungensten Erzeugnisse auf. Der Erfolg übertraf alle Erwartungen. In der Zeit von ungefähr zehn Tagen hatten 247 Unternehmer auch aus den entferntesten Teilen Böhmens weit über 5000 Fabrikate eingesendet. Die Ausstellung wurde am 16. August 1833 im deutschen und spanischen Saale der Prager Hofburg eröffnet und dauerte bis zum 3. September. Am 2. September besuchte das Kaiserpaar, wobei es alle Erzeugnisse mit lebhaftem Interesse in Augenschein nahm und jedem Produzenten oder stellvertretenden Kommissionär die hohe Ehre zuteil werden ließ, den Majestäten namentlich

---

.   [1]) Bericht der Beurteilungskom. über die Ausst. v. 1831, S. 186 ff.; Hundert Jahre Arbeit, I, 15 f.; Mitt. f. Gew. und Handel, III, S. 99. — [2]) Kreutzberg, Der Verein zur Ermunterung usw., S. 7.

vorgestellt und von denselben angesprochen zu werden. Mehrere Produkte wurden von den Majestäten angekauft. Für diese in aller Eile veranstaltete Ausstellung war begreiflicherweise keine Beurteilungskommission bestellt worden und es fand demgemäß auch keine Preisverteilung statt[1]).

Die Preisverteilungen scheinen überhaupt niemals alle befriedigt zu haben, weshalb die Ausstellungen selbst vielfach angefeindet wurden. So wird es begreiflich, daß sich 1835 mehrere böhmische Handelsleute und Fabrikanten gegen die Abhaltung von Gewerbeausstellungen aussprachen[2]).

Die 1833 auf Wunsch des Kaisers veranstaltete sowie die 1835 stattgehabte allgemeine österreichische Gewerbsproduktenausstellung in Wien, deren Konkurrenzierung durch Provinzialausstellungen die Zentralregierung nicht wünschte[3]), verzögerten die Abhaltung der nächsten böhmischen Ausstellung, welche, zuerst für Juli 1834, sodann für August 1835 angekündigt[4]), vom böhmischen Gewerbeverein erst 1836, anläßlich der Krönung Kaiser Ferdinands I. **Prag 1836.** zum Könige von Böhmen abgehalten wurde. Sie wurde von 251 Fabrikanten beschickt und wies 4046 Nummern auf. Sie fand im Palais des Grafen Ledebur statt und dauerte vom 1. bis zum letzten September 1836. Der Kaiser besuchte sie zweimal und gab in einem Handschreiben (vom 18. September) an den Generaldirektor des Gewerbevereines, Grafen von Dietrichstein, seinem Wohlgefallen über die Fortschritte der böhmischen Industrie und seiner Zufriedenheit über das nützliche Wirken des Vereines Ausdruck.

Am 27. September 1837 fand im großen Promotionssaale des Prager Carolinums die Preisverteilung statt. Besonderes Interesse verdient der Umstand, daß der Beurteilungskommission zur Pflicht gemacht worden war, nach erfolgter Beurteilung der ausgestellten Gegenstände, zur Emporbringung jener Gewerbszweige, bei denen sich nach den Ergebnissen der Ausstellung eine Aufmunterung am notwendigsten zeigen sollte, Preisaufgaben in Vorschlag zu bringen, welche der Gewerbeverein auszuschreiben hätte[5]).

Die Ausstellung des Jahres 1836 war die letzte allgemeine böhmische Gewerbeausstellung in der ersten Hälfte des 19. Jahrhunderts. Die allgemeinen österreichischen Gewerbsproduktenausstellungen von 1835, 1839 und 1845 in Wien, an welchen sich die böhmische Industrie stark beteiligte, verminderten das Interesse für Provinzialausstellungen und die darauf folgenden schwankenden innerpolitischen Verhältnisse verhinderten die in Verbindung mit der Jubiläumsfeier der Prager Universität 1848 geplante Industrieausstellung[6]), so daß die nächste erst 1872 zustande kam.

---

[1]) Denkbuch über die Anwesenheit Franz' I. in Böhmen, 1833, S. 119 ff.; Bericht der Beurteilungskom. der Prager Ausst. v. 1831, S. 185 f.; Hundert Jahre Arbeit, I, 16. — [2]) Archiv d. Min. In. Protokoll 1835. Der Akt selbst nicht vorhanden. — [3]) Siehe unten S. 237 u. 242 f. — [4]) Mitt. f. Gew. u. Handel, I (1835), S. 40: vgl. auch unten S. 243. — [5]) Bericht der Beurteilungskom. über die Prager Ausst. v. 1836, S. 3 ff.; Mitt. f. Gew. u. Handel, II (1838), S. 304—316; Hundert Jahre Arbeit, I, 16 f. — [6]) Innerösterr. Industrie- u. Gewerbeblatt (allgem. Ind. u. Gew. Bl.) 1848, S. 12.

236

Reichenberg 1841. Im Jahre 1841 fand in Reichenberg eine Gewerbeausstellung lokalen Charakters statt[1]).

Die mährischen Gewerbeausstellungen von 1833 und 1836 und die Verhandlungen wegen Abhaltung periodischer Gewerbeausstellungen in Mähren.

Auf Wunsch des Kaisers hatte, wie oben erwähnt, im Sommer 1833 der böhmische Gewerbeverein in aller Eile eine Gewerbeausstellung improvisiert. Kaum hatte man dies in Brünn, wo der Kaiser auf seiner Rückreise durchfahren mußte, erfahren, als auch beschlossen wurde, einem ähnlichen Wunsche zuvorzukommen und die Majestäten mit einem Teile des mährischen Gewerbefleißes bekannt zu machen.

Brünn 1833. Der Landesgouverneur veranstaltete so, auf Anregung des Landeshauptmanns Grafen von Inzaghi in Eile eine Ausstellung der Fabrikate der Hauptstadt Brünn und der nicht zu entfernten Umgebung. Wenn auch die Zeit dazu sehr kurz war und eine große Schwierigkeit namentlich darin bestand, daß in Brünn früher niemals eine Gewerbeausstellung stattgefunden hatte, wurde doch ganz Bemerkenswertes geleistet. Die Ausstellung fand im Franzensmuseum statt, wo Gubernialsekretär Rudolf Ritter von Forgatsch die systematische Aufstellung der Produkte besorgte. Am 4. Oktober 1833 besichtigten die Majestäten die reichhaltige Ausstellung, sprachen längere Zeit mit den Erzeugern und gaben ihre Freude über die hohe Entwicklung und die Fortschritte der mährischen Industrie zu erkennen. Die Kaiserin kaufte verschiedene Gegenstände an[2]).

Schon jetzt drückte der Landeshauptmann den Wunsch aus, die Gewerbeausstellungen, ähnlich wie in Böhmen, als eine dauernde Anstalt zu begründen und jährlich in Brünn zu wiederholen. Hugo Altgraf zu Salm griff die Idee auf. Er richtete am 9. Oktober 1833 an die angesehensten Fabrikanten Mährens ein Schreiben, in welchem er, unter Hinweis auf die großen Vorteile solcher Veranstaltungen, die Aufmerksamkeit auf zwei große Mustereinrichtungen lenkte, nämlich auf die Prager periodischen Gewerbeausstellungen und auf die permanente privilegierte Gewerbeausstellung in Wien in der Schulerstraße. Deshalb schlug er vor, einen Ausschuß zu wählen, welcher die Vorarbeiten dazu leisten sollte[3]).

Zu gleicher Zeit beschäftigten sich aber auch die mährischen Stände mit demselben Plan. Angeeifert durch den Beifall, den die Ausstellung anläßlich des Kaiserbesuches gefunden hatte und in Erwägung des Nutzens solcher Veranstaltungen beschlossen sie, künftighin von Zeit zu Zeit solche Ausstellungen zur Weckung, Aneiferung und Belebung der Industrie in Brünn auf ständische

---

[1]) Hundert Jahre Arbeit, I, 18 f.; Mitt. f. Gew. u. Handel, 1839, Bd. III, S. 100: „Übrigens dürften, seit die Zentralausstellungen in Wien eintraten, die partiellen in den einzelnen Ländern des Kaiserreiches an Bedeutsamkeit verloren haben, daher sie auch nur in längeren Zwischenräumen wiederholt werden können." — [2]) Brünner Zeitung, 6. Okt. 1833. — [3]) Landesarchiv Brünn, C. 10, 1833, Okt. 9. Vgl. auch unten S. 239 ff.

Kosten zu veranlassen. Der Landesausschuß erhielt den Auftrag, über die Errichtung, den Umfang und die übrigen Modalitäten einen Plan zu verfassen und den Ständen zur Genehmigung vorzulegen[1]. Daraufhin wurde ein vòm Fabrikanten Friedrich Schöll einverständlich mit anderen Fachleuten verfaßter Entwurf der Organisation dieser Anstalt mit einigen Modifikationen von den Ständen als Grundlage zum diesfälligen Statut angenommen. Zu diesen Ausstellungen sollte auch Schlesien herangezogen werden. Am 16. Dezember 1834 wurde um allerhöchste Genehmigung dieser Beschlüsse angesucht[2].

Mit Hofkammerpräsidialdekret vom 21. Februar 1835 wurde aber dem mährischen Landespräsidium eröffnet, daß es sich, in Erwägung der wesentlichen Übelstände, welche ein etwaiges Zusammentreffen von Provinzialgewerbeausstellungen mit der allgemeinen Industrieausstellung in Wien mit sich führen würde, als angemessen darstelle, dafür Sorge zu tragen, daß nicht bereits vorbereitete oder erst zu organisierende Provinzialgewerbeausstellungen zu den von drei zu drei Jahren wiederkehrenden Perioden der Gewerbeausstellungen für die Gesamtmonarchie abgehalten werden[3]. Da schon 1835 eine allgemeine Gewerbeausstellung in Wien stattfand, so war für dieses Jahr eine Ausstellung in Brünn unmöglich geworden. Erst 1836 ergab sich den mährischen Ständen die Gelegenheit, eine solche zu organisieren.

Als Kaiser Ferdinand im Sommer 1836 auf seiner Krönungsreise nach Brünn 1836 Prag sich in Brünn aufhielt, da benützten die Stände die günstige Gelegenheit, um dem Kaiser, dessen genaue Kenntnis der Industrie und lebhaftes Interesse für ihre Entwicklung bekannt war, die Fortschritte des mährischen Gewerbefleißes vor Augen zu führen. Die Ausstellung, die vom 18. bis zum 24. August dauerte, war im städtischen Redoutensaale aufgestellt und zählte 126 Teilnehmer mit 956 Nummern. Am 19. August wurde sie von den Majestäten besichtigt, wobei diese ihr besonderes Wohlgefallen über die Vollkommenheit der mährischen Industrieerzeugnisse aussprachen[4].

Der Erfolg dieser Ausstellung frischte das frühere Projekt einer periodisch wiederkehrenden Veranstaltung dieser Art wieder auf. Im Jahre 1837 wurde unter der Ägide der Stände ein Komitee hervorragender Fabrikanten berufen, um den seinerzeit von Friedrich Schöll verfaßten Entwurf einer solchen Anstalt zu modifizieren, zu beraten und dem Landesausschuß einen ausführlichen Antrag vorzulegen, da die Hofkanzlei den Auftrag erlassen hatte, den früheren Entwurf zu vervollständigen[5].

Altgraf zu Salm drückte seine Meinung über solche Ausstellungen, deren mehrere er als Direktionsmitglied des böhmischen Gewerbevereines mitgemacht hatte, nunmehr dahin aus, daß sie nur Mißbehagen zur Folge haben, da sie den Ausstellern große Kosten verursachen und viele Waren durch Staub, Dunst und Sonne verderben; neue kostspielige Muster verlieren, bevor sie noch ihre

---

[1] Landesarchiv Brünn, C. 10, 1834, Sept. 10. — [2] Landesarchiv Brünn, C. 10. 1834, Okt. 16, Dez. 16. — [3] Landesarchiv Brünn, C. 10. Siehe auch unten S. 242 f. — [4] Brünner Zeitung1 836, Aug. 20; Verzeichnis über die Brünner Ausst. v. 1836; Hundert Jahre Arbeit, I, 16. — [5] Landesarchiv Brünn, C. 10, 1837, Okt. 4 u. Dez. 9.

Kosten ersetzt haben, durch Nachahmung ihren Wert. Die öffentliche Beurteilung und Preisverteilung mache alle zu Gegnern, die nicht mit dem höchsten Preise beteilt werden. Deshalb schlug er vor, einen Verein, etwa auf Aktien zu gründen, der ein Haus kauft oder mietet, worin eine kaufmännische Ressource oder ein Kasino eingerichtet wird mit politischen und Handelszeitungen sowie den besten Fachjournalen, einer Bibliothek und einem Lesezimmer. In diesem Gebäude soll eine permanente Industrieausstellung untergebracht werden oder es sollen in demselben periodische Ausstellungen stattfinden. Im selben Gebäude wäre eine Gewerbe- und Handelsschule zu errichten, wobei durch die permanente Ausstellung zugleich für das nötige Musterkabinett für den Unterricht vorgesorgt wäre[1]).

Die Verhandlungen des Komitees zogen sich in die Länge. In der Sitzung vom 26. März 1839 erklärte sich die Mehrzahl der Mitglieder für eine periodisch wiederkehrende Ausstellung. Es wurde aber auch anderseits nicht verkannt, daß sich eine solche, um nachhaltigen Nutzen zu verbürgen, umfassenderen Anstalten als integrierender Teil anschließen müßte, wobei an eine Kaufhalle und gewerbliche Elementarschule gedacht wurde.

Endlich wurde beschlossen, eine Gewerbeausstellung im Sommer 1839 zu veranstalten (obwohl für dasselbe Jahr eine gesamtösterreichische in Wien angesetzt war), weil in der zweiten Julihälfte die Wiener Eisenbahn eröffnet werden sollte. Zur Besorgung der Vorarbeiten wurde ein engeres Komitee bestellt, welches sich nur mit diesem Gegenstande zu beschäftigen hatte[2]).

Der mährische Landespräsident Graf Ugarte äußerte jedoch in seinem Bericht an die Hofkanzlei über den Stand der Verhandlungen wegen Errichtung einer mährisch-schlesischen Kunst- und Gewerbeproduktenausstellung mehrere Bedenken, denen sich die Hofkanzlei anschloß; mit Erlaß vom 13. April 1840 bemerkte das Hofkanzleipräsidium, daß bei der mittlerweile stattgefundenen Errichtung des niederösterreichischen Gewerbevereines und der damit verbundenen Zentralproduktenausstellung in Wien, sowie bei der Verbindung Brünns mit der Haupt- und Residenzstadt mittelst der Eisenbahn „es wohl nun nicht mehr an der Zeit sei, die von den mährischen Ständen 1835 angeregte Errichtung einer periodischen Ausstellung der Landeskunst- und Gewerbeprodukte in Brünn ins Leben zu rufen"[3]).

Damit hatten die diesbezüglichen Verhandlungen in Brünn und die mährischen Landesindustrieausstellungen in der ersten Hälfte des 19. Jahrhunderts ihr Ende gefunden.

Gewerbeausstellungen in Niederösterreich und die allgemeinen österreichischen Gewerbsproduktenausstellungen in Wien.

Es ist im Laufe dieser Darstellung schon öfters bemerkt worden, wie Kaiser Franz für alles, was Beförderung der Industrie zum Inhalte hatte, ein lebhaftes Interesse zeigte und sich dessen Ausführung sehr angelegen sein ließ. Dank

---

[1]) Landesarchiv Brünn, C. 10, 1837, Dez. 9. — [2]) Landesarchiv Brünn, C. 10, 1839, März 26. — [3]) Landesarchiv Brünn, C. 10, 1840, Mai 11.

seiner Initiative entstand im ersten Jahrzehnte des Jahrhunderts ein ständiges Industriekabinett, später das polytechnische Institut, welches einerseits mit einem ständigen Industriemuseum verbunden wurde, anderseits der Schauplatz periodischer Industrieausstellungen hätte werden sollen[1]). Die Zeiten nach der Errichtung des Instituts waren aber für die Industrie nicht günstig, es herrschte als Nachwirkung der Finanzkrise und der Aufhebung der Kontinentalsperre eine allgemeine Stockung, so daß periodische Ausstellungen in Verbindung mit dem Institut nicht zustande kamen.

Zu Anfang des Jahrhunderts waren in Wien nur kleine Spezialausstellungen abgehalten worden, so namentlich alle zwei Jahre eine Ausstellung der Kunstwerke der k. k. Porzellanfabrik, zur Aneiferung der Schüler derselben, wobei auch kleinere Prämien verteilt wurden. Diese Veranstaltungen wurden öfters durch die Gegenwart von Erzherzogen ausgezeichnet. Im Jahre 1807 wurde diese Schaustellung in größerem Stile abgehalten, zu welchem Zwecke der Kaiser die Genehmigung zur Verteilung einiger goldener Medaillen erteilte[2]). *Ausstellungen in der k. k. Porzellanfabrik*

Zu einer allgemeinen Industrieausstellung kam es in Wien aber noch lange nicht.

Als der Erfolg der Prager Ausstellung von 1828 bekannt wurde, griff man erst die Idee auf, allgemeine Gewerbeausstellungen für die ganze Monarchie in Wien abzuhalten. Der Finanzminister Graf Nadasdy beauftragte schon zu Ende 1828 die niederösterreichische Regierung, diesen Gegenstand einer näheren sorgfältigen Würdigung zu unterziehen und vom Direktor des polytechnischen Instituts, Regierungsrat Prechtl, einen Vorschlag über die Art und Weise der Ausführung einer solchen, sich alle zwei Jahre wiederholenden Ausstellung in Wien abzufordern, einer genauen Prüfung zu unterziehen und sodann die Vorschläge zu erstatten. Nachdem dies erfolgt war, wurde am 8. Mai 1829 vom Hofkammerpräsidenten Grafen Nadasdy ein diesbezüglicher alleruntertänigster Vortrag erstattet. In diesem wurde insbesondere darauf hingewiesen, daß Wien, nach dem Vorbilde anderer Haupt- und Residenzstädte, vorzüglich dazu berufen sei, eine solche Einrichtung in seiner Mitte zu besitzen und darin alles, was die Monarchie im Fache der Industrie Ausgezeichnetes liefere, zu vereinigen. Dazu waren die Räume des polytechnischen Instituts in Aussicht genommen. Der Kaiser stellte jedoch 1830 zu diesem Zwecke die kaiserliche Reitschule samt den anstoßenden Redoutensälen zur Verfügung[3]). *Verhandlungen wegen Veranstaltung von allgemeinen Industrieausstellungen in Wien.*

Diese Ausstellung kam dennoch noch lange nicht zustande.

In der Zwischenzeit begegnet man einem interessanten Versuch, eine permanente Gewerbeausstellung als geschäftliches Unternehmen ins Leben zu rufen.

Im Jahre 1830 überreichte Ignaz Ritter von Schönfeld einen Vorschlag zur Errichtung eines Ausstellungsbureaus für alle Produkte und Fabrikate des österreichischen Kaiserstaates und suchte um die Bewilligung dazu an[4]). Nach *Privatausstellungsbureau in Wien.*

---

[1]) Vgl. oben S. 167 ff., 228 ff. — [2]) Staatsrat 1807, Nr. 2312. — [3]) H. K. A. Kom. Kam., Fasz. 29, Nr. 44 ex majo 1829; Staatsrat 1829 Nr. 72, 1767, 2648; 1830 Nr. 249. — [4]) H. K. A. Kom. Kam., Fasz. 29, Nr. 56 ex jun. 1830.

seinem Projekte sollte allen Fabrikanten und Handelsleuten und überhaupt allen Eigentümern von Kunst- und Gewerbeprodukten ein eigenes Lokal zur Ausstellung derselben gegen Entrichtung eines Zinses zur Verfügung gestellt werden, welches dem Publikum gegen einen bestimmten Eintrittspreis zugänglich sein sollte. Von Gegenständen, welche sich zur unmittelbaren Ausstellung nicht eignen, sollten Zeichnungen und Modelle aufgenommen werden. Das kauflustige Publikum sollte daselbst Gelegenheit finden, die Namen und Adressen der Erzeuger und Eigentümer sowie die Preise und leichtesten Bezugsquellen der Waren zu erfragen. Diese Ausstellung sollte mit einem „technisch-merkantilischen Zeitblatte" und mit Lese-, Schreib und Zeichenzimmern in Verbindung gebracht werden. Das technisch-merkantilische Zeitblatt sollte die in der Ausstellung befindlichen Gegenstände, die Preise derselben und die Namen und Wohnorte der Erzeuger anzeigen, Beschreibungen dieser Gegenstände und bildliche Darstellungen aus dem Gebiete der Kunst, der Gewerbe und des Handels liefern, Bemerkungen über die ausgestellten Gegenstände und Vorschläge zu Verbesserungen enthalten, interessante, auf die Produktion bezugnehmende Neuigkeiten des In- und Auslandes, Nachrichten, Biographien und Nekrologe von berühmten Produzenten, Fabrikanten, Künstlern, Gewerbs- und Handelsleuten und Beschreibungen schon bestehender oder Vorschläge neu zu begründender Einrichtungen zur Beseitigung der der Gewerbetätigkeit entgegenstehenden Hindernisse mitteilen.

Die Ausstellung sollte anfangs in gemieteten Räumlichkeiten eröffnet werden, bis das Reinerträgnis zur Erbauung eines eigenen Hauses hinreichen würde, worüber der Staatsverwaltung das „Obereigentum" zustehen sollte.

Nach Erreichung dieses Zweckes sollte die Unternehmung 2% des jährlichen Abonnements zur Verwendung für industrielle Zwecke an das polytechnische Institut abliefern. Der Gesuchsteller drückte zugleich seine Absicht aus, bei sich zeigendem Bedürfnisse diese Anstalt in die Hauptstädte aller Länder der Monarchie zu verbreiten, und wollte sich für den Fall der freiwilligen Auflösung, in welchem Falle das volle Eigentum der Gebäude an den Staat übergehen würde, nur eine angemessene Entschädigung für die verwendeten Fonds, die mühsame Verwaltung und die zu entlassenden Beamten und Diener vorbehalten. Die Eröffnung sollte schon im Oktober 1831 stattfinden.

Die darüber einvernommenen Fabrikanten äußerten sich folgendermaßen: es lasse sich nicht verkennen, daß durch diese Anstalt den kleinen Produzenten das schwierige Hervortreten in die Öffentlichkeit erleichtert würde. Die Ausstellung und die Zeitschrift würden ihnen Gelegenheit bieten, ihre Namen und Waren der Öffentlichkeit bekannt zu machen. Außerdem würde die Anstalt die direkte Berührung zwischen Produzenten und Konsumenten fördern, kauflustigen Fremden sowohl als Ausstellungs- als auch als Auskunftsbureau nützlich und sehr erwünscht sein. Anderseits müsse aber zugegeben werden, daß die großen Handelsleute in Wien durch ihre Warenausstellungen und die Wiener Zeitung durch die Ankündigungen im Intelligenzblatt eine solche Anstalt überflüssig machen. Eine passive Vermittlungsanstalt zwischen Erzeuger und Konsumenten könne den Handelsstand nicht ersetzen. Der industrielle Produzent dürfte daher seine Verbindungen mit den Handelsleuten immer vorteilhafter finden als das Ausstellungsbureau, weshalb sich nur eine geringe Zahl derselben dieses Bureaus bedienen dürfte. Die von der Staatsverwaltung beabsichtigte Gewerbsproduktenausstellung würde dadurch auch nicht überflüssig gemacht werden. Im allgemeinen sei das projektierte Ausstellungsbureau weder notwendig noch überflüssig, könne jedoch durch die Bibliothek und Zeitschrift nützlich werden.

Regierungssekretär von Keeß meinte, man könne das Unternehmen bewilligen, jedoch solle ihm zur Vermeidung von Kollisionen mit dem Handelsstande jede Art von Kommissionsgeschäften strenge untersagt werden. Der Staat solle auch weder direkt noch indirekt daran beteiligt sein, es solle dies vielmehr eine reine Privatanstalt bleiben. Auch der Direktor des polytechnischen Instituts und das niederösterreichische Landespräsidium trugen auf Bewilligung an[1].

So kam es, daß mit niederösterreichischem Regierungsdekrete vom 24. Oktober 1832 Schönfeld die Errichtung dieses Ausstellungsbureaus als eine freie Beschäftigung gestattet wurde[2]. Dessen Eröffnung fand am 12. Februar 1833, dem Geburtstage des Kaisers, in der Großen Schulenstraße statt; unter anderem wurde es am ersten Tage auch von Erzherzog Anton besucht. Unter den Abonnenten befanden sich aber nur wenige Fabriken, die Mehrzahl bestand aus Kleingewerbetreibenden und Privaten[3]. Auch wurde die Herausgabe eines Handelsschemas, zu welchem Zwecke die Hofkammer die Handelskommissionen in den einzelnen Provinzen beauftragte, die gewünschten Materialien und Behelfe zu liefern, sowie einer Zeitschrift unter dem Titel „Notizen über Produktion, Kunst, Fabriken und Gewerbe" in Aussicht genommen[4]. Doch ist nur ein Band der Notizen erschienen, während das Handelsschema nicht zustandegekommen zu sein scheint. Der Handelsstand betrachtete dieses Unternehmen mit Mißgunst, beschwerte sich gegen den Verkauf von Musterwaren und der Magistrat verbot ihm den Kommissionshandel, da dieser nur dem Handelsstande zustehe. Dieses Verbot wurde von der Regierung aufgehoben, weil das Institut aus diesem Kommissionshandel keinen Nutzen ziehe, bloß Muster und keine eigentlichen Warenlager ausstelle, kein Verschleißort sei, weil der Kauf nur gelegentlich und bei Beschränktheit des Raumes ohne Auswahl von Artikeln einerlei Art stattfinden könne, endlich weil dieser Verkauf zur Ermunterung des Gewerbefleißes und zur Belebung der Industrie beitrage. Der Hofrekurs des Wiener Handelsstandes wurde von der Hofkammer abgewiesen, da Ausstellungen nicht verboten werden könne, die ausgestellten Erzeugnisse dem besuchenden Publikum zu verkaufen. Jedoch solle dem Ausstellungsbureau zur strengen Pflicht gemacht werden, sich aller förmlichen Kommissionsgeschäfte zu enthalten[5].

---

[1] A. d. k. k. Fin. Min. Kom., Fasz. 29, Nr. 93 ex febr. 1831. — [2] A. d. k. k. Fin. Min. Kom., Fasz. 29, Nr. 170 ex mart. 1833. — [3] Notizen über Produktion etc, I. 3 ff, 46, 49 ff. — [4] A. d. k. k. Fin. Min. Kom., Fasz. 29, Nr. 50 ex jun. 1833. — [5] A. d. k. k. Fin. Min. Kom., Fasz. 29, Nr. 151 ex aug. 1834.

Das Unternehmen erwies sich aber als nicht lebensfähig und ging schon 1834 ein[1]).

Inzwischen war aber die Idee der Einführung periodischer Ausstellungen für Industrieprodukte der ganzen Monarchie in Wien von der Staatsverwaltung nicht aus dem Auge gelassen worden.

Gewerbe- Die Hofkammer erstattete darüber mehrere Vorträge und durch aller-
ausstellung höchste Entschließung vom 16. März 1830 wurden, wie schon erwähnt, die kaiser-
Wien 1835. liche Winterreitschule und die anstoßenden Redoutensäle zu diesem Zwecke zur Verfügung gestellt. Die Hofkammer traf daraufhin im Einvernehmen mit der Hofkanzlei die Vorbereitungen zur Organisierung der Ausstellung. Statt der ungeeigneten Redoutensäle wurde durch allerhöchste Entschließung vom 15. März 1834 neben der Winterreitschule auch die Benützung der kaiserlichen Wagenremisen auf dem Josefsplatze gestattet[2]). Anfang 1834 äußerte auch die niederösterreichische Provinzialhandelskommission den sehnlichsten Wunsch, es möge alle vier oder fünf Jahre eine allgemeine, vom Staat organisierte Industrieausstellung veranstaltet werden, da eine permanente Ausstellung den beabsichtigten Zweck nicht erreichen könne[3]).

So wurde auch vom Kaiser die Abhaltung von Zentralgewerbsprodukten-ausstellungen in Wien angeordnet, die sich von drei zu drei Jahren wiederholen sollten. Die erste hätte im September 1835 stattzufinden. Das nieder-österreichische Landespräsidium erhielt infolgedessen den Auftrag, die Leitung der Organisierung sowie auch die Besorgung der damit verbundenen Agenden einer aus Mitgliedern der niederösterreichischen Regierung, des polytechnischen Instituts und des Wiener Fabrikanten- und Handelsstandes sorgsam zu wäh-lenden Kommission zu übertragen. In diese Kommission wurden unter anderen Stephan von Keeß und von den Industriellen Hornbostel, Spörlin, Leitenberger und Mack aufgenommen. Zur Bestreitung der Auslagen wurden die erforder-lichen Geldmittel aus dem Staatsschatz angewiesen. Zugleich erhielt die Kom-mission den Auftrag, nach Beendigung der Ausstellung einen detaillierten Bericht über das Resultat zu erstatten und hiebei jene Individuen namhaft zu machen, deren eingesendete Erzeugnisse sich durch Schönheit, Vollkommenheit und Preiswürdigkeit besonders auszeichneten und Anspruch auf öffentliche Anerkennung erheben könnten.

Kaiser Franz sollte die Ausstellung selbst nicht mehr erleben. Kaiser Ferdinand, der während der letzten Vorbereitungen auf den Thron gelangte, bewilligte die allgemeine Besichtigung der Ausstellung ohne Eintrittsgeld und setzte als Prämien für ausgezeichnete Leistungen goldene, silberne und bronzene Medaillen fest. Auch ließ er mehrere Muster aus seiner technischen Sammlung in der Ausstellung aufstellen[4]).

Damit nicht etwa zu gleicher Zeit veranstaltete Provinzialgewerbeaus-

---

[1]) A. d. k. k. Fin. Min. Kom., Fasz. 29, Nr. 49 ex apr. 1835. — [2]) A. d. k. k. Fin. Min. Kom., Fasz. 29, Nr. 63 ex febr. 1833, Nr. 68 ex majo 1834, Staatsrat 1830, Nr. 249, 1831, Nr. 4200. — [3]) A. d. k. k. Fin. Min. Kom., Fasz. 29, Nr. 102 ex jan. 1834. — [4]) Bericht über die erste allgemeine Gewerbsproduktenausst., Einleitung I—IX; Staatsrat 1835, Nr. 676.

stellungen den Erfolg der Zentralausstellung schmälern, wurde vor allem das böhmische Gubernium eingeladen, im geeigneten Wege dahin zu wirken, daß die für den Monat August desselben Jahres in Aussicht genommene Ausstellung in Prag auf das künftige Jahr verschoben und überhaupt dafür gesorgt werde, daß während der von drei zu drei Jahren wiederkehrenden Periode der allgemeinen Ausstellungen in Wien keine Provinzialausstellung stattfinde. Der letztere Wunsch wurde auch den übrigen Länderstellen bekanntgegeben[1]).

Diese Vorsichtsmaßregel war nicht überflüssig, da in Böhmen eine Ausstellung für 1835 schon beschlossen war und in Brünn gerade eifrige Verbandlungen über eine im selben Jahre abzuhaltende Ausstellung gepflogen wurden[2]); Ende 1834 brachte auch noch die illyrische Handelskommission neben anderen Abhilfsmitteln gegen die Hindernisse der Entwicklung der Industrie auch die Errichtung von Industrievereinen zur Ausstellung von Kunst- und Manufakturprodukten der verschiedenen Provinzen in Antrag[3]).

Die Ausstellung in Wien hatte einen vollen Erfolg, indem sie 594 Teilnehmer zählte. Aus allen Teilen der Monarchie waren Fabrikate eingesendet worden. Der Kaiser, die Kaiserin und die Kaiserin-Mutter besuchten die Ausstellung zweimal, die Erzherzoge mehrmals. Außer den drei Medaillen wurde als vierter Auszeichnungsgrad die ehrenvolle Erwähnung festgesetzt. Viele Gegenstände wurden schon während der Ausstellung verkauft, davon zahlreiche an die Majestäten und Erzherzoge.

Der Kaiser bewilligte, daß die feierliche Verteilung der Medaillen und Nennung der ehrenvoll Erwähnten im Zeremoniensaale der k. k. Hofburg stattfinde und beehrte diese Feier, welche am 19. Dezember 1835 stattfand, mit seiner Gegenwart[4]).

Die Entfaltung von großer äußerer Pracht und die Feierlichkeit, welche alle Phasen der Ausstellung begleitete und durch die Teilnahme der Majestäten ihren Höhepunkt erreichte, übte zweifellos einen großen Eindruck aus, so daß sich von den nächsten Ausstellungen noch viel Größeres erwarten ließ.

Die nächste Wiener allgemeine Gewerbeausstellung, die im Herbste 1838 Ausstellung hätte stattfinden sollen, wurde im Mai 1839 abgehalten, einerseits weil dieser Wien 1839. Monat dafür als günstiger angesehen wurde, andererseits, weil der bald nach Schluß der ersten Ausstellung vom Kaiser angeordnete, für alle künftigen Veranstaltungen dieser Art bestimmte und mit einem Kostenaufwande von 380.000 fl. C. M. aufgeführte Zubau zum Gebäude des polytechnischen Instituts im Herbste 1838 noch nicht vollendet war. War schon durch die Zusammensetzung der Ausstellungskommission der Zusammenhang des polytechnischen Instituts mit diesen Veranstaltungen gekennzeichnet, so wurde jetzt auch der räumliche Kontakt hergestellt und damit zugleich dasjenige erfüllt, was schon bei Errichtung des Instituts vorgesehen worden war[5]).

---

[1]) A. d. k. k. Fin. Min. Kom., Fasz. 29, Nr. 81 ex febr. 1835, $\dfrac{1172,\ 1845,\ 4627}{\text{P. P.}}$ ex 1835. —

[2]) Siehe oben S. 235, 237. — [3]) A. d. k. k. Fin. Min. Kom., Fasz. 29, Nr. 160 ex febr. 1835. —
[4]) Bericht über die Ausstellung, Einleitung VI, IX—XIV. — [5]) Vgl. oben S. 230.

Diese Ausstellung, die 31 Tage (den ganzen Mai 1839) dauerte, hatte ebenfalls einen vollen Erfolg. Die Räume, 41 Säle umfassend, waren großartig ausgestattet. Deutlich waren die Fortschritte in der Fabrikation seit 1835 zu erkennen. Es hatten diesmal 732 Aussteller Fabrikate und Muster eingesendet.
Zu den Produkten, die bei den früheren Ausstellungen vertreten waren, waren
neue hinzugekommen, wie Eisenbahnschienen, Eisenbahnräder und Stearinkerzen. Der Kaiser und sämtliche Mitglieder des Kaiserhauses besuchten die
Ausstellung öfters und gaben ihrer Freude über ihr glänzendes Gelingen Ausdruck. Die Verteilung der Auszeichnungen fand in feierlicher Weise durch den
niederösterreichischen Regierungspräsidenten am 25. April 1840 im Saale
des polytechnischen Instituts statt, im Beisein des niederösterreichischen
Regierungsratsgremiums, der Ausstellungskommission, des Wiener Magistrats,
von Vertretern des 1839 ins Leben getretenen niederösterreichischen Gewerbevereines und vieler anderer Notabilitäten[1]).

Wie in Böhmen gab auch in Wien die Prämienzuerkennung zu mannigfachen Verdrießlichkeiten Anlaß. Bei der Ausstellung von 1839 fanden bei der
Beurteilung und Preiszuerkennung mehrfache „Inkonsequenzen, Widersprüche
und Willkürlichkeiten" statt, welche die allgemeine Hofkammer veranlaßten,
die Beschlüsse der Beurteilungskommission einer Revision durch ein eigenes
Komitee unterziehen und außerdem, mit Rücksicht auf die künftigen Ausstellungen auch die Frage erwägen zu lassen, „ob es nicht zweckmäßiger wäre,
von der Medaillenverteilung in der bisherigen Weise, welche zu einer Menge von
Beschwerden und Unzufriedenheit Anlaß gab, abzugehen und statt dessen, im
Laufe der Zeit, sobald durch Gewerbevereine oder auf anderen Wegen ausgezeichnete Leistungen der Industrie in den Provinzen zur Kenntnis der Staatsverwaltung gelangen, Medaillen zu verleihen, die Anerkennung der Verdienste
um die Ausstellungen selbst aber lediglich dem prüfenden Auge des Publikums
und den über die Ergebnisse derselben in Druck zu legenden Hauptberichten
vorzubehalten"[2]).

Letzteres wurde nicht durchgeführt, doch ist als Resultat dieser Erwägungen
anzusehen, daß bei der nächsten Ausstellung eine eigene Hofkommission zur
Leitung und Organisierung derselben bestellt wurde.

Ausstellung Da sich der Zeitraum von drei Jahren zur deutlichen Erkennung der indu-
Wien 1845. striellen Fortschritte als zu klein erwiesen hatte, wurde beschlossen, die Ausstellungen erst nach längeren Zeiträumen periodisch zu wiederholen. Durch
allerhöchste Entschließung vom 30. März 1844 ordnete der Kaiser die Abhaltung der nächsten allgemeinen Gewerbsproduktenausstellung im Mai 1845

---

[1]) Bericht über die Ausst. von 1839, Einleitung, S. III ff.; Staatsrat 1838, Nr. 5575. —
[2]) A. d. k. k. Fin. Min. Kom., Fasz. 17, 1843, Nr. 714; bei der Revision der angetragenen Auszeichnungen für die Ausstellung von 1839 wurden 78 Beschlüsse der Kommission beanständet
und rückgängig gemacht. (Staatsrat 1840, Nr. 17.) — Beschwerden gegen die Verleihung von
Auszeichnungen im A. d. k. k. Fin. Min. $\frac{4142, 5811}{P. P.}$ ex 1839.

an und bestimmte, daß in Zukunft solche Ausstellungen von fünf zu fünf Jahren sich wiederholen sollten[1]).

An der Spitze der Hofkommission, welche eingesetzt worden war, um die Ausstellung „auf eine den Wünschen und Interessen der vaterländischen Industrie soviel möglich entsprechende Art und Weise zur Ausführung zu bringen", stand der Präsident der allgemeinen Hofkammer, Karl Friedrich Freiherr von Kübeck, welchem als Stellvertreter der Hofrat und Kommerzreferent der Hofkammer Anton Edler von Krauß zur Seite stand.

Da der für Ausstellungen bestimmte, 1838 vollendete Zubau zum polytechnischen Institut mittlerweile der Verwendung zu anderen Zwecken zugeführt worden war, wurden für diese Ausstellung besondere Zubauten auf dem Platze vor der Front und in den inneren Hofräumen des Instituts hergestellt.

Am 8. November 1844 erschien in der Wiener Zeitung die Kundmachung, daß die Ausstellung vom 15. Mai bis zum 15. Juli 1845 stattfinden werde. Von umfangreichen oder schweren Gegenständen sollen Modelle eingesendet werden. Musterkarten seien nur als Ergänzung des Sortiments annehmbar. Die eingesendeten Waren würden von der Übernahme an auf Kosten des Staatsschatzes gegen Feuersgefahr versichert werden. Wenn die Ware während der Ausstellung verkauft würde, müßte sie dennoch in der Ausstellung bis zu deren Ende verbleiben. Zugleich wurde hervorgehoben, daß es im Interesse der Aussteller selbst sei, mit der Anmeldung zugleich Notizen über ihren Betrieb zu verbinden und zwar über Ausdehnung, Alter, lokale Schwierigkeiten, Art und Größe der bewegenden Kräfte, Arbeitslöhne und ähnliches.

Die Hofkommission verstärkte sich dann durch Beiziehung von bewährten Industriellen und sonstigen Sachverständigen und fungierte als Beurteilungskommission. Ihre Mitglieder waren von der Preisbewerbung ausgeschlossen.

Diese Ausstellung zählte nicht weniger als 1868 Teilnehmer und wurde am 15. Mai in Anwesenheit des Kaisers feierlich eröffnet. Bei der Besichtigung wurden viele Aussteller Seiner Majestät vorgestellt. Diese Veranstaltung war die größte österreichische Gewerbeausstellung in der ersten Hälfte des 19. Jahrhunderts. Am 16. Juli fand die feierliche Verteilung der Auszeichnungen in Gegenwart des Kaisers statt[2]).

Damit hatten die ganz Österreich umfassenden Gewerbeausstellungen in der ersten Hälfte des Jahrhunderts einen glänzenden Abschluß gefunden.

Die innerösterreichischen Gewerbeausstellungen.

Nach Böhmen war es die Steiermark, welche zuerst größere Gewerbeausstellungen aufzuweisen hatte. Den Anstoß hiezu gab sonderbarerweise der Armenversorgungsverein in Graz. Dieser veranstaltete in den Jahren 1832 und 1833 Industrie- und Gewerbeausstellungen, wobei namentlich die zweite sich einer allgemeinen Teilnahme erfreute. Diese Ausstellungen waren mit einer Beurteilungskommission versehen, welche vorzüglichen Leistungen Auszeich- Graz 1832 und 1833.

---

[1]) A. d. k. k. Fin. Min. Kom., Fasz. 1, 1844, Nr. 761. — [2]) Bericht über die Ausst. v. 1845, Einleitung S. 3—41.

nungen (Medaillen) zuerkannte. Der Erfolg war groß und es wurden Handelsverbindungen angeknüft, die sonst noch lange Zeit nicht zustande gekommen
wären. Infolgedessen wurde das Verlangen allgemein, „dieser so wohltätigen
Maßregel eine geordnete Einrichtung zu geben"[1]). Dies führte zur Gründung des
innerösterreichischen Gewerbevereines mit der statutenmäßigen Bestimmung,
Gewerbeausstellungen zu veranstalten.

Klagenfurt 1838. Im Jahre 1837 kam der Verein zustande und griff die Idee, periodische
Gewerbeausstellungen zu veranstalten, gleich auf. Die erste fand im Oktober
1838 in Klagenfurt statt. Sie war ursprünglich für Graz bestimmt, fand jedoch
in der Hauptstadt Kärntens statt, weil der Kaiser auf seiner Rückreise aus
Italien diese Stadt und somit auch die Ausstellung zu besuchen in Aussicht
stellte. Sie wurde am 23. Oktober dem Publikum eröffnet und dauerte 14 Tage.
Am 18. November erfolgte die Zuerkennung der Auszeichnungen, welche sodann
am folgenden Tage der Direktor des Vereines, Erzherzog Johann, auf feierliche
Weise verteilte[2]). Die Ausstellung zählte 332 Teilnehmer mit 2162 Warenstücken.
Entsprechend der industriellen Entwicklung Innerösterreichs überwogen die
Eisen- und Stahlwaren, wobei jedoch die anderen Gewerbezweige auch nicht
fehlten, sondern durch ihre hauptsächlichsten Unternehmungen vertreten
waren[3]).

Graz 1841. Da nach den Statuten des Vereines alle drei Jahre Ausstellungen stattzufinden hatten, so war die nächste für 1841 bestimmt. Bei der im September
1840 stattgefundenen Generalversammlung wurde beschlossen, sie im August
1841 in Graz zu veranstalten. Am 25. August wurde sie im k. k. Konvikts- und
Universitätsgebäude eröffnet und der Katalog wies 387 Aussteller mit 3407 ausgestellten Produkten in mehr als 10.000 Stücken aus. Jedermann war der Eintritt frei gestattet. Am 25. August wurde die Ausstellung von Ihren Majestäten
dem Kaiser und der Kaiserin in Begleitung der Erzherzoge Johann und Albrecht
besucht und mit großem Interesse besichtigt. Der Kaiser ließ 1600 fl. C. M. aus
seinem Privatschatze zum Ankaufe mehrerer ausgestellter Produkte anweisen.
Die Ausstellung dauerte bis zum 8. September und wurde täglich von mehr als
1000 Personen besucht, worauf am 9. September durch Erzherzog Johann die
öffentliche feierliche Verteilung der Prämien vorgenommen wurde[4]).

Der Charakter der Ausstellung war gleich dem der Klagenfurter, denn es
herrschten bei weitem die Eisen- und Stahlwaren vor.

Wie in Böhmen und Niederösterreich so wurden auch hier bald Zweifel
darüber rege, ob die öffentliche Auszeichnung bei gewerblichen Ausstellungen
ein geeignetes Förderungsmittel der Industrie sei, wenn auch hier nicht so sehr
gekränkter Ehrgeiz von Fabrikanten für die Bedenken maßgebend war, als

---

[1]) Staatsrat 1832, Nr. 2624, 1833, Nr. 2599; Göth, Joanneum, S. 103; Innerösterr. Industrie-
u. Gewerbsblatt 1839, S. 47; Frankenstein: Fabriksbilderatlas 1842, S. 48 (Vivat), Steiermärk.
Intelligenzblatt zur Grazer Zeitung vom 19. Juni u. 7. Juli 1832, 11. u. 28. Juni 1833. —
[2]) Bericht über die Klagenfurter Ausst. v. 1838, Vorwort, S. I—XIII; Protokoll des innerösterr.
Gewerbevereines 1839, S. 23, 32. — [3]) Bericht über die Klagenfurter Ausst. v. 1838, Vorwort
XIII—XVIII, XXI. — [4]) Bericht über die Grazer Ausst. v. 1841, Einleitung, S. V—XXX.

vielmehr theoretische Erwägungen. Josef von Aschauer, Professor am Joanneum, fühlte das Bedürfnis, diesen Bedenken Ausdruck zu geben, und führte bei der Generalversammlung des Vereines aus, er sei überzeugt, daß Belohnungen der Fabriksinhaber oder Meister der Industrie so wie dem Publikum auf eine zweifache Art nachteilig seien. Denn vor allem ist sich der Werkführer oder Geselle, so meinte Aschauer, ganz klar bewußt, daß nicht seinem Herrn, sondern nur ihm das eigentliche Verdienst an der Vollkommenheit des Fabrikates gebührt, wie dies bei vielen Arbeiten der Natur der Sache nach auch nicht anders sein kann. Er arbeitet daher bei Gegenständen, welche er zu einer solchen Ausstellung verfertigt, nur darum mit höherem Fleiße, weil er zuversichtlich hofft, daß auch er dabei eine persönliche Anerkennung finden werde. Sieht er aber in der Folge, daß seiner ebensowenig als eines andern, der gar nicht daran gearbeitet, Erwähnung geschieht, so wird er mißmutig, läßt im Fleiße nach, verkleinert nicht selten darüber seinen Meister oder verläßt gar seinen Dienst. Durch diese entmutigende Rückwirkung wird also der Beförderung an Ausbildung der Arbeiter und nicht selten auch den belohnten Eigentümern geschadet. Anderseits wird aber auch das Publikum geschädigt, da die auszeichnenden Belohnungen in die Zeitungsblätter eingerückt werden und die Leser dadurch gleichsam berechtigt werden, die besten Leistungen bei jenen Fabrikanten und Meistern zu suchen, welche eine Auszeichnung erhalten haben. Nun aber befindet sich vielleicht der Arbeiter, der die Auszeichnung eigentlich verdient hätte, nicht mehr in dieser Fabrik, worüber jedoch der Besteller gar nicht unterrichtet ist. Dadurch wird dieser geschädigt, die Kundmachungen des Vereines verlieren das öffentliche Vertrauen und damit auch der Verein selbst, wodurch seine Bestrebungen, die Industrie zu fördern, wesentlich erschwert werden können[1]). Bei aller scheinbaren theoretischen Richtigkeit dieser Argumente und trotz des Ansehens Aschauers ist es ganz begreiflich, daß er mit diesen, der persönlichen Initiative der Unternehmer so wenig Bedeutung zusprechenden Ansichten nicht durchdrang und es auch weiterhin bei der Prämienverleihung an die Unternehmer verblieb.

Die dritte von diesem Verein abgehaltene Ausstellung war die Laibacher von 1844. Die Direktion des Vereines erließ unter dem 12. Jänner 1844 die diesbezügliche Kundmachung und lenkte die Aufmerksamkeit der Fabriksbesitzer und Gewerbetreibenden sämtlicher Vereinsprovinzen ganz besonders auf den Umstand, daß eine öffentliche Gewerbeausstellung in Laibach wegen der Nähe des bedeutendsten Hafens der Monarchie vielen die namhaftesten Vorteile zur Anknüpfung neuer Geschäftsverbindungen bieten dürfte. Die Stände Krains überließen zu diesem Zwecke unentgeltlich die geräumigen Redoutensäle. Die Ausstellung wurde am 3. September eröffnet. Der Katalog wies 284 Teilnehmer mit 4287 Nummern auf. Von den Ausstellern entfielen auf Krain 199, Kärnten 31, Steiermark 28, Ober- und Niederösterreich 25, das Küstenland 1. Da die Redoutensäle nicht hinreichten, wurden auch die Räume im gegenüberliegenden Virantschen Hause zu ebener Erde zur Auf-

Laibach 1844.

---

[1]) Protokoll des innerösterr. Gewerbevereines 1841, S. 39 f.

stellung der Produkte verwendet. Am 5. September wurde die Ausstellung vom Kaiserpaar und dem Vereinsdirektor Erzherzog Johann besucht. Der Kaiser erkundigte sich über den Betrieb einzelner Fabriken und ordnete den Ankauf mehrerer ausgestellter Stücke für sein technisches Kabinett an. Auch die Kaiserin und Erzherzog Johann besorgten verschiedene Ankäufe. Der Andrang des Publikums war bis zum Schluß der Ausstellung am 20. September sehr groß. Die feierliche Verteilung der Preise fand am 17. Oktober durch den Vereinsdirektor statt[1]).

Linz 1847. Nach weiteren drei Jahren folgte als letzte Ausstellung des Vereines in der ersten Hälfte des 19. Jahrhunderts 1847 die zu Linz. Am 1. September erfolgte ihre feierliche Eröffnung. Die Zahl der Aussteller belief sich auf 344 mit 7748 ausgestellten Gegenständen. Der Andrang des Publikums war sehr stark; unter den Besuchern befanden sich auch mehrere Erzherzoge, darunter der Vereinsdirektor, Erzherzog Johann, welcher am 30. September im Marmorsaale des Landhauses die Verteilung der Auszeichnungen vornahm[2]).

Steyr 1841. Nicht ohne Zusammenhang mit diesem Vereine, der zu Steyr ein Mandatariat hatte, ist auch die im Dezember 1841 in Steyr abgehaltene Ausstellung. Zu Ehren des Erzherzogs Johann wurde in kaum 10 Tagen eine Sammlung von 200 Teilnehmern mit fast 2000 Nummern, hauptsächlich Stahl- und Eisenwaren, aufgestellt und am 1. Dezember eröffnet[3]).

Erzherzog Johann beschränkte sich nicht darauf, für die innerösterreichische Industrie im Inland auf das eifrigste zu wirken, er trachtete ihr auch beim Exporte, namentlich in die Levante, behilflich zu sein. Als er 1837 eine Orientreise unternahm, beauftrage er die Vereinsdirektion, alle Vorkehrungen zu treffen, damit in möglichst kurzer Zeit Muster der vorzüglichsten Industrieerzeugnisse Innerösterreichs nach Triest zur Einschiffung nach Odessa gebracht werden. Dies geschah auch, und der Erzherzog verteilte die Muster, namentlich an die Konsulate in Südrußland und der Türkei, damit sie diese daselbst gelegentlich vorzeigen, ausstellen und überhaupt zur Förderung des Exportes aus Innerösterreich benützen. Die größten Verdienste erwarb sich dabei der österreichische Minister zu Athen von Prokesch-Osten, indem er das in Athen angesiedelte Handelshaus G. Faber mit der Ausstellung solcher Muster innerösterreichischer Fabrikate in Syra, Athen und Nauplia beauftragte, Bestellungen darauf zu nehmen ermächtigte und zur Gründung einer Niederlage innerösterreichischer Fabrikate ermunterte[4]).

Die österreichischen Industriellen begnügten sich nicht damit, ihre Produkte im Inlande auszustellen, sie griffen vielmehr über die Grenzen

---

[1]) Bericht über die LaibacherAusst. 1844, S. V—XXI. Ausführliche Berichte darüber auch in „Kmetijske in rokodelske novice" 1844, S. 162 f., 166, 169, 174, 178 f., 182 f., 186, 190 f., 194 f., 199, 202 f., 206. — [2]) Verzeichniß usw. der Linzer Ausstellung; Allgemeines Industrie- und Gewerbeblatt (früher Innerösterr. Industrie- u. Gew. Bl.) 1847, S. 296, 304, 312, 335, 339. — [3]) Innerösterr. Industrie u. Gew. Bl. 1845, S. 271. — [4]) Protokoll des innerösterr. Gewerbevereines 1838, S. 22 f. Vgl. auch oben S. 220, Anm. 1.

der Monarchie hinaus und beteiligten sich eifrig an ausländischen Ausstellungen[1]).

In Pest fanden in den vierziger Jahren Ausstellungen ungarischer Industrieerzeugnisse statt (die erste 1842)[2]). Ungarische Industrieausstellungen.

Die Geschichte der österreichischen Industrieausstellungen am Ende des 18. und in der ersten Hälfte des 19. Jahrhunderts gibt ein schönes Bild, wie die Staatsverwaltung ihre Pflicht und Aufgabe gegenüber der Industrie, um ihre Entwicklung zu fördern, so weit als möglich auffaßte, wie sie es als in ihren Wirkungskreis gehörig betrachtete, selbst Industrieausstellungen einzuleiten und zu organisieren. Die meisten und gerade die vorzüglichsten Veranstaltungen dieser Art waren auf Staatskosten und von staatlichen Behörden in die Wege geleitet und durchgeführt, alle übrigen aber von denselben aufs weitestgehende gefördert worden.

Nicht geringere Bewunderung verdient der Eifer und die Bereitwilligkeit, mit welcher die Monarchen und die übrigen Mitglieder des kaiserlichen Hauses diese Repräsentationsfeste der Industrie förderten und durch ihren hohen Besuch und durch sonstige Auszeichnungen den Eifer und das Ansehen der Industrie zu heben nicht wenig beitrugen.

XII. Kapitel.

Das Privilegienrecht.

Schon frühzeitig wurden zur Förderung der Industrie in Österreich ausschließende Rechte, privilegia privativa, verliehen, ohne daß darüber bestimmte rechtliche Normen bestanden hätten. Zu einem gesetzlichen Privilegienrechte hat es erst die Zeit Franz' I. gebracht.

So bestritten auch die Frage der Berechtigung von ausschließenden Privilegien sein mag, es läßt sich doch nicht leugnen, daß die Aussicht auf die ausschließliche Verwertung eines wichtigen gewerblichen Erzeugnisses zu Erfindungen anregt und auf diese Weise der Industrie nützlich wird. Daß das erste wirkliche Patentgesetz Österreichs unter Franz I. zustande kam, ist einerseits durch den großen Aufschwung, den die Industrie in jener Zeit durch das Aufkommen von allerlei Maschinen, vor allem der Dampfmaschinen, nahm, leicht erklärlich, zeigt aber anderseits auch, wie die Staatsverwaltung in dieser Periode kein Mittel übersah, welches zur Förderung der industriellen Entwicklung in Betracht kommen konnte.

Das älteste bisher bekannte Patent in Österreich wurde 1560 erteilt. Im 16. und 17. Jahrhundert wurden Privilegien nur sehr selten verliehen und waren ein reiner Ausfluß des Hoheitsrechtes des Monarchen. Unter Karl VI. nahmen sie an Zahl wesentlich zu, um aber unter Maria Theresia unter dem Einflusse der physiokratischen Lehren wieder seltener und an die Bedingung

---

[1]) Vgl. z. B. Katalog der Gewerbeausstellung in Berlin 1844, S. 159 ff., 206. — [2]) Staatsrat 1844, Nr. 903; innerösterr. Industrie- u. Gew. Bl. 1843, S. 288, 1845, S. 296; L. Kossuth, Bericht über die I. ung. Gewerbeausst. im J. 1842. — Vgl. auch S. 224.

einer behördlichen Vorprüfung über die Neuheit und Gemeinnützigkeit der Erfindung geknüpft zu werden[1]).

In der Zeit vor Maria Theresia wurden an Fabriken Privilegien verliehen, welche aber neben dem Recht auf die ausschließende Erzeugung von Waren in einem bestimmten Bezirk auch zahlreiche andere Vorrechte, wie Befreiungen von Militärlasten, Niederlagsrechte und anderes zum Inhalt hatten[2]). Schon Maria Theresia verlieh jedoch in der zweiten Hälfte ihrer Regierung, von dem Grundsatze der Schädlichkeit aller „Privativa" ausgehend, nur mehr Fabriksprivilegien ohne ausschließende Rechte[3]). Trotzdem erhielt sich die Bezeichnung Fabriksprivilegium ebenso wie die Benennung k. k. privilegierte Fabrik auch weiterhin, obwohl diese Fabriksbefugnis mit einem ausschließenden Rechte gar nichts mehr gemein hatte.

Lange blieb noch das Gefühl übrig, daß mit einem Fabriksprivilegium ein ausschließendes Recht verbunden sei, so daß noch unter Josef II. bei Erteilung eines Fabriksprivileguims hie und da die Bemerkung für notwendig erachtet wurde, es werde ein Privilegium verliehen „auf nämliche Art, wie solches andere Fabriken ohne einigen Privativo erhalten"[4]).

Die Zeit Kaiser Josefs war den ausschließenden Privilegien auch nicht günstig. Einzelnen Erfindungszweigen, wie insbesondere den Spinn- und anderen Maschinen, „ohne deren Existenz sich Tausende ihren Unterhalt verschaffen", wurde ein Erfinderschutz überhaupt versagt[5]). Durch Hofdekret vom 30. August 1785 wurde ausdrücklich bestimmt: „auf dergleichen Manufakturen, welche in das Große gehen und von dem gemeinen Mann gebraucht werden, sollen keine Privativa ertheilet, wohl aber mögen solche auf Putz und Prachtwaren durch einige Jahre bewilliget werden, wenn nemlich solche nicht in bloß vorübergehenden Moden bestehen" (§ 4)[6]). Dies ist das erste österreichische Gesetz, welches, wenn auch nur vage Richtlinien, welche die Behörden bei Verleihung von Alleinrechten einhalten sollten, festsetzte.

Erst unter Leopold II. wurden die Privilegienverleihungen zahlreicher. Da ein eigentliches Privilegiengesetz noch nicht bestand, wurden bei Verleihungen wie bei anderen kaiserlichen Gnadenakten feierliche Urkunden veröffentlicht. Auch wurden, gleichsam als Rechtfertigung, die Gründe angegeben, welche den Monarchen dazu bewogen hatten. So heißt es in einer Verleihungsurkunde vom 6. Mai 1790, durch welche ein Privilegium auf eine Streich- und Spinnmaschine verliehen wurde: „da Wir nun in Rücksicht genommen, daß diese mit vieler Kunst verfertigte Streich- und Spinnmaschine zur weiteren Aufnahme und zum besonderen Vorteil der Floretseide-, Flachs- und auch Baum- und Schafwollmanufaktur in unseren Erblanden gereichen kann und dabei auch erwogen haben, wie billig es sei, daß sich gedachter . . . . . der darauf verwendeten Mühe und Kosten halber erhole, mithin zur Belohnung diese seine Maschine durch einige Zeit allein benutzen möge" . . . . In der Urkunde über ein am 10. Februar 1791

Hofdekret vom 30. August 1785.

---

[1]) Beck, Art. Patentrecht im österr. Staatswörterbuch, II. Aufl. (1907). — [2]) Vgl. oben S. 127 ff. — [3]) Vgl. auch Harkup, Beiträge zur Gesch. der Handels- u. Gewerbeverf., 21 f. — [4]) Staatsrat 1783, Nr. 2971. — [5]) Beck, a. a. O., Harkup, a. a. O. 30 f. — [6]) Pol. Ges. Samml.

verliehenes Privileg auf eine Hanfverfeinerungsmaschine heißt es ähnlich: „da Wir nun in Erwägung genommen, daß erwähnter Inhaber der Fabrik einen ansehnlichen Aufwand auf deren Errichtung gemacht hat und es billig ist, ihm zu einiger Entschädigung einen Vorzug vor jenen zu geben, welche sich bloß der Nachahmung befleißen" . . .[1]).

Zu einem gesetzlich geregelten Erfinderschutze brachte es erst die Zeit Franz' I.

Anfangs wurden noch jedesmal die Gründe angeführt, warum das Alleinrecht verliehen wurde, meistens die Berücksichtigung des Aufwandes zur Erfindung und Erzeugung des Gegenstandes, das Vorrecht des Erfinders vor den Nachahmern und ähnliches[2]). In einer Privilegiumsurkunde vom 15. Februar 1794 kommt zum erstenmal die Bestimmung vor, daß die Modelle und Programme des patentierten Gegenstandes aufbewahrt werden sollen, um bei Streitigkeiten verwendet werden zu können[3]).

Durch Verordnung vom 24. Dezember 1794 wurde bestimmt, daß Privilegien hauptsächlich verliehen werden sollen auf nützliche Maschinen oder ganz neue Fabrikate und auf kostspielige Unternehmungen, durch welche neue, die inländische Betriebsamkeit befördernde Manufakturen zustande gebracht werden[4]). Verordnung vom 24. Dez. 1794.

Der Standpunkt, auf welchem die Staatsverwaltung diesbezüglich in dieser Zeit stand, erhellt deutlich aus der Privilegiumsurkunde, welche einem gewissen Karl Leopold Röllig auf ein von ihm erfundenes musikalisches Instrument, Orphica genannt, unter dem 10. April 1795 ausgestellt wurde. Darin heißt es unter anderem: „Da Wir uns nun jederzeit geneigt finden, nützliche Unternehmungen oder auch neue Erfindungen mit Unserem höchsten Schutze zu unterstützen, auch ihren Urhebern die Früchte und Verwendung ihrer Arbeit genießen zu machen und da, nach der von den Geigen-, Lauten- und Instrumentenmachern geschehenen Bestätigung, daß das vom Karl Leopold Röllig erfundene musikalische Instrument wirklich eine neue Erfindung sei, auch nicht zu bezweifeln ist, daß er Röllig beträchtliche Ausgaben zu bestreiten gehabt habe, bis dieses neue Instrument von ihm bis zu der Stufe der Vollkommenheit, die es erreicht hat, gebracht worden ist, so haben Wir in dieser Voraussetzung keinen Anstand genommen, dem alleruntertänigsten Gesuche desselben über den Uns von Seite Unseres Directoriums in cameralibus & publico politicis in dieser Angelegenheit erstatteten Vortrag gnädigst zu willfahren und ein ausschließendes Privilegium ihm und seinen Erben, Legataren und Cessionaren vom heutigen Datum an zu rechnen auf acht Jahre unter folgenden Bedingungen zu verleihen: 1. Soll er seiner eigenen Erklärung gemäß gehalten sein, die von ihm erfundene sogenannte Orphica nur von ordnungsmäßig berechtigten Instrumentenmachern verfertigen zu lassen; doch ist er nicht eben an die hiesigen Instrumentenmacher allein gebunden, sondern es steht ihm frei, sich auch

[1]) Pol. Ges. Samml. — [2]) Vgl. Pol. Ges. Samml., 1792, Mai 25., Aug. 20., 1793, Okt. 28, 1794, März 22. — [3]) Pol. Ges. Samml. — [4]) Statth. A. Wien, Normalien, 1810, A. 66, Nr. 4634. In Pol. Ges. Samml. nicht enthalten. Barth, a. a. O., II, 402; Beck, a. a. O.

anderer befugter Instrumentenmacher in Unseren Erblanden zu bedienen. 2. Hat derselbe einen genauen Abriß des von ihm erfundenen Instruments nebst einer umständlichen Beschreibung desselben bei Unserer niederösterreichischen Landesregierung zu hinterlegen, damit bei einer entstehenden Streitigkeit beurteilt werden könne, ob und inwieweit das etwa von einem anderen verfertigte ähnliche Instrument mit jenem des Erfinders übereintreffe, mithin ob der Fall der Verletzung des Privilegiums vorhanden sei"[1]).

Es bestand somit damals das System der Vorprüfung auf die Neuheit und Nützlichkeit der Erfindung hin. Noch deutlicher ist dies in der Urkunde vom 7. August 1795 ausgedrückt mit den Worten: „Da Wir nun über die durch die Behörde angestellten Proben, auch die dabei . . . . . wirklich bewiesene Nutzbarkeit . . . . dem Gesuche zu willfahren Uns entschlossen haben" . . .[2]).

Die Dauer des Alleinrechtes war nicht immer gleich, sondern wurde für jeden Fall besonders bestimmt, wobei über 15 Jahre nicht hinausgegangen wurde[3]).

Zu Anfang des 19. Jahrhunderts wurden in Zusammenhang mit mehreren Gesuchen um Privilegien auf Spinnmaschinen durch Hofdekret vom 14. April 1802 Verhandlungen wegen Erlassung eines Privilegiengesetzes angeordnet, somit wegen Erlassung allgemeiner Normen, nach welchen bei Privilegiengesuchen künftighin vorgegangen werden sollte. Im Jahre 1802 und 1803 wurden alle Länderstellen aufgefordert, ihre Gutachten über die Grundsätze bei Behandlung von Privilegiengesuchen abzugeben. Die Verhandlungen zogen sich, da die Länderstellen ihrerseits die unteren Behörden befragten und alle Fragen erschöpfend behandelten, sehr in die Länge[4]). Bis zur Zustandebringung und Erlassung des neuen Privilegienpatents von 1810 blieb alles beim Alten, es wurde für jeden einzelnen Fall wie bis dahin eine feierliche Urkunde mit Anführung aller Gründe der Verleihung ausgestellt[5]).

Privilegien-patent von 1810. Das Privilegienpatent vom 16. Jänner 1810 war das erste Privilegiengesetz Österreichs. Es bestimmte vor allem, daß ausschließende Rechte hauptsächlich auf Maschinen und Erfindungen im Fache der Mechanik zu erteilen seien. Bei Erfindungen, welche in die Chemie einschlagen, sei behutsamer vorzugehen, weil es bei denselben Schwierigkeiten unterliege, die Erfindung genau zu individualisieren. Auf Erfindungen auf dem Gebiete der Landwirtschaft sollen überhaupt keine Privilegien erteilt werden, weil die zur Verbesserung des Landbaus bestimmten Erfindungen zu gemeinnützig, zu sehr „der allgemeinen Offenbarung" unterworfen und überhaupt schon ihrem Wesen nach zu wenig zum ausschließenden Gebrauche geeignet seien, um Gegenstand eines Privilegiums zu werden. Die Verleihung erfolgte immer durch den Kaiser. Das System der Vorprüfung wurde aufrecht erhalten, jedoch nur insoweit, als die politische

---

[1]) Pol. Ges. Samml. — [2]) Pol. Ges. Samml. — [3]) Vgl. Pol. Ges. Samml., 1792, Mai 25., 1793, Okt. 28., 1794, März 22., 1804, Okt. 28. — [4]) Harkup. a, a. O. 32; die umfangreichen Verhandlungsakten befinden sich H. K. A. Kom. N.-Ö., Fasz. 72, Nr. 29 ex mart. 1810; St. A. Wien, 1810, Normalien, A 66, Nr. 4634. — Vgl. oben S. 185. — [5]) Vgl. Pol. Ges. Samml. 1804, Okt. 28.

Landesstelle berufen war, zu entscheiden, ob die Erfindung zur Privilegierung geeignet sei oder nicht. Hingegen fiel die früher üblich gewesene Befragung aller Länderstellen, um festzustellen, ob die Erfindung neu sei, hinweg. Als Höchstdauer des Alleinrechtes wurden 10 Jahre festgesetzt. Zum erstenmal wurde hier auch die Entrichtung von Taxen vorgesehen[1]).

Im Jahre 1817 wurde angeordnet, daß, so oft es sich um die Würdigung einer mechanischen Erfindung handelt, immer auch das Gutachten des polytechnischen Instituts eingeholt werden soll[2]).

Um auch ausländische Erfindungen dem inländischen Gewerbefleiße nützlich zu machen, ordnete der Kaiser 1814 an, daß die Gesandten alle Erfindungen auf dem Gebiete „der Künste und Industrie", von welchen sie Kunde erhalten, an die Hof- und Staatskanzlei mitteilen sollen[3]).

Nach der Vereinigung, beziehungsweise Wiedervereinigung des lombardischvenezianischen Königreiches mit der Monarchie mußte, da in Oberitalien das auf dem reinen Anmeldeverfahren beruhende französische Privilegiengesetz galt, um eine einheitliche Behandlung in der ganzen Monarchie zu ermöglichen, das Gesetz geändert werden[4]). Es wurden wiederum umfassende Beratungen vorgenommen, wobei sich auch die Notwendigkeit herausstellte, das Privilegienwesen durch das neue Gesetz derart zu regeln, daß es ermöglicht werde, ausländische Erfindungen mit ausländischen Kapitalien ins Inland zu verpflanzen.

Dieses neue Patent vom 8. Dezember 1820 bedeutet gegenüber dem früheren Patent vom einen wesentlichen Fortschritt. Danach sind zur Erlangung eines ausschlie- 8. Dez. 1820. ßenden Privilegiums alle neuen Entdeckungen, Erfindungen und Verbesserungen des In- und Auslandes im Gesamtgebiete der Industrie geeignet, es möge das Privilegium von einem In- oder Ausländer angesucht werden (§ 1). Besonders wichtig sind die Bestimmungen des § 11, welche den Inhalt des Alleinrechtes demjenigen einer Landesfabriksbefugnis näherten, wobei das Privilegium einerseits zeitlich auf die Dauer von höchstens 15 Jahren begrenzt, anderseits aber im Gegensatze zur Landesfabriksbefugnis verkäuflich, vererblich und jeder anderen Verfügung fähig war. „Der Privilegierte ist berechtigt, alle jene Werkstätten zu errichten und jede Art von Hülfsarbeitern in dieselben aufzunehmen, welche zur vollständigen Ausübung des Gegenstandes seines Privilegiums in jeder beliebig weitesten Ausdehnung nötig sind, folglich überall in der Monarchie Etablissements und Niederlagen zur Verfertigung und zum Verschleiße des Gegenstandes des Privilegiums zu errichten und andere zu ermächtigen, seine Erfindung unter dem Schutze seines Privilegiums auszuüben, beliebige Gesellschafter anzunehmen, um seine Erfindung zu benützen[5]), nach jedem Maßstabe zu vergrößern, mit seinem Privilegium selbst zu disponieren, es zu vererben, zu verkaufen, zu verpachten oder sonst nach Belieben zu veräußern und auch im Auslande auf seine Erfindung ein Privilegium zu nehmen" (§ 11).

---

[1]) Statth. A. Wien, Normalien, 1810, A 66, Nr. 4634; Pol. Ges. Samml. — [2]) Barth, a. a. O., IV, 126. — [3]) H. K. A. Kom. Kam., Fasz. 29, Nr. 3 ex Sept. 1814. — [4]) Harkup, a. a. O., 38, 51 ff.; Krauß, Geist der österr. Gesetzgebung usw. Einleitung. — [5]) Auch Aktiengesellschaften zu diesem Zwecke zu gründen (Kommerzhofkommissionsdekret v. 15. Okt. 1821).

Die Regierung hatte sich in keine Voruntersuchung über die Neuheit und Nützlichkeit der Erfindung einzulassen (§ 6).

Zum Zwecke der Hereinziehung ausländischer Erfindungen und ausländischen Kapitals wurde das Patent in die französische und englische Sprache übersetzt und durch die Gesandtschaften und Konsulate verteilt[1]).

Durch Hofkanzleidekret vom 4. Jänner 1821 wurde das neue Patent den Länderstellen bekanntgegeben mit dem Auftrage, zu veranlassen und dafür zu sorgen, daß nicht nur die Kreisämter und sonstigen Behörden, welche auf die Ausführung des Privilegiensystems irgend einen Einfluß zu nehmen haben, sondern auch hauptsächlich „der Gewerbs- und Fabrikantenstand, dessen vorzügliches Interesse das neue System beseelt", in hinreichende Kenntnis desselben gelangen[2]).

Nach diesem Gesetze wurden unzählige Alleinrechte auf allen Gebieten der Industrie verliehen. Auf Grund der dabei gesammelten Erfahrungen wurde durch allerhöchste Entschließung vom 20. Februar 1827 eine Revision des Patentes angeordnet, welche aber, da es sich bewährt hatte und der Erfindungsgeist während seiner Geltung große Fortschritte gemacht hatte, nur geringe Änderungen zur Folge hatte. Das Resultat dieser Revision war das Patent vom 31. März 1832, welches im wesentlichen mit dem vorigen übereinstimmte. Die wichtigste Änderung enthielt § 2, wonach auf die Bereitung von Nahrungsmitteln, Getränken und Arzneien keine Privilegien mehr verliehen werden sollten[3]). Dieses Patent blieb bis 1852 in Geltung[4]).

Patent vom 31. März 1832.

Als seit dem Anfange der dreißiger Jahre die Zuckerfabrikation aus Runkelrüben in Österreich festen Fuß faßte, da wurde, um Privilegienerteilungen auf diesem Gebiete zu ermöglichen, durch allerhöchste Entschließung vom 9. Mai 1834 angeordnet, daß der § 2 des Privilegienpatentes von 1832 auf die Erzeugung und Raffinierung von Zucker nicht anzuwenden sei[5]).

Seit Februar 1829 erfolgte, infolge kaiserlicher Ermächtigung, die Verleihung von Privilegien und die Bewilligung von Fristverlängerungen von der allgemeinen Hofkammer selbst[6]).

Besonders erwähnenswert ist noch das Hofdekret vom 6. Mai 1824, wonach bei der Erwerbsteuerbemessung gegenüber Inhabern ausschließender Privilegien diejenige Schonung zu beobachten sei, welche neue Erfindungen wegen der Hindernisse, mit denen sie zu kämpfen haben, verdienen[7]).

Auch wurden Inhaber von Privilegien bei Reisen in das Ausland von der Entrichtung der Reise-Lizenztaxe befreit und in dieser Beziehung den Fabrikanten, welche in Fabriksangelegenheiten und um neue Entdeckungen zu machen, Reisen unternahmen, gleichgestellt[8]).

---

[1]) Pol. Ges. Samml.; H. K. A. Kom. Kom., Fasz. 29, Nr. 117 ex aug. 1821, Nr. 73 ex apr. 1824. — [2]) Statth. A. Wien, Normalien, 1821, A 1, Nr. 4003. — [3]) Akten darüber H. K. A. Kom. Kam., Fasz. 29; A. d. k. k. Fin. Min. Kom., Fasz. 29, Nr. 77 ex apr. 1832; Pol. Ges. Samml.; Krauß, Geist der österr. Gesetzgebung usw. — [4]) Beck, a. a. O. — [5]) Statth. A. Wien, Normalien, 1834, A 1, Nr. 35642. — [6]) Hofkammerdekret vom 11. Febr. 1829; Harkup, a. a. O., 171; Krauß, a. a. O. 157. — [7]) Kopetz, a. a. O., II, 76; Harkup, a. a. O. 188 ff. — [8]) Harkup, a. a. O. 234 ff. — Vgl. auch oben S. 7.

Diese Verfügungen zeigen auch, wie sehr die Staatsverwaltung bestrebt war, neue Erfindungen möglichst zu begünstigen.

Daß die Verleihung von Alleinrechten einem wirklichen Bedürfnisse der Industrie entsprach und ohne Zweifel anregend und aneifernd wirkte, zeigt schon die unermeßliche Zahl der Privilegiengesuche und Verleihungen, namentlich seit dem dritten Jahrzehnte des 19. Jahrhunderts.

XIII. Kapitel.

Verhandlungen wegen Einführung eines gesetzlichen Schutzes von gewerblichen Mustern.

Als sich seit dem Anfange des 19. Jahrhunderts die Mode immer mehr geltend zu machen begann und die Industrie sich nach dem herrschenden Geschmacke richten mußte, da gewann der Erfindungsgeist der Industriellen und besonders der Zeichner der Textilfabriken eine immer größere Bedeutung. Wem es gelang, mit einem neuen Muster besonderen Anklang zu finden, der konnte auf guten Gewinn rechnen, vorausgesetzt, daß nicht ein Konkurrent das Muster bald kopierte. Letzteres kam auch sehr häufig vor. Dies mußte eine um so schlechtere Wirkung auf die Textilindustrie ausüben, als sich dadurch der Reiz zur Einführung neuer Muster verringern und es sich namentlich jeder Industrielle wohl überlegen mußte, sich neue, aussichtsvolle Muster um teueres Geld zu verschaffen, solange diese schutzlos von jedem Fabrikanten nachgemacht werden durften.

Aus diesen Gründen begannen die großen österreichischen Textilfabrikanten, und zwar vorerst die Baumwollfabrikanten, bei welchen ja Modemuster am meisten in Betracht kamen, bald an die Durchsetzung eines staatlichen Musterschutzes zu denken. Waren doch in Frankreich schon 1787 und 1806 Musterschutzgesetze ergangen und auch in England reichen die Anfänge einer solchen Gesetzgebung in das 18. Jahrhundert zurück[1].

In Österreich regten zum erstenmal die Baumwollfabrikanten im Jahre 1817 die Idee an, es möge zur Aneiferung des Erfindungsgeistes ein gesetzlicher Musterschutz eingeführt werden. Doch war die Zeit damals dafür noch nicht gekommen. War doch die Staatsverwaltung damals vollauf damit beschäftigt, alle lästigen Beschränkungen, welche der Entwicklung der Industrie entgegenstanden, allmählich zu beseitigen und der Gewerbefreiheit die Wege zu ebnen. Daß sich dieselbe Staatsverwaltung zur Einführung einer neuen, in Österreich bis dahin unbekannten Beschränkung herbeilassen würde, war daher von vornherein unwahrscheinlich. So meinte denn auch die Kommerzhofkommission, der verlangte Musterschutz würde nichts anderes bedeuten, als eine sehr lästige Beschränkung und eine ganz überflüssige Ausdehnung der für die freie Entwicklung der Industrie ohnehin anerkanntermaßen nachteiligen und nur durch die Wichtigkeit einer Erfindung zu rechtfertigenden Alleinrechte[2].

1817.

---

[1] Maresch, Art.: Muster- u. Modellschutz im Österr. Staatswörterbuch, II. Aufl. (1907). — [2] H. K. A. Kom. Praes., 1817, Nr. 614.

Durch diese Entscheidung war die Angelegenheit für lange Zeit erledigt. Die Mißstände, welche diese Forderung hatten reifen lassen, wurden jedoch immer ärger. Daher kamen die Baumwollfabrikanten im Jahre 1825 wieder auf diese Frage zurück und baten um Erlassung einer Vorschrift, wonach der Nachdruck von Mustern im Inneren der Monarchie für die Frist eines Jahres verboten würde. Es solle durch eine allgemein verbindliche gesetzliche Anordnung bestimmt werden, daß jeder Druckfabrik, ja selbst jedem einzelnen befugten Drucker, welcher sein neues Muster an dem zu bestimmenden gemeinschaftlichen Orte entweder offen oder versiegelt hinterlegt, von dem Tage des amtlich anzumerkenden Erlages der Alleingebrauch des neu erfundenen Dessins durch ein volles Jahr dergestalt gesichert sein solle, daß jede Druckunternehmung, welche eine solche Zeichnung während der Schutzfrist nachdrucken würde, eine angemessene Geldstrafe an die Staatskasse zu entrichten hätte.

Die darüber befragte Fabrikeninspektion meinte, das Begehren der Fabrikanten sei weder ausführbar noch notwendig. Nicht ausführbar, weil ja mehrere Fabriken die gleichen Dessins aus dem Ausland erhalten können und dann die Frage unmöglich zu beantworten sei, wer die Priorität habe. Schon seit 79 Jahren bestünden Kottonmanufakturen im Inlande, ohne daß sich bisher diese Notwendigkeit ergeben hätte, obwohl sie früher die Dessins immer aus dem Auslande bezogen, während jetzt die größeren Fabriken ihre eigenen Dessinzeichner hätten. Wie sollen denn übrigens die Fabriken benachrichtigt werden, welche Muster verboten seien, weil eine Fabrik sie zuerst angemeldet habe? Auch müßten die großen Kosten in Erwägung gezogen werden, welche bei Einführung des Musterschutzes durch Vermehrung des Beamtenpersonals entstehen würden.

Die niederösterreichische Regierung schloß sich der ablehnenden Ansicht der Fabrikeninspektion an. Denn der Ansporn bestehe bei den großen Fabriken eben im Nachdruck, indem sie dazu getrieben werden, immer neue Muster zu erfinden. Sonst würden die kleinen Fabriken und einzelnen befugten Drucker untergehen. Deshalb sei das Ansuchen der Fabrikanten zurückzuweisen.

Das polytechnische Institut, welches auch um seine Ansicht befragt worden war, hatte dieselben Bedenken. Darauf wandte sich die Hofkammer im Dezember 1825 an die Hof- und Staatskanzlei mit der Bitte, im Wege der Gesandtschaft in Paris in Erfahrung zu bringen, wie der Musterschutz in Frankreich organisiert sei. Im Jahre 1827 teilte die Staatskanzlei das Gesetz, welches in Frankreich zum Schutze der Muster erlassen wurde, der Hofkammer mit und beauftragte zugleich den Generalkonsul von Rothschild, über die Details ausführlichere Daten zu sammeln und zu berichten[1].

Die Angelegenheit schlief jedoch wieder ein und kam erst 1841, anläßlich eines besonderen Falles, der sich in Böhmen ereignet hatte, wieder in Fluß. Jetzt wurde auch die Frage erörtert, ob die eigenmächtige Entziehung und Benützung neuer Fabriksmuster nicht strafrechtlich verfolgt werden könnte.

---

[1] H. K. A. Kom. Kam., Fasz. 42, Nr. 53 ex mart., Nr. 117 ex sept., Nr. 128 ex dec. 1825, Nr. 43 ex febr. 1827.

Das böhmische Gubernium befragte darüber die Kreisämter. Von diesen sprachen sich fünf, nämlich das Berauner, Budweiser, Časlauer, Kaurzimer und Prachiner dahin aus, daß die Erlassung eines neuen diesbezüglichen Gesetzes nicht notwendig erscheine, teils weil diese Handlung als Betrug, Veruntreuung und Diebstahl nach den Strafgesetzen oder als Vergehen der Dienstuntreue bereits straffällig sei, teils weil die Vorschriften über Erfindungsprivilegien hinreichend seien und überhaupt Industrieprodukte mit Kunstgebilden und wissenschaftlichen Leistungen hinsichtlich des Schutzes geistigen Eigentums nicht verglichen werden könnten. Dagegen waren die übrigen elf Kreisämter für ein neues Gesetz, namentlich weil diese Handlung unter die gesetzlichen Begriffe des Diebstahls, Betrugs oder der Veruntreuung nicht untergeordnet werden könne, da durch Kopien kein materieller Gegenstand entzogen werde. Diese Kreisämter trugen daher entweder auf eine diesbezügliche Erweiterung der bestehenden Strafgesetze oder auf die Erlassung eines eigenen Gesetzes mit Strafsanktion an.

Die Prager Stadthauptmannschaft war auch für die Erlassung eines neuen Gesetzes, weil hier die Gesetzgebung eine Lücke aufweise, welche erst mit dem Fortschreiten der Industrie fühlbar geworden sei.

Das böhmische Gubernium schloß sich denn auch dieser Ansicht an und trug auf Erlassung eines Musterschutzgesetzes an.

Die Hofkanzlei drückte sich darüber dahin aus, die Anwendung der gegen den Nachdruck und Nachstich literarischer und künstlerischer Erzeugnisse bestehenden Verbotsgesetze auf Produkte der Industrie sei ganz unpassend. Auch wäre die Anwendung solcher Verbote im Gebiete der Industrie unausführbar und dem gewerblichen Fortschritte selbst hinderlich. Übrigens sei der dem Erfindungsgeiste der industriellen Sphäre nötige Schutz ohnehin durch das Privilegiensystem gewährt, weshalb die Hofkanzlei antrug, dem Vorschlage des böhmischen Guberniums keine Folge zu geben und höchstens vorerst die niederösterreichische Regierung und das mährisch-schlesische Gubernium einzuvernehmen, inwiefern die angetragenen oder ähnliche Maßregeln sich mit Rücksicht auf die in diesen beiden Provinzen gemachten Erfahrungen als zweckmäßig oder notwendig darstellen würden.

Die Hofkammer lehnte den Antrag des böhmischen Guberniums auch ab und schloß sich der Ansicht der Hofkanzlei an, „da der vorliegende einzelne Fall nicht sogleich einen Anlaß darbieten könne, bei den Justizbehörden auf eine Änderung der Strafgesetzgebung anzutragen oder noch weitere vorläufige Umfragen bei den Länderstellen einzuleiten". Diese ihre Ansicht teilte die Hofkammer am 19. März 1841 der Hofkanzlei mit, womit die Angelegenheit vorläufig wiederum erledigt war[1]).

Da aber die Entwicklung der Industrie einen solchen gesetzlichen Schutz unbedingt erforderte, so mußte die Idee bald wieder auftauchen.

Im niederösterreichischen Gewerbevereine wies Spoerlin am 3. März 1845 1845–1848. auf die Notwendigkeit eines solchen Schutzes hin. Der Verein sei bestrebt,

---

[1]) A. d. k. k. Fin. Min. Kom., Fasz. 17, Nr. 406 ex 1841.

die inländische Industrie durch Zeichenunterricht von ausländischen Zeichnern und Zeichnungen unabhängig zu machen und dies sei auch größtenteils gelungen. Geschickte Zeichner und gute Zeichnungen kosten jedoch viel Geld und dieses Geld sei förmlich verschwendet, solange der Nachdruck nicht verboten sei. Der Verein glaubte auf diese Anregung hin, als Ergänzung seiner Aktion zur Förderung des Zeichenunterrichtes die Initiative zur Schaffung eines Musterschutzgesetzes ergreifen zu sollen. Infolgedessen überreichte er im Mai 1846 ein Gesuch an den Kaiser um Erlassung eines solchen Gesetzes. Dabei stellte der Verein folgende Grundsätze auf: 1. Es ist ein dringendes Bedürfnis der Industrie, daß das Eigentum der gewerblichen Zeichnungserfindungen unter gesetzlichen Schutz gestellt werde. 2. Die Verleihung dieses Schutzes kann nur für eine gesetzlich bestimmte Zeit durch Deponierung der Zeichnung bei der hiefür bestellten Behörde erwirkt werden. 3. Die Schutzdauer ist verschieden nach vier Kategorien und zwar für Kleiderstoffe zwei Jahre, für Shawls und Tücher drei Jahre, für Tapeten, Teppiche, Möbel- und Kirchenstoffe fünf Jahre, für plastische Gegenstände zehn Jahre. 4. Die Verletzung des gesetzlich erwirkten Schutzes ist mit Geldstrafen und Konfiskation der nachgeahmten Gegenstände zugunsten des Geschädigten zu ahnden. 5. Dem Verletzten steht es überdies frei, Ersatz des nachweisbaren Schadens und volle Genugtuung zu verlangen. 6. Das Erkenntnis über Straffälligkeit, Schadenersatz und Genugtuung ist dem ordentlichen Richter zu überlassen. 7. Der Ausspruch über Neuheit und Identität einer als nachgeahmt bezeichneten Zeichnungserfindung ist nicht von Fall zu Fall von den Parteien zu wählenden Sachverständigen, sondern eigenen, aus Mitgliedern der Kunstakademien und ausgezeichneten Industriellen zusammengesetzten beständigen Kommissionen zu überlassen[1]).

Da dieses Gesuch der allerhöchsten Bezeichnung gewürdigt wurde, so mußte es von den Behörden in Verhandlung genommen werden. Es wurden nun die niederösterreichische Regierung, das polytechnische Institut sowie die Hof- und niederösterreichische Kammerprokuratur über dieses Projekt befragt, worauf alle Gutachten an das böhmische Gubernium gesendet wurden, damit sich dieses nach Einholung der Ansichten des böhmischen Gewerbevereines und des Prager polytechnischen Instituts ebenfalls darüber äußere[2]).

Die Direktion des Wiener polytechnischen Instituts, die Hof- und niederösterreichische Kammerprokuratur und die niederösterreichische Regierung waren der Ansicht, daß das Privilegienpatent vom 31. März 1832 vollkommen genüge, um auch den Zeichnungen im Gewerbefache den gewünschten Schutz zu gewähren, daß daher ein neues Gesetz für diesen besonderen Zweig industrieller Tätigkeit weder notwendig noch rätlich sei.

Hingegen schlossen sich die Generaldirektion des böhmischen Gewerbevereines und die Direktion des polytechnischen Instituts in Prag der Bitte des niederösterreichischen Gewerbevereines an, sprachen sich eifrig und dringend für die Erlassung des gewünschten Schutzgesetzes aus und stimmten den dies-

---

[1]) Auspitzer, 50 Jahre gewerbl. Bestrebungen, 309 f.; Akten im Statth. A. Wien, Karton 5764. — [2]) A. d. k. k. Fin. Min. Kom., Fasz. 17, Nr. 2334 ex 1846.

fälligen Anträgen des niederösterreichischen Gewerbevereines in der Hauptsache bei, wobei sie nur Modifikationen in den Detailbestimmungen wünschten. Die böhmische Kammerprokuratur fand die Anregung des niederösterreichischen Gewerbevereines vortrefflich und unterstützte daher das Gesuch auf das eifrigste. Das Gesuch des niederösterreichischen Gewerbevereines war am 17. April 1846 eingebracht worden. Am 19. Oktober desselben Jahres wurde das Gesetz zum Schutze des literarischen und artistischen Eigentums gegen unbefugte Veröffentlichung, Nachdruck und Nachbildung erlassen und trat sofort in Kraft. Daher stiegen der Hofkammer Bedenken auf und sie trat am 22. April 1848 alle Akten über die Verhandlungen zur Erlassung eines Musterschutzgesetzes an das Ministerium des Innern ab, „da mit dieser Angelegenheit Maßregeln bezielt werden, welche mit den Bestimmungen des zum Schutze des literarischen und artistischen Eigentums gegen unbefugte Veröffentlichung, Nachdruck und Nachbildung erlassenen Gesetzes coincidiren und in dem letzteren teilweise normiert wurden". Dabei meinte sie jedoch, daß die Wünsche der beiden Gewerbevereine alle tunliche Berücksichtigung verdienen dürften. Die Ansicht der Hofkammer, daß das Gesetz zum Schutze des literarischen Eigentums vielleicht auch auf den Musterschutz anwendbar sein könnte, ist ganz merkwürdig. Denn der § 9 dieses Gesetzes, welcher über den Gegenstand des Schutzes spricht, ist so gefaßt, daß auch die Punkte *b* und *d*, welche von Erzeugnissen von Manufakturen und Fabriken und von Gewerbeprodukten sprechen, unmöglich als Bestimmungen zum Schutze gewerblicher Muster gedeutet werden könnten[1]).

Inzwischen war aber die Erledigung der Angelegenheit wieder hinausgeschoben, so daß das erste österreichische Musterschutzgesetz erst ein Jahrzehnt später ins Leben treten konnte.

XIV. Kapitel.
Behandlung der Juden in Gewerbeangelegenheiten.

In gleicher Weise, wie sich die modernen liberalen Ideen zuerst auf wirtschaftlichem Gebiete Geltung verschafften, so setzte sich auch die religiöse Duldung zuerst auf diesem Gebiete, wenn auch nicht formell, so doch materiell durch.

Schon die in der ersten Hälfte des 18. Jahrhunderts aufgekommenen Schutzdekrete schlossen Protestanten keineswegs aus. Da die Protestanten aber nicht derartigen politischen Beschränkungen unterlagen wie die Juden, so waren zu ihrer Gleichstellung keine so großen Hindernisse zu überwinden, weshalb

---

[1]) A. d. k. k. Fin. Min. Kom., Fasz. 17, Nr. 580 ex 1848; Statth. A. Wien, Karton 5764; § 9 des Gesetzes vom 9. Oktober 1846 zum Schutze des literarischen Eigentums lautet: Bei Zeichnungen, Gemälden, Kupfer-, Stahl- und Steinstichen, Holzschnitten und anderen Werken der zeichnenden Kunst, sowie bei plastischen Kunstwerken ist als verbotene Nachbildung anzusehen: *a*) . . . . . *b*) wenn ein Kunstwerk als Muster für die zu einem wirklichen materiellen Gebrauche dienenden Erzeugnisse der Manufakturen, Fabriken und Handwerke benützt worden ist; *c*) . . . . . *d*) wenn ein nicht bloß zur Beschauung, sondern zu einem wirklichen materiellen Gebrauch bestimmtes oder ein nur zur Verzierung eines Gewerbsproduktes dienendes Erzeugnis der Plastik durch die zeichnende Kunst mit oder ohne Farben nachgebildet wird.

man auch in der zweiten Hälfte des 18. Jahrhunderts schon eine ganze Reihe hervorragender Fabriken durch Protestanten gegründet findet, die sich jeder Förderung seitens der Staatsverwaltung zu erfreuen hatten[1]).

Die Juden hingegen unterlagen seit jeher gewissen Beschränkungen, die ihnen das Fortkommen auch auf gewerblichem Gebiete erschweren mußten. Diese Beschränkungen, die nicht in allen Ländern gleich waren, schränkten namentlich ihr Aufenthalts- und Niederlassungsrecht und dies besonders auf dem flachen Lande stark ein und schlossen sie vom Erwerb unbeweglicher Güter aus. Geduldet wurden Juden überhaupt nur in den Sudetenländern, Galizien, Wien, Görz und Gradiska und Triest.

Die Kommerzialverwaltung war seit der zweiten Hälfte des 18. Jahrhunderts bemüht, die Juden zu nützlichen Staatsbürgern zu machen, weshalb sie, wenn sich Juden auf gewerblichem Gebiete betätigen wollten, fallweise die im Wege stehenden Beschränkungen beseitigte. Dies wiederholte sich so oft, daß es zur Regel wurde und es in den vierziger Jahren des 19. Jahrhunderts auf dem Gebiete der Industrie für Juden in den Ländern, in welchen sie überhaupt toleriert wurden, fast nur mehr formelle Beschränkungen gab, von denen auf eigenes Ansuchen fast in jedem Fall abgesehen wurde.

Nicht ohne Bedeutung war diesbezüglich der Einfluß der Aufklärungsideen und die Sprache der damaligen ökonomischen und staatswissenschaftlichen Literatur, welche immer wieder betonte, daß auf wirtschaftlichem Gebiete Beschränkungen aus religiösen Rücksichten nicht zulässig seien und daß in einem Lande, das blühende Manufakturen und Fabriken habe, vollkommene Gewissensfreiheit herrschen müsse[2]).

Unter Maria Theresia ordnete das Hofdekret vom 18. Jänner 1749 an, daß Juden zur Anlegung von Fabriken aufzumuntern seien[3]).

Das Judenpatent für Niederösterreich von 1782 verbot zwar in § 7 den Juden auch weiterhin den Aufenthalt auf dem flachen Lande, jedoch mit der gleichzeitigen Einschränkung, daß dieses Verbot nicht gelten solle, wenn sie eine Fabrik errichten oder sonst ein nützliches Gewerbe einführen wollen, in welchem Falle sie um Aufenthaltserlaubnis bei der Regierung ansuchen können. Allerdings durften sie auf dem Lande nur in Mietgebäuden Fabriken errichten, da sie kein Grundeigentum erwerben durften[4]).

Unter Josef wurde den Juden erlaubt, alle Gattungen von Gewerben zu erlernen und zu betreiben und der Ankauf öffentlicher Gebäude zu Fabrikszwecken gestattet (1785)[5]).

In Böhmen wurde den Juden durch Hofdekret vom 19. Oktober 1781 die Errichtung von Fabriken mit besonders kostbaren Maschinen gestattet. Durch Hofdekret vom 18. September 1785 wurde ihnen auch hier, obschon sie sonst zum Besitz unbeweglicher Güter unfähig waren, in Orten, wo sie toleriert

---

[1]) Vgl. z. B. die Brünner Wollindustrie in Festschr. der Brünner Handels- u. Gewerbekammer (1909) S. 54. — [2]) Justi, Von den Manufakturen und Fabriken, 2. Aufl., 1786, I, 34. — [3]) Wildner, a. a. O. 19. — [4]) H. K. A. Kom. Kämmer., Fasz 10, Nr. 48 ex apr. 1825. — [5]) Přibram, a. a. O,. I, 357 f.; Staatsrat, 1785, Nr. 3809.

waren, der Ankauf von Ärarial- und anderen öffentlichen Gebäuden zum Fabriksbetrieb erlaubt[1]).

In Mähren und Schlesien waren die Juden nach Art. 15 der General-Polizei- und Kommerzordnung für die mährische Judenschaft von 1754 sowie nach den §§ 1, 9, 10 und 11 des Toleranzpatents vom 13. Februar 1782 und nach dem Hofkanzleidekret vom 7. November 1795 in der Regel an die Orte, wohin sie nach der Toleranz der Familie gehörten, jedoch nicht so streng gebunden, daß sie nicht auch, zumal wenn es sich um einen Großhandel, um den Betrieb einer wichtigen und ausgedehnten Manufaktur oder Fabrik handelte, mit Bewilligung der Landesstelle an einem dritten Ort eines anderen Glaubensbekenntnisses in einer Kreis- oder selbst in der Hauptstadt der Provinz den zeitlichen Aufenthalt oder die zeitliche Toleranz hätten erhalten können[2]).

In Galizien war den Juden auf dem Gebiete der industriellen und kommerziellen Beschäftigungen nur das Schankgewerbe, der Besitz von Mahlmühlen, der Handel mit Pulver und Salniter, der Besuch der Jahrmärkte in Bergstädten und das Herumziehen mit geistlichen Ornaten und kirchlichen Paramenten untersagt. Sonst war ihnen in Galizien die Anlegung von Fabriken, also auch die Erwerbung von Grundstücken dazu gestattet und jenen Juden, welche sich um die Hebung der Industrie Verdienste erwerben würden, die Erteilung besonderer Begünstigungen versprochen. Durch die Judenverordnung vom 20. September 1789 wurde daran nichts geändert, indem die Juden zu allen Gewerben und sonstigen Nahrungswegen fähig erklärt wurden, welche den übrigen Landeseinwohnern durch die Gesetze offen gehalten wurden. Doch durften sie dem Ackerbaue keine Wirtschaften mittelst der Anlegung von Fabriken entziehen und nach dem Gesetze über die Landtafelfähigkeit durften sie überhaupt, also auch zum Betriebe von Fabriken keine Landtafelgüter erwerben[3]).

Die Behörden waren gerne bereit, auch die noch bestehenden Beschränkungen auf gewerblichem Gebiet in ihrer Wirkung zu mildern und fanden dabei die Unterstützung der Hofstellen, „da es in der Tat viel rätlicher zu sein scheint, die Juden zu ehrlichen Erwerbszweigen aufzumuntern, anstatt dieselben durch unerbittliche Strenge zum unbefugten Handel, zu Kontrebandeunternehmungen, zum Wucher, zur Agiotage und zu hundert anderen Schleichwegen gewaltsam zu zwingen, ohne diesen in so manchen geheimen Ramificationen schleichenden Unfug, der das allgemeine Beste untergräbt, durch noch so weise Gesetze verhindern zu können"[4]).

„Man muß es freimütig bekennen," so schrieb der Hofkammerreferent von Krauß im Jahre 1809, „daß wenn schon einmal was immer für eine Klasse Menschen in einem wohlgeordneten Staate geduldet wird, nach der hierortigen Überzeugung schon das allgemeine Interesse an und für sich selbst es erfordert, den ehrlichen Erwerb derselben und dadurch ihre Veredlung zu befördern. Wenn man dagegen diesen Menschen, gleich verworfenen Kasten, jeden Weg

---

[1]) Wildner, a. a. O., 21. — [2]) H. K. A. Kom. Kammer, Fasz. 10, Nr. 48 ex apr. 1825. — [3]) H. K. A. Kom. Kammer, Fasz. 10, Nr. 48 ex apr. 1825; Wildner, a. a. O., 23; Kopetz, a. a. O., I, 338. — [4]) H. K. A. Kom. N.-Ö., Fasz. 72, Nr. 48 ex apr. 1808.

262

der bürgerlichen Existenz versperrt und sie sogar von einem rechtmäßigen Handel, von gemeinnützigen Industrieunternehmungen ausschließen wollte, so müßte das Gepräge der Erniedrigung ihrem moralischen Gefühle jenen Charakter der Verworfenheit einflößen, der zu den gemeinschädlichsten Folgen, zum Wucher, zum Agiotieren, zum Schleichhandel . . . . führt"[1].

Bald ging man daran, den Juden zum Betriebe von Fabriken fallweise den Ankauf von Häusern außerhalb der Judenviertel zu gestatten. Schon 1791 wurde so einem Prager Fabrikanten gestattet, zur Errichtung einer Tücheldruckfabrik ein Haus außerhalb der Prager Judenstadt zu kaufen. Falls er die Fabrik nicht errichten würde, sollte er aber binnen drei Jahren das Haus wieder an einen Christen verkaufen[2]. Im Jahre 1801 bewilligte man den Prager Baumwolldruckfabrikanten Porges, einige zu ihrer Leinwandbleiche notwendige Grundstücke anzukaufen[3].

Zu einer wichtigen prinzipiellen Entscheidung führte 1817 ein Gesuch derselben Prager Leinwand- und Baumwolldruckfabrikanten Porges, Epstein, Wiener und Brandeis um Bewilligung des Ankaufes eines Hauses in der Prager Christenstadt zu ihrem Fabriksbetriebe, da die Unterbringung der Fabrik in der Judenstadt unmöglich sei. Zur Begründung ihres Ansuchens führten sie an, Seine Majestät hätte wiederholt den allerhöchsten Willen ausgesprochen, die Juden zum Betriebe nützlicher Gewerbe anzuleiten. Dies erfordere aber uneingeschränkten Besitz der Realitäten, welche zum Standorte der Werkstätten und Fabriken dienen sollen. Das böhmische Gubernium bemerkte, das Gesuch befürwortend, es seien zwar den Juden in § 51 des Judenpatents wesentliche Begünstigungen zugestanden worden, wenn sie sich entschließen, Produzenten auf dem Gebiete des Ackerbaues oder der Gewerbe zu werden. Allein wie sollen es die Juden anstellen, den Ackerbau zu betreiben, wenn ihnen nicht erlaubt ist, ein Grundeigentum zu erwerben? Der Jude soll ein Gewerbe ergreifen, er soll, was beim Besitze bedeutender Kapitalien vorzüglich wünschenswert sei, Fabriken anlegen. Und da erlaube man ihm nicht, die zu einem ausgedehnten Gewerbe- und Fabrikbetrieb erforderlichen Gebäude und Grundstücke eigentümlich zu erwerben, sondern verlangt, daß er kostspielige Vorrichtungen in fremdem Eigentum unternehme und bedeutende Kapitalien in fremde Gebäude investiere, deren kurze Miete er nicht wagen könne, während zu einer langjährigen der Eigentümer schwer oder nur gegen harte Bedingungen sich entschließe.

Die Kommerzhofkommission teilte die Ansicht des Guberniums und meinte, es entspreche nicht nur dem Interesse der inländischen Industrie, sondern könne auch in anderer Beziehung kaum einem Anstand unterliegen, diesem Gesuche, um die bestehenden Gesetze nicht aufzuheben, unter der ausdrücklichen Bedingung zu willfahren, daß diese Realitäten nur zum Fabriksbetriebe verwendet und, wenn die Fabriken aus was immer für einem Grunde eingehen würden, gleich wieder verkauft werden sollen.

[1] H. K. A. Kom. N.-Ö., Fasz. 72, Nr. 20 ex jan. 1809. — [2] Staatsrat 1791, Nr. 1814. — [3] Statth. A. Prag, 1796—1805, Kom., Fasz. 14, subn. 18.

Nachdem sich die Kommerzhofkommission mit der Hofkanzlei ins Einvernehmen gesetzt und diese die Einschränkungen formuliert hatte, unter welchen den Juden der Ankauf von Realitäten zum Fabriksbetriebe gestattet werden könnte, legte die Kommerzhofkommission Seiner Majestät durch Vortrag vom 14. Oktober 1817 den Antrag vor, unter den angeführten Vorsichten das Ansuchen der Prager Fabrikanten zu bewilligen.

Durch allerhöchste Entschließung vom 3. November 1817 erfolgte dies auch unter den angetragenen Bedingungen, und zwar 1. daß die Fabriksinhaber gehalten seien, die Zahl und den Flächeninhalt der anzukaufenden Realitäten gehörig auszuweisen. 2. Daß die Landesstelle das Verhältnis derselben zum Fabriksbedarfe mit der größten Strenge beurteile und bestimme. 3. Daß diese Realitäten einzig und allein zum Betriebe der Fabriken verwendet werden. 4. Daß der Besitz derselben lediglich auf die Dauer des Fabriksbetriebes beschränkt bleibe. 5. Daß den Besitzern zur unerläßlichen Pflicht gemacht werde, wenn ihre Fabriken in Verfall geraten sollten oder sonst aufgelassen werden, diese Realitäten sogleich wieder an einen Christen zu verkaufen. 6. Daß sie sich allen Steuern und Lasten, welche andere ansässige Gewerbsleute zu tragen haben, unterziehen, durch den zeitweiligen Besitz aber kein Bürgerrecht erlangen und daß endlich 7. diese Bedingungen grundbücherlich einverleibt werden[1]). *Entschließung vom 3. Nov. 1817*

Diese allerhöchste Entschließung war für die weitere Behandlung solcher Fälle von grundlegender Bedeutung. Es erfolgten seitdem mehrere solche Bewilligungen ausdrücklich unter den Bedingungen, welche in dieser allerhöchsten Entschließung festgesetzt worden waren[2]), die dann bis zum Beginn der Verfassungsära Geltung behielten.

Anderseits wagte man es nicht, so weit zu gehen, daß man gewisse Gesetze, namentlich die das Aufenthaltsrecht der Juden regelnden Bestimmungen aufgehoben hätte, auch nicht de facto. So wurde 1818 den Prager Druckfabrikanten Příbram und Jerusalem nicht bewilligt, ihre Wiener Fabriksniederlage persönlich oder durch einen Sohn verwalten zu lassen, da sich sehr viele Glaubensgenossen in derselben Lage befanden und dies daher auch allen übrigen erlaubt werden müßte. Dann würde durch Erlangung der Landesfabriksbefugnis und des damit verbundenen Niederlagsrechtes auch die Toleranz für Wien erlangt werden. Um die Toleranzgesetze, die aufrecht zu erhalten man guten Grund zu haben glaubte, durch eine solche Maßregel nicht in den meisten Fällen unanwendbar zu machen, entschloß sich daher die Hofstelle, die Gesuchsteller abzuweisen. Sie waren somit gezwungen, ihre Wiener Niederlage entweder durch einen Christen oder durch einen tolerierten Juden besorgen zu lassen[3]).

In besonders rücksichtswürdigen Fällen wurden jedoch auch da Ausnahmen gemacht. So wurde 1828 dem Elias Steiner, Hauptagenten der Ebreichsdorfer Zitz- und Kottonfabrik, der zeitliche Aufenthalt in Wien bewilligt, da er sich

---

[1]) H. K. A. Kom. Kommission, Fasz. 10, Nr. 90 ex Sept. 1817. — [2]) H. K. A. Kom. Kommission, Fasz. 10, Nr. 151 ex majo 1820, Nr. 61 ex oct. 1822; A. d. k. k. Fin. Min. Kom., Fasz. 20, Nr. 694 ex 1842. — [3]) H. K. A. Kom. Kommission, Fasz. 42, Nr. 54 ex apr. 1818.

große Verdienste um die Emporbringung dieser ins Wanken geratenen Unternehmung erworben hatte[1]).

Nicht nur die Hofstellen, sondern auch die Länderstellen bemühten sich, in der Judenfrage im Rahmen der bestehenden Gesetze möglichst liberal vorzugehen. Dies deshalb, „weil sich von der Tätigkeit und Genügsamkeit, die sie (die Juden) gewöhnlich mit natürlichen guten Anlagen glücklich verbunden besitzen und von den ansehnlichen Kapitalien, über die sie zu disponieren haben, viel Ersprießliches für die Nationalindustrie und selbst für die Ernährung sehr vieler durch die Handels- und Gewerbestockung um ihr Gewerbe gekommenen christlichen Landeseinwohner hoffen ließe, wenn es gelänge, sie durch gleich liberale Behandlung in das Gebiet der höheren Kunstbetriebsamkeit und Industrie zu locken"[2]).

Im Jahre 1825 wurden die Länderstellen durch die Hofkammer im Einverständnisse mit der Hofkanzlei ermächtigt, für Israeliten zum Betriebe von Unternehmungen, welche auf neuen, wirklich nützlichen privilegierten Erfindungen beruhen, einen längeren Aufenthalt außerhalb ihres bestimmten Wohnortes ausnahmsweise in Antrag zu bringen und nach Umständen auch noch für weitere tunliche Begünstigungen im Geiste der Gesetze bei der Hofstelle einzuschreiten. „Dadurch würden auch rücksichtlich des Betriebes von Privilegien durch Israeliten alle jene Rücksichten erzielt werden können, deren Beachtung in industrieller Beziehung wünschenswert erscheint"[3]).

Bei diesem Rechtszustande blieb es dann bis gegen die Mitte des 19. Jahrhunderts. Im Interesse der Industrie waren somit die Beschränkungen, denen die Juden im allgemeinen unterlagen, in ihrer Wirkung stark abgeschwächt worden, wodurch ihnen ermöglicht wurde, sich auf diesem Gebiet erfolgreich zu betätigen. Welch großer Unterschied zwischen den Ausführungen der Behörden in Judensachen in der ersten Hälfte des 19. Jahrhunderts und jenen der früheren Zeit, in welcher die Juden von vielen förmlich als rechtlos angesehen worden waren. Hatte doch der Prager Handelsstand im Vereine mit der Bürgerschaft im Jahre 1792 beim Gubernium ein ernstliches Projekt zur Gründung einer öffentlichen Leihbank eingereicht, zu deren Errichtung nach ihrem Vorschlage drei Viertel des von der böhmischen Judenschaft erworbenen Vermögens konfisziert werden sollten[4])!

Daß sich die Juden, denen die meisten Wege zu öffentlichen Stellungen verschlossen waren, auf wirtschaftlichem Gebiete nach Hinwegräumung oder wenigstens Milderung der ihnen hier entgegenstehenden Hindernisse stark betätigten, liegt auf der Hand. Diese einseitige, sich nur auf Handel und Industrie beziehende, liberale Judenpolitik seit Josef II. und intensiver seit dem Anfange des 19. Jahrhunderts legte in Österreich den Grund zum dauernden Übergewicht des Judentums auf wirtschaftlichem Gebiete.

---

[1]) H. K. A. Kom. Kammer, Fasz. 10, Nr. 61 ex febr. 1828. — [2]) Bericht des Brünner Gubern. v. 22. Jänner 1825. H. K. A. Kom. Kammer, Fasz. 10, Nr. 92 ex febr. 1825. — [3]) H.K. A. Kom. Kammer, Fasz. 10, Nr. 48 ex apr. 1825; ebenso Hofkanzleidekret vom 29. April 1825 bei Harkup, a. a. O., 177. — [4]) Statth. A. Prag, 1806—1815, Kom., Fasz. 12, subn. 59, 1811, Dez. 27.

Zweites Buch.

□ □ □

Geschichte der besonderen Industriepolitik und
die Entwicklung der einzelnen
Industriezweige.

XV. Kapitel.

Die Baumwollindustrie.

1. Die allgemeinen Verhältnisse und die Maßnahmen der Staatsverwaltung.

Die Anfänge der österreichischen Baumwollindustrie reichen bis in das 17. Jahrhundert zurück. Lange war dieser Erwerbszweig, dem man zuerst im nördlichen Böhmen in ausgedehnterem Maße begegnet, noch ganz handwerksmäßig und hatte sich auch keiner Förderung seitens der Staatsverwaltung zu erfreuen, da es dem Geiste der merkantilistischen Ideen widersprach, einen Industriezweig zu unterstützen, der den Rohstoff aus dem Auslande beziehen mußte. Ein Hörnigk mußte aus diesem Grunde ein Gegner der Baumwollindustrie sein[1]).

In der ersten Hälfte des 18. Jahrhunderts entstanden mehrere Fabriken, die auch Privilegien erhielten. Erst nach Ablauf dieser nicht mehr erneuerten Alleinrechte im Jahre 1763 nahm die Zahl der Gründungen stärker zu[2]). Aber auch in dieser Zeit war von einer weitergehenden Förderung noch nichts zu merken, was aus den oben angeführten Gründen nicht wundernehmen kann, da selbst einsichtsvolle Männer der Meinung waren, daß unter den Landesmanufakturen jene den Vorzug verdienen, zu welchen das Land selbst die „materiam primam" darreicht[3]). Gegen Ende des 18. Jahrhunderts wich jedoch diese Anschauung immer mehr und dieser Industriezweig wurde bald ebenso gefördert wie alle anderen.

Ein Hofdekret vom 9. Jänner 1786 gab bekannt, daß einwandernden, fremden, geschickten Baumwollkunstwebern ein Betrag von 100 fl. verabreicht, dann noch andere Begünstigungen bezüglich der Personalsteuer, Befreiung von der Rekrutierung, ungehinderte Rückkehr in die Heimat und die Religionstoleranz zugestanden werden sollen[4]).

Die Befürchtung, daß die Schafwoll- und Leinenindustrie durch die Entwicklung der Baumwollindustrie leiden könnte, kehrt aber immer wieder. So wurde durch Hofdekret vom 27. März 1789 verordnet, daß bei Verbreitung der Baumwollwarenerzeugung besonders darauf gesehen werden solle, daß sie nicht in jene Gegenden, wo die Leinen- und Schafwollmanufaktur betrieben wird, eingeführt werde, weil für die letzteren der Rohstoff im Lande erzeugt werde, weshalb sie jederzeit den Vorzug verdienen[5]).

Die Baumwollwarenfabriken von damals, die sich namentlich in Böhmen

---

[1]) Vgl. darüber auch Salz, Gesch. d. böhm. Ind. 331 f. — [2]) Hallwich, Leitenberger, S. 5 f.; derselbe, Anfänge d. Großind., S. 43 ff.; derselbe, Die Industrie Böhmens in öst.-ung. Mon. in v. b. Wort und Bild, Böhmen, 636 ff. — [3]) Riegger, Materialien, Bd. IV, Heft XII, S. 187 (1793). — [4]) Hallwich, Leitenberger, S. 77. — [5]) Schreyer, Kommerz, Fabriken usw., I, 210.

und Niederösterreich stark verbreiteten, waren ganz nach dem Verlagssystem organisiert, so daß sie durch Spinnen und Weben zahlreichen Bewohnern des flachen Landes einen Erwerb verschafften; nur die Druckerei und sonstige Appretur erfolgte in den Fabrikswerkstätten. Während so 1789 in Böhmen an 24.000 Spinner von den Baumwollwarenfabriken beschäftigt wurden, stieg diese Zahl bis gegen Ende des 18. Jahrhunderts schon auf 40.000 an[1]).

Die Besorgnis der Staatsverwaltung, die Baumwollindustrie könnte die Leinenwarenerzeugung beeinträchtigen, war nicht unbegründet. Die Erzeugung von Baumwollwaren begann sich alsbald so stark zu verbreiten, daß sie in Böhmen schon um 1790 die Leinenweberei in manchen Gegenden stark zu bedrängen begann[2]). Diese starke Ausbreitung konnte sich um so leichter entfalten, als seit 1773 nicht nur die Leinwand-, sondern auch die Kottondruckerei als ein freies Gewerbe jedermann gestattet war, seit 1779 auch ohne hiezu die nötigen Fähigkeiten nachzuweisen. Bald nahmen die Unternehmungen dieser Art infolgedessen so sehr zu, daß sich die Konkurrenz immer mehr geltend machte[3]).

Die Prager „Leiwand-, Kotton- und Tücheldruckfabrikanten" überreichten 1790 bei der Hofkanzlei eine Vorstellung, sie würden durch die allzu sehr ausgedehnte Freiheit im Betriebe dieses Gewerbes gedrückt und geschmälert. Es seien in Prag schon 19 Druckereien und mehrere auf dem Lande entstanden[4]). Diese Wünsche der Kottondruckfabrikanten um Beschränkung der Verleihungen hatten nur den Erfolg, daß 1796 eine Kottondruckordnung erlassen wurde, wobei jedoch die Druckerei auch weiterhin ein freies Gewerbe blieb[5]).

Um die Jahrhundertwende gewannen in der Baumwollindustrie, wie in der Textilindustrie überhaupt, mehrere bahnbrechende Verbesserungen immer mehr an Verbreitung. So in der Spinnerei die Anwendung von Spinnmaschinen, in der Weberei die Verwendung des Schnellschützen und in der Druckerei die Umwandlung des Hand- oder Tafeldruckes mit hölzernen Formen in den Plattendruck mit gravierten kupfernen Platten[6]).

Daß sich die Stellung der Staatsverwaltung zur Baumwollindustrie schon geändert hatte, zeigt der Umstand, daß 1803 Leitenberger in Wernstadtl wegen der einige Jahre vorher in seine Fabrik mit gutem Erfolg eingeführten englischen Spinnmaschinen vom Kaiser belobt und mit der Landesfabriksbefugnis auf seine Baumwollspinnerei ausgezeichnet wurde, ebenso wie mehrere andere Fabrikanten, die vor 1801 Spinnmaschinen verwendeten, die förmliche Fabriksbefugnis auf die Baumwollspinnerei erhielten und belobt wurden[7]).

Seit der Einführung der Spinnmaschinen gewann die Baumwollmaschinenspinnerei nicht nur in Böhmen, sondern auch in Niederösterreich und in Vorarlberg bald eine große Bedeutung[8]).

In der Druckerei ist zu Anfang des 19. Jahrhunderts ein weiterer großer

---

[1]) Schreyer, Warenkabinett (1799), S. 167 f. — [2]) Schreyer, Kommerz, Fabriken usw., I, 210. — [3]) Hallwich, Leitenberger, S. 76; Salz, a. a. O., S. 335 ff. — [4]) Hallwich, Leitenberger, S. 78 f. — [5]) Hallwich, Leitenberger, S. 80 ff.; Salz, a. a. O., S. 338; vgl. auch unten S. 275 ff. — [6]) Keeß u. Blumenbach, a. a. O., I, 121, 164; Hallwich, Leitenberger, S. 87 f.; derselbe, Anfänge der Großind., S. 71. — [7]) Vgl. oben S. 186 f. — [8]) Vgl. unten S. 279 ff.

Fortschritt zu verzeichnen, indem der Tafeldruck durch den Walzendruck ersetzt wurde, was eine wesentliche Vervollkommnung bedeutete. Zuerst wurde der Walzendruck durch die Gebrüder Stolle in ihrer Fabrik zu Warnsdorf 1803 eingeführt. Ihnen folgten die gräflich Rottenhansche Fabrik zu Postupitz und andere Unternehmungen in Böhmen, in Niederösterreich zuerst die Kettenhofer Fabrik[1]).

Die Zahl der Gründungen von neuen Unternehmungen zur Baumwollspinnerei, Erzeugung von Baumwollwaren und zur Baumwollwarendruckerei ist von der Jahrhundertwende bis gegen die Mitte des 2. Jahrzehnts des 19. Jahrhunderts eine sehr große. Die große Menge von Papiergeld und seit 1806 die Fernhaltung der englischen Konkurrenz durch die Kontinentalsperre steigerten den Gründungs- und Unternehmungseifer außerordentlich. Die stark erhöhte Produktion erleichterte die Einführung von Spinnmaschinen, was auch durch den in diesen Kriegszeiten empfindlich fühlbaren Mangel an genügenden Arbeitshänden zum Spinnen gefördert werden mußte, wobei aber anderseits die Finanzkrise von 1811 und die dadurch hervorgerufene Erschütterung der Kreditverhältnisse eine allgemeine Verbreitung des Maschinenwesens wesentlich erschwerte.

Obwohl die Baumwollindustrie in dieser Zeit einen mächtigen Aufschwung genommen hatte und unter den Industriezweigen der Monarchie schon einen hervorragenden Platz einnahm, wollten die Stimmen auch jetzt noch nicht verstummen, die dieselbe aus noch aus der merkantilistischen Zeit herrührenden Gründen als für den Staat schädlich hinstellten; ja man konnte solche Ansichten sogar von jenen Faktoren vernehmen, die zur richtigen Würdigung und Beurteilung der Industrie in erster Linie berufen waren.

Nach einem Berichte des Prager Kommerzienrates Rößler waren 1810 in Böhmen 163 teils Hand-, teils englische Spinnmaschinen in Verwendung. Die Kreisämter waren meistens der Meinung, daß man die Baumwollmanufakturen erweitern, die Unternehmer unterstützen und zur Verwendung von Baumwollspinnmaschinen aufmuntern solle. Nur der Kommerzienrat war merkwürdigerweise weit entfernt, diesen Anträgen der Kreisämter beizutreten, indem er die Baumwollmanufakturen „für die weit ergiebigeren vaterländischen Gewerbe, welche inländische Rohprodukte verarbeiten, sehr abträglich und überhaupt für das Land sehr verderblich" fand und dieselben „als eine Mißgeburt des inländischen Kunstfleißes" bezeichnete. Deshalb sei diese Beschäftigung vom Staate keineswegs zu unterstützen. Doch wurden diese Ansichten des Kommerzienrates vom böhmischen Gubernium keineswegs geteilt. Unter Hinweis darauf, daß sich die Zahl der Baumwolldruckfabriken seit kurzem ganz außerordentlich vermehrt habe, und daß die Fabrikanten den häufigen Bestellungen nicht genügen konnten, meinte die Landesstelle, daß sich „das Eifern des Kommerzienrats gegen den Luxus und die Üppigkeit des schönen Geschlechtes, das nach den feinsten und leichtesten Baumwollzeugen lüstern sei" in kommerzieller Hinsicht nicht rechtfertigen lasse. Der Luxus sei überhaupt die Quelle der Betriebsamkeit und des Erwerbes. Den stets abwechselnden Launen der Mode, der

---

[1]) H. K. A. Kom., N.-Ö., Fasz. 72, Nr. 48 ex aug. 1807, Nr. 7 ex majo 1808.

Üppigkeit der Reichen, den Phantasien der Damen verdanke die vaterländische Industrie größtenteils ihren Aufschwung und den blühenden Zustand so vieler Fabriken und Gewerbe. „Es würde sehr mißlich um Böhmens Handel und Manufakturen stehen, wenn die Königstöchter, wie der Kommerzienrat an der Vorzeit lobt, noch immer in selbst gesponnenem und selbstgewebtem Wollenzeug sich kleideten, wenn die verzärtelten Töchter von den Sitten und Moden ihrer Mütter nicht abgewichen wären, und wenn Geschmack, Erfindungsgeist und Hang zum abwechselnden Lebensgenuß in den neueren Zeiten nicht so große und schnelle Fortschritte gemacht hätte". Der Eifer und die Heftigkeit, mit welcher der Kommerzienrat gegen die Baumwollmanufaktur losziehe, indem er sie einen schädlichen Auswuchs, eine wahre Mißgeburt des inländischen Kunstfleißes nenne, erzeugt von üppigen Weibern, unvernünftigen Verächtern und Unterdrückern der so schätzenswerten vaterländischen Urstoffe, genährt mit dem bitteren Schweiße der Hausväter und auf Unkosten weit ergiebiger vaterländischer Gewerbe entstanden, diese Heftigkeit sei nicht am Platze. Die Geldsummen, welche für Baumwolle und selbst für Gespinste aus dem Lande gehen, seien nichts weniger als verloren; ein bedeutender Teil derselben werde durch Export von Baumwollwaren vom Auslande wieder gewonnen und ungeheure Kapitalien werden durch diesen Fabrikations- und Handelszweig zur Belebung der Nationalindustrie in Verkehr gebracht.

Auch von einem Einfuhrverbote fremder Baumwollgespinste riet daher das Gubernium ab, höchstens könnte der Zoll auf dieselben erhöht werden. „Wird in der Folge durch den Vorsprung, den die Inhaber der Spinnmaschinen durch Erhöhung des Zolles auf fremden Baumwollgarn erhalten, die Maschinenspinnerei vermehrt werden und dem Bedürfnisse der Baumwollwarenfabriken zusagen, wozu die Unterstützung der Unternehmer mit unverzinslichen Vorschüssen, die Hereinziehung, Aufmunterung und Belohnung geschickter Maschinisten, die Befreiung derselben von der Rekrutenstellung, sowie die Mitwirkung des polytechnischen Instituts durch geschickte Anleitung und Modelle zum möglichst einfachen und zweckmäßigen Maschinenbau, die Festsetzung angemessener Prämien auf die meiste und feinste Erzeugung der Maschinengespinste und die Berücksichtigung eigener und zulänglicher Spinnmaschinen bei Verleihung der Landesfabrikprivilegien an die Baumwollwarenerzeuger das meiste beitragen kann, so mag die Einfuhr der fremden Baumwollgespinste überhaupt verboten werden". Auf jeden Fall werde sie dann von selbst abnehmen[1].

Als die Spinnfabriken in Österreich immer mehr zunahmen, da soll England alles daran gesetzt haben, um deren Aufkommen zu verhindern. Nicht nur daß

---

[1] Statth. A. Prag, 1806—1815, Kom., Fasz. 13, subn. 9. Noch 1817 wagte es ein gewisser Josef Franz Klingner, einen Aufsatz: „Über die Schädlichkeit der hierländigen Baumwollmanufakturen für den Staat" an die Hof- und Staatskanzlei zu senden, welche ihn an die Kommerzhofkommission übersendete. Letztere schickte ihn aber dem Verfasser mit der Bemerkung zurück, daß der Aufsatz keine neue Idee enthalte und daher zu keinem Gebrauch dienen könne, „man jedoch hieraus seinen wohlgemeinten Eifer erkenne" (H. K. A. Kom. Kom., Fasz. 5, Nr. 14 ex dec. 1817).

die englischen Garnfabrikanten ihre „Musterreiter" viel zahlreicher als früher nach Österreich geschickt haben sollen, um die österreichischen Baumwollwarenfabriken mit englischem Garne genügend zu versehen, und so den Absatz der hiesigen Spinnereien zu unterbinden, England setzte außerdem seine Spinnfabriken teils durch Prämien, teils durch andere Begünstigungen in den Stand, mit den Preisen der Gespinste um 30% zu fallen, obwohl die Baumwolle um 40% im Preise gestiegen war. Unter Angabe dieser Tatsachen suchten die großen niederösterreichischen Spinnereien 1808 um eine Prämie von 30% und um Zollerhöhung gegenüber dem englischen Garn an. Diesmal wurden die Fabriken mit ihrem Gesuche noch abgewiesen[1]).

Nachdem aber der obige Bericht des böhmischen Guberniums von 1810 auch auf Erhöhung des Zolles auf ausländische Baumwollgarne antrug, so erfolgte durch Hofdekret vom 25. Dezember 1811 „in Erwägung, daß die inländischen Baumwollspinnereien bereits in einem solchen Stande sich befinden, daß dieselben die inländischen Baumwollmanufakturen mit dem ihnen notwendigen Garne besonders von den niederen Nummern vollständig zu versorgen imstande sind, um zum Besten des Staates den Ausfluß des guten Geldes soviel als tunlich zu vermindern und um den Erwerb im Lande zu befördern" die Erhöhung des bisherigen Zollsatzes von 20 fl. vom Zentner netto auf 50 fl. W. W. vom Zentner netto ohne Rücksicht auf die Nummer[2]).

Schon um 1807 betrug die Einfuhr roher und geschlagener Baumwolle in die Monarchie über drei Millionen Pfund. Um dieses Passivum zu eliminieren, wurden vielfach Anstrengungen gemacht, die Baumwolle im Inland anzubauen. Die ersten diesbezüglichen Versuche fanden 1783 in der Gegend von Temesvar statt, wurden aber bald wieder aufgegeben. Vor 1809 wurden die Versuche bei Fünfkirchen, sowie in mehreren Distrikten des Banates und der Militärgrenze wiederholt und 1809 die ersten Proben davon nach Wien geschickt. Diese Versuche wurden aber ebenfalls wieder aufgegeben, da sich das Klima der Monarchie zum vollständigen Ausreifen der Samen als nicht geeignet erwies[3]).

Das Finanzpatent von 1811 und die Aufhebung der Kontinentalsperre übten wie auf viele andere Berufszweige auch auf die Baumwollindustrie einen schlechten Einfluß aus, auf diese um so mehr, als sie sich vorher in einem Zustande der Hochkonjunktur befand, wie keine zweite Industriegruppe. Nach der Finanzoperation von 1811 schwand die Täuschung des Nominalwertes, die Preise stiegen, statt des ehemaligen Überflusses an Papiergeld wurde Geldmangel fühlbar, auch die außerordentliche Nachfrage nach Waren aller Art hörte auf, auf den Aufschwung folgte eine allgemeine Stockung. Nach der Aufhebung der Kontinentalsperre konnte die junge österreichische Baumwollindustrie außerdem der Überschwemmung durch englische Waren im Wege des Schleichhandels nicht die Spitze bieten. Nicht nur, daß ihr Export auch aufhörte, sie wurde trotz des höheren Zolles auch in ihrem inländischen Absatze bedroht. Kein Wunder daher, daß von 1814 an ein starker Rückgang der Baum-

---

[1]) H. K. A. Kom., N.-Ö., Fasz. 72, Nr. 18 ex mart. 1808. — [2]) Statth. A. Prag, 1806—1815, Kom., Fasz. 13, subn. 9. — [3]) Keeß, a. a. O., I, 123 f.

wollindustrie zu verzeichnen ist, worauf ein längerer Stillstand folgte[1]). Neugründungen wurden seit 1814 schon sehr selten. Anderseits gerieten selbst alte berühmte Fabriken ins Schwanken und Arbeiterentlassungen waren an der Tagesordnung[2]).

So baten 1817 selbst die Interessenten der großen Kettenhofer Fabrik um einen staatlichen Vorschuß von 500.000 fl. und zur Rettung der Baumwollindustrie um Verschärfung und sorgfältige Handhabung der bestehenden Einfuhrverbote, sowie um Beschränkung des Hausierens und der damit im Zusammenhang stehenden kleinen Druckereien.

Der Referent der Kommerzhofkommission anerkannte zwar die Bedeutung und den Umfang der Fabrik, die Güte ihrer Erzeugnisse, sowie die Verdienste, die sie sich um die österreichische Baumwollindustrie erworben hatte, weshalb auch ihre Erhaltung sehr wünschenswert wäre, auch ohne in Betracht zu ziehen, daß Tausende von Menschen durch ihren Untergang brotlos würden. Anderseits war er aber der Meinung, daß wenn diese Fabrik bei den ansehnlichen Hilfsquellen, die ihren Interessenten selbst zu Gebote stünden, bei dem ausgebreiteten Kredit, den sie genieße, und bei den sehr bedeutenden Realitäten, die sie besitze, sich nicht mehr zu erhalten imstande sei, auch nicht gehofft werden könne, daß sie durch eine staatliche Unterstützung gerettet werden könnte. Außerdem wäre es dem Ärar bei seiner finanziellen Lage selbst sehr schwer, eine so große Unterstützung zu gewähren. Aber selbst im Falle, daß die staatlichen Finanzen ein so bedeutendes Opfer erlauben würden, meinte der Referent weiter, würde man von seiten der Kommerzhofkommission niemals darauf einraten können, diese Summe einer einzigen, wenn auch sehr großen Unternehmung zu widmen, sondern es weit nützlicher und zweckmäßiger finden, dieselbe zur Aufrechterhaltung und Unterstützung kleinerer Fabrikanten zu verwenden, welchen es weit schwerer und oft unmöglich sei, sich die nötigen Geldmittel zu verschaffen.

Wegen Abhilfe gegen den überhandnehmenden Schleichhandel wandte sich die Kommerzhofkommission an die allgemeine Hofkammer um entsprechende Maßnahmen. Sonst aber meinte sie, nichts tun zu können, da die Ursache der traurigen Lage der inländischen Industrie „in der allgemeinen Stockung des Handels und in der durch die wieder eröffneten Seehäfen entstandenen Veränderung desselben, dann in dem Rückgang eines vieljährigen Kriegszustandes zu einem friedlichen, dem Absatze vieler Artikel nicht günstigen Zustand, insbesondere aber in den Geldverhältnissen und in der Teuerung der Lebensmittel und des Arbeitslohnes, welchen Übeln auf einmal zu steuern nicht möglich sei", gesucht werden müsse[3]).

Die niederösterreichische Regierung trug den Kreisämtern auf, bei Arbeiterentlassungen den Dominien in der Umgebung nachdrücklichst zu empfehlen, brotlos gewordene Fabriksarbeiter anderen Nahrungsquellen, namentlich den Beschäftigungen der Landwirtschaft, zuzuführen[4]).

---

[1]) H. K. A. Kom. Kam., Fasz. 29, Nr. 16 ex febr. 1814. — [2]) H. K. A. Kom. Praes., 1817, Nr. 229; Kom. Kom., Fasz. 31, Nr. 186 ex jul. 1817. — [3]) H. K. A. Kom. Kam., Fasz. 31, Nr. 125 ex febr. 1817. — [4]) H. K. A. Kom. Kom., Fasz. 31, Nr. 186 ex jul. 1817.

Auch die böhmischen Baumwollfabrikanten, darunter selbst die bedeutendsten wie Leitenberger, Graf Kinsky, Wünsche, Fürst Auersperg, Ballabene u. a.,
richteten ihre Vorstellungen an den Kaiser mit der Bitte um Beschränkung der
Liberalität, welche die Industrie zugrunde richte und um sonstige Abhilfe. Es
konnte ihnen jedoch gegen die widrigen Zeitverhältnisse auch nicht anders geholfen werden, als daß sie angewiesen wurden, die von der Staatsverwaltung
schon getroffenen Maßregeln (vor allem die Ausdehnung der Prohibition auf
die oberitalienischen Provinzen) oder noch im Zuge befindlichen Einleitungen
vertrauensvoll abzuwarten[1]).

Im Jahre 1818 wiederholten sich dieselben Erscheinungen. So entließen
die Baumwolldruckfabriken zu Himberg und Kettenhof und die Spinnerei zu
Schwadorf neuerdings viele Arbeiter. Selbst die an letzterem Orte bestandene
Schule für die Fabrikskinder wurde aufgelöst.

Neben der allgemeinen Teuerung der Lebensmittel und der Löhne wurde
besonders der Druck der Erwerbsteuer stark empfunden, ebenso wie der hohe
Zoll auf Baumwolle nicht nur diesen Rohstoff wesentlich verteuerte, sondern
zu Einschwärzungen von Baumwollwaren geradezu ermunterte[2]).

Im selben Jahre zeigte Graf Bouquoy dem böhmischen Gubernium an,
daß er den Betrieb der Gemnischter Fabrik wegen Mangel an Absatz gänzlich
einstellen müsse, mit der Bemerkung, daß, wenn schon diese sehr wohl eingerichtete und seit langem rühmlich bestehende Fabrik, deren Besitzer doch noch über
andere Hilfsmittel verfügen könne, zur Auflösung gezwungen sei, sich von den
auf ihren Fabriksfonds beschränkten Unternehmungen und den Gewerben
beim immer weiter um sich greifenden Mangel an Absatz nichts Günstigeres
erwarten lasse. Namentlich das mit einer bis dahin niemals üblich gewesenen
Härte gehandhabte Besteuerungssystem müsse zur Folge haben, daß sowohl
die produzierenden als auch die konsumierenden Stände verarmen würden,
da sich jeder nur auf das Allernotwendigste zu beschränken gezwungen sei.
Zugleich zeigte er an, daß er bald auch die Rothenhauser Fabrik einstellen wolle.

Die Kommerzhofkommission legte diese Anzeige des Guberniums zu den
Akten, da sich gegen die widrigen Zeitumstände nichts machen lasse[3]).

Selbst die Firma Leitenberger zu Kosmanos, welche nach einem Berichte
des österreichischen Generalkonsuls in Leipzig wegen der Vorzüglichkeit ihrer
Waren das Gespräch von halb Deutschland bildete, sah sich gezwungen, um einen
Vorschuß von 300.000 fl. anzusuchen oder wenigstens um die Bewilligung, die
zu ihrem Fabriksbetriebe notwendigen Farbmaterialien und Garne durch
zehn Jahre zollfrei aus dem Auslande beziehen zu dürfen. Sie erhielt dies zwar
nicht, aus denselben Gründen, wie sie die Kommerzhofkommission bezüglich
des früheren Vorschußansuchens der Kettenhofer Fabrik auseinandergesetzt
hatte; wohl aber wurde im Juli 1818 Franz Leitenberger vom Kaiser wegen
der Vorzüglichkeit seiner Leistungen die große, seinem Gesellschafter und
Schwiegersohn Ignaz d'Orlando, sowie dem Koloristen Köchlin und dem

---

[1]) Vgl. oben S. 66 ff. — [2]) H. K. A. Kom. Kom., Fasz. 42, Nr. 5 ex jun. 1818. — [3]) H. K. A.
Kom. Kom., Fasz. 31, Nr. 31 ex febr., 28, 163 ex apr. 1818.

Zeichner Jeremias Singer die mittlere goldene Zivilehrendenkmünze mit Öhr und Band verliehen[1]).

Da die Maßnahmen der Regierung nichts halfen, weil sie nicht viel helfen konnten und sich die ungünstigen Wirkungen so vieler verschiedener krisenerzeugender Umstände erst allmählich beheben konnten, so kamen die Baumwollfabrikanten als erste unter allen Industriezweigen auf die Idee, ihren Bestrebungen durch eine gemeinschaftliche Organisation ein stärkeres Rückgrat zu verleihen, um so ihre Interessen besser wahren und verfechten zu können. **Im Jahre 1817 schlossen sich die privilegierten Baumwollwarenfabrikanten Niederösterreichs zu einem formlosen Verein zusammen und wählten einige von ihnen zu ihren Repräsentanten[2]).**

Bald begannen sich die Verhältnisse allmählich zu bessern. Schon die Einbeziehung Oberitaliens in das Zoll- und Prohibitivsystem der Monarchie im Jahre 1817 bedeutete eine Erleichterung und sofort schickten sich die österreichischen Fabrikanten, darunter die ansehnlichsten Baumwollwarenerzeuger, an, vorteilhafte Handelsverbindungen mit diesen Ländern anzuknüpfen[3]).

Namentlich seit dem Anfange der zwanziger Jahre war eine allmähliche Besserung und ein stetiges Schwinden der Erscheinungen der Depression zu bemerken. Die Weberei nahm besonders durch die um 1820 begonnene Einführung des Jacquardstuhles eine lebhaftere Entwicklung, besonders was gemusterte Stoffe anbelangt[4]).

Zahlreiche technische Verbesserungen wurden in dieser Zeit eingeführt und die große Zahl der auf solche Vervollkommnungen verliehenen Privilegien zeigt deutlich den Eifer, der auf diesem Gebiete wieder herrschte. So erhielt 1823 Karl Wilhelm von Brevillier, Direktor und Mitinteressent der Spinnfabrik in Schwadorf, ein Privileg auf die Erfindung einer neuen Baumwollputzmaschine, 1822 Johann von Thornton, Direktor der Pottendorfer Spinnfabrik, ein solches auf die Verbesserung der Spinn- und Vorbereitungsmaschine. Johann und Karl Freiherrn von Puthon, Inhabern der Teesdorfer Spinnfabrik, wurde 1821 ein Privileg auf eine Verbesserung der Maschinenspinnerei erteilt, 1822 dem Franz Girardoni, Gesellschafter der Baumwollspinnerei zu Unterwaltersdorf, ein solches auf eine Verbesserung der Watertwistmaschine. Weitere Alleinrechte wurden unter anderem erteilt: dem bürgerlichen Webermeister Josef Knezaurek in Wien 1822 auf eine Verbesserung des Webstuhls, dem bürgerlichen Webermeister Philipp Haas in Wien 1822 auf die Erfindung, mittels einer am Webstuhl anzubringenden Maschine bei allen Baumwollgeweben, vor allem bei feinen und dünnen Zeugen, wie beim Vapeur, Organtin u. a. eine möglichst vollkommene Gleichheit und beliebige Dichtigkeit des Gewebes zu erzielen[5]). Eduard Leitenberger zu Neu-Reichstadt erhielt 1825 ein Privileg auf die Erfindung einer neuen Methode zum Gravieren der

---

[1]) H. K. A. Kom. Kom., Fasz. 31, Nr. 83 u. 172 ex jul. u. Nr. 130 ex Sept. 1818; Hallwich, Leitenberger, S. 111. — [2]) Vgl. oben S. 214. — [3]) H. K. A. Kom. Praes., 1816—1818, Nr. 1083. — [4]) Beitr. z. Gesch. d. Gew. u. Erf., I, S. 263. — [5]) Keeß, a. a. O., IV, S. 25—40.

Walzen, wodurch dasselbe viel schneller und weit künstlerischer ausgeführt werden konnte[1]). Franz Girardoni wurde 1826 ein Privileg auf eine Verbesserung an den Strick-, Vorspinn- und Feinspinnmaschinen zuteil, Karl Wilhelm Brevillier und Jakob Zillig 1827 ein solches auf eine Verbesserung an den Mule-, Vor- und Feinspinnmaschinen; 1824 wurde den Brüdern Franz und Michael Gradner, Eigentümern der Spinnerei in Oberwaltersdorf, ein Privileg auf die Erfindung einer Vorbereitungsmaschine für Baum- und Schafwolle und einer neuen Vorrichtung bei der Vorspinn- und Watertwistmaschine erteilt. Außerdem wurden noch zahlreiche andere Alleinrechte auf mehr oder weniger wichtige Verbesserungen verliehen[2]).

Im Jahre 1826 kauften die Zitz- und Kattunfabriken von Kettenhof, Sassin, Neunkirchen, Kosmanos, Reichstadt und Jungbunzlau das den Papierfabrikanten Spörlin & Rahn 1823 auf die Erfindung der Irisdruckerei verliehene Privileg an[3]).

Die Handspinnerei hatte bis zu dieser Zeit durch die Verbreitung der Maschinen stark abgenommen und wurde schon in weit schwächerem Maße betrieben. Die ehemals von den Fabriken errichteten Faktoreien, welche die Verlegung der Spinner auf dem Lande besorgten, gingen daher allmählich ein[4]).

Als sich seit dem Anfang der Zwanzigerjahre wieder ein Aufschwung der Baumwollindustrie einzustellen begann, zahlreiche neue Unternehmungen entstanden und sich der Betrieb immer lebhafter gestaltete, da wurden bald wieder Klagen über die Schleuderhaftigkeit der Erzeugnisse und den Falschdruck laut und von der Regierung entsprechende Maßnahmen dagegen verlangt. So war die Staatsverwaltung gezwungen, sich um die Mitte der Zwanzigerjahre mit der Frage der Wiedereinführung der Spinn-, Garn- und Stempelordnungen zu beschäftigen. Doch meinte die niederösterreichische Regierung, daß diese Ordnungen, die aus einer Zeit stammen, in welcher die Staatsverwaltung das Gewerbewesen und die Industrie noch unter der Vormundschaft halten zu müssen glaubte, schon beim ersten Anblick mit den in der neueren Zeit von der österreichischen Kommerzverwaltung beobachteten Grundsätzen in offenbarem Widerspruche stehen. Die Erfahrung lehre, daß alle solche Ordnungen als Zwangsanstalten überflüssig, zweckwidrig, nachteilig und sogar unausführbar seien. Sie seien Hindernisse für die Industrie, welche nur bei einer ungehinderten Freiheit fortschreiten könne, daher seien sie nicht nur nicht neu einzuführen, sondern eher auch dort, wo sie noch bestehen, aufzuheben[5]).

Außerdem mußten sich die Behörden in dieser Zeit mit der Forderung zahlreicher Baumwollwarenerzeuger nach Erlassung eines Gesetzes gegen den Falschdruck beschäftigen. Schon unter dem 1. September 1796 war eine solche Verordnung gegen den Falschdruck der Kattunwaren erlassen worden, die in den Zwanzigerjahren des 19. Jahrhunderts in den altösterreichischen Provinzen noch in Kraft stand, ohne aber beobachtet und gehandhabt zu werden. Auf verschiedene Anzeigen hin, daß der Falschdruck überhandnehme, erinnerte

---

[1]) Keeß u. Blumenbach, a. a. O., I, S. 126—154. — [2]) Keeß u. Blumenbach, a. a. O., I, S. 350. — [3]) H. K. A. Kom. Kam., Fasz. 39, Nr. 111 ex märt. 1826. — [4]) Keeß u. Blumenbach, a. a. O., I, S. 120. — [5]) H. K. A. Kom. Kam., Fasz. 31 Nr. 48 ex, dec. 1825.

die niederösterreichische Regierung unter dem 3. August 1817, daß, da das Regierungszirkular von 1796 nicht aufgehoben worden sei, es nicht in der Macht der Landesstelle liege, eine Nachsicht der darin ausgesprochenen Strafen zu bewilligen. Vielmehr wurden die Unterbehörden angewiesen, gegen jeden, der sich eine Übertretung dieser Verordnung zuschulden kommen lasse, im Sinne derselben ohneweiters amtszuhandeln[1]).

Da aber seit 1796 die Einführung der Walzendruckerei und die Anwendung der technischen Chemie auf die verschiedenen Zweige des Farbendruckes in den Verhältnissen der Druckmethoden baumwollener Stoffe die wesentlichsten Veränderungen hervorgebracht hatten, so war die Verordnung von 1796 immer weniger anwendbar geworden, um so weniger, als die Mode selbst vielfach den Gebrauch unecht gedruckter Zeuge bei mehreren Verwendungen, bei denen öfteres Waschen derselben in Seife nicht vorkommt, wie z. B. zu Möbelstoffen u. dgl. sehr ausgedehnt hatte und der Absatz derselben sowohl durch den wohlfeileren Preis als durch ein lebhaftes Kolorit begünstigt wurde. War es schon an und für sich nicht tunlich, die meisten Bestimmungen jener veralteten Verbotsverordnung mit den Fortschritten der Druckerei bis 1820 in Einklang zu bringen, so hätte die wirkliche Handhabung dieser Bestimmungen bei der großen Nachfrage des Publikums nach unechter Ware und dem bedeutenden Exporte derselben, besonders nach Ungarn, eine bedenkliche Stockung in der ganzen Baumwolldruckerei und vielleicht selbst zunehmenden Schleichhandel solcher Waren aus dem Auslande zur Folge gehabt. Außerdem hatte die erwähnte Druckordnung von 1796 in den 1817 mit Österreich zollpolitisch vereinigten oberitalienischen Provinzen keine Gesetzeskraft, während der Verkehr mit denselben ganz frei war, was die Anwendung jener Bestimmungen fast unmöglich machte.

Im Gegensatze zu dieser Anschauung der Kommerzhofkommission bemühten sich die Baumwollwarenerzeuger um Erlassung einer neuen Verordnung gegen den Falschdruck. Die Repräsentanten der niederösterreichischen Zitz- und Kattunfabriken hatten schon anfangs 1818 um die Wiederveröffentlichung der Bestimmungen von 1796 angesucht. Im Mai 1822 urgierte Johann Ziegler (Kettenhofer Fabrik) die Erlassung einer solchen Verordnung, „damit doch einmal Ordnung in dieses Chaos kommt, die hierländige Baumwolldruckerei mit Ehren wieder auftreten kann und die grenzenlose Schleiderey aufhören muß, die hauptsächlich von den Juden ausgeht und wodurch das Publikum, vorzüglich aber der geringere Stand der Verbraucher betrogen wird".

Und in der Tat gelang es den Baumwollfabrikanten es durchzusetzen, daß die Verordnung von 1796 wenigstens in Böhmen vom dortigen Gubernium unter dem 5. März 1821 wieder veröffentlicht wurde. Dies tat die böhmische Landesstelle, ohne die Hofstelle zu befragen, denn die Kommerzhofkommission erließ keine diebezügliche Weisung und beschäftigte sich erst 1823 wieder mit der Frage, ob und wiefern die Bestimmungen von 1796 im Sinne der Fortschritte der Industrie und der Bedürfnisse der Zeit umzuändern und auch auf die Ver-

---

[1]) Barth, a. a. O., VI, S. 235.

hältnisse der neuen Provinzen anwendbar einzurichten wären, um auf diese Weise sodann ein neues verbessertes Reglement für die ganze Monarchie einzuführen. Die Kommerzhofkommission stand jedoch prinzipiell auf dem Standpunkte, daß die Einmengung der Staatsverwaltung in die Einzelheiten des Gewerbebetriebes mittels umständlicher Qualitätenordnungen nur in der Kindheit der Industrie allenfalls tunlich sei, dagegen bei den Fortschritten derselben sie weit mehr hemme als fördere. Dabei entgingen der Hofstelle auch nicht die möglichen Nachteile des entgegengesetzten Extrems des laisser faire und laisser aller. Die Staatsverwaltung dürfe dann nicht mehr ruhig zusehen, wenn Verhältnisse eintreten, die den Kredit der Industrie beeinträchtigen und das kaufende Publikum schwer schädigen. Es sei, meinte der Referent der Kommerzhofkommission, nicht zu verkennen, daß gerade bei der Druckerei und Färberei das Echte vom Unechten nicht leicht zu unterscheiden sei, wodurch der Betrug wesentlich erleichtert werde. Ja die unechten Farben seien sogar glänzender und schöner. Würden nun Übervorteilungen und Betrügereien in einem Staate stark überhandnehmen, so wäre es um den Kredit seiner Industrie geschehen und fremde Waren würden auf allen Märkten den inländischen vorgezogen werden. Anderseits vermöchte ein Reglement, welches, ohne in das Getriebe der Produktion störend einzugreifen, Betrug und Übervorteilung soviel als möglich verhindern würde, den Kredit und Absatz wesentlich zu erhöhen.

Als die zweckmäßigste Grundlage einer solchen Ordnung erschien der Kommerzhofkommission die Bestimmung, daß es zwar jedem Färber und Drucker freistehen solle, nach Belieben zu drucken, daß ihm jedoch die Möglichkeit benommen werde, sein Produkt für etwas besseres auszugeben, als es wirklich ist. Auf diesen Erwägungen beruhte der Entwurf einer auf die Verhältnisse der Monarchie berechneten Warenbezeichnungsordnung für gedruckte Baumwollstoffe, der den Länderstellen von Niederösterreich, Mailand und Venedig mit dem Auftrage bekannt gegeben wurde, sich nach Einvernehmung theoretischer und praktischer Sachverständiger, insbesondere von Fabrikanten und Handelsleuten, die sich mit diesen Waren befassen, hierüber gutächtlich zu äußern. Ebenso wurde das Wiener polytechnische Institut um seine Meinung befragt. Auf Grund dieser Erhebungen wurde 1823 ein neuer Entwurf eines solchen Reglements verfaßt. Derselbe beruhte im wesentlichen auf folgenden Hauptpunkten: 1. Bezeichnung des Ursprungs der Ware, 2. Bezeichnung der Qualität der gedruckten Baumwollwaren, 3. Stemplung der Vorräte, 4. Strafsanktion, 5. Verfahren bei Übertretungsfällen. Zugleich glaubte die Kommerzhofkommission dadurch auch den Schleichhandel erschweren zu können. Zur Bezeichnung des Ursprungs war vorgesehen die Anbringung des Namens oder der Firma, des Ortes und der Provinz der Druckerei; als Qualitätszeichen die Bezeichnung a) fest, b) halbfest oder c) Tafeldruck. Fest sollte nur aufgedruckt werden dürfen nach einer Waschprobe mit warmer Seifenlauge, Tafeldruck, wo sämtliche Farben einem Waschen nicht standhalten, halbfest hingegen, wo sie teilweise standhalten.

Durch die Aufhebung der Kommerzhofkommission (1824) wurde die Er-

ledigung dieser Angelegenheit vereitelt. Die Klagen der Fabrikanten hörten aber
nicht auf. Unter dem 8. Dezember 1824 baten die Repräsentanten der niederösterreichischen Zitz- und Kattunfabriken wiederum um baldigste Bekanntmachung einer neuen Vorschrift über die Echtfärbung und wiesen auf die Schäden
hin, welche sonst der Fabrikation und dem Publikum erwachsen würden. Dasselbe
Ansuchen wiederholte sich 1825 und 1826.

Neben einigen böhmischen und mährischen Fabriken wurden 1827 einige
Kottondruckfabrikanten in Wien des Falschdruckes beschuldigt, weshalb gegen
dieselben die Amtshandlung der Regierung angesprochen wurde. Die Landesstelle befand sich nun in einer Klemme. Es lag der Fall vor, daß „drei der vorzüglichsten Druckfabrikanten" nach der Verordnung von 1796 gestraft werden
sollten und die Regierung stand vor der Alternative, entweder die
Verordnung handzuhaben, welche mit den Verhältnissen der Fabrikation dieser Zeit im grellsten Widerspruche stand, oder aber
zuzusehen, wie diese Verordnung täglich übertreten werden mußte,
wenn der Fabrikant mit der Zeit und der Mode fortschreiten wollte.
Deshalb erbat sich die Regierung von der Hofkammer diesbezügliche Weisungen.

Bei der Hofstelle ließ aber die Erledigung lange auf sich warten. Da beschäftigte man sich zunächst ausführlich mit den Maßregeln zur Kontrollierung
der Baumwollfabrikation und mit der Warenbezeichnung überhaupt. Eine
Ausarbeitung darüber wurde 1828 durch den Referenten von Krauß vollendet;
1829 wurde nun beschlossen, die Verhandlung über die Maßnahmen gegen den
Falschdruck damit zu verbinden. Da aber die Ausarbeitung über die Warenbezeichnung dem Finanzminister überreicht worden war, so wurden die Verhandlungen über den Falschdruck im März 1829 einstweilen beiseite gelegt, um
diesen Gegenstand erst nach der Rücksendung des Elaborats über die Warenbezeichnung wieder aufzunehmen[1]). Für mehrere Jahre war hiedurch die Angelegenheit wieder begraben. Denn erst im Februar 1838 erfloß auf den diesbezüglichen Vortrag vom 7. Jänner 1836 die allerhöchste Entschließung, durch welche
die Warenstemplung auf Webe-, Netz- und Wirkwaren aus Baumwolle allein
oder mit anderen Stoffen gemischt beschränkt wurde, in Ansehung der Privatwarenbezeichnung aber, um diesbezüglich eine Rechtsgleichförmigkeit mit den
oberitalienischen Provinzen herzustellen, weitere Erhebungen, Verhandlungen
und Vorschläge angeordnet wurden.

Auch die Einschränkung der Warenstemplung auf die Waren aus Baumwolle erwies sich als nicht durchführbar und da die Hofkammer die Absicht
hatte, die Verordnung gegen den Falschdruck zusammen mit derjenigen über
die Warenbezeichnung (Stemplung) zu erledigen, so kam die Angelegenheit erst
recht nicht vom Fleck. Über die Warenbezeichnung dauerten die Verhandlungen
lange fort, wobei der niederösterreichische Gewerbeverein öfters aufgefordert
wurde, sich darüber gutächtlich zu äußern, welcher schließlich 1848 für die vollständige Aufhebung des Kommerzialwarenstempels eintrat[2]).

---

[1]) H. K. A. Kom. Kam., Fasz. 42, Nr. 56 ex mart. 1829. — Barth, a. a. O., VI, 235. —
[2]) A. d. Fin. Min., Kommerz, Fasz. 28, Nr. 180, März 1838; Fasz. 15, Nr. 395, März 1843;
50 Jahre gewerbl. Bestr., S. 338.

So zeigt sich auch in diesem Falle die für jene Zeit charakteristische „Schreibseligkeit" und das endlose Aufgehen in Erhebungen und Verhandlungen, die so
manche Reform und selbst dringende Maßnahmen auf unabsehbare Zeit hinaus-
schoben, wenn nicht ganz verhinderten. Dasselbe Bild tritt uns entgegen in den
öfters wiederkehrenden langwierigen Verhandlungen über die Einführung
eines gesetzlichen Musterschutzes, woran die Baumwollfabrikanten am
meisten interessiert waren[1]).

Seit dem Ende der Zwanzigerjahre machte sich aber gemäß dem von der
Staatsverwaltung befolgten Prinzipe der Nichteinmischung immer mehr der
Einfluß der eigenen Kraft der Industrie geltend, wobei namentlich die neu aufgekommenen industriellen Vereine vieles zugunsten der Industrie erwirkten oder selbst durchführten. Allerdings blieb auch die Staatsverwaltung bei
allen solchen die Industrie fördernden Maßnahmen und Veranstaltungen nicht
im Hintergrunde, sie war vielmehr bestrebt, dieselben möglichst zu erleichtern,
ja sogar auch selbst durchzuführen, wie sich dies am deutlichsten bei den Gewerbeausstellungen und bei der wohlwollenden Haltung der Regierung
gegenüber den Gewerbevereinen zeigte[2]).

2. Die Entwicklung der Baumwollindustrie.

Die Baumwollindustrie nahm besonders in Böhmen, Niederösterreich und
Vorarlberg eine große Ausdehnung. Die Spinnerei war bis zum Aufkommen der
mechanischen Spinnereien um die Jahrhundertwende durchweg nach dem
Verlagssystem organisiert und wurde von der bäuerlichen Landbevölkerung
als Nebenbeschäftigung betrieben; ebenso die Weberei, wobei die Spinner und
Weber von Händlern oder von Baumwolldruckfabrikanten verlegt wurden.
Jeder Baumwollwarenerzeuger beschäftigte so eine mehr oder weniger große
Anzahl von Spinnern und Webern, um sodann das Gewebe selbst zu appretieren,
zu drucken und in den Handel zu bringen. Die Spezialisierung und Arbeitsteilung
war ursprünglich noch nicht weit gediehen. Derselbe Unternehmer organisierte
meistens die Spinnerei und Weberei, besorgte die Appretur und Druckerei, um
die Ware auch selbst in den Handel zu bringen.

Im 18. Jahrhundert entstanden in Österreich schon mehrere größere Unter- Nieder-
nehmungen der Baumwollindustrie. Die erste wichtige Baumwollwarenfabrik österreich.
war die 1723 von der priv. orientalischen Kompagnie gegründete Schwechater Schwechat
Zitz- und Kottunfabrik, welche auch mit einer eigenen Färberei und Druckerei 1723.
versehen war; 1736 folgte die Gründung der Fabrik in Sassin in Ungarn durch
Franz von Lothringen. Die Schwechater Fabrik ging später an eine Gesellschaft
von Wiener Handelsleuten über und ihr Privilegium von 1726 wurde bis 1763
verlängert; 1754 ging sie in das Eigentum des Freiherrn von Badenthal über,
die Sassiner in jenes der Freiherren von Puthon. Zu Anfang der fünfziger Jahre
wurde zu Friedau durch Baron Fries eine Barchentfabrik gegründet, welche Friedau.
später durch Baron Grechtler in eine Kattunfabrik umgewandelt wurde, auf
welche 1770 durch Graf Blümegen die k. k. priv. Zitz- und Kattunfabrik

---

[1]) Vgl. oben S. 255 ff. — [2]) Vgl. oben S. 210 ff u. 225 ff.

Kettenhof zu Kettenhof und bald darauf die zu Ebreichsdorf (Franz Xaver Lang[1])
1770. und 1787 (durch Reinke) die zu St. Pölten, endlich die zu Himberg folgten.
Ebreichs-
dorf. Mit der Schwechater zusammen wurden diese Fabriken „die 6 k. k. priv. Zitz-
St. Pölten- und Kattunfabriken" genannt[2]).
Himberg. Im Jahre 1772 stellten sich die Betriebsverhältnisse der bedeutenderen
niederösterreichischen Baumwollwarenfabriken folgendermaßen[3]):
Die Schwechater beschäftigte 234 Meister, 54 Gesellen, 40 „Jungen und
Scholaren", 129 Handlanger, 90 Arbeiterinnen, 55 Spinnfaktoren und Beamte,
6950 Spinner und Spinnerinnen, 261 Krempler, Sortierer u. dgl., 702 Stühle
und 7 Pressen.
Die Friedauer zählte 100 Meister, 164 Gesellen, 64 „Jungen und Scholaren",
211 Handlanger, 401 arbeitende Weibspersonen, 19 Spinnfaktoren und Beamte,
5260 Spinner, 190 Krempler, Sortierer u. dgl., 220 Stühle und 5 Pressen.
Die Kettenhofer ernährte 1 Meister, 150 Gesellen, 2 Handlanger, 8 Spinnfaktoren und Beamte, 1950 Spinner und 182 Krempler.
Während so in Niederösterreich im 18. Jahrhundert mehrere bedeutende
Baumwollwarenfabriken entstanden, kamen später nicht so bald nennenswerte
Mecha- Neugründungen hinzu. Hingegen nahm in diesem Lande seit der Jahrhundert-
nische wende die Baumwollmaschinenspinnerei einen großen Aufschwung.
Spinnerei. Obwohl die Baumwollspinnmaschinen schon gegen Ende des 18. Jahrhunderts
zuerst in Böhmen Eingang gefunden hatten, so entstanden doch die ersten großen
Baumwollmaschinenspinnunternehmungen in Niederösterreich. Im Jahre 1801
wurde von der oktroyierten Leihbank die k. k. priv. Garnmanufakturgesell-
schaft ins Leben gerufen[4]), welche durch den Engländer Johann Thorton[5]) zu
Pottendorf Pottendorf eine bedeutende Maschinenspinnfabrik errichtete, die erste in Öster-
1801. reich, welche sich mit dem Garnverkauf im großen befaßte, während die damals
in Böhmen schon bestehenden Unternehmungen dieser Art fast nur für den
eigenen Bedarf arbeiteten. Die Pottendorfer Baumwollspinnerei gehörte an
Größe gleich zu den bedeutendsten des Kontinents. Im Jahre 1811 zählte sie
schon 38.880 Spindeln und beschäftigte an 1800 Menschen[6]).
Dieser folgte 1802 eine zweite bedeutende Spinnfabrik in Schwadorf
(Fries & Co.), sodann weitere in Bruck (1802), in Kaltengang bei Ebreichsdorf (1802), Klosterneuburg (1802), Teesdorf (1803 durch Freiherrn
von Puthon) und Liesing (1805)[7]).
Durch das Überhandnehmen der Spinnmaschinen nahm die Zahl der Spinner

---

[1]) Lang wurde wegen seiner Verdienste um die Industrie 1790 in den Adelsstand, 1793 in
den Ritterstand erhoben (Staatsrat 1790, Nr. 3619, 1793, Nr. 3536); später erlangte er den
Freiherrnstand. — [2]) Hallwich, Leitenberger, S. 12—37, 52 f.; Anfänge d. Großind., S. 43, 52 f.;
Großind. Öst., IV., S. 196; Blumenbach, Landeskunde, II, S. 130 f.; Kommerzialschema
Wiens (1780), S. 265; H. K. A. Kom., N.-Ö., Fasz. 72, Nr. 65 ex aug. 1783; Ber. ü. d. Ausst.
Wien 1845, S. 544. — [3]) Tabelle d. Fabriken Nied.-Öst. f. 1772 in A. d. Min. d. Inn., V. G. 5,
Kart. 2934. — [4]) H. K. A. Kom., N.-Ö., Fasz. 72, Nr. 31 ex jun. 1801. — [5]) Vgl. oben S. 183 f. —
[6]) Die Geschichte ihrer Entstehung und Entwicklung bis 1811, s. in Vaterl. Blätter, 1811,
Nr. 90. — [7]) Vgl. Tabelle S. 283.

in den ländlichen Bezirken immer mehr ab und der Nebenverdienst ging der bäuerlichen Bevölkerung allmählich verloren. Aus einer Nebenbeschäftigung der Landbewohner entstand so durch die Maschinen eine moderne Fabriksindustrie mit einem zahlreichen Betriebspersonal in eigenen Fabriksgebäuden.

In den ersten drei Lustren des 19. Jahrhunderts, einer Zeit riesigen Aufschwunges der Baumwollindustrie wegen der Kontinentalsperre, kamen in Niederösterreich noch einige Baumwollwarenfabriken und Druckereien hinzu. Die Zitz- und Kattunfabrik zu Neunkirchen, welche 1803 (damaliger Besitzer war Schwingenschlögl) die fabriksmäßige Befugnis erhalten hatte, erlangte 1807 die Landesbefugnis, da sie 16 Drucktische in Betrieb hatte[1]). Im Jahre 1814 werden in Niederösterreich Baumwoll- und Leinwanddruckereien ausgewiesen in Guntramsdorf, Himberg und Stättersdorf; Baumwollzeugdruckfabriken: zwei in Sechshaus, Perchtoldsdorf, Inzersdorf, Ebreichsdorf, Himberg, Kettenhof, Schwechat, Erlaa, Meidling, Steinabrückl, Neunkirchen, Mödling, St. Pölten, sowie fünf in Wien. Die größte von allen Druckfabriken war die in Ebreichsdorf mit 24 Beamten, 130 Meistern, 592 Arbeitern, 2052 Arbeiterinnen, 75 Drucktischen und 410 Webstühlen[2]).

Viel stärker war der weitere Aufschwung der mechanischen Baumwollspinnereien, welche sich in Niederösterreich in einer Ausdehnung entwickelten, wie sonst in keinem anderen Kronlande. So findet man in diesem Lande 1814 schon zwölf bedeutende Baumwollspinnereien, indem zu den erwähnten noch hinzukamen: die von Himberg, Schönau und Sollenau (gegr. 1810 und 1812 durch M. Pacher E. v. Theinburg), Neusteinhof (1810), Ebergassing (1813 durch die Baumwollgarnmanufaktursgesellschaft gegründet), Neunkirchen (errichtet 1813 durch Eltz & Co.) und Steinabrückl (gegr. 1814 durch die Gebrüder Glanz & Clotti)[3]).

Es folgte auf diese Periode des Aufschwunges ungefähr ein ganzes Jahrzehnt tiefster Depression[4]) und infolgedessen ein bedenklicher Stillstand in der Fabrikation, was sich auch durch das fast vollständige Fehlen von Neugründungen in dieser Zeit offenbart. Die Folgen der Krise waren so empfindlich, daß selbst alte, ausgedehnte und kapitalskräftige Unternehmungen ins Wanken gerieten, so auch die Kettenhofer Fabrik, und Arbeiterentlassungen und Betriebseinschränkungen oder gänzliche Einstellungen an der Tagesordnung waren[5]). Gegen die widrigen Zeitumstände konnte es auch nicht viel helfen, daß sich die niederösterreichischen privilegierten Zitz- und Kattunfabrikanten zusammenschlossen, um ihre Interessen durch gewählte Repräsentanten gemeinsam zu vertreten[6]).

Die Zitz- und Kattunfabrik zu St. Pölten ging ein[7]), ebenso wie 1819 auch die zu Steinabrückl[8]).

Marginal notes: Zitz- und Kattunfabrik zu Neunkirchen. — Spinnereien. — Depression seit 1816.

[1]) Statth. A. Wien, Kart. 5762, A. 13, Nr. 10155 ex 1807. — [2]) Vaterl. Bl. 1814, Nr. 46. — [3]) H. K. A. Kom. Kam., Fasz. 31, Nr. 86 ex aug. 1828; vgl. auch S. 283. — [4]) Vgl. oben S. 64 f, 66 ff., 101 f., 271 ff. — [5]) Vgl. oben S. 271ff. — [6]) Vgl. oben S. 214 f. — [7]) Keeß, a. a. O., IV, S. 42. — [8]) H. K. A. Kom. Kam., Fasz. 31, Nr. 105 ex nov. 1824.

Allmählich begannen sich aber die Verhältnisse zu bessern und die Nachwirkungen der Krise waren in der ersten Hälfte der Zwanzigerjahre schon ganz überwunden.

Neun-
kirchen.
Du Bois,
Du Pas-
quier & Co.
Im Jahre 1819 wanderten die Schweizer Fabrikanten Vaucher du Pasquier & Co. aus Neufchâtel nach Österreich ein und übernahmen die seit 1802 bestehende Kottonfabrik zu Neunkirchen, welche sie zu großer Blüte brachten. Zu Ende desselben Jahres wurde ihnen die Landesfabriksbefugnis verliehen. Die Maschinen und Gerätschaften, welche sie für diese Unternehmung einführten, wurden zollfrei eingelassen. Seit 1820 lautete die Firma: Du Bois, Du Pasquier & Co.[1]).

Baumwoll-
waren-
fabriken
1827/1828.
Im Jahre 1827/28 findet man in Niederösterreich schon eine ganze Reihe großer Baumwollwarenfabriken. Die Neunkirchner (Vaucher du Pasquier) hatte 60 Drucktische und eine Druckmaschine, die zu Friedau ebenfalls 60 Drucktische und eine Druckmaschine, die zu Atzgersdorf (Josef Klein) 40 Drucktische, die zu Erlaa (Boltz & Müller) 50 Drucktische, eine Maschine und eine Dampfmaschine, die zu Hacking (Franz Maurer) 35 Drucktische, die zu Himberg (Theodosius Blumauer[2]) 30 Drucktische, eine zweite zu Atzgersdorf (Brüder Lepper) 30 Drucktische, die zu Fischamend (Josef Fehr) 25 Drucktische, die zu Himberg (Max Khünel) 15 Drucktische, die zu Ebreichsdorf (Baron Lang) 40 Drucktische und eine Maschine. Außerdem bestanden noch mehrere kleinere Unternehmungen dieser Art[3]).

Kettenhof.
Dagegen hatte die alte Kettenhofer Fabrik, nachdem sie 1786—1826 unter der Leitung des rührigen Direktors Johann Ziegler gestanden war, 1826 den Betrieb eingestellt[4]), worauf sie 1827 von Vitus Mayer, dessen Bruder S. Mayer, Baron Jakob Fries und Johann Ziegler übernommen wurde. Seit 1834 wurde sie unter Salomon Mayer auf eigene Rechnung fortgeführt; 1835 beschäftigte sie gegen 2000 Weber und ein Fabrikpersonal von 393 Individuen beiderlei Geschlechtes zum Färben und Drucken[5]).

Um 1830 war unter allen Baumwollfabriken Niederösterreichs die zu Neunkirchen am bedeutendsten, welche neben vortrefflichen technischen Einrichtungen auch eine eigene Werkstätte zur Erzeugung der erforderlichen Maschinen hatte[6]).

Spinne-
reien 1828.
Die Baumwollmaschinenspinnereien nahmen in Niederösterreich seit den Zwanzigerjahren in ungeahnter Weise zu, so daß ihrer 1828 schon 30 gezählt werden konnten. Folgende Tabelle veranschaulicht diese Entwicklung bis 1828[7]).

---

[1]) H. K. A. Kom. Praes. 1816, Nr. 628, 734, 790, 870; 1820, Nr. 106$^1/_2$; Kom. Kom., Fasz. 31, Nr. 18, 58 ex nov. 1819; Großind. Öst., IV, 268. — [2]) 1821 wird in Gumpendorf bei Wien ein landesbefugter Zitz- und Kattunfabrikant desselben Namens erwähnt (H. K. A. Kom. Kom., Fasz. 14, Nr. 27 ex apr. 1821). — [3]) Großind. Öst., IV, 198; Keeß u. Blumenbach, a. a. O., I, 369 ff. — [4]) H. K. A. Kom Kam., Fasz. 31, Nr. 16 ex majo 1827, Fasz. 10, Nr. 61 ex febr. 1828. — [5]) Großind. Öst., IV, 267; Ber. ü. d. Ausst. Wien, 1835, S. 119 f. — [6]) Keeß u. Blumenbach, I, S. 370. — [7]) H. K. A. Kom. Kam., Fasz. 31, Nr. 86 ex aug. 1828: Die Ausschüsse d. n.-ö. Baumwollspinnfabriken überreichen eine Denkschrift über den Zustand d. öst. Baumwollspinnereien i. J. 1828 samt Verzeichnis derselben; Keeß u. Blumenbach, a. a. O., I, S. 166 ff.

Verzeichnis der niederösterreichischen Baumwollspinnereien.

Zahl	Gründungs-jahr	Ort	Eigentümer	Zahl der Feinspinnmaschinen	Spindel-zahl	Packzahl der jährlichen Erzeugung
1	1801	Pottendorf . .	K. k. priv. Garnmanu-faktursgesellschaft . .	224 Mules, 62 Water, 4 Zwirn-maschinen	47.460	175—200000
2	1802	Schwadorf . . .	Graf Friessche Gläubiger	132 Mules	23.760	100.000
3	1802	Bruck	Georg Ankemius	übernommen von Tylor & Royce und 1828 über-tragen nach Schwechat		1828 über-
4	1802	Kaltengang bei Ebreichsdorf . .	Ignaz Freiherr v. Lang .	44 à 180 Spindeln	7.920	22.800
5	1802	Klosterneuburg	Konrad List	3 Mules	—	2.080
6	1803	Teesdorf . . .	J. B. & C. Freiherren von Puthon	117 Mules, 17 Water . . .	18.682	100.600
7	1805	Liesing	H. von Ginsberg . . .	37 Mules à 204	6.936	12.000
8	1810 1812	Schönau und Sollenau . .	M. Pacher E. v.Theinburg	—	25.000	100.000
9	1810	Neu-Steinhof .	Drosso Lago	56 à 204, 30 im Gang . .	11.424 (im Gang6.120)	20.800 wirkl., Fähigkeit: 41.600
10	1813	Ebergassing . .	Baumwollgarnmanufak-tursgesellschaft . . .	60 Mules à 180 Spindeln .	10.800	37.500
11	1813	Neunkirchen . .	Eltz & Co.	48 Mules à 180	8.640	40.000
12	1814	Steinabrückl . .	Gebrüder Glanz & Clotti	48 Mules à 180	8.640	25—27.000
13	1820	Fahrafeld . . .	C. H. von Coith	72 Mules à 180	12.960	60.000
14	1820	Oberwaltersdorf	Gebrüder Gradner . . .	31 Mules à 160	4.960	38.000
15	1822	Leobersdorf . .	Karl Hornbostel	—	4.608	18.432
16	1822	Bruck	Josef Wechtl	8 à 180	1.440	15.600
17	1823	Minkendorf . .	E. v. Thornton der ältere	Vide Tattendorf		Die vorhandenen Ma-schinen werden nach Tattendorf übertragen und in Minkendorf an-dere gebaut
18	1823	Hoheneich . . .	Isenghi & Zanetti . .	15 Mules	2.460	10.400
19	1823	Wr.-Neustadt .	Josef Hepelhofer	25 Mules à 180	4.500	35.000
20	1824	Klosterneuburg	Heinrich Gurkenbühl . .	4 Mules	400	2.860
21	1825	Bruck	Gebrüder Conradi . . .	12 Mules à 180	2.160	12.000
22	1825	Tasdorf	Fiers	21 Mules	3.700	20.000
23	1825	Felixdorf . . .	E. Odersky	16 Mules à 180	2.880	25.000
24	1826	Mollersdorf. . .	Mohr	23 Mules à 180	4.140	25.000
25	1827	Fischau	K. F. Bräunlich in Wr.-Neustadt	14 à 180	2.520	12.000
26	1828	Tattendorf . .	Girardony	12 Mules	1.800	33.800
27	1827	Ebenfurt . . .	Thornton d. j. u. Metaya	12 Mules à 180, 6 Zwirn-maschinen	2.160	25.000
28	1828	Wienersdorf . .	J. J. Fiers		—	—
29	1827	Fischamend . .	Fehr	3 Mules, 2 Water	—	1.200
30	1828	Schwechat und Kettenmühle	G. Ankemius	12 Mules à 204	2.448	10.400

Bemerkenswert ist der aus dieser Zusammenstellung deutlich ersichtliche Stillstand zwischen 1814 und 1820 und die Erholung seit dem Anfange der Zwanzigerjahre.

Die niederösterreichischen Baumwollspinnfabrikanten vertraten durch ihre selbstgewählten Vertreter (Ausschüsse) energisch ihre Interessen. Im Jahre 1826 meldeten sie der Regierung, daß sie durch den Mangel an zuverlässigen Nachrichten aus Ägypten, woher sie die feine Baumwolle bezogen, Schaden litten, und baten die Regierung um diesbezügliche Berichte durch das Konsulat in Alex-andrien. Von der Hofkammer wurde denn auch diesem Konsulate aufgetragen, Berichte über die Baumwollernte, über deren Preise, über die Vorräte der zur Ausfuhr bestimmten Gattungen und über die auf den Handel mit Ägypten Einfluß habenden Umstände einzusenden, welche dann den Ausschüssen der niederösterreichischen Baumwollspinnfabrikanten mitgeteilt wurden[1]). Auch

Ausschüss der Baum wollspinn fabrikan- ten.

[1]) H. K. A. Kom. Kam., Fasz. 5, Nr. 148 ex dec. 1826, 156 ex majo 1827. Über diese Industriellenvereinigung vgl. oben S. 215 u. 224 f.

wünschten die Spinnereien, daß eine regelmäßige, schnelle und zuverlässige
Verbindung Triests mit Ägypten hergestellt werde, da sie sonst nie auf eines
ihrer dringendsten Bedürfnisse rechnen könnten, nämlich auf einen gesicherten
Baumwollmarkt in den österreichischen Seehäfen[1]).

Seit dem Anfange der Dreißigerjahre ging die Entwicklung weiter
und es entstanden mehrere neue Baumwolldruckunternehmungen,
darunter in und um Wien auch solche von sehr großer Ausdehnung, welche
speziell Modestoffe aus Baum- und Schafwolle erzeugten.

Baumwoll- Im Jahre 1841 hatten den ausgedehntesten Betrieb unter den Kattun-
waren- druckfabriken jene zu Sechshaus (Granichstätten) mit der Erzeugung
fabriken von 180.000 Stücken, die zu Himberg (von Blumauer 1835 an Bene-
1841. dikt übergegangen) und zu Kettenhof (Sal. Mayer) mit je 50.000 Stücken,
die zu Neunkirchen (Du Bois, du Pasquier) und zu Sechshaus (Weiß)
mit 40.000 Stücken, zu Fischamend (Nußner) und drei Druckereien zu Sechshaus zu je 20.000 Stücken, zu Guntramsdorf (seit 1833 pachtweise betrieben
von V. Mayer) mit 15.000 Stücken, die in Meidling (Eder, Seligmann) mit je
10.000 Stücken.

Von den Fabriken, welche sich mit dem Druck von Schafwoll- und mit
Baumwolle gemischten Waren befaßten, waren am ausgedehntesten die zu
Atzgersdorf (bis 1839 Georg Lepper, seitdem Müller) mit einer Erzeugung
von 50.000 Stücken und ebendaselbst die Druckerei von Klein mit 20.000 Stücken,
zu Himberg (Khünel) mit 35.000 Stücken, zu Mödling (E. Steiner) mit
30.000 Stücken, zu Penzing (Bracht & Königs) mit 30.000 Stücken, zu Guntramsdorf (Mayer) mit 20.000 Stücken und die zu Perchtoldsdorf (Chazel)
mit 20.000 Stücken.

Der Wert der Gesamtproduktion der niederösterreichischen Druckereien
in baumwollenen und gemischten gedruckten Stoffen wurde 1841 auf fast 8 Millionen Gulden geschätzt[2]).

Im ganzen wurden 1841 in Niederösterreich 20 landesbefugte und 36 einfache Baumwolldruckereien gezählt[3]). Die landesbefugten in Wien, Inzersdorf,
Neunkirchen, Mödling (3), Ober-Meidling, Sechshaus (6), Guntramsdorf, Unter-
Meidling (2), St. Veit, Himberg, Penzing und Wr.-Neustadt. Von den einfachen
waren in Wien 9, in Ober-Meidling 3, Unter-Meidling 1, Sechshaus 8, Gaudenzdorf 2, Hietzing 2, Penzing 3, Friedau, Hacking, Siebenhirten, Ebreichsdorf, Atzgersdorf, Rustendorf, St. Pölten und Perchtoldsdorf je 1.

Die Neunkirchner Fabrik von Du Bois, du Pasquier hatte 1839 über
300, 1845 schon 500 Arbeiter[4]), die Sechshauser von Granichstätten über
300 Arbeiter[5]).

---

[1]) H. K. A. Kom. Kam., Fasz. 31, Nr. 96 ex jul. 1829. — [2]) Tafeln z. Stat. f. 1841; Kurrer,
Gesch. der Zeugdruckerei, II. Aufl., 80 ff. — [3]) Tafeln z. Stat. f. 1841. — [4]) Ber. ü. d. Ausst.
Wien, 1835, S. 113, 1839, S. 341, 1845, S. 550. — [5]) Ber. ü. d. Ausst. Wien, 1839, S. 344, 1845,
S. 554; über die Zahl der Druckmaschinen und Tische in allen n.-ö. Kattundruckereien i. J. 1843
vgl. die Tabelle Kurrer, Gesch. d. Zeugdruckerei, II. Aufl., Anhang.

Die Seiden-, Schafwoll- und Baumwollwarendruckfabrik von C. Chazel in Perchtoldsdorf bestand seit 1798, wurde jedoch erst in den Jahren 1839 und 1840 bedeutend erweitert; 1845 beschäftigte sie 250 Menschen und hatte eine Dampfmaschine und 115 Drucktische in Betrieb. Die Modewarendruckfabrik der Gebr. Khünel zu Himberg, welche 1843 20 Drucktische hatte, wies 1845 schon deren 50 auf mit einem Betriebspersonal von 130 Köpfen. Die Modewarenfabrik von F. W. Bracht & Königs zu Penzing ernährte 1845 über 500 Menschen[1]). Die Druckerei zu St. Pölten gehörte den Prager Kattundruckern Wiener & Söhne, welche Firma 1839 einging[2]). Philipp Haas, Inhaber einer landesbefugten Baum-, Schafwoll- und Seidenwarenfabrik in Wien, Gumpendorf, begann sein Unternehmen 1810 mit der Baumwollweberei; 1825 nahm er die Fabrikation von Kleiderstoffen auf, 1831 die von Möbelstoffen; 1832 beschäftigte er zur Erzeugung von Baumwollstoffen 90 Stühle, davon 30 in Wien und 60 in Kunstadt in Mähren. In Gumpendorf hatte er eine Werkstätte zum Waschen, Appretieren, Färben und Drucken von Baumwollstoffen; er führte zuerst in Wien die Appreturmaschinen mit beweglichem Rahmen und andere Vorrichtungen ein. Im ganzen beschäftigte er damals an 300 Menschen; daher wurde ihm 1832 die Landesbefugnis zur Verfertigung von Leinen-, Baumwoll- und Schafwollwaren, sowie von halb- und ganzseidenen Zeugen und Seiden- und Samtbändern verliehen. In den Vierzigerjahren beschäftigte er über 700 Arbeiter (davon bei 140 in Kunstadt) und wurde wegen der Vorzüglichkeit seiner Erzeugnisse bei der Wiener Ausstellung des Jahres 1845 mit der goldenen Medaille ausgezeichnet[3]).

Philipp Haas.

Außer Haas ist in der Weberei Brevillier zu nennen, welcher in Verbindung mit der Schwadorfer Spinnerei eine mechanische Weberei besaß, welche an 100 Power-looms in Betrieb hatte.

In ganz Niederösterreich war 1841 die Baumwollweberei mit 7000 Webstühlen vertreten, wovon 3—4000 auf Wien entfielen. Während auf dem Lande mehr ordinäre Ware erzeugt wurde, war Wien der Sitz der Kunstweberei und der Erzeugung von Luxusartikeln, namentlich in broschierten und gemusterten, durchbrochenen und auf dem Stuhle gestickten Stoffen[4]).

Die Baumwollspinnerei hatte sich in Niederösterreich bis zu den Vierzigerjahren geradezu glänzend entwickelt und übertraf selbst die böhmische an Ausdehnung bei weitem[5]).

Spinnereien 1841 u. 1843.

Folgende Tabelle veranschaulicht den Stand der Baumwollspinnereien Niederösterreichs in den Jahren 1841 und 1843[6]).

---

[1]) Ber. ü. d. Ausst. Wien, 1845, S. 559 ff. — [2]) Ber. ü. d. Ausst. Wien, 1835, S. 123; vgl. unten S. 300. — [3]) Statth. A. Wien, Kart. 5763; Großind. Öst. IV, S. 349; Ber. ü. d. Ausst. Wien, 1839, S. 238 ff., 1845, S. 385 ff., 441 f. — [4]) Tafeln z. Stat. f. 1841; A. d. Fin. Min. Kom., Fasz. 29, 1834, Jänner 102 (Ber. d. n.-ö. Provinzial-Handelskommission). — [5]) Vgl. Knolz, Darst. d. Verfassung u. Einrichtung d. Baumwollspinnereifabriken in N.-Ö., Wien 1843. — [6]) Ber. ü. d. Ausst. Wien, 1845, S. 350 ff.

#	Standort	Inhaber	Zahl der Feinspinnmaschinen 1841	1843	Zahl der Spindeln 1841	1843	Zahl der unmittelbar dabei beschäftigten Arbeiter 1841	1843	Gewicht der erzeugten Baumwollgarne und Zwirne (Wiener Pfunde) 1841	1843
	Viertel unter dem Wiener Walde:									
1	Ebenfurth	Thornton Jonathan	75	78	14.592	15.024	389	409	503.528	516.316
2	Ebergassing . . .	Schmid u. Busby	62	62	11.160	11.160	200	210	200.400	204.200
3	Ebreichsdorf . . .	Montandon J. . .	31	32	5.580	5.760	112	113	129.658	171.832
4	Fahrafeld	Coith Edler von .	82	88	18.600	19.500	174	364	348.960	754.424
5	Felixdorf .... }									
6	Fischau .... }	Bräunlich C. . .	38	52	8.568	14.976	126	179	74.400	413.355
7	Fischamend . . .	Schindler Leop. .	16	16	2.586	2.586	120	120	152.598	169.116
8	Götzendorf . . .	Gradner F. . . .	36	39	6.900	7.478	125	130	137.688	168.608
9	Leobersdorf . . .	Hornbostel C. . .	20	20	3.840	3.840	70	70	72.716	81.504
10	Marienthal . . .	Todesco Hermann	37	37	7.000	7.000	137	123	152.740	200.612
11	Minnathal[1]) . . .	Conradi Georg . .	34	34	6.120	6.120	109	117	184.172	193.304
12	Münchendorf . . .	Thornton C. . . .	32	32	6.044	6.120	174	182	227.472	276.864
13	Münchendorf . . .	Erdl Caspar . . .	16	16	3.006	3.006	66	78	81.792	116.792
14	Nadelburg	Hainisch. . . .	33	33	7.632	7.632	127	130	198.178	214.141
15	Neunkirchen . . .	Roulet Carl . . .	56	56	11.256	9.976	205	198	132.028	156.425
16	Neunkirchen . . .	Eltz Friedrich . .	67	51	11.684	10.932	252	209	201.216	240.480
17	Wr.-Neustadt . .	Kuschel Conr. . .	38	38	6.732	6.732	154	160	213.488	224.916
18	Ober-Waltersdorf	Gradner Mich. . .	35	39	5.668	7.508	154	170	200.045	201.482
19	Pottendorf . . .	Aktiengesellschaft	298	232	47.472	43.368	870	813	986.414	1,121.865
20	Schönau	Pacher Joh. von .	73	68	12.756	11.940	263	257	263.263	283.929
21	Schwadorf . . .	Brevillier von . .	148	148	26.952	26.952	450	478	450.336	576.376
22	Siegersdorf. . . .	Flexner u. Aigner .	8	8	1.110	1.110	75	75	77.705	84.378
23	Sollenau	Pacher Joh. von .	96	93	15.620	15.364	349	388	536.798	714.623
24	Steinabrückl . . .	Glanz u. Clotty .	75	79	13.344	14.064	304	313	244.404	360.575
25	Tattendorf . . .	Girardony	46	52	7.182	8.110	187	186	393.574	552.854
26	Teesdorf	Puthon Freih. v. .	134	140	18.604	19.480	587	519	688.020	768.885
27	Thashof	Rau u. Dempel .	17	17	2.868	2.868	78	80	106.660	107.516
28	Trumau	Aktiengesellschaft	78	78	32.184	32.184	500	568	277.456	545.997
29	Unter-Eggendorf	Thornton Josef	34	46	5.110	8.498	140	170	148.154	224.565
30	Unter-Waltersdorf	Thornton Josef	27	36	4.860	6.480	95	130	93.806	145.658
31	Unter-Waltersdorf	Dinst Martin. . .	g.1843	9	—			44	—	17.560
32	Weigelsdorf . . .	Kärnbach Aug. .	20	25	3.600	4.608	60	90	85.840	130.240
33	Wienersdorf . . .	Curti Const. . .	10	14	1.560	2.712	44	51	30.475	40.751
34	Möllersdorf . . }									
35	Felixdorf . . . }	Mohr Jos.	90	90	16.320	16.320	306	322	576.193	755.505
36	Neu-Steinhof . .	Gülcher Theod. .	48	48	11.916	11.916	224	97	166.804	68.012
37	Schwechat . . .	Ankemius G. . .	16	16	3.120	3.300	53	52	77.540	86.275
38	Rannersdorf . . .	Hofer u. C. . . .	30	30	2.844	5.080	84	113	95.018	71.600
	Viertel ob dem Wiener Walde:									
39	Wilhelmsburg . .	Rauscher And. .	14	26	6.120	5.130	105	121	41.680	155.063
40	Radelsberg. . . .	Zwierzina	2 { Ende 1842 aufgehört		336 }	—	—	—	4.828	—
	Viertel ob dem Mannhardtsberge:									
41	Hoheneich . . .	Isnenghi G. . . .	6	6	1.104	1.104	25	40	1.856	26.460
	Summe . . .		1.978	1.984	371.950	387.468	7.493	7.869	8,557.903	11,143.058

Die meisten dieser Spinnereien waren somit von großer Ausdehnung. Die Fahrafeld (v. Coith). Coithsche zu Fahrafeld wurde, nachdem sie 1833 ganz abgebrannt war, wieder neu aufgebaut und mit Maschinen aus den Werkstätten von Escher, Wyß & Co. in Zürich versehen. Die Triebkraft ging 1835 von einem Wasserrade von 40—45 Pferdekräften und einer Dampfmaschine englischer Provenienz

---

[1]) Errichtet 1832 (Ber. ü. d. Ausst. Wien, 1839, S. 233, 1845, S. 380).

von 20 Pferdekräften aus. Dieser Unternehmung wurde bei den Wiener Ausstellungen von 1835 und 1839 die goldene Medaille zuteil[1]).

Die Pachersche Schönauer und Sollenauer · Spinnerei hatte Schönau
1835 ein Betriebspersonal von 600 Individuen, wurde sodann bis 1839 so ver- und
größert, daß ihre Spindelzahl von 24.000 auf 27.000 wuchs, um bis 1845 auf Sollenau
28.000 zu steigen[2]).

Die älteste und größte Baumwollspinnerei in Niederösterreich war jene der Potten-
k. k. priv. Baumwollspinnmanufakturgesellschaft zu Pottendorf (errichtet dorf.
1801/2). Bedeutende Gebäude wurden aufgeführt, ein Kanal zur Leitung des
Wassers aus der Leitha gegraben. Die notwendigen Maschinen wurden durchweg in der Fabrik selbst durch eigene Arbeiter erbaut. Diese Unternehmung
beschäftigte 1839 fortwährend an 1000 Personen, darunter bei 300 Kinder, für
deren Unterricht eine auf Kosten der Gesellschaft errichtete und mit vier Lehrern
versehene Schule sorgte. Die Fabrik hatte im Jahre 1839 240 Mulemaschinen,
60 Watermaschinen und mehr als 800 Hilfsmaschinen; sie unterhielt eine Niederlage in Wien und Kommissionslager in Linz, Prag, Hohenelbe und Sternberg.
Im Jahre 1845 beschäftigte sie 800—900 Arbeiter, wobei der Antrieb durch drei
Wasserräder von 225 Pferdekräften erfolgte. Die Zahl der Spindeln erhöhte sich
bis 1846 auf 52.398. Dieser großartigen Unternehmung wurde bei der Ausstellung von 1835 die ehrenvolle Erwähnung, bei der von 1839 und 1845 die
silberne Medaille zuteil[3]).

G. A: Ankemius hatte seit 1808 eine Spinnfabrik zu Bruck a. L., 1811/12 Bruck.
eine gleiche zu Fischamend, 1832 die Spinnfabrik zu Rannersdorf eingerichtet; 1828 übertrug er die Brucker Baumwollspinnerei nach Schwechat, Schwechat.
wo er seit 1839 fortwährend 60 Arbeiter beschäftigte[4]).

Die Spinnerei von Hermann Todesco zu Marienthal (errichtet 1830) Marien-
beschäftigte 1835 bei 6500 Spindeln 286 Arbeiter, 1845 bei 7500 Spindeln und thal.
Wasserkraft 140 Arbeiter[5]).

Die Möllersdorfer Spinnerei von Josef Mohr wurde 1826 neu erbaut Möllers-
und wurde durch Wasserkraft, seit 1838 auch durch eine Dampfmaschine von dorf.
10 Pferdekräften betrieben. Die Fabrik zu Felixdorf hatte 1835, als sie Mohr Felixdorf.
kaufte, nur 2880 Spindeln, wurde aber sofort mit neuen Maschinen versehen und
auf 9500 Spindeln gebracht. Beide Fabriken beschäftigten 1839 320 Arbeiter
und zählten 1845 18.000 Feinspindeln[6]).

Die Nadelburger Spinnerei von M. Hainisch wurde 1830 errichtet Nadelburg.
und 1845 von 7000 auf 12.000 Spindeln erweitert[7]).

Die inländischen Spinnereien hatten schon in den Dreißigerjahren eine

---

[1]) Ber. ü. d. Ausst. Wien, 1835, S. 47, 1839, S. 234. — [2]) Ber. ü. d. Ausst. Wien, 1835,
S. 56, 1839, S. 229, 1845, S. 376. — [3]) Ber. ü. d. Ausst. Wien, 1835, S. 64, 1839, S. 226 f., 1845,
S. 373; Großind. Öst., IV, 229. — [4]) Ber. ü. d. Ausst. 1835, S. 67, 1839, S. 225; 1845, S. 381, wo
die dem früheren Berichte widersprechende Darstellung vorkommt, daß er die 1810 zu Bruck
bestandene Unternehmung 1835 nach Schwechat übertrug. — Vgl. Tabelle S. 283. — [5]) Ber.
ü. d. Ausst. Wien, 1835, S. 66, 1845, S. 379. — [6]) Ber. ü. d. Ausst. Wien, 1839, S. 230, 1845,
S. 376. — [7]) Großind. Öst., IV, 214.

solche Ausdehnung, daß die niederösterreichische Handelskommission meinen konnte, die Quantität der im Inland erzeugten Gespinste genüge für den inländischen Bedarf vollkommen[1]).

Ein großer Mißstand bei den Spinnereien jener Zeit war die allzu starke Verwendung von Kindern, meist schon in sehr jungen Jahren. So befanden sich unter den 10.000 Personen, die in Niederösterreich 1843 in den Baumwollspinnereien beschäftigt waren, 2500 im Alter von 12 bis 18 Jahren. Kinder unter 12 Jahren wurden nur ausnahmsweise „aus Mitleid gegen verwahrloste Kinder, die um Arbeit betteln" aufgenommen. Dennoch machte die Zahl der Kinder von 9 bis 12 Jahren einen nicht geringen Prozentsatz der Arbeiter aus[2]).

Böhmen.   In Böhmen reichen die Anfänge der Baumwollindustrie in die erste Hälfte des 18. Jahrhunderts zurück, aber erst nach der Erlöschung der Privilegien der Schwechater und Sassiner Fabrik (1763) kam es zur Gründung mehrerer größerer Kosmanos Unternehmungen. So sind vor allem zu erwähnen die 1763 vom Grafen Josef 1763. von Bolza in Kosmanos mit einem Aufwande von 500.000 fl. ins Leben gerufene Unternehmung, sowie weitere Fabriken in Bürgstein (Graf Kinsky), Pottenstein (Graf Harbuval-Chamaré), Tupadl (Fürst Auersperg) und Weißwasser (Graf Waldstein). In Žleb und Prag befanden sich in der zweiten Hälfte des 18. Jahrhunderts schon mehrere Kotton- und Leinwanddruckereien, darunter die zwei privilegierten von Hollub und Wondraczek in Prag[3]).

Leiten-   Im Jahre 1770 entstand in Wernstadtl die Fabrik von Johann Josef berger Leitenberger, der bald darauf eine Baumwollspinnerei im Teinhofe in Prag, die erste ihrer Art in Böhmen errichtete. Die Wernstadtler Fabrik beschäftigte 1785 in der Sommerszeit gegen 100 Personen unmittelbar und außerdem an Webern und Spinnern über 2000[4]). Im Jahre 1788 gründete Leitenberger die Kattunfabrik in Reichstadt[5]). Nachdem die Kosmanoser Fabrik 1783 an Christof Weckherlin übergegangen und die Josefsthaler 1787 an Bernhard Joß verpachtet worden war, gingen diese beiden Unternehmungen 1793 an die Firma Leiten-

---

[1]) A. d. Fin. Min. Kom., Fasz. 29, 1834, Jänner 102. — [2]) Knolz, a. a. O., 13—15 und 22. — [3]) Hallwich, Leitenberger 12—37, Anfänge d. Großbind., S. 43; Die Industrie Böhmens in der öst. ung. Mon. in W. u. B., S. 636 f., 640, 646; Riegger, Materialien II. (1788), S. 60—68 erwähnt in Prag unter anderen folgende Kattun- und Leinwanddrucker: 1. Franz Anton Sänger, gegr. 1766, beschäftigte 22 Drucktische, 22 Gesellen, 22 Lehrjungen, 7 Gehilfen, 12 Modellstecher; 2. Franz Engel, Kattun- u. Leinwanddrucker in Prag, gegr. 1766, hatte 10 Drucktische, 1 Werkmeister, 10 Gesellen, 10 Lehrjungen, 5 Gehilfen und 11 Modellstecher; 3. Ignaz Hollub, k. k. priv. Kattun- u. Leinwanddruckerei, gegr. 1775, beschäftigte 26 Drucktische, 2 Werkmeister, 26 Gesellen, 26 Lehrjungen, 10 Gehilfen, 12 Modellstecher (priv. seit 1786); 4. Ignaz Wondraczek, k. k. priv. Kattun- u. Leinwanddruckerei, gegr. 1777, beschäftigte 50 Drucktische, 1 Werkmeister, 50 Gesellen, 50 Lehrjungen, 12 Gehilfen, 46 Modellstecher (priv. seit 1786); 5. Franz Eichmüller, Kattun- und Tücheldruckerei in Prag, gegr. 1781, beschäftigte 11 Drucktische, 11 Gesellen, 11 Lehrjungen, 9 Gehilfen und 17 Modellstecher; 6. Bernhard Wernsink, Kattun- und Leinwandtücheldruckerei, gegr. 1784, beschäftigte 21 Drucktische, 11 Gesellen, 21 Lehrjungen, 6 Gehilfen und 15 Modellstecher. — [4]) Hallwich, Leitenberger, S. 51 ff.; Statth. A. Prag, 1784/85 Kom. E. V/85. — [5]) Kurrer, Gesch. d. Zeugdruckerei, II. Aufl. 62 ff.

berger über, welche 1792 die Landesfabriksbefugnis erhalten hatte[1]). In den
Jahren 1795 und 1797 wurde die Josephstaler Fabrik durch Ankauf des in
Kosmanos gelegenen Piaristenklosters auf großartige Weise ausgedehnt[2]).

Um 1790 bestanden in Böhmen außerdem folgende bedeutende Baumwoll- Baumwollwarenfabriken[3]): die fürstlich Auerspergsche zu Tupadl, welche 200—400 Stühle waren-
beschäftigte, die gräflich Rottenhansche zu Rothenhaus (seit 1779, Landes- fabriken
befugnis 1886) und Gemnischt, wobei die erstere über 157 Stühle betrieb[4]), die
gräflich Kinskysche zu Bürgstein, welche 24 Drucktische und 172 Arbeiter beschäftigte, die gräflich Sweet-Sporksche in Prag, die Breuersche in Kuttenberg
(gegründet 1787[5]), die von Michel & Co. in Böhm.-Leipa, endlich die priv. Lein-
wand-, Kotton- und Tücheldruckfabrik von Franz Hergot in Prag mit 40 Drucktischen und 140 beschäftigten Personen.

Am ausgezeichnetsten von allen waren damals die Unternehmungen von
Leitenberger, deren Leistungen auch von Kaiser Josef Anerkennung ernteten
und bei der Prager Ausstellung von 1791 allgemeines Aufsehen erregten, sowie
die Fabrik in Tupadl[6]).

Die Fabriken wurden durch zahlreiche Spinnfaktoreien mit Baumwollgarn
versehen; unzähligen Leuten wurde so durch Spinnen ein Nebenverdienst
verschafft, so daß gegen Ende des 18. Jahrhunderts in Böhmen über 40.000
(1789 24.477) Baumwollspinner von den verschiedenen Fabriken verlegt
wurden[7]).

In den neunziger Jahren bestanden auch schon in Prag die Leinwand- und
Kottondruckfabriken von Johann Georg Berger & Co., Emanuel Josse u. a., Berger.
in Karolinenthal die bedeutenden Druckfabriken von Koppelmann Porges Koppel-
& Co. und von Přibram, welch letztere alle kleineren Prager Druckfabriken ver- ges & Co.
legte[8]), in Schönlinde die Unternehmung von Lorenz Münzberg[9]). Přibram.

Die Kotton- und Leinwanddruckfabrik von Josef Steyrer in Prag er- Münzberg.
langte 1797 die Bewilligung, den kaiserlichen Adler zu führen und 1798 die Steyrer.
Landesbefugnis. Sie beschäftigte damals 297 Arbeiter, davon bei der Druckerei
allein 124 bei 30 Drucktischen[10]).

In dieser Zeit begann sich die Spinnerei durch die Einführung von Maschinen Spinn-
auf eine andere Grundlage zu stellen und da gingen einige böhmische Fabrikanten maschinen.
mit gutem Beispiele voran, namentlich Leitenberger. Dieser war der erste, der
in Böhmen englische Spinnmaschinen einführte (Water-Frames und Mule-Jennys).

---

[1]) Hallwich, Leitenberger, S. 51 f., 58 f., 73 f.; Statth. A. Prag 1786—1795, Kom., Fasz. 14,
subn. 39. — [2]) Kurrer, a. a. O. 64. — [3]) Schreyer, Kommerz, Fabriken usw. (1790), I, S. 217. —
221, Kommerz, Fabriken usw. in Briefen (1794), I, S. 9—48, Warenkabinett (1799), S. 174 ff.;
Manufaktur- und Kommerztabelle Böhmens für 1797 in H. K. A. Kom. Praes. 1822, Nr. 495.
[4]) Statth. A. Prag, 1786—1795, Kom., Fasz. 13, subn. 7 (1786, Dezember 19.); H. K. A. Kom.
Böhmen, Fasz. 75, Nr. 51 ex oct. 1791; Schreyer, Kommerz, Fabriken usw. in Briefen, II, S. 47 f.
[5]) Kurrer, Gesch. d. Zeugdruckerei, II. Aufl., S. 78 f. — [6]) Schreyer, Kommerz, Fabriken usw.
in Briefen, I, S. 11; Hallwich, Leitenberger, S. 56. [7]) Schreyer, Warenkabinett (1799), S. 167 f. —
[8]) Manufakturstabelle Böhmens f. 1797 in H. K. A. Kom. Praes. 1822, Nr. 495. — [9]) Hallwich,
Leitenberger, S. 82. — [10]) Statth. A. Prag 1796—1805, Kom., Fasz. 14, subn. 14.

Im Jahre 1797 erbaute er so die Baumwollmaschinenspinnerei in Wernstadtl und der Erfolg übertraf alle Erwartungen, so daß seine Söhne Franz
und Ignaz seinem Beispiele folgten und in Böhmen 1799 schon drei englische
Spinnfabriken bestanden und zwar in Wernstadtl, Kosmanos und Neu-
reichstadt.

Vorher waren nur deutsche (sächsische) Spinnmaschinen in Verwendung
gewesen, so in der Fabrik des Grafen von Canal in Prag und in der Rothenhauser
des Grafen Rottenhan.

Leitenberger ließ auch verbesserte Webstühle bauen und die Verbreitung
des Schnellschützen in Böhmen dürfte ihm und dem Grafen von Rottenhan
hauptsächlich zu verdanken sein[1]).

Um die Jahrhundertwende konnte Böhmen schon mehrere Baumwollspinnereien aufweisen, was bei den Verhandlungen von 1801 bis 1803 über die Stellungnahme der Staatsverwaltung zu diesen Maschinen Aufsehen erregte, weshalb
1803 Leitenberger in Wernstadtl die verdiente kaiserliche Belobung zuteil wurde
und ihm, sowie Johann Christof Breuer in Kuttenberg, dem Fürsten Karl Auersperg (Fabriken in Seltsch im Chrudimer und Malletsch im Časlauer Kreise),
sowie dem Grafen Rottenhan die Landesfabriksbefugnis zur Baumwollspinnerei
verliehen wurde. Dem Fürsten Auersperg und dem Grafen Rottenhan wurde
wegen der durch die Einführung und Anwendung von englischen Spinnmaschinen
um den inländischen Gewerbefleiß erworbenen wesentlichen Verdienste auch
die allerhöchste Zufriedenheit zu erkennen gegeben.

Außerdem erhielten Christian Friedrich Landrock aus Plauen und der
Mechaniker Johann Christian Sennewald aus Greiz, welche im Vereine mit dem
Fabrikanten Josef Keilwerth in Graslitz um Bewilligung zur Einwanderung
nach Böhmen und zur Errichtung einer englischen Spinnmaschine für Baum-
und Schafwolle in Graslitz angesucht hatten, nicht nur diese Bewilligung, sondern
auch die Landesfabriksbefugnis[2]).

Im Jahre 1801 errichtete Josef Richter im Vereine mit Franz Karl Mattausch
bei Tetschen- eine Baumwollspinnerei mit 500 Feinspindeln, wobei die Zahl
der Spindeln bald zunahm. Mattausch trennte sich später von Richter und
nach des letzteren Tode ging die Tetschener Fabrik an die Familie Bach-
heibl über[3]).

Kontinen-
talsperre. Das erste Jahrzehnt des 19. Jahrhunderts bedeutete wegen der Ausschaltung
der französischen und englischen Konkurrenz eine Periode des größten Aufschwunges der Baumwollindustrie, welcher sich zur Zeit der Kontinentalsperre
seit 1806 am stärksten geltend machte. Das massenhafte Papiergeld begünstigte
die Entstehung zahlreicher neuer Unternehmungen, die Erweiterung der bestehenden und eine bedeutende Ausdehnung der Produktion. Die Zahl der Neugründungen ist in dieser Zeit daher sehr groß.

---

[1]) Hallwich, Leitenberger, S. 87 f.; Keeß u. Blumenbach, a. a. O., I, S. 121 und 164. —
[2]) Statth. A. Prag, 1796—1805, Kom., Fasz. 13, subn. 17; vgl. auch oben S. 182—187. — [3]) Hallwich, Leitenberger, S. 91.

Die Leinwand- und Kottonfabrik von Koppelmann Porges bei Prag Koppel-
wurde bedeutend erweitert; ihr Inhaber erhielt 1801 die Erlaubnis, einige zur mann
Leinwanddruckfabriksbleiche notwendige Grundstücke anzukaufen, 1803 das Porges
Recht zur Führung des kaiserlichen Adlers, da die Fabrik 50 Tische in Betrieb (Prag).
hatte[1]).

Franz Graf & Co., der 1795 eine Zitz- und Kottonfabrik in Böhm-Leipa Graf & Co.
errichtet hatte, erhielt 1801 die Landesfabriksbefugnis, da er ohne die Spinner (Böhmisch-
163 Menschen beschäftigte. 1802 gründete Franz Wünsche eine Leinwand- Wünsche
und Kottondruckfabrik in Hirschberg (Bunzlauer Kreis); ebenso Christian Erxleben (Hirsch-
in Landskron eine Leinwand-, Zitz- und Kottonfabrik[2]). Im selben Jahre legte berg).
Augustin Starke, der 10 Jahre lang Leiter der Leitenbergerschen Kotton- (Lands-
druckfabrik zu Wernstadtl gewesen war, eine Baumwolldruckfabrik bei Niemes kron).
an[3]). Um dieselbe Zeit wird eine landesbefugte Leinwand- und Kottonfabrik
Wolf Heller & Co. in Turnau erwähnt, welche Niederlagen in Brünn und
Wien hatte[4]).

Seit 1798 bestand in Karolinenthal bei Prag die Leinwand- und Kotton- Přibram &
druckerei von Aaron Přibram, seit 1802 in Gesellschaft mit Jerusalem, Jerusalem
welche eine sehr große Ausdehnung hatte und zu immer größerer Bedeutung linenthal).
gelangte.

Im Jahre 1802 erhielten die Gebrüder Epstein die Befugnis zur Er- Gebrüder
richtung einer Leinwand- und Kottondruckerei auf dem Lande. Sie übernahmen Epstein
aber 1803 die priv. Leinwand- und Kottondruckerei von Bernhard Wernsink (Prag).
in Prag, wozu das Gubernium nur unter der Bedingung die Bewilligung erteilte,
daß Wernsink sich durch Revers verpflichtete, sich des Rechtes, eine Kottondruckerei zu betreiben, für immer zu begeben. Im Jahre 1805 beschäftigte diese
Fabrik 48 Drucktische und 150—200 Menschen, ohne die Spinner und Weber
zu rechnen, und erhielt wegen ihrer großen Ausdehnung 1806 die Landesfabriksbefugnis. Diese Druckfabrik war überhaupt die bedeutendste Prags, da sich
die von Přibram und Porges außerhalb der Stadt befanden. Im Jahre 1810
übernahm die Firma Epstein auch die seit 1801 landesbefugte Leinwand- und
Kottondruckerei von Wenzel Gottlas[5]).

Im Jahre 1803 erhielten Johann Bapt. Durazin & Co. die Befugnis zur Durazin &
Leinwand-, Zitz- und Kottondruckerei zu Smichow, 1806 die Landesfabriks- Co. (Smi-
befugnis[6]). chow).

Außerdem werden in Böhmen um diese Zeit erwähnt der Musselin- und
Kottonfabrikant Johann Bachmayer in Eger, in Münchengrätz die Kottonfabrikanten Isaak Iserstein, Josef Pucher und Markus Hirschmann und in
Königinhof Christof Weckerlin; 1803 errichtete Graf Rudolf Morzin eine Lein-
wand-, Zitz- und Kattundruckerei in Harta[7]).

---

[1]) Statth. A. Prag, 1796—1805, Kom., Fasz. 14, subn. 18. — [2]) Statth. A. Prag, 1796 bis
1805, Kom., Fasz. 14, subn. 41, 62, 70, 76. — [3]) Statth. A. Prag, 1796—1805, Kom., Fasz. 14,
subn. 59. — [4]) H. K. A. Kom., N.-Ö., Fasz. 71, Nr. 14 ex jan. 1803. — [5]) Statth. A. Prag,
1806—1815, Kom., Fasz. 14, subn. 2. — [6]) Statth. A. Prag, 1806—1815, Kom., Fasz. 14, subn. 72
(1814). — [7]) Hallwich, Leitenberger, S. 100 f.

Leiten-
berger.

Im Jahre 1802 starb Johann Josef Leitenberger, der erste Baumwollwarenfabrikant im großen Stile und unstreitig der größte Industrielle seiner Zeit, und hinterließ seinem Sohne Franz die Josefsthal-Kosmanoser, seinem Sohne Ignaz die Reichstädter Fabrik. Sein Sohn Mansued erhielt die Fabriken in Wernstadtl und in Auscha, Thomas die Maschinenspinnerei in Wernstadtl[1]). Im Jahre 1810 arbeitete die Josefsthal-Kosmanoser Fabrik schon mit 50 Drucktischen und 10 englischen Spinnmaschinen und beschäftigte unmittelbar 234 Arbeiter sowie zahlreiche Weber im Bydschower, Leitmeritzer und Bunzlauer Kreise[2]).

Im Jahre 1810 wurde dem Franz Elbel und Raimund Gürtler, Wollenzeugfabrikanten in Böhm.-Leipa, die Bewilligung erteilt, ihre Wollenzeugfabrik in eine Zitz- und Kattunfabrik umzuwandeln[3]).

Landrook
(Graslitz).

Zur selben Zeit hatte Christian Friedrich Landrock in Graslitz (gegründet 1803) ein großes Fabriksgebäude, eine Spinnmaschine aus 12 Sätzen, jeder zu 204 Spindeln, 3 Baumwollkartatschen und mehrere sonstige Maschinen. Außerdem hatte er eine Messinggießerei zur Verfertigung von Maschinenrädern und sonstigen Messinggeräten und beschäftigte im ganzen 69 Personen[4]).

Wiener &
Söhne
(Prag).

Im Jahre 1813 erfolgte die Gründung der Kattunfabrik von Wiener & Söhne in Prag, welche später zu großer Bedeutung gelangen sollte[5]).

Im Jahre 1816 errichtete Beer Porges eine Kattundruckerei in Karolinenthal[6]).

Der Druckerei kam in dieser Zeit das Aufkommen des Walzendruckes und die dadurch bewirkte technische Vervollkommnung sehr zugute[7]).

Depression
seit 1816.

Der großartigen Hochkonjunktur zur Zeit der Kontinentalsperre folgte eine beispiellose Deroute nach dem Aufhören der Franzosenkriege, wobei sich auch die Folgen der zerrütteten Geld- und Kreditverhältnisse der Monarchie stark geltend machten[8]).

Die gräflich Rottenhansche Fabrik zu Gemnischt, die 1817 zusammen mit der Rothenhauser an den Grafen Bouquoy übergegangen war, stellte 1818 den Betrieb wegen Mangel an Absatz ein und die zweite stand auch vor ihrer Auflösung[9]). Selbst die Firma Leitenberger in Kosmanos, die bedeutendste und leistungsfähigste aller Unternehmungen Böhmens, sah sich gezwungen, die Regierung um einen Vorschuß von 300.000 fl. gegen fünfprozentige Verzinsung anzugehen, welchen sie allerdings nicht erhielt. Dafür erhielten aber Franz Leitenberger und seine vorzüglichsten Mitarbeiter durch kaiserliche Auszeichnung die verdiente Anerkennung ihrer vorzüglichen Leistungen[10]).

Die allgemeine Depression zeigt folgende Zusammenstellung über die böhmische Baumwollwarenindustrie für das Jahr 1818:

---

[1]) Hallwich, Leitenberger, S. 93—96. — [2]) Hallwich, Leitenberger, S. 104. — [3]) Statth. A. Prag, 1806—1815, Kom., Fasz. 14, subn. 30. — [4]) Statth. A. Prag, 1806—1815, Kom., Fasz. 13, subn. 19. — [5]) Ber. ü. d. Ausst. Prag, 1831, S. 129. — [6]) Kurrer, Gesch. d. Zeugdruckerei, II. Aufl., S. 69. — [7]) Vgl. oben S. 268 f. — [8]) Vgl. oben S. 64—71, 271 ff. — [9]) H. K. A. Kom. Kom., Fasz. 31, Nr. 31 ex febr., 28, 163 ex apr. 1818. — [10]) H. K. A. Kom. Kom., Fasz. 31, Nr. 83 u. 172 ex jul., 130 ex sept. 1818; Hallwich, Leitenberger, S. 111; vgl. auch oben S. 273 f.

Baumwollwarenfabriken in Böhmen im Jahre 1818)[1].

	Ort	Kreis	Firma	Niederlagen	Stärke des Betriebes	Erzeugnisse
K. k. p. Baumwollwarenf.	Tuppadl	Časlauer	Karl Fürst Auersperg	Wien u. Prag	Bei gutem Betrieb mehrere hundert Stühle, gegenwärtig gesunken.	Piqués, Barchent, Perkals usw.
Baumwollwarenfabrik	Asch	Elbogner	Christoph Hollstein	Wien u. Prag	40 Stühle, 56 Arbeiter	Baumwollene, seidene und halbseidene Tücheln, Wallis, Piqué, allerlei Kottonwaren
Baumwollwarenfabrik	Lichtenstadt	Elbogner	Jonas Bondi (R. v. Edelmulnache Erben)	Prag	20 Stühle	Piqué und Kammertuch
Baumwollwarenfabrik	Jakobsthal	Berauner	Franz Ulbricht & Söhne	Prag	28 Arbeiter	Frauen- u. Männerkleider; Strümpfe
K. k. p. Baumwollwarenf.	Georgenthal	Leitmeritzer	Gebr. A. & J. Stolle	Wien	7 Drucktische, 2 Weber	Piqué, Wallis, Manchester
K. k. p. Baumwollwarenf.	Georgenthal	Leitmeritzer	A. Münzberg & Söhne	Wien	Unbestimmt[2]	Baumwollwaren
K. k. p. Baumwollwarenf.	Georgenthal	Leitmeritzer		Wien	Unbestimmt	Verschiedene gedruckte, gefärbte u. gebleichte Baumwollwaren
Baumwollwarenfabrik	Rumburg	Leitmeritzer	Miller, Bellieni & Siber	Wien	—	Baumwollene, gefärbte Tücheln, Kammertuch, Gradel, Barchent, Piqué, Wallis, Barchent, Perkal, Kammertücher
Baumwollwarenfabrik	Rumburg	Leitmeritzer	Gebr. Liebisch	Wien	—	
Baumwollwarenfabrik	Rumburg	Leitmeritzer	Ant. Salomon & Sohn	—	—	
Baumwollwarenfabrik	Pottenstein	—	—	—	—	
Baumwollwarenfabrik	Rothenhaus	Saazer	Graf Bouquoy	Wien	40 Webstühle, 120 Arbeiter	Baumwollene und leinene Tücher und alle Arten Kottons
K. k. pr. Baumwollwarenf.	Prag	—	Steyrer & Sohn	Prag u. Pest	12 Tische, 40 Arbeiter	Gedruckte Leinwand- und Kottontücher
Kotton- u.Leinwanddruck.	Böhm.-Aicha	Bunzlauer	Franz Stuka	—	6 Drucktische	Kottone verschiedener Art
Kottondruckfabrik	Johannesthal	Bunzlauer	Franz Hermann	—	7 Drucktische, 20 Arbeiter	Kattune und Halbtücher
Kottonfabrik	Lichtenstadtl	Elbogner	Franz Benedikt	—	12 Tische	Ist seit Oktober 1817 eingestellt
Kottonfabrik	Werstadtl	Leitmeritzer	Josef Leitenberger	—		—
K. k. p. Zitz- u. Kottonfab.	Böhm.-Leipa	Leitmeritzer	Franz Graff & Co.	Wien	13 Drucker u. Formstecher, 4 Drucktische	—
Zitz- und Kottonfabrik	Böhm.-Leipa	Leitmeritzer	Ziegler & Weber	—	1817: 23 Drucktische u. 47 Person., jetzt nur 9 Drucktische	—
Kottonfabrik	Böhm.-Leipa	Leitmeritzer	Wederich & Langer	—	6 Drucktische	—
K. k. p. Zitz- u. Kottonfab.	Kleinaicha	Leitmeritzer	Josef Schreiner	Wien u. Prag	Sonst 50 Drucktische, gegenwärtig nur 20 mit 150—200 Personen	Bis 1818 Michel & Co. gehörig[3]
K. k. p. Zitz-, Kotton- u. Leinwandfabrik	Georgswalde	Leitmeritzer	Rowland & Osborne	Wien	—	—

1) H. K. A. Kom. Praes. 1818, Nr. 1429, Verzeichnis der böhm. Fabriken vom 25. Mai 1818 verfaßt von der Prager Fabriken-inspektion. — 2) Die Gebrüder Stolle hatten 1816 die Landesfabriksbefugnis erhalten, da sie 173 Menschen beschäftigten (Statth. A. Prag, 1816 bis 1825, Kom., Fasz. 14, subn. 9). — 3) Statth. A. Prag, 1816—1825, Kom., Fasz. 14, subn. 25.

	Ort	Kreis	Firma	Niederlagen	Stärke des Betriebes	Erzeugnisse
K. k. p. Zitz- u. Kottondruckfabrik.	Stadt Leipa	Leitmeritzer	Kirchberg & Hampel	—	1817: 40 Tische, gegenwärtig nur 3.	—
Kotton- u. Dicksettfabrik.	Stadt Gabel	Bunzlauer	Franz Egert	Wien	{4 Drucktische, 1 Koloris, 1 Färber, 1 Buchhalter, 1 Modellstecher, 1 Bleicher, 3 Maler, 4 Gehilfen}	Kotton und Dicksett
Zitz- u. Kottonfabrik	Eger	Elbogner	Bachmayer & Co.	Wien	20 Drucktische.	Allerlei Zitz und Kattun
Zitz- u. Kottonfabrik	Goldenkron	Budweiser	Gebr. Joß & Co.	Wien u. Prag	3 Meister, 3 Gesellen, 1 Lehr., 3 Geh.	Zitz und Kotton
Kottondruckerei	Böhm.-Leipa.	Leitmeritzer	Josef Bartel.	Wien	3 Drucktische.	—
Zitz- u. Kottonfabrik	Böhm-Leipa.	Leitmeritzer	Elbel & Gürtel.	Wien, Prag u. Brünn	{1817: 24 Drucktische mit 72 Arbeitern, gegenwärt. 4 Drucktische mit 12 Arbeitern}	—
Druckfabrik.	Schönlinde	Leitmeritzer	Anton Herbst	—	6 Drucktische, 20 Personen	Kalliqo und Piqué
Kotton- u.Tücheldruckerei.	Stadt Grulich	Königgrätzer	Johann Pošerl.	—	{4 Kessel, 6 Doppelkumpen,11 Drucktische.}	—
Kottondruckfabrik.	Stadt Pollitz	Königgrätzer	Ferdinand Theer.	—	Wegen Mangel an Absatz im Stocken	—
Kottonfabrik.	Stadt Königinh.	Königgrätzer	Wekerle & Tinus	Wien u.Brünn	12 Drucktische.	Kotton, Croisé und blaue Leinwanden
Kotton- u.Leinwanddruckfabrik	Prag	—	Israel Epstein.	Prag u. Wien	{30 Drucktische, 30 Drucker und 20 Arbeiter}	Gefärbte Kottone und Leinwanden
Kotton- Leinwand- und Tücheldruckerei.	Prag	—	Sal. Brandeis & Sohn	Wien	{41 Tische u. Stühle, 12 Meister,39 Gesellen, 12 Lehrjungen, 71 Gehilfen}	Gefärbte Kottone
Zitz-, Kotton-u.Leinwand-fabrik	Landskron	Chrudimer. . . .	Gebr. Erxleben.	Wien	{1811: 80Tische, 1817 bloß 9 Tische*) 12 Drucktische, 18 Gesellen, 4 Lehr-jungen}	{Rohe, gebleichte und weißgarnige Leinwanden, gefärbte u. gedruckte Leinwanden, weiße und gedruckte Baumwollwaren}
Zitz- u. Kottondruckfabrik	Karolinenthal	Kauřimer	Beer Porges . . .	Wien, Brünn	16 Drucktische, 10Gesellen, 8 Lehr-jungen, 3 Forstecher,10Gehilfen	Kotton, Leinwand
Zitz-, Kotton-u.Leinwand-druckfabrik	Prag	—	Mich. Wenzel Wiener	Wien	{10 Mühlstühle, 2Water, 60Personen in der Spinnerei. In der Weberei 50 Personen, in der Druckerei 50 Personen, in d.Leinwandbleiche 23, zusammen 183 Personen}	Kotton und Tüchel
Zitz- u. Kottondruckfabrik	Komotau	Saazer. . . .	Johann Silberer	—		
K. k. priv. Baumwollspinn-, web-u.druckfabrik nebst Leinwandbleiche	Postupitz bei Gennisscht.	Kauřimer	Georg Graf Bouquoy	Prag, Wien, Graz	{Wegen Stock, d. Hand., außer Betr. Wegen Stock, d. Hand., außer Betrieb}	—
Musselin- u. Kottonfabrik	Graslitz	Elbogner	Friedrich Stark.	—	—	—
Tücheldruckerei	Schneckenau	Leitmeritzer	Franz Kindermann.	—	—	—
Musselinfabrik.	Graslitz	Elbogner	Wenzel Köhler.	—	—	—
Musselin- u. Kottonfabrik	Schwaderbach	Elbogner	Josef Langhammer.	—	25 Stühle	Musselin und Kammertuch

*) Nach Statth. A. Prag, 1816—1825, Kom., Fasz. 14, subn. 18 soll diese Fabrik damals 60 Drucktische und 150 Arbeiter gehabt haben. — ²) Im Jahre 1819 soll er aber 84 Drucktische betrieben und dabei 150 Menschen beschäftigt haben (Statth. A. Prag, 1816—1825, Kom., Fasz. 1, subn. 55).

Aus dieser Zusammenstellung sind die Wirkungen der widrigen Zeitverhältnisse deutlich erkennbar. Doch ist die Tabelle bei weitem nicht vollständig. Weitere Baumwollwarenfabriken, welche damals in Böhmen bestanden, sollen in folgendem angeführt werden:

Name des Inhabers	Art der Fabrik und Betriebsort	Anmerkung
Franz Leitenberger . . .	Priv. Kattunfabrik zu Kosmanos	Niederlagen in Wien, Mailand, Leipzig, Lemberg, Bozen und Düsseldorf; hatte 100 Drucktische und 1 Walzendruckerei und beschäftigte 38 Formstecher und 112 Gehilfen und Taglöhner, obwohl ihr die Finanzoperation von 1811 großen Schaden zugefügt hatte. Der Fabrik wurde auch die Auszeichnung eines persönlichen Besuches durch den Kaiser zuteil[3]).
C. G. Breuer & Söhne . .	K. k. priv. Kattunfabrik in Kuttenberg[1])	—
Ignaz Leitenberger . . .	Kattunfabrik zu Reichstadt	
August Starke	Kattunfabrik zu Niemes.	
Gebrüder Müller	Zitz- und Kattunfabrik zu Böhm.-Leipa	
Franz Jos. Michel & Co. .	Kattunfabrik zu B.-Leipa	
Graf Philipp Kinsky . .	Kattunfabrik zu Bürgstein	
Jakob Goldberg	Zitz- und Kattunfabrik zu Turnau	—
Josef Schlegel	Zitz- und Kattunfabrik zu Lindenau	Hatte 12 Drucktische und 1 Niederlage in Wien.
Franz Wünsche	Kattunfabrik zu Hirschberg	—
Josef Ernst Schimpke . .	Baumwollweberei und Rotfärberei in Lindenau .	—
Lorenz Langer	Manchester-Kottonfabrik in Lindenau	—
Gebrüder Wieden	Kottondruckerei in Lindenau	Hatte 8 Drucktische.
Seraphin Thitschel . . .	Kottonfabrik in Rumburg	—
Joh. Georg Lorenz . . .	Kottonfabrik in Grunwalt.	—
C. J. Spietschkas Erben & Co.	Weberei in Reichenberg .	Beschäftigte 150 Stühle.
Anton Richter	Priv. Maschinenweberei in Königsaal	—
Durazin & Dormitzer . .	Baumwollspinnfabrik in Lodenitz und Weberei zu Wlaschin	Beschäftigte 62 Webstühle[4]).
Josef Hanke Sohn . . .	Leinen- u. Baumwollwarenfabrik in Schluckenau .	Betrieb über 60 Stühle und ernährte über 50 Familien[4]).
Přibram & Jerusalem . .	Kottou- und Leinwanddruckfabrik in Karolinenthal und Smichow	Beschäftigte im ganzen 484 Menschen[5]).

[1]) Kurrer, Gesch. d. Zeugdruckerei, II. Aufl., 78 f. — [2]) H. K. A. Kom. Kom., Fasz. 31, Nr. 73 u. 172 ex jul., Nr. 130 ex sept. 1818; Hallwich, Leitenberger S. 111. — [3]) Alle in dieser Tabelle bisher genannten Fabriken erwähnt H. K. A. Kom. Praes. 1817, Nr. 614, 1818, Nr. 1429. — [4]) Statth. A. Prag, 1816—1825, Kom., Fasz. 12, subn. 30 (1819). — [5]) H. K. A. Kom. Kom., Fasz. 42, Nr. 41 ex febr., 54 ex apr. 1818.

Spinne-
reien
1817—18.
Baumwollgarnspinnereien bestanden damals in Böhmen: in der Stadt Gabel die von Josef Hamman, in Asch die von Christian Kirchhof (beschäftigte 12 Personen und 3 Handmaschinen) und die von Christian Bär (beschäftigte 20 Personen und 4 Handmaschinen), zu Roßbach (Herrschaft Asch) die von Michael Wettengel (beschäftigte 12 Personen und 3 Maschinen), zu Grünberg (Herrschaft Graslitz) die von Landrock (beschäftigte 22 Sätze zu 80—160 Spindeln mit 100 Arbeitern), zu Schönbach (Elbogner Kreis) die von Siebenhüner & Hannabach; zu Wernstadtl die von Hermann Leitenberger (1817 waren wegen gelähmten Geschäftsganges nur 7—9 Maschinen in Gang, während bei günstigen Umständen bis 24 Maschinen in Betrieb waren), zu Lodenitz die von Durazin & Dormitzer[1]); außerdem war zu Markersdorf bei Gabel die Baumwollspinnerei von Josef Kittel, in Zwickau die von Friedrich Ulbrich & Co. sowie die von Anton Schicht & Wieden, in Schönlinde die von Gottfried Preußger, in Reichenberg die Baumwollspinnerei von Ballabene & Co.[2])

Seit 1820 besserte sich die Lage der Baumwollindustrie, die bestehenden Fabriken kamen neuerdings in Schwung und Neuverleihungen von Befugnissen erfolgten wieder in größerer Zahl.

Baumwoll-
waren-
erzeugung
seit 1818.
Im Jahre 1818 erhielt der Baumwoll- und Leinenwarenfabrikant Anton Runge in Neufranzensthal (Rumburger Herrschaft) die Landesfabriksbefugnis (einfache Befugnis hatte er seit 1811), da er 130 Weber, 6 Bleicher, 4 Färber, 12 Drucker, 8 Streichkinder, im ganzen 165 Menschen beschäftigte[3]).

Wiener
(Prag).
Im Jahre 1820 erhielt der Prager Druckfabrikant Michael Herrschmann Wiener wegen des bedeutenden Umfanges seiner Unternehmung und der vorzüglichen Güte der Fabrikate die Landesbefugnis. Seine Fabrik hatte 8 Druckzimmer, 67 Drucktische, 3 Färbereien mit 4 Kesseln und 14 Küpen und beschäftigte 183 Arbeiter[4]).

Köehlin &
Singer
(Jung-
bunzlau).
Der Kolorist und der Zeichner Franz Leitenbergers, Karl Köehlin und Jeremias Singer gründeten 1819 in Jungbunzlau eine eigene Fabrik, beschäftigten 1829 schon 513 Personen (ohne die Weber) und erhielten daher das Landesfabriksprivilegium[5]).

Im Jahre 1823 wurde dem Prager Leinwand- und Kattundruckfabrikanten Salomon Bunzel & Söhne die Landesbefugnis zuteil, da er 64 Drucktische und 211 Menschen beschäftigte[6]); 1824 erhielt dieselbe Auszeichnung der Prager Leinwand- und Kattunfabrikant Johann Wambersky, der 78 Arbeiter hatte[7]), und die Kattunfabrikanten Siebenhüner und Hannabach zu Schönbach, die samt den Spinnern und Webern 677 Menschen beschäftigten[8]).

---

[1]) H. K. A. Kom. Praes. 1816—1818, Nr. 1469. — [2]) H. K. A. Kom. Praes. 1817, Nr. 614, 1818, Nr. 1429. — [3]) Statth. A. Prag, 1816—1825, Kom., Fasz. 14, subn. 29. — [4]) Statth. A. Prag, 1816—1825, Kom., Fasz. 1, subn. 88. — [5]) Statth. A. Prag, 1826—1835, Kom., Fasz. 14, subn. 39. — [6]) Statth. A. Prag, 1816—1825, Kom., Fasz. 14, subn. 83. — [7]) Statth. A. Prag 1816—1825, Kom., Fasz. 14, subn. 30. — [8]) Statth. A. Prag, 1816—1825, Kom., Fasz. 14, subn. 95.

Die landesbefugte Druckfabrik von Porges in Prag wies 1822 über 300 Arbeiter auf[1]).

Im Jahre 1827 erhielt Johann Künzel in Roßbach die Landesbefugnis zur Erzeugung von Baumwollwaren, da er bei 210 Stühlen im ganzen 630 Menschen beschäftigte[2]); merkwürdigerweise war 1825 dem in demselben Orte befindlichen Johann Schlegel die Landesbefugnis mit der Begründung versagt worden, daß Roßbach zu nahe an der Grenze liege[3]).

Eine große Ausdehnung hatte um diese Zeit die Druckfabrik von Příbram & Jerusalem in Karolinenthal, welche seit 1814 durch Übernahme der Fabrik Durazins in Smichow stark erweitert worden war. Im Jahre 1827 wies sie ohne die Spinner und Weber ein Betriebspersonal von 800 Menschen auf[4]). *Příbram & Jerusalem (Karolinenthal).*

Die Fabrik von Franz Wünsche & Co. zu Hirschberg wurde 1803 errichtet, erhielt 1813 die Landesbefugnis und hatte 1829 90 Drucktische, 1 Walzendruckerei mit 60 Metalldruckwalzen und mehrere andere Maschinen. Sie beschäftigte 6 Graveure, 20—26 Formstecher und im ganzen an 350 Arbeiter; auch hatte sie eine eigene Bleicherei und Rotfärberei. *Wünsche & Co. (Hirschberg).*

Die alte Kosmanoser Fabrik von Leitenberger beschäftigte 1829 bei 400 Menschen ohne die Weber in der Umgebung zu rechnen und arbeitete mit 100 Tischen und 1 Walzendruckerei[5]). *Leitenberger (Kosmanos).*

Im Jahre 1829 erhielten die Besitzer der Baumwollspinnerei, Färberei und Kattundruckfabrik zu Obergeorgenthal und Marienthal auf der Herrschaft Neudorf—Eisenberg (Saazer Kreis) August Wilhelm Mauerbach & Co. die förmliche Fabriksbefugnis, da sie 120 Arbeiter beschäftigten[6]).

So konnte Böhmen gegen Ende der Zwanzigerjahre bedeutende Baumwollwarenfabriken aufweisen zu Kosmanos (Franz Leitenbergers Söhne), Neureichstadt (Ignaz Leitenberger & Sohn)[7]), Landskron (Erxleben), Kuttenberg (Johann August & Mathias Breuer), Eger (Bachmayer & Co.), Karolinenthal (Jerusalem & Příbram), Karbitz (Hirschl, Kantor & Co.), Schluckenau (Josef Hanke & Co.), Klein-Aicha (Josef Schreiner), Wernstadtl (Johann Friedrich Fock). Nicht unwichtige Baumwolldruckereien bestanden im Bunzlauer Kreise zu Biela, Gabel (Franz Ergert), Hirschberg (Franz Wünsche & Co.), Jungbunzlau (Köchlin & Singer), Johannisthal bei Reichenberg (Franz Herrmann), sowie 3 in Turnau; im Elbogner Kreise zu Lichtenstadt, im Kaurzimer zu Postupitz (Gräfin Bouquoy-Rottenhan) und Lieben; im Königgrätzer Kreise zu Grulich, Neustadt an der Mettau, Königinhof und Politz; im Leitmeritzer Kreise 4 zu Leipa, dann in *Fabriken gegen Ende der zwanziger Jahre.*

---

[1]) H. K. A. Kom. Kom., Fasz. 10, Nr. 61 ex oct. 1822. — [2]) H. K. A. Kom. Kam., Fasz. 31, Nr. 72 ex jul. 1827. — [3]) H. K. A. Kom. Kam., Fasz. 31, Nr. 85 ex majo 1825. — [4]) Statth. A. Prag 1826—1835, Kom., Fasz. 14, subn. 13; Ber. ü. d. Ausst. Prag, 1829, S. 108—113. — [5]) Ber. ü. d. Ausst. Prag, 1829, S. 100—107; alles Nähere über Leitenberger bei Hallwich, Leitenberger; Kurrer, Gesch. d. Zeugdruckerei, II. Aufl., 67. — [6]) Statth. A. Prag, 1826—1835, Kom., Fasz. 13, subn. 11. — [7]) Beschäftigte 1829 140 Drucker, 140 Kinder zum Streichen, 30 Malerinnen und Fransennäherinnen, 25 Modellstecher, im ganzen im Fabriksgebäude 463 Personen; außerhalb der Fabrik noch an 2000 Weber. Bei der Fabrik bestand eine Anstalt, welche arbeitsunfähig gewordenen Arbeitern und deren Witwen Pensionen und Unterstützungen, sowie die Begräbniskosten sicherte (Ber. ü. d. Ausst. Prag, 1829, S. 115 ff.)

Lindenau, 3 in Georgenthal, 8 in Altwarnsdorf, 2 in Warnsdorf, 5 in Karlsdorf, 2 in Altfranzensthal, 4 in Neufranzensthal, 3 in Katharinenthal, 1 in Sophienhain, 1 in Niedergrund, 4 in Floriansdorf, 14 in Rumburg, 2 in Alt-Ehrenberg und 1 in Wiesenthal; im Saazer Kreise zu Komotau und am Georgenthaler Grunde[1]).

Schleich-
handel. In den zwanziger Jahren wurden die Vorschriften über die Einfuhrverbote sehr streng gehandhabt; 1823 sperrten die niederösterreichische und die Prager Bankaladministration den Kottonfabrikanten Jerusalem, Brandeis, Porges, Epstein, Bunzels Söhne, Wiener und Schallowetz wegen Verdachtes der Schwärzung der Garne sowohl ihre Fabriken in Böhmen als auch ihre Niederlagen in Wien. Da eine solche Strenge wegen bloßen Verdachtes nicht am Platze war und den Bestand mancher Fabrik grundlos gefährden konnte, sah sich die Kommerzhofkommission genötigt, bei der allgemeinen Hofkammer diesbezüglich einzuschreiten und namentlich darauf hinzuweisen, daß das Urteil von Sachverständigen, ein Gewebe sei aus ausländischem Garne verfertigt, gar nicht so unbedingt verläßlich sein könne, um auf Grund desselben so verantwortungsvolle Schritte zu unternehmen[2]).

Spinnereien
1828. Die Baumwollspinnerei hat sich auch in Böhmen im 3. Jahrzehnt des 19. Jahrhunderts außerordentlich entwickelt. Die meisten dieser Spinnereien konnten sich zwar an Größe mit den niederösterreichischen nicht messen, denn sie wurden meist zum eigenen Gebrauch der denselben Unternehmern gehörigen Baumwollwaren- und Druckfabriken betrieben, waren dafür aber viel zahlreicher. Die wichtigsten Baumwollspinnereien Böhmens im Jahre 1828 veranschaulicht folgende Tabelle[3]):

Baumwollspinnereien in Böhmen im Jahre 1828.

	Ort	Eigentümer	Zahl der Spinnmaschinen	Spindelzahl	Packzahl der jährl. Erzeugung
1	Algersdorf	F. Kreibich	4 Mules	464	2.784
2	Bürgstein	Gebrüder Werner	4 „	576	3.256
3	Bürgstein	Gebrüder Henke	4 „	278	1.668
4	Gabel	F. Richter	4 „	576	3.456
5	Gabel	K. Kraus	4 „	516	3.096
6	Gabel	J. Hamann	3 „	356	2.136
7	Gabel	A. Vogel	4 „	540	3.240
8	Grabern	F. Lehnhard	3 „	316	2.370
9	Groß-Engenthal	Schicht & Wiesener	8 „	1.152	5.760
10	Hayde	Dionis Heysler	4 „	576	3.456
11	Hayde	Josef Helzel	3 „	264	1.584
12	Hayde	Elis Günther	2 „	100	600
13	Johnsdorf	F. Heller	2 „	202	1.212
14	Kreibitz	Karl Petzold	4 „	184	1.120
15	Leippa	F. Wotzel	6 „	700	4.200
16	Lindenau	A. Renger	4 „	278	1.668
17	Markersdorf bei Gabel	Josef Kittel	14 „	3.000	18.000
18	Mertendorf	F. Lehnhard	4 „	416	2.496

---

[1]) Keeß u. Blumenbach, a. a. O., I, S. 371 f.; Kurrer, Gesch. d. Zeugdruckerei, II. Aufl., 63 ff. — [2]) H. K. A. Kom. Praes. 1823, Nr. 110, 1030, 1107, 1135; 1824, Nr. 142, 143. — [3]) H. K. A. Kom. Kam., Fasz. 31, Nr. 86 ex aug. 1828; Keeß u. Blumenbach, a. a. O., I, S. 164, 172 ff.

	Ort	Eigentümer	Zahl der Spinnmaschinen	Spindelzahl	Packzahl der jährl. Erzeugung
19	Mertendorf	J. Heller	3 Mules	324	1.944
20	Mertendorf	Jos. Lehnhard	3 ,,	304	1.824
21	Morgenthal	W. Hantschel	5 ,,	720	4.320
22	Niemes . . :	G. Reismüller	4 ,,	200	1.200
23	Niemes	B. Woitin	2 ,,	100	600
24	Nieder-Kneibitz	A. Marschner.	2 ,,	160	960
25	Reichstadt	G. Spiegel	2 ,,	260	1.560
26	Rumburg	A. Pfeifer	2 ,,	200	1.200
27	Schönlinde	Gottf. Preusger	6 ,,	540	3.240
28	Tetschen (errichtet 1801) . .	Josef Richter	12 ,,	1.600	8.000
29	Warnsdorf	Josef Groß	10 ,,	1.508	6.032
30	Warnsdorf	Josef Franz	7 ,,	969	3.876
31	Warnsdorf	J. G. Fröhlichs Söhne . .	4 ,,	528	2.112
32	Wegstadtel	28 Spinner	28 ,,	840	5.040
33	Wernstadtl (err. 1796)	Friedrich Pilz	32 ,,	5.102	24.000
34	Zwickau	Ignaz Ulbricht	5 ,,	672	2.688
35	Zwickau	Johann Ulbricht	4 ,,	720	2.880
36	Zwickau	Ignaz Rückziegel	1 ,,	144	864
37	Zwickau	Ignaz Vogel	3 ,,	488	1.952
38	Zwickau	Ignaz Wieden	5 ,,	636	2.544
39	Zwickau	Anton Riegert	3 ,,	528	2.112
40	Zwickau	Rosina Riegert	4 ,,	420	1.146
41	Schloppenhof (err. 1816). . .	Bachmayer & Co.	60 ,,	11.520	24.000
42	Steingrub und Schönbach (err. 1816)	Siebenhüner & Hannabach.	22 ,,	4.308	9.600
43	Graslitz (err. 1822)	Friedr. Karl Stark	30 ,,	6.044	10.500
44	Grünberg bei Graslitz (err. 1820)	Josef Keilwerth	49 ,,	9.912	15.000
45	Graslitz (err. 1821)	Wenzel Köhler	5 ,,	960	1.800
46	Silberbach bei Graslitz (err. 1824)	Wenzel Köhler & Landrock	8 ,,	1.632	3.000
47	Grün bei Asch (err. 1819) . .	Jonas Schindler	19 ,,	3.828	7.500
48	Haslau (err. 1824)	Biedermann & Sohn. . . .	16 ,,	3.072	8.000
49	Wildstein (err. 1825)	Johann Friedrich.	19 ,,	3.648	1.900
50	Unter-Wildstein (err. 1822) .	Josef Fischer	17 ,,	3.192	5.400
51	Asch (err. 1820)	F. H. Kirchhof	28 ,,	5.292	9.600
52	Asch (err. 1821)	Christian Kirchhof	8 ,,	1.632	2.400
53	Asch (err. 1820)	Christian Holstein	5 ,,	984	1.800
54	Fleissen (err. 1826)	Johann Josef Schmidt . .	8 ,,	1.632	1.800
55	Roßbach (err. 1811 u. 1820) . .	Johann Kinzl	11 ,,	2.150	3.600
56	Roßbach	W. A. Kinzl & Götz . . .	4 ,,	732	900
57	Roßbach (err. 1811)	Seb. Hoendl	8 ,,	1.440	2.100
58	Roßbach (err. 1811)	Friedrich Baer	5 ,,	938	1.200
59	Großenteich bei Eger (err. 1820)	Ferd. Kriegelstein von Sternfeld	7 ,,	1.560	2.600
60	Königsberg bei Eger (err. 1827)	—	—	—	—
61	Ungenannt (err. 1827)	—	—	—	—
62	Rothenhaus bei Saaz (err. 1824)	Kühne & Tetzner[1]	48 ,,	9.216	34.560
63	Georgenthal	Mauerbach & Co.	60 ,,	10.000	37.500
64	Weipert	—	3 ,,	510	682
65	Reichenberg.	Ballabene	—	—	16.000
66	Arnau	—	—	—	—
67	Kuttenberg	Breuer	—	—	8.000
68	Prag	Rosaglia Dormitzer	17 ,,	3.206	10.000
69	Lodenitz	Sigm. Goldstein	16 ,,	3.074	7.500

[1]) Näheres über diese Spinnerei Großind. Öst., IV, 221.

Außerdem hatte Jakob Lang zu Drüssowitz im Taborer Kreise eine Spinnerei mit 60 Mulemaschinen, welche somit zu den größten in Böhmen gehörte. In Reichenberg bestand nicht nur die erwähnte, sondern im ganzen 6 Spinnereien mit zusammen 80 Feinspinnmaschinen[1]).

Baumwoll-waren-fabriken seit 1830. In den Jahren von 1830—1840 machte die böhmische Baumwollindustrie wieder bedeutende Fortschritte, was am deutlichsten aus der großen Zahl der in dieser Zeit verliehenen Landesfabriksbefugnisse erhellt. So erhielten diese Befugnis 1830 Franz Wedrich, Druckfabrikant in Böhm.-Leipa (mit 200 Arbeitern), Esther Schick & Co. in Prag, Johann Wünsche in Schönlinde für Baumwoll- und Leinenwirkwarenerzeugung (letzterer beschäftigte an 300 Personen) und Simon Wahle in Prag, der 610 Werkstühle, teils durch eigene, teils durch Lohnweber beschäftigte, für Leinen- und Baumwollwarenweberei; im Jahre 1831 erhielt die förmliche Befugnis Josef Richter zu Wernstadtl; 1835 wurde den Brüdern Eduard und Gustav Richter in Altwarnsdorf die Fortführung der bis dahin unter der Firma Stolle & Söhne bestandenen landesbefugten Leinendamast- und Baumwollwarendruckfabrik gestattet[2]).

Die priv. Leinen- und Baumwollwarenmanufaktur von J. G. Fröhlichs Sohn & Co. in Warnsdorf beschäftigte 1835 im Fabriksgebäude 50 Arbeiter, außer demselben andere 250[3]).

Wiener & Söhne (Prag). Die priv. Kattundruckerei Wiener & Söhne in Prag beschäftigte 1835 bei 160 Drucktischen und 2 Druckmaschinen über 500 Personen und unterhielt Niederlagen in Wien, Mailand, Pest und Prag. Sie ging jedoch 1839 ein.

Wünsche & Co. (Hirschberg). Die Kattunfabrik von Franz Wünsche & Co. zu Hirschberg richtete 1818 eine Walzendruckerei ein und hatte 1831 90—100 Drucktische in Betrieb, besaß eine eigene Färberei und beschäftigte in den Fabriksgebäuden an 400 Menschen. Die Fabrik ging 1840 ein[4]).

Gebrüder Porges (Smichow). Die Gebrüder Porges errichteten 1818 eine Kattundruckerei in Prag, 1830 ihr zweites, weit großartigeres Etablissement in Smichow, welches bald eines der größten seiner Art wurde und dem ob seines ausgezeichneten Rufes die Ehre zuteil wurde, im Jahre 1833 gelegentlich des Aufenthaltes des Kaiserpaares in Prag von demselben besucht zu werden; 1835 beschäftigten sie in den Fabriksgebäuden 569 Arbeiter, 1845 schon 700 und 2 Dampfmaschinen von 28 Pferdekräften. Im Jahre 1841 wurden die Gebrüder Porges in den Adelsstand erhoben mit dem Prädikate Edler von Portheim[5]).

Leitenberger (Reichstadt). Das Jahr 1836 gab den böhmischen Industriellen Gelegenheit, ihre Leistungsfähigkeit auf der Prager Industrieausstellung wieder öffentlich zu zeigen. Die Baumwollwarenerzeuger ließen sich diese Gelegenheit nicht entgehen[6]). Der Druckfabrik von Ignaz Leitenberger zu Reichstadt wurde die höchste Auszeichnung zuteil, indem ihr Inhaber zum wirklichen Mitgliede des böhmi-

---

[1]) Keeß u. Blumenbach, a. a. O., I, S. 174. — [2]) Statth. A. Prag, 1826—1835, Kom., Fasz. 14, subn. 42, 55, 57, 83, Fasz. 7, subn. 14, Fasz. 13, subn. 10, 19, 20, 21, 23, 40, 43, 59, 65, 66, 75. — [3]) Ber. ü. d. Ausst. Wien, 1835, S. 52 f. — [4]) Ber. ü. d. Ausst. Prag, 1831, S. 129—131; Kurrer, a. a. O., S. 67 ff. — [5]) Denkbuch über d. Anwesenheit Franz' I. in Böhmen 1833, S. 71; Kurrer, a. a. O., S. 69; Ber. ü. d. Ausst. Wien, 1835, S. 116—118, 1845, S. 551. — [6]) Ber. ü. d. Ausst. Prag, 1836, S. 82—117, Wien 1835, S. 327.

schen Gewerbevereins ernannt wurde. Diese Unternehmung stand an der Spitze der böhmischen Baumwolldruckfabriken, beschäftigte 1835 in den Fabriksgebäuden 607 Arbeiter und durch Faktoreien außerhalb derselben über 2000; 1837 ging diese Unternehmung an Ignaz' Sohn, Eduard Leitenberger über[1]).

Der goldenen Medaille wurde die Druckfabrik von Franz Leitenberger zu Kosmanos teilhaftig. Diese Fabrik kam 1793 durch Kauf an Josef Leitenberger, welcher sie 1796 seinem Sohne Franz überließ; 1797 wurde das gewesene Piaristenkloster in Kosmanos angekauft, welches zunächst in Werkstätten für Baumwollspinnerei und Weberei, seit 1814 in Kattundrucksäle verwandelt wurde. Im Jahre 1815 wurde hier der englische Walzendruck eingeführt. Leitenberger zog die zwei ausgezeichneten Elsässer Karl Köchlin und Jeremias Singer heran, den ersten als Koloristen, den zweiten als Zeichner, welche 1819 in Jungbunzlau selbst eine Baumwollwarendruckfabrik errichteten. Nach dem Tode Franz Leitenbergers im Jahre 1825 wurde die Kosmanoser Fabrik Eigentum seines Sohnes Friedrich und seiner Tochter Johanna, verehelichte von Orlando, nachdem sie schon seit 1811 von Ignaz von Orlando geleitet worden war. Im Jahre 1835 hatte die Unternehmung 160 Drucktische, sowie alle Maschinen und Apparate, welche bei der damaligen Entwicklung der Druckfabrikation erforderlich waren. Das Betriebspersonal belief sich auf 657 Köpfe. Bis 1845 war die Zahl der Drucktische auf 200 mit 3 Druckmaschinen, die Zahl der Arbeiter auf 800 gestiegen. Die Fabrik unterhielt Niederlagen in Prag, Wien, Mailand, Venedig, Verona, Linz und Graz[2]). *(Leitenberger (Kosmanos).)*

Die 1834 errichtete landesbefugte Fabrik von Lorenz Hanke & Söhne in Lochowitz hatte 1836 bei der Weberei schon 120 Power-looms und 80 Dandylooms in Betrieb. Der Baumwollwarenfabrikant Kaleb Rößler in Georgswalde (gegr. 1820) beschäftigte 550 Webstühle. Außerdem beteiligten sich an der Ausstellung 1836 Josef Tobisch in Hohenelbe, J. Wambersky in Prag, Josef Sauermann in Reichstadt (50 Webstühle) und Josef Münzberg in Georgswalde. Franz Herrmann, priv. Kotton-, Tüchel-, Druck- und Baumwollspinnfabrikant in Joachimsthal (gegr. 1796, einfache Fabriksbefugnis seit 1802, Landesbefugnis seit 1821), beschäftigte 1836 an 600 Menschen[3]). *(Hanke & Söhne (Lochowitz).)*

Die 1802 von August Starke gegründete Baumwollwarendruckfabrik zu Niemes ging 1818 an Ignaz Leitenberger über, worauf sie 1830 von dessen Sohn Karl übernommen wurde; sie wies in den Dreißigerjahren an 350 Arbeiter auf und zählte 1842 über 100 Drucktische, ging jedoch 1843 ein[4]). Die Druckerei von Leopold Epstein in Prag gewann seit 1820 eine große Bedeutung, hatte in den dreißiger Jahren 180 Drucktische, 3 Walzendruckmaschinen und 863 Arbeiter, war schon die größte Unternehmung dieser Art und nahm auch weiterhin an Ausdehnung zu. Přibram und Jerusalem trennten sich 1836, worauf der erstere die Smichower, der letztere die Karolinenthäler Fabrik fortbetrieb. Während die letztere seitdem stark sank, nahm die Unternehmung in Smichow *(Leitenberger (Niemes). Epstein (Prag). Přibram (Smichow).)*

[1]) Ber. ü. d. Ausst. Wien, 1835, S. 107—109, 1839, S. 332. — [2]) Ber. ü. d. Ausst. Wien, 1835, S. 104—107, 1845, S. 549. — [3]) Ber. ü. d. Ausst. Prag, 1836, S. 82—117, Wien, 1835, S. 127. — [4]) Kurrer, a. a. O., S. 64 f.; Ber. ü. d. Ausst. Prag, 1836, S. 96, 114, Wien 1839, S. 338.

einen großen Aufschwung. Im Jahre 1845 hatte sie 180 Drucktische, mehrere Walzendruckmaschinen, 1 Dampfmaschine von 12 Pferdekräften und ein Betriebspersonal von über 600 Köpfen[1]).

Köchlin & Singer (Jungbunzlau). Die Fabrik von Köchlin & Singer, die in den dreißiger Jahren noch zu den größten Kattundruckereien Böhmens gehörte, und seit 1843 von den Söhnen Köchlins unter der Firma Karl Köchlins Söhne fortgeführt wurde, hatte 1845 nur 150 Arbeiter[2]). Größere Ausdehnung hatten folgende Druckereien erlangt: Die von Leopold Löwenfeld zu Lichtenstadt (gegr. 1814, 1845 an 400 Arbeiter[3]), die von Leopold Dormitzer zu Holleschowitz (gegr. 1822[4]), die der Brüder Taussig zu Bubentsch bei Prag, die von Brandeis & Wehle und die von Schick, Lederer & Lippmann (1830 Landesbefugnis) in Prag[5]).

Im Jahre 1837 wurden förmliche Fabriksbefugnisse verliehen: an Johann Wilhelm Diehl, Gottlieb Bayer und Johann Jakob Röder zum Fortbetriebe der ehemals Bachmayerschen Kottondruckerei und Baumwollspinnfabrik in Schloppenhof bei Eger, dem Bernhard Mautner zum Tüchel- und Kottondruck in Königinhof (88 Arbeiter) und dem Prager Handelsmann Israel Mautner zur Erzeugung von Leinen- und Baumwollwaren; 1838 erhielt die Landesbefugnis der bürgerliche Weber Michael Bübel in Přimislau (Časlauer Kreis) zur Erzeugung von Baumwoll- und Halbseidenstoffen (100 Arbeiter), 1839 F.A. Hertsch und W. F. Seele zu Bünaburg bei Tetschen zur Erzeugung von Schaf- und Baumwollwaren und Merinozeugen (sie beschäftigten 857 Stühle). Den Brüdern Franz & Martin Schwertassek in Prag, von denen der erstere seit 1831 mit der einfachen Fabriksbefugnis, der zweite seit 1828 mit der einfachen Arbeitsbefugnis zur Kottondruckerei beteilt war, wurde 1839 die Landesbefugnis zur Leinwand- und Kottondruckerei verliehen, da sie 136 Arbeiter beschäftigten[6]).

Hertsch & Seele (Bünaburg).

Schwertassek (Prag).

Philipp Neustadtl in Jungbunzlau erlangte 1835 die einfache Fabriksbefugnis zur Leinen- und Kottondruckerei, im Jahre 1840, da er 120 Personen ernährte, die Landesbefugnis[7]). In Eger betrieb Johann Heinrich Rahn seit 1839 eine Baumwollwarenfabrik, welche 1845 schon 215 Stühle in Betrieb hatte[8]). Seit 1841 betrieb auch Benedikt Schroll in den Grenzbezirken bei Braunau die Baumwollwarenerzeugung und beschäftigte dabei 1846 schon 2547 Personen, weshalb ihm die Landesbefugnis auf die Baumwollwarenerzeugung verliehen wurde[9]).

Schroll (Braunau).

Die alte Fabrik von Koppelmann Porges in Karolinenthal wurde in den dreißiger Jahren nur mehr schwach betrieben und 1841, nachdem sie kurze Zeit außer Betrieb gewesen war, von Falkeles pachtweise übernommen[10]).

So hat sich allmählich die Baumwollwarenindustrie in Böhmen bis zu den vierziger Jahren zu einer gewaltigen Höhe emporgeschwungen. Die Erzeugnisse

---

[1]) Kurrer, a. a. O., S. 68 f., Ber. ü. d. Ausst. Prag, 1836, S. 93, 114, Wien 1845, S. 552. — [2]) Kurrer, a. a. O., S. 65 f.; Ber. ü. d. Ausst. Wien, 1835, S. 110, 1845, S. 554. — [3]) Ber. ü. d. Ausst. Wien, 1845, S. 553. — [4]) Kurrer, a. a. O., S. 69. — [5]) Ber. ü. d. Ausst Wien, 1845, S. 545, 552 f. — [6]) Statth. A. Prag, 1836—1840, Kom., Fasz. 104, Nr. 3, subn. 123, Nr. 10, subn. 5, Nr. 11, subn. 21, Nr. 5, subn. 7 u. 10, Nr. 14, subn. 8, Nr. 15, subn. 3 u. 4, Nr. 21, subn. 27. — [7]) Statth. A. Prag, Kom. 1836—1840, Fasz. 104, Nr. 16, subn. 1. — [8]) Ber. ü. d. Ausst. Wien, 1845, S. 397. — [9]) Langer, Firma Schroll, S. 87—96. — [10]) Kurrer, a. a. O. S. 69.

der größeren Fabriken konnten sich in den meisten feineren Artikeln mit den besten englischen Waren messen, ja sie übertrafen sie noch durch Reinheit, Lebhaftigkeit und Beständigkeit des Druckes.

Im Jahre 1843 bestanden in Böhmen 74 Druckereien, davon Fabriken 14 in Prag und Umgebung, 29 im Leitmeritzer, 19 im Bunzlauer, 4 im Elbogner, 1843. 3 im Časlauer, 2 im Bydschower, 1 im Königgrätzer, 1 im Chrudimer und 1 im Saazer Kreise. Darunter waren 29 landesbefugte Fabriken mit eigener Bleicherei und 45 kleinere Anstalten, von denen 14 ebenfalls mit einer eigenen Bleiche versehen waren.

In allen diesen Fabriken waren 1843 im Betrieb: 3458 Drucktische, 44 Walzen-, 25 Modell-, 2 Relief-, 5 Plattendruckmaschinen und 10 Perotinen mit einem Betriebspersonal von ungefähr 20.000 Arbeitern. Der Gesamtwert der Erzeugnisse wurde auf fast 13 Millionen Gulden geschätzt, wovon die Hälfte auf die Prager Druckereien entfiel. Die größte Anzahl von Drucktischen wiesen auf: Franz und Eduard Leitenberger, dann Epstein, jeder 200, Gebrüder Porges 180, Přibram 150, Dormitzer, Kirchberg sowie Richter in Böhm.-Leipa je 100[1]).

Die bedeutendsten Fabriken nach der Menge und dem Werte der Erzeugnisse waren 1843 folgende[2]):

	Menge: Stück	Wert: fl.		Menge: Stück	Wert: fl.
Fr. Leitenberger, Kosmanos	65.000	975.000	Jungmichl, Altwarnsdorf	18.000	180.000
Epstein, Prag	116.000	950.000	Liebisch'Söhne, Warnsdorf	10.000	180.000
Gebr. Porges, Smichow	100.000	880.000			
Přibram, Smichow	80.000	840.000	Wrba, Pichlerbaustelle	19.500	180.000
Ed. Leitenberger, Reichstadt	54.000	810.000	Müller, Böhm.-Leipa	16.000	170.000
Dormitzer, Prag	60.000	600.000	Bachmayer & Co., Eger	16.000	168.000
Schick, Lederer & Lippmann[3]) (Prag)	60.000	540.000	Wedrich, Böhm.-Leipa	14.000	158.000
Beer Porges Erben, Karolinenthal	60.000	540.000	Köchlins Söhne, Jungbunzlau	12.500	150.000
Jerusalem (später Schick), Prag	55.000	467.000	Fock, Wernstadtl	15.000	150.000
Gebr. Taussig, Bubentsch	50.000	450.000	Münzbergs Söhne, Georgenthal	13.500	144.000
Löwenfeld, Lichtenstädt	45.000	405.000			
Brandeis, Prag	40.000	360.000	Kirchberg, Böhm.-Leipa	10.000	120.000
Kubesch, Lieben	30.000	270.000	Hampel, Böhm.-Leipa	11.500	115.000
			Zinsmeister & Schimmer, Prag	12.500	112.000
Richter, Wernstadtl	20.500	207.500	Gebr. Schwertassek, Prag	12.500	112.000
Thume, Böhm.-Leipa	20.000	207.000			
Richter, Böhm.-Leipa	19.000	186.000	Ulbricht, Georgenthal	8.500	100.000
			Schreiner & Co., Kleinauba	10.000	100.000
Runge & Co., Warnsdorf	20.000	185.000			

[1]) Tafeln z. Stat. f. 1841. Teilweise abweichende Daten über die Zahl der Drucktische und Maschinen bei Kurrer, Gesch. d. Zeugdruckerei, II. Aufl., Anhang. — [2]) Tafeln zur Stat. f. 1841. — [3]) Gegr. 1829 (Kurrer, a. a. O., S. 69).

Hatte sich die Baumwollwarendruckerei zu einer bedeutenden Höhe emporgeschwungen, so daß sie zahlreiche fabriksmäßige Großbetriebe aufwies, so hatte
die Baumwollweberei einen ganz anderen Charakter. Sie war in den vierziger Jahren des 19. Jahrhunderts noch größtenteils als Hausindustrie weithin
über das flache Land verbreitet, während Betriebe mit Maschinen in geschlossenen Fabriksgebäuden ziemlich selten waren. Der äußerst geringe Lohn,
den die Weber, die diese Beschäftigung als Nebenverdienst betrieben, erhielten,
bewirkte, daß die Maschinenweberei keine sehr große Verbreitung erhalten
konnte. Die Weber arbeiteten entweder für die Spinnereibesitzer, welche ihnen
das Garn dazu lieferten, oder für Händler, welche dann die rohe oder
zugerichtete Baumwollware weiterverkauften oder aber für die Besitzer der
Baumwolldruckereien.

In Böhmen war die Weberei am stärksten im Norden des Landes vertreten;
91 Unternehmungen wurden 1841 gezählt, die in Böhmen diesen Industriezweig teils in eigenen Gebäuden, teils durch auswärtige Lohnweber, die sie mit
Garn versahen, betrieben. Einige von ihnen beschäftigten bis über 2000 Stühle.
Am stärksten war der Betrieb der Baumwollweberei um Reichenberg, wo auf
einem kleinen Flächenraum 1841 27.000 Webstühle für Baumwollwaren in Betrieb standen. Die Großbetriebe der Weberei waren somit meist
nicht fabriksmäßige Unternehmungen, sondern fast durchweg
nach dem Verlagssystem organisiert.

Die Verwendung von Maschinenstühlen war bis 1841 noch nicht weit gediehen. Eine Power-loomweberei betrieb die Reichenberger Fabriksfirma Josef
Herzig & Söhne zu Neuwald[1]).

Die Bobbinetfabrikation wurde in Böhmen 1832 eingeführt. Es wurde
nämlich in diesem Jahre die Bobbinetmanufaktur von Nottrot & Breitfeld
(später Breitfeld & A. Gottschald Co.) in Prag errichtet und 1833 mit der Landesbefugnis versehen. Die Maschinen und ersten Arbeiter wurden aus England
gebracht; 1835 beschäftigte diese Unternehmung 70—80 Menschen[2]).

Eine schöne Entwicklung nahm in Böhmen die Baumwollspinnerei,
wenn auch die dortigen Betriebe noch immer bei weitem nicht die Größe der
niederösterreichischen und Vorarlberger erreichten. Bei der Wichtigkeit der
Spinnerei als der Grundlage der ganzen Baumwollindustrie soll nebenstehende
Zusammenstellung eine genaue Übersicht über den Stand derselben in Böhmen
zu Anfang der Vierzigerjahre geben.

Die Spinnerei von C. E. Schneider in Oberkratzau erhielt die Landesbefugnis
1830, Josef Herzig zu Neuwald und Grunewald (nachdem er den Betrieb 1825
begonnen hatte) und Otto & Linke in Postupitz, sowie August Tetzner in Rothenhaus (bestehend seit 1824) im Jahre 1834[3]). Die Bachmayersche Spinnerei zu
Schloppenhof bei Eger ging 1837 an Johann Wilhelm Diehl, Gottlieb Bayer und

---

[1]) Tafeln z. Stat. f. 1841. — [2]) Statth. A. Prag, 1826—1835, Kom., Fasz. 11, subu. 11;
Ber. ü. d. Ausst. Wien, 1835, S. 61. — [3]) Statth. A. Prag, 1826—1835, Kom., Fasz. 14, subn. 42,
55, 57, 83, Fasz. 7, subn. 14, Fasz. 13, subn. 10, 19, 20, 21, 23, 40, 43, 59, 65, 66, 75; Ber. ü.
d. Ausst. Prag, 1831, S. 121, Wien 1839, S. 229, 1845, S. 370 f., 379.

Baumwollspinnereien in Böhmen in den Jahren 1841 u. 1843[1]).

	Standort	Inhaber	Zahl der Feinspinnmaschinen		Zahl der Spindeln		Zahl der unmittelbar dabei beschäftigten Arbeiter		Gewicht des erzeugten Baumwollgarnes und Zwirnes	
	der Spinnereien		In den Jahren						Wiener Pfund	
			1841	1843	1841	1843	1841	1843	1841	1843
1	Prag	Rausch Gabr. . .	4	4	384	384	17	17	13.087	21.890
	Kaurzimer Kreis:									
2	Karolinenthal . .	Meissel J. A. . .	24	23	5.040	4.824	105	106	68.780	79.322
3	Postupitz	Otto & Linke . .	42	41	8.478	8.364	156	165	127.083	129.245
	Berauner Kreis:									
4	Beraun	Eisenstein von . .	29	29	5.916	5.916	120	76	56.257	85.716
5	Lochowitz	Arnstein & Eskeles	42	42	13.500	13.500	269	252	161.656	148.572
6	Lodenitz	Goldstein E. C. . .	31	31	6.072	6.850	128	126	77.821	74.068
7	St. Johann . . .	Meissner E. S. . .	25	25	5.004	5.004	101	120	62.822	79.568
8	Brodetz	Wahle & Sohn. .	—	47	—	10.200	—	157	—	73.680
	Bydschower Kreis:									
9	Hartha	Beust Ritter von	27	6	5.184	720	106	88	71.966	67.729
	Bunzlauer Kreis:									
10	Gablonz	Pfeiffer & Co. . .	20	20	6.576	6.018	116	119	87.532	97.300
11	Gablonz	Müller Herm. . .	12	13	2.880	3.120	57	58	49.302	62.048
12	Groß-Mergthal . .	Wissner & Schicht	20	20	2.796	2.796	104	95	76.854	71.106
13	Johannesthal. . .	Hermann F. . .	13	13	2.300	2.300	48	49	20.652	27.840
14	Katharinaberg . .	Kittel Ant. . . .	15	15	2.408	2.408	56	64	59.632	64.480
15	Kratzau	Andersch Ant. . .	10	6	1.848	1.224	39	23	20.272	8.766
16	Ober-Kratzau . .	Schneider L. E.	31	31	7.440	7.440	158	145	144.208	140.942
17	Lautschny	Priebisch J. . .	5	5	1.080	1.080	32	30	20.096	24.633
18	Markersdorf . . .	Trenklers Söhne .	12	14	2.244	2.244	58	50	29.852	26.576
19	Mildeneichen . .	Welkens Conr. . .	15	15	2.526	2.544	36	28	31.488	42.539
20	Morchenstern . .	Priebisch Joh. . .	24	24	8.640	8.640	160	168	129.136	190.132
21	Neuwald.	Herzig Jos. . . .	32	24	8.580	7.352	184	180	144.736	191.864
22	Grünwald	Herzig	19	17	5.196	5.016	113	112	78.536	76.692
23	Neu-Falkenburg .	Richter Fr. . .	7	6	924	800	30	29	21.756	22.754
24	Ruppersdorf . . .	Seidl Rosalia . .	13	13	2.536	2.536	80	56	53.158	9.008
25	Ruppersdorf . . .	Rehwald Fr. . .	10	10	1.408	1.408	38	39	26.140	25.296
26	Tannwald	Stametz & Co. .	63	64	14.364	14.908	281	393	254.536	313.556
27	Zwickau	Knobloch Jos. . .	5	5	1.072	1.072	29	29	34.696	49.470
28	Zwickau	Bradler Fr. . . .	8	8	1.152	1.152	35	34	49.528	44.438
29	Zwickau	Ulbricht Ign. . . .	7	—	880	—	16	—	—	—
30	Zwickau	Tobsch Jos. . . .	4	4	576	576	19	16	14.152	9.332
31	Zwickau	Riegert J. C. . .	4	4	468	468	14	13	6.368	6.758
32	Zwickau	Vogel Ign. . . .	6	4	832	624	17	17	10.664	8.752
33	Zwickau	Hoffmann Jos. . .	1	1	200	200	6	5	1.224	628
34	Gabel.	Vogel C. A. . .	4	4	540	540	20	20	11.020	7.992
35	Gabel.	Kraus Conr. . .	4	4	708	708	26	26	11.024	11.480
36	Wartenberg . . .	Bachmann S. . .	2	3	576	576	10	12	4.826	5.378
	Časlauer Kreis:									
37	Kuttenberg . . .	Bräuners Söhne .	9	10	2.952	3.288	68	73	36.368	46.752
	Elbogner Kreis:									
38	Asch	Kirchhofs J. Chr.	8	10	1.608	2.016	32	37	9.130	10.256
39	Asch	Huscher Georg	seit 1843 in Betrb. 29		—	5.700	—	115	—	26.754
40	Fleissen	Schmidt J. G. . .	10	10	2.040	2.040	40	37	9.368	14.180
41	Graslitz	Dotzauer Ign. . .	43	18	8.820	3.732	152	66	121.353	56.882
42	Graslitz	Pilz Theod. . . .	15	45	3.120	9.204	54	160	41.072	144.554
43	Grünberg	Keilwerth J. . .	64	64	12.972	12.972	226	222	113.980	132.520

---

[1]) Ber. ü. d. Ausst. Wien, 1845, S. 350—369. Was Zahl der Spindeln und der beschäftigten Personen betrifft, enthält eine Tabelle der wichtigeren Baumwollspinnereien Böhmens in Revue österr. Zustände (Leipzig 1843) II, S. 171 teilweise verschiedene Angaben.

Standort	Inhaber	Zahl der Feinspinnmaschinen		Zahl der Spindeln		Zahl der unmittelbar dabei beschäftigten Arbeiter		Gewicht des erzeugten Baumwollgarnes und Zwirnes	
der Spinnereien		In den Jahren						Wiener Pfunde	
		1841	1843	1841	1843	1841	1843	1841	1843
44 Grün	Seeburg G.	20	14	4.008	2.796	70	61	29.416	16.869
45 Großenteich	Seeburg Ludw.	21	21	4.044	4.044	80	82	57.934	59.702
46 Haslau	Biedermann	32	32	6.144	6.144	117	117	140.534	99.808
47 Joachimsthal	Vogel Gebrüder	4	4	816	816	25	23	15.952	16.595
48 Königsberg	Lenk	50	50	10.860	10.860	208	164	158.016	196.944
49 Leibitschgrund	Richter Fr.	88	33	19.308	7.524	337	177	301.164	296.221
50 Steingrub	Will Ernst	—	9	—	1.836	—	43		26.101
51 Nomy	Thomas Const.	9	9	1.932	1.932	34	34	22.101	26.935
52 Niklasberg	Hollstein E.	5	6	1.008	1.200	23	24	9.282	7.843
53 Schlaggenwald	Reichenbach	20	20	5.136	5.136	105	105	61.119	66.920
54 Schloppenhof	Bachmayer	71	71	13.824	13.824	272	252	154.504	165.416
55 Thorbrunn	Künzel J.	36	38	7.272	7.668	137	163	145.152	114.688
56 Weipert	Pohl Fr.	10	10	1.756	1.744	27	32	18.538	24.893
57 Wildstein	Lots C. A.	23	17	4.380	3.188	100	57	11.542	31.850
58 Roßbach	Bretschneider (seit Ende 1842 außer Betrieb)	8	10	1.536	1.910	30	—	19.321	839
Königgrätzer Kreis:									
59 Skalitz	Löbbecke & Lindheim	30	37	6.836	7.656	396	502	285.840	425.600
60 Sopotnitz	Cziczek & Benesch	4	—	768	—	14	—	400	—
61 Königinhof	Lorenz Ant.	5	5	384	372	20	20	13.120	9.140
Leitmeritzer Kreis :									
62 Bensen	Matausch Fr.	11	11	2.376	2.460	54	54	72.338	86.964
63 Bürgstein	Henke Ign.	3	2	576	288	10	9	5.444	3.761
64 Mertendorf	Lenhart Fr.	5	6	528	672	21	23	16.116	21.776
65 Mertendorf	Lenhart J.	4	4	384	384	15	15	13.239	14.840
66 Mertendorf	Röllig Flor.	2	2	264	264	10	10	8.322	9.678
67 Mertendorf	Heller Josepha.	3	3	312	312	10	10	5.836	7.800
68 Mertendorf	Flegel Flor.	2	2	204	204	8	9	4.040	3.032
69 Rauschengrund	Marbach A.	65	65	12.696	12.696	251	251	187.816	194.440
70 Tetschen	Bachhaibl Gebr.	15	15	3.136	8.136	76	82	87.201	106.932
71 Theresienau	Münzberg J.	53	53	12.480	12.480	251	268	239.524	317.104
72 Waltersdorf	Lenhart Flor.	21	6	2.914	832	24	24	25.269	31.294
73 Wernstadtl	Pilz F. A.	41	40	6.600	6.440	110	112	75.218	78.164
74 Wernstadtl	Fidler Jos.	1	1	144	144	4	—	512	—
75 Böhmisch-Leipa	Wolzel Franz	6	—	752	—	13	—	268	—
76 Windisch-Kamnitz	Heinrich Fr.	1	1	144	144	1	—	50	—
Saazer Kreis:									
77 Görkau	Kühnes Söhne	37	38	11.844	11.648	231	240	236.256	238.234
78 Görkau	Müller & Co.	13	15	3.972	4.572	71	85	64.866	80.287
79 Marienthal	Hirt C.	52	52	11.712	11.712	190	243	86.190	144.270
80 Rothenhaus	Tetzner & Söhne	95	102	17.880	18.212	426	450	377.073	400.253
Taborer Kreis :									
81 Neuhofsthal	Pilz Anton	13	15	1.300	1.300	41	39	51.776	84.582
82 Roskosch	Lang L.	64	66	12.120	12.840	281	294	130.836	293.980
83 Schebirzow	Komarek Fr.	8	8	1.276	1.276	52	42	9.377	15.576
84 Wezelnitz	Swoboda W.	6	6	1.080	1.080	22	26	11.904	10.233
Summe		1.695	1.680	356.546	354.210	7.524	7.769	5,515.537	6,455.648

Johann Jakob Röder über; Franz Richter übernahm 1838 die Spinnerei zu Leibitschgrund von Kastner & Richter. Die Spinnerei zu Lochowitz im Berauner Kreise wurde 1833 von Hanke Söhne errichtet. Die Spinnerei von Kühne & Söhne zu Görkau wurde 1832 gegründet, die von Stametz & Co. zu Tannwald im Jahre 1828[1]). Die von Löbbecke & Lindheim zu Skalitz entstand 1839 ebenso

---

[1]) Statth. A. Prag, 1836—1840, Kom., Fasz. 104,Nr. 3, subn. 123, Nr. 10, subn. 5, Nr. 11, subn. 21, Nr. 5, subn. 7 u. 10, Nr. 14, subn. 8, Nr. 15, subn. 3 und 4, Nr. 21, subn. 27; Ber. ü. d. Ausst. Prag, 1831, S. 127, 1836, S. 82—117; Wien 1835, S. 67 f., 70, 73, 1845, S. 241, 391; Großind. Öst., IV, S. 221.

wie die von Reichenbach in Schlaggenwald und die von J. S. Wahle & Sohn zu Brodetz im Berauner Kreise[1]). Die Unternehmung von Pilz in Graslitz war schon 1821 von K. F. Starck in Betrieb gesetzt worden und hatte 1822 die Landesbefugnis erlangt; seit 1839 war Pilz Direktor derselben, 1844 erwarb er sie käuflich[2]).

In Mähren hatte die Baumwollwarenerzeugung, abgesehen von der nach Mähren. dem Verlagssystem organisierten, von der Landbevölkerung betriebenen Weberei, worin dieses Land nur von Böhmen übertroffen wurde, keine große Bedeutung und konnte nur vereinzelte große Unternehmungen aufweisen.

Im Jahre 1774 wurde eine von Heinrich Graf von Blümegen 1763 ge- Lettowitz gründete Fabrik zu Lettowitz in eine Kottonfabrik umgewandelt; ihr Mit- 1774. interessent Josef Hayek wurde 1789 in den Adelsstand erhoben.

Im Jahre 1785 errichtete der Wiener Großhändler Johann Ernst Klapp- Schönberg roth eine Manchesterfabrik in Schönberg und erhielt 1786 das Fabriksprivilegium. Diese Unternehmung erfreute sich zu Anfang des 19. Jahrhunderts eines sehr guten Rufes.

Johann Peter Flick legte 1782 zu Althart im Znaimer Kreise eine Fabrik Althart. zur Erzeugung von Musselin, Pikee und Gradeln an und erlangte 1787 die Landesfabriksbefugnis; seit 1795 erzeugte er alle Gattungen Kottonwaren. Im Jahre 1802 beschäftigte diese Unternehmung 400 Weber und bis 3000 Spinner in der Umgebung. Flick wurde 1810 wegen seiner Verdienste um die Industrie und seiner patriotischen Betätigung in den Ritterstand erhoben[3]).

Im Jahre 1796 errichtete Johann Grögler in Schildberg eine Zitz- und Kottonfabrik.

Im Jahre 1801 erfanden die Proßnitzer Bürger Karl Prochaska und Peter Amsler nach langjährigen Bemühungen und kostspieligen Versuchen ein Verfahren, um Baumwollwaren auf türkische Art rot zu färben, welches bei angestellten Proben dem türkischen ganz gleich befunden wurde, weshalb sie eine staatliche Unterstützung in Form eines Geldvorschusses erhielten.

Im Jahre 1802 erteilte das mährische Gubernium der vom Grafen von Collalto mit Franz Schuppanzigh und Franz Hofmann in Pirnitz errichteten Baum- Pirnitz. wollwarenfabrik, welche in kurzer Zeit eine große Ausdehnung erlangt hatte, das Fabriksprivilegium, da sie 174 Stühle in Betrieb hatte, 250 Personen beschäftigte und mehrere Maschinen in Wien und Augsburg in Bestellung hatte; 1803 bewilligte das Gubernium die Umgestaltung derselben in eine Zitz- und Kottonfabrik.

In Obrowitz bei Brünn bestand eine Musselin- und Kottonfabrik von Karl Obrowitz. Freiherrn von Thiesbarth; sie wurde 1805 erweitert, ging aber bald wieder ein.

Die k. k. priv. Musselin- und Baumwollwarenfabrik von Alois Reyer Oels. in Wien ließ seit 1805 in Oels und Umgebung (Herrschaft Kunstadt) in Mähren durch Verteilung von Garn an die dortigen Weber und in eigenen Fabriksgebäuden Baumwollwaren in immer größerem Umfang erzeugen, so daß sie 1810

[1]) Ber. ü. d. Ausst. Wien, 1845, S. 379 ff. — [2]) Großind. Öst., IV, S. 227 f. — [3]) D'Elvert, Schriften der hist. stat. Sektion usw., XIX, S. 376—381.

ein Hauptetablissement von mehr als 200 Stühlen hatte. In diesem Jahre wird auch eine k. k. landesbefugte Musselin- und Baumwollwarenfabrik von Alois Reyer & Co. in Gewitsch bei Mähr.-Trübau erwähnt.

Gewitsch.

Im Jahre 1810 erzeugte die Lettowitzer Fabrik 40.000 Stück Baumwollzeuge, die Altharter 25.000 Stück und die Pirnitzer 12.000 Stück[1]).

Im Jahre 1807 beschäftigte die Lettowitzer Fabrik des Grafen Blümegen 250 Arbeiter, in Obrowitz die Fabrik von Thiesbarth 19 Arbeiter und 51 Gehilfen; in Butschowitz im Brünner Kreise unterhielt Markus Mrasek eine Kasimir-, Harras- und Halbbaumwollwarenfabrik mit 26 Arbeitern. Die Pirnitzer Fabrik hatte 203 Arbeiter und 35 Gehilfen, die zu Schildberg 18 Arbeiter und 6 Gehilfen, die Schönberger Manchesterfabrik 140 Arbeiter und 106 Gehilfen, endlich die Kottonfabrik zu Althart 42 Arbeiter und 2 Gehilfen. Außerdem bestand in dieser Zeit in Jauernig im Troppauer Kreise eine Baumwollzeugfabrik mit 10 Arbeitern und 1 Gehilfen[2]).

Durch das Überhandnehmen der Baumwollspinnereien in Niederösterreich und Böhmen seit dem Anfang des 19. Jahrhunderts nahm die Zahl der Spinner stark ab, was sich auch in Mähren schon zu Anfang des 2. Jahrzehnts sehr stark fühlbar machte[3]).

Depression seit 1816.

Die starke Depression nach Aufhebung der Kontinentalsperre mußte sich auch in Mähren geltend machen. Selbst die ausgedehnteste Zitz- und Kotton-

Lettowitz.

fabrik dieses Landes wurde ein Opfer derselben, nämlich die zu Lettowitz, welche 1818 dem Grafen Kalnocky und Fuchs gehörte. Sie hatte den lebhaftesten Betrieb 1797—1803, 1806 und 1807, sowie 1810 und 1811 gehabt und geriet seit 1815 in Verfall, so daß sie 1820 den Betrieb einstellen mußte[4]).

Oels.

Im Jahre 1818 bestand die Unternehmung von A. Reyer & Ullinger in Oels fort, ebenso wie Klapproths Manchesterfabrik zu Mähr.-Schönberg[5]).

Althart.

Im Jahre 1824 ging die Altharter Zitz- und Kottonfabrik von Johann von Flick an die Gräfin von Trauttmannsdorf über, welche die Brüder Salomon und Veit Mayer zu Werkführern bestellte und 1826 die Landesbefugnis erhielt. Doch schon 1827 stellte die Fabrik den Betrieb wieder ein[6]).

Im Jahre 1826 wurde dem Proßnitzer Tuchfabrikanten Veit Ehrenstamm gestattet, eine Baumwollspinnfabrik zu errichten, wozu es aber nicht kam, da er schon 1827 starb[7]). Außerdem wird in dieser Zeit eine k. k. priv. Baumwollspinnfabrik zu Maires im Iglauer Kreis erwähnt, welche aber bald darauf aufgelöst wurde[8]).

---

[1]) D'Elvert, a. a. O., XIX, S. 382 ff.; Demian, Darstell. d. öst. Mon. I./2, S. 106 f.; Statth. A. Brünn, Fasz. 39, Nr. 3. — [2]) Statth. A. Brünn: Verz. d. mähr.-schles. Fabriken f. 1807, verfaßt unter dem 22. September 1808 von der mähr.-schles. Provinzialstaatsbuchhaltung. — [3]) H. K. A. Kom. Kam., Fasz. 31, Nr. 6 ex jun. 1816. — [4]) H. K. A. Kom. Praes. 1819, Nr. 287; D'Elvert, a. a. O., XIX, 386. — [5]) H. K. A. Kom. Praes. 1816—1818, Nr. 1083; Keeß, a. a. O., IV, 40. — [6]) H. K. A. Kom. Kam., Fasz. 31, Nr. 192 ex jun. 1826; D'Elvert, a. a. O., XIX, S. 386 f.; über die weitere Betätigung der Brüder Mayer s. S. 282 ff. — [7]) H. K. A. Kom. Kam., Fasz. 31, Nr. 133 ex nov. 1825, Nr. 135 ex jan. 1826; Statth. A. Brünn, Fasz. 39, 1826, Jänner 13.; D'Elvert, a. a. O., XIX, S. 393. — [8]) D'Elvert, a. a. O., XIX, 393 f.

In Mähren war die Baumwollindustrie überhaupt mit der Leinenfabrikation so vermischt, daß es nur schwer möglich ist, ihre Bedeutung voll einzuschätzen. Dieses Kronland hatte keine Baumwollspinnerei von Belang und ebensowenig irgendwelche Baumwolldruckerei von größerer Ausdehnung. Dennoch nahm es in der Baumwollwarenfabrikation die Stelle unmittelbar nach Böhmen ein. Die Baumwollweberei hatte ihre Zentren in Proßnitz, Sternberg, Zwittau, Mistek und Frankstadt[1]).

Die Fabrik zu Lettowitz, die des Grafen Collalto zu Pirnitz und die zu Alt- hart bestanden in den dreißiger Jahren nicht mehr[2]). In Oels bei Brünn hatten A. Reyer & Co. aus Wien in dieser Zeit noch immer die landesbefugte Baumwollwarenmanufaktur, welche 1845 dem einen Gesellschafter Fridolin Ullinger gehörte (A. Reyer war ausgeschieden) und an 2000 Menschen beschäftigte[3]). *Fabriken seit 1830.*

In Proßnitz war in dieser Zeit am bedeutendsten die alte landesbefugte Baumwollwarenfabrik von Bernhard Back, welcher 1839 den Betrieb bis auf 300 Stühle erweiterte[4]). Größere Ausdehnung hatten außerdem die priv. Leinen- und Baumwollwarenfabrik von Norbert Langer & Söhne, sowie die Unternehmung von Anton Rücker & Co., beide zu Sternberg, außerdem die landesbefugte Zitz- und Kattunfabrik des Johann Brady zu Ingrowitz und die Kattunfabrik von J. G. Fritsche zu Bielitz[5]). Im Jahre 1843 erhielt Franz Balzar in Kanitz (Brünner Kreis), der sein Unternehmen 1827 gegründet hatte, die Landesfabriksbefugnis zum Färben und Drucken leinener und baumwollener Stoffe. Er hatte 17 Drucktische, 1 Dampfmaschine von 8 Pferdekräften, 32 Küpen und 16 Farbkessel und beschäftigte 62 Arbeiter[6]).

Viel bedeutender als in Mähren war die Baumwollindustrie in Vorarlberg, wo sie sich im Anschluß an die schweizerische entwickelte. In Dornbirn allein arbeiteten 1796 über 600 Weber; 1790 bestand in dieser Stadt die Kotton-, Musselin- und Leinwandfabrik von Luoger & Co., 1792 wird die Zitz- und Kottonfabrik von Vogel & Söhne zu Weyerburg bei Hardt erwähnt, welche namentlich die türkische Rotfärberei betrieb. Später ging sie an Melchior Jenny über[7]). *Vorarlberg.*

Zu Anfang des 19. Jahrhunderts bestand in Fussach die Kotton- und Musselinfabrik der Gebrüder Blum und im Bregenzer Walde die von Johann Georg Wilam & Co.[8]); 1815 betrieb in Mittelweyerburg bei Bregenz Karl August Doppelmayer eine Baumwollwarenfabrik[9]). Die Firma Herrburger und Rhomberg, gegründet 1795, hatte neben ihrer Baumwollspinnerei seit 1813 auch eine Rotgarnfärberei in Dornbirn. Die Fabrik wurde 1815 von Kaiser Franz anläßlich seiner Rückreise aus Paris mit einem persönlichen Besuch ausgezeichnet. Ihrer Kattundruckerei wurde 1819 eine größere Ausdehnung gegeben[10]). *Herrburger & Rhomberg.*

---

[1]) Tafeln z. Stat. f. 1841. — [2]) D'Elvert, a. a. O., XIX, S. 387. — [3]) Ber. ü. d. Ausst. Wien, 1835, S. 65, 1845, S. 386 ff.; Verz. ü. d. Ausst. Brünn, 1836, S. 4. — [4]) Ber. ü. d. Ausst. Wien, 1839, S. 237 ff., 1845, S. 386 ff. — [5]) D'Elvert, a. a. O., XIX, 395. — [6]) Statth. A. Brünn, Fasz. 39, 1843, September 13. — [7]) Beitr. z. Gesch. d. Gew. u. Erf., I, S. 264; H. K. A. Kom., N.-Ö,. Fasz. 71, Nr. 43 ex oct. 1790. — [8]) H. K. A. Kom., N.-Ö., Fasz. 71, Nr. 22 ex aug. 1804, Nr. 5 ex jul. 1805. — [9]) H. K. A. Kom. Kam., Fasz. 31, Nr. 23 ex nov. 1815. — [10]) Ber. ü. d. Ausst. Wien, 1835, S. 69, 1845, S. 383, 387; Großind. Öst., IV, S. 215.

In den zwanziger Jahren wird eine Baumwollwarenfabrik auch in Rankweil erwähnt[1]).

Spinnereien 1828. In Vorarlberg nahmen aber besonders die Baumwollspinnereien einen großen Aufschwung, so daß 1828 deren 11 bedeutende in Betrieb waren.

Baumwollspinnereien in Vorarlberg im Jahre 1828[2]).

	Ort	Eigentümer	Zahl der Spinn-maschinen	Spindel-zahl	Pack-zahl der jährl. Er-zeugung
1	Dornbirn	Rhomberg & Lenz [3]) . . .	25 à 216 Sp. / 4 à 396 Sp.	6.984	24.000
2	Dornbirn	C. Ulmer	20 à 216	4.320	22.000
3	Feldkirch	Ganahl & Co.	36 Mules	5.508	24.000
4	Hohenems	J. Ephraim Löwengast . .	12 à 216	2.592	12.000
5	Götzis	J. C. Kopf	4 à 216	864	4.000
6	Höchst	J. L. Blum	6 à 216	1.296	6.000
7	Bregenz	Kronaldner Spinnerei . .	6 à 216	1.296	6.000
8	Egg	J. G. Willam	4 à 216	864	4.000
9	Sulz	D. Kitt	4 à 216	864	4.000
10	Fussach	N. Blum	4 à 216	1.296	6.000

Außerdem bestand zu Feldkirch noch die große Spinnerei von Escher, welche 100 Mulemaschinen mit 24.000 Spindeln aufwies und somit die größte aller dortigen Fabriken war[4]).

Baumwoll-waren-fabriken 1843. Die Baumwollwarenfabrikation machte in diesem Lande immer größere Fortschritte und im Jahre 1843 zählte es 9 Baumwolldruckereien, und zwar 2 von Jenny & Schindler zu Hardt und Mittelweyerburg, 1 von Elmer & Co. Druckerei. zu Satteins, 1 von J. G. Ulmer, dann 1 von Herrburger & Rhomberg zu Dornbirn, 1 der Gebrüder Rosenthal zu Hohenems, 1 von Karl Ganahl & Co. zu Frastanz, 1 von Brielmayer & Heer zu Lerchenau bei Lauterach und 1 von Konrad Gysi zu Mehrerau bei Bregenz. Diese zählten zusammen an 500 Drucktische[5]).

Jenny & Schindler. Jenny & Schindler übernahmen 1825 die seit 1815 bestehende Druckerei zu Hardt und die alte von Vogel & Söhne errichtete Unternehmung in Mittel-weyerburg und gaben ihrem Unternehmen durch Ankauf der kleinen Spinnerei zu Lerchenau (1832), und den Bau der großen Spinnerei zu Kennelbach (1837) eine beträchtliche Ausdehnung. Die Druckereien zu Hardt und Mittelweyerburg hatten 1835 122, 1845 160 Drucktische. Die Unternehmer beschäftigten 1844 im ganzen 1670 Personen.

Elmer & Co. Die Druckerei von Elmer & Co. zu Satteins wurde 1836 gegründet und

---

[1]).Keeß u. Blumenbach, a. a. O., I, S. 372. — [2]) H. K. A. Kom. Kam., Fasz. 31, Nr. 86 ex aug. 1828; Keeß u. Blumenbach, a. a. O., I, S. 176. — [3]) Gegründet 1813 als Flachsspinnerei, später in eine Baumwollspinnerei umgewandelt (Beitr. zur Gesch. d. Gew. u. Erf., I, 260, Anm.; Keeß u. Blumenbach, a. a. O., I, 176). — [4]) Keeß u. Blumenbach, a. a. O., I, S. 176. — [5]) Ber. ü. d. Ausst. Wien, 1845, S. 546.

beschäftigte seit 1837 über 300 Arbeiter im Bregenzer Wald und außerdem zu Satteins an 300 beim Bleichen, Färben und Drucken.

Die Türkischrot-, Kattun- und Tücheldruckerei von J. G. Ulmer in Dorn- J.G.Ulmer. birn hatte 1835 150, 1845 180 Arbeiter. Die Türkischrot-, Kattun- und Tüchel- druckerei der Gebrüder Rosenthal zu Hohenems wurde 1840 errichtet und Gebrüder hatte 1845 100 Drucktische und an Arbeitern 260 bei der Druckerei, 40 bei der Rosenthal chemischen Bleiche und Appretur und 100 in der Rotfärberei[1]).

Die Baumwollweberei wurde in Vorarlberg schwunghaft betrieben, und Weberei. zwar meist von größeren Fabriksunternehmungen, welche in der Regel mit der- selben auch die Spinnerei, Rotfärberei und Druckerei verbanden.

Am ausgedehntesten betrieb die Weberei die Firma Jenny & Schindler Jenny & in der mechanischen Weberei zu Lerchenau und der Handweberei zu Lauterach. Schindler. Getzner & Co. hatten eine mechanische Weberei zu Bürs und eine Baumwoll- Getzner tücherfabrik zu Bludenz. & Co.

Elmer, Schlittler & Co. beschäftigten zahlreiche Lohnweber zu Satteins; Duglas & Co. hatten eine mechanische Weberei zu Thüringen, Brielmayer & Heer hatten eine Weberei zu Lerchenau, Rosenthal eine solche zu Hohenems, Salzmann zu Dornbirn, Schwärzler in Schwarzach und Bargehr in Bludenz; Ganahl betrieb eine mechanische Weberei in Frastanz.

Im Jahre 1841 beschäftigte in Vorarlberg die mechanische Weberei 5 Fabriken mit 466 Webstühlen, die Handweberei 4563 Weber[2]).

Baumwollspinnereien in Vorarlberg 1841 und 1843[3]). Spinnerei

	Standort	Name des Inhabers	Zahl der Feinspinn- maschinen		Zahl der Spindeln		Zahl der unmittelbar dabei be- schäftigten Arbeiter		Gewicht des erzeugten Baumwollgarnes und Zwirnes	
			In den Jahren						Wiener Pfund	
			1841	1843	1841	1843	1841	1843	1841	1843
1	Feldkirch	Escher, Kennedy & Co.[4])	54	54	15.888	15.888	296	290	369.075	500.989
2	Feldkirch	Ganahl & Söhne .	34	34	11.280	11.280	20	200	208.615	263.287
3	Kennelbach . . .	Jenny & Schindler	59	59	22.092	21.942	396	406	829.535	477.107
4	Lauterach	Ganahl	4	4	780	780	22	22	28.336	28.584
5	Bludenz	Wolf & Co. . .	12	12	4.320	4.320	57	52	72.920	88.480
6	Bürs	Getzner & Co. . .	36	36	15.552	15.552	214	214	301.188	348.764
7	Thüringen	Escher, Kennedy, Duglas[4]) . . .	40	40	9.088	9.096	206	206	234.560	380.984
8	Nenzing	Getzner & Co. . .	33	33	12.048	12.048	162	162	256.144	288.064
9	Frastanz.	Ganahl	10	10	4.320	4.320	78	80	132.176	179.724
10	Frastanz.	Grasmayr & Co. .	9	11	2.268	2.628	31	41	29.998	41.627
11	Fussach	Gysi Conr.. . . .	15	14	6.044	4.536	133	140	159.281	184.755
12	Dornbirn	Rhomberg & Lenz	30	31	6.984	7.104	127	128	124.628	140.772
13	Dornbirn	Ulmer & Salzmann	4	4	1.200	1.200	14	14	19.680	21.696
14	Dornbirn	Salzmann J. . .	6	6	1.296	1.296	21	19	17.578	19.439
15	Dornbirn	Ulmer J. G. . .	5	5	1.344	1.344	21	21	18.067	15.226
		Im ganzen . .	403	442	132.720	140.718	2.272	2.488	2,504.774	3,575.761

[1]) Ber. ü. d. Ausst. Wien, 1835, S. 116, 120, 1839, S. 343 f., 1845, S. 563—565; Großind. Öst. (1898), IV, S. 265 (1908), III, S. 24. — [2]) Tafeln z. Stat. f. 1841; Ber. ü. d. Ausst. Wien, 1835, S. 60 ff.; 1845, S. 388; Großind. Öst., IV, S. 208, 233 ff. — [3]) Ber. ü. d. Ausst. Wien 1845, S. 350 ff. — [4]) Gegr. 1827 (Großind. Öst., IV, 238). — [5]) Gegründet 1837 (Großind. Öst. IV, 208).

Die Baumwollspinnerei nahm in Vorarlberg einen starken Aufschwung und entwickelte sich so mächtig, daß sie nicht nur den Bedarf der dortigen Baumwollweberei decken, sondern Garne auch in der Lombardei, ja selbst in Böhmen, Mähren und Österreich absetzen konnte[1]).

Ganahl & Co. Im Jahre 1819 hatte Johann Josef Ganahl mit Christian Getzner,
Xaver Mutter und Andreas Gassner eine Spinnerei in Bludenz errichtet,
die aber 1830 abbrannte und nicht wieder aufgebaut wurde. Die Baumwollspinnerei an der Ill in Feldkirch wurde 1833 von Ganahl erbaut, die in Frastanz
von seinem Sohne Karl Ganahl im Jahre 1835. Die mechanische Spinnerei in
Getzner & Co. Nenzing wurde 1832 von Getzner & Co. mit Benutzung des Mengbaches als
Jenny & Schindler. treibende Kraft errichtet. Die Spinnerei von Jenny & Schindler zu Kennelbach bei Bregenz wurde 1838 in Betrieb gesetzt[2]). Außerdem hatte J. M. Oh-
mayer zu Feldkirch 1839 eine Baumwollgarnspinnerei errichtet, welche bei
der Wiener Ausstellung von 1845 ehrenvoll erwähnt wurde[3]).

Tirol. War im kleinen Vorarlberg die Baumwollindustrie zu solcher Höhe gediehen,
so war sie desto unbedeutender in Tirol. In diesem Lande wird nur eine Musselin-
Strehle & Co. und Kottonfabrik, und zwar die von Strehle & Co. zu Imst erwähnt (Fabriksprivilegium 1764), welche 1819 50 Weber, 2 ,,Zettler", 3 Drucker, 2 Modellstecher,
2 Bleicher, 2 Appreteure, 1 Webermeister, 1 Färber, 1 Färbergehilfen, 115 Sticke-
rinnen, 2 Näherinnen, 30 Spulerinnen und 200 Spinnerinnen beschäftigte[4]).
Diese Fabrik war 1841 noch immer die einzige größere Baumwollwarenfabrik
dieses Landes[5]).

Spinne-reien. Baumwollspinnereien wurden in Tirol zu Anfang der Vierzigerjahre 2 gezählt,
Gross-mayer & Co. und zwar jene der Firma Grossmayer & Co. zu Telfs (gegr. 1838) mit 26 Feinspinnmaschinen, fast 11.000 Spindeln und 180 Arbeitern und seit 1840 auch jene
der Maschinenband- und Spinnmanufaktur (von Ganahl & Co.) zu Innsbruck,
Ganahl & Co. welche 1841 26 Feinspinnmaschinen, 7000 Spindeln und 141 Arbeiter aufwies,
während sie 1843 schon 63 Maschinen, 67.000 Spindeln und 320 Arbeiter hatte
und 1845 schon 423 Personen beschäftigte[6]).

Ober-österreich. In Oberösterreich gründeten 1786 Jenny, Aebly & Co. aus Glavis
Jenny & Co. (Schwanen-stadt). in der Schweiz eine Musselinfabrik zu Schwanenstadt[7]). Diese Fabrik befand
sich um 1815 in einem so blühenden Zustande, daß ihr Inhaber Fridolin
Jenny in diesem Jahre vom Kaiser in den österreichischen Adelsstand erhoben
wurde[8]). Nepomuk Staniek errichtete 1794 eine Kattunfabrik in Vöcklabruck[9]).

Anton Hafferl. Anton Hafferl in Linz erhielt 1810 die förmliche Fabriksbefugnis zur
Erzeugung von Doppelbarchent, Manchester und anderen Baumwollwaren[10])
und 1815 wurde dem Linzer Baumwollwarenfabrikanten Franz Rödler, welcher

---

[1]) Tafeln z. Stat. f. 1841. — [2]) Großind. Öst., IV, S. 233—246; Statth. A. Prag, Kom.,
Fasz. 13, subn. 23. — [3]) Ber. ü. d. Ausst. Wien, 1845, S. 378. — [4]) H. K. A. Kom. Kom.,
Fasz. 31, Nr. 73 ex dec. 1819; Staatsrat 1791, Nr. 4375; Statth. A. Prag, 1784/85, Kom, A. II./4.
— [5]) H. K. A. Kom. Kam., Fasz. 31, Nr. 88 ex oct. 1825; Tafeln z. Stat. f. 1841. — [6]) Ber. ü.
d. Ausst. Wien, 1845, S. 350 ff., 374; Großind. Öst. IV, 216—247. — [7]) Staatsrat 1786,
Nr. 2779, 1787, Nr. 4520. — [8]) H. K. A. Kom. Kam., Fasz. 9, Nr. 2 ex nov. 1814, 37 ex
jan. 1815. — [9]) Kurrer, a. a. O., 85. — [10]) H. K. A. Kom., N.-Ö., Fasz. 72, Nr. 13 ex jun. 1810;
Pillwein, Wegweiser durch Linz, S. 296.

93 Stühle und 230 Menschen beschäftigte, dieselbe Befugnis erteilt[1]). Um 1820 wird daselbst auch eine k. k. priv. Baumwollwaren- und Strumpffabrik von Franz Löbl erwähnt[2]).

Im Jahre 1819 bestand in Oberösterreich eine priv. Zitz- und Kattunfabrik in Wels, die Weinstablische Manchesterfabrik in Steyr und eine Fabrik in Aigen bei Schlägl. Außerdem war die Zitz- und Kottonfabrikation in Linz und Urfahr von größerer Bedeutung[3]).

Gegen Ende der zwanziger Jahre bestand zu Wels eine priv. Zitz- und Kattunfabrik und mehrere kleine Druckereien in Linz, Steyr und anderen Orten[4]).

Im Jahre 1841 wurden in Oberösterreich 6 Baumwollwarenfabriken gezählt, neben welchen die Leinenfabriken zu Neumarkt, Haslach und Helfenberg auch Baumwoll- und gemischte Stoffe erzeugten. Die zahlreichen Weber im Mühlviertel verfertigten auch ganz- und halbbaumwollene Stoffe[5]). Johann Grillmayer, Inhaber der Baumwollspinnerei in Kleinmünchen hatte eine Baumwollwarenfabrik in Linz, für welche er 1845 an 200 Webstühle im Mühlviertel beschäftigte. Zu Haslach im Mühlkreise hatten Vonwiller & Co. eine Leinen- und Baumwollwarenfabrik, zu Neumarkt im Hausruckviertel eine ebensolche Fabrik Josef & Karl Wurm. In Linz bestand fort die Barchentfabrik von Anton Karl Hafferl[6]). Peter Simonetta hatte eine landesbefugte Leinen-, Baum- und Schafwoll-, dann Seidenwarenfabrik zu Helfenberg[7]). An Baumwolldruckereien hatte Johann Hofinger eine zu Sierning bei Steyr und Stanick eine in Vöcklabruck[8]).

(Randnotizen: Vonwiller & Co. — Hafferl. — Spinnereien.)

Baumwollspinnereien in Oberösterreich 1841 und 1843[9]).

Standort	Inhaber	Zahl der Feinspinnmaschinen		Zahl der Spindeln		Zahl der unmittelbar dabei beschäftigten Arbeiter		Gewicht der erzeugten Baumwollgarne und Zwirne	
		In den Jahren						Wiener Pfund	
		1841	1843	1841	1843	1841	1843	1841	1843
	Mühlkreis:								
1	Kleinmünchen . · Grillmayer & Co.	16	35	3.600	6.736	99	130	137.001	196.320
2	Kleinmünchen . · Rädler	44	53	7.648	7.907	146	160	221.332	325.340
	Hausruckkreis:								
3	Traun . . . · Grimm A. . . .	—	12	—	2.160	—	39	—	57.517
	Traunkreis:								
4	Sierning . . · Strecker H. . .	7	4	1.170	180	32	17	28.336	5.644
	Innkreis:								
5	Gattern . . · Eimannsberger .	8	10	1.446	1.710	47	52	44.060	69.545
	Summe . . .	75	114	13.864	18.693	324	398	430.729	654.366

[1]) H. K. A. Kom. Kam., Fasz. 29, Nr. 43 ex febr. 1815. — [2]) Pillwein, Wegweiser durch Linz (1824), S. 296; Redl, Handlungsgremien- und Fabriken-Adressenbuch 1818, S. 312. — [3]) Ber. d. o.-ö. Landesstelle H. K. A. Kom. Praes. 1819, Nr. 444. — [4]) Keeß u. Blumenbach, a. a. O., I., S. 371. — [5]) Tafeln z. Stat. f. 1841. — [6]) Ber. ü. d. Ausst. Gräz, 1841, S. 95 und LVIII, Laibach, 1844. S. 77, 82, Wien, 1845, S. 391, 396, 548. — [7]) Verz. ü. d. Ausst. Linz, 1847, S. 18, 343. — [8]) Tafeln z. Stat. f. 1841; Ber. ü. d. Ausst. Wien, 1845, S. 558; Kurrer, a. a. O., 85. — [9]) Ber. ü. d. Ausst. Wien, 1845, S. 350 ff.

Inner-
österreich. In Innerösterreich errichteten Baron Rieger & Weigel 1782 eine Zitz-
und Kattunfabrik in Graz[1]); 1786 wurde dem Handelsmanne Lukas Kaiser
zu Seifnitz die Errichtung einer Baumwolloden- oder Halbtuchfabrik bewilligt[2]).

Dem Manchesterfabrikanten Knander in Graz wurde 1788 eine Belohnung
von 200 fl. bewilligt und zugleich gegen Abrichtung von zwei Landeskindern
ein Betrag von jährlich je 50 fl. durch zwei Jahre zugesichert[3]).

Im Jahre 1819 wird in Innerösterreich nur eine Kattunfabrik in
Graz erwähnt, welche schöne Arbeiten lieferte und eine eigene
Bleicherei und Appreturanstalt hatte[4]); ebenso auch gegen Ende der
zwanziger Jahre[5]).

In den dreißiger und vierziger Jahren begegnet man in Innerösterreich noch
der Kottondruckfabrik des Färbermeisters Kaspar Pollak in Neumarktl in
Krain, welche bedeutenden Absatz in Krain und Kärnten hatte, und der Hand-
und Walzendruckfabrik von Josef Pecharz in derselben Stadt, welche jährlich
über 15.000 Stück erzeugte[6]). Mit der Baumwollspinnerei zu Pragwald im Cillier
Kreise war auch eine Weberei mit 60 mechanischen Webstühlen verbunden[7]).

Spinne-
reien.
Burgau
(1790 bzw.
1832). Die Baumwollspinnerei fand in Innerösterreich frühzeitig Eingang. 1790
wurde von Karl Graf von Batthyany eine priv. Baumwollgarnspinnerei in Burgau
im Grazer Kreis errichtet, nachdem ihr Begründer eine Musterspinnmaschine
aus England hatte kommen lassen. Doch hörte der Betrieb derselben 1808 schon
auf. 1832 ging sie in den Besitz des Wiener Großhändlers Borckenstein über,
welcher sie vergrößerte und wieder in Betrieb setzte. Als bewegende
Kraft diente die Lafnitz. Mit Ausnahme von drei Vorspinnmaschinen
wurden alle Maschinen und Vorwerke in eigenen Werkstätten gebaut.
Bei der Grazer Ausstellung von 1841 erhielt diese Unternehmung die
goldene Medaille[8]).

Pragwald
(1839). Eine zweite Baumwollspinnerei wurde zu Pragwald im Cillier Kreise 1839
gegründet und hatte 1845 8000 Spindeln, 1 Wasserrad von 28 und 1 Dampfmaschine von 30 Pferdekräften[9]).

Laibach
(1837). In Laibach wurde 1837 die k. k. priv. Baumwollspinnerei von W. & D. Moline errichtet und mit einer Dampfmaschine von 20 Pferdekräften versehen.
Sie hatte auch eine Rotfärberei zu Stein[10]).

---

[1]) Keeß u. Blumenbach, a. a. O., I, S. 371. — [2]) H. K. A. Kom., I.-Ö., Fasz.
83, Nr. 7 ex Nov. 1786. — [3]) Staatsrat 1788, Nr. 1225. — [4]) H. K. A. Kom.
Praes. 1819, Nr. 368 (Ber. d. Guberniums). — [5]) Keeß u. Blumenbach, a. a. O.,
I, 371; Redl, Adressenbuch 1831, S. 297. — [6]) Ber. ü. d. Ausst. Klagenfurt,
1838, S. XXXI, Laibach 1844, S. 76, 79. — [7]) Tafeln z. Stat. f. 1841; Ber. ü. d.
Ausst. Wien, 1845, S. 398. — [8]) Keeß u. Blumenbach, a. a. O., I, 164 f.; Ber. ü. d. Ausst.
Klagenfurt, 1838, S. 123, Graz, 1841, S. 97 ff., Wien, 1845, S. 377. — [9]) Ber. ü. d. Ausst.
Wien, 1845, S. 377 f. — [10]) Ber. ü. d. Ausst. Klagenfurt, 1838, S. 131 f.; Graz, 1841, S. 96,
Laibach, 1844, S. 86.

Im Küstenlande werden zu Ende des 18. Jahrhunderts einige Baumwoll- Küsten-
zeugfabrikanten und Baumwollgarnfärber in Triest erwähnt[1]), scheinen aber land.
keine weitere Bedeutung erlangt zu haben.

Die priv. mechanische Spinnerei und Türkischrotgarnfärberei in Haiden- Haidenschaft im Görzischen, gegründet durch Schnell-Griot, Carlo Luigi schaft
Chiozza e figli und Graziadio Minerbi im Jahre 1826, begann mit der (1826).
Spinnerei 1828; 1829 kam die Türkischrotgarnfärberei hinzu. 1835 hatte die
Spinnerei 6000 Spindeln und ein Betriebspersonal von 300 Arbeitern. Im Jahre
1839, da die Spinnerei 224, die Färberei 90 und die mechanische Werkstätte
29 Personen beschäftigte, schied Schnell-Griot aus der Gesellschaft aus. Später
wurde auch eine Turbine und eine Dampfmaschine aufgestellt[2]).

Über die Baumwollspinnereien in Innerösterreich und dem Küstenlande
gibt folgende Tabelle Auskunft[3]):

Standort	Name des Inhabers	Zahl der Feinspinnmaschinen		Zahl der Spindeln		Zahl der unmittelbar dabei beschäftigten Arbeiter		Gewicht des erzeugten Baumwollgarnes und Zwirnes Wiener Pfund	
		In den Jahren							
		1841	1843	1841	1843	1841	1843	1841	1843
Steiermark:									
1 Burgau . . .	Borckenstein . .	29	29	5.948	5.948	148	170	213.809	272.284
2 Pragwald . .	Uhlich G. A. . .	—	24	—	6.192	—	162	—	100.429
Kärnten und Krain:									
1 Laibach . . .	Moline Wilh. .	16	16	5.340	5.280	164	164	135.270	222.746
Küstenland:									
1 Haidenschaft .	—	45	46	13.500	13.800	317	297	471.408	612.560

In Galizien erhielt 1814 Leo Bodanski die Befugnis zur Errichtung Galizien.
einer Baumwoll- und Leinwanddruckfabrik und legte dieselbe mit großem Geld-
aufwande zu Lipnik im Myslenicer Kreise samt Färberei und großer Bleiche an.
1816 beschäftigte er über 20 Werkstühle und 150 Menschen und erhielt die Landesfabriksbefugnis[4]).

Zu Anfang des Jahrhunderts bestand in Nawsie (Jasloer Kreis) eine mit
vortrefflichen Spinn-, Webe- und Glättmaschinen versehene priv. Baumwollmanufaktur von Achilles Johannot, welche während der Kontinentalsperre
über 200 Stühle beschäftigte, nach Aufhebung derselben aber stark sank[5]).
Im allgemeinen hatte die Baumwollindustrie in Galizien keine Bedeutung.

Die österreichische Baumwollindustrie hat sich nach den obigen Ausführungen vom Anfang des 19. Jahrhunderts bis zu den vierziger Jahren sehr schön

---

[1]) H. K. A. Kom. Lit., Fasz. 95, Nr. 10 ex jan. 1785, Nr. 36 ex jan. 1791, Nr. 9 ex sept. 1799.
— [2]) H. K. A. Kom. Kam., Fasz. 31, Nr. 48 ex dec. 1827; Ber. ü. d. Ausst. Wien, 1835, S. 54,
1839, S. 232, 1845, S. 372, Graz 1841, S. 96. — [3]) Ber. ü. d. Ausst. Wien, 1845, S. 350 ff. —
[4]) H. K. A. Kom. Kam., Fasz. 31, Nr. 14 ex aug. 1816. — [5]) H. K. A. Kom. Kom., Fasz. 31, Nr. 95
ex märt. 1818, Kom. Praes. 1819, Nr. 246.

entwickelt und hatte sowohl auf dem Gebiete der Spinnerei als der Druckerei und Appretur zahlreiche bedeutende Großbetriebe aufzuweisen. Die Entwicklung zur Großindustrie war in diesem Beschäftigungszweige schon sehr weit gediehen. Das Verhältnis der Baumwollindustrie in den einzelnen Ländern sollen folgende Zusammenstellungen veranschaulichen[1]).

Produktion der Baumwollindustrie 1841.

I. Baumwollspinnerei 1841.

Länder	Anzahl der				Gewicht des erzeugten Baumwollgarnes und Zwirnes
	Spinnereien	Feinspinnmaschinen	Spindeln	Arbeiter	Wiener Pfund
Niederösterreich	40	1.978	371.950	7.493	8,557.903
Oberösterreich	4	75	13.864	324	430.729
Steiermark	1	29	5.948	148	213.809
Kärnten und Krain . . .	1	16	5.340	164	135.270
Küstenland	1	45	13.500	317	471.408
Tirol und Vorarlberg . . .	17	403	132.720	2.272	2,504.774
Böhmen	81	1.695	356.546	7.524	5,515.537
Summe . . .	145	4.241	899.868	18.242	17,829.430

II. Produktion der Baumwollweberei im Jahre 1841.

Länder	Zentner	Stück	Wert: Gulden
Böhmen	120.000	3,000.000	10,000.000
Mähren	36.000	900.000	3,000.000
Niederösterreich	10.000	300.000	2,000.000
Oberösterreich	4.000	100.000	320.000
Steiermark, Kärnten und Krain . . .	5.600	150.000	640.000
Tirol und Vorarlberg	8.400	200.000	1,000.000
Summe . . .	184.000	4,650.000	16,960.000

III. Erzeugung der Baumwolldruckerei im Jahre 1841.

Länder	Zentner	Stück	Wert: Gulden
Böhmen	50.000	1,262.000	12,870.000
Niederösterreich	13.300	380.000	3,800.000
Oberösterreich	1.000	25.000	200.000
Tirol und Vorarlberg	2.400	69.000	680.000
Summe . . .	66.700	1,736.000	17,550.000

[1]) Tafeln z. Stat. f. 1841; Ber. ü. d. Ausst. Wien, 1845, S. 368 f.

Die gewaltige Ausdehnung der Baumwollindustrie der Mon- <small>Einfuhr vo</small>
archie wird am deutlichsten durch die Menge der eingeführten <small>Baumwolle.</small>
Baumwolle illustriert. Während im Durchschnitt der Jahre
1821—1830 68.704 Zentner Baumwolle in die Monarchie eingeführt
wurden, betrug die Einfuhr im Durchschnitt der Jahre 1831—1840
schon 145.880 Zentner und im Jahre 1847 424.460 Zentner; somit war
die Einfuhr von Baumwolle im Durchschnitt des zweiten hier
berücksichtigten Jahrzehnts mehr als doppelt so groß als im
Durchschnitt des ersten, im Jahre 1847 gar schon sechsmal
so groß.

Neben Österreich war schon damals Ungarn der beste Markt für österrei- <small>Ausfuhr vo</small>
chische Baumwollwaren, ein viel wichtigerer als das Ausland. Im Durchschnitt <small>Baumwoll-</small>
der Jahre 1821—1830 wurden ins Ausland ausgeführt Baumwollwaren in der <small>waren.</small>
Menge von 2585 Zentnern, nach Ungarn jedoch 8776 Zentner, in den Jahren
1831—1840 nach dem Ausland 4824 Zentner, nach Ungarn 46.064 Zentner
und im Jahre 1841 nach dem Auslande 5677, nach Ungarn 72.703 Zentner[1]).

XVI. Kapitel.

Die Schafwollindustrie[2]).

A. Die allgemeinen Verhältnisse und die Maßnahmen der Staatsverwaltung.

Die Schafwollindustrie ist in Österreich als handwerksmäßiges Gewerbe
sehr alt. In Bielitz reicht sie bis in das 13. Jahrhundert, vielleicht noch in ältere
Zeiten zurück[3]), ein Iglauer Tuchmacherstatut stammt aus dem Jahre 1360[4])
und das erste Privilegium der Reichenberger Tuchmacherzunft aus dem Jahre
1599[5]).

Zur Großindustrie entwickelte sich das Schafwollgewerbe aber erst seit
dem Ende des 18. Jahrhunderts, wenn auch die ersten Ansätze dazu sich bis
in das 17. Jahrhundert zurückverfolgen lassen.

Die ersten Wollenzeug- und Tuchfabriken hatten noch durch die Quer-
treibereien der Zünfte viel zu leiden. Zwar war die Autonomie der letzteren
seit Karl VI. eingeengt worden, doch hatten sie dennoch noch Macht genug,
um durch Ränke und Schikanen die unzünftigen Fabrikanten zu belästigen
und zu schädigen. Die Staatsverwaltung suchte diesen Mißbräuchen so viel
als möglich zu begegnen und auch die sonstigen Hindernisse der Entwicklung
zu beseitigen.

Durch Hofreskript vom 20. Juli 1765 wurde verordnet, daß es jedem Tuchmachermeister gestattet sei, so viel Stühle auf grobe und feine Fabrikation zu

---

[1]) Tafeln z. Stat. f. 1841 u. 1847. — [2]) Über die Entwicklung der Betriebstechnik vgl. A. Wachs;
die volksw. Bedeutung der technischen Entwicklung der deutschen Wollindustrie. Technisch-
volkswirtschaftliche Monographien, herausg. von L. Sinzheimer, Bd. VII (1909). — [3]) Haase,
Die Bielitz-Bialaer Schafwollwarenindustrie, S. 1. — [4]) Migerka, Rückblicke auf die Schafwollwarenindustrie Brünns, S. 1. — [5]) Grunzel, Die Reichenberger Tuchindustrie, S. 34 ff.

haben und so viele Gesellen und Jungen zù halten, als es seinem Nahrungs-
stande zuträglich ist. Diese Freiheit solle durch kein Privilegium und durch
keine ·Zunftartikel beschränkt werden. Bis zum Jahre 1779 waren in Böhmen
die Tuchmachermeister gezwungen, die Walkmühle der Grundobrigkeit zu
benützen; in diesem Jahre wurde dieser Walkmühlenzwang ausdrücklich
aufgehoben.

Durch Tuchmacherordnungen suchte die Staatsverwaltung den Produktionsprozeß genau zu regeln, um die Güte der Ware und dadurch ihren
Kredit zu heben. So erging 1718 ein Tuchreglement für Schlesien, verbunden
mit Instruktionen für die Schaumeister, Streichmeister, Walker, Tuchbereiter
und Tuchscherer. Im Jahre 1755 wurde eine Tuchscher- und Appreturs-
ordnung sowie eine Walkordnung für Mähren, 1758 eine Tuchmacherordnung
für Böhmen erlassen.

Prämien.   Auch durch Prämien suchte man die Erzeugung guter Waren zu befördern.
So wurden durch Reskripte vom 4. November 1761 und 12. August 1765 jährliche Prämien von 200, 150 und 100 fl. für die drei feinsten in Böhmen erzeugten
Stücke Tuch ausgesetzt. Seit 1768 wurde für jedes ausgeführte Stück Tuch
von mindestens 20 Wiener Ellen eine Ausfuhrprämie von 1 fl. bezahlt. Josef II.
bestimmte 1783 auf die Ausfuhr der aus erbländischer Wolle erzeugten Waren
eine Prämie von 2 fl. vom Zentner und am 16. November 1786 die Fortsetzung
derselben noch auf weitere zwei Jahre. Durch ein Zirkular vom 26. Dezember
1797 wurden in Böhmen allen Beamten, Schullehrern und Dorfrichtern, welche
die Wollspinnerei mit Erfolg verbreiteten, besondere Belohnungen zugesagt.

Im Jahre 1777 wurde der Wollegroschen, den die Tuchmacher bis dahin
an die Grundobrigkeit entrichten mußten, in Böhmen abgeschafft.

Zur Hebung der Tuchindustrie wurde insbesondere die Berufung niederländischer und italienischer Meister ins Inland auf jede Weise begünstigt.

Prohibition.   Mit dem Jahre 1764 begann die allmähliche Einführung des Prohibitivsystems zum Schutze und zur Aneiferung der heimischen Produktion. Durch
Patent vom 27. August 1784 und die Zollordnungen von 1784 und 1788 wurde
das Einfuhrverbot auf alle Waren ausgedehnt[1]. Ein Zirkular vom 28. Oktober
1784 an alle Länderstellen wies darauf hin, daß bei der nunmehr festgesetzten
allgemeinen Zollverfassung dafür zu sorgen sei, daß das Publikum mit allen
Gattungen Tuch hinlänglich bedient werde, daß sohin darauf zu schauen sei,
daß die Tuchfabriken aufgemuntert werden, ihre Stühle zu vermehren und
nebst der gröberen sich auch auf die feinere Gattung von Tüchern zu verlegen[2].

Der Grund zur Entstehung einer Schafwollgroßindustrie
war unter Maria Theresia und Josef schon gelegt, diese selbst
aber hervorzubringen war erst der Zeit Franz' I. vorbehalten.
Diese Zeit war für die Wollwarenindustrie insbesondere auch deshalb günstig,

---

[1]) Grunzel, a. a. O., S. 84—123, 128; D'Elvert, a. a. O., XIX, S. 73; Migerka, a. a. O.,
S. 22 ff.; Hallwich, Reichenberg und Umgebung, S. 444 ff.; Schreyer, Kommerz, Fabriken
etc. (1790), I, S. 138; A. d. Min. d. Inn., V, G. 5, Kart. 2924, 2931, 2932; Salz, a. a. O., S. 305 ff.
— [2]) Hallwich, Reichenberg u. Umgebung, S. 446.

weil wegen der in Frankreich und Belgien ausgebrochenen politischen Unruhen die mächtige Industrie dieser Länder lahmgelegt war[1]).

Zur Hebung und Veredlung der inländischen Wollproduktion wurde unter Maria Theresia und Josef II. ebenfalls viel geleistet, zu welchem Zwecke spa-nische Merinoschafe verwendet wurden. So entstanden unter Maria Theresia Pflanzstätten veredelter Schafe in Holitsch in Ungarn, Marcopeil bei Fiume und zu Mannersdorf in Niederösterreich. Die daraus hervorgehenden Tiere wurden anfänglich um sehr niedrige Preise, später im Versteigerungswege an Private überlassen[2]). *Woll-produktion.*

Einen sehr wohltätigen Einfluß auf die Entwicklung der österreichischen Schafwollindustrie hatten die Franzosenkriege am Ende des 18. und Anfang des 19. Jahrhunderts, welche einerseits die französische Industrie unterbanden, anderseits aber und dies in erster Linie während der Kontinentalsperre seit 1806 die englische Konkurrenz abhielten. Infolgedessen entwickelte sich von Österreich aus ein reger Export nach der Schweiz, Deutschland, Italien, Ruß-land und der Türkei. Diese Ausfuhr wurde noch bei weitem nicht von den Fabriken allein bestritten, deren Produktion der Menge nach hinter derjenigen der zünftigen Meister noch weit zurückstand. *Franzosen-kriege und Kontinen-talsperre.*

Die Hebung der Wollzucht nahm dabei auch einen großen Aufschwung. Die Kriege, in welche fast alle wolleliefernden Staaten Europas verstrickt waren, hemmten die Wollerzeugung im Ausland und förderten den Export der österrei-chischen Wolle. Die Entwertung des österreichischen Geldes konnte dem nur noch förderlich sein. Der Eifer, mit welchem die Schafzucht bis dahin betrieben worden war, hob sich infolgedessen noch mehr und 1814 kam es in Mähren zur Gründung eines mährisch-schlesischen Schafzüchtervereines, der sich um die Hebung der Wollproduktion große Verdienste erwarb[3]).

Die Entwicklung der österreichischen Schafwollindustrie gestaltete sich glänzend, als das Finanzpatent von 1811 die gesamten Kreditverhältnisse verwirrte. Für den Augenblick hatte dies zwar durch die Entwertung des Geldes noch eine Steigerung des Exports zur Folge, aber um so fühlbarer war der baldige Rückschlag, der durch die Wirkungen noch verschärft wurde, den die Aufhebung der Kontinentalsperre und die dadurch bedingte Wiederkehr der scharfen ausländischen Konkurrenz sowie die damals gerade einsetzende Abschließungspolitik mehrerer Staaten ausübte, was namentlich den Verlust des großen Exports nach Rußland bedeutete. Hinzu kam noch, daß das Jahr 1817 eine furchtbare Mißernte zeitigte, welche die Preise der Lebensmittel und hiemit der Löhne erheblich steigerte. So kam es, daß sogar zahlreiche wichtige Großunternehmungen in der Zeit zwischen 1811 und 1825, bis zu welchem Jahre die Nachwirkungen der großen Krise sich geltend machten, wegen des allgemeinen Stockens des Handels ins Wanken gerieten; die meisten mußten ihre Produktion stark einschränken und erst allmählich trat seit 1820 eine Besserung ein, wobei nicht zuletzt auch die Vergrößerung des konkurrenzfreien *Krise 1816.*

· [1]) Hallwich, a. a. O., S. 464. — [2]) Migerka, a. a. O., S. 37 ff. — [3]) Migerka, a. a. O., S. 38; Keeß, a. a. O., I, 357 ff.

320

Absatzgebietes durch die 1817 erfolgte Angliederung der oberitalienischen Provinzen an das österreichische Zoll- und Prohibitivsystem einen günstigen Einfluß ausüben mußte[1]).

Die Staatsverwaltung bemühte sich auf alle nur mögliche Weise die Wollenzeug- und Tuchfabrikation zu fördern und ihr in diesen schweren Zeiten beizustehen.

Staatlicher Unterricht in der Tuchscheren-fabrikation.Staatlicher Unterricht in der Tuchscheren-fabrikation. Da namentlich gute Tuchscheren im Inlande nicht erzeugt wurden, sondern eingeführt werden mußten, wurde in Steyr seit 1815 auf Staatskosten durch holländische Meister die Tuchscherenfabrikation betrieben und Inländer in derselben unterrichtet. Doch waren die Erfolge dieser Anstalt keineswegs ermunternd, weshalb dieselbe durch allerhöchste Entschließung vom 17. Oktober 1819 wieder aufgehoben wurde[2]). Dagegen wurde zu Ende des Jahres 1818 dem Chevalier Cochelet auf eine von ihm erfundene und aus Frankreich nach Österreich gebrachte Tuchschermaschine ein zehnjähriges Privileg verliehen und ihm bei der Einführung und Verbreitung dieser Maschine, die sich als vorzüglich erwiesen hatte, die größte Beförderung gewährt[3]).

Staatlicher Unterricht in der Erzeugung von Tuch-preßspänen. Um die inländische Tuchfabrikation auch hinsichtlich der dazu erforderlichen Preßspäne, welche bis dahin größtenteils aus dem Auslande bezogen worden waren, von letzterem soviel als möglich unabhängig zu machen, wurde zu Anfang des Jahres 1816 ein in den Niederlanden ausgelernter Tuchspänmacher namens Wilhelm Schmidt auf Staatskosten unter der Bedingung aufgenommen, daß er drei Individuen in der Tuchspänfabrikation gegen ein bestimmtes Taggeld und eine Remuneration von 1200 fl. C. M. Unterricht erteile, zu welchem Zwecke ihm in der Rannersdorfer Ärarialpapierfabrik ein geeignetes Lokal eingeräumt und mit den nötigen Maschinen dergestalt eingerichtet wurde, daß Schmidt daselbst versuchsweise die Erzeugung von Preßspänen betreiben und Unterricht erteilen konnte. Im Frühjahr 1817 wurde damit begonnen und in diesem und dem folgenden Jahre wurden mehrere Tausend Stück Preßspäne verfertigt. Die Proben ergaben, daß sie alles bis dahin im Inlande Erzeugte übertrafen, jedoch im ganzen mehr zur Appretur gemeiner als feiner Tücher geeignet und zu unvollkommen geglättet waren. Da aber die Erfolge weiterhin keineswegs befriedigend waren, wurde diese Tuchpreßspänfabrikation durch allerhöchste Entschließung vom 1. Dezember 1819 wieder aufgegeben[4]).

Die Staats-verwaltung und das Maschinen-wesen. Auch das Maschinenwesen wurde nach Kräften gefördert. Da die Kammgarnspinnerei im Jahre 1827 noch ganz fehlte, während sie sich in Preußen und Sachsen schon im blühendsten Zustande befand, ersuchte die Hofkammer in diesem Jahre den Generalkonsul in Leipzig, sich genauere Kenntnis über die in sächsischen Kammgarnspinnereien verwendeten Maschinen sowie Modelle und Zeichnungen derselben zu verschaffen und einzusenden[5]).

---

[1]) Grunzel, a. a. O., 133 ff.; Hallwich, a. a. O., S. 507 f.; Festschrift der Brünner Handelskammer, S. 56. — [2]) H. K. A. Kom. Kam., Fasz. 48, Nr. 16 ex aug. 1816, Nr. 9 ex jan. 1817, Kom. Praes. 1819, Nr. 27, 719. — [3]) H. K. A. Kom. Praes. 1819, Nr. 28, 59, 229, 323, 603; vgl. auch oben S. 194 u. 195 f. — [4]) H. K. A. Kom. Praes. 1819, Nr. 258, 857. — [5]) H. K. A. Kom. Kam., Fasz. 55, Nr. 3 ex märt. 1827.

Der hohe Ausfuhrzoll von 8 fl. vom Zentner auf Schafwolle hinderte den Woll- Export; anderseits war es klar, daß eine ungehinderte Entwicklung der in- ausfuhr und ländischen Schafwollproduktion auch der Industrie zugute kommen mußte. märkte. Als sich am Ende des 2. Jahrzehnts des 19. Jahrhunderts, da England den Einfuhrzoll auf Schafwolle erhöht hatte und Spanien, Frankreich, Sachsen und Preußen bemüht waren, die Schafzucht zu heben und die Ausfuhr ihrer Wolle zu erleichtern, eine bedenkliche Stockung in der österreichischen Wollausfuhr einstellte, da suchte die Regierung dem durch Herabsetzung des Ausfuhrzolles zu begegnen, was durch Entschließung vom 3. Juli 1820, und zwar auf 1 fl. C. M. pro Zentner erfolgte[1]).

Um den Wollfabrikanten im Inlande Gelegenheit zu verschaffen, mit den Wollerzeugern in unmittelbare Berührung zu treten, anderseits aber die Wollproduzenten durch einen leichten und günstigen Absatz zur Vermehrung der Produktion aufzumuntern, wurden durch Hofdekret vom 17. Juli 1825 zwei Hauptwollmärkte zu Prag und Pilsen und durch Hofdekret vom 24. März 1827 ein solcher Markt für Mähren in Brünn bewilligt[2]). Diese Maßnahme scheint sich aber nicht bewährt zu haben[3]).

Auch in dieser Zeit ließ man keine Gelegenheit aus dem Auge, die hoffen Einwande- ließ, einen ausgezeichneten ausländischen Tuchfabrikanten zur Übersiedlung rung ins Inland zu gewinnen. Im Juli 1814 eröffnete so der Minister der auswärtigen fremder aus- gezeichneter Angelegenheiten, Fürst Metternich, der Hofkammer, durch die politischen Fabri- Veränderungen in Frankreich und die von der damaligen Regierung getroffenen, kanten. die Einfuhr fremder Wollfabrikate erschwerenden Maßregeln seien die an der französischen Grenze liegenden Tuchfabriken in Verviers, Eupen und anderen Orten so sehr geschädigt worden, daß bei vielen Unternehmern der Wunsch, nach einem günstigeren Orte zu übersiedeln, kaum zu bezweifeln sei. Daher würde es nicht schwer fallen, diesen Umstand zur Emporbringung der österreichischen Industrie zu benützen. Die Hofkammer schloß sich dieser Ansicht an und meinte, es sei sogar zu wünschen, solche Unternehmungen mit dem ganzen Apparat ihrer Maschinen zu gewinnen[4]). So gelang es 1815, den ausgezeichneten Tuchfabrikanten The Losen nach Österreich zu bringen[5]).

Durch die Einbeziehung der oberitalienischen Provinzen in das österreichische Prohibitivsystem verloren anderseits zahlreiche ausländische Fabrikanten ihr hauptsächlichstes Absatzgebiet. Dieser Umstand führte zur Übersiedlung der Gebrüder Schoeller nach Österreich im Jahre 1819 und zur Begründung ihrer bedeutenden Tuchfabriksunternehmung in Brünn[6]).

Zur Vermehrung und Verbesserung der Produktion mußten auch die viel- Aus- fachen allerhöchsten Auszeichnungen das Ihrige beitragen, welche verdienten zeichnungen Fabrikanten zuteil wurden. So wurde 1795 den Brüdern Philipp und Franz Daniel Tuschner in Pilsen ,,in Rücksicht der von ihnen abgelegten Beweise ihres unermüdeten Fleißes in Fabrizierung feiner wollener Tücher, vorzüglich

---

[1]) H. K. A. Kom. Kom., Fasz. 14, Nr. 147 ex jul. 1820. — [2]) Kopetz, a. a. O., II, S. 234 f. — [3]) Migerka, a. a. O., S. 41. — [4]) H. K. A. Kom. Kam., Fasz. 21, Nr. 37 ex aug. 1814. — [5]) Vgl. unten S. 350 f. — [6]) Vgl. unten S. 332 ff.

aber, daß sie mehrere Maschinen und geschickte Weber auf eigene Kosten von
dem Ausland in das Land gezogen, Zöglinge in der Tuchfabrizierung und Färberei unterrichten lassen, einen beträchtlichen Tuchverschleiß ins Ausland
eröffnet und dadurch die Nationalindustrie wesentlich gefördert haben", zwei
goldene Denkmünzen, und zwar dem Philipp Tuschner die größere, dem Franz
Daniel aber die mittlere als Merkmal der allerhöchsten Zufriedenheit verliehen
und zugleich zu erkennen gegeben, „daß, wenn sie sich um noch bessere Emporbringung ihres Geschäftes ferner bestreben und den Absatz ihrer Erzeugnisse
in fremde, besonders in die orientalischen Länder vermehren und dauerhaft
gründen sollten, sie sich noch weiterer höchster Belohnungen oder Gnadenbezeugungen zu getrösten hätten"[1].

Die Inhaber der Feintuchfabrik zu Viktring bei Klagenfurt Gebrüder Moro
wurden in den Ritterstand erhoben[2]. Philipp Schoeller erhielt 1836 wegen
seiner Verdienste um die inländische Industrie die goldene Zivilehrenmedaille[3].

Depression bis 1825. Die Entwicklung, welche die Schafwollindustrie nach Überwindung der
etwa von 1816—1825 dauernden Depression weiterhin nahm, bewegte sich im
Sinne einer immer größeren Vervollkommnung der Technik und Erweiterung
des Betriebes seitens der Fabriken sowie der Vermehrung der Zahl derselben.
Es begann eine Zeit neuen Aufschwunges, wobei die Fabrikanten sich alle
neuen technischen Errungenschaften zunutze machten. Die Änderung des
Geschmacks, welche in den dreißiger Jahren das Aufkommen und die immer
größere Verbreitung von Modestoffen bewirkte, sowie die Ausbreitung
der Lohnspinnerei um dieselbe Zeit und die dadurch bedingte Arbeitsteilung
gewährte einen wesentlichen Anstoß zur Entwicklung einer Großindustrie im
wahren Sinne des Wortes. Durch das Aufkommen der Fabrikation von Modestoffen zerfiel das Geschäft in zwei Saisons, nämlich in die Erzeugung von
Sommer- und von Winterstoffen, was insofern bedeutende Erleichterungen
zur Folge hatte, als das in Rohstoffen und Halbfabrikaten gebundene Kapital
nunmehr eine viel kürzere Umlaufszeit hatte[4].

Qualitäten-ordnungen. Die alten Tuchmacherordnungen, welche zu einer Zeit, wo die Tuchindustrie als Kleingewerbe technisch noch ganz unvollkommen war, erlassen
worden waren[5], um die Qualität des Tuches und dadurch den Kredit dieses
Fabrikationszweiges zu heben, bestanden in dieser Zeit noch fort, wurden
aber tatsächlich, als auf die fortgeschrittenen Arbeitsmethoden nicht mehr
anwendbar, weder von den Produzenten beachtet, noch deren Einhaltung
von den Behörden überwacht. Die Fabrikanten hatten sich schon längst von
ihnen emanzipiert und arbeiteten einerseits nach neueren technischen Methoden,
anderseits nach den Erfordernissen von Geschmack und Mode. Da die zünftigen Meister ihnen auf diesem Gebiete nicht leicht folgen konnten, machte sich
bei diesen öfters das Bestreben bemerkbar, den alten Tuchmacherordnungen
wieder Geltung zu verschaffen.

---

[1] Statth. A. Prag, 1786—1795, Kom., Fasz. 8, subu. 35. — [2] Vgl. unten S. 355 f. —
[3] Vgl. unten S. 335. — [4] Migerka, a. a. O., S. 14 f.; D'Elvert, a. a. O., XIX, S. 162; Großind.
Öst., IV, S. 59. — [5] S. oben S. 318.

Es muß sehr befremdend wirken, daß noch 1817 mehrere mährisch-schlesisehe Kreisämter auf die Wiedereinführung der Tuchmacherordnungen als eines sehr wirksamen Mittels zur Belebung des auswärtigen Absatzes der Tuchwaren antrugen und daß selbst das mährisch-schlesische Gubernium der Meinung war, die Erneuerung dieser Ordnungen in einer dem Zeitgeiste angemessenen Art sei eine höchst wünschenswerte und notwendige Sache, welche, wenn sie wirklich erfolgen sollte, sich nicht etwa auf einzelne Städte, selbst nicht bloß auf d⸱ꞏ Tuchmacher, sondern auch auf die Tuchfabrikanten und „aus einleuchtenden Gründen insbesondere auf diese" ausdehnen müßte, „weil manche Fabriken schlechtere Ware als ein Landtuchmeister erzeugen und sie wegen ihres stärkeren Absatzes ins Ausland allein den Nationalkredit heben oder untergraben können". Doch dies stimmte mit den damaligen Anschauungen der Hofstellen über solche Bevormundungsanstalten gar nicht überein, weshalb es auch nicht dazu kam[1]).

Aber noch 1827 beschlagnahmte die Tuchmacherzunft in Kamnitz in Böhmen einem Tuchmacher zwei Stücke Tuch, weil sie nicht in gehöriger Qualität erzeugt waren. Der Betroffene rekurrierte dagegen an das Gubernium, welches aber angesichts des Umstandes, daß die Tuchmacherordnung von 1758 die Bestimmung enthielt, die in nicht gehöriger Qualität erzeugten Tücher seien der Konfiskation zu unterziehen und die Erzeuger derselben überdies zu bestimmten Geldstrafen zu verhalten, die Entscheidung der Hofstelle überlassen mußte. Bei der Entscheidung, durch welche der Eingriff der Tuchmacherzunft rückgängig gemacht wurde, bemerkte die Hofkammer, die Bestimmungen der alten Tuchmacherordnung seien mit den neuen Verhältnissen der inländischen Tuchfabrikation nicht in Einklang zu bringen und deren Anwendung würde den Behörden zur Grundlage von Erkenntnissen dienen, die mit den bezüglich der Erzeugungsrechte der inländischen Unternehmer im allgemeinen bestehenden Grundsätzen unvereinbar seien.

Da diese Tuchmacherordnungen deshalb aufgehoben werden mußten, wurde dem böhmischen Gubernium aufgetragen, ein Gutachten abzugeben, welche Normen für die Zukunft aufgestellt werden sollten[2]). Zugleich wurde ihm aufgetragen, auch die mit den Tuchmacherordnungen in Verbindung stehenden Tuchscher- und Appretursordnungen einer Revision zu unterziehen und sich auch darüber gutächtlich zu äußern. Dieselbe Aufforderung erging zugleich auch an das mährisch-schlesische Gubernium.

Die böhmische Landesstelle äußerte sich in betreff der einzelnen Bestandteile des Tuchmacherpatents von 1758 dahin, daß a) eine Belehrung der Tuchfabrikanten nunmehr ganz unnötig sei; b) die auf die Zünftigkeit bezugnehmenden Bestimmungen ohnehin in den allgemeinen Innungs- und Gewerbevorschriften enthalten seien; c) daß die meisten Strafbestimmungen dieses Patents dem Zwecke keineswegs entsprechen; nur die Bestimmung solle beibehalten werden, daß die Tücher mit dem Namen der Meister oder Fabrikanten bezeichnet werden

---

[1]) H. K. A. Kom. Kom., Fasz. 33, Nr. 58 ex oct. 1817; vgl. auch oben S. 94. — [2]) H. K. A. Kom. Kam., Fasz. 33, Nr. 17 ex nov. 1827.

müßten; *d*) die Beibehaltung der Beschauanstalten für die Tuchfabrikation gewähre keine wesentlichen Vorteile. Die Appretur der Tücher werde in Böhmen als eine freie Beschäftigung behandelt.

Auch das mährisch-schlesische Gubernium sprach seine Ansicht im ganzen dahin aus, daß die Tuchmacher- und Tuchscherordnung für Mähren von 1755 sowie das Tuchreglement für Schlesien von 1718 den Verhältnissen nicht mehr ganz angemessen seien. Doch in bezug auf die Lehrlinge, auf deren Freisprechung und auf das Meisterwerden sowie auf die Aufrechterhaltung der nötigen Zucht und der Ordnung bei den Gesellen seien die Vorschriften der Handwerksordnungen in Einklang mit den Vorschriften des Zunftpatents und der Generalzunftartikel und dürften daher, da sie dem Zwecke entsprechen, beibehalten werden. Die Beschauung der von den Tuchmachern erzeugten Fabrikate, welche ohnehin nicht mehr überall in Übung sei, stelle sich als unzweckmäßig und auch als mit den neueren Verhältnissen dieses Industriezweiges minder vereinbar dar. In betreff der Beibehaltung der Meister- und Fabrikszeichen auf den erzeugten Stücken stimmte das mährisch-schlesische Gubernium mit der Ansicht des böhmischen überein.

Am 8. März 1832 wurden die zwei genannten Länderstellen dahin verständigt, daß ihre Berichte, wonach die Tuchmacher-, Tuchscher- und Appretursordnungen als auf die neueren Verhältnisse nicht mehr anwendbar außer Übung gekommen seien, zur Kenntnis genommen wurden; über alle übrigen Punkte werde erst bei der im Zuge befindlichen allgemeinen Reform des Gewerberechtes die Entscheidung getroffen werden[1]).

Wenn auch die allgemeine Gewerbereform nicht so bald zustande kommen sollte[2]), so war doch damit ziemlich deutlich ausgesprochen, daß die alten Ordnungen nicht mehr anzuwenden seien.

Seit dem Ende der zwanziger Jahre trat die unmittelbare Förderung der Industrie durch die Staatsverwaltung immer mehr in den Hintergrund und immer stärker kam die persönliche Betätigung einzelner Industrieller sowie der gewerblichen Vereinigungen, welche in den dreißiger Jahren ins Leben traten, zur Geltung. Namentlich muß dies auch bezüglich der Schafwollindustrie gesagt werden. Die Entwicklung zur Großindustrie nahm in diesem Beschäftigungszweige einen schönen Verlauf, wenn dieser Prozeß auch bis gegen die Mitte des 19. Jahrhunderts noch bei weitem nicht abgeschlossen war, vielmehr die kleingewerbliche Produktion noch überwog.

B. Die Entwicklung der Schafwollindustrie.

Das Land, in welchem die Schafwollindustrie die größte Ausdehnung Mähren und erlangte, war **Mähren**. In Mähren und Schlesien entstand die erste Tuchfabrik Schlesien. durch Reichel in Olmütz im Jahre 1752, ging jedoch bald wieder ein; 1765 wurde sodann in Brünn von der Regierung die erste lebensfähige Tuchfabrik des Landes gegründet und einer aus Handelsleuten bestehenden Gesellschaft überlassen, welcher vom Staat ansehnliche Geldmittel zur Verfügung gestellt wurden.

---

[1]) A. d. Fin. Min. Kom., Fasz. 33, 1832, März Nr. 11. — [2]) Vgl. oben S. 97 ff. u. 116 ff.

Im Jahre 1780 ging die ausschließliche Leitung dieser Fabrik an Köffiller, Köffiller. einen Niederländer, über, der später Eigentümer derselben wurde; Färber und Walker waren anfänglich fast nur Niederländer[1]). Eine 1768 mit Hilfe der Regierung errichtete k. k. priv. Plüsch- und Wollenzeugfabrik in Brünn hatte keinen langen Bestand, denn schon 1790 ging sie ein. Eine Wollenzeugfabrik in Mähr.-Neustadt erhielt 1769 das Fabriksprivileg. In Bielitz entstand in den sechziger Jahren eine Wollenzeugfabrik durch Karl Anton Mänhart, in Fulnek eine zweite 1786 durch Johann Röckert.

Die Köffillersche Fabrik gewann bald eine außerordentliche Ausdehnung, europäischen Ruf und großen Absatz. Die Zahl der Stühle betrug 1780 45, 1786 schon 120 und die Zahl der Beschäftigten über 1000.

Wilhelm Mundi, ebenfalls ein Rheinländer, gründete bald darauf in Mundi. Brünn eine zweite Tuchfabrik, welche sich von 1780 bis 1786 von 2 auf 60 Stühle erweiterte; 1786 errichtete er mit Unterstützung der Regierung durch Überlassung des Klostergebäudes in Tischnowitz um 2000 fl. daselbst eine Filiale, welche von seinem Bruder geleitet wurde. Diese Fabriken nahmen einen solchen Aufschwung, daß Kaiser Josef sich veranlaßt sah, Wilhelm Mundi wegen seiner Verdienste um die Tuchindustrie 1789 in den Freiherrnstand zu erheben[2]).

Im Jahre 1786 wurde den Beamten der Köffillerschen Fabrik Heinrich Hopf & Hopf aus Württemberg und Johann Gottfried Bräunlich aus Sachsen Bräunlich. die Errichtung einer dritten und dem gewesenen Kassier in der Köffillerschen Fabrik Johann Heinrich Offermann aus Montjoie die Begründung einer Offermann. vierten Tuchfabrik in Brünn bewilligt. Letzterem wurde 1791, da er schon mit 28 Webstühlen arbeitete, die Landesfabriksbefugnis verliehen.

Wegen der wachsenden Konkurrenz und der während der Türkenkriege unter Kaiser Josef eingetretenen Stockung im Handel und wegen Mißwirtschaft in der Leitung geriet die Köffillersche Fabrik in Verfall, so daß sie 1789 aufgelöst werden mußte. Die anderen Unternehmungen in Brünn gediehen hingegen sehr gut und die Zahl der Fabriken wuchs immer mehr. Im Jahre 1791 gründeten Josef Christian Biegmann, gewesener Buchhalter und Leiter Biegmann. der Mundischen Fabriken zu Brünn und Tischnowitz, und in demselben Jahre Heinrich Schmal, ein Zögling der Köffillerschen Fabrik, neue Tuchfabriken Schmal. in Brünn. Biegmann beschäftigte sofort 34 Stühle und 618 Menschen, Schmal hingegen 10 Stühle und 536 Personen[3]).

Johann Röckert in Fulnek erlangte 1789 das Fabriksprivilegium, da Graf er 33 Stühle und 569 Personen beschäftigte. Heinrich Graf von Haugwitz Haugwitz. und dessen Gesellschafter Johann von Puthon, Bernhard von Tschoffen und Martin Stählin errichteten 1795 die Tuchfabrik zu Namiest mit einem Fonds von 100.000 fl., zu welchem Zwecke sie Arbeiter aus den Niederlanden zur Aus-

---

[1]) Migerka, a. a. O., S. 4, Oberländer, Firma Offermann, S. 5 ff. — [2]) D'Elvert, a. a. O., XIX, S. 71—75, 86; Haase, a. a. O., S. 100; Migerka, a. a. O,. S. 4 f.; Großind. Öst., IV, S. 55; Staatsrat 1795, Nr. 733 (Fabrik in Mähr.-Neustadt); Oberländer, a. a. O., S. 7. — [3]) D'Elvert, a. a. O., XIX, S. 76—78; Migerka, a. a. O., S. 4 f.; Großindustrie Öst., IV, S. 55 ff.; Oberländer, a. a. O., 7 ff.

bildung von Inländern kommen ließen; nach einigen Jahren bestanden die Arbeiter schon größtenteils aus Eingeborenen.

Vom Erbpächter des Gutes Křižanau Karl Endsmann wurde zusammen mit Johann Hering 1794 eine Tuchfabrik errichtet, arbeitete 1795 schon auf 25 Stühlen, erhielt 1796 die Landesbefugnis und beschäftigte 1802 über 400 Personen.

Freiherr von Mundi begründete auf Einladung des Herzogs von Sachsen-Teschen 1798 eine Tuchfabrik in Teschen. Diese Fabrik arbeitete 1800 auf 28 Stühlen, weshalb sie das Fabrikspriviiegium erhielt. Nach dem Tode des Baron Mundi wurde 1805 die Realität dieser Fabrik veräußert. Das Gubernium übertrug zwar 1806 die Fabriksbefugnis an Bernhard Goldmayer, dieser konnte sich aber nicht lange behaupten. Auch die freiherrlich Mundische Fabrik in Brünn wurde aufgelassen und mit der in Tischnowitz vereinigt. Das Fabriksgebäude in Obrowitz kaufte 1806 Josef Graf Waldstein, welcher 1808 die Bewilligung zur Errichtung einer Feintuchfabrik erhielt.

Schäffer.   Im selben Jahre wurden in Brünn von Johann Gottlieb Schäffer, einem Zögling der Offermannschen Fabrik, und Matthias Mundi, einem Neffen des Freiherrn von Mundi, weitere Tuchfabriken ins Leben gerufen.

Die priv. Fabrik zu Diwak wurde 1798 von der Witwe Klinger & Braun Co. errichtet, ging 1805 an Franz von Langendonc und 1811 durch Erbschaft an die Obrigkeit, Karoline Fürstin von Liechtenstein über. 1818 wurde sie aber aufgelassen. Zu Bochtitz wurde eine Fabrik 1799 errichtet.

Veit Ehrenstamm übernahm die von Franz Plotz 1801 in Proßnitz gegründete Fabrik, welcher er 1802 als Gesellschafter beigetreten war, 1803 allein und erhielt 1804 das Landesfabriksprivilegium, da er 34 Stühle und 350 Menschen beschäftigte.

Lang.   Jakob Lang erhielt 1808 auf seine 1807 in Teltsch errichtete Tuchfabrik die förmliche Fabriksbefugnis[1].

Schmal, an welchen in den neunziger Jahren die Köffillersche Fabrik übergegangen war, erhielt 1800, Anton Kusina und Paul Tureczek 1802, Jakob Heller 1804, Christian Grave, Dominik Brobail & Franz Bayer 1806 die Landesbefugnis; 1808 kam als landesbefugte Tuchfabrik noch jene von Johann Christiani in Brünn hinzu, welcher sein Unternehmen durch fünf Jahre schon fabriksmäßig betrieben hatte und 496 Menschen beschäftigte. Johann Matkowitz betrieb bis 1806 eine priv. Tuchfabrik in Kanitz bei Brünn, in welchem Jahre sie an Franz Helzelet überging[2].

Fabriken in Mähren 1807.   Außerdem waren noch andere Unternehmungen entstanden, so daß 1807 folgende Tuch- und Wollenzeugfabriken in Mähren bestanden[3]:

[1] D'Elvert, a. a. O., XIX, S. 78, 86—88, 102; Hallwich, a. a. O., S. 477; Migerka, a. a. O., S. 5 ff.; Demian, Darst. d. öst. Mon., I./2 93—103, 179; Merkantilische Erdbeschreibung (1802), S. 212 f.; Staatsrat 1797, Nr. 3920. — [2] D'Elvert, a. a. O., XIX, 78 f.; Statth. A. Brünn, Fasz. 39; Migerka, a. a. O., 25. — [3] Statth. A. Brünn, Verzeichnis aller mähr.-schles. Fabriken f. 1807, verfaßt von der mähr.-schles. Provinzialstaatsbuchhaltung unter dem 22. Sept. 1808. Auffallend ist an dieser Tabelle, daß der Provinzialstaatsbuchhaltung so manches Unbekannt war, was ihr wohl nicht hätte fremd sein sollen.

Tuch- und Wollenzeugfabriken in Mähren und Schlesien im Jahre 1807).

Kreis		Standort	Eigentümer	Erzeugnisse	Beschäftigte Arbeiter	Beschäftigte Gehilfen und Anmerkungen
Brünn	1	Petersberggasse	Katharina Seiter	Türkische Kappen	60	Unbekannt
,,	2	Altbrünn und Neustift	Broball & Bayer	Feintuch u. Wollenzeug	63	57
,,	3	Stadt Brünn	J. H. Offermann	Feine Tücher u. Kasimir	62	114 (gegr. 1786, Landespriv. 25. Juli 1791)
,,	4	Stadt Brünn	Heinrich Schmal	dto.	84	43
,,	5	Stadt Brünn	Ignaz Prischenk	dto.	92	7
,,	6	Stadt Brünn	Joh. Chr. Biegmann	dto.	18	510 (gegr. 1790, Landespriv. 1791)
,,	7	Markt Kanitz	Franz Helzelet	dto.	60	9
,,	8	Große Zeilgasse	Hopf & Bräunlich	dto.	20	2 (Landesbef. seit 3. Okt. 1797)
,,	9	dto.	Mat. Mundy	dto.	30	2 (Privilegium seit 1800)
,,	10	dto.	Paul Tureczek	dto.	60	10
,,	11	dto.	Leidenfrost	dto.	53	2 (Privilegium seit 1802)
,,	12	Petersberggasse	Matthias Seiter	dto.	20	3
,,	13	Obrowitz bei Brünn	Freiherr von Mundy	dto.	27	Unbekannt
,,	14	Posoritz	Gottlieb Schäfer	Mittelfeine Tücher	72	6 (seit 1798 einf. Befugnis)
,,	15	Diewak	Langenthon	Feine Tücher	—	39
,,	16	Tischnowitz	Frh. v. Mundysche Erben	dto.	—	45
,,	17	Große Neugasse	Christian Grave	dto.		—
,,	18	Josephstadt	Kusinoische Erben	dto.		—
,,	19	Chrilowitz	Jud Heller	dto.		—
,,	20	Butschowitz	Markus Mrasek	Kasimir, Harras und Halbbaumwollwaren	26	—
Iglau	21	Iglau	Johann Tost	Appretur von Tuchwaren	63	Unbekannt
,,	22	Kržižanau	Unbekannt	Feine Tücher u. Kasimir		39 (Fabrikspriv. 18. Mai 1796, dam. Erbpächter Endtsmann)
Olmütz	23	Mähr.-Neustadt	Unbekannt	Woll- u. Seidenwaren	152	183
Znaim	24	Proßnitz	Jud Ehrenstamm	Feine Tücher u. Kasimir	17	3
,,	25	Namiest	Unbekannt	Feine Tücher u. Kasimir	187	109
,,	26	Bochtitz	Petrziczek Erbrichter	dto.	11	5
Teschen	27	Teschen	Unbekannt	Feine Tücher	23	17
,,	28	Bielitz	Unbekannt	Kasimir,Kronrasch,Hlbtch.	11	6
Troppau	29	Jauernig	Unbekannt	Tuch, Zeug	—	14

¹) Siehe S. 326 Anm. 3.

In der kurzen Zeit von 1780—1806 hatte die mährische fabriksmäßige Tuchindustrie eine so ungeahnte Ausdehnung gewonnen; Hand in Hand mit der Zunahme der Zahl der größeren Betriebe ging die Vervollkommnung des technischen Produktionsprozesses durch Einführung von neuen Maschinen. Den Gebrüdern Offermann wurde 1803 auf eine von ihnen erfundene Tuchschermaschine ein ausschließendes Privileg erteilt[1]). Um dieselbe Zeit wurde auch die erste englische Schafwollspinnmaschine nach Mähren gebracht. Altgraf Salm brachte 1802 mit persönlicher Gefahr und großen Opfern Zeichnungen derselben aus England und errichtete eine „Schafwollspinnmaschinenerrichtungsanstalt" in Brünn[2]).

Iglau, Bielitz. Abgesehen von den Fabriken war in Mähren und Schlesien die Schafwollindustrie als zünftiges Gewerbe weit verbreitet. Namentlich Iglau und Bielitz waren zwei wichtige Zentren dieses auch in mehreren anderen Städten ziemlich ausgedehnten Erwerbszweiges. Auch die Zünfte hatten im Laufe der Zeit, um ihre Konkurrenzfähigkeit gegenüber den Fabriken aufrecht zu erhalten, begonnen, ihre Produktionstechnik durch Anschaffung von Maschinen zu verbessern[3]).

Die Zeit der großen Kriege zu Anfang des 19. Jahrhunderts und die Periode der Kontinentalsperre hatten einen günstigen Einfluß, so daß sich nicht nur die Zahl der Betriebe bedeutend erweiterte, sondern auch der Umfang der bestehenden stark zunahm.

Zu Czekin im Prerauer Kreis errichtete Anton Graf von Braida 1807 eine Feintuchfabrik[4]); im selben Jahr erhielt Johann Stadelmayer zu Urhau auf seine Tuchfabrik die Landesbefugnis[5]). Fröhlich Grünwald & Co. und die Gebrüder Kolbenhayer in Bielitz erhielten 1811 die förmliche Fabriksbefugnis; die Grünwaldsche Fabrik ging 1815 auf David Grünwald und Karl Wickmann über[6]).

Die priv. Mähr.-Neustädter Wollenzeugfabrik verkaufte ihr Besitzer Franz Edler von Ottenheim 1811 an Johann Justus, Andreas Finger und Friedrich Honold; damals wies dieselbe 141 Arbeiter auf[7]).

Zu Kremsier betrieb Graf Johann Troyer seit 1812 eine Tuchfabrik, welche er 1816 nach Mähr-.Neustadt übertrug und mit der von Honold & Co. erkauften Wollenzeugfabrik vereinigte[8]).

Depression seit 1816. Nach Aufhebung der Kontinentalsperre brach eine katastrophale Depression über die Schafwollindustrie herein, verstärkt durch die Nachwirkungen der Finanzkrise von 1811. Im Jahre 1818/19 zeigten sich die ganzen Verwüstungen dieses Sturmes.

Die 1807 errichtete (Landesbefugnis seit 1810) gräflich Braidasche Fein-

---

[1]) H. K. A. Kom., N.-Ö., Fasz. 72, Nr. 12 ex jan. 1803; D'Elvert, a. a. O., XIX, S. 84; Keeß, a. a. O., IV, S. 46. — [2]) D'Elvert, a. a. O., XIX, S. 84 f. — [3]) D'Elvert, a. a. O., XIX, S. 99 f.; Hallwich, Reichenberg u. Umgeb., S. 505 f. — [4]) H. K. A. Kom. Praes. 1818, Nr. 1525. — [5]) D'Elvert, a. a. O., XIX, S. 102. — [6]) D'Elvert, a. a. O., XIX, S. 103 f.; Haase, a. a. O., S. 108 f. — [7]) Statth. A. Brünn. — [8]) H. K. A. Kom. Praes., 1819, Nr. 287; Statth. A. Brünn; D'Elvert, a. a. O., XIX, S. 103 ff. —

tuchfabrik zu Czekin wurde seit 1816 nur noch mit bedeutendem Nachteil im Betriebe gehalten; bis 1811 hatte sie einen großen Export nach Rußland, seitdem mußte sie sich aber aufs Inland beschränken. Im Jahre 1818 hatte sie wegen des stockenden Absatzes nur acht Webstühle in Gang und beschäftigte nur wenige Arbeiter[1]).

Die k. k. priv. Tuchfabrik in Kržižanau im Iglauer Kreis arbeitete sonst auf 30, im Jahre 1818 auf nur 12 Stühlen; die Zeit ihres stärksten Betriebes waren die Jahre von 1799 bis 1811.

Die Kronraschfabrik von Franz Ludwig Goebel in Jauernig in Schlesien, deren Anfänge in das 18. Jahrhundert zurückreichen, war seit 1811 in der Erzeugung und im Verschleiß „von Jahr zu Jahr erbärmlich herabgesunken". Die bis 1773 zurückreichende Kronraschfabrik von Josef Christof Oehl in Freiwaldau mußte 1816 den Betrieb überhaupt ganz einstellen. Die k. k. priv. Tuch- und Kotzenfabrik von Riedl in Freudenthal (Landesbefugnis seit 1806), welche seit 1802 Sattel- und Bettenkotzen für die Armee in großer Menge lieferte und lange Zeit bloß für den Staat beschäftigt war, kam durch den Eintritt friedlicherer Zeiten um ihren ganzen Absatz.

Die priv. Johann Czeikesche Feintuchfabrik in Troppau (bestand schon unter Kaiser Josef[2]), welche 1811 die Landesbefugnis erhalten hatte, betrieb 1818 nur vier Webstühle mit vier Gesellen.

Im Znaimer Kreise wurde in dieser Zeit fortbetrieben die gräflich Haugwitzsche Fabrik zu Namiest, ebenso wie die Mundische zu Tischnowitz und die von Veit Ehrenstamm in Proßnitz.

Nur wenige Fabriken hatten gegen Ende des 2. Jahrzehnts ein zahlreicheres Personal. Die Jakob Langsche zu Teltsch soll 1819 an 600 Menschen beschäftigt haben[3]).

Nicht minder war der Rückschlag an den Fabriken in Brünn zu bemerken, was die Tabelle auf Seite 330 veranschaulicht.

Im Jahre 1815, als sich die Wirkung der Aufhebung der Kontinentalsperre noch nicht geltend gemacht hatte, waren somit in Brünn noch 455 große und 196 kleine Stühle in Betrieb und 2621 Menschen bei der Tuchfabrikation beschäftigt; im Jahre 1819 hingegen war die Stockung allgemein und es stand kaum mehr ein Drittel der früheren Zahl von Stühlen in Betrieb und fanden dabei kaum etwas über ein Viertel (735) der im ersteren Jahre beschäftigten Menschen ihren Lebensunterhalt.

Nicht nur die Fabriken hatten erheblich gelitten, sondern auch die zünftigen handwerksmäßigen Betriebe, was aus der Tabelle auf Seite 331 ersichtlich ist.

Lange dauerten die Nachwirkungen der Depression. Die priv. Tuchfabrik von Brobail & Bayer (Landesbefugnis seit 1802) in Brünn legte 1825 wegen schlechten Geschäftsganges die Befugnis nieder; ebenso 1826

---

[1]) H. K. A. Kom. Praes. 1818, Nr. 1525. — [2]) Erwähnt in Staatsrat 1788, Nr. 1027. — [3]) H. K. A. Kom. Praes. 1818 Nr. 1218 (Ber. d. Kreisämter ü. d. Zustand der Fabriken); Kom. Kom., Fasz. 21, Nr. 125 ex majo 1822; D'Elvert, a. a. O., XIX, S. 104.

Stand der k. k. priv. Tuch- und Kasimirfabriken in Brünn in den Jahren 1815 und Anfang 1819¹).

Nr.	Namen der Fabriksinhaber	1815 Stühle große	1815 Stühle kleine	1815 Meister	1815 Gesellen	1815 Lehrjungen	1815 Hilfsarbeiter	1819 Stühle große	1819 Stühle kleine	1819 Meister	1819 Gesellen	1819 Lehrjungen	1819 Hilfsarbeiter	Anmerkung	Datum des Privilegiums
1	Brohail & Bayer	8	5	1	13	4	41	—	—	1	5	—	18	—	21. Jänner 1802
2	Heller Jakob	10	1	1	10	1	54	—	—	1	5	—	7	—	1. Jän. 1804, an Heller 9. August 1816
3	Offermann J. H.	38	29	2	67	3	381	27	2	2	49	2	141	Ist mit vorzüglichen Maschinen und einer Dampfmaschine versehen.	18. August 1791 6. September 1806 10. Juni 1808
4	Prischenk	23	28	2	51	2	74	3	2	1	5	1	14	Hat 1819 falliert.	Von Vater 1813 übernomm.
5	Biegmann J. P.	29	31	3	60	2	95						7	Steht einstweilen ohne Stuhlarbeit.	10. Juni 1808
6	Christiany J. C.	20	6	2	26	2	75			1	5			Steht still; unterhielt ehedem Scheermaschinen.	12. Jänner 1802
7	Leidenfrost J. C.	13	3	1	16	3	39			1	3		9	Hat Scheermaschinen.	6. December 1800
8	Schnal Heinrich	30	6	1	30	3	81			1	10	1	29	Hat Spinn- und Scheermaschinen.	4. Jänner 1803
9	Turetschek & Co.	23	8	1	30	3	78			1	10	1	35	Hat Scheermaschinen.	10. September 1800
10	Mundi Math.	13	3	1	15	—	51			1	9			Hat Spinn- und Scheermaschinen.	1. December 1815
11	Scholl & Menmert	26	2	1	26	1	78	20	19	1	39		79	Unterhält bedeutende Maschinen und liefert sehr gute Fabrikate.	3. Oktober 1797
12	Bräunlich & Co.	13	7	1	20	1	64	7	2	1	7		24	Hat vorz. Maschinerie u. die erste Spinnmaschine.	13. November 1802
13	Cussino Anton	9	5	1	12	1	48	2					5	Steht ganz unbeschäftigt.	10. Februar 1815
14	Sikora	12	5	1	14	1	54	7		1	7	1	45	Betreibt mit Maschinerie das gut eingerichtete Fabriksgeschäft.	
15	Peschina Joh.	12	3	1	14	1	49			1					
16	Gotthair & Co.	20	9	1	24	1	54			1	10	1	39	Hat vorzügliche Maschinerie.	10. Juli 1812
17	Grave Christian	21	4	1	30	1	62	10		1	10		45		4. December 1814
18	Schäler	14	4	1	16	1	54							Des Fabriksprivilegiums 1818 verlustig erklärt worden wegen Verfalles des Unternehmungsfonds.	Bestand seit 1803
19	Gedon	13	1	1	26	3	68	10			10	1		Ist im Konkurs verfallen.	
20	Seitter M.	24	4	2	28	2	78							Nach dem Tode des Kridatars gänzlich aufgelöst.	
21	Seitter Leop. & Barthel	22	6	1	28	1	53			1	1		39		12. Jänner 1802
22	Biegmann Karl	9	9	1	18	1	38	7		1	7		19	Zugleich türkische Kappelfabrik, steht mit der Tuchfabrikation still.	Von d. Mutter 1810 übern. 3. August 1815 einfache, 24. Febr. 1815 förml. Bef.
23	Plibach von Aloys	10	4	1	14	—	45	5	5	1	—		21	Ist der Befugnis verlustig	4. Febr. 1808 einf. Bef.
24	Karafiat & Schmidt	14	1	1	14	—	39	5	5	1	—		27	Ist der Befugnis verlustig, wgn. Verfalles	6. April 1815 einf. Bef.
25	Möser	12	6	1	18	—	51								
26	Prßsa	12	2	1	20	1	68	8	8	1	8	1	37	Mit einfacher Fabrikabefugnis.	5. März 1815 einf. Bef.
27	Kittel Aug. in Obrowitz	8	2	1	10	1	36	5	5	1	—	—	18		29. Dez. 1815 einf. Bef.
	Summe . .	455	196	31	650	32	1908	145	51	19	191	9	516		

¹) H. K. A. Kom. Praes. 1819, Nr. 287 (offizielle Tabelle verfaßt vom Magistratsrat Philipp, Brünn, den 6. März 1819).

Tuch- u. Wollenzeugindustrie Brünns in den Jahren 1814/15 u. 1818/19[1]).

| | In den Jahren 1814 und 1815 | | | | | | | | In den Jahren 1818 und 1819 | | | | | | | |
| | Stühle | | Meister | Gesellen | Lehrjungen | Hilfsarbeiter | Zahl der Stücke | | Stühle | | Meister | Gesellen | Lehrjungen | Hilfsarbeiter | Zahl der Stücke | |
	große	kleine					feine	Kasimir oder Struck	große	kleine					feine	Kasimir oder Struck
Tuchfabriken	455	196	30	650	32	1.908	13.650	5.880	145	51	19	191	9	516	4.350	1.530
Bürgerliche Tuchmacher	169	—	49	166	22	171	4.225	—	83	—	53	79	10	77	1.975	—
Bürgerliche Zeugmacher	—	93	38	83	22	12	—	2.790	—	51	39	40	5	3	—	1.536
Bürgerliche Weber . .	—	258	75	196	61	77	—	1.740	—	73	70	53	24	17	—	730
Zusammen .	624	547	193	1.095	137	2.168	17.875	10.410	228	175	181	363	48	613	6.325	3.796

Johann Sikora, 1828 Karl Biegmann, 1831 die Erben des Grafen Braida zu Czekin und 1836 Heinrich Schmal und J. B. Christiani[2]). Dazu kam noch, daß sich seit ungefähr 1820 der Geschmack geändert hatte, so daß nicht mehr in Stücken, sondern nur mehr in der Wolle gefärbte Ware Absatz fand; daher mußten die Vorräte der ersteren Sorte mit Verlust abgesetzt werden.

Überhaupt gerieten seit 1817 zahlreiche Fabriken in Konkurs, andere stellten den Betrieb freiwillig ein. Nur die genug kapitalskräftigen, um durch Übergang zu einem wirklichen Großbetriebe mit Anwendung der neuesten Errungenschaften ihre Konkurrenzkraft zu erhöhen und die Produktion zu vervollkommnen und zu verbilligen, konnten diese Krise überwinden und die führende Rolle bei der weiteren Entwicklung übernehmen[3]). Immer mehr treten seitdem die technisch vollkommenen, kapitalskräftigen und sehr ausgedehnten Großbetriebe in den Vordergrund.

Die alte Feintuchfabrik zu Namiest (Graf Haugwitz) machte bald bedeutende Fortschritte. Seit 1817 war H. Zurhelle ihr Direktor, dessen rastlosen Bemühungen es gelang, die Fabrik auf eine so hohe Stufe zu bringen und ihr eine solche Ausdehnung zu geben, daß sie zu den großartigsten Unternehmungen Österreichs gehörte. Die glänzendste Periode dieser Fabrik begann seit der Einführung der Schafwollstreichgarn-Spinnmaschinen. Die Fabrik errichtete eine eigene mechanische Werkstätte, aus welcher die ersten Schafwollspinnmaschinen hervorgingen, zu deren Aufstellung und Betrieb bedeutende Gebäude mit Wasserwerken angelegt wurden, welche letzteren später wegen Vermehrung der Spinnmaschinen durch eine ebenfalls in der eigenen Werkstätte verfertigte Dampfmaschine unterstützt werden mußten.

Im Jahre 1825 erhielt die Fabrik auf die Erfindung einer neuen Tuchwalke und einer Wasch- und Walkmaschine ausschließende Privilegien; 1830 wurde die Fabrik mit Gas beleuchtet, 1833 die Färberei mit einer Dampfheizung versehen. Um den Betrieb der vermehrten Walk- und Rauhmaschinen, welcher durch den öfters eintretenden Wassermangel gestört war, zu sichern, wurde

Namiest (Graf Haugwitz].

¹) H. K. A. Kom. Präes. 1819 Nr. 287. — ²) Statth. A. Brünn, 1825, 1826, 1828, 1831, 1836; D'Elvert, a. a. O., XIX, S. 103. — ³) Haase, a. a. O., S. 115 f.; Migerka, a. a. O., S. 9 ff.; zahlreiche Fabriken, welche in dieser Zeit den Betrieb einstellten, angeführt bei D'Elvert, a.a. O., XIX, S. 115 f.

1835 eine im Ausland erbaute große Dampfmaschine mit einem nach neueren Prinzipien verfertigten Wasserrad aufgestellt. Das Fabrikspersonal bestand 1835 aus ungefähr 1000 Personen. Im Jahre 1845 wurde die Fabrik durch zwei Wasserräder von 20 und 50 Pferdekräften und drei Dampfmaschinen von 41 Pferdekräften betrieben und hatte 48 Feinspinnmaschinen zu 60, 2 zu 240 Spindeln, 205 Webstühle, 43 Scher- und viele andere Maschinen. Sie hatte auch eine eigene Apotheke und ein Spital für erkrankte Arbeiter.

Die Erzeugnisse dieser Unternehmung wurden an Feinheit von keiner inländischen Tuchfabrik übertroffen. Bei den Wiener Ausstellungen von 1835 und 1839 wurde sie mit der goldenen Medaille ausgezeichnet, bei der von 1845 war sie außer Preisbewerbung, da Zurhelle Mitglied der Beurteilungshofkommission war[1]).

Offermann.   Die alte Feintuchfabrik von Johann Heinrich Offermann in Brünn stellte 1813 einen Satz Wollspinnmaschinen, 1816 die erste, 1824 eine zweite Dampfmaschine auf und hatte 1835 3 englische Walk- und 3 englische Waschmaschinen, 4 Tondeusen, 4 tondeuses transversales, 1 tondeuse longitudinale, mehrere gewöhnliche Schermaschinen, 8 Rauhmaschinen, 23 Schrobel- und Lockmaschinen, 8 Vorspinnmaschinen mit 320 Spindeln, 60 Feinspinnmaschinen mit 4000 Spindeln, 1 hydraulische Presse, 2 gewöhnliche Pressen sowie mehrere andere Maschinen. Die Maschinen wurden durch Wasserkraft und 2 Dampfmaschinen betrieben, von denen eine in England auf 12 Pferdekräfte, die andere von Schöll & Lutz in Schlappanitz in Mähren auf 12 Pferdekräfte erbaut wurde; 1835 wurde eine dritte Dampfmaschine mit 25 Pferdekräften aus der Werkstätte des Altgrafen Salm in Blansko aufgestellt.

Die Färberei der Fabrik bestand aus 4 Küpen und 10 Farbkesseln. Die Zahl der beschäftigten Individuen betrug 1835 im ganzen 450. Gegen Ende der dreißiger Jahre ging Offermann zur Aufstellung von Jacquardstühlen über, welche die größte Abwechslung in der Dessinierung gestatteten. Diese Unternehmung gehörte zu den besten und vollkommensten Österreichs und beschäftigte 1845 schon an 600 Arbeiter. Bei den Wiener Ausstellungen von 1835 und 1839 erhielt sie die silberne, bei der von 1845 die goldene Medaille[2]).

Gebrüder Schoeller.   Die k. k. priv. Feintuchfabrik der Gebrüder Schoeller in Brünn wurde 1819 gegründet. Als Eigentümer einer der ansehnlichsten Tuch- und Kasimirfabriken des Großherzogtums Niederrhein zu Düren bei Aachen, die besonders mit Oberitalien starke Geschäftsverbindungen hatte, sahen sie sich durch die Sperrung des lombardisch-venezianischen Königreiches gegen das Ausland (1817) ihres besten Absatzgebietes beraubt und beschlossen daher die Übersiedlung nach Österreich. Zu Ende 1818 baten sie um Bewilligung zur Übersiedlung und zugleich um die Verleihung der Landesfabrikbefugnis und

---

[1]) Keeß, a. a. O., II, S. 277; Keeß u. Blumenbach, a. a. O., I, S. 398 f.; Ber. ü. d. Ausst. Wien, 1835, S. 18 ff., 1839, S. 263 f., 1845, S. 422 f.; Verz. d. Ausst. Brünn, 1836, S. 14. —
[2]) Ber. ü. d. Ausst. Wien, 1835, S. 23 f., 1839, S. 266, 1845, S. 423; Verz. ü. d. Ausst. Brünn, 1836, S. 14; Brünns Schafwollfabrikation im Jahre 1840, Ber. eines Fachmannes der damaligen Zeit in Schram, Ein Buch für jeden Brünner, III, S. 102. Alles Nähere vgl. bei Oberländer, Offermann, Brünn 1912.

freie Einfuhr der Maschinen und Gerätschaften sowie von 1200 Stück Tuch und 600 Stück Kasimir, jedes Stück ungefähr 25—30 Ellen lang; endlich um Überlassung eines zweckmäßigen Gebäudes in Brünn zu einem billigen Preis, im Falle ein solches zur Verfügung stehe.

Kaum war der Inhalt dieses Gesuches bekannt geworden, als der Besitzer der Namiester Feintuchfabrik Heinrich Graf Haugwitz unter dem 25. November 1818 eine Vorstellung an das mähr.-schlesische Gubernium dagegen richtete. Die Tuchfabrikanten hätten durch die Sperrung der oberitalienischen Provinzen kaum etwas aufgeatmet und sich erholt, als sie schon der Gefahr ausgesetzt würden, durch Einfuhr ausländischer Tücher und Übersiedlung ausländischer Fabrikanten wieder in eine schlechte Lage zu kommen. ,,Sehr traurig wäre es, die Erfahrung machen zu müssen, daß ein Vorteil, den Seine Majestät ihren Untertanen gnädigst zugedacht haben, ihnen entzogen und ausländischen Manufakturisten in die Hände gegeben würde, indem sich, wenn den Gebrüdern Schoeller ihr Vorhaben gelänge, bald mehrere Ausländer zu solchen Privilegien einfinden würden." Die Menge, welche die Gebrüder Schoeller einführen wollen, würde den Betrag von einer halben Million Gulden C. M. übersteigen, ohne dabei in Erwägung zu ziehen, daß mit solchen Begünstigungen ein großer Mißbrauch getrieben zu werden pflege, wie sich dies bei der The Losen gegebenen Einfuhrserlaubnis gezeigt habe, welche den heimischen Fabrikanten großen Schaden verursacht habe. Es habe sich binnen kurzem gezeigt, daß gerade The Losen mit den inländischen Fabriken nicht konkurrieren konnte, sondern lediglich dem gegenüber ausländischen Fabrikaten noch herrschenden Vorurteile seine kurze blühende Existenz verdankte und dann sein ganzes Unternehmen an seine Gläubiger zedieren mußte.

Daher bat Graf Haugwitz das Landesgubernium, auf Abweisung der Gebrüder Schoeller anzutragen. Die Hofstelle konnte aber, obwohl ihr die damalige schwierige Lage der inländischen Schafwollindustrie bekannt war, auf so engherzige Vorstellungen nicht eingehen, da die Gewinnung ausgezeichneter ausländischer Fabrikanten als dauernder Gewinn betrachtet werden mußte.

Da die durch die Hof- und Staatskanzlei über die Vermögensverhältnisse der Gebrüder Schoeller eingezogenen Erkundigungen sehr günstig lauteten, wurde ihnen durch allerhöchste Entschließung vom 19. März 1819 die Einwanderung gestattet sowie die zollfreie Einfuhr der Maschinen, Werkstühle, Werkzeuge, Kleidungsstücke und Hausgeräte. Außerdem wurde ihnen nach Aufnahme des Betriebes das Landesfabriksprivilegium in Aussicht gestellt, ebenso wie die Erlaubnis, von ihren Warenvorräten 400 Stück Tuch und 200 Stück Kasimir gegen Entrichtung des halben vor Einführung der Prohibition bestandenen Mailänder Zolls, und zwar binnen einem Jahr und Tag von der erhaltenen Bewilligung an direkt in die italienischen Provinzen einzuführen[1]).

Die Gebrüder Schoeller kauften nun das Fabriksgebäude und die Walke der Tuchfabrikanten Hopf & Bräunlich in Brünn an und setzten die Fabrik in

---

[1]) H. K. A. Kom. Praes. 1818, Nr. 1791, 1911, 1934, 1939; 1819, Nr. 135, 205; Kom. Kom., Fasz. 33, Nr. 59 ex oct. 1818.

Betrieb, worauf sie 1820 die Landesfabriksbefugnis erhielten. Die zu ihrem Betriebe nötigen Maschinen brachten sie nicht aus dem Auslande mit, sondern ließen sie, um die Transportkosten zu ersparen, nach Modellen durch Ausländer in Brünn selbst verfertigen. Im Jahre 1820 hatten sie schon im Inlande verfertigen lassen: 4 Schrobelmaschinen, 4 Kratzmaschinen, 2 Grobspinn-, 12 Feinspinn-, 3 Rauhmaschinen, 24 Webstühle, 1 Maschinwolf und 6 Schertische. Die Zahl der damals beschäftigten Arbeiter belief sich auf 80—90, das beiläufige jährliche Erzeugnis 700—900 Stück Tuch[1].

Durch die Energie und Fachkenntnis dieser Fabrikanten gelangte ihre Unternehmung zu hoher Blüte und gehörte bald zu den bedeutendsten ihrer Art. Sie machten sich nicht nur jede ausländische Erfindung zunutze, sie verbesserten selbst die technischen Vorrichtungen. So erhielten sie 1826 ein fünfjähriges Privileg auf eine Tuchwalke mit Stahlfedern, welche durch einen geringeren Kraftaufwand betrieben werden konnte, die Arbeit viel schneller verrichtete als die gewöhnlichen und zu ihrer Aufstellung einen sehr kleinen Raum erforderte, anderseits aber dem Fabrikat eine besondere Milde und Festigkeit verschaffte und die bei der bis dahin üblich gewesenen Art des Walkens oft unvermeidlichen Beschädigungen möglichst verhütete. Ebenso wurde ihnen ein anderes fünfjähriges Privileg auf eine damit in Verbindung stehende Wasch- oder Spülkumpe mit Walzen zur Reinigung der Tücher, Kasimire und anderer Stoffe verliehen, wodurch jeder Schaden unmöglich gemacht, an Zeit und Kraftaufwand gespart und die Stoffe besser als durch das gewöhnliche Verfahren gereinigt werden konnten[2].

Die ununterbrochene Verbindung mit dem Ausland und periodische Bereisungen der ausgezeichnetsten Industrieanstalten des Kontinents und Englands setzten diese Unternehmer in die Lage, alle Verbesserungen sofort einzuführen. Im Jahre 1824 hatte die Fabrik schon 45 Webstühle fortwährend in Betrieb und stellte eine Dampfmaschine mit 18 Pferdekräften auf. Das Fabriksgebäude wurde seit 1827 als erstes in Österreich mit Gas beleuchtet; diese Verwendung des Leuchtgases im großen erregte solches Aufsehen, daß Kaiser Franz die Fabrik mit seinem persönlichen Besuch auszeichnete.

Die Unternehmung umfaßte eine Fläche von 6 Joch und 1400 Quadratklafter und hatte 1841 eine Färberei mit 4 großen Küpen und 7 Farbkesseln, alle erforderlichen Spinnmaschinen und Webstühle, 6 eiserne Patentwalken, 4 Waschmaschinen, 13 Rauhmaschinen verschiedener Konstruktion, 1 tondeuse longitudinale, 12 Lewis, 8 Transversaltondeusen, 30 Schermaschinen, 3 Bürstmaschinen, 1 Operiermaschine und 2 hydraulische Pressen. Die Platten zum Pressen wurden in einem neu konstruierten Ofen mit Steinkohlenheizung erwärmt. Als Antriebskraft diente ein Wasserwerk sowie eine Dampfmaschine von 16 Pferdekräften von Cockerill aus Seraing und eine zweite von 25 Pferdekräften von Dobbs in Aachen; damals beschäftigte die Fabrik 700 Arbeiter,

---

[1] H. K. A. Kom. Kom., Fasz. 33, Nr. 20 ex mart., Nr. 9 ex sept. 1820. — [2] H. K. A. Kom. Kam., Fasz. 29, Nr. 26 ex oct. 1826; Fasz. 33, Nr. 198 ex sept. 1828; Keeß u. Blumenbach, a. a. O., I, S. 399.

so daß sie der Namiester nahekam. Nach dem Urteil eines zeitgenössischen Fachmannes gehörte sie zu den großartigsten und bedeutendsten der Monarchie. Philipp Schoeller, welcher seit 1823 die Direktion führte, wurde 1836 wegen seiner Verdienste um die inländische Industrie mit der goldenen Zivilehrenmedaille ausgezeichnet. Im Jahre 1845 beschäftigte die Fabrik bereits 800 Personen.

Bei der Wiener Ausstellung von 1839 erhielten die Gebrüder Schoeller die goldene Medaille, bei der von 1845 war die Unternehmung außer Preisbewerbung, da Philipp Schoeller Mitglied der Beurteilungshofkommission war[1]).

Diese drei Tuchfabriken waren die bedeutendsten Mährens und Österreichs überhaupt. Neben ihnen bestanden aber in Mähren noch mehrere große Unternehmungen dieser Art, davon die meisten in Brünn. So beschäftigte die priv. Feintuch- und Kasimirfabrik der Gebrüder Popper in Butschowitz im Brünner Kreise (errichtet 1818, Landesfabriksbefugnis 1833) 1835 bei Anwendung mehrerer Maschinen 400 Arbeiter. 1839 hatte sie schon 105 Webstühle, 6 eiserne Rauhmaschinen, 1 Zustreichmaschine, 16 Tuchschermaschinen, 7 Tondeusen und 2 Spinnmaschinsätze. Sie beschäftigte bei der Wollsortierung 80, bei der Spinnerei 95, bei der Weberei 300 und bei der Appretur 70 Personen. 1840 erhielt sie die Landesbefugnis auch für Wollwaren. Bis 1845 machte sie noch weitere Fortschritte, so daß sie 857 Personen Beschäftigung gab und bei der Wiener Ausstellung dieses Jahres mit der silbernen Medaille bedacht wurde[2]). Gebrüder Popper.

In Brünn waren außerdem von Wichtigkeit die landesbefugten Fabriken von August Schöll, Johann Peschina, der Gebrüder Godhair, von Karl Prziza, Wilhelm Skene sowie Daberger Sohn[3]).

Im Jahre 1830 erhielt Franz Pöck die einfache Befugnis zur Tuch- und Kasimirfabrikation in Brünn und machte solche Fortschritte, daß ihm 1840 die Landesbefugnis verliehen wurde. Seit 1842 betrieb auch der Inhaber einer Wollsortierungsanstalt in Brünn Lazar Auspitz die Tuchfabrikation und erhielt darauf die förmliche Befugnis; eine Spezialität dieser Fabrik waren namentlich die schwarzen Tücher, Satins und Peruviens, welche in großer Menge exportiert wurden. Im Jahre 1840 erhielt Josef Steinbach, Tuch- und Wollwarenfabrikant in Brünn, die förmliche Fabriksbefugnis[4]). Lazar Auspitz.

In der Langschen Fabrik in Teltsch, welche 1833 noch an 500 Arbeiter Lang.

---

[1]) Keeß u. Blumenbach, a. a. O., I, 430; Migerka, a. a. O., S. 29 f.; Die Brünner Schafwollfabrikation 1840, Bericht eines Fachmannes der damaligen Zeit in Schram, Ein Buch für jeden Brünner, III, S. 102; Verz. ü. d. Ausst. Brünn, 1836, S. 12; Ber. ü. d. Ausst. Wien, 1839, S. 267—270, 1845, S. 422. — [2]) D'Elvert, a. a. O., XIX, 146; Staatsrat, 1840, Nr. 3072; Ber. ü. d. Ausst. Wien, 1835, S. 42, 1839, S. 260, 1845, S. 425. — [3]) D'Elvert, a. a. O., XIX, S. 112, 157; Tafeln z. Stat. f. 1841; Schram, Ein Buch für jeden Brünner, III, S. 102 f.; Ber. ü. d. Ausst. Wien, 1839, S. 265, 1845, S. 427; Verz. ü. d. Ausst. Brünn, 1836. Die seit 1815 mit der Landesbefugnis beteilte Tuch und Kasimirfabrik von Schöll & Memmert in Brünn legte 1823 ihre Befugnis nieder; 1824 erhielt jedoch August Schöll wieder die einfache Befugnis, ebenso wie Memmert (Statth. A. Brünn, 1824). — [4]) D'Elvert, a. a. O., XIX, S. 162; Migerka, a. a. O., S. 14, Statth. A. Brünn.

beschäftigt und 80 Stühle nebst 10 Sätzen Spinnmaschinen betrieben hatte, hörte der Betrieb 1834 auf und die Inhaber verzichteten auf die Befugnis[1]).

Skene & Co. Skene & Co. hatten in Brünn eine Militärtuchfabrik und eine Filiale davon zu Fußdorf bei Iglau. Beide Anstalten verwendeten 1845 eine Dampfmaschine von 15 Pferdekräften und 600—700 Arbeiter (Wiener Ausstellung 1845 goldene Medaille[2]).

Wawrzin. Johann Wawrzin in Brünn erhielt die einfache Fabriksbefugnis 1825, die förmliche 1834, da er damals 172 Personen beschäftigte[3]).

Im Jahre 1843 waren in Brünn bei der Schafwollindustrie 24 Dampfmaschinen mit 262 Pferdekräften in Tätigkeit[4]).

Das Verhältnis der Brünner Tuchfabriken zueinander ihrer Ausdehnung nach soll durch den Wollverbrauch im Jahre 1842 gekennzeichnet werden. Es verbrauchte an Wolle in diesem Jahre die Fabrik

Gebrüder Schoeller	. . . 2000 Ztr.		Schöll	. . . . 400 Ztr.
Skene & Co.	. . . . . . 2000 „		Wawrzin	. . . . 300 „
Daberger Sohn	. . . . . 1800 „		Peschina	. . . . 300 „
Offermann	. . . . 1500 „		Auspitz	. . . . 300 „
Gebrüder Popper	. . . . 1200 „		Delhaes	. . . . 150 „
Bochner	. . . . 400 „		Gebrüder Godhair	. . . . 100 „
Steinbach	. . . . 400 „		Rottensteiner	. . . . . . 50 „
Findeis	. . . . 400 „		Prziza	. . . . 20 „
Pöck	. . . . 400 „		Zusammen	. . . 11.720 Ztr.

Außer 18 Fabriken gab es in Brünn 1842 noch 456 Tuch- und Wollenzeugmacher, welche zusammen 37.392 Ztr. Wolle verbrauchten. Die Fabriken verbrauchten somit kaum ein Viertel des gesamten Wollkonsums der Brünner Schafwollwarenfabrikation[5]).

Brünn war der Hauptproduktionsplatz für Tücher und Schafwollwaren aller Art, Namiest für feine Tücher und Wollstoffe; außerdem war Iglau der Mittelpunkt der Erzeugung ordinärer Tücher und Wollzeuge, Bielitz für mittelfeine.

Iglau. In Iglau wurden 1841 bei 1200 Stühlen 476 Tuchmacher mit 577 Gesellen und 237 Lehrlingen, sowie 86 Wollzeugweber mit 55 Gesellen und 23 Lehrlingen, zusammen 1454 Personen gezählt. Samt den Hilfsarbeitern und Arbeiterinnen dürfte die Wollindustrie in Iglau und Umgebung 8.000—10.000 Menschen beschäftigt haben[6]).

In Teltsch im Iglauer Kreise setzte Lazar Biedermann im Jahre 1837 die 1834 eingegangene Fabrik seines Schwiegervaters Jakob Lang fort; 1845 lautete die Firma Biedermann & Doret und wies zwei Wasserräder, eine vierzigpferdekräftige Dampfmaschine sowie 500 Arbeiter auf[7]).

Bielitz. Bielitz in Schlesien samt der Schwesterstadt Biala in Galizien und Umgebung war, wie schon erwähnt, der Sitz einer lebhaft betriebenen Tuchfabri-

---

[1]) D'Elvert, a. a. O., XIX, S. 147. — [2]) Ber. ü. d. Ausst. Wien, 1845, S. 423. — [3]) Statth. A. Brünn, 1834, Juli 19. — [4]) Tafeln z. Stat. f. 1841; Ber. ü. d. Ausst. Wien, 1845, S. 407. — [5]) Tafeln z. Stat. f. 1841; Schram, Ein Buch für jeden Brünner, III, S. 100 ff. — [6]) Tafeln z. Stat. f. 1841. — [7]) D'Elvert, a. a. O., XIX, S. 147; Ber. ü. d. Ausst. Wien, 1845, S. 426.

kation. Die Tuchmacherzunft in Bielitz zählte 1841 210 Meister und 790 Gesellen mit 790 Webstühlen. Außerdem wurden daselbst fünf Fabriken (Baum, Barthelt, Kolbenhayer, Paneth, Riesenfeld) mit 129 Webstühlen betrieben. In Biala befanden sich zwei Fabriken, zu welchen 1843 eine dritte von Gülcher hinzukam[1]).

Samuel Paneth in Bielitz erhielt die einfache Fabriksbefugnis im Jahre 1832, die förmliche 1836 und beschäftigte 1839 105 Arbeiter. Die Gebrüder Bathelt erhielten 1810 die Landesfabriksbefugnis[2]).

Im Troppauer Kreise befanden sich 1841 drei Fabriken zu Troppau und zwei zu Wagstadt. Im Prerauer eine zu Neutitschein und eine zu Fulnek, im Olmützer zwei zu Mähr.-Trübau und eine zu Mähr.-Neustadt[3]).

Der Hauptsitz der Schafwollspinnereien, welche sich seit der Einführung der Spinnmaschinen (1817) und der Dampfmaschinen schnell verbreiteten, war Brünn, welches 1841 32 Schafwollspinnereien mit zusammen 89.000 Spindeln zählte. Von diesen Spinnereien arbeiteten 19 für Lohn, 11 waren mit Tuch- und Wollwarenfabriken vereinigt, zwei im Besitze von Tuchmachern. Davon hatten Dampfmaschinen in Verwendung jene von Soxhlet, von Leidenfrost, Husak, Beile, Pintner und Klimsch. *Schafwoll-spinnereien*

Unter den Lohnspinnereien hatten Soxhlet 36 Sätze[4]), Ed. Leidenfrost 15, Schöll in Schlappanitz 13, Josef Keller 12, Seidl 5, Husak und Herbst je 4 Sätze aufgestellt; die übrigen waren kleiner. Von den Fabriksspinnereien zählten die Gebrüder Godhair (zugeich Lohnspinnerei) 10, die Gebrüder Schoeller 8, J. F. Offermann 7, M. Daberger 6, August Schöll 5, die Gebrüder Popper, Skene und Prziza je 4, Peschina, Steinbach und Findeis je 3 Sätze.

Die Streichgarnspinnerei von J. F. E. Soxhlet in Obrowitz bei Brünn war mit 20.000 Spindeln nicht nur die großartigste Anstalt dieser Art in Österreich, sondern am Kontinent überhaupt. Begründet 1823, erhielt sie 1834 die einfache Fabriksbefugnis. In vier Gebäuden waren 1841 585 Maschinen aufgestellt. Sämtliche Maschinen, bei welchen 600 erwachsene Arbeiter und 230 Kinder, zusammen 830 Menschen, beschäftigt waren, waren Tag und Nacht in Betrieb; die Gebäude wurden durch 1000 Gasflammen beleuchtet. Diese Unternehmung erzeugte ein Fünftel des gesamten Garnbedarfs Brünns. Bei der Wiener Ausstellung von 1845 wurde sie mit der goldenen Medaille ausgezeichnet. *Soxhlet.*

Die Spinnerei von Eduard Leidenfrost in Brünn (gegr. 1827) wies in den vierziger Jahren an 300 Arbeiter auf, die von Josef Keller ebenfalls an 300. *Leidenfrost.*

Die Spinnerei zu Schlappanitz wurde 1816 von Friedrich Schöll gegründet und ging 1841 an Karl Schöll über; in dieser Zeit hatte sie 160 Arbeiter und zwei Dampfmaschinen. *Schöll.*

---

[1]) Tafeln z. Stat. f. 1841. — [2]) D'Elvert, a. a. O., XIX, S. 119, 140; Haase, a. a. O., S. 117 f.; Ber. ü. d. Ausst. Wien, 1835, S. 41, 1839, S. 272, 1845, S. 428. — [3]) Tafeln z. Stat. f. 1841. — [4]) Ein Satz bestand aus 1 Vorspinn-, 2 Schrobel-, 1 Lock-, 10 Feinspinn- und 2 Haspelmaschinen nebst 1 Wolfe (Wollzerteilungsmaschine) auf je 4 Sätze.

In Bielitz waren 1841 13 Spinnereien mit 34.000 Spindeln; in den übrigen Kreisen Mährens und Schlesiens waren sie weniger verbreitet[1]).

Kammgarn-spinnerei. An Kammgarnspinnereien wiesen Mähren und Schlesien 1841 nur die eine von B. Loes zu Boskowitz auf mit 2000 Spindeln und einer Erzeugung von 500 Zentnern[2]).

Durch das Aufkommen von Lohnspinnereien war es auch den über geringe Kapitalien verfügenden Fabrikanten möglich, sich zu jeder Zeit mit gutem Garn in beliebiger Menge und Qualität zu versehen.

Produktion Mährens 1841. Die gesamte Schafwollwarenproduktion von Mähren und Schlesien stellte sich 1841 der Menge und dem Werte·nach folgendermaßen: Es erzeugten

Brünn	190.000	Stück im Werte von				13,300.000 fl.
Iglau	250.000	,,	,,	,,	,,	5,000.000 ,,
Bielitz	62.000	,,	,,	,,	,,	3,544.000 ,,
Zwittau	15.000	,,	,,	,,	,,	1,200.000 ,,
Namiest	5.500	,,	,,	,,	,,	600.000 ,,
Troppau	15.000	,,	,,	,,	,,	700.000 ,,
Jägerndorf	18.000	,,	,,	,,	,,	648.000 ,,
Odrau	11.000	,,	,,	,,	,,	330.000 ,,
Wagstadt	21.000	,,	,,	,,	,,	1,000.000 ,,
Neutitschein	20.000	,,	,,	,,	,,	820.000 ,,
Fulnek	15.800	,,	,,	,,	,,	734.000 ,,
Leipnik	4.000	,,	,,.	,,	,,	150.000 ,,
Weißkirchen	12.000	,,	,,	,,	,,	432.000 ,,
Freiberg	10.000	,,	,,	,,	,,	310.000 ,,
Mähr.-Trübau	6.000	,,	,,	,,	,,	300.000 ,,
Teltsch	3.500	,,	,,	,,	,,	240.000 ,,
Die übrigen Orte	46.700	,,	,,	,,	,,	1,576.000 ,,
Zusammen	705.500	Stück im Werte von				30,884.000 fl.

Die Aufnahme der Fabrikation von Modestoffen seit ungefähr 1830 und die durch die 1839 eröffnete Bahnverbindung mit Wien bewirkte Annäherung an das Zentrum der Monarchie hatten zum großen Aufschwung der mährischen und namentlich der Brünner Schafwollindustrie viel beigetragen[3]). Der Wert der Produktion Mährens war fast doppelt so groß als derjenige Böhmens, des zweitwichtigsten Kronlandes bezüglich dieses Industriezweiges.

Von der· gesamten in Mähren und Schlesien verbrauchten Schafwolle entfiel nur ein Achtel auf die 43 Fabriken, sieben Achtel auf die Meisterschaften[4]). Ein so großes Übergewicht hatte noch die zünftige Produktion.

---

[1]) Tafeln z. Stat. f. 1841; D'Elvert, a. a. O., XIX, S. 112, 118 ff., 155; Schram, Ein Buch für jeden Brünner, III, S. 101; Migerka, a. a. O., S. 12; Ber. ü. d. Ausst. Wien, 1845, S. 405 ff., 419 f.; Statth. A. Brünn 1844, 1846; Großind. Öst., IV, S. 94; Amtl. Katalog der Wiener Weltausst. (1873), S. 138. — [2]) Tafeln z. Stat. f. 1841. — [3]) Hallwich, Reichenberg u. Umgebung, S. 514. — [4]) Tafeln z. Stat. f. 1841.

Nach Mähren war Böhmen bezüglich der Schafwollwarenerzeugung das Böhmen. wichtigste Land. Hier reichen fabriksmäßige Betriebe noch weiter zurück. Schon 1710 gründete Johann Bapt. Fremmrich zu Planitz im Klattauer Kreise die erste böhmische Tuchfabrik, die jedoch nicht lange bestand; 1715 erfolgte die Gründung der später berühmt gewordenen Tuchfabrik zu Ober- Oberleutens leutensdorf durch den Grafen Johann Josef von Waldstein; sie dorf (Graf Waldstein]. nähm bald einen großen Aufschwung und hatte 1789 nach einem amtlichen Bericht einen Tuchvorrat von fast 60.000 fl., wobei sie mehrere Hundert Menschen ernährte. Im Jahre 1717 errichtete Fremmrich eine weitere Tuchfabrik in Böhm.-Leipa[1]).

Die Wollenzeugfabrik des Stiftes Ossegg reicht auch bis in den Anfang des 18. Jahrhunderts zurück, da sie 1707 errichtet wurde; 1719 wurde ein großes Fabriksgebäude erbaut, 1722 eine Walkmühle, 1740 ein weiteres Fabriksgebäude nebst einer Färberei und einem Waschhause. Karl VI. verlieh dieser Fabrik ein Privilegium, welches ihr außer aller Befreiung vom Zunftzwang auch das Recht gab, ihre Erzeugnisse in allen Städten frei und ungehindert zu verkaufen[2]).

In den sechziger Jahren des 18. Jahrhunderts wurde eine Wollenzeugfabrik Neugedein. zu Neugedein im Klattauer Kreise gegründet und erhielt 1770 das Fabriksprivilegium; sie gehörte den Wiener Kaufleuten Schmidt & Co. Zu deren Errichtung hatte die Staatsverwaltung ein unverzinsliches Darlehen von 10.000 fl. vorgestreckt.

Im Jahre 1787 wurde durch den Grafen von Lažansky die Tuchfabrik Manetin. zu Manetin bei Pilsen errichtet und mit einer eigenen Walke, Färberei und Appretur versehen[3]).

Im Jahre 1786 bestand außerdem eine von Freiherrn von Linker auf der Herrschaft Ronsperg im Klattauer Kreise gegründete priv. Wollenzeugfabrik, in welcher alle Gattungen wollener, kamelhaarener und halbseidener Zeuge verfertigt wurden; 1788 ging sie durch Kauf an die Neugedeiner Fabrik über[4]).

Vor 1790 findet man in Böhmen außerdem die Baron Neufzersche Zeugfabrik zu Heralitz und eine Wollenzeugfabrik zu Pollerskirchen[5]). Die Heralitzer (im Časlauer Kreise) gehörte 1789 dem Juden Perl und erhielt

---

[1]) Schreyer, Kommerz, Fabriken etc. in Briefen, I, S. 64; Warenkabinett, S. 146; Riegger, Materialien, I, 142 (hier als Gründungsjahr von Oberleutensdorf 1723 angegeben); Demian, a. a. O., I, 119; Statth. A. Prag, 1786—1795, Kom.; Fasz. 7, subu. 26 (Oberleutensdorf 1789); Grunzel, a. a. O., S. 73, 126. — [2]) Riegger, Archiv d. Gesch. u. Stat. (1792), S. 125; Schreyer, Warenkabinett 154; Merkantilische Erdbeschreibung, S. 144 f.; Statth. A. Prag, Kom. 1816 bis 1825, Fasz. 1, subn. 206; Ber. ü. d. Ausst. Prag, 1836, S. 111. — [3]) Schreyer, Kommerz, Fabriken, etc. (1790), I, 175, 182, Kommerz, Fabriken, etc. in Briefen, I, 64, Warenkabinett (1799), S. 147, 153; Demian, a. a. O., I, 119; Kopetz, a. a. O.. II, S. 166; Hallwich, a. a. O., S. 458; als Gründungsjahr der Neugedeiner Fabrik wird im Bericht ü. d. Ausst. Prag, 1831 (S. 159 f.) das Jahr 1763, im Ber. ü. d. Ausst. Wien, 1835 (S. 31) das Jahr 1768 angegeben; im amtlichen Katalog der Wiener Weltausstellung (1873), S. 126 hingegen das Jahr 1743. — [4]) Statth. A. Prag, 1786—1795, Kom., Fasz. 18, subu. 3. — [5]) Schreyer, Kommerz, Fabriken etc., I, 185, Kommerz, Fabriken etc. in Briefen, I, S. 12.

340

in diesem Jahre die Erlaubnis, in Wien eine Niederlage zu halten[1]); angeblich wurde ihr schon 1755 das Fabriksprivilegium verliehen[2]). Die Pollerskirchner Fabrik im Časlauer Kreise wurde von der Obrigkeit errichtet und an Markus Pergelstein verpachtet; sie erhielt 1791 das Fabriksprivilegium und die Befugnis zur Errichtung einer Niederlage in Wien[3]); 1797 gehörte sie den jüdischen Verlegern Isaak Liebstein & Co.[4]).

Tuschner. Unter den Tuchfabrikanten dürfen nicht unerwähnt gelassen werden die Gebrüder Philipp und Daniel Tuschner in Pilsen, welche ausgezeichnete Waren lieferten. Philipp Tuschner betrieb 1795 sein Geschäft teils mittels einer Tuchmacherei im eigenen Hause, teils durch 19 in Pilsen und anderen Städten des Kreises befindliche Tuchmachermeister, welchen er das zum Tucherzeugen nötige Material gab, Geldvorschüsse darreichte und sie hiedurch mit ihren Familien ernährte. So beschäftigte er im ganzen 864 Menschen, davon im eigenen Hause 30. Stühle betrieb er im Hause 4, außer Haus 30. Franz Daniel Tuschner hatte nur 5 Stühle in Betrieb, davon 4 im Hause. In seinem Hause arbeiteten 12 Spinnerinnen, ,,worunter wirklich ein Mädchen von 4 Jahren täglich 3 Kreuzer gewann"[5]).

Außer den Fabriken befanden sich in Böhmen im Jahre 1790 an Wollenzeugmachern 1828 Meister, 1029 Gesellen, 321 Jungen und es waren dabei 2952 Stühle in Gang[6]). Für die Tuchmacher in Böhmen sind für dieselbe Zeit folgende Daten überliefert: 4063 Meister, 1429 Gesellen und 576 Jungen bei 3150 Stühlen. In diesen Zahlen sind aber auch die Tuchfabriken inbegriffen[7]).

Von den Fabriken wurden die Wollspinner verlegt, mit gekämmter Wolle versehen und für das gelieferte Gespinst nach dem üblichen Spinnfuß entlohnt. Gegen Ende des 18. Jahrhunderts befanden sich in Böhmen 67.282 Wollspinner[8]).

Reichenberg. Die zünftige Schafwollindustrie war am stärksten in Reichenberg vertreten. Im Jahre 1785 befanden sich daselbst nach einem amtlichen Bericht an Tuchmachern 667 Meister, 183 Gesellen und 81 Lehrlinge, an Tuchwalkern 2 Meister, 11 Gesellen und 2 Lehrlinge, an Wollspinnern (Stadt und Umgebung) 3025, zusammen ohne die Tuchscherer und Appreteure 3969 Personen; 1796 zählte die Tuchmacherzunft Reichenbergs bereits 804 Meister und beschäftigte in der Stadt allein 480 Gesellen und 1232 sonstige Hilfsarbeiter, somit ein Personal von 2516 Individuen.

Berger. In dieser Zeit, in welcher die Tuchmacherzunft in Reichenberg noch ganz dominierte, fand sich ein Mann, der in diese Festung Bresche legte; es war dies Johann Georg Berger, der Begründer der Fabriksindustrie Reichenbergs.

---

[1]) H. K. A. Kom., N.-Ö., Fasz. 71, Nr. 2 ex jan. 1789. — [2]) Statth. A. Prag, 1806—1815, Kom., Fasz. 7, subn. 5 (1815, Jänner 4.) — [3]) Statth. A. Prag, 1786—1795, Kom., Fasz. 7, subn. 17, 1806—1815, Kom., Fasz. 7, subn. 15. — [4]) H. K. A. Kom. Praes. 1822, Nr. 495 (Manufakturstabelle Böhmens f. 1797). — [5]) Statth. A. Prag, 1786—1795, Kom., Fasz. 8, subn. 35; Schreyer, über Kommerz, Fabriken usw. in Briefen, I, S. 64; H. K. A. Kom. Praes. 1822, Nr. 495 (Manufakturstabelle Böhmens für 1797). — [6]) Schreyer, Kom. Fabriken etc., I, 182. — [7]) Schreyer, Kom. Fabriken etc., I, 137. — [8]) Schreyer, Warenkabinett (1799), S. 119.

Nach einem harten Kampfe mit der Zunft, die seine Unternehmung als einen
Eingriff in ihre Rechte betrachtete und zu vernichten suchte, entstand 1796/97
die erste Tuchfabrik unter der Firma Johann G. Berger & Co. Am 6. November
1798 wurde ihm die Landesbefugnis verliehen und mit Hofdekret vom 24. Dezember 1799 dem böhmischen Gubernium aufgetragen, ihn und seine Gesellschafter (Michael Hauptmann und Ferdinand Römheld) wegen der Emporbringung des böhmischen Tuchhandels im Namen der Hofstelle zu beloben[1]).
    Auf den Trümmern der alten Fremmrichschen Fabrik zu Böhm.-Leipa
entstand eine neue Tuchmanufaktur, deren Inhaber Gebrüder Franz und
Karl Kühnel, Herzfeld & Eidam Co. 1797 die Landesbefugnis erhielten[2]).
    Um dieselbe Zeit errichtete Josef Ritter von Lilienborn auf seiner
Herrschaft Wtschelnitz zu Neuötting im Taborer Kreis eine Tuchfabrik,
welcher 1798 die Landesbefugnis verliehen wurde. Sie wies damals 28 niederländische, 30 deutsche und 19 Kasimirwerkstühle nebst 40 anderweitigen Stühlen
auf, welche von seiten der Fabrik mit Arbeit verlegt wurden. Zur Sicherstellung
des Gespinstes für den Sommer, wo der Landmann mit der Feldarbeit beschäftigt
war, hatte die Fabrik eine eigene Spinnerei, in welcher das ganze Jahr hindurch
bis 300 Kinder von 8—16 Jahren mit Spinnen beschäftigt wurden. Außerdem
hatte die Fabrik eigene Färbereien[3]).
    Fürst Wilhelm Auersperg errichtete 1798 auf seiner Herrschaft
Wlaschin zu Domaschin eine Strumpfwirkfabrik; zugleich legte er die dazu
nötige Wollspinnerei, Walke und Färberei samt Appreturanstalt an; 1799
wurde die Wirkerei schon auf 57 Stühlen betrieben und beschäftigte über
400 Menschen, weshalb ihr die Führung des kaiserlichen Adlers bewilligt wurde[4]).
    Selbst die zünftigen Reichenberger Tuchmacher begannen,
die Vergeblichkeit des Kampfes gegen das Aufkommen der Fabriken einsehend,
zum Fabriksbetrieb überzugehen; 1802 begann so der Tuchmachermeister Franz Ulbrich jun., der früher einer der heftigsten Agitatoren
gegen Berger gewesen war, die Errichtung einer Tuchfabrik und erhielt das
Fabriksprivilegium. Der oberste Vorsteher der Zunft Gottfried Möller
gründete eine große Appreturanstalt; 1808 verwandelte Ballabene & Co.
die 1806 von Christian Christof Graf Clam-Gallas in Josephinenthal bei
Reichenberg errichtete Rotgarnfärberei in eine Baumwoll- und Schafwollspinnerei. Im Jahre 1806 kaufte in Katharinaberg-Ruppersdorf bei Reichenberg Franz Ulbrich jun. die herrschaftliche „Bergmühle" und verwandelte sie
im Laufe eines Jahres in ein großes Tuchfabriksgebäude.
    Hatten die französischen Revolutionskriege am Ende des 17. und 18. Jahr-
hunderts auf die inländische Wollfabrikation einen sehr wohltätigen Einfluß

[1]) Schreyer, Warenkabinett, S. 149; Statth. A. Prag 1796—1805, Kom., Fasz. 8, subn. 6;
Grunzel, a. a. O., S. 130 ff.; Hallwich, a. a. O., S. 450, 471, 478—485. — [2]) Statth. A. Prag,
1796—1805, Kom., Fasz. 8, subn. 9; H. K. A. Kom. Praes. 1822, Nr. 495; (Manufakturstabelle
Böhmens f. 1797); Hallwich, a. a. O., 485; Grunzel, a. a. O., S. 134; Schreyer, Warenkabinett,
S. 149. — [3]) Statth. A. Prag, 1796—1805, Kom., Fasz. 8, subn. 23; Hallwich, a. a. O., S. 485.
— [4]) Statth. A. Prag, 1796—1805, Kom., Fasz. 8, subn. 27.

ausgeübt, so wurde die Zeit der Kontinentalsperre eine Periode großartigen Aufschwunges[1]).

In die Zeit um die Jahrhundertwende fällt auch die Einführung der ersten Maschinen in der Tuchindustrie. In den Jahren 1800 bis 1803 brachte Ferdinand Römheld aus den Niederlanden die ersten Spinn- und Schermaschinen nach Reichenberg, bald darauf folgten die ersten Schafwollkrempeln. Auch die Einführung des Schnellschützen in der Weberei fällt in diese Zeit[2]).

Depression seit 1816.

Wie in Mähren machte sich auch in Böhmen die Depression nach der Aufhebung der Kontinentalsperre sehr stark geltend, was aus der Betrachtung des Zustandes dieses Industriezweiges im Jahre 1818 deutlich hervorgeht, zu welcher Zeit die Fabriken insgesamt einen sehr schwachen Betrieb aufwiesen.

Die k. k. priv. Tuch- und Kasimirfabrik von Philipp Tuschner & Sohn in Pilsen wurde wegen Stockung der Geschäfte 1817 nur mit 6 Stühlen betrieben.

Die k. k. priv. Feintuchfabrik zu Manetin; Direktor derselben war F. M. Daler, Eigentümer Graf Lažansky. Der Umfang des Betriebes richtete sich nach den jeweiligen Bestellungen, wozu die Fabrik mit mehr als 80 Webstühlen eingerichtet war.

Die k. k. priv. Feintuchfabrik von Berger & Co. zu Althabendorf bei Reichenberg; Teilnehmer waren Johann Richard Hauptmann in Prag, Johann Ferdinand Römheld, Johann Berger und Ferdinand Berger in Reichenberg; 1817 waren 11 Stühle mit einer Färberei, Walke und Appreturanstalt im Betriebe, wobei 70—80 Personen Beschäftigung hatten; in früheren Zeiten (1810) waren bis 32 Stühle in Gang. Die Fabrik erzeugte bloß feine Tücher.

Siegmund & Neuhäuser.

Die Feintuchfabrik von Siegmund & Neuhäuser zu Reichenberg (gegr. 1809) beschäftigte 8 Stühle, außerdem aber mehrere Tuchmacher außer dem Hause. Sie erzeugte mittelfeine und feine Tücher.

Die Tuch- und Kasimirfabrik der Gebrüder Jungbauer zu Goldenkron im Budweiser Kreise beschäftigte 8 Arbeiter und 4 Stühle und erzeugte feines Tuch und Kasimir.

In der Tuchfabrik der Gebrüder Franz und Karl Kühnel & Co. zu Böhm.-Leipa waren 1817 4 Stühle, 1818 gar nur mehr 1 Stuhl in Gang.

Die Tuchfabrik von Wagner, Walzel & Co., dann Stumpf & Co. zu Braunau im Königgrätzer Kreise war wegen Mangel an Arbeit außer Betrieb.

Die k. k. priv. Feintuch-, Kasimir- und Schafwollgespinstfabrik von Ferdinand Scheerer von Neuhofsthal zu Neuhof im Taborer Kreise (errichtet 1817) hatte 17 Tuch- und Kasimirstühle.

Erwähnenswert war noch die Tuchfabrik von Franz Winter zu Braunau

---

[1]) Hallwich, a. a. O., S. 471, 492—505; Grunzel, a. a. O., S. 133 ff. — [2]) Hallwich, a. a. O., S. 490; Grunzel, a. a. O., S. 135.

und eine Fabrik zu Reichenau im Königgrätzer Kreise[1]). Außerdem bestand die k. k. priv. gräflich Waldsteinsche Feintuchfabrik zu Oberleutensdorf fort; 1818 schloß Graf von Waldstein mit Ferdinand Römheld, Vater und Sohn und Josef Hauptig einen Gesellschaftsvertrag[2]).

Die Wirkungen der Krise erhellen allzu deutlich aus dem ganz geringen Betriebe, den selbst die größten Tuchfabriken aufrecht erhalten konnten. An Wollenzeugfabriken bestanden 1818: zu Neugedein die k. k. priv. alte Wollenzeugfabrik von Jakob Matthias Schmidts Erben & Co.; sie hatte 260 Stühle, davon aber nur 140 im Betrieb und erzeugte wollene, kamelhaarene und halbseidene Zeuge. Zu Asch die Wollenzeugfabrik von Wolfgang Seyler, welche 10 Stühle und 13 Personen beschäftigte; sie erzeugte alle Gattungen Wollenzeuge. Auch die Wollenzeugfabrik des Stiftes Ossegg bestand fort. Die Heralitzer Fabrik war 1814 an Bernard Salm übergegangen, welcher sie weiterführte[3]).

Auch in Böhmen begann sich die Lage der Industrie in den zwanziger Jahren allmählich zu bessern, wobei auch hier immer mehr einzelne Großbetriebe voranschritten und für die weitere Entwicklung maßgebend wurden. In den Jahren von 1830 bis in die vierziger Jahre war das Bild der wichtigsten böhmischen Wollenzeug- und Tuchfabriken und der böhmischen Schafwollindustrie überhaupt folgendes:

Die k. k. priv. Schafwollwarenfabrik in Neugedein von J. M. Schmidts Erben erfuhr 1834 eine völlige Umwandlung, so daß sie seitdem den großartigsten industriellen Unternehmungen Österreichs an die Seite gestellt werden konnte. Eine Dampfmaschine von 45 Pferdekräften mit zwei Kesseln setzte eine Wollwaschmaschine, eine große Kämmaschine, drei Wollvorbereitungsmaschinen, sämtliche Vorspinn- und Zwirnmaschinen, die beiden Kammgarnspinnereien und mittels dieser die Streichgarnspinnerei samt einer mechanischen Weberei mit allen Appreturmaschinen in Bewegung. Außerdem wurde die Gasbeleuchtung eingeführt. Die Unternehmung beschäftigte über 500 Zwirn- und Webstühle und samt den auf dem Lande verlegten Webern Tausende von Personen; sie hatte auch eine eigene Werkstätte zur Erbauung der nötigen Maschinen. Die erwerbsunfähig gewordenen Beamten und Arbeiter sowie auch die Witwen des Dienstpersonals erfreuten sich einer Pension; 1835 waren auf diese Weise schon 38 Personen versorgt. Die Kinder der ärmeren Arbeiter erhielten auf Grund der von der Fabrik jährlich festgesetzten Unterstützungsbeiträge unentgeltlichen Unterricht. Im Jahre 1845 zählte die Fabrik 2100 Kamm- und 2800 Streichgarnspindeln und beschäftigte an 600 Webstühle (darunter 120 Jacquards) und über 2000 Menschen, davon über 700 im

Neugedein.

---

[1]) H. K. A. Kom. Praes. 1818, Nr. 1429 (Verz. d. böhm. Fabriken, verfaßt v. d. Präger Fabrikeninspektion unter dem 25. Mai 1818); Keeß, a. a. O., II, S. 234 ff.; Grunzel, a. a. O., S. 139. — [2]) Statth. A. Prag, 1816—1825, Kom., Fasz. 8, subn. 29; H. K. A. Kom. Kom., Fasz. 33, Nr. 44 ex aug. 1817. — [3]) Statth. A. Präg, 1806—1815, Kom., Fasz. 7, subn. 5 (1815, Jänner 4.), 1816—1825, Kom., Fasz. 1, subn. 206; H. K. A. Kom. Praes. 1818, Nr. 1429 (Verz. d. Fabriken Böhmens).

Fabriksgebäude. Bei der Wiener Ausstellung von 1835 wurde sie mit der bronzenen, bei der Prager von 1836 sowie bei den Wiener Ausstellungen von 1839 und 1845 mit der goldenen Medaille ausgezeichnet[1]).

Liebig & Co. in Reichenberg. Die priv. Schafwollwarenfabrik von Johann Liebig & Co. in Reichenberg gehörte zu den besten und größten ihrer Art. Gegründet wurde sie 1826 von den Brüdern Franz und Johann Liebig und ging 1831 in den Alleinbesitz Johann Liebigs über; 1828 hatte Johann Liebig von Ballabene & Co. die Josephinenthaler Fabrik erworben; nach kurzer Zeit bildete dieses Josephinenthal einen Komplex in ihrer Art vielleicht auf dem Kontinent nicht übertroffener großartiger Etablissements der Kammgarn-, Vorspinn- und Streichgarnspinnerei, der mechanischen Weberei, Färberei, Druckerei und Appretur. Im Jahre 1831 beschäftigten diese Unternehmungen auf 61 Webstühlen an 100 Menschen; 1836 zählten sie 157 Webstühle in und 452 außer der Fabrik nebst mehreren Garndoublier- und sonstigen Vorbereitungsmaschinen. Es wurden daselbst 72 verschiedene Sorten Merinos, Lastings und Tibets und andere Wollengewebe zum Teil auch mit Baumwolle und Seide gemengt zu verschiedenen Kleiderstoffen erzeugt und außerdem Tischdecken, Tibet-, Merino- und Challitücher verschiedener Größe, sämtliche Stoffe in den verschiedenen gangbaren Unifarben sowohl als in mannigfacher Illumination gefärbt und gedruckt. Diese Anstalt, welche über 850 Menschen unmittelbar beschäftigte, hatte eine eigene Druckerei von 16 Tischen, 1 Modellschneiderei, 1 Färberei mit 7 Kesseln und einer warmen Blauküpe, 1 Senganstalt, 5 Maschinen zum Waschen, Bleichen und Trocknen, dann mehrere schneckenförmige Scher- und Appreturmaschinen, ebenso wie eine eigene Preßanstalt mit einer großen hydraulischen und einer deutschen Stichpresse nebst dazu gehörigen fünf Wagen.

Im Jahre 1841 wurde die Zahl der von Liebig beschäftigten Webstühle (meist außerhalb der Fabrik) auf 2000—3000 geschätzt; der Wert der Erzeugung dieser Unternehmung auf 1½—2 Millionen Gulden. Sie war damals die großartigste Fabrik dieser Art in der Monarchie.

Im Jahre 1845 hatte die Fabrik eine Dampfmaschine von 20 Pferdekräften, 3 Dampfkessel, 1 Wasserrad von 8 Pferdekräften, 6 Küpen, 13 Farbkessel, 8 Waschmaschinen, 3 Zentrifugaltrocknungsmaschinen, 8 Schermaschinen, 1 mechanische Werkstätte, 37 Drucktische, 126 Power-looms und 53 Handstühle im Hause, dann über 1900 andere Stühle in der Umgebung in Betrieb. Außerdem hatten dieselben Besitzer auch eine Färberei und Appreturanstalt in Mödling in Niederösterreich. Im ganzen beschäftigten sie über 5000 Menschen[2]).

Seidel & Söhne in Grottau. Die landesbefugte Wollwarenfabrik von Ignaz Seidel & Söhne zu Grottau im Bunzlauer Kreise beschäftigte in Grottau und Umgebung 1835 im ganzen 60 Lasting-, 4 Maschinen- und 140 Merinostühle; sie wies eine Färberei mit 6 Kesseln, 1 mit Dampfapparaten versehene Appreturmaschine,

---

[1]) Tafeln z. Stat. f. 1841; Ber. ü. d. Ausst. Prag, 1829, S. 125 f., 1831, S. 159 f., 1836, S. 84 f.; Wien 1835, S. 31 f., 1839, S. 253, 1845, S. 430. — [2]) Kreutzberg, Skizz. Übersicht, S. 112; Tafeln z. Stat. f. 1841; Großind. Öst., IV, S. 73, 165 ff.; Hallwich, a. a. O., S. 515 f.; Ber. ü. d. Ausst. Prag, 1829, S. 123, 1831, S. 163, 1836, S. 102, Wien, 1845, S. 430 f.

1 Schnelltrockenapparat und 1 hydraulische Presse auf; 250 Familien fanden dabei Beschäftigung. Im Jahre 1836 hatte die Fabrik 316 Stühle und über 400 Arbeiter, da 1835 eine Aushilfsfabrik und Färberei zu Mödling in Niederösterreich unter der Leitung der Brüder Karl und Gustav Seidel errichtet worden war. Die Zahl der beschäftigten Arbeiter überstieg 1839 schon 500. Bei der Ausstellung in Wien 1835 und bei der Prager von 1836 erhielt die Fabrik die silberne, bei der Wiener von 1839 die goldene Medaille[1]).

Anton Thum besaß eine landesbefugte Schafwollwaren- und Spinnfabrik zu Reichenberg; er gründete 1834 in Katharinaberg bei Reichenberg die erste Kammgarnspinnerei und beschäftigte 1839 in der Schafwollwarenfabrik 80 männliche und 50 weibliche Personen, 1845 im ganzen 750 Menschen, davon in der Kammgarnspinnerei allein 190, in der Streichgarnspinnerei 94; die Weberei zählte 70 Stühle in der Fabrik und 60 in der Umgebung. Er erhielt in Prag 1836 und in Wien 1835 und 1839 die silberne, 1845 die goldene Medaille[2]). Anton Thum (Reichenberg).

Die alte Wollenzeugfabrik des Zisterzienserstiftes Ossegg bestand ebenfalls fort und beschäftigte über 200 Menschen[3]).

C. G. Schmiedl & Co. hatte eine landesbefugte Schafwollwarenfabrik in Weipert im Elbogner Kreise[4]).

Bedeutend waren außerdem die Wollenzeugfabrik von W. Triebel und Franz Liebig in Reichenberg, Spietschka & Co., Blaschka & Co. in Liebenau, Hanisch & Söhne in Warnsdorf, Josef Peuker in Friedland und Anton Pfeifer Söhne in Rumburg[5]).

In Neuhaus im Taborer Kreise betrieb in den dreißiger Jahren Ignaz Bobelle die Schafwollwarenfabrikation in größerem Maßstab und 1832 wurde ihm die Landesbefugnis verliehen; er beschäftigte in Neuhaus an 100 Menschen und in der Umgebung noch 110 Tuchmachermeister[6]).

Nicht darf unerwähnt gelassen werden die Wollenzeugfabrik von Johann Floth in Schönfeld im Elbogner Kreise, welche 1830 die Landesbefugnis erhielt. Sie beschäftigte 1835 im eigenen Hause 36 und außerhalb desselben 70 Stühle und an Arbeitern im Jahre 1839 bei 500[7]).

Die Baumwoll- und Schafwollwarenfabrik F. A. Hertzsch zu Bodenbach besaß 1845 200 Jacquardstühle und eine eigene Färberei[8]).

In Warnsdorf bestand die priv. Schafwollwarenfabrik von J. G. Fröhlichs Söhne & Co., zu Bünauburg im Leitmeritzer Kreise die Fabrik von Seele und die von Füger & Steinbach[9]).

---

[1]) Ber. ü. d. Ausst. Prag, 1836, S. 94, Wien, 1835, S. 25 f., 1839, S. 257, 1845, S. 436. — [2]) Hallwich, a. a. O., S. 521; Ber. ü. d. Ausst. Prag, 1836, S. 91, Wien, 1835, S. 26, 1839 S. 249, 263, 1845, S. 416. — [3]) Statth. A. Prag, 1816—1825, Kom., Fasz. 1, subn. 206; Taf. z. Stat. f. 1841; Ber. ü. d. Ausst. Prag, 1836, S. 111, Wien, 1845, S. 436. — [4]) Ber. ü. d. Ausst. Wien, 1839, S. 260. — [5]) Kreutzberg, skizz. Übersicht 112; Tafeln z. Stat. f. 1841; Ber. ü. d. Ausst. Prag, 1829, S. 124. — [6]) Statth. A. Prag, 1826—1835, Kom., Fasz. 8, subn. 58. — [7]) Statth. A. Prag, 1826—1835, Kom., Fasz. 7, subn. 18; Ber. ü. d. Ausst. Prag, 1829, S. 123, 1831, S. 162, 1836, S. 110, Wien, 1835, S. 22 f., 1839. S. 256 f. — [8]) Ber, ü. d. Ausst. Wien, 1845, S. 435. — [9]) Tafeln z. Stat. f. 1841; Ber. ü. d. Ausst. Prag, 1836, S. 110.

Karl Tersch, Schafwollwarenfabrikant zu Högewalde im Bunzlauer Kreise, begann mit der Fabrikation 1835 und betrieb dieselbe 1838 schon auf 36 Webstühlen mit 80 Arbeitern; die Kammgarne bezog er aus der Vöslauer Spinnerei[1]). Wollene Bänder wurden namentlich zu Taus im Klattauer Kreis erzeugt, woselbst sich mehrere derlei Fabriken befanden[2]).

Die Strumpfwirkerei war in Böhmen ziemlich verbreitet, ebenso wie die Strumpfwirkerei im Zusammenhange mit anderen gewirkten Schafwollwaren. Die Wirkerei war namentlich in Oberleutensdorf von Bedeutung, sodann im Budweiser, Elbogner und Bunzlauer Kreis, in letzterem besonders in Reichenberg[3]).

Oberleutens-
dorf.
Die k. k. priv. gräflich Waldsteinsche Feintuch- und Kasimirfabrik Römheld & Co. zu Oberleutensdorf arbeitete 1835 mit 38 Tuchwebstühlen und 260 Personen und erzeugte alle Sorten feiner und feinster Tücher. Als bewegende Kraft dienten zwei eiserne Wasserräder und eine Dampfmaschine von 24 Pferdekräften. Im Jahre 1839 hatte sie schon 53 Webstühle und 370 Arbeiter; 1841 wurden 16 Schrobel-, 4 mechanische und 13 Handspinnmaschinen, zusammen mit 1440 Spindeln, 56 Webstühle, 5 Walk- und 2 Waschmaschinen, 8 Rauhmaschinen, 12 Zylinderschermaschinen, 1 Dampfmaschine von 30 und ein Wasserwerk von 20 Pferdekräften ausgewiesen. Die Fabrik gehörte zu den besten Böhmens[4]).

Siegmund,
Neuhäuser
& Co.
Die Tuchfabrik von Siegmund, Neuhäuser & Co. in Reichenberg (errichtet 1809) wurde in den Jahren 1816—1818 bedeutend erweitert. Die Firma erbaute 1821 in Reichenberg eine Tuchfabrik mit 65 Webstühlen, 15 Schrobel- und 30 Vorspinnmaschinen, 25 Rauhmaschinen, 60 Schermaschinen und 10 Handschertischen und errichtete 1826 einen großartigen Fabrikskomplex in Machendorf. Sie hatte 1831 schon 92 Webstühle und beschäftigte 445 Personen, wozu noch 137 außer Haus Verlegte hinzukamen. Im Jahre 1836 arbeiteten in acht großen Gebäuden 600 Personen mit folgenden Maschinen und Apparaten: 1 Schlagmaschine zum Lockern und Reinigen der Wolle, 2 Wollwölfen, 18 Schrobelmaschinen, 6 Vorspinn- und 26 Feinspinnmaschinen, 8 Haspeln, 100 Webstühlen, 12 Rauhmaschinen, 29 Schermaschinen, 4 Zustreichmaschinen, 1 Klopfmaschine, 3 Waidküpen, 7 Farbkesseln, 2 Walkwerken auf 10 Kumpen, 6 Walzenwaschmaschinen, 1 Dekaturmaschine und 6 Tuchpressen.

Dieses mit einer eigenen Werkstätte für den Maschinenbau versehene und sonst in jeder Beziehung musterhafte, den größten Tuchmanufakturen des Kontinents sich anreihende Etablissement, dessen Besitzer durch wiederholte Reisen nicht nur die Fortschritte des Auslandes sich anzueignen, sondern auch durch Belehrungen und Unterstützungen unter ihre minder begüterten Geschäftsgenossen zu verbreiten suchten und mit nachahmungswürdiger Humanität

---

[1]) Ber. ü. d. Ausst. Wien, 1839, S. 271. — [2]) Kreutzberg, a. a. O., S. 113; H. K. A. Kom. Praes. 1818, Nr. 1429; Ber. ü. d. Ausst. Prag, 1831, S. 139, 158 f., 1836, S. 119, Wien, 1845, S. 447. — [3]) Kreutzberg, a. a. O., S. 113. — [4]) Keeß, a. a. O., II, S. 276; Tafeln z. Stat. f. 1841; Ber. ü. d. Ausst. Prag, 1829, S. 127, 1836, S. 91, Wien, 1835, S. 34, 1839, S. 270, 1845, S. 431.

für erkrankte Arbeiter sorgten, erzeugte damals bei einem Verbrauche von 1500 Ztr. Wolle 3000 Stück feine Tücher im Werte von 360.000 fl.; außerdem wurden aber für dessen Rechnung noch an 2500 Stück Tuch in Reichenberg erzeugt, so daß der Gesamtabsatz dieses Hauses vorzüglich nach Italien und in die Levante einen jährlichen Wert von 560.000 fl. darstellte. 1839 wies dieses Etablissement schon 150 Maschinen auf, darunter 30 Feinspinn-, 18 Rauh- und 30 Schermaschinen und beschäftigte 750 Personen. Es erhielt bei der Prager Ausstellung von 1836 und der Wiener von 1839 die goldene Medaille[1]).

Dieser Fabrik stand würdig zur Seite die priv. Tuchfabrik von **Wilhelm Siegmund** in Reichenberg, die in ihren Anfängen bis zum Beginne des 19. Jahrhunderts zurückreicht; 1822 hatte Siegmund eine Färberei in Reichenberg und 1825 die Tuchfabrik in Röchlitz bei Reichenberg erbaut. In dieser Fabrik waren 1831 30 Webstühle, 2 Raub-, 27 Scher-, 2 amerikanische Swiftsche Schermaschinen, 6 Schrobel-, 2 Vorspinn-, 12 Feinspinn- und andere Maschinen in Betrieb mit einer Arbeiterzahl von 200 Köpfen. In den Jahren 1833/35 wurde das Etablissement in Friedland erbaut. Im Jahre 1845 beschäftigte die Unternehmung 260 Personen und hatte an Betriebsvorrichtungen 2 Wasserräder, 18 Krempeln, 5 mechanische Spinnmaschinen mit 980 und 8 Handspinnmaschinen mit 480 Spindeln sowie 11 Maschinenwebstühle[2]).

Im Jahre 1835 errichtete **Friedrich Siegmund** eine Feintuchfabrik in Reichenberg, welche schon bei der Ausstellung von 1836 in Prag mit der bronzenen Medaille bedacht wurde; in diesem Jahre hatte sie 97 Maschinen und beschäftigte 147 Personen[3]).

Im Jahre 1831 erhielten die **Gebrüder Johann** und **Josef Ehrenhöfer** in Neu-Bistritz (Taborer Kreis) die Landesbefugnis auf die Erzeugung von Tuchwaren, da sie 336 Personen beschäftigten[4]).

In Krumau zeichnete sich der Tuchfabrikant **Vinzenz Jungbauer** durch die Ausdehnung seines Betriebes aus; 1831 erhielt er die einfache Befugnis, 1840, da er 92 Personen in der Fabrik und 20 außerhalb derselben beschäftigte, die förmliche[5]).

Zu Goldenkron hatte **Matthias Jungbauer** eine landesbefugte Tuch-, Kasimir- und Wollenzeugfabrik, welche 1839 über 200 Arbeiter aufwies und in diesem Jahre an seine Schwester Magdalena überging[6]).

Zu den größeren Tuchfabriken zählte noch die landesbefugte von **Andreas Fischer & Sohn** in Teplitz[7]).

margin note: Wilhelm Siegmund.

---

[1]) Kreutzberg, a. a. O., S. 110; Keeß u. Blumenbach, a. a. O., I, S. 431; Großind. Öst. IV, S. 73; Grunzel, a. a. O, S. 139; Ber. ü. d. Ausst. Prag, 1829, S. 128, 1831, S. 168, 1836, S. 83 f., Wien, 1839, S. 261 f., 1845, S. 422. — [2]) Kreutzberg, a. a. O., S. 110; Großind. Öst., IV, S. 134 ff.; Grunzel, a. a. O., S. 134; Ber. ü. d. Ausst. Prag, 1829, S. 127, 1831, S. 165 f., 1836, S. 98, Wien, 1845, S. 423 f. — [3]) Ber. ü. d. Ausst. Prag, 1836, S. 102; Statth. A. Prag, 1836—1840, Kom., Fasz. 104, Nr. 8, subn. 5. — [4]) Statth. A. Prag, 1826—1835, Kom., Fasz. 1, subn. 145. — [5]) Statth. A. Prag, 1836—1840, Kom., Fasz. 104, Nr. 12, subu. 6. — [6]) Statth. A. Prag, 1836—1840, Kom., Fasz. 104, Nr. 12, subn. 4. — [7]) Ber. ü. d. Ausst. Prag, 1829, S. 128, 1836, Anhang, S. 9, Wien, 1835, S. 37.

348

Tuch-
fabriken
1845.

Im Jahre 1845 bestanden in Böhmen an bedeutenden Tuchfabriken noch jene der Brüder Demuth (1825 einfache, 1840 förmliche Befugnis) und von A. Trenkler & Söhne (160 Arbeiter) in Reichenberg, jene von Vonwiller & Co. zu Hilbetten auf der Herrschaft Landskron (gegr. 1835) und zu Senftenberg im Königgrätzer Kreise (gegr. 1842), die von Josef Johann Karrer (1835 einfache, 1838 förmliche Befugnis), die von Josef Philipp Schmidt (beschäftigte 1845 140 Personen) und die von Josef Tschörner (1845 über 160 Arbeiter) alle in Reichenberg[1]).

Im Jahre 1843 gründete Franz Schmitt die Fabrik in Böhm.-Aicha, der eine große Zukunft beschieden sein sollte[2]).

Die ersten Tuchfabriken in Reichenberg, nämlich die von Bergers Söhne und Ulbrich, hatten die zweite Blüte der Schafwollindustrie in der ersten Hälfte des 19. Jahrhunderts nicht mehr mitgemacht; die erste stellte ihren Betrieb 1829 ein, die zweite wurde exekutiv feilgeboten[3]).

Reichenberg.

Der Mittelpunkt der Tuchfabrikation in Böhmen, welches Land nach Mähren der Hauptsitz der Tuchmanufaktur war, befand sich in Reichenberg, welche Stadt außer den landesbefugten Fabriken 1841 noch 1300 Tuchmacher aufwies, während die Zahl derselben für ganz Böhmen 3220 betrug[4]). Nur die Reichenberger Tuchmacherzunft erhielt unter allen Böhmens ihre Bedeutung, da sie sich dem neuzeitlichen Geiste nicht verschlossen hatte, sondern durch Anwendung maschinellen Betriebs einerseits ihre Produktion vervollkommnet, anderseits die Betriebskosten vermindert hatte[5]). Im Jahre 1820 gab es in Reichenberg 1017 Tuchmachermeister mit 445 Stühlen, im Jahre 1826 1150 Meister mit 585 Webstühlen, 1841 an 1300 Tuchmachermeister mit beiläufig 1400 Webstühlen. Von diesen arbeiteten aber 1841 bloß gegen 700 auf eigene Rechnung. Der überwiegende Anteil der böhmischen Tuchfabrikation entfiel auf die Reichenberger Zunft, zu deren Mitgliedern auch mehrere bedeutende Fabrikanten gehörten, wie Wilhelm Siegmund, A. Thum, Gottfried Hartig und Leopold Seidel[6]).

Weniger günstig stand es mit den Meistern in der Schafwollwarenerzeugung.

Noch zu Anfang der zwanziger Jahre war in vielen Gegenden Böhmens, namentlich im Leitmeritzer und Elbogner Kreise, die Erzeugung von wollenen Geweben durch kleine Meister stark verbreitet. Um die Mitte des 3. Jahrzehnts waren damit von den Zünften auf 3000 Stühlen an 4000 Menschen beschäftigt. Durch das Aufkommen der Maschinen und der dadurch immer mehr emporkommenden Fabriksbetriebe erlitt diese Beschäftigung starke Einbuße, um so mehr, als die Wollenzeuge von einzelnen Meistern trotz ihrer guten Qualität

---

[1]) Statth. A. Prag, 1836—1840, Kom., Fasz. 104, Nr. 13, subu. 9; Ber. ü. d. Ausst. Wien 1845, S. 426. — [2]) Hallwich, a. a. O., S. 529. — [3]) Grunzel, a. a. O., S. 145; Keeß, a. a. O, II, 235 f. — [4]) Statth. A. Prag, 1836—1840, Kom., Fasz. 104, Nr. 7, subn. 12; Staatsrat 1836, Nr. 3475; Ber. ü. d. Ausst. Wien, 1845, S. 406 f., 427, 433. — [5]) Kreutzberg, a. a. .O., S. 107 ff. — [6]) Tafeln z. Stat. f. 1841.

und echten Färbung und mäßigen Preise das gefällige Äußere der aus den viel gleicheren und glätteren Maschinengespinsten gefertigten und mit Anwendung von Maschinen appretierten Zeuge der größeren Fabriken nicht zu erreichen vermochten und deshalb im Handel keinen Absatz fanden[1]. Auch hier ging der Kapitalismus seinen Weg unaufhaltsam vorwärts.

Der Wandel der Zeiten hatte sich auf jedem Gebiete der Industrie bemerk- Spinnerei. bar gemacht; so auch bei der Spinnerei. Noch zu Anfang des 19. Jahrhunderts hatte man in Böhmen an 70.000 Wollspinner gezählt. Allmählich mußten sie aber den Maschinen weichen, da die Menschenhand dem Wollfaden weder die gleiche Rundung, Festigkeit und Reinheit zu verleihen, noch so schnell zu arbeiten vermag wie die Maschine. In dem Maße, als das Spinnen nicht mehr durch Handarbeit, sondern durch Maschinen geschah, wurde die Industrie vom Betriebe der Landwirtschaft mehr und mehr unabhängig. Denn früher mußten die Fabriken den Garnbedarf durch die Landbevölkerung spinnen lassen, welche dies nur in der Winterszeit besorgen konnte.

Um die Mitte des 4. Jahrzehnts betrieben die Schafwollmaschinenspinnerei in Böhmen schon zahlreiche Unternehmungen, wobei jedoch die meisten Unternehmer die Garne selbst zu Tuch oder anderen Stoffen weiter verarbeiteten. Ungefähr zwei Drittel aller Spindeln bei der Wollspinnerei in Böhmen entfielen auf Reichenberg allein.

Bei der Kammgarnspinnerei behauptete die Handspinnerei noch lange ihre ursprüngliche Bedeutung. Noch vor Einführung der Kammgarnspinnmaschine erwarb sich um diesen Zweig der Spinnerei Ignaz Sedlaček zu Heřzmanmiestetz im Chrudimer Kreise große Verdienste. Ursprünglich Faktor der Linzer ärarischen Wollenzeugfabrik, machte er sich, als dieselbe während der feindlichen Invasion am Anfange des 19. Jahrhunderts gehindert war, Wolle an ihre Faktoreien zu schicken, selbständig, indem er selbst Wolle besorgte und das Garn sowohl an die Linzer als auch an andere Fabriken verkaufte. Hiedurch bewahrte er mehrere Tausende Menschen vor gänzlicher Brotlosigkeit. Die von ihm gelieferten Garne waren vorzüglich und er erbrachte hiedurch den Beweis, daß auch durch die Handspinnerei Garne für die feinsten Zeuge verfertigt werden konnten. Wegen dieser seiner Verdienste wurde er von der Generaldirektion des Vereines zur Ermunterung des Gewerbsgeistes in Böhmen 1834 zur Erhebung in den Adelsstand empfohlen; das Gubernium trug hingegen auf die Verleihung der großen goldenen Zivilehrenmedaille an. Diesem Einschreiten wurde zwar nicht stattgegeben, doch ließ der Kaiser ihm mitteilen, daß er seine Verdienste um die Industrie mit Wohlgefallen vernommen habe[2].

Allmählich drang aber das Maschinenwesen auch bei der Kammgarnspinnerei durch und 1841 waren in Böhmen folgende Kammgarnspinnereien in Betrieb[3]:

[1] Kreutzberg, a. a. O., S. 111. — [2] A. d. Fin. Min. Kom., Fasz. 31, Nr. 2 ex jun. 1834; Kreutzberg, a. a. O., S. 106; Migerka, a. a. O., S. 7 ff.; Ber. ü. d. Ausst. Prag, 1829, S. 122, 1831, S. 153—156. — [3] Tafeln z. Stat. f. 1841; Ber. ü. d. Ausst. Wien, 1845, S. 405.

	Standort und Firma	Zahl der Spindeln	Jährliche Erzeugung Zentner
1	Prag (L. v. Lämel)	2000	500
2	Karolinenthal (L. Forchheimers Söhne)	2500	800
3	Katharinaberg (Anton Thum)	1700	500
4	Rosenthal (C. Horn).	1000	260
5	Hirschberg (F. Wünsche)	1200	360
6	Schlaggenwald (Sandner & Schmieger).	1000	260
7	Eulau bei Bodenbach (Münzberg)	1000	260
8	Graslitz (L. Thomas)	1800	480
9	Neugedein (Schmidts Erben)	2000	1440

Die Kammgarnspinnerei der Gebrüder Forchheimer in Karolinenthal gehörte bis 1834 den Gebrüdern Torsch, welche auf dieselbe 1833 die Landesbefugnis erhalten hatten[1]). Im Jahre 1845 erfolgte zu Swarow (Bezirk Tannwald) die Eröffnung der größten Spinnerei mit mehr als 36.000 Spindeln, welcher später mehrere andere folgen sollten[2]).

Im Jahre 1841 wurde der Wert der Tuchproduktion Böhmens auf fast 11 Millionen, derjenige der Wollwarenproduktion auf 6 Millionen Gulden geschätzt[3]). Die gesamte Schafwollwarenproduktion Böhmens blieb zwar weit hinter jener Mährens zurück, wurde aber sonst von keinem anderen Lande der Monarchie erreicht.

Nieder-österreich. In Niederösterreich war die Schafwollwarenproduktion im 18. und noch zu Anfang des 19. Jahrhunderts ganz unbedeutend. Im Jahre 1772 wurden in diesem Lande an Wollenzeugmachern nur 12 Meister, 21 Gesellen und 8 Jungen sowie 236 Spinner, 23 Krempler und 48 Stühle, an Tuch- und Kotzenmachern 3 Meister, 6 Gesellen, 15 Spinner und 6 Krempler gezählt[4]). Es bestanden zwar seit 1785 einige „Fabriken", welche aber sämtlich, ohne eine Bedeutung erlangt zu haben, bald wieder eingingen[5]).

The Losen. Die erste wichtige Unternehmung in Niederösterreich war die durch Nikolaus Leopold The Losen aus Eupen im Jahre 1815 gegründete Tuchfabrik in Rittersfeld. Im Juni 1815 erhielt er die Landesbefugnis, im Dezember wurde dieselbe auch auf die Erzeugung von Schafwollspinn- und allen zur Tucherzeugung erforderlichen Maschinen ausgedehnt[6]).

Da The Losen bei seiner Einwanderung gestattet worden war, 400 Ztr. niederländischer Tücher einzuführen, baten die Brünner Tuchfabrikanten, fremden einwandernden Unternehmern die Einfuhr von Tuchvorräten nicht mehr zu gestatten. Es wurde ihnen aber darauf entgegnet, es seien bei Erteilung von Übersiedlungsbewilligungen an ausländische Fabrikanten nebst den billigen Rücksichten, welche solche Übertragungen ausgezeichneter Fabriken ins Inland verdienen, immer auch die Interessen der inländischen Industriellen ge-

---

¹) Statth. A. Prag, 1826—1835, Kom., Fasz. 7, subn. 53. — ²) Hallwich. a. a. O., S. 529. — ³) Tafeln z. Stat. f. 1841. — ⁴) A. d. Min. d. Inn., V, G. 5, Kart. 2934. — ⁵) Keeß, a. a. O., II, S. 236. — ⁶) H. K. A. Kom. Kam., Fasz. 33, Nr. 74 ex oct. 1814, Nr. 27, Nr. 56 ex jan., Nr. 27 ex jun. 1815, Nr. 18 ex Sept. 1816; Kom. Kom., Fasz. 33, Nr. 134 ex oct. 1816.

hörig beachtet worden und würden auch in der Zukunft nicht außer acht gelassen werden; dem Ansuchen um eine bestimmte Zusicherung, daß einwandernden ausländischen Tuchfabrikanten die Einfuhr von Tuchvorräten nicht werde gestattet werden, könne jedoch nicht entsprochen werden[1]).

Die Fabrik der Gebrüder The Losen machte trotz zeitweiliger Schwierigkeiten schöne Fortschritte und beschäftigte 1839 schon einige Hunderte Menschen. Sie erzeugte in großer Menge orientalische Tücher, die nach der Levante exportiert wurden. Im Jahre 1825 erhielten ihre Inhaber ein ausschließendes Privileg auf eine neue Maschine zum Waschen der Wolle[2]).

Besonders hervorgehoben zu werden verdient die Baum-, Schafwoll-, Halbseiden- und Teppichfabrik von **Philipp Haas** in Wien. Er begann sein Unternehmen im Jahre 1810 als Baumwollweberei; 1825 nahm er die Fabrikation von Kleiderstoffen auf, 1831 die von Möbelstoffen. Seit 1840 ging er zur Erzeugung von Teppichen über. Seine Fabrik, welche 1841 an 700 Arbeiter zählte, verdiente sowohl wegen ihres Umfanges als auch wegen der Mannigfaltigkeit und vollendeten Schönheit ihrer Stoffe zu den vorgeschrittensten Industrieunternehmungen der Monarchie gezählt zu werden. 1845 hatte sie auch 24 mechanische Stühle zu Mitterndorf bei Moosbrunn im Viertel unter dem Wiener Wald in Gang und wurde ob der Vorzüglichkeit ihrer Erzeugnisse bei der Wiener Ausstellung dieses Jahres mit der goldenen Medaille ausgezeichnet[3]). *Philipp Haas.*

In Wien als dem Hauptsitze der Modewarenfabrikation wurden Modestoffe in ansehnlicher Menge erzeugt, teils aus reiner Schafwolle, teils gemischt mit Baumwolle oder Seide. Im Jahre 1845 zählte Wien beiläufig 100 Schafwollweber und 32 Tuchscherer, 2 Teppichmanufakturen und 1 Wollbändermanufaktur[4]).

Mehrere Baumwollwarenfabrikanten erzeugten auch Schafwollwaren, wie Franz Hirsch in Penzing und Vitus Mayer in Guntramsdorf[5]); J. S. Wertheimer & Bruder hatten eine Seidenzeug- und Schafwollwarenfabrik in Fünfhaus bei Wien, welche in den vierziger Jahren 100 Menschen Beschäftigung gab[6]).

Teppiche erzeugten in dieser Zeit in Wien außer Haas auch noch Anna Lichtenauer & Sohn und der Hofteppichfabrikant Johann Berger[7]).

Ordinäre Tücher erzeugte auch die Kotzen- und Deckenfabrik von Michael Pampichler in Stockerau[8]).

Ein sehr wichtiger Zweig der Schafwollindustrie hatte in Wien seinen Sitz, nämlich die **Shawlweberei**. Sie nahm in den ersten Jahren des 19. Jahrhunderts ihren Anfang und namentlich seit 1825 einen hohen Aufschwung, so daß sie nicht nur für den inneren Konsum, sondern auch für den Export arbeitete. *Shawlfabrikation.*

---

[1]) H. K. A. Kom. Kam., Fasz. 33, Nr. 72 ex aug. 1816; Kom. Präes., 1819, Nr. 98; vgl. auch oben S. 333. — [2]) A. d. Fin. Min. Kom., Fasz. 29, 1834, Jänner 102; Keeß und Blumenbach, a. a. O., I, 188; Ber. ü. d. Ausst. Wien, 1839, S. 255; vgl. auch oben S. 333. — [3]) Großind. Öst., IV, S. 349; Tafeln z. Stat. f. 1841; Ber. ü. d. Ausst. Wien, 1845, S. 441 f.; vgl. auch oben S. 285. — [4]) Ber. ü. d. Ausst. Wien, 1845, S. 409. — [5]) Vgl. oben S. 284. — [6]) Ber. ü. d. Ausst. Wien, 1845, S. 434, 557. — [7]) Ber. ü. d. Ausst. Wien, 1845, S. 442. — [8]) Ber. ü. d. Ausst. Wien, 1839, S. 255, 1845, S. 409, 432 f., 438.

·Im Jahre 1809 errichtete Johann Blümel eine Shawlfabrik in Wien (Schottenfeld) und machte bald bedeutende Fortschritte. Diese landesbefugte Fabrik wurde später von Josef Zeisel fortgesetzt, erhielt bei der Wiener Ausstellung von 1839 die silberne Medaille und nahm auch weiterhin an Umfang zu, so daß sie 1845 schon 320 Personen beschäftigte und bei der Wiener Ausstellung mit der goldenen Medaille bedacht wurde.

In den vierziger Jahren war dieser Industriezweig in Wien durch fünf größere Fabriken (Zeisel & Blümel mit 105 Webstühlen, Reinhold mit 80, Sebastian Haydter mit 60, Eduard Berger mit 60 und Blümel & Co. mit 100 Webstühlen) und 208 einzelne Shawlweber vertreten. Erwähnenswert ist unter den bürgerlichen Shawlwebern Josef Burde in Wien-Gumpendorf, welcher meist für den Export nach Deutschland und Italien arbeitete. Im Jahre 1834 trat diesem Unternehmen Rudolf Arthaber als Gesellschafter bei und setzte, um von den französischen Dessins unabhängig zu sein, am Wiener polytechnischen Institut einen jährlichen Preis von 90 Dukaten für die gelungenste Originalshawlzeichnung fest. Die Unternehmung von Burde & Arthaber erhielt bei der Wiener Ausstellung von 1835 die goldene Medaille und wurde 1839 derselben Auszeichnung wieder würdig befunden. Den von Arthaber ausgesetzten Preis bekam 1834 Josef Esche, welcher sodann die Shawlfabrikation selbständig zu betreiben anfing[1]).

Die niederösterreichische Handelskommission konnte schon 1832 an die Regierung berichten, die Shawls seien ein Hauptfabrikationszweig Wiens. Der Export davon sei bedeutend. Über 4000 Stühle seien mit der Erzeugung von Shawls und shawlartigen Stoffen beschäftigt. Die Verwendung von Jacquardstühlen biete dabei die größten Vorteile[2]).

Seitdem nahm aber diese Fabrikation erst eine immer größere Ausdehnung. Der Wert der in Wien erzeugten Schafwollwaren wurde 1841 auf 7 Millionen Gulden geschätzt, wobei aber auch die gedruckten Schafwoll- und gemischten Waren eingerechnet wurden, welche allein einen Wert von 3,810.000 fl. darstellten[3]).

Spinnerei.   Die Schafwollspinnerei erhielt auch in Niederösterreich ihre Ver-
Vöslau. treter, wenn auch in sehr geringer Zahl. Im Jahre 1833 entstand die Vöslauer Kammgarnspinnfabrik von Geymüller & Co. Sie wurde unter der Leitung des Gesellschafters Karl Deahna im Frühjahr 1835 in Gang gesetzt und beschäftigte gleich 240 Arbeiter. Wegen der Vorzüglichkeit ihrer Fabrikate erhielt sie schon bei der Wiener Ausstellung dieses Jahres die goldene Medaille; 1839 hatte sie 3200 Spindeln, welche durch Wasserkraft und eine 15 pferdekräftige Dampfmaschine betrieben wurden. In dieser Zeit beschäftigte sie mit wenigen Unterbrechungen bei der Wollsortierung in Wien an 230, bei der Wäscherei und Kämmerei in Vöslau an 225 und in Budweis an 135, endlich bei der Spinnerei in Vöslau an 110, im ganzen somit beiläufig 700 Arbeiter, welche bis auf wenige Werkführer Inländer waren. Bei der Wiener Ausstellung von

---

[1]) Ber. ü. d. Ausst. Wien, 1835, S. 16 ff., 27, 1839, S. 274 ff., 1845, S. 412, 443—446.
— [2]) A. d. Fin. Min. Kom., Fasz. 29, 1834, Jänner 102. — [3]) Tafeln z. Stat. f. 1841.

1839 wurde die Fabrik wieder der goldenen Medaille würdig befunden[1]). Im Jahre 1846 wurde sie in eine Aktiengesellschaft umgewandelt[2]).

Früher bestand schon die Kammgarnspinnerei von Theodor Gülcher zu Neusteinhof bei Wien, welche 1845 an 2000 Spindeln besaß und ein jährliches Erzeugungsquantum von 520 Ztr. aufwies[3]). Neu-steinhof.

Diese Unternehmungen hatten eine um so größere Bedeutung, als nach einem Berichte der niederösterreichischen Handelskommission aus dem Jahre 1832 damals die Maschinenkammgarne noch meistens aus Sachsen bezogen werden mußten[4]). Durch diese Unternehmungen konnte man hoffen, den inländischen Bedarf bald unabhängig vom Auslande zu befriedigen.

In Oberösterreich war überhaupt die erste Wollenzeugfabrik der Monarchie entstanden. Sie wurde durch Christian Sind in Linz 1672 gegründet und ging später auf dessen Schwiegersohn Matthias Kolb und dessen Erben über; 1716 traten sie die letzten Eigentümer der Kolbschen Familie an das Armenhaus vor dem Schottentor in Wien ab, welches sie 1722 an die orientalische Kompagnie verkaufte, die sie bedeutend erweiterte. Darauf trat aber infolge mißlungener Spekulationen ein Rückschlag ein und ihr Betrieb begann zu stocken. Im Jahre 1754 wurde die Fabrik vom Ärar angekauft, einerseits damit die vielen Weber und Spinner nicht um ihren Verdienst kommen und um die Zeugweberei, zu deren Ausübung diese Fabrik ein ausschließendes Privileg hatte, im ganzen Lande freizugeben, anderseits aber um durch Schaffung einer Musteranstalt diesen Industriezweig im Inlande möglichst zu heben. Ober-österreich. Ärarial-Wollenzeug-fabrik in Linz.

Sie war damals die bedeutendste Wollenzeugmanufaktur von Mitteleuropa überhaupt. Im Jahre 1784 beschäftigte sie im ganzen samt den Spinnern und Webern 27.878 Menschen. Zu Ende des Jahrhunderts kam sie unter der Oberdirektion des Hofrates von Sorgenthal zu hoher Blüte und beschäftigte bloß in Böhmen 16.000 Wollspinner, im ganzen aber bis 30.000 Menschen[5]).

Seit dem Anfang der Franzosenkriege begann aber ihr Niedergang. Sie machte keine wesentlichen Fortschritte, so daß man sich öfters mit dem Gedanken ihrer Veräußerung trug, ohne dies aber ausführen zu können[6]). Im Jahre 1795 erfolgte zur Einführung der Teppichfabrikation der Bau eines 32 Klafter langen Gebäudes an der Donau und einer zweiten Färberei, worauf 1796 eine abermalige Vergrößerung der Gebäude folgte, indem die Fabrik auch zur Tuch- und Kasimirerzeugung überging[7]). Während der Kriegsjahre um die Jahrhundertwende stand es um die Fabrik wiederum sehr schlecht[8]) und sie konnte überhaupt niemals mehr ihre frühere Höhe erreichen. Den größten Teil ihres Garnbedarfes bezog sie von ihren in Böhmen errichteten Schafwollspinn-

---

[1]) Ber. ü. d. Ausst. Wien, 1835, S. 21 f., 1839, S. 250. — [2]) A. d. Fin. Min. Kom., Fasz. 31, 1846, Nr. 2244. — [3]) Ber. ü. d. Ausst. Wien, 1845, S. 405, 417. — [4]) A. d. Fin. Min. Kom., Fasz. 29, 1834, Jänner 102. — [5]) Schreyer, Kommerz, Fabriken usw. (1790), I, S. 194; Keeß, a. a. O., II, 233 f.; Pillwein, Wegweiser durch Linz (1824), S. 282 ff.; Staatsr. 1785, Nr. 571; Ber. ü. d. Ausst. Wien, 1835, S. 38 f.; Inneröst. Ind. u. Gew. Bl. 1841, S. 59 ff. — [6]) Staatsrat 1795, Nr. 2776, 1798, Nr. 1508. — [7]) Pillwein, a. a. O., 286; Ber. ü. d. Ausst. Wien, 1835, S. 39. — [8]) Staatsrat 1806, Nr. 153.

Faktoreien; im Jahre 1816 hatte sie in Böhmen deren sieben, und zwar in Litschau (Budweiser Kreis), Ratiborzitz (Taborer Kreis), Heřžmanmiestetz (Chrudimer Kreis), Elbeteinitz (Chrudimer Kreis), Příbram (Berauner Kreis), Chotischau (Pilsner Kreis) und Swihau (Klattauer Kreis).

Die Zahl der Beschäftigten betrug um 1820 in den Faktoreien in Linz und Umgebung außerhalb der Fabrik 9900 Menschen, in der Fabrik selbst 400, zusammen über 10.000 Köpfe.

In den zwanziger Jahren stellte sich der Betrieb auch nicht vorteilhafter, weshalb nach mehrjährigen Verhandlungen 1829 abermals ihre Veräußerung beschlossen wurde, ohne daß es aber auch diesmal dazugekommen wäre[1]).

Die Unternehmung verarbeitete noch 1835 jährlich 800 Ztr. Zeugwolle, 200 Ztr. Tuchwolle und 60 Ztr. Leinengarn und beschäftigte in den verschiedenen Abteilungen 650 Arbeiter. Außerdem unterhielt sie in ihren Spinnfaktoreien in Oberösterreich 800 und in Böhmen noch 5550 Arbeiter. Ihre Jahresproduktion betrug 9300 Stück der mannigfaltigsten Zeugware, 800 Stück Fußteppiche, 400 Stück Tuchwaren und 2200 Stück Druckwaren. Sie unterhielt Niederlagen in Wien, Pest und Mailand und Kommissionlager in Graz und Brünn.

Da sich ihre Lage immer mehr verschlechterte, beschloß man 1837 neuerdings ihre Veräußerung, und als dies nicht gelang, gab man die Wollenzeug- und Tucherzeugung auf und beschränkte die Fabrikation seit 1839 auf die Teppicherzeugung und Schafwollwarendruckerei; im Jahre 1841 wies die Fabrik an Personal 12 Beamte, 1074 Diener und Arbeiter und 125 Pensionisten und Provisionisten auf. In der Teppichfabrikation erwarb sich der Oberwerkmeister Jakob Fessel, der an den Stühlen wichtige Verbesserungen einführte, wesentliche Verdienste. Im Jahre 1844 hatte die Unternehmung noch bloß für die Teppichfabrikation über 40 Webstühle in Gang und besaß eine Dampfmaschine und eine eigene Färberei. Im Jahre 1852 wurde sie aufgelöst und von Josef Dierzer übernommen[2]).

Von anderen fabriksmäßigen Unternehmungen der Schafwollwarenindustrie hört man in Oberösterreich lange fast nichts. Um 1820 wird in Linz eine k. k. priv. Tuch- und Kasimirfabrik von Matthias Emmingers Witwe erwähnt[3]).

Johann Dierzers Erben. Erst später gelangte zu Bedeutung die Wollenzeugfabrik zu Kleinmünchen bei Linz und die Kammgarnspinnerei zu Theresienthal bei Gmunden von Johann Dierzers Erben. Die Kammgarnspinnerei zu Theresienthal wurde 1833 erbaut und 1834 in Betrieb gesetzt, beschäftigte 1835 schon über 270 Arbeiter, meist schwächliche, zu anderen Arbeiten untaug-

---

[1]) Statth. A. Prag, 1816—1825, Kom., Fasz. 7, subn. 1; Staatsr. 1827, Nr. 7403, 1833, Nr. 1125; Pillwein, a. a. O., S. 290; Ber. ü. d. Ausst. Wien, 1835, S. 39. — [2]) Großind. Öst., IV, S. 348; Tafeln z. Stat. f. 1841; Staatsr. 1836, Nr. 5536, 6349, Inneröst. Ind. u. Gew. Bl. 1841, S. 59 ff.; Ber. ü. d. Ausst. Wien, 1835, S. 38 ff., 1845, S. 409, 440. — [3]) Pillwein, a. a. O., S. 296; Redl, Handlungsgremien- und Fabrikenadressenbuch, 1818, S. 312 erwähnt außerdem eine k. k. priv. Tuch-, Kasimir- und Teppichfabrik von Lorenz Helm und eine Tuch- und Kasimirfabrik von Joh. Kirchingen.

liche Personen und Kinder. Seit 1841 betrug die Zahl der Arbeiter schon über 1000; damals hatte die Spinnerei 5000 Spindeln und erzeugte jährlich an 1500 Ztr. Garn, war somit die größte Kammgarnspinnerei der Monarchie.

Vor 1839 stammten die Wollwaren, welche unter dem Namen von Dierzers Erben, k. k. priv. Schafwollenzeugfabrik in Linz in den Handel kamen, nur teilweise aus der Fabrik in Linz, der Rest aus der Webschule zu Traunkirchen, welche von der Kaiserin-Mutter zur Sicherung einer dauernden Erwerbsquelle der größtenteils dürftigen Bewohner jener Gegend 1830 errichtet und unter die Leitung dieser Fabrikanten gestellt worden war, nachdem sich diese angetragen hatten, die Anstalt mit Material zu versehen. Die Kaiserin-Mutter Karolina Auguste leistete zur Erhaltung dieser Schule einen jährlichen Unterstützungsbeitrag.

Im Jahre 1839 wurde von denselben Fabriksinhabern die Schafwollenzeug- und Teppichfabrik zu Kleinmünchen bei Linz erbaut, welche aus einer Weberei, Färberei und Appretur mit neuesten Maschinen bestand; 1841 beschäftigte sie schon über 200 Menschen. Die Teppichfabrik hatte 1844 33 Webstühle in Betrieb.

Dierzers Unternehmungen wurden bei der Wiener Ausstellung von 1835 mit der bronzenen, bei der Grazer von 1841 mit der goldenen Ehrenmedaille samt Diplom ausgezeichnet, welche bei der Laibacher Ausstellung von 1844 bestätigt wurde[1]).

Franz Honauer hatte eine Schafwollenzeugfabrik in Linz, welche 1845 164 Arbeiter aufwies, abgesehen von einer noch größeren Zahl von Spinnern in Böhmen.

Zu Neidharting bestand in dieser Zeit eine Tuchmanufaktur. Der Wollwarenfabrikant Michael Wetzelsberger zu Ried im Innkreise beschäftigte 1845 bei 60 Menschen[2]).

In Kärnten wurde die erste Tuchfabrik im Jahre 1762 von Thys in Klagenfurt gegründet, welcher ein Privilegium und einen staatlichen Vorschuß dazu erhielt. Nach dem Tode des Gründers verfiel sie jedoch, weshalb das Privileg 1782 nicht mehr erneuert wurde. Noch in den neunziger Jahren des 18. Jahrhunderts bestand sie, scheint aber gegen Ende des Jahrhunderts eingegangen zu sein. *Kärnten. Thys.*

Im Jahre 1786 wurde von den Gebrüdern Moro im Gebäude des aufgehobenen Klosters zu Viktring bei Klagenfurt eine Tuchfabrik mit zwei Stühlen errichtet, für welche die ersten Werkmeister und Arbeiter aus den vorzüglichsten Tuchfabriken der Niederlande herangezogen wurden und welche später unter den Tuchfabriken der Monarchie einen hervorragenden Rang einzunehmen berufen war[3]). Im Jahre 1789 beschäftigte sie schon 114 Menschen[4]); *Gebrüder Moro (Viktring).*

---

[1]) Ber. ü. d. Ausst. Wien, 1835, S. 28 f., 1845, S. 405, 415, 441, Graz, 1841, S. 101 ff., Laibach, 1844, S. 75 f. — [2]) Ber. ü. d. Ausst. Laibach, 1844, S. 82 f., Wien, 1845, S. 409 f., 432, 438. — [3]) A. d. Min. d. Inn. V, G. 5, Kart. 2928 (1762, September 25.); Staatsrat 1781, Nr. 2907, 1782, Nr. 485, 1793, Nr. 2901, 3325; Vaterl. Bl. 1812, Nr. 87. De Luca; Geogr. Handbuch, II, 218; Schreyer, Kommerz, Fabriken usw. (1790), I, 175. — [4]) Staatsrat 1789, Nr. 3669.

1802 hatte sie 12 Stühle und verlegte zahlreiche Spinner in verschiedenen Gegenden Kärntens[1]). Im Jahre 1819 war es diese Fabrik, welche nach der Meinung der Kommerzhofstelle „von jeher die größte technische Gewandtheit bewiesen hatte"[2]). Ein weiteres Urteil der Kommerzhofkommission aus demselben Jahre besagt, die Viktringer Tuch- und Kasimirfabrik gehöre unstreitig in die Reihe der ersten und ausgezeichnetsten Fabriksunternehmungen dieser Art und verdiene sowohl wegen ihrer Ausdehnung als auch wegen der Fabrikation selbst den vorzüglichsten Tuchfabriken des Auslandes an die Seite gesetzt zu werden[3]). Die Gebrüder Moro wurden später in den Ritterstand erhoben. Ihre Fabrik beschäftigte in den dreißiger Jahren 200—400 Arbeiter (1838: 320) und lieferte vorzügliche Ware, weshalb ihr bei allen Gewerbeausstellungen, und zwar in Wien 1835 und 1839 und bei den drei innerösterreichischen von 1838, 1841 und 1844 die goldene Medaille zuerkannt wurde. Anläßlich der Berliner Gewerbeausstellung von 1844 wurde Franz Ritter von Moro mit dem Preußischen Roten Adlerorden III. Kl. ausgezeichnet. Bei der Wiener Ausstellung von 1845 war die Fabrik außer Preisbewerbung, da die Gebrüder Ritter von Moro Mitglieder der Beurteilungshofkommission waren. Im Jahre 1839 erzeugte die Unternehmung 4000 Stück Feintuch und 200 Stück feinster Kasimire im Gesamtwerte von 450.000 fl.[4]).

Steiermark. In der Steiermark bestand 1819 nur die Lechnersche Tuchfabrik in Graz. Doch erzeugte sie ebenso wie die Tuchmacher in Graz, Weiz, Pöllau, Birkfeld, Hartberg und Friedberg nur grobe und mittelfeine Tücher[5]). Dies änderte sich auch weiterhin im wesentlichen nicht. Nur die Lodenfabrikation war ziemlich verbreitet, wobei sich namentlich die Firma Franz Fürler (vorm. Anton Süß) auszeichnete. Sonst erzeugten Loden in den vierziger Jahren noch ungefähr 30 Lodenmacher in der Obersteiermark[6]).

Krain. In Krain war die Tuchmacherei als Kleingewerbe ziemlich verbreitet und Josef Dieselbrunner hatte schon unter Maria Theresia eine k. k. priv. Tuchfabrik in Laibach, welche er zu so hoher Blüte brachte, daß er von Josef II. 1788 in den Adelsstand mit dem Beisatze Edler von erhoben wurde[7]).

Nach dem Aufkommen der Maschinen konnte die Krainer Tuchmacherei der mährischen und böhmischen Konkurrenz nicht mehr standhalten und verfiel allmählich. Noch in den vierziger Jahren findet man daselbst aber dennoch einige größere Betriebe. So beschäftigte Johann Nep. Rößmann, Tuchmacher zu Sgosch im Bezirk Radmannsdorf, an 80 Menschen und stand unter den Tucherzeugern Oberkrains an erster Stelle. Die Tücher, welche in den Bezirken Radmannsdorf, Veldes und Michelstetten erzeugt wurden, gehörten nur der ordinären und mittelfeinen Sorte an. Im Adelsberger Kreise wurde

---

[1]) Vaterl. Bl. 1812, Nr. 87. — [2]) H. K. A. Kom. Praes. 1819, Nr. 719. — [3]) H. K. A. Kom. Kom., Fasz. 33, Nr. 44 ex jul. 1819. — [4]) A. d. Fin. Min. Kom., Fasz. 29, 1838 Sept. 99; Tafeln z. Stat. f. 1841; Ber. ü. d. Ausst. Wien, 1835, S. 18, 1839, S. 265, 1845, S. 410, 421; Klagenfurt, 1838, S. 121, Graz, 1841, S. LVIII, 100, Laibach, 1844, S. 86 f. — [5]) H. K. A. Kom. Praes. 1819, Nr. 368. — [6]) Keeß, a. a. O., II, S. 236; Ber. ü. d. Ausst. Graz, 1841, S. LIX, 101, Laibach 1844, S. 79, Wien, 1845, S. 438. — [7]) Staatsrat 1786, Nr. 4151, 1788, Nr. 3877.

Loden, in Krainburg und Lack Kotzen von guter Qualität erzeugt. Unter
den Kotzenfabrikanten von Krainburg werden besonders Karl Florian und
Valentin Pleiweiß Sohn erwähnt, welch letzterer 1844 samt den Spinnern an
100 Individuen beschäftigte[1]).

Galizien zählte nur im westlichen Teile des Landes im Kreise Wadowice Galizien.
eine größere Zahl von Tuchmachern und Tuchscherern. Namentlich die Stadt
Biala zeichnete sich hierin aus, welche 1845 zwei Manufakturen und 120 Tuchmacher auswies.

Im Jahre 1842 gründete Graf Alfred Potocki eine Schafwollwarenfabrik
zu Lancut im Rzeszower Kreise, welche eine eigene Spinnerei mit 360 Feinspindeln und 8 Webstühle in Betrieb hatte[2]).

In Tirol und Vorarlberg wurde nur Loden sowie gemeine Teppiche Tirol und
erzeugt. Größere Zeug- oder Tuchfabriken waren daselbst nicht vorhanden[3]). Vorarlberg.

Folgende Tabelle soll eine Übersicht über die Produktion von Schafwoll- Übersicht
waren im Jahre 1841 und ihre Verteilung auf die einzelnen Kronländer ge- über die
währen: Produktion
der einzelne
Länder.

Land	Stück	Wert in Gulden
Niederösterreich	382.000	7,365.000
Oberösterreich	9.000	350.000
Steiermark, Kärnten, Krain und Küstenland	30.000	1,050.000
Tirol	30.000	650.000
Böhmen	456.000	16,820.000
Mähren und Schlesien	705.000	30,884.000
Galizien	15.000	760.000
Zusammen . . .	1,627.000	57,879.000

Aus diesen Ausführungen ersieht man die große Bedeutung der Schafwollindustrie der Monarchie. Die Erzeugnisse der Schafwollindustrie betrugen in
den vierziger Jahren jährlich dem Geldwerte nach mehr als die Erzeugnisse
irgend eines anderen Industriezweiges und nahmen im Ausfuhrhandel überhaupt den zweiten Platz ein, unmittelbar nach der Seide.

Mähren und Schlesien standen an erster Stelle, dann folgten Böhmen und
Niederösterreich. Auf diese vier Länder allein entfielen zusammen fünf Sechstel
der gesamten Schafwollwarenproduktion der Monarchie.

Nur was die Produktion von gewirkten Waren anbelangt, zu welchen als
Rohstoff meistens Schafwolle verwendet wurde, stand Böhmen an erster Stelle,
wo in den vierziger Jahren im ganzen 1116 Strumpfwirker und Stricker gezählt
wurden, während alle übrigen Provinzen Zisleithaniens ihrer nur 1146 auswiesen,
von welchen auf Mähren 456 entfielen.

Fast die Hälfte des ganzen Schafwollbedarfs lieferte Ungarn; von den

---

[1]) Ber. ü. d. Ausst. Klagenfurt, 1838, S. XXXII, Laibach 1844, S. 81, 84. — [2]) Ber. ü. d.
Ausst. Wien, 1845, S. 409, 439. — [3]) Tafeln z. Stat. f. 1841; Ber. ü. d. Ausst. Wien, 1845, S. 410.

zisleithanischen Ländern standen, was Schafwollproduktion betrifft, Böhmen, sowie Mähren und Schlesien obenan[1]).

Der Wert der Ausfuhr von Schafwollwaren übertraf sowohl den Export von Baumwollwaren als den von Leinwand. Der Menge nach wurden Schafwollwaren ausgeführt im Durchschnitt der Jahre 1823—1830 um 25.874 Ztr., in den Jahren 1831—1839 um 26.426 Ztr. Demgegenüber war die Einfuhr ganz unbedeutend. Selbst bei der rohen Schafwolle war der Export zwei- bis viermal so groß als die Einfuhr[2]).

XVII. Kapitel.

Die Leinenindustrie.

A. Die Maßnahmen der Staatsverwaltung.

Die Verarbeitung von Flachs und Hanf reicht in Österreich viele Jahrhunderte zurück. Zur Zeit Hörnigks (Ende des 17. Jahrhunderts) hatte die Leinenmanufaktur ihren Hauptsitz in Schlesien, Deutschböhmen, Mähren, Oberösterreich und Krain. Die Flachsspinnerei und Leinwandweberei wurde namentlich in den nördlichen Provinzen sehr stark betrieben. Wie auf anderen Gebieten des heimischen Gewerbefleißes fühlte sich die Staatsverwaltung auch hier berufen, in die Produktion ordnend einzugreifen. Die schlesische Leinwand- und Schleierordnung erschien 1724, das Garnreglement 1726.

Maria Theresia gab 1740 die Spinnerei und Weberei auf dem Lande frei und durch Hofdekret vom 21. März 1755 wurde den Leinwebern erlaubt, sich auszuzünften. Durch den Verlust Schlesiens, der für die Leinwand bei weitem wichtigsten Provinz, sah sich die Staatsverwaltung gezwungen, in den anderen Ländern, vor allem in Böhmen und Mähren einen Ersatz dafür zu schaffen. So wurde denn unter Maria Theresia ein großes Gewicht auf die Verbreitung dieses Fabrikationszweiges in diesen Ländern gelegt und durch mehrere Reglements und Ordnungen versucht, die Qualität des Produktes zu heben. Um diesem Nahrungszweig eine größere Verbreitung zu geben, wurden auch allenthalben Spinnschulen errichtet[3]).

So erging 1750 und 1753 das Leinwandpatent für Böhmen, 1755 die Leinwand- und Garnordnungen für Österr.-Schlesien und Mähren, im selben Jahre die Spinn- und Garnordnung sowie die Bleichordnung für Mähren; 1765 wurde durch das Spinnpatent die Errichtung von Spinnschulen angeordnet und im selben Jahre der Flachshandel für frei erklärt, 1773 endlich wurden die Garnsammlungslizenzscheine aufgehoben und die Leinenweberei ebenso wie 1784 auch der Leinwandhandel für ein freies Gewerbe erklärt.

Diese Maßnahmen sollten insbesondere den handwerksmäßigen Betrieb heben, für die Veredlung aber und die Beseitigung der Einfuhr fremder Erzeugnisse sollte die Errichtung von Fabriken dienen.

---

[1]) Tafeln z. Stat. f. 1841; Ber. ü. d. Ausst. Wien, 1845, S. 404—412; Migerka, a. a. O., S. 40 ff. — [2]) Tafeln zur Statistik, 1828—1840. — [3]) D'Elvert, a. a. O., XIX, S. 242—251; Schreyer, Kommerz, Fabriken usw., I, S. 48.

Dennoch war die mit dem Verluste Schlesiens eingebüßte dominierende Stellung der österreichischen Leineninduṣtrie nicht wieder zu erreichen, um so weniger als die österreichische Leineninduṣtrie bald nicht nur gegen die äußere Konkurrenz zu kämpfen hatte, ṣondern auch gegen einen mit unheimlicher Schnelligkeit ṣich auf Koṣten dieṣes Induṣtriezweiges ausbreitenden inneren Feind, nämlich die Baumwollinduṣtrie. Dies machte sich aber erst am Anfange des 19. Jahrhunderts immer mehr geltend, denn noch am 23. Juni 1796 konnte ein Hofdekret der Meinung Ausdruck geben: „Die Leinwanden laṣsen ṣich der Kommerzialwarenṣtempelung nicht unterwerfen, da selbige nach den angenommenen Grundsätzen nur bei denjenigen Waren einzutreten hat, die in ihrer Eigenṣchaft und dem Preiṣe den ähnlichen ausländiṣchen noch nicht gleichkommen, folglich wo ein vorzüglicher Reiz zur Einṣchwärzung der letzteren sich äußert, welches der Fall bei den Leinwanden nicht iṣt"[1]). Dennoch hatte die Leineninduṣtrie die höchṣte Blüte im 9. Dezennium des 18. Jahrhunderts gehabt. Die Erschütterung begann mit den franzöṣischen Revolutionskriegen, welche den überseeischen Export vernichteten. Nach den Kriegen war aber die Baumwolle schon eine ṣehr mächtige Konkurrentin des Flachṣes geworden[2]).

Um dem Flachsbau eine größere Ausdehnung zu geben, ließ schon Maria Flachsbau. Theresia und ṣodann auch Joṣef II. Rigaer Flachsṣamen auf Ärarialkoṣten kaufen und gegen künftige Rückzahlung den Untertanen verabreichen[3]). Unterstützt wurde die Staatsverwaltung dabei vielfach von den landwirtſchaftlichen Korporationen, wobei namentlich die patriotiṣch-ökonomiṣche Geṣellṣchaft in Böhmen, die sich durch ihre großartige Betätigung auf allen die Landwirtſchaft berührenden Gebieten auch unſchätzbare Verdienste um die Induṣtrie erwarb, rühmlich hervorgehoben werden muß. Sie ließ zu Anfang des 19. Jahrhunderts einen „Unterricht über den Flachsbau für Böhmen, Mähren und Schleṣien" verfaṣsen und in Druck legen. Der Kaiser ordnete 1803 an, daß dieser Unterricht durch die Kreisämter an die Obrigkeiten und Untertanen unentgeltlich verteilt und der Geṣellṣchaft für den durch Übernahme der Drucklegung dieses Werkes in böhmiṣcher und deutſcher Sprache auf eigene Koṣten gegebenen neuen Beweis ihrer uneigennützigen Vaterlandsliebe die allerhöchṣte Zufriedenheit bekannt zu geben. Im Jahre 1821 gab dieselbe Geṣellṣchaft eine neue populäre Belehrung über den Anbau des Flachses und deṣsen Vorbereitung heraus[4]).

In Verbindung mit der von Charlotte van der Cruyce eingeführten Spitzenfabrikation wurde im ersten und zweiten Jahrzehnt des 19. Jahrhunderts in Arnau, Starkenbach und Hohenelbe in Böhmen Flachṣbau nach Niederländer Art betrieben, zu welchem Zweck in Arnau ein Flachsbauer aus Flandern angestellt war. Ebenso wurden in Mähren auf der Kameralherrſchaft Saar unter der

---

[1]) D'Elvert. a. a. O., XIX, S. 251 ff.; Barth, a. a. O., III, S. 61, 67, VI, S. 89; Großind. Öst., IV, S. 280 f.; Schreyer, Kommerz, Fabriken usw., I, S. 31. — [2]) Kreutzberg, Skizz. Übersicht, S. 65 f. — [3]) Schreyer, Kommerz, Fabriken usw., I, S. 1—16, 49—76, II, S. 120 ff.; Warenkabinett, S. 30—101; Kopetz, a. a. O., II, 169. — [4]) Statth. A. Prag, 1796—1805, Kommerz, Faṣz. 10, ṣubu. 7; Kreutzberg, a. a. O., S. 64.

Oberleitung des Staatsgüteradministrators Sedlazek solche Versuche angestellt, wobei ebenfalls ein flandrischer Flachsbauer an die Hand ging[1]).

Bleicherei.   Zur Hebung der heimischen Leinwandbleicherei wurde, da die meiste böhmische und mährische Leinwand in Sachsen und Preuß.-Schlesien gebleicht wurde, schon von Maria Theresia 1761 ein Patent erlassen, „kraft welchen keine mährischen Leinwandgarne oder Zwirne nach Preuß.-Schlesien zu bleichen führohin ausgelassen, sondern im Betretungsfalle der Confiscation unterzogen werden sollen". Es gebe sowohl in Mähren als auch in Böhmen und Österreichisch-Schlesien genug Bleichen, weshalb die Benützung der ausländischen nicht notwendig sei. Kommerzienrat Schreyer bezifferte in einem Berichte von 1785 die Summe, welche durch dieses Appreturverfahren ins Ausland ging, auf über 200.000 fl. jährlich. Als Ursache dieser Erscheinung glaubte er den Umstand hinstellen zu können, daß die böhmischen Bleicher weniger Fleiß anwendeten, um die Ware echt und gehörig abzubleichen. „Sie trachten nur viel Leinwanden ohne Rücksicht, ob solche so wie sie soll ausfalle, abzufertigen, besonders wenn selbige voraus versichert sind, daß derentwegen ihre Bleichen doch hinlänglich belegt werden."

Wie radikal die behördlichen Organe die Mängel der inländischen Bleichen beseitigen zu können glaubten, bezeugen die Worte des erwähnten Kommerzienrates selbst: „In vormaligen Zeiten, wie ich in denen an Schlesien und Sachsen liegenden Kreisen als Kommerzieninspektor angestellt war, habe ich nicht gewartet, bis die Kaufleute sich bei mir über Schleyderey der Bleicher beschwerten, sondern habe selbst alle Jahre drei-, auch viermal sowohl alle Bleichen, wie auch die Vorräte der aufgebleichten Leinwanden visitiert und bei vorkommenden Gebrechen auf der Stelle durch die obrigkeitlichen Behörden Mittel verschafft. Wie viele Fälle wollten nicht ausweisen, daß ich die schon appretierte Leinwand aus dem Gewölbe des Leinwandhändlers habe wiederum auf die Bleiche führen und auf Kosten des Bleichers wiederholt vollkommen abbleichen lassen, welches dann von solcher Ausgiebigkeit gewesen, daß nicht allein jene, sondern auch alle übrigen Bleicher sich in Acht genommen, ihre Kundschaften mit der echten Bleiche zu befördern"[2]).

Aber dadurch wurde die Sache nicht viel besser und noch im 19. Jahrhundert wurde von den großen Leinwandhändlern die Leinwand nach Preuß.-Schlesien und Sachsen zur Bleiche versendet. Vielfach geschah dies auch aus Unwissenheit und Gewohnheit, da viele Großhändler nicht wußten, daß in Böhmen leistungsfähige Bleichen vorhanden waren, vielfach wurde dies auch als Vorwand zum Schleichhandel und zu sonstigen Unterschleifen benützt. Dabei darf aber nicht geleugnet werden, daß für die Leinwandfabrikanten an der Grenze in vielen Fällen die Bleiche und Appretur im Auslande vorteilhafter war.

In Böhmen waren 1810 im ganzen 499 größere und kleinere Leinwand-

---

[1]) H. K. A. Kom. Kam., Fasz. 32, Zahlreiche Akten, 1814—1827; Kom. Praes. 1822, Nr. 603. — [2]) Statth. A. Prag, 1786—1795, Kom., Fasz. 13, subn. 7; Arch. d. Min. Inn. V, G. 5, Karton 2932.

Kotton-, Zwirn- und Garnbleichen vorhanden. Die meisten derselben waren auch mit den nötigen Appretursanstalten versehen. Die größeren Handelsleute und Fabrikanten hatten auch eigene Mangen, Pressen und Appreteurs.

Da die böhmische Fabrikeninspektion der Meinung war, daß man in Böhmen ebenso schön und rein, gut und geschwind und größtenteils nach derselben Methode wie in Schlesien und Sachsen bleiche und die böhmische Bleichmethode, wie der Landskroner Leinenfabrikant Erxleben in einer gründlichen und gehaltvollen Abhandlung gezeigt hatte, eine der besten und vorzüglichsten war und da das Gubernium sich dieser Ansicht der Fabrikeninspektion anschloß, so wurde 1812 den Kreisämtern befohlen, von nun an keine Atteste oder Pässe zu diesem das Inland schädigenden Veredlungsverkehr auszustellen (12. November 1812). Es sollten nur aus besonderen Rücksichten, und zwar nicht mehr von den Kreisämtern, sondern von der Landesstelle selbst Lizenzen zur Versendung auf ausländische Bleichen erteilt werden dürfen.

Gegen diese Verfügung erhoben 1814 die Großhändler Walzel, Wagner & Co. in Braunau eine Vorstellung, mit der Bitte, dieses Verbot zu mäßigen, da der böhmische Leinwandhandel die ausländischen Bleichen nicht entbehren könne. Die meisten böhmischen Bleichen seien Baumwoll- und Garnbleichen; wirklich gute Leinwandbleichen gäbe es nur wenige. Außerdem bleichen die böhmischen Unternehmer schlechter als die schlesischen, fordern aber einen höheren Bleichlohn. Auch werde die Leinwand von den böhmischen Bleichen mehr abgenützt und nicht so schnell abgeliefert.

Obwohl Kommerzienrat Rößler alle diese Einwendungen als Sophismen hinstellte und das Gubernium auf Grund dieses Gutachtens auf Abweisung der Bittsteller antrug, wurde der Landesstelle durch Hofkammerdekret vom 4. Jänner 1815 dennoch aufgetragen, die unter dem 12. November 1812 getroffene Anordnung wieder zurückzunehmen und es bei der zuvor bestandenen Ordnung zu belassen. Die Hofstelle ging dabei von der Ansicht aus, daß die inländischen Bleichinhaber im allgemeinen vor den ausländischen einen so großen Vorsprung haben, daß ihnen, wenn bezüglich der Güte der Arbeit kein wesentlicher Unterschied obwaltet, auch ohne alle Beschränkung des Gebrauches auswärtiger Bleichen der größte Teil der inländischen Erzeugung gesichert sei, denn bei gleicher Güte der in- und ausländischen Bleichen könne der Erzeuger oder Händler in der Benützung der letzteren nur dann einen Vorteil finden, wenn diese ihm näher liegen als die inländischen. Dies sei nur an der schlesischen und sächsischen Grenze der Fall. Daher wäre es eine dem so wichtigen Leinwandhandel höchst nachteilige Maßregel, wenn man den dort befindlichen Erzeugern und Händlern die Benützung der nahe liegenden ausländischen Bleichen, wenn sie dabei Vorteile finden, verwehren wollte. Die kreisämtlichen Pässe können ja eventuell damit verbundene Schwärzungen vereiteln. Deshalb erscheine die Verordnung, vermöge welcher die Versendung der rohen Ware auf ausländische Bleichen nur gegen Gubernialpässe gestattet sei, diese aber nur dann erteilt werden sollen, wenn durch Zeugnisse der umliegenden inländischen Bleichinhaber erwiesen sei, daß die Ware dort nicht untergebracht werden könne, als ein unmittelbarer Zwang, die rohe Ware ohne Rücksicht auf die

Verhältnisse den inländischen Bleichinhabern zu übergeben, die hiedurch jeden Eifer, gute und ordentliche Arbeit zu liefern, einbüßen müßten.

So wurde denn die vom böhmischen Gubernium zweifellos in guter Absicht erlassene Verordnung von der Hofstelle außer Kraft gesetzt. Es war für die oberste Kommerzverwaltung, bei welcher in dieser Zeit schon die Ideen der Gewerbefreiheit festen Fuß gefaßt hatten, sehr schwer, das von ihr immer wieder betonte Prinzip der Nichteinmengung der Staatsverwaltung in die Fabrikationsverhältnisse, wo dies nicht notwendig war und wo es nicht galt, Mißbräuche oder Hindernisse zu beseitigen, in diesem Falle aufzugeben und so gewissermaßen für die Interessen der Bleicher gegen diejenigen der Leinwandhändler, welche als Verleger die ganze Leinwandfabrikation in ihren Händen hatten, einzutreten[1]).

Einführung neuer Zweige der Flachsverarbeitung. Auch bemühte sich die Staatsverwaltung, neue Zweige der Flachsverarbeitung in der Monarchie einzuführen.

Als Kommerzienrat Schreyer, gewiß der beste Kenner der damaligen Industrie in Böhmen, durch Gubernialauftrag vom 26. September 1785 um die Äußerung angegangen wurde, auf welche Manufakturgattung, die eingeführt oder deren Produktion wenigstens verbessert werden könnte, Prämien gesetzt werden sollten, trug er bei der Leinenfabrikation an, auf die im Inlande noch nicht vorkommende Erzeugung von Batist und Schleier Prämien auszuschreiben. Durch allerhöchste Entschließung vom 26. Jänner 1786 wurde denn auch bestimmt, daß auf jeden binnen sechs Monaten in Betrieb gesetzten Batistwebestuhl ein ärarischer Beitrag von 12 fl. und bezüglich der Erzeugung auf 100 Stück ordinären Batist ein Beitrag von 6 fl., auf 50 Stück mittelfeinen Batist 12 fl. und auf 30 Stück feinen Batist eine Prämie von 20 fl. verabreicht werden solle. Dies hatte denn auch die Wirkung, daß 1789 im Bidschower Kreise zu Starkenbach und im Königgrätzer Kreise zu Trullich bereits 181 Batiststühle in Betrieb standen[2]).

Hieher gehören auch die vielfach sehr kostspieligen Bemühungen der Regierung, die Spitzenerzeugung einzuführen beziehungsweise zu verbreiten. Schon Maria Theresia hatte den Versuch gemacht, die Spitzenmanufaktur nach niederländischer Art nach Böhmen, wo die Spitzenfabrikation namentlich im Erzgebirge, im Saazer und Elbogner Kreise verbreitet war, einzuführen. Zu diesem Zwecke hatte die Kaiserin 1768 eine Meisterin aus Brüssel nach Prag kommen lassen, wo auf Staatskosten eine Klöppelschule nach niederländischer Art errichtet und mit einem Vorschusse von 12.000 fl. dotiert wurde. Diese Anstalt erhielt sich aber nicht lange[3]). Ebenso wurden schon 1763 zur Hebung der Spitzenerzeugung in Krain Vorkehrungen getroffen[4]).

Nach einem Vorschlage der Gattin des Stabsarztes van der Cruyce wurde im Jahre 1805 vom Kaiser die Errichtung einer Lehranstalt,

---

[1]) Statth. A. Prag, 1806—1815, Kom., Fasz. 12, subu. 55; H. K. A. Kom. Kam., Fasz. 14, Nr. 4 ex jan. 1815. — [2]) Schreyer, Kommerz, Fabriken usw., I, S. 1—16, 49—76, II, S. 120 ff.; Warenkabinett, S. 30—101; Kopetz, a. a. O., II, S. 169. — [3]) Schreyer, Kommerz, Fabriken usw., I, S. 102 f. — [4]) A. d. Min. d. Inn., V, G. 5, Kart. 2928.

den Flachs nach Niederländer Art zu bauen, zur feinen Zwirnerzeugung zuzubereiten, fein zu spinnen und zu drehen und aus
demselben Spitzen aller Art, Batiste, Tülle und Blonden zu
erzeugen, auf Ärarialkosten in Wien genehmigt. Die Anstalt kostete
sehr viel und größere Erfolge waren nicht bemerkbar. Die Leitung derselben
hatten Charlotte van der Cruyce und ihre vier Töchter inne. Wegen der geringen
Erfolge wurde durch Vortrag vom 5. Jänner 1813 der Antrag gestellt, den ferneren
Betrieb der Spitzenmanufaktur in Wien auf Staatskosten einzustellen. Durch
Entschließung vom 14. Juni desselben Jahres wurde jedoch angeordnet, daß
die Lehranstalt auf Staatskosten fortgesetzt und zur möglichsten Vollkommenheit
gebracht werden solle; es sei aber die Hauptanstalt nach Prag zu verlegen
und der Leitung des Oberstburggrafen zu unterstellen. Die Spitzenfabrik als
selbständige Unternehmung sei so bald als möglich privaten Unternehmern
zu überlassen, und da die Vorsteherinnen des Instituts, van der Cruyce, nicht
abgeneigt sein dürften, die Fabrik auf eigene Rechnung zu übernehmen, so
seien sie diesbezüglich zu vernehmen.

Die Bilanz der Ärarialspitzenmanufaktur wies nämlich fortwährend einen
Passivstand aus, der im Jahre 1812 den Betrag von 109.364 fl. ausmachte.
Dies kam daher, weil die Direktion derselben neben einer Menge von Vorschüssen
auch Prämien für die Ausbildung von Schülerinnen und Arbeiterinnen und
ähnliche Zuwendungen erhielt.

Die Anstalt zur feineren Flachskultur und Zwirnbereitung sowie Spitzenfabrikation nach Niederländer Art wurde nach Prag verlegt. Die Spitzenmanufaktur wurde aber durch Entschließung vom 22. Juli 1814 nach dem Antrage der Hofkammer den Vorsteherinnen derselben für ihre eigene Rechnung
überlassen und denselben hiebei noch mehrere Begünstigungen eingeräumt:
1. wurde ihnen bei Übernahme dieser Anstalt für ihre eigene Rechnung die
Weiterbelassung ihrer Besoldung von jährlichen 600 fl. für jede als lebens-
längliche Pension zugesichert und 2. den bei der Übergabe der Manufaktur auf
ihre Rechnung übrig bleibenden Meisterinnen ebenfalls eine Pension angewiesen;
3. wurden die Gerätschaften und Werkzeuge der Anstalt der Direktion gegen
genaue Erfüllung der übernommenen Verpflichtungen unentgeltlich überlassen;
4. der vorhandene Zwirnvorrat der Direktion überlassen und der Wert desselben
(über 10.000 fl.) dem von derselben angesuchten Vorschusse zugeschlagen;
5. endlich wurde bewilligt, daß der Direktion der angesuchte Vorschuß von
40.000 fl. bar ausgefolgt, dabei aber die Einleitung getroffen werden solle,
daß die Übernehmerinnen nach Verlauf von drei Jahren vom Tage des Empfanges
zur Rückzahlung der ganzen Summe von über 50.000 fl. mit jährlichen 5000 fl.
als Abschlagszahlung verhalten werden können.

Die nach Prag übersetzte und weiterhin auf Staatskosten betriebene
Lehranstalt der Spitzenfabrikation wurde daselbst mit den in verschiedenen,
namentlich den Gebirgsgegenden Böhmens schon bestehenden Spitzenschulen
in Verbindung gebracht. Aber die Erfahrungen, die die Staatsverwaltung
auch weiterhin machte, waren keine günstigen. Daher wurde durch Entschließung vom 8. Juli 1822 angeordnet, daß die auf Staatskosten betriebenen Nieder-

länder Industriallehranstalten in Böhmen in der kürzesten Zeit ganz aufzulassen seien. Die Spinn- und Zwirnschulen seien in angemessener Zeit zu
schließen, die verschiedenen Zweige dieser Anstalt der Privatindustrie zu überlassen und den dabei beschäftigten Individuen die kontraktmäßig zugesicherten
Beträge anzuweisen.

Selbst von der der Charlotte van der Cruyce überlassenen Spitzenmann-
faktur mußte das Ärar noch einen Schaden erleiden, indem die Inhaberin nicht
den ganzen Vorschuß zurückzahlte und ihr 1832 über 15.000 fl. gnadenweise
nachgesehen werden mußten.

Die Niederländer Industrialanstalten hatten den Staat nur während ihres
Betriebes in Böhmen und Mähren (ohne die Übertragungskosten und die noch
viel größeren früheren Ausgaben während ihres zehnjährigen Bestandes in
Wien zu rechnen) nicht weniger als 303.243 fl. 40 kr. W. W. und 37.963 fl. 19 kr.
C. M. gekostet[1]). Alle diese Ausgaben waren erfolgt, ohne daß man einen
größeren Nutzen hätte feststellen können. Wie vorwurfsvoll klingen die Worte,
die die Kommerzhofkommission bei der Begründung ihres Antrages auf Einstellung dieses Unterrichtes gebrauchte: „Der von dem sogenannten Merkantil-
system herrührende, leider noch nicht allgemein anerkannte Irrtum, alles erzeugen zu wollen, was anderswo erzeugt wird, ohne sich zuvor zu unterrichten,
ob auch die Natur der Dinge eine solche Erzeugung zulasse, ist schon mancher
Staatsverwaltung teuer zu stehen gekommen"[2]).

Auszeich-
nungen und
Belohnun-
gen. Zur Aneiferung, die Fabrikation möglichst zu vervollkommnen, kargte
Kaiser Franz nicht mit Auszeichnungen und sonstigen Belohnungen.

Da die Bleichresultate auf der vom Prager Handelsmanne Berger zu Althabendorf bei Reichenberg errichteten Leinwandbleiche so glänzend aus-
fielen, daß diese den sächsischen und preußischen Bleichen den Vorzug streitig
machen konnte, sah sich das böhmische Gubernium auf Grund eines Berichtes
des Kommerzienrates Schreyer veranlaßt, bei der Hofstelle auf eine Belobung
für Berger und auf eine goldene Medaille für den Bleichmeister Köppel anzutragen. Durch Hofdekret vom 31. Oktober 1795 wurde auch Berger eine Belobung erteilt und zugleich dem Bleichmeister bekanntgegeben, Seine Majestät
werde, wenn der Fortgang dieser Bleiche die bisherigen Erfolge erprobt haben
werde, nicht abgeneigt sein, ihn zu belohnen. Durch Hofdekret vom 18. Mai
1801 wurde darauf dem Handlungshause Berger wegen seiner um den böhmischen
Leinwandhandel sich erworbenen Verdienste die allerhöchste Zufriedenheit
zu erkennen gegeben und dem Bleichmeister Köppel die kleinere goldene Ehrenmedaille verliehen[3]).

Als vier auf der gräflich Harrachschen Herrschaft Starkenbach verfertigte
Stücke Leinwand, welche in der Feinheit und Vollkommenheit der holländischen
kaum nachstanden, dem Kaiser vorgelegt wurden, da verlieh er „aus allerhöchst

---

[1]) H. K. A. Kom. Kam., Fasz. 32, Zahlreiche Akten von 1814—1827; Kom. Praes. 1822,
Nr. 603; alles Nähere bei Cronbach, Die öst. Spitzenindustrie, S. 31. — [2]) H. K. A. Kom.
Praes. 1822, Nr. 603. — [3]) Statth. A. Prag, Kommerz, 1796—1805, Fasz. 12, subn. 41; Schreyer,
Warenkabinett, 216 f.

eigenem Antriebe" zu Anfang des Jahres 1800 jedem der zur Erzeugung derselben verwendeten Spinner und Weber eine silberne, dem dortigen herrschaft-
lichen Oberamtmann und Fabriksdirektor Martin Kaiser aber, der diese Fabrikation leitete, die mittlere goldene Medaille, „zur Auszeichnung, Belohnung und
Aneiferung". Zugleich ordnete der Kaiser an, daß jedem der vier Spinner und
Weber noch insbesondere ein Betrag von 4 fl. 30 kr. („ein species Dukaten")
als Belohnung verabreicht werde. Auch wurden sämtliche Kreisämter zur
Anzeige ähnlicher Fälle aufgefordert[1]). Da Martin Kaiser seine Versuche, die
Leinwand qualitativ zu heben, fortsetzte und auch in der Kultur des Flachses
und in der Gewinnung eines besseren Flachssamens sehr gute Erfolge aufzuweisen hatte und die dem Kaiser vorgelegten Leinwandmuster sich als sehr
vollkommen erwiesen, ordnete der Kaiser im September 1803 an, daß dem genannten Oberamtmanne die große goldene Ehrenmedaille mit der goldenen
Kette durch den Kreishauptmann mit der gehörigen Feierlichkeit und mit der
ausführlichen Belobung seiner Verdienste überreicht werde. Außerdem wurde
den drei Spinnern und vier Webern, welche nach dem Zeugnisse des Oberamtmannes als die geschicktesten bezeichnet werden mußten, ein Betrag von
je 50 fl. als Belohnung zuerkannt[2]).

Die Leinenindustrie blieb in ihrer Entwicklung, auch was das Maschinen- Maschinenwesen anbelangt, hinter der Baumwollindustrie weit zurück, so daß die uner- wesen.
freuliche Lage derselben in den ersten Jahrzehnten des 19. Jahrhunderts nicht
in letzter Linie auch der Rückständigkeit der Betriebstechnik zuzuschreiben ist.
Noch im Jahre 1811 war nach einem Berichte des Guberniums
in Mähren und Schlesien selbst die durch die Weberordnung
von 1755 zwangsweise vorgeschriebene Verbesserung des Webstuhls durch Anschaffung der schweren Laden nur hie und da
und bei weitem nicht allgemein und gleichförmig erreicht. Der
Betrieb der Weberei ging nach alten, „von der entferntesten
Vorzeit überkommenen" Handgriffen vor sich. Die Leinenweberei
war noch auf demselben Standpunkte der Vollkommenheit wie
50 Jahre vorher[3]).

Spinnmaschinen kamen erst um 1800 in Österreich in Verwendung,
jedoch zunächst nur für Baumwolle und nicht in der Leinenindustrie. Zwischen
den Jahren 1800 und 1803 beschäftigte sich die Staatsverwaltung eingehend
mit der Frage, wie sie sich zu den neu aufgekommenen Spinnmaschinen zu
stellen hätte. Es wurde namentlich erwogen, ob es ratsam sei, durch Einführung
von Spinnmaschinen die arme Landbevölkerung um ihren Verdienst zu bringen.
Diese Erwägungen drängten sich namentlich bei der Flachsspinnerei auf, mit
welcher in Oberösterreich, Schlesien, Mähren und Böhmen Hunderttausende von
Menschen beschäftigt waren, die durch die Einführung von Spinnmaschinen
und die dadurch erfolgende Konzentrierung der Fabrikation in Gefahr kommen

---

[1]) Statth. A. Prag, Kom. 1796—1805, Fasz. 12, subn. 34. — [2]) Statth. A. Prag, 1796 bis
1805, Kom., Fasz. 10, subn. 7. — [3]) H. K. A. Kom. Kam., Fasz. 31, Nr. 22 ex apr. 1815,
Nr. 6 ex jun. 1816.

konnten, ihren Erwerb zu verlieren. Diese Bedenken drangen denn auch bei
den Kommerzbehörden durch, weshalb im Jänner 1803 die allerhöchste Entschließung erfloß, daß Privilegienverleihungen auf Spinnmaschinen nicht zu
erfolgen haben und daß, um die beständige Übersicht und Kenntnis von der
Zahl und den Fortschritten dieser Maschinen zu erhalten und den Einfluß derselben auf den Nahrungsstand der ärmeren Bevölkerungsklasse beobachten
zu können, für die Zukunft zu jeder solchen Unternehmung die Bewilligung
der Hofstelle angesucht werden müsse, daß jedoch vorderhand Befugnisse auf
das Verspinnen von Flachs auf Spinnmaschinen nicht erteilt werden sollen,
bis nicht durch genaueste Prüfung die Überzeugung hergestellt sei, daß der
Nahrungsstand der Untertanen darunter nicht leide[1]).

Das Merkwürdige dabei ist aber, daß zur Zeit der Erlassung dieser beschränkenden Verfügung einerseits eine brauchbare Flachsspinnmaschine noch gar
nicht erfunden war, anderseits aber die Flachsspinnerei als freie Beschäftigung
auch mit Maschinen ohne Befugnis hätte betrieben werden können, so daß hier
von einem Verbote nicht gesprochen werden kann.

In England wurde schon zu Ende des 18. Jahrhunderts Flachs auf Maschinen gesponnen. Man konnte aber keine feinen Nummern erreichen und das
Maschinengarn war sehr teuer.

Erst seit 1810 wurden auf dem Kontinent mehrere Versuche mit Flachsspinnmaschinen unternommen, welche aber lange kein befriedigendes Resultat
ergaben. Napoleon setzte 1810 einen Preis von 1 Million Franken auf die Erfindung einer guten Flachsspinnmaschine aus und gab den Anstoß zur inten-
siven Beschäftigung mit dieser Frage.

Die erste halbwegs brauchbare Flachsspinnmaschine erfand Franz Wurm
1811 zu Ebenthal bei Klagenfurt. Er übersiedelte 1812 nach Wien und vervollkommnete die Maschine derart, daß sie mit einem Privileg beteilt wurde
und tatsächlich in Betrieb gesetzt werden konnte. In den Jahren 1815 und
1816 konstruierten zwei Drechsler ebenfalls eine kleine Flachsspinnmaschine,
welche eigentlich bloß eine für Flachs eingerichtete Watertwist-Baumwollspinn-
maschine war, und wurden dafür vom Kaiser mit einer Geldsumme belohnt.
Eine andere Umgestaltung der Watertwistmaschine zur Flachsspinnerei nahm
Hermann Leitenberger (Baumwollfabrikant zu Wernstadtl) in den Jahren 1816
und 1817 vor. In derselben Zeit setzte der Mechaniker Johann Aichinger in
Verbindung mit Johann Phil. Hebenstreit eine neue, sich durch Einfachheit
auszeichnende Flachsspinnmaschine in Betrieb, auf welche er 1818 ein Privileg
erhielt. Dennoch war die Zeit der Maschinenflachsspinnerei noch
lange nicht gekommen[2]).

Noch war keine brauchbare Flachsspinnmaschine erfunden, als die Staatsverwaltung angesichts der Erfolge der Maschinenspinnerei auf dem Gebiete
der Baumwollindustrie bezüglich des Nutzens der Spinnmaschinen anderer Ansicht geworden war, da ja in anderen Ländern an Stelle der Verbote bedeutende

---

[1]) Vgl. oben S. 185 ff. — [2]) Keeß, a. a. O., II, S. 58—64; Orth, Über die mechan. Flachsspinnerei, S. 3 ff.

Prämien auf die Erfindung solcher Maschinen gesetzt worden waren. Durch Hofdekret vom 28. Mai 1811 wurde daher, ohne von einer Aufhebung der die Erteilung von Befugnissen verbietenden Verordnung von 1803 zu sprechen, der Einführung von Flachsspinnmaschinen in der Monarchie aller mögliche Vorschub verheißen[1]). Dabei begab sich nun die Staatsverwaltung von einem Extrem sofort in das andere. Hatte aber das frühere Verbot der Befugniserteilung keinen Schaden anrichten können, da solche Maschinen noch nicht vorhanden waren, so schadete der nunmehr an die Stelle der früheren Reserve getretene Übereifer, die Flachsspinnmaschinen förmlich über Nacht einführen zu wollen, den ärarischen Kassen, wie auch die darauf folgende Enttäuschung um so bitterer war.

Im Jahre 1815 meldeten sich nämlich die Brüder Girard aus Paris und machten sich in einer Bittschrift an den Kaiser erbötig, in Österreich Flachsspinnmaschinen ihrer Erfindung zu bauen und zu verkaufen. Sie übersiedelten tatsächlich nach Österreich, nachdem ihnen ein zehnjähriges Privileg für die ganze Monarchie und Unterstützungen zugesichert worden waren. Sie erhielten auch das Privileg sowie mehrere große Vorschüsse und Prämien und errichteten ihre Fabrik in Hirtenberg in Niederösterreich. Ihre Spinnmaschinen erwiesen sich als gut brauchbar; dennoch sollte es sich später zeigen, daß die großen Geldaufwendungen seitens der Staatsverwaltung in fast leichtfertiger Weise erfolgt waren und der Volkswirtschaft keinen Nutzen brachten[2]).

Auch die Einführung anderer Maschinen wurde möglichst begünstigt. Als die von Christian in Paris erfundene Flachsbrechmaschine großes Aufsehen erregte und zu vielfachen Proben Anlaß gab, da ließ die Kommerzhofkommission zuerst eine solche Maschine nach Wien bringen und in der Modellensammlung des polytechnischen Instituts aufstellen, um als Muster für die weitere Verbreitung und Nachahmung zu dienen[3]).

Zur Verbreitung der Spinnmaschinen glaubte aber die Hofstelle durch die äußerst freigebigen Begünstigungen, die Girard zuteil geworden waren, schon alles getan zu haben. Als das böhmische Gubernium im Einverständnis mit dem Kommerzienrat Erxleben und der Fabrikeninspektion 1818 den Antrag machte, zur Errichtung von Unternehmungen auf Girardsche Maschinenflachsspinnerei in den Gebirgsgegenden Böhmens angemessene unverzinsliche Ärarialvorschüsse zu verleihen, da bekam es zur Antwort die Aufzählung aller Begünstigungen, die Girard zugestanden wurden, darunter eine Prämie von 1000 fl. C. M. für jeden der ersten 100 vollständigen Sätze seiner Flachsspinnmaschine, welche er an Inländer abliefern würde. „Da von Seite der Staatsverwaltung bereits die zweckmäßigste Maßregel zur schnelleren Verbreitung der Girard'schen Flachsspinnmaschine ergriffen wurde, so ist wohl nicht zu verlangen, daß von Seite der Staatsverwaltung zur Beförderung dieses Industriezweiges noch weitere direkte Maßregeln auf Kosten der Staatsfinanzen ergriffen werden, welche diesem Zwecke ohnehin schon bedeutende Opfer gebracht haben"[4]).

---

[1]) Vgl. oben S. 190; Statth. A. Prag, 1806—1815, Kom., Fasz. 12, subn. 59. — [2]) Vgl. oben S. 191ff. — [3]) Keeß, a. a. O., IV, S. 33. — [4]) Statth. A. Prag, 1816—1825, Kom., Fasz. 12, subn. 10.

Die Übergangsperiode vom Hand- zum Maschinenbetriebe, fast die ganze erste Hälfte des 19. Jahrhunderts umfassend, bedeutete für die Leinenindustrie einen ungünstigen Zeitraum, wo einerseits die Not der allmählich entbehrlich werdenden Flachsspinner auf dem Land immer mehr wuchs, anderseits aber die Maschinenbetriebe weder genügend zahlreich noch genug vollkommen und ausgedehnt waren, um allen Bedürfnissen zu entsprechen. Besonders ungünstig gestaltete sich die Lage der Leinenindustrie in den ersten Jahrzehnten des Jahrhunderts. Die äußeren politischen Verhältnisse hatten zur Folge, daß der Absatz völlig stockte; der Spekulationsgeist trieb seinen Unfug in großartigem Maßstabe, während sich zu produktiven Unternehmungen keine Kapitalien fanden. Dazu kamen die Verheerungen, die der Finanzkrach von 1811 und seine Nachwirkungen zur Folge hatten. Was halfen da alle Aufforderungen an die Kreisämter, alles was in ihrer Kraft stehe, zur Beförderung der Leinwanderzeugung und Hinwegräumung der Hindernisse beizutragen, wenn das Übel nicht so sehr in der Erzeugung als im Mangel an Absatz zu suchen war. Der schwankende Geldkurs, „daß niemand auch nur auf einige Tage irgend einen festen Kalkül zu machen imstande war", verwirrte alle Kombinationen, schreckte vom Kreditgeben und Kreditnehmen ab, beschränkte den Warenverkehr zwischen Fabrikanten und Handelsleuten und machte es beiden unmöglich, auch nur einen Teil ihrer bedeutenden Warenvorräte abzusetzen. Dazu kam die Teuerung der Lebensbedürfnisse, der Miete, des Tag- und Fuhrlohnes. Was Wunder, wenn die meisten Fabrikanten in den Jahren 1810 und 1811 die Fabrikation einschränkten und einen Teil der Arbeiter entließen. Wie weite Kreise aber durch diese mißlichen Verhältnisse getroffen wurden, kann man daraus ersehen, daß 1810 nur in Böhmen über 400.000 Menschen mit der Flachsspinnerei beschäftigt waren[1].

Die Lage der Spinner und Weber wurde immer schlechter. Die Staatsverwaltung bemühte sich dabei, wie sie einerseits die Produktion zu fördern trachtete, anderseits auch die Not der Spinner und Weber möglichst zu mildern. Im Jahre 1805 wurde auf kaiserlichen Befehl ein Betrag von 300.000 fl. zum Ankaufe von Leinen in Böhmen angewiesen, um die dortigen Weber nicht brotlos werden zu lassen. Die Leitung dieses Einkaufes wurde dem Landskroner Fabrikanten Erxleben unter der Kontrolle des Oberamtmannes Schultschik anvertraut, welche Männer sich ihrer Aufgabe zur vollsten Zufriedenheit entledigten. Andere 200.000 fl. wurden als unverzinsliche Darlehen an dürftige Spinner und Weber im nördlichen Böhmen verliehen, welche dann unter sehr schonenden Bedingungen allmählich wieder hereingebracht werden sollten. Als 1816 wiederum eine drückende Stockung eintrat, welche für die böhmischen Leinenweber um so gefährlicher wurde, als im selben Jahre zugleich eine Mißernte die Not zu erhöhen beitrug, mußte die Staatsverwaltung wieder ein-

---

[1]) Statth. A. Prag, 1806—1815, Kom., Fasz. 12, subn. 58; Ber. d. böhm. Gub. an die Hofkammer über den Zustand und die Mittel zur Aufnahme der Leinwanderzeugung vom 27. Dezember 1811.

greifen. Die Not der Spinner und Weber war vor allem im Riesengebirge, wo sie am zahlreichsten vertreten waren, sehr groß. Um diesem Notstande abzuhelfen, schlug das böhmische Gubernium vor, eine Ärarialleinwand- und Spitzeneinkaufsanstalt, erstere mit einer Dotation von 200.000 fl., letztere mit 60.000 fl. W. W. zu errichten. Durch kaiserliches Handschreiben vom 12. März 1817 wurde der Hofkammer aufgetragen, diesen Vorschlag in Beratung zu nehmen. Das Ergebnis dieser Verhandlungen, welches durch Vortrag vom 20. Mai desselben Jahres dem Kaiser zur Kenntnis gebracht wurde, ging dahin, den Vorschlag der böhmischen Landesstelle zurückzuweisen, weil nach der Versicherung der Hofstelle einerseits Verhandlungen im Zuge wären, um den Leinwandhandel wieder emporzubringen, anderseits aber der Staatsschatz durch die Kriegsjahre und die dadurch herbeigeführte Verkettung ungünstiger Verhältnisse in einen Zustand versetzt worden war, welcher die strengste Haushaltung gebot, endlich weil nach den damals allgemein anerkannten kommerziellen Grundsätzen gegen die Bewilligung von Ärarialvorschüssen prinzipielle Bedenken obwalteten. Der Kaiser genehmigte durch Entschließung vom 22. Juni 1817 dieses Einraten.

Bald darauf langten aber Berichte der Kreishauptleute des Königgrätzer und Bidschower Kreises ein, welche die in den Gebirgsgegenden besonders unter „den unbefelderten" Spinnern und Webern herrschende, durch die Teuerung der Lebensmittel und die allgemeine Stockung des Leinwandhandels verursachte Not schilderten und den Antrag stellten, auf Staatskosten eine größere Menge um sehr geringen Preis käuflicher Leinwand für das Militär durch bekannte, sachkundige und redliche Männer zu kaufen und so die Not zu lindern. Das Kriegsärar erklärte sich bereit, einstweilen probeweise eine gewisse Menge anzukaufen, wovon dann eventuell weitere Einkäufe abhängen würden. Das Einkaufsgeschäft wurde wie 1805 dem Leinwandfabrikanten Erxleben unter der Kontrolle Schultschiks anvertraut. Anfangs gewährte das Gubernium, später der Hofkriegsrat Vorschüsse. Diese Maßnahmen bewährten sich und die Einkaufsanstalt funktionierte bis zu dem 1831 erfolgten Tode Christian Erxlebens gut. Nach dessen Tode war aber das Ärar mit den Lieferungen nicht mehr zufrieden, weshalb die Anstalt 1837 aufgelöst wurde. Wegen seiner Verdienste wurde Erxleben einerseits mit dem Titel eines k. k. Kommerzienrates, anderseits mit der großen goldenen Zivilverdienstmedaille samt Kette ausgezeichnet[1]).

Wie auf allen übrigen Gebieten der Industrie widerstrebte die Regierung auch hier allen beschränkenden Vorschriften. So verhielt sie sich auch ganz ablehnend gegenüber der öfters auftauchenden, namentlich von seiten der Leinwandhändler ausgehenden Anregung, die aus der Zeit Maria Theresias stammenden Qualitätenordnungen, welche durch Nichtbeachtung schon längst obsolet geworden waren, wieder zur Geltung zu bringen. Noch in den zwanziger

(Marginalie: Qualitätenordnungen.)

---

[1]) H. K. A. Kom. Kom., Fasz. 21, Nr. 125 ex majo 1822; Keeß, a. a. O., II, S. 169 f.; Kopetz, a. a. O., II, S. 32, 216; A. d. Fin. Min. Kom., Fasz. 19, 1845, Nr. 2071; vgl. auch unten S. 374 f.

Jahren begegnet man ähnlichen Ideen. Als nun 1825 die niederösterreichische
Regierung um ihr Gutachten darüber gefragt wurde (in Niederösterreich waren
solche Ordnungen niemals in Geltung), äußerte sie sich folgendermaßen: „Schon
der Umstand allein, daß ein Teil der Unterbehörden und Länderstellen von
der Wiederauflebung dieser Ordnungen für die Emporbringung der Industrie
und des Handels den besten Erfolg erwartet, während der andere Teil hievon
das Gegenteil befürchtet, macht die Nützlichkeit der Spinn-, Garn- und Lein-
wandbeschau- und Stempelordnungen im höchsten Grade zweifelhaft, da es
sonst nicht erklärlich wäre, wie über einen wirklich nützlichen Gegenstand
so viele Behörden ganz widersprechende Ansichten haben sollten. Auch stehen
diese Ordnungen, die aus einer Zeit herstammen, in welcher die Staatsverwaltung
das Gewerbewesen und die Industrie noch unter der Vormundschaft halten
zu müssen glaubte, bei dem ersten Anblicke mit den in der neueren Zeit von
der österreichischen Gesetzgebung beobachteten kommerziellen Grundsätzen
in offenbarem Widerspruche. Eine nähere Prüfung zeigt überdies, daß alle
Spinn- und Garn-, alle Leinwandbeschau- und Stempelordnungen
als Zwangsanstalten überflüssig, zweckwidrig, nachteilig und
sogar unausführbar seien." Technische Vorschriften und Belehrungen
seien nicht mehr notwendig, gegen Betrug und Übervorteilung schützen die
Strafgesetze. Qualitätenordnungen seien daher überhaupt ganz zwecklos und
nur Hindernisse für die Industrie, welche nur bei einer ungehinderten Freiheit
zu ihrer allmählichen Vervollkommnung fortschreiten könne. Da bei der
Wiedereinführung dieser Ordnungen eine große Zahl von Aufsichtsbeamten
bezahlt werden müßte, würde der Preis der Ware dadurch noch steigen. Außerdem sei die Kontrolle, ob die Maßnahmen wirklich befolgt werden, sehr schwer,
da die Spinnerei und Weberei freie Beschäftigungen seien, die meist vom Landvolke betrieben werden. Man solle daher solche Ordnungen nicht nur nicht
wiedereinführen, sondern überall, wo sie noch etwa Geltung haben könnten,
ausdrücklich außer Kraft setzen[1].

So drückte sich denn auch die Hofkammer im Jahre 1826 auf eine Vorstellung zweier Arnauer Handelsleute hin aus, daß von einer Wiedereinführung
einer schon längst veralteten Leinwandordnung als einer für die Fortschritte
der Industrie mehr lästigen und hemmenden als fördernden Anstalt keine Rede
sein könne[2].

Die Staatsverwaltung hatte so einerseits durch Fernhaltung von Hemm-
nissen, anderseits durch Unterstützungen den Flachsbau, die Spinnerei, die
Weberei und Bleicherei zu heben und auszubreiten sich bemüht, neue Zweige
dieser Industrie einzuführen und das Maschinenwesen zu fördern getrachtet,
sowie die Schäden, welche widrige Zeitverhältnisse mit sich gebracht hatten,
möglichst zu mildern.

---

[1] H. K. A. Kom. Kam., Fasz. 31, Nr. 48 ex dez. 1825. — [2] H. K. A. Kom. Kam., Fasz. 31,
Nr. 161 ex majo 1826.

B. Die Entwicklung der Leinenindustrie.

Böhmen. In den letzten Jahrzehnten des 18. Jahrhunderts[1]) waren in
Böhmen über 200.000 Menschen mit der Flachsspinnerei beschäftigt, meist
auf dem flachen Land als Nebenbeschäftigung. Die besten und feinsten Garne
wurden gesponnen in der Gegend von Zwickau, Röhrsdorf, Krumbach, Georgenthal, Grunde, Warnsdorf, Rumburg, Königswald und Schluckenau. In diesen
Gegenden wurden auch die meisten weißgarnigen Leinwanden, Damaste und
Tischzeuge erzeugt. Feine Webeleinwanden wurden außerdem noch in Friedland, Kleinskall, Morchenstern, Starkenbach, Hohenelbe, Arnau, Langenau,
Schatzlar, Trautenau und Braunau, somit im allgemeinen im nördlichen und
nordöstlichen Böhmen erzeugt.

Die Batist- und Schleierfabrikation wurde erst unter Kaiser Josef mit
staatlicher Unterstützung zu Starkenbach im Bidschower und zu Trullich im
Königgrätzer Kreis eingeführt.

Im Markte Schönlinde befanden sich zu Ende des 18. Jahrhunderts über
270 Garnbleichen. Leinwandbleichen gab es in Böhmen auch mehrere, doch
wurde böhmische Leinwand in großer Menge auch in Preuß.-Schlesien und
Sachsen gebleicht[2]).

Die Leinwandfabrikation beruhte ganz auf dem Verlagssystem, wobei
die Spinner und Weber von den Leinwandhändlern verlegt wurden oder aber
sogenannte Sammelhändler, ohne den Spinnern und Webern den Rohstoff zu
liefern, das Gewebe zusammenkauften und dann an die größeren Leinwandhändler ablieferten, welche die Bleiche, Appretur und weitere Versendung besorgten[3]).

Größere Unternehmungen entstanden vielfach schon unter Maria Theresia.
So gründete Graf Harrach 1750 in Hrabačov auf der Herrschaft Starken-
bach eine große Leinenmanufaktur; 1752 Adolf Wagner in Trautenau
die Gebirgshandlungssozietät namentlich für den Export nach Rußland,
Griechenland und der Türkei; nach deren baldiger Auflösung gründete Ignaz
Falge 1771 eine neue Gesellschaft in Trautenau[4]).

Die Fabrikation von gezogenen leinenen Damasten hatte in
Böhmen der Kommerzialpräsident Graf Chamaré auf seiner Herrschaft
zu Pottenstein im Königgrätzer Kreise zuerst eingeführt. Einen festen
Grund dazu hat aber erst sein Nachfolger Graf Josef Kinsky gelegt, indem
er ausgezeichnete Kunstweber aus Sachsen berief und diesen Zweig der Leinenindustrie auf der Herrschaft Bürgstein mit Verwendung kostspieliger
Stühle auf Fabrikenart betrieb. Er ließ seine Untertanen abrichten und verteilte dann Stühle dieser Art unter dieselben und nahm als Verleger von ihnen
die fertige Ware in Empfang. Ebenso verlegte der Rumburger Handelsmann

[1]) Über die frühere Zeit vgl. Salz, a. a. O., S. 365 ff. — [2]) Schreyer, Kommerz,
Fabriken etc. (1790), I, S. 1—16, 49—76, II, S. 120 ff.; Warenkabinett (1799), S. 30—101;
Kopetz, a. a. O., II, 169. — [3]) Kreutzberg, Skizz. Übersicht, S. 69; Salz, a. a. O., 379 ff. —
[4]) Großind. Öst., IV, 280; H. K. A. Kom. Praes. 1822, Nr. 491 (Manufakturtabelle von Böhmen
für 1797).

Anton Salomon zahlreiche Weber, indem er ihnen auch solche Stühle zur Verfügung stellte. Die größte Zahl derartiger Stühle unterhielt aber Josef Stolle in Warnsdorf[1]).

Unter allen Unternehmungen ragte im 18. Jahrhundert die Leinwandfabrik des Grafen Harrach zu Starkenbach hervor, deren Erzeugnisse eine solche Vollkommenheit erreichten, daß sie bei der 1791 in Prag veranstalteten Gewerbeausstellung wegen ihrer Feinheit und Schönheit als ausländisch verdächtigt wurden, so daß eine Untersuchungskommission eingesetzt werden mußte, welche den einheimischen Ursprung feststellte[2]). Hervorragende Verdienste um die Vervollkommnung der Erzeugnisse erwarb sich hiebei der herrschaftliche Oberamtmann und Fabriksdirektor Martin Kaiser, der dafür vom Kaiser 1800 und 1803 ausgezeichnet wurde[3]).

In der Leinwandbleicherei zeichnete sich besonders der Prager Handelsmann Johann Georg Berger aus, der 1793 zu Althabendorf bei Reichenberg eine neue Leinwandbleiche anlegte, welche sich vorzüglich bewährte und deren ausgezeichnete Leistungen auch durch allerhöchste Anerkennung gewürdigt wurden[4]).

Die Leinwanddruckerei wurde meist von den Baumwolldruckereien in Prag, die bis zum Ende des 18. Jahrhunderts schon ziemlich stark vertreten waren, betrieben[5]).

Die Zeit des ersten und zweiten Jahrzehnts des 19. Jahrhunderts bedeutete eine Periode tiefster Depression. Der Export war unterbunden, der Handel stockte auch im Innern, es mangelte an Kredit und Unternehmungslust, unter den Spinnern und Webern herrschte großes Elend. Die Abhängigkeit der böhmischen Leinenindustrie von Preuß.-Schlesien wurde nach den napoleonischen Kriegen noch größer als vorher. Während der Kontinentalsperre wurde nämlich von seiten der böhmischen Industrie der schlesische Zwischenhandel für den Export in Anspruch genommen, welcher dadurch großen Gewinn einheimste und seine Suprematie über die österreichische Leinenproduktion noch mehr befestigte[6]). Zum Teil wurde neue Exportgelegenheit nach der Türkei und nach Italien gesucht[7]).

Aber all dies konnte auf die Dauer nicht helfen. Es war eine neue Zeit angebrochen, welche ihre Rechte forderte; die Leinenindustrie mußte trachten, auf dieselbe Grundlage zu gelangen wie ihre Hauptkonkurrentin, die Baumwollindustrie, bei welcher sich das Maschinenwesen immer schneller auszubreiten begann.

Die Ausdehnung des Prohibitivsystems auf die oberitalienischen Provinzen (1817) brachte zwar einige Erleichterung[8]), aber eine dauernde Abhilfe war nur von einer Änderung der Grundlagen der Leinenindustrie zu erwarten, nämlich

---

[1]) Schreyer, Kommerz, Fabriken etc., I, 78 f.; Warenkabinett, S. 210 ff.; Staatsrat 1785, Nr. 4972. — [2]) Ber. ü. d. Ausst. Prag. 1831, S. 110. — [3]) Vgl. oben S. 365. — [4]) Statth. A. Prag, Kom., 1796—1805, Fasz. 12, şubn. 41; Schreyer, Warenkabinett, 216 f.; s. auch oben S. 364. — [5]) Vgl. oben S. 288 ff. — [6]) Kreutzberg, Skizz. Übers., S. 66. — [7]) K. H. A. Kom. Kom., Fasz. 21, Nr. 125 ex majo 1822. — [8]) Keeß, a. a. O., II, 170 f.

vom Aufkommen auf kapitalistischer Grundlage beruhender Großunternehmungen, welche unabhängig vom lokalen Absatze sowohl den inländischen Markt versorgen als auch im Export mit Erfolg auftreten konnten. Gerade bei der Leinenindustrie ging jedoch diese Entwicklung sehr langsam vor sich und war um die Mitte des 19. Jahrhunderts noch gar nicht entschieden[1]).

Dennoch ist die Entwicklungsgeschichte der Leinenindustrie schon seit den ersten Jahrzehnten des 19. Jahrhunderts immer mehr von einzelnen größeren Unternehmungen getragen, welche berufen waren, diesen Erwerbszweig zu neuer Blüte emporzubringen.

Gegen Ende der zwanziger Jahre stellte sich das Bild der böhmischen Leinenindustrie folgendermaßen dar: in der Zwirnerzeugung stand Schönlinde und Umgebung an erster Stelle. Es wurde daselbst nicht nur der meiste, sondern auch der beste Zwirn erzeugt und wöchentlich wurde Garnmarkt gehalten, der wichtigste von ganz Böhmen. In der Erzeugung von Spitzen-, Näh- und Strickzwirn zeichneten sich Gottfried Grohmanns Erben zu Schönbühel bei Rumburg besonders aus. Im Jahre 1823 berechnete man die Zahl der Personen, welche sich in Böhmen das ganze Jahr hindurch, vorzüglich jedoch im Winter und in den Nebenstunden mit der Flachsspinnerei beschäftigten, auf 451.031. Eigentliche Spinner aber, welche dieses Gewerbe als Hauptbeschäftigung betrieben und davon größtenteils ihren Unterhalt bezogen, gab es nur in den Gebirgsgegenden, vor allem im Riesengebirge. Im Durchschnitt betrug der Lohn für einen fleißigen Spinner 3 Kreuzer täglich.

Der Zustand der Leinenwarenfabrikation schien sich nach dem Urteile der besten Kenner der österreichischen Industrie jener Zeit gegen Ende der zwanziger Jahre schon einigermaßen gehoben zu haben. Die meisten Leinenwaren für den Handel wurden in Böhmen in Trautenau, Rumburg, Starkenbach, Arnau, Hohenelbe, Landskron, Reichenberg und Friedland erzeugt. Die Zahl der Leinwandweber und Zurichter hatte sich in Böhmen derart vermindert, daß, während ihrer 1801 noch über 80.000 gezählt wurden, ihre Zahl 1825 nur mehr etwa 30.000 betrug und dies hauptsächlich wegen des allgemein gewordenen Verbrauchs von Baumwolle[2]).

Was die Entwicklung der Großbetriebe anbelangt, welche meistens Unternehmungen darstellten, die die rohen Leinwanden für eigene Rechnung weben ließen oder zusammenkauften, um sodann die Bleiche und Appretur in der Fabriksanstalt zu besorgen, so muß in Böhmen in erster Linie die alte gräflich Harrachsche landesbefugte Leinwandfabrik zu Starkenbach hervorgehoben werden. Im Jahre 1831 betrieb diese Fabrik zusammen mit der demselben Besitzer gehörigen zu Janowitz in Mähren 130—150 Webstühle und beschäftigte an 1000 Arbeiter. Das Unternehmen hatte auch eine Arbeiter- und Witwenpensionsanstalt. Im Jahre 1845 wurden samt den Spinnern an beiden

Starkenbach (Graf Harrach).

---

[1]) Großind. Öst., IV, 281 f.; Beitr. z. Gesch. d. Gew. u. Erf., I, 267. — [2]) Keeß u. Blumenbach, a. a. O., I, S. 106, 118 f., 285—289; Kreutzberg, Skizz. Übers., S. 68.

Orten gegen 2000 Personen beschäftigt. Die Fabrik erhielt bei der Prager Ausstellung von 1836 die goldene, bei der Wiener von 1839 die silberne und bei der von 1845 die goldene Medaille[1]).

Stolle. Die Firma Franz Stolles Erben zu Warnsdorf, von Josef Stolle gegründet, wurde von dessen Söhnen Josef und Franz erweitert, welche darauf 1809 unter der Firma Gebr. Stolle & Söhne die Landesbefugnis erhielten; 1820 teilte sich die Firma in die Firmen Josef Stolle & Söhne und Franz Stolles Erben. Die letztere erlangte die größere Bedeutung und zeichnete sich namentlich in der Damastfabrikation aus. Im Jahre 1836 beschäftigte sie 38 Webstühle und an Arbeitern zusammen mit den Spinnern über 380 Personen[2]).

Schlechta. Die priv. Leinwandfabrik Peter August Schlechta & Sohn zu Lomnitz bei Hohenelbe wurde 1808 errichtet, kam jedoch erst seit 1819 in größeren Aufschwung. Bald gewann diese Fabrik einen ausgezeichneten Ruf und erhielt bei der Prager Ausstellung von 1829 die silberne und bei den weiteren Ausstellungen in Prag 1831 und 1836 sowie in Wien 1835 und 1839 die goldene Medaille. Bei der Wiener Ausstellung von 1845 war die Firma außer Preisbewerbung, da ihr Inhaber Mitglied der Beurteilungskommission war[3]).

Erxleben. Die k. k. priv. Zitz-, Kattun-, Leinwand- und Tischzeugmanufaktur der Gebrüder Erxleben & Co. in Landskron wurde 1802 errichtet und übte besonders die Leinenfabrikation aus. Unter der sachkundigen und umsichtigen Führung Christian Erxlebens erlangte sie einen solchen Ruf, daß ihr Inhaber 1805 und 1817 zur Leitung des ärarischen Leinwandeinkaufs berufen wurde und wegen seiner Verdienste um die vaterländische Industrie die große goldene Zivilehrenmedaille mit der Kette und den Titel eines k. k. Kommerzienrates erhielt. Die ärarische Leinwandeinkaufsanstalt funktionierte zu Lebzeiten Christian Erxlebens zur vollsten Zufriedenheit der Militärverwaltung, für welche die Leinwand eingekauft wurde. Nach dessen Tode jedoch (1831) war dies nicht mehr der Fall, weshalb diese Einkaufsanstalt 1837 aufgelassen wurde.

Die Fabrik Erxlebens stand natürlich mit dieser Anstalt in innigem Zusammenhang. Im Jahre 1818 hatte sie 41 Tische und Stühle und an Personal 12 Meister, 32 Gesellen, 12 Lehrjungen und 71 Gehilfen; 1835 war sie mit Walzen-, Druck- und Punziermaschinen, 3 Walken, 1 Mange von ungewöhnlicher Größe, 1 Kalandermaschine, 4 Glättmaschinen und vielen anderen Hilfsmaschinen versehen, welche alle mit Wasserkraft betrieben wurden. Die Bleichanstalt war geradezu musterhaft und beschäftigte allein über 150 Menschen; damit war auch eine Druckerei und Färberei verbunden.

Die Vorschüsse, die der erwähnten ärarischen Leinwandeinkaufsanstalt von seiten des Kriegsärars geleistet wurden, kamen auch dieser Fabrik zugute. Nach Auflösung der Einkaufsanstalt geriet diese Unternehmung daher in eine

---

[1]) Kreutzberg, Skizz. Übers., S. 72; Tafeln z. Stat. f. 1841; Ber. ü. d. Ausst. Prag, 1829, S. 90, 1831, S. 110 ff., 1836, S. 89; Wien, 1839, S. 217 ff., 1845, S. 329 f. — [2]) Ber. ü. d. Ausst. Prag, 1829, S. 92, 1836, S. 94: Wien, 1835, S. 9, 1839, S. 220. — [3]) Ber. ü. d. Ausst. Prag, 1829, S. 89, 1831, S. 113, 1836, S. 88, Wien, 1835, S. 1 ff., 1839, S. 214, 1845, S. 328.

schwierige Lage und kam 1845 in Konkurs, nachdem ihrem Inhaber sogar ein noch ausständiger Vorschuß der Ärarialeinkaufsanstalt im Betrage von fast 7000 fl. vom Kaiser 1842 gnadenweise nachgesehen worden war[1]). Weiterhin müssen als bedeutendere Betriebe noch erwähnt werden die Unternehmungen der Gebrüder Steffan in Arnau, F. G. Fröhlichs Söhne (die besonders durch die Vollkommenheit ihrer Damaste, Atlasse und Wallise hervortraten) und Johann Richters Söhne zu Warnsdorf, K. Rösler zu Georgswalde, Pohls Erben zu Wiesenthal im Leitmeritzer Kreise, J. Tobisch und Karl Ther zu Hohenelbe, Klazars Söhne in Kruh bei Hohenelbe, Alois Veith Sohn in Grulich bei Hohenelbe, Franz Lorenz Sohn in Arnau und Johann Finger in Hohenelbe[2]).

Die Gebrüder Steffan in Arnau erhielten bei der Wiener Ausstellung von 1835 die silberne, bei der von 1845 die goldene Medaille[3]).

Die Firma .J. A. Kluge zu Oberaltstadt bei Trautenau geht in ihren Anfängen bis in das Jahr 1797 zurück[4]).

Von den Leinwandhändlern, die sich um diesen Industriezweig hervor- *Schroll.* ragende Verdienste erwarben, ist besonders die Firma Benedikt Schroll in Braunau hervorzuheben[5]).

Langsam und sehr spät erhob sich die Flachsspinnerei zum fabriks- *Mechanische* mäßigen maschinellen Betrieb. Noch 1836 konnte Kreutzberg schreiben: „Die *Flachs-spinnerei.* Maschinenspinnerei ist bei uns übrigens noch nicht versucht. Da der Scharfsinn hier noch keine vollständige Maschine zum gänzlichen Ersatze der Menschenhände in allen Feinheitsgattungen substituieren konnte, so werden bei den bedeutenden Anlagskosten und gegenüber unserem so sehr billigen Handspinnlohn Maschinenspinnereien bei uns vielleicht noch lange nicht Eingang finden"[6]).

Bald sollte es aber dennoch anders werden. Gegen Ende des zwanziger Jahre gewann in England ein neues Flachsspinnsystem an Verbreitung, dessen Grundidee von Girard herrührte. Daß sich dieses System in der Girardschen Spinnerei in Hirtenberg nicht bewährt hatte, kam daher, daß es bei den Girardschen Maschinen noch schlecht ausgeführt war[7]). Der eigentliche Begründer der österreichischen mechanischen Flachsspinnerei ist Johann Faltis. Im *Faltis.* Jahre 1823 errichtete er in Trautenau eine Leinenmanufaktur- und Kottonweberei, 1832 übernahm er auch die Direktion der gräflich Harrachschen Leinenmanufakturen zu Starkenbach, Janowitz und deren Niederlagen in Wien. Im Jahre 1835 erwarb er in Jungbuch bei Trautenau eine Wasserkraft von 30—40 Pferdekräften, wohin er die in Pottendorf erzeugten Flachsspinnmaschi-

---

[1]) Statth. A. Prag, 1796—1805, Kom., Fasz. 14, subn. 76; H. K. A. Kom., Praes. 1816 bis 1818, Nr. 1429; A. d. Fin. Min. Kom., Fasz. 19, 1845, Nr. 2071; Kreutzberg, Skizz. Übers., S. 72; Ber. ü. d. Ausst., Prag, 1829, S. 89, Wien, 1835, S. 3 ff., 1839, S. 221; André, Neueste Beschreibung (1813), S. 172. — [2]) Großind. Öst., IV, S. 289; Ber. ü. d. Ausst. Prag, 1829, S. 91, Wien, 1835, S. 6, 1845, S. 326, 333 f. — [3]) Ber. ü. d. Ausst. Wien, 1835, S. 6, 1845, S. 330. — [4]) Großind. Öst. (1898), IV, S. 286 (1908), III, 68. — [5]) Langer, Firma Schroll. — [6]) Kreutzberg, Skizz. Übers., S. 68. — [7]) Orth, Über die mechan. Flachsspinnerei, S. 6.

nen bringen ließ, die jedoch nur für den Handbetrieb eingerichtet und aus Holz
konstruiert waren. Diese Maschinen setzte er schon 1837 wieder außer Betrieb
und ersetzte sie durch verbesserte Maschinen, so daß er 1841 schon 2000 Spindeln
durch Wasserkraft betrieb und 229 Arbeiter beschäftigte. Als bald darauf
England die Ausfuhr von Maschinen gestattete, stellte er schon 1842 in Jungbuch weitere 2000 englische Maschinenspindeln auf und 1845 weitere 2400,
als sein früherer Geschäftsfreund Ritter von Neupauer dem Unternehmen als
stiller Gesellschafter wieder beitrat. In den Jahren 1845—1848 wurde eine neue
Fabrik in Jungbuch mit 3000 Spindeln gebaut. Es ist dies, da das Unternehmen
Girards im zweiten und dritten Jahrzehnt des 19. Jahrhunderts keine Erfolge aufzuweisen hatte, das älteste Etablissement dieser Art in Österreich überhaupt[1]).

Diesem Beispiele folgten später andere, so daß 1843 in Böhmen folgende
mechanische Flachsspinnereien bestanden[2]):

1. Jungbuch (Faltis) mit . . . . . 3000 Spindeln
2. Skurow (Exner & Teuber) mit . . 1000   „
3. Krumau (Schindler) mit 1000   „

Damals überwogen noch bei weitem die Spinner auf dem flachen Lande.
In ganz Böhmen waren zu Anfang der vierziger Jahre etwa 90.000
Menschen mit dem Spinnen von Flachs und Hanf beschäftigt,
davon nur auf der Herrschaft Hohenelbe über 7000, auf der Herrschaft Nachod
über 8000. Bei den sinkenden Preisen der Leinwand und der wachsenden Konkurrenz des weit besseren Maschinengarnes war der Spinnerlohn so sehr gesunken, daß er nur noch 2—3 Kreuzer täglich für einen fleißigen Spinner, ja
in manchen Gebirgsgegenden noch weniger bei 12—16stündiger Arbeit betrug.

Der Besitzer der Herrschaft Adersbach im Königgrätzer Kreise Ludwig
Edler von Nadherny ließ 1845 auf eigene Kosten einen Spinnmeister aus Westfalen kommen, schaffte von dorther selbst Spinnräder nebst anderen Gerätschaften herbei und errichtete unter Mitwirkung des böhmischen Gewerbevereines eine Spinnschule, welche guten Anklang fand. Viele, die sich dort
ausgebildet hatten, konnten dann in ihrer Heimat als Lehrer dienen[3]).

Zwirn. Die Zwirnerzeugung hatte ihren Hauptsitz in und um Schönlinde,
Hainspach und Böhm.-Kamnitz im Leitmeritzer Kreise. Die Zwirnfabrik
Elias Hiellen Söhne zu Schönlinde wurde 1748 von Elias Hiellen gegründet; sie beschäftigte 1835 in ihrer Zwirnerei 80 Familien. Am selben Orte
beschäftigte der Zwirnfabrikant Josef Mai 1836 gegen 40 Familien. 1845
waren die bedeutendsten Zwirnerzeuger: Palmes Söhne, Franz Zweigelt
und Johann Wünsche zu Schönlinde, Johann Klinger & Co. zu Zeidler
bei Hainspach, Florian Forster, Franz Bühne und K. E. Schwab zu
Böhmisch-Kamnitz[4]).

[1]) Großind. Öst., IV, S. 286, 312; Ber. ü. d. Ausst. Wien, 1839, S. 205, 1845, S. 317. —
[2]) Tafeln z. Stat. f. 1841; Ber. ü. d. Ausst. Wien, 1845, S. 315, 318. — [3]) Tafeln z. Stat. f. 1841;
Ber. ü. d. Ausst. Wien, 1845, S. 311—314. — [4]) Tafeln z. Stat. f. 1841; Ber. ü. d. Ausst. Prag,
1836, S. 90, Wien, 1835, .S. 6—8, 1845, S. 315.

Zahlreiche Händler organisierten die im Elbogner und Saazer Kreis aus- Spitzen.
gebreitete Spitzenerzeugung zu großen Unternehmungen auf kapitalistischer Grundlage. Die 1780 gegründete Firma Gottschald & Co. in Hirschen-
stand, später in Neudek, beschäftigte im Jahre 1820 bei dieser Fabrikation
im ganzen 8561 Menschen[1]).

An Bleichanstalten gab es in Böhmen 1841 außer den mit den Leinen- Bleicherei.
und Baumwollwarendruckfabriken verbundenen noch 224 Kommerzialbleichen
für Garn, Zwirn, Leinen- und Baumwollwaren. Am zahlreichsten waren sie
im Leitmeritzer Kreise, dann im Königgrätzer, Bidschower und Bunzlauer.
Die bedeutenderen Bleich- und Appreturanstalten waren damals jene von
Josef Ulbricht in Niedergrund im Leitmeritzer Kreise, Anton Kühnel,
Rudolf Liebler und Alois Mai in Hohenelbe, Graf Bouquoy zu Rothenhaus, von den Brüdern Walzel zu Unterweckelsdorf und von Franz Fischer
zu Przilep (Rakonitzer Kreis)[2]).

In Mähren und Schlesien war der Hauptsitz der Leinenindustrie im Mähren und
Gebiete von Sternberg, Trübau, Zwittau, Prerau und Janowitz. Die Flachs- Schlesien.
kultur ließ auch hier viel zu wünschen übrig und die Spinnerei lieferte fast nur
ordinäre, vielfach auch ganz unbrauchbare Garne. Da aber die Spinner wegen
der starken Nachfrage nach Garn sicher waren, dasselbe los zu werden, hatten
sie keine Ursache, eine besondere Sorgfalt bei der Erzeugung anzuwenden.
Auch herrschte in Mähren Mangel an guten Bleichen[3]).

Größere Unternehmungen entstanden auch in Mähren und Schlesien,
wenn auch keineswegs in großer Zahl, schon im 18. Jahrhundert. Im Jahre
1747 gründete Graf Ferdinand Bonaventura von Harrach auf der
Herrschaft Janowitz im Olmützer Kreise mit großen Kosten eine bald berühmt
gewordene Leinenwarenfabrik, die erste in Mähren und Schlesien. In der zu
Namiest im Olmützer Kreis ebenfalls von Graf Harrach 1769 errichteten
Wollenzeugfabrik wurden auch Leinenwaren erzeugt. In den siebziger und
achtziger Jahren bestanden außerdem Fabriken, welche auch Leinenwaren verfertigten, zu Ziadlowitz (Graf Mittrowsky), Pernstein (Stockhammer),
Rossitz (Baron Hauspersky), Tuleschitz (Zablatzky) und Neuschloß
(Brea). Doch gingen alle diese Fabriken in den neunziger Jahren, ja teilweise
schon in den achtziger Jahren wieder ein, so daß zu Anfang des 19. Jahrhunderts
die meiste feine Leinwand, welche Mähren produzierte, aus der Janowitzer
Fabrik stammte[4]).

In den ersten Jahrzehnten des 19. Jahrhunderts war die Lage der Leinenindustrie auch in Mähren und Schlesien eine sehr schlechte, was teils in den
widrigen Zeitumständen, teils aber in der rückständigen Betriebstechnik und
in der Konkurrenz der Baumwolle seinen Grund hatte.

Im Jahre 1811 bestanden in diesen Ländern fünf Fabriksinhaber, welche
die Leinenindustrie in ausgedehnten Anstalten mit mehreren Gehilfen und
einem dem Begriffe einer Fabrik entsprechenden Umfange betrieben, und zwar

---

[1]) Cronbach, a. a. O., S. 24 ff. — [2]) Tafeln z. Stat. f. 1841. — [3]) D'Elvert, a. a. O., XIX,
S. 258 ff. — [4]) D'Elvert, a. a. O., XIX, S. 253—261.

zu Janowitz und Braunseifen im Olmützer und in Zuckmantel im Troppauer Kreise. „Ganz vorzüglich verdient darunter die solide, bedeutende und rühmlich nach höherer Entwicklung strebende Fabrik des Grafen von Harrach in Janowitz eine ehrenvolle Erwähnung." Samt den Fabriken und Manufakturen wurden damals in Mähren und Schlesien über 11.000 Leinwanderzeuger gezählt. Die jährliche Erzeugung betrug an 200.000 Stück[1]).

Zentren der Zwirnfabrikation und des Zwirnhandels waren Würbenthal und Engelsberg in Österr.-Schlesien[2]), während für die Leinenfabrikation die Städte Mähr.-Schönberg, Sternberg, Mähr.-Neustadt, Freiwaldau, Zuckmantel, Römerstadt und Würbenthal hauptsächlich in Betracht kamen[3]).

Janowitz (Graf Harrach). Seit dem Ende der zwanziger Jahre begannen sich allmählich die größeren Unternehmungen immer mehr geltend zu machen, wobei einige derselben zum Fortschritte dieses Industriezweiges wesentlich beigetragen haben. So vor allem die alte Harrachsche priv. Leinenwarenfabrik in Janowitz. Sie beschäftigte 1807 an 800 Personen und hatte am Ende der dreißiger Jahre: in der Damastweberei 73 Kunstwebstühle, in der Leinwandweberei 780 ordinäre Webstühle. Im ganzen wurden 1915 Personen beschäftigt, ungerechnet die fast doppelt so große Anzahl von Hilfsarbeitern, Spinnern, Maschinisten, Handwerks- und Fuhrleuten, Taglöhnern und Garnsammlern. Die Unternehmung erhielt bei der Wiener Ausstellung von 1839 die silberne, 1845 die goldene Medaille[4]).

Wagner. Im Jahre 1805 erlangten die Brüder Franz und Karl Wagner in Schönberg, die ersten Leinenerzeuger im großen daselbst, für ihre zu einer bedeutenden Höhe gelangte Leinwandmanufaktur (gegr. 1802) die Landesbefugnis, da sie auf 320 Stühlen 275 Weber, außerdem eine große Zahl von Spinnern beschäftigten. Im Jahre 1820 arbeitete die Fabrik auf 439 Stühlen und beschäftigte 715 Personen. In diesem Jahre ging sie an die Erben der Begründer und an den damaligen Fabriksleiter Johann Kunz über. Gegen Ende der zwanziger Jahre kam sie ins Stocken, um jedoch in den dreißiger Jahren wieder zu hoher Blüte zu gelangen. Seit 1835 gehörte die Fabrik Karl Wagner (dem Erben der Vorigen) und beschäftigte über 500 Webstühle. Im Jahre 1845 ernährte die Firma C. A. Wagner & Co. 600 Arbeiter, gehörte zu den besten Unternehmungen dieser Art und wurde bei der Wiener Ausstellung dieses Jahres mit der silbernen Medaille ausgezeichnet[5]).

Raymann, Regenhardt & Münzberg. Im Jahre 1811 erhielten Adolf Weiß und Josef Münzberg in Zuckmantel, da sie über 100 Webstühle beschäftigten, die Landesfabriksbefugnis zur Leinwanderzeugung; 1812 erhielt diese Fabrik eine Erweiterung durch Ausdehnung der Befugnis auf den Gesellschafter Alois Regenhardt.

---

[1]) H. K. A. Kom. Kam., Fasz. 31, Nr. 22 ex apr. 1815, Nr. 6 ex jun. 1816. — [2]) Keeß u. Blumenbach, a. a. O., I, 106, 118 f., 285—289. — [3]) Großind. Öst., IV, 290. — [4]) Statth. A. Brünn, Verz. aller in Mähren und Schlesien bestehenden Fabriken für 1807; Ber. ü. d. Ausst. Wien, 1839, S. 217 ff., 1845, S. 329 f. — [5]) D'Elvert, a. a. O., XIX, S. 261, 290; Großind. Öst., IV, S. 292; Statth. A. Brünn, 1835, Oktober 23; Ber. ü. d. Ausst. Wien, 1845, S. 333.

Im Jahre 1834 erlangte Johann Raymann in Freiwaldau die einfache Befugnis zur Leinwand-, Zwilch- und Damasterzeugung. Bald darauf erfolgte die Vereinigung dieser Fabrik mit der vorher erwähnten unter der Firma Raymann, Regenhardt & Münzberg. Im Jahre 1839 waren in Zuckmantel 180 Webstühle in Betrieb und über 300 Menschen beschäftigt, in Freiwaldau 100 Webstühle und gegen 400 Menschen. Bei der Wiener Ausstellung von 1839 wurde dieser Unternehmung die goldene Medaille zuteil, 1845 war sie außer Preisbewerbung, weil ihr Inhaber Mitglied der Beurteilungshofkommission war[1]).

Im Jahre 1811 erhielt Josef Richter in Braunseifen, der 1807 an 40 Arbeiter beschäftigte, die förmliche Fabriksbefugnis für Leinwanderzeugung. Er arbeitete auf 50 eigenen Stühlen und beschäftigte außerdem noch 820 andere Stühle[2]).

Im Jahre 1820 wurde Norbert Langer in Sternberg die einfache, 1821 die förmliche Fabriksbefugnis zur Erzeugung von Leinen- und Baumwollwaren erteilt. Damals beschäftigte er 78 Webstühle im eigenen Hause. Bei der Wiener Ausstellung von 1845 erhielt er die bronzene Medaille[3]).

Eine Fabrik, die sich um die mährische Leinenindustrie große Verdienste Haupt. erwarb, war jene von Leopold Haupt in Brünn. Da er 1819 in Rothmühl (Herrschaft Kunstadt), Bautsch und Bärn auf eigenen Stühlen 3318 Stück, dann auf fremden Stühlen, jedoch für eigene Rechnung in Rothmühl 8190 Stück, in Bärn 8129 Stück, in Bautsch 3343 Stück und in Drzewohostitz 3300 Stück, zusammen also 26.280 Stück Leinwand erzeugte, außerdem mehrere Bleichen beschäftigte, erhielt er 1820 die einfache und 1821 die förmliche Fabriksbefugnis; 1839 wurden die Gebirgsbewohner von Mähren, Böhmen und Schlesien, welche er durch Spinnen, Weben und Bleichen beschäftigte, auf 6000 angeschlagen[4]).

Eine Unternehmung, welche bald zu den großartigsten der Monarchie Ober- gehörte, war die Leinen- und Damastfabrik von Eduard Oberleithner leithner. & Sohn zu Schönberg, gegründet 1817. Die Zwilchweberei wurde 1824, die Garn- und Leinwandbleiche sowie die Appretursanstalt 1826 errichtet. Im Jahre 1839 beschäftigte diese Fabrik schon 823 Arbeiter, nahm auch weiterhin einen großartigen Aufschwung, besaß eine der bedeutendsten Bleichen Mährens und beschäftigte 1845 fast 5000 Menschen, teils im Hause, teils außerhalb desselben. Bei der Wiener Ausstellung von 1845 wurde sie ob der Güte ihrer Erzeugnisse und der Ausdehnung ihres Betriebes mit der goldenen Medaille bedacht[5]).

Anton und Felix Müller zu Rudelsdorf (Herrschaft Wiesenberg)

---

[1]) D'Elvert, a. a. O., XIX, S. 261, 284, 288; Großind. Öst., IV, S. 332 f.; Ber. ü. d. Ausst. Wien, 1839, S. 213, 1845, S. 327; Verz. ü. d. Ausst. Brünn, 1836, S. 15. — [2]) D'Elvert, a. a. O., XIX, S. 261; Statth. A. Brünn, Verz. d. Fabriken f. 1807. — [3]) D'Elvert, a. a. O., XIX, S. 265; Ber. ü. d. Ausst. Wien, 1845, S. 334. — [4]) D'Elvert, a. a. O., XIX, S. 265; Ber. ü. d. Ausst. Wien, 1839, S. 222, 1845, S. 329; Verz. ü. d. Ausst. Brünn, 18. — [5]) Großind. Öst., IV, 292; Ber. ü. d. Ausst. Wien, 1839, S. 221, 1845, S. 331, Verz. ü. d. Ausst. Brünn, 1836, S. 11.; Amtl. Katalog der Wiener Weltausst. (1873), S. 168.

erhielten 1825 die einfache, 1827 die förmliche Fabriksbefugnis auf Leinen-
und Baumwollwaren; 1828 erhielt Anton Urban in Würbenthal die
einfache und 1830 die Landesbefugnis zur Erzeugung von Leinen- und Baumwollwaren. In Mähr.-Trübau wurde Franz und Vinzenz Steinbrecher
1830 die einfache, 1831 die förmliche Befugnis zur Leinwand- und Kotton-
erzeugung, Färberei und Druckerei erteilt[1]). Im Jahre 1830 erfolgte die Gründung der Leinen- und Damastwarenfabrik Anton J. Schmidts Söhne zu
Groß-Ullersdorf, 1834 die der Firma F. A. Heinz zu Freudenthal,
1838 die der mechanischen Leinenweberei von Johann Plischke zu Freudenthal; 1833 wurde zu Mähr.-Schönberg die Rohleinen- und wasserdichte
Stoffefabrik von J. Gromann & Sohn errichtet[2]).

Außer den erwähnten waren zu Anfang der vierziger Jahre in Mähren und
Schlesien noch folgende Fabriks- und Handelshäuser bezüglich der Leinen-
erzeugung von Bedeutung: Hönig & Co., Johann Siegl & Co., Kößler,
Göttlicher, Schneider und Bock & Wanke, alle in Schönberg.

Zu Anfang der vierziger Jahre belief sich die Zahl der in Mähren
und Schlesien für den Handel arbeitenden Webstühle auf 22—23.000,
wovon aber höchstens 6000 das ganze Jahr, die anderen nur im Winter in Gang
waren. Die Zentren der Leinenindustrie und des Leinwandhandels in Mähren
und Schlesien waren Schönberg, Mähr.-Trübau, Brünn, Sternberg, Römerstadt,
Janowitz, Freiwaldau, Freudenthal und Friedek-Mistek. Für das Jahr 1841
wurde der Wert der in Mähren erzeugten und in den Handel gebrachten Leinwand auf 3,393.000 fl. geschätzt. Davon entfielen auf
Schönberg allein 1,800.000 fl.[3]).

Mechanische Spinnerei. Die Maschinenflachsspinnerei fand in Mähren erst 1842 Eingang.
Im Jahre 1839 entstand auf Veranlassung von Eduard Oberleithner und
Karl Anton Primavesi die Aktiengesellschaft für mechanische Flachs-
und Hanfspinnerei in Schönberg und wurde im November 1842 mit 2000 Spindeln in Gang gesetzt; 1843 hatte diese Gesellschaft 2592 Spindeln in Betrieb
und beschäftigte bei 400 Menschen[4]).

Zwirn. Grohmann. Die größten Zwirnerzeugungs- und Bleichanstalten in Mähren
und Schlesien waren jene von Anton Grohmann in Würbenthal. Gegründet wurde dieses Unternehmen 1800 von Ferdinand Rößler und Adolf Weiß
unter der Firma Weiß & Rößler. Damals war dies jedoch kein eigentlicher fabriks-
mäßiger Betrieb, sondern es wurden die in jenen Gegenden in großer Menge
erzeugten Flachshandgespinste eingekauft, nach der Stärke in verschiedene
Nummern sortiert und dann an die Handzwirner, welche in ihren Wohnhäusern
arbeiteten, zum zwei-, drei- und vierfachen Zwirnen ausgegeben. Die von diesen
gelieferten Zwirne wurden dann gebleicht, gefärbt und sodann verkauft. Seit
1846 hieß die Firma Weiß & Grohmann. Da die Handarbeit mit dem eng-

[1]) D'Elvert, a. a. O., XIX, 283 f. — [2]) Großind. Öst., IV, S. 293 f. — [3]) Tafeln z. Stat.
f. 1841; Ber. ü. d. Ausst. Wien, 1845, S. 326 f., 332. — [4]) D'Elvert, a. a. O., XIX, S. 305;
Tafeln z. Stat. f. 1841; Beitr. z. Gesch. d. Gew. u. Erf., I, S. 268; Ber. ü. d. Ausst. Wien, 1845,
S. 315 f.

lischen Produkte nicht mehr konkurrieren konnte, sah sich die Firma veranlaßt, 1847 in Würbenthal eine mechanische Leinenzwirnfabrik zu errichten[1]).

Wie in Böhmen ist auch in Mähren seit dem Aufkommen von großen fabriksmäßigen Betrieben ein neuer Aufschwung der Leinenindustrie zu bemerken, welcher für die Zukunft zu den besten Hoffnungen Anlaß gab.

In Niederösterreich war die Leinenwarenerzeugung niemals von größerer Bedeutung und kam im Vergleich mit der böhmischen und mährisch-schlesischen kaum in Betracht. Nur im Viertel ob dem Manhartsberge wurde Hausleinwand erzeugt[2]). *Nieder-österreich.*

Die in Siegersdorf unter dem Wiener Wald schon 1802 erwähnte Flachs- und Hanfraffinerie erhielt später die Landesfabriksbefugnis und wurde bei der Wiener Ausstellung von 1835, in welchem Jahre sie dem Johann Eder gehörte, ehrenvoll erwähnt, bei der Ausstellung von 1839 mit der bronzenen Medaille bedacht[3]).

Wenn die Leinenwarenerzeugung in Niederösterreich nicht von Belang war und der erste in Österreich unternommene Versuch zur Errichtung einer mechanischen Flachsspinnerei (Girard) trotz der großen von der Staatsverwaltung gebrachten Opfer ein unrühmliches Ende genommen hatte[4]), so erhielt dieses Land bezüglich der mechanischen Flachsspinnerei bald ein Musterunternehmen, welches die aller Länder übertraf. Im Jahre 1834 faßten die Großhändler Thaddäus Edler von Berger und dessen Stiefsohn und Gesellschafter Eduard Schultz den Plan zur Errichtung einer Flachsspinnerei. Es wurden daher auf deren Veranlassung unter der Leitung des ob seiner Verdienste um die Baumwollspinnerei rühmlichst bekannten Direktors der Pottendorfer Baumwollgarnspinnerei Johann von Thornton Versuche im Bau von zweckmäßigen Maschinen vorgenommen und sodann die k. k. priv. Flachsgarnmanufaktursgesellschaft zu Pottendorf gebildet und die Fabrik 1838 in Gang gesetzt. Sämtliche Maschinen wurden von eigenen Arbeitern in der Fabrik verfertigt. Das Unternehmen gedieh sehr gut und hatte 1843 7000, 1845 schon 8000 Spindeln in Betrieb, somit fast soviel wie alle anderen damals in Österreich bestehenden Flachsgarnspinnereien zusammengenommen; 1845 beschäftigte diese großartige Unternehmung 540 Arbeiter und erhielt bei der Wiener Ausstellung die goldene Medaille[5]). *Mechanisch Spinnerei. Pottendorf.*

Dieser folgte dann in der Gründung die Flachsgarnspinnerei von Pössel & Wögerer zu Weigelsdorf bei Pottendorf, welche 1843 an 800, 1845 1500 Spindeln in Betrieb hatte[6]).

Im dritten Jahrzehnt des 19. Jahrhunderts hatte der bekannte Erfinder einer Flachsspinnmaschine Wurm zusammen mit Pausinger eine Spinn-

---

[1]) Großind. Öst., IV, S. 316 f.; D'Elvert, a. a. O., XIX, S. 287. — [2]) A. d. Fin. Min. Kom., Fasz. 29, 1834, Jänner 102, Ber. d. niederöst. Provinzialhandelskommission ü. d. Zustand der Ind. i. J. 1832; André, Neueste Beschreibung (1813), S. 175. — [3]) H. K. A. Kom. N.-Öst., Fasz. 72, Nr. 3 ex aug. 1802; Ber. ü. d. Ausst. Wien, 1835, S. 10, 1839, S. 202. — [4]) Vgl. oben S. 191 ff. — [5]) Ber. ü. d. Ausst. Wien, 1839, S. 206 f., 1845, S. 314 ff. — [6]) Ber. ü. d. Ausst. Wien, 1845, S. 314, 318.

fabrik zu Marienthal bei Grammatneusiedl errichtet, welche sich jedoch nicht lange erhielt[1]). Dasselbe Schicksal hatte auch die Spinnerei von Hebenstreit & Bollinger in Brunn am Gebirge (1824 in Gang gesetzt)[2]).

Die Hanfgarnspinnerei von Butschek & Graff zu Aue bei Schottwien, welche alle Gattungen Seilerwaren erzeugte, hatte 1845 25 Maschinen und beschäftigte 80 Arbeiter[3]).

Die Seilerei von Johann B. Petzl & Sohn in Wien reicht in ihren Anfängen bis 1825 zurück[4]).

Ober-
österreich.
In Oberösterreich, welches Land Leinwand in großer Menge erzeugte, waren die Zentren dieser Fabrikation die Gegenden von Freistadt, Laßberg und Neumarkt[5]). Um 1814 wurden in diesem Lande jährlich 80—100.000 Stück Leinwand erzeugt[6]). Länger als in anderen Ländern blieb hier die Leinwandindustrie in den kleingewerblichen Betriebsformen und beruhte ganz auf dem Verlagssystem.

Zu Anfang der vierziger Jahre des 19. Jahrhunderts waren die bedeutendsten Leinenwarenfabriken Oberösterreichs die von Vonwiller & Co. zu Haslach, Simonetti zu Helfenberg, Kamka zu Zwettl und Wurm zu Neumarktl bei Linz. Diese Unternehmungen verlegten die Landweber meist zur Winterszeit, wo der Feldbau ruhte.

Die Leinen- und Baumwollwarenfabrik von Vonwiller & Co. zu Haslach im Mühlkreise war die größte in Oberösterreich und beschäftigte im Sommer 290, im Winter 390 Webstühle. Sie erhielt bei der Wiener Ausstellung von 1845 die goldene Medaille.

Der bürgerliche Leinwandhändler Anton Jax in Leonfelden im Mühlkreise beschäftigte 1835 an 300 Menschen und führte viel nach Italien aus[7]).

Inner-
österreich.
Von ganz Innerösterreich war die Leinenfabrikation nur in Krain von Bedeutung. Hier war sie namentlich in der Umgebung von Bischoflack und Straschitz und von Michelstetten und Flödnigg ein wichtiger Erwerbszweig. Es gab da ganze Dörfer, in denen jedes Haus einen Webstuhl hatte. Von hier aus ging ein massenhafter Export nach Triest. Im Bezirk Bischoflack gab es gegen Ende der dreißiger Jahre über 100 Flachshändler, die den Flachs aus Kärnten holten, ferner bei 70 Leinwandhändler, die jährlich über 7000 Stück weiße und 25000 ,,rupfene" Leinwand verhandelten. In der Färberei nahm Neumarktl den ersten Platz ein.

Die Zwirnspitzenfabrikation war besonders in Laibach, Stein, Kreutz und Idria wichtig, wo zahlreiche Frauen und Mädchen damit beschäftigt waren.

Die mechanische Flachsspinnerei fand in Innerösterreich erst spät

---

[1]) Keeß u. Blumenbach, a. a. O., I, 101, 107, 109; H. K. A. Kom. Kam., Fasz. 55, Nr. 140 ex mart. 1826. — [2]) Keeß u. Blumenbach, a. a. O., I, 107, 109. — [3]) Ber. ü. d. Ausst. Wien, 1845, S. 322. — [4]) Großind. Öst., IV, S. 326. — [5]) Keeß u. Blumenbach, a. a. O., I, S. 106, 118 f., 285—289. — [6]) H. K. A. Kom. Kam., Fasz. 31, Nr. 10 ex jun. 1814, 57 ex apr. 1815, 52 ex jun. 1816. — [7]) Tafeln z. Stat. f. 1841; Ber. ü. d. Ausst. Wien, 1835, S. 8, 1845, S. 327, 332, 336.

Eingang; 1841 bestand eine Spinnfabrik zu Pragwald in Steiermark; eine andere war zu Liesereg in Kärnten in Bau[1]).

Im Küstenlande war zu Ende des 18. und in den ersten Jahrzehnten Küstenland des 19. Jahrhunderts eine Leinwandfabrik zu Kanal im Görzer Kreise, den Brüdern Borghi gehörig, welche 1786 zu ihrer Erweiterung eine staatliche Unterstützung von 10.000 fl. erhielten. Sie war jedoch schon im 3. Jahrzehnt des 19. Jahrhunderts stark in Abnahme begriffen[2]).

In Galizien nahm die Leinwanderzeugung im 19. Jahrhundert stark Galizien. zu. Die daselbst übliche Landestracht, welche leinene Stoffe fast ausschließlich begünstigte, hatte diese Fabrikation von jeher gefördert. Im 19. Jahrhundert hob sich aber die Produktion bedeutend, da sie trotz ihrer ordinären Qualität wegen der dortigen niedrigen Arbeitslöhne und der dauerhaften Beschaffenheit der Ware immer mehr in den Handel kam. Die Militärverwaltung bezog den größten Teil ihres Bedarfes an Leinen aus Galizien, wo es zu Jaroslau aufgekauft wurde[3]).

Die Menge der erzeugten Leinwand betrug 1841[4]):

in Böhmen	1,500.000	Stück zu 30 Ellen im Werte von	10,500.000 fl.
in Mähren	660.000	„ „ „ „ „ „ „	4,500.000 fl.
in Galizien	800.000	„ „ „ „ „ „ „	4,000.000 fl.
in Niederösterreich	90.000	„ , „ „ „ „ „	500.000 fl.
in Oberösterreich	200.000	„ „ „ „ „ „ „	1,000.000 fl.
in Krain	150.000	„ „ „ „ „ „ „	600.000 fl.

Wenn trotz aller Bestrebungen der Staatsverwaltung in den ersten Jahrzehnten des 19. Jahrhunderts keine großen Erfolge zu verzeichnen sind, so kann man der Kommerzialleitung den Willen, nach Möglichkeit zu helfen und zu fördern, dennoch nicht absprechen. Die Staatsverwaltung kann eben die Wege nur ebnen, alles übrige hängt vom Eifer und der Einsicht der Unternehmer ab. Erst als mit dem Aufkommen der mechanischen Flachsspinnerei und der Entwicklung der größeren Leinwandfabriken in den vierziger Jahren eine größere Konzentrierung der Leinenindustrie möglich wurde, beginnt eine bessere Zeit für diesen Industriezweig.

XVIII. Kapitel.

Die Seidenindustrie.

A. Die staatlichen Maßnahmen bis 1790.

Am frühesten begegnet man in Österreich der Seidenzucht und damit im Die Seiden-Zusammenhange der Seidenindustrie im Süden der Monarchie, und zwar zucht und im Gebiete von Görz und in Südtirol, wo dieselbe mit der Seidenzucht Ober- die Staats-italiens im Zusammenhange stand. verwaltung

bis 1790.

Schon zu Beginn des 18. Jahrhunderts richtete die österreichische Staats- Görz.

---

[1]) Staatsrat 1786, Nr. 4151; Ber. ü. d. Ausst. Klagenfurt, 1838, S. XXXI, Graz, 1841, S. LVIII. — [2]) Staatsrat 1786, Nr. 4151; H. K. A. Kom. Praes. 1819, Nr. 351; Keeß u. Blumenbach, a. a. O., I, S. 291. — [3]) Tafeln z. Stat. f. 1841. — [4]) Tafeln z. Stat. f. 1841.

verwaltung ihre Aufmerksamkeit auf die Seidenzucht in Görz und bemühte sich, dieselbe zu fördern, zu welchem Zwecke auch auf staatliche Anregung von einer Privatkompagnie gegen ein zwanzigjähriges ausschließendes Privileg auf Erzeugung von „Trama- und Orsivseide" ein Filatorium zu Farra bei Gradiska errichtet wurde[1]).

Unter Maria Theresia wurde 1756 zur planmäßigen Hebung der Seidenzucht und Seidenmanufaktur in Görz ein eigener Kommerzienmagistrat daselbst errichtet, dessen Wirksamkeit sich nur auf diesen Gegenstand zu erstrecken hatte, wobei die Staatsverwaltung besondere Sorgfalt auf die Pflanzung von Maulbeerbäumen aufwendete, als der Grundbedingung der Seidenzucht und Manufaktur.

Der Kommerzienmagistrat bewährte sich jedoch nicht und wurde schon 1764 aufgelöst. Die Regierung war hier bestrebt auch durch Anleitungen und Aufmunterungen die Seidenzucht immer mehr zu verbreiten. Hingegen wurden namhafte Unterstützungen aus Staatsmitteln in den südlichen Provinzen nie gewährt[2]). Auch versuchte man durch zollpolitische Maßnahmen, Ausfuhrverbote oder Besteuerung bei Ausfuhr von roher Seide, fördernd zu wirken, doch meist ohne besonderen Erfolg. Die liberaleren Grundsätze, welche die Gewerbepolitik schon gegen Ende des 18. Jahrhunderts beherrschten, schwächten die staatliche Ingerenz immer mehr ab, da alle Zwangsanstalten als nicht von Vorteil, sondern eher von Nachteil angesehen wurden. So wurde auch die Seidenzucht in Görz und Gradiska weiterhin ausschließlich der privaten Initiative überlassen[3]).

Tirol.

Noch viel geringer war die staatliche Förderung gegenüber der stark entwickelten Seidenzucht in Südtirol, namentlich in Rovereto, deren Anfänge sehr weit, vielleicht bis in das 14. Jahrhundert zurückgehen. Um die Mitte des 18. Jahrhunderts betrug die Menge der Seidengewinnung Roveretos an 80.000 Pfund jährlich, zu Beginn des 19. Jahrhunderts schon über 300.000 Pfund[4]).

Nieder-
österreich.

Bis in den Anfang des 17. Jahrhunderts reichen die Versuche zurück, die Seidenzucht auch in Niederösterreich einzuführen. Unter Maria Theresia wurden diese Versuche vom Staate eifrig gefördert, vielfach sogar auf staatliche Kosten unternommen. Auch wurde von der Regierung, um die Seidenfabrikanten während der schlechten Seidenernte in Italien im Jahre 1750 mit billiger Seide zu versehen, ein Seidenmagazin errichtet, welches aber wegen schlechter Betriebsergebnisse bald wieder aufgelöst wurde.

Gerade die hohen Seidenpreise bildeten aber anderseits für die Regierung den Ansporn, nicht nur zu vereinzelten Maßregeln zu greifen, sondern die Erweiterung der Seidenzucht in allen Kronländern anzustreben, in welchem Sinne am 16. August 1763 ein Patent an sämtliche Länderstellen erging. Zugleich wurde eine Anleitung zur Seidenzucht veröffentlicht und unentgeltlich verteilt (1765).

Um den Zweck zu erreichen, wurde nicht einmal vor Zwang zurückgeschreckt,

---

[1]) Deutsch, Die Entwicklung der Seidenindustrie in Österreich, S. 16—18. — [2]) Deutsch, a. a. O., S. 20—28. — [3]) Deutsch, a. a. O., S. 29. — [4]) Deutsch, a. a. O., S. 30 f.

wie denn auch die Städte, Märkte und Grundobrigkeiten des Viertels unter dem Wiener Wald bei Strafe verpflichtet wurden, falls sie einen eigenen Gärtner beschäftigen, zur Verbreitung der Maulbeerbäume beizutragen. Da aber auch die Zwangsmaßregeln nicht den erwünschten Erfolg hatten, überließ endlich die Staatsverwaltung die Seidenzucht in Niederösterreich ihrem Schicksal, womit ihr Los besiegelt war, was die Erhebungen im Jahre 1785 bestätigten. Endlich sah man ein, daß die Seidenzucht nur in klimatisch günstigeren Gegenden möglich sei und verlegte auch die späteren Bemühungen nur auf solche. Ein Versuch, der in Niederösterreich noch 1811 vorgenommen wurde, mißlang ebenfalls[1]).

Auch in Böhmen wurden unter Maria Theresia Versuche zur Einführung der Seidenzucht gemacht, aber alle Opfer und Bemühungen waren vergebens, so daß die Seidenzucht in diesem Lande noch vor Ende des 19. Jahrhunderts aufhörte. *Böhmen.*

Das Ermunterungspatent von 1763 hatte zur Folge gehabt, daß auch in einigen anderen Kronländern, so in Krain, Kärnten und der Steiermark mit der Seidenzucht begonnen wurde, doch erlangte dieselbe nur in Krain wenigstens einige Ausdehnung. *Inner-österreich.*

Die Vergeblichkeit aller Opfer einsehend, sah sich denn auch die Staatsverwaltung veranlaßt, bei der 1772 vorgenommenen Reorganisation der Verwaltung alle staatlichen Plantagen teils an Private zu überlassen, teils ganz aufzulösen und auch alle anderen Ausgaben für Seidenzucht gänzlich einzustellen.[2])

Die Erzeugung von Seidenwaren ist in Österreich alt. Schon im 14. Jahrhundert lassen sich Seidenwirker in Wien nachweisen. Dennoch kann man nicht behaupten, daß damals schon eine Seidenindustrie in Österreich vorhanden war. Der Begründer dieses Industriezweiges ist vielmehr der bekannte Merkantilist Johann Joachim Becher, obwohl er gerade mit seinen Gründungen, der Seidenkompagnie und der Zinzendorfschen Seidenstrumpfwirkerei in Walpersdorf kein Glück hatte. Besser ging es mit der in dem ebenfalls auf seine Anregung 1676 errichteten Manufakturwarenhaus am Tabor eingerichteten Seidenbandmanufaktur, welche einige Zeit sehr gut florierte. Wenn aber auch alle diese Unternehmungen bald eingingen, so blieben die von Becher hereingezogenen ausländischen Seidenarbeiter im Lande, welche den Grund zur späteren österreichischen Seidenindustrie bildeten. Schon 1710 finden wir in Wien eine Zunft der Seidenzeugmacher[3]). *Seiden-industrie und Staatsverwaltung bis 1790.*

Mit dem Anfange des 18. Jahrhunderts setzten auch die vielfach beträchtlichen staatlichen Unterstützungen ein, welche namentlich einwandernden fremden Seidenfabrikanten zuteil wurden. Unter Maria Theresia begann dann, wie auf vielen anderen Gebieten der Industrie, so auch hier die direkte Einflußnahme der Staatsverwaltung sogar auf die Technik der Produktion, um die Qualität der Ware und den Kredit derselben zu heben. So wurde am 16. Oktober *Qualitäten-ordnungen.*

---

[1]) Deutsch, a. a. O., S. 32—42. — [2]) Deutsch, a. a. O., S. 42—49. — [3]) Deutsch, a. a. O., S. 52 ff.

1751 die erste Manufakturs- (Qualitäten-) Ordnung für Seidenzeuge erlassen, durch welche nicht nur der Arbeitsprozeß geregelt, sondern sogar die Höhe des Arbeitslohnes festgesetzt wurde[1]).

Staatliche Unterstützungen. Den Fabrikanten wurden unter Maria Theresia, wie bei den übrigen Industriezweigen, zur Ausgestaltung ihrer Betriebe Vorschüsse und sonstige Geldaushilfen, meist Zinsbeiträge und Remunerationen verliehen. Daneben war noch häufiger die Unterstützung durch Anschaffung von Webstühlen oder anderen Werkzeugen. Für den Unterricht von Lehrlingen wurden nicht unbedeutende Lehrlingsbeiträge bewilligt. Sehr gerne verlieh die Regierung Vorschüsse, wenn es wie hier galt, einen neuen Fabrikationszweig einzuführen. So erhielten in der Mitte des 18. Jahrhunderts drei Franzosen, Fleuriet, Tetier und Gautier, welche die Fabrikation von glattem und geblumtem Samt einführen sollten, jeder eine Pension, sodann unentgeltliche Überlassung von Fabrikations- und Wohnräumen, sowie alle Werkstühle und Gerätschaften, die sie innerhalb von zehn Jahren brauchen sollten. Sie verpflichteten sich hingegen nur zur Ausbildung möglichst vieler Lehrjungen, wofür ihnen aber wiederum besondere Zuwendungen zugesagt wurden.

Dessinateurschule. Um eine geschmackvollere Ausführung und Dessinierung der Seidenwaren zu befördern, errichtete die Regierung 1758 eine **Dessinateurschule** in Wien, in welcher junge Leute in der Kunst des Zeichnens und Einrichtens von Dessins unterwiesen wurden.

Daß alle Maßnahmen der Regierung nicht den gewünschten Erfolg hatten, erklärt sich einerseits daraus, daß die Staatsverwaltung während dieser Kriegsperiode nicht über genügende Mittel verfügte, um alles, was sie für notwendig erachtete, wirklich durchzuführen, anderseits aber durch den Umstand, daß die meisten wohlgemeinten Vorschriften mangels einer geeigneten Kontrolle nicht beobachtet wurden und daher wirkungslos bleiben mußten[2]).

Samtqualitätenordnung 1763. Als sich infolge des Siebenjährigen Krieges 1763 in der Seidenindustrie eine empfindliche Krise bemerkbar machte, erließ die Regierung am 26. April dieses Jahres zum Schutze der kaum eingeführten Samtindustrie eine Qualitätenordnung für 12 Samtsorten, wodurch wiederum sowohl die Qualität der Arbeit als auch die Arbeitslöhne genau bestimmt wurden[3]). Um diesen Schutz noch wirksamer zu machen, griff man zu einem schärferen Mittel und verbot 1764 die Einfuhr der meisten Seidenwaren, dies zu einer Zeit, wo die inländische Fabrikation den Bedarf noch bei weitem nicht zu decken vermochte.

Um die Seidenfabrikation auf dem flachen Land auszubreiten, wurde im Frühjahre 1768 für die außerhalb Wiens befindlichen Seidenfabriken eine Manufakturordnung erlassen, welche in die Arbeitsverhältnisse strenge und genaue Ordnung bringen sollte, aber eben deshalb bei der Durchführung großen Schwierigkeiten begegnen mußte.

Nach dem Siebenjährigen Kriege setzte die Regierung ihre fördernde Tätigkeit fort. Auch wurde erwogen, ob es nicht zweckmäßig und für die Fabri-

---

[1]) Deutsch, a. a. O., S. 59 ff. und 66 ff. — [2]) Deutsch, a. a. O., S. 70—74. — [3]) Deutsch, a. a. O., S. 75 ff.

kation förderlich wäre, jene Fabriken, welche ihre Fabrikation nicht nach
dem Wechsel der Mode einrichten müssen, auf das flache Land zu verweisen. Weiters wurde, um an Arbeitslohn zu sparen, die Verwendung
von Mädchen bei der Seidenzeugfabrikation auf vielfache Weise
begünstigt.

Im Jahre 1770 wurde die in den früheren Qualitätenordnungen enthaltene
Festsetzung der Arbeitslöhne aufgehoben, da liberalere Anschauungen Platz
gegriffen hatten und dies als ein zu starker Eingriff in das persönliche Gebiet
der freien Vereinbarung aufgefaßt wurde. Einem stärkeren Ansteigen der
Löhne sollte durch Begünstigung der billigeren Mädchenarbeit entgegen-
gearbeitet werden, welche tatsächlich immer größere Verbreitung fand.

Seit den siebziger Jahren hörten die verschiedenen Unterstützungen nach
und nach auf, da einerseits die Seidenindustrie schon teilweise festen Fuß
gefaßt hatte, anderseits man mit Geldzuwendungen keine guten Erfahrungen
gemacht hatte[1]).

Durch Patent vom 14. Oktober 1774 wurde auch die Einfuhr eines Teiles
der bis dahin verbotenen Seidenwaren gegen Entrichtung eines mäßigen Zolles
gestattet[2]).

In der Zeit zwischen 1764 und 1774 hatte sich die Seidenfabrikation dank
den günstigen Umständen und sicher auch der Fürsorge der Regierung in Wien
mehr als verdoppelt[3]).

Als 1775 wiederum eine schwere Krise die Seidenindustrie heimsuchte,
war man leicht geneigt, die Ursache dem Zollpatent von 1774 zuzuschreiben.
Die Regierung scheint aber diese Ansicht nicht geteilt zu haben, denn sie schritt
1776 zu einer weiteren Milderung der Einfuhrverbote[4]).

Josef II. setzte das von Maria Theresia begonnene Werk noch viel ener- Aufhebung
gischer fort, wobei als letztes Ziel seiner Wirtschaftspolitik die Beseitigung der Seiden-
aller Schranken der freien Betätigung erschien. Die friedlichere Zeit war auch qualitäten
dafür weit günstiger. Gleich 1782 wurde die Seidenzeugqualitätenordnung ordnung
aufgehoben, die allerdings auch bis dahin nicht beobachtet worden war. Ander- (1782).
seits sollte durch das Zollpatent von 1784 die inländische Industrie durch prohibitive Zölle geschützt werden. Die staatliche Unterstützungstätigkeit wurde
in intensiver Weise fortgesetzt, wobei namentlich fremde Fabrikanten begünstigt wurden, von welchen man am ehesten eine Verbesserung der Fabrikationstechnik erwarten konnte. Das Zirkular, welches Kaiser Josef 1786 nach Aufhebung der Klöster an die österreichischen Vertretungen im Auslande richtete,
wonach die Regierung geneigt sei, die Klostergebäude an ausländische Industrielle
zu vergeben und denselben auch weitere Begünstigungen einzuräumen, hatte
vollen Erfolg. Zollfreie Einfuhr der Fabriksgerätschaften wurde gestattet, die
Transportkosten und Reiseauslagen wurden vergütet, fremden Arbeitern weitgehende Begünstigungen zugestanden. Auf diese Weise entstand unter anderem
die bedeutende Wiener-Neustädter Seidenfabrik von Andre & Bräunlich[5]).

---

[1]) Deutsch, a. a. O., S. 77—109. — [2]) Deutsch, a. a. O., S. 110. — [3]) Deutsch, a. a. O.,
S. 111. — [4]) Deutsch, a. a. O., S. 112 f. — [5]) Deutsch, a. a. O., S. 115—126.

B. Die Entwicklung der Seidenindustrie bis 1790.

Die Zeit vor Maria Theresia. Wien. ˙Wie schon erwähnt, gingen die durch Becher oder auf seine Anregung zustande gekommenen Unternehmungen, ebenso wie die Seidenmanufaktur im Manufakturwarenhaus am Tabor bald wieder ein. Aber der Anfang war gemacht, die Fortsetzung dadurch erleichtert. Mit staatlicher Unterstützung wanderten fremde Meister ein, so der Genfer Taffetfabrikant Francois Dunant im Jahre 1717, der seine Fabrik vorerst auf der Wieden etablierte, später in das Mauthaus auf dem Tabor übertrug. Ein anderer französischer Seidenfabrikant war Jean Pic. Vor dem Schottentore bestand damals die Fabrik von Peter Passardi, Johannes Bussi und Matthias Hengstberger.

Südtirol und Görz. Bedeutend war im ersten Viertel des 18. Jahrhunderts die Seidenwaren- und Samterzeugung nur in Südtirol, ferner in Görz und Gradiska, wo schon ausgedehnte Unternehmungen bestanden[1]).

Zeit Maria Theresias und Josefs II. Nieder-österreich. Unter Maria Theresia nahm die Fabrikation dank den größeren Bemühungen der Staatsverwaltung einen großen Aufschwung. Zur Emporbringung der noch ganz unbedeutenden Samtfabrikation wurden 1751 die drei Franzosen Fleuriet, Tetier und Gautier nach Wien berufen und mit großen Begünstigungen versehen; 1754 errichtete der Kommerzialrat Frieß in Verbindung mit dem Handelsmanne Togniola eine Samtfabrik in Döbling.

˙Die tatsächliche Entwicklung war anfangs dennoch nicht ganz befriedigend. Die Zahl der 1760 in der Wiener Seidenindustrie beschäftigten Personen betrug nur 607. Die fortwährenden Kriege hatten die Regierung bis dahin gehindert, planmäßig vorzugehen. Dagegen blühte die Seidenfabrikation in Görz, was den Neid der Wiener Fabrikanten erweckte und zu vielfachen Schikanen und Rekriminationen Anlaß gab[2]).

Zu Beginn der fünfziger Jahre war die Fabrik des Andreas Hebenstreit in Wien gegründet worden, welche, wie die meisten anderen, staatliche Unterstützungen genoß. Seit 1758 bestand in Wien die Taffetfabrik des Andreas Jonas, welche einen glänzenden Aufschwung nahm; 1782 hatte sie 38 Webstühle in Betrieb und beschäftigte 144 Personen. Der Taffet- und Florfabrikant Masgotz begann seine Fabrikation 1756 und verlegte in den siebziger Jahren seine Unternehmung nach Mödling. Von den drei eingewanderten französischen Samtmeistern erlangte nur Tetier eine größere Bedeutung; 1764 übertrug er, dem Wunsche der Kaiserin gemäß, die Fabriken in die Landstädte zu verpflanzen, seine Unternehmung nach Krems. Trotz der vielen staatlichen Geldaushilfen wollte sie aber nicht gedeihen. Im Jahre 1769 ging diese Fabrik, die 36 Webstühle beschäftigte, in die Hände einer Gesellschaft, 1772 von dieser an Martin Peternader über, welcher sie 1776 nach Meidling bei Wien übertrug und bis zu seinem Tode (1780) betrieb. In den fünfziger Jahren hatten Falzorger und Valero die Florfabrikation in Österreich eingeführt. Falzorger errichtete 1767 eine Florfabrik in der Leopoldstadt in Wien, welche von 1769 an von seiner Witwe fortgeführt wurde. Im Jahre 1767 gründete der Lyoner

---

[1]) Deutsch, a. a. O., S. 53—63. — [2]) Deutsch, a. a. O., S. 64—83, 113, 145 ff.

Seidenzeugfabrikant Vial ebenfalls in Wien eine Fabrik für feine broschierte und reiche Zeuge. Im folgenden Jahre assoziierte er sich mit dem Fabrikanten Violant. Nach seinem Tode (1771) ging die Fabrik an Charton über.

Im Jahre 1768 wurde vom Hamburger Samtfabrikanten Engelbert König in Wien eine große Samtfabrik gegründet, welche von der Staatsverwaltung vielfache Förderung erfuhr. Nachdem diese Unternehmung eine Zeitlang von dessen Witwe und sodann vom Handelsmanne Kritsch betrieben worden war, ging sie 1768 an den Fabriksdirektor Christian Gottlieb Hornbostel über. Sie nahm, namentlich unter Josef II., einen solchen Aufschwung, daß sie 1790 bereits 200 Stühle in Betrieb hatte[1]).

Im Jahre 1772 war der Stand der Seidenfabrikation in Niederösterreich folgender[2]):

	Namen der Fabriken	Meister und Witwen	Gesellen	Jungen und Scholaren	Arbeitende Weibspersonen	Lehrmägdlein	Seiden- winderinnen u. dgl.	Spinnerinnen	Stühle	Maschinen u. dgl.
1	Samt- und Taffetfabrik des Tetier & Co...	16	10	12	7	19	18	—	53	23
2	Samtfabrik des Engelbert König	1	27	8	—	—	28	—	36	15
3	Samtfabrik des Karl Rücher.	1	30	3	2	3	9	—	7	3
4	Seidenzeugfabrik des Charton	1	21	1	—	9	16	—	24	—
5	Flor- und Tüchelfabrik des Heinrich Grob .	1	1	—	12	3	16	—	16	—
6	Fabrik der Elise Falzorgerin	2	6	—	21	31	8	—	39	6
7	Taffetfabrik des Masgotz	2	1	—	11	20	18	1	24	2
8	Florfabrik des Valero	1	3	7	9	24	—	—	12	2
9	Glanzappretur des Gianicelli	1	1	—	—	—	—	—	—	4
	Zusammen . . .	26	73	31	62	109	113	1	211	55
	Namen der Gewerbschaften									
1	Seidenzeug-, Brokat- und Samtmacher. . .	85	317	178	74	124	778	—	658	—
2	Dünntuchmacher	42	182	80	16	—	351	123	281	—
3	Seidenfärber	16	8	17	—	—	—	—	—	—
4	Seiden- und Wollstrumpfwirker	93	155	66	—	—	159	140	414	—
	Zusammen . . .	236	662	341	90	124	1288	263	1353	—

Unter Josef gründeten 1782 die Gebrüder Tomasi aus Rovereto mit staatlicher Unterstützung eine Florett- und Galettseidenfabrik, wobei sie in getrennten Betrieben arbeiteten, und zwar der eine mit 70, der andere nit 264 Personen. Die Florfabrik des Throll in Wien beschäftigte 1786 bei 113 Stühlen an 150 Personen.

Im Jahre 1784 wurde von Andre & Bräunlich (aus Mühlheim am Rhein) in Wr.-Neustadt im ehemaligen Karmeliterkloster eine Fabrik ins Leben gerufen, welche eine bedeutende Ausdehnung erlangte und 1787 die Landesfabriksbefugnis als k. k. priv. niederländische Seidenfabrik erhielt. Binnen

---

[1]) Deutsch, a. a. O., S. 93—105; Keeß, a. a. O., II, 301. — [2]) Bujatti, Gesch. der Seidenindustrie, 60; Deutsch, a. a. O., 108 f.

drei Jahren hatte die Fabrik 156 fremde Arbeiter nach Österreich gebracht und die Gesamtzahl der in derselben 1789 beschäftigten Personen belief sich auf 283, die der im Betriebe befindlichen Webstühle auf 120; 1790 beschäftigte dieselbe schon 400 Personen.

Im Jahre 1787 erwarb der in Wien ansässige Seidenzeugfabrikant Cagniano das ehemalige Kapuzinerkloster in Mödling; 1788 betrieb diese Fabrik 80 Webstühle und ernährte 168 Personen[1]).

So war in Niederösterreich und namentlich in Wien schon unter Josef eine stark entwickelte Seidenindustrie entstanden, welche eine größere Anzahl von Fabriken und zahlreiche Meister umfaßte[2]).

Görz. In Görz und Gradiska gab es 1760 23 Seidenzeugmeister mit 173 Gesellen und 43 Jungen, 1762 betrug die Zahl der Gesellen schon 235 und die der Jungen 59. Die jährliche Produktion, welche 1760 im ganzen 1895 Stück Seidenzeuge betragen hatte, stieg fortwährend und belief sich 1766 schon auf 3430 Stück.

Die Seidenindustrie in Görz blühte, obwohl sie sich gar keiner staatlicher Geldunterstützungen zu erfreuen hatte. Ihre Lage war günstig, da sie aus dem nahen Italien, falls das Land selbst den Seidenbedarf nicht decken konnte, den Rohstoff relativ billig beziehen konnte. Ebenso konnten aus Italien gut ausgebildete Arbeitskräfte herangezogen werden.

Im Jahre 1778 befanden sich in Görz im ganzen 38 Betriebe für Seidenzeuge. In diesen wurden von 224 Gesellen, 115 Lehrlingen und 223 Lehrmädchen insgesamt 336 Webstühle betrieben und 4290 Stück Seidenwaren fabriziert.

Tirol. In Südtirol war namentlich die alte, in die erste Hälfte des 17. Jahrhunderts zurückreichende Samtfabrikation von Ala in voller Blüte. In den siebziger Jahren des 18. Jahrhunderts schätzte man die Zahl der daselbst betriebenen Samtwebstühle auf etwa 300[3]).

Kärnten. In Kärnten hatte in den achtziger Jahren Johann Moro eine Seidenzeugfabrik und erhielt zu ihrer Erweiterung 1786 einen staatlichen Vorschuß von 10.000 fl.[4]).

Böhmen. In Böhmen war nur in Prag die Seidenindustrie von einiger Bedeutung; 1766 wurden daselbst von 124 Arbeitern auf 92 Stühlen 2933 Stück Seidenzeuge und von 10 Arbeitern auf 10 Stühlen 620 Dutzend Seidenstrümpfe erzeugt.

Unterstützungen einzelner Fabrikanten durch die Staatsverwaltung wurden in Böhmen nicht gewährt, so daß die Seidenindustrie daselbst nur der Privatinitiative ihr Emporkommen verdankte.

Besonders interessant für den Geist der damaligen Staatsverwaltung ist eine Entscheidung vom Jahre 1781. Als nämlich Kommerzienrat Scotti, der wegen seiner Verdienste um die Seidenzucht in diesem Jahre zum Inspektor der Seidenfabriken bestellt worden war, die Anzeige erstattete, daß in Böhmen

---

[1]) Deutsch, a. a. O., S. 118—126; Keeß, a. a. O., II, 392. — [2]) Vgl. die Aufzählung derselben in Commercial-Schema Wiens, 1780, S. 227 ff. Für das Jahr 1779 ist eine General-Tabelle der Fabriken Niederösterreichs erhalten im Statth. A. Wien, Karton 5759. — [3]) Deutsch, a. a. O., S. 143—154. — [4]) Staatsrat 1785, Nr. 2700, 1786, Nr. 4151.

die Qualitätenordnung nicht beachtet werde, da meinte der Referent der Hofkanzlei, Eger: „Wenn es wahr und selbst durch ein Attestat dargetan ist, daß selbst die Kaufleute, weil sie wegen Teuerung der Seide, folglich der daraus qualitätenmäßig schwerer erzeugten Ware, letztere nicht leicht absetzen, und daß mithin die Fabrikanten bei solcher qualitätenmäßiger Erzeugung ihrer eigenen Aussage nach zugrunde gehen müßten, so ist es noch besser, sie unqualitätenmäßige, aber verkäufliche Waren erzeugen zu lassen, als solche zu qualitätenmäßiger, aber unverkäuflicher Erzeugung zu zwingen, dadurch an Bettelstab oder gar zur Emigration zu bringen und mit ihnen die Fabrikation ganz zu verlieren." So wurde denn auch die böhmische Landesstelle angewiesen, sie habe „ohne das Reglement zu widerrufen oder förmlich aufzuheben, einsweil nur stillschweigend geschehen zu lassen, daß solches wie bishero, nicht in Vollzug gesetzet werde, maßen die Seidenwarenerzeugung für Böhmen ohnehin kein Artikel sei, mit welchem sich jemals Verschleißspekulation in die Fremde hofen ließ".

Im Jahre 1781 waren in der Prager Seidenmacherzunft 28 Meister, welche über 200 Stühle in Betrieb hatten und 113 Gesellen, sowie 89 Lehrlinge beschäftigten[1]). Gegen Ende der achtziger Jahre waren 233 Stühle in Betrieb[2]).

Die Bandindustrie, die von Becher eingeführt, den ältesten Zweig der österreichischen Seidenindustrie ausmacht, gewann ebenfalls eine starke Verbreitung. Schon 1760 glaubte die Regierung diesen Zweig so entwickelt, daß sie die Einfuhr aller fremden Seidenbänder nach Österreich verbot. Eine größere Verbreitung gewann die Bandfabrikation durch die Gründung von Bandfabriken durch Schweizer, welche damals für die Seidenbandfabrikation vorbildlich waren. So gründete 1762 mit staatlicher Unterstützung der Schweizer Känel zu Penzing bei Wien die k. k. priv. Schweizer Bandfabrik, sechs Jahre später der Schweizer Johann Lutz eine zweite in Wien. Dies waren die zwei ersten Großbetriebe in diesem Teilgebiete der Seidenfabrikation.

Im Jahre 1772 bestanden folgende Seidenbandfabriken in Niederösterreich:

(Marginalie: Seidenbandindustrie)

	N a m e d e r F a b r i k e n	Meister und Witwen	Gesellen	Jungen und Scholaren	Handlanger, Zurichter usw.	Arbeitende Weibspersonen	Lehrmägdlein	Seidenwinderinnen	Faktoren und Beamte	Stühle
1	Penzinger Bandfabrik	23	26	51	41	39	40	94	2	81
2	Fabrik des Karl Jahner, Wien	1	4	5	—	—	—	12	1	9
3	Fabrik des Pozenhard, Klosterneuburg . . .	2	12	11	—	—	7	38	1	25
4	Fabrik des Johann Lutz, Wien	3	6	2	—	14	4	9	2	20
5	Fabrik des Leopold Herbst, Wien	1	3	1	—	1	—	15	—	5
6	Fabrik des Friedr. Dörflinger, Wien	1	9	1	—	—	—	6	—	9
7	Fabrik von Bouvard und Gaillard, Wien. . .	—	7	4	—	3	3	11	—	10
	Zusammen . . .	31	67	75	14	57	54	185	6	159

---

[1]) Deutsch, a. a. O., S. 154—161. — [2]) Schreyer, Kommerz, Fabriken etc. (1790), I, S. 266.

Mit Einrechnung jener, welche dieses Gewerbe außerhalb der Fabriken als freies Gewerbe betrieben, war die Zahl der dabei tätigen Personen wohl mehr als doppelt so groß; 1785 waren in Niederösterreich schon 396 Mühlstühle bei der Bandfabrikation in Betrieb, somit mehr als die doppelte Zahl gegenüber 1772. Die Einführung von Maschinenstühlen bei der Bandfabrikation gelang erst den Seidenzeug- und Bandfabrikanten Andre & Bräunlich in Wr.-Neustadt[1]). Die Penzinger Fabrik ging 1776 in den Besitz von Thaddäus Berger über und erlangte bald eine sehr große Ausdehnung[2]).

In Görz wurde die erste Bandfabrik von den Italienern Battista Poli und Marco Marpurgo 1764 mit einiger staatlicher Unterstützung errichtet. Der Italiener Del Negri führte 1769 die Florettbandfabrikation ein; 1779 bestanden daselbst vier Bandfabriken.

In Böhmen hatte die Seidenbandfabrikation schon unter Maria Theresia eine bedeutende Ausdehnung; 1766 waren dabei 206 Arbeiter auf 200 Stühlen beschäftigt, davon die meisten im Časlauer, Kaurzimer und Budweiser Kreise[3]). Gegen Ende der achtziger Jahre waren in Böhmen schon 783 Seidenbandstühle in Betrieb[4]).

Die Seidenindustrie von 1790 bis 1848.

a) Die Maßnahmen der Staatsverwaltung.

Zu Beginn der neunziger Jahre zeigte sich als Folge des Türkenkrieges eine wirtschaftliche Depression, welche auf dem Gebiete der Seidenindustrie 1792 eine Krise zur Folge hatte. Die ungünstige Lage verschärfte die Gegensätze zwischen den zünftigen Seidenzeugmachern und den Fabrikanten, die infolge der schnelleren Fortschritte der letzteren immer schärfer wurden und den Übergang von Kleingewerbe zu Großindustrie in der Zeit zwischen 1790 und 1810 kennzeichnen.

Unter den vielen Vorschlägen zur Abhilfe gegen die wirtschaftliche Depression im Jahre 1792 wiederholen sich namentlich die Forderungen nach Wiedereinführung der Warenstempelung, Verbot der Frauenarbeit (welche in den Seidenfabriken besonders stark war) für broschierte und fassonierte Arbeiten und Wiedereinführung einer Qualitätenordnung. Doch benahm sich die Hofstelle allen diesen Anregungen gegenüber völlig passiv; sie konnte auch auf diese Wünsche nicht eingehen, da ja gerade der fortschreitende Geist der Industrie bewirkt hatte, daß die Einrichtungen, deren Wiedereinführung man wünschte, teils aufgehoben, teils obsolet geworden waren. Die Beschwerden und Rekurse wurden daher abgewiesen.

Bald war aber diese Krise wenigstens für kurze Zeit überwunden, und zwar durch die Wirkungen, welche die französischen Revolutionskriege auf die österreichische Seidenindustrie ausübten. Die französische Industrie war für lange Zeit lahmgelegt und hiemit der gefährlichste Konkurrent der österreichischen beseitigt. Selbst der Export österreichischer Seidenfabrikate nach der Levante erreichte infolgedessen eine bedeutende Höhe[5]).

---

[1]) Deutsch, a. a. O., S. 165—175. — [2]) Bujatti, a. a. O., S. 57. — [3]) Deutsch, a. a. O., S. 179 f. — [4]) Schreyer, a. a. O., I, S. 286. — [5]) Deutsch, a. a. O., S. 127—132.

Durch Kabinettschreiben vom 22. Februar 1802 wurde angeordnet, daß
künftighin Befugnisse nur mehr für das flache Land erteilt
werden sollen. Diese Maßnahme stand mit den Beschwerden der Seidenmacherzunft in keinem direkten Zusammenhange. Die Ursache der Beschränkung der Fabriken und Gewerbe in Wien war vielmehr die enorme Teuerung
der Lebensmittel und der Wohnungsmangel, der sich in der Hauptstadt stark
geltend machte[1]). Nun waren aber unter den in Wien ansässigen Fabrikationszweigen die Seidenfabrikanten die bei weitem zahlreichsten. Daher war sowohl
die niederösterreichische Regierung als auch die Hofkammer bemüht, den
Kaiser zu überzeugen, daß die Seidenfabrikation auf dem flachen Lande ihr
Fortkommen nicht finden könnte, da sich nur in Wien so hohe Zimmer finden,
wie sie der Seidenfabrikant zur Aufstellung seiner sehr hohen Maschinstühle
brauche. Überdies seien die Fabriksgebäude in Wien für Wohnungszwecke
nicht brauchbar, weshalb sie dem Wohnungsmangel nicht abhelfen würden.
Die Löhne seien in Wien wegen der großen Zahl von Kindern und von Gesindel
niedriger als auf dem flachen Lande. Nur in Wien könne sich der Fabrikant
mit den nötigen Werkzeugen und Rohstoffen billig versehen und seine Waren
unter seiner Aufsicht appretieren lassen. Durch Übersetzung auf das flache
Land würde einerseits der Ackerbau, anderseits die Industrie an Arbeitermangel leiden, während in Wien eine große Zahl von Gesindel arbeitslos werden
würde.

Die Absicht, die Fabriken in Wien nicht zu vermehren oder sogar die bestehenden zu entfernen, konnte ohne Schädigung der Industrie nicht durchgeführt werden. Sie wurde auch nicht durchgeführt, die prinzipiellen Verhandlungen darüber dauerten jedoch jahrelang fort, und nachdem schon 1806
die Regierung von der Hofkammer angewiesen worden war, „jene Unternehmungen, deren Mißlingen oder deren zu starke Erschwerung im Widrigen
vorzusehen wäre, in Wien zu gestatten", weshalb es von dem Antrage, die
Seidenfabriken auf das Land zu verlegen, abzukommen habe, erfolgte das end-
liche Aufgeben dieser Idee 1809, in vollem Umfang eigentlich erst 1811. Jedenfalls wurden aber in dieser Zeit der Verhandlungen mehrere Befugniswerber
für Wien abgewiesen, während man das Anlegen von Fabriken auf dem Lande
begünstigte, was allerdings für die Seidenindustrie nach dem Gesagten nicht
gerade einer Begünstigung ähnlich sah[2]).

Im Jahre 1809 wurde die Seidenbandmacherei sowohl auf Hand- als
auf Mühlstühlen für allgemein frei erklärt[3]). Direkte Unterstützungen
von Seidenfabrikanten kamen unter Franz I. nicht mehr vor, da dies den Grundsätzen der damaligen Kommerzbehörden nicht mehr entsprach, welche immer
daran festhielten, daß sich die Industrie ohne staatliche Einmischung ent-

---

[1]) Vgl. oben S. 25 ff. — [2]) Vgl. oben S. 25—50. Bei Deutsch, S. 135 ff., sind die Ursachen
dieser Maßnahmen nicht dargestellt, weshalb so manches unerklärlich erscheint. Ohne die
wahren Ursachen dieser Verfügungen zu kennen, scheint auch die Bemerkung „denn der Kaiser
selbst war alles eher denn ein Anhänger der Gewerbefreiheit" etwas gewagt. — [3]) H. K. A.
Kom. Litorale, Fasz. 95, Nr. 20 ex martio 1809.

wickeln müsse. Auch war der Stand der Finanzen während dieser Kriegsperiode so schlecht, daß die Staatskassen selbst wohl die größte Hilfe gebraucht
hätten, wie es die Krise von 1811 bewies.

Die österreichische Seidenindustrie, die um die Wende des 18. und
19. Jahrhunderts wegen der Franzosenkriege in Oberitalien und deren Folge-
erscheinungen eine schwere Krise durchzumachen hatte, so daß sich selbst
das böhmische Gubernium in den Jahren 1804 bis 1814 veranlaßt sah, unter
Zusage von Auszeichnungen zur Seidenkultur aufzumuntern[1]), erholte sich
später, namentlich seit 1817[2]), da durch die zollpolitische Vereinigung
der oberitalienischen Provinzen mit der Monarchie Österreich
der erste Seidenproduzent Europas wurde[3]). Dadurch konnte sich
die heimische Seidenindustrie leicht mit billigem Rohstoffe versehen. Die
Staatsverwaltung war seitdem der Meinung, daß die Seidenbauanstalten in der
Monarchie nicht mehr jene Wichtigkeit haben wie vorhin und deshalb auch
keine so lohnenden Erfolge versprechen, daß sich die Regierung zu direkten
Unterstützungen auf Staatskosten aufgefordert finden könnte[4]).

Auf dem Gebiete der indirekten Industrieförderung hat aber die Zeit
Franz' I. und Ferdinands I. sicherlich genug geleistet. Die Zollpolitik, der Bau
von Straßen und Eisenbahnen, die Errichtung von höheren Schulen zur Verbreitung technischer Bildung, die Veranstaltung von gewerblichen Ausstellungen
unter direkter oder indirekter Teilnahme der Regierung, die Verleihung von
Auszeichnungen und Privilegien, endlich die allmähliche Beseitigung vieler
Hemmnisse, welche der freien Entwicklung entgegenstanden, dies waren die
hauptsächlichsten Maßnahmen, durch welche die Staatsverwaltung dieser Zeit
bezüglich aller Industriezweige fördernd, ermunternd und indirekt unter-
stützend wirkte.

b) Die Entwicklung der Seidenindustrie von 1790 bis 1848.

Nieder-
österreich.
Im Jahre 1794 zählte man in Wien 29 Seidenzeugfabriken mit 3000 Werkstühlen und 19 Fabriken für Bandwaren; daneben noch eine größere Anzahl
von bürgerlichen Seidenzeugmachern[5]). Es gab darunter mehrere sehr wichtige
Unternehmungen, wie die von Andre Jonas, die 1796 auf 660 Stühlen 1980 Personen beschäftigte[6]). Die Fabrik von Charton ging 1798 an den Freiherrn von
Geramb über, 1804 an den Großhändler Rieger[7]).

Hornbostel.
Die Fabrik von Hornbostel hatte 1790 schon 200 Stühle in Betrieb. Nach
dem Tode Christian Gottlieb Hornbostels ging sie an dessen Sohn Christian
Georg über. Dieser erfand 1816 einen selbstwebenden Stuhl, welcher durch
Wasserkraft betrieben wurde. Er führte die Erzeugung des mit großem Beifall
aufgenommenen Crêpe de chine ein und erhielt darauf 1822 ein dreijähriges

---

[1]) Kopetz, Gewerbs-Gesetzkunde, II, 170. — [2]) Vor der zollpolitischen Vereinigung Oberitaliens mit den Erbländern war die Krise derart, daß in Wien bei den Seidenzeugmachern
3000 Stühle leer standen und an 6000 Menschen brotlos waren (Statth. A. Wien, 1817, A. 30,
Nr. 8087). — [3]) Tafeln zur Statistik d. österr. Mon. f. 1841. — [4]) Barth, a. a. O., VII., 475 f.
(Kommerzhofkommissionsverordnung vom 15. März 1820). — [5]) Deutsch, a. a. O., S. 127. —
[6]) Deutsch, a. a. O., S. 96. — [7]) Deutsch, a. a. O., S. 104.

ausschließendes Privileg. Im Jahre 1821 beschäftigte seine Fabrik an 600 Menschen. Um diese Zeit wurde von ihm neben der Wiener (Gumpendorfer) auch eine Fabrik zu Leobersdorf errichtet; 1835 hatte er 150 Webstühle im Betriebe, von welchen 40 (darunter 30 selbstwebende) in der Leobersdorfer Fabrik aufgestellt waren. Die Beurteilungskommission stellte ihm bei der Wiener Gewerbeausstellung von 1835 das Zeugnis aus, „daß er durch seine Verbesserungen und Erfindungen in der Fabrikation wesentlich zur Begründung der Seidenweberei in den k. k. österreichischen Staaten beigetragen habe", weshalb er mit der goldenen Medaille ausgezeichnet wurde. Im Bericht über die Wiener Gewerbeausstellung von 1839, bei welcher er wiederum die goldene Medaille erhielt, wird er als „zu den Zierden des österreichischen Fabrikantenstandes" gehörend bezeichnet. Bei der Berliner Gewerbeausstellung von 1844 erhielt Theodor Hornbostel den Roten Adlerorden IV. Klasse. Bei der Wiener Ausstellung von 1845 war die Fabrik außer Preisbewerbung, da ihr Inhaber Mitglied der Beurteilungskommission war[1]).

Ein anderer geschickter Fabrikant war Benedikt Codecasa, der mit seinem Mitinteressenten Malfatti eine Samt-, Seidenzeug- und Florfabrik in Wien betrieb. Codecasa erwarb sich 1793/94 ein großes Verdienst dadurch, daß er durch eine Reise in den Orient den Export dahin in die Wege leitete[2]); 1803 wurde ihm wegen seiner Verdienste um die Industrie die allerhöchste Zufriedenheit bekanntgegeben. Im Jahre 1821 betrieb er seine Fabrik trotz der ungünstigen Zeitverhältnisse mit 19 Stühlen, doch hatte es Zeiten gegeben, wo er deren 54 in Gang hatte. Den größten Absatz hatte er nach der Türkei. Im Jahre 1821 wurde ihm vom Kaiser „zur Belohnung seiner Verdienste, die er sich durch Emporbringung der Seidenfabrikation erworben hatte", die kleine goldene Ehrenmedaille mit Öhrl und Band verliehen[3]).

Um die Jahrhundertwende war die Lage der Wiener Seidenindustrie eine sehr schwierige. Unter den Ursachen stand obenan die Teuerung des Rohstoffes. Dieser mußte aus dem Auslande bezogen werden, was beim damaligen schlechten Geldpreis einen Verlust von ungefähr 30% bedeutete. Die Seidenproduktion hatte in Italien, Tirol und Friaul infolge der französischen Kriege und der durch dieselben bewirkten Beschädigung und Vernichtung von Maulbeerbäumen sehr abgenommen. Die Ausfuhr der Piemonteser Seide, welche eine größere Vollkommenheit hatte als die von anderen Gegenden, war von den Franzosen verboten worden, um den Rohstoff für die Lyoner Industrie sicherzustellen. Außerdem hatte in Wien für die Seidenmanufakturen der Wechsel der Mode nachteilige Folgen, da dadurch besonders die broschierten Stoffe von Musselinen, Linons und Basins verdrängt worden waren. Auch war den Wiener Fabrikanten die Anhäufung von italienischen Seidenwaren aus Udine, Vicenza und Görz sowie Südtirol, da diese billiger waren, sehr

Codecasa.

[1]) Keeß u. Blumenbach, a. a. O., I, 457; Keeß, a. a. O., II, 300 f.; Ber. über d. Wr. Ausst. von 1835, S. 78 ff., von 1839, S. 291 f., von 1845, S. 497; H. K. A. Kom. Kam., Fasz. 30, Nr. 26 ex nov. 1814. — [2]) Deutsch, a. a. O., S. 131 f. — [3]) H. K. A. Kom. Kom., Fasz. 30, Nr. 7 ex sept. 1821.

lästig. Den Wiener Fabrikanten fehlte es damals auch sehr an gründlichen Manufakturkenntnissen, welche gerade bei der Seidenindustrie, wo Geschmack und Kunst Hand in Hand gehen müssen, unentbehrlich sind. Bemerkenswert ist es, daß ein genauer Kenner der industriellen Verhältnisse jener Zeit (Demian) wohl der Meinung war, daß die Wiener Seidenwaren die Schönheit der Lyoner Fabrikate erreichen könnten, da der österreichische Künstler dem ausländischen gewachsen sei, jedoch gleich hinzufügte, „aber freylich müßte die so schädliche Schwelgerey im Essen und Trinken aufhören, eine Hauptleidenschaft so vieler Fabrikanten zu sein". Er scheint somit geneigt gewesen zu sein, dem Phäakentum der Wiener auch einen Teil der Schuld an der Krise der Seidenindustrie zuzuschreiben[1]).

Um ein Bild der großen Ausdehnung der Seidenindustrie in Niederösterreich zu Anfang des 19. Jahrhunderts zu geben, sollen nachstehend die Fabriken und sonstigen Betriebe dieses Industriezweiges im Jahre 1803 angeführt werden[2]).

A. Landesbefugte Seidenbandfabriken.

		Standort	Name des Eigentümers	Zahl der Stühle	Zahl der beschäft. Pers.	Anmerkung
1	K. k. priv. Schweizer Seiden- u. Florettbandfabrik	Penzing .	Thaddäus Berger . . .	182 Maschinenstühle	üb. 600	Ist die vorzüglichste von allen. Zum Spulen der Seide werden meist Frauen u. Kinder Verwendet. Die jährl. Erzeugung soll mehr als 100.000 Stück betragen. Absatz nach Bayern, Polen, Rußland, Triest u. der Türkei. Hat eine eigene Seidenfärberei Der jährl. Verkehr wird auf 7—800.000 fl. geschätzt.
2	K. k. priv. Schweizer Seidenbandfabrik	Mödling .	Bernhard Ludw. Neuffer	47 Maschinenstühle, davon 38 i. Fabriksgebäude	—	Erzeugt auch Taffete und fassonnierte Zeuge. Hat eine eigene Färberei und Appretur. Absatz nach Polen, Rußland und der Türkei
3	K. k. priv. Schweizer Seiden- und Florettbandfabrik	Wien . .	Aumüller & Huber . . .	37 Bandstühle	—	

---

[1]) Demian, Die Seidenmanufakturen in Öst. u. d. Enns in Archiv f. Geogr. u. Stat., herausg. v. Freih. v. Liechtenstern, 1804, S. 230—235. Daraus schöpfte offenbar André, der in seiner Neuesten Beschreibung für die wenigen erwähnten Fabriken genau dieselben Angaben macht (S. 191). — [2]) Demian, a. a. O., S. 236—257.

	Standort	Name des Eigentümers	Zahl der Stühle	Zahl der beschäft. Pers.	Anmerkung
4	K. k. priv. Schweizer Seiden- u. Florettbandfabrik	Wien . .	Gebrüder Gundian . . .	9	—	—
5	K. k. priv. Bandfabrik	Wien . .	Borgetti	5	—	—
6	dto.	Wien . .	Friedr. Dörflinger . . .	8	—	—
7	dto.	Wien . .	Thaddäus Schack . . .	19	—	—
8	dto.	Wien . .	Leopold E. V. Berghofer	42	—	Erzeugt auf 30 Maschinenstühlen Schweizer Seidenbänder, auf 12 Stühlen Harrasbänder
9	dto.	Wien . .	Joh. Reigner	14	—	—
10	dto.	Wien . .	Sebastian Rauscher . .	36.	—	Ehemals von Josef Anton Hebenstreit
11	dto.	Wien . .	Jakob v. Könel	12	—	—
12	dto.	Wien . .	Friedr. v. Könel	10	—	—
13	dto.	Wien . .	Johann Engel	—	—	Er verkaufte die Fabriksgerätschaften an Hellinger, der außer Haus an 50 Stühle beschäftigt
14	dto.	Wien . .	Witwe Sanquin	20	—	

B. Einfache Schweizer Seiden- und Florettbandfabrikanten in Wien.

	Name	Zahl der Stühle		Name	Zahl der Stühle		Name	Zahl der Stühle
1	Paul Auer.	9	18	Joh. Georg Zöhrer	25	34	Josef Herbst . . .	—
2	Lorenz Bargetti . .	7	19	Jakob Bauer . . .	20	35	Johann Kerndler .	10
3	Franz Boigner . .	18	20	Josef Brückelmayer	10	36	Matthias Ludel . .	—
4	Anton Ditz	8	21	Witwe Mangold . .	15	37	Johann Wismüller .	—
5	Karl Bauer	12	22	Josef Prestnick . .	8	38	Matthias Naderer .	10
6	Kaspar Ertel . . .	10	23	Lorenz Dukas . . .	20	39	Eustachius Och . .	32
7	Johann Ertel . . .	20	24	Witwe Händel . .	8	40	Sebastian Pfeiffer .	15
8	Thomas Garstett. .	12	25	Andreas Keil . . .	11	41	Josef Prasser . . .	8
9	Sebastian Göbel . .	30	26	Emanuel Chevalla .	26	42	N. Bagamini . . .	22
10	Rosina Hackin . .	8	27	Michael Retzen-		43	Josef Fiedler . . .	14
11	Johann Hellinger .	8		gruber	6	44	Johann Müller . .	16
12	Anton Hönigsberger	28	28	Ignaz Netzl	13	45	Anton Netzl . . .	5
13	Matthias Kaufmann	7	29	Florian Netzl . . .	9	46	Andreas Heisserer .	7
14	Michael Kreutzer .	10	30	Joh. Heinr. Schne-		47	Josef Haller . . .	8
15	Franz Praller . . .	24		velle	8	48	M. Görders . . .	7
16	David Roth und		31	Franz Eckmeyer .	24	49	Andreas Pallier . .	6
	Johann Bauer . .	20	32	Anna Faberin . . .	12	50	Peter Rel	4
17	Wilhelm Streuer . .	8	33	Josef Großwanger .	—			

C. Befugte Samtbandfabrikanten in Wien.

	Name	Zahl der Stühle		Name	Zahl der Stühle		Name	Zahl der Stühle
1	Martin Körning . .	10	3	Engelbert Spiegel .	18	5	Anton Hirschhäuter	—
2	Karl Spiegel. . . .	20	4	Hermann Göttes .	—	6	Johann Badrot . .	—

D. K. k. privilegierte Seidenzeugfabrikanten in Wien.

	Name	Zahl der Stühle		Name	Zahl der Stühle		Name	Zahl der Stühle
1	Gebrüder Höpfinger	80	16	Paul Hochholzer .	42	29	Peter Jordan ...	40
2	Christian Hornbostel	82	17	Leonhard Gaides. .	48	30	Joh. Maria Cavalini	32
3	Frh. v. Geramb . .	75	18	Benedikt Codecasa.	24	31	Karl Schnell ...	16
4	Joh. Mich. Alt-		19	Joh. B. Mathei . .	50	32	Joh. Schnell. ...	24
	lechner	13	20	Franz Steirer . . .	21	33	Leop. Harresleben .	34
5	Karl Ferd. Frank. .	15	21	Josef u. Joh. Grü-		34	Ant. Bernklau . .	8
6	Martin Jonas¹) . .	45		nauer	50	35	Joh. Leberfinger .	25
7	Josef Scamazoni. .	31	22	Georg Held	40	36	Hamerl u. Och .	46
8	Josef Kugelmann .	10	23	Ignaz Schaden. . .	34	37	Franz Lunger ...	32
9	Karl de Martini . .	3	24	Andreas Stammer .	40	38	Ignaz Mannärth . .	12
10	Emerich Bürg . . .	45	25	Steph. Ziegler . .	50	39	Math. Troll	20
11	Andr. Heinr. Jonas²)	42	26	Karl Lang	18	40	Jos. Klima	40
12	Karl Mayer	3				41	Georg Griller ...	45
13	Joh. Georg Kraut-		27	Anton Pezana . .	25 u. 30 außer Haus.	42	Jos. Fachini ...	—
	hauf	60				43	M. Pernat & Kevans	20
14	Joh. Mich. Ritter .	35				44	Joh. Mich. Geiger &	
15	Ferd. Fürgantner .	52	28	Josef Soini	30		Samuel Murmann	—

Außer diesen landesbefugten Fabriken wurden in Wien zu Ende 1803 noch 156 Seidenzeugfabrikanten gezählt mit zusammen über 2000 Stühlen³).

Aus diesen Daten ist deutlich ersichtlich, wie wichtig die Seidenindustrie damals in Wien war, ohne Zweifel der wichtigste Industriezweig der Residenzstadt.

Im Jahre 1811 wurden in Wien 60 Samt-, Seidenzeug- und Dünntuchfabriken gezählt. Weitere in Niederösterreich in Wr.-Neustadt, Katzelsdorf, Traiskirchen und Meidling⁴). Im Jahre 1822 zählte man in Wien 332 privilegierte und befugte Seidenzeug-, Samt- und Dünntuchfabriken und außerdem noch 267 bürgerliche⁵); 1827 29 landesbefugte größere Fabriken, 267 bürgerliche und 310 landesbefugte und einfach befugte Seidenzeug-, Samt- und Dünntuchfabrikanten. Zu den größten und ausgezeichnetsten Unternehmungen gehörte die von Hornbostel. Eine der bedeutendsten Fabriken in Wien war auch die seit 1826 bestehende von Josef Amon. Die Fabrik von Samuel Murmanu hatte bei 200 Stühle in Gang und erzeugte namentlich ausgezeichnete glatte Stoffe. Von den anderen Fabriken seien namentlich erwähnt noch die von Alexander Schmidt (seit 1825), von Johann Matz & Co. (seit 1825), von Georg Bujatti, von Friedrich Billhuber, von Josef Fink, von

---

¹) Erhielt das Bürger- und Meisterrecht 1772 (Wiener Stadt-A., Hof- u. Regierungsdekrete 1772, Mai 21. Jonas). — ²) Schon 1763 wurde einem Taffetfabrikanten Andre Jonas, der die Seidenfabrikation seit 1758 betrieb (siehe oben S. 388), das Bürger- und Meisterrecht verliehen, welche Seidenzeugfabrik 1773 auf seinen gleichnamigen Sohn überging (Wiener Stadt.-A. Hof- u. Regierungsdekrete 1763, Juli 27., 1773, Nov. 24. Jonas). — ³) Alle aufgezählt bei Demian, a. a. O., S. 251—257. — ⁴) Vaterländ. Blätter, 1814, Nr. 48, André, Neueste Beschreibung 191. — ⁵) Keeß, a. a. O., IV, 53.

Anton Fries & Co., die der Brüder Johann Michael und Franz Michael Hirsch, von Lorenz Millmann, Anton Paltinger, Josef Kolb, Thomas Bischof, Johann Georg Hartmann u. a. m.[1]). Die Familie Bujatti war 1811 von Görz nach Wien übersiedelt; ihre Fabrik nahm später einen großen Aufschwung. Bei der Wiener Ausstellung von 1835 wurde sie ehrenvoll erwähnt, bei der von 1845 mit der bronzenen Medaille ausgezeichnet[2]).

Unter den Wiener bürgerlichen Seidenzeugmachern zeichneten sich aus: Franz Kargl (Ausst. 1835 bronzene Medaille), Alexander Daumas (Ausst. 1835, 1839 und 1845 silberne Medaille), welcher 1845 an 150 Webstühle betrieb und Ignaz Beywinkler (1835 und 1837 silberne Medaille[3]). Die Unternehmung von Josef Lemann & Sohn, die 1835 mit der bronzenen Medaille ausgezeichnet wurde, gehörte 1845 in der Fabrikation von Kirchenstoffen, Möbelstoffen und Modeseidenwaren zu den bedeutendsten Unternehmungen dieser Art in der Residenz und wurde bei der Gewerbeausstellung dieses Jahres mit der goldenen Medaille beteilt[4]). Einen ausgedehnten Betrieb hatten auch die Seidenzeugfabrikanten Gebrüder Bader und Albert Kostner[5]). Große Verdienste erwarb sich der Wiener Seidenzeugfabrikant Anton Chwalla (gegründet 1839[6]). Er erzielte bei der praktischen Durchführung der Erfindung der Messung und Titrierung der Seide, die vom Südtiroler Fabrikanten Stoffella angebahnt worden war, die schönsten Resultate. Er machte sich auch durch seine Bemühungen um die Einführung der Seidenzucht in Niederösterreich verdient. Wegen der Lösung des Problems der titrierten Seide erhielt er bei dem vom niederösterreichischen Gewerbeverein hiefür ausgeschriebenen Konkurs, ohne sich darum beworben zu haben, die goldene Medaille. Sein Filatorium wurde ganz nach seinen Erfindungen gebaut und seine Maschinen boten gegenüber den früheren besondere Vorteile. Bei der Wiener Gewerbeausstellung von 1845 erhielt er die goldene Medaille[7]).

Nicht unwichtig war die Modeseidenwarenfabrik von Ludwig Rüdelmann und die Fabrik von Fassbender[8]).

Um die Mitte des 5. Jahrzehnts befanden sich in Wien 26 landesbefugte Seidenfabriken sowie über 400 Seidenzeug-, Samt- und Dünntuchfabrikanten und Seidenzeugmacher, welche zusammen mehr als 2000 Gesellen, 4000 Stuhl- und Hilfsarbeiter und 800 Lehrlinge beschäftigten. In Fünfhaus waren bemerkenswert die Fabriken von Wertheimber, Kollisch und von Trebitsch, in Sechshaus die von Pollitzer[9]).

Von den Seidenfabriken außerhalb Wiens waren die bedeutendsten jene von Andre & Bräunlich in Wr.-Neustadt, jene von Kick in Gumpolds-

[1]) Keeß, a. a. O., II, 300 f.; Keeß u. Blumenbach, a. a. O., I, 457 f.; Verz. d. Seidenfabrikanten Wiens, 1826, S. 3—17. — [2]) Großind. Österr., IV, S. 37, Ber. ü. d. Ausst. Wien, 1835, S. 91, Wien, 1845, S. 504. — [3]) Ber. ü. d. Ausst. Wien, 1835, S. 80 f., 85; Wien, 1839, S. 295, 299; Wien, 1845, S. 500. — [4]) Ber. ü. d. Ausst. Wien, 1835, S. 86, Wien, 1845, S. 498. — [5]) Ber. ü. d. Ausst. Wien, 1839, S. 289, Wien, 1845, S. 500 ff.; H. K. A. Kom. Kam., Fasz. 30, Nr. 24 ex sept. 1824. — [6]) Großind. Öst. (1908), III, 138. — [7]) Bujatti, a. a. O., 105; Ber. ü. d. Ausst. Wien, 1845, S. 488; 50 Jahre gewerblicher Bestrebungen, S. 163. — [8]) Ber. ü. d. Ausst. Wien, 1845, S. 499, 508. — [9]) Tafeln z. Stat. d. öst. Mon. für 1841; Ber. ü. d. Ausst. 1845, S. 475 f.

kirchen und die priv. Seiden- und Baumwollwarenfabrik von J. Breuer & Söhne zu Gaudenzdorf unter dem Wiener Wald. Die erstere führte die Samt-, Roll- und Pfundgallonenfabrikation auf Schubstühlen in Österreich ein und wurde seit 1799 von Bräunlich allein betrieben. Sie war in den zwanziger Jahren die bedeutendste und vollkommenste im ganzen österreichischen Kaiserstaate. Noch am Ende der zwanziger Jahre war sie für sogenannte holländische Samte die erste Fabrik in der Monarchie; 1827 wurde in derselben Fabrik auch eine Seidendruckerei errichtet[1]). Josef Kick betrieb in Gumpoldskirchen eine Flor-, Crêpe- und Creponfabrik. Unter den Seidenfärbern zeichnete sich besonders Karl Salzer in Wien aus, der in den vierziger Jahren über 30 Arbeiter beschäftigte[2]).

Die Abwindung der Kokons geschah in Filanden, die Weiterverarbeitung in Seidenzwirnmühlen oder Filatorien.

Seidenfilatorien hatte Niederösterreich nur wenige. Die am Anfange des 19. Jahrhunderts bestandenen, wie das vom Fürsten Auersperg, später von Pokorni zu Traiskirchen, sodann die beiden Rossischen inner den Linien Wiens waren schon 1819 nicht mehr in Betrieb. Damals waren nur mehr die Filatorien von Johann Girolla in Gumpendorf und dasjenige des Josef Kick zu Gumpoldskirchen von einiger Bedeutung. Kick spann die Seide um Lohn für Wiener Häuser und beschäftigte 1845 35 Personen. Außerdem hatte Hornbostel ein kleines Filatorium in Leobersdorf, im selben Gebäude, in welchem dessen selbstwebenden Stühle in Gang waren[3]). In den dreißiger Jahren kam noch die k. k. priv. Seidenspinnmanufaktur von H. W. Ritter in der Schleife bei Wr.-Neustadt hinzu, welche mit kostspieligen Maschinen ausgestattet war. Bei der Gewerbeausstellung von 1835 erhielt sie die bronzene Medaille[4]). In den vierziger Jahren hatten mehrere Seidenzeug- und Bandfabrikanten eigene Filatorien, wie J. Hartmanns Söhne, Josef Nigri, P. Festi, J. Dalbini, Anton Messat, Karl Möring, Anton Chwalla, Josef Kicks Söhne und Josef Schachinger[5]).

Die Seidenbandfabrikation nahm in Niederösterreich seit 1790 einen großen Aufschwung. Im Jahre 1797 waren daselbst schon 66 Bandfabrikanten; in dieser Zeit standen bei den privilegierten Schweizer Seidenbandfabrikanten 434, bei den befugten und sonstigen Bandfabrikanten 380, zusammen 814 Mühlstühle in Verwendung; 1803 wurden 88 Seidenbandunternehmungen gezählt mit über 1300 Stühlen und 1813 standen schon 1500 Stühle in Betrieb[6]).

Die starke Verbreitung der Seidenbandfabrikation in Wien (Schottenfeld) in der ersten Hälfte des 19. Jahrhunderts zeigt auch die starke Beteiligung dieser Fabrikanten an den Wiener Gewerbeausstellungen von 1835, 1839 und 1845. In den vierziger Jahren gehörten zu den bedeutendsten die Fabriken von Karl Möring, welcher 115 Arbeiter beschäftigte, die von Anton Messat

[1]) Keeß, a. a. O., II, 392; Keeß u. Blumenbach, a. a. O., I, 458; Ber. ü. d. Ausst. Wien, 1839, S. 294. — [2]) Keeß u. Blumenbach, I, 459; Ber. Ausst. 1845, S. 492, 495. — [3]) Keeß, a. a. O., II, 134, Ber. ü. d. Ausst. 1845, S. 492. — [4]) Ber. ü. d. Ausst. 1835, S. 90. — [5]) Tafeln z. Stat. f. 1841; Ber. ü. d. Ausst. 1845, S. 476. — [6]) Deutsch, a. a. O., 176 ff.; Demian, a. a. O., 166 ff.; vgl. auch oben S. 396 f.

mit 80 Arbeitern, die von Anton Harpke mit 60 Arbeitern und die von Josef Göbel. Die Fabrik vom M. Bimper hatte 80 Stühle in Tätigkeit. Bei der Gewerbeausstellung von 1845 erhielten Möring und Messat goldene Medaillen.

Außer Andre & Bräunlich, welche neben den Seidenzeugen und Samt auch Seiden-, Samt- und Florettbänder erzeugten, hatte auch Anton Mohr eine landesbefugte Samt- und Samtbänderfabrik zu Wr.-Neustadt[1]). Mohr erlangte 1814 die Landesfabriksbefugnis und betrieb damals die Samtbänderfabrikation auf 22 Stühlen[2]).

Im Jahre 1841 wurden in Wien 15 (darunter 5 landesbefugte) Seidenbandfabrikanten, 150 Bandweber, 8 Borten- und Posamentierwarenfabrikanten, 53 Börtel- und Schnürmacher, sowie 180 Posamentierer gezählt[3]).

Neben Niederösterreich war die Seidenindustrie in Südtirol und im Görzischen von Bedeutung.

In Südtirol war besonders die Rohseidenerzeugung stark vertreten. Im Jahre 1770 wurde in Varone durch die Brüder Bozzoni eine kleine Filanda mit hydraulischem Motor errichtet, welche sechs Bassins enthielt und 1780 auf zwölf, 1800 auf 24 Bassins gebracht wurde. Hyacinth Cobelli errichtete 1784 im Bezirke Lizanella eine Filanda mit 42 Bassins; 1800 enstand in Rovereto durch Gaetano Tacchi eine zweite große Filanda. Tacchi gebührt das Verdienst, zuerst unter den Seidenhändlern Trients den Handel durch direkte Speditionen bis London ausgedehnt zu haben und dies noch zu einer Zeit (1798), in welcher der Handel dieser Produkte wegen der französischen Kriege darniederlag. Im Jahre 1800 baute Altadonna zu Borgo di Valsugana eine Filanda mit 30 Öfen und Oswald Trapp zu Caldonazzo eine mit 20 Öfen. Santoni begründete 1804 eine Filanda mit 6 Öfen zu Pergine, Dominik Dallapiccola 1806 eine solche zu Trient mit 12 Öfen, Felix Bortolotti 1815 zu Vigo eine mit 3 und Anton Bortolotti eine mit 6 Öfen. D. A. Stoffella della Croce in Rovereto erwarb sich ein großes Verdienst durch die Anbahnung der Erfindung, die Seide zu messen und zu titrieren.

Von großer Bedeutung ist die Errichtung der großartigen Filanda mit 100 Öfen zu Lizanella durch Josef Bettini im Jahre 1816, in welcher die wichtigsten Verbesserungen in der Kunst des Filierens eingeführt wurden[4]). Bettini wendete sofort Wasserdämpfe an, für welchen Zweck daselbst 100 Kessel und 3 Dampfapparate benützt wurden. Seine Filanda beschäftigte 500 Menschen. Mit derselben standen Seidenmühlen mit verbesserten Maschinen zum Spulen, Filieren und Zwirnen der Seide in Verbindung. Die Firma beschäftigte in eigenen Seidenmühlen 100 Arbeiter und außerdem noch 300 Arbeiter in fremden Seidenmühlen für eigene Rechnung. 1820 wurde Josef Franz Bettini vom Kaiser wegen seiner Verdienste um die Seidenindustrie die mittlere goldene Ehrenmedaille mit Öhrl und Band verliehen. Bei der Wiener Gewerbeausstellung

(Randnotiz: Tirol.)

(Randnotiz: Bettini.)

---

[1]) H. K. A. Kom., N.-Ö., Fasz. 72, Nr. 6 ex jan. 1806; Keeß, a. a. O., IV, 56 f.; Tafeln z. Stat. f. 1841; Ber. ü. d. Ausst. 1835, S. 93, 1839, S. 306 ff.; 1845, S. 511 ff. — [2]) H. K. A. Kom. Kam., Fasz. 30, Nr. 26 ex nov. 1814. — [3]) Tafeln z. Stat. d. öst. Mon. für 1841. — [4]) Bujatti, a. a. O., S. 91 f. u. 105.

von 1835 erhielt die Firma die goldene Medaille, bei der von 1839 das Diplom zur goldenen Medaille, bei der von 1845 war sie außer Preisbewerbung, da ihr Inhaber Mitglied der Beurteilungskommission war[1]. Dies war die größte Filanda der Monarchie[2].

Von anderen Besitzern von Filanden in Südtirol seien erwähnt: Peter Weiß & Sohn zu Strigno im Trienter Kreise, Giovanni Claudio Ciani zu Trient; die größten Filanden nach derjenigen von Bettini waren die von Tacchi zu Rovereto (1841 100 Kessel), die von Catarozzi zu Telve (1841 100 Kessel) und die von Salvadori zu Trient (1841 80 Kessel)[3]. Fratelli Montel besaßen in den vierziger Jahren eine Seidenspinnerei zu Pergine, Fratelli Bozzoni eine solche zu Riva. Die zwei letzteren erhielten bei der Wiener Ausstellung von 1845 die goldene Medaille[4].

Im ganzen bestanden in den vierziger Jahren in Südtirol 778 Filanden mit 2161 Kesseln, darunter 48 mit mindestens 20 Kesseln und außerdem noch 730 kleinere mit 3191 Kesseln. Die Gesamtzahl der Kessel betrug somit 5352[5].

Der Hauptsitz der Filatorien zur Weiterverarbeitung der Rohseide war ebenfalls Südtirol, und zwar besonders Rovereto. Um 1820 waren im Roveretaner Kreise 46, in Trient 6 und in Borgo di Valsugana 2 Filatorien[6]. In Rovereto und Umgebung befanden sich in den vierziger Jahren 34 größere Filatorien mit 2060 Arbeitern nebst 7 kleineren Anstalten dieser Art. Die wichtigsten waren die von Tacchi und von Stoffella[7].

Was die Seidenwarenfabrikation betrifft, so ist in Südtirol besonders die alte Samtfabrikation von Ala hervorzuheben, welche im großen Maßstabe betrieben wurde; 1823 bestanden daselbst 10 Samtfabriken mit 180 Stühlen. Zu den bedeutendsten gehörte darunter in den vierziger Jahren jene von Francesco Malfatti, welche 80 Menschen beschäftigtes. Sonst wurden in Südtirol meist nur ordinäre Seidenstoffe erzeugt, die sich mit den in Wien fabrizierten bei weitem nicht messen konnten[9].

Görz.   Die Seidenwarenfabrikation in Görz war um die Jahrhundertwende noch bedeutend. Es wurden erzeugt:

Jahr	Seidenwaren[10]	Seidenbänder[11]
1799	8384 St.	26.907 St.
1800	7384 „	30.319 „
1801	9133 „	27.290 „

Während damals die Fabrikation noch auf mehr als 1000 Stühlen vor sich ging, waren in den zwanziger Jahren des 19. Jahrhunderts kaum mehr 80 Stühle

---

[1] H. K. A. Kom. Kom., Fasz. 30, Nr. 6 ex nov. 1820; Ber. ü. d. Ausst. 1835, S. 75 f.; 1839, S. 285; 1845, S. 483. — [2] Tafeln z. Stat. d. öst. Mon. f. 1841. — [3] Tafeln z. Stat. f. 1841; Ber. ü. d. Ausst. 1835, S. 96; 1839, S. 281, 1845, S. 471, 485. — [4] Ber. ü. d. Ausst. 1845, S. 478 f. — [5] Tafeln z. Stat. f. 1841. — [6] Tafeln z. Stat. f. 1841. — [7] Tafeln z. Stat. f. 1841. — [8] Ber. ü. d. Ausst. 1845, S. 477, 505 ff.; Keeß, a. a. O., IV, 31. — [9] Keeß, a. a. O., I, 459 f. — [10] Keeß u. Blumenbach, a. a. O., II, 307 f. — [10] Deutsch, a. a. O., 151. — [11] Deutsch, a. a. O., 179.

in Betrieb, gegen Ende der zwanziger Jahre gar nur mehr 60. Die Görzer Seidenfabrikation ist offenbar ein Opfer der zollpolitischen Vereinigung der oberitalienischen Provinzen mit der Monarchie im Jahre 1817 geworden. Die Staatsverwaltung war seit der Vereinigung der italienischen Provinzen der Meinung, daß die Seidenbauanstalten in der Monarchie nicht mehr jene Wichtigkeit haben wie vorher und deshalb auch keine direkte staatliche Unterstützung mehr verdienen[1]). Nachdem nun die mächtige Wiener Seidenindustrie mit billigem Rohstoff aus Oberitalien versehen werden konnte, konnte die Görzer Seidenfabrikation die Konkurrenz nicht mehr aushalten, die ihr früher durch den eigenen Seidenbau möglich war. Im Jahre 1841 bestanden in Görz nur noch 2 Seidenmanufakturen mit 50 Stühlen für leichte und schwere Ware. Auch die Filanden und Filatorien waren nicht zahlreich. Im Jahre 1819 gab es Filatorien zu Farra und minder bedeutende zu Görz und Cormons. Von den zwei zu Farra beschäftigte eines 16 Männer und 170 Weiber, das andere 5 Männer und 105 Weiber; 1841 war daselbst nur ein einziges größeres Filatorium, und zwar dasjenige von Luzzatto & Co. in Farra mit 17 Gängen, 1860 Spulen und 82 Arbeitern[2]). Filanden gab es im Küstenlande wenige, da der größte Teil der Kokons in die venezianischen Filanden abgeführt wurde[3]).

In Böhmen war die Seidenindustrie niemals von großer Bedeutung. Im Jahre 1798 erhielt Franz Zunterer in Prag die Fabriksbefugnis zur Erzeugung von Seidenwaren. Diese Fabrik erhielt unter der Firma Seelinger et Zunterer 1799 die Landesbefugnis, da sie im eigenen Hause 32 Stühle in Gang hatte und einen Werkmeister, 35 Gesellen, 3 Lehrjungen, 11 Spulerinnen und 24 Seidenwinderinnen beschäftigte[4]). Außerdem bestand damals in Prag die Seidenzeugfabrik Lederer & Schwabach, welcher 1797 bewilligt wurde, den kaiserlichen Adler zu führen. Sie hatte 43 Werkstühle, außerdem bei 5 anderen Meistern 15 Stühle in Betrieb. Im ganzen beschäftigte sie 121 Personen[5]).

Im allgemeinen war die Seidenfabrikation in Böhmen im Vergleich zu derjenigen Wiens unbedeutend und scheint auch allmählich abgenommen zu haben. 1801 bestanden in Böhmen 340 Seidenzeugmacher. Seidenbänder verfertigten 630 „Fabrikanten" auf 483 Handstühlen[6]). Am Ende des zweiten Jahrzehnts des 19. Jahrhunderts wurden nur in Prag verschiedene Seidenzeuge verfertigt, jedoch nicht in großer Menge[7]). Über den Zustand in den dreißiger Jahren äußerte sich ein ausgezeichneter Kenner der böhmischen Industrie folgendermaßen: „Fast gänzlicher Mangel an der früher im Gedeihen gewesen Kultur des rohen Materials mag die Entwicklung der damit beschäftigten Gewerbe bei uns gehindert haben, da außer 10 Seidenzeugmeistern zu Prag . . . . nur die Bandfabrikation bemerkenswert ist. Außer in der . . . Verbindung mit

Böhmen.

¹) Barth, a. a. O. VII, 475 f.; vgl. auch oben S. 394. — ²) Keeß, a. a. O., II, 134, 307 f.; Keeß u. Blumenbach, a. a. O., I, 459; Tafeln z. Stat. f. 1841; Ber. ü. d. Ausst. 1845, S. 477; H. K. A. Kom. Praes. 1819, Nr. 351 (Fabriken im Küstenlande). — ³) Tafeln z. Stat. d. österr. Mon. f. 1841. — ⁴) Statth. A. Prag, 1796—1805, Kom,. Fasz. 18, subn. 5. — ⁵) Statth. A. Prag, 1796 bis 1805, Kom., Fasz. 18, subn. 4. — ⁶) Demian, a. a. O., I (1804), S. 137 f. — ⁷) Keeß, a. a. O., II, 308.

404

Wolle und Leinen, wird die Bandweberei ausschließend in Seide in 17 Etablissements im großen betrieben, meist in den nördlichen Gegenden des Leitmeritzer Kreises, sehr gut in Webung und Farbe. Unter die größeren Anstalten
für die Verarbeitung der Seide gehören die zu Nixdorf; jene des Herrn F. J. Paul
liefert jährlich bei einem Verbrauche von 10 bis 12 Ztr. Seide 1200 Schock
schwere Bänder, 600 Stück Modebänder à 24 Ellen und 52.000 Dutzend seidene
Knöpfe. Bemerkenswert ist auch die dortige Maschinenknopffabrik des Herrn
J. C. Rätzler, welcher über 40 Menschen beschäftigt und auf 7 Webstühlen
jährlich 45.000 Ellen Knopfbänder erzeugt, meist von Seide oder mit Wolle
gemischt, die jedoch seit dem Bestande des deutschen Zollvereines nicht so
zahlreich als früher dahin abgesetzt werden. Die Gesamtproduktion aller Seidenwaren kann aber nicht höher als auf 210.000 fl. geschätzt werden"[1].

Die bedeutendste Seidenwarenfabrik in Böhmen war die von Josef
Tschubert in Prag. Sie wurde 1819 gegründet und hatte in den vierziger
Jahren 45 Stühle und 14 Jacquardmaschinen in Betrieb, wobei sie 60 Menschen
beschäftigte. Bei der Wiener Gewerbeausstellung von 1845 wurde sie ehrenvoll erwähnt[2].

Mähren. In Mähren hatten 1787 die Köffilerschen Tuchfabriksbeamten Paul Bavier
und Christof Siegmund Beyßer die Fabrikation von Seiden- und Florettbändern
und Seidentücheln in Brünn begonnen. Diese Fabrik wurde sodann vom Wiener
Seidenfabrikanten Vogt übernommen, hatte aber keinen langen Bestand. Seit
1797 betrieb Thomas Lewinsky die Fabrikation von Ganz- und Halbseiden-
waren in Brünn, seit 1804 erzeugte Kumpan Samt- und Seidenzeuge ebendaselbst; 1807 beschäftigte Lewinsky 6 Arbeiter und 13 Hilfsarbeiter und war
1813 nur mehr der einzige Seidenwarenfabrikant in Mähren. 1820 sagte auch
er seine Befugnis anheim. Seitdem gab es in der ersten Hälfte des 19. Jahrhunderts keine Seidenfabriken in Mähren mehr[3].

Inner- In den innerösterreichischen Ländern bestand in Laibach seit 1775 eine
österreich. Seidenbandfabrik und Schönfärberei der Franziska Zerrerin; 1787 beschäftigte
sie 9 Stühle und erzeugte nur ordinäre Bänder[4].

In Graz bestand 1819 die Soinische Seidenfabrik, welche alle Gattungen
Seidenzeuge erzeugte. Doch erhielt sie sich nicht lange[5]. In den zwanziger
Jahren wird die Sartorische Seidentücher- und Bandfabrik in Graz erwähnt[6].
Im Jahre 1844 beschäftigte ebendaselbst Siegmund Michael Geymayer bei der
Seidenstrumpfwirkerei, Baumwoll- und Seidendreherei fortwährend 20 bis
30 Arbeiter[7].

Um dem Seidenbau in Steiermark Eingang zu verschaffen, bildete sich
1841 eine Aktiengesellschaft, die durch Hofkanzleidekret vom 13. Dezember

---

[1]) Kreutzberg, Skizz. Übersicht, S. 103 f. — [2]) Tafeln z. Stat. f. 1841; Ber. ü. d. Ausst.
1845, S. 507. — [3]) D'Elvert, a. a. O., XIX, 419 ff.; Statth. A. Brünn, Verz. d. mähr.-schles.
Fabriken für 1807 (vom 22. Sept. 1808). — [4]) H. K. A. Kom., I.-Ö., Fasz. 94, Nr. 4 ex jan. 1787.
— [5]) H. K. A. Kom. Praes. 1819, Nr. 368 (Fabriken in Steiermark und Kärnten); Ber. ü. d.
Ausst. Graz, 1841, S. LIX. — [6]) Keeß u. Blumenbach, a. a. O., I, 459. — [7]) Ber. ü. d. Ausst.
Laibach, 1844, S. 83.

1842 genehmigt wurde; 1843 trat dieser Seidenbauverein ins Leben mit einem Aktienkapital von 12.000 fl.[1]).

In Südungarn und der Militärgrenze wurde schon unter Maria Theresia Ungarn. die Seidenzucht mit Erfolg versucht und von der Staatsverwaltung unterstützt. Aber erst im 19. Jahrhundert gewann sie eine größere Bedeutung. Die Einlösung der Kokons oder Galetten erfolgte seit 1773 durch den Staat, und zwar oft sogar mit Verlust, um einen für die Grenzen und die unteren Komitate Ungarns so wohltätigen Erwerbszweig aufrecht zu erhalten. Da die Staatsverwaltung jedoch mit dem System der Verpachtung, welches sie seit dem Ende des 18. Jahrhunderts von Zeit zu Zeit bei der Einlösung der Seidengaletten in der Militärgrenze betreten hatte, bessere Erfahrungen gemacht hatte als mit der eigenen Regie, beschloß sie 1827 die ärarische Seideneinlösung aufzugeben und der Privatbetriebsamkeit zu überlassen, um so die Seidenkultur in jenen Bezirken vom Einfluß der Behörden zu befreien und auf die möglichst erreichbare Höhe zu bringen. Es wurde zu diesem Zwecke mit den Großhandlungshäusern Isaak Löw Hofmann & Söhne und Lazar Gotthold Goldstein in Wien am 26. Jänner 1827 ein Galetteneinlösungsvertrag auf 10 Jahre abgeschlossen, durch welchen den Landleuten, welche sich mit der Seidenkultur beschäftigten, angemessenere und billigere Ablösungspreise zugesichert wurden. Die Schaffung einer Monopolstellung wurde dadurch vermieden, daß den Erzeugern freigestellt wurde, sich die Kokons von jedem anderen ablösen zu lassen. Die Pächter wurden aber verpflichtet, in Ermanglung anderer Ablöser das ganze ihnen überbrachte Quantum um den festgesetzten Preis, der jederzeit vom Mai des einen Jahres bis zum Mai des andern Jahres zu dauern hatte, zu übernehmen. Es sollte zur Bestimmung dieses Preises jedesmal der im Frühjahr zu Mailand kursierende Preis der Seide zur Norm genommen werden. Die Pächter übernahmen die Verbindlichkeit, von der erforderlichen Menge Eier der Seidenwürmer, wenn die Normalpreise der drei Qualitäten von Kokons 32, 20 und 10 Kreuzer betragen, den Erzeugern das Lot um den Preis von 24 Kreuzern C. M. und beim Steigen oder Fallen der Einlösungsbeträge über oder unter die angeführten Normalpreise von 32, 20 und 10 Kreuzern das Lot Samen um ebensoviel Kreuzer höher oder niedriger als zum obigen Betrage von 24 Kreuzern zu überlassen. Übrigens wurden die Kontrahenten auch verpflichtet, nach einer bestimmten Skala höhere Beträge als Prämien zur Aufmunterung der Seidenkultur zu verabfolgen.

Dieser Vertrag wurde 1836 bis 1841 und im letzten Jahre wiederum bis 1847 verlängert. Die Pächter zahlten für Gebäude und Requisiten einen Pachtzins. Sie beförderten auch die Pflanzung von Maulbeerbäumen durch Prämien.

Während zur Zeit der Staatsregie die Privatkonkurrenz nicht aufkommen konnte, stellte sie sich zur Zeit dieses Pachtvertragess bald ein. In den vierziger Jahren kauften Private schon fast das Doppelte der von den Pächtern eingelösten Galette an. Die Pächter Hofmann & Goldstein errichteten große Filanden in

---

[1]) Innerösterr. Industrie- und Gewerbsblatt, 1845, S. 139.

Ungarn, wobei die Kessel durch Dämpfe mittels eines eigenen Dampfapparats erhitzt wurden. In den dreißiger Jahren beschäftigten sie in 34, teils Ärarial-, teils eigenen Fabriken bei 1500 Menschen. In ihrem Filatorium zu Esseg, dem einzigen in Ungarn, beschäftigten sie bei 200 Mädchen. Die jährliche Erzeugung belief sich auf 20 bis 30.000 Pfund Seide. In den vierziger Jahren gaben sie während der Ernte- und Spinnzeit in ganz Ungarn an 3500 Personen Beschäftigung.

Bei der Wiener Gewerbeausstellung von 1835 wurden sie mit der silbernen Medaille ausgezeichnet, erhielten bei der von 1839 das Diplom zur silbernen Medaille und bei der von 1845 die goldene Medaille[1]).

In Ungarn, Slawonien und Kroatien bestanden in den vierziger Jahren im ganzen 11 Filanden, in der Militärgrenze 17 von Hofmann & Söhne. Außerdem von Privaten in Ungarn, Kroatien und Slawonien 39, in der Militärgrenze 15, somit im ganzen 82 Filanden mit 1483 Kesseln[2]).

Bezüglich der Seidenwarenerzeugung bestand zu Anfang des 19. Jahrhunderts in Ungarn nur eine einzige Seidenmanufaktur, und zwar die seit 1776 betriebene der Brüder Stephan und Thomas Valero zu Pest[3]), zu Ende der zwanziger Jahre 4 Seidenzeugfabriken, und zwar eine in Ofen und 3 in Pest[4]). In den vierziger Jahren hatte Ungarn 6 Seidenmanufakturen; die bedeutendste davon war noch immer jene von Valero[5]).

Erzeugung von Rohseide.

Was die Erzeugung von Rohseide in den vierziger Jahren betrifft, so war dieselbe im Inland gegenüber den damals österreichischen oberitalienischen Provinzen sehr gering. Die schätzungsweise Erzeugung von Kokons betrug[6]):

In der Lombardei . . . . 248.000 Wr. Ztr.
In den venezianischen Provinzen . . . . 190.000 ,, ,,
In Tirol . . . . 30.000 ,, ,,
In den übrigen Ländern . . . . 12.000 ,, ,,

Zusammen . . . . 480.000 Wr. Ztr.

In der Lombardei wurde 1835 die riesige Zahl von 3389 Filanden gezählt mit 32.294 Kesseln und 74.955 Arbeitern. Bis 1841 war die Zahl der Filanden bei Vergrößerung mehrerer Betriebe auf 3183 gesunken. Die Zahl der Filatorien belief sich auf 492 mit 12.805 beschäftigten Personen[7]).

Erzeugnisse der Seiden-weberei.

Die Erzeugnisse der Seidenweberei beliefen sich hingegen in derselben Zeit schätzungsweise[8]):

---

[1]) Krauß-Elislago, Autobiographie, S. 197 ff. (Krauß hatte selbst die diesbezüglichen Verhandlungen geleitet); Keeß u. Blumenbach, a. a. O., I, 236, 253—261; Tafeln z. Stat. für 1841; Ber. ü. d. Ausst. Wien, 1835, S. 83, 1839, S. 283, 1845, S. 457—466, 487 f. — [2]) Ber. ü. d. Ausst. Wien, 1845, S. 471. — [3]) Demian, Darst. d. österr. Mon., III, S. 252. — [4]) Keeß u. Blumenbach, a. a. O., I, 460. — [5]) Tafeln z. Stat. d. öst. Mon. für 1841. — [6]) Tafeln z. Stat. d. österr. Mon. für 1841. — [7]) Tafeln z. Stat. für 1841. Von den Arbeitern waren 4634 Männer, 52.623 Frauen und 17.698 Kinder unter 14 Jahren, meist Mädchen. — [8]) Tafeln z. Stat. für 1841.

In der Lombardei auf . . . . 6,000.000 „
Im Venezianischen auf . . . . 700.000 „
In den übrigen Provinzen auf . . . . 800.000 „

$\qquad$ Zusammen auf . . . 19,500.000 fl.

Die meisten Halbseidenstoffe wurden in Wien verfertigt, und zwar zu Modestoffen aus Seide und Baumwolle oder aus Seide und Schafwolle, namentlich
in Verbindung mit der Shawlweberei[1]).

Zahlreiche Erfindungen und Verbesserungen sind in Österreich auf dem Erfindunge
Gebiete der Seidenindustrie erfolgt. 1799 erfand der bürgerliche Großuhrmacher und
Ägid Arzt in Wien eine Seidenspulmaschine. Eine andere Seidenspulmaschine Privilegien.
erfanden 1803 Delpini und Deith. Delpini erhielt 1805 für seine Erfindungen
eine Geldbelohnung[2]).

Der k. k. Kameralseidenbau-Oberinspektor Valentin Matthias Sporer in
Esseg erfand 1798 eine verbesserte Seidenabziehmaschine, welche aber erst
1820 in Neu-Gradiska zur Ausführung gebracht wurde[3]).

Im Jahre 1816 erhielt der Seidenbandfabrikant Thomas Bischof in Wien
ein achtjähriges ausschließendes Privileg auf einen selbstwebenden Stuhl. Im
selben Jahre wurde auch Christian Georg Hornbostel in Wien ein achtjähriges
Privileg auf einen von ihm erfundenen selbstwebenden Stuhl verliehen[4]); 1806
wurde Karl Friedrich Bräunlich & Sohn ein zwölfjähriges Privileg auf die von
ihnen erfundene Verfertigung von Samtbändern auf Mühlstühlen erteilt[5]).
Die Bandfabrikanten Neuffer & Wreden zu Mödling erhielten 1816 ein dreijähriges Privileg auf die von ihnen erfundene mechanische Vorrichtung, mittels
welcher die gewöhnlichen Mühlstühle durch Wasserkraft betrieben werden
konnten[6]).

Seit den zwanziger Jahren war in Österreich der Jacquardstuhl zur Erzeugung gemusterter Seidenstoffe schon allgemein in Gebrauch.[7]) Im Jahre
1822 wurde dem Wiener Maschinisten Johann Bausener ein fünfjähriges ausschließendes Privileg auf seine Verbesserung des Jacquardstuhles zuteil. Der
bürgerliche Seidenzeugfabrikant Sottil in Wien erhielt 1822 ein zehnjähriges
Privileg auf eine Verbesserung des Seidenzeugwerkstuhles[8]).

Valentin Gasparini, Maschinisten zu Rovereto, wurde 1822 ein Privileg
auf eine wesentliche Verbesserung der Dampfmaschine zum Abspinnen der
Seidenkokons erteilt. Thomas Busby in Wr.-Neustadt erhielt 1824 ein Privileg auf die Erfindung, mittels neuer Maschinen den Abfall der Seide zuzubereiten
und zu spinnen[9]). Im Jahre 1829 erfanden G. Minerbi, K. L. Chiozza & Schnell-
Griot zu Haidenschaft bei Görz Spinnmaschinen für Seidenabfälle[10]).

---

[1]) Keeß u. Blumenbach, a. a. O., I, 484.; vgl. auch oben S. 351 f. — [2]) Keeß, a. a. O., II,
283 f.; Keeß u. Blumenbach, I, 437. — [3]) Keeß u. Blumenbach, a. a. O., I, 226. — [4]) Keeß,
a. a. O., II, 285; Keeß u. Blumenbach, I, 441. — [5]) H. K. A. Kom., N.-Ö., Fasz. 72, Nr. 6 ex
jan. 1806. — [6]) H. K. A. Kom. Kam., Fasz. 30, Nr. 49 ex aug. 1816. — [7]) Keeß u. Blumenbach, a. a. O., I, 444. — [8]) Keeß, a. a. O., IV, 49. — [9]) Keeß u. Blumenbach, a. a. O., I, 228,
236. — [10]) Großind. Öst., IV, S. 11.

XIX. Kapitel.

Die Lederindustrie.

A. Die Maßnahmen der Staatsverwaltung.

Die Lederindustrie hat sich in der Zeit vom Ende des 18. bis gegen die Mitte des 19. Jahrhunderts ziemlich gut entwickelt und hat manche Fortschritte aufzuweisen gehabt; doch ging diese Entwicklung sehr langsam vor sich und noch am Ende dieser Periode hatte sich dieser Industriezweig von den althergebrachten Verfahrensarten nicht ganz losgemacht, so daß die Erzeugnisse mit jenen der rheinländischen, belgischen, französischen und englischen Fabriken den Vergleich meist nicht aushalten konnten[1]).

Die Staatsverwaltung hat sich wie bei den anderen Erwerbszweigen auch hier bemüht, Hindernisse aus dem Wege zu räumen und die Entwicklung im günstigen Sinne zu beeinflussen.

Die Hofverordnung vom 17. Februar 1781 gestattete sämtlichen Lederern und Gerbern der Monarchie, Verkaufsgewölbe in und vor Wien zu mieten und daselbst durch das ganze Jahr hindurch zu verkaufen, ein Vorrecht, welches andere Industriezweige in diesem Maße damals noch nicht besaßen. Dieses Vorrecht, welches durch Hofkammerdekret vom 9. Juli 1804 bestätigt wurde, dauerte nur bis 1817, in welchem Jahre durch eine Verordnung der Kommerzhofkommission vom 4. Jänner auch für die Ledererzeuger das gleiche Recht eingeführt wurde, wie für die anderen Industriezweige, nämlich daß in der Regel nur den Ledererzeugern, welche die Landesfabriksbefugnis besitzen, das Recht zustehen solle, in Wien und in den Provinzialhauptstädten Niederlagen zu halten[2]). Diese Beseitigung eines früheren Vorrechtes konnte damals keine schädliche Wirkung mehr ausüben, da jeder Lederfabrikant, der einen so starken Betrieb hatte, daß er eine Niederlage in Wien unumgänglich brauchte, entweder um die Landesfabriksbefugnis oder aber auch ohne Landesfabriksbefugnis um die Bewilligung zur Eröffnung einer Niederlage in Wien ansuchen konnte, was meistens bewilligt wurde[3]).

Andere Bestimmungen sollten zur Verbesserung der Produktion aneifern. So wurde durch Hofverordnung vom 15. März 1808 gestattet, jenen Lederern und Gerbermeistern die Befugnis zum Handel mit ausländischem Leder oder zum sogenannten Juchtenhandel zu erteilen, welche sich über Verdienste um die Emporbringung der inländischen Lederfabrikation und über einen bedeutenden Verschleiß ins Ausland ausweisen würden. Auch wurde solchen verdienstlichen Unternehmern auf diese Weise der Bezug ausländischen Leders als ein Mittel des Absatzes ihrer eigenen Erzeugnisse im Wege des Stichhandels gestattet[1]).

Hindernisse, welche der Entwicklung dieses Industriezweiges im Wege standen, sollten womöglich beseitigt werden, wobei die Hofstellen immer wieder auf die Bedeutung dieses Erwerbszweiges hinwiesen. Die Ledergerberei gehöre

---

, · ¹) Tafeln z. Stat. d. österr. Mon. f. 1841.. — ²) Barth, a. a. O., VI, 25. — ³) Vgl. oben S. 148 ff. — ⁴) Kommerzhofkommissionsdekret vom 21. Juli 1818; Barth, a. a. O., VI, 129 ff.

unter jene Beschäftigungen, die nicht nur nicht beschränkt, sondern auf alle mögliche Art gefördert werden müssen (Hofbescheid vom 21. Juni 1808, Kommerzhofkommissionsdekret vom 18. April 1837). Sie war auf keine bestimmte Anzahl von Meistern und Befugten beschränkt, somit vom Zunftzwange befreit (Hofverordnung vom 2. Juli 1808). Die Lederfabrikation sollte durch liberale Verleihung von Ledererbefugnissen erweitert und so bezüglich aller Ledergattungen die nötige Konkurrenz erhalten werden (Kommerzhofkommissionsverordnung vom 4. Jänner 1817)[1]).

Der Wiener Großhändler Lazar Kohn, der zwei in finanziellen Schwierigkeiten schwebenden Lederfabrikanten beisprang und so den Fortbetrieb und das Wiederaufblühen dieser Fabriken ermöglichte, erhielt vom Kaiser 1819 die mittlere goldene Ehrenmedaille mit Öhrl und Band. In den Verdiensten, die sich Kohn in der Eigenschaft als Staatsbürger erworben hatte, glaubte die Kommerzhofkommission, wie sie im Vortrage ausführte, keinen hinreichenden Grund finden zu können, um für die Verleihung einer Auszeichnung einzuschreiten, doch glaubte sie, daß jene Verdienste nicht unbeachtet gelassen werden sollten, die sich Kohn um die inländische Industrie und insbesondere um die für den österreichischen Staat so wichtige Ledererzeugung erworben, „wodurch er zur höheren Emporbringung dieses Fabrikationszweiges auf eine lobenswerte Art mitgewirkt habe"[2]).

Im 19. Jahrhundert hörte die staatliche Bevormundung der Industrie immer mehr auf, weshalb auch die Maßnahmen, die sich auf die Förderung einzelner Industriezweige bezogen, immer seltener und nur auf neu aufkommende Erwerbszweige angewendet wurden. Von da an traten immer mehr die Maßnahmen in den Vordergrund, die entweder von der Staatsverwaltung ausgehend, oder wenigstens von ihr gefördert, ihr Augenmerk auf die Vervollkommnung und Erweiterung aller Industriezweige gerichtet hatten; so Erteilungen von ausschließenden Privilegien auf neue Erfindungen, gewerbliche Ausstellungen, Errichtung technischer Bildungsanstalten und ähnliche Veranstaltungen und Einrichtungen, die jedem einzelnen Industriezweige auch zugute kommen mußten.

B. Die Entwicklung der Lederindustrie.

Am Ende des 18. Jahrhunderts gab es in Österreich noch sehr wenige größere Lederfabriken.   Niederösterreich.

Im Jahre 1772 wurden in Niederösterreich an Lederern und Rotgerbern 17 Meister, 77 Gesellen, 10 Jungen und 5 Handlanger gezählt mit 177 Gruben, an Weißgerbern 6 Meister, 11 Gesellen und 6 Jungen bei 32 Gruben[3]). Auch wurden zu Ende der siebziger Jahre einige Lederfabriken in Wien betrieben, darunter jene von Baron Lapreti mit 24 Gruben und eine Saffianfabrik von Salvadori & Co. mit 10 Gruben[4]). In den achtziger Jahren wird der k. k. priv. Lederfabriks-

---

[1]) Barth, a. a. O., VI, 15 f. — [2]) H. K. A. Kom. Kom., Fasz. 9, Nr. 92 ex jun. 1819. — [3]) A. d. Min. In., V, G. 5, Karton 2934, Fabriken in Niederösterreich 1772. — [4]) Statth. A. Wien, Karton 5759, Generaltabelle der Fabriken Niederösterreichs f. 1779; die übrigen Fabriken aufgezählt in: Kommerzialschema Wiens, 1780, S. 277 ff.

inhaber Anton Mauritz Böhm erwähnt, der nicht nur in Wien, sondern auch in Böhmen Niederlagen hielt[1]). Um dieselbe Zeit hatte ein Lohgerber von Sobieslau in Böhmen, namens Jirauschek, der das „Arcanum" der Bereitung des Juchten-leders zu besitzen vorgab, zu Hernals bei Wien eine Juchtenfabrik „nach mosko-witischer Art" errichtet und später auch in Böhmen Juchten zu erzeugen an-gefangen. Aber das Unternehmen hatte keinen dauernden Erfolg[2]). Außer-dem betrieb seit dem Ende der siebziger Jahre in Wien A. J. Schirutschek eine Juchtenfabrik und erhielt dazu beträchtliche staatliche Vorschüsse[3]). Die fabriksmäßigen Betriebe waren aber im 18. Jahrhundert noch sehr selten und nicht bedeutend. Erst im 19. Jahrhundert wurde es besser.

Im Jahre 1805 erhielt der Wiener Lederfabrikant Leopold Partl die Landes-fabriksbefugnis[4]). Die Inhaber einer 1786 zu Sechshaus bei Wien mit staatlicher Unterstützung errichteten privilegierten englischen Lederfabrik Kolmann und Kolly erhielten 1811 ein zehnjähriges Privilegium auf den Gebrauch des englischen Pfalzstocks. Später ging diese Fabrik an den Schwiegersohn des letzteren, Georg Dermer, über; 1816 war sie nach dem Urteile der Hofkammer eine der ausgezeichnetsten inländischen Unternehmungen dieser Art[5]).

1818. Im Jahre 1818 zählte Wien allein 12 mit Landesfabriksbefugnis versehene große Rotgerbereien und 37 Rotgerbermeister nebst mehreren kleineren Be-trieben[6]).

Um 1825. In den zwanziger Jahren des 19. Jahrhunderts gehörten in Niederösterreich zu den bedeutendsten Lederfabriken jene des Franz Hallmayer in Wien und des Kirchlehner in Nußdorf, welch letztere nur Sohlenleder erzeugte und 1823 nicht weniger als 21 Gruben, jede zu 100 bis 120 Häuten aufwies. Von den Saffianfärbern war die Fabrik Karl Pfeiffers die vorzüglichste[7]).

1830. Im Jahre 1830 wurden in den vier Kreisen Niederösterreichs 14 Leder-fabriken gezählt, davon 7 in Wien und 7 im Viertel unter dem Wiener Wald, nebst 213 Lederer- und Korduanerwerkstätten. Für Sohlenleder war die größte Fabrik die Kirchlehnersche zu Nußdorf; außerdem bestanden damals größere Lederfabriken in Währing (2), Ober-Meidling (1), Hacking (1), Sechshaus (1) und mehrere in Wien.

Die Erzeugung von Saffian war zwar nicht bedeutend (jährlich etwa 25.000 Stück), da der meiste schon gegerbt aus der Türkei gebracht und in Wien nur gefärbt wurde. Indes waren die Wiener Fabrikanten in der Zubereitung der roten, grünen und braunen Saffiane sehr geschickt; auch waren die Wiener Saffiane, sowohl die gefärbten als gedruckten, immer schöner und teurer als

---

[1]) H. K. A. Kom., N.-Ö., Fasz. 72, Nr. 26 ex jun. 1784, Nr. 6 ex febr. 1785. Böhm. Fasz. 75, Nr. 3 ex aug. 1783. — [2]) Schreyer, Kommerz, Fabriken etc. (1790), II, 8, Blumenbach, Landes-kunde, II. Aufl., II, 156. — [3]) Staatsrat 1780, Nr. 590; 1784, Nr. 2263; Statth. A. Wien, Karton 5759, Generaltabelle der Fabriken 1779; H. A. K. Kom. Böhm., Fasz. 75, 1777. — [4]) H. K. A. Kom., N.-Ö., Fasz. 72, Nr. 7 ex jul. 1805. — [5]) H. K. A. Kom., N.-Ö., Fasz. 72, Nr. 4 ex märtio u. Nr. 36 ex jul. 1800, Kom. Kam., Fasz. 35, Nr. 69 ex mart. 1816. — [6]) Keeß, a. a. O., II, 20; Redl, Handlungsgremien u. Fabrikenadressenbuch, 1818, S. 149 ff. — [7]) Keeß u. Blumenbach, a. a. O., I, 82.

die türkischen und wallachischen und wurden daher in nicht unbedeutender Menge wieder nach der Türkei zurückversendet.

Die Weiß- und Sämischgerberei beschäftigte 1830 in Niederösterreich auf dem Lande 191, in Wien 83 Weißgerber[1]).

Im Jahre 1841 wurden in Wien 5 landesbefugte und 2 einfache Leder- 1841. fabriken, im sonstigen Niederösterreich 5 landesbefugte und 1 einfache Fabrik gezählt, nämlich landesbefugte in Wilhemsburg, Währing (2), Sechshaus und Krems und die einfache in Melk. Am bedeutendsten waren in Wien die Fabriken von Hallmayer (Ausstellung 1839 goldene Medaille) und von Johann Michael Trümper (Ausstellung 1839 goldene Medaille).

Die größte Lederfärbe- und Lackierfabrik war die von Karl Pfeiffer zu Sechshaus. Sie beschäftigte 100 Personen und erzeugte auch Saffian (Wiener Ausstellung 1835 goldene Medaille); 1844 ging die Unternehmung an A. H. Süss über.

Unter den übrigen Fabriken waren besonders hervorragend die von Jauernigg zu Wilhelmsburg und die der Brüder Schmitt in Krems[2]).

Jakob Jauernigg, geb. 1793 zu Ober-Laibach, gestorben 1858, erwarb sich Jauernigg. um die Lederindustrie große Verdienste. Es kamen ihm dabei seine im In- und fernen Auslande sich angeeigneten praktischen und am Wiener polytechnischen Institut in den Jahren 1819 und 1820 gesammelten theoretischen Kenntnisse zustatten. Schon 1822 besaß er eine kleine Gerberei in St. Veit a. d. Gölsen; 1829 kaufte er das Unternehmen in Wilhelmsburg, welches von 1824 bis 1828 außer Betrieb gewesen war. Er verwandelte es bald in eine den neueren Anforderungen entsprechende Ledergerberei, die als die beste jener Zeit bezeichnet werden muß. Er versuchte auch die in Österreich noch wenig benützten besseren Gerbematerialien, als Eichen-, Weiden- und Birkenrinden in Anwendung zu bringen. Unter den von ihm eingeführten Verbesserungen befindet sich auch die Abkürzung des Gerbeprozesses. Im Jahre 1839 erhielt er die Landesfabriksbefugnis. In dieser Fabrik wurden um 1840 jährlich 18.000—24.000 Stück Kalbfelle, 1500—2000 Stück Kuh- und Terzenhäute, 300—500 Pferdehäute, 500 bis 1000 Stück Schaf-, Geiß- und Bockfelle, 500—1000 Stück Ochsenhäute zubereitet. Beschäftigt waren dabei an 20 Arbeiter. Bei den Wiener Ausstellungen von 1835 und 1839 erhielt er die silberne, 1845 die bronzene Medaille. Auch schrieb er Abhandlungen über die Gewinnung von Gerbestoffen[3]).

Adolf Schmitt (geboren 1811, gestorben 1849) errichtete 1838 eine Schmitt. Lederfabrik in Krems und hat das Verdienst, die Eichenrinde zur Gerberei zuerst in bedeutendem Maße benützt und auch Dampf zur Wärmung der Brühe und Auslaugung der Lohe angewendet zu haben. Auch machte er sich durch sein Bestreben bemerkbar, im Ausland erprobte Verfahrensarten in

---

[1]) Blumenbach, Landeskunde, II. Aufl. (1835), II, 156 ff. — [2]) Tafeln zur Stat. d. österr. Mon. f. 1841, Beiträge zur Gesch. der Gewerbe u. Erfindungen, I, 342; Bericht ü. d. Ausst., 1835, S. 127 f.; 1839, S. 420, 427 f. — [3]) Frankenstein, Fabriksbilderatlas, 1842, S. 33 f. Beiträge zur Gesch. d. Gew. u. Erf., I, 339; Ber. ü. d. Ausst., 1839, S. 429, 1845, S. 577.

Österreich einzuführen. In den vierziger Jahren beschäftigte die Fabrik 65 Arbeiter. Für die Arbeiter richtete Schmitt eine Sparkasse ein[1]).

Leder-galanterie-waren. Was die Lederwarenerzeugung betrifft, so ist zunächst zu erwähnen, daß seit den dreißiger Jahren besonders in Wien die Erzeugung von Ledergalanteriewaren, welche schon zu Anfang des Jahrhunderts sich bemerkbar zu machen begonnen hatte, immer mehr Eingang fand. Sie wurde zuerst von den Buchbindern betrieben, welche Brieftaschen, Schreibmappen, Schmucketuis und ähnliches erzeugten. Eine der wichtigsten Firmen für Ledergalanteriewarenerzeugung war die der Gebrüder Fleischer, gegründet 1832 als Buchbinderei; bald ging sie zur Galanteriewarenfabrikation über und beschäftigte 1839 neben verschiedenen Hilfskräften 27 Gehilfen. Im Jahre 1838 entstand die Firma Daniel Prützmann, welche bald einen großen Aufschwung nahm und um 1845 schon bei 100 Arbeiter aufwies. Um dieselbe Zeit begann sich auch Charles Girardet immer mehr bemerkbar zu machen; 1847 entstand endlich jene Unternehmung, die später auf diesem Gebiete die größte Bedeutung erlangen sollte, nämlich die von August Klein[2]).

Schuhe. Die Wiener Schuhmacherarbeiten waren schon um 1830 in einem großen Teile der Monarchie beliebt und bahnten sich selbst den Weg ins Ausland, besonders nach dem Orient und auf die Leipziger Messe. In Wien gab es damals 1557 bürgerliche und befugte Schuhmacher und 13 Zischmenmacher, auf dem Lande 3350 Schuster[3]). Schon in der ersten Hälfte des 19. Jahrhunderts gab es in Wien auch recht bedeutende Schuhmacher. So beschäftigte Philipp Demmer in den vierziger Jahren fortwährend 30 Arbeiter im Hause, zeitweise noch andere 30 außer Haus, Josef Christl hatte 15 bis 18 Arbeiter, Johann Helia an 20, Johann Wudy 18 bis 20 Arbeiter[4]).

Riemer-arbeiten. Die Wiener Riemerarbeiten ließen nichts zu wünschen übrig, da sowohl die gemeinste als auch jede Luxusware in der größten Eleganz und Vollkommenheit verfertigt wurde. In Wien wurden in den dreißiger Jahren 57, auf dem Lande 135 Riemermeister gezählt.

Sattler und Wagner. Eines ausgezeichneten Rufes erfreuten sich die Wiener Sattler- und Wagnerarbeiten. Seit dem Anfang des 19. Jahrhunderts nahm die Fabrikation der Wagen an Ausdehnung und Vollkommenheit sehr zu, so daß die Wiener Wagnerarbeiten weit und breit bekannt und gerühmt wurden[5]). Die Verbindung zwischen Wagnern und Sattlern war deshalb eine so enge, weil die Wagner, wenn sie nicht eine förmliche (später genügte auch eine einfache) Fabriksbefugnis besaßen, ihre Wagen nicht vollenden, auch nicht auf eigene Rechnung durch Sattler vollenden lassen durften, sondern die Vollendung nur den Sattlern und (ursprünglich nur) landesbefugten (später auch einfachen) Wagenfabrikanten zustand[6]).

---

[1]) Beiträge zur Gesch. d. Gew. u. Erf., I, 340; Tafeln zur Stat. d. österr. Mon. f. 1841; Ber. u. d. Ausst., 1845, S. 582. — [2]) Beiträge zur Gesch. d. Gew. u. Erf., I, 436 ff.; Ber. ü. d. Ausst. 1839, S. 360, 363, 1845, S. 317 f.; Keeß, a. a. O., III, 217. — [3]) Blumenbach, Landeskunde, II. Aufl. (1835), II, 156 ff. — [4]) Ber. ü. d. Ausst. v. 1845, S. 600 ff. — [5]) Blumenbach, a. a. O., II, 156 ff. — [6]) Vgl. oben S. 129 ff.

Die bedeutendste aller Wiener Wagenfabriken war die um 1810 von Simon Brandmayer gegründete, welche um 1820 in besseren Zeiten 120 bis 150 Personen beschäftigte und ein eigenes Dreh-, Bohr- und Schleifwerk hatte, auf welchem die ausgezeichnetsten Achsen gedreht wurden. Sonst war noch die Fabrik von Johann B. Engel bedeutsam.

Gegen Ende des zweiten Jahrzehnts befanden sich in Wien zwei größere Wagenfabriken, 69 bürgerliche Sattlermeister, 48 Wagnermeister und 27 befugte Wagner mit gegen 200 Gesellen[1]). Im Jahre 1830 wurden 138 bürgerliche und befugte Sattlerwerkstätten in Wien und 269 Sattler auf dem Lande gezählt[2]).

In Mähren und Schlesien gab es zu Ende des 18. Jahrhunderts 238 Rotgerbermeister, 147 Weißgerbermeister und nur eine Lederfabrik, nämlich eine Brüßlerlederfabrik zu Trebitsch. ^{Mähren un Schlesien.}

Erst im 19. Jahrhundert entstanden daselbst größere Betriebe. So um 1805 die gräflich Dietrichsteinsche Lederfabrik in Sokolnitz bei Brünn, bald darauf die von Lettmayer zu Brünn und 1811 erhielt die Lederfabrik zu Ossowa-Bitischka, gegründet vom Grafen Heinrich von Haugwitz in Gesellschaft mit Konrad Koch, wegen ihres beträchtlichen Umfanges die Landesbefugnis[3]).

Die Fabrik von Karl Ignaz Lettmayer in Brünn erhielt am 22. Mai 1807, da sie die Fabrikation in großem Umfange betrieb, alle zu einem fabriksmäßigen Betriebe erforderlichen Einrichtungen besaß und ihr Inhaber über ein ansehnliches Vermögen verfügte, das Fabriksprivilegium mit dem Rechte der Führung des kaiserlichen Adlers[4]). Die Landesbefugnis erhielt Lettmayer am 12. Juli 1810[5]). Um 1820 war seine Fabrik eine der größten Unternehmungen dieser Art in der Monarchie, da sie 70 Gruben aufwies[6]). Im Jahre 1841 hatte dieses großartige Etablissement 101 Gruben, 190 Bottiche und 50 Arbeiter, bei einer Erzeugung von 10.000 bis 12.000 Stück Pfundsohlenleder im Werte von 228.000 fl.[7]). ^{Lettmayer.}

Eine andere bedeutende Gerberei war die von Christian Schwarz in Freudental in Schlesien, die in ihren Anfängen in das 18. Jahrhundert zurückreichte und wegen ihrer großen Ausdehnung am 24. März 1815 die Landesfabriksbefugnis erhielt. Zu Anfang der zwanziger Jahre hatte sie 30 Gruben[8]).

Im Jahre 1833 werden in Mähren und Schlesien folgende Lederfabriken erwähnt: die landesbefugte Saffian- und Maroquingerberei des Ignaz Appel in Brünn, die fürstlich Liechtensteinsche Lederfabrik zu Butschowitz, die gräflich Dietrichsteinsche zu Sokolnitz, die Lederfabrik des Johann Schiede in Znaim und die landesbefugten ^{1833.}

---

¹) Keeß, a. a. O., III, 85 ff., 241; Bericht ü. d. Ausst. Wien, 1835, S. 314, 316; 1839, S. 447; 1845, S. 891. — ²) Blumenbach, Landeskunde, II. Aufl., II, 158. — ³) D'Elvert, a. a. O., XV, 608 f. — ⁴) Statth. A. Brünn, Fasz. 39, 1807, Mai 22. — ⁵) H. K. A. Kom. Praes. 1819, Nr. 287; vgl. über diese merkwürdigen Verleihungen oben S. 130 Anm. 6. — ⁶) Keeß, a. a. O., II, 22, IV, 15. — ⁷) Tafeln zur Stat. d. österr. Mon. f. 1841. — ⁸) D'Elvert, a. a. O., XV, 609; Keeß, a. a. O., IV, 15.

Fabriken von Christian Schwarz in Freudental und Karl Ignaz Lettmayer in Brünn. Die Ossowaer Fabrik des Grafen Haugwitz war bereits eingegangen[1]).

„Neben Brünn wurden in den ersten Jahrzehnten des 19. Jahrhunderts auch Iglau, Znaim, Nikolsburg, vor allem aber Trebitsch Sitze einer ansehnlichen Ledererzeugung. Während jedoch in der Landeshauptstadt in erster Linie die Fabrikation von Sohlenleder heimisch war, trat in der fast ausschließlich handwerksmäßigen Produktion der genannten Orte die Herstellung von Oberleder in den Vordergrund." Die fabriksmäßige Produktion machte in Mähren keine rechten Fortschritte. Wenige neue Fabriksunternehmungen entstanden, mehrere alte gingen ein. Auch in der Produktionstechnik waren keine wesentlichen Vervollkommnungen zu verzeichnen. „Im großen und ganzen ist die Ledererzeugung Mährens in den vierziger Jahren von einer Stagnation erfaßt worden, die sowohl die fabriksmäßige Produktion als auch das bei weitem herrschende Handwerk betrifft"[2]).

1841.   Im Jahre 1841 wurden in Mähren und Schlesien zwei landesbefugte Lederfabriken in Brünn und eine einfache in Freudental gezählt. An Bedeutung folgte der Lettmayerschen die Lederfabrik von Weeger zu Brünn mit 96 Bottichen und 20 Arbeitern bei einer Erzeugung von 6000 Stück Sohlenleder, 2000 Stück Kuhleder und 5000 Stück Kalbfellen im Werte von 168.000 fl. In dieser Fabrik wurde schon die Schnellgerbemethode (ohne Gruben) angewendet. An Betriebseinrichtungen wies sie auf: eine Dampfmaschine von 12 Pferdekräften, eine Mühle mit zwei Gängen zur Zerkleinerung verschiedener Gerbmaterialien, eine Lohzerkleinerungsmaschine, zwei Lederspaltmaschinen, eine Metallwalzenpresse zum Glätten des Leders, eine Sohllederappretiermaschine (die einzige dieser Art in Österreich), eine Anzahl Haspeln, einen Dampfkochapparat zur Bereitung der Gerbebrühen, einen Filtrier-, einen Kühlapparat und anderes.

Die Gerbereien zu Trebitsch (worunter die von M. Haßek mit 30 Arbeitern und die der Brüder Budischofsky [seit 1832] die bekanntesten waren) verarbeiteten 8000 Stück Rindshäute und 80.000 Stück Kalbfelle[3]).

Böhmen.   In Böhmen wurden in den achtziger Jahren des 18. Jahrhunderts an Lohgerbern gezählt 1086 Meister, 369 Gesellen und 110 Jungen, an Sämisch- und Weißgerbern 629 Meister, 211 Gesellen und 118 Jungen. Sohlenleder wurde damals in Böhmen weniger und nicht in so guter Qualität erzeugt wie in Wien und Preßburg, von welchen Städten viel Sohlenleder nach Böhmen versendet wurde[4]).

Wie in den anderen Ländern ist auch in Böhmen bei der Lederindustrie der Übergang vom handwerks- zum fabriksmäßigen Betriebe sehr langsam vor sich gegangen, so daß auch hier noch um die Mitte des 19. Jahrhunderts das Kleingewerbe bei weitem vorherrschte. Charakteristisch für den Zustand der

¹) D'Elvert, a. a. O., XV, 612. — ²) Oberländer in Festschr. d. Handels- u. Gew. Kam. Brünn, 1909, S. 105 ff. — ³) Tafeln zur Stat. d. österr. Mon. f. 1841; Großind. Öst, III, 367; Ber. ü. d. Ausst. Wien, 1845, S. 579, 581. — ⁴) Schreyer, Kommerz, Fabriken etc. (1790), II, 1, 17; derselbe, Warenkabinett, 1799, S. 263.

Lederindustrie in Böhmen in den ersten Jahrzehnten des 19. Jahrhunderts 1818/19. ist der Umstand, daß ein 1818 von der Prager Fabrikeninspektion verfaßtes Verzeichnis der böhmischen Fabriken, welches behufs Anbahnung eines Exports samt Mustern in die neuerworbenen oberitalienischen Provinzen hätte abgesendet werden sollen, von der Lederindustrie nur die Rudolf Graf Taaffische Fabrik zu Tedraschitz auf der Herrschaft Ellischau im Prachiner Kreis anführt und diese selbst wegen Mangel an Absatz auch nur 11 Arbeiter beschäftigte[1]).

Andere halbwegs wichtige Unternehmungen gab es in dieser Zeit der Depression nicht viele. Mehrere größere Weiß- und Rotgerber gab es in Böhmisch-Leipa, ebenso wie noch erwähnt werden könnten Jakob Veit zu Zebus im Leitmeritzer Kreise, Wenzel Steiner zu Klösterle im Saazer Kreise, Johann Büttrich und Heinrich Angerstein in Eger. Lackiertes Leder erzeugten Franz Walz und Josef Pstroß in Prag[2]).

Erst gegen Ende der zwanziger Jahre begann sich die Lage zu bessern. Um 1830. Im Jahre 1827 erhielten Moises Epstein und Rachel Pollak zu Raudnitz im Rakonitzer Kreise die einfache Fabriksbefugnis, 1834 die förmliche Befugnis zum Betriebe der Lohgerberei. Damals beschäftigten sie an 20 Arbeiter[3]). Vor 1829 hatten auch die Gebrüder Lederer, Maroquinfabrikanten in Pilsen, die Landesfabriksbefugnis erhalten[4]). Im Jahre 1829 wurde dem Jakob Goldschmid in Prag die Landesfabriksbefugnis zur Färberei aller Ledergattungen verliehen, da er 18 Personen beschäftigte[5]); 1831 erhielt Johann Lemberger die förmliche Befugnis für seine Lederfabrik in Horaždiowitz; er beschäftigte gegen 40 Arbeiter[6]); 1832 verlieh das Gubernium dem Lederfabrikanten Dobrowsky in Elbeteinitz im Chrudimer Kreise die einfache, 1835, da seine Unternehmung 20 Arbeiter aufwies, die Landesfabriksbefugnis[7]). Im Jahre 1833 wurde dem Lazar Lazarsfeld in Postelberg im Saazer Kreise die förmliche Befugnis zur Lederzeugung erteilt, da sich die Zahl seiner Arbeiter auf 13 belief[8]). Im Jahre 1837 endlich erhielt Josef Pollak in Prag die Landesbefugnis zur Erzeugung aller Gattungen Leder[9]).

Zu Anfang der dreißiger Jahre waren in Böhmen 18 Lederfabriken neben 3200 Kleinbetrieben, die sich mit der Gerberei abgaben. Die Rotgerberei, welche an 2300 Betriebe beschäftigte, war zahlreich vertreten zu Chrudim, Leitmeritz und Böhmisch-Leipa. In Prag waren 26 Betriebe dieser Art, davon am umfangreichsten die Unternehmung von Franz Pstroß. In dieser Fabrik, der größten Böhmens, wurden jährlich durchschnittlich 2500 Stück

---

[1]) H. K. A. Kom. Praes. 1818, Nr. 1429. Nach Andrés Neuester Beschreibung (1813) hatte Böhmen drei Lederfabriken in Prag und je eine in Lochowitz, Zduchowitz, Klein-Skal, Altenbuch, Liboch, Spansdorf, Slabisch (S. 193). — [2]) H. K. A. Kom. Praes. 1819, Nr. 550. — [3]) Statth. A. Prag, 1826—1835, Kom., Fasz. 1, subn. 78. — [4]) Ber. ü. d. Ausst. Prag 1829, S. 4, 24. — [5]) Statth. A. Prag, 1826—1835, Kom., Fasz. 1, subn. 96. — [6]) Statth. A. Prag, 1826—1835, Kom., Fasz. 1, subn. 245. — [7]) Statth. A. Prag, 1826—1835, Kom., Fasz. 1, subn. 439. — [8]) Statth. A. Prag, 1826—1835, Kom., Fasz. 1, subn. 172. — [9]) Statth. A. Prag, 1836—1840, Kom., Fasz. 104, num. 3, subn. 47.

Pfund- und Sohlenleder, 500 Stück Terzenhäute, 2000 Stück Kuhhäute als Oberleder und 60.000 Kalbfelle verarbeitet im Gesamtwerte von 173.000 fl. Die Zahl der Arbeiter belief sich auf 40.

Die größten Weißgerbereien, deren es in Böhmen an 900 gab, befanden sich zu Asch.

Im allgemeinen waren den böhmischen Lederfabrikanten zu Anfang der dreißiger Jahre die neuen, namentlich englischen Verbesserungen in der Gerberei noch ganz fremd.

Um die Einführung der Saffianfabrikation erwarben sich die Gebrüder Lederer in Pilsen große Verdienste, denen Böhmen auch die Glanz-, Preß- und Druckmaschinen hiezu verdankte. Sie beschäftigten in den dreißiger Jahren 40 Arbeiter und erzeugten jährlich an 20.000 Schaf- und Ziegenfelle im Gesamtwerte von 30.000 bis 32.000 fl.[1]). 1822 erhielten dieselben ein ausschließendes Privilegium auf ihre Erfindung, aus Fellen gefallener und geschlagener Schafe brauchbares Maroquin- (Saffian-) Leder zu bereiten[2]).

In der Lederlackiererei, die allmählich zunahm, zeichneten sich in den dreißiger Jahren aus die Fabriken von M. Auer zu Wscherau und von D. L. Levit in Pilsen. Die letztere (gegründet 1827[3]), welche eine eigene Gerberei hatte, beschäftigte 45 Personen und verarbeitete jährlich an 26.000 Schaf- und Ziegenfelle, 400 Kalbfelle und 750 Rindshäute zu den verschiedensten Ledergattungen, als Saffian in den gangbarsten Farben, Sämisch- und Handschuhleder und anderes[4]).

Bezüglich der Erzeugung von Juchten erhielt der Rotgerber Franz Sorger zu St. Katharina bei Meyerhöfen 1822 ein ausschließendes Privilegium auf die Erfindung eines die russischen Juchten übertreffenden Leders und hatte bei seiner diesbezüglichen Fabrikation im ganzen glänzende Resultate aufzuweisen[5]).

1841.   Im Jahre 1841 wurden in Böhmen elf landesbefugte und sechs einfache Fabriken gezählt, und zwar die landesbefugten zu Prag (2), Pilsen, Elbeteinitz, Amschelberg, Beneschau, Praskolecz, Stecken, Schwichau, Leitmeritz und Randnitz, die einfachen zu Prag, Goltsch-Jenikau, Haberspirk, Miltschitz, Schüttenhofen und Budweis[6]).

Bedeutend war darunter die von Pollak und Söhne in Prag (errichtet 1836); sie hatte 1841 40 Arbeiter und erzeugte 10.000 Stück Rindshäute und 40.000 Stück Kalbfelle, meist für die Armee. Um die Mitte der vierziger Jahre wies sie 10 Weichbassins auf, ferner 40 Äscher- und Beizgefäße und 200 Trübfässer bei einer Anzahl von 100 Arbeitern[7]). Die Fabrik von Pstroß in Prag beschäftigte 40 Arbeiter; die von Levit und Sohn in Pilsen mit 30 bis 40 Arbeitern und 3 Maschinen verarbeitete 1500 Stück Rindshäute, 7500 Stück

---

[1]) Kreutzberg, Skizzierte Übersicht (1836) 99 f. — [2]) Keeß u. Blumenbach, a. a. O., I, 60. — [3]) Amtlicher Katalog der Wiener Weltausstellung, 1873, S. 214. — [4]) Kreutzberg, Skizzierte Übersicht (1836), 99 f. — [5]) Keeß u. Blumenbach, a. a. O., I, 55; Kreutzberg, a. a. O., 99. — [6]) Tafeln zur Stat. d. österr. Mon. f. 1841. — [7]) Tafeln zur Stat. d. österr. Mon. f. 1841; Ber. ü. d. Ausst. Wien, 1845, S..583.

Kalbfelle und 25.000 Stück Schafleder im Gesamtwerte von 62.000 fl.; die Fabrik von Anton Dobrowsky in Elbeteinitz verarbeitete 1200 Stück Ochsen-, 1560 Kuhhäute und 4500 Stück Kalbfelle im Werte von 47.000 fl. In Chrudim gab es 15 Gerbereien, welche zusammen 30.000 Rindshäute und Kalbfelle im Werte von 246.000 fl. verarbeiteten.[1])

Da der Wert der gesamten Ledererzeugung Böhmens für das Jahr 1841 auf über 10 Millionen Gulden geschätzt wurde[2]), erhellt aus diesen Ausführungen über die fabriksmäßigen Betriebe, daß in der Ledererzeugung auch in Böhmen noch in der Mitte des 19. Jahrhunderts das handwerksmäßige Gewerbe bei weitem überwog und die fabriksmäßige Erzeugung eine noch sehr unbedeutende Rolle spielte.

Die wichtigste Lederfabrik der Steiermark war jene von Michael Steiermark. Purgleitner in Graz. Er übernahm das Geschäft im Jahre 1815 und brachte es zu hoher Blüte. Um 1840 erzeugte er mit 16 Gesellen und 12 Handlangern 10.000—12.000 Stück Kalbfelle, 1200—1500 Stück Kuhhäute, 150 Bockhäute, 1000—1500 Schweinhäute und 400—600 Terzenhäute. Nicht unbedeutend waren ebenfalls in Graz die Betriebe von Johann Manker und Anton Sailer[3]). Seit 1829 bestand in Graz die Wagenfabrik von W. Morandini, welche bald eine große Bedeutung erlangte[4]).

Verhältnismäßig am bedeutendsten von ganz Innerösterreich Krain. war die Lederfabrikation in Krain, wo die alte, sicher bis in das 17. Jahrhundert zurückreichende Ledererzunft von Neumarktl ihre Wichtigkeit bewahrte; im Jahre 1788 waren dabei 14 Meister und 16 Ledererwerkstätten mit einer Jahresproduktion von 4800 Kalbfellen, 250 Ochsenfellen, 1600 Ziegen- und Kitzfellen und 8000 Schaffellen[5]) und zu Anfang der vierziger Jahre des 19. Jahrhunderts wurde angeblich um 100.000 fl. Ware erzeugt. Zu den ansehnlichsten Lederfabrikanten Neumarktls gehörte Kaspar Mally. Neumarktl samt Umgebung war unter anderem auch durch die Erzeugung von Schuhen bekannt, womit sich in der zweiten Hälfte der dreißiger Jahre 54 Meister und 134 Gesellen beschäftigten. Die jährliche Erzeugung betrug viele tausend Paare, die der außerordentlichen Wohlfeilheit wegen (das Paar Frauenschuhe kostete nur 20 bis 24 kr., Kinderschuhe 14 kr.) auf den Jahrmärkten massenhaft verkauft wurden. Josef Meguschar in Neumarktl erzeugte jährlich 20.000—30.000 Paar Schuhe.

Eine größere Anzahl von Lederern wies außerdem die Umgebung von Laibach, Bischoflack und Minkendorf auf[6]).

Im Jahre 1841 wurden in Krain 19 einfache Lederfabriken gezählt, und zwar zu Neumarktl 2, im Neustädter Kreise 5, im Adelsberger 12[7]).

In Kärnten war von größerer Bedeutung die Unternehmung des Lederer- Kärnten. meisters Franz Polsterer zu Klagenfurt (seit 1829), welche 1838 18 Gesellen

---

[1]) Tafeln zur Stat. d. österr. Mon. f. 1841; Ber. ü. d. Ausst. v. 1845, S. 585. — [2]) Tafeln zur Stat. d. österr. Mon. f. 1841. — [3]) Ber. ü. d. Ausst. 1838, S. XXX; 1841, S. LIX, 110 f. — [4]) Ber. ü. d. Ausst. 1841, S. LXII, 114. — [5]) Miklitsch, Die Ledererzunft von Neumarktl, Laibacher Zeitung, 1910, Nr. 224—238. — [6]) Ber. ü. d. Ausst. 1838, S. XXXI, 103 f., 1841, S. LX, 109, 1844, S. 59. — [7]) Tafeln zur Stat. der öst. Mon. f. 1841.

beschäftigte und bei der Klagenfurter Ausstellung dieses Jahres mit der silbernen Medaille ausgezeichnet wurde[1]). Außerdem der Leder- und Lederwarenfabrikant Christoph Neuner, der die von seinem Vater 1790 gegründete Unternehmung 1835 übernahm, welche bald, namentlich in der Riemenerzeugung eine solche Vollkommenheit erlangte, daß sie 1845 schon 30 bis 40 Arbeiter beschäftigte und bei der Wiener Ausstellung dieses Jahres der goldenen Medaille teilhaftig wurde[2]).

Im Jahre 1841 wies Kärnten fünf einfache Lederfabriken auf, drei im Klagenfurter und zwei im Villacher Kreise[3]).

Küstenland. Im Küstenlande gab es schon am Ende des 18. Jahrhunderts mehrere Lederfabriken. So werden in Triest die Lederfabrik der Gebrüder Luzzatti und zwei andere Unternehmungen, in Fiume die Minollische Lederfabrik erwähnt[4]).

Um 1820 bestand eine Lederfabrik von Franz Vianelli zu Terzo im Küstenlande, sodann eine Fabrik zu Capodistria, die Fabrik von August Messesneus Erben zu Podgora bei Görz, die des Grafen Thurn zu Strazig bei Görz, endlich die von Dörfles in Görz selbst. Am bedeutendsten waren die Unternehmungen von Messesneu und von Dörfles. Doch hatten alle im allgemeinen keinen großen Umfang[5]).

Im Jahre 1841 waren im Küstenlande 14 einfache Fabriken, und zwar 9 zu Triest, 4 in Görz und Umgebung, 1 zu Savogna bei Görz[6]). Zu den bedeutendsten Lederfabriken in Görz gehörte in den vierziger Jahren jene von Cesare Tosi, dessen Gerberei 40 Gruben, jede zu 150 Häuten, hatte[7]).

Ober- Oberösterreich wies 1809 im Hausruckviertel 71, im Traunviertel 38 und
österreich. im Mühlviertel 41 Rot- und Weißgerbermeister auf[8]).

Im Jahre 1841 wurden in Oberösterreich und Salzburg im ganzen 11 einfache Lederfabriken gezählt, davon 3 in Linz, 1 in Wels, 6 in Salzburg und 1 in Rohrbach. Die wichtigste darunter war die von Josef Pöschl zu Rohrbach bei Linz im Mühlkreise, deren Anfänge in das 18. Jahrhundert zurückreichen und welche eine Produktionsmenge von 9000 Rindshäuten und 5000 Stück Kalbfellen im Werte von 120.500 fl. aufwies. Sie beschäftigte um 1845 an 40 Arbeiter; 1847 hatte diese Fabrik die Landesfabriksbefugnis. Pöschl leistete besonders Vorzügliches in der Oberlederfabrikation aus Kalbfellen und Rindshäuten. Bekannt war auch die alte, in ihren Anfängen ebenfalls in das 18. Jahrhundert zurückreichende landesbefugte Fabrik von Josef Kaindls Sohn zu Linz[9]).

Tirol. In Tirol hatte Josef Tambosi eine der ältesten und vorzüglichsten Lederfabriken des Landes zu Rovereto; 1822 erhielt er die Landesfabriksbefugnis[10]).

---

[1]) Ber. ü. d. Ausst. 1838, S. 102. — [2]) Großind. Öst., III, 376; Ber. ü. d. Ausst. 1845, S. 589. — [3]) Tafeln zur Stat. d. österr. Mon. f. 1841. — [4]) H. K. A. Kom. Litorale, Fasz. 95, Nr. 45 ex dec. 1784, Nr. 18 ex jan., 9 ex majo, 20 ex oct. 1785. — [5]) H. K. A. Kom. Praes. 1819, Nr. 351, Keeß, a. a. O., IV (1824), 13. — [6]) Tafeln zur Stat. d. österr. Mon. f. 1841. — [7]) Ber. ü. d. Ausst. 1845, S. 586. — [8]) André, a. a. O., 194. — [9]) Tafeln zur Stat. d. österr. Mon. f. 1841; Großind. Öst., III, 350, VI, 227; Ber. ü. d. Ausst. v. 1845, S. 583, von 1847, S. 19, 23, von 1839, S. 425. — [10]) H. K. A. Kom. Kom., Fasz. 35, Nr. 29 ex majo 1822; Keeß u. Blumenbach, a. a. O., I, 85.

Im Jahre 1841 wurden in Tirol eine landesbefugte und eine einfache Lederfabrik in Rovereto gezählt; die eine gehörte Josef Tambosi und hatte 70 Arbeiter,
die zweite Vincenzo Tambosi und beschäftigte 100 Arbeiter[1]).

In Galizien wird um 1800 eine k. k. priv. Lederfabrik der Gebrüder Galizien.
Josef und Ludwig Preschel in Busk im Zloczower Kreis erwähnt[2]).
Eine weitere zu Welczie im Stryer Kreis und eine in St. Illye in der Buko-
wina[3]).

In den dreißiger Jahren bestand eine Lederfabrik von Moriz Baruch
zu Podgorze im Bochnier Kreis und eine zweite von Alfred Grafen Potocki zu Przemislani im Brzezaner Kreise[4]).

In derselben Zeit wurde zu Kutty im Kolomeer Kreise von 15 Unternehmern, deren Vorsteher Jakob Ritter von Romaszkan und Markus
Michael Donigiewicz waren, Saffian erzeugt (wozu jährlich 30.000 Ziegen-
und 10.000 Schaffelle verarbeitet wurden), welcher sodann auf den Jahrmärkten
zu Debreczin, Sukmar und Szigeth verkauft wurde[5]).

Im Jahre 1841 wurden in Galizien elf einfache Lederfabriken gezählt, und
zwar zu Przemislani, sodann im Bochnier, Rzeszower (2), Zloczower (2), Brzezaner, Stryer (2) und Stanislauer (2) Kreise[6]).

Die ungefähre Verteilung der Ledererzeugung auf die verschiedenen Länder
einerseits, das Verhältnis des im Inland erzeugten Leders zum inländischen
Bedarf anderseits sollen einige Daten veranschaulichen[7]).

Ledererzeugung 1841.

Land	Menge in Zentnern	Wert in Gulden
Niederösterreich, Wien	22.000	2,000.000
Niederösterreich, übriges	16.675	2,029.000
Oberösterreich	15.240	1,852.000
Steiermark	12.895	1,698.000
Kärnten und Krain	18.660	2,394.000
Küstenland	1.486	206.000
Tirol	28.340	2,997.000
Böhmen	91.190	10,330.000
Mähren und Schlesien	47.429	5,115.000
Galizien	20.820	2,313.000
Dalmatien	865	96.000
Summe . . .	275.600	31,030.000

Das lombardisch-venetianische Königreich erzeugte 92.000 Ztr. im Werte
von 12,000.000 fl.

Dennoch betrug die Ledereinfuhr aus dem Auslande nach Österreich (ohne

---

[1]) Tafeln zur Stat. d. österr. Mon. f. 1841. — [2]) Demian, Darstellung der österr. Mon.
(1804), II./2, 105. — [3]) André, a. a. O., 193. — [4]) Ber. ü. d. Ausst. 1839, S. 424, 1845, S. 585 f.
— [5]) Ber. ü. d. Ausst. 1839, S. 423. — [6]) Tafeln zur Stat. d. österr. Mon. f. 1841. — [7]) Tafeln
zur Stat. d. österr. Mon. f. 1841.

Ungarn, aber mit Oberitalien) 1841: 23.576 Ztr. im Werte von 1,771.380 fl., während die Ausfuhr nur 7612 Ztr. im Werte von 494.070 fl. ausmachte. Im Verkehr mit Ungarn belief sich die Ausfuhr auf 705.960 fl., die Einfuhr aus Ungarn auf ·136.025 fl.

Um die Mitte des 19. Jahrhunderts war dieser Industriezweig noch unvollkommen entwickelt. Von einer Großindustrie zeigten sich erst die Anfänge. Die Produktion genügte kaum für den inländischen Bedarf.

Die Fabrikation lederner Handschuhe.

Die Handschuhfabrikation ist in Österreich sehr alt, doch befand sie sich im 18. Jahrhundert noch auf einer tiefen Stufe. Unter Maria Theresia wurden wiederholt Versuche gemacht, diesen Erwerbszweig auf eine höhere Stufe zu bringen, in welcher Absicht ausländische Handschuhmachergesellen nach Wien berufen wurden. Die Hebung dieses Industriezweiges begann aber erst unter Josef II. größere Fortschritte zu machen. In Wien wurde die französische Handschuherzeugung durch den Grenobler Handschuhmacher Stephan Jourdan sowie durch Peter Dupuy und Peter Jaquemar in den siebziger Jahren des 18. Jahrhunderts eingeführt.

Ihnen folgte 1784 ein anderer Franzose, Etienne Boulogne, der die erste französische Handschuhfabrik in Prag begründete.

Obwohl schon früher sich in Österreich zahlreiche Handschuhmacher befanden, so datiert erst seit dieser Zeit die Fabrikation von Handschuhen feiner Qualität. Neben Boulogne gründete in Prag auch ein anderer französischer Immigrant, Jean Lunet, eine Handschuhfabrik[1]).

Zu Ende des 18. Jahrhunderts teilten sich die Handschuhmacher in „deutsche" und „französische". Die ersteren bildeten in Wien eine Zunft mit einer Ordnung von 1772, die zweiten waren von jedem Zunftzwange befreit. Der Unterschied zwischen den zwei Richtungen bestand darin, daß die „deutschen" Handschuhmacher neben Handschuhen auch andere Artikel, wie Beutel, Taschen, Hosen, Socken, Polster, Hosenträger und ähnliches, erzeugten, während sich die französischen nur auf die Erzeugung von Handschuhen verlegten[2]).

Maßnahmen der Staatsverwaltung. Die meisten eingewanderten französischen Meister wurden zahlreicher Begünstigungen und Vorschüsse sowie staatlicher Kostenbeiträge für Lehrlinge teilhaftig[3]). Durch Hofbescheid vom 30. März 1786 wurde jedoch erklärt, daß es in Ansehung der Handschuhfabrikanten von allen Vorschüssen und Prämien abzukommen habe. Doch war man weit entfernt, die Bedeutung dieser Fabrikation zu unterschätzen und diesem Industriezweige die weitere Förderung

---

[1]) Schreyer, Kommerz, Fabriken etc. (1790), II, 18; Derselbe, Warenkabinett (1799), S. 282 ff.; Demian, a. a. O., I (1804), S. 144; Großind. Öst. IV, 422; Beiträge zur Gesch. d. Gew. u. Erf., I, 310; Kommerzialschema Wiens, 1780, S. 277 ff.; Staatsrat 1783, Nr. 3115; Statth. A. Prag, 1784/85, Kom. A. XII/6; Sobitschka, Entstehung und Gebrauch des Handschuhes, S. 56 ff. — [2]) Beitr. zur Gesch. d. Gew. u. Erf., I, 309 ff. — [3]) H. K. A. Kom., Fasz. 63/1, N.-Ö., Nr. 111 ex oct. 1785; Staatsrat 1781, Nr. 521, 1783, Nr. 3115, 1784, Nr. 2648; Boulogne erhielt 1785 vom Kaiser eine Belohnung von 200 fl. (Statth. A. Prag, 1786—1795, Kom., Fasz. 27, subn. 53).

zu versagen. Nur glaubte man, durch direkte Unterstützungsmittel den Zweck, fremde geschickte Fabrikanten dieser Art ins Inland zu ziehen, schon erreicht zu haben. Die Ausdehnung der Produktion war aber noch lange nicht genügend, so daß durch Hofverordnung vom 4. Juli 1803 erklärt wurde, die Handschuhmacherei auf französische Art sei überhaupt zu begünstigen, weil noch so viele Einfuhrpässe auf Handschuhe angesucht würden und dieser Artikel noch nicht ausgeführt werde. Auch sei zur Erlangung einer diesbezüglichen Befugnis keineswegs die Zahl von zehn Gesellenjahren erforderlich, vielmehr bei Befugnisverleihungen auf weit entscheidendere allgemeine Rücksichten zu sehen. Das Hofkammerdekret vom 25. Juni 1804 verfügte, daß die Anlegung von Handschuhfabriken in kleinen Städten zu erleichtern sei, und die Hofverordnung vom 2. Juli 1808 erklärte, die Handschuhmacherei gehöre unter jene Gewerbe, die auf keine bestimmte Zahl von Meistern und Befugten beschränkt seien[1]), so daß mit Befugnisverleihungen liberal vorgegangen werden konnte. Durch Hofdekret vom 24. Juli 1810 wurde das böhmische Gubernium angewiesen, dem englischen Handschuhfabrikanten Johann Beyrot, der seine Unternehmung mit zwei Gesellen und 29 Näherinnen betrieb, wegen der Ausdehnung seiner Fabrikation die Zufriedenheit der Kommerzhofstelle zu erkennen zu geben[2]).

Die Freiheit von jedem Zunftzwange hat denn auch zu einer glänzenden Entwicklung dieses Erwerbszweiges geführt, so daß sich die Fabrikation schon um 1820 sowohl quantitativ als auch qualitativ auf einer sehr hohen Stufe befand. In dieser Zeit waren die bedeutendsten Fabriken für französische Handschuhe in Wien die von Anton Friedel, was Güte und Schönheit der Erzeugnisse, und die von Franz Desbalmes, als die größte in Wien, was Ausdehnung betrifft. Außerdem wurden damals noch mehr als 30 Fabrikanten dieser Art in Wien neben 32 bürgerlichen und 81 einfach befugten Handschuhmachern, welche ein beträchtliches Arbeitspersonal beschäftigten, gezählt. Entwicklun der Handschuh- fabrikation. Um 1820.

In Prag behauptete Peter Boulogne, dem sein Onkel Etienne Boulogne 1790 die Leitung der Fabrik übergeben hatte, noch immer die erste Stelle[3]). Prokop Swoboda, der seit 1822 Handschuhe erzeugte, erhielt 1826 ein fünfjähriges ausschließendes Privileg auf die Erfindung, durch ein schnelles Verfahren ein lohgares, wohlriechendes, dänisches Handschuhleder zu erzeugen[4]).

Im Jahre 1823 wurde auf eine Maschine zum Zuschneiden von Handschuhen zum erstenmal ein Privilegium erteilt. Isidor Klaus und Friedrich Oberer in Wien erhielten 1824 ein fünfjähriges Privileg auf die Erfindung einer neuen Maschine dieser Art. Außerdem wurden noch mehrere Privilegien auf Verbesserungen dieser Maschinen in dieser Zeit erteilt, ein deutliches Zeichen, wie sehr das Interesse für diesen Industriezweig erwacht war.

Um 1830 waren in Wien noch immer am bedeutendsten die Fabriken von Friedel, Desbalmes und Jaquemar; in Prag die von Boulogne und außerdem die von Swoboda, die über 30 Arbeiter beschäftigte[5]). Um 1830.

---

[1]) Barth, a. a. O., VI, 67, 69. — [2]) Statth. A. Prag, 1806—1815, Kom., Fasz. 1, subn. 65. — [3]) Keeß, a. a. O., III, 227 f.; Sobitschka, a. a. O, S. 58. — [4]) Keeß u. Blumenbach, a. a. O., I, 61; Ber. ü. d. Ausst. Prag, 1831, S. 150. — [5]) Keeß u. Blumenbach, a. a. O., II, 51 ff.

Um 1835. Die Entwicklung nahm auch weiterhin einen günstigen Verlauf. Durch Annahme neuer, besserer Methoden des Zuschneidens und Nähens sowie durch Vervollkommnung der Färberei gewann diese Fabrikation eine immer höhere Stufe. Um die Mitte der dreißiger Jahre wurden in Wien 156 Handschuhmacher gezählt, in ganz Niederösterreich 303[1]).

In Prag wurden in derselben Zeit 6 Fabriken und 22 Meister mit etwa 140 männlichen Arbeitern und an 1000 Näherinnen gezählt. Die Erzeugungsmenge der Prager Handschuhindustrie betrug damals 20.000 Dutzend Handschuhe im beiläufigen Werte von 160.000 fl. Die bedeutendsten Fabriken

Stifter in Prag. waren jene von P. Boulogne und von J. M. Stifter, welch letztere, obwohl erst in jener Zeit (1832) entstanden, einen sehr raschen Aufschwung nahm und mit der Handschuhfabrikation auch die Ledergerberei und Färberei vereinigte. Stifters Fabrik beschäftigte 1836 20 männliche und bei 100 weibliche Arbeiter und erzeugte über 3000 Dutzend Handschuhe. Bei der Prager Ausstellung von 1836 erhielt Stifter die bronzene, bei der Wiener von 1839 die silberne Medaille[2]).

Boulogne in Prag. Die privilegierte Handschuhfabrik von Peter Boulogne et Co. in Prag, die älteste französische Handschuhfabrik Böhmens (gegründet 1784), stand auch in der Mitte des 19. Jahrhunderts an der Spitze der böhmischen Fabriken dieser Art. Im Jahre 1800 erzeugte sie schon über 16.000 Paar, um die Mitte der dreißiger Jahre über 30.000 Paar Handschuhe, außerdem 50.000 Stück Ziegen- und 8900 Stück Lammfelle. In der zweiten Hälfte der dreißiger Jahre beschäftigte sie 118 Arbeiter, um die Mitte der vierziger Jahre 145. Bei der Prager Gewerbeausstellung des Jahres 1836 wurde ihr die silberne Medaille, bei der Wiener Ausstellung von 1839 die ehrenvolle Erwähnung, bei derjenigen von 1845 die goldene Medaille zuteil[3]).

Lunet in Prag. Nicht unwichtig war auch die alte k. k. priv. Leder- und Handschuhfabrik von Johann Lunet & Sohn in Prag. Bei der Prager Ausstellung von 1836 wurde sie einer ehrenvollen Erwähnung würdig befunden[4]).

Jaquemar in Wien. Die alte Fabrik von Georg Jaquemar in Wien hatte in den dreißiger Jahren an 100 Arbeiter und Arbeiterinnen bei einer Produktion von über 4000 Dutzend. Bei der Wiener Ausstellung von 1835 wurde sie mit der goldenen, bei der von 1839 mit dem Diplom zur goldenen Medaille ausgezeichnet[5]).

Andere Handschuhmacher in Wien, welche um die Mitte der vierziger Jahre einen ausgedehnten Betrieb aufwiesen und 50 und mehr Individuen beschäftigten, waren Michael Feyerer, Josef Geppel, Gottfried Kruger und Alois Leicht[6]).

In Laibach gründete zuAnfang der vierziger Jahre Johann Nepomuk Horak eine Fabrik zur Erzeugung französischer Glacéhandschuhe. Sie hatte einen bedeutenden Absatz nach Görz, Klagenfurt, Villach, Agram und überhaupt

---

[1]) Blumenbach, Landeskunde, II. Aufl. (1835), II, 157. — [2]) Kreutzberg, Skizzierte Übersicht (1836) S. 100; Ber. ü. d. Ausst. Prag, 1836, S. 145, Wien, 1839, S. 433. — [3]) Ber. ü. d. Ausst. Prag, 1836, S. 142, Wien, 1839, S. 438, 1845, S. 596. — [4]) Ber. ü. d. Ausst. Prag, 1836, S. 155. — [5]) Ber. ü. d. Ausst. Wien, 1835, S. 125 ff., 1839, S. 435. — [6]) Ber. ü. d. Ausst. Wien, 1839, S. 435, 437, 1845, S. 597 ff.

nach dem Süden der Monarchie. Bei der Laibacher Ausstellung von 1844 erhielt sie die silberne Medaille[1]).

Im Jahre 1841 wurden in Österreich folgende Handschuhfabriken gezählt: 1841. in Wien 1, in Laibach 1, in Prag 12, in Brünn 1. Doch war in Wirklichkeit, wie aus den obigen Ausführungen hervorgeht, die Zahl der fabriksmäßigen Betriebe, wenn auch ohne Fabriksbefugnis, eine viel größere[2]). In Wien gab es damals 250 Handschuhmacher, darunter 80 Erzeuger von französischen Handschuhen. Diese beschäftigten an 500 Zuschneider und 3000 Näherinnen und der Wert der erzeugten Handschuhe in Wien allein betrug an 1,000.000 fl. jährlich.

In Prag waren neben 12 Fabriken noch 30 Handschuhmacher[3]).

Das Resultat der Entwicklung der österreichischen Handschuhfabrikation war, daß, während früher die Einfuhr von feinen Handschuhen ziemlich groß war, dieselbe allmählich schwand und ungefähr seit der Mitte der dreißiger Jahre einer immer steigenden Ausfuhr Platz machen mußte[4]). Dieser Aufschwung der österreichischen Handschuhfabrikation gehört zu den erfreulichsten Erscheinungen in der Geschichte der österreichischen Industrie.

Im ganzen kann bezüglich der Lederindustrie bis zu den vierziger Jahren des 19. Jahrhunderts gesagt werden, daß nur die Handschuhfabrikation von Wien und Prag, weiters die Ledergalanteriewarenerzeugung von Wien, endlich die Wagenfabrikation von Wien ein schönes gedeihliches Bild des Fortschrittes bieten, während die Ledererzeugung selbst noch zum allergrößten Teile handwerksmäßig und nach veralteten Fabrikationsmethoden betrieben wurde.

XX. Kapitel.

Die Papierindustrie.

A. Die Maßnahmen der Staatsverwaltung.

Die Anfänge der Papierindustrie in Österreich sind im Mittelalter zu suchen. In Böhmen verdankt sie ihre Entstehung Kaiser Karl IV., der Italiener berufen haben soll, welche die ersten Anleitungen zur Erbauung von Papiermühlen gaben[5]). In Niederösterreich wurde die erste Papiermühle zur Bereitung von Papier aus Hadern 1356 in Leesdorf bei Baden gegründet[6]). Die Ausbreitung der Buchdruckerkunst seit der Mitte des 15. Jahrhunderts kam der Entwicklung

---

[1]) Ber. ü. d. Ausst. Laibach, 1844, S. 70. — [2]) Tafeln zur Stat. d. österr. Mon. f. 1841. Wenn hier alle Fabriken als einfache hingestellt werden, so ist dies nicht richtig, denn mehrere hatten die Landesbefugnis; so die von Swoboda (Landesfabriksbefugnis vom 4. Juni 1831, Statth. A. Prag, 1826—1835, Fasz. 1, subn. 226). Ebenso war die Fabrik von Boulogne landesbefugt; vgl. Bericht ü. d. Ausst. Prag, 1836 S. 142, Wien, 1839, S. 438. — [3]) Tafeln zur Stat. d. österr. Mon. f. 1841. — [4]) Großind. Öst., IV, 422; Sobitschka, a. a. O., 59. — [5]) Hallwich, Österr.- ung. Mon. in W. u. B., Böhmen, S. 603. — [6]) Beitr. z. Gesch. d. Gew. u. Erf., I, 482.

dieses Industriezweiges besonders zugute. Trotz der vielfachen Maßnahmen der Regierung blieb aber die österreichische Papierindustrie bis zum 19. Jahrhundert in ihrer Entwicklung weit hinter der ausländischen zurück und konnte den Bedarf bei weitem nicht decken und demselben auch qualitativ bei weitem nicht entsprechen.

Karl VI. zog deutsche und schweizerische Papiermacher nach Österreich und erteilte den Papiermühleninhabern manche Privilegien zum Sammeln der Hadern. Maria Theresia erließ 1754 eine Papiermacherprofessionsordnung für Mähren, 1756 eine Papiermacherordnung für Böhmen, welche die Fabrikation genau regelten und zur Hebung dieses Industriezweiges sicher beitrugen. Außerdem wurden unter Maria Theresia zur Sicherung einer hinreichenden Menge von Rohmaterial Hadernmagazine angelegt und 1763 ein Ausfuhrverbot für Hadern erlassen sowie eine Distriktseinteilung vorgenommen, so daß ein Papiermühleninhaber nur, aber auch ausschließlich, das Recht zum Sammeln und Kaufen von Hadern in einem bestimmten Bezirk hatte. Auch wurde unter der Regierung der Kaiserin die Einführung von neuen holländischen Maschinen begünstigt. Die Distriktseinteilung bezüglich des Strazzeneinsammelns erwies sich jedoch bald als ein Hindernis für die Entwicklung der Industrie und wurde schon durch Hofdekret vom 13. April 1776 wieder aufgehoben[1]).

Auch an Ermunterungen zur Verbesserung der Fabrikation ließ es die Regierung nicht fehlen. Durch Hofdekret für Böhmen vom 9. Juni 1786 erging die Aufforderung zur Erzeugung eines brauchbaren Zeichenpapiers, durch Hofdekret vom 14. April 1802 die Aufforderung zur Vermehrung und Verbesserung der Fabrikation von Kartenpapier[2]). Die Erfolge solcher Maßnahmen konnten natürlich nicht groß sein.

Noch am Ende des 2. Jahrzehnts des 19. Jahrhunderts waren die Papiertapetenfabrikanten auf den Bezug der von ihnen benötigten Papiersorten, nämlich des französischen Kanzlei- oder Großelefantenpapiers aus dem Auslande angewiesen, weil diese Sorten im Inlande damals weder in gehöriger Qualität noch in genügender Quantität erzeugt wurden. Daher wurde durch Hofkammerdekret vom 11. September 1819 den inländischen Papiertapetenfabrikanten gestattet, das zu ihrem Gewerbebetriebe nötige Papier dieser Art gegen Bewilligung der Landesstelle statt mit 20 fl. nur mit 10 fl. vom Zentner bei der Einfuhr verzollen zu dürfen. Durch Kommerzhofkommissionsdekret vom 13. Oktober 1819 wurden die Papierfabrikanten von dieser Zollherabsetzung in Kenntnis gesetzt und aufgefordert, sich zu bemühen, diese Papiergattungen so zu erzeugen, daß von der Zollherabsetzung wieder abgegangen werden könne[3]).

Ja, noch gegen Ende der zwanziger Jahre vermochten die inländischen Papierfabriken nicht den Bedarf zu decken. Es sah sich sogar die Grundsteuerregulierungshofkommission selbst gezwungen, in den Jahren 1824—1830 mehr-

---

[1]) Großind. Öst., V, S. 7; Kopetz, a. a. O., II, 172 f.; Beitr. z. Gesch. d. Gew. u. Erf., I, 483; A. d. Min. Inn., V, G. 5, Kart. 2925. — [2]) Kopetz, a. a. O., II, 62. — [3]) Barth, a. a. O., VI, 311 f.

mals das von ihr benötigte Papier für die Katastralmappen aus Holland zu bestellen, da das inländische zu diesem Zwecke nicht geeignet war[1]).

Ebenso wurden die zur Tuchfabrikation benötigten Preßspäne (Glanzpappendeckel) größtenteils aus dem Auslande bezogen. Um diese Abhängigkeit vom Auslande zu beseitigen, wurde 1816 ein in den Niederlanden ausgelernter Tuchspänmacher namens Wilhelm Schmidt durch Vermittlung der Spitzenfabrikantin van der Cruyce auf Staatskosten aufgenommen, damit er drei Individuen gegen ein Taggeld und eine Remuneration von 1200 fl. C. M. in diesem Fabrikationszweig unterrichte. Zu diesem Zwecke wurde ihm in der Rannersdorfer Ärarialpapierfabrik ein geeignetes Lokal eingeräumt und mit den nötigen Maschinen dergestalt eingerichtet, daß Schmidt daselbst versuchsweise die Erzeugung der Preßspäne betreiben und Unterricht erteilen konnte. Im Frühjahr 1817 wurde damit begonnen und in diesem und dem folgenden Jahre wurden mehrere tausend Stück Preßspäne verfertigt. Um ihre Brauchbarkeit erproben zu lassen, wurden 1817 den Länderstellen von Böhmen, Mähren und Schlesien, Österreich ob der Enns und Steiermark solche eingesendet, um sie in den bedeutendsten Tuchfabriken zu versuchen. Es stellte sich zwar heraus, daß die in Rannersdorf erzeugten Preßspäne alle bis dahin im Inlande verfertigten übertrafen, jedoch im ganzen mehr zur Appretur gemeiner als feinerer Tücher geeignet und zu unvollkommen geglättet waren. Nur die Braunauer Tuchmacherzunft und einige Reichenberger Tuchmacher waren der Meinung, daß diese Preßspäne die ausländischen nicht erreichen, sondern sogar hinter den von den Gebrüdern Kiesling zu Hohenelbe erzeugten zurückblieben. Die Mängel wurden Schmidt bekanntgegeben und die darnach verbesserten Preßspäne wurden wiederum zur Probe versendet. Nach den Berichten der Landesstelle von Böhmen übertrafen sie alle inländischen Erzeugnisse dieser Art, auch die der Gebrüder Kiesling, und die mährischen Tuchmanufakturisten erklärten, daß sie bei etwas größerer Reinheit und Härte keinen Anstand nehmen würden, die weiße und dichtere Gattung der Rannersdorfer Preßspäne denjenigen aus Malmedy gleichzusetzen.

Trotzdem stellte sich der gewünschte Erfolg nicht ein, weshalb durch Entschließung vom 20. August 1819 die Ärarialtuchspänfabrikation zu Rannersdorf wieder aufgelassen wurde. Zugleich befahl der Kaiser, die Tuchspänerzeugungsmethode Schmidts samt den dazu erforderlichen Maschinen und Werkzeugen, soweit kein Anstand dagegen obwalten sollte, genau zu beschreiben und allgemein durch den Druck bekannt zu machen, was das polytechnische Institut zu besorgen habe[2]).

Die Erweiterung der Papierindustrie wurde auf jede Weise begünstigt und die Vorstellungen der Zünfte ohneweiters abgewiesen. Als der Papierfabrikant Uffenheimer 1824 um Verleihung der Landesfabriksbefugnis auf die Spielkartenfabrikation angesucht hatte, da meinte der Wiener Magistrat, es solle ihm dies

[1]) H. K. A. Kom. Kam., Fasz. 39, Nr. 127 ex jan., 137 ex jul., 130 ex sept. 1824, Nr. 87 ex jul. 1827, Nr. 104 ex jun. 1828, Nr. 14 ex majo 1830. — [2]) H. K. A. Kom. Praes. 1819, Nr. 258, 857.

nicht bewilligt werden, weil die Spielkartenerzeugung zünftig sei und weder
er noch sein Sohn die dazu erforderlichen Kenntnisse besitze. Die Regierung
aber erteilte ihm dennoch die Befugnis und die Hofkammer erledigte den dagegen ergriffenen Rekurs mit der Erklärung: „Die Entscheidung der Regierung
ist ganz im Einklang mit den bestehenden, die Vermehrung vorteilhafter
Industrialunternehmungen im Inlande begünstigenden gesetzlichen Vorschriften", weshalb die Zunft mit ihrem Rekurs abgewiesen wurde[1]).

Ein wirklicher Aufschwung der Papierindustrie, welcher Österreich von der
Einfuhr unabhängig machte, erfolgte erst mit der kräftigeren Entwicklung
derselben im Sinne einer Großindustrie, mit dem durch die Anwendung von
Maschinen und der Investierung großer Kapitalien ermöglichten Aufkommen
großer Betriebe. Eine unausbleibliche Folge der durch die Maschinen ganz veränderten Fabrikationsmethode war ein starkes Zusammenschmelzen der
Papiermühlen. Zu Anfang des Jahrhunderts bestanden in Österreich noch
an 300 Büttenpapierfabriken, welche Zahl bei dem Aufkommen großer Papierfabriken schnell zusammenschrumpfte[2]). Dieser Prozeß war aber um
die Mitte des 19. Jahrhunderts noch bei weitem nicht abgeschlossen[3]).

B. Die Entwicklung der Papierindustrie[4]).

Böhmen
1782. Böhmen. Im Jahre 1782 bestanden nach einem Berichte des böhmischen
Landesguberniums im Leitmeritzer Kreise mehrere gut eingerichtete Papier-
macherwerkstätten und außerdem in Böhmen noch folgende bedeutendere
Papiermühlen: Josef Heller in Altenberg, Karl Wiesner in Katzow, die „Kunen-
mühle" des Franz Endlicher in Swietlau, die Mühle an der Sazawa bei Ledetsch,
die Mühle des Bernhard Höring in Zahradka, des Johann Georg Fürth in Kauth,
des Josef Ostendorfer in Ronsperg, des Thomas Fuchs in Bischof-Teinitz, des
Franz Hegel in Pürstein, des Franz Ossendorfer in Komotau, des Josef Richter
in Görkau, des Josef Kastner in Kunnersdorf, des Christian Přihoda in Roth-
Rečitz, die der Prager Altstädter Gemeinde gehörige Mühle vor dem Spitteltor
in Prag, die Mühle des Andreas Püssl in Rokytnitz, des Paul Margolt in Trautenau, die auf der Herrschaft Schatzlar gelegene zu Brettgrund und die von
Christof Weiß 1667 errichtete Mühle in Hohenelbe. Außerdem befanden sich in
Hohenelbe, Wildschütz und zu Forst noch vier große Papiermühlen in bestem
Zustande. In Krumau war eine von Johann Pachner von Eggenstorf
schon 1750 errichtete große Papiermühle. Außerdem bestand eine große Menge
von anderen Mühlen, in ganz Böhmen an 100[5]).

Im Jahre
1790. Nach Schreyer gab es in diesem Lande um 1790 93 Papiermühlen, welche
93 Meister, 265 Gesellen und 85 Lehrjungen beschäftigten. Das schönste Papier

---

[1]) H. K. A. Kom. Kam., Fasz. 29, Nr. 133 ex aug. 1824. — [2]) Großind. Öst., V, S. 8 ff. —
[3]) Vgl. Ber. ü. d. Grazer Ausst., 1841, S. LX. — [4]) Über die Entwicklung der Betriebstechnik
vgl. Fr. Schaefer, Die wirtschaftl. Bedeutung der technischen Entwicklung in der Papierfabrikation. Techn. volksw. Monographien, herausgeg. von L. Sinzheimer, Bd. IX (1909).
— [5]) Großind. Öst., V, S. 6.

wurde in der Trautenauer und Bensner Papiermühle erzeugt. Die Prager Papiermühle, welche Ferdinand Edler von Schönfeld an sich gebracht hatte, glich einer „ordentlichen Papierfabrik"[1]. Gegen Ende der neunziger Jahre waren in Böhmen 88 Papiermühlen. Das meiste Papier wurde damals (um 1796) erzeugt zu Hohenelbe (3 Papiermühlen, 310 Ballen), Leitomischl (640 Ballen), Bistry (440 Ballen), Hruschau (710 Ballen), Draschitz (230 Ballen), Kauth (200 Ballen), Rotenhaus (300 Ballen), Joachimsthal (260 Ballen), Weipert (960 Ballen), Asch (750 Ballen), Aussig (300 Ballen) und Rakonitz (300 Ballen). Die Gesamterzeugung betrug fast 13.000 Ballen[2].

Die Fabrikation bestand meist aus gewöhnlichem ordinärem Papier. Das Post-, Imperial- und Regalpapier konnte das englische an Feinheit und Güte bei weitem nicht erreichen[3]. Als ein großes Hindernis für die Papierindustrie wurde vom böhmischen Gubernium der Mangel an Strazzen angegeben, welche trotz des Ausfuhrverbotes ausgeführt wurden[4].

Die erste Papiermachémanufaktur würde 1785 von Josef Schöffel zu Reichenau im Bunzlauer Kreis errichtet, wofür derselbe vom Kaiser 100 Dukaten als Prämie erhielt. Diese Fabrik hatte jedoch noch keinen gesicherten Bestand, sie mußte sogar wegen Mangel an Kapital den Betrieb zeitweilig einstellen; 1787 wurde eine zweite von Lorenz Efferer in Prag errichtet[5]. In Reichenau wurde 1792 eine Papiermachédosenfabrik von Karl Hofrichter angelegt[6]. Um die Jahrhundertwende wird eine wohl eingerichtete Dosenfabrik dieser Art in Rumburg erwähnt[7]. *Papier-maché.*

Papiertapeten wurden in den neunziger Jahren des 18. Jahrhunderts von einem Fabrikanten in Prag erzeugt[8]. Spielkarten wurden damals in Prag, Neuhaus und Budweis fabriziert[9]. *Tapeten.*

Am Ende des 18. Jahrhunderts stand es um die Papierfabrikation noch schlecht; der Produktionsprozeß war noch sehr rückständig, die Betriebe meistens klein, die Qualität des Erzeugnisses mangelhaft. Erst seit dem Anfange des 19. Jahrhunderts trat eine Wendung zum Bessern ein, nicht nur der Umfang der Fabrikation, sondern auch die Qualität des Fabrikats machte größere Fortschritte. So konnte Keeß um 1820 bemerken, daß in jenen Provinzen, wo dieser Industriezweig schon seit langer Zeit betrieben wurde, wie in Böhmen und Österreich, man es in einigen Papiergattungen bereits zu einem hohen Grade von Vollkommenheit gebracht habe. Von allen Provinzen behaupte jedoch Böhmen quantitativ und qualitativ den ersten Rang. In diesem Lande gab es damals über 100 Papiermühlen mit 627 Papiermachern[10].

Der Inhaber der Papiermühle zu Brünnlitz im Chrudimer Kreise Franz Diebel beschäftigte 1809 schon 195 Personen und erhielt daher die

---

[1] Schreyer, Komm., Fabriken etc., I, S. 105. — [2] Statth. A. Prag, 1796—1805, Kom., Fasz. 6, subn. 4, Papiermühlen in Böhmen und Papiererzeugung 1796; Schreyer, Warenkabinett (1799), I, S. 109 ff. — [3] Schreyer, Warenkabinett, I, S. 109. — [4] Statth. A. Prag, 1796—1805, Kom., Fasz. 6, subn. 4. — [5] Schreyer, Komm., Fabriken etc. (1790), I, S. 127. — [6] Ber. ü. d. Ausst. Wien, 1839, S. 397. — [7] Demian, Darst. d. öst. Mon., I (1804), S. 142. — [8] Statth. A. Prag, 1796—1805, Kom., Fasz. 6, subn. 4; Demian, a. a. O., I, S. 142. — [9] Demian, a. a. O., I, S. 143. — [10] Keeß, a. a. O., II, S. 583 f.

Landesfabriksbefugnis. Seine Unternehmung wurde nur von der ärarischen Rannersdorfer und der Pachnerschen Fabrik zu Neusiedel übertroffen. Seit 1814 hieß die Firma Mathias Schön & Co[1]).

Im Jahre 1818. Im Jahre 1818 werden unter den Papierfabriken in Böhmen, welche für den Export in Betracht kamen, erwähnt jene von Josef Bock zu Schutwa, Herrschaft Stockau im Klattauer Kreise, die k. k. priv. Papierfabrik der Gebrüder Kiesling. Kiesling zu Nieder-Hohenelbe, von Josef Politzer zu Schatzlar, von Martin Schefczick zu Senftenberg, von Franz Zeiske zu Rokitnitz, von Paul Margolt zu Trautenau, endlich die von Rochus Knobloch zu Rothschloß in Königgrätzer Kreise[2]).

Unter allen böhmischen Papierfabriken ragte damals unstreitig jene der Gebrüder Gustav und Wilhelm Kiesling zu Hohenelbe hervor[3]). Anton Kiesling und seine zwei Brüder gründeten 1800 eine Papiermühle in Hohenelbe und brachten 1810 eine zweite in Lauterwasser durch Kauf an sich; 1812 erhielten sie wegen des Umfangs ihrer Betriebe auf beide Fabriken die Landesbefugnis; 1818 trennte sich Anton Kiesling von seinen Brüdern, übernahm die Papiermühle zu Lauterwasser und erwirkte die Übertragung der Landesbefugnis dieser Papiermühle auf seinen und seiner Söhne Namen. Im Jahre 1832 übernahm Anton Kiesling auch die Papiermühle in Mittellangenau. Die zwei Unternehmungen zu Lauterwasser und Mittellangenau hatten 1835 ein Personal von 340 Arbeitern, davon die erstere fast 200.

Die Brüder Gustav und Wilhelm Kiesling errichteten 1822 eine Papierfabrik in Oberlangenau und erhielten darauf im nächsten Jahre die förmliche Befugnis. Sie führten eine Reihe von Verbesserungen ein und erhielten 1830 ein ausschließendes Privileg auf die Verbesserung der Maschinerie am Holländer. 1832 erweiterten sie den Betrieb durch Pachtung der Papierfabrik in Hermanseifen. Diese Fabrik zusammen mit der Oberlangenauer hatte 1835 ein Betriebspersonal von über 200 Arbeitern; andere 200 fanden ihren Erwerb durch Einsammeln von Strazzen[4]).

Um 1835. Um die Mitte der dreißiger Jahre befanden sich in Böhmen 126 Papiermanufakturen mit beiläufig 230 Bütten, darunter ungefähr 25 größere Unternehmungen mit verbesserter zeitgemäßer Einrichtung, bezüglich deren sich Kreutzberg folgendermaßen äußert: „Vorzüglich bei diesen ist in den mechanischen sowohl als chemischen Operationen an die Stelle der bewußtlosen Empirie das durch die Wissenschaft geregelte Verfahren getreten, gewiß nicht ohne vielfachen Nutzen auch auf die Besitzer der übrigen, den gegenwärtigen Anforderungen im allgemeinen aber noch bei weitem nicht entsprechenden Papiermühlen."

Die Mehrzahl der Papiermühlen erzeugte ordinäre Papiergattungen. Die meisten Fabriken für feinere Gattungen jedoch, wie jene von Schönfeld in

[1]) Statth. A. Prag, 1806—1815, Kom., Fasz. 6, subn. 9. — [2]) H. K. A. Kom. Praes. 1818, Nr. 1429, Verz. d. böhm. Fabriken, verfaßt von der Prager Fabrikeninspektion. — [3]) Keeß, a. a. O., II, S. 584. — [4]) Ber. ü. d. Ausst. Prag, 1829, S. 83, 1831, S. 142 f., 1836, S. 141 u. 147; Wien, 1835, S. 152 f., 155 f.

Prag, Ettel und Kiesling in und bei Hohenelbe, von Pachner in Krumau, Heller in Ledetsch und einige andere hatten es schon damals zu einer Vollkommenheit in der Reinheit, Weiße und Färbung des Produktes gebracht, die vom Auslande nur in den allerfeinsten Gattungen und in den großen Sorten für Kupferdruck, kostspielige Zeichnungen u. ä. übertroffen wurde. Daß die inländische Papierfabrikation mit der ausländischen noch nicht konkurrieren konnte, erklärte sich aus dem Mangel an Kapitalien und dem hohen Zinsfuße bei Kreditgewährungen. Dies erschwerte vielen Fabrikanten die Erlangung der Mittel zur Beischaffung der für diesen Industriezweig notwendigen kostspieligen Maschinerien und Einrichtungen, welche es allein ermöglichen konnten, mit den Unternehmungen des Auslandes gleichen Schritt zu halten und die Billigkeit und Feinheit des ausländischen Produktes zu erreichen. Als ein anderes nicht minder bedeutendes Hemmnis in jener Zeit wird der Mangel an genügenden Leinenstrazzen angegeben, weil damals durch den gesteigerten Gebrauch von Baumwolle jener der Linnenstoffe stark abgenommen hatte; der Preis der vorhandenen Strazzen war aber infolgedessen stark gestiegen. Um diese Zeit fügte auch die durch den deutschen Zollverein bewirkte Absperrung des deutschen Marktes der österreichischen und in erster Linie der böhmischen Papierindustrie einen großen Schaden zu, so daß der Absatz fast nur auf das Inland beschränkt bleiben mußte.

Außer den Kieslingschen Unternehmungen waren damals bedeutend: die Papierfabriken von Schönfeld in Prag, welche mehrere auswärtige maschinelle Vorrichtungen und verbesserte Manipulationen eingeführt hatte, einen ausgezeichneten Betrieb aufwies und 60—70 Personen beschäftigte, sowie die Unternehmung von Gabriel Ettel zu Hohenelbe und Pelsdorf, welch letztere Papier lieferte, welches in jeder Beziehung mit dem ausländischen den Vergleich aushalten konnte. Die Unternehmungen von Ettel hatten in vier großen Haupt- und zwölf Nebengebäuden außer den nötigen Wasch-, Koch- und Bleichapparaten noch 2 Haderschneidmaschinen, 7 Holländermaschinen, 2 Dampfmaschinen, 1 Papierreinigungsmaschine, 8 durch Dampf erwärmte Schöpfbütten, 4 Wasserpressen, 12 große Trockensäle, wovon 2 durch Luftheizung erwärmt wurden, 2 Leimpressen, 12 Trockenpressen, davon 9 durch Wasserkraft betriebene und 4 Glättstampfen. Unmittelbar bei der Fabrikation waren 155 Personen, beim Strazzensammeln an 200 beschäftigt. Diese Fabrik erzeugte jährlich über 13.000 Ries in ungefähr 210 Sorten von den kleinsten Formaten bis zu den größten. Von der ganzen Erzeugung waren nur ein Fünftel Preßspäne und ordinäres Papier, alles übrige feines, zum Teile buntes und naturgefärbtes Zeichen- und Schreibpapier, welches in der ganzen Monarchie und teilweise auch im Ausland abgesetzt wurde[1]).

Johann Anton Heller kaufte 1808 die Papiermühle zu Ledetsch im Časlauer Kreis im größten Verfalle, hob sie jedoch bald so, daß er 1819 die

---

[1]) Kreutzberg, Skizz. Übersicht, S. 75—81; Keeß, a. a. O., II, 568; Keeß u. Blumenbach, a. a. O., I, 581; Ber. ü. d. Ausst. Wien, 1835, S. 151 u. 158; Statth. A. Prag, 1826—1835, Kom., Fasz. 6, subn. 14 (1834, Februar 27).

Landesfabriksbefugnis erhielt. Im Jahre 1830 beschäftigte diese Unternehmung 160 Personen[1]).

Maschinen. Die ersten Versuche, in Österreich Papier auf mechanischem Wege herzustellen, machte Johann Georg Pachner Edler von Eggenstorf in der Krumauer Papiermühle in den Jahren 1780—1784. Im Jahre 1799 wurde von Louis Robert in Essonnes bei Paris zuerst eine brauchbare Maschine zur mechanischen Papiererzeugung erfunden und kam, von Bryan Donkin verbessert, 1803 in Betrieb. Es dauerte jedoch ziemlich lange, bis dieselbe in Österreich Eingang fand. Zuerst wurde sie 1826 in der „Kaisermühle" zu Bubentsch bei Prag in der Papierfabrik von Schallowetz, Milde & Co. aufgestellt, aber erst 1829 in Betrieb gesetzt. Hier wirkten Männer wie Julius Eichmann aus Sachsen und Gustav Roeder aus Württemberg, welche später in der Papierindustrie Böhmens eine hervorragende Rolle zu spielen berufen waren[2]).

Haase. Am Ende der dreißiger Jahre ging auch die Prager Buchdrucker- und Buchhändlerfirma Gottlieb Haase Söhne zur Papierfabrikation über und errichtete zu Wran bei Prag eine Papierfabrik, welche mit allen nötigen Maschinen versehen wurde. Dazu kam noch eine vollständig eingerichtete mechanische Werkstätte. Die Unternehmung beschäftigte bald über 200 Personen, hatte in der Mitte der vierziger Jahre 2 Maschinen und 20 Holländer, wurde durch Wasserkraft und durch eine Dampfmaschine von 40 Pferdekräften betrieben und gehörte zu den vorzüglichsten Papierfabriken Österreichs[3]).

Eichmann. Die Maschinenpapierfabrik von Eichmann & Co. zu Arnau wurde 1834 von Franz Lorenz und Julius Eichmann gegründet und verwendete eine Papiermaschine, die zweite in Österreich überhaupt. Schon im ersten Jahre wurden 100 Arbeiter beschäftigt; 1836 wurde die Fabrik umgestaltet und verbessert, 1839 beschäftigte sie 120 Menschen und erhielt die Landesbefugnis, um 1842 mit einem Aufwande von 90.000 fl. wiederum erweitert zu werden. Im Jahre 1845 beschäftigte sie 240 Arbeiter und gehörte zu den besten Fabriken dieser Art in der Monarchie[4]).

Pappendeckel wurde, wie dies schon in den zwanziger Jahren der Fall war, auch in der Mitte der dreißiger Jahre in großer Menge in den meisten Fabriken erzeugt, größtenteils von guter Qualität. Die Erzeugung von Preßspänen, zu deren Emporbringung in der Zeit zwischen 1817 und 1819 auf Staatskosten Versuche in der Rannersdorfer staatlichen Papierfabrik, jedoch ohne sichtbaren Erfolg, gemacht worden waren, hatte seitdem schon manchen Fortschritt gemacht, ohne jedoch die Dünne, Härte, Festigkeit und Glätte der ausländischen zu erreichen, welche, meist aus alten Segellumpen bereitet, Vorzüge besaßen, welche mehr durch den dazu verwendeten Stoff als durch die Tätigkeit der Fabrikanten bedingt waren.

Papier-
maché. Dosen aus Papiermaché wurden im großen vorzüglich zu Sandau ver-

---

[1]) Ber. ü. d. Ausst. Prag, 1831, S. 144. — [2]) Großind. Öst. (1898), V, S. 7 f. und 35. — [3]) Ber. ü. d. Ausst. Wien, 1839, S. 349, 1845, S. 720. — [4]) Großind. Öst., V, S. 25; Ber. ü. d. Ausst. Wien, 1845, S. 718; Statth. A. Prag, 1835—1840, Kom., Fasz. 104, Nr. 14, subu. 23.

fertigt, welche Erzeugnisse daselbst in übertrefflicher Güte geliefert wurden und deshalb einen nicht unbeträchtlichen Handelsartikel ausmachten. Außerdem bestand weiter die alte Dosenfabrik von J. Schöffel zu Reichenau, welche an 40 Sorten Dosen erzeugte, ebenso mannigfaltig an Form und Färbung und geschmackvoller Verzierung als vorzüglich in der Qualität[1]. Ebenso betrieb Karl Hofrichter seine Unternehmung dieser Art fort und beschäftigte an 160 Arbeiter[2]. Im Jahre 1841 erzeugten in Böhmen zwei landesbefugte Fabriken Dosen aus Papiermaché, beide in Reichenau[3].

In diesem Jahre gab es in Böhmen sieben landesbefugte Papierfabriken, und zwar zu Wran, Hohenelbe und Pelsdorf, Nieder-Hohenelbe, Lauterwasser, Altenburg, Ronau, Brünnlitz und acht einfache zu Böhmisch-Fellern, Kaisermühle, Ober-Kamnitz, Bürkig bei Tetschen, Jakobsthal, Katzow, Podol und Arnau[4]. *Im Jahre 1841.*

Die Betriebs- und Produktionsverhältnisse der böhmischen Papierfabriken und Papiermühlen waren 1841 folgende[5]:

Zahl der			Betriebsmittel		Arbeiter				Beweg. Kraft		Erzeugnisse	
Fabriken	Papiermühlen	Zusammen	Maschinen	Bütten	Männer	Weiber	Kinder	Zusammen	Wasserkraft	Dampfkraft	Gesamtgewicht	Gesamtwert
											Zentner	Gulden
15	108	123	6	194	1232	762	288	2282	123	2	67.885	1,201.533

Betriebs- und Produktionsverhältnisse der Maschinenpapierfabriken.

Standort	Eigentümer	Betriebsmittel		Arbeiter				Erzeugnisse	
		Maschinen	Bütten	Männer	Weiber	Kinder	Zusammen	Gesamtgewicht	Gesamtwert
								Zentner	Gulden
Wran	Haase Söhne . .	2	—	100	200	50	350	11.300	350.000
Tetschen	Jordan & Barber .	1	—	25	40	40	105	4.840	87.750
Kaisermühle . .	Schallowetz & Co.	1	—	27	80	—	107	3.125	68.525
Ober-Kamnitz . .	Asten	1	—	7	—	12	19	1.008	16.657
Arnau	Lorenz & Sohn . .	1	—	16	30	20	66	1.540	25.667

Mähren und Schlesien. In Mähren wurde die erste Papiermühle 1540 zu Altenberg bei Iglau gegründet. Im Jahre 1757 gab es Papiermühlen zu Rožnau, Langendorf, Janowitz, Olmütz, Altstadt, Littau, Blansko, Teltsch, Alexowitz u. a. O.; 1784 werden in Mähren 12 Papiermühlen erwähnt, nämlich *Mähren und Schlesien.*

---

[1] Kreutzberg, a. a. O., S. 75—81; Keeß, a. a. O., II, 568; Keeß u. Blumenbach, a. a. O., I, S. 581; Ber. ü. d. Ausst. Wien, 1835, S. 151, 158; Statth. A. Prag, 1826—1835, Komm., Fasz. 6, subn. 14 (1834, Februar 27). — [2] Ber. ü. d. Ausst. Wien, 1839, S. 397. — [3] Tafeln z. Stat. d. öst. Mon. f. 1841. — [4] Tafeln z. Stat. d. öst. Mon. f. 1841. — [5] Tafeln zur Stat. d. öst. Mon. f. 1841.

432

zwei zu Blansko, eine zu Brünn, Langendorf, Brisan, Teltsch, Ingrowitz, Eibenschitz (Alexowitz), Daleczin, Iglau (Altenberg), Littau und Wisowitz[1]).

Der Buchdrucker Josef Georg Traßler errichtete 1788 eine Spielkartenfabrik in Brünn und lieferte sehr schöne Spielkarten. Diese Unternehmung hörte aber 1808 schon auf[2]). Im Vergleich mit Böhmen oder Niederösterreich erlangte Mähren in der Papierfabrikation niemals eine hohe Bedeutung. Die erste wirkliche Papierfabrik entstand zu Přibislawitz, Herrschaft Pirnitz im Iglauer Kreise. Sie erhielt 1818 die einfache Fabriksbefugnis. Später (1821) wurde die Fabrik von Franz Böhm bei Saar gegründet. In Zuckmantel hatte Johann Weiß eine Papiermühle und erhielt 1826 ein fünfjähriges Privileg auf die Erfindung, aus schlechten Hadern weißes und gutes Papier zu erzeugen. Papiertapeten lieferte in Mähren zuerst der Tapezierer Johann Klobasser, der 1827 die einfache und 1830 die Landesfabriksbefugnis erhielt, da er 42 Personen beschäftigte; 1833 übersiedelte er nach Wien[3]).

Die bedeutendste Papierfabrik Mährens blieb die ganze Zeit hindurch jene von Ignaz Weiss zu Langendorf im Olmützer Kreise[4]).

Zu Anfang der vierziger Jahre bestanden in Mähren und Schlesien 36 Papiermühlen mit zwei Maschinen und 49 Bütten. Sie beschäftigten 201 männliche, 132 weibliche Arbeiter und 61 Kinder, zusammen 394 Personen. Der Wert des erzeugten Papiers in der Menge von 10.029 Ztr. wurde auf 126.834 fl. geschätzt[5]).

Maschinenpapierfabriken wurden zwei gezählt, nämlich die von Grossmann in Brünn mit einer Maschine, 12 Arbeitern und einem Wert der Erzeugnisse von 5749 fl. sowie die von Weiss zu Oberlangendorf mit einer Maschine, 41 Arbeitern und einer Produktion im Werte von 11.800 fl.[6]). Letztere war 1838 durch Aufstellung einer Maschine in eine Maschinenpapierfabrik verwandelt worden[7]) und erhielt 1844 die Landesfabriksbefugnis[8]).

Niederösterreich um 1780. **Niederösterreich.** Um 1780 befanden sich in Niederösterreich mehrere Papiermühlen. So zu Neusiedel, Franzensthal bei Ebergassing, Leesdorf, Rannersdorf, Rechberg u. a. O.[9]). Die Rannersdorfer Papiermühle gehörte der Stadt Wien[10]). Der eigentliche Aufschwung dieses Fabrikationszweiges datiert aber auch hier seit dem Entstehen größerer Unternehmungen zu Anfang des 19. Jahrhunderts.

Pachner. Theodor Pachner von Eggenstorf gründete 1793 zu Klein-Neusiedel eine feine holländische Papierfabrik[11]); 1794 schritt er um ein Privileg ein für zwei in dieser Fabrik aufzustellende neue Maschinen zur Herstellung eines reineren und festeren Papiers bei Ersparung an Material[12]).

Trattnern. Die Fabrik zu Ebergassing war 1767 von Thomas Edlen von Tratt-

---

[1]) D'Elvert, a. a. O., XV, 569 f. — [2]) D'Elvert, a. a. O., XV, 570; Demian, a. a. O., I (1804), S. 109. — [3]) D'Elvert, a. a. O., XV. S. 571 ff.; Statth. A. Brünn, 1833, Sept. 4. — [4]) Ber. ü. d. Ausst. Brünn, 1836, S. 11, Wien, 1839, S. 355, 1845, S. 721. — [5]) Ber. ü. d. Ausst. Wien, 1845, S. 712; Tafeln z. Stat. f. 1841. — [6]) Ber. ü. d. Ausst. Wien, 1845, S. 712. — [7]) Großind. Öst., V, S. 6. — [8]) Statth. A. Brünn, 1844, Februar 5. — [9]) De Luca, Geogr. Handb. (1791), I, 143; Großind. Öst, V, S. 6. — [10]) Wiener Stadtarchiv, Hauptarchiv. — [11]) Keeß, a. a. O., II, S. 586; Großind. (1908), III, 279. — [12]) Beitr. u. Gesch. d. Gew. u. Erf., I, S. 483 f.

nern errichtet worden, worauf er 1771 das Fabrik8privilegium erhielt[1]). Diese Franzensthaler Papierfabrik bei Ebergassing gehörte seit 1817 Ludwig Ritter von Peschier, Gesellschafter des Wiener Großhandlungs- und Wechselhauses Fries & Co. Dieser und der Direktor der Fabrik Vinzenz Sterz erhielten 1819 ein zehnjähriges Privileg auf eine von letzterem erfundene Papiermaschine, mit welcher Papier in Blättern von beliebiger Länge und mit der größten Ersparnis an Handarbeit und Zeit verfertigt werden konnte, und 1821 ein zweites zehnjähriges Privileg auf eine Verbesserung dieser Maschine. Diese Maschine scheint sich jedoch praktisch nicht bewährt zu haben[2]). Peschier, welchem 1815 wegen seiner Verdienste um die Industrie der Ritterstand verliehen wurde, wurde 1823, namentlich weil er die Fabrik zu Ebergassing zu hoher Blüte gebracht hatte, in den Freiherrnstand erhoben[3]).

Im Jahre 1811 bestanden in Niederösterreich Papierfabriken zu Unter-Waltersdorf, Ebergassing, Klein-Neusiedel, Leesdorf, St. Pölten, Wr.-Neustadt, Obereggendorf und Guntramsdorf. Außerdem zehn Papiermühlen, darunter die zu Rannersdorf[4]). Die letztere wurde 1732 von der Gemeinde Wien gegründet und bis zum Anfange des 19. Jahrhunderts teils in eigener Regie betrieben, teils verpachtet. Von 1804 bis 1834 war sie an das k. k. Ärar verpachtet und wurde von demselben bedeutend vergrößert. Im Jahre 1837 ging sie durch Kauf an Dr. Anton Haidmann über[5]).

Zu Anfang der zwanziger Jahre bestanden in Niederösterreich 9 landesbefugte Papierfabriken, darunter als die größten die Pachnerschen zu Klein-Neusiedel und Leesdorf, die erstere mit 20, die zweite mit 2 Bütten. Beide gaben gegen 500 Personen Arbeit und Nahrung und gehörten zu den größten Unternehmungen dieser Art in der Monarchie. Andere landesbefugte Fabriken waren die von Jonathan Gabriel Uffenheimer zu Guntramsdorf und Wr.-Neustadt, welche bei 200 Papiergattungen erzeugten, die Franzensthaler von Ludwig Ritter von Peschier bei Ebergassing, die Salzersche zu Stattersdorf, die von Welzische zu Obereggendorf und die Schmidtsche zu St. Pölten[6]).

Uffenheimer erhielt 1818 und 1824 ein Privileg auf eine neue Haderschneidmaschine und eine verbesserte Bleichmethode[7]).

Die Papierfabrikanten Sterz & Co. in Pitten erhielten 1828 ein fünfjähriges Privileg auf eine Verbesserung der Preßmaschine[8]). Diese k. k. priv. Papiermanufaktur in Pitten, erbaut 1827, machte bald große Fortschritte und beschäftigte in den dreißiger Jahren an 150 Personen[9]).

Die Pachnersche Fabrik zu Klein-Neusiedel wurde 1837 von G. Borckenstein angekauft und in die Neusiedler Aktiengesellschaft für Papier-

Peschier.

Im Jahre 1811.

Um 1820.

Uffenheimer

Neusiedel.

---

[1]) Wiener Stadtarchiv, Berichte; Großind. Öst., V, S. 6. — [2]) Keeß, a. a. O., II, 876; Keeß u. Blumenbach, a. a. O., I, S. 601. Großind. (1898), V, S. 8 ff. — [3]) H. K. A. Kom. Präes. 1824, Nr. 323. — [4]) Vaterl. Blätter, 1814, Nr. 48; André, Neueste Beschreibung, S. 177. — [5]) Archiv der Stadt Wien, Hauptarchiv, 3/1732, 7/1732, 7/1797; oec. 12/1803, 3/1804, 4/1807, 5/1831, 5/1837, 10/1837, 2/1838. — [6]) Keeß, a. a. O., II, S. 585; Staatsrat 1801, Nr. 2071. — [7]) Keeß u. Blumenbach, I, S. 582, 588 f.; Beitr. z. Gesch. d. Gew. u. Erf., I, S. 485. — [8]) Keeß u. Blumenbach, a. a. O., I, S. 604. — [9]) Ber. ü. d. Ausst. Wien, 1835, S. 149 f.

fabrikation umgewandelt; sie wurde zugleich stark erweitert, die Wasserkraft von 80 auf 150 Pferdekräfte erhöht. In den vierziger Jahren besaß sie
3 Maschinen und 4 Bütten, beschäftigte 380 Arbeiter und war die umfassendste Maschinenpapierfabrik auf dem Kontinent. Bei der
Wiener Gewerbeausstellung von 1845 erhielt sie die goldene Medaille[1]).

Leesdorf. Die Pachnersche Papiermühle zu Leesdorf wurde 1847 in eine Maschinenpapierfabrik (Escher, Wyss & Co.) umgewandelt[2]).

Guntrams-dorf. Die Guntramsdorfer Papierfabrik wurde 1838 von Eduard Fürst vollständig umgestaltet und auf Maschinenbetrieb eingerichtet. In den vierziger
Jahren wies sie zwei Dampfmaschinen von 80 Pferdekräften und ein Betriebspersonal von 200 Individuen auf[3]).

Wr.-Neu-stadt. Leopold Franz Leidenfrost & Co. errichteten 1839 die Wr.-Neu-
städter Bütten- und Ebenfurter Maschinenpapierfabriken. Eine Wasserkraft
von 220 Pferdekräften konnte dem Betriebe dienstbar gemacht werden, wovon
jedoch damals nur 80 Pferdekräfte verwendet wurden. In den vierziger Jahren
beschäftigten diese Fabriken 160 Personen[4]).

Von den übrigen Papierfabriken in Niederösterreich in den vierziger Jahren
seien noch erwähnt die von A. Haidmann in Rannersdorf (seit 1837), die
k. k. priv. Obereggendorfer Papierfabrik, die Papierfabrik von Karl Rhein-
boldt in Biedermannsdorf bei Laxenburg und die k. k. priv. Papierfabrik in
Stattersdorf; die priv. Franzensthaler Papierfabrik bei Ebergassing gehörte
damals Josef Reichel[5]).

Ärarische Papier-fabrikation zu Ranners-dorf und Leihen 1804—1834. Im Jahre 1804 übernahm das Ärar von der k. k. Familiengüter-Ober-
direktion die Papiermanufaktur zu Leiben und von der Gemeinde Wien die zu
Rannersdorf auf 30 Jahre in Bestand, „um die Staatskreditspapiere mit mehrerer
Sicherheit, mit weniger Publicität und in wohlfeileren Preisen" zu erzeugen,
als sie bis dahin dem Staate vom Fabrikanten aus Pachner geliefert worden
waren. Damals hatte die Rannersdorfer Papiermühle 4, die zu Leiben 3 Bütten.
Gleich wurde die Zahl der Bütten in Rannersdorf auf 12, in Leiben auf 4 erhöht.
Dadurch wurde es ermöglicht, nicht nur die Kreditpapiere, die Reisepässe, das
Stempelpapier und alle Papiergattungen für die Tabakgefällenmanipulation,
sondern auch das Schreib- und Packpapier für die staatlichen Ämter selbst zu
erzeugen, und zwar um 10% billiger, als sich die Kurrentpreise in den Privat-
papierniederlagen stellten. Bis 1814 war der Betrieb vorteilhaft, so daß das Ärar
bedeutende Ersparnisse erzielte. Seit diesem Jahre jedoch wurden die Ergebnisse schlechter, so daß 1818 beschlossen wurde, bei der Fabrik zu Leihen die
staatliche Regie durch Lösung des Bestandvertrages aufzuheben. Da es sich
jedoch zeigte, daß dies ohne Nachteil für den Staat nicht stattfinden konnte
und die Verhandlungen nicht zum Ziele führten, so wurde 1820 davon wieder
abgesehen. Die finanziellen Erfolge der Fabriken wurden auch weiterhin keine
besseren, da sie den fortwährenden Schwankungen unterlagen. Die Betriebsergebnisse stellten sich folgendermaßen (in Gulden C. M.):

---

[1]) Ber. ü. d. Ausst. 1845, S. 716 f.; Tafeln z. Stat. f. 1841. — [2]) Großind. Öst.,V, S. 6. —
[3]) Ber. ü. d. Ausst. Wien, 1845, S. 717; Statth. A. Wien, Kart. 6067. — [4]) Ber. ü. d. Ausst.
Wien, 1845, S. 720. — [5]) Großind. Öst., V, S. 8.

Jahr	Rannersdorf		Leiben	
	Einnahmen	Ausgaben	Einnahmen	Ausgaben
1821	85.668	71.680	34.549	33.638
1822	71.184	61.620	31.109	31.896
1823	49.176	52.882	21.106	26.195
1824	71.946	58.008	24.019	29.911
1825	53.833	58.662	30.308	29.584
1826	57.675	53.434	29.132	29.923
1827	57.156	51.748	33.399	31.332
1828	63.117	59.217	29.936	29.141
1829	58.799	61.346	35.600	28.278
1830	70.704	74.706	32.064	30.197
1831	54.181	64.965	32.046	29.401
1832	58.479	62.263	24.346	28.150
1833	54.369	50.814	34.864	29.468

Im Jahre 1834 hörte das Pachtverhältnis durch Ablauf der Zeit auf[1]).

Was die Papiertapetenfabrikation in Niederösterreich betrifft, so waren schon unter Maria Theresia Fabrikanten dieser Art in Wien vorhanden. Im Jahre 1772 werden die Papiertapetenfabrikanten Engelbert König und Aichinger erwähnt, deren Unternehmungen jedoch einen sehr geringen Umfang hatten[2]). Im Jahre 1782 erhielten Jakob Chevastieux und J. L. de la Fontaine die Befugnis zur Errichtung einer Tapetenfabrik in Perchtoldsdorf bei Wolkersdorf. Aber alle diese, ebenso wie andere Unternehmungen, die etwas später erwähnt werden, erlangten niemals irgendwelche Bedeutung. Erst Spörlin & Rahn, die 1808 aus Frankreich nach Wien übersiedelten, waren berufen, diese Fabrikation im großen Stil in Österreich einzuführen. Sie gründeten in Wien-Gumpendorf die Papiertapeten- und Buntpapierfabrik, die bald eine große Ausdehnung erlangte. Schon 1813 erhielten sie den Titel k. k. Hofpapiertapetenfabrikanten. Sie erfanden ein Verfahren zur Herstellung des Irisdruckes, worauf ihnen 1822 ein ausschließendes Privileg erteilt wurde. Das von ihnen erzeugte Buntpapier konnte sich an Feinheit mit dem deutschen und französischen messen. Außerdem erzeugten sie auch Puppenköpfe, Figuren und andere Gegenstände aus Papiermaché. In den dreißiger Jahren beschäftigten sie 120 Arbeiter und erhielten bei der Wiener Ausstellung von 1835 die goldene Medaille[3]). Im Jahre 1836 starb Rahn und die Firma hieß seitdem Spörlin & Zimmermann. In diesem Jahre wurde die Unternehmung bedeutend erweitert. Bei der Ausstellung von 1839 wurde derselben wiederum die goldene Medaille zuteil, bei der von 1845 war die Fabrik außer Preisbewerbung, da einer ihrer Inhaber Mitglied der Beurteilungshofkommission war[4]).

Tapeten.

Spörlin & Rahn.

---

[1]) Staatsrat 1813, Nr. 2382, 3657; 1815, Nr. 6801, 7717, 7961; 1816, Nr. 257; 1818, Nr. 6020; 1820, Nr. 1626, 3049, 4800; 1827, Nr. 5729; 1828, Nr. 5153; 1829, Nr. 3971; 1831, Nr. 4905; 1833, Nr. 4906; 1834, Nr. 6673; Archiv der Stadt Wien, Hauptarchiv Oec. 12/1803, 3/1804, 4/1807, 5/1831, 5/1837, 10/1837, 2/1838. Tafeln z. Stat. f. 1835 u. 1840. — [2]) A. d. Min. d. Inn., V, G. 5, Kart. 2934 (1772); Statth. A. Wien, Kart. 5759 (1779). — [3]) Beitr. z. Gesch. d. Gew. u. Erf. I, S. 491; Keeß u. Blumenbach, I, S. 637; Ber. ü. d. Ausst. Wien, 1835, S. 130 ff. — [4]) Ber. ü. d. Ausst. Wien, 1839, S. 351 f., 1845, S. 723 f.

Eine zweite nicht unbedeutende Tapetenfabrik war die von Spanls Witwe und Josef Rhederer (gegründet 1803[1]).

Der 1833 von Brünn nach Wien übersiedelte Tapetenfabrikant Klobasser wurde bei der Ausstellung von 1835 ehrenvoll erwähnt und erhielt 1839 die silberne Medaille[2]). Der erste, der Buntpapier in Österreich in großem Maßstabe fabrizierte, war Wilhelm Knepper, der 1819 dieses Geschäft in Döbling begann, 1825 eine eigene Fabrik in Wien begründete und seit 1844 in größeren Schwung brachte. Bei der Wiener Ausstellung von 1835 erhielt er die bronzene Medaille, bei der von 1839, da sein Geschäft das ausgedehnteste der Monarchie war und 45 Arbeiter beschäftigte, die silberne, 1845, in welchem Jahre er 70 Arbeiter beschäftigte, die goldene Medaille[3]).

August Renel, Leder- und Kartonagegalanteriewaren- und Buntpapierfabrikant in Wien dehnte in den vierziger Jahren seine Fabrikation derart aus, daß er 60 Personen beschäftigte und 1845 mit der silbernen Medaille ausgezeichnet wurde[4]).

Spielkarten. Unter den Spielkartenerzeugern zeichnete sich besonders die Fabrik von Uffenheimer in Guntramsdorf aus (Landesbefugnis 1824[5]), welche Spielkarten aller Art lieferte. Außerdem wurden Spielkarten erzeugt von Johann Georg Steiger, Inhaber einer k. k. hof- und landesprivilegierten Spielkartenfabrik in Wien. In den vierziger Jahren bestanden in Niederösterreich zwei landesbefugte Spielkartenfabriken in Wien und je eine einfache in Wien und Wr.-Neustadt[6]).

Im Jahre 1841. Den Stand der Papierindustrie in Niederösterreich im Jahre 1841 veranschaulichen folgende Zahlen[7]):

Zahl der			Betriebsmittel		Arbeiter				Beweg. Kraft		Erzeugnisse	
Fabriken	Papiermühlen	Zusammen	Maschinen	Bütten	Männer	Weiber	Kinder	Zusammen	Wasserkraft	Dampfkraft	Gesamtgewicht	Gesamtwert
											Zentner	Gulden
15	6	21	13	49	436	667	92	1115	21	1	71.125	1,227.693

Der Produktionsmenge und dem Werte nach erreichte die niederösterreichische Papierindustrie jene Böhmens und übertraf sie sogar um einiges, stand somit unter den österreichischen Kronländern an erster Stelle. Den Stand der Maschinenpapierfabriken illustrierten folgende Daten:

---

[1]) Keeß u. Blumenbach, a. a. O., I, S. 637; Ber. ü. d. Ausst. Wien, 1835, S. 159; 1839, S. 359; 1845, S. 726. — [2]) Ber. ü. d. Ausst. Wien, 1835, S. 153, 1839, S. 358, 1845, S. 725. — [3]) Beitr. z. Gesch. d. Gew. u. Erf., I, S. 492; Ber. ü. d. Ausst. Wien, 1835, S. 149, 1839, S. 356, 1845, S. 726. — [4]) Ber. ü. d. Ausst. Wien, 1839, S. 357, 1845, S. 727. — [5]) S. oben S. 425 f. — [6]) Keeß u. Blumenbach., I, 640 f.; Beitr. z. Gesch. d. Gew. u. Erf., I, 494; Tafeln z. Stat. d. öst. Mon. f. 1841; Ber. ü. d. Ausst. Wien, 1835, S. 159. — [7]) Tafeln z. Stat. d. öst. Mon. f. 1841; Ber. ü. d. Ausst. Wien, 1845, S. 712.

Standort	Eigentümer	Betriebs-mittel		Arbeiter				Erzeugnisse	
		Maschinen	Bütten	Männer	Weiber	Kinder	Zusammen	Gewicht	Gesamt-wert
								Zentner	Gulden
Klein-Neusiedel .	Aktien-Gesellsch. .	3	4	90	200	30	320	14.930	363.400
Rannersdorf . . .	Haidmann . . .	2	2	30	50	9	89	6.480	61.500
Franzensthal . .	Hippenmayer . .	2	4	35	65	12	112	8.170	108.700
Pitten	Werdmüller & Rümelein . . .	2	2	40	80	5	125	7.996	134.117
Ebenfurt	Leidesdorf & Co.	2	—	52	90	25	167	12.000	262.500
Guntramsdorf . .	Fürst & Breisach.	2	—	30	60	6	96	6.700	100.833

Oberösterreich und Innerösterreich. In Oberösterreich war die Ober-
Papierindustrie niemals besonders bedeutend. In den zwanziger Jahren werden österreich.
daselbst erwähnt die Papiermühlen zu Wels und zu Hainbach bei Schärding[1]).
In den vierziger Jahren hatte Karl Jocher eine Papierfabrik zu Steyr. Im Jahre
1841 hatte Oberösterreich eine Papierfabrik (zu Marienthal) und .17 Papiermühlen mit zusammen 30 Bütten und 233 Arbeitern. Der Wert des erzeugten
Papiers belief sich auf 93.349 fl. Weniger erzeugten nur noch Krain, das Küstenland und Galizien. Maschinenpapierfabriken wies Oberösterreich überhaupt
keine auf[2]). Eine landesbefugte Spielkartenfabrik befand sich in Linz, eine
einfache in Salzburg[3]).

In der Steiermark werden vom Gubernium 1819 die Papierfabriken von Steiermark.
F. X. Pruggmayer und die von Leykam, beide zu Graz, erwähnt[4]). Die Fabrik Leykam.
von Andreas Leykams Erben stellte 1835 eine Papiermaschine auf, die erste
in Innerösterreich, und wurde 1836 derart umgestaltet, daß sie die bedeutendste
Fabrik dieser Art in Innerösterreich wurde. In den vierziger Jahren gehörte
sie Friedrich Lenk und wies 1842 an Einrichtungen auf: 1 Maschine zur
Zerkleinerung der Hadern, 2 Holländermaschinen, 2 Bütten zur Fabrikation
des Handpapieres, 4 Holländer, 1 Papiermaschine u. a. Bei der Klagenfurter
Ausstellung von 1838 erhielt sie die bronzene, bei der Grazer von 1841 die
silberne Medaille[5]).

Außerdem werden in den vierziger Jahren genannt Josef Kienreich, Kienreich.
Buchhändler, Buchdrucker und Papierfabrikant in Graz, dessen Unternehmung
zu den großartigsten Steiermarks gehörte[6]), und die Papierfabrik von J. Trexler
zu Voitsberg[7]). Seit 1836 war eine Papierfabrik in der Lobnitz bei Marburg in
Betrieb und kam bald darauf in den Besitz von Prosenjak. In den vierziger
Jahren wies sie 15 Arbeiter auf[8]).

Seit den zwanziger Jahren bestand zu Graz eine Papiermachédosenfabrik,

---

[1]) Keeß, a. a. O., IV, S. 69. — [2]) Tafeln z. Stat. f. 1841; Ber. ü. d. Ausst. Wien, 1845,
S. 712 u. 721. — [3]) Tafeln z. Stat. f. 1841. — [4]) H. K. A. Kom. Praes. 1819, Nr. 368. — [5]) Frankenstein, Fabriksbilderatlas, 1842, S. 65 f.; Ber. ü. d. Ausst. Klagenfurt, 1838, S. 175, Graz 1841,
S. LX., 129. — [6]) Ber. ü. d. Ausst. Graz, 1841, S. 130. — [7]) Ber. ü. d. Ausst. Graz, 1841, S. LX.
— [8]) Inneröst. Ind. u. Gew. Bl., 1844, S. 36.

438

welche in den dreißiger Jahren in den Besitz von Friedrich von Sattler
überging[1]). Im Jahre 1841 hatte die Steiermark eine landesbefugte Papierfabrik
in Graz, 5 einfache, und zwar in Rohrbach, Unter-Andritz, Voitsberg, Jaritz-
berg und Pöls; außerdem eine landesbefugte Spielkarten- und eine einfache
Papiermachédosenfabrik in Graz[2]). Diese 6 Papierfabriken hatten zusammen
mit noch 4 Papiermühlen 5 Maschinen und 16 Bütten; sie beschäftigten 312 Arbeiter und erzeugten um 14.306 Ztr. Papier im Werte von 243.469 fl. Größer
war die Produktion nur in Böhmen, Niederösterreich und Tirol.

Den Stand der steirischen Maschinenpapierfabriken in dieser Zeit veranschaulichen folgende Daten[3]):

Standort	Eigentümer	Betriebsmittel		Arbeiter					Erzeugnisse	
		Maschinen	Bütten	Männer	Weiber	Kinder	Zusammen		Gewicht	Wert
									Zentner	Gulden
Graz	Kienreich	2	5	38	66	6	110		4.660	64.000
Graz	Lenk (Leykam) .	1	1	12	28	—	40		1.470	19.550
Voitsberg	Ign. Trexler . . .	1	1	10	30	—	40		2.635	61.540
Kirchenviertel . .	Kleber & Mack . .	1	—	19	18	2	39		2.500	54.866

In Krain bestanden ebenfalls mehrere Papiermühlen und Fabriken. In
den neunziger Jahren des 18. Jahrhunderts werden Papiermühlen zu Görtschach
und Ratschach erwähnt[4]). In den dreißiger Jahren des 19. Jahrhunderts werden
erwähnt außer jener von Werner Grundner zu Ladia und jener von Karl
Edlen von Kleinmayer zu Seisenberg noch eine bei Ratschach[5]). Die
Fabrik zu Ladia bestand seit 1763 und arbeitete in den vierziger Jahren des
19. Jahrhunderts mit 12 Holländern, 16 Stampfen, 2 Wasserpressen, 3 Aus-
arbeitungspressen und mehreren anderen Maschinen. Sie beschäftigte fortwährend 27 Arbeiter und erzeugte alle Gattungen Schreib-, Druck- und Kanzlei-
papier und Pappendeckel[6]). Die Unternehmung von Kleinmayer zu Seisenberg
bestand ebenfalls schon im 18. Jahrhundert[7]).

Im Jahre 1843 wurde zu Josefsthal bei Laibach von Josef Bischof,
Franz Galle, Fidelis Terpinz und Valentin Zheschko die k. k. priv. mechanische
Papierfabrik gegründet, welche mit einer Donkinschen Maschine, 7 Holländern
und 1 priv. Bischofschen Zeugputzmaschine arbeitete. Sie beschäftigte gleich
über 70 Arbeiter und erzeugte alle Sorten vom ordinären bis zum feinsten
Brief-, Kanzlei-, Druck- und Packpapier. Bei der Laibacher Ausstellung von
1844 erhielt sie wegen der Billigkeit und Güte ihrer Erzeugnisse und der Größe
ihres Absatzes die goldene Medaille[8]).

---

[1]) Ber. ü. d. Ausst. Klagenfurt, 1838, S. 175; Laibach, 1844, S. 120. — [2]) Tafeln z. Stat.
d. öst. Mon. f. 1841. — [3]) Tafeln z. Stat. d. öst. Mon. f. 1841; Ber. ü. d. Ausst. Wien, 1845,
S. 712. — [4]) A. d. Min. d. Inn., V, G. 5, Kart. 2928 (1792). — [5]) Ber. ü. d. Ausst. Klagenfurt,
1838, S. XXXII. — [6]) Ber. ü. d. Ausst. Laibach, 1844, X, 119; Keeß, a. a. O., II, S. 587. —
[7]) A. d. Min. d. Inn., V, G. 5, Kart. 2928 (1792); Keeß, a. a. O., II, 587. — [8]) Ber. ü. d. Ausst.
Laibach, 1844, S. 121.

In Kärnten war die Papierfabrikation ganz unbedeutend[1]).

Im Jahre 1841 bestanden in Kärnten und Krain 2 Fabriken und 5 Papiermühlen mit zusammen 10 Bütten und 85 Arbeitern. Der Wert des erzeugten Papiers betrug 47.419 fl. Nur das Küstenland wies eine noch geringere Produktion auf[2]).

Im Küstenland bestanden im 18. Jahrhundert schon Papiermühlen, so seit Küstenland 1732 eine zu Haidenschaft[3]). Um 1820 findet man daselbst Papierfabriken zu Podgora bei Görz und zu Haidenschaft[4]). Die erstere beschäftigte 1819 Podgora. an 20 Personen, die zweite war einige Jahre vorher in Konkurs verfallen und wurde 1819 wieder in Gang gebracht[5]). Die Haidenschafter scheint jedoch auch späterhin niemals einen großen Umfang erreicht zu haben und bald eingegangen zu sein. Im Jahre 1841 war im Küstenlande nur mehr die einfache Papierfabrik in Podgora in Betrieb, welche mit 4 Bütten versehen war, 67 Arbeiter beschäftigte und Papier im Werte von 28.000 fl. erzeugte[6]). In Triest hatte sich die Fabrikation von Spielkarten entwickelt und es bestanden 1841 daselbst 3 Unternehmungen dieser Art[7]).

Die wichtigste Papierfabrik in den südlichen Ländern und eine der bedeu- Fiume. tendsten der Monarchie überhaupt war die von Christian Meynier und N. Crafton Smith 1828 in Fiume gegründete großartige Unternehmung. Zu diesem Zwecke wurden 14 neue Gebäude errichtet und die Fabrik mit den vollkommensten Maschinen aus Frankreich und England versehen; 1835 hatte sie auch eine Dampfmaschine von 18 Pferdekräften in Betrieb und beschäftigte 140 Arbeiter. Sie erzeugte alle Sorten Papier und Tapeten und führte viel in die Levante aus. Es war dies die zweite in der Monarchie gegründete Maschinenpapierfabrik. Im Jahre 1845 beschäftigte sie 170 Arbeiter und erzeugte Papier im Werte von 225.000 fl. Bei der Wiener Ausstellung von 1835 wurde ihr die silberne, bei der von 1845 die goldene Medaille zuteil[8]).

In Tirol und Vorarlberg bestanden 1841 eine landesbefugte Papierfabrik Tirol und in Imst (gegründet 1830), 4 einfache in Mühlau, Vela bei Trient, Rovereto und Vorarlberg. Bludenz; außerdem eine landesbefugte Tapetenfabrik in Bludenz und eine einfache in Feldkirch. Damals hatten diese 5 Papierfabriken und noch 13 Papiermühlen zusammen 5 Maschinen und 27 Bütten, beschäftigten 537 Arbeiter und erzeugten Papier im Werte von 555.683 fl. Darunter waren Maschinenfabriken, jene zu Imst, Rovereto und Bludenz. Die erstere gehörte einer Aktiengesellschaft, hatte 1841 2 Maschinen, 110 Arbeiter und erzeugte um 153.384 fl. Papier; die zweite gehörte Jakob Tacchi, hatte 2 Maschinen und ein Betriebspersonal von 140 Menschen und erzeugte Papier um 128.500 fl.; die dritte gehörte Karl Blum, hatte eine Maschine und 43 Arbeiter und erzeugte um 83.250 fl. Papier[9]).

[1]) A. d. öst. Fin. Min. Kom., Fasz. 29, Nr. 99 ex sept. 1838. — [2]) Ber. ü. d. Ausst. Wien, 1845, S. 712; Tafeln z. Stat. f. 1841. — [3]) De Luca, a. a. O., II, 268; A. d. Min. Inn., V, G. 5, Kart. 2928 (1732). — [4]) Keeß, a. a. O., II, S. 587. — [5]) H. K. A. Kom. Praes. 1819, Nr. 351. — [6]) Tafeln z. Stat. f. 1841; Ber. ü. d. Ausst. Wien, 1845, S. 712. — [7]) Tafeln z. Stat. f. 1841. — [8]) Ber. ü. d. Ausst. Wien, 1835, S. 145 ff.; 1845, S. 712 u. 715 f. — [9]) Tafeln z. Stat. f. 1841; Ber. ü. d. Ausst. Wien, 1845, S. 712; Amtl. Katalog der Wiener Weltausstellung, 1873, S. 331.

In Galizien befanden sich schon zu Anfang des 19. Jahrhunderts mehrere Papiermühlen, in welchen jedoch nur ordinäres Druck- und Schreibpapier, Pappendeckel und Fließpapier verfertigt wurde[1]). Um die Mitte der Vierzigerjahre wurden in Galizien 24 Papiermühlen gezählt mit 48 Bütten und 363 Arbeitern. Das von ihnen erzeugte Papier wurde auf 71.332 fl. geschätzt[2]).

Aus diesen Ausführungen ist ersichtlich, daß die Papierindustrie sich in Österreich sehr allmählich zu einer Großindustrie entwickelte. Sehr spät fanden Papiermaschinen Eingang, zuerst 1826 in der „Kaisermühle" bei Prag von Schallowetz, Milde & Co., dann 1828 in Fiume von Smith & Meynier, 1835 bei Leykams Erben in Graz, 1837 in Bludenz und Imst, 1838 in der Arnauer Fabrik der Gebrüder Kiesling, in der Fabrik zu Wran bei Königsaal und in der Langendorfer Fabrik in Mähren, 1839 in jener zu Klein-Neusiedel, 1840 in der von Jordan & Barber bei Tetschen sowie in den Fabriken zu Ebenfurt und Eggendorf von Leidesdorf & Co. Die Einführung von Papiermaschinen erfolgte in größerem Umfang erst in den vierziger Jahren[3]). Den Wendepunkt bezeichnet die Gründung der großen Papierfabrik in Fiume, welche der österreichischen Papierindustrie einen mächtigen Anstoß gab. Im Zusammenhange mit dem Aufkommen der Maschinenpapierfabriken ist ungefähr seit 1830 auch ein starkes Anwachsen der Papiererzeugung festzustellen, so daß dieser Industriezweig, der zu Anfang des Jahrhunderts den inländischen Bedarf noch bei weitem nicht decken konnte, in den vierziger Jahren schon weit über diesen Bedarf hinaus produzierte und große Mengen exportierte. Die Entwicklung war jedoch noch lange nicht abgeschlossen, denn 1841 war das Übergewicht der Bütten (427) gegenüber den Maschinen (31) noch ein ganz gewaltiges. Dennoch erzeugten die Maschinenpapierfabriken schon mehr als die Hälfte der Gesamtproduktion Österreichs. Folgende zwei Tabellen sollen den Stand der Papierfabrikation Österreichs im Jahre 1841 übersichtlich darstellen[4]):

Land	Zahl der			Betriebsmittel		Arbeiter				Beweg. Kraft		Erzeugnisse	
	Fabriken	Papiermühlen	Zusammen	Maschinen	Bütten	Männer	Weiber	Kinder	Zusammen	Wasserkraft	Dampfkraft	Gesamtgewicht Zentner	Gesamtwert Gulden
Niederösterreich .	15	6	21	13	49	436	667	92	1195	21	1	71.125	1,227.693
Oberösterreich . .	1	17	18	—	30	158	49	26	233	17	—	7.257	93.349
Steiermark . . .	6	4	10	5	16	133	158	21	312	10	—	14.306	243.469
Kärnten u. Krain	2	5	7	—	10	50	31	4	85	7	—	3.252	47.419
Küstenland . . .	1	—	1	—	4	30	25	12	67	1	—	1.909	28.000
Tirol	5	13	18	5	27	223	270	44	537	18	—	29.872	555.683
Böhmen	15	108	123	6	194	1.232	762	288	2.282	123	2	67.885	1,201.533
Mähren u.Schlesien	—	36	36	2	49	201	132	61	394	36	—	10.029	126.834
Galizien	—	24	24	—	48	235	88	40	363	24	—	8.891	71.332
Summe . . .	45	213	258	31	427	2.698	2.182	588	5.468	257	3	214.526	3,595.312

[1]) H. K. A. Kom. Praes. 1819, Nr. 246. — [2]) Ber. ü. d. Ausst. Wien. 1845, S. 712. — [3]).Großind. Öst., V., S. 8. — [4]) Tafeln zur Stat. d. österr. Mon. f. 1841.

Übersicht über die einzelnen Maschinenpapierfabriken.

Land	Betriebsort	Eigentümer	Betriebs-mittel		Arbeiter				Erzeugnisse	
			Maschinen	Bütten	Männer	Weiber	Kinder	Zusammen	Gewicht	Wert
									Zentner	fl.
Niederösterreich	Klein-Neusiedel .	Aktiengesellschaft .	3	4	90	200	30	320	14.930	363.400
,,	Rannersdorf . . .	Haidmann	2	2	30	50	9	89	6.480	61.500
,,	Franzensthal . .	Hippenmeyer . . .	2	4	35	65	12	112	8.170	108.700
,,	Pitten	Werdmüller & Rümelein	2	2	40	80	5	125	7.996	134.117
,,	Ebenfurt	Leidesdorf & Co. .	2	—	52	90	25	167	12.000	262.500
,,	Guntramsdorf . .	Fürst & Breisach. .	2	—	30	60	6	96	6.700	100.833
Steiermark . .	Graz	Kienreich	2	5	38	66	6	110	4.660	64.000
,, . .	Graz	Lenk (Leykam) . .	1	1	12	28	—	40	1.470	19.550
,, . .	Voitsberg	Ign. Trexler	1	1	10	30	—	40	2.635	61.540
Tirol u. Vorarlb.	Kirchenviertel . .	Kleber & Mack . .	1	—	19	18	2	39	2.500	54.866
,,	Imst	Aktiengesellschaft .	2	—	40	50	20	110	7.893	153.384
Böhmen	Rovereto	Jakob Tacchi . . .	2	—	50	90	—	140	4.813	128.500
,, . . .	Bludenz	Blum	1	—	17	24	2	43	3.760	83.250
,, . . .	Wran	Haase Söhne. . . .	2	—	100	200	50	350	11.300	350.000
,, . . .	Tetschen	Jordan & Barber. .	1	—	25	40	40	105	4.840	87.750
Mähren . . .	Kaisermühle . . .	Schallowetz & Co. .	1	—	27	80	—	107	3.125	68.525
,, . . .	Ober-Kamnitz . .	Asten.	1	—	7	—	12	19	1.008	16.657
,, . . .	Arnau	Lorenz & Sohn . .	1	—	16	30	20	66	1.540	25.667
	Brünn	Großmann	1	—	5	4	3	12	363	5.749
,, . . .	Oberlangendorf .	Weiß	1	—	18	23	—	41	635	11.800
		Summe . . .	31	19	661	1228	242	2131	106.818	2,162.288

XXI. Kapitel.

Die Eisenindustrie.

A. Die Maßnahmen der Staatsverwaltung.

Die Eisengewinnung und Verarbeitung ist in Österreich sehr alt; in Innerösterreich, vor allem in Krain, reicht sie bis in die Römerzeit zurück[1]), in den Sudetenländern nahm sie im 8., ja vielleicht schon im 6. Jahrhundert ihren Anfang[2]). Aber trotz dieses Alters und der dem Eisen durch alle Jahrhunderte hindurch immer zugekommenen Bedeutung ist doch erst seit dem Ende des 18. und dem Anfang des 19. Jahrhunderts ein gewaltiger Aufschwung dieses Industriezweiges eingetreten, die Entwicklung zu einer wirklichen Großindustrie vor sich gegangen. Das Aufkommen der Maschinen, vor allem der Dampfmaschinen und die dadurch hervorgerufene Umwälzung auf dem Gebiete des Verkehrswesens und der industriellen Produktion, nicht in letzter Linie auch die immer mehr steigenden Rüstungen aller Staaten hatten ein großes Anwachsen der Eisenindustrie zur Folge und ermöglichten deren immer größere Vervollkommnung.

Die Staatsverwaltung war sich der Bedeutung dieses Industriezweiges Militärwohl bewußt und war bemüht, ihm jede mögliche Erleichterung zu gewähren. befreiung.
So verfügte das Reskript vom 1. Februar 1757 unter Maria Theresia die Be-

---

[1]) Müllner, Gesch. d. Eisens in Innerösterr., I, S. 38 ff. — [2]) Balling, Die Eisenerzeugung in Böhmen, S. 1; Schmidt, Übersichtl. Gesch. d. Bergbau- und Hüttenwesens im Königreiche Böhmen, S. 251 u. 266.

freiung der Bergleute von der Rekrutenstellung, welche Verfügung jedoch im wesentlichen schon auf viel ältere Anordnungen zurückging[1]). Die kriegerischen Zeiten am Ende des 18. und am Anfang des 19. Jahrhunderts machten die Aufrechterhaltung dieser vollständigen Befreiung unmöglich, so daß unter Kaiser Franz diese Befreiung zunächst vielfach modifiziert und dahin eingeschränkt wurde, daß nur wirkliche Grubenarbeiter (Hauer), solange sie nachweisen konnten, daß sie in bleibender Grubenarbeit stehen, zeitlich befreit blieben (Hofdekrete vom 1. Februar 1797, 3. Mai 1799, 15. Juni 1801, 26. März und 23. September 1802, 5. Mai und 27. Juli 1805, 8. Dezember 1806, 28. April 1808, 20. April, 17. Juni und 14. September 1809, 22. Februar und 14. April 1814), bis endlich auch diese Befreiung aufhörte (Hofdekrete vom 7. August 1827 und 18. September 1828)[2]).

Statistik.   Um sich eine genaue Kenntnis über die Produktionsverhältnisse des Bergbaues zu verschaffen, mußten auf Grund zahlreicher Verordnungen nach öfters abgeänderten Formularien von den ärarischen Bergämtern und den privaten Berggerichtssubstitutionen jährliche Ausweise über den Bergbau an die Distriktual-Berggerichte und von diesen an die Landesstelle binnen 4 Wochen nach dem Ende jedes Jahres zur Ausarbeitung einer Betriebs- und Produktionshauptübersicht des Berg- und Hüttenwesens eingesendet werden[3]).

Schutz der Wald- bestände.   Da die Eisenindustrie bis zum Anfange des 19. Jahrhunderts fast ausschließlich Holz als Feuerungsmaterial verwendete, so wurde sie auch von den durch die Wald- und Forstordnungen festgesetzten Beschränkungen zum Schutze der Waldbestände vielfach betroffen, welche Bestimmungen jedoch in viel ältere Zeiten, in ihren Anfängen bis in das 17. Jahrhundert zurückreichen[4]). Ein Hofdekret vom 12. Juli 1793 bestimmte, daß in jenen Gegenden, wo kein Überfluß an Holz besteht, mit der Verleihung von Befugnissen zur Errichtung neuer Hammerwerke und Feuerstätten zurückzuhalten sei. Die Sorge um die Erhaltung der Waldbestände regte sich auch später immer wieder. Durch Hofdekret vom 6. Februar 1810 wurde angeordnet, es sollen bei dem immer zunehmenden Mangel an Baumaterial keine Befugnisse zur Errichtung oder zur Erweiterung bereits bestehender brennstoffverzehrender Gewerbe erteilt werden, es wäre denn, sie würden mit Steinkohlen und Torf betrieben. In ähnlichem Sinne drückt sich auch das Waldpatent vom 1. Juli 1813 bezüglich der Errichtung von Eisen- und Blechhämmern aus, ebenso wie das Hofkanzleidekret vom 26. März 1815[5]). Daß diese Vorsorge der Staatsverwaltung keine überflüssige war, beweist der Umstand, daß viele Eisenwerke in späterer Zeit wegen Holzmangel ihren Betrieb stark einschränken mußten[6]) und selbst im waldreichen Innerösterreich die Eisenwerke schon in den ersten Jahrzehnten

---

[1]) Göth, Das Herzogt. Steiermark, II, S. 157: „Durch die unter den Landesfürsten Maximilian I., Ferdinand I. und Leopold I. erlassenen Bergordnungen und Gesetze geschahen alle jene Verfügungen, wodurch der hiesige Bergbau geschützt wurde: Befreiung der Arbeiter von der Militärpflichtigkeit...." — [2]) Schmidt, a. a. O., S. 92, 94 f., 134. — [3]) Schmidt, a. a. O., S. 36, Zahlreiche Verordnungen zwischen 1785 und 1841. — [4]) Pantz, Die Innernberger Hauptgewerkschaft, S. 143; vgl. auch Staatsrat 1800, Nr. 3097. — [5]) Barth. a. a. O., I, 286 f., VI, S. 466. — [6]) Z. B. Die Hořowitzer Werke in Böhmen (Balling, a. a. O., S. 98).

des 19. Jahrhunderts sich mit der Sorge um die Zukunft beschäftigen mußten, da sich an vielen Stellen empfindlicher Holzmangel eingestellt hatte[1]).

Zu berggerichtlichen Konzessionen für Eisenwerke war daher während der ganzen hier in Betracht gezogenen Periode der Nachweis der Deckung des Brennstoffbedarfes notwendig, entweder durch den eigenen Besitz von Waldungen oder Kohlengruben oder aber durch Abschließung fester Verträge[2]).

Abgesehen von diesen notwendigen Beschränkungen glaubte man diesem Industriezweig und besonders der Erzeugung von Eisenwaren jede mögliche Erleichterung gewähren zu müssen und ein Hofdekret vom 10. September 1799 erklärte, die Verarbeitung der inländischen Metalle müsse erleichtert werden, weil diese Beschäftigung eine der nützlichsten für die mit diesem Urstoffe so gesegnete österreichische Monarchie sei[3]). An Aufmunterungen hat es die Staatsverwaltung auch nicht fehlen lassen. Als das Bedürfnis an Eisendraht immer mehr zunahm, wurde durch Direktorialdekret vom 12. Mai 1802 veranlaßt, die Inhaber der bestehenden Drahtzüge zur vermehrten Erzeugung von Eisendraht aufzufordern und auch andere Unternehmer zur Errichtung neuer Drahtzüge aufzumuntern; auch sei die Erzeugung dieses Artikels und der Handel mit demselben auf alle Art zu befördern[4]). Wenn auch derartige Ermunterungen meist erfolglos blieben, so zeigen sie doch das Interesse, welches die Regierung an der Vervollkommnung und Entwicklung dieses Erwerbszweiges hatte. *(Randnotiz: Aneiferung und Belohnungen.)*

Wirksamer waren die Geldbelohnungen, die auch nicht selten vorkamen. So erhielt der Feilenfabrikant Wilhelm Böck zu Waidhofen a. d. Ybbs 1817 vom Kaiser eine Belohnung im Betrage von 5000 fl. W. W. Davon erhielt er 2000 fl. sofort, für die übrigen 3000 fl. mußte er sich verpflichten, sechs Lehrlinge in allen seine Kunst betreffenden Gegenständen auszubilden, worauf ihm für jeden Lehrling nach überstandener Probeleistung 500 fl. gezahlt werden sollten[5]).

Bartholomäus Staudacher, der sich mit Erfolg bemüht hatte, Triebstahl und Stahldraht zu erzeugen, welches damals aus England bezogen werden mußte, und zur Erweiterung seines Betriebes um einen Ärarialvorschuß von 5000 fl. und um Verleihung der Fabriksbefugnis angesucht hatte, erhielt 1808 vom Kaiser statt des Vorschusses eine Belohnung im Betrage von 600 fl. Außerdem befahl der Kaiser, ihm die Fabriksbefugnis zu verleihen und nach Ablauf eines Jahres über den Fortgang des Unternehmens Bericht zu erstatten[6]).

Josef Fried, der seit 1786 die Erzeugung von Weberkämmen bedeutend vervollkommnete, wurde mit Hilfe einer Ärarialunterstützung in den Stand gesetzt, in den ersten Jahren die Konkurrenz mit dem Ausland auszuhalten, und es wurde ihm außerdem als Lohn für seine Geschicklichkeit und Unter-

[1]) Göth, a. a. O., S. 247 f., Prot. d. inneröst. Gew. Ver. 1838, S. 44. — [2]) Krauß-Elislago, Autobiographie, S. 161; André schreibt in seiner Neuesten Beschreibung (1813), S. 195: „Dagegen droht eine hundertjährige Vernachlässigung der Forstkultur gerade den wichtigen steiermärkischen, kärntnerischen und österreichischen Hüttenwerken fast unheilbare Wunden, wenn nicht etwa die fast noch gänzlich unbenutzten Steinkohlenschätze retten." — [3]) Barth, a. a. O., I, S. 265. — [4]) Barth, a. a. O., VI, S. 503. — [5]) Keeß, a. a. O., III, S. 633; H· K. A. Kom. Kam., Fasz. 48, Nr. 18 ex jul. 1817. — [6]) H. K. A. Kom. N.-Ö., Fasz. 72, Nr. 29 ex febr. 1808.

444

nehmungslust eine jährliche Pension von 300 fl. bewilligt, die nach seinem Tode auf seine beiden Söhne Josef und Anton, die ebenfalls die Stahlblattfabrikation betrieben, mit 200 fl. überging[1]).

Ebenso wurde auch Franz Xaver Schafzahl in Graz, der eine Nägelerzeugungsmaschine erfunden hatte, durch eine von Kaiser Franz ihm gewährte Unterstützung von 20.000 fl. in den Stand gesetzt, seinem Werk eine größere Ausdehnung zu geben[2]).

Auch Ordensauszeichnungen und Adelsverleihungen kamen vor[3]). Im Jahre 1806 wurde wegen der Fortschritte der Stahlfabrik zu Klösterle dem Grafen Thun und dem Werkmeister Büresch die allerhöchste Zufriedenheit zu erkennen gegeben[4]).

Beseitigung
von Hemm-
nissen.Die Staatsverwaltung war weiter bemüht, Hindernisse, welche der Entwicklung dieses Industriezweiges entgegenstanden, möglichst zu beheben. Da die zu enge Begrenzung der Zünfte, in welche die Stahl- und Eisenarbeiter geteilt waren, viele Nachteile im Gefolge hatte, so wurden sie von Kaiser Josef 1785 aufgehoben und alle diese Feuerarbeiter in nur drei Klassen geteilt, deren erste als Klasse der Grobzeug- und Schneidschmiede, die zweite als jene der Feinzeug- und Stahlschmiede, die dritte endlich als jene der Schloß-, Eisen- und Blechschmiede genannt wurde. Zu diesen Klassen wurden jedoch nicht gerechnet die Hufschmiede, Schwertfeger und Büchsenmacher, welche noch fernerhin abgesondert blieben[5]). Jede Beschränkung der Meister in der Zahl ihrer Gesellen und Lehrjungen sowie in der Auswahl der Gesellen wurde aufgehoben[6]).

Ein anderes Hemmnis bildeten einige theresianische Ordnungen. Die Patente vom 24. April 1759, nämlich die Hammerordnung, Rauheisen-Magazinsverlagsordnung und die Eisensatzordnung, waren lange für die Verhältnisse der österreichischen Eisenindustrie bestimmend. Die Hammerordnung regulierte die Dienstverhältnisse zwischen den Gewerken und Arbeitern, setzte auch die den letzteren zu gebenden Leihkäufe[7]) und Meilerlöhnungen fest. Die Rauheisen-Magazinsverlagsordnung regelte die Produktion und bezweckte vornehmlich, jedem verderblichen Überflusse oder Mangel an Rohprodukt, dann den schädlichen Schleudereien und eigenmächtigen Steigerungen vorzubeugen, überhaupt durch Magazine zwischen den Rad- und Hammergewerken das Gleichgewicht zu erhalten. Dieses Patent beschränkte die Roheisenerzeugung und setzte einen fixen Preis für den Meiler fest. Die Eisensatzordnung beugte den Mißbräuchen im Kauf und Verkauf von Eisen vor und ein eigener landesfürstlicher Kommissär lieferte mit Beachtung aller Verhältnisse eine genaue Aufstellung, zu welchem Preise jede Gattung ohne Beschwerung des Publikums und ohne den Ruin der Hammergewerke verkauft werden könne. Diese zur Zeit ihrer Erlassung passenden Verfügungen eigneten sich nicht mehr zur An-

---

[1]) Keeß, a. a. O., III, S. 667. — [2]) H. K. A. Kom. Kam., Fasz. 48, Nr. 24 ex oct. 1815; Keeß, a. a. O., III, S. 691, spricht von 30.000 fl. — [3]) S. unten S. 459. — [4]) Statth. A. Prag, 1806—1815, Kom., Fasz. 4, subn. 4 (1806, Apr. 14). — [5]) Barth, a. a. O., VI, 471 f. — [6]) Přibram, a. a. O., 365 f. — [7]) D. i. Zulagen (Göth, Vordernberg, 92 f.).

wendung auf die später ganz geänderten Verhältnisse, mußten daher bald als lästige Fessel gefühlt werden und die Industrie in ihren Fortschritten hemmen[1]). Durch diese Verschleißwidmung, deren erste Festsetzung schon im 16. Jahrhundert erfolgte und die den Handel mit Eisen und Stahl beschränkte und regelte, war auch die Roheisenproduktion gelähmt. Denn jeder Radmeister mußte bestimmte ihm zugewiesene Hammergewerken mit einem festgesetzten Quantum Roheisen und die Hammergewerken wiederum gewisse Verleger mit dem sogenannten Zentnergute (geschmiedetem Eisen) versehen, wofür anderseits diese Verleger die Hammergewerken und diese wieder die Radmeister mit Geld und Viktualien zu verlegen hatten[2]).

Durch Patent vom 29. Dezember 1781 wurde die Roheisenerzeugung freigegeben, d. h. es wurde die Eröffnung neuer Eisengruben und die Erzeugung von Roheisen in beliebiger Menge gestattet. Dies hatte eine starke Steigerung der Roheisenproduktion zur Folge[3]). „Jedermann, sowohl Handelsleute und Manufakturisten als auch sonstige Personen, konnte infolge dieser kaiserlichen Verfügung von nun an seinen Bedarf an Eisen und Stahl oder an daraus erzeugten Waren, wo er immer wollte, entweder von den Hammergewerken und Fabrikanten aus erster Hand oder durch die Eisenhandlungen sich beschaffen; die Hammergewerken waren berechtigt, in Hinkunft ihre Erzeugnisse bei ihren Werken, auf Jahrmärkten, in und außer Landes ohne Pässe und zu beliebigem Preise zu verkaufen und Verkaufslager zur Abgabe im großen zu errichten. Auch die bisherigen Beschränkungen der Eisenhändler wurden abgeschafft. Jeder, der mit Zentnergut zu handeln befugt war, konnte in der Folge auch Eisengeschmiedewaren führen und umgekehrt"[4]). Das weitere Patent vom 8. November 1782 hob die Roheisenwidmung auf, d. h. der Radmeister war beim Verkauf nicht an bestimmte Hammergewerken gebunden, ebensowenig diese an bestimmte Verleger[5]). Doch blieb die Beschränkung, daß ein Radmeister nur an befugte Hammergewerken sein Roheisen verkaufen durfte. Diese Beschränkung im Verkaufe des Roheisens, das letzte Hindernis gegen die volle Freiheit im Eisenhandel, wurde am 20. August 1834 auch aufgehoben und dieser Handel somit gänzlich freigegeben[6]).

In der richtigen Erkenntnis, daß erweiterte fachliche Bildung auf bergmännischem Gebiete zur Hebung dieses Industriezweiges das Ihrige beitragen würde, errichtete Karl VI. zu Joachimstal eine Bergschule, welche von Maria Theresia auf kurze Zeit nach Prag versetzt und bald darauf als k. k. Bergakademie nach Schemnitz übertragen wurde. Nicht unerwähnt darf gelassen werden, daß Kaiser Franz zur Pflege des Bergrechtes durch Patent vom 25. September

Bildungswesen.

---

[1]) Die Montanistische Lehranstalt 1842, S. 187 ff.; Inneröst. Ind. u. Gew. Bl. 1843, S. 271 f. — [2]) Göth, Vordernberg, S. 245; Die Montanistische Lehranst. 1843—1846, S. 205; Pantz u. Atzl, Versuch einer Beschr., S. 6. — [3]) Göth, Vordernberg, S. 245 f.; Die Montanist. Lehranst. 1842, S. 187 ff.; Innerösterr. Ind. u. Gew. Bl., 1843, S. 272. — [4]) Pantz, Die Innernberger Hauptgewerkschaft, S. 136 f.; Pol. Ges. Samml. — [5]) Göth, Vordernberg, S. 245 f.; Die Montan. Lehranstalt. 1842, S. 187 ff.; Inneröst. Ind. u. Gew. Bl., 1843, S. 272; Pol. Ges. Samml. — [6]) Göth, Vordernberg, S. 247; A. d. Min. d. Inn., V, G. 5, 1834, Sept. 20; Pol. Ges. Samml.

1811 an der Prager Universität eine Lehrkanzel des böhmischen Bergrechtes errichtete[1]). Am Prager polytechnischen Institut wurde als ein Lehrzweig auch die Eisenhüttenkunde eingeführt[2]). Im Jahre 1840 wurde eine von den Ständen Steiermarks errichtete neue Lehranstalt für Bergbau und Hüttenkunde zu Vordernberg eröffnet[3]).

Die im zweiten Teile der ersten Hälfte des 19. Jahrhunderts sich immer mehr mehrenden Maßnahmen zur Förderung der Industrie kamen, wie sie zum Wohle aller Industriezweige bestimmt waren, auch der Eisenindustrie zugute. Dies gilt vor allem von den vielen, meist unter staatlicher Patronanz und vielfach unter unmittelbarer Mitwirkung von Mitgliedern des kaiserlichen Hauses, ja des Monarchen selbst veranstalteten gewerblichen Ausstellungen.

B. Kurzer Überblick über den technischen Prozeß der Eisenerzeugung und Verarbeitung.

Zum Verständnisse der folgenden Ausführungen muß hier kurz der Prozeß der Eisenerzeugung und Verarbeitung, wie er sich in den ersten Jahrzehnten des 19. Jahrhunderts gestaltete, berührt werden.

Die Eisenerze müssen vor der Verschmelzung teils mechanischen, teils chemischen Vorbereitungen unterzogen werden. Erstere bestand in der Zerkleinerung und in der Scheidung, d. i. in der Entfernung der unhältigen (tauben) und schädlichen Bestandteile. Dies geschah entweder durch Handarbeit oder durch Quetschwerke. Die chemischen Vorbereitungen waren: das Verwittern, Rösten und Auslaugen der Erze. Das Verwittern wurde bewirkt, indem die Erze mehr oder weniger lange Zeit der Einwirkung der Atmosphäre ausgesetzt wurden. Die Verwitterung hatte eine Auflockerung zum Zwecke, um sowohl die Zerkleinerung und Scheidung als auch die Reduktion bei der Schmelzung zu erleichtern. Die Röstung der Erze wurde fast allgemein angewendet, weil damit nebst der Entfernung schädlicher und flüchtiger Bestandteile auch eine Ersparung an Brennstoff erreicht wurde. Das Auslaugen der Erze geschah entweder durch Zuleitung von Wasser auf die offenen Rostfelder oder in Gruben, in welche die verrösteten Erze gestürzt wurden, um im Wasser lösliche und schädliche Beimischungen (Metallsalze) zu entfernen.

Die auf solche Art vorbereiteten Erze gelangten endlich zur Verschmelzung auf Roh- oder Gußeisen. Für die Verschmelzung der Erze wurden Schachtöfen verwendet, die je nach der Größe, inneren Einrichtung und den daraus gewonnenen Erzeugnissen entweder Hochöfen, Floßöfen oder Stucköfen hießen.

Bei den Eisengußwerken waren neben den Hochöfen, deren die größeren Gußwerke mehrere hatten, auch noch Kupol- und Flammöfen zum Umschmelzen des Roheisens in Betrieb und notwendig, weil größere Güsse aus den Hochöfen allein, deren Gestelle selten über 20 Ztr. Gußeisen aufzunehmen Raum hatten, nicht geliefert werden konnten. Die Kupolöfen kamen um 1830, die Flammöfen um 1840 in Anwendung. Zu solchen oft über 100 Ztr. schweren Güssen wurde

---

[1]) Schmidt, a. a. O., S. 95, 147. — [2]) Wildner, Das österr. Fabrikenrecht, S. 138. —
[3]) Vgl. oben S. 174.

dann die erforderliche Quantität Roheisen in den Kupol- oder Flammöfen geschmolzen und ein solcher Guß dann aus dem gemeinschaftlichen Eiseninhalte des Hochofens und mehrerer Kupol- oder Flammöfen, von welchen das flüssige Roheisen gleichzeitig in die Form geleitet wurde, gebildet. Als Brennstoff wurde noch um 1840 zum Hochofenbetriebe mit Ausnahme von Witkowitz, wo Koks in Gebrauch stand, überall Holzkohle verwendet.

Die Erzeugung von Schmiedeeisen unmittelbar aus den Erzen in Stucköfen war wenig verbreitet. In diesen Öfen wurde halbgares Eisen, sogenannte Luppe erzeugt, welche sodann zur weiteren Verarbeitung auf die Hämmer gebracht und zu Stangeneisen ausgestreckt wurde, welches dann meist zur Nägelerzeugung Verwendung fand (namentlich in Eisnern, Kropp und Steinbüchl in Krain).

Zur Verarbeitung des Roheisens zu Stabeisen (Schmiedeeisen) standen in Österreich verschiedene Manipulationen in Anwendung. Der Hauptsache nach zerfielen sie in die Herd- und in die Flammfrischerei (Puddeln). Allgemein verbreitet war 1841 noch die Herdfrischerei mit Anwendung von Holzkohlen. Aber auch diese wurde an verschiedenen Stellen nach verschiedenen Methoden betrieben. In Steiermark standen 4 verschiedene Frischmethoden für die Verarbeitung des Roheisens in Schmiedeeisen in Anwendung; in Kärnten und Krain wieder zwei andere.

In Tirol und Salzburg war auf den ärarischen Werken die Hart- und Weichzerrennarbeit (eine der in Steiermark verwendeten Methoden), auf den Privatwerken aber größtenteils die deutsche Frischmethode in Anwendung. Ebenso war in Böhmen, Mähren und Schlesien die deutsche Frischmethode im Gebrauch.

Die Stahlerzeugung war bis zu den vierziger Jahren nur in Österreich, Steiermark, Kärnten, Krain und Tirol von Belang, während in Böhmen, Mähren, Schlesien und Galizien fast gar kein Stahl erzeugt wurde.

Die Erzeugung wurde meist nach drei Methoden betrieben. In Österreich, dem größeren Teile von Steiermark und Tirol war die gewöhnliche Rohstahlschmiede, auch steirische Stahlfrischerei genannt (Einmalschmelzerei), in Kärnten und einigen Orten der Steiermark, dann in Krain die Brescianarbeit und in letzterem Lande auf den Freiherr von Dietrichschen Werken zu Neumarktl auch die Zementstahlerzeugung in Anwendung.

In Österreich, Steiermark und Tirol wurde der Rohstahl einer weiteren Verfeinerung, dem Gärben unterzogen und dadurch Gärbstahl gewonnen.

Die Flammfrischerei (Puddlingprozeß), 1787 in England erfunden, stand erst seit dem Ende der zwanziger Jahre des 19. Jahrhunderts in Österreich in Anwendung. Witkowitz in Mähren war das erste Werk, auf welchem der Puddlingprozeß durch Professor Riepl unter Verwendung englischer Arbeiter in Ausführung kam. Einige Jahre später waren es die Gebrüder von Rosthorn, welche zu Frantschach in Kärnten ein Holzpuddlingwerk und mehrere Jahre später zu Präwali ein größeres mit Benutzung der dortigen Braunkohlenlager errichteten. Diesen folgte das Ärarialeisenwerk zu Neuberg.

Nur der Puddlingprozeß hat es möglich gemacht, den bedeutenden Bedarf an Eisenbahnschienen („Rails") für alle inländischen Eisenbahnen in einem Zeitraume von wenigen Jahren größtenteils selbst zu erzeugen[1]).

Unter den Verbesserungen der Eisenverarbeitung spielt eine besonders große Rolle das Aufkommen der Walzwerke zur Erzeugung von Draht (früher Drahtzüge), Blech (früher Blechhämmer) und Eisenbahnschienen.

C. Die Entwicklung der Eisenindustrie von 1780 bis gegen 1848.

Böhmen. **Böhmen.** Die Eisenerzeugung wurde in Böhmen schon in sehr früher Zeit ausgeübt und reicht vielleicht bis in das 6. Jahrhundert zurück[2]). In den achtziger Jahren des 19. Jahrhunderts wurden daselbst 64 Eisenhütten gezählt, welche mittels 1700 „Fabrikanten" betrieben wurden. Unter diesen Eisenwerken waren die Horžowitzer und Mayerhöfer die größten und bedeutendsten, von welchen alle Arten Eisen- und Blechwaren erzeugt wurden[3]).

Messerschmiedwaren erzeugten damals 46 Meister mit 20 Gesellen und 20 Lehrjungen. Außerdem hatte Graf Thun in Prag eine Fabrik dieser Art errichtet, welche alle Gattungen Messerschmiedwaren verfertigte[4]).

Gegen Ende der neunziger Jahre befanden sich in Böhmen folgende Eisenhütten[5]):

K r e i s	Z a h l d e r			Jährliche Erzeugung
	Hütten	Hochöfen	Hämmer	Zentner
Bunzlauer	1	1	1	3.248
Bydschower zu Starkenbach	1	2	4	4.688
Bydschower zu Hohenelbe	1	1	1	1.600
Chrudimer	1	—	3	1.269
Czaslauer	2	1	7	5.511
Kaurzimer	1	1	4	1.210
Budweiser	4	4	12	12.200
Taborer	2	3	6	16.060
Pilsner	15	25	52	95.546
Klattauer	2	3	6	11.900
Prachiner	2	3	6	8.320
Elbogner	4	4	12	18.340
Rakonitzer	1	2	4	2.845
Berauner	9	18	46	28.617

Mehr als zwei Drittel der Produktion entfielen somit auf das Gebiet der paläozoischen Silurmulde des Pilsner und Berauner Kreises[6]). Eisendrahtzüge bestanden damals 13, und zwar: zu Stiahlau im Pilsner Kreise, Perßnitz im Saazer, zu Pisek im Prachiner, Horžowitz im Berauner Kreise je einer und die 9 übrigen alle im Elbogner Kreise[7]).

---

[1]) Tafeln z. Stat. d. öst. Mon. f. 1841; Beitr. z. Gesch. d. Gew. u. Erf., I, S. 365 ff. — [2]) Schmidt, a. a. O., S. 266. — [3]) Schreyer, Kom., Fabriken etc. (1790), II, 41—47. — [4]) Schreyer, a. a. O., II, S. 117. — [5]) Schreyer, Warenkabinett (1799), S. 407 ff. — [6]) Die Ziffern über die Größe der Produktion sind sicher viel zu hoch gegriffen, da nach amtlichen Quellen die Roh- und Gußeisenproduktion in Böhmen im Jahre 1824 erst 217.000 Ztr. betrug (Balling, a. a. O., S. 13). — [7]) Schreyer, Warenkabinett, S. 422.

Seit dem Anfange des 19. Jahrhunderts machte die böhmische Eisenindustrie große Fortschritte. Um dem großen Holzverbrauche zu begegnen, welcher die Wälder mit dem Untergange bedrohte, wurden schon im ersten Jahrzehnt dieses Jahrhunderts in Böhmen Schmelzversuche mit Anwendung rohen Torfes mit Holzkohle zu Gabrielshütte bei Rothenhaus gemacht, welche zwar gelangen, aber ökonomisch keine Vorteile boten. Zu einer bleibenden Anwendung von Fasertorf zum Eisenschmelzen führten erst die um 1840 vorgenommenen Versuche zu Ransko, Eleonora bei Schlackenwerth und zu Josefsthal bei Chlumetz im Budweiser Kreise.

Die ersten Versuche, Steinkohlen zu verwenden, wurden im 2. Jahrzehnt vorgenommen, aber ohne bleibenden Erfolg, und zwar aus dem Grunde, weil die Konstruktion der Hochöfen vielfach nur für den Betrieb mit Holzkohlen berechnet war und weil auch die sonstigen Betriebsbedingungen beim Gebrauch von Steinkohlen notwendigerweise andere waren, die Gattierung und Beschickung der Erze anders erfolgen mußte und die Steinkohlen zur Verbrennung einen viel stärker gepreßten Wind benötigten. Noch in den vierziger Jahren war aus diesem Grunde die Verwendung von Steinkohlen eine ziemlich geringe[1]. Im Jahre 1846 wurden die meisten Hochöfen noch bloß mit Holzkohlen, wenige (Ransko, Pelles, Josefsthal bei Chlumetz) zeitweilig teilweise mit Torf betrieben; mit Anwendung roher Steinkohlen und Koks waren erst einige mehr oder weniger günstige Vorversuche gemacht worden und nur beim Verfrischen des Roheisens in Puddelöfen (Althütten, Josephihütte), dann bei Glühöfen (Werk zu Komorau, Drahtwalzwerk zu Prommenhof) und bei Streckfeuern hatte man bereits eine dauernde Anwendung von mineralischen Brennstoffen eingeführt[2].

Das Gebläse und die Windführung waren am Anfange des 19. Jahrhunderts noch ziemlich primitiv, es waren zu diesem Zwecke noch durchgehends hölzerne Spitzbalgen in Gebrauch. Der Direktor des Prager polytechnischen Instituts Franz Ritter von Gerstner erwarb sich große Verdienste, indem er bei mehreren Eisenwerken das nach ihm benannte dreifache hölzerne Kastengebläse einführte, welches, obwohl es sich nicht ganz bewährte, dennoch lange Jahre hindurch bei vielen Hochöfen nützliche Dienste leistete. In den vierziger Jahren bestanden bei allen besser eingerichteten größeren Eisenwerken Zylindergebläse aus Gußeisen.

Die Betriebskraft zum Betriebe der Maschinen (Gebläse, Eisenhämmer, Walzwerke, Erz- und Schlackenpochwerke, Dreh- und Bohrwerke, Drahtzüge, Schneidwerke usw.) war in den meisten Fällen Wasserkraft; erst in späterer Zeit gab es einige Eisenwerke, in welchen aushilfsweise Dampfkraft angewendet wurde, namentlich bei eintretendem Wassermangel[3].

Die Eisengießerei begann sich erst seit etwa 1750 in Böhmen zu verbreiten. Früher waren die Hochöfen so konstruiert, daß überhaupt nicht oder nur mit Aufwand einer größeren Menge Kohlen die Temperatur auf eine solche Höhe gebracht werden konnte, um graues Roheisen zu erhalten. Es wurde

---

[1] Balling, a. a. O., S. 17—32. — [2] Balling, a. a. O., S. 14. — [3] Balling, a. a. O., S. 35—43.

meist weißes Roheisen erzeugt und dieses zur Verfrischung verwendet. Seit 1750 hat man die Notwendigkeit eingesehen, graues, zum Gusse taugliches Roheisen zu erzeugen, und sah sich deshalb veranlaßt, an den Hochöfen Konstruktionsänderungen vorzunehmen, um die dazu erforderliche höhere Temperatur leichter und mit geringerem Aufwand von Kohle zu erreichen. In der weiteren Entwicklung der Eisengießerei schmolzen mehrere Eisenwerke, die vorzugsweise Maschinenguß erzeugten und dazu eines gleichartigen, dichteren und festeren Roheisens bedurften, dasselbe in Kupolöfen um.

Die Verfrischung des Roheisens und seine Umwandlung in Schmiedeeisen geschah auch in Böhmen, ursprünglich nur in Frischherden mit Anwendung von weichen Holzkohlen als Brennmaterial. Erst seit dem Ende der dreißiger Jahre begann man mit der Errichtung von Puddelwerken[1]).

Die Roh- und Gußeisenerzeugung in Böhmen stellte sich 1810 zusammen auf 111.571, 1815 auf 125.365 Ztr. und von 1824—1847 folgendermaßen[2]):

	Roheisen	Gußwerk	Zusammen		Roheisen	Gußwerk	Zusammen
	Z e n t n e r				Z e n t n e r		
1824	174.606	42.666	217.272	1840	262.898	137.303	400.201
1827	227.749	49.432	277.181	1841	287.009	143.797	430.806
1830	202.073	75.159	277.232	1842	263.441	134.751	398.192
1831	230.763	79.279	310.042	(g r o ß e r W a s s e r m a n g e l)		
1832	225.034	58.750	283.784				
1833	217.071	61.798	278.869	1843	275.982	129.180	405.162
1834	220.546	81.476	303.022	1844	349.357	156.805	506.162
1835	200.503	70.432	270.935	1845	311.947	171.522	483.469
1836	248.442	74.108	322.550	1846	314.819	171.695	486.514
1837	243.921	131.794	375.715	1847	342.804	163.457	506.261
1839	228.016	130.070	358.086				

Es ist somit eine bedeutende Zunahme der Eisenerzeugung festzustellen.

Im Jahre 1846 wurden in Böhmen 48 Eisenwerke mit 52 Hochöfen, 198 Frischfeuern mit Stahlhämmern, 61 Streckfeuern mit Zain- und Streckhämmern, 11 Walzwerken, 20 Dreh- und Bohrwerken und 5 Puddelwerken gezählt. Über die einzelnen Eisenwerke und die übrigen Einzelheiten sowie über die Verteilung der Eisenproduktion auf die einzelnen Kreise Böhmens und auf die bedeutendsten Eisenwerke orientieren die in den Tabellen (Seite 451—453) enthaltenen Daten[3]).

In dieser Zeit (1846) waren in Böhmen bei der Eisenindustrie im ganzen 8194 Arbeiter beschäftigt, und zwar: 2666 Bergarbeiter beim Eisensteinbergbau, 125 Steinbrecher beim Kalksteinbrechen, 1453 Köhler bei der Holzverkohlung, 215 Erzpcher beim Erz- und Kalksteinpochen, 427 Hochofenarbeiter aller Art beim Hochofenbetrieb, 800 Eisengießer und 230 Putzjungen bei der Eisengießerei, 1196 Hammerschmiede, dann 180 Kohlenmesser und 200 Puddelwerksarbeiter bei der Verfrischung, 244 Streckschmiede in den Streckhütten, 36 Walzer

---

[1]) Balling, a. a. O., 45, 70, 73. — [2]) Balling, a. a. O., 13; Revue österr. Zustände II, 176. — [3]) Balling, a. a. O., S. 6—12. — Über die Produktionsverhältnisse der einzelnen Eisenwerke vor 1846 vgl. die Tafeln zur Stat. d. österr. Monarchie, 1828 ff.

Eisenwerke und Eisenerzeugung in Böhmen 1846.

Kreis	Herrschaft	Name der Besitzer	Hochöfen	Daselbst befanden sich					Eisenerzeugung 1846 Wiener Zentner			Anmerkung
				Frischfeuer mit Stabhämmern	Streckfeuer mit Zain-u. Streckhämmern	Walzwerke	Dreh- u. Bohrw.	Puddelwerke	Roheisen	Gußwerk	Zusammen	
Berauner	Dobřisch	Fürst Colloredo	Obecnic 1, Althütten 1	8	3	1	1	1	4.113	7.689	11.802	
	Hluboseh	Graf Pourtales	Bradkowitz 1	4	1	—	1	—	—	—	—	Gegenw. außer Betrieb
	Hořowitz	Graf Wrbna	Komarow 1	12	1	2	1	—	12.916	10.227	23.143	Jinetz nur acht Wochen in Betrieb gewesen.
	Jinetz		Jinetz 1									Die Hämmer i. Plisn. Kr.
	Zbirow mit Königshof und Mirošchau (Pilsner Kr.)	K. k. Montan-Ärar	Franzensthal 1	3	2	—	—	—	22.033	5.967	28.000	
			Karlshütte 1	3	1	—	1	—	10.422	1.988	12.410	
			Hollaubkau 1	11	3	—	—	—	18.227	8.043	26.270	Die Hämmer teilweise im Pilsner Kreise
Bydschower	Starkenbach	Graf Harrach	Strasehitz 1	3	2	—	1	—	8.748	5.655	14.403	
Budweiser	Chlumetz	Graf Stadion	Ernsthal 1	2	1	—	—	—	7.744	3.306	11.050	
	—	Tascheka Erben	Josephsthal 1	6	2	—	1	—				
	Gratzen	Edw. Thomas	Franzensthal 1	3	1	—	—	—	4.023	609	4.532	Gegenw. außer Betrieb
	Krumau	Lanna, Klawik u. Prochaska	Gabriela 1	3	1	—	—	—	2.364	832	3.196	
Bunzlauer	Semil und Jesseney	Fürst Rohan	Adolphsthal 1	3	1	—	1	—	9.221	3.590	12.811	
Časlauer	Unterkralowitz	Fürst Palm	Engenthal 1	3	1	—	1	—	4.536	3.284	7.820	
	Polna		Hammerstadt 1	2	1	—	—	—	3.026	479	3.505	
	Wognomiestec	Fürst Dietrichstein	Ranako 2	8	1	—	1	—	29.270	17.448	46.718	
	Ronow		Polles 1	9	1	—	—	—	11.372	9.620	20.992	
Elbogner	Heinrichsgrün	Stiftungsfonds	Hedwigsthal 1	3	1	—	1	—	533	3.455	3.988	
		Graf Nostitz	Rothau 1	9	1	—	1	—	9.143	494	9.637	
	Ottengrün	Bened. Glaß	Ottengrün 1	2	1	—	1	—	?	?	?	
	Neudek	Baron Kleist	Neudek 1	4	—	1	1	—	11.316	4.536	15.852	
	Schönlinde	Edl. v. Starek	Perlsberg 1	2	1	—	1	—	83	83	83	
	Schlackenwerth	Dr. A. Schmidt	Eleonora 1	2	1	—	1	1	2.590	3.886	6.476	

Fortsetzung auf Seite 452.

Fortsetzung von Seite 451.

| Kreis | Herrschaft | Name der Besitzer | Daselbst befanden sich | | | | | | Eisenerzeugung 1846 (Wiener Zentner) | | | Anmerkung |
			Hochöfen	Frischfeuer mit Stahlhämmern	Streckfeuer mit Zain- u. Streckhämmern	Walzwerke	Dreh- u. Bohrw.	Puddelwerke	Roheisen	Gußwerk	Zusammen	
Klattauer	Bischofteinitz	Fürst Trauttmannsdorf	Ferdinandsthal 1	3	1				737	167	904	
Königgrätzer	Grünberg	Fürst Colloredo	Eisenhütte 1	3	1				8,790	1,940	10,730	
	Reichenau und Solnitz	Graf Kolowrat	Rosahütte 1	1	1				4,852	474	5,326	
Pilsner	Kladrau	Fürst Windischgrätz	Wieran 1	1					—		—	Nicht in Betrieb
	Poritschen	Domkapitel	Neu-Mitrowitz 1	4	3				8,242		8,242	
	Kuttenplan	Graf Berchen-Haimhausen	Promnenhof 1	4	2				7,137		7,137	
	Mayerhöfen	Graf Kolowrat	Frauenthal 2	7	2				10,081	1,256	11,337	
	Pilsen	Stadtgemeinde	Horomisle 1	4	2	2			3,090	8,972	12,082	
	Plan	Herr v. Lindheim	Karolinengrund 1	2	1		1		2,400	3,690	6,090	
	Plaß	Fürst Metternich	Plaß 1		2	2	1		7,390	4,466	11,856	
	Radnitz	Graf Sternberg	Darawa 1	3	2				850	7,840	8,690	
	Rokitzan	Stadtgemeinde	Klabawa 2	4	2			1	7,156	6,755	13,911	
	Stiahlau	Klabawa	Sedletz 1	5	3		1		7,013	8,226	15,239	
	Tuchan	Graf Waldstein	Sorghof 1	4	3		1		7,536	162	7,698	
Prachiner	Schlüsselburg	Fürst Windischgrätz	Zawieschin 1	3	2		1		4,545	949	5,494	
	Rožmital	Graf Hartmann	Rožmital 1	4	1				7,570	1,468	9,088	
Rakonitzer	Pürglitz und Nisehburg	Fürst Fürstenberg	Neu-Joachimsthal 2	13	3	2	2	1	36,884	23,952	60,836	
Saazer	Klösterle	Graf Thun	Neuhütten 1	2	1		1		?	?	?	Sistiert dermalen
	Preßnitz u. Rothenhaus	Gräfin Bouquoy	Pürstein 1 / Schmiedeberg / Kallich 1	4	1				3,500	900	4,400	
									4,590	677	5,267	
Taborer	Černowitz	Fürst Schönburg	Bienenthal 1	8	2				5,186	3,096	8,281	
	Kamenitz	Baron Geymüller	Hermannsthal 1	4	1				4,250	2,741	6,991	
	Neubistritz	Baron Riese	Theresienthal 1	3	3				8,364	2,956	11,320	
Summe	48 Eisenwerke mit		52 Hochöfen	198	61	11	20	5	314,819	171,695	486,514	

Eisenwerke und Eisenerzeügung in den einzelnen Kreisen (1846).

Kreis	Zahl der Eisenwerke	Daselbst befanden sich in Betrieb						Erzeugnisse im Jahre 1846		
		Hochöfen	Frischfeuer mit Stahlhämmern	Streckfeuer mit Zain- und Streckhämmern	Walzwerke	Dreh- und Bohrwerke	Puddlwerke	Roheisen	Gußwerk	Zusammen
								Wiener Zentner		
Berauner	9	9	44	13	3	3	1	76.459	39.569	116.028
Bydschower	1	1	2	1	—	—	—	sistiert dermalen		
Budweiser	4	4	15	5	—	1	—	23.343	8.237	31.580
Bunzlauer	1	1	3	1	—	1	—	4.536	3.284	7.820
Chrudimer	—	—	—	—	—	—	—	—	—	—
Čáslauer	4	5	22	4	—	1	—	44.201	31.002	75.203
Elbogner	5	5	19	3	1	2	1	23.132	8.916	32.048
Kaurzimer	—	—	—	—	—	—	—	—	—	—
Klattauer	2	2	3	1	—	—	—	9.527	2.107	11.634
Königgrätzer	1	1	4	1	—	1	—	4.852	474	5.326
Leitmeritzer	—	—	—	—	—	—	—	—	—	—
Pilsner	11	13	42	21	4	6	1	53.882	41.367	95.249
Prachiner	2	2	7	2	—	—	—	12.115	2.417	14.532
Rakonitzer	2	3	13	3	1	2	1	36.884	23.952	60.836
Saazer	3	3	14	2	2	1	1	8.685	3.996	12.681
Taborer	3	3	10	4	—	—	—	17.204	6.374	23.578
Zusammen	48	52	198	61	11	20	5	314.819	171.695	486.514

Von den einzelnen Eisenwerken lieferten die größte Menge Roheisen und Gußwerk:

		Roheisen	Davon Gußwerk
		Zentner	
1	Die ärarischen Eisenwerke in Zbirow. . . .	81.083	21.653
2	Die fürstl. Dietrichsteinschen Werke zu Ransko und Pelles	67.710	27.068
3	Die fürstl. Fürstenbergschen Eisenwerke . .	60.836	23.952
4	Die gräfl. Wrbnaschen Werke (Hořowitz etc.)	23.143	10.227
5	Das Eisenwerk zu Neudeck	15.872	4.536
6	Das Eisenwerk zu Sedletz	15.239	8.226
7	Das Eisenwerk zu Rokitzan	13.911	6.755
8	Das Eisenwerk zu Adolphsthal	12.811	3.590
9	Das Eisenwerk zu Pilsen	12.062	8.972
10	Das Eisenwerk zu Plaß	11.856	4.446
11	Die Eisenwerke zu Dobřzisch	11.802	7.689
12	Die Eisenwerke zu Mayerhöfen	11.337	1.256
13	Das Eisenwerk zu Josephsthal	11.050	3.306

Die übrigen Eisenwerke erzeugten unter 10.000 Zentner jährlich.

454

und Drahtzieher bei den Drahteisenwalzwerken, 120 Walzer und Schweißer
in den Blechwalzwerken, 40 Verzinner und Hilfsarbeiter bei der Blechverzinnung,
16 Zeugschmiede, 15 Nägelschmiede und außerdem 222 Arbeiter in den mechanischen Werkstätten[1]).

Wenn ein genauer Kenner der böhmischen Eisenindustrie sich ausdrücken
konnte: „Wenn man den Zustand der Eisenerzeugung in Böhmen vor 30 Jahren
vergleicht mit dem wie er gegenwärtig (1846) besteht, so muß man erkennen,
daß dieselbe in bezug auf Intelligenz und Extensität des Betriebes sehr erfreuliche und bedeutende Fortschritte gemacht hat"[2]), so war dieser Fortschritt
vor allem dem mächtigen Voranschreiten einzelner Großbetriebe zu verdanken.
Die wichtigsten darunter sollen in folgendem besprochen werden:

Die Hořo
witzer Eisen
werke. Die Hořowitzer Werke zu Komorau und Jinetz. Der große
Aufschwung dieser Werke datiert vom Jahre 1785, als der Besitzer derselben,
Rudolf Graf Wrbna, sie bedeutend erweiterte und sowohl den Hochofenals auch den Frischhüttenbetrieb verbesserte. Ursprünglich bestanden diese
Werke aus 4 Hochöfen zu Komorau, 10 Stabhütten, 2 Streckhütten, 1 Blechhammer und 1 Drahtzug. Später (1804) wurde die angrenzende Herrschaft
Jinetz mit ihren Eisenwerken dazu gekauft und dadurch der Betrieb wiederum
erweitert.

Die Hořowitzer Eisenwerke waren es, welche zuerst die Sandformerei
einführten, die Eisengießerei in großem Maßstabe betrieben und die ersten
Heizöfen gossen. In diesen Werken wurden die ersten Gerstnerschen Kastengebläse (1824) aufgestellt, die ersten Blechwalzwerke statt der Blechhämmer errichtet (1830) und zuerst der Gebrauch von Steinkohlen als Brennmaterial für Blechglühöfen eingeführt. Was feine und Galanterieeisengußwaren
betrifft, so übertraf dieses Werk alle anderen in Böhmen, und in vielen Beziehungen gingen diese Unternehmungen den anderen mit gutem Beispiele voran,
so daß sie mit Recht als eine Schule für die übrigen hingestellt werden konnten.

Zu Anfang der dreißiger Jahre waren daselbst 4 Hochöfen mit 4 Pochwerken,
15 Frischfeuern, 2 Streckhämmern, 2 Blechwalzwerken, 1 Blechverzinnerei,
1 Löffelfabrik und 1 Bohr- und Drehwerk. Der Betrieb erfolgte durch Wasserkraft. Beschäftigt waren dabei 700 Arbeiter und außerdem 73 Köhler und gegen
150 Bauern, welche letzteren Eisenstein, Holz- und Steinkohlen zuführten.
Um die Mitte der dreißiger Jahre betrug die Produktion 35.000 Ztr. Roheisen,
davon an 15.000 Ztr. Gußwerk.

Holzmangel nötigte die Besitzer später, den Betrieb einzuschränken. Um
die Mitte der vierziger Jahre war in Komorau nur noch ein großer Hochofen in
Betrieb und die Wasserfälle der übrigen wurden zu anderen Zwecken, nämlich
zu Bohr-, Dreh- und Schneidwalzwerken, verwendet. Dennoch war aber die
Eisenerzeugung der beiden Hochöfen zu Komorau und Jinetz bedeutend und
was die Werke an Extensität verloren hatten, hatten sie durch Intensität des
Betriebes wieder gewonnen.

Diese Unternehmung erzeugte alle Arten von Maschinen-, Ofen-, Munitions-,

---

[1]) Balling, a. a. O., S. 105. — [2]) Balling, a. a. O., S. 104.

Potterie- und Kunstguß (Monumente, Lampen, Luster, Arm- und Handleuchter,
Schreibzeuge, Briefbeschwerer, Vasen usw.) sowie alle Sorten von Schmiedeeisen, Schwarz- und Weißblech.

Große Verdienste um die Emporbringung dieser Eisenwerke hatte sich durch
lange Jahre hindurch der Schichtmeister Fiedler und in den vierziger
Jahren sein Nachfolger Lindauer erworben. Im Jahre 1846 betrug die jährliche Produktion über 23.000 Ztr. Roheisen, davon über 10.000 Ztr. Gußwerk.
Bei drei Prager Industrieausstellungen und bei der Wiener Ausstellung von
1835 wurden diese Werke mit der goldenen Medaille ausgezeichnet[1]).

Die ärarischen Zbirower Eisenwerke bestanden 1815 aus 8 Hoch- Die Zbirower
öfen, 22 Stabhütten und 9 Streckhütten. Später wurden sie wegen gesteigerter Eisenwerke.
Intensität des Betriebes reduziert, die entfernter gelegenen und deshalb schwerer
zu überwachenden Betriebsanstalten aufgelassen, was die Regiekosten bedeutend
verringerte und die Leitung vereinfachte. Im Jahre 1819 waren in Betrieb:
4 Hochöfen (Franzensthal, Hollaubkau, Karlshütten und Straschitz), 16 Stab-
und 7 Streckhütten, welche 1825—1827 schon fast ebensoviel Eisen jährlich
erzeugten als früher mit den aufgelassenen Werken zusammen. Die Hochöfen
wurden später noch vergrößert, so daß sie in den vierziger Jahren fast doppelt
soviel Roheisen erzeugten als 1827. Ein Viertel davon wurde als Gußwerk abgesetzt, drei Viertel wurden verfrischt und in verschiedene Sorten Schmiede-
und Streckeisen umgewandelt. Zu diesem Zwecke mußte die Zahl der Frisch-
und Streckhütten auf 21 beziehungsweise 8 vermehrt werden. In den vierziger
Jahren waren diese Eisenwerke die größten Böhmens und erzeugten jährlich
über 80.000 Ztr. Roheisen[2]).

Die fürstlich Fürstenbergschen Eisenwerke in Pürglitz. Die Pürg-
Die Anfänge dieser Eisenwerke gehen sehr weit zurück. Das Werk in Althütten litzer
soll schon 1512 gegründet worden sein. Das große Gußwerk zu Neu-Joachims- Eisenwerke.
tal wurde jedoch erst 1811 begonnen und 1819 vollendet, das Hammerwerk
zu Rostok 1824 erbaut und 1826 in Betrieb gesetzt. Um die Errichtung des
letzteren haben sich der fürstliche Hofrat Nittinger und Franz Ritter von
Gerstner verdient gemacht, während die neuere, zweckmäßige Einrichtung
und der Betrieb derselben dem erfolgreichen Wirken des Berg- und Hütten-
direktors Anton Mayer zu verdanken war. Zu Anfang der dreißiger Jahre beschäftigten diese Werke 10 Hüttenbeamte, 152 Menschen bei den Kohlen-
brennereien, 67 bei den Hochöfen und Gießereien, 9 bei der Feingießerei, 134 bei
den Frischfeuer- und Hammerwerken. Außerdem noch über 300 Fuhrleute,
Hauer, Aufsichtspersonal u. a.

Um dem Mangel an Betriebskraft zu Neu-Joachimstal zu begegnen,
wurde zum Betriebe des Gebläses eine Dampfmaschine von 12 Pferdekräften
aufgestellt. Die Hammerwerke zu Neuhütten wurden von Mayer vergrößert,

---

[1]) Balling, a. a. O., S. 12, 97 ff.; Kreutzberg, Skizz. Übersicht, S. 40; Schmidt, a. a. O.,
S. 265 ff.; Keeß, a. a. O., III, S. 509; Keeß u. Blumenbach, a. a. O., II, 362, 368; Ber. ü. d.
Ausst. Prag, 1829, S. 56 ff., 1831, S. 60 f., 1836, S. 40; Wien, 1835, S. 170 ff., 1845, S. 118.
— [2]) Balling, a. a. O., S. 99 f.; Ber. ü. d. Ausst. Wien, 1839, S. 72 f., 1845, S. 118.

456

das Puddel- und Walzwerk zu Althütten besser eingerichtet und so der Betrieb rationeller gestaltet. Schichtmeister Maresch in Neuhütten war der erste in Böhmen, der die abgehenden Frischfeuergase von je zwei Frischfeuern zusammen zum Puddeln im Puddelofen versuchte und dies seit 1846 auch praktisch durchführte.

Im Jahre 1846 bestanden die Pürglitzer Eisenwerke auf den Herrschaften Pürglitz und Nischburg aus einem Doppelhochofen zu Neu-Joachimstal, dem Hochofen mit 6 Frischfeuern, wovon 4 nebenbei die Heizung für 2 Puddelöfen lieferten, 2 Streckfeuern, 1 Zeughammer-, dann 1 Bohr- und Drehwerk zu Neuhütten, dem großen Hammerwerk (7 Frischfeuer und 1 Streckfeuer in einer Hütte) zu Rostok und dem großen Puddelwerke zu Althütten.

Um die Mitte der dreißiger Jahre betrug die Produktionsmenge 43.000 Ztr. Roheisen, im Jahre 1846 lieferten die 2 Hochöfen schon über 60.000 Ztr. Eisen. Beschäftigt wurden 130 Bergleute, 160 Köhler, 52 Hochofenarbeiter, 147 Gießer, 18 Dreher, Tischler und Schlosser, 60 Puddelwerksarbeiter, 20 verschiedene Taglöhner, 25 selbständige Gewerbsleute und 250 Fuhrleute. An Gußwerk wurden in diesen Werken erzeugt alle Bestandteile von Dampf-, Spinn- und anderen Maschinen, Zylinder, Gitter, Grabmonumente, Öfen, gußeisernes Geschirr u. a. Feine Galanteriegußwaren erzeugte dieses Werk nicht. Schon um die Mitte der dreißiger Jahre wiesen diese Werke eine Dampfmaschine auf; dies war die erste Dampfmaschine, die in Böhmen zum Betriebe der Hochofengebläse in Eisenhütten verwendet wurde. Alle eisernen Maschinerien und Vorrichtungen für den Betrieb, von denen mehrere den englischen zur Seite gestellt werden konnten, wurden auf den Werken selbst angefertigt. Alle Hüttenbeamten hatten ihre wissenschaftliche Ausbildung am Prager polytechnischen Institut erhalten. Bei der Wiener Gewerbeausstellung von 1845 wurden diese Werke, ebenso wie bei zwei früheren Prager Ausstellungen, mit der goldenen Medaille ausgezeichnet[1].

Die fürstlich Dietrichsteinschen Eisenwerke zu Ransko und Pelles auf den Herrschaften Polna und Wognoměstec im Časlauer Kreise haben erst in neuerer Zeit eine große Bedeutung erlangt, und zwar seit dem Anfange der dreißiger Jahre. Die Ranskoer Eisenwerke wurden in den Jahren 1812—1814 vom Fürsten Franz von Dietrichstein-Proskau-Leslie neu errichtet, während das angeblich schon seit 1480 bestehende Werk zu Pelles 1826 überbaut und erweitert wurde. Um die Mitte der dreißiger Jahre bestand das Eisenwerk zu Ransko aus zwei aneinandergebauten Hochöfen, 3 Frischfeuern, 1 Zainhammer, 1 Bohr- und Drehwerke, 1 Nagelschmiede, Tischlerei und Schlosserei. Zu Pelles befand sich ein Hochofen mit 6 Frischfeuern, 1 Zainhammer, 1 Kleinschmiede und Tischlerei. Die Werke beschäftigten damals außer einer großen Anzahl von Taglöhnern und Fuhrleuten 350 Personen. Zu ihrem großen Aufschwunge trug die Leitung durch den Bergrat Wurm wesentlich bei. Im Jahre

Die Eisenwerke zu Ransko und Pelles.

[1] Balling, a. a. O., S. 101 ff.; Kreutzberg, a. a. O., S. 40 f.; Schmidt, a. a. O., S. 251; Keeß, a. a. O., III, S. 550; Ber. ü. d. Ausst. Prag, 1831, S. 64 ff., 1836, S. 31 f.; Wien, 1845, S. 118, 154 f.

1846 wurden mit 3 Hochöfen über 67.000 Ztr. Roheisen erzeugt, davon 27.000 Ztr. Gußeisen. Durch ihr Gußeisen zeichnete sich diese Unternehmung besonders aus. Beim Hochofen zu Ransko wurde in Böhmen die Anwendung des heißen Windes zuerst eingeführt. Auch wurde auf diesen Werken zuerst im Inlande Torf im großen Maßstabe beim Hochofenbetrieb angewendet. Bei der Prager Ausstellung von 1836 erhielt die Unternehmung die silberne, bei den Wiener von 1839 und 1845 die goldene Medaille[1]).

Außerdem zeichneten sich um die Mitte der vierziger Jahre unter den böhmischen Eisenwerken aus jenes von Baron Kleist zu Neudek bei Karlsbad, welches namentlich seit 1839 große Fortschritte gemacht hatte und 1845 in Wien mit der goldenen Medaille beteilt wurde, sodann die gräflich Bouquoyschen Eisenwerke zu Kallich, Gabrielshütte und Schmiedeberg im Saazer Kreise, die Josefsthaler Eisenwerke auf der Herrschaft Chlumetz im Budweiser Kreise (Graf Stadion), die Eisenwerke zu Adolfsthal bei Krumau und zu Eugenthal bei Neuhaus (errichtet 1841), die gräflich Kolowratschen Eisenwerke zu Rosahütte im Königgrätzer und zu Mayerhöfen im Pilsner Kreise, endlich das fürstlich Metternichsche Eisenwerk zu Plaß im Pilsner Kreise[2]). Die gräflich Nostitzschen Eisenwerke in Rothau befinden sich seit dem Ende des 17. Jahrhunderts im Besitze dieser Familie[3]).

Die Erzeugung von Streckeisen (d. h. feiner ausgestreckter Stabeisensorten, wie Nagel- oder sogenanntes Zaineisen, Faßreifen, Gittereisen u. ä.) erfolgte in den Streck- oder Zainhütten. Bei mehreren Eisenwerken waren dazu in den vierziger Jahren an Stelle der Zainhämmer schon Walzwerke in Verwendung (Komorau, Althütten, Obesnic), bei anderen wurde auch feines Stabeisen teilweise nicht unter Hämmern, sondern durch Auswalzen erzeugt (Neudek, Kallich). *Erzeugung von Streckeisen.*

Die Eisenblecherzeugung wurde in Böhmen noch am Ende des 18. Jahrhunderts von sehr wenigen Eisenwerken betrieben, und es waren diesbezüglich die Werke zu Gabrielshütte bei Kallich vorangeschritten. Damals wurde das Blech noch durch Ausschmieden unter Blechhämmern erzeugt, später wurden dazu überall, und zwar zuerst beim Hořowitzer Eisenwerke Blechwalzwerke verwendet. Schon vor 1820 hatte sich die Zahl der Walzwerke so sehr vermehrt und infolgedessen die der Blechhämmer so sehr vermindert, daß Keeß der Meinung war, daß bald vielleicht kein Blechhammer mehr, sondern nur Walzwerke in der Monarchie vorhanden sein würden. Im Jahre 1846 bestanden solche Blechwalzwerke zu Gabrielshütte, Neudek, Rothau, Sorghof und Hořowitz, welche nicht nur Schwarzblech, sondern auch große Mengen Weißblech (verzinntes Eisenblech) erzeugten. In der Erzeugung von starken Dampfkesselblechen ragte, nachdem die Josephihütte bei Karolinen- *Blecherzeugung.*

---

[1]) Balling, a. a. O., S. 12, 103; Kreutzberg, a. a. O., S. 39 ff.; Schmidt, a. a. O., S. 276. Ber. ü. d. Ausst. Prag, 1831, S. 67 ff., 1836, S. 43 ff., Wien, 1839, S. 124 ff., 1845, S. 118, 153. — [2]) Ber. ü. d. Ausst. Wien, 1845, S. 155—159. — [3]) Großind. Öst., II, 249 f.

grund und die Eisenwerke zu Kallich vorangegangen waren (1840/41 und 1836), besonders das Puddelwerk zu Althütten hervor[1]).

Puddel-werke. Erst gegen Ende der dreißiger Jahre hatte man in Böhmen mit der Errichtung von Puddelwerken begonnen. Um die Mitte der vierziger Jahre befand sich jenes zu Josephihütte, welches Eisenbahnschienen erzeugte, dann das zu Althütten, welches Stangeneisen und Blech verfertigte, in schwunghaftem Betrieb. In den bei den Eisenwerken zu Plaß, Eleonora, Kallich und Obesnic errichteten Puddelöfen wurden größtenteils nur Versuche gemacht, so daß dieselben nur schwach betrieben wurden. Hingegen befand sich das Puddelwerk, welches vom Besitzer der Maschinenbauanstalt in Karolinenthal Edw. Thomas in seiner Fabrik errichtet worden war, in lebhaftem Betrieb[2]).

Die bedeutendsten Puddelwerke Böhmens waren 1846 jene zu Josephihütte und zu Althütten. Das erstere wurde nach seiner ursprünglichen Errichtung mehrmals umgeändert und ging zuletzt in den Besitz des Herrn von Lindheim über, worauf es seit 1846 besonders stark beschäftigt war. Das Roheisen lieferten dazu die Hochöfen zu Karolinengrund und Ferdinandsthal. Zu Josephihütte wurde in dieser Zeit eine große Menge von Eisenbahnschienen erzeugt, namentlich für die Prag-Dresdnerbahn. Im Jahre 1846 bestand das Werk aus 4 Puddelöfen, 3 Schweißöfen, 2 Glühöfen, 1 Patschhammer, 2 Rohschienenwalzenpaaren, 2 Schienenwalzenpaaren, die mit Wasserkraft betrieben wurden, dann 1 Zeugschmiede mit 5 Feuern nebst 5 Drehstühlen, 8 Schraubenstöcken und 4 Hobelbänken.

Das Puddelwerk zu Althütten (der Fürst Fürstenbergschen Eisenwerke in Pürglitz) bestand in derselben Zeit aus 6 Puddelöfen, 7 Schweißöfen, 1 Dampfhammer, 1 Wasserhammer, 1 Präparierwalzwerk, 5 Walzenpaaren für starke Kaliber, 2 Walzenpaaren für schwächere Kaliber und 2 für sehr schwaches und feines Kaliber, 2 Walzenpaaren zum Polieren des Bandeisens und 2 für starke und Dampfkesselbleche, endlich 1 Schneidwalzwerk[3]).

Stahl. Stahl wurde in Böhmen zuerst von Vinzenz Wietz und dessen Sohn Johann erzeugt; 1815 und 1816 verfertigten diese in mehreren Versuchen auf den später eingegangenen Eisenwerken zu Palmsgrün auf der Herrschaft Bistritz im Klattauer Kreise gegen 900 Pf. Zementstahl, welches sich als brauchbar erwies. Später erzeugten die Eisenwerke zu Engenthal Zementstahl, aus welchem Feilen hergestellt wurden.[4])

Stahlwaren-fabrik zu Nixdorf. Die bedeutendste Stahlwarenfabrik Böhmens war die von Ignaz Rösler, gegründet 1802 zu Nixdorf im Leitmeritzer Kreise. Sie erzeugte namentlich Messerschmiedwaren und auch chirurgische Instrumente. Ihre Erzeugnisse waren von großer Vollkommenheit; 1811 wurde Rösler die Landesfabriksbefugnis verliehen, da er sehr feine Waren erzeugte und in fünf Fabriksgebäuden 92 Personen beschäftigte. Im Jahre 1817 beschuldigte ihn Johann Binder, Schneidwarenfabrikant zu Hernals bei Wien, eines ausgebreiteten Schleichhandels und suchte in einem Majestätsgesuche an, demselben die Landes-

---

[1]) Balling, a. a. O., S. 85 ff.; Keeß, a. a. O., III, 559. — [2]) Balling, a. a. O., S. 73. — [3]) Balling, a. a. O., S. 82 f. — [4]) Balling, a. a. O., S. 91.

befugnis abzunehmen und dessen Schleichhandel zu begegnen. Die darüber
gepflogene Untersuchung ergab, daß die Nixdorfer Fabrik sowohl wegen ihrer
Ausdehnung als auch wegen der anerkannten Vorzüglichkeit ihrer Erzeugnisse
zu den ausgedehntesten Unternehmungen ihrer Art gerechnet werden mußte
und nicht der mindeste Beweis für die gegen ihren Inhaber vorgebrachten Beschuldigungen erbracht werden konnte. Im August 1818 übergab der Stahl-
warenfabrikant zu Piesting in Niederösterreich Johann Nepomuk Müller dem
Präsidenten der Kommerzhofkommission eine neuerliche Beschwerde gegen
die angeblichen Schwärzungen der Nixdorfer Fabrik. Die abermals angeordnete
Untersuchung ergab, daß die Fabrik in einem ganz neu erbauten Hauptgebäude
zu Groß-Nixdorf eine große Schmiede mit 4 Feuerherden und 4 Ambossen,
1 Härteofen, 1 Glühofen, 1 Drahtzug, 1 Bohrmaschine und mehrere andere
Vorrichtungen aufwies. Mehrere Abteilungen der Unternehmung waren im
nahen Völmsdorf und Cunersdorf. Die Fabrik beschäftigte damals 192 Personen und hatte eine Niederlage in Wien. Alle Beschuldigungen wurden als
grundlos und von bloßem Gewerbsneide diktiert befunden, weshalb der Anzeiger
Müller zur Tragung der Untersuchungskosten verhalten wurde. Die Nixdorfer
Fabrik verdiene, meinte die Kommerzhofkommission im diesbezüglichen Vortrage vom 26. Februar 1819, nicht nur vollen Schutz, sondern auch eine öffentliche Anerkennung ihrer Verdienste. Daher trug die Kommerzhofkommission
an, dem Fabriksinhaber Ignaz Rösler und da er kinderlos sei, auch seinem
Neffen, Josef Emanuel Fischer, Direktor der Fabrik, den Adelsstand, den übrigen
drei Neffen, und zwar dem Fabriksgeschäftsführer Franz Alois Fischer, dem
Buchhalter Josef Rösler und dem Werkführer und Maschinendirektor Alois
Rösler sowie dem Graveur Freiherrn von Pleß die mittlere goldene Zivilehrenmedaille zu verleihen. „Seltene Verdienste um die Nationalindustrie und um
die Beförderung des österreichischen Aktivhandels sprechen dafür das Wort."
Es solle ihm dies auch eine Genugtuung wegen der Verfolgungen verschaffen,
die er erdulden mußte. Der Präsident der Kommerzhofkommission, Ritter von
Stahl, bemerkte noch hinzu, er sei mit dem Antrage des Referenten, welcher
die Mehrheit der Stimmen erhalten habe, um so mehr einverstanden, „als die
Röslersche Fabrik und die Art, wie sie bis jetzt betrieben wird, eine seltene
Erscheinung in den gegenwärtigen Zeiten bei uns ist und als der Staatsverwaltung eine solche Gelegenheit willkommen sein muß, wo sie ein Unternehmen
dieser Art gehörig auszuzeichnen imstande ist".

In diesem Sinne fiel denn auch die allerhöchste Entschließung vom 10. April
1819 aus, welche folgenden Inhalt hatte: „Die Verdienste des Feinstahlwaren-
fabrikanten Ignaz Rösler zu Nixdorf um die österreichische Nationalindustrie
zu belohnen und andere Künstler zu gleichen Unternehmungen aufzumuntern,
verleihe ich dem Ignaz Rösler, Inhaber dieser Fabrik, und seinem Neffen, Josef
Emanuel Fischer, Direktor derselben, den österreichischen Adelsstand. Die von
Rösler dargebrachten Werkproben habe ich mit Wohlgefallen aufgenommen und
will ich, daß dieselben in dem Nationalwaarenkabinett des polytechnischen
Instituts zu jedermanns Einsicht, vorzüglich jener, welche sich mit den Erzeugnissen feiner Stahlwaren abgeben, aufgestellt und dieses durch die Zeitung

bekannt gemacht werde. In allem übrigen genehmige ich das Einraten der Kommerzhofkommission."

Um die Mitte der dreißiger Jahre beschäftigte diese Unternehmung schon über 300 Arbeiter und erzeugte namentlich Messer, Scheren und Nürnberger Waren (Quincaillerie). In den vierziger Jahren erzeugte sie jährlich 4000 Dutzend Rasiermesser, 3000 Dutzend Feder- und Taschenmesser, 2000 Dutzend Miederfedern, 2000 Dutzd. Scheren und vieles andere; außerdem auch chirurgische Instrumente[1]).

Eine andere Stahlwarenfabrik bestand zu Klösterle im Saazer Kreise. Gegründet 1782 vom Grafen Franz Josef Thun, ging sie 1824 durch Kauf an J. H. Blaeß über und nach dessen baldigem Tode an Karl Cäsar Mallik. Sie erlangte jedoch niemals eine große Bedeutung[2]).

Nägel. Die bekannteste Nägelfabrik Böhmens war die landesbefugte von Seidenköhl & Schlick zu Saaz. Sie wurde in den Jahren 1827—1830 von Anton Seidenköhl und Johann Bernard errichtet. Im Jahre 1827 hatten diese ein zehnjähriges Privileg zur Erzeugung aller Sorten Nägel mittels Maschinen auf kaltem und warmem Wege erhalten. In den Jahren 1833 und 1835 wurde die Unternehmung vom Kaiserpaare besucht. 1840 wurde sie zu einer Nägel- und Schlosserwarenfabrik erweitert, wobei auch eine Dampfmaschine von 20 Pferdekräften aufgestellt wurde. Um die Mitte der vierziger Jahre waren dabei an 90 Arbeiter beschäftigt[3]).

Emaillier-
anstalt. Die bedeutendste Emaillieranstalt für gußeisernes Kochgeschirr war die von Bartelmus und Bernardi zu Neu-Joachimstal, gegründet 1833 zu Brünn und später nach Böhmen übersiedelt. Sie verarbeitete um die Mitte der vierziger Jahre bei 6000 Ztr. Geschirr und beschäftigte über 50 Arbeiter[4]).

Sensen und
Sicheln. Von den Eisenwaren hatten eine größere Bedeutung auch die Sensen und Sicheln, deren jährliche Erzeugung in Böhmen 1841 einen Wert von 98.000 fl. hatte. Draht wurde im selben Jahre in 18 Erzeugungsanstalten um den Betrag von 100.000 fl. erzeugt. Die Drahterzeugungsanstalten befanden sich zu Klösterle und mehreren anderen Orten im Elbogner und Saazer Kreise, außerdem zu Jesseney im Bunzlauer Kreise[5]).

Aus diesen Ausführungen ist die Bedeutung der böhmischen Eisenindustrie zu ersehen, welche, was Produktionsmenge anbelangt, damals nur von der steirischen übertroffen wurde[6]).

Mähren und
Schlesien. Mähren und Schlesien[7]). In den achtziger Jahren des 18. Jahrhunderts werden in Mähren, dessen Eisenindustrie ebenfalls mehrere Jahrhunderte alt ist, erwähnt die Eisenwerke zu Janowitz, Braunseifen, Römerstadt, Hochwald, Raitz, Neustadtl, Adamsthal, Wiesenberg, Eichhorn und Pernstein; darunter

---

[1]) Statth. A. Prag, 1806—1815, Kom., Fasz. 4, subn. 14 (1811, Aug. 16.); H. K. A. Kom. Kom., Fasz. 48, Nr. 75 ex jun. 1819; Keeß, a. a. O., III, 608 f., 613, 627; Ber. ü. d. Ausst. Prag, 1831, S. 71, 1836, S. 121, Wien, 1835, S. 201, 1839, S. 89 f., 1845, S. 192. — [2]) Ber. ü. d. Ausst. Prag, 1831, S. 72. — [3]) Fränkenstein, Fabriksbilderatlas, 1842, S. 27; Tafeln z. Stat. f. 1841; Ber. ü. d. Ausst. Prag, 1836, S. 123, Wien, 1845, S. 277. — [4]) Balling, a. a. O., S. 13, 103; Tafeln z. Stat. f. 1841; Ber. ü. d. Ausst. Wien, 1835, S. 256, 1845, S. 210; Verz. ü. d. Ausst. Brünn, 1836, S. 8. — [5]) Tafeln z. Stat. f. 1841. — [6]) Ber. ü. d. Ausst. Wien, 1845, S. 117. — [7]) D'Elvert, a. a. O., XV, S. 100, 231, 260—291, 364 ff.

zeichnete sich besonders aus jenes zu Janowitz, welches Gußwaren, Werkzeuge, Degenklingen, Röhren, Drähte, Maschinenteile u. a. erzeugte.

Nach amtlichen Ausweisen wurde in Mähren im Jahre 1783 Eisen in der Menge von 29.327 Ztr. gewonnen. Davon entfielen auf Janowitz an Roheisen 5061, an geschmiedetem 4307 Ztr., auf Goldenstein 1153 Ztr. Roheisen, 1246 Ztr. allerhand anderes Eisen, auf Neustadtl 4537, auf Hochwald 2527, auf Pernstein 2241, auf Posoržitz 2123, auf Raitz 2084, auf Eichhorn 1134, auf Wiesenberg 1110, auf Eisenberg 800 und auf Blansko 582 Ztr.

Zu Ende des 18. Jahrhunderts stellte sich die Eisenerzeugung Mährens folgendermaßen:

Eisenwerke	Eisenerzeugung in Zentnern		
	1790	1795	1797
Franzensthal, Herrschaft Goldenstein	1.832	2.459	2.122
Bergstadt, Herrschaft Janowitz	5.319	5.051	6.534
Deutsch-Eisenberg, Herrschaft Mährisch-Neustadt .	172	—	—
Wiesenberg.	2.846	1.282	2.206
Eulenberg	779	—	—
Friedland, Herrschaft Hochwald	2.750	4.820	5.016
Jedownitz, Herrschaft Raitz	638	1.000	1.600
Klepaczow, Herrschaft Blansko	822	1.500	—
Rudka, Herrschaft Eichhorn	1.013	—	—
Adamsthal, Herrschaft Posorzicz	1.619	1.146	2.978
Stiepanau, Herrschaft Pernstein	2.061	1.428	568
Kadau, Herrschaft Neustadtl	3.645	3.992	4.030
Summe . . .	23.499	22.678	25.054

Das in Mähren erzeugte Eisen genügte nicht für den Bedarf der Eisenindustrie dieses Landes. In der Verarbeitung des Eisens zeichnete sich ganz besonders Janowitz aus, das Eisendraht, Geräte und Werkzeuge und verschiedene Gußwaren lieferte. Das Eisenschmelzwerk zu Adamsthal erzeugte allerlei Gußwaren sowie Granaten, Bomben, Kugeln u. dgl.

In Schlesien wurden 1782 im ganzen 9548 Ztr. Eisen erzeugt, woran hauptsächlich die Eisenwerke zu Ustron und Ludwigsthal beteiligt waren.

Im ersten Jahrzehnt des 19. Jahrhunderts waren Zentren der Eisenindustrie in Mähren Blansko und Jedownitz (Fürst Salm), Adamsthal (Fürst Liechtenstein), Eichhorn und Stiepanau, Goldenstein (Fürst Liechtenstein), Janowitz (Graf Harrach), Wiesenberg und Hochwald.

Im Jahre 1815 boten die Eisenwerke und der Eisenbergbau Mährens und Schlesiens folgendes Bild:

Kreis	Name des Werkes	Besitzer bzw. Pächter	Gruben-felder	Hochöfen	Frisch-feuer	Streck-hämmer
Brünn . . .	Adamsthal . . .	Herrschaft Posořitz d. Fürsten Liechtenstein	2	1	2	1
„ . . .	Blansko	Herrsch. Blansko d. Fürsten Salm . .	4	2	4	2
„ . . .	Eichhorn. . . .	Johann Wanitschek	2	1	1	1
„ . . .	Stiepanau . . .	Herrsch. Pernstein (Vinzenz Homolatsch)	8	1	2	1

K r e i s	Name des Werkes	B e s i t z e r b z w. P ä c h t e r	Gruben-felder	Hochöfen	Frisch-feuer	Streck-hämmer
Brünn . . .	Laschanski . .	Herrschaft Fürst Dietrichstein . . .	1	Das Eisenwerk ist in Böhmen		
„ . . .	Domaschow . .	Geržabek	—	—	1	1
„ . . .	Lomnitz	Erben des Wenzel Homolatsch . . .	—	—	1	1
Iglau . . .	Neustadtl . . .	Brünner Damenstift	2	1	3	1
„	Wölkingsthal . .	Freiherr von Zeßner	1	1	2	—
Olmütz . .	Eisenberg . . .	Fürst Liechtenstein (Karl Blasek) . .	1	1	2	1
„ . .	Goldenstein . .	Fürst Liechtenstein (Karl Blasek) . .	1	1	2	—
„ . .	Wiesenberg. . .	Kameralherrschaft	2	2	3	—
„ . . .	Janowitz. . . .	Graf Harrach	2	2	4	2
Prerau . . .	Friedland . . .	Herrschaft Hochwald des Olmützer Erzbistums (Vinzenz Homolatsch) .	7	2	5	1
Znaim . . .	Theresienthal .	Gräfin Trauttmannsdorf	2	Das Eisenwerk ist in Böhmen		
Troppau . .	Ludwigsthal . .	Herrschaft Freudenthal	4	2	4	2
„ . . .	Buchbergsthal .	Herrschaft Zuckmantel (Hilarius Krisch)	2	2	4	1
„ . .	Endersdorf . .	Herr von Salis	1	1	2	1
Teschen . .	Ustron.	Teschner Kammer	4	2	4	2
„ . .	Baschka	Teschner Kammer	2	1	1	1

Eisen-erzeugung 1819.

Die Eisenerzeugung der wichtigsten Werke stellte sich im Jahre 1819 folgendermaßen:

E i s e n w e r k	Roheisen Zentner	E i s e n w e r k	Roheisen Zentner
Stiepanau	2.950	Wölkingsthal.	5.466
Ustron	3.429	Karlsdorf, Herrsch. Jano-witz { Roheisen	6.249
Aloisthal	2.200	witz { Gußeisen	590
Zöptau und Wiesenberg .	2.495	Ludwigsthal	8.746
Blansko	9.543	Endersdorf	1.000
Adamsthal	2.417	Friedland u. Czeladna . .	5.319
Jaworek	1.995	Buchbergsthal	1.557
		Ganz Mähren und Schlesien . . .	55.216

Eisen-erzeugung 1833.

Die Produktion nahm weiterhin immer stärker zu, was aus folgenden Daten für das Jahr 1833 erhellt:

H e r r s c h a f t	B e r g b e z i r k	Roh-eisen Zentner	Guß-waren Zentner
Raitz	Blansko	12.764	10.782
Posořitz	Adamsthal.	2.119	1.298
Eichhorn.	Lažansko und Rudka	3.350	250
Pernstein	Stiepanau	5.500	250
Wiesenberg.	Wiesenberg	4.039	239
Janowitz.	Janowitz.	8.817	259
Eisenberg	Eisenberg	2.500	—
Groß-Wisternitz	Marienthal. . . . . , .	2.110	933

Herrschaft	Bergbezirk	Roh-eisen	Guß-waren
		Zentner	
Neustadtl	Wržischt	8.800	289
Böhm.-Rudoletz	Wölkingsthal	4.352	1.288
Hochwald	Friedland	29.372	6.698
Zuckmantel	Buchbergsthal	2.207	63
Freudenthal	Ludwigsthal	6.836	1.092
Endersdorf	Endersdorf	2.430	765
Teschen	Baschka	9.245	1.727
Teschen	Ustron.	6.841	496

Eine weitere starke Zunahme weisen die Angaben für die Jahre 1841 und 1844 auf:

Eisen-
erzeugung
1841 und
1844.

Eisenerzeugung in Zentnern:

Werk	1841		1844	
	Roheisen	Gußeisen	Roheisen	Gußeisen
Adamsthal (Alois Fürst Liechtenstein) .	1.328	1.317	572	556
Raitz und Blansko (Hugo Fürst Salm) .	18.120	17.910	21.790	23.450
Eichhorn (Wenzel Buchta)	3.837	847	5.546	5.277
Stiepanau (Wilhelm Graf Mittrowsky) .	7.500	250	7.000	750
Aloisthal (Alois Fürst Liechtenstein) .	2.456	—	2.067	477
Janowitz (Franz Ernst Graf Harrach) . .	13.399	3.126	7.514	1.436
Marienthal (J. Zwieržina, später v. Roth-schild)	—	—	1.552	72
Zöptau bzw. Wiesenberg (Graf Mittrowsky, seit 1844 Klein).	19.423	9.144	40.650	3.479
Wölkingsthal (Marie von Riese)	3.722	2.157	5.696	1.833
Wržischt (Brünner Damenstift)	9.410	2.598	9.153	3.181
Friedland (Olmützer Erzbistum)	19.667	12.687	25.679	10.560
Witkowitz (Olmützer Erzbistum, seit 1843 von Rothschild)	23.727	4.574	70.303	9.477
Swietlau (Graf Larisch)	—	—	3.900	579
Braunöhlhütten (Hugo Graf Salm) . . .	—	—	20.118	—
Buchbergsthal (Breslauer Bistum) . . .	5.265	361	4.972	464
Endersdorf (Tlach und Keil)	1.482	948	1.860	1.852
Ludwigsthal (Deutscher Orden)	7.595	2.155	6.930	2.179
Baschka (Erzherzog Karl)	11.554	3.318	14.973	2.150
Ustron (Erzherzog Karl)	7.027	2.238	10.014	2.383
Trzynietz (Erzherzog Karl).	—	—	5.332	5.332
Summe . . .	155.517	63.634	265.627	75.494

Die gewaltige Zunahme der Eisenproduktion Mährens und Schlesiens im 19. Jahrhundert illustrieren folgende Daten:

Eisenerzeugung.

Achtziger Jahre des 18. Jahrhunderts Mähren 29.327 (i. J. 1783) \
Schlesien 9.548 (i. J. 1782) } 38.000 Ztr.

Im Jahre 1825   Roheisen 64.264 Ztr.
Gußeisen 17.733 Ztr.

	Im Jahre 1835	Roheisen	109.400 Ztr.
		Gußeisen	29.356 Ztr.
	Im Jahre 1840	Roheisen	137.703 Ztr.
		Gußeisen	65.571 Ztr.
	Im Jahre 1845	Roheisen	239.425 Ztr.
		Gußeisen	115.632 Ztr.

Die Eisen-
werke zu
Raitz—
Blansko.

Die fürstlich Salmschen Werke zu Raitz und Blansko waren für Mähren, was die Werke zu Hořowitz für Böhmen. Um 1807 bestanden sie auf der Herrschaft Raitz aus 1 Hochofen, 1 Eisen-, 1 Zain-, 1 kleineren Zeughammer nebst 3 Nagelhütten und 1 Tuchscherfabrik, auf der Herrschaft Blansko aus 1 Hochofen, 5 Eisen-, 2 Zain- und 1 kleineren Zeughammer, 2 Nagelhütten, 1 Bohrwerk und 1 Drehbank für Gußware. Am 17. August 1810 wurde dem Fürsten Salm auf seine Eisenwerke das k. k. Fabriksprivilegium erteilt. Besondere Verdienste um den Aufschwung dieser Unternehmung erwarben sich die Leiter Conrad von Hötzendorf und Teubner. Die Fabrik erhielt 1819 auf die Erzeugung von gegossenen Röhren zu Wasser-, Dampf- und Gasleitungen nach neuer Art ein achtjähriges Privileg. Seit 1821 wurden die Werke zu Blansko von Hugo Altgrafen zu Salm in Verbindung mit dem ausgezeichneten Chemiker und Techniker Karl Reichenbach derart erweitert, daß sie auf einer Strecke von 5 Stunden eine Reihe ineinandergreifender Fabriken bildeten, in deren Mitte sich Blansko befand. Das ganze umfaßte in der Mitte der dreißiger Jahre 2 Hochöfen, Gießereien zur Erzeugung von Gußwaren aller Art, namentlich großer Maschinenbestandteile, worin 270 Former Beschäftigung fanden, 1 Kupolofen, 1 Nägelfabrik, mehrere große Hämmer, 1 Blechwalzwerk, 1 Bohr- und Drehwerk und 1 mechanische Werkstätte, in welcher die Erzengnisse zu hydraulischen Pressen, Zylindergebläsen, Dampfmaschinen und Maschinenbauten aller Art zusammengesetzt und Modelle von verschiedenen Bestandteilen für die Gießereien verfertigt wurden. Als Brennmaterial für mehrere Herde wurde Braunkohle verwendet. In den vierziger Jahren waren in den mechanischen Werkstätten schon mehrere großartige Dampfmaschinen aufgestellt und die ganzen Werke beschäftigten über 1000 Arbeiter. Diese Unternehmung war für Mähren und Schlesien eine Musterschule in der Gießerei. Auch bezüglich der Roheisenerzeugung stand sie in der Mitte der vierziger Jahre in Mähren und Schlesien an erster Stelle. Bei den Wiener Gewerbeausstellungen von 1835, 1839 und 1845 erhielt sie jedesmal die goldene Medaille[1]).

Friedland.

Die Olmützer fürsterzbischöflichen Eisenwerke zu Friedland, Hochwälder Herrschaft, reichen sicher bis in das 15. Jahrhundert zurück. Im Jahre 1783 wurde das Werk verpachtet, zu welcher Zeit es aus 1 Hochofen und 2 Frischhütten in Friedland bestand. Während der Pachtzeit wurde es vergrößert und vervollkommnet. So wurde 1796 in Czeladna ein zweiter Hochofen mit zwei Frischhütten errichtet. Die Pacht hörte 1826 auf, worauf sofort 7 neue Frischhütten in Friedland, Ostrawitz und Czeladna und 1829 am letzteren

---

[1]) D'Elvert, a. a. O., XV, S. 368 ff, 388 ff.; Keeß, a. a. O., III, S. 547; Ber. ü. d. Ausst. Wien, 1835, S. 166 ff., 1839, S. 114, 1845, S. 118, 161 f.

Orte noch ein weiterer Frischhammer nebst einem Zainhammer aufgestellt wurden. In Friedland wurden 1836 und 1837 ein Stab- und Blechwalzwerk und eine Nägelfabrik errichtet und bald darauf in Czeladna eine größere Maschinenwerkstätte gebaut. Im Jahre 1839 wurde mit dem Bau eines dritten Hochofens in Friedland begonnen, die Gießerei umgebaut und 4 Röstöfen eingerichtet. Im ganzen waren um die Mitte der vierziger Jahre daselbst gegen 700 Arbeiter beschäftigt. Hier wurde zuerst rohe Steinkohle beim Hochofenbetrieb angewendet. Bis 1845 gingen aus diesen Werken unter anderem 10 Dampfmaschinen hervor. Bei der Wiener Ausstellung von 1845 erhielt dieses Werk die goldene Medaille[1]).

Die Eisenwerke der erzherzoglichen Teschner Kammer zu Ustron, Baschka und Trzynietz im Kreise Teschen waren schon einige Jahrhunderte alt. Der Hochofen zu Ustron wurde 1772, jener zu Baschka 1806 erbaut. Im Jahre 1818 hatte das Werk Ustron 1 Hochofen und 4 Frischfeuer, Baschka 1 Schmelzofen und 1 Hammerschmiede. Beide lieferten damals jährlich über eine Million Pfund Roheisen, wovon auch Gußwaren verschiedener Art erzeugt wurden. Im Jahre 1824 wurde in Baschka ein zweites und bald darauf ein drittes Frischwerk erbaut; im Jahre 1834 gab es daselbst 1 Hochofen und 7 Frischfeuer.

Einen großen Aufschwung nahmen die Eisenwerke des Erzherzogs Karl erst 1837 bis 1840, als der Administrator Karl Ritter von Kleyle den Bau des Hochofens in Trzynietz (1837—1838), den Ankauf der galizischen Herrschaft Saybusch mit dem in Bau begriffenen Hochofen zu Wengierska Gorka (1837) und den Bau der Hammerwerke zu Obschar (1836—1838) durchführte, nachdem schon vorher (1834) ein Hammerwerk mit 6 Hämmern in Karlshütte bei Friedek angelegt worden war.

Die erzherzoglichen Eisenwerke Ustron-Baschka erzeugten 1831 8482 Ztr. Roh- und 1408 Ztr. Gußeisen, 1835 19.608 Ztr. Roh- und 2648 Ztr. Gußeisen und 1840 schon 21.995 Ztr. Roh- und 6724 Ztr. Gußeisen. Um 1845 beschäftigten alle Eisenwerke Erzherzog Karls an 1400 Arbeiter und kamen an Ausdehnung den Salmschen Werken zu Blansko gleich, weshalb sie bei der Wiener Ausstellung von 1845 ebenfalls mit der goldenen Medaille ausgezeichnet wurden[2]).

Die Witkowitzer Eisenwerke wurden 1829 vom Kardinal Fürsterzbischof von Olmütz Erzherzog Rudolf gegründet, und zwar sofort als Puddelwerk, das erste in der ganzen Monarchie. Ebenso besaß dieses Werk den ersten Kokshochofen in Österreich. Der Nachfolger des Gründers, Fürsterzbischof Ferdinand Maria Graf von Chotek, verpachtete das Unternehmen 1833 an ein Konsortium, worauf es 1843 in das Alleineigentum des Bankhauses S. M. von Rothschild überging. Diese Werke erzeugten fast gar kein Gußwerk, sondern verpuddelten das Roheisen in großer Menge und erzeugten namentlich Eisen-

Marginalien rechts: Ustron, Baschka, Trzynietz. — Witkowitz.

---

[1]) D'Elvert, a. a. O., XV, S. 281, 384 f.; Ber. ü. d. Ausst. Wien, 1845, S. 164 f.; Großindustrie Österr. (1898), II, S. 254 ff. — [2]) D'Elvert, a. a. O., XV, S. 271, 282, 385 f.; Tafeln zur Stat. 1831, 1835, 1840; Ber. ü. d. Ausst. Wien, 1845, S. 167 f.

bahnschienen für die Nordbahn. Im Jahre 1840 wurden 12.116 Ztr. Roh- und 3058 Ztr. Gußeisen erzeugt, im Jahre 1845 schon 28.000 Ztr. Roheisen, darunter nur 5000 Ztr. Gußeisen. Im Jahre 1844 wurde hier der erste Dampfhammer Österreichs errichtet. Das Werk lieferte auch Dampfmaschinen. Der eigentliche große Aufschwung dieser Werke begann aber erst um diese Zeit[1]).

Zöptau.   Die alten Eisenwerke zu Zöptau auf der Herrschaft Wiesenberg, dem Grafen Mittrowsky, später den Gebrüdern Klein gehörig, wiesen im Jahre 1827 2 Hochöfen (davon war nur einer im Betrieb), 3 Frischfeuer und 1 Zainhammer auf. Sie erlangten erst in den dreißiger Jahren eine größere Bedeutung, was schon aus der Erzeugungsmenge hervorgeht, welche sich 1831 auf 5392 Ztr. Roh- und 228 Ztr. Gußeisen stellte, um 1835 schon 7227 Ztr. Roh- und 2812 Ztr. Gußeisen und 1840 22.074 Ztr. Roheisen und 10.705 Ztr. Gußeisen auszumachen. Das Werk besaß zu Ende der dreißiger Jahre eine großartige mechanische Werkstätte, worin alle Arten Maschinen, auch Dampfmaschinen verfertigt wurden. Außerdem befanden sich daselbst ein Blech- und ein Stabeisenwalzwerk, große Zeugeisenhütten, Schleifereien und mehrere Frischfeuer. Um die Mitte der vierziger Jahre waren dabei fortwährend 700 Arbeiter beschäftigt. Bei der Wiener Gewerbeausstellung von 1845 erhielt dieses Werk gleichfalls die goldene Medaille[2]).

Janowitz.   Die altberühmten gräflich Harrachschen Eisenwerke zu Janowitz im Olmützer Kreise bestanden zu Ende der zwanziger Jahre aus 2 Hochöfen in Janowitz und Karlsdorf, 1 Zeughütte zu Friedrichsdorf und 4 Frischfeuern und erzeugten im Durchschnitt der Jahre 1823—1832 jährlich 6064 Ztr. Roh- und 281 Ztr. Gußeisen, im Jahre 1835 7541 Ztr. Roh- und 468 Ztr. Gußeisen und 1840 6731 Ztr. Roh- und 241 Ztr. Gußeisen. Zu Ende der dreißiger Jahre beschäftigten sie 127 Bergknappen, 50 Köhler und 250 Arbeiter, 1845 gegen 300 Werkarbeiter. Namentlich die daselbst erzeugten Blechwaren hatten einen vorzüglichen Ruf[3]).

Eisenwerke in Mähren und Schlesien im Jahre 1841.   Im Jahre 1841 bestanden in Mähren und Schlesien 22 Hochöfen, 7 Kupolöfen und 48 Eisen- und Stahlhämmer mit 115 Feuern und 100 Schlägen, 2 Puddlingwerke, 8 Walzwerke und 4 mechanische Werkstätten. Puddlingwerke bestanden zu Witkowitz (als die größten Österreichs mit 18 Puddling- und 9 Schweißöfen) und zu Zöptau. An denselben zwei Orten befanden sich auch die Walzwerke[4]).

Draht.   Draht wurde 1841 in 9 Erzeugungsanstalten im Werte von 51.000 fl. produziert, und zwar zu Janowitz, Altdorf, Karlsdorf (2), Zöptau, ferner in Schlesien zu Buchbergsthal, Einsiedl und Mohrau.

Nägel.   Nägel erzeugten sechs Anstalten im Werte von 18.000 fl., und zwar in den Eisenwerken von Janowitz und Wrzischt, in der Maschinennägelfabrik zu Friedland (Czeladna), besonders aber in den mit dem Eisenwerke von Zöptau

---

[1]) D'Elvert, a. a. O., XV, S. 392, 396, 435; Beitr. zur Gesch. der Gew. u. Erf., I, S. 371; Ber. ü. d. Ausst. Wien, 1839, S. 75, 1845, S. 118 f.; Großind. Öst. (1898), II, S. 1; Tagesbote aus Mähren und Schlesien, Beilage zur Festnummer vom 1. Jänner 1911, S. 43. — [2]) D'Elvert, a. a. O., XV, S. 382, 398; Tafeln zur Stat. 1831, 1835, 1840; Ber. ü. d. Ausst. Wien, 1845, S. 163 f. — [3]) D'Elvert, a. a. O., XV, S. 382, 391; Tafeln zur Stat. 1835, 1840; Ber. ü. d. Ausst. Wien, 1839, S. 66 f., 1845, S. 165. — [4]) Tafeln zur Stat. 1841.

verbundenen zwei Erzeugungsanstalten von Maschinen- und geschmiedeten Nägeln[1]).

Die Roheisenerzeugung in Mähren und Schlesien betrug bei den wichtigsten Eisenwerken zu Anfang der vierziger Jahre[2]):

	W e r k e	Roheisen	D a v o n Gußeisen
		Z e n t n e r	
1	Ustron, Trzynietz u. Baschka (Erzherzog Karl) . .	36.000	11.000
2	Blansko (Fürst Salm)	36.000	18.000
3	Friedland (Olmützer Erzbistum)	32.000	13.000
4	Zöptau (Gebrüder Klein, vorher Graf Mittrowsky)	29.000	9.000
5	Witkowitz (Freiherr von Rothschild)	28.000	5.000

Im Jahre 1846 waren in Mähren und Schlesien 16 Eisenwerke mit 26 Hochöfen in Betrieb, wovon zwei bloß mit Koks betrieben wurden (Witkowitz). Sie erzeugten 314.463 Ztr. Roheisen zur Verfrischung und 78.096 Ztr. Gußwerk aus dem Hochofen, zusammen demnach 392.559 Ztr. Roheisen, somit etwa 100.000 Ztr. weniger als die Werke in Böhmen. Auf einen Hochofen entfielen jährlich 15.000 Ztr. (in Böhmen nur 10.767 Ztr.). Die Menge des Gußwerks aus dem Hochofen betrug nur 20% des Gesamterzeugnisses (in Böhmen 35%), weil mehrere Werke kein oder fast gar kein Gußeisen erzeugten, sondern das Roheisen in großen Quantitäten verpuddelten und zur Erzeugung von Walzeisensorten, besonders aber von Eisenbahnschienen verwendeten (Witkowitz, Zöptau). Das mährische Eisen war größtenteils von der besten Qualität[3]).

An Emaillieranstalten für gußeisernes Geschirr bestanden in Mähren die von Bartelmus in Brünn seit 1833, welche jedoch um 1840 nach Neu-Joachimstal in Böhmen übertragen wurde, sodann (seit 1836) die von Ferdinand Leese und Grimm zu Friedland im Prerauer Kreis, endlich seit 1845 die von Erzherzog Karl zu Trzynietz in Schlesien[4]).

Innerösterreich und die Erzherzogtümer. Die Eisenfabrikation der beiden Erzherzogtümer hängt mit der innerösterreichischen innig zusammen. Der Mittelpunkt der innerösterreichischen Eisengewinnung und somit auch der Eisenindustrie sind die Eisenerzer Alpen mit ihren schier unerschöpflichen Eisensteinlagern. Während sich die Eisenindustrie in der Steiermark im nördlichen Teile des Landes konzentriert, hat sie damit zusammenhängend in Oberösterreich ihren Mittelpunkt in und um Steyr, in Niederösterreich im Süden und Südwesten hauptsächlich um Waidhofen a. d. Ybbs. Getrennt davon sind die Stätten der Eisenindustrie in Kärnten und Krain.

Die Eisengewinnung und Eisenindustrie ist in Innerösterreich sehr alt. Namentlich die Sensen und Sicheln, die in Steiermark, Ober- und Niederösterreich erzeugt wurden, gehörten schon in den Anfängen der merkantili-

Im Jahre 1846.

Emaillieranstalt.

Innerösterreich und die Erzherzogtümer.

---

[1]) Tafeln z. Stat. f. 1841; D'Elvert, a. a. O., XV, S. 391, 401. — [2]) Ber. ü. d. Ausst. 1845, S. 118 f.; Tafeln z. Stat. f. 1841; D'Elvert, a. a. O., XV, S. 408. — [3]) Balling, a. a. O., S. 110. — [4]) D'Elvert, a. a. O., XV, S. 404 f.; Tafeln z. Stat. f. 1841; Ber. ü. d. Ausst. Wien, 1835, S. 256, 1839, S. 121, 1845, S. 210; Verz. ü. d. Ausst. Brünn, 1836, S. 8.

stischen Bewegung in Österreich zu den wichtigsten Exportartikeln der östlichen Alpenländer.

Die Eisenproduktion bewegte sich bis zu den Anfängen des 19. Jahrhunderts noch größtenteils in den Formen des Kleinbetriebes, wenn auch mannigfache Organisationsformen manchen Werken schon ganz den Charakter von Großbetrieben verliehen. Wesentliche Verbesserungen im Hochofenbetrieb als auch im Frischprozeß wurden auch hier ähnlich wie in den Sudetenländern erst in den ersten Jahrzehnten des 19. Jahrhunderts eingeführt.

Da die Eisenerzeugung an die von der Natur vorgezeichneten Stellen gebunden ist, sind die Roheisenproduktionsstätten im Laufe aller Jahrhunderte im wesentlichen dieselben geblieben. Da auch die Produktionsmenge wesentlich von den natürlichen Bedingungen abhängt, welche im Laufe der Zeit im allgemeinen gleich blei en, so kann auch hier festgestellt werden, daß das Verhältnis der Produktionsmenge der einzelnen größeren Betriebe im Laufe weniger Jahrzehnte kaum wesentliche Verschiebungen erfahren hat. Daher söll hier zunächst der Stand der Eisenindustrie dieser Gebiete in den vierziger Jahren des 19. Jahrhunderts übersichtlich dargestellt werden, um sodann zur Darstellung der geschichtlichen Entwicklung der bedeutenderen Betriebe überzugehen.

In den vierziger Jahren des 19. Jahrhunderts erzeugte in der Steiermark an Roheisen: die Vordernberger Radmeisterkommunität auf 14 Hochöfen 283.000 Ztr., die Innernberger Hauptgewerkschaft 220.000 Ztr., der Hochofen zu Turrach (Fürst Schwarzenberg) 42.000 Ztr. Andere private Eisenwerke mit einer größeren Produktionsmenge waren die zu Veitsch und Semmering (Fürst Schönburg), zu Liezen, zu Niederalpel und Greithof, zu Zeyring, Seethal, Montpreis, Edelsbach und Mießling. Das ärarische Eisenwerk zu Neuberg erzeugte jährlich an 25.000 Ztr. Roheisen, die 3 Hochöfen der k. k. Gußwerkes bei Mariazell ebenfalls ungefähr dieselbe Menge Gußeisen[1].

In Kärnten waren die größten Eisenwerke die zu Lölling (Dickmann), die in den Vierzigerjahren auf 2 Hochöfen an 111.000 Ztr. Roheisen erzeugten, die zu Heft und Mosing (Rauscher & Co.) mit einer Produktionsmenge von 76.000 Ztr., die zu Treibach (Graf Egger) mit 66.000 Ztr., zu Eberstein (Graf Christalnigg) mit 31.000 Ztr., die der Wolfsberger Gewerkschaft mit 30.000 Ztr. und die zu St. Salvator und Hirt (Bistum Gurk) mit 23.000 Ztr. Jahresproduktion. Zu Anfang der vierziger Jahre bestanden in Kärnten im ganzen 14 Hochöfen[2].

In Krain waren in derselben Zeit 12 Privateisenschmelzwerke mit 16 Hochöfen. Zu den größeren gehörten die Ruardsche Gewerkschaft zu Sava mit einer Produktionsmenge von über 30.000 Ztr., die Freiherr von Zoissche zu Jauerburg und Feistritz mit 28.000 Ztr. sowie die Gewerkschaften zu Ober- und Unter-Eisnern, Kropp und Steinbüchl[3].

In Oberösterreich mit Salzburg erzeugten am meisten Roheisen die ärarischen Hochöfen im Salzburgischen zu Werfen, Flachau, Dienten und Bund-

---

[1]) Ber. ü. d. Ausst. Gräz, 1841, S. XLVI f., Wien, 1845, S. 117. — [2]) Ber. ü. d. Ausst. Gräz, 1841, S. XLVII f., Wien, 1845, S. 117. — [3]) Ber. ü. d. Ausst. Gräz, 1841, S. XLVIII, Wien, 1845, S. 117.

schuh, nämlich 32.000 Ztr.[1]) Die Eisenindustrie in Ober- und Niederösterreich bezog das Roheisen größtenteils aus der Steiermark.

In Niederösterreich bestanden Eisenbergwerke und Hochöfen zu Reichenau (ärarisch) und Pitten (Graf Pergen) mit einer jährlichen Produktion von ungefähr 20.000 Ztr.[2]).

Über die Ausdehnung der Eisenproduktion der einzelnen Werke sollen folgende Tabellen für 1831 und 1841 genaue Auskunft geben:

Eisenproduktion 1831.

Eisenerzeugung der wichtigsten Privatgewerken im Jahre 1831 in Zentnern[3]).

	Roheisen	Gußeisen
Österreich unter der Enns:		
Graf Pergens Erben zu Pitten	10.460	—
Graf Wrbna zu Schottwien	1.164	—
Steiermark:		
Stadt Leoben zu Vordernberg	35.444	—
Ritter von Friedau zu Vordernberg	24.694	—
Schragls Erben zu Vordernberg	17.205	—
Therese Steyrer zu Vordernberg	16.638	—
Radmeisterkommunität zu Vordernberg	16.480	—
Fürst Schwarzenberg zu Vordernberg	16.220	—
Ritter von Bohr zu Vordernberg	16.013	—
Erzherzog Johann zu Vordernberg	16.009	—
Prandstetter zu Vordernberg	15.870	—
Josef Sessler zu Vordernberg	15.696	—
Therese Schragl zu Vordernberg	15.595	—
von Ebenthal zu Vordernberg	13.910	—
von Eggenwald Maria zu Vordernberg	13.853	—
von Bonazza zu Mießling	13.324	—
Graf Schärfenberg zu Veitsch	12.580	—
Freiherr von Baldacci zu St. Stephan	4.240	5.977
Fischer zu Niederalpel	9.291	—
Fürst Schwarzenberg zu Turrach	4.921	—
Schrift & Co. zu Seethal	3.852	—
Stift Admont, Lichtmeßberg	3.080	—
Steinauer zu Edelsbach	2.339	—
Lenz zu Greithof	2.060	—
Kärnten und Krain:		
Gebrüder Rauscher zu Heft und Mosing	58.923	340
Franz Graf von Egger zu Treibach	54.453	1.278
Johannes v. Dickmann zu Lölling und Urtl	31.000	224
Gebrüder Rosthorn zu St. Gertraud und Leonhard	21.751	1.757
Oesterreicher & Co. zu Friesach	21.096	191
Bistum Gurk zu Hirt und St. Salvator	20.195	1.087
Leopold Ruard zu Sava	18.020	—
Graf Christalnigg zu Eberstein	13.694	123
Graf Lodron zu Eisentratten und Kremsbruck	12.430	2.898
Freiherr von Zois zu Jauerburg und Wochein	11.182	—
Michael Ofner zu Waltenstein	6.620	47
Fürst Auersperg zu Hof	3.250	2.813
Gewerkschaft Ober- und Unter-Eisnern	3.223	—
Gewerkschaft Ober- und Unter-Kropp	2.292	—
Gewerkschaft Steinbüchl	1.381	—

[1]) Ber. ü. d. Ausst. Wien, 1845, S. 118, 145. — [2]) Ber. ü. d. Ausst. Graz, 1841, S. XLIX, Wien, 1845, S. 117, 145. — [3]) Tafeln zur Stat. d. öst. Mon. f. 1831.

Erzeugungsmenge der Ärarial- und der vorzüglicheren Privateisenwerke in Innerösterreich, Österreich ob und unter der Enns im Jahre 1841[1]).

	Roheisen	Gußeisen
.	Zentner	
Österreich unter der Enns:		
Graf Pergens Erben zu Pitten	20.725	—
Österreich ob der Enns:		
Ärarische Eisenwerke	30.467	1.914
Privat: Lungauer Gewerke zu Mauterndorf	3.826	3.000
Steiermark:		
Ärarialanteil von Eisenerz	209.681	—
Ärarische Eisenwerke zu Mariazell und Neuberg . . .	33.878	21.762
Privat: Leoben, Stadt, zu Vordernberg	37.603	—
Ritter von Friedau zu Vordernberg und Liezen. . . .	53.650	—
Theresia von Schragl zu Vordernberg	16.764	—
Erzherzog Johann zu Vordernberg.	33.337	—
Theresia Steyrer zu Vordernberg	14.609	—
Radmeisterkommunität zu Vordernberg	15.683	—
Fürst Schwarzenberg zu Vordernberg	19.038	—
Ritter von Bohr zu Vordernberg	22.386	—
Johann Prandstetter zu Vordernberg	20.661	—
Josef Sessler zu Vordernberg	19.390	—
Cajetan von Ebenthal zu Vordernberg	21.190	—
Maria von Eggenwald zu Vordernberg	18.315	—
Alfred Fürst Schönburg zu Veitsch	12.585	—
von Bonazza zu Mießling	1.115	658
Fischer zu Niederalpel	7.556	—
Fürst Schwarzenberg zu Turrach	41.724	1.857
Neuper Franz & Co. zu Zeyring	5.807	—
Fischer Daniel zu Greithof	4.668	—
Forcher Nikolaus zu Seethal	4.147	—
Steinauer Josef zu Edelsbach	2.700	—
Privatgewerke der Steiermark im ganzen	391.882	8.613
Kärnten und Krain (nur Privatgewerke)		
Gebrüder Rauscher zu Mosing	75.755	545
Graf v. Egger zu Treibach	63.262	2.691
Eugen von Dickmann zu Urtl und Lölling	110.542	254
Wolfsberger Eisenwerkskompagnie zu St. Leonhard .	11 730	99
Wolfsberger Eisenwerkskompagnie zu St. Gertraud . .	26.380	3.803
Oesterreicher & Co. zu Olsa	33.052	356
Bistum Gurk zu St. Salvator	19.975	622
Ruard Viktor zu Sava	36.880	224
Graf Christalnigg zu Eberstein	27.558	3.623
Graf Lodron zu Eisentratten und Kremsbruck	11.167	1.096
Fürst Auersperg zu Hof	4.188	4.461
Freiherr von Zois zu Jauerburg	22.220	90
Freiherr von Zois zu Wochein	5.153	979
Graf Widmann zu Kreutzen	7.219	61
Gewerke in Ober- und Unter-Eisnern	2.126	—
Gewerke in Ober- und Unter-Kropp	2.151	—
Privatgewerke in Kärnten und Krain	461.507	22.282

[1]) Tafeln zur Stat. d. öst. Mon. f. 1841. Eine nähere Übersicht über die Eisenerzeugung und Verarbeitung in Innerösterreich und den Erzherzogtümern im Jahre 1841 siehe unten S.499.

Die wichtigsten Eisenwerke Innerösterreichs sollen nun genauer dargestellt werden.

Das Berg-, Rad- und Hammergewerk in Lölling und Urtl im Klagenfurter Kreise. Als Hammergewerkschaft spielte dieses Etablissement eine untergeordnete Rolle, hingegen lag seine Bedeutung im Hochofenbetrieb in den Hüttenberger Eisenwurzen, welches Radgewerk in Kärnten an erster Stelle stand. Die beiden Hochöfen in Lölling und Urtl (errichtet 1764 und 1775) waren zunächst unter vier Besitzer geteilt, nämlich den Grafen von Christalnigg, die Herren von Mayrhofen, von Secherau und die Kameralstadt St. Veit. Im Jahre 1803 löste Johann Nepomuk Ritter von Diekmann-Secherau alle Anteile an sich und überließ sie 1809 seiner Gemahlin Johanna, geborene von Schwerenfeld. Seit 1822 war nur mehr der Hochofen in Lölling in Betrieb, leistete aber mehr als früher beide zusammen, da er umgebaut worden war. Die Produktion beider Hochöfen betrug 1798 45.091 Ztr., 1841 lieferte nur der von Lölling 110.542 Ztr.

Nach dem Tode der Inhaberin im Jahre 1835 folgten ihr ihre Kinder, nämlich Eugen Ritter von Dickmann-Secherau, dann seine drei Schwestern Jeanette von Henigstein, Maria von Heinen, Emilie Schmidt und Manasse Gräfin von Maltzan. In den Jahren 1835—1838 erzeugte Lölling jährlich durchschnittlich 66.000 Ztr. Eisen und beschäftigte 200 Arbeiter. Auch weiterhin machte das Werk Fortschritte, so daß es 1841 schon über 100.000 Ztr. Roheisen erzeugte[1]).

Die Gewerkschaften zu Lippitzbach, Feistritz und Freibach im Klagenfurter Kreise. Lippitzbach ist in der Industriegeschichte Kärntens bekannt, weil hier Max Thaddäus Graf von Egger 1793 das erste Walzwerk geschaffen hat, welches durch mehrere Jahre sowohl in Österreich als auch in Deutschland einzig dastand. 1807 erlangte die Gewerkschaft durch eine Weißblechfabrik, 1812 durch die Erzeugung von Reif- und Bandeisen eine größere Ausdehnung. Auch wurde hier die Puddlingfrischmethode zu einer Zeit schon versucht, wo sie selbst dem Namen nach sehr wenig bekannt war. 1835 waren daselbst 152 Arbeiter beschäftigt. Es bestanden 1838 4 Frischfeuer, 1 Blech-, Band- und Stabeisenwalzwerk, 1 Weißblechfabrik, 1 Schlosser-, dann ein Schleifer- und Drehwerk.

Das Werk zu Feistritz wurde erst 1820 vom Grafen Egger angekauft und daselbst 1839/40 eine Drahtfabrik errichtet. In der Gewerkschaft Freibach wurde namentlich Wallaseisen für die Nägelfabrikation, dann verschiedene Stahlsorten erzeugt.

Gegen Ende der dreißiger Jahre fanden bei diesen drei Werken über 160 Arbeiter Beschäftigung und es waren in Betrieb: 1 Hochofen, 7 Frischfeuer, 2 Streckhämmer, 1 Zainhammer, 1 Stahlhammer, 2 Walzwerke zur Erzeugung von Schwarzblech, gebogenen Dachrinnen, gewalztem Eisen, Faßreifeneisen, u. ä.; außerdem 1 Weißblechwalzwerk und mehrere Zangen-, Scheiben- und Walzendrahtzüge.

(Randnotiz: Lölling und Urtl.)

(Randnotiz: Lippitzbach, Feistritz und Freibach.)

---

[1]) Tafeln z. Stat. f. 1841; Die mont. Lehranst. 1842, S. 191; Ber. ü. d. Ausst. Klagenfurt, 1838, S. 48 f.; Großind. Öst., I, 195.

Bei der Ausstellung in Klagenfurt im Jahre 1838 erhielt Ferdinand Graf Egger für Blech die goldene Medaille, ebenso bei der Wiener Ausstellung von 1839 und bei der Grazer von 1841.

Im Jahre 1844 befanden sich in Lippitzbach in Betrieb: 2 Puddelöfen mit Holzfeuerung, 2 Schweißöfen, wovon der eine zum Betriebe, der zweite als Reserve diente, 2 Frischfeuer, 1 Band- und Stabeisenwalzwerk, 1 Blechwalzwerk, 1 Walzenlinie zur Erzeugung von Weißblech, 1 Weißblechfabrik. Die Gewerkschaft Lippitzbach, welche das vollständigste Band- und Stabeisenwalzwerk Innerösterreichs besaß, beschäftigte damals unmittelbar 200 Arbeiter. Die Zunahme der Weißblechfabriken in Böhmen verminderte jedoch den Absatz, und da eine geringe Erzeugung nicht vorteilhaft sein konnte, so mußte ungeachtet der hohen Stufe, welche die Weißblechfabrik erreicht hatte, der Beschluß gefaßt werden, die Weißblecherzeugung ganz aufzulassen.

In Feistritz waren 1844 unmittelbar 110 Arbeiter beschäftigt, in Freibach 40. Bei der Laibacher Ausstellung von 1844 wurde die goldene Medaille der früheren innerösterreichischen Ausstellungen bestätigt und bei der Wiener Ausstellung von 1845 erhielten diese Eisenwerke ebenfalls die goldene Medaille[1]).

Treibach. Das Berg-, Rad- und Hammergewerk der Grafen von Egger zu Treibach im Klagenfurter und an der Vellach im Villacher Kreise. Zu Treibach besaß Graf Egger 1 Hochofen und 1 Hammerwerk mit 2 Zerrennfeuern, 1 Hilfsfeuer mit 2 Schlägen und an der oberen und unteren Vellach: a) 1 Hammerwerk mit 2 Zerrenn-, 1 Wärme- und 1 Hilfsfeuer mit 2 Schlägen, b) 1 Gußstahlwerk, c) 1 Nagelschmiede, d) 1 Drahtzug, e) 1 Feilhauerei. Der erste Verleihungsbrief dieser Werke stammt aus dem Jahre 1609. Der Übergang an die Familie der Grafen von Egger erfolgte 1699. Durch Max Thaddäus Grafen von Egger wurde auch dieses Werk zu Ende des 18. Jahrhunderts zu großer Leistungsfähigkeit gebracht. Später erfolgte eine Teilung, so daß in den dreißiger Jahren des 19. Jahrhunderts die Werke von Lippitzbach, Feistritz und Freibach dem Grafen Ferdinand von Egger gehörten, die zu Treibach und an der Vellach jedoch dem Grafen Gustav von Egger.

Der Hammer zu Treibach wurde 1824 ganz neu erbaut. Das Hammerwerk obere Vellach wies gegen Ende der dreißiger Jahre 2 Zerrennfeuer, 1 Feinstreckund 2 Zainhämmer auf, sodann 3 Nagelschmiedfeuer und 3 Drahtzangen. Das von Ritter von Pobeheim 1818 gekaufte Werk Mayerhöfl wurde in eine Gußstahlfabrik umgestaltet. 1837 wurden 500 Ztr. Guß- und Münzstahl erzeugt und größtenteils im Auslande abgesetzt. Mit der Gußstahlfabrik stand eine Schmelztiegelfabrik in Verbindung.

Das Radwerk zu Treibach beschäftigte gegen Ende der dreißiger Jahre 220 Menschen. 1835 erhielt Gustav Graf Egger die Konzession auf das Gußstahlwerk mit einem Ofen von 2 Schmelzräumen, 1 Wärmefeuer, 1 Stahlziehhammer und 1 Polierhammer. 1838 baute er die Gußstahlfabrik nach einem

---

[1]) Die mont. Lehranst. 1843—1846, S. 377 ff.; Inneröst. Ind. u. Gew. Bl. 1839, S. 84, 1843, S. 272; Ber. ü. d. Ausst. Klagenfurt, 1838, S. 58, Graz, 1841, S. 17 ff., Laibach, 1844, S. 26 ff., Wien, 1835, S. 176, 1839, S. 56, 1845, S. 140.

neuen Plane vom Grund aus neu auf, wodurch die Erzeugung auf 1500 Ztr. erhöht werden konnte.

Bei den Ausstellungen zu Klagenfurt (1838) und zu Laibach (1844) erhielt Gustav Graf Egger die goldene, bei der Wiener von 1839 die silberne Medaille. Um die Mitte der vierziger Jahre gehörte die Gußstahlfabrik zu Mayerhöfl zu den vorzüglichsten der Monarchie[1]).

Die Gewerkschaften der Grafen von Thurn zu Schwarzenbach, Mieß und Streiteben im Klagenfurter Kreise. Schwarzenbach, Mieß und Streiteben.

Franz Graf Thurn gründete 1772—1775, um die beträchtlichen Fideikommißwaldungen zu verwerten, das Hammerwerk in Schwarzenbach, mit welchem er günstige Erfolge erzielte. Graf Georg von Thurn (seit 1790) brachte das Werk auf eine hohe Stufe. Er kaufte 1807 von der Freiherrlich von Schlagenbergschen Familie die Gewerkschaft Streiteben an, die er in einen Stahlhammer umwandelte. Am Ende der dreißiger Jahre des 19. Jahrhunderts erzeugten alle drei Werke bei 10.000 Ztr. Wallaseisen. Die Weiterverarbeitung bestand in 1000 Ztr. verschiedenem Streckeisen, 4000 Ztr. Zaineisen zum Verkaufe und zur Drahtfabrikation, 1800—2000 Ztr. ordinärem Draht und 120—130 Ztr. feinerem Draht, mehr als 1000 Ztr. Nägel u. a. Die Zahl der beschäftigten Arbeiter belief sich auf 200.

Im Jahre 1840 bestanden die Eisenhammerwerke zu Schwarzenbach und Mieß aus einem Wallashammer mit 4 Frisch-, 1 Drahtfeuer und 2 Schlägen, 1 Grob- und 1 Feinstreckhammer, 3 Zainhämmern und 7 Drahtzangen. Das Stahlhammerwerk zu Streiteben wies 3 Stahlfeuer mit 2 Schlägen und 1 Ziehhammer mit 1 Feuer auf[2]).

Die Eisenwerke zu St. Leonhard, St. Gertraud und Prävali in Kärnten. St. Leonhard, St. Gertraud und Prävali.

Im Jahre 1825 wurden die Kameralherrschaften Wolfsberg nebst den Montanwerken St. Gertraud, Frantschach, Kolnitz und den Religionsfondsgütern Preblau, Töscheldorf und der Minoritengült Wolfsberg, ferner die Herrschaft St. Leonhard mit Ehrenfels und Reichenfels, dann der Eisenbergbau und die Schmelz- und Hammerwerke öffentlich zum Verkauf ausgeboten und 1826 wurden diese bedeutenden Herrschaften und Montankomplexe von den Gebrüdern von Rosthorn, die sich in Niederösterreich um die Metallwarenindustrie schon große Verdienste erworben hatten, erstanden, von welchem Zeitpunkte an diese Werke eine hohe Bedeutung erlangten. August von Rosthorn wurde die Leitung übertragen. Dieser verbesserte den Frischprozeß, reduzierte den Kohlenverbrauch und führte noch andere wesentliche Verbesserungen ein, so zuerst in Kärnten den Puddelfrischprozeß, dann ein Stabeisen- und Drahtwalzwerk. Die starke Produktion machte den Bau eines großartigen Blech-, Stab- und Drahtwalzwerkes in Frantschach sowie eines Puddelwerkes in Prävali mit 8 Puddel-, 4 Schweißöfen sowie anderen Vorrichtungen

[1]) Ber. ü. d. Ausst. Klagenfurt, 1838, S. 32 ff., Laibach, 1844, S. 6 f. Wien, 1839, S. 46, 1845, S. 182, 207. — [2]) Ber. ü. d. Ausst. Klagenfurt, 1838, S. 26 f., Graz, 1841, S. 10 ff., Laibach, 1844, S. 40 f.

474

und Walzwerken nötig. 1832 wurde eine Aktiengesellschaft, die k. k. priv.
Wolfsberger Eisenwerksgesellschaft gebildet, wobei die Gebrüder von
Rosthorn zwei Fünftel der Aktien übernahmen und August von Rosthorn die
Leitung als Direktor erhielt. Um das Neueste der Eisenindustrie kennen zu
lernen, unternahm dieser 1832/33 eine Reise nach England und verwertete die
daselbst gemachten Erfahrungen. 1837 traten die Gebrüder von Rosthorn aus
der Aktiengesellschaft aus und reservierten sich Prävali, auf welches Werk
sie ihre Tätigkeit konzentrierten.

a) Die Wolfsberger Eisenwerksgesellschaft besaß seitdem 1 Hochofen zu St. Leonhard und 1 zu St. Gertraud, dann die Hammerwerke Kolnitz,
Frantschach, St. Gertraud und St. Leonhard, berechtigt auf 60 Zerrenn-,
1 Wärme- und 5 Hilfsfeuer mit 11 Schlägen, endlich 1 Stabeisenwalzwerk zu
Frantschach. Das Streckwalzwerk erzeugte zu Anfang der vierziger Jahre
in großer Menge Eisenbahnschienen für die Raaber- und Mailänderbahn.

In den vierziger Jahren waren bei der Wolfsberger Gesellschaft beschäftigt
280 Mann in den Holzschlägen, 176 auf den Gruben, 29 in St. Leonhard, 73 in
St. Gertraud, 194 in Frantschach und 57 in Kolnitz, zusammen über 800 Personen und außerdem noch eine große Zahl von Frächtern.

b) Das Eisen-, Puddling- und Walzwerk der Gebrüder von
Rosthorn zu Prävali. 1836 wurde mit der Puddlingfrischerei begonnen;
1838 umfaßten diese Werke 17 Flammöfen, 2 Walzenbahnen, 1 Stirn- und 1 Grob-
hammer, 3 Planier- und Schlichthämmer, 1 Schlosserwerkstätte, Dreherei und
verschiedene andere Vorrichtungen, namentlich für die Erzeugung von Eisenbahnschienen („Rails"). Zu Ende der dreißiger Jahre beschäftigten sich diese
Werke nur mit der Railserzeugung und lieferten große Mengen für die Kaiser-
Ferdinands-Nordbahn, später auch für die Monza- und Südbahn. 1843/44
übernahm das Walzwerk eine Bestellung auf 50.000 Ztr. Rails. 1844 waren auf
diesem Werke im ganzen 13 Puddel- und Schweißöfen in Betrieb. In den vierziger Jahren vergesellschaftete sich mit den Gebrüdern von Rosthorn auch
Eugen Ritter von Diekmann-Secherau. Bei der Grazer Ausstellung von 1844
und der Wiener von 1845 erhielt dieses Werk ebenso wie die Wolfsberger Gesellschaft die goldene Medaille[1]).

Eberstein.   Das Berg-, Rad- und Hammergewerk der Grafen von Christalnigg bestand 1838 *a*) aus 1 Hochofen zu Eberstein, *b*) aus 1 Hammer mit
Zerrennfeuern, *c*) aus 1 Hammerwerk zu St. Johann am Brückl, *d*) aus dem
Etablissement im Bezirk Kappel mit 7 Zerrennfeuern, 7 Schlägen und 1 Wärmefeuer mit einem Schlage unter dem Rechberge, am Ebriacher- und am Tellach-
bache. Sämtliche Werke beschäftigten 224 Arbeiter[2]).

Gmünd   Das Berg-, Rad- und Hammergewerk der Grafen von Lodron
(Eisen-
tratten und zu Gmünd im Villacher Kreise. Dazu gehörten 1838: 2 Hochöfen in
Krems- Eisentratten und Kremsbruck, dann die Hammerwerke Eisentratten, berechtigt
bruck).

¹) Mont. Lehranst. 1841, S. 213; Inneröst. Ind. u. Gew. Bl. 1844, S. 43 f., 47 f.; Ber.
ü. d. Ausst. Klagenfurt, 1838, S. 53 ff., 69 ff., Graz, 1841, S. 1 f., Laibach, 1844, S. 31 ff.,
Wien, 1835, S. 185, 1839, S. 69, 75, 1845, S. 138 ff.; Großind. Öst., I, 202. — ²) Ber. ü. d. Ausst.
Klagenfurt, 1838, S. 50 f.

auf 5 Zerrenn-, 1 Wärme- und 1 Hilfsfeuer mit 3 Schlägen, Kreutzbüchel mit 4 Zerrennfeuern und 4 Schlägen, Leoben berechtigt auf 2 Zerrennfeuer mit 2 Schlägen, dann 1 Stabeisen- und Blechwalzwerk zu Kreutzbüchel. Diese Werke reichen ihrem Alter nach bis in das 16. Jahrhundert zurück. Im ganzen waren gegen Ende der dreißiger Jahre dabei an 600 Arbeiter beschäftigt. 1841 erzeugten diese Unternehmungen über 11.000 Ztr. Roheisen und 1000 Ztr. Gußeisen[1]).

Die dem Bistum Gurk gehörigen Eisenberg- und Schmelzwerke zu Hirt, St. Salvator sowie die Hammerwerke zu Gasteigen, St. Salvator, Sirnitz, Steinbruck und Zwischenwässern beschäftigten 1838 im ganzen 157 Arbeiter, die Gewerkschaften Ponau, Feldbach, Napplach, Steinfeld und Vellach im Villacher Kreise, dem Johann Nepomuk Riener gehörig, 242 Arbeiter[2]).

Das Domstift Gurk, dem die Gewerkschaft Pölling schon seit 1628 gehörte, kaufte 1838 noch die beiden Gewerkschaften Gurk und St. Magdalena von Ignaz Obersteiners Erben an. Im ganzen wurden 1840 von diesen 3 Gewerkschaften 105 Arbeiter ernährt[3]).

Erwähnt seien noch in Kärnten die vereinigten Gewerkschaften Waidisch und Ferlach im Klagenfurter Kreise (im Besitze der Erbherren von Silbernagl), welche zu Anfang der vierziger Jahre aus 1 Hochofen, 6 Frisch- und 1 Bratfeuer, 4 Zainhämmern, 1 Ziehhammer, 1 Rohrhammer und 54 Drahtzügen bestanden und 146 Arbeiter unmittelbar beschäftigten. Die Erzeugnisse bestanden aus Eisen, Stahl und Draht[4]).

Eines der bedeutendsten Eisenwerke Krains war das fürstlich Auerspergsche zu Hof im Neustädtler Kreise. Es wurde von Karl Wilhelm Fürst von Auersperg in den Jahren 1794 und 1795 gegründet, um die Waldungen zu verwerten. Es bestand anfangs aus 1 Schmelzhütte, 1 Blauofen, 4 Brescian-Wallaschhämmern, 1 Fein- und Zainhammer mit 8 Feuern und 1 Zeughammer. 1803 wurde der Blauofen in einen Hochofen mit offener Brust umgebaut und eine Gießerei eingerichtet, für welche das benötigte Roheisen später meist in den neu erbauten Kupolöfen erst umgeschmolzen wurde. Da in der Verwaltung eine ziemlich starke Mißwirtschaft herrschte, waren die Erfolge anfangs so schlecht, daß das Werk 1822 seiner Auflösung nahe war. Dem wurde dadurch vorgebeugt, daß die Oberleitung einem theoretisch und praktisch ausgebildeten Hüttenmann Ignaz Vitus Ritter von Pantz, gewesenem Berg- und Hüttendirektor zu Blansko in Mähren, anvertraut wurde. Unter ihm entwickelte sich diese anfangs nur unbedeutende Hütte immer mehr, so daß sie 1834 zu einer k. k. priv. Guß- und Schmiedeeisenwarenfabrik erhoben wurde. Die Konzession bestand 1838 aus 1 Eisenberg- und Schmelzwerk, 1 Eisengießerei, 1 Eisenhammerwerk mit 8 Zerrennfeuern mit 4 Schlägen, 1 Wärmefeuer mit 3 Schlägen und 1 Hilfsfeuer, dann einem Bohr-, Dreh- und Schneidwerk. Diese Eisenwerke, verbunden mit der Eisenwarenfabrik, lieferten Güsse vom kleinsten Kunst- bis zum größten Maschinenstück, abgedrehte Walzen, Pressen, Röhren,

Hof.

[1]) Ber. ü. d. Ausst. Klagenfurt, 1838, S. 29 f.; Tafeln z. Stat. f. 1841. — [2]) Ber. ü. d. Ausst. Klagenfurt, 1838, S. 7 f., 52 f. — [3]) Ber. ü. d. Ausst. Klagenfurt, 1838, S. 10, Graz, 1841, S. 14 ff. — [4]) Ber. ü. d. Ausst. Klagenfurt, 1838, S. 17, Laibach, 1844, S. 21.

alle Teile.für Dampfmaschinen, Monumente usw. Die jährliche Produktion des Hochofens betrug 1838 10.000—12.000 Ztr. Fast alle Lufterwärmungsapparate, die bei den Eisenwerken Innerösterreichs in Verwendung standen, wurden von Hof geliefert. Als Pantz 1836 starb, trat ein sehr gefährlicher Stillstand ein, da die Fabrik 1$^3/_4$ Jahre provisorisch verwaltet wurde, am Ende 1837 die Fabrikskassa gänzlich erschöpft und passiv war und die Unternehmung abermals vor der Auflösung stand. Durch bedeutende Opfer gelang es, sie zu retten und wiederum auf eine hohe Stufe zu bringen. Das Fabrikspersonal bestand 1841 aus 1 Direktor, 5 Beamten, 1 Maschinisten, 1 Modelleur, 1 Ziseleur, 130 Knappen, 55 Holzern, 22 Köhlern,.14 Hochofenarbeitern, 48 Gießern, 9 Hammerschmieden, 4 Werkschmieden, 20 Maschinenschlossern und Drehern, 8 Kunstschlossern, 6 Zimmerleuten, 7 Modelltischlern, 2 Werksmaurern, 6 Aufsehern und Kohlmessern, 10 Handlangern und 430 Frächtern. Bei der Ausstellung zu Graz 1841 und zu Laibach 1844 erhielt diese Unternehmung die goldene Medaille, in Wien 1845 die silberne. 1845 wiesen diese Etablissements 2 Hochöfen und 1 Kupolofen auf[1]. Im Mai 1848 bat der Verwalter F. X. Aschr um die Bewilligung, 3 Hartzerrennfeuer in 3 Kupolöfen zur Eisenwarenfabrikation umzuändern, da ,,infolge eines von Jahr zu Jahr sich steigernden Bestellungsquantums von Gußeisenwaren" die Hochofenproduktion allein unzureichend sei, ein deutliches Zeichen, wie sehr das Werk sich gehoben hatte[2].

Sava.   Die Eisenwerke zu Sava in Oberkrain. Die Anfänge derselben reichen bis in die zweite Hälfte des 14. Jahrhunderts zurück[3]. Seit 1766 waren sie im Besitze von Valentin Ruard. Nach einem Visitationsberichte aus dem Jahre 1776 befanden sich alle Einrichtungen des Werkes in einem so guten Zustande, daß seit Menschengedenken diese Werke nicht so fachmännisch betrieben worden waren. Nur war Valentin Ruard stark verschuldet. Um sein Werk zu heben, suchte er einen erfahrenen Schmiedemeister in Eisenerz, damit er seine Arbeiter unterrichte und Verbesserungen lehre. 1789 übergab er die Werke seinem Sohne Leopold Ruard. Leopold starb 1834; ihm folgten seine Witwe, sein Sohn Viktor und seine Tochter Christine, verehelichte Koos. In Sava wurde der erste Versuch einer Eisenschmelzung mit Steinkohlen schon 1796 vorgenommen[4]. 1775 wurden daselbst 3800 Ztr. Roheisen und daraus 2800 Ztr. Stahl erzeugt, 1784 erzeugte Sava 13.704 Ztr. Grodl im Werte von 60.119 fl. 46 kr.; 1786 betrug die Produktion 17.531 Ztr. Roheisen, 1798 9835 Ztr. 1801 9490 Ztr., 1805 8137 Ztr., 1809 8600 Ztr. Zwischen 1809 und 1820 schwankte wegen der politischen und finanziellen Schwierigkeiten dieser Epoche sowie Mangel an Kohle oder Zufuhr anderer Materialien die jährliche Erzeugung zwischen 3700 und 8500 Ztr.[5] 1841 betrug die Produktionsmenge schon 36.880 Ztr. Roheisen und 224 Ztr. Gußeisen, womit die Eisenwerke zu Sava in Krain an erster Stelle standen[6].

---

[1] Müllner, Gesch. d. Eisens in Inneröst., I, S. 478, 549 ff.; Ber. ü. d. Ausst. Klagenfurt, 1838, S. 65, Graz, 1841, S. 30 ff., Laibach, 1844, S. 35 f., Wien, 1845, S. 142. — [2] Müllner, a. a. O., S. 560. — [3] Müllner, a. a. O., S. 374. — [4] Müllner, a. a. O., I, S. 425—430, 430 ff. — [5] Müllner, a. a. O., S. 433 f. — [6] Tafeln z. Stat. f. 1841.

In den Jahren 1795—1840 gehörte auch das Eisenwerk zu Passiek in Unter-
krain der Familie Ruard, hatte aber keine große Bedeutung und wurde 1840 an
Josef Atzl verkauft[1]).

Die Gewerkschaften zu Jauerburg und Feistritz in der Wo- Jauerburg
und
Feistritz.
chein in Oberkrain. Die Gewerke von Jauerburg, die bis zum Anfang des
15. Jahrhunderts zurückverfolgt werden können, kamen 1752 in den Besitz
der Familie Zois (später Freiherrn von Zois[2]). Michel Angelo Zois, der Erwerber
dieser Gewerke, starb 1777. Dann ging Jauerburg an seinen Sohn Sigismund
über, der es bis zu seinem 1819 erfolgten Tode betrieb.

Sein Erbe war sein Neffe Karl Freiherr von Zois, welcher 1836 starb.
Dessen Universalerbin war wiederum seine Gemahlin Seraphine, geborene von
Aichelburg[3]).

Im Jahre 1780 wurden in Jauerburg 8563 Ztr. Roheisen erzeugt, 1807
5756 Ztr. Roheisen und 1964 Ztr. Hammerprodukte[4]). 1841 wurden schon
22.220 Ztr. Roheisen erzeugt. Die Eisenwerke zu Feistritz in der Wochein
kamen 1740 in den Besitz der Familie Zois[5]) und lieferten 1841 5153 Ztr. Roheisen. Die Zoisschen Eisenwerke standen somit, was Menge der Produktion
in Krain betrifft, gleich hinter denjenigen von Sava[6]). Bei allen Freiherrn von
Zoisschen Stahl- und Eisenwerken zu Jauerburg und Rothwein, Feistritz und
Althammer in der Wochein waren 1843 ständig 980, zeitweise noch 650 Arbeiter
beschäftigt, außerdem an 600 Frächter[7]). Die Zoisschen Eisenwerke erhielten
bei der Wiener Ausstellung von 1845 die goldene Medaille[8]).

Die Gewerkschaft Sagratz (Zagradec) im Neustädtler Kreise in Sagratz.
Unterkrain ist schon 1568 nachweisbar. Die Eisenproduktion war daselbst nicht
groß, 1784 696 Ztr., 1798 1044 Ztr. Der Stuckofen wurde erst 1840 in einen
Hochofen umgewandelt. Diese Gewerkschaft erzeugte namentlich Nägel von
vorzüglicher Qualität[9]). Erst seit 1841, als das Werk in den Besitz von Alois
Freiherrn von Lazzarini kam, nahm es einen größeren Aufschwung[10]).

Die Gewerke zu Eisnern und Kropp in Oberkrain sind sehr alt. Die Eisnern und
Kropp.
zu Eisnern sind schon 1348 feststellbar, die zweiten in der ersten Hälfte des
15. Jahrhunderts. Sie erzeugten namentlich Nägel[11]).

In der Steiermark stand an der Spitze aller Eisenwerke die Innernberger Innernberger
Haupt-
gewerk-
schaft.
Hauptgewerkschaft[12]). „Von jeher waren die an dem Erzberge verantteilten
Gewerken, deren Zahl im Mittelalter sehr groß war, in zwei Hauptgesellschaften
geteilt, wovon die eine in Vordernberg und die andere in Eisenerz ihr rohes
Material zu Gute brachten. Die letztere nennt man zum Unterschiede von der
Vordernberger Gewerkschaft und in bezug auf die Lage jenseits des Erzberges

[1]) Müllner, a. a. O., S. 522 ff. — [2]) Müllner, a. a. O., S. 450, 456. — [3]) Müllner, a. a. O.,
I, S. 458. — [4]) Müllner, a. a. O., I, S. 462. — [5]) Müllner, a. a. O., I, S. 352 f. — [6]) Tafeln z.
Stat. f. 1841. — [7]) Ber. ü. d. Ausst. Laibach, 1844, S. 8 ff. — [8]) Ber. ü. d. Ausst. Wien, 1845,
S. 141 f. — [9]) Müllner, a. a. O., I, S. 533—549; Ber. ü d. Ausst. Klagenfurt, 1838, S. XXV. —
[10]) Ber. ü. d. Ausst. Laibach, 1844, S. 3 ff. — [11]) Müllner, a. a. O., I, S. 203; Tafeln z. Stat.
f. 1841. — [12]) Pantz, Die Innernberger Hauptgewerksch. 1625—1788 in Forschungen z. Verf.-
und Verw.-Gesch. d. Steiermark, Bd. VI/2; Ferro, Die Innernberger Hauptgewerksch. bis
1845 in Mont. Lehranst. 1843—1846, S. 197—420.

die Innernberger Gewerkschaft; daher es auch in alten Urkunden gebräuchlich war, die beiden Bergorte: Vordernberg des Eisenerzes und Innernberg des Eisenerzes zu benennen."

Diese beiden Gewerkschaften teilten den Erzberg nach der Lage der schon von jeher besessenen Parzellen durch eine Markscheidelinie, welche sich, vom Fuße des Berges gerechnet, in einer Höhe von 260 Klaftern um den Erzberg herum zog, so daß der untere Teil des Kegels nach Innernberg, die Kuppe mit einer Höhe von 180 Klaftern nach Vordernberg gehörte[1]).

Frühzeitig hatten sich in Eisenerz, dessen Schmelzwerke einzelnen Privaten gehörten, durch naturgemäße Arbeitsteilung drei Körperschaften gebildet, nämlich die Radgewerken, Hammergewerken und Verleger, welche letzteren aber ihren Sitz in der Stadt Steyr hatten. Da aber unter diesen Privatteilnehmern „außerordentliche Mißverhältnisse" eingetreten waren, so griff die Staatsverwaltung zu außerordentlichen Mitteln. Die Besitzer der Radwerke sowie jene der in die Konkurrenz eingreifenden Hammerwerke und die Verleger in Steyr mußten derart in eine Gesellschaft treten, daß sie ihr gesondertes Eigentumsrecht verloren und nur nach dem Verhältnis ihrer Einlagen Anteil an dem gemeinschaftlichen Vermögen erhielten. Über diese Vereinigung wurde unter Kaiser Ferdinand II. 1625 eine Unionsurkunde unter dem Namen Kapitulation errichtet. Durch diese Verfügung ist die Innernberger Hauptgewerkschaft entstanden und die Verwaltung derselben wurde vom Jahre der Gründung an durch Obervorgeher unter unmittelbarer Aufsicht des kaiserlichen Kammergrafenamtes geführt. In der in vier Teile zerfallenden Gründungsurkunde waren die Vorschriften für die künftige Betriebsführung der Rad- und Hammerwerke, sowie für die Verproviantierung und Kohlenversorgung festgelegt, die Arbeitsverhältnisse eingehend behandelt, die Normen für die Verwaltung der Körperschaft festgestellt, das Rechtsverhältnis der Teilhaber zur Gesellschaft bestimmt, endlich die Kompetenzen der landesfürstlichen und Grundobrigkeiten abgegrenzt. Zur Zeit dieser Vereinigung bestand der radgewerkische Körper aus 19, der hammermeisterische aus 39 Gewerken; der als Einlage gerechnete Vermögensstand der

Radgewerken war	164.324 fl. 33¼ kr.
der Hammergewerken	228.226 fl. 6¼ kr.
der Verleger	348.731 fl. 43¼ kr.
im ganzen . . .	741.282 fl. 22¾ kr.

Die Verbindung mißlang aber in der Detailausführung. „Man hatte zwar eine der Hauptursachen des bisherigen Unglücks erkannt und die Zahl der Radwerke und Hämmer, welche weder mit dem möglichen Aufbringen ihres Bedarfes an Kohle noch mit dem erreichbaren Absatz ihrer Erzeugnisse im Verhältnis stand, vermindert. Sieben Radwerke wurden bei der Vereinigung aufgelassen und ebenso auch eine bedeutende Zahl von Hämmern. Allein die Verleger zu Steyr konnten das Recht, für ihre Privatperson Interessenten der Union zu verbleiben, nicht lange genießen, da sie ihre Einlagen nicht an sich

---

[1]) Göth, Vordernberg in der neuesten Zeit, S. 17 .

ziehen und ihre eigenen Gläubiger nicht befriedigen konnten. Es wurde daher schon 1628 die höchste Verfügung getroffen, daß die Stadt Steyr selbst die verlegerische Einlage, daher auch die Passiven der Verleger übernehmen mußte" (Göth).

Ungefähr 40 Jahre ging nun die Geschäftsführung glänzend, bis sich endlich schwere Gebrechen herausstellten, indem große Verworrenheit in der Rechnungsführung herrschte und man daher eine mangelhafte Übersicht über den Vermögensstand der Gewerkschaft hatte. Daher wurde 1669 durch eine abermalige Hofkommission ein Additionale zur Kapitulation hinzugefügt und die Macht der Ober- und Untervorgeher zugunsten derjenigen des Kammergrafenamtes beschränkt.

Dieser Zustand dauerte bis 1782, in welchem Jahre Kaiser Josef II. die Administration des Kammergrafenamtes aufhob und der Hauptgewerkschaft das Recht der freien Selbstverwaltung gab; damit beginnt eine neue Epoche ihrer Entwicklung. Statt daß aber nun die Interessenten darauf gedacht hätten, sich durch einen zweckmäßigen Gesellschaftsvertrag eine Verfassung zu geben, wodurch die Leitung des ganzen Werkes in die Hände verständiger Männer gegeben worden wäre, wurde die Einrichtung so getroffen, daß die administrative Gewalt größtenteils unkundigen Gewerken übergeben wurde. Über alle wichtigen Angelegenheiten wurde durch Kongresse in der Stadt Steyr Beschluß gefaßt, was die Ausführung stark verschleppte.

Diese Verwaltungsepoche der freien Selbstverwaltung dauerte daher auch nicht lange. Im Jahre 1798 bildete sich in Wien eine Unternehmung mit großen Plänen unter dem Namen Kanal- und Bergbaugesellschaft, welche unter anderem einen Kanal zwischen Wien und Triest bauen wollte, der jedoch nur bis Wr.-Neustadt gedieh. Diese löste mehrere Anteile der Privatinteressenten der Hauptgewerkschaft an sich und suchte ihren Anteil an der Innernberger Hauptgewerkschaft immer mehr zu vergrößern und selbst der größte Interessent, die Stadt Steyr, überließ nach langen Verhandlungen ihren Anteil gegen Ablösung dieser Gesellschaft. Nachdem diese so den größten Teil der Hauptgewerkschaft besaß, führte sie auch die hauptgewerkschaftlichen Geschäfte.

Doch auch dies währte nicht lange, da sich die Gesellschaft auflöste; von 1805—1807 wurde die Hauptgewerkschaft von einer eigenen Hofkommission verwaltet, bis endlich 1808 mit der Kanal- und Bergbauunternehmung auch die Hauptgewerkschaft an das k. k. montanistische Ärar kam und zur Verwaltung der k. k. montanistischen Hofkammer übergeben wurde, in welchem Jahre man am 10. April auch die Statuten für die „k. k. priv. Innernberger Hauptgewerkschaft der Stahl- und Eisenhandlung im Erzherzogtum Österreich und dem Lande Steier" bestimmte. Am 1. November 1810 wurde hier ein neues Oberkammergrafenamt organisiert, das bis 1816 dauerte, in welchem Jahre die k. k. Innernberger Eisenwerksdirektion an seine Stelle trat.

So besaß das Ärar 19 Zwanzigstel, mehrere Privatteilnehmer 1 Zwanzigstel der Hauptgewerkschaft. Zu dieser Gewerkschaft gehörten in den dreißiger Jahren des 19. Jahrhunderts ein Teil des Erzberges, 3 Hochöfen samt anderen

Besitzungen in Eisenerz, sowie 1 Hochofen in Hieflau[1]), wohin die Erze vom Erzberge geführt wurden. Der in Radmer bestandene Hochofen und Bergbau wurde 1813 aufgelassen. Ferner gehörten dazu in der Steiermark 7 Hammerschläge mit 13 Feuern in Klein-Reifling, 6 Schläge mit 11 Feuern in Donnersbach, 5 Schläge mit 9 Feuern in Gulling, 3 Schläge mit 5 Feuern in Lainbach, 23 Schläge mit 37 Feuern in Gallenstein und 4 Schläge mit 6 Feuern in Wildalpen; im Erzherzogtum Österreich 15 Schläge mit 25 Feuern in Reichraming, 9 Schläge mit 17 Feuern in Weyer, 7 Schläge mit 11 Feuern in Hollenstein und 10 Schläge mit 14 Feuern in Reichenau; endlich gehörten noch dazu die Herrschaften Hieflau und Donnersbach in Steiermark, Reichenau in Österreich samt einer Menge Besitzungen an Bauerngütern, Wäldern, Holz- und Kohlengebäuden, Viktualienmagazinen, Faktoreien u. a.

Im Durchschnitt der Jahre 1625—1836 betrug die jährliche Erzeugungsmenge 89.142 Ztr. Roheisen; darunter war die höchste Erzeugung von 147.471 Ztr. die des Jahres 1834, die kleinste (abgesehen von den Jahren 1625 und 1626) im Jahre 1818 mit nur 43.567 Ztr. Im Durchschnitt von 1837 bis einschließlich 1842 betrug die Roheisenerzeugung schon 200.000 Ztr., 1843 226.134 Ztr., 1844 228.626 Ztr. Von dieser Produktion wurden am Ende der dreißiger Jahre auf den eigenen hauptgewerkschaftlichen Hammerwerken 120.000 Ztr. zu Eisen und Stahl verarbeitet, der Rest an Privathammergewerken zur Weiterverarbeitung verkauft.

Auf den gesamten angeführten hauptgewerkschaftlichen Hämmern zu Österreich und der Steiermark betrug das beschäftigte Personal 1835 1268 Köpfe. Zu Anfang des Jahres 1838 wurden mit Einschluß des Aufsichtspersonals 1816 stabile und provisionsfähige, sowie 768 zeitlich angestellte Arbeiter gezählt[2]).

Zu Eisenerz wurden seit 1814 vom Gubernialrate Seybold (Direktor dieser Eisenwerke) mehrere kleinere Eisenbahnen angelegt, auf welchen Eisenerze und Kohlen hin- und hergefahren wurden. 1824 betrug die Gesamtlänge dieser Eisenbahnen schon bei 1500 Klafter[3]).

Die Vordernberger Radmeisterkommunität. Die Vordernberger Radgewerken, deren ununterbrochene Reihenfolge vom Jahre 1440 angefangen bekannt ist, betrieben den Abbau des oberen Teiles des Erzberges und hatten ihre Radwerke in Vordernberg. Obwohl von den einzelnen Werksbesitzern jeder sowohl seinen eigenen Berg- als Hüttenbetrieb für sich hatte, so kam es schon seit dem Anfange des 16. Jahrhunderts öfters vor, daß sie bei Gelegenheiten, die ihre Gesamtheit betrafen, gemeinsam auftraten[4]). Den größten Teil der Bewohner von Vordernberg machten die Arbeiter der daselbst befindlichen 14 Eisenschmelzwerke aus, welche längst des Vordernbergerbaches lagen. Die Zahl der Schmelzwerksbesitzer belief sich in Vordernberg bis zum Jahre 1760 auf 14 und jeder von ihnen hatte am Erzberge gewisse getrennte, jedoch unter sich sehr verschiedene Anteile. Im Jahre 1759 wurde eines dieser Schmelz-

Die Vordernberger Radmeisterkommunität.

---

[1]) Dieser Hochofen wurde 1816 errichtet (Großind. Öst., I, 196). — [2]) Pantz, a. a. O.; Ferro, a. a. O., S. 204 ff.; Göth, Das Herzogtum Steiermark, II, S. 156, 181—185; Ber. ü. d. Ausst. Klagenfurt, 1838, S. XXVII ff., Graz, 1841, S. XLVI. — [3]) Keeß u. Blumenbach, a. a. O., II, S. 384 f — [4]) Göth, Das Herzogtum Steiermark, II, S. 155—160.

und Radwerke[1]), und zwar Nr. 6 von den übrigen 13 als ein Gemeingut angekauft, durch einen Werksverweser verwaltet, der Reinertrag zur Bestreitung gemeinschaftlicher Lasten verwendet und das übrige gleichförmig verteilt. Die anderen 13 Radwerke waren aber Alleineigentum eines jeden jeweiligen Besitzers. Diese Radgewerken wählten von jeher einen Vorsteher aus ihrer Mitte, der bei öffentlichen Verhandlungen, bei Verträgen u. dgl. alle vertrat, bei den monatlichen allgemeinen Beratungen und Sitzungen die Vorträge hielt und in augenblicklich notwendigen Fällen innerhalb des Rahmens seiner Vollmacht Anordnungen traf oder bei wichtigeren Gegenständen die Beschlüsse der Gesamtheit in Ausführung brachte. Diesem jedesmal auf drei Jahre gewählten Vorsteher, dessen Amt nur ein Ehrenamt ohne Besoldung war, war zur Führung der Geschäfte nebst einem Kanzleipersonal auch ein Sekretär beigegeben, welcher mit dem Vorsteher die Gesellschaft repräsentierte. Die Gesellschaft dieser Radgewerken hatte stets den Namen Radmeisterschaft oder Radmeisterkommunität und führte seit 1510 bei mehreren Gelegenheiten durch Übereinkommen und Verträge ein gewisses gleichförmiges gesellschaftliches Verfahren unter sich ein. Auch kaufte die Gesellschaft mehreres allgemein Notwendige für alle Gewerken ein.

Allen Gewerken gemeinschaftliche oder kommunitätliche Besitzungen waren nebst dem schon erwähnten Radwerke Nr. 6 noch ein Zeughammer, zu welchem jeder Radgewerk jährlich eine gewisse Menge Roheisen gab und davon das für seinen Bedarf nötige Zeugeisen erhielt, ferner 1 Hammerwerk zu Kallwang, mehrere Häuser in Vordernberg, in welchen kommunitätliche Beamte wohnten, das Raithaus, in welchem die kommunitätlichen Kanzleien sich befanden und mit den Kohlenlieferanten, Holz- und anderen gemeinschaftlichen Arbeitern geraitet und abgerechnet wurde, ein gemeinschaftliches Arbeiterhaus, in welchem von jedem Radwerke zwei Familien wohnten, mehrere Kohlenmagazine und Kohlschreiberhäuser in Leoben, Kaisersberg, Michael, Hohenrain, eine Plettenfabrik an der Mur, mehrere ausgedehnte Holztrift- und Kohlengebäude, einige Bauerngüter und mehrere Waldungen.

Die einzelnen Radmeister betrieben den Abbau am Vordernberger Anteil des Erzberges ursprünglich selbständig, was aber auf die Dauer zu einer Gefahr für die Zukunft werden konnte. Da die Innernberger Hauptgewerkschaft ihr Roheisen, soweit sie es nicht auf ihren eigenen Hämmern verarbeitete, fast ganz an die Hammergewerken in Österreich absetzte, so war Vordernberg der einzige bedeutende Bezugsort des Roheisens für die steiermärkischen Hammerwerksbesitzer. Wollte man diesen großartigen Industriebetrieb, der durch den Bezug von Kohle und Lebensmitteln weite Kreise zu Mitinteressenten seines Gedeihens hatte, nicht ins Stocken bringen, so mußte dafür gesorgt werden, daß die Roheisenerzeugung in Vordernberg nicht unterbrochen werde, daß die im Erzberge vorhandenen Erze ohne Unterbrechung und in hinreichender Menge gewonnen werden können. Erzherzog Johann, dem die Steiermark und

---

[1]) Der Name Radwerk entstand daher, weil diese Werke zu ihrer Betreibung vorzüglich Wasserräder verwendeten (zum Gebläse, zu den Pochwerken usw.).

Innerösterreich überhaupt so viel verdankt, unternahm es, diesbezüglich helfend einzugreifen, und wurde 1822 durch Ankauf des Radwerkes Nr. 2 Radmeister in Vordernberg, um so ein Recht zu haben, über die dortigen Verhältnisse selbst mitzureden.

Bald nach dem Eintritte des Erzherzogs in die Gesellschaft der Radgewerken wurde von der Radmeisterschaft 1823 die Religionsfondsherrschaft Seckau bei Judenburg und 1827 die Staatsherrschaft Göß bei Leoben gekauft, so daß die Gesellschaft durch den bedeutenden Waldbestand von 21.212 Joch dieser beiden Besitzungen sowohl für die Zukunft bezüglich des Kohlenbedarfes zum Teile gesichert war, als auch dadurch die Kohlenpreise zu bestimmen in die Lage kam.

Erzherzog Johann veranlaßte 1824 eine geognostische Untersuchung des Erzberges durch Professor Riepl vom Wiener polytechnischen Institut, welche Untersuchung alle Mängel, die dem Betriebe anhafteten und einen großen Erzverlust, große Holzverschwendung und große Gefahren für die Knappen bedeuteten, aufdeckte. Professor Riepl fügte seinem Untersuchungsberichte den einzigen Vorschlag zur Abhilfe bei, nämlich: „durch eine Vereinigung der Vordernberger Gewerken zu einem gemeinschaftlichen zweckmäßigen Tag- und Grubenbau ihre Anteile am Erzberge abzubauen[1]“. Daraufhin beschlossen 1825 12 Radgewerken (der Besitzer des Radwerkes Nr. 7 wollte davon nichts wissen), den Bergbau gemeinschaftlich zu betreiben und zu diesem Zwecke ihre Anteile am Erzberge in ein gemeinschaftliches Eigentum zur gemeinsamen Abbauung und Förderung der Erze zu vereinigen. Nachdem die behördlichen Erhebungen und die Verhandlungen behufs Regulierung der Grenze des Vordernberger Anteiles am Erzberge gegenüber dem Anteile der k. k. Innernberger Hauptgewerkschaft längere Zeit gedauert hatten, wurde der Vertrag zwischen diesen Gewerken am 29. Juni 1829 unterfertigt[2]. „Die vereinten Radgewerken stellen in Bezug auf den in die Gemeinschaft gezogenen Bergbau eine moralische Person vor und in der Gesamtheit derselben liegt demnach auch die Macht, über die Vereinsverhältnisse und Angelegenheiten zu beschließen und zu verfügen. Die Geschäfte des Vereins und die Verhandlungen darüber im allgemeinen werden der jeweilige kommunitätliche Vorsteher und Sekretär zu leiten haben. Zur Leitung des Bergbaues wird aber eine aus zwei Mitgliedern der Radgewerken und dem jeweiligen Kommunitätsvorsteher bestehende Direktion bestellt.“ (§ 11.) Die Wirksamkeit dieses Vereines beschränkt sich auf die Gewinnung und Förderung des Erzes (§ 7)[3].

Die Folgen dieser Union waren ungemein segensreich, da die gemeinschaftliche Förderung eine viel wohlfeilere und schnellere war, da sie insbesondere seit 1835 durch Schienenwege und Förderungsmaschinen erfolgte, welche Einrichtung bei getrenntem Abbau unmöglich gewesen wäre[4].

---

[1]) Göth, Vordernberg, S. 5 f., 100—113; Pantz und Atzl, a. a. O., S. 263 ff. — [2]) Göth, a. a. O., S. 116—140. — [3]) Göth, Vordernberg, S. 195 ff. — [4]) Göth, Vordernberg, S. 150 ff., 188; Göth, Das Herzogtum Steiermark, II, S. 159; Besitzer der einzelnen an der Union beteiligten Radwerke waren: Nr. 1 Karl Ritter von Bohr und dessen Gemahlin Anna, Nr. 2 Erzherzog Johann, Nr. 3 Josef Sessler, Nr. 4 Therese Steyrer, Nr. 5 Karl von Schraglsche

Die Roheisenerzeugung Vordernbergs erreichte bis zum Jahre 1782 gewöhnlich nur ein Jahresquantum von höchstens 165.000 Ztr. Nach Aufhebung der Verschleißwidmung (29. Dezember 1781) fing diese aber gleich zu steigen an, betrug 1785 schon bei 180.000 Ztr. und vergrößerte sich weiterhin von Jahr zu Jahr[1]).

Die Weiterentwicklung der Roheisenerzeugung in Vordernberg zeigt folgende Tabelle[2]):

In den Jahren	Wurden in Vordernberg an Roheisen erzeugt	Preis des Roheisens pro Zentner		Geldwert des Eisens nach den nebenstehenden Preisen		In den Jahren	Wurden in Vordernberg an Roheisen erzeugt	Preis des Roheisens pro Zentner		Geldwert des Eisens nach den nebenstehenden Preisen	
	Zentner	fl.	kr.	fl.	kr.		Zentner	fl.	kr.	fl.	kr.
1786	185.502	2	45	499.130	30	1811	166.603	6	—	999.618	—
1787	175.971	2	45	483.920	15	1812	141.477	5	—	707.385	—
1788	181.329	2	45	498.654	45	1813	100.147	5	—	500.735	—
1789	185.994	2	45	511.483	30	1814	122.077	7	30	915.577	30
1790	191.640	3	—	574.920	—	1815	153.713	12	30	1,921.412	30
1791	183.907	3	—	551.721	—	1816	157.024	14	—	2,198.336	—
1792	202.789	3	—	608.367	—	1817	160.807	13	—	2,090.491	—
1793	201.908	3	—	605.724	—	1818	124.532	10	—	1,245.320	—
1794	203.012	3	—	609.036	—	1819	169.277	8	—	1,354.206	—
1795	208.303	3	—	624.909	—	1820	184.692	8	—	1,477.536	—
1796	203.378	3	—	610.134	—	1821	173.522	8	45	1,518.317	30
1797	171.484	3	—	514.452	—	1822	201.324	8	45	1,761.585	—
1798	199.638	3	—	598.914	—	1823	188.658	8	30	1,603.593	—
1799	215.564	3	—	646.692	—	1824	194.163	8	—	1,553.304	—
1800	207.895	3	—	623.685	—	1825	209.071	7	—	1,463.497	—
1801	185.723	4	—	742.892	—	1826	229.190	6	30	1,489.735	—
1802	184.514	4	30	830.313	—	1827	210.209	6	30	1,366.358	30
1803	186.643	5	—	933.215	—	1828	233.366	7	30	1,750.245	—
1804	194.544	5	30	1,069.992	—	1829	224.283	6	45	1,513.910	15
1805	204.164	6	—	1,244.984	—	1830	219.603	6	30	1,409.419	30
1806	163.987	7	—	1,147.909	—	1831	233.627	6	30	1,518.575	30
1807	201.424	7	45	1,460.324	—	1832	235.958	6	30	1,533.727	—
1808	213.773	8	—	1,710.184	45	1833	246.556	6	30	1,602.614	—
1809	140.643	9	15	1,300.947	45	1834	240.990	7	15	1,747.177	30
1810	170.561	11	45	2,004.111	45	1835	245.343	8	15	2,024.079	45

Nach diesen Zahlen stieg die Produktionsmenge bis 1796, 1797 fiel sie wegen der Kriegsereignisse bedeutend, hob sich wieder bis 1801, fiel in diesem Jahre und fing 1803 neuerdings zu steigen an, was bis 1809 fortdauerte mit der einzigen Ausnahme des Jahres 1806 infolge der Nachwirkung der feindlichen Invasion; 1809 war wieder ein starker Rückgang zu verzeichnen, der 1813 am stärksten war. Die Produktionsziffer für 1813 war überhaupt die niedrigste in

---

Erben, Nr. 8 und 10 Stadt Leoben, Nr. 9 Katharina Schragl, Nr. 11 Johann Nepomuk Prandstetter, Nr. 12 Johann Fürst zu Schwarzenberg, Nr. 13 Kajetan von Ebental, Nr. 14 Maria von Eggenthal und ihre Tochter Josefa; Nr. 6 war im Besitze der Kommunität; Nr. 7 blieb außerhalb der Union (Göth, Vordernberg, S. 197). — [1]) Göth, Vordernberg, S. 245 f. — [2]) Göth, Vordernberg, 246 f.

der ganzen fünfzigjährigen Periode, für welche die Tabelle die Daten bringt. Seitdem ist eine fortwährende Zunahme festzustellen.

Das außerordentliche Schwanken des Preises pro Zentner erklärt sich daraus, daß die Angaben sich auf Papiergeld (Wiener Währung) beziehen, dessen Wert bis 1799 dem der Silbermünze gleich war und seitdem allmählich immer mehr zu sinken anfing, bis 1811 die Reduktion vorgenommen wurde. Von 1812 an wurde die Differenz allmählich immer kleiner und 1822 betrug der Wert 250 fl. W. W. = 100 fl. C. W. Die ersten zwei Jahrzehnte des 19. Jahrhunderts, wo infolge der Kriegswirren die Produktion sehr gehemmt war, waren für Vordernberg schlechte Jahre. Es blieben große Vorräte lange unverkauft liegen, die Abnehmer konnten, ungeachtet ihnen drei- und mehrmonatlicher Respiro zugestanden war, ihre Zahlungen oft kaum nach 6—9 Monaten leisten und doch mußte die Radmeisterschaft, da der Verkauf des Roheisens nur an berechtigte Hammergewerken gestattet war, alle ihre Einkäufe und andere Schuldigkeiten stets bar bezahlen[1]).

Die Zahl der Arbeiter, welche in Vordernberg 1835 bei der Aufbringung der nötigen Erze und bei der Schmelze beschäftigt waren, betrug 1076 und alle diese sowie ihre Familienglieder, deren Zahl mehr als 2000 betrug, erhielten ihren unmittelbaren und vollständigen Unterhalt von der Eisenindustrie in Vordernberg[2]).

Im Jahre 1840 wurde auf den 14 Hochöfen der Vordernberger Kommunität 300.000 Ztr. Roheisen im Werte von 1,500.000 fl. erzeugt[3]). Die Verarbeitung des Roheisens erfolgte nicht durch die Vordernberger Kommunität, welche sich nur mit der Erzeugung von Roheisen befaßte.

Neben der Innernberger Hauptgewerkschaft und der Vordernberger Radmeisterkommunität wiesen die bedeutendste Eisenerzeugung in der Steiermark die Eisenwerke des Fürsten Schwarzenberg zu Turrach und diejenigen von Ritter von Friedau in Liezen und Vordernberg auf.

Turrach.   Die Eisenwerke des Fürsten Johann Adolf zu Schwarzenberg in der Steiermark reichen in sehr alte Zeiten zurück. Den Ursprung bilden die Hammerwerke bei Murau, welche 1623 in den Besitz der fürstlichen Familie gelangten. Eine bedeutende Erweiterung erfolgte durch die Gründung der Turracher Werke im Jahre 1657. Es folgte die Errichtung der Paaler Hämmer und die allmähliche Erwerbung mehrerer Hammerwerke in Murau, Unzmarkt, Katsch und Scheifling, endlich 1802 und 1807 auch des Bruckenhammers in Murau und der Hammerwerke in Niederwölz. Im Jahre 1840 besaß die fürstliche Familie folgende Objekte: a) den Hochofen in Turrach, wo 1838 an 46.000, 1841 an 42.000 Ztr. Roheisen erzeugt wurden; b) das Stahlhammerwerk in der Paal; c) den Kulmhammer; d) den Herrschaftshammer; e) den Grüblhammer; f) die Zeugschmiede; g) das Hammerwerk Katsch; h) den Heiligenstadthammer; i) den Streckhammer; k) das Hammerwerk Niederwölz; l) das Stahlfeuer in

---

[1]) Göth, Vordernberg, S. 246 f. — [2]) Göth, a. a. O., S. 250. — [3]) Ber. ü. d. Ausst. Graz, 1841, S. XLVI.

Scheifling; *m*) das Hammerwerk zu Frauenberg. Außerdem gehörte demselben
Besitzer ein Radwerk der Vordernberger Kommunität[1]).

Bedeutend war auch die Menge der Roheisenerzeugung der Eisenwerke Liezen.
von Ritter von Friedau zu Liezen und Vordernberg. Diese Menge betrug 1841
im ganzen 53.650 Ztr. Doch entfiel der größte Teil davon auf das Radwerk
in Vordernberg, während zu Liezen 9500 Ztr. erzeugt wurden[2]). Das Eisenwerk
zu Liezen gehörte seit 1706 dem Stifte Spital am Pyhrn, später dem Stift Admont, von welchem es erst an Ritter von Friedau überging[3]).

Das ärarische Eisenwerk zu Neuberg im Brucker Kreise gehörte Neuberg.
zunächst dem Stifte Neuberg, nach dessen Aufhebung 1786 dem Religionsfonds,
bis es 1800 an das Ärar kam[4]). Der Hochofen wurde 1812, das Puddlingwerk
1836 erbaut. Es bestand 1838 aus 2 Hochöfen, 6 Weich-, 2 Hartzerrenn-,
4 Wärme- und 2 Hilfsfeuern mit 7 Schlägen und zeichnete sich durch große
technische Vollkommenheit aus[5]). Um diese Zeit betrug die Zahl der beim
Berg- und Hüttenbetriebe Beschäftigten 578 Köpfe[6]). Nach dem Urteile von
Sachverständigen stand dieses Eisenwerk in den neuesten Fortschritten des
Eisenwesens obenan und war zur Musterschule für die inländischen Puddling-
und Walzwerke geworden, da es das größte und vorzüglichste Walzwerk in der
Steiermark hatte. Es lieferte auch Eisenbahnschienen in großer Menge[7]). Die
Roheisenerzeugungsmenge belief sich 1836 auf 20.514 Ztr. Auf den 8 Feuern
mit 4 Schlägen, dem Kunsthammer und 3 Flammöfen samt Walzwerk wurden
im selben Jahre 20.664 Ztr. Grobeisen, 13.825 Ztr. Streckeisen und 2500 Ztr.
Blech erzeugt[8]).

Unter den Eisen- und Gußwerken gehörte in der ersten Hälfte des 19. Jahr- Mariazell.
hunderts zu den großartigsten jenes von Mariazell in der Steiermark. Obwohl
schon im Mittelalter im Betriebe, wurde es doch in der modernen Form vom
Stifte St. Lamprecht im Jahre 1740 errichtet und blieb Eigentum des Stiftes
bis zu dessen Aufhebung im Jahre 1788. Bei der Restauration des Stiftes wurde
das Gußwerk dem Religionsfonds abgetreten und endlich 1800 vom Ärar abgelöst. Seitdem wurde daselbst sehr viel zur Emporbringung des Werkes geleistet. Das Verdienst, dasselbe in einen hohen Schwung und auf eine bedeutende Höhe gebracht zu haben, gebührt dem unermüdlichen Eifer und der
tiefen Sachkenntnis des Oberverwesers Johann Hippmann. Im Jahre 1820
begann die Kanonengießerei und 1831 erfolgte der Bau der ersten Gußflamm-
öfen.

Die großartige Einrichtung des Gußwerkes bestand 1840 *a*) aus der Guß-
hütte, welche 3 Hochöfen und 1 Kupolofen enthielt; *b*) aus dem Gebläsehaus;
c) aus 2 großen Schlackenpochwerken; *d*) der Lehmformerei und dem Flamm-
ofengebäude; *e*) dem Pochhammer und 2 Quetschwerken, um die Ofenschlacken

---

[1]) Großind. Öst. (1898), I, 233, (1908), I, 43; Ber. ü. d. Ausst. Gräz, 1841, S. 4 ff. — [2]) Tafeln
z. Stat. f. 1841; Ber. ü. d. Ausst. Gräz, 1841, S. XLVII. — [3]) Göth, Herzogtum Steiermark,
III, S. 68 f. — [4]) Göth, Das Herzogt. Steiermark, I, S. 337. — [5]) Ber. ü. d. Ausst. Klagenfurt, 1838, S. 23; Großind. Öst., I, 197. — [6]) Göth, Das Herzogtum Steiermark, I, S. 337. —
[7]) Ber. ü. d. Ausst. Wien, 1839, S. 73 f., 1845, S. 130. — [8]) Göth, Das Herzogt. Steiermark,
I, S. 338.

und Sandsteine zu pochen; *f*) einer großen Schlossereiwerkstätte; *g*) einer großen Zeugschmiede und vielen anderen Vorrichtungen. 1829 und 1830 wurde stromaufwärts an der Salza ein großes Bohrwerkgebäude ganz neu erbaut, in welchem Kanonen abgedreht und gebohrt wurden. Lange war dieses Gußwerk das einzige im Lande, in welchem größere Maschinenbestandteile erzeugt werden konnten, wegen der daselbst befindlichen großen Bohr- und Drehwerke. Das Personal betrug 1840 mehrere Beamte und 165 sonstige Beschäftigte. 1845 hatte das Werk 3 Hochöfen, 2 Kupol- und 3 Flammöfen[1]).

St. Stephan. Neben Mariazell und Neuberg war staatlich in der Steiermark das ebenfalls ausgedehnte Gußwerk zu St. Stephan im Brucker Kreise[2]). Dieses Werk wurde von Karl Schulling 1785 begonnen, 1799 an Abbé Fortunat Speck, von diesem 1810 an den Grafen von Festetits und Freiherrn von Baldacci verkauft und von letzteren 1834 an das k. k. montanistische Ärar überlassen. 1840 bestand es aus einem ausgedehnten Hüttenwerke (Hochofen) in Verbindung mit 2 Form-, Appretier- und Schlosserwerkstätten. Außerdem hatte es 2 Kupolöfen zum Aufschmelzen des erzeugten Brucheisens. Die Erzeugnisse der Gießerei bestanden größtenteils in Öfen, Töpfen, Kesseln und Maschinenbestandteilen. Zur Appretur der Gußwaren dienten mehrere Dreh-, Bohr- und Schleifwerke, 2 Schneidwerke sowie 6 gußeiserne Hand- und 2 Holzdrehbänke. Die Gesamterzeugung bestand 1836 in 3957 Ztr. Roh- und 4723 Ztr. Gußeisen. Die Zahl der beschäftigten Arbeiter betrug ungefähr 100[3]).

Pitten. Das gräflich Pergensche Eisenwerk zu Pitten, das bedeutendste Niederösterreichs, wurde 1787 in Betrieb gesetzt[4]).

In der Nähe von Reichenau befand sich das der k. k. Innernberger Hauptgewerkschaft gehörige Reichenauer Eisenwerk; der Hochofen hiezu war in Edlach[5]).

In Oberösterreich bestand im Hausruckkreise bei Wels das k. k. priv. Noitzmühler Eisenguß-, Blech- und Stabeisenwalzwerk, welches zu Anfang der vierziger Jahre jährlich bei 3000 Ztr. Gußwaren, 9000 Ztr. ordinäres Dachblech und 6000 Ztr. Flammeisen lieferte[6]).

Eisenwarenfabrik in Neumarktl. Die k. k. priv. Josef Freiherr von Dietrichsche Eisen-, Stahlund englische Feilen-, dann Zeugwarenfabrik zu Neumarktl in Krain beruht auf sehr alten Anfängen; namentlich die Eisen- und Stahlhämmer derselben sind sehr alten Ursprungs. Die Feilenfabrik wurde von den Engländern Tylor und Tuton 1808 unter dem damaligen Besitzer Grafen Radetzky angelegt und ging später durch Kauf in den Besitz des Freiherrn von Dietrich über. Gegen Ende der dreißiger Jahre bestand die ganze Unternehmung aus 1 Eisenhammerwerk mit 2 Zerrennherden, 1 Bratfeuer, 2 abgeteilten

---

[1]) H. K. A. Kom. Praes. 1819, Nr. 368; Göth, Das Herzogt. Steiermark, I, S. 231—237; Keeß, a. a. O., III, S. 103, 549 f.; Inneröst. Ind. u. Gew. Bl. 1840, S. 303—307; Frankenstein, Fabriksbilderatlas, 1842, S. 9—13; Ber. ü. d. Ausst. Wien, 1845, S. 120, 127; Großind. Öst., I, 195. — [2]) Tafeln z. Stat. f. 1841; Ber. ü. d. Ausst. Klagenfurt, 1838, S. 45. — [3]) Göth, Das Herzogt. Steiermark, II, S. 278 ff. — [4]) Blumenbach, Landeskunde von Österr. u. d. Enns, II, S. 112. — [5]) Blumenbach, a. a. O., II, S. 113. — [6]) Ber. ü. d. Ausst. Graz, 1841, S. XLIX; vgl. auch unten S. 620.

Hämmern, 4 Streckhämmern, 1 Stahlhammer, 1 Zeugschmiede, in welcher
Sensen, Sicheln, Sägen, Schaufeln u. a. erzeugt wurden, 1 Zementofen
und 1 Feilenfabrik.

Das Arbeitspersonal bei den Eisenhammerwerken bestand aus 16, bei den
Stahlwerken aus 13, bei der Feilenfabrik aus 40 Mann; im ganzen waren
über 100 Personen beschäftigt. Noch gegen Ende der dreißiger Jahre war dies
die einzige Fabrik in Österreich, welche Zementstahl erzeugte[1]).

Franz Mayer, Inhaber der Hammerwerke Erlach und Waasen Donawitz.
sowie des Puddlingwerkes zu Donawitz bei Leoben und einer Feilen-
hauerei in Bruck a. d. Mur. Das als erstes in der Steiermark erbaute
Puddlingwerk zu Donawitz wurde 1837 errichtet und war 1840 mit 4 Puddling-
öfen, 4 Schweiß- und 8 Gußstahlöfen versehen, wobei nur Steinkohlen als Brennstoff verwendet wurden. Das Roheisen bezog Mayer von der Innernberger
Hauptgewerkschaft. Das Hammerwerk Waasen zu Leoben war mit 2 Zerrennfeuern und 1 Schlag, das Hammerwerk Erlach zu Kapfenberg mit 2 Zerrennfeuern und 1 Streckfeuer konzessioniert. Im Jahre 1846 kam noch die Walz-
werksanlage der Carolinenhütte hinzu[2]).

Franz Ritter von Friedau erbaute 1839/40 zu Donawitz an Stelle
des früher Franz Sackelschen Drahtzuges ein ganz neues Blechwalzwerk
mit 3 Flammöfen und Steinkohlenfeuerung, 1 Schmiede- und Schlosserfeuer,
2 Gerüsten mit 2 Paar Walzen auf Blech, 1 großen Flamm- und 2 Planier-
hämmern, 2 Paar Eisenstreckwalzen zu feinen Eisensorten, 1 Drehbank und
1 Schleiferei. Auf diesem Werke wurde 1841 schon 6000—7000 Ztr. Blech- und
Streckeisen erzeugt[3]).

Josef Pesendorfer brachte 1816 und 1823 die Zerrenn- und Streck- Rotten-
hammerwerke zu Rottenmann käuflich an sich und erbaute 1827 bis 1842 mann.
mit vielen Kosten Blech- und Streckwalzwerke hinzu. Diese Gewerkschaft
bestand 1840 aus 4 Zerrennfeuern mit 2 Schlägen, 2 Streckfeuern mit 2 Schlägen,
6 Flammöfen mit 8 Feuern, 6 Paar Blech- und Streckwalzwerken und 4 Puddling-
öfen mit 1 Stirnhammer. Dabei waren 140—150 Arbeiter beschäftigt.
Diese Puddling-, Blech- und Streckwalzwerke waren die einzigen Innerösterreichs, welche mit bloßer Torffeuerung betrieben wurden[4]).

Die k. k. priv. Eisen-, Stahl-, Nägel- und Walzenblechfabrik Eisenwaren
von Andreas Töpper zu Neubruck bei Scheibbs im Viertel ob dem fabrik zu
Wiener Walde war eine der bedeutendsten Eisenwarenfabriken Niederösterreichs. Neubruck.
Damit in Verbindung standen die Berg- und Hammergewerkschaften zu Gaming
und Lunz. Töpper war zuerst Werkführer in der Neitterschen Blechfabrik zu
Krems[5]) in der Steiermark; 1818 kaufte er ein Kleinzerrennhammerwerk zu

---

[1]) Inneröst. Ind. und Gew. Bl. 1839, S. 63; Ber. ü. d. Ausst. Klagenfurt, 1838, S. 23 f.,
Laibach 1844, S. 37, ff., Wien, 1839, S. 62 f. — [2]) Göth, Das Herzogt. Steiermark, II, S. 314,
328; Ber. ü. d. Ausst. Klagenfurt, 1838, S. 28, Graz, 1841, S. 23 f.; Großind. Öst., I, 200. —
[3]) Ber. ü. d. Ausst. Graz, 1841, S. 13 f. — [4]) Ber. ü. d. Ausst. Graz, 1841, S. 25 f.; Amtlicher
Katalog der Wr. Weltausst., 1873, S. 250. — [5]) Dieses Werk in Krems wurde 1788 errichtet,
kam 1800 an die Familie Neitter und 1848 in den Besitz Erzherzog Johanns (Großind. Öst.,
I, 204).

Neubruck an, zu einer Zeit, als in Österreich noch kein Eisenwalzwerk bestand. Er ließ das Kleinzerrennhammerwerk auf und erbaute die erste österreichische Eisen-, Stahl- und Schwarzblechfabrik. Im Jahre 1821 wurde ihm auf eine neue Erfindung in der Eisen-, Stahl- und Walzblecherzeugung ein 15jähriges Privileg erteilt, 1827 „zur Aufmunterung" die Führung des kaiserlichen Adlers bewilligt. 1836 erhielt er auf eine Erfindung und Verbesserung in der Erzeugung von Streckeisen mittels kegelförmiger Walzen, dann von gepreßten Kopf- und Schindelnägeln ein fünfjähriges Privileg. Im selben Jahre erlangte er auch die Landesfabriksbefugnis. 1840 wurde ihm ein fünfjähriges Privileg zuteil auf die Eisenzerrennung und Verfrischung in. geschlossenen Zerrennfeuern mit Benutzung der heißen Luft und der Gichtflamme.

Zu Anfang der vierziger Jahre hatte die Fabrik 4 Blechwalzwerke, 4 Blechflammöfen, 6 Streckwalzwerke, 4 Schneidwerke, 2 Streckflammöfen, 3 Railswalzwerke, 2 Schweißöfen, 4 Zerrennfeuer, 4 große Hämmer, 3 Drehwerke, 3 Zeugfeuer, 2 Zeughämmer, 1 Mahlmühle mit 3 Gängen nebst der Schlosserei und Nägelfabrik. Die hohe Einschätzung der Fabrik kann man auch daraus ersehen, daß dieselbe von Kaiser Franz, Kaiser Ferdinand und mehreren Erzherzogen mit Besuchen ausgezeichnet wurde. Sie beschäftigte über 300 Arbeiter und erzeugte Walzbleche bis zur größten Gattung und Walzeisen aller Sorten. Bei der Wiener Ausstellung von 1839, der Grazer von 1841 und der Wiener von 1845 wurde die Unternehmung mit der goldenen Medaille ausgezeichnet[1]).

St. Ägydi. **Die Eisen-, Stahl-, Draht- und Feilenfabrik zu St. Aegydi** nächst Hohenberg ob dem Wiener Walde wurde 1776 durch Jakob Fischer in Krems gegründet, 1779 nach St. Aegydi übertragen und versah in den Jahren 1800, 1805, 1809 und 1813 einen großen Teil der Armee mit allen Ausrüstungsgegenständen. Seit 1809 war die Fabrik im alleinigen Besitze des Sohnes des Gründers Daniel Fischer. Ihre Produkte waren ausgezeichnet und übertrafen selbst die früher für die Armee in Gebrauch gewesenen Solingerklingen. Den beiden Fischer, Vater und Sohn, gebührt das Verdienst, die Säbelfabrikation in Österreich begründet zu haben. 1813 und 1814 beschäftigte die Fabrik 73 Arbeiter, in manchen früheren Jahren, in welchen die Bedürfnisse für die Armee groß waren, zählte sie bis 200 Arbeiter, während nach den Kriegen diese Zahl schnell sank und in den zwanziger Jahren kaum mehr 15 Arbeiter beschäftigt waren[2]).

Auch in der Feilenfabrikation wies diese Unternehmung große Fortschritte auf und war förmlich eine Pflanzschule für vorzügliche englische Feilen[3]). Schon 1793 waren die von Fischer erzeugten Feilen nach dem Urteile der geschicktesten Fabrikanten den ausländischen vollkommen gleich[4]). Seit 1833 führten die Fabrik Daniel Fischers Söhne fort, seit den vierziger Jahren Anton Fischer allein, der das Werk ganz umgestaltete. In den vierziger Jahren beschäftigten

[1]) Inneröst. Ind. u. Gew. Bl., 1840, S. 339; Frankenstein, Fabriksbilderatlas, 1842, S. 7; Ber. ü. d. Ausst. Wien, 1839, S. 53 f., 1845, S. 146, 182, Graz, 1841, S. 8 ff. — [2]) Keeß, a. a. O., III, S. 618. — [3]) Keeß, a. a. O., III, S. 632. — [4]) H. K. A. Kom., N.-Ö., Fasz. 72, Nr. 51 ex apr. 1793.

diese Unternehmungen über 800 Menschen, davon in der Feilhauerei allein über 200. Bei den Wiener Ausstellungen von 1839 und 1845 wurden sie mit der goldenen Medaille ausgezeichnet[1]).

Unter Josef II. war auch Wilhelm Böck nach Österreich gekommen, hatte eine Feilenfabrik in Waidhofen a. d. Ybbs errichtet und dieselbe lang mit gutem Erfolge betrieben. Später verfiel die Unternehmung infolge der Kriegswirren und Böck sah sich genötigt, die Fabrikation einzustellen und die Regierung um Unterstützung zu bitten. Der Kaiser bewilligte ihm 1817 eine Unterstützung von 5000 fl. gegen die Verpflichtung, 6 ihm zugewiesene eingeborene Lehrlinge in der Kunst der feinen Feilenfabrikation vollständig zu unterrichten[2]). Doch scheint die Fabrik später nicht mehr zu Bedeutung gelangt zu sein, denn sie wird nicht mehr erwähnt.

Im Jahre 1826 gründete Georg Fischer eine Gußstahlfabrik in Hainfeld ob dem Wiener Walde. Er erzeugte neben Gußstahl aller Art und Stahlwaren auch Feilen und beschäftigte in den vierziger Jahren über 80 Arbeiter. Er erhielt bei der Wiener Ausstellung von 1835 die bronzene, bei der von 1845 die silberne Medaille[3]).

Außerdem bestanden mehrere bedeutende Feilenhauer in Steyr, von denen einige ein Betriebspersonal von über 30 Köpfen hatten[4]).

Die landesbefugte Bronze- und Eisengußwarenfabrik von Josef Glanz in Wien wurde 1831 gegründet, nachdem Glanz ein Privileg auf eine eigene Art des Bronze- und Eisengusses erhalten hatte. Die Fabrik erzeugte besonders gußeiserne Galanteriewaren von ausgezeichneter Qualität, so daß sie schon bei der Gewerbeausstellung von 1835 die goldene Medaille erhielt. Dieselbe Auszeichnung wurde ihr auch 1839 und 1845 zuteil. Die Unternehmung beschäftigte damals an 40 Arbeiter[5]). *(Glanz.)*

Im Jahre 1835 gründeten August Kitschelt und Ernst Schneller eine Eisenguß- und Bronzegalanteriewarenfabrik in Wien, welche solche Fortschritte machte, daß sie schon 1839 mit der silbernen Ausstellungsmedaille bedacht wurde. Später kam die Fabrik in den Alleinbesitz von August Kitschelt und betrieb neben der Eisengießerei auch die Fabrikation von eisernen Möbeln. Um die Mitte der vierziger Jahre beschäftigte sie 30 Personen und erhielt 1845 abermals die silberne Medaille[6]). *(Kitschelt.)*

Die k. k. priv. Gußstahl-, Stahlwaren- und Klaviersaitenfabrik von Martin Millers Sohn in Wien wurde 1782 gegründet und nahm bald einen großen Aufschwung[7]).

[1]) Ber. ü. d. Ausst. Wien, 1839, S. 78, 1845, S. 149, 187; Amtl. Katalog der Wr. Weltausst., 1873, S. 241 f. — [2]) H. K. A. Kom. Kam., Fasz. 48, Nr. 29 ex majo 1815, Nr. 18 ex jul. 1817; vgl. auch oben S. 158. — [3]) Keeß u. Blumenbach, a. a. O., II, S. 433; Ber. ü. d. Ausst. Graz, 1841, S. 49, Laibach, 1844, S. 31, Wien, 1835, S. 189, 1845, S. 187. — [4]) Ber. ü. d. Ausst. Laibach, 1844, S. 42, Wien, 1845, S. 187 ff. — [5]) Ber. ü. d. Ausst. Wien, 1835, S. 163 ff., 1839, S. 117, 1845, S. 688. — [6]) Ber. ü. d. Ausst. Wien, 1839, S. 115 f., 1845, S. 272, 689; Amtl. Katalog der Weltausst. Wien, 1873, S. 246. — [7]) Amtl. Katalog der Wiener Weltausst. 1873, S. 248.

Brevillier. Die k. k. priv. .Holzschrauben- und Metallwarenfabrik Brevillier & Co. zu Neunkirchen, Niederösterreich, wurde 1823 durch C. W. von Brevillier gegründet, der auf die Fabrikation von Holzschrauben ein ausschließendes Privileg erhalten hatte. Sie nahm immer mehr an Umfang zu und erzeugte neben Holzschrauben auch Faß- und Blechnieten, Scharnierbänder, Nägel mit Messingköpfen, Klavierstimmnägel, Gewehrschrauben, verschiedene Bestandstücke für Spinnmaschinen von Schmiedeeisen und Metall, wie Schraubenräder, Stirnräder, Zahnräder u. ä. 1829 erhielt Brevillier ein Privileg auf weichen Eisenguß, wodurch die Mannigfaltigkeit der Erzeugnisse dieser Fabrik durch Vereinigung mit einer Tiegelgießerei für Maschinenbestandteile wieder zunahm. Die Leistungen der Fabrik waren ausgezeichnet und von großer Vollkommenheit. Sie beschäftigte um die Mitte der dreißiger Jahre 150, gegen Ende der dreißiger Jahre 250 und um die Mitte der vierziger Jahre schon über 300 Arbeiter und erhielt in Wien 1835 und 1839 die goldene Medaille. Bei der Ausstellung von 1845 war die Fabrik außer Preisbewerbung, da ihr Inhaber Mitglied der Beurteilungskommission war[1]). Von den in der ersten Hälfte der vierziger Jahre in 23 verschiedenen Arbeitsräumen beschäftigten 300 Arbeitern waren 228 Fabrikarbeiter, 32 Schlosser, 7 Schmiede, 9 Zimmerleute, 20 Drechsler, 10 Former und 3 Hafner. 1843 wurden über 5000 Ztr. verschiedener Stoffe (namentlich Gußeisen, Eisendraht, Schmiedeeisen, Messingdraht) verarbeitet. In der Eisengießerei befanden sich 2 Kupolöfen und 8 Tiegelöfen, wovon jedoch die ersteren damals nicht im Gebrauch waren. In einer eigenen Abteilung des Gebäudes befanden sich 12 Ausglühöfen, in welchen auf Grundlage einer ausschließend privilegierten Erfindung den aus Gußeisen erzeugten Artikeln die Weichheit und Schmiegsamkeit des geschmiedeten Eisens verschafft wurde[2]).

Die Erzeugung von Eisen- und Stahlwaren, unter welchen die Sensen, Sicheln, Strohmesser, Waffen, Pfannen, Kessel, sodann Draht und Nägel am wichtigsten waren, geschah, abgesehen von den schon erwähnten bedeutenden Unternehmungen, nicht in großen Betrieben, sondern in zahlreichen kleineren Werkstätten.

Sensen und   Vielfach waren die Sensen- und Sichelhämmer mit den Eisenhämmern,
Sicheln. auf welchen das für den Bedarf erforderliche Eisen verfrischt wurde, verbunden, wie dies bei den meisten großen Hammerwerken der Fall war.

Der größte Teil der Erzeugung von Sensen und Sicheln entfiel auf die Steiermark und Oberösterreich. Außer den Erzherzogtümern und Innerösterreich kamen die anderen Länder dabei nur wenig in Betracht, wie dies die Tabelle auf Seite 491 veranschaulicht.

Die Sensen- und Sichelhämmer befanden sich in Niederösterreich meist im Viertel ob dem Wiener Wald, und zwar zu Gaming, Gresten, Opponitz (2), St. Anton, Neustift, Hainfeld, Kammerhöfen, Ramsau, Waidhofen a. d. Ybbs (7), Pöllgraben und Lechen. Im Viertel unter dem Wiener Walde nur zu Offenbach und Otterthal. In Oberösterreich die meisten im Traunviertel, und zwar zu

---

[1]) Ber. ü. d. Ausst. Wien, 1835, S. 160 ff., 1839, S. 110 ff., 1845, S. 209. — [2]) Arch. d. Fin. Min. Kom., Fasz. 27, 1845, Nr. 314.

Sensen- und Sichelhämmer und Produktion im Jahre 1841.

Provinzen	Zahl	Feuer	Schläge	Sensen	Sicheln	Strohmesser	Zusammen im Gewichte	W e r t
				S t ü c k			Zentner	fl.
Österreich u. d. E.	20	62	60	796.000	180.000	2.500	14.400	316.800
Österreich o. d. E. .	46	140	140	1,142.460	175.800	25.850	27.672	640.204
Steiermark	38	161	101	1,409.810	376.375	4.995	26.061	576.579
Kärnten	7	40	25	188.204	5.295	1.777	2.914	53.455
Krain	8	20	20	68.150	11.100	1.675	1.579	30.000
Tirol.	14	42	42	210.000	50.000	—	5.000	120.000
Böhmen	10	30	30	150.000	60.000	50.000	3.800	98.000

Breitenau (2), Ramsau, Micheldorf (14), Rodelsbach, Grünburg (2), Leonstein; außerdem im Hausruckkreise zu Mondsee und Weinbach; im Mühlkreise zu Saghammer, Oberhammer, Hamel, Guttau (2), Oberstifting, Haslach, Reichenau (2), Hammer (2) und im Innkreise zu Kapellen, Holing, Schalchen (2), Unterlachen, Oed, Mauerkirchen, Haibach (3). In Salzburg zu Rettenbach und Lofer (2).

In der Steiermark fast alle im Brucker und im Judenburger Kreis, und zwar im Brucker zu Kindberg (3), Kindthal, Schwobing (2), Mürzzuschlag, Rostgraben, Spital, Stanz, Göß, Freßnitz und im Judenburger Kreise zu Möschitzgraben (3), Rothenthurm, Kainach, Übelbach (3), Weiz, Modernbruck, Paßhammer, Warbach, Eppenstein, Einöd, Wasserleit, Knittelfeld, Siegersdorf, Hopfgarten, Rottenmann (2), Admont (2) und Weißenbach. Sonst nur noch im Cillier Kreise zu Windischgrätz.

In Kärnten, besonders im Klagenfurter Kreise zu Kleinplödnitz, Wolfsberg, Feistritzgraben; außerdem im Villacher Kreise zu Grieß und Himmelberg (3). In Krain zu Neumarktl (8)[1].

In Waidhofen a. d. Ybbs bestand unter den Sensen- und Sichelhammerwerksbesitzern seit 1736 eine gesellschaftliche Organisation, die „Sensenhandlungsgesellschaft", welche 1806 die Landesfabriksbefugnis erhielt mit dem Titel k. k. priv. Sensenfabrik. Damals bestand sie aus 22 Hammerwerken[2].

Die Sensenwerke nehmen überhaupt die erste Stelle unter den Eisen- und und Stahlmanufakturen Österreichs ein, der Export von Sensen und Sicheln war bedeutend und reicht in sehr alte Zeiten zurück[3].

Unter den Sensenerzeugern gab es mehrere ansehnliche Unternehmer, die eine große Anzahl von Arbeitern beschäftigten und eine bedeutende Produktionsmenge aufweisen konnten. So die alte Unternehmung von Kaspar Zeitlinger zu Micheldorf[4]) im Traunkreise, der um 1844 unmittelbar über

---

[1]) Tafeln z. Stat. d. öst. Mon. f. 1841. — [2]) Statth. A. Wien, Kart. 5762 (1808, A. 19 ad 529); Redl, Handlungsgremien- und Fabriken-Adressenbuch, 1818 S. 180. — [3]) Vgl. Kurze Darstellung des gesamten österr. Eisenhandels im südlichen Rußland und zu Triest, Graz, 1838, S. 5. — [4]) Amtl. Katalog der Wr. Weltausst., 1873, S. 239.

400 Menschen beschäftigte und jährlich 150.000—200.000 Sensen erzeugte. Bei der Wiener Ausstellung von 1845 wurde ihm die goldene Medaille zuteil. Bedeutend waren auch die Betriebe von Michael Zeitlinger zu Blumau bei Kirchdorf im Traunkreise (gegründet 1520[1]) mit einer jährlichen Erzeugung von 50.000 Sensen, dann von Christof C. Weinmeister zu Micheldorf mit einer jährlichen Erzeugungsmenge von 40.000 Sensen und mehrerer anderer Unternehmer dieser Art in Oberösterreich. In der Steiermark hatten bedeutende Unternehmungen Josef Sesslers Erben zu Krieglach im Brucker Kreise, die jährlich 100.000 Sensen produzierten, Johann Alois Zeitlinger zu Eppenstein im Judenburger Kreise (bestand schon 1760, seit 1820 im Besitze von Zeitlinger[2]), mit einer jährlichen Produktionsmenge von 90.000 Sensen und Johann Pachernegg zu Übelbach, welcher jährlich 80.000 Sensen und 150.000 Sicheln erzeugte und gegen 200 Arbeiter beschäftigte[3]). In Kärnten hatte Johann Nep. Zeilinger eine k. k. priv. Sensenfabrik zu Feistritz ob St. Veith. Er kaufte 1815 von seinem Bruder Josef den Sensenhammer in Feistritz in schlechtem Zustande und 1818 von Freiherrn von Kaiserstein die ebenfalls in Feistritz befindlichen Stahlhämmer in ebenso schlechtem Zustande. 1823 baute er den Sensenhammer ganz neu auf mit 5 Feuern und 3 Schlägen und erzeugte seitdem jährlich über 50.000 Sensen[4]).

Pfannen, Kessel.
Die Erzeugung von Pfannen und Kesseln und anderen getieften Eisenwaren war besonders in der Gegend von Waidhofen a. d. Ybbs ansehnlich, und zwar zu Gaming, Gresten (5), Hollenstein, St. Georgen, Waidhofen a. d. Ybbs und Ybbsitz (6).

Über die Produktionsmenge und die Zahl der Unternehmungen im Jahre 1841 belehrt folgende Tabelle[5]):

Provinzen	Zahl	Pfannenhämmer	
		Erzeugung Zentner	Wert Gulden
Österreich unter der Enns	15	14.400	380.000
Österreich ob der Enns	11	1.165	35.190
Steiermark	8	830	17.200
Kärnten	6	1.387	35.233
Krain	1	409	8.200
Zusammen . . .	41	18.191	475.823

Waffen.
Waffen wurden besonders in Österreich, Steiermark und Kärnten erzeugt. In Niederösterreich bestand 1841 die Kanonengießerei und -bohrerei zu Wien, sodann Gewehrfabriken zu Freiland, Marktl bei Lilienfeld (gehörig der Familie Österlein, gegründet um 1780[6]), St. Aegydi, 4 zu Wien (darunter die k. k. Gewehrfabrik), dann die zu Fünfhaus und Neulerchenfeld. In Oberösterreich war

---

[1]) Amtl. Katalog der Wr. Weltausst. 1873, S. 239. — [2]) Großind. Österr., II, S. 326. — [3]) Ber. ü. d. Ausst. Wien, 1845, S. 172—177. — [4]) Ber. ü. d. Ausst. Graz, 1841, S. 49 f. — [5]) Tafeln zur Stat. d. öst. Mon. f. 1841. — [6]) Keeß, a. a. O., III, 646 ff.; Staatsrat 1805, Nr. 2544.

besonders die Fabrik zu Spital am Pyhrn für die Erzeugung von Säbel-
und Degenklingen, Jagdmessern und Gewehren aus damasziertem Stahl
bedeutend, ebenso wie auch das Rohrhammerwerk zu Pyhrn. In Kärnten die
Rohr- und Gewehrfabrik sowie die Büchsenmacherzunft zu Ferlach. Sonst
gab es in der Monarchie nur noch in Böhmen Waffenschmiede (meist für blanke
Waffen) zu Elbogen, Weipert, Rohnsberg, Oberleutensdorf, Niedergeorgenthal,
Neumitrowitz, Plaß, Neuhütten und Neureichenau[1]).

Die Fabrik zu Spital am Pyhrn gehörte Ferdinand Riedler. Dieser
gründete über Ermunterung des Wiener polytechnischen Instituts im Jahre
1836 und 1837 eine eigene und zwar in den österreichischen Staaten die erste
Fabrik zur Erzeugung von Damaszenerstahl und erzeugte alle Gattungen
Säbel- und Degenklingen, Jagdmesser und Gewehre[2]). In Oberösterreich
zeichnete sich außerdem der bürgerliche Schwertschmiedemeister, Säbel- und
Degenfabrikant Josef Mitter zu Steyr aus, der bei der Grazer Ausstellung 1841
wegen der Vollkommenheit seiner Fabrikate mit der goldenen Medaille beteilt
wurde[3]). Die k. k. landesbefugte Feuergewehr- und Eisenwarenfabrik von
Ferdinand Frühwirth zu Freiland in Niederösterreich hatte eine namhafte Ausdehnung, so daß sie bei der Wiener Ausstellung von 1839 die goldene Medaille
erhielt[4]).

Am interessantesten ist jedoch die Ferlacher Büchsenmacher- _{Ferlach.}
zunft in Kärnten. Der Beginn der Ferlacher Waffenindustrie wird auf das
Jahr 1558 zurückgeführt. Bald wurde Ferlach zum Mittelpunkte der Waffen-
erzeugung in Altösterreich. Die Zunft wies um 1840 308 reale Meistergerechtsame
auf, nämlich 1 Waffenschmiede, 8 Rohrhämmer, 8 Rohrverschrauber, 25 Rohr-
ausarbeiter, 126 Schloßmacher, 57 Beschlag- oder Garniturenmacher, 70 Schäfter,
7 Feilhauer und 7 Einsetzer. Die Bevölkerung von Ferlach und der nahen Ortschaften, zusammen 1270 Seelen, bestand größtenteils aus diesen Meistern und
ihren Familienmitgliedern oder Gesellen. Diese Fabrik versah lange Zeit die
österreichische Armee mit Waffen. Dies verminderte sich zunächst, als das
Ärar 1785 die Pesensteinsche Gewehrfabrik zu Steyr übernahm, vermehrte sich
jedoch zur Zeit der großen Kriege um die Jahrhundertwende, in welcher Zeit
die Leistungsfähigkeit Ferlachs eine bedeutende Höhe erreichte. 1807 wurde es
von Kaiser Franz I. durch einen persönlichen Besuch ausgezeichnet. Als sich
aber seit 1808 die Lieferung von Infanteriegewehren von jährlich 30.000 Stück
nach und nach auf kaum 2000 Stück verminderte, mußte der Unterhalt auf
anderem Wege gesucht werden. So erzeugte man seitdem Jagd- und Scheiben-
gewehre, Pistolen, aber auch Kaffeemühlen, Lichtscherer, Siegelpressen,
Schlösser u. ä. Unter den dortigen Meistern hatte Jakob Just den ausgedehntesten Betrieb.

Da die Fabrikation in Ferlach ganz handwerksmäßig betrieben wurde,
so mußte, als die Gewehrfabrikation nach und nach immer mehr Maschinen-

[1]) Tafeln z. Stat. f. 1841; Keeß, a. a. O., III, 643 ff.; Ber. ü. d. Ausst. Wien, 1845, S. 280;
André, Neueste Beschreibung (1813), S. 198. — [2]) Ber. ü. d. Ausst. Wien, 1839, S. 156, Gräz,
1841, S. LV, 57. — [3]) Ber. ü. d. Ausst. Gräz, 1841, S. 55. — [4]) Keeß, a. a. O., III, S. 646 ff;
Ber. ü. d. Ausst. Wien, 1839, S. 71, 158.

arbeit wurde, das Handwerk dem vollkommeneren maschinellen Betriebe gegenüber immer mehr in Not geraten[1]).

Die Fabrikation von Messerschmiedwaren war besonders im Traunkreise in Oberösterreich von großer Ausdehnung, vor allem in Steyr. Im Traunkreise wurden um 1840 über 2,000.000 Paar Messer und Gabeln und 2¹/₂ Millionen Taschen- und Rasiermesser erzeugt[2]). Einige Messerschmiede hatten bedeutende Unternehmungen. So beschäftigte der Messerschmiedmeister Anton Heindl in Steyr in den vierziger Jahren im ganzen 60 Arbeiter und erzeugte jährlich 4200 Dutzend Paare verschiedener Tafelmesser und -gabeln, 400 Dutzend Paare Dessert- und Kindermesser und -gabeln, 530 Dutzend Paare Küchen- und Fleischhauermesser, 320 Dutzend Paare feine Messerklingen und Gabeln, zusammen 5450 Dutzend Paare[3]).

Die Nägelerzeugung wurde meist von kleinen Schmiedewerkstätten ausgeübt, welche sich in der Nähe der größeren Eisenwerke angesiedelt hatten oder sonst im Lande zerstreut waren. Doch gab es auch vereinzelte große Nägelfabriken. Die Nägelproduktion betrug schätzungsweise im Jahre 1841, wobei nur die Nägelfabriken und die Nägelerzeugung berücksichtigt wurde, welche bei größeren Eisenwerken vor sich ging oder durch eine größere Anzahl nahe beieinander liegender Schmiedewerkstätten erfolgte:

Provinzen	Erzeugungs- anstalten	Erzeugung	Wert
		Zentner	Gulden
Österreich unter der Enns	5	9.000	132.000
Österreich ob der Enns	2	800	11.900
Steiermark	5	4.000	70.000
Kärnten	3	2.500	50.000
Krain	viele	10.000	150.000
Böhmen	7	731	11.500
Mähren und Schlesien	6	1.200	18.000
Galizien	1	30	750

Von den Fabriken wurden dabei einbezogen: In Niederösterreich die Maschinennägelfabriken zu Neunkirchen, Wr.-Neustadt (Besitzer Schmidt, diese war die bedeutendste), Hainfeld (Besitzer Scheyrer), Herzogenburg (Besitzer Josef Dostal) und die Nägelfabrik zu Neubruck. In Oberösterreich die Nägeldruckfabrik zu Wels und die zu Mauterndorf. In der Steiermark die Maschinennägelfabriken zu Graz (in dieser Stadt bestand schon 1806 die k. k. priv. Maschinennägel- und Geschmeidwarenfabrik von Franz Schafzahl, der sich durch die Erfindung einer Nägelerzeugungsmaschine bekannt machte. 1819 gehörte diese Fabrik dem Franz Seraphin Sartory, die Schafzahl-

---

[1]) Staatsrat 1786, Nr. 4151, 1794, Nr. 1444, 1817, Nr. 2627, 3373; Großind. Öst., III, 138 f.; Ber. ü. d. Ausst. Klagenfurt, 1838, S. 111, Graz, 1841, S. LV, 55. — [2]) Ber. ü. d. Ausst. Graz, 1841, S. LV. — [3]) Ber. ü. d. Ausst. Laibach, 1844, S. 93 f., Wien, 1845, S. 190.

sche Kettenfabrik jedoch Josef Hofrichter & Co.[1]), Krennhof, Frohnleiten, Kindberg und Langenwang. In Kärnten wurden geschmiedete Nägel erzeugt zu Schwarzenbach und Mieß, zu Obervellach, Müllnern und Mosserau. In Krain bestanden zahlreiche Nägelschmieden zu Eisnern, Kropp und Steinbüchl; an diesen drei Orten bestanden zur Zaineisen- und Nägelerzeugung kleine Gewerkschaften. Diese waren meist aus großen Kompagnien zusammengesetzt, in welchen jeder nach dem Maßstabe seines Anteils in der Woche, im Monat und Jahre für seine Rechnung arbeiten durfte. Die Mitglieder der Gewerkschaften waren meist Zain- und Nägelschmiede[2]).

Noch in der ersten Hälfte des 19. Jahrhunderts wurde Draht in Österreich auf einfachen Drahtzügen erzeugt. Erst seit den dreißiger Jahren entstanden Drahtwalzwerke, welche 1841 bereits die Hälfte der Gesamterzeugung lieferten. Die Produktionsverhältnisse der größeren Drahterzeugungsunternehmungen für das Jahr 1841 veranschaulicht folgende Zusammenstellung: — *Draht.*

Provinzen	Erzeugungs-anstalten	Erzeugung Zentner	Wert Gulden
Österreich unter der Enns	16	27.100	379.400
Österreich ob der Enns	12	10.420	151.940
Steiermark	8	4.000	56.000
Kärnten	7	8.150	114.100
Tirol	1	377	5.655
Böhmen	18	6.000	100.000
Mähren	9	9.000	51.000
Galizien	1	3.000	45.000

Das umfassendste und vollkommenste Werk war die Drahtfabrik von Karl Schödl mit Walzenmaschinen und Drahtzügen bei Klein-Zell ob dem Wiener Walde, welche jährlich 12.000 Ztr. Draht lieferte. Dieser folgte zunächst der Drahtzug von Fischer in St. Aegydi mit 5000—6000 Ztr. Erzeugung, dann das Drahtwalzwerk des Grafen Ferdinand Egger zu Feistritz in Kärnten mit 27 Drahtzylindern und einer Produktion von 4000 Ztr. 1841 wurde daselbst eine zweite Drahtfabrik mit 8 Zylindern dazugebaut[3]).

Nadeln wurden erzeugt namentlich in der alten Fabrik zu Nadelburg in Niederösterreich, welche in den vierziger Jahren jährlich an 30 Millionen Nadeln lieferte. Sodann in der 1842 gegründeten und mit einer Dampfmaschine versehenen Näh- und Stecknadelfabrik von Moritz Schloß und Hermann Josef Neuß zu Hainburg unterm Wiener Walde. Sie beschäftigte um 1845 über 300 Arbeiter und erzeugte 40 Millionen Nähnadeln. Außerdem wurden Nadeln namentlich in Waidhofen a. d. Ybbs, Karlsbad und Landskron erzeugt[4]). — *Nadeln.*

[1]) H. K. A. Kom. Kam., Fasz. 48, Nr. 49 ex sept. 1814; Kom. Praes. 1819, Nr. 368; Keeß, a. a. O., III, S. 595, 599; alles Nähere ü. d. Privilegien, welche auf Nägelerzeugungsmaschinen verliehen wurden, vgl. Keeß, a. a. O., III, S. 691 ff; s. auch oben S. 444. — [2]) Tafeln z. Stat. f. 1841; Ber. ü. d. Ausst. Klagenfurt, 1838, S. XXVI, Graz, 1841, S. 48. — [3]) Tafeln z. Stat. f. 1841; Ber. ü. d. Ausst. Wien, 1835, S. 207, Graz, 1841, S. LHI. — [4]) Ber. ü. d. Ausst. Wien, 1845, S. 266.

Tirol. In Tirol war die Eisenindustrie von keiner besonderen Bedeutung. 1841 hatte sowohl die Roheisenerzeugung als auch die Eisenverarbeitung ungefähr den Wert wie in Krain. In diesem Jahre gab es in Tirol 4 Hochöfen, 4 Kupolöfen, 12 Eisen- und Stahlhämmer mit 43 Feuern und 32 Schlägen, endlich 1 Gußstahlofen. Die Erzeugung betrug an Roheisen 57.626 Ztr., an Gußeisen 5764 Ztr. im Gesamtwerte von 295.544 fl. An Stabeisen wurden 37.650 Ztr., àn Stahl 8633 Ztr. erzeugt; der Gesamtwert des Stabeisens und Stahls betrug 447.674 fl.

Der Standort der Eisenindustrie in Tirol war einerseits das Unter-Inntal, wo sich Hochöfen zu Pillersee, Kiefer und Jenbach befanden, anderseits der Trienter Kreis mit dem Hochofen zu Primör (Primiero).

Der größte Teil der Tiroler Eisenerzeugung befand sich in ärarischem Besitze, nämlich 3 Hochöfen und 5 Hämmer mit 32 Feuern und 22 Schlägen. Von der Roheisenerzeugung entfielen zwei Drittel (205.879 fl.) auf die Ärarialerzeugung, vom verarbeiteten Eisen über fünf Sechstel (377.674 fl.).

Sensen und Sicheln wurden in Tirol in ziemlicher Menge erzeugt im Werte von jährlich 120.000 fl. Der Hauptsitz dieser Fabrikation war im Unter-Inntale zu Elmau, Schußau, Durchholzen, Erl, Zell, Mayerhöfen, Hopfgarten (2), Jenbach, Tarenz, Gossensaß, Wiesen und Gasteig.

Mit den Sensenhämmern waren in Tirol meist auch die Waffenschmieden vereinigt.

Bekannt waren die Eisenarbeiten des Stubaiertales, wo zu Fulpmes, Telfs, Neustift und Mieders 29 Hammermeister und 60 Kleinmeister mit 350 Hilfsarbeitern 2500 Ztr. Roheisen, 1250 Ztr. Stahl, 250 Ztr. gewalztes Blech und 24 Ztr. Draht zu Küchen- und Feldgeräten, dann zu Pfannen und ähnlichen Waren im Werte von jährlich ungefähr 160.000 fl. verarbeiteten[1]). Von großem Einflusse auf die Entwicklung dieser Kleinindustrie war das 1742 in Fulpmes gegründete Handelshaus Johann Volderauer, welches seit 1811 unter der Firma Michael Pfurtscheller fortgeführt wurde[2]).

Galizien. In Galizien stand es mit der Eisenproduktion nicht gut. Im Jahre 1813 wurde das dortige Gubernium angewiesen, ein Gutachten abzugeben, wie diese Provinz rücksichtlich ihres Eisenbedarfes der Abhängigkeit von anderen Provinzen und namentlich vom Ausland entzogen werden könnte und Mittel vorzuschlagen, um die Eisenproduktion zu heben. Das Gubernium erstattete den Bericht, wobei es zahlreiche Abhilfsmittel vorschlug, darunter besonders Auszeichnungen für Gutsbesitzer, die sich in Eisenwerksanlagen hervortun würden, Erklärung der Vorteile des Bergbaues in den Schulen, Gründung von Berggesellschaften u. ä. Doch blieb diese Provinz bezüglich der Eisenproduktion auch weiterhin weit hinter den meisten anderen, schon aus dem Grunde, weil sie nicht gerade erzreich ist[3]).

In Galizien zählte man 1841 18 Hochöfen, 1 Kupolofen, 14 Eisen- und Stahlhämmer mit 23 Feuern und 23 Schlägen. Die Roh- und Gußeisenerzeugung

---

[1]) Tafeln z. Stat. f. 1841. — [2]) Großind. Öst., 1908, II, S. 200. — [3]) H. K. A. Kom. Kam., Fasz. 47, Nr. 41 ex febr. 1815.

in der Menge von 41.945 beziehungsweise 11.484 Ztr. hatte zusammen einen Wert von 202.912 fl. Der Wert des verarbeiteten Eisens belief sich auf 221.346 fl., blieb somit hinter dem aller übrigen Kronländer weit zurück.

Hochöfen befanden sich im Wadowicer Kreise zu Wengierska Gorka, Sucha, im Sandecer Kreise zu Zakopane, im Sanoker zu Cisna, im Samborer zu Maydan und Smolna, im Stryer Kreise zu Mizun, Augustow, Debina, Sopol, Ludwikowka, Maxymowka, Olchowka, in Zolkiewer Kreise zu Rudarojanicka, im Stanislauer zu Pazieczna; in der Bukowina zu Jacobeni (2) und Stulpikani. Der einzige Kupolofen war zu Wengierska Gorka.

Die Eisenhämmer waren im Wadowicer Kreise zu Wilhelmshütte und Friedrichshütte (Wengierska Gorka), im Sandecer Kreise zu Zakopane, im Stanislauer zu Pazieczna, in der Bukowina zu Jacobeni (3), Eisenau, Boul und Bugschoia. Streckhämmer zu Pazieczna, Jacobeni und Eisenau. Zu Jacobeni war auch ein Drahtzug und vom dortigen Eisenwerke wurden auch Nägel erzeugt[1]).

Der Handel mit Eisenwaren war für Österreich sowohl gegenüber dem Ausland als auch gegenüber Ungarn stark aktiv[2]).

Zum Schlusse mögen noch einige Übersichten über die Eisenproduktion Österreichs die Darstellung vervollständigen.

Gesamte Roh- und Gußeisenproduktion in Wiener Zentnern[3]). (Mittlere Jahresproduktion.)

	Niederösterreich	Salzburg	Steiermark	Kärnten und Krain	Tirol	Böhmen	Mähren und Schlesien	Galizien
1823—27	18.772	17.200	445.996	289.207	35.499	219.484	75.357	26.407
1843—47	20.758	48.886	804.002	585.457	66.534	490.780	369.611	68.199

Roheisenerzeugung 1823—1847 in Wiener Zentnern[4]).
(Mittlere Jahresproduktion in Quinquennien.)

		Niederösterreich	Salzburg	Steiermark	Kärnten und Krain	Tirol	Böhmen	Mähren und Schlesien	Galizien
1823—27	Ärarial .	—	16.647	171.659	—	29.318	—	—	—
	Privat .	18.772	168	263.383	282.470	3.390	173.941	59.761	23.926
1828—32	Ärarial .	—	17.131	195.736	—	35.066	—	—	—
	Privat .	14.796	—	295.972	290.697	4.800	214.241	84.779	26.115
1833—37	Ärarial .	—	21.463	226.765	—	44.812	24.649	—	—
	Privat .	16.014	2.445	337.047	333.269	4.443	200.867	119.293	23.744
1838—42	Ärarial .	—	25.952	251.953	—	48.592	33.784	—	—
	Privat .	18.566	6.890	396.084	421.203	7.802	218.673	155.481	41.156
1843—47	Ärarial .	—	34.398	313.052	—	46.758	49.254	—	—
	Privat .	20.758	12.167	440.540	564.263	9.504	270.727	261.160	52.523

[1]) Tafeln z. Stat. f. 1841. — [2]) Vgl. unten S. 500. — [3]) Friese, Übersicht der österr. Bergwerksproduktion, S. 9. — [4]) Friese, a. a. O. 1823—1854, S. 26 f.

Gußeisenerzeugung 1823—1847 (mittlere Jahresproduktion nach Quinquennien) in Wiener Zentnern[1]).

		Niederösterreich	Salzburg	Steiermark	Kärnten und Krain	Tirol	Böhmen	Mähren und Schlesien	Galizien
1823—27	Ärarial .	—	385	10.586	—	2.790	—	—	—
	Privat .	—	—	369	6.736	—	45.543	15.596	2.481
1828—32	Ärarial .	—	470	14.767	—	3.389	—	—	—
	Privat .	259	—	3.946	10.501	—	61.698	22.948	3.597
1833—37	Ärarial .	—	475	16.706	—	4.276	14.878	—	—
	Privat .	—	83	5.210	13.041	—	64.180	31.720	5.217
1838—42	Ärarial .	—	1.433	21.346	—	9.780	25.993	—	—
	Privat .	—	—	6.301	16.534	—	113.337	63.507	5.446
1843—47	Ärarial .	—	2.325	46.593	—	10.271	28.455	—	—
	Privat .	—	—	3.817	21.194	—	142.344	108.451	15.676

Verhältnis der Ärarial- zur Privatproduktion in Prozenten[2]).

			1823—1827	1843—1847
Roheisenproduktion. . . .		Ärar	24·7	23·7
		Privat	75·3	76·3
Gußeisenproduktion . . .		Ärar	22·0	26·1
		Privat	78·0	73·9
Gesämte Roh- und Guß-		Ärar	24·5	23·7
eisenproduktion		Privat	75·5	76·3

Verhältnis des verarbeiteten Eisens zum erzeugten in den einzelnen Provinzen im Jahre 1841[3]).

Provinzen	Erzeugtes	Verarbeitetes	Erübrigtes	Bezogenes
	Roheisen			
	Zentner			
Österreich unter der Enns	20.725	128.517.	—	107.792
Österreich ob der Enns	34.293	100.571	—	66.278
Steiermark	635.441	542.407	93.034	—
Kärnten	387.425	389.511	37.914	—
Krain	74.082	67.958	6.124	—
Tirol	57.623	61.938	—	4.312
Böhmen	286.587	277.058	9.529	—
Mähren und Schlesien	169.140	204.972	—	35.832
Galizien	41.945	29.241	12.704	—

[1]) Friese, a. a. O., S. 28 f. — [2]) Friese, a. a. O., S. 11. — [3]) Tafeln zur Stät. d. öst. Mon. f. 1841.

Eisenerzeugung und -verarbeitung im Jahre 1841 nach Ländern¹).

I. Betriebsanstalten.

Länder	Hochöfen	Kupolöfen	Eisen- und Stahlhämmer Zahl	Feuer	Schläge	Puddlingwerke Zahl	Puddlingöfen	Walzenpaare	Schweißöfen	Walzwerke Blech- und Streckwalzwerke Zahl	Walzen-paare	Glüh-öfen	Gußstahlöfen	Mechanische Werkstätten
Österreich u. d. E.	1	—	49	73	49	1	2	2	1	3	15	12	4	1
Österreich o. d. E.	4	1	25	65	39	—	—	—	—	1	4	3	—	1
Steiermark	34	3	179	492	354	5	12	9	9	8	30	24	2	3
Kärnten	17	3	79	292	208	2	10	5	9	6	14	13	2	2
Krain	12	1	18	74	60	—	—	—	—	—	—	—	—	2
Tirol	4	4	12	43	32	—	—	—	—	—	—	—	1	—
Böhmen	43	9	63	268	240	2	8	4	4	8	18	18	—	—
Mähren und Schlesien	22	7	48	115	100	2	12	12	6	8	19	16	—	15
Galizien	18	1	14	23	23	—	—	—	—	—	—	—	—	4

II. Betriebsergebnisse.

Länder	Roherzeugung Roh-Eisen (Zentner)	Guß-Eisen (Zentner)	Zusammen (Zentner)	Wert (fl. C. M.)	Verarbeitung Stabeisen (Zentner)	Darunter Walzeisen	Weißblech	Schwarz-blech	Stahl Zement-	Guß-	Streck-	Gärb-	Roh-	Sämt-licher	Zusammen	Wert (fl. C. M.)
Österreich u. d. E.	20.725	—	20.725	62.175	80.668	10.520	—	18.080	—	2.500	—	—	6.400	8.900	107.648	1.060.179
Österreich o. d. E.	34.293	4.914	39.207	145.683	52.126	6.000	1.000	10.920	—	—	—	—	20.312	20.312	83.358	757.484
Steiermark	635.441	30.375	665.816	2.327.675	305.603	22.028	154	42.025	—	638	3.080	21.185	70.013	91.764	440.392	4.221.426
Kärnten	387.425	16.528	403.953	1.172.260	182.915	71.264	—	4.366	—	745	19.732	—	28.559	49.036	236.471	2.147.459
Krain	74.082	5.754	79.836	247.082	27.558	—	—	—	120	—	19.503	905	3.925	24.028	51.586	454.014
Tirol	57.626	17.243	74.869	295.544	37.650	—	—	—	—	236	—	—	7.492	8.633	46.283	447.674
Böhmen	286.587	148.660	435.247	1.853.953	202.634	—	7.629	4.796	—	—	—	—	—	—	215.059	2.094.469
Mähren u. Schles.	169.140	67.666	236.806	953.763	138.253	52.069	2.273	11.164	—	—	—	—	—	—	151.690	1.467.619
Galizien	41.945	11.484	53.429	202.912	21.889	—	—	—	—	—	—	—	—	—	21.889	221.346

¹) Tafeln z. Stat. d. öst. Mon. f. 1841.

32*

Erzeugung gewalzter Eisenbahnschienen bis 1843[1]).

Erzeugungsort	Zentner -						
	1837	1838	1839	1840	1841	1842	1843
Neuberg	1.257	8.775	3.921	10.126	9.433	5.986	21.489
Prävali.	4.000	20.442	23.000	22.282	30.200	30.000	48.145
Frantschach.	—	—	—	28.163	29.207	8.692	31.560
Witkowitz	3.541	18.642	30.107	19.719	30.352	27.705	56.152
Zöptau	—	—	5.000	4.000	6.000	6.000	14.000
Zusammen . .	8.978	47.859	62.025	84.290	105.192	78.383	171.346

Einfuhr von Eisenbahnschienen aus dem Auslande.

	1837	1838	1839	1840	1841	1842	1843
Zentner	5.889	39.936	56.742	18.328	4.507	0	0

Auswärtiger Handel mit Eisen und Eisenwaren 1823—1839 in Zentnern[2]).

	Durch-schnitt 1823 bis 1830	1831	1832	1833	1834	1835	1836	1837	1838	1839	Durch-schnitt 1831 bis 1839
Einfuhr	895	10.151	7.850	9.807	13.380	15.042	24.464	15.192	62.684	75.124	25.966
Ausfuhr	228.137	219.564	245.062	233.233	231.384	227.361	265.304	238.983	263.095	267.534	243.502

Verkehr mit dem Auslande und Ungarn im Jahre 1841[3]).

	Mit dem Auslande				Mit Ungarn			
	Einfuhr		Ausfuhr		Einfuhr aus Ungarn		Ausfuhr nach Ungarn	
	Menge	Wert	Menge	Wert	Menge	Wert	Menge	Wert
	Ztr.	fl.	Ztr.	fl.	Ztr.	fl.	Ztr.	fl.
Roh- und Brucheisen . . .	14.214	56.856	6.155	24.620	60.934	243.736	948	3.792
Gußeisenwaren	123	2.331	5.529	49.788	601	5.409	12.080	108.720
Frisch-, Grob- u. Streckeisen .	93	930	63.703	636.076	29.960	299.600	39.102	390.879
Roh- und Streckstahl. . . .	17	204	68.629	822.664	110	1.320	2.978	35.632
Guß- und Zementstahl. . .	356	24.920	481	33.670	—	—	221	15.470
Weißblech	1.960	50.960	170	4.420	—	—	3.428	89.128
Schwarzblech	—	—	2.899	46.384	188	3.008	4.662	74.592
Draht (feiner Stahl-)	214	42.800	6.307	134.060	—	—	4.095	81.900
Zeugware	951	23.775	93.009	2,325.225	645	16.025	57.153	1,428.825
Schlosserarbeit, Feilen usw..	230	23.000	29	2.900	13	1.300	1.949	194.900
Messerschmied- und polierte Stahlwaren	—	585	—	74.701	—	632	—	17.657
Zusammen . .	18.153	226.361	246.911	4,154.508	92.451	571.030	126.616	2,441.495

[1]) Tafeln zur Stat. f. 1841. — [2]) Tafeln zur Stat. d. öst. Mon. f. 1840. — [3]) Tafeln zur Stat. d. öst. Mon. f. 1841.

XXII. Kapitel.

Die Metallindustrie (ohne Eisen).

A. Die Maßnahmen der Staatsverwaltung.

Die Staatsverwaltung hat sich mit allen Fragen, welche zur Förderung der Metallwarenindustrie in Betracht kamen, eifrig beschäftigt und diesen Erwerbszweig auf mannigfache Art unterstützt.

Im Jahre 1784 wurde die Glocken- und Rotgießerei für frei erklärt und somit von der Zunftverfassung enthoben[1]). 1785 wurde die niederösterreichische Regierung angewiesen, bei sich vermehrender Knopffabrikation auf die Erweiterung der Streckwerke zur Erzeugung von Tombakblechen Bedacht zu nehmen[2]). Am 10. Jänner 1794 erging an die niederösterreichische Regierung das Dekret, die Fabrikanten von Drahtsaiten anzueifern, sich zu bemühen, aus erbländischem Messing- und Eisendraht ebenso gute Saiten wie die ausländischen zu verfertigen. Bald darauf wurde die Regierung angewiesen, sich um ein Stück Messing, aus welchem die Nürnberger Fabrikanten Klaviersaiten erzeugen, zu bewerben und dasselbe nebst einem Muster der daraus verfertigten Saiten der Hofstelle zu überreichen, damit die Vorsteher der Messingwerke vernommen werden können, ob es nicht möglich wäre, das Messing auf eine ähnliche Art zu bearbeiten und es zügiger zu machen[3]).

Die Einführung neuer Metallwarenfabrikationszweige ließ sich die Staatsverwaltung ebenfalls sehr angelegen sein. Unter Maria Theresia kam der Engländer Thomas Lightowler nach Wien und errichtete mit namhaften Ärarialbegünstigungen eine Knopffabrik und eine der ersten Fabriken von plattierten Waren nach englischer Art[4]). Ebenso wurde 1765 Matthäus Rosthorn aus England nach Wien berufen und begründete hier gegen mannigfache Begünstigungen eine Knopffabrik[5]). 1781 wurden Josef Genthon, der eine Argenthachéwarenfabrik in Wien errichtete, die Fabrikswerkzeuge vom Ärar gegen Vorbehalt des Eigentums zum Gebrauche zur Verfügung gestellt, und da seine Fabrik sich in blühendem Zustande befand und eine Zurückziehung der Werkzeuge ihm großen Schaden verursacht hätte, so wurden ihm dieselben 1797 gegen eine Ablösungssumme von 400 fl. ganz überlassen. Außerdem wurde ihm Kupfer vom Ärar beigestellt[6]).

Die Staatsverwaltung war überhaupt bemüht, dafür zu sorgen, daß die Fabrikanten sich mit dem nötigen Rohmaterial jederzeit versehen können. Im Jahre 1798 wurde der Finanzhofstelle vom Kaiser zur Pflicht gemacht, ihre Aufmerksamkeit besonders dahin zu richten, daß den Fabrikanten und Manufakturisten, welche Kupfer verarbeiten, nicht am nötigen „primo materiali" fehle[7]). Als die Metallwarenfabrikanten am Anfange des 19. Jahrhunderts

[1]) H. K. A. Kom., N.-Ö., Fasz. 72, Nr. 64 ex apr. 1784. — [2]) H. K. A. Kom., N.-Ö., Fasz. 72, Nr. 96 ex majo 1785. — [3]) H. K. A. Kom., N.-Ö., Fasz. 72, Nr. 13 ex jan., 74 ex febr. 1794. — [4]) H. K. A. Kom., N.-Ö., Fasz. 72, Nr. 24 ex jul. 1805. — [5]) Inneröst. Ind. u. Gew. Bl., 1844, S. 43. — [6]) H. K. A. Kom., N.-Ö., Fasz. 72, Nr. 19 ex nov. 1795, Nr. 47 ex mart. 1797. — [7]) Staatsrat 1798, Nr. 1246.

wegen der Kriegsereignisse den Mangel an genügendem Rohstoffe wieder stark
fühlten, da befahl der Kaiser durch eine Note an den Hofkammerpräsidenten
vom 16. Juni 1806, es seien die Verschleißdirektionen anzuweisen, diesen Fabrikanten das nötige Metall sobald und in so großer Menge als möglich zu verabfolgen[1]). Bald darauf zeigte denn auch die Hofkammer an, die Verschleiß-
direktion habe den Fabrikanten Messing, Blei, Zinn und Kupfer auf Kredit zur
Verfügung gestellt[2]).

Im Jahre 1805 gestattete Kaiser Franz, daß dem Peter Fruchard, falls er
sich in Wien niederlassen und seine Maschinen mitbringen wolle, nebst der
Fabriksbefugnis zur Verfertigung von gravierten und plattierten Waren ein
Betrag von 150 fl. zur Vergütung der Reisekosten zu bewilligen sei. ,,Da die
plattierten Waren einen allgemein gesuchten Artikel ausmachen, für welchen
ungeachtet der mehreren geschickten Arbeiter im Inlande jährlich sehr beträchtliche Summen außer Landes gehen‘‘, war die Fabrikeninspektion in ihrem diesbezüglichen Gutachten der Ansicht gewesen, es sei wünschenswert, Fruchard
zu gewinnen[3]).

Zur Beförderung jener Zweige der Metallwarenindustrie, die im Inlande
noch nicht genügend entwickelt waren, wurden sogar solche Verfügungen zugelassen, die für andere Industriezweige als nicht zulässig erklärt worden waren.
So wollten 1805, zu einer Zeit, in welcher jede Vermehrung der Fabriken in
Wien verboten worden war, die Inhaber der von Lightowler gegründeten Fabrik,
Wilda & Leber, den Betrieb trennen, so daß daraus zwei Fabriken geworden
wären. Trotz des Verbotes der Vermehrung der Zahl der Fabriken in Wien
begründete die Hofstelle die Bewilligung zur Trennung mit dem Hinweise,
daß Leber und Wilda zu den geschicktesten Arbeitern gehören, deren sich die
Monarchie rühmen könne. Die Waren, die sie erzeugen, gehören zu jenen Produkten des Kunstfleißes, die die inländische Industrie, von der Regierung unterstützt, nur mit Mühe dem Auslande abgewonnen und im Inlande einheimisch
gemacht habe. Deshalb wurde die Trennung auch vom Kaiser genehmigt[4]).

In der Zeit nach dem ersten Jahrzehnt des 19. Jahrhunderts traten be-
sondere Verfügungen zugunsten einzelner Industriezweige immer mehr in den
Hintergrund, da die Regierung Maßnahmen traf oder unterstützte, die allen
Industriezweigen in gleicher Weise zugute kamen.

B. Die Entwicklung der Metallindustrie.

Edle
Metalle.
Die Goldarbeiter haben in Österreich vor 1800 wenig Nennenswertes
geleistet. Im Jahre 1780 wurden in Wien 37 Gold- und Silberdrahtzieher gezählt, sodann 7 ,,Goldplötner‘‘ und -spinner, 6 Goldschläger und 27 Gold- und
Perlensticker[5]). Zu Anfang des 19. Jahrhunderts waren in der Residenz schon
über 100 Goldarbeiter und seitdem sind auch größere Fortschritte zu verzeichnen. Um 1820 bestanden in Wien 4 k. k. priv. Gold- und Silbergalanterie-

---

[1]) Staatsrat 1806, Nr. 674. — [2]) Staatsrat 1806, Nr. 3044. — [3]) H. K. A. Kom., N.-Ö.,
Fasz. 72, Nr. 7 ex jan. 1805. — [4]) H. K. A. Kom., N.-Ö., Fasz. 72, Nr. 24 ex jul. 1805;
Staatsrat, 1805, Nr. 2615. — [5]) Kommerzialschema Wiens (1780), S. 214.

warenfabriken sowie 176 bürgerliche Gold- und Silberarbeiter. Seit 1800 hatte man in Wien angefangen, die Verfertigung von Bijouteriewaren mit so viel Geschmack und nach den Anforderungen der wechselnden Mode zu betreiben, daß schon 1820 behauptet werden konnte, daß die Wiener Juwelierarbeiten zu den vorzüglichsten in Europa gehörten[1]). Zwischen 1830 und 1840 war es besonders Hofstätter, welcher der Goldwarenerzeugung eine bessere Richtung gab[2]). Hofstätter.

In der Silberwarenerzeugung sind keine hervorragenden Leistungen zu verzeichnen, da sich dieselbe in den ersten Jahrzehnten des 19. Jahrhunderts in stagnierendem Zustande befand. Eine der wenigen Ausnahmen bildete die bedeutende Unternehmung des k. k. Hof- und ausschließend privilegierten Silberwarenfabrikanten und Inhabers einer k. k. priv. Fabrik englischer plattierter Waren in Wien Stephan Mayerhofer (gegr. 1792), seit 1831 Mayerhofer & Klinkosch, da sich in diesem Jahre diese Werkstätte mit der 1802 von Klinkosch begründeten vereinigte. Diese Unternehmung, die sich besonders in der Erzeugung von Service auszeichnete, hatte eine große Ausdehnung und ein zahlreiches Betriebspersonal und war das erste Etablissement dieser Art in Wien, welches diese Waren fabriksmäßig erzeugte. Bei der Wiener Ausstellung von 1835 erhielt sie die silberne, 1839 die goldene Medaille. Im Jahre 1840 beschäftigte die Firma bereits 80 Personen[3]). Mayerhofer & Klinkosch.

Eine andere derartige Unternehmung war die von Jakob Weiß, k. k. priv. Gold-, Silber- und Bronzewarenfabrikanten in Wien. Gegründet 1822, nahm sie seit 1832 durch Vereinigung mit einer Silberwarenfabrik an Umfang zu, erzeugte gegen Ende der dreißiger Jahre fast ausschließlich Silberwaren und beschäftigte 30—40 Gehilfen[4]). Weiß.

Die Fabrikation von Gold- und Silberdraht wurde nur in Wien und Prag betrieben. In Wien waren um 1820 am wichtigsten die Fabriken von Fr. B. v. Partenau (gegr. 1759 von Andreas Losert, 1804 an dessen Schwiegersohn Franz von Partenau übergegangen), Nikolaus Veit und Martin . Veit. Um dieses Gewerbe aufrecht zu erhalten, wurde diesen Drahtziehern um diese Zeit und schon früher ein monatliches Quantum von 9 Mark Gold und 1500 Mark Bergsilber vom k. k. Hauptmünzamte zugeteilt. Partenaus Fabrik war noch 1845 die größte Unternehmung der Gold- und Silberdrahtzieherei und -spinnerei in der Monarchie und wurde bei den Ausstellungen von 1839 und 1845 mit der goldenen Medaille ausgezeichnet[5]). Partenau.

Unter den wichtigeren Neueinführungen in der Metallindustrie steht das Plattieren mit Gold und Silber an erster Stelle. Diese englische Erfindung wurde 1765 von Matthäus Rosthorn in Wien zuerst bei der Knöpfe- Rosthorn.

---

[1]) Keeß, a. a. O., III, S. 449 f. — [2]) Beitr. z. Gesch. d. Gew. u. Erf., I, S. 362. — [3]) Keeß, a. a. O., III, S. 527; Beitr. z. Gesch. d. Gew. u. Erf., I, S. 364; Ber. ü. d. Ausst. Wien, 1835, S. 179, 1839, S. 132 f.; Großind. Öst. 1898, II, 398; vgl. die genauen Daten für diese Firma bis 1837 in der Neuen Freien Presse vom 10. Februar 1914, Morgenausgabe, S. 9. — [4]) Ber. ü. d. Ausst. Wien, 1835, S. 183, 1839, S. 127, 1845, S. 292. — [5]) Keeß, a. a. O., III, S. 458; Statth. A., Wien, Kart. 5759 (1779); Ber. ü. d. Ausst. Wien, 1839, S. 303, 1845, S. 298.

504

fabrikation in Anwendung gebracht. Zu Preston in England 1721 geboren,
kam Rosthorn, von Maria Theresia berufen, 1765 nach Wien und errichtete,
da er sich in London in der Knopffabrikation ausgebildet hatte, eine Metall-
knöpfefabrik. Er erzeugte aber auch Messing- und Tombakbleche, erbaute zu
diesem Zwecke ein Walzwerk, führte die Silberplattierung in Österreich ein und
konstruierte die ersten Metallstreckwerke. Wegen seiner Verdienste um die
österreichische Metallindustrie wurde er von Josef II. 1790 in den Adelsstand
erhoben mit dem Prädikat Edler von. Im Jahre 1790 baute er das Metall-
walzwerk zu Fahrafeld in Niederösterreich. Er starb im Jahre 1805. ·Seine
Söhne setzten das von ihm begonnene Werk fort, so daß der Name Rosthorn
mit der Geschichte der österreichischen Metallwarenfabrikation innigst verknüpft ist[1]).

Lightowler.   Ebenso war unter Maria Theresia aus England Thomas Lightowler
nach Wien gekommen und hatte mit staatlicher Unterstützung eine Knopffabrik und eine Fabrik von plattierten Waren nach englischer Art errichtet;
1796 ging diese Fabrik an seinen Schwager Johann Leber über, der sich
mit Gottfried Wilda vergesellschaftete. Diese Fabrik war schon 1805 in
der größten Ausdehnung und ihre Metallwaren waren den ausländischen fast
ebenbürtig. In diesem Jahre trennten sich die zwei Gesellschafter und es bekam
jeder von ihnen die Landesbefugnis zum selbständigen Betriebe. Noch in den
zwanziger Jahren gehörten diese Unternehmungen namentlich bezüglich der
Verfertigung von vergoldeten und englisch plattierten Knöpfen zu den
besten Wiens[2]).

Um die Weiterentwicklung der Gold- und Silberplattierung erwarb sich
sehr große Verdienste Stephan Mayerhofer, der auf mehrere technische
Verbesserungen in der Erzeugung von Silberwaren Privilegien erhielt, sowie
Machts.   Franz Machts, Inhaber einer 1820 errichteten k. k. priv. Plattierwarenfabrik
in Wien, in welcher 1835 an 60 Arbeiter Beschäftigung hatten; 1845 beschäftigte
diese erstklassige, mit allen Maschinen und Hilfsmitteln der neueren Zeit ausgestattete Unternehmung schon 100 Menschen. Sie erhielt bei der Wiener Ausstellung des Jahres 1835 und bei der Berliner des Jahres 1844 die silberne, bei
der Wiener von 1845 die goldene Medaille[3]).

Arlt.   Die k. k. priv. Fabrik englischer plattierter Waren und metallener Knöpfe
zu Wien von Friedrich Arlt & Co., die sich eines sehr guten Rufes erfreute,
wurde 1812 von Friedrich Arlt zusammen mit Franz Marchandeaux gegründet;
1818 wurde ihr wegen der Vorzüglichkeit und Preiswürdigkeit der Erzeugnisse
und des bedeutenden Umfanges des Betriebes die Führung des kaiserlichen
Adlers bewilligt. Nach dem baldigen Tode Marchandeaux' führte Arlt die Fabrik
allein weiter und nahm 1834 seinen Neffen Günzel als offenen Gesellschafter

---

[1]) Beitr. z. Gesch. d. Gew. u. Erf., I, S. 382; Inneröst. Ind. u. Gew. Bl., 1844, S. 43;
Keeß, a. a. O. III, S. 526. — [2]) Keeß, a. a. O., III, S. 531; H. K. A. Kom., N.-Ö., Fasz. 72,
Nr. 24 ex jul. 1805; Staatsrat 1805, Nr. 2615; Wiener Stadt-A., Statistische Bemerkungen über
die Vorstadtgemeinden, 1829, Landstraße; Redl, Handlungsgremien- und Fabrikenadressenbuch, 1831, S. 166, 177, 188. — [3]) Beitr. z. Gesch. d. Gew. u. Erf., I, S. 382; Keeß u. Blumenbach, a. a. O., II, S. 282 f., 347; Ber. ü. d. Ausst. Wien, 1835, S. 177, 1845, S. 293.

auf. Die Fabrik erhielt bei den Wiener Ausstellungen von 1835 und 1839 die silberne Medaille[1]).

Die Verfertigung von Gold- und Silberwaren hatte sich seit 1820 ungemein vervollkommnet, so daß hervorragende Kenner der österreichischen Industrie um 1830 erklären konnten, die Wiener Arbeiten stünden in keiner Hinsicht den französischen mehr nach. Hiebei zeichneten sich besonders M. L. Biedermann, Franz Wallnöfer, Würth, Oberhauser, Josef Kern, Eduard Starkloff, W. J. Swoboda und Franz Glinde aus. In Prag leisteten in getriebener Silberarbeit Hervorragendes Andreas und Ludwig Fortner, in Goldarbeiten Michael Richter[2]).

Um 1840 war Wien in Silberarbeiten nicht nur die erste Stadt in der Monarchie, sondern es übertraf auch die meisten Hauptstädte des Auslandes in entschiedener Weise. Die Gold- und Juwelenarbeiten von Wien gehörten zu den vorzüglichsten und namentlich standen erstere durch Solidität, Eleganz und kunstreiche Verzierung den schönsten Produkten des Auslandes würdig zur Seite[3]).

Von den Fabriken, welche unedle Metalle (außer Eisen) verarbeiteten, ist eine der ältesten die zu Nadelburg bei Wr.-Neustadt. Gegründet 1753 vom Staate, blieb sie bis 1769 in staatlichem Betriebe. Darauf ging sie durch Kauf in den Besitz des Grafen Theodor Batthyany über, um 1815, dem Verfalle nahe, von Anton Hainisch im Lizitationswege erworben zu werden. Sie wurde von diesem restauriert, mit neuen Maschinen eingerichtet und wiederum in Schwung gebracht. Im Jahre 1837 ging sie an Anton, Michael und Josef Hainisch über unter der Firma Gebr. Hainisch, k. k. priv. Messing- und Nadelnfabrik, worauf sie 1844 in den Alleinbesitz von Michael Hainisch kam. Sie hatte einen großen Umfang und erzeugte alle Gattungen Messing, Tombak, Messingbleche u. a.[4]). *Unedle Metalle. Nadelburg.*

Die landesbefugte Metall- und Eisenwarenfabrik der Gebrüder Winkler zu Kaiser-Ebersdorf bei Wien wurde 1779 von den Brüdern Wilhelm und Robert Hickmann aus Birmingham in Wien gegründet, 1786 nach Ebersdorf übertragen, 1803 von Franz Winkler, Eisenhändler in Wien, übernommen und wurde seit 1826 unter der Firma Gebr. Winkler von Franz und Karl Winkler von Forazest betrieben. 1831 wurde daselbst ein Walzwerk für Packfong angelegt, 1841 eines für Drahtzug. Die Fabrik bestand 1845 aus drei Gießereien, 12 Streckwerken, 1 Eisen- und 1 Blechhammer, 15 Drehbänken, 1 Walzenzug, 12 Fäll- und Preß-, dann 6 Durchschnitt- und 10 Poliermaschinen. Die Maschinen wurden durch Wasserkraft betrieben. Die Fabrik erzeugte meist Kupfer- *Kaiser-Ebersdorf.*

[1]) Keeß, a. a. O., III, S. 531; Keeß u. Blumenbach, a. a. O., II, S. 347; H. K. A. Kom. Kam., Fasz. 49, Nr. 89 ex sept. 1830; Ber. ü. d. Ausst. Wien, 1835, S. 172 f., 1839, S. 131 f. — [2]) Keeß u. Blumenbach, a. a. O., II, S. 292; Redl, a. a. O., 1831, S. 142 f. — [3]) Tafeln d. Stat. f. 1841. — [4]) Blumenbach, Landeskunde, II, S. 130; Beitr. z. Gesch. d. Gew. u. Erf., I, 384, Ber. ü. d. Ausst. Wien, 1839, S. 142; Großind. Öst., II, S. 356 f.; H. K. A. Kom. Kom., Fasz. 49, Nr. 42 ex jan. 1818, Kom. Kam., Fasz. 49, Nr. 31 ex nov. 1815. Nach Großind. Öst. (1898), II, S. 356 f. soll die Fabrik erst 1799 in den Besitz Batthyanys übergegangen sein, was aber irrig ist.

und Messingdrähte, Rollmessing und Messinggußwaren. Sie hat die Erzeugung von gepreßten Metallwaren in Österreich eingeführt[1]).

Öd. Die bedeutendste aller Metallwaren- und namentlich Messingfabriken Österreichs in der ersten Hälfte des 19. Jahrhunderts war die k. k. priv. Messingfabrik zu Öd unter dem Wiener Walde. Sie wurde von den Söhnen des erwähnten 1805 verstorbenen Matthäus von Rosthorn, der in den neunziger Jahren des 18. Jahrhunderts eine Messingfabrik in Fahrafeld errichtet hatte, im Jahre 1818 bei gleichzeitiger Auflassung der Fahrafelder Fabrik gegründet, wobei der kalte Gang, ein Bach, als Betriebskraft Verwendung fand. August, der älteste der Brüder, hatte die Leitung. Die Fabrik machte bald große Fortschritte und wurde berühmt. Um die englische Metallwarenfabrikation zu studieren, begab sich August 1836/37 nach England und als Folge dieser Reise zeigten sich wesentliche Verbesserungen in der Fabrik zu Öd. Die Unternehmung verfertigte namentlich Messingdraht und Blech sowie Packfong. Um 1840 wies sie 2 Walzwerke auf mit 9 Walzenpaaren und 1 großes Vorstreckwerk mit einem Walzenpaare, weiters 2 Metallscheren, 1 Gußhaus mit 3 Schmelzöfen, 4 Glühöfen, 8 Messinghämmer und viele andere Maschinen und Vorrichtungen. Die Zahl der beschäftigten Arbeiter betrug 130. Erzeugt wurden jährlich 4000 Ztr. Messingdrähte und -bleche, 500 Ztr. Tombak-, 500 Ztr. Packfongdrähte und -bleche sowie 150 Ztr. weißer und gelber leonischer Ware. Bei den Wiener Ausstellungen von 1835 und 1839 wurde die Fabrik mit der goldenen Medaille ausgezeichnet, bei der von 1845 war sie außer Preisbewerbung, da ihr Inhaber Mitglied der Beurteilungshofkommission war[2]).

Reichraming. Die Messing- und Drahtfabrik zu Reichraming in Oberösterreich, welche in ihren Anfängen bis tief in das 17. Jahrhundert hinein zurückreichte und dem Stifte Seitenstetten gehörte, erzeugte um 1840 jährlich an 2500—3000 Ztr. Messing. Im Jahre 1835 und 1839 erhielt sie bei den Wiener Ausstellungen die bronzene Medaille[3]).

Ärarische Messingfabriken. Die alte ärarische Messingfabrik zu Achenrain in Tirol (bestehend seit 1653) erzeugte im Jahre 1828: 35 Ztr. Gußmessing, 1219 Ztr. Tafelmessing, 781 Ztr. Messingdraht und 26 Ztr. Tabakblei im Gesamtwerte von 131.740 fl. C. M. Im Jahre 1835 lieferte sie 87 Ztr. Gußmessing, 1309 Ztr. Tafelmessing, 886 Ztr. Messingdraht, 42 Ztr. Tabakblei und 85 Ztr. Zinkvitriol im Werte von 147.554 fl. C. M. und im Jahre 1840 stellte sich ihre Produktion auf 339 Ztr. Gußmessing, 952 Ztr. Tafelmessing, 571 Ztr. Messingdraht, 29 Ztr. Tabakblei und 45 Ztr. Zinkvitriol im Werte von 105.416 fl. C. M. Die staatliche Messingfabrik zu Frauenthal im Marburger Kreis in der Steiermark lieferte 1828: 72 Ztr. Gußmessing, 1827 Ztr. Tafelmessing und 758 Ztr. Messingdraht im Werte von 170.824 fl. C. M.; im Jahre 1835: 1225 Ztr. Tafelmessing und 906 Ztr. Messingdraht im Werte von 138.023 fl. C. M. und im Jahre 1840: 90 Ztr. Guß-

---

[1]) Keeß, a. a. O., III, S. 521, 531; Beitr. z. Gesch. d. Gew. u. Erf., I, S. 384; Ber. ü. d. Ausst. Wien, 1835, S. 185, 1845; S. 286. — [2]) Keeß, a. a. O., III, S. 477 f.; Inneröst. Ind. und Gew. Bl. 1840, S. 404, 1844, S. 43 f.; Tafeln z. Stat. f. 1841; Ber. ü. d. Ausst. Wien, 1835, S. 165 f., 1839, S. 105 ff., 1845, S. 222 ff.; Amtl. Katalog der Weltausstellung Wien, 1873, S. 259. — [3]) Tafeln z. Stat. f. 1841; Ber. ü. d. Ausst. Wien, 1835, S. 196, 1839, S. 102, 1845, S. 222.

messing, 932 Ztr. Tafelmessing, 550 Ztr. Messingdraht und 59 Ztr. Tombak im Werte von 96.488 fl. C. M.

Die ärarische Messingfabrik zu Ebenau in Salzburg erzeugte 1828: 70 Ztr. Gußmessing, 352 Ztr. Tafelmessing und 298 Ztr. Messingdraht im Werte von 45.084 fl. C. M.; im Jahre 1835: 68 Ztr. Gußmessing, 190 Ztr. Tafelmessing, 140 Ztr. Messingdraht und 56 Ztr. Zinkvitriol im Werte von 24.694 fl. C. M. und im Jahre 1840: 32 Ztr. Gußmessing, 193 Ztr. Tafelmessing, 156 Ztr. Messingdraht und 66 Ztr. Zinkvitriol im Werte von 22.894 fl. C. M.[1]).

Im Jahre 1841 wurden für Messing und Messingwaren in Österreich 9 landesbefugte Fabriken gezählt, und zwar in Niederösterreich zu Wien (Nägel), Nadelburg, Öd, Lanzendorf und Ebersdorf; in Oberösterreich zu Reichraming und Ebenau, in der Steiermark zu Frauenthal und in Tirol zu Achenrain[2]).

Leonische Drahtwaren wurden vor allem in der alten Fabrik zu ·Mannersdorf am Leithagebirge erzeugt. Sie wurde 1789 von Anton Schwarz-leitner gegründet und ging 1801 an Cornides über. Sie erzeugte alle Sorten falscher Gold- und Silberdrähte, Gespinste, Borten, Schnüre u. ä. Waren dieser Art wurden auch in einer landesbefugten Fabrik zu Schwaz in Tirol verfertigt[3]). *(Leonische Drahtwaren)*

Die Bronzewarenerzeugung begann sich in Österreich ungefähr seit 1800 mehr zu verbreiten und wurde hauptsächlich in Wien in vorzüglicher Qualität betrieben, wobei Galanterie- und Luxusgegenstände aller Art verfertigt wurden. Eine der ältesten diesbezüglichen Fabriken war die landesbefugte von Johann Georg Danninger, welche am Ende des 18. Jahrhunderts gegründet, alle Arten von Bronzewaren erzeugte und wegen der Vorzüglichkeit ihrer Erzeugnisse bei der Wiener Ausstellung von 1835 mit der silbernen, bei der von 1839 mit der goldenen Medaille beteilt wurde. Gegen Ende der dreißiger Jahre war diese Fabrik die Beherrscherin dieses Gebietes in Wien fast ohne Konkurrenz[4]). *(Bronze.)*

Ausgedehnt war auch die Bronzewarenfabrik von John Morton, welche 1838 errichtet, 1839 schon 109 Arbeiter beschäftigte und bei der Wiener Ausstellung dieses Jahres die goldene Medaille erhielt. Ihre Bedeutung besteht darin, daß sie eine neue Methode der Vergoldung einführte und eine förmliche Umwälzung in der Fabrikation herbeiführte[5]).

Nicht unerwähnt dürfen gelassen werden die Bronzewarenfabriken von Glanz (seit 1831) und Kitschelt[6]) (seit 1835), ebenso wie auch jene von Siegmund Wand und David Hollenbach[7]).

Die Berndorfer Metallwarenfabrik in Niederösterreich wurde 1843 von Alexander Schoeller in Gemeinschaft mit Hermann Krupp gegründet und erzeugte Bestecke aus Metall mit Maschinen, welche aus Essen *(Berndorf.)*

---

[1]) Tafeln z. Stat. f. 1828, 1835, 1840; Keeß, a. a. O., III, S. 484; Amtlicher Katalog der Weltausstellung Wien, 1873, S. 265. — [2]) Tafeln z. Stat. f. 1841. — [3]) Keeß, a. a. O., III, S. 489; Beitr. z. Gesch. d. Gew. u. Erf., I, S. 383; Tafeln z. Stat. f. 1841; Staatsrat 1798, Nr. 1059. — [4]) Beitr. z. Gesch. d. Gew. u. Erf., I, S. 433; Keeß, a. a. O., III, S. 511; Ber. ü. d. Ausst. 1835, S. 175, 1839, S. 138. — [5]) Beitr. z. Gesch. d. Gew. u. Erf., I, S. 434; Ber. ü. d. Ausst. Wien, 1839, S. 137. — [6]) Vgl. oben S. 489. — [7]) Beitr. z. Gesch. d. Gew. u. Erf., I, S. 435; Ber. ü. d. Ausst. Wien, 1845, S. 691.

508

bezogen worden waren. Durch diese Maschinen konnten täglich 200 bis
300 Dutzend Löffel oder Gabeln hergestellt werden. Schon bei der Wiener
Ausstellung von 1845 wurde dieser Fabrik die silberne Medaille zuteil.
A. B. Bächer, Inhaber einer Silberprägwarenfabrik in Prag (errichtet 1844),
erzeugte ebenfalls Bestecke[1]).

Die Metallwarenfabrik von Tlach & Keil in Troppau wurde 1820 zur
Erzeugung von Roheisen- und Gußwaren errichtet. Ein zweites Werk wurde
1836 in Olbersdorf in Schlesien zur Erzeugung von gewalzten Kupferblechen
und geschmiedeten Kupferschalen erbaut[2]).

Karl Graf Pilati von Tassul hatte eine landesbefugte Tombak- und
Metallwarenfabrik zu Lichtenegg im Hausruckkreis und erzeugte Handfeuer-
spritzen, Bügeleisen, Ventile, Leuchter, Trompetenmundstücke, Türschilder,
Schnallen u. ä.[3]).

Die Gürtlerarbeiten, Quincaillerie und falschen Schmuck-
waren von Wien waren durch geschmackvolle Formen, Vollendung der
Arbeit wie auch durch ihre Wohlfeilheit selbst im Auslande bekannt und
gesucht. Es beschäftigten sich 1841 mit solchen Arbeiten in Wien außer den
Fabriken noch 203 Bronzearbeiter, Gürtler und Falschschmuckarbeiter,
12 Guillocheurs, 8 Metallfedernerzeuger, 8 Flitter-Folienschläger, 34 Gelbgießer,
3 Glockengießer, 17 Metallknöpferzeuger, 37 Kupferschmiede, 7 Metallschläger,
71 Nadler, 22 Packfongarbeiter, 23 Zinngießer u. a.

In Böhmen hatte die Verfertigung von Waren aus Metallkompositionen,
wie Knöpfe, Schnallen, Ringe u. ä. ihren Hauptsitz in und um Peters-
walde (Leitmeritzer Kreis), wobei 1841 über 1500 Arbeiter Beschäftigung
fanden. Schon in den neunziger Jahren des 18. Jahrhunderts wird in Peters-
walde eine Messingwarenfabrik von Johann Georg Hieke erwähnt, welche
,,mit 462 Personen auf Fabrikenart betrieben wurde". Ebenso in Prag eine
Knöpfefabrik von Jean Comoi, welche durch einen Meister und 34 ,,Fabri-
kanten" betrieben wurde[4]). In der Metallknöpfe- und Schnallenfabrik von
Püschner & Weigand in Tissa im Leitmeritzer Kreise, welche bei den Prager
Ausstellungen von 1833 und 1836 die bronzene Medaille erhielt, waren 1841
an 400, in der Messing- und Zinnknöpfefabrik von Schönbach in Peters-
walde über 50 Menschen beschäftigt[5]).

Nickel. Das Nickelmetall wurde zuerst in Österreich in rein metallischem Zustande in größeren Quantitäten durch Hofrat von Gersdorff, k. k. General-
hauptmünzprobierer in Wien, erzeugt. Er ist somit der Begründer der österreichischen Nickelindustrie. Nachdem er schon 1824 aus den Abfällen
der k. k. Schmaltefabrik in Schlöglmühl 50% arsenikfreies Nickel produziert
hatte, erfolgte am Fuße des Schneeberges in Reichenau die Gründung
der ersten Nickelfabrik in Europa und 1832 erzeugte Gersdorff daselbst

---

[1]) Großind. Öst., II, S. 368, V, S. 104 f.; Ber. ü. d. Ausst. Wien, 1845, S. 290 f. —
[2]) Großind. Öst., 1898, II, S. 389; Ber. ü. d. Ausst. Wien, 1845, S. 226. — [3]) Verz. d. Linzer
Ausstellung, 1847, S. 9; André, Neueste Beschr. (1813), S. 203. — [4]) Schreyer, Kom.,
Fabriken etc. (1790), II, S. 114; derselbe, Warenkabinett (1799), S. 387 ff. — [5]) Tafeln z.
Stat. f. 1841; Ber. ü. d. Ausst. Wien, 1839, S. 129.

1800 Ztr. Nickel und hieraus Packfong. Aus Legierungen dieses Metalles mit Kupfer entstanden Neusilber, Alpaka, Lunaid u. a.[1]).

Die Zinkgewinnung und Verarbeitung datiert erst vom Jahre 1800, da es   Zink. früher unbekannt war. Die erste Zinkgießerei Österreichs wurde von Förster & Geiß in Wien 1830 errichtet[2]). In Bochnia in Galizien errichtete Karl Bernd eine Fabrik, welche Fußböden, Teppiche, Kaminvorlagen u. ä. aus gegossenem und gewalztem Zink verfertigte[3]). Zinkblech und Zinkdraht wurden auch zu Olbersdorf und Troppau in Schlesien (Tlach & Keil) erzeugt und eine Zinkwarenfabrik befand sich 1841 auch in Klagenfurt[4]).

Die Zinnwarenfabrikation verlor durch das Aufkommen des Stein-   Zinn. guts und Porzellans und deren Verwendung zur Tafelgeschirrerzeugung ihre frühere Bedeutung. Die meisten Zinnwaren wurden zu Wien, Prag, Schlaggenwald, Karlsbad und Schönfeld in Böhmen erzeugt[5]).

Kupferwaren wurden an verschiedenen Stellen der Monarchie in großer   Kupfer. Menge erzeugt. Noch um 1820 kamen die größten Kupferplatten aus der Rosthornschen Fabrik zu Öd, welche noch zu Ende der dreißiger Jahre bezüglich der Erzeugung von Kupferblechen an erster Stelle stand. Die Alois Josef Sartorysche Fabrik zu Neu-Hirtenberg in Niederösterreich war seit 1817 mit einem Walzwerke versehen und wurde ganz nach englischer Art mit Steinkohle betrieben. Diese Fabrik hatte schon zu Ende der zwanziger Jahre zum Walzen der Kupferbleche eine der größten Dampfmaschinen von 50 bis 60 Pferdekräften in Verwendung[6]).

Die Kupferhämmer zu Ebenau in Salzburg und Brixlegg in Tirol (errichtet 1819) waren ärarisch. Die Blechwalzfabrik von Tlach & Keil zu Endersdorf in Schlesien erzeugte Kupfer-, Eisen- und Zinkbleche[7]).

Im Jahre 1812 erwirkte Severin Zugmayer zu Waldegg bei Wiener Neustadt die Fabriksbefugnis und übernahm 1817 den Betrieb des dortigen Eisen- und Kupferhammers; 1820 errichtete er daselbst ein Kupferwalzwerk, 1842 ein zweites, für die damalige Zeit sehr bedeutendes Kupfer-, Blech- und Plattenwalzwerk. Bei der Wiener Ausstellung von 1845 erhielt die Firma Severin Zugmayer & Söhne die silberne Medaille[8]).

Am merkwürdigsten unter allen Kupferwarenerzeugungsunternehmungen ist wohl die Kupferzündhütchenfabrik von Sellier & Bellot zu Parukarzka bei Prag, gegründet 1825. Sie war eine der bedeutendsten Fabriken dieser Art in Europa, welche nicht nur den großen (1835 auf 60 Millionen Stück angeschlagenen) Bedarf der Monarchie befriedigte, sondern ihre Erzeugnisse auch im Ausland absetzte. Zweimal wurde ihr bei Prager Ausstellungen die goldene

---

[1]) Beitr. z. Gesch. d. Gew. u. Erf., I, 383; Großind. Öst., 1898, II, 340. — [2]) Beitr. z. Gesch. d. Gew. u. Erf., I, 384. — [3]) Tafeln z. Stat. f. 1841; Ber. ü. d. Ausst. Graz, 1841, S. 76. — [4]) Keeß u. Blumenbach, a. a. O., II, S. 538; Tafeln z. Stat. f. 1841. — [5]) Schreyer, Warenkabinett (1799), S. 438; Tafeln z. Stat. f. 1841. — [6]) Keeß, a. a. O., III, S. 471 f., 497; Keeß u. Blumenbach, a. a. O., II, S. 299. — [7]) Keeß u. Blumenbach, a. a. O., II, S. 300. — [8]) Großind. Öst., II, S. 397; Ber. ü. d. Ausst. Wien, 1845, S. 224.

Medaille zuteil, ebenso wie bei der Wiener vom Jahre 1845. Im Jahre 1829 beschäftigte die Fabrik im eigenen Gebäude 45 Arbeiter, 1845 schon 118[1]).

Kupferhämmer, Walzwerke und Fabriken gab es 1841 in Niederösterreich zu Kirchenberg (Walzwerk), Solenau, Wöllersdorf, Kammerhof, Friedau, Weißenbach, Waldegg und Wellert (Hämmer); in Oberösterreich zu Ebenau, Steyr, Wels und Lichtenegg (Hämmer); in der Steiermark zu Feistritz 2, Ober-Feistritz, Seiz, Schladming, Paradies, Liezen, Kleinthal, Übelbach (Hämmer); in Kärnten 1 Hammer zu Villach; in Krain zu Adelsberg (Hammer und Fabrik); im Küstenlande zu Triest (Schiffsnägel); in Tirol 1 Hammer zu Brixlegg; in Böhmen zu Prag 2, Lieben, Kamenitz (Kupferbleche); in Mähren und Schlesien zu Olbersdorf 2, (auch Walzwerk) und Ustron (Hammer), endlich in Galizien zu Wadowice, Zolkiew 2, Brzezan 2, Stry, Stanislau, Czernowitz 5. Davon waren nur die Fabrik zu Ebenau und die zu Brixlegg (beide staatlich) landesbefugt[2]).

Blei.

Aus Blei wurden erzeugt Platten, Bleche, Röhren, Schrot, Kugeln u. a. In Wien, Kottingbrunn und Villach wurden 1841 Bleikompressionsröhren erzeugt. Zahlreiche Schrotgießereien bestanden in der Nähe von Villach und Klagenfurt, außerdem zu Wien und Königsaal (in letzterem Orte die Fabrik des Zuckerfabrikanten Richter[3]).

In der Alservorstadt von Wien wird schon 1784 ein privilegierter Bleiplattenfabrikant Johann Christof Bayermann erwähnt[4]). Die k. k. priv. Kompressionsbleiröhren- und Plattenfabrik in Kottingbrunn wurde um 1820 von Karl Ritter von Bohr gegründet; schon vorher bestanden in Wien die k. k. priv. Bleiplatten- und Röhrenfabrik von Johann Peterls Wtwe. & Sohn, sodann die Fabriken von Seb. Spitäler und Johann Nepomuk Sartory[5]).

Glocken-gießerei.

Unter den Glockengießern war in der ersten Hälfte des 19. Jahrhunderts weit über ihren Standort hinaus bekannt die Unternehmung von Anton Samassa in Laibach (gegründet 1734, seit 1767 dauernd im Besitze der Familie Samassa). Von 1825 bis 1838 goß diese Firma 358 neue Glocken, die aus Krain, Steiermark, Kroatien und dem Küstenlande bestellt worden waren. Bei der Klagenfurter Ausstellung im Jahre 1838 erhielt sie die bronzene, bei der Laibacher im Jahre 1844 die silberne Medaille[6]).

Aus diesen Ausführungen ist ersichtlich, daß schon in den vierziger Jahren des 19. Jahrhunderts durch einige bedeutende Unternehmungen der Grund zur weiteren Entwicklung und Vervollkommnung der österreichischen Metallwarenindustrie gelegt war, während die Erzeugung von Gold- und Silberwaren sich schon damals auf einer sehr hohen Stufe befand.

---

[1]) Tafeln z. Stat. f. 1841; Ber. ü. d. Ausst. Prag, 1829, S. 72, 1836, S. 122, Wien, 1835, S. 291, 1845, S. 22, 947. — [2]) Tafeln z. Stat. d. öst. Mon. f. 1841. — [3]) Ber. ü. d. Ausst. Prag, 1836, S. 29. — [4]) H. K. A. Kom., N.-Ö., Fasz. 72, Nr. 82 ex aug. 1784. — [5]) Keeß, a. a. O., III, S. 711 ff.; Beitr. z. Gesch. d. Gew. u. Erf., I, S. 384; Tafeln z. Stat. d. öst. Mon. f. 1841; Ber. ü. d. Ausst. Wien, 1835, S. 187. — [6]) Ber. ü. d. Ausst. Klagenfurt, 1838, S. 161, Laibach, 1844, S. 67; Großind. Öst., 1908, II. 175.

XXIII. Kapitel.

Die Glasindustrie.

A. Die Maßnahmen der Staatsverwaltung.

Die Glasindustrie kann in Böhmen bis in den Anfang des 11., in Mähren und Schlesien bis in das 14. Jahrhundert zurückverfolgt werden[1]), in der Steiermark bis in das 16. Jahrhundert[2]). Die Glasindustrie ist ein Erwerbszweig, der frühzeitig den Ruhm der österreichischen Arbeit weit über die Grenzen des Vaterlandes verbreitete. Namentlich von Blottendorf, Haida und Steinschönau in Böhmen aus ging frühzeitig ein lebhafter Handel mit böhmischen Glaswaren nach allen Weltteilen und in fremden verkehrsreichen Städten, wie in Cadiz, Sevilla, La Coruña, Oporto, Amsterdam, Mailand, Neapel, Petersburg, Konstantinopel und Smyrna wurden Handlungsniederlagen errichtet. Ja, dieser Handel dehnte sich bis nach Mexiko und Nordamerika aus. Unter diesen Niederlagen waren jene von Cadiz und Sevilla am wichtigsten, da diese Städte die großen Umschlagplätze für den Verkehr mit den ausgedehnten spanischen Kolonien waren.

Nicht mit Unrecht wurde die Glasindustrie Böhmens in einer Eingabe im Jahre 1744 als „das beste Kleinod des Landes" bezeichnet[3]).

Dieser großartige Export dauerte bis gegen das Ende des 18. Jahrhunderts. Durch die großen Kriege um die Jahrhundertwende wurden viele Länder vom Handel abgesperrt, in anderen wurde auf die Einfuhr der Glaswaren ein prohibitiver Zoll gelegt, in anderen wiederum die Einfuhr gänzlich untersagt. Dies mußte auf die österreichische Glasindustrie notwendigerweise nachteilig wirken[4]).

Die österreichische Staatsverwaltung bemühte sich, die Glasfabrikation auf alle mögliche Art zu fördern.

Die böhmischen Glasarbeiter waren wegen ihrer Geschicklichkeit und Tüchtigkeit weit bekannt, weshalb sich fremde Staaten bemühten, dieselben zur Auswanderung zu bewegen, um diesen Erwerbszweig in ihrem Lande einzuführen oder emporzubringen. Dem trat die österreichische Regierung schon unter Maria Theresia scharf entgegen. Durch Patent vom 17. August 1752 wurde das Auswandern von Glasmachern aufs strengste verboten. Daher mußte jeder Glasmacher, der von einer Fabrik zu einer anderen übergehen wollte, von der Ortsobrigkeit einen Paß erhalten. Auf die Anzeige oder Anhaltung eines Glasmachers, der die Absicht hatte, auszuwandern, wurde eine Prämie von 24 fl. festgesetzt und durch Patent vom 17. September 1761 auf 100 fl. erhöht. Später wurde durch Hofdekret vom 5. Juni 1767 auf die Entdeckung eines Rädelsführers und Anwerbers böhmischer Glasmacher eine Remuneration

Maßnahmen gegen die Auswanderung von Glasarbeitern unter Maria Theresia und Josef II.

---

[1]) Schirek in Mitt. d. mähr. Gewerbemuseums, 1892, S. 169 ff.; Kunstgewerbeblatt, 1890, S. 3. — [2]) Pogatschnigg in Ber. d. k. k. Gewerbeinspektoren f. 1893, S. 135. — [3]) Großind. Öst., II, 101. — [4]) Schebek, Böhmens Glasindustrie, 7, 63 ff.; Großind. Öst., II, 134: 1773 wurde der Zoll auf Glas in Portugal derart erhöht, daß die Einfuhr ungemein erschwerte. Seit 1780 ergaben sich auch in Spanien große Schwierigkeiten. Daneben kamen die englische und französische Glasindustrie immer mehr empor. Vgl. auch Salz, a. a. O., 269.

512

von 100 Dukaten zugesichert[1]). Unter dem 5. Oktober 1767 wurde das Glasmacherreglement erlassen, welches durch Beschränkungen bei der Aufnahme
von Lehrlingen die Ursache der Auswanderung zu beheben trachtete[2]). Das
Auswanderungspatent vom 10. August 1784 sah ebenfalls Maßnahmen gegen
die Auswanderung von „Künstlern und Handwerkern" vor[3]).

Diese Maßregeln der Regierung zeigen deutlich die Wertschätzung derselben gegenüber der hochentwickelten inländischen Glasindustrie. Außerdem
wurden zur Verbesserung der Fabrikation ausländische Arbeiter berufen und
um die Schleifereien zu vermehren, zu deren Errichtung Vorschüsse gewährt[4]).

Aneiferung zur Ver- wendung von Stein- kohlen zur Feuerung unter Josef II. Während man im Auslande schon gegen Ende des 16. Jahrhunderts mit der
Verwendung von Steinkohlen bei Glasöfen begonnen hatte, wurde in Österreich
der erste Versuch 1767 in Böhmen von Kommerzienrat von Scotti und dem
Glashüttenmeister Bok in der Hořowitzer Glashütte unternommen. Da diese
Frage für Böhmen, bei seiner ausgedehnten Glasindustrie und dem damit zusammenhängenden riesigen Holzkonsum, eine sehr wichtige war, wollte man
nicht den Waldbestand des Landes gefährden, so wurde durch Hofdekret vom
11. September 1786 bekanntgemacht, daß jedem Glasmeister, der sich auf die
Erzeugung von Glaswaren mit Steinkohlen vorzüglich verwenden würde, ein
ausschließendes Privilegium auf die Erzeugung von Glas mit Steinkohlen
erteilt werden würde, unter der Bedingung, daß 1. diejenigen, welche die Fabrikation mit Steinkohlen schon betreiben, daran nicht gehindert werden, 2. der
Impetrant sich verpflichte, die Manipulation der Glaserzeugung mit Steinkohlen binnen Jahr und Tag auf einer, binnen fünf Jahren aber noch auf anderen
vier Hütten vollkommen herzustellen, und 3. daß demjenigen, welcher während
der Dauer dieses Privilegiums die Verwendung von Steinkohlen einführen
wollte, dies gegen Erlag von 100 Dukaten zu gestatten sei[5]).

Bis gegen Ende des 18. Jahrhunderts war namentlich die Hohlglasindustrie
Böhmens auf bedeutender Höhe und erfreute sich in der ganzen Welt des besten
Rufes. Da erfolgte aber ein Rückschlag. In mehreren Staaten des Auslandes
entstanden Glasfabriken, von der Staatsverwaltung durch alle Mittel, namentlich durch hohe Zölle auf böhmisches Glas begünstigt. Böhmische Glasarbeiter
wurden trotz der vielen Verbote immer wieder zur Auswanderung verleitet.
Die besten Kräfte gingen ins Ausland, wodurch sich die künstlerische Richtung
in der böhmischen Glasindustrie nach und nach verlor[6]).

Aus- wanderungs- verbote unter Leopold II. und Franz I. Die Staatsverwaltung bemühte sich, wo es nur immer anging, dem Übel
abzuhelfen und die Weiterentwicklung dieses Industriezweiges zu fördern.
Ja, wir finden zu diesem Zwecke in der Zeit zwischen 1790 und 1810 neben mehr-
fachen Wiederholungen der Auswanderungsverbote (Verordnung vom 18. Oktober 1793, Hofkanzleidekret vom 20. Dezember 1804 und Hofdekret vom

[1]) Schreyer, Kommerz, Fabriken etc., S. 100 f.; Barth, a. a. O., VI, 277—281; Großind,
Öst., II, 123. — [2]) Siehe unten S. 515. — [3]) Barth, a. a. O., II, 472. — [4]) Kopetz, a. a. O.,
II, 59; Großind. Öst., II, 123. — [5]) Schreyer, Kommerz, Fabriken etc., S. 105; Barth, a. a. O.,
VI, 281 f.; Schebek, a. a. O., S. XI, Großind. Öst., II, 107. — [6]) Beiträge zur Gesch. der Gew.
u. Erf., I, 425.

17. Jänner 1805[1]) Anläufe zu einer staatlichen Stellenvermittlung für Glas- Versuche
arbeiter sowie einer Unterstützung derselben während ihrer Arbeitslosigkeit. einer staat-
lichen
Wenn eine Glashütte einging und die Arbeiter verabschiedet wurden, so erhielten Stellen-
sie Pässe in ihre Geburtsorte. Den Obrigkeiten wurde zur Verhütung ihrer vermittlung
Auswanderung aufgetragen, ihre besondere Aufmerksamkeit auf sie zu richten und Arbeits-
losen-
und für ihren Unterhalt möglichst vorzusorgen oder, wenn dies nicht möglich fürsorge.
wäre, die Anzeige an die Landesstelle zu erstatten (Verordnung vom 23. März
1809). Den Kreisämtern wurde befohlen, vierteljährlich Verzeichnisse der brot-
losen Glasmacher an die Landesstelle zu überreichen, um dieselben sämtlichen
Glasmeistern im Lande bekanntgeben und die Arbeiter ohne Verzug anderwärts
unterbringen zu können (Verordnung vom 19. September 1793 und vom
22. August 1803). Bis zur Unterbringung wurde den zur Arbeit tauglichen
Gesellen von der Landesstelle eine kleine Provision, gewöhnlich für einen Gesellen 5 Kreuzer, ein gleicher Betrag für dessen Weib, für jedes Kind aber
3 Kreuzer bewilligt (Verordnung vom 27. April 1796). Im Jahre 1806 wurde
aber diese „Provisionirunganstalt" als zur Verhinderung der Auswanderung
unzureichend eingestellt[2]). Bis die vierteljährlichen Ausweise vom Kreisamt an
die Landesstelle eingesendet wurden, diese dann die nötigen Informationen
einholte, um sodann etwaige Verfügungen zu treffen, wäre der arbeitslose Glasarbeiter längst verhungert, wenn er es nicht vorgezogen hätte, im Auslande
Arbeit anzunehmen.

Als Ursache der Auswanderung wurde von den Glasfabrikanten auch angeführt, daß die von Maria Theresia den Glaskünstlern und -händlern bewilligte
Befreiung von der Rekrutierung nicht berücksichtigt wurde. Die Furcht vor
der Rekrutierung hat während der napoleonischen Kriege viele Glaskünstler
verleitet auszuwandern[3]).

Wegen des großen Holzkonsums unterlagen die Pottaschesiedereien und Verwendun
Glashütten der Beschränkung, welche zuerst durch zahlreiche Verordnungen von Stein-
kohlen zur
und sodann durch das Waldpatent vom 1. Juli 1813 normiert wurde, daß Feuerung.
Befugnisse dazu nur an Orten verliehen werden sollten, wo kein Holzmangel
zu befürchten war. Hingegen fiel bei Verwendung von Steinkohlen oder Torf
als Brennmaterial jede Beschränkung hinweg[4]). Dennoch ließ die Verwendung
von Steinkohlen in größerem Maßstabe lange auf sich warten. Von den erwähnten ersten Versuchen unter Maria Theresia abgesehen, war die erste Hütte,
welche die Kohlenfeuerung in großem Maßstabe (seit 1794) einführte, die „Sankt
Agnes" in Liboje bei Cilli, welcher sodann zunächst weitere steirische Glasfabriken folgten. Viel langsamer ging dies in Böhmen vor sich, wo die Kohlenfeuerung erst in den fünfziger Jahren ausgedehnte Verbreitung fand. Noch um
die Mitte der dreißiger Jahre schrieb Kreutzberg über die diesbezüglichen Verhältnisse in Böhmen: „Eines könnten wir jedoch nicht umhin, der reiflichen
Beachtung unserer Fabrikanten dringend ans Herz zu legen; es ist dies eine
vermehrte Anwendung der hie und da versuchten, aber meist wieder aufgege-

---

[1]) Barth, a. a. O., II, 474. — [2]) Kopetz, a. a. O., II, 31. — [3]) Schebek, a. a. O., 393; vgl.
darüber auch Salz, a. a. O., 265. — [4]) Barth, a. a. O., I, 286 f.

benen Steinkohlen, welche in vielen Landesteilen so leicht und wohlfeil gewonnen werden"[1]).

Maßregeln zur För- derung der Glas- schleiferei. Um die Glasschleiferei in Schwung zu bringen, wurde durch Hofkammer- dekret vom 6. November 1810 verordnet, bei Erteilung von Befugnissen zur Glasschleiferei nach den liberalsten Grundsätzen vorzugehen, Unternehmern von Glasschleifereien oder von Glasfabriken, die zugleich die Schleiferei, be- sonders der Judenmaßgläser, betreiben, leichter als anderen die Führung des kaiserlichen Adlers zu gestatten oder die Landesfabriksbefugnis zu erteilen, endlich ausgezeichnete Fortschritte einer Unternehmung entweder unmittelbar von seiten der Landesstelle durch eine ermunternde Belobung zu belohnen und öffentlich kundzumachen oder aber nach Umständen zur höheren Kenntnis zu bringen. Die Einwanderung geschickter Glasschleifer aus dem Auslande sei nach Tunlichkeit zu unterstützen, wobei das Gubernium in besonderen Fällen auch mäßige Reisevorschüsse gewähren könne. Ebenso wurde dem Gubernium eingeschärft, sich bezüglich der Rekrutierung an das bestehende Normale, nach welchem geübte Glasschleifer und Werkmeister vom Soldatenstande befreit seien, genau zu halten, zugleich jedoch Unfüge und Eigenmächtigkeiten der Obrigkeiten und ihrer Beamten bei Aushebung der Rekruten streng zu ahnden[2]).

Verleihung von Landes- fabriks- befugnissen. Durch Hofkammerdekret vom 29. Dezember 1806 wurde dem böhmischen Gubernium bedeutet, die große Anzahl von Glaserzeugern sei kein Grund, denselben die Verleihung von Landesfabriksbefugnissen zu versagen. Indessen soll nur für solche Unternehmungen die Bewilligung von Landesfabriksbefug- nissen vorbehalten bleiben, ,,die durch Vollkommenheit ihrer Erzeugnisse, durch Verfertigung besonders großer Glasplatten, durch höhere Veredlung der Gläser oder auch durch Erzeugung des Glases mit Steinkohlen oder ohne Pottasche, durch Beschäftigung einer beträchtlichen Anzahl von Glasschleifern, Vergoldern und dergleichen, durch die Ausdehnung ihrer Werke, durch einen Handel im großen, mit einem Worte durch besonderen Kunstfleiß und vorzüg- liche Verdienste um den Handel der Monarchie sich auszeichnen"[3]).

Belohnungen und Aus- zeichnungen. Nützliche Erfindungen erfuhren seitens der Regierung und des Kaisers ihre Anerkennung durch Geldbelohnungen oder Auszeichnungen. So erhielt der Glasmacher Leopold Mayer, der 1803 auf der Paulinenhütte gelungene Versuche mit Rubinfluß machte, vom Kaiser die goldene Ehrenmedaille[4]). Im selben Jahre verlieh der Kaiser dem ,,vorzüglichsten Glasschneider" Franz Pohl und dem gräflich Harrachschen Beamten (zu Starkenbach) Johann Pohl die kleine goldene Ehrenmedaille, ferner dem Glasschneider Franz Sacher,

---

[1]) Kreutzberg, Skizzierte Übersicht, 21; Großind. Öst., II, 108. Die Maßnahmen der Regierung zum Schutze des Waldbestandes sind um so begreiflicher, als vielfach Klagen über die unerträgliche, durch Glashütten verursachte Holzteuerung einliefen. So baten 1804 die Kuttenberger Bürger aus diesem Grunde um Aufhebung der in der Nähe dieser Stadt befind- lichen Glashütte (St. A. Prag, 1796—1805, Kom., Fasz. 2, subn. 87). — [2]) St. A. Prag, 1806—1815, Kom., Fasz. 2, subn. 1; Barth, a. a. O., VI, 283; Kopetz, a. a. Ó., II, 63. — [3]) St. A. Prag, 1806—1815, Kom., Fasz. 2, subn. 1. — [4]) Keeß, a. a. O., III, 890; Großind. Öst., II, 110 f.

den Glasschleifern Josef Sacher, Josef Rieger und Franz Schier, endlich dem Glasmaler und Vergolder Franz Hellmann und den Glasmachern Johann Veit und Christoph Biemann, jedem die silberne Ehrenmedaille „zur verdienten Auszeichnung und Aneiferung", und ordnete zugleich dem Gubernium an, die Auszeichnungen zur Ermunterung in den Zeitungen allgemein kundzumachen[1]). Der Oberamtmann der Herrschaft Starkenbach Martin Kaiser erhielt im September 1803, nachdem Kommerzienrat Schreyer über seine Tätigkeit auf dem Gebiete der Glasindustrie Bericht erstattet hatte, wegen seiner Verdienste in der Erzeugung von feinen geschnittenen und geschliffenen Waren die große goldene Ehrenmedaille mit der goldenen Kette[2]).

Kaiser Franz, der sein persönliches Interesse für die Industrie immer wieder bekundete, unterließ es auch nicht, die Zentren der böhmischen Glasindustrie persönlich zu besuchen. Als er im Oktober 1804 mit der Kaiserin nach Haida kam, da nahm er eine im Hause des Glashändlers Johann Anton Zinke von den dortigen und den Handelsleuten der Umgebung aufgestellte vortreffliche Sammlung von Glasprodukten in Augenschein und äußerte sich darüber mit Worten des höchsten Lobes. Darauf empfing er die Glashändler in Audienz, besprach mit ihnen den Zustand des Industriezweiges und befragte sie nach etwaigen ihrer Betätigung entgegenstehenden Hindernissen. Diese Gelegenheit benützte der Monarch auch, um die Spiegelfabriken des Grafen Kinsky zu Wellnitz und Lindenau sowie dessen Bürgsteiner Spiegelniederlage zu besichtigen[3]).

Die Fabrikation künstlicher Perlen, welche von einigen unter Josef II. eingewanderten und vom Staate unterstützten Franzosen eingeführt wurde, nahm namentlich seit 1797 einen größeren Aufschwung, vor allem in Wien und Gablonz[4]).

Die formell noch weiter geltende Glasmacherordnung vom 5. Oktober 1767 enthielt neben den Bestimmungen gegen die Auswanderung und über die Evidenzhaltung der Glasarbeiter auch noch die, daß die Behörden darüber wachen sollten, daß sich nicht mehr Personen diesem Gewerbe widmen, als das Bedürfnis des Inlandes es erheische. Daher durfte kein Lehrling ohne Bewilligung der Landesstelle aufgenommen oder freigesprochen und nicht mehr als einer auf zehn Hafen zugelassen werden, wozu sich noch andere beschränkende Maßnahmen gesellten. Diese Bestimmungen stammten aus einer Zeit, in welcher man vom möglichen Aufschwunge der Industrie noch keine Ahnung gehabt hatte, weshalb dieses Reglement in der Praxis später auch nicht mehr angewendet wurde, um den Fortschritt in der Entwicklung der Glasindustrie nicht zu hemmen. Diese Bestimmungen waren überhaupt nur in Böhmen formell noch in Geltung, während in den anderen Ländern auch für die Glasindustrie die allgemeinen Gewerbevorschriften in Betracht kamen. Als nun infolge der Stockung des Glashandels um die Jahrhundertwende viele Glasarbeiter in Böhmen brotlos wurden und die Auswanderung trotz der Verbote überhandnahm, da glaubte

Die Glasmacherordnung.

---

[1]) St. A. Prag, Kom., 1796—1805, Fasz. 2, subn. 38. — [2]) St. A. Prag, Kom., 1796—1805, Fasz. 2, subn. 63, 72. — [3]) Schebek, a. a. O., 383 ff., Anmerkung. — [4]) Keeß, a. a. O., III, 903 f.

das Gubernium, dem Übel dadurch beizukommen, daß es unter dem 14. August 1807 die Vorschrift, daß ohne Bewilligung der Landesstelle keine Glasmacherlehrjungen aufgenommen noch freigesprochen werden dürfen, wieder veröffentlichte und anordnete, daß das Glasmacherreglement von 1767 in den Glashütten ausgehängt werden solle, da sonst durch zu starke Vermehrung des Personalstandes viele aus Mangel an Arbeit in Armut geraten oder zum Auswandern verleitet würden[1]).

Die Hofstelle scheint nicht derselben Meinung gewesen, aber auch erst durch spätere Beschwerden auf diese Maßregel des Guberniums aufmerksam geworden zu sein, denn erst durch Hofkammerdekret vom 9. Februar 1813 wurde dem Gubernium in Böhmen bedeutet, daß bei den Kommerzialgewerben und insbesondere bei Glasfabriken, welche einen der vorzüglichsten inländischen Industriezweige ausmachen, eine Beschränkung der Lehrjungen auf eine bestimmte Zahl sowohl mit Rücksicht auf den Fabriksbetrieb selbst als auch in Hinsicht auf die jedermann freistehende Wahl eines Erwerbszweiges schlechterdings nicht zulässig sei. Die Stockung des Absatzes der Glaswaren, welche nur als eine vorübergehende Erscheinung angesehen werden könne, gehöre zu jenen Umständen, welche nach der Verordnung vom 2. Mai 1809[2]) in der Handhabung der Kommerzialgewerbefreiheit nicht beirren dürfen[3]).

Dadurch kam man wieder in den früheren Zustand. Die beschränkenden gesetzlichen Bestimmungen des Glasmacherreglements wurden nicht aufgehoben, sie sollten aber auch weiterhin nicht angewendet werden.

Erst 1827 stellte das böhmische Gubernium den Antrag, diese materiell nicht mehr angewendete und auch nicht anwendbare beschränkende Verordnung auch formell aufzuheben und die für die übrigen Kommerzialbeschäftigungen bestehenden Grundsätze auch auf die Glasfabrikation anzuwenden. Diese Fesseln hätten, so meinte das Gubernium, die Glasfabrikation schon vernichtet, wenn die Behörden nicht bemüht gewesen wären, die Strenge derselben in der Praxis zu mildern, welchem Umstand allein der Aufschwung dieses Industriezweiges zuzuschreiben sei. Übrigens sei in England und Frankreich die Glaserzeugung schon so weit gediehen, daß die dort erzeugten Gläser die böhmischen schon vielfach übertreffen, weshalb kein Grund mehr vorhanden sei, die Auswanderung von Glasarbeitern zu verbieten. Der Hauptvorteil des böhmischen Glases sei nicht die bessere Qualität, sondern die Wohlfeilheit. Auch die Anordnung, wonach die Bewilligung zur Errichtung einer Glasfabrik nur dann erteilt werden solle, wenn auf das genaueste erhoben wurde, daß in der Gegend ein Überfluß an Holz vorhanden sei, das auf keine andere Art benützt werden könne, sei zweckwidrig, denn da die Holzausfuhr unbedingt erlaubt sei, sei auch nicht einzusehen, warum der Holzverbrauch durch industrielle Unternehmungen beschränkt sein sollte. Auch bei der Glasfabrikation sei der einzig wahre Grundsatz anzuwenden, wonach die größtmögliche Entwicklung und Ausdehnung nur bei Gestattung einer freien Bewegung und Vermeidung

---

[1]) St. A. Prag, 1806—1815, Kom., Fasz. 2, subu. 1. — [2]) Vgl. darüber oben S. 135 f. — [3]) St. A. Prag, 1806—1815, Kom., Fasz. 2, subn. 1.

jedes direkten Einflusses von seiten der Behörden, besonders aber aller nicht nötigen Beschränkungen erzielt werden könne. Auch die Bestimmung, wonach nur wirkliche Glasmeister eine Glashütte errichten dürfen, sohin alle übrigen von der Errichtung eines solchen Unternehmens oder von der pachtweisen Übernahme einer schon bestehenden Glashütte ausgeschlossen seien, weil sie die Glaserzeugung nicht ordentlich erlernt haben, sei nur schädlich.

Nun war aber in Wirklichkeit das Übel nicht so groß, wie es aussah, denn diese Beschränkungen wurden nicht mehr gehandhabt. Schon 1810 war der Auftrag ergangen, alle mögliche Sorgfalt auf die Verbreitung der Glasschleiferei zu verwenden und durch ein freies und ungebundenes Verfahren auf die Errichtung von Glasschleifereien hinzuwirken. Ebenso wurde durch allerhöchste Entschließung vom 19. Dezember 1818 der § 8 des Glasmacherreglements von 1767 aufgehoben und angeordnet, daß Glasfabriken von christlichen Unternehmern, auch wenn sie dieses Gewerbe nicht erlernt hätten, unter der Leitung sachkundiger Werkführer gegründet und betrieben werden können und daß in vorkommenden Fällen auch Juden zum Betriebe von Glasfabriken, ,,wenn sich von ihnen ein entsprechendes Unternehmen erwarten läßt", selbst ohne vorerst die Glaserzeugung erlernt zu haben, unter der Leitung von Werkmeistern zugelassen werden dürfen.

Dennoch erstattete die Hofkammer daraufhin im Einvernehmen mit der Hofkanzlei unter dem 27. August 1827 einen Vortrag, mit dem Antrag auf Aufhebung der noch bestehenden beschränkenden Bestimmungen, denn ,,jede Beschränkung auf dem Gebiete der Nationalbetriebsamkeit, die nicht aus höheren Rücksichten für die öffentliche Sanitäts- und Sicherheitspolizei geboten wird, ist dem Fortschreiten der Industrie abträglich und hinderlich". Darauf langte am 2. Oktober die Entschließung herab, es sollen zunächst Erkundigungen eingeholt werden, wie die Verfassung dieses Gewerbezweiges in anderen Provinzen beschaffen sei, und sodann der Antrag gestellt werden, welche Vorschriften an die Stelle der alten Glasmacherordnung in Böhmen treten sollen[1].

Von den nun befragten Länderstellen meinte das mährisch-schlesische Gubernium, es gebe daselbst keine positiven Vorschriften hinsichtlich der Errichtung von Glashütten, Befähigung und Aufnahme der Arbeiter und Lehrjungen, es werde vielmehr dieser Erwerbszweig gleichsam als eine freie Beschäftigung ohne allen Zunftzwang behandelt. In der Steiermark waren laut Gubernialbericht nur die Beschränkungen rücksichtlich der holzverzehrenden Gewerbe überhaupt in Geltung und außerdem das Hofkammerdekret vom 6. November 1810, welches die Errichtung von Glasschleifereien empfahl. Die Glaserzeugung war auch dort ein freies Gewerbe und das Gubernium trug an, es bei dieser Freiheit auch fernerhin zu belassen. Ebensowenig bestanden in Tirol besondere Vorschriften für die Glasindustrie, außer den allgemeinen Kommerzialgesetzen. In Niederösterreich bestanden auch nur die Beschränkungen, welchen alle holzverzehrenden Gewerbe unterlagen. Dasselbe galt auch

[1] H. K. A. Kom. Kam., Fasz. 45, Nr. 130 ex julio u. Nr. 142 ex oct. 1827; A. Min. In., V, G. 5, Karton 2926.

für Galizien. Sonderbarerweise berichtete jedoch die oberösterreichische Regierung, daß man sich daselbst bei Erteilung von Befugnissen an die Glasmacherordnung für Böhmen von 1767 halte, jedoch nicht ohne Ausnahmen. Eine Zunftverfassung gab es auch dort nicht. Auch diese Regierung war der Meinung, man solle alle Beschränkungen aufheben[1]). Das böhmische Gubernium, welches um ein Gutachten darüber angegangen worden war, welche Grundsätze an die Stelle der alten Glasmacherordnung gesetzt werden sollten, äußerte sich, es sollen dieselben Bestimmungen wie bei den anderen Industriezweigen angewendet werden, also die allgemeinen „Kommerzial-Gewerbs-Grundsätze"[2]).

Daraufhin erstattete die Hofkammer einen Vortrag mit den diesbezüglichen Anträgen, wobei sie auch die charakteristische Bemerkung einflocht: „schon bisher konnte den schädlichen Beschränkungen der Glasmacherordnung nur dadurch vorgebeugt werden, daß sie nicht beobachtet wurden . . . es bleibt aber immer eine schlimme Sache, wenn gesetzliche Bestimmungen bestehen, deren schädliche Einwirkungen nur durch Nichtbefolgung beseitigt werden können".

Aufhebung der Glas-macher-ordnung. — Erst im Mai 1835, somit nach dem Tode Kaiser Franz' I., langte die allerhöchste Entschließung herab, welche die Aufhebung des Glasmacherreglements vom 5. Oktober 1767 anordnete und es der Hofkammer überließ, die gehörigen Vorschriften für Glashütten und Glasfabriken zu erlassen. Durch Dekret vom 12. Mai 1835 erließ diese folgende Vorschriften: 1. Die Bewilligung zur Errichtung von Glashütten und derlei Landesfabriken bleibt der Landesstelle überlassen. 2. Alle zunftmäßigen Beschränkungen haben bei diesem Industriezweige, wo sie noch bestehen, gänzlich aufzuhören. 3. Jedem In- oder Ausländer, gegen welchen keine polizeilichen Bedenken obwalten, darf die Errichtung von Glashütten oder Fabriken oder deren Erweiterung, ohne die persönliche Erlernung der Glasmacherkunst von ihm zu verlangen, bewilligt werden. 4. Die Aufnahme der Werkführer, Gehilfen, Arbeiter und Lehrlinge bleibt dem freien Übereinkommen zwischen denselben und dem Fabriksherrn überlassen und es werden die hinsichtlich derselben bisher bestandenen Beschränkungen aufgehoben. 5. Ist die Glaserzeugung sonst in allem nach denselben Grundsätzen und Gesetzen zu behandeln, welche für Fabriken im allgemeinen bestehen[3]).

Obwohl dieses Hofkammerdekret an alle Länderstellen gerichtet wurde, so wurde dadurch doch nur in Böhmen und Oberösterreich und auch da nur eine formelle Änderung herbeigeführt; die tatsächlich schon lange bestehenden Verhältnisse fanden dadurch ihre gesetzliche Sanktion.

Versuche, einen Ersatz für Pott-asche zu finden. — Wegen der Teuerung der Pottasche um die Jahrhundertwende wurden zahlreiche Versuche gemacht, dieselbe bei der Glaserzeugung durch schwefelsaure Soda oder durch Glaubersalz zu ersetzen. Die ersten Versuche in der

---

[1]) H. K. A. Kom. Kam., Fasz. 45, Nr. 54 ex febr., Nr. 93 ex apr., Nr. 81 ex majo, Nr. 134 ex jun., Nr. 101 ex aug., Nr. 79 ex sept. 1828. — [2]) H. K. A. Kom. Kam., Fasz. 45, Nr. 117 ex febr. 1828. — [3]) A. d. k. k. Fin. Min., Fasz. 29, Nr. 76 ex majo 1835, St. A. Prag, 1826—1835, Kom., Fasz. 2, subn. 1.

Monarchie, Glaubersalz statt der Pottasche zur Glaserzeugung zu verwenden, wurden 1796 von Dr. Österreicher in Ungarn unternommen, worauf er am 16. September 1808 ein zehnjähriges Privilegium erhielt[1]).

Um diese Zeit wurden auch in der ärarischen Spiegelfabrik zu Neuhaus vom bayrischen Bergrate von Baader Versuche unternommen, Glas mit Anwendung von schwefelsaurer Soda oder Glaubersalz zu erzeugen. Sie scheinen teilweise gelungen zu sein, denn Baader erhielt 1811 eine Prämie von 12.000 fl. W. W. und wurde zugleich vom Kaiser beauftragt, eine Abhandlung über den Gebrauch der schwefelsauren Soda oder des Glaubersalzes statt der Pottasche zur Glaserzeugung zu verfassen, wofür er auch die vertragsmäßige Belohnung im Jahre 1814 erhielt[2]).

Nur scheinen die Versuche kein ganz weißes Glas geliefert zu haben, denn durch Entschließung vom 8. März 1814 wurde auf die Lösung der Aufgabe, aus Glaubersalz oder Soda ohne Beimischung von Pottasche ganz weißes Spiegelglas und andere Glassorten billiger als bei Anwendung von Pottasche zu erzeugen, eine Prämie von 2000 fl. festgesetzt[3]).

Bald gaben mehrere an, diese Preisaufgabe lösen zu können. 1815 meldete sich Dr. Österreicher und außer ihm hatten sich damit auch der Glasfabrikant Geyer zu Oberndorf in der Steiermark und der Glasmeister Josef Zich jun. zu Schwarzau in Niederösterreich abgegeben[4]).

Es wurden nun Versuche nach den Angaben Dr. Österreichers von ihm selbst unter Kontrolle einer Kommission in der Glasfabrik des Freiherrn von Hackelberg zu Hirschenstein im Viertel ob dem Manhartsberge gemacht. Die Proben fielen aber nicht farblos, sondern grün aus, weshalb die Kommission der Meinung war, Dr. Österreicher habe das Problem nicht gelöst. Dennoch glaubte aber die Fabrikeninspektion, den Umstand hervorheben zu müssen, daß er der erste war, der den Beweis lieferte, daß weißes Glas ohne Pottasche erzeugt werden könne.

Zich machte in Gegenwart von zwei Sachverständigen (nicht vor einer behördlichen Kommission) Proben in seiner Glashütte in Schwarzau und soll ganz reines Glas ohne Pottasche erzeugt haben.

Die Kommerzhofkommission meinte, es könne dem Dr. Österreicher, der sich schon seit dem Ende des 18. Jahrhunderts mit diesen Fragen, und wie die darauf erhaltenen Privilegien beweisen, auch mit Erfolg befaßte, ein wesentliches Verdienst nicht abgesprochen werden. Deshalb ging ihr Einraten beim Kaiser dahin, 1. dem Dr. Österreicher die m i t t l e r e goldene Zivilehrenmedaille zu verleihen; 2. über die Erfindung des Glasmeisters Zich zu Schwarzau vor Zuerkennung der ausgesetzten Prämie eine neuerliche kommissionelle Prüfung vornehmen zu lassen und ihm daher die angesuchte Erhebung in den Adelsstand gegenwärtig nicht zuzugestehen; 3. der galizischen Staatsgüteradmini-

---

[1]) Keeß, a. a. O. III, 842; Keeß u. Blumenbach, a. a. O., II, 633. — [2]) H. K. A. Kom. Kam., Fasz. 45, Nr. 5 ex dec. 1814. Diese Abhandlung ist in den Vaterländischen Blättern am 8. Jänner 1815 erschienen. — [3]) Barth, a. a. O., IV, 281; Kopetz, a. a. O., II, 65. — [4]) H. K. A. Kom. Kam., Fasz. 45, Nr. 54 ex apr. 1815, Nr. 49 ex febr. u. Nr. 46 ex mart. 1816.

520

stration über die von ihr angestellten gelungenen Glaserzeugungsversuche ohne
Pottasche die allerhöchste Zufriedenheit zu erkennen zu geben.

Unter dem 8. August 1818 erfloß die allerhöchste Entschließung, wonach
dem Dr. Österreicher die g r o ß e goldene Ehrenmedaille mit Öhrl und Band
verliehen wurde im übrigen aber das Einraten der Kommerzhofkommission die
Genehmigung fand[1]). Über die weitere Entwicklung dieser Angelegenheit ist
nichts bekannt.

Verlags-   Die strenge Scheidung zwischen Handel und Fabrikation hatte bei der
system und Glasindustrie einige Schwierigkeiten zur Folge, denn sehr viele bedeutende
Landes-
befugnis. „Glasfabrikanten" waren nichts anderes als Glashändler, welche zahlreiche
Glasmacher verlegten und selbst nur die fertigen Waren in den Handel brachten.
Wenn man sie nun nur als Händler behandeln wollte, so konnten sie manche
Begünstigungen, die für Fabrikanten bestimmt waren, nicht erlangen. Da
formell in der Glasindustrie bis zum Jahre 1818 der Grundsatz galt, daß zur
Glasfabrikation nur derjenige zugelassen werden durfte, der sie ordentlich
erlernt hatte, so konnte man diese Unternehmer, welche nur Glasmacher verlegten, nicht als Fabrikanten ansehen. Ein solcher Fall ereignete sich, als 1807
die „Glasfabrikanten" Josef Ignaz Zahn und Franz Vogel in Steinschönau um
die Landesfabriksbefugnis ansuchten. Sie beschäftigten im ganzen 222 Glasmacher. Dennoch wurden sie durch Hofkammerdekret vom 7. Juni 1808 abgewiesen, mit der Motivierung: „förmliche Landesfabriksprivilegien können
nur wirklichen Fabriksinhabern erteilt werden; da nun aus den neuerlichen
Erhebungen hervorgekommen ist, daß Zahn und Vogel keine wirklichen Fabrikanten, sondern bloß Glashändler sind; so kann ihnen das angesuchte Privilegium nicht erteilt werden, obwohl ihnen dasselbe beim Umfang ihrer Handlungs-
unternehmungen, bei der Ausdehnung ihres Absatzes und insbesondere bei
der rühmlichen Unterstützung, welche ihnen die inländische Glasschleiferei
verdankt, gebühren würde, wenn sie als wirkliche Glashütten- oder Schleif-
werksinhaber auch unter die Klasse der Erzeuger oder Fabrikanten gehörten
und nicht bloß als Glashändler anzusehen wären".

Damit gaben sich die zwei Unternehmer jedoch nicht zufrieden, sondern
suchten 1812 wieder um die Landesfabriksbefugnis an, um der damit verbundenen Rechte teilhaftig zu werden, vor allem des Niederlagsrechtes in den
Hauptstädten der Provinzen. Obwohl das Gubernium abermals auf Abweisung
antrug, war die Hofkammer schon anderer Ansicht geworden und entschied
durch Dekret vom 13. April 1813 in einem für die Bittsteller günstigen Sinne,
mit der Motivierung: „Jede industrielle Unternehmung, welche in einer größeren
Ausdehnung betrieben wird, viele Menschen beschäftigt, ein bedeutendes Kapital vielmal umsetzt, den Wert von Produkten oder Fabrikaten durch vollendete Arbeit erhebt, mit solchen Erzeugnissen einen großen Verkehr im In-
und Auslande unterhält und so zur Vermehrung des Nationalreichtums und
Wohlstandes wirksam beiträgt, ist geeignet, durch ein förmliches Landesfabriks-

---

[1]) H. K. A. Kom. Kam., Fasz. 45, Nr. 11 u. 60 ex nov. 1815; Kom. Kom., Fasz. 45, Nr. 109
ex aug. 1818.

befugnis ausgezeichnet und begünstigt zu werden. Es ist übrigens gleichgültig, ob eine solche Unternehmung sich mit der Erzeugung des rohen Produktes oder nur mit dessen Vervollkommnung und Vollendung befaßt, denn immer wirkt der Verkehr und Absatz eines veredelten Stoffes auch auf die erste Erzeugung desselben vorteilhaft zurück und bei größeren Fabrikationszweigen ist die Teilung der Arbeit selbst Grundbedingung einer größeren Vervollkommnung der Waren. Ebenso ist es keineswegs notwendig, daß eine solche Industrialunternehmung gerade in einem eigenen großen Fabriksgebäude betrieben wird, die Beschäftigung und Ernährung einer großen Anzahl Arbeiter in ihren eigenen Wohnungen ist vielmehr in vielen Rücksichten vorteilhafter und wünschenswerter." Aus diesem Grunde wurde den Bittstellern die Landesfabriksbefugnis auf die von ihnen „fabriksmäßig" betriebene Glasraffinierung verliehen[1]). So war hier binnen kurzem bei der Hofstelle ein gründlicher Wandel der Anschauungen zugunsten der Industrie eingetreten.

Daß die Einführung von betriebstechnischen Neuerungen und die Gründung neuer, namentlich großer Unternehmungen in den ersten Jahrzehnten des 19. Jahrhunderts nur langsam vorwärts ging, ist sehr begreiflich, wenn man bedenkt, daß diese Jahrzehnte eine Periode der Stagnation des Glasexports waren. Während einer allgemeinen Geschäftsstockung, verschärft durch die unruhige politische Atmosphäre und die allgemeine Geldkrise, fanden sich nur wenige, welche größere Kapitalien zu investieren geneigt waren. Die Lage in dieser Zeit charakterisiert ein Bericht des Prager Fabrikeninspektors, Kommerzienrats Rößler, aus dem Jahre 1811. Der Glashandel nach Italien, Frankreich und Holland hatte aufgehört, weil die Einfuhr des böhmischen Glases in diese Länder verboten worden war. Ebenso war durch den Seekrieg die Ausfuhr nach Spanien und Portugal unterbunden. Dennoch waren in Böhmen im Jahre 1810 nur drei Glashütten eingegangen und auch diese nur aus Holzmangel; zwei andere mit Steinkohlenbetrieb waren dagegen neu entstanden. Im Vergleich mit dem Jahre 1799 aber, in welchem sich in Böhmen 79 Glashütten befunden hatten, während 1811 nur noch 53 gezählt wurden, war ein Abgang von 26 Betrieben zu verzeichnen. Anderseits hatte aber die Zahl der bei der Glasindustrie beschäftigten Menschen durch die seit 1799 stark vermehrte Glasappretur, Schleiferei, Schneiderei, Kuglerei, Malerei, Vergolderei und Spinnerei zugenommen.

Es war somit, da die kapitalsschwachen Unternehmer die Periode der Stockung nicht überwinden konnten, durch Konzentrierung ein allmählicher Übergang zu größeren Betrieben, anderseits aber, da nach dem Berichte des Fabrikeninspektors weniger Glas erzeugt wurde, aber dabei dennoch mehr Menschen Beschäftigung fanden, eine Entwicklung auf dem Wege der Erzeugung qualitativ vollkommenerer Ware eingetreten[2]).

Ein zweiter Bericht der Prager Fabrikeninspektion über den Zustand der Glasfabrikation im Jahre 1818 legte dar, daß damals in Böhmen 63 Glashütten

---

[1]) St. A. Prag, 1806—1815, Kom., Fasz. 2, subn. 6. — [2]) St. A. Prag, 1806—1815, Kom., Fasz. 2, subn. 75.

bestanden, davon zwei außer Betrieb. Die vorzüglichsten Erzeugnisse waren Hohl- und Tafelglas, außerdem Spiegelglas, Glasperlen und geschliffene Gläser von besonderer Schönheit. Der Absatz, der früher fast ganz Europa und Amerika versehen hatte, war nur mehr auf das Inland, einen Teil Deutschlands und die preußischen Staaten beschränkt. Das böhmische Gubernium meinte, die Entstehung von Glasfabriken in Bayern, England, Rußland und Nordamerika, welchen zugleich der Vorteil eines wohlfeilen Brennstoffes an Steinkohlen (in Rußland aber an Holz) zugute kam, sei ein Umstand, der zwar der böhmischen Glasfabrikation sehr nachteilig sei, dem jedoch beim unaufhaltsamen Fortschreiten aller Gewerbezweige in allen Staaten von seiten der Staatsverwaltung nicht begegnet werden könne[1]).

Dank der wohlwollenden Förderung seitens der Regierung wurden alle Hindernisse allmählich überwunden und die österreichische Glasindustrie schritt auf dem Wege der Weiterentwicklung unaufhaltsam vor.

B. Die Entwicklung der Glasindustrie.

Böhmen 1784.

Die böhmische[2]) Glasindustrie übertraf jene aller übrigen Erbländer. Es bestanden im Jahre 1784 in Böhmen 65 Glashütten, und zwar 24 im Prachiner Kreise (davon 4 in Stubenbach und 3 in Winterberg), 9 im Časlauer, 8 im Klattauer, je 5 im Bunzlauer und im Budweiser (davon 4 in Gratzen), 4 im Pilsner, 3 im Bydschower und je 1 im Königgrätzer, Chrudimer, Leitmeritzer und Berauner Kreise[3]). Fast alle Gläser, die in diesen Hütten erzeugt wurden, wurden roh an die Glasverleger im Leitmeritzer Kreise, vor allem in Haida, Langenau, Steinschönau, Blottendorf und Bürgstein abgeliefert, welche sie durch die in diesen Gegenden befindlichen „Glasfabrikanten" schleifen, kugeln, schneiden, malen und appretieren ließen, um sie sodann in den Handel zu bringen. Die bedeutendsten Glashandlungshäuser befanden sich in dieser Gegend[4]).

Nur mit der Erzeugung des rohen Glases waren damals in Böhmen über 3000 Menschen beschäftigt, ohne die zahlreichen Arbeiter zu rechnen, welche aus der Appretur des Glases ihren Lebenserwerb bezogen[5]). Schreyer schätzte den Wert des in Böhmen erzeugten Glases in den neunziger Jahren auf $2\frac{1}{2}$ Millionen Gulden, wovon $1\frac{1}{2}$ Millionen im Auslande abgesetzt wurden[6]).

Zu den ältesten und bedeutendsten Glashütten gehörte jene des Grafen Harrach zu Neuwald (Neuwelt) auf der Herrschaft Starkenbach im Bydschower Kreise, welche, bis in den Anfang des 17. Jahrhunderts zurückreichend, sich seit 1714 in Neuwelt befand. Seit 1732 erzeugte sie Tafel- und Kreideglas[7]). Im Jahre 1764 kam sie in den Besitz der Grafen Harrach[8]).

[1]) H. K. A. Kom. Praes., Nr. 1400 ex 1818. — [2]) Über die ältere Zeit vgl. die trefflichen Ausführungen von Salz in seiner Geschichte der böhm. Industrie. — [3]) St. A. Prag, 1784/85, Kommerz A. II/3, Verzeichnis der Fabriken Böhmens f. 1784. — [4]) Schreyer, a. a. O., II, 104, 107; St. A. Prag, 1784/85, Kom. A. II/3, Verzeichnis der Fabriken; Kunstgewerbeblatt, 1890, S. 16. — [5]) Schreyer, Kommerz, Fabriken etc., II, 98. — [6]) Schreyer, Warenkabinett (1799), 292. — [7]) Schreyer, a. a. O, 298; Hallwich, Öst. ung. Mon. in Wort u. B., Böhmen, S. 630; Großind. Öst., II, 170; Ber. ü. d. Prager Ausst. v. 1833, S. 43 ff. — [8]) Kunstgewerbeblatt 1890, S. 3 ff. enthält eine genaue Geschichte der Harrachschen Glasfabriken.

Spiegel wurden erzeugt in der Bürgsteiner Spiegelfabrik des Grafen Kinsky zu Wellnitz und Lindenau im Leitmeritzer Kreise (gegründet 1753). Eine zweite Spiegelfabrik bestand seit 1785 zu Strobl im Pilsner Kreise (Franz Koller). 1788 waren bei den Spiegelschleifwerken in Strobl 80 Arbeiter, bei den Glasschleifwerken, welche von Koller 1787 auf der im Klattauer Kreise liegenden Herrschaft Heiligenkreuz neu errichtet wurden, 142, zusammen bei den Spiegel- und Glasschleifwerken 222 Personen beschäftigt[1]).

Zu Anfang der neunziger Jahre des 18. Jahrhunderts bestanden in Böhmen 66 Glashütten, wobei von über 3000 Menschen rohes Glas erzeugt wurde; außerdem 4 Spiegelfabriken mit 161 Arbeitern[2]).

Um die Jahrhundertwende betrug die Zahl der Glashütten 78; die be- Um 1800. deutendste davon war jene zu Neuwelt, welche mehr als 100 Arbeiter beschäftigte. Die Zahl der Glasschneider belief sich damals in Böhmen auf 324, die der Glasschleifer auf 792; Glaskugler wurden gezählt 453, Glasmaler 150, Vergolder 96, Bohrer 50, Glasspinner 5, Glasperlenarbeiter 161. Spiegelfabriken bestanden 8 mit 282 Arbeitern; darunter zwei auf der Bürgsteiner Herrschaft (Graf Kinsky), 2 auf der Herrschaft Stubenbach im Prachiner Kreise, 1 zu Strobl im Pilsner Kreise, 1 zu Hammer auf der Herrschaft Heiligenkreuz im Klattauer und 2 im Elbogner Kreise, darunter die Spiegelfabrik von Fikentscher und Sperl zu Redwitz[3]).

Im Chrudimer Kreise bestand damals nur die Glasfabrik zu Heraletz auf der Herrschaft Reichenberg mit 41 Arbeitern. Im Bydschower Kreise war die Neuwalder (Neuwelt) Glashütte auf der Herrschaft Starkenbach die wichtigste Böhmens (Graf Harrach). Daselbst waren 1800 beschäftigt: 24 Glasmacher, 39 Glasschleifer, 11 Glasschneider, 27 Glasmaler und Vergolder. Im Elbogner Kreise bestand je 1 Glashütte auf den Herrschaften Graslitz und Königswart, im Bunzlauer 2 Glashütten auf dem Gute Morchenstern zu Antoniwald und Georgenthal, 3 auf der Herrschaft Reichenberg zu Friedrichswald, Neuwiese und Christiansthal, 1 auf der Herrschaft Reichstadt zu Röhrsdorf und 1 zu Polaun auf der Herrschaft Semill. Die meisten Glashütten waren im Prachiner Kreise (Böhmerwaldgebiet), nämlich 19, und zwar 1 auf der Herrschaft Winterberg, 3 auf der Herrschaft Bergreichenstein, 2 auf der Herrschaft Eisenstein, 2 auf der Herrschaft Großdikau, 3 auf der Herrschaft Stubenbach, 6 auf dem königlichen Waldhwozd (Gericht Seewiesen), 1 auf der Herrschaft Wallern und 1 auf der Herrschaft Wattietitz. Im Pilsner Kreise wurden (1796) 9 Glashütten gezählt, im Taborer (1805) 2 Glashütten, nämlich zu Neubistritz und Tiechobus, im Leitmeritzer Kreise eine einzige zu Kamnitz;

---

[1]) Schreyer, a. a. O., 305, Kommerz, Fabriken etc., II, 108; Großind. Öst., II, 116; Demian, Darstellung, I, 167; eine geschichtliche Darstellung der Bürgsteiner Spiegelfabrik in Kunstgewerbeblatt, 1889, S. 49 ff. — [2]) Schreyer, Kommerz, Fabriken etc. (1790), II, 98. — [3]) Manufaktur- und Kommerztabelle Böhmens f. 1797, befindlich H. K. A. Kom. Praes., Nr. 495 ex 1822; Demian, a. a. O., I (1804), 161, 167 f.; St. A. Prag, 1806—1815, Kom., Fasz. 2, subu. 1: Redwitzer Fabrik, Okt. 1806.

im Kaurzimer, Berauner und Rakonitzer Kreise war überhaupt keine Glashütte vorhanden[1]).

Unter allen damaligen Glasfabrikanten zeichneten sich, nach einem Berichte des Kommerzienrats Schreyer, vornehmlich aus der Glasmeister Meyer auf der gräflich Bouquoyschen Herrschaft Gratzen, welchem, was Qualität der Erzeugnisse anbelangt, kein anderer Glasfabrikant in Böhmen gleichkam; sodann der Oberamtmann Martin Kaiser auf der gräflich Harrachschen Herrschaft Starkenbach, endlich der Fabrikant Franz Josef Kreidel auf der Herrschaft Chlumetz im Budweiser Kreise, welcher besonders schöne Hohl- und Tafelgläser erzeugte.

Die meisten Glasmacher wurden von den im Leitmeritzer Kreise, in der Gegend von Haida, Steinschönau, Bürgstein und Böhmisch-Kamnitz befindlichen Glashändlern mit Arbeit verlegt, worauf die Gläser daselbst appretiert, eingepackt und versendet wurden[2]).

Die Krisenzeit im ersten und zweiten Jahrzehnt des 19. Jahrhunderts schädigte, wie so viele andere Industriezweige, so auch die Glasindustrie und die Nachwirkungen dieser Stockung machten sich bis gegen das Jahr 1825 geltend. Daher war der Stand der böhmischen Glasfabrikation um 1818 kein günstiger, was auch aus der Tabelle[3]) auf Seite 525 hervorgeht.

Um 1818 bis 1820.

Diese Tabelle ist trotz ihres amtlichen Charakters nicht vollständig; sie erwähnt unter anderem auch nicht die bedeutenden Spiegelfabriken des Grafen Kinsky zu Bürgstein und von Abele zu Neuhurkenthal und Deffernik. Auch die Glashütten sind nicht vollständig verzeichnet, denn es wurden im Jahre 1818 in Böhmen deren 63 gezählt[4]).

Der Tichobuser Glasmeister Josef Hoffmann wurde 1811 wegen der von ihm angewendeten verbesserten Holzdörrmethode von der Regierung belobt und zugleich zum Gebrauch holzersparender Dörröfen anderen Glasmeistern empfohlen. Er erhielt 1812 wegen des Umfangs seiner Fabrikation, der Güte seiner Fabrikate und der Einführung dieser holzersparenden Holzdörrmethode die Landesfabriksbefugnis[5]). Graf Bouquoy erhielt auf seine Glasfabriken auf der Herrschaft Gratzen, in welchen er, nach seiner Angabe, bei 800 Arbeiter beschäftigte, im Jahre 1815 die förmliche Fabriksbefugnis[6]). Graf Georg von Bouquoy errichtete 1818 auf der Herrschaft Rothenhaus im Saazer Kreise eine Glashütte mit bloßer Torffeuerung und erlangte auf dieselbe die Landesfabriksbefugnis. Wichtig waren außerdem um 1820 die fürstlich Schwarzenbergschen Hütten zu Suchenthal, Adolphhütte und Ernstbrunn sowie die den Grafen Desfours gehörigen zwei Hütten zu Morchenstern. Für geschliffene Gläser kamen in erster Linie die Bouquoyschen Hütten zu Silberberg und Bonaventura in Betracht[7]). In der Gegend des Iser-

---

[1]) St. A. Prag, 1796—1805, Kom., Fasz. 2, subn. 2. — [2]) St. A. Prag, 1796—1805, Kom., Fasz. 2, subn. 72; vgl. auch oben S. 520 f.; Kunstgewerbeblatt, 1890, S. 16. — [3]) H. K. A. Kom. Praes., Nr. 1429 ex 1818. Verzeichnis der böhm. Fabriken, verfaßt von der Prager Fabrikeninspektion. — [4]) Keeß, a. a. O., III, 883 f; vgl. auch oben S. 521 f. — [5]) St. A. Prag, Kom., Fasz. 2, subn. 79. — [6]) St. A. Prag, Kom., Fasz. 2, subn. 9 u. 100. — [7]) Keeß, a. a. O., III, 861, 870, 883 f.

Glasindustrie Böhmens im Jahre 1818¹).

	Ort	Kreis	Herrschaft	Firma	Erzeugnisse	Betriebsstärke
Glasfabrik	Czaykow	Taborer	Oberzerekwe	Josef Nachtmann	Hohlgläser	10 Glasmacher, 30 Gehilfen.
Glasfabrik	Haselberg	Klattauer	Grafenried	J. Freih. v. Voithenberg	Hohlgläser	1 Schmelzer, 4 Schürer, 8 Tagl.
Glasfabrik	Franzbrun	Klattauer	Muttersdorf	Penel & Ascherl	Rohe Spiegelgläser	5 Arbeiter
Glasfabrik	Johanneshütten	Klattauer	Muttersdorf	Wolfg. Ziegler	Gegenwärtig nicht betrieben	6 Glasmacher
Glasfabrik	Zur Vorsichtigkeit Gottes	Rakonitzer	Pürglitz	Dornheil & Fritsch	Ordinäre grüne Gläser, Flasch. usw.	—
Glasfabrik	Eichthaler	Rakonitzer	Smollinowes	Fr. Alberti	Ordinäre grüne Gläser, Flasch. usw.	—
K. k. landesbef. Glaswarenfabrik	Gablonz	Bunzlauer	Kleinskal	J. Dresler sel. Eydam & Co	Trinkgläser, Flasch., Spiegel usw.	—
Glasfabrik	Marienheimer	Rakonitzer	Treuny Augezd	Joh. v. Dobisch	Gegenwärtig eingestellt.	
Glasfabrik	Amonsgrün	Elbogner	Königswerth	Holzer & Paulus	Gegenwärtig wegen Mangel an Absatz nicht in Betrieb	
Glasfabrik	Leopoldshammer	Elbogner	Hartenberg	Mosburg	Gegenwärtig wegen Mangel an Absatz nicht in Betrieb	
Glasfabrik	Neuwald	Bydschower	Starkenbach	Jos. Graf v. Harrach	Alle Gattungen ordinäre und feine Gläser.	1 Glasofen, 11 Haven, 4 Schleifmühlen, 12 Glasschneidwerkst.
K. k. p. Hohlglasfabrik	Tichobus	Taborer	Tichobus	Jos. Hoffmann	Alle Arten Hohlgläser	8 Haven
Glasfabriken	Silberberg, Paulina, Johannesthal, Georgenthal	Budweiser	Krumau	Graf Bouquoy	Alle Gattungen Gläser	4 Meister, 35 Gesellen, 1 Lehrling, 61 Gehilfen
Kreidenglasf.	Althütten	Časlauer	Klattow	Joh. Mosbauer	Alle Arten Gläser, Flasch., Lampen	6 Glasmachergesellen
Glashütte	Flöhtenbach	Klattauer	Taus	Benedikt Fuchs	Grüne Tafel- u. Spiegelgläser	—
Glashütte	Neuwiese	Budweiser	Reichenberg	Anton Riedel	Trinkgläser, Flaschen	
Glashütte	Chlumetz	Budweiser	Chlumetz	Fr. Jos. Kreidel	Kreiden-, Hohl- u. Tafelglas	1 Meister, 18 Gesellen, 18 Gehilfen
Glashütte	Erdreichthal	Budweiser	Platz	Ant. Hoffmann	Kreiden-, Hohl- u. Tafelglas	1 Meister, 9 Gesellen, 3 Gehilfen
Glashütte	Ernstbrunn	Budweiser	Krumau	Blechinger	Ordinäre Tafel-, Kreiden- und geschliffene Hohl- u. Uhrgläser	1 Meister, 12 Gesellen, 9 Gehilfen
Glashütten	Goldbach, Inselthal, Neuwindischgrätz, Neulosyrnthal	Pilsner	Tachau	Fürst Windischgrätz	Tafelglas	—
Glashütte	Schatzlar	Königgrätzer	Schatzlar			—
Glasschleiferei	Haida	Leitmeritzer		1. Hieke, Rautenstrauch, Zinke & Co. 2. Georg Anton Janke & Co. 3. Franz Anton Kreibich & Co. 4. Ignaz Gotscher & Co.		—
Glasraffinerie	Stadt Kreibitz	Leitmeritzer	Böhm.-Kamnitz	Zahn & Co.		—
Spiegelglasschleiferei	Schuttwa	Klattauer	—	Wolfg. Ziegler	Judenmaßspiegel	4 Glasschleifer

¹) Vgl. Anm. 3 auf Seite 524.

gebirges zeichnete sich in der Glasfabrikation die Familie Riedel aus, welche seit 1769 die Glashütte Neuwiese besaß und 1776 die Christianthaler Hütte erbaute. Als 1825 der Betrieb in Neuwiese wegen Holzmangel eingestellt werden mußte, da erbaute Franz Riedel 1829 eine neue Glashütte zu Wilhelmshöhe auf der Herrschaft Friedland[1]).

Durch den Aufschwung der Glasindustrie in England, Frankreich, Rußland und Nordamerika hatte die österreichische Glasindustrie viel zu leiden. Die Absperrungspolitik vieler Staaten trug das Ihrige dazu bei. Noch ein weiterer Umstand machte um diese Zeit die Lage der nordböhmischen Hohlglasindustrie zu einer schwierigen, nämlich die um 1810 in England gemachte Erfindung des Preßglases, wodurch das billige·englische Glas das böhmische von den meisten Märkten zu verdrängen begann. Als Retter der böhmischen Glasindustrie aus dieser trostlosen Lage erscheint Friedrich Egermann in Haida, der 1817 das bis dahin unbekannte Blattschleifen des Kristallglases und die Kunst des Überfangens der fertigen Kristallglasmasse mit beliebigen durchsichtigen Farben aufbrachte, mit welchen beiden Erfindungen er einen durchschlagenden Erfolg erzielte und der böhmischen Hohlglasindustrie zu einem neuen Siegeslaufe auf dem Weltmarkte verhalf[2]). So hob sich die böhmische Glasindustrie seit der Mitte der zwanziger Jahre allmählich

Um 1835. wieder. In den dreißiger Jahren gewährten die 75 Glashütten, unter denen mehrere zu den großartigsten Fabriksanstalten gehörten, und die 22 Unternehmungen, die sich mit der Raffinierung von gekauften oder bestellten Hüttenprodukten befaßten, über 3500 Familien Verdienst und Nahrung und versorgten nicht nur den größten Teil der Monarchie fast ausschließlich, sondern versendeten auch bedeutende Quantitäten Glaswaren nach der Levante, nach Mittel- und Südamerika, Deutschland, Italien und Spanien. Ein genauer Kenner der böhmischen Industrie jener Zeit (Kreutzberg) glaubte sogar, daß Deutschland aller Erhöhung des Zolles ungeachtet, die Güte und Schönheit der böhmischen Glaswaren im allgemeinen noch lange nicht erreichen und sie niemals wohlfeiler darstellen werde und daß sich selbst Frankreich der Konkurrenz der böhmischen Glaswaren nur durch Einfuhrverbote erwehren könne, ,,weil unsere mäßige Besteuerung, geringere Arbeitslöhne und Wohlfeilheit des Brennmaterials uns Vorzüge einräumen, die durch gute Qualität, gefällige Formen und sorgfältiges Raffinement noch unterstützt werden"[3]).

Von den 75 Glashütten erzeugten 13 Hohl- und Tafelglas, das sie auch selbst raffinierten; 14 erzeugten bloß rohes Hohl- und 11 bloß Tafelglas, 13 Hohl- und Tafelglas; 12 lieferten Tafel- und Spiegelglas, endlich 8 bloß Spiegelglas, dessen Schleifung zum Teil daselbst, zum Teil auf 6 ausschließlich mit Spiegelschleifen beschäftigten Anstalten erfolgte.

Der Wert des Gesamtverkehrs der böhmischen Glasindustrie wurde in den dreißiger Jahren auf jährlich 6 Millionen Gulden geschätzt.

Obwohl die Fabrikationstechnik in vielen Betrieben nicht auf der Höhe

---

[1]) Kunstgewerbeblatt, 1890, S. 11; Großind. Öst., II, 185 ff. — [2]) Kunstgewerbeblatt 1890, S. 14. — [3]) Kreutzberg, Skizzierte Übersicht (1836), S. 19.

der Zeit stand, konnte Böhmen damals bezüglich der großen Mannigfaltigkeit der Glaswaren, ihrer Güte und äußeren Ausstattung im ganzen von keinem Lande übertroffen werden. Selbst in feinen, schweren Kristallgläsern erreichten die Erzeugnisse der Bouquoyschen und Meyerschen Fabriken die englischen Fabrikate.

Die Meyersche Fabrik in Adolphhütte, seit 1834 auch zu Eleo- *Meyer.* norenhain, erzeugte Kristallglas von einer Schönheit, Weiße, Reinheit und Dauerhaftigkeit gegen Einwirkungen des Lichtes, wie sie sonst selten erreicht wurde. Die Fabrik bestand aus 3 Glashütten und 6 Öfen und beschäftigte in einer unwirtlichen Gegend 31 Glasbläser, 182 Glasschleifer und gegen 60 andere Arbeiter. Dieses Unternehmen versorgte zahlreiche Glasverleger und Feinschleifer des nördlichen Böhmen mit feinem Glase. Gegen Ende der dreißiger Jahre wies diese Unternehmung 5 Glasöfen mit 42 Glasmachern und 87 Gehilfen sowie 16 Glasschleifwerke mit 187 Arbeitern auf. 1841 starb Johann Meyer und die Fabrik wurde von seinen Neffen Wilhelm Kralik und Josef Taschek unter der Firma Meyers Neffen fortgeführt. In den vierziger Jahren zählte sie 4 Öfen für Hohlglas, 2 Öfen für Tafelglas, 10 Tamper-, 8 Holzdörr-, 3 Kiesbrenn- und 2 Tafelstrecköfen und beschäftigte, bei einem Jahresabsatz von 180.000 fl., über 400 Arbeiter. Bei der Wiener Ausstellung von 1835 erhielt die Fabrik die silberne, bei der Prager von 1836 und den Wiener Ausstellungen von 1839 und 1845 die goldene Medaille[1]).

Die Glasfabriken des Grafen Bouquoy auf der Herrschaft *Bouquoy.* Gratzen sind seit Jahrhunderten nachweisbar. Im Jahre 1815 wurden sie in eigene Regie übernommen. Diese 5 Etablissements in Georgen- und Johannesthal, Paulina, Bonaventura (erbaut 1795) und Silberberg (errichtet 1771) hatten in den dreißiger Jahren mehrere Schleif- und Raffinierwerke, welche durch Wasserkraft betrieben wurden, und beschäftigten beim Glasmachen, Schleifen, Schneiden und Vergolden unmittelbar gegen 350 Arbeiter. Der jährliche Gesamtwert der Produktion dieser Unternehmungen (geschliffene Kristall- und feine farbige Hohlgläser, grünes und ordinäres Kreidenglas, ordinäre und farbige Tafelgläser usw.) belief sich auf über 200.000 fl. Die Produktionstechnik unter der Leitung Rößlers war musterhaft. In Silberberg wurden auch Hyalithwaren erzeugt. Die Hütte Johannesthal wurde 1838 wegen Holzmangel aufgelassen. Die gräflich Bouquoyschen Unternehmungen wurden bei der Prager Gewerbeausstellung von 1829 ehrenvoll erwähnt und erhielten bei der Wiener Gewerbeausstellung von 1835 und bei der Prager von 1836 die silberne Medaille[2]).

Neben diesen großen Etablissements im Süden Böhmens bestand noch ein großes Unternehmen dieser Art im Norden, nämlich die gräflich Harrachsche *Harrach.*

---

[1]) Kreutzberg, a. a. O., 21 f.; Berichte ü. d. Wiener Ausstellungen von 1835, S. 255, 1839, S. 32, 1845, S. 98 f.; ü. d. Prager Ausstellung von 1836, S. 66 f.; Tafeln zur Statistik d. österr. Monarchie f. 1841. — [2]) Kreutzberg, a. a. O., 22; Berichte ü. d. Ausstellungen: Prag, 1829, S. 49, Prag, 1836, S. 72, Wien, 1835, S. 246, 1839, S. 36, 1845, S. 96. Tafeln zur Statistik der österr. Mon. f. 1841. Bericht ü. d. allg. Agrikultur- und Industrieausst. zu Paris, 1855, Glas S., 22, Anm. u. 23. Anm.

Fabrik in Neuwald (Neuwelt), um deren Aufschwung sich der Fabriksdirektor Pohl große Verdienste erwarb. „Von den größten Prachtgefäßen
bis zu den niedlichsten Bedürfnissen der Toilette waren die Neuwalder
Erzeugnisse gleich ausgezeichnet durch geschmackvolle Formen sowie in
künstlichem Schnitt, Schliff und Brillantirung, vollendeter Färbung, Vergoldung und Verzierung, wozu die daselbst bestehende Zeichenschule für
Lehrlinge wesentlich mit beitrug." „Stets aufmerksam auf alle Fortschritte
des Auslandes und ebenso glücklich im Nachahmen als Erfinden, hat der
Besitzer hier die Inkrustirung der Pasten, die rubin- (1828) und anderfärbige
Plattirung, die Fabrikation des englischen Flint- und Kronglases sowie des
raffinierten bunten Fensterglases zuerst eingeführt. Außerdem wurden hier
auch vorzügliche Compositionen erzeugt, welche die Edelsteine auf das
täuschendste nachahmten, sowie Perlen und Lustersteine von gedrucktem
Glase." 1842 wurde hier auch massives Rubinglas mit Goldpurpur zuerst
erzeugt.

Diese Unternehmung ernährte fast alle Bewohner der drei Ortschaften
Neuwald, Harrasdorf und Seifenbach, zusammen 311 Familien mit über
700 Arbeitern. Für arbeitsunfähig gewordene Arbeiter, Witwen und Waisen
war durch eine Pensionskassa vorgesorgt, deren Fonds von Jahr zu Jahr durch
einen Teil des jährlich zurückzulegenden Verdienstes und durch Beiträge von
der Herrschaft vergrößert wurde. In den vierziger Jahren hatte die Unternehmung
2 Glasöfen, mehrere Tamper- und Holzdörr-, 1 Kiesbrenn-, 2 Kompositions-
schmelzöfen, 1 Lustersteindruckhütte, 2 Kiespochwerke, 2 Schleifmühlen und
zahlreiche andere Werkstätten. Sie erhielt bei den Gewerbeausstellungen in
Prag 1829, 1831 und 1836 sowie bei den Wiener Ausstellungen von 1835, 1839
und 1845 die goldene Medaille[1]).

Die Glasfabrik von Hoffmann zu Tichobus gehörte zu Ende der
zwanziger Jahre auch zu den bedeutenderen[2]).

Raffinierung. Mit dem Raffinieren des Glases beschäftigten sich, wie schon erwähnt, die
Glasverleger Nordböhmens. Die nach ihrer Angabe und vielfach auch unter
ihrer Aufsicht in verschiedenen Gegenden Böhmens angefertigten Hütten-
produkte wurden in ihre Häuser gebracht und nach erfolgter Sortierung von den
in der Umgegend wohnenden Arbeitern abgeholt und ebenso abgeliefert gegen
Stücklohn für das Schleifen, Schneiden, Kugeln, Malen und Vergolden. Diese Glasverleger waren zugleich Glashändler. Sie hatten eigene
Faktoreien und Niederlagen in den wichtigsten See- und Handelsplätzen, die
von Mitgliedern oder Angehörigen des heimatlichen Etablissements geleitet
wurden. Die wichtigsten Handlungshäuser von Haida beschäftigten in ihren
spanischen und überseeischen Niederlagen über 300 Menschen. Unter diesen
Glasverlegern und Händlern ragten besonders hervor Janke und Görner in
Blottendorf, Riedel in Antonienwald, Knöspe in Bürgstein, Hieke, Rautenstrauch,

---

[1]) Kreutzberg, a. a. O., 22 f.; Ber. ü. d. Ausstellungen Prag 1829, S. 45 f., 1831, S. 43 ff.,
1836, S. 69, Wien, 1835, S. 240 f., 1839, S. 38, 1845, S. 99. Tafeln zur Stat. d. österr. Mon.
f. 1841; Großind. Öst., II, 111; Kunstgewerbeblatt, 1890, S. 10 ff. — [2]) Keeß u. Blumenbach,
a. a. O., II, 662.

Zinke & Co., Steigerwald und Kreibich in Haida, endlich Palme & Co. in Parchem und Vogel in Steinschönau[1]).

Neben der Harrachschen Fabrik beschäftigten sich noch 28 andere Unternehmungen mit der Erzeugung von bunten, gemalten und vergoldeten Kristall-, Kreiden- und Beingläsern. Darunter Zahn in Steinschönau, Klimmt in Falkenau und Kittels Erben in Kreibitz. Das bedeutendste Etablissement dieser Art war aber die Fabrik von Friedrich Egermann in Haida, welche sich besonders durch die Fabrikation farbiger Gläser aller Art auszeichnete. Sie erzeugte namentlich Lithyalin oder Edelsteinmasse sowie das feinste Kristallglas in drei verschiedenen feuerfesten Färbungen, jenen des feinsten Karneols, des Rauchtopases und des Rubins[2]).

Glaskorallen, Schmelzperlen und Lustersteine wurden im *Gablonz.* Verlagssystem von Arbeitern der Herrschaften Morchenstern und Kleinskall erzeugt, während sich der Hauptsitz des Handels mit diesen Artikeln in Gablonz befand. Dieser Zweig der Glasindustrie ist für die Gablonzer Gegend durch die starke Verbreitung und den ausgedehnten Export so charakteristisch geworden, daß man ihn nicht mit Unrecht als Gablonzer Industrie bezeichnet. Die bedeutendsten Handlungshäuser für diese Artikel waren Zenker in Josephstal, Riedel in Antoniwald, Blaschka in Liebenau, Pfeiffer, Unger und Göble in Liebenau-Gablonz[3]).

Für die Erzeugung von Lustern und Leuchtern kam namentlich Zahn & Co. zu Kreibitz in Betracht[4]).

In der Stadt Turnau war um die Mitte des XVIII. Jahrhunderts die *Turnau.* Erzeugung von böhmischen Kompositionssteinen, welche durch Brennen einer Masse von gestoßenen Kiessteinen und anderen Zusätzen verfertigt wurden, sehr blühend. Gegen Ende des Jahrhunderts war sie jedoch schon ganz in Verfall. Als Ursache des Niederganges gibt Schreyer den Umstand an, daß der Steinhandel in die Hände der Juden kam, welche die Erzeuger stark drückten, andererseits aber, daß den Glasschleifern die Kompositionssteine zu schleifen und zu pfuschen gestattet worden war. In den Neunzigerjahren wurden noch 176 derartige Steinschneider in Turnau gezählt[5]). Später nahm jedoch die Fabrikation künstlicher Edelsteine in Turnau einen großen Aufschwung und erreichte eine solche Vollkommenheit, daß diese Nachahmungen bei gehörigem Schliff von echten Edelsteinen kaum zu unterscheiden waren[6]). Durch die Konkurrenz von Gablonz wurde Turnau aber bald gezwungen, zu seiner früheren Beschäftigung zurückzukehren, nämlich zur Bearbeitung von echten Edel- und Halbedelsteinen, insbesondere zum Schliff von böhmischen Granaten[7]).

---

[1]) Kreutzberg, a. a. O., 23 f. — [2]) Kreutzberg, a. a. O., 24 f. — [3]) Kreutzberg, a. a. O., 25 f.; Tafeln zur Statistik d. österr. Mon. f. 1841; Keeß, a. a. O., III, 904; Keeß u. Blumenbach, a. a. O., II, 695; Berichte über die Ausstellungen Wien, 1835, S. 245, 277, 1839, S. 28, 1845, S. 100 f., Prag, 1836, S. 70 f. — [4]) Ber. ü. d. Ausst. Wien, 1845, S. 105. — [5]) Schreyer, Kommerz, Fabriken etc. (1790), II, 92 ff. — [6]) Kreutzberg, a. a. O., 25 f.; Tafeln zur Stat. d. öst. Mon. 1841. — [7]) Ausführlicheres darüber vgl. Kunstgewerbeblatt, 1889, S. 130 f.

Spiegel. In der Spiegelfabrikation leisteten die böhmischen Fabriken außerordentliches. An Größe erreichten die böhmischen Spiegel zwar die französischen nicht, wohl aber an Schönheit und Reinheit der Masse sowie des Schliffes und der Politur. Unter allen Zweigen der Glasindustrie hat die Spiegelfabrikation unter den ungünstigen Absatzverhältnissen der ersten Jahrzehnte des 19. Jahrhunderts am wenigsten gelitten. Bei den Unternehmungen, welche Spiegel- und Tafelglas erzeugten, waren in den Dreißigerjahren mit Einschluß der Waldarbeiter in Böhmen über 4000 Menschen beschäftigt.

Abele. Das bedeutendste Unternehmen dieser Art war dasjenige von G. C. Abele in Neuhurkenthal und Deffernik im Böhmerwalde, welches seit den Zwanzigerjahren einen großen Aufschwung nahm. In den Dreißigerjahren bestand die Unternehmung aus einer Glasfabrik mit Schmelzöfen und sechs Streck- und Kühlöfen, wo durch Walzen Tafeln von gleicher Stärke erzielt wurden, was eine große Erleichterung des Schliffs bedeutete. In einem anderen Gebäude waren noch 16 Kühlöfen untergebracht. Eine eigene Pottaschenraffinerie und Brennhütte präparierte die Materialien für die Schmelzöfen, von denen jeder zu sechs Schmelztiegeln nach französischer Art eingerichtet war. Das Formen der Materialien sowie die übrigen Tonarbeiten wurden in zwei besonderen Gebäuden besorgt. In zwei anderen Gebäuden waren 24 Schleifstände, das Poliergebäude enthielt vier Poliertische, deren Maschinerie durch Wasserkraft betrieben wurde. Die Maschinerien für den Facettenschliff für die größten Gläser befanden sich in der Belegfabrik. Diese und viele andere Vorrichtungen machten diese Fabrik zu einer Musteranstalt. Sie beschäftigte an Wald-, Hütten- und sonstigen Arbeitern an 1800 Menschen, welche sämtlich freie Wohnung in den der Fabrik gehörigen Gebäuden und außerdem die Benützung der derselben gehörigen Grundstücke zum Kartoffel- und Rübenbau, dann Wiesenfutter für zwei bis drei Kühe auf eine Familie genossen. Die meisten Arbeiter hatten einen Lohn von 18 bis 56 fl. monatlich. Im Jahre 1841 wurden beim Gußspiegelwerk unmittelbar 26, bei jenem für geblasene Spiegel 91, bei den Schleifwerken 13, in den Doucierstuben 9, bei den Polierwerken 18, in der Beleganstalt 7, in der Glastafelfabrik 27, im ganzen aber 1026 Arbeiter (Professionisten) gezählt. Diese Fabrik war die erste, welche in Österreich nach der Ärarialspiegelfabrik von Neuhaus im Jahre 1835 zu Deffernik den Spiegelguß einführte. Dieses Verfahren hatte jedoch in Böhmen damals keinen dauernden Erfolg. Als Absatzgebiete für die Erzeugnisse dieser Unternehmung kamen namentlich Deutschland und die Levante in Betracht. Die Fabrik erhielt bei den Ausstellungen in Prag 1829, 1831 und 1836 und in Wien 1835 die silberne, in Wien 1839 die goldene Medaille[1]).

Kinsky. Die alte gräflich Kinskysche Spiegelfabrik zu Fichtenbach, Bürgstein, Wellnitz und Lindenau beschäftigte in den Vierzigerjahren an 200 Menschen. Ihre Blüteperiode erreichte sie erst um die Mitte des 19. Jahrhunderts[2]).

[1]) Kreutzberg, a. a. O., 27 ff.; Ber. ü. d. Ausst. Prag, 1831, S. 43, 1836, S. 75, Wien, 1835, S. 243 ff., 1839, S. 40 f., 1845, S. 96; Großind. Öst., II, 117; Tafeln zur Stat. d. österr. Mon. f. 1841. — [2]) Keeß u. Blumenbach, a. a. O., II, 673; Ber. ü. d. Ausst. Prag, 1831, S. 43, Wien.

Im Jahre 1841 bestanden in Böhmen 21 landesbefugte Fabriken und zwar Glas-
die Glasfabriken zu Adolphshütte, Leonorenhain und Kattenbach, Friedrichs- industrie
hütte und Kreuzhütte, Sophienthal und Hochofen, Neubrunst, Silberberg, im Jahre
Bonaventura, Paulina, Schwarztal und Georgental, Neuwelt und die Spiegel- .1841.
fabriken zu Fichtenbach, Wellnitz, Lindenau und Bürgstein, Deffernik, Ferdi-
nandstal und Neuhurkental; außerdem noch 71 einfache Fabriken, und zwar
68 Glashütten und 3 Spiegelschleifereien. Von diesen 92 Unternehmungen
(darunter 85 Glashütten) erzeugten 13 rohes Hohlglas, 14 rohes Tafelglas,
17 Hohl- und Tafelglas, 16 erzeugten und raffinierten zugleich Hohl- und Tafelglas, 7 schleiften Tafel- und Spiegelglas, 12 erzeugten Spiegelglas und schliffen
dasselbe zum Teil, 6 erzeugten Lustersteine, Stangen und Perlen. Von den
85 Glashütten befanden sich 40 im Böhmerwalde, der Rest im Inneren des Landes
und in den Sudeten. Neben den schon ausführlich besprochenen Fabriken waren
noch von größerer Wichtigkeit die Glashütten und Schleifereien von Hoffmann
zu Taschitz im Časlauer Kreise, Lötz & Schmidl in Goldbrunn im Prachiner
und Wels in Guttenbrunn im Časlauer Kreise[1]).

Glasraffinerien wurden 1841 im ganzen 69 gezählt. Die meisten Glasverleger
befanden sich in Haida (9), Gablenz (6), Blottendorf (4) und Steinschönau (2).
Glasraffineure wies Steinschönau 12, Meistersdorf 13 auf, die übrigen waren
zerstreut in Blottendorf, Kamnitz, Wognomiestitz und anderen Orten[2]).

Aus diesen Ausführungen ist zu ersehen, daß die böhmische Glasindustrie
nach der Stockung in den ersten Jahrzehnten des 19. Jahrhunderts, seit 1825
in einem neuerlichen Aufschwunge begriffen war. Diese Wendung zum Besseren
erfolgte durch die Tatkraft und den Unternehmungsgeist der größeren Fabrikanten, namentlich von Meyer, Abele, Hafenbrödl (Fabrik zu Eisenstein) und
der Bouquoyschen und Harrachschen Fabriken, in welch letzteren sich die
Direktoren Rösler und Pohl besonders hervortaten. Der Aufschwung ist auf
neue Verfahrensarten zurückzuführen, wodurch sich die Fabrikation trotz der
Verbesserung der Qualität billiger gestaltete als bis dahin. Wie in den meisten
anderen Industriezweigen datiert auch hier eine Wendung zum Besseren seit
dem allmählichen Aufkommen einer wirklichen Großindustrie im modernen
Sinne.

In Mähren[3]) bestand 1720 eine Glashütte bei Rosenau auf der Herrschaft Mähren und
Böhm.-Rudoletz im Iglauer Kreise, welche aber schon 1726 einging, um dann Schlesien.
erst zu Anfang des 19. Jahrhunderts wieder in Betrieb gesetzt zu werden. Späte-
stens im Jahre 1768[4]) wurde vom Fürsten Liechtenstein in Blumenbach eine
Glashütte errichtet, die sich gut entwickelte. Sie trat an die Stelle der 1789
aufgehobenen Josephstaler Glashütte auf der Herrschaft Goldenstein. Im
Jahre 1780 wird eine Glashütte zu Koritschan erwähnt, die spätere landes-

---

1845, S. 96, 111; Großind. Öst., II, 116. Eine Geschichte dieser Unternehmungen ist enthalten
in Kunstgewerbeblatt, 1889, S. 49 ff. — [1]) Tafeln zur Stat. d. österr. Mon. f. 1841. —
[2]) Tafeln zur Stat. d. österr. Mon. f. 1841. — [3]) Außer den unten angeführten Quellen sei
hier noch hingewiesen auf die zahlreiche Details liefernden Aufsätze von A. Rzehak in den
Mitt. d. mähr. Gewerbemuseums, 1897 und von K. Schirek ebendaselbst, 1898. — [4]) Großind.
Öst., II, 197.

befugte Glasfabrik des Freiherrn Münch-Bellinghausen; sie war auch mit Schleif- und Poliermühlen versehen und beschäftigte zwölf Arbeiter. Im Jahre 1788 wurde eine Glashütte, Stampfmühle und Pottaschesiederei zu Bilnitz auf der Herrschaft Brumow neu erbaut. Im selben Jahre gründete Johann Graf von Illezhazy die Glashütte auf der Herrschaft Wsetin an der ungarischen Grenze (Sidoniahütte).

Auf der fürstlich Dietrichsteinschen Herrschaft Boskowitz bestand neben der alten, 1751 gegründeten Protiwanower Glasfabrik auch eine Glashütte zu Zdiarna, welche bis 1790 der „ebenso gelahrte Arzt als Chemiker" von Weißbach leitete.

In der Zeit zwischen 1770 und 1785 entstanden noch Glashütten bei Winkelsdorf auf der Herrschaft Ullersdorf und bei Kaschawa auf der Herrschaft Lukow. Gegen Ende des Jahrhunderts bestanden außerdem zwei Glashütten in Stubenseifen, dann je eine in Spiglitz, Großwürben und Kleinmohrau[1].

In den Neunzigerjahren des 18. Jahrhunderts bestand die Glashütte in Winkelsdorf auf der Herrschaft Groß-Ullersdorf, die später nach Groß-Ullersdorf selbst verlegt wurde, fort. In derselben Zeit wird auch erwähnt eine Glashütte auf der Herrschaft Buchlau bei Stupawa im Hradischer Kreise, welche namentlich schönes Beinglas sowie geschliffene und ungeschliffene Gläser aller Art lieferte. Die Glashütte zu Michelsbrunn auf der Herrschaft Bodenstadt erzeugte in sieben Öfen verschiedene Glaswaren und beschäftigte 188 Menschen.

In Schlesien wird 1792 eine Glashütte und Pottaschesiederei in Ernsdorf im Teschner Kreise erwähnt[2].

Um 1800 wird in Weidenau in Schlesien einer Spiegelfabrik Erwähnung getan[3].

Die Glasindustrie war in Mähren so wenig bedeutend, daß selbst die Behörden über ihren Zustand sehr wenig wußten. In einem Verzeichnis aller im Jahre 1807 in Mähren und Schlesien bestehenden Fabriken, welches von der mährisch-schlesischen Provinzial-Staatsbuchhaltung verfaßt wurde[4], werden nur drei Glasfabriken im Hradischer Kreise angeführt, nämlich zu Vlara bei Brumow, zu Koritschan und zu Strany bei Ostrau. Die erstere beschäftigte 15 Arbeiter, die zweite 9, die dritte 21. Besonders auffallen muß der Umstand, daß in der Tabelle die Rubrik für die Namen der Eigentümer dieser Fabriken mit dem Worte „unbekannt" ausgefüllt ist. Die Hütten auf der Herrschaft Brumow und zu Koritschan stammten aus älterer Zeit; die zu Strany auf der Liechtensteinschen Herrschaft erzeugte meist Kreidenglas, aber auch feinere Glassorten; sie war seit 1791 an diesem Orte. Außerdem bestand die fürstlich Liechtensteinsche Glashütte zu Blumenbach auf der Goldsteiner Herrschaft im Olmützer Kreise weiter[5].

---

[1]) Schirek, a. a. O., 1892, S. 169—197; D'Elvert, Zur Culturgesch. Mährens, XIX, 457; Demian, a. a. O., I/2, 111; Großind. Öst., II, 197; H. K. A. Kom. Praes. 1819, Nr. 287. — [2]) Schirek, a. a. O., 1892, S. 197 f.; D'Elvert, a. a. O., XIX, S. 457. — [3]) Demian, Darstellung d. österr. Mon. (1804), I/2 180. — [4]) St. A. Brünn, vom 22. Sept. 1808. — [5]) Schirek, a. a. O., 1892, S. 198; H. K. A. Kom. Praes., Nr. 1525 ex 1818.

Im Jahre 1818 befanden sich in Mähren folgende Glasfabriken: eine auf der Rudoletzer Herrschaft im Iglauer Kreise, welche, 1808 erbaut, 20 Arbeiter beschäftigte und nur ordinäres Glas erzeugte. Eine zweite war im Znaimer Kreise in Philippstal bei Althart, beschäftigte 50 Personen und gehörte dem Franz Zopf. Im Hradischer Kreise waren vier Glashütten, und zwar die Riessche auf der Brumower Herrschaft; die auf der Herrschaft Koritschan, welche 14 Arbeiter aufwies; die dritte auf der Herrschaft Buchlowitz, und zwar seit 1813 nächst dem Dorfe Althütten; sie beschäftigte 1 Meister, 9 Gesellen, 2 Lehrlinge, 9 Gehilfen, 1 Glasschneider, 1 Strecker und 1 Schleifer. Die bedeutendste Glasfabrik in diesem Kreise war jedoch die zu Strany; sie beschäftigte 1 Meister, 11 Gesellen, 5 Lehrjungen und 24 Gehilfen.

Im Troppauer Kreise war damals eine Glasfabrik zu Hohenbartenstein auf der Freiwaldauer Herrschaft. Sie wurde 1806 erbaut und hatte den besten Absatz in den Jahren 1810 und 1811. In jener Zeit hatte sie 8 Gesellen, 1 Schmelzer, 1 Kiesstampfer, 2 Schürer, 2 Schürbuben, 1 Schneider und 1 Schleifer. Im Jahre 1818 war sie „schon längere Zeit" wegen Mangel an Absatz außer Betrieb[1]). Im Olmützer Kreise bestanden die alten fürstlich Liechtensteinschen Fabriken zu Blumenbach und Engelsthal fort[2]). Im Brünner Kreise war weiter in Betrieb die alte fürstlich Dietrichsteinsche Glaswarenfabrik zu Protiwanow auf der Herrschaft Boskowitz; sie beschäftigte 1818 im ganzen 46 Arbeiter, gehörte somit zu den ausgedehntesten Mährens[3]).

Im Jahre 1828 wurden nach einem Berichte des mährisch-schlesischen Guberniums in diesen Ländern zehn Glashütten gezählt, welche in ziemlich ausgedehntem Umfange betrieben wurden[4]).

Auf der Brünner Gewerbeausstellung von 1836 stellten Glaswaren aus: Alois Haide, Glasfabrikant in Bodenstadt, dann die Fabriken zu Brumow und Protiwanow; letztere stellte Trinkgläser, Flaschen, Leuchter und andere Glaswaren aller Art aus[5]). An der Wiener Ausstellung von 1835 beteiligte sich auch Ignaz Hafenbrödl, Glasfabrikant in Saar im Iglauer Kreise[6]).

Im Jahre 1841 wurden in Mähren und Schlesien gezählt eine landesbefugte Glasfabrik zu Protiwanow und zwölf einfache Fabriken (Glashütten) zu Ober-Dubensky, Rosenau, Koritschan, Althütten (Reich & Co.), Brumow, Strany, Beczwa, Karlowitz, Engelsthal, Hausbrunn, Würbenthal und Bartenstein[7]).

Die fürstlich Dietrichsteinsche Glaswarenfabrik zu Protiwanow, welche 1838 die Landesfabriksbefugnis erhielt, beschäftigte in den Vierzigerjahren an 60 Arbeiter und wurde bei der Wiener Ausstellung 1845 mit der bronzenen Medaille ausgezeichnet[8]). Sie war überhaupt die einzige mährische Glasfabrik, welche größere Bedeutung hatte.

Die älteste bedeutende Glasfabrik in Niederösterreich war die Spiegel- fabrik zu Neuhaus. Sie wurde 1701 von einer Gesellschaft, deren Hauptbeteiligter

---

[1]) H. K. A. Kom. Praes., Nr. 1218, 1525 ex 1818. — [2]) Keeß, a. a. O., III, 864. — [3]) H. K. A. Kom. Praes, Nr. 287 ex 1819. — [4]) H. K. A. Kom. Kam., Fasz. 45, Nr. 54 ex febr. 1828. — [5]) Verzeichnis ü. d. Ausst. Brünn, 1836, S. 4, 9, 13. — [6]) Ber. ü. d. Ausst. Wien, 1835, S. 271. — [7]) Tafeln zur Stat. d. österr. Mon. f. 1841; Großind. Öst., II, 180. — [8]) Ber. ü. d. Ausst. Wien, 1845, S. 106; St. A. Brünn, 1838, Aug. 19.

Johann Christoph Rechberger von Rechcronn war, unter Geschäftsbeteiligung des Staates gegründet und ging 1709 in das Alleineigentum Rechbergers über. 1720 kam sie an den Staat, der sie, abgesehen von kurzen Unterbrechungen, bis zu ihrer Auflösung in eigener Regie weiterführte. Zu ihrem Schutze wurde 1713 die Einfuhr von Spiegeln verboten. Die Fabrikate dieser staatlichen Unternehmung erlangten bald eine solche Vollkommenheit, daß sie sich mit den besten französischen messen konnten. Sie war überhaupt die erste Spiegelfabrik, welche in Österreich errichtet wurde. Der Reingewinn betrug 1787: 8196 fl., 1788: 3455 fl., 1789: 1696 fl., 1790: 844 fl.[1]).

Sie nahm einen großen Aufschwung, namentlich unter der Leitung des Hofrats von Sorgenthal und später, in den Zwanzigerjahren des 19. Jahrhunderts, des Hofrats von Niedermayer. In dieser letzteren Zeit waren ihre Erzeugnisse berühmt und erreichten eine hohe Vollkommenheit. Während sie sich früher auch mit der Erzeugung von geblasenen Spiegeln beschäftigt hatte, ging sie um diese Zeit ausschließlich zur Fabrikation gegossener Spiegel über und war lange die einzige Fabrik des Inlandes, welche dieses Verfahren anwendete. Wie bezüglich fast aller staatlichen Fabriken wurde auch bei dieser, so wie schon unter Maria Theresia und Josef II., im Jahre 1814 und 1823 wiederum ihre Auflassung erwogen. Die unten angeführten Gewinn- und Verlustdaten erklären dies zur Genüge.

Wegen Wassermangel für den Schleifereibetrieb und wegen Schwierigkeiten bei der Holzbeschaffung wurde die Fabrik 1830 aufgelöst, das Schmelz- und Schleifwerk nach Schlöglmühl bei Gloggnitz verlegt und mit der dortigen Schmaltefabrik vereinigt, das Polier- und Belegwerk aber nach Wien in die Porzellanfabrik übertragen. In den Dreißigerjahren hatte sie zwei Schmelzöfen, zwölf Kühlöfen und mehrere Schleifmaschinen. Seitdem im 19. Jahrhundert noch andere Spiegelfabriken entstanden und namentlich in Böhmen einen großen Aufschwung nahmen, konnte sich diese Fabrik nicht mehr auf der früheren Höhe halten.

Immer zahlreicher wurden die Jahre, in welchen der Betrieb nicht nur keinen Gewinn, sondern einen Verlust ergab, wie dies aus folgender Darstellung erhellt:

1800	Gewinn	2.149 fl.	1811	Gewinn	696 fl.	1821	Gewinn	3.967 fl.	1831	Verlust	3.901 fl.
1801	„	9.406 „	1812	„	9.915 „	1822	Verlust	8.559 „	1832	„	491 „
1802	„	14.064 „	1813	Verlust	11.979 „	1823	„	8.514 „	1833	„	1.667 „
1803	„	8.383 „	1814	„	296 „	1824	„	7.555 „	1834	„	4.883 „
1804	„	13.729 „	1815	Gewinn	1.225 „	1825	„	2.373 „	1835	„	2.412 „
1805	„	10.651 „	1816	„	6.515 „	1826	Gewinn	4.910 „	1836	„	6.541 „
1806	„	8.213 „	1817	„	6.956 „	1827	„	1.977 „	1837	„	1.483 „
1807	„	8.516 „	1818	„	2.257 „	1828	„	5.518 „	1838	„	5.546 „
1808	„	9.073 „	1819	Verlust	791 „	1829	„	5.275 „	1839	Gewinn	579 „
1809	Verlust	2.302 „	1820	„	5.030 „	1830	Verlust	17.448 „	1840	„	2.229 „
1810	Gewinn	709 „									

Im Jahre 1840 wurde diese Unternehmung daher aufgelassen und der Spiegelvorrat an die Verschleißanstalt der Ärarialporzellanfabrik in Wien

---

[1]) Alles Nähere vgl. O. Hecht, Die k. k. Spiegelfabrik zu Neuhaus. Dazu v. Srbik in Mitt. d. Inst. f. öst. Geschichtsf., 1911.

abgegeben. Im Jahre 1844 war die Liquidation schon vollständig durchgeführt[1]).

Glashütten bestanden in Niederösterreich namentlich im Viertel ob dem Manhartsberge. Die meisten stammten aus der Zeit vor 1790. Die Glasfabrik Tirnitz wurde 1797 von Peter Öhlmayer errichtet und 1816 vom Stifte Lilienfeld erkauft. Außerdem bestanden in den ersten Jahrzehnten des 19. Jahrhunderts in Niederösterreich die Glashütten zu Gutenbrunn, die Fürstenbergschen Hütten zu Joachimstal, Schwarzau und Sophienswald, die freiherrlich von Hackelbergsche zu Hirschenstein, die fürstlich Palffyschen zu Alt- und Neu-Nagelberg und zu Langeck, endlich die zu Großberchtolds und Heidenreichstein[2]).

Neben der Neuhauser Spiegelfabrik ist noch erwähnenswert die Spiegelfabrik von J. B. Haubtmannsberger zu Viehofen bei St. Pölten. Derselbe Unternehmer hatte auch eine Spiegelfabrik zu St. Vinzenz in Kärnten. Die in letzterer erzeugten Spiegelgläser wurden in Viehofen weiter verarbeitet. Diese Fabriken nahmen einen solchen Aufschwung, daß sie in den Vierzigerjahren zusammen an 800 Menschen beschäftigten. Bei der Laibacher Ausstellung (1844) und bei der Wiener von 1845 wurden sie mit der goldenen Medaille ausgezeichnet[3]).

In kleinerem Maßstabe betrieb die Fabrikation von kleinen Spiegeln Freiherr von Hackelberg zu Hirschenstein und gegen Ende der Zwanzigerjahre wurde von den Brüdern Dietrich zu Neustift bei Scheibbs eine neue Spiegelfabrik errichtet[4]).

Die von Josef Zich, der sich 1815 bemüht hatte, Glas aus Glaubersalz zu erzeugen[5]), zu Schwarzau und Joachimstal pachtweise betriebenen Glashütten gingen später in den Besitz von Anton Zich über und wurden nach dessen Tode seit 1833 von der Witwe weiter betrieben, bis sie im Jahre 1836 in den Besitz von Karl Stölzle kamen[6]).

Überdies bestanden in Wien mehrere Spiegelmacher, darunter vier k. k. priv. Spiegel- und Lusterfabrikanten; dies waren jedoch nur Beleganstalten für kleinere Spiegel[7]).

Im Jahre 1841 wurden in Niederösterreich zehn Glashütten gezählt, alle im Viertel ob dem Manhartsberge, darunter als wichtigste die zu Schwarzau und Joachimstal. Zu Hirschenstein wurden auch Judenmaßspiegel erzeugt. An Glasfabriken werden für diese Zeit ausgewiesen fünf landesbefugte zu Schrems Gmünd und Nagelberg (Glasfabriken), Günselberg (Spiegelfabrik) und Viehofen (Spiegelschleif- und Beleganstalt), sodann sieben einfache Fabriken zu

1841.

[1]) Vgl. alles ausführlich im Werke von O. Hecht, a. a. O. Einzelnes auch: Keeß, a. a. O., III, 881 f.; Keeß u. Blumenbach, a. a. O., II, 671 u. die Berichte ü. d. Wiener Ausstellungen 1835, S. 275 f., 1839, S. 35, 1845, S. 110; Tafeln zur Stat. d. ö. M. f. 1841. — [2]) Vaterl. Blätter, 1814, Nr. 46; Keeß, a. a. O., III, 861 f. — [3]) Keeß, a. a. O., III, 863; Keeß u. Blumenbach, II, 673; Ber. ü. d. Ausst. Wien, 1839, S. 35, Wien, 1845, S. 110, Laibach, 1844, S. 55. — [4]) Keeß, a. a. O., III, 883; Keeß u. Blumenbach, II, 673. — [5]) Vgl. oben S. 519. — [6]) Großind. Öst., II, 195. — [7]) A. d. Min. In., V, G. 5, Karton 2934: Fabriken Niederöst. 1772; Keeß, a. a. O., III, 883; Tafeln zur Stat. d. ö. Mon. f. 1841.

Rudlitz, Sophienwald, Hirschenstein, Eilfang, Josephsthal bei Litschau, Joachimstal und Schwarzau (Glashütten). Die Glasfabrik von A. Botzenhart bei Schrems war die größte Fabrik dieser Art in Niederösterreich. Sie hatte in den Vierzigerjahren 3 Schmelz- und 3 Strecköfen und beschäftigte über 300 Menschen. Die Spiegelfabrik zu Günselberg ob dem Wiener Walde bezog aus Böhmen die rohen Gläser, um sie zuzurichten, ebenso wie die zu Viehofen aus St. Vinzenz in Kärnten. In Wien war damals auch die Glasmalerei von einiger Bedeutung[1]).

Ober-österreich und Salz-burg. Oberösterreich wies Glashütten fast nur im Mühl- und im Hausruckviertel auf, welche jedoch von keiner großen Bedeutung waren. Im Jahre 1818 bestanden im Mühlkreise 2, im Hausruckkreise 2, im Innkreise 1 und im Salzburger Kreise 2 Glashütten.

Im Salzburgischen wurden Hohlglas und Fenstertafeln erzeugt zu Schneegattern und St. Gilgen; im Innviertel zu Weißenbach und Freudenthal. Zu den größeren Unternehmungen scheint der Betrieb von Johann Michael Käfer zu Salleburgsthal und Christophsthal auf der Herrschaft Weißenbach gehört zu haben, da er 1816 um die Landesfabriksbefugnis ansuchte[2]).

Im Jahre 1841 war unter den neun Glashütten (zu Mattighofen, Sonnleithen, Freudenthal, Freudenberg, St. Gilgen, Weißenbach, Oberalm und Klausgraben) besonders jene zu Oberalm bei Hallein bemerkenswert, welche das bei der dortigen Fabrik chemischer Produkte als Nebenerzeugnis gewonnene Glaubersalz verwendete und Hohl- und Tafelglas erzeugte. In Salzburg bestand eine Spiegelfabrik[3]).

Steiermark vor 1790. In der Steiermark wurde 1744 zu Maria Rast bei Marburg eine Fabrik zur Erzeugung gläserner Perlen und Korallen von Dionys Nogarina errichtet. Im Jahre 1753 wurde die Glashütte Lichtental (Svetlidol) bei Cilli angelegt. In der Zeit zwischen 1750 und 1780 entstanden weitere vier Hütten, nämlich die Laisberger bei Panetzka, die Rohitscher, die Lembacher und die Thalberger zu Schaueregg am Wechsel. In derselben Zeit wird auch eine Glashütte bei Mießling an der Südseite des Bachergebirges erwähnt. Im Jahre 1781 erfolgte die Gründung der Glashütte zu Rakowitz-Hudina bei Weitenstein im Bezirke Gonobitz, auf welche 1790 die von Johann Pock zu Langerswalde auf der Nordseite des Bachergebirges im Bezirke Marburg folgte[4]).

Seit 1790. Im Jahre 1794 wurde die Glashütte zu St. Agnes in Liboje bei Cilli errichtet. Um die Jahrhundertwende wurden auf der Staatsherrschaft Seitz-Gonobitz zwei Glashütten angelegt. 1799/1800 entstand durch Josef Schneck auf der Nordseite des Bachergebirges auf der Herrschaft Buchenstein die Glashütte Josephsthal-Bösenwinkel im Bezirke Mahrenberg. Um dieselbe Zeit entstand zu Neusoboth im gleichen Bezirke im Gebiete der Herrschaft Kienhofen (Hohenmauthen) durch Johann Georg Voith eine Glashütte. Bald darauf wurde zu Mischidol im Bezirke Tüffer die Gairacherhütte errichtet. Im ersten Jahrzehnt

---

[1]) Tafeln zur Stat. d. ö. M. f. 1841; Ber. ü. d. Ausst. Wien, 1845, S. 104. — [2]) Keeß, a. a. O., III, 861 f.; H. K. A. Kom. Praes., Nr. 444 ex 1819, Kom. Kam., Fasz. 45, Nr. 79 ex sept. 1828, Nr. 45 ex apr. 1816. — [3]) Tafeln zur Stat. d. ö. M. f. 1841. — [4]) Pogatschnigg, a. a. O., S. 136.

des 19. Jahrhunderts erfolgte weiters die Gründung der Hütte Julienthal bei St Georgen am Tabor auf der Herrschaft Osterwitz im Sanntale. Die Glashütte zu Hochtregist-Oberdorf bei Voitsberg entstand 1815, die zu Starisch-Ferdinandstal auf der Herrschaft Eibiswald 1816, die zu Weyer-Lankowitz bei Köflach ebenfalls im zweiten Jahrzehnt, die Glasfabrik zu Trifail im Jahre 1824, die Glashütte Altbenediktental auf der Herrschaft Faal im Bezirke Marburg um die Mitte des dritten Jahrzehnts durch Josef Zemlitschka, die Glashütte zu St. Lorenzen im selben Bezirke um die Mitte des vierten Jahrzehnts. 1839 erfolgte die Gründung der Glasfabrik Neubenediktental in der Gemeinde Zmolnig bei Maria Rast im Marburger Bezirke und bald darauf die der Glashütte zu Laak auf der Herrschaft Süßenheim bei Cilli[1]).

Zu Beginn der Zwanzigerjahre waren so in der Steiermark im Cillier Kreise Um 1820. sechs Glashütten (Gairach, Liboje, Robitsch, Osterwitz, Rakowitz bei Weitenstein und Buchenstein), im Marburger zwei (am Bachergebirge und in Eibiswald), im Grazer drei (Voitsberg, Lankowitz und Oberndorf am Wechsel). Unter allen zeichnete sich die gräflich Attemsche Glasfabrik zu Rohitsch vorzüglich aus[2]). Gegen Ende der Zwanzigerjahre wurden schon 14 Glashütten gezählt, davon 8 im Cillier Kreise, worunter die bedeutendsten die zu Langerswalde und zu Rakowitz waren. Die Landesfabriksbefugnis hatten im Marburger Kreise die Glashütten zu Soboth und Eibiswald, im Cillier die zu Rakowitz, Reifnik (Buchenstein) und zwei zu Log im Bezirke Robitsch. Steinkohlenfeuerung hatten die Glashütten zu Trifail und Liboje im Cillier, jene zu Eibiswald im Marburger und zu Oberndorf im Grazer Kreise[3]).

Die Fabrik zu Langerswalde wurde 1827 von Benedikt Vivat gekauft Langerswalde. und machte so große Fortschritte, daß sie gegen Ende der Dreißigerjahre an 200 Personen beschäftigte. 1832 erwarb Vivat auch die Glasfabrik Benedikttal und verlegte sie 1838 an das Ufer der Lobnitz. Diese zweite Fabrik beschäftigte im letzteren Jahre ebenfalls an 200 Menschen. Es wurden in diesen Unternehmungen Fensterglas, Flaschen, Trinkgeschirr und Edelsteinimitationen erzeugt. Sie gehörten zu den bedeutendsten Unternehmungen dieser Art in der Steiermark. Bei der Klagenfurter Ausstellung (1838) wurde dieser landesbefugten Fabrik die bronzene Medaille zuteil, bei der Wiener von 1839, der Grazer von 1841 und der Laibacher von 1844 die silberne, bei der Wiener von 1845 wiederum die bronzene Medaille[4]).

Die landesbefugte Josephsthaler (Cillier Kreis) Glasfabrik von Josef Josephs-thal. Langer (1804 vom Gründer Josef Schneck an Anton Langer, 1815 an Josef Langer übergegangen) wies um die Mitte der Dreißigerjahre fast 100 Arbeiter auf. Bald darauf ging sie an Heinrich Gasteiger über (um 1840[5]).

[1]) Pogatschnigg, a. a. O., 1893, S. 136 f.; Berichte ü. d. Ausst. Wien, 1839, S. 43, Graz, 1841, S. 88. — [2]) Keeß, a. a. O., III, 863; H. K. A. Kom. Praes., Nr. 369 ex 1819, Kom. Kam., Fasz. 45, Nr. 46 ex märtio 1816. — [3]) Keeß u. Blumenbach, a. a. O., II, 663; H. K. A. Kom. Kam., Fasz. 45, Nr. 93 ex apr. 1828. — [4]) Berichte ü. d. Ausst. Klagenfurt, S. 96 f., Wien, 1839, S. 43, Graz, 1841, S. 87 f., Laibach, 1844, S. 57, Wien, 1845, S. 96, 104; Frankenstein, Fabriksbilderatlas, 1842, S. 46 ff.; Innerösterr. Industrie- u. Gewerbeblatt, 1839, S. 43 f. — [5]) Berichte ü. d. Ausst. Klagenfurt, S. 93 f.; Graz, S. 89.

Rakowitz. Die landesbefugte Glasfabrik von Ignaz Novack zu Rakowitz war gegen Ende der Dreißigerjahre mit 2 Schmelzöfen, jeder zu 8 Werkstätten, versehen und beschäftigte 79 Arbeiter[1]).

St. Loren- Bedeutend war auch die landesbefugte Glasfabrik von Max Andree zu
zen. St. Lorenzen bei Marburg (1835 in Betrieb gesetzt). Sie erzeugte alle Sorten ordinären Kreidenglases, dann mittelfeines Schleif- und feines Kristall- und Brillantglas[2]).

Laak. Die 1839 gegründete Glasfabrik zu Laak bei Süßenheim von Josef Gotscher hatte zu Anfang der Vierzigerjahre an 180 Arbeiter, gehörte somit zu den bedeutenderen Unternehmungen[3]). Die Glasfabrik von Ferdinand Kleber zu Eibiswald hatte in den Vierzigerjahren ein Betriebspersonal von fast 80 Arbeitern[4]). Die alte Fabrik zu Liboje bei Cilli gehörte in dieser Zeit dem Johann Fridrich und wies unter anderem 2 Glasschmelzöfen, 2 Kühl- und 2 Tamperöfen auf[5]).

1841. Im Jahre 1841 wurden in der Steiermark 10 landesbefugte und 6 einfache Glashütten gezählt. Landesbefugt waren jene zu Josephsthal und Buchenstein, Rethin, Lachumgraben, Rakowitz, Trifail, Watsch, Langerswald und Benedikttal, Oberndorf; einfach befugt jene zu Schaueregg, Faal, Kürnhofen, Eibiswald, Liboje und Laak. Am bedeutensten waren damals die Vivatschen zu Langerswald und Benedikttal und die Novacksche zu Rakowitz[6]).

Der Export steirischer Gläser ging namentlich nach Triest und nach der Levante[7]).

Nach der Eisenfabrikation war die Glasindustrie in diesem Lande überhaupt der wichtigste Erwerbszweig, der zur Verwertung der Wälder und der Steinkohlen diente, namentlich in den Gegenden, in welchen keine Eisenindustrie vorhanden wars).

Krain. In Krain betrieb das montanistische Ärar, um die für das zu Idria erzeugte Quecksilberpräzipitat und Sublimat nötigen Gläser in der gehörigen Qualität herzustellen, seit 1803 eine Glasfabrik zu Sagor. Sie ging um 1820 an Johann Schwarz über, welcher sie ganz mit Steinkohlenfeuerung fortbetrieb. Gegen Ende der Dreißigerjahre war sie noch in Betrieb[9]).

Im Jahre 1816 errichtete Sigmund von Pagliaruzzi Ritter von Kieselstein eine Glasfabrik zu Zirknitz im Adelsberger Kreise und betrieb dieselbe mit gutem Erfolge bis 1841, in welchem Jahre er sie an Emanuel Ullrich in Triest verkaufte. Das erzeugte Hohl- und Tafelglas wurde hauptsächlich nach Griechenland exportiert. Im Jahre 1838 hatte eine Glasfabrik im Laibacher Kreise (zu Sagor?) 14 Arbeiter, die Zirknitzer 17[10]).

1841. Im Jahre 1841 waren in Krain zwei landesbefugte Glasfabriken und zwar

---

[1]) Berichte ü. d. Ausst. Klagenfurt, S. 95, Gräz, S. 88. — [2]) Berichte über d. Ausst. Klagenfurt., XXIX. — [3]) Bericht ü. d. Ausst. Gräz, S. 88. — [4]) Bericht ü. d. Ausst. Wien, 1845, S. 103. — [5]) Frankenstein, Fabriksbilderatlas, 1842, S. 40 f. — [6]) Tafeln zur Stat. d. ö. Mon. f. 1841. — [7]) H. K. A. Kom. Kam., Fasz. 45, Nr. 93 ex apr. 1818. — [8]) Bericht ü. d. Ausst. Klagenfurt, S. XXIX. — [9]) Staatsrat 1815, Nr. 179, Keeß, a. a. O., III, 863, IV, 127 f.; Ber. ü. d. Ausst. Klagenfurt, S. 98. — [10]) Keeß, a. a. O., III, 863; Berichte ü. d. Ausst. Klagenfurt, S. 98, Laibach, S. 57; A. d. ö. Fin. Min., Fasz. 29, Kom., Nr. 99 ex sept. 1838.

zu Neuthal und Dolsch und zwei einfache Glashütten zu Gallenberg und Ulaka bei Zirknitz. Am bedeutendsten war die Fabrik zu Zirknitz[1]).

In Kärnten war am bekanntesten und ausgedehntesten die landesbefugte Kärnten. St. Vinzenzer Spiegelfabrik an der steirischen Grenze, im Besitze des Inhabers der Spiegelfabrik zu Viehofen in Niederösterreich, Haubtmannsberger. Seit 1820 nahm die St. Vinzenzer Fabrik einen bedeutenden Aufschwung. Bis 1839 gingen die daselbst erzeugten Spiegelgläser zur Weiterbearbeitung nach Viehofen, seit diesem Jahre wurden sie aber zu St. Vinzenz auch geschliffen, poliert, facettiert und belegt. Die Fabrik beschäftigte in den Vierzigerjahren an 400 Menschen und wies unter anderem einen Schmelzofen mit 6 Hafen, 1 Tamper-, 1 Frittofen, 4 Strecköfen und 4 Polierwerke auf. Wegen der Güte ihrer Erzeugnisse erhielt sie bei der Klagenfurter Ausstellung (1838) die bronzene, bei der Grazer (1841) die silberne, bei der Laibacher (1844) und der Wiener von 1845 die goldene Medaille[2]).

Zu Tscherneheim im Villacher Kreise hatte Johann Breiner eine Glashütte, welche 1838 16 Arbeiter beschäftigte[3]).

Im Jahre 1841 werden für Kärnten zwei landesbefugte Fabriken aus- 1841. gewiesen, und zwar die St. Vinzenzer Spiegelfabrik und eine Glasfabrik am Hühnerkogel bei Görzenburg; außerdem eine einfache Glashütte im Villacher Kreise[4]).

In Tirol wird um 1820 die sehr alte Glasfabrik zu Kramsach bei Ratten- Tirol. berg erwähnt, welche nur ordinäre Ware erzeugte, sodann eine zu Andel im Nonsberge, eine zu Spaur bei Pergine, endlich eine zu Pinzolo in Judikarien, welche feine Waren lieferten[5]).

Nach einem Berichte des Guberniums vom Jahre 1828 bestanden damals Glasfabriken zu Kramsach und Hopfgarten im Schwazer Kreise und eine zu Spor maggiore (Spaur) im Trientner Kreise[6]). Diese Aufzählung ist aber nicht vollständig, denn die Fabrik zu Pinzolo bestand damals weiter. Im Jahre 1841 wurden zwei landesbefugte Fabriken zu Lefis und Hörbrunn und vier einfache zu S. Stefano di Carisolo, Dalgone, Spaur und Pinzolo gezählt. Die Tiroler Glashütten lieferten meistens ordinäres Glas[7]).

In Galizien wurden 1784 im ganzen 15 Glashütten gezählt und zwar im Galizien. Sandecer Kreise 4, im Tarnower 1, im Dukler 1, im Sanoker 2, im Zolkiewer 1, im Broder 3, im Stryer 3. Doch war der Betrieb bei allen sehr unvollkommen[8]).

In Galizien blieb auch im 19. Jahrhundert die Glasproduktion qualitativ und quantitativ in der Entwickelung zurück. Eine Besserung war nicht leicht zu erwarten, da neben dem Mangel an geschickten Arbeitern und der schlechten Qualität des Rohmaterials auch die strenge Grenzsperre Rußlands und Polens,

---

[1]) Tafeln zur Stat. d. ö. Mon. f. 1841. — [2]) Keeß, a. a. O., III, 863; Tafeln zur Stat. d. ö. Mon. f. 1841; Berichte ü. d. Ausst. Klagenfurt, S. 99, Graz, S. 85 ff., Laibach, S. 55 ff. Wien, 1845, S. 96, 110. — [3]) A. d. ö. Fin. Min., Fasz. 29, Kom., Nr. 99 ex sept. 1838; Bericht ü. d. Ausst. Klagenfurt, S. 94. — [4]) Tafeln zur Stat. d. ö. Mon. f. 1841. — [5]) Keeß, a. a. O., III, 864; Amtl. Katalog der Wr. Weltausst. 1873, S. 300. — [6]) H. K. A. Kom. Kam., Fasz. 45, Nr. 81 ex majo 1828. — [7]) Tafeln zur Stat. d. ö. Mon. f. 1841. — [8]) A. d. Min. In. V, G. 5, Karton 2927.

welche jeden Export unmöglich machte, einer Besserung unüberwindliche Schwierigkeiten entgegenstellte. Im Jahre 1841 wurden in diesem Lande 19 Glashütten gezählt[1]).

Produktion der öster- reichischen Glas- industrie 1841. Im Jahre 1841 wurde der Wert der Glas- und Glaswarenproduktion für Böhmen auf über 10,000.000 fl., für alle übrigen österreichischen Länder (ohne die oberitalienischen Provinzen) auf 4$\frac{3}{4}$ Millionen Gulden geschätzt. Außer Böhmen wiesen nur die Steiermark und Niederösterreich größere Produktionsmengen auf[2]).

Die Entstehung von Großbetrieben hatte in diesem Industriezweige bis dahin noch keine große Ausdehnung erlangt, dies insbesondere deshalb, weil gerade bei der Glasindustrie sich die Produktionstechnik nicht wesentlich geändert hatte und insbesondere im allgemeinen auch keine kostspieligen Maschinen aufgekommen waren, welche nur von großen, kapitalskräftigen Unternehmern hätten angeschafft werden können. Dennoch hatten sich, dank der Tüchtigkeit und dem Unternehmungsgeiste ihrer Besitzer, schon einige bedeutendere Großbetriebe entwickelt.

XXIV. Kapitel.

Die Porzellan-, Steingut-, Tonwaren- und Graphitindustrie.

Wiener Porzellan- fabrik. Nachdem 1710 die Meißner Porzellanfabrik gegründet worden war, folgte ihr als die zweite in Europa die Fabrik zu Wien, welche 1718 von Claudius Innocentius du Paquier errichtet wurde. Sie war ohne staatliche Unterstützung ins Leben gerufen worden, hatte jedoch ein ausschließendes kaiserliches Privileg auf 25 Jahre erhalten. Doch bei den Schwierigkeiten, welche sich einem solchen neuen Unternehmen, in welchem man noch keine genügende Erfahrung hatte, entgegenstellten, gedieh die Fabrik anfangs nicht, so daß sich ihr Gründer 1744 schon in einer derartigen Lage befand, daß er das Unternehmen nicht weiterführen konnte. Da griff die Staatsverwaltung ein, kaufte die Fabrik und betrieb sie auf eigene Rechnung fort. Allmählich nahm die Unternehmung einen großen Aufschwung und rentierte sich gut, wie denn auch der Staat vor allem auf ein großes Erträgnis das Hauptgewicht legte. 1750 zählte das Betriebspersonal 14 Personen, 1761 schon 140, 1770 200 und 1780 schon 320 Personen. Da sich aber Übelstände und Mißgriffe herausstellten, die durch eine Untersuchung festgestellt wurden, da andererseits die Staatsverwaltung unter Josef II. schon die Ansicht vertrat, daß Fabriken nicht vom Staate betrieben, vielmehr der „privaten Gewerbsamkeit" überlassen werden sollen, so sollte 1783 auch die Wiener Porzellanfabrik versteigert werden. Da sich jedoch kein Käufer fand, wurde sie vom Staate weitergeführt und mit deren Leitung 1784 der bewährte Direktor der Linzer Wollenzeugfabrik Sorgenthal (seit 1795 Freiherr) betraut, welcher dann dieser Manufaktur über 20 Jahre (bis 1805) vorstand und dieselbe zu hoher Blüte brachte. 1784 betrug die Arbeiterzahl 280 Köpfe, 1799 schon

---

[1]) Keeß, a. a. O., III, 864; H. K. A. Kom. Kam., Fasz. 45, Nr. 101 ex aug. 1828; Tafeln zur Stat. d. ö. Mon. f. 1841. — [2]) Tafeln zur Stat. d. österr. Mon. f. 1841.

500. Im Jahre 1798 errichtete Sorgenthal in Engelhartszell a. d. Donau in Oberösterreich, von woher die Porzellanerde bezogen wurde, eine Werkstätte zur
Schlemmung des Kaolins; seit 1802 wurde daselbst auch Porzellan gebrannt.
Die Wiener Fabrik war nicht nur ein großartiges Geschäftsunternehmen,
sondern auch eine Kunstschule, in welcher die älteren Künstler die jüngeren,
welche auch die Akademie der Künste besuchten, unterrichteten. Die Professoren
der Akademie erteilten ebenfalls in der Fabrik Unterricht und besorgten Korrek-
turen. Hatten die Vorgänger Sorgenthals dem Prinzip gehuldigt: zuerst der
Gewinn, dann die Kunst, so sagte er: höchster Gewinn durch Kunst[1]).

Lange Zeit war die Wiener Porzellanmanufaktur die einzige Vertreterin
der Porzellan- und Steingutindustrie in Österreich. Erst gegen Ende des 18. Jahrhunderts begegnet man den ersten Anfängen dieses Industriezweiges in Böhmen
und Mähren.

Die Wiener Porzellanfabrik hatte in Niederösterreich keinen Rivalen.
Ja in der ganzen Monarchie gab es zu Anfang des 19. Jahrhunderts keine einzige
Unternehmung, die wirklich Porzellan erzeugt hätte. Die böhmischen Fabriken
erzeugten bis gegen 1815 Fabrikate aus einer grauen, undurchsichtigen Masse[2]).
So war denn auch die Wiener Porzellanfabrik zu Anfang des 19. Jahrhunderts
auf der Höhe ihres Schaffens. Ihre Erzeugnisse ließen an Feinheit der Masse
und künstlerischer Ausführung nichts zu wünschen übrig. Doch sollte es nicht
lange so bleiben. Sorgenthal starb 1805, ihm folgte als Direktor Niedermayer.
Der erste Schlag, der die Fabrik bald darauf traf, war die 1809 erfolgte Abtretung des Teiles von Oberösterreich, in welchem sie ihre Zweigniederlassung
hatte und woher sie die Porzellanerde bezog. Die Aufhebung der Filiale (1810) und
die Verteuerung des Rohstoffes, der zum Teile aus Böhmen beschafft werden
mußte, war die Folge davon. 1807 bezifferte sich der Gewinn auf 73.401, im
Jahre 1808 auf 74.871 fl. Darauf folgten sehr ungünstige (Kriegs-) Jahre bis
1813, worauf wiederum eine Besserung eintrat. Während des Wiener Kon-
gresses wurde die Fabrik von zahlreichen fremden Fürsten und hohen Persön-
lichkeiten besucht. Von einer feindseligen Haltung der Ärarialfabrik selbst
gegenüber Privatgründungen dieser Art kann nicht gesprochen werden. Ja es
nahm Direktor Niedermayer sogar die Brüder Haidinger in die Fabrik auf,
damit sie die Fabrikation gründlich erlernen und schoß ihnen nach der Ausbildung aus der Fabrikskasse 5000 fl. vor, womit sie die ersten Auslagen zur
Errichtung einer Porzellanfabrik in Elbogen bestreiten sollten.

Im Jahre 1815 betrug der Gewinn der Fabrik 74.341 fl., um im folgenden
Jahre mit 84.896 fl. den Höhepunkt zu erreichen und sodann unaufhaltsam
abzunehmen. 1819 belief er sich nur mehr auf 8744 fl. Der Niedergang zeigte
sich auch in der Zahl der beschäftigten Personen; 1809 noch 650, 1817 nur mehr
350 Arbeiter, welche Zahl immer weiter sank. Einerseits war der Markt nach
den unruhigen Zeiten der ersten drei Lustren des Jahrhunderts für feine, teure

---

[1]) Folnesics und Braun, Gesch. d. Wr. Porzellanmanufaktur, S. 3—95; Falke, Die Wr.
Porzellanfabrik, S. 5—24. — [2]) Weber, Die Entstehung der Porzellan- u. Steingutindustrie
in Böhmen, S. 112.

Ware nicht mehr genug aufnahmsfähig; hätte aber die Fabrik andererseits die künstlerische Richtung aufgeben und sich auf die Erzeugung gewöhnlicher Ware werfen wollen, so hätte sie die Konkurrenz der böhmischen Fabriken zu bestehen gehabt, welche hauptsächlich solche Produkte lieferten. Die Fabrik, beharrte somit bei der Produktion feinen und feinsten Porzellans, mußte jedoch dafür ruhig zusehen, wie ihr Absatz gegenüber demjenigen der böhmischen Fabriken, welche noch dazu den billigen Elbeverkehr für ihren Export verwerten konnten, stetig abnahm. Auch die frühere künstlerische Richtung verlor sich immer mehr, obwohl niemals vorher soviel von Kunst und der „vaterländischen Kunstanstalt" gesprochen wurde, als gerade während dieser Zeit. Das Porzellangeschirr begann sich immer mehr auszubreiten, woraus jedoch vor allem die billige Massenproduktion Nutzen ziehen konnte.

Seit dem Ende der Zwanzigerjahre stand die einst so berühmte Porzellanfabrik immer deutlicher im Zeichen des Niederganges und seit der Übernahme der Direktion durch Benjamin Scholz (1829) trat an die Stelle der künstlerischen die fiskalische Seite in den Vordergrund. Die Kunst wurde zur Ware, es wurden meist billige, praktische Produkte erzeugt. Im Jahre 1828 betrug die Zahl der Arbeiter noch 273 Personen, 1830 nur mehr 151. Durch das Verlassen der künstlerischen Richtung hatte diese staatliche Fabrik ihre Existenzberechtigung vollständig verloren. War sie früher eine Kunstanstalt ersten Ranges gewesen, die sich mit Recht großer Berühmtheit erfreut hatte, so sank sie jetzt, seitdem sie nur geschäftliche und materielle Zwecke verfolgte, zum Range einer gewöhnlichen Fabrik herab, an deren Erhaltung eigentlich der Staat kein Interesse mehr haben konnte, um so weniger, als die böhmischen Fabriken schon zu einer bedeutenden Leistungsfähigkeit gelangt waren. Dennoch bestand sie noch eine Reihe von Jahren fort und beschäftigte noch in den Vierzigerjahren über 200 Arbeiter, wobei sie eine Dampfmaschine von 10 Pferdekräften in Betrieb hatte und Niederlagen in den meisten größeren Städten der Monarchie unterhielt. Erst 1864 wurde sie aufgelassen[1].

St. Pölten.   Außer der Wiener Porzellanfabrik bestand in Niederösterreich schon zu Anfang des 19. Jahrhunderts eine priv. englische Steingut- und Fayencefabrik zu St. Pölten. In den Dreißigerjahren hatte sie 2 Brennöfen, 1 Glasurmühle, 5 Drehscheiben und 15 Arbeiter[2]. Schon vor 1820 wird die gräflich Falken-

Droß.   haynsche Steingutfabrik in Droß bei Krems erwähnt, welche namentlich vorzügliche Brunnen- und Wasserröhren und auch Ziegel verfertigte[3]; außerdem eine Schwarzgeschirrfabrik zu Schönbühel bei Melk, welche auch schwarze Herdplatten erzeugte.

Hardtmuth.   Bedeutend war aber in erster Linie die Unternehmung, welche durch Josef Hardtmuth schon 1790 als Bleistift- und Steingutfabrik in Wien entstanden war. 1798 erhielt Hardtmuth die Landesfabriksbefugnis auf die Erzeugung des von

---

[1] Folnesics u. Braun, a. a. O., 129 ff.; Falke, a. a. O., 33—42; Ber. ü. d. Ausst. Wien, 1845, S. 88. — [2] A. d. Min. In, V, G. 5, Karton 2934, 1809, Mai 4; Blumenbach, Landeskunde, II, 319. — [3] Ber. ü. d. Ausst. Wien, 1839, S. 6, 1845, S. 77, 86; Keeß, a. a. O., 787 ff.; Redl, Handlungsgremien- u. Fabriken-Adressenbuch, 1818, S. 128.

ihm erfundenen, unter dem Namen „Wiener Steingut" bekannten Geschirrs. Seine Steingutfabrik nahm einen ebenso schönen Aufschwung wie die Bleistiftfabrik. Hardtmuth war es nämlich in den Neunzigerjahren gleichzeitig mit Conté in Paris gelungen, ein Mittel zu erfinden, um den englischen Cumberlandgraphit nicht nur zu ersetzen, sondern sogar zu übertreffen. Durch Vermengung von Graphit mit Ton gelang es ihm, Bleistifte zu erzeugen, welche den früheren weit überlegen waren.

Nach dem Tode Josef Hardtmuths (1816) führte dessen Witwe die Fabrik fort. In den Zwanzigerjahren hatte die Steingutfabrik ein Betriebspersonal von ,120 Arbeitern[1]. In den Dreißigerjahren beschäftigte die Steingut-, Majolika- und Fayencefabrik 120 Arbeiter, gegen Ende der Dreißigerjahre schon 180, die Bleistiftfabrik 60 Personen und mit der Erzeugung von künstlichem Bimsstein zum Schleifen, Polieren und Glätten von Metall-, Stein-, Holz- und Lederarbeiten, worauf Josef Hardtmuth 1811 auch die Landesbefugnis erhalten hatte, 15 Personen. 1828 übernahmen die Söhne Josef, Karl und Ludwig die Unternehmung. Die Geschirrfabrik erhielt bei der Wiener Gewerbeausstellung von 1835 die silberne, bei denjenigen von 1839 und 1845 die goldene Medaille, die Bleistiftfabrik 1839 die silberne, 1844 bei der Berliner Ausstellung ebenfalls die silberne, 1845 in Wien die goldene Medaille. Im Jahre 1846 übersiedelte die Unternehmung nach Budweis[2].

Schon vor 1820 wird in Wien neben der Hardtmuthschen Bleistiftfabrik auch eine solche von Johann Wildauer erwähnt, deren Produkte auch von guter Qualität waren[3]. Die Bleistiftfabrik von Josef Emanuel Fischer Edler von Röslerstamm zu Wien beschäftigte 1829 23 Personen. Josef Ritter von Schuster betrieb damals zu Hernals bei Wien ebenfalls eine Fabrik dieser Art[4]. *Bleistiftfabriken.*

Im Jahre 1841 waren die wichtigsten Bleistiftfabriken Niederösterreichs: Hardtmuth mit einer Produktion von 240.000 Dutzend jährlich, Fischer, der 100.000 Dutzend erzeugte und Faber in Stein mit einer Produktion von 120.000 Dutzend[5].

Erwähnt wird zu Anfang des 19. Jahrhunderts auch eine Porzellan- und Steingutfabrik von Kunerle & Winkler zu Sommerein bei Bruck a. d. Leitha, doch scheint dieselbe nur Steingut erzeugt und auch sonst keine Bedeutung gehabt zu haben, denn es wird ihrer später nirgends mehr gedacht[6].

Ziegeleien gab es, wie in jedem anderen Kronlande, auch in Niederösterreich *Ziegeleien.* in großer Zahl. Am bedeutendsten waren jene am Wienerberge bei Inzersdorf. Da die Ziegeleien sehr viel Holz verbrauchten, wurde den Wiener Ziegelbrennern durch Regierungsverordnung vom 3. September 1800 bedeutet, daß ihnen kein Brennholz mehr von der Wiener Holzlegestätte zum Ziegelbrennen werde verabfolgt werden und sie sich daher künftighin zu ihren Bränden der Steinkohlen bedienen sollen. 1801 wurden die Bände mit Holz im Viertel

---

[1]) Keeß, a. a. O., III, S. 787, 806 f. u. 812. — [2]) Großind. Öst. (1898), II, 49 (1908), II, 103; Keeß, a. a. O., III, 812; Ber. ü. d. Ausst. Wien, 1835, S. 251, 1839, S. 3 f., 12, 1845, S. 65, 83. — [3]) Keeß, a. a. O., III, S. 939; Redl, Handlungsgremien- und Fabriken-Adressenbuch, 1818, S. 105. — [4]) Ber. ü. d. Ausst. Wien, 1839, S. 3. — [5]) Ber. ü. d. Ausst. Wien, 1845, S. 65. — [6]) Weber, a. a. O., S. 64; Vaterl. Blätter, 1814, Nr. 46; Redl, a. a. O., 1818, S. 128.

544

unter dem Wiener Walde bei Strafe von 50 Rtlr. für jeden Übertretungsfall verboten. 1813 wurde dies jedoch gemildert, indem den Wiener Ziegelbrennern jährlich über jedesmalige gepflogene Verhandlung ausnahmsweise gestattet wurde, zur Hälfte mit Holz zu brennen. Aus diesen Maßnahmen ersieht man wohl, daß die Ziegeleien um Wien und namentlich im Viertel unter dem Wiener Walde schon damals sehr bedeutend gewesen sein müssen[1]. Alois Miesbach war schon 1830 der alleinige Eigentümer sämtlicher Ziegeleien am Wienerberge. Er erzeugte auf dieser landesbefugten größten Ziegelfabrik der Monarchie in den Vierzigerjahren jährlich 50 Millionen Ziegel. Bei der Wiener Gewerbeausstellung von 1845 wurde diese Unternehmung mit der goldenen Medaille ausgezeichnet[2].

Graphit-waren.
Graphitwaren (schwedische Heizöfen, Schmelztiegel, Graphitziegel) wurden in den Dreißigerjahren in Niederösterreich in der Graphitwarenfabrik in Marbach a. D. von einer 1829 gebildeten Gewerkengesellschaft erzeugt[3]. In den Vierzigerjahren kam die Rannaer Graphitgrubengewerkschaft im Viertel unter dem Manhartsberg hinzu[4].

Pfeifen-köpfe.
Anton Partsch zu Theresienfeld erzeugte in seiner seit 1829 bestehenden landesbefugten Fabrik Tabakpfeifenköpfe und beschäftigte eine größere Anzahl von Arbeitern. In Wr.-Neustadt wurde eine Steingutgeschirrfabrik von de Cente im Jahre 1793 errichtet; in den Dreißigerjahren war daselbst die Ton- und Steinmassa-Pfeifenköpfefabrik von Matthias Amstötter bedeutend[5].

Zement.
Josef Ritter von Hohenblum hatte 1845 eine Fabrik für hydraulischen Zement am Tobersnik-Hofe zu Kirchberg a. d. Pielach ob dem Wiener Walde[6].

Im Jahre 1841 wurden in Niederösterreich gezählt neben der staatlichen Porzellanfabrik in Wien an Steingut- und Fayencefabriken zwei landesbefugte, nämlich je eine in Wien (Hardtmuth) und in Wagram am Steinfeld und vier einfache zu Wr.-Neustadt, St. Pölten, Wilhelmsburg[7] und Droß bei Krems. Die Fabrik zu Wagram (gegründet 1839 von den Freiherren von Doblhoff-Dier[8]) erzeugte auch Tonwaren. Tabakpfeifenköpfe wurden zu Wr.-Neustadt und zu Theresienfeld fabriziert. Außerdem wurden 14 einfache Lehm- und Tonwarenfabriken gezählt (Wien 4, Biedermannsdorf 2, Inzersdorf, Leopoldsdorf, Laaerberg, Wienerberg [Ziegelöfen], Baden [glasierte Ziegel], Vösendorf und Laxenburg [gepreßte Ziegel], Kottingbrunn [Tonwaren]).

Für die Erzeugung von Graphitwaren bestand je eine landesbefugte Fabrik zu Marbach und zu Ranna (Geschirr und Schmelztiegel). Bleistifte wurden in den drei landesbefugten Fabriken von Wien, Hernals und Stein und in zwei einfachen Fabriken zu Wien und Hernals erzeugt[9].

Bohmen.
In Böhmen lassen sich die ersten Anfänge der Steingut- und Porzellan-

---

[1] Barth, a. a. O., III, 80 ff. — [2] Großind. Öst. (1898), II, 27 (1908), II, 107; Ber. ü. d. Ausst. Wien, 1845, S. 76. — [3] Ber. ü. d. Ausst. Wien, 1835, S. 271, 1845, S. 65; Blumenbach, Landeskunde, II, 123. — [4] Ber. ü. d. Ausst. Wien, 1845, S. 65. — [5] Ber. ü. d. Ausst. Wien, 1835, S. 266, 1839, S. 5, 12, Graz, 1841, S. 84; Vaterl. Blätter, 1814, Nr. 46; Redl, a. a. O., 146; Amtl. Katalog der Wiener Weltausst., 1873, S. 295. — [6] Ber. ü. d. Ausst. Wien, 1845, S. 69. — [7] Die Wilhelmsburger Fabrik wird schon 1818 erwähnt bei Redl, a. a. O., 1818, S. 128. — [8] Amtl. Katalog der Wiener Weltausst., 1873, S. 295. — [9] Tafeln z. Stat. d. öst. Mon. für 1841.

industrie bis in das Jahr 1789 zurückverfolgen, in welchem Franz Haberditzl zu Rabensgrün bei Schlaggenwald die ersten Versuche unternahm. 1791 erhielt er mit seinen Teilnehmern von der gräflich Kaunitzschen Herrschaft die Erlaubnis, im Dorfe Rabensgrün eine Steingutfabrik zu errichten. Die Unternehmung war im Besitz einer Gewerkschaft von 25 Teilhabern, die zusammen 128 Anteilscheine im Werte von fast 4000 fl. hatten. 1792 waren 1 Dreher, 2 Maler und 2 Massearbeiter beschäftigt. Dieser Unternehmung war keine längere Dauer beschieden, sie ging schon 1793 ein[1]).

Die erste lebensfähige Porzellanfabrik wurde 1792 von Johann Georg Paulus, einem Schlaggenwalder Bürger, im Vereine mit Georg Paulus Reumann aus Hildburghausen zu Schlaggenwald ins Leben gerufen. 1793 suchten sie um ein ausschließendes Privileg an, wurden jedoch abgewiesen. Die Staatsverwaltung nahm eine zweideutige Stellung ein und scheint eine Benachteiligung der staatlichen ·Wiener Porzellanfabrik befürchtet zu haben, denn die Hofstelle meinte bei der Abweisung des Paulus, es werde ihm freigelassen, dieses etwa verfeinerte Töpfergeschirr auf eigene Spekulation und ohne alle Begünstigung zu erzeugen, insolange dieses durch weitere Verfeinerung dem echten Wiener Porzellan nicht zu nahe treten und nachteilig sein könnte, „in welchem Falle sodann die weitere Anzeige anher zu erstatten wäre". Paulus erzeugte denn auch weiterhin nur gewöhnliches irdenes Geschirr und Tabakpfeifenköpfe. Das Unternehmen gedieh jedoch nicht und Paulus sah sich genötigt, es zu verkaufen. 1800 ging es in den Besitz der Frau Louise Greiner und ihrer Kinder Moritz und Friederike über, die in Gera im Vogtlande ebenfalls eine Porzellanfabrik besessen hatten.

Im Jahre 1808 wurde die Fabrik von Dr. Georg Lippert angekauft, der Friederike Greiner geheiratet hatte. Er vergesellschaftete sich mit dem Bergmeister Wenzel Haas aus Schlaggenwald und es gelang ihm, geschickte Arbeiter aus Meißen zu gewinnen und die Fabrikation bedeutend zu heben. Dennoch nannten die Unternehmer selbst ihre Produkte nicht Porzellan, sondern Erdengut. Der Aufschwung dieser Fabrik war so bedeutend, daß ihr 1812 die Landesfabriksbefugnis verliehen wurde und Kaiser Franz selbst das Etablissement besuchte. Die aus dem Auslande berufenen Künstler brachten die Fabrikationstechnik auf eine so hohe Stufe, daß die Unternehmung sich bald den übrigen bedeutenden Porzellanfabriken würdig an die Seite stellen konnte und in den Zwanzigerjahren die ausgezeichnetste Böhmens war. In den Dreißigerjahren hatte die Fabrik ein Betriebspersonal von 200 Arbeitern. Wegen der Vorzüglichkeit ihrer Erzeugnisse wurde sie bei der Prager Gewerbeausstellung von 1829 mit der bronzenen, bei der von 1831, sowie bei den Wiener Ausstellungen von 1835 und 1839 mit der silbernen, bei der Wiener von 1845 mit der goldenen Medaille ausgezeichnet.

Wenzel Haas übergab 1827 seinen Anteil seinem Sohne August; 1840 trat an die Stelle von Georg Lippert sein Schwiegersohn Johann Möhling. Bis 1847 wurde die Fabrik von August Haas und Johann Möhling geführt, in welchem Jahre der Anteil Möhlings durch Kauf an Haas überging. In diesem Jahre

Schlaggen-wald.

---

[1]) Weber, Die Entstehung der Porzellan- und Steingutindustrie in Böhmen, S. 7—28.

hatte die Fabrik 3 Brennöfen und 43 Drehscheiben und ein Betriebspersonal von 206 Arbeitern[1]).

Im Jahre 1793 erhielt Peter Knötiger aus Hessen-Kassel eine Fabriksbefugnis zur Erzeugung von Steingutgeschirr im Dorfe Langois im Leitmeritzer Kreise. Von dieser Unternehmung ist später keine Nachricht mehr vorhanden, weshalb sie entweder gar nicht entstand, oder aber keine größere Ausdehnung erlangte[2]).

Klösterle.   Im Jahre 1794 erfolgte die Gründung der Porzellanfabrik auf der gräflich Thunschen Herrschaft Klösterle durch den früheren Oberdirektor und Oberforstmeister Johann Nikolaus Weber. Weber führte die Fabrik in eigenem Namen. Wie bei den bisher erwähnten Unternehmungen war auch hier das Erzeugnis kein Porzellan, sondern nur Steingut. Schon 1795 beschäftigte Weber 30 Menschen, darunter 3 Ausländer. Als er 1795 um ein zwanzigjähriges ausschließendes Privileg für den Saazer Kreis ansuchte, da wurde er mit der Begründung abgewiesen, es sei wünschenswert, daß noch mehr derartige Fabriken entstehen, damit ein besseres Porzellan erzeugt werde. Im Jahre 1796 suchte er um die Landesfabriksbefugnis an, wurde aber wiederum abgewiesen, da seine Waren noch nicht vollkommen, vielmehr nur eine bessere Art von gewöhnlichem Erdgeschirr waren. Das Gubernium meinte, dies sei nicht einmal Steingut. 1797 verpachtete Weber die Fabrik an den Porzellanfabrikanten Christian Nonne aus Thüringen auf drei Jahre. 1798 beschäftigte sie 28 Personen, darunter. sieben Ausländer. Weber starb 1800. Unter Nonne nahm die Fabrik einen schönen Aufschwung, obwohl die erzeugte Ware ein noch sehr unvollkommenes Porzellan war.

Wegen dieses Aufschwunges erneuerte der Erbherr von Klösterle (Graf Thun) im Jahre 1803 den Vertrag mit Nonne nicht. Die Fabrik wurde anderwärts verpachtet, aber bis 1820 wollte sie nicht recht gedeihen. In diesem Jahre übernahm Graf Josef Matthias Thun die Fabrik in eigene Regie und bestellte Rafael Haberditzl zum Direktor. Sofort zeigte sich eine Besserung, so daß die Unternehmung im Jahre 1822 die Landesfabriksbefugnis erhielt. Es folgte jedoch eine Reihe schlechter Jahre unter wechselnder Leitung. Erst seit 1836 unter der Leitung Hillardts wurde es wieder besser. Zu Anfang der Dreißigerjahre waren 60 Arbeiter beschäftigt, 1836 70, Mitte der Vierzigerjahre an 100 Arbeiter[3]).

Prag.   Im Jahre 1795[4]) wurde die Steingutfabrik in Prag von den Direktoren der Assecurations-Societät bürgerlicher Kaufleute und Handelsleute, Johann Wenzel und Karl Kunerle, Josef Ignaz Lange und Josef Emanuel Hübel gegründet und erhielt 1796 die Landesfabriksbefugnis[5]). Sie wurde gleich in großem Umfang betrieben und beschäftigte im Gründungsjahre 32 „Fabrikanten" und 20 Gehilfen und hatte 13 Drehscheiben, 3 Brennöfen, 2 Glasurmühlen und

---

[1]) Weber, a. a. O., 18 ff.; Keeß, a. a. O., III, 833; Keeß u. Blumenbach, a. a. O., II, 650; Ber. ü. d. Ausst. Prag, 1831, S. 35, 1836, Anh. S. 26; Wien, 1835, S. 253 f., 1839, S. 23, 1845, S. 91. — [2]) Statth. A. Prag, 1786—1795, Kom., Fasz. 21, subn. 79. — [3]) Weber, a. a. O., 39 ff.; Ber. ü. d. Ausst. Prag, 1831, S. 40, 1836, S. 77, Wien, 1845, S. 92. — [4]) Nach Weber, a. a. O., S. 55, i. J. 1793 oder 1794. — [5]) Schreyer, Warenkabinett (1799), S. 490; Weber, a. a. O., S. 54 ff.

andere Vorrichtungen. 1797 brannte sie ab und wurde durch Unterstützung des Prager Bankiers Ballabene wieder aufgebaut. 1798 führte sie die Steinkohlenfeuerung ein und hatte ein Betriebspersonal von 105 Personen, im folgenden Jahre schon von 200 Personen. Sie war damals überhaupt die größte Fabrik dieser Art in Böhmen[1]).

Diese Porzellanfabrik gehörte um 1800 nicht mehr der Assekuranz-Sozietät, sondern Privaten. 1800 schieden Kunerle und Lange aus, an deren Stelle Karl Graf Clam-Martinitz und Karl Lenhart traten, während die Firma Hühel & Co. lautete. Seit 1804 war Graf Clam-Martinitz alleiniger Besitzer, verkaufte aber die Unternehmung 1810 an einen ihrer Gründer Josef Emanuel Hübel wieder, welch letzterer 1820 seinen Sohn als Teilhaber aufnahm. Die Fabrik konnte, was auch der fortwährende Besitzwechsel erklärt, keinen rechten Aufschwung gewinnen, die Zahl der Arbeiter betrug nur an 10. Josef Emanuel Hübel starb 1825 und nach dem Tode seines Sohnes Josef (1830) wurde die Fabrik verpachtet, und zwar zunächst an Josef Orel, welcher sie schon 1831 an Martin Saumer und Karl Wolf weiter verpachtete. Im selben Jahre aber trat schon an Stelle des Saumer sein bisheriger Bevollmächtigter Karl Ludwig Kriegel. Seit dem Ende der Zwanzigerjahre hob sich die Unternehmung und beschäftigte in den Dreißigerjahren an 100 Personen. Es wurde fast nur Porzellan erzeugt. Seit 1839 war der Wiener Großhändler Emanuel Hofmann Edler von Hofmannsthal stiller, seit 1842 öffentlicher Gesellschafter. 1841 übersiedelte die Fabrik nach Smichow. Karl Wolf trat in dieser Zeit aus, so daß die Firma zunächst C. L. Kriegel, seit 1842 Kriegel & Co. lautete. Um diese Zeit wurde daselbst vom Direktor Josef Beyerl die Fabrikation von Terralithwaren eingeführt. Bei der Wiener Ausstellung von 1839 wurde die Unternehmung ehrenvoll erwähnt, 1845 erhielt sie die silberne Medaille[2]).

Im Jahre 1793 entstand die Fabrik auf der Herrschaft Konopischt des Grafen Franz Josef Wrtby im Schlosse und Brauhause zu Teinitz an der Sazawa durch den Grafen selbst. Diese Fabrik wies 1796 als Betriebspersonal 7 „Fabrikanten", 2 Lehrjungen und 11 Taglöhner auf. Nicht nur der Umfang des Betriebes, sondern auch die Qualität der Erzeugnisse blieb weit hinter der Prager Fabrik zurück. *Teinitz.*

Die Fabrik zu Teinitz hatte 1801 folgende Einrichtungen: 1 Massetrete, 1 Schlemme, 1 Stampfmühle, 1 Erdentrete, 1 englische Abdrehmaschine für Kaffeeschalen, 1 Auflade- und Abdrehmaschine für verschiedene andere Erzeugnisse, eine Wassermühle an der Sazawa zur Glasur mit 5 Stampfen und 8 Bottichen, 1 große Druckpresse, 1 Formenmagazin, 2 große Öfen für den rohen, 2 Öfen für den glatten Brand, 1 Ofen für Wasserröhren u. a. m. Das Fabrikspersonal umfaßte 60 Menschen. 1807 erhielt die Unternehmung die Landesbefugnis. Sie erzeugte fast nur Steingut, nur sehr wenig Porzellan und war niemals besonders ausgedehnt. Bei der Prager Ausstellung von 1836 erhielt sie die bronzene Medaille, bei den Wiener von 1839 und 1845 wurde

---

[1]) Weber, a. a. O., S. 54—62; Schreyer, a. a. O., S. 490 u. 498. — [2]) Weber, a. a. O., S. 64 ff.; Ber. ü. d. Ausst. Wien, 1839, S. 20, 1845, S. 92.

sie ehrenvoll erwähnt. In den Vierzigerjahren hatte sie 47 Arbeiter. Nach dem Tode des Grafen Franz Josef von Wrtby ging sie durch Erbschaft an den Fürsten Johann Lobkowitz über[1]).

Stellungnahme der Staatsverwaltung zu den böhmischen Fabriken zu Ende des 18. Jahrhunderts. Alle diese Fabriksgründungen in Böhmen hatten sich bis zum Ende des 18. Jahrhunderts gar keiner Unterstützung und gar keines Ansporns von seiten der Regierung zu erfreuen. Ja es scheint, daß die Erzeugung echten Porzellans der Staatsverwaltung aus Rücksicht zur ärarischen Wiener Fabrik nicht einmal angenehm gewesen wäre. Als nämlich 1795 Heinrich Ernst Mühlberg, Besitzer einer Porzellanfabrik zu Roschitz bei Gera, um die Befugnis ansuchte, eine derartige Unternehmung in Böhmen zu errichten, da wurde er vom Gubernium abgewiesen, da infolge höherer Vorschrift die Gründung einer echten Porzellanfabrik nicht gestattet sei. Die böhmischen Fabrikanten erzeugten damals auch nicht echtes Porzellan und bezeichneten ihr Produkt auch selbst als Steingut, Erdware oder Flittergut[2]).

Gießhübel. Im Jahre 1803 gründete Christian Nonne, der bis dahin Pächter der Fabrik zu Klösterle gewesen war, eine Fabrik zu Gießhübel bei Karlsbad. Die Erzengnisse waren ordinäres Geschirr. Nach seinem Tode (1813) stand die Unternehmung ein Jahr still, weil kein neuer Pächter aufgetrieben werden konnte, worauf sie 1814 vom Besitzer der Herrschaft Gießhübel Anton Hladik in eigener Regie fortbetrieben wurde. 1815 verpachtete sie dieser an Benedikt Knaute. Jedoch erst 1825 wurde durch den Werkführer Franz Lehnert die Porzellanerzeugung eingeführt. 1833 erhielt die Fabrik die förmliche Fabriksbefugnis. 1835 trat Lehnert als Kompagnon in die Firma ein und nahm die Fabrik seit 1840 allein in Pacht. Damals beschäftigte die Unternehmung 55 Personen und erzeugte alle Arten von Geschirr und Luxusartikeln. 1846 übernahm der Besitzer der Herrschaft Gießhübel, Wilhelm Ritter von Neuberg, die Fabrik in eigene Regie[3]).

Pirkenhammer. Im selben Jahre 1803 wurde eine Porzellanfabrik gegründet, die später eine große Ausdehnung erlangen sollte. Es war dies jene in Pirkenhammer bei Karlsbad, gegründet von Friedrich Höcke aus Sachsen-Weimar. Zunächst wurde nur Steingut erzeugt, und zwar in ganz geringem Maßstabe und anfangs ohne rechten Erfolg. Erst als Christof Reichenbach und Martin Fischer 1810 die Fabrik übernahmen, wurde es anders. Bald konnte sie sich jeder anderen Fabrik an die Seite stellen und 1822 erhielt sie die Landesbefugnis. Damals wurde bereits Porzellan erzeugt. 1828 zählte die Fabrik 36 Dreher, 37 Maler, 16 Polierer und Hilfsarbeiter, 1830 über 100, 1835 schon 200, 1845 230 Arbeiter. 1846 verkaúfte Reichenbach seinen Anteil an Christian Fischer (den Sohn des 1824 verstorbenen Martin Fischer), welcher von da an Alleineigentümer war. Bei der Prager Gewerbeausstellung von 1829 erhielt die Fabrik die bronzene, 1831 die silberne, in Wien 1835 die bronzene Medaille, in Prag 1836 die silberne, in Wien 1839 wegen der großen Vollkommenheit der Erzeugnisse die goldene. Bei der Wiener Ausstellung von 1845 war die Fabrik außer

---

[1]) Weber, a. a. O., S. 67 ff.; Ber. ü. d. Ausst. Prag, 1836, S. 76; Wien, 1839, S. 15, 1845, S. 86. — [2]) Weber, a. a. O., 74 f. — [3]) Weber, a. a. O., S. 77.

Konkurrenz, weil ihr Inhaber Mitglied der Beurteilungskommission war. Diese Unternehmung gehörte zu den vorzüglichsten Porzellanfabriken der Monarchie[1]).

Im Jahre 1804 wurde vom Besitzer der Güter Dallwitz und Aich bei Karls- Dallwitz. bad, Johann Ritter von Schönau, eine Steingutfabrik errichtet, welche schon nach zwei Jahren 64 Personen Beschäftigung gewährte. Diese Unternehmung, die ausschließlich Steinkohle als Feuerungsmaterial verwendete, nahm eine solche Entwicklung, daß sie schon im November 1807 die Landesbefugnis erhielt. Mit der Erzeugung von Steingut machte sie jedoch schlechte Erfahrungen, so daß der Betrieb immer mehr sank und sie schließlich nur mehr 10 Dreher beschäftigte. Daher wandte sich der Sohn des Gründers, Freiherr Wolfgang Julius von Schönau, der 1822 die Fabrik übernahm, 1830 der Porzellanfabrikation zu, scheint aber auch damit kein Glück gehabt zu haben, denn als 1832 Gut und Fabrik in den Besitz von Wilhelm Wenzel Lorenz übergingen, befanden sich die Baulichkeiten in einem sehr schlechten Zustande. Der neue Besitzer hob die Unternehmung so, daß sie schon um die Mitte der Dreißigerjahre über 70 Arbeiter zählte und 1844 10 Gebäude, 4 Brennöfen und 32 Drehscheiben aufwies und 96 Personen beschäftigte. 1845 wurde die Landesfabriksbefugnis auf Lorenz übertragen[2]).

Die nächste Porzellanfabrik wurde durch Franz Mießl zu Unter-Chodau Unter-bei Karlsbad 1810 gegründet. Diese Fabrik sollte niemals eine größere Bedeu- Chodau. tung erlangen. Zu Anfang der Dreißigerjahre starb Mießl und 1834 verkauften sie die Erben an Johann Hüttner, Johann Dietl und Johann Schreyer, welch letzterer jedoch bald wieder austrat. 1835 erhielt die Fabrik die Landesbefugnis; sie beschäftigte damals 42 Personen. 1845 ging sie an Geitner und Stierba über[3]).

Im Jahre 1813 entstand durch Franz Josef Mayer die Steingutfabrik in Tannowa. Tannowa auf der Herrschaft Stockau im Klattauer Kreise und erhielt 1814 die Landesbefugnis. Seit 1832 erzeugte sie auch Porzellan.

Um dieselbe Zeit wurde zu Alt-Rohlau auf der Herrschaft Tippelsgrün von Alt-Rohlau. Benedikt Haßlacher, gewesenem Direktor der Dallwitzer Fabrik eine Steingutfabrik errichtet, welche lange ganz unbedeutend war, 1823 in den Besitz des August Nowotny überging und 1824 die Landesbefugnis erhielt. Unter Nowotny hob sie sich bald und beschäftigte an 100 Arbeiter. Seit 1838 dehnte Nowotny die Fabrikation auch auf Porzellan aus. 1845 wies die Unternehmung ein Betriebspersonal von 300 Menschen auf[4]).

Die größte Bedeutung kommt der 1815 erfolgten Gründung der Porzellan- Elbogen. und Steingutfabrik in Elbogen zu. Die Gründer derselben, Gebrüder Rudolf und Eugen Haidinger, hatten vorher einen dreijährigen Lehrkurs an der Wiener Porzellanmanufaktur beendet und 1814/15 eine Studienreise nach Deutschland, Frankreich und England gemacht. Zurückgekehrt gründeten sie die Fabrik, wobei sie zur Feuerung nur Steinkohlen verwendeten. Die Unter-

---

[1]) Kreutzberg, Skizz. Übersicht, S. 16 f.; Weber, a. a. O,. 77 ff.; Ber. ü. d. Ausst. Präg, 1831, S. 37, 1836, S. 73; Wien, 1835, S. 258, 1839, S. 17, 1845, S. 90. — [2]) Weber, a. a, O., S. 81 f.; Ber. ü. d. Ausst. Präg, 1836, S. 75, Wien, 1835, S. 264, 1845. S. 85. — [3]) Weber, a. a. O., S. 84 f. — [4]) Weber, a. a. O., S. 85 f.; Ber. ü. d. Ausst. Wien, 1845, S. 93.

nehmung hatte gleich guten Erfolg, ja es schwebten Verhandlungen wegen Verbindung derselben mit der Wiener Manufaktur, wozu es jedoch nicht kam. Nach einigen Schwierigkeiten nach dem Jahre 1816 hob sich die Unternehmung wieder und erhielt 1818 die Landesbefugnis. Die Erzeugnisse wurden immer besser, die Zahl der Arbeiter immer größer. 1829 erhielten ihre Inhaber ein ausschließendes Privileg auf die Erzeugung von gegossenem Porzellan. In den Dreißigerjahren beschäftigten sie 160 Arbeiter. 1828 trat der dritte Bruder ebenfalls in die Fabrik ein. Die drei Brüder waren Fabrikanten in wirklichem Sinne, der eine war ein ausgezeichneter Zeichner und Bossierer, der zweite leitete selbst die ökonomischen und kommerziellen Geschäfte der Fabrik, der dritte war ein tüchtiger Mineraloge und besorgte die Zusammensetzung der Masse, Glasur und Farben. In den Vierzigerjahren betrug die Zahl der Arbeiter schon 175. 1836 wurde der Fabrik die Auszeichnung zuteil, vom Kaiserpaare besucht zu werden. Bei den Prager Ausstellungen von 1829 und 1831 erhielt sie die silberne, bei der von 1836 die goldene Medaille, zu Wien 1835 und 1839 die silberne, zu Berlin 1844 die eherne Medaille. Bei der Wiener Ausstellung von 1845 war ihr Inhaber Mitglied der Beurteilungskommission, weshalb die Fabrik außer Konkurrenz war[1]).

Klum.
In das Jahr 1819 fällt die Gründung der Porzellanfabrik zu Klum auf der Herrschaft Neuschloß im Leitmeritzer Kreise. Sie machte erst größere Fortschritte, als sie 1821 vom gewesenen Direktor der Dallwitzer Fabrik Adalbert Landa und Oberdreher Josef Köcher gepachtet wurde. Sie erzeugten auch Steingut und erhielten 1825 die Landesbefugnis. 1831 wurde die Unternehmung von Anton Wölz aus Leipzig gepachtet, später gekauft. Sie kam jedoch in Schwierigkeiten, bis sie 1835 der Werkführer Johann Feresch im Exekutionswege an sich brachte und hob. Eine besondere Bedeutung erlangte sie aber dennoch nicht und ging zu Anfang der Fünfzigerjahre ein[2]).

Ebenso blieb unbedeutend die 1824 zu Beiereck auf der Herrschaft Bistritz im Klattauer Kreise errichtete Steingutfabrik. Wichtiger war die 1825 in Pflugk bei Budau gegründete kleine Steingutfabrik, welche 1831 die Landesbefugnis zur Erzeugung von Porzellan und Steingut erhielt[3]). 1832 gründete Anton Fischer die Steingutfabrik in Neumark im Klattauer Kreise und erhielt 1842 die förmliche Fabriksbefugnis für Porzellan, Steingut, Fayence und Wedgwood[4]).

Es folgte eine Reihe von anderen Fabriken, die aber alle minder bedeutend blieben und in der Tabelle auf Seite 551 auch ersichtlich gemacht sind.

Die vorzüglichsten Porzellanfabriken Böhmens waren in der Mitte der Dreißigerjahre jene von Lippert & Haas in Schlaggenwald, von Fischer & Reichenbach in Pirkenhammer und jene der Gebrüder Haidinger in Elbogen, welche zusammen mehr als zwei Drittel der Gesamtproduktion aller böhmischen Fabriken dieses Industriezweiges erzeugten. Kreutzberg schreibt über diese drei

[1]) Weber, a. a. O., S. 97—108; Ber. ü. d. Ausst. Prag, 1831, S. 38, 1836, S. 67 f., Wien, 1835, S. 247 ff.; 1839, S. 21, 1845, S. 91 f. — [2]) Weber, a. a. O., S. 89. — [3]) Weber, a. a. O., S. 90. — [4]) Weber, a. a. O., S. 91 f.

Übersicht der von 1791 bis 1849 in Böhmen gegründeten Porzellan- und Steingutfabriken[1]).

	Ort	Name des Gründers	Erzeugnisse	Gründungs-jahr	Endjahr[2])
1	Rabensgrün b. Schlaggenwald	Franz Haberditzl	Steingut	1791	1793
2	Schlaggenwald	Joh. Georg Paulus	Porzellan und Steingut . .	1792	—
3	Klösterle	Joh. Nikolaus Weber . . .	Porzellan und Steingut . .	1793	—
4	Prag	Hübel, Kunerle u. Lange . .	Steingut, seit 1835 Porzellan	1793	—
5	Teinitz	Fr. Jos. Graf v. Wrtby . . .	Steingut	1793	—
6	Gießhübel	Christian Nonne	Flittergut, s. 1825 Porzellan	1802	—
7	Pirkenhammer . . . .̇.	Friedrich Höcke	Steingut, s. 1822 Porzellan	1803	—
8	Dallwitz	Joh. R. v. Schönau	Steingut, seit 1830 Porzellan	1804	—
9	Unter-Chodau	Franz Mießl	Steingut, seit 1835 Porzellan	1810	—
10	Tannowa	Franz Jos. Mayer	Steingut, seit 1832 Porzellan	1813	—
11	Alt-Rohlau	Ben. Haßlacher	Steingut, seit 1838 Porzellan	1813	—
12	Elbogen	Gebrüder Haidinger	Porzellan	1815	—
13	Klein-Skal b. Schumburg . .	Josef Römisch	Steingut	?	1819
14	Klum	A. Burgemeister	Porzellan und Steingut . .	1819	—
15	Beiereck	Martin Schellhorn	Steingut	1824	—
16	Budau	Franz Lang	Steingut, seit 1831 Porzellan	1825	—
17	Schelten b. B.-Kamnitz . .	Josef Palme	Steingut, Porzellan . . .	1829	—
18	Gottschau bei Plan.	Graf Josef Nostitz	Steingut, Flittergut. . . .	1831	—
19	Neumark	Anton Fischer	Steingut, seit 1842 Porzellan	1832	—
20	Vorstadt Bilin	Friedr. Knötgen	Steingut	1835	—
21	Klentsch, Bez. Klattau . . .	Josef Mayer	Steingut	1835	—
22	Stadt Bilin	Franz Walter	Porzellan	1841	—
23	Plachtin bei Breitenstein . .	Thom. Fuchs	Steingut	1842	—
24	Gistey bei Klein-Skal. . . .	Ferdinand Posselt	Porzellan	1845	—
25	Budweis	Karl Hardtmuth	Porzellan und Steingut . .	1798 in Wien, 1846 in Budweis	—
26	Am Hirschen bei Lubenz . .	Franz Lehnert	Porzellan	1846	—
27	Přichowitz bei Semil	Franz Nitsche	Porzellan	1847	—
28	Breitenbach bei Platten. . .	Simon Kolb	Porzellan	1847	—
29	Fischern bei Karlsbad . . .	C. Knoll	Porzellan	1848	—

Fabriken folgendermaßen: „Die ordinärsten Erzeugnisse des täglichen Bedarfs sowohl als die durch Façon, Malerei und Vergoldung für das verfeinerte Leben der höheren Stände bestimmten Prachtgefäße darstellend, vereinigen diese drei Etablissements alles, was Kunst, Wissenschaft und merkantilische Betriebsamkeit fordern. Es ist in der Tat fast unmöglich, hier eine Rangstufe der Verdienstlichkeit zu bestimmen, wo die hervortretenden eigentümlichen Vorzüge sich gegenseitig ausgleichen. Wenn die Schlaggenwalder Fabrik, hauptsächlich die bildende Kunst berücksichtigend, in Größe und reiner Form ihrer in Historienbildern Porträts, Landschaften, Blumen usw., in dem Effekt und der Nuancierung der in reichen haltbaren Farben meisterlich gemalten und ebenso reich als dauerhaft decorirten und vergoldeten Vasen und Tassen sowie in der strengen Sortirung ihrer durch Weiße und Reinheit in der Masse und Glasur ausgezeichneten Geschirre hervortritt, so hat jene zu Elbogen in der Mischung der Masse, ihrer Plastizität und Feuerbeständigkeit, sowie in der Weiße der durch Glanz und Ebenheit vollendeten Glasur eine Vollkommenheit erreicht, die den Ruf der Dauerhaftigkeit ihrer auch für den Gebrauch der chemischen Laboratorien gesuchten Geschirre begründet, während die Fabrik in Pirkenhammer — abge-

---

[1]) Weber, a. a. O., S. 120 f. — [2]) Das Endjahr ist nur bei Fabriken angegeben, welche vor 1848 eingingen.

sehen von ihren Leistungen im Gebiete der Farbenchemie, dann der Ornamenten-
und Desseinmalerei — durch Verbesserung der mechanischen Operationen und
der Ökonomie, sowie durch Beachtung der Consumtionsbedürfnisse um die
wohlfeilere Erzeugung so verdient ist, daß durch die von ihr impulsierte Preis-
verminderung auch der nicht gerade reichen Klasse ein häufiger Gebrauch des
Porzellans möglich wurde, der schnell zunahm und den Absatz des Gesamt-
fabrikates mächtig erweiterte. Ebenso wetteifern diese drei Anstalten in dem
Bestreben, die auswärtigen Erfindungen und Verbesserungen zu benutzen"[1].

Töpferei. Die gewöhnliche Töpferei, welche sich namentlich auf die mächtigen,
tertiären Tonschieferlager im Egergraben stützte, beschäftigte in Böhmen in
der Mitte der Dreißigerjahre über 1500 Menschen, die Fabrikation ließ aber
fast alles zu wünschen übrig, die Qualität der Produkte war schlecht, so daß
vieles vom Auslande bezogen wurde[2]. Vorzügliches leistete darin nur
der landesbefugte Fabrikant Johann Bayerl zu Smichow bei Prag[3].

Wedgwood, Spät kam in Böhmen die Fabrikation von Wedgwood-, Terralith- und
Terralith, Siderolithwaren auf. 1822 errichtete Karl Huffsky zu Hohenstein die erste
Siderolith. Terralith- und Siderolithfabrik. Dieses Geschirr fand durch seine schönen, dem
klassischen Boden der Antike entnommenen Formen und Verzierungen großen
Beifall und Verbreitung. Die Fabrik erzeugte neben schwarzen, glanzlosen
Geschirren für den Teetisch auch Vasen, Blumentöpfe u. a. Derselbe Fabrikant
gründete 1824 eine zweite Fabrik zu Teplitz.

Es folgte 1829 die Gründung der Fabrik zu Bodenbach durch Schiller &
Gerbing, welche ein wegen seiner Farbe und Festigkeit und auch im Bruche
dem Eisenstein ähnliches Geschirr als Siderolith bezeichneten und alle ihre
Tonerzeugnisse unter diesem Namen fabrizierten. Es gelang ihnen, eine Masse
von hoher Plastizität und bedeutender Dichte herzustellen und derselben durch
ein genau geregeltes Brennverfahren eine solche Härte zu verleihen, daß sie am
Stahle Funken gab. Wegen ihrer Güte und Billigkeit wurden diese Geschirre
dem englischen Wedgwood überall vorgezogen. Der Umfang dieser Unternehmung war schon in der Mitte der Dreißigerjahre so bedeutend, daß der Bedarf an Arbeitslohn und Brennmaterial allein jährlich gegen 20.000 fl. ausmachte. Damals beschäftigte die Fabrik über 40 Arbeiter. Einen bedeutenden
Artikel derselben bildeten auch die Bauerntabakpfeifen aus Siderolith.

In den Vierzigerjahren kam eine neue derartige Fabrik hinzu, nämlich die
von Josef Bähr zu Aussig.

Steingut Unter den Steingut- und Fayencefabriken ragten in der Mitte der
und Dreißigerjahre besonders jene des Fürsten Lobkowitz zu Teinitz und die von
Fayence. Nowotny zu Alt-Rohlau hervor, welche fast ein Drittel der Gesamtproduktion
dieses Industriezweiges in Böhmen erzeugten[4].

---

[1] Kreutzberg, a. a. O., S. 16; vgl. auch den Aufsatz über die Porzellanfabriken zu Pirkenhammer, Schlaggenwald und Gießhübel nach dem Berichte eines Arkanisten von 1812 in Mitt.
des mähr. Gewerbemuseums, 1894, S. 25 ff. — [2] Kreutzberg, a. a. O., S. 13; Stamm, Die Ton-
warenindustrie Böhmens, S. 3 ff. — [3] Kreutzberg, a. a. O., S. 13; Ber. ü. d. Ausst. Prag, 1836,
S. 78. — [4] Weber, a. a. O., S. 94; Kreutzberg, a. a. O., S. 13 ff.; Ber. ü. d. Ausst. Prag,
1836, S. 73 f.; Wien, 1835, S. 274, 1845, S. 79.

Die Hardtmuthsche Porzellan- und Steingutfabrik wurde 1846 wegen Hardtmuth. der Teuerung der Brennstoffe und der hohen Arbeitslöhne von Wien nach Budweis verlegt. Sie wurde sofort mit 4 Brennöfen, 1 Dampfmaschine und 25 Drehscheiben und 60 Arbeitern eröffnet[1]).

Aus dem im südlichen Böhmen gewonnenen Graphit wurden Heizöfen und Kochgeschirre, Schmelztiegel u. a. erzeugt. Im großen Betrieb tat dies nur die Unternehmung von A. Hawlin in Swojanow[2]).

Zu Goldenkron hatte Fürst Schwarzenberg eine Bleistiftfabrik[3]). Die ebenfalls fürstlich Schwarzenbergschen Graphitwerke in Schwarzbach waren schon 1812 in Betrieb, als die ersten auf dem europäischen Kontinente[4]).

In Mähren und Schlesien wurden in den letzten Jahrzehnten des 18. Jahr- Mähren und hunderts an mehreren Orten, namentlich zu Butschowitz, Wischau, Steinitz, Schlesien. Prödlitz, Proßnitz und Olmütz gemeines weißes und gefärbtes Erdgeschirr, Krüge, Teller, Schüsseln, Kaffeekannen und ähnliches erzeugt. Für die Erzeugung von Kochgeschirr waren am wichtigsten Eibenschitz und Freistadt bei Teschen.

In den letzten Jahrzehnten des 18. Jahrhunderts traten auch die ersten fabriksmäßigen Unternehmungen auf. So wurde 1783 die Fayencefabrik in Weißkirchen vom Fürsten Dietrichstein errichtet und auf Rechnung der fürstlichen Hauptkassa betrieben. Ihre Leitung war jedoch nicht fachmännisch, weshalb sich die Ergebnisse ungünstig gestalteten und am 10. Dezember 1796 schon ihre Auflösung beschlossen wurde, welche neun Jahre später vollständig durchgeführt wurde[5]).

Eine zweite Fayencefabrik entstand in der Zeit zwischen 1789 und 1791 zu Bistritz unterm Hostein durch den Grafen Franz Monte l'Abbate. Diese Fabrik war die erste in Mähren und Schlesien, die englisches Steingut von terre de pipe (Fayence) gemalt erzeugte. Sie ging jedoch schon 1807 ein[6]).

In Mähren und Schlesien befand sich noch in den ersten Jahrzehnten des 19. Jahrhunderts keine Porzellanfabrik. Die 1799 von Josef Weiß gegründete Steingut- und Wedgwoodfabrik zu Frain bei Znaim war bis 1807 in Händen Frain. von Spekulanten und wurde nur sehr schwach betrieben. Erst nachdem 1807 die Inhaber derselben Anton Fellner und Johann Georg Grimm die Landesfabriksbefugnis erhalten hatten, hob sich die Fabrikation. 1816 wurde die Fabrik vom Grafen Stanislaus Mniszek gekauft. Zu dieser Zeit war der Betrieb wegen geringen Absatzes ein schwacher, 1819 waren nur 12 Arbeiter beschäftigt. Die Unternehmung hob sich später allmählich, so daß sie 1821 schon 38 Arbeiter beschäftigte, 1839 105, 1845 110 Personen. Graf Mniszek erhielt 1828 ein fünfjähriges Privileg auf die Erzeugung neuer Arten von Wedgwoodgeschirr. Wegen der Güte ihrer Erzeugnisse, die in Fayence-, Steingut- und Wedgwood-

---

[1]) Weber, a. a. O., S. 93. — [2]) Kreutzberg, a. a. O., S. 13; André, Neueste Beschr. (1813), S. 208. — [3]) Keeß, a. a. O., III, S. 939; H. K. A. Kom., Praes. 1818, Nr. 1429. — [4]) Katalog d. österr. Abteil. d. intern. Ausst. Paris, 1878, S. 166. — [5]) Schirek in Mitteil. d. mähr. Gewerbe-Museums, 1892, S. 29 u. 161 ff., 1897, Nr. 15 ff.; D'Elvert, a. a. O., XIX, S. 503. — Über die geschichtlichen Anfänge der Znaimer Tonindustrie vgl. Schirek, a. a. O., 1899, S. 105 ff. — [6]) Schirek, a. a. O., 1892, S. 162 f.; D'Elvert, a. a. O., XIX, S. 500 f.

geschirr bestanden, wurde die Fabrik bei der Wiener Gewerbeausstellung von 1835 ehrenvoll erwähnt, bei den von 1839 und 1845 mit der goldenen Medaille ausgezeichnet[1]).

Krawska. Neben der Frainer war nur noch die Steingut- und Geschirrfabrik in Krawska bei Znaim von Bedeutung. Sie wurde 1823 von Michael Raufer gegründet, der 1816—1820 Fabriksverwalter in Frain gewesen war. 1824 beschäftigte die Fabrik schon 37 Personen und nahm bald an Ausdehnung zu. 1830 erlangte sie die Landesfabriksbefugnis, 1835 hatte sie eine Dampfmaschine, 8 Mühlen, 8 Stampfen, 4 Steingutöfen, seit 1835 auch 1 Porzellanofen und 1 Schlemme mit 40 Bottichen im Betrieb und beschäftigte 138 Personen. Sie war die einzige Fabrik in Mähren und Schlesien, welche Porzellan erzeugte. 1845 faßte Raufer, „um allen Übeln hinsichtlich der erbärmlich schlechten Töpferwaren (besonders des Kochgeschirrs) abzuhelfen", den Plan, eine praktische Unterweisung im Töpfergewerbe zu erteilen, wozu ihm die Bewilligung vom Gubernium erteilt wurde. Ob er es durchführte, ist nicht bekannt[2]).

Im Jahre 1842 erfolgte die Gründung der Majolingeschirrfabrik zu Raynochowitz im Prerauer Kreise durch Florian Urbisch, welches Geschirr er aus einer von ihm entdeckten eisenoxydhältigen Tonerde erzeugte. 1845 beschäftigte er dabei 15 Arbeiter[3]).

Außerdem werden in den Vierzigerjahren noch zwei einfache Fabriken und zwar zu Koprzinowitz und Mikulawka erwähnt[4]).

Inner-österreich. In Innerösterreich wurde auch Töpfergeschirr erzeugt, doch waren im 18. Jahrhunderte noch fast gar keine fabriksmäßigen Betriebe vorhanden. Nur in Graz wird schon um 1790 eine Töpfergeschirrfabrik erwähnt[5]). Ebendaselbst wird 1819 die Fayencefabrik von Josef Halbärth erwähnt, welche Krüge, Schüsseln, Töpfe u. a. erzeugte. Doch werden die Erzeugnisse dieser landesbefugten Fabrik noch in den Vierzigerjahren als gewöhnliche Marktware bezeichnet[6]). In derselben Stadt werden 1819 noch erwähnt die Steingutfabriken von Ant. Probst (Carlau bei Graz) und von Johann Dietrich, welche weißes und gefärbtes Kaffee- und Tafelservice, Töpfe, Tiegel und anderes erzeugten und auch auswärtigen Absatz hatten. Die Erzeugnisse der Dietrichschen Fabrik näherten sich sehr dem Porzellan[7]). Um 1840 war die Dietrichsche Fabrik die wichtigste Steingutfabrik Innerösterreichs[8]).

Im Jahre 1841 wurden in der Steiermark nur zwei landesbefugte Steingutfabriken in Graz (Dietrich und Halbärth) gezählt[9]). Außerdem gab es nur noch einige unbedeutende Geschirrfabriken[10]).

---

[1]) Schirek, a. a. O., 1891, S. 203; 1892, S. 117—138; 1897, S. 20 ff; D'Elvert, a. a. O., XIX, S. 501 f.; Ber. ü. d. Ausst. Brünn, 1836, S. 9; Wien, 1835, S. 264; 1839, S. 7 ff., 1845, S. 84. — [2]) Schirek, a. a. O., 1892, S. 150—154; Ber. ü. d. Ausst. Brünn, 1836, S. 15, Wien, 1835, S. 273, 1845, S. 85. — [3]) Ber. ü. d. Ausst. Wien, 1845, S. 86. — [4]) Tafeln z. Stat. d. öst. Mon. f. 1841. — [5]) De Luca, Geogr. Handbuch d. österr. Staaten, II, S. 24. — [6]) H. K. A. Kom. Praes., 1819, Nr. 368; Ber. ü. d. Ausst. Laibach, 1844, S. 94. — [7]) H. K. A. Kom. Praes. 1819, Nr. 368; Keeß u. Blumenbach, II, S. 650; Redl, Adressenbuch, 1818, S. 298. — [8]) Ber. ü. d. Ausst. Klagenfurt, 1838, S. 147, Graz, 1841, S. 85. — [9]) Tafeln z. Stat. d. öst. Mon. f. 1841. — [10]) Ber. ü. d. Ausst. Klagenfurt, S. XXX.

In Kärnten bestanden 1841 6 einfache Fabriken[1]). Zu St. Anna ob Villach hatte Ignaz Rabitsch eine landesbefugte Schmelztiegelfabrik[2]).

In Krain werden zu Laibach um 1820 zwei Fayencefabriken erwähnt, offenbar dieselben, die 1841 ausgewiesen werden und zwar eine Tabakpfeifen- und eine Tonöfenfabrik[3]).

Oberösterreich hatte 1841 nur eine einfache Steingutfabrik zu Reitter- burg[4]). In den Vierzigerjahren hatte außerdem Alois Edler von Fernstein eine k. k. priv. Tongeschirrfabrik zu Reinthal bei Gmunden, sowie eine Porzellan- und Steingutfabrik zu Oberreiß bei Gmunden[5]). Franz Paul Augustin hatte seit 1840 zu Kasten im Innviertel eine Bleistiftfabrik, die 1845 schon 60 Personen beschäftigte[6]). *Oberösterreich.*

In Galizien wurde 1801 von Paul von Nikorowicz und Friedrich Wolff eine Steingutfabrik zu Glinsko im Zolkiewer Kreise gegründet, welche eine ziemliche Bedeutung erlangte. Nach dem Tode des ersteren führte Wolff die Fabrik unter der Firma Wolff & Co. weiter. Das Betriebspersonal betrug in den Dreißigerjahren 70 Köpfe. Für das Jahr 1841 werden in diesem Kronlande zwei einfache Fabriken in Glinsko und eine in Zloczow ausgewiesen[7]). *Galizien.*

In Tirol befand sich in den Zwanzigerjahren eine kleine Fayencefabrik mit 10 Arbeitern zu Schwaz, welche aber späterhin sich weiter entwickelt zu haben scheint, denn 1841 begegnet man ebendaselbst einer landesbefugten Steingutfabrik[8]). *Tirol.*

In Kufstein erfolgte 1842 die Gründung der ersten Romanzementfabrik Österreichs. Der k. k. Straßenmeister Franz Kink war der Begründer derselben und somit der österreichischen Zementindustrie überhaupt[9]). *Zement.*

XXV. Kapitel.

Die chemische Industrie.

(Samt Seifen-, Kerzen-, Farb- und Parfümeriewarenerzeugung sowie Öl- und Zündwarenfabrikation.)

A. Die allgemeinen Verhältnisse und die Maßnahmen der Staatsverwaltung.

Wenn auch die theoretische Chemie auf ein hohes Alter zurückblickt und den mittelalterlichen Alchimisten manchen Fortschritt verdankt, ist die angewandte Chemie und somit auch die zu letzterer gehörige technische oder industrielle Chemie jüngeren Datums. Die chemische Industrie, d. h. die gewerbliche Betriebstätigkeit, die sich zur Herstellung ihrer Erzeugnisse vorwiegend chemischer Prozesse bedient, war bis zum Anfange des 19. Jahrhunderts eine

[1]) Tafeln z. Stat. d. öst. Mon. f. 1841. — [2]) Tafeln z. Stat. f. 1841; Ber. ü. d. Ausst. Laibach, 1844, S. 95. — [3]) Keeß, a. a. O., IV, 126; Tafeln z. Stat. f. 1841. — [4]) Tafeln z. Stat. d. öst. Mon. f. 1841. — [5]) Verz. ü. d. Linzer Ausst. 1847, S. 29. — [6]) Ber. ü. d. Ausst. Wien, 1845, S. 66; Tafeln z. Stat. f. 1841. — [7]) Keeß, a. a. O., III, 808; Tafeln z. Stat. f. 1841; Ber. ü. d. Ausst. Wien, 1835, S. 281, 1839, S. 15, 1845, S. 86. — [8]) Keeß, a. a. O., III, 807; Tafeln z. Stat. f. 1841. — [9]) Großind. Öst., II, S. 5; Ber. ü. d. Ausst. Wien, 1845, S. 69.

Kleinindustrie, die Betriebsstätten hatten den Charakter von größeren oder kleineren chemischen Laboratorien. Erst der große Aufschwung der Industrie seit dem Ende des 18. und namentlich am Anfange des 19. Jahrhunderts und der damit im Zusammenhange stehende stark gestiegene Bedarf an chemischen Produkten und Hilfsstoffen bildete die Grundlage zur Entstehung einer chemischen Großindustrie.

Streng genommen, müßten zur chemischen Industrie auch die Hüttenkunde, die Glas-, Tonwaren- und Zementfabrikation, die Färberei und Druckerei, Gerberei und Lederindustrie gezählt werden. Da diese Beschäftigungszweige jedoch teils als eigene Industriezweige selbständig behandelt, teils als eine Unterstufe derselben betrachtet werden müssen, so soll sich die folgende Betrachtung auf das übrige Gebiet der chemischen Industrie beschränken.

In Österreich war die chemische Industrie bis zur Mitte des 19. Jahrhunderts sehr wenig entwickelt. Die Erzeugung chemischer Produkte beschränkte sich auf wenige Stoffe, so vor allem auf Alaun und Vitriol, Salpeter, Pottasche, Schwefel, Soda, Phosphor, Vitriolöl, Salz-, Salpeter- und Schwefelsäure, endlich Ammoniak[1].

Die Staatsverwaltung hat sich bemüht, eine chemische Industrie im Inlande zu begründen und ihre Entwicklung zu fördern. Schon unter Maria Theresia ist dies bemerkbar. So erging am 10. Juli 1769 an alle Länderstellen die Aufforderung mitzuteilen: 1. woher man sich mit dem nötigen Vitriol versehe, 2. zu welchem Preise derselbe gezahlt werde, 3. mit welcher „Mautanlage" der heimische und der fremde Vitriol belegt sei, 4. wie groß der jährliche Konsum desselben im betreffenden Lande sei, endlich 5. ob „ einiger Anstand obwalte, den fremden Vitriol mit höherer Mautbelegung zu erschweren oder gar zu verbieten"[2].

Anbau von Krapp. Sehr viele Versuche wurden in Österreich gemacht mit dem Anbau von Färbepflanzen. Der Krapp wurde zuerst 1786 zu Kagran bei Wien vom Handelsmanne Franz Diewald gebaut. Dieser Anbau verbreitete sich immer mehr und wurde durch das Emporkommen der Kattunfabriken gefördert. Während der Kriege im letzten Jahrzehnt des 18. Jahrhunderts nahm er wiederum ab. Zu Anfang des 19. Jahrhunderts wurde er von Franz Edlen von Lang, Freiherrn von Fellner und Freiherrn von Puthon wieder aufgenommen. Freiherr von Puthon errichtete 1803 und 1804 bei Eggenburg in Niederösterreich eine Krappmühle, wobei der Krapp um Pulkau, Laa, Loosdorf und in sonstigen Ortschaften dieser Gegend angebaut wurde. In dieser und der folgenden Zeit nahm dieser Anbau einen großen Aufschwung und viele Weingärten, die in der Ebene dem Reife zu sehr ausgesetzt waren, wurden in Krappländereien verwandelt. Später verfielen diese wieder und in den Dreißigerjahren des 19. Jahrhunderts waren nur noch etwas über 21 Joch unterm Manhartsberge mit Krapp bestellt[3].

Anbau von Saflor. Ähnliche Resultate hatte der Anbau des Saflors, der um 1794 seinen Anfang nahm. Collogna hatte damals durch Versuche die Möglichkeit dieses Anbaues

---

[1] Großind. Öst., V, S. 377. — [2] A. d. Min. Inn., V, G. 5, Kart. 2924. — [3] Blumenbach, Landeskunde II (1835), S. 64 f.

dargetan und darauf ein zwanzigjähriges Privileg erhalten. Die 1795 angestellten Proben fielen sehr vorteilhaft aus und Collogna erhielt vom Staate ein Geschenk von 100 Dukaten in Gold. 1797 wurde ihm eine jährliche Pension von 400 fl. zugesichert und dieselbe 1798 selbst auf seine Gattin ausgedehnt. 1800 wurden ihm 20 Joch Acker unentgeltlich auf 10 Jahre zur Verfügung gestellt, unter der Bedingung, daß er ein Zehntel des Samenertrags abführe. Durch Hofdekret vom 26. September 1799 wurde der Anbau des Saflors als eines vorzüglichen Farbstoffes empfohlen und zur Belehrung über die Kultur dieser Pflanze ein praktischer Unterricht veröffentlicht. Der Staat verteilte zur Beförderung dieses Anbaus von 1801 bis 1804 jährlich Saflorsamen an Herrschaften und Private. Noch 1808 betrieb Collogna seinen Bau bei Himberg. Allein die feindlichen Invasionen während der Franzosenkriege und andere Umstände brachten den Untergang auch dieses Kulturzweiges in Niederösterreich. In Ungarn hingegen faßte er festeren Fuß[1]).

Der Waidbau zur Indigoerzeugung wurde auch vielfach versucht, wobei aber die Geschichte dieser Versuche eine Kette von Enttäuschungen darstellt.

Waidbau zu Indigobereitung.

Im Jahre 1783 wurde dem Freiherrn von Linden die Befugnis zum Betriebe einer Indigofabrik auf der Liechtensteinschen Herrschaft Perlshof und nächst der Hernalser Linie verliehen. Freiherr von Linden hatte sich im Temesvarer Banate aufgehalten, als daselbst Proben Indigo zu erzeugen vorgenommen worden waren. Es wurde ihm nun die Befugnis für die angeführten Fabriken verliehen, ,,da die erwähnte Erzeugung in den Erblanden keinen Fortgang genommen, sondern diese Farbe bloß aus den amerikanischen Ländern hieher gebracht" werden mußte[2]).

Im selben Jahre wurde der Johanna Czassek und ihren Söhnen Josef und Johann die Errichtung einer Indigofabrik und der Verkauf ihrer Erzeugnisse in einem öffentlichen Gewölbe gestattet. Im Jahre 1785 wurde dem Baron d'Aiguebelle und den Gebrüdern Czassek, welche sich assoziiert hatten, ein Privativum zur Indigoerzeugung auf 10 Jahre bewilligt, wovon jedoch das Privileg des Freiherrn von Linden ausgenommen sein sollte. Außerdem wurde ihnen zugestanden: die Befreiung der Arbeiter von dem Militärstande und der Fabriksgebäude von der Militäreinquartierung, die Führung des kaiserlichen Adlers im Siegel und Schilde, ein Vorschuß von 6000 fl. und das Recht in den Hauptstädten Niederlagen zu errichten. 1788 errichteten diese eine Waidindigofabrik zu Theresienfeld am Steinfelde. Die in den Jahren 1788 und 1789 mit österreichischem Waidindigo gemachten Färbeversuche fielen befriedigend aus. 1792 wurde diese Fabrik nach Papa in Ungarn übertragen und der Waidbau dort fortgesetzt. Doch ging das ganze Unternehmen zugrunde und der Staat vermochte nicht einmal den Vorschuß von 6000 fl. wieder einzubringen[3]).

---

[1]) Keeß, a. a. O., I, S. 167; Kopetz, a. a. O., II, S. 172; Blumenbach, a. a. O., S. 65; vgl. auch die Gesch. des Saflorbaues in Vaterländ. Blätter, 1811, Nr. 35. — [2]) H. K. A. Kom., N.-Ö., Fasz. 72, Nr. 66 ex apr. und 27 ex nov. 1783. — [3]) H. K. A. Kom., N.-Ö., Fasz. 72, Nr. 28 ex dez. 1783, Nr. 43 ex apr. 1784, Nr. 90 ex nov. 1785, Nr. 22 ex nov. 1788, Nr. 5 ex

558

Josef Czassek kam 1799 wieder nach Österreich und errichtete eine Indigo-fabrik in Breitensee, die sich jedoch auch nicht lange zu halten vermochte[1]). Im Jahre 1800 bereiteten Reinhold und Kummer aus Waid sogenanntes ostindisches Blau, 1803 erzeugten Collogna und Stöger Waidindigo, 1802 und 1803 betrieb Hofmann eine Indigofabrik zu Zwölfaxing, 1804 errichtete Sangalletti eine solche Fabrik zu Margareten und 1808 beschäftigten sich Graf Rumpf und Schaumann eifrig damit. Im ganzen waren fünf Indigofabriken im Gange, die Margaretner war noch 1807 in Betrieb. Aber alle gingen ein und 1809 war keine einzige mehr vorhanden. Die von Collogna bei Fischamend versuchte Indigobereitung und der 1812 bei Lilienfeld gemachte Versuch hatten keinen besseren Erfolg.

In den Jahren 1811 bis 1815 wurden in verschiedenen Kronländern, namentlich aber zu Plan in Böhmen von Dr. Heinrich und dem Förster Josef Otto Versuche mit der Erzeugung von Waidindigo gemacht, wobei namentlich die des letzteren teilweise gelangen, weshalb er belobt und belohnt wurde.

Der Staat unterstützte diese Experimente mit bedeutenden Summen, jedoch wurden nirgends dauernde Erfolge erzielt, so daß sich der Kaiser im Jahre 1818 auf Antrag der Kommerzhofkommission veranlaßt sah, zu erklären, jeder weitere Versuch sei ganz der Privatindustrie zu überlassen. Damit hörte der Waidbau in Österreich für jene Zeit ganz auf[2]).

Die Fabrikation chemischer Erzeugnisse war unzünftig, und es wurden darauf einfache und förmliche Befugnisse erteilt[3]).

Zur Vervollkommnung der chemischen Industrie haben sicher nicht wenig die Vorlesungen beigetragen, die der berühmte Botaniker Freiherr von Jacquin an der Wiener Universität über Chemie hielt; dies um so mehr, als dieser Gelehrte immer mit der größten Bereitwilligkeit das ihm bekannt gewordene Nützliche den Fabriksinhabern mitteilte und ihre Arbeiten durch seinen Rat und oft auch durch eigene Handanlegung unterstützte. Bei der Errichtung von technischen Hochschulen wurde auf die Chemie als Lehrfach ebenfalls gebührend Rücksicht genommen. So enthielt die Verfassung der polytechnischen Institute in Prag und Wien unter den Lehrfächern auch die allgemeine und spezielle technische Chemie[4]).

Bald machten sich Bedenken gegen die Zulassung von chemischen Fabriken in den großen Städten, namentlich in Wien geltend, besonders bezüglich solcher Fabrikate, welche durch unangenehme Gerüche die Umgebung belästigten. 1791 wurde dem Johann von Fischer auf der Wieden bei Wien aus diesen Gründen seine Fabrikation eingestellt und 1793 war aus diesem Grunde der privilegierte Pottasche- und Berlinerblaufabrikant Gabriel

febr. 1793, Nr. 31 ex mart., 69 ex apr. 1796, Nr. 22 ex apr. 1798. Nr. 31 ex sept. 1805; Keeß, a. a. O., I, S. 179; Blumenbach, a. a. O., II, 66. — [1]) H. K. A. Kom., N.-Ö., Fasz. 72, Nr. 40 ex febr. 1800; Blumenbach, a. a. O., II, 66. — [2]) H. K. A. Kom. Kam., Fasz. 23, 1813—1815; Kom. Kom., Fasz. 23, Nr. 29 ex dez. 1818; Keeß, a. a. O, I, 180 f.; Blumenbach, a. a. O., II, S. 66; Vaterländ. Blätter, 1811, Nr. 33; vgl. auch Gesch. d. Waidbaues in Vaterländ. Blätter, 1811, Nr. 35. — [3]) Keeß, a. a. O,. III, S. 944; Barth, a. a. O, V, S. 57 f. — [4]) Keeß, III, S. 972; Jelinek, a. a. O., S. 37; Verfassung d. polytechn. Inst. Wien, 1818, S. 8 f.

Schnabel auf der Wieden derartigen Angriffen ausgesetzt, daß er schließlich sich bequemen mußte, die Fabrikation von Berlinerblau einzustellen und nur Pottasche zu erzeugen[1]). Im Jahre 1807 wurde durch Regierungsbescheid vom 31. Oktober bekannt gegeben, daß auf die Zubereitung des Scheidewassers, auf das Bein und Leimsieden, auf Pottaschesiedereien, auf die Zubereitung von Berlinerblau und überhaupt auf chemische Produkte fernerhin weder eine neue Befugnis, noch die Übertragung einer alten in einem Gewerbebezirke Wiens bewilligt werden solle[2]).

Wo Beschränkungen und Hindernisse einer freieren Entwicklung bestanden, wurden sie aufgehoben. So wurde 1812 die bis dahin bestandene Zwangsablieferung des von den Fleischhauern erzeugten Rohunschlittes in die städtische Schmelze zur Beteilung der Seifensieder aufgehoben und der freie Verkehr mit Unschlitt ohne Satzung gestattet. Ebenso wurde die Satzung auf Seifensiederwaren in Wien und Niederösterreich außer Kraft gesetzt[3]).

Zur Förderung der chemischen Industrie wurde 1838 der Preis des Kochsalzes, dieses für diesen Industriezweig unentbehrlichen Produktes, beim Bezug für chemische Fabriken zur Erzeugung von Natron- und Chlorpräparaten bedeutend herabgesetzt, welche Ermäßigung sich 1844 in noch größerem Maßstabe wiederholte[4]).

Da sich die Apotheker wegen gewerblicher Eingriffe von seiten der chemischen Fabriken häufig beschwerten, andererseits aber auch im Interesse des öffentlichen Gesundheitszustandes und um jeden Zweifel zu beseitigen, wurden durch Hofkanzleiverordnung vom 26. März 1818 zwei Verzeichnisse bekannt gemacht, deren eines jene rein pharmazeutischen Präparate enthielt, deren Zubereitung und Führung nur den Apothekern zustand und daher den chemischen Fabriken verboten war, das andere aber die technisch-chemischen Präparate auswies, deren Haltung und Erzeugung den chemischen Fabriken gestattet war[5]).

B. Die Entwicklung der chemischen Industrie.

Die österreichische chemische Industrie ist in ihren Anfängen mit dem Bergbau und dem Hüttenwesen innig verbunden „und war ursprünglich auf das Vorkommen von Kiesen und anderen Schwefelungen basiert, welche man teils durch einfaches Verwitternlassen in Vitriol verwandelte, teils durch Destillation Schwefel daraus gewann und die erhaltenen schwefelarmen und leicht verwitterbaren Abbrände auf Vitriole verarbeitete. Diese wurden teils als solche verwendet, teils aber mit den Mutterlaugen zur Gewinnung von Vitriolöl benützt und das hier abfallende caput mortuum als Anstreichfarbe in den Handel gebracht".

Diese Industrie, deren Hauptsitz in Böhmen war, zerfiel in zwei große Böhmen. Gruppen und zwar in die der Steinkohlenregion im Pilsner Kreise und in die

[1]) H. K. A. Kom., N.-Ö., Fasz. 72, Nr. 5 ex apr. u. Nr. 27 ex jun. 1793. — [2]) Barth, a. a. O., I, 288 f. — [3]) Barth, a. a. O., III, 16 f.; Kopetz, a. a. O., II, 173; Přibram, a. a. O., I, 476 f. — [4]) Staatsrat 1837, Nr. 6392, 1844, Nr. 614; Tafeln z. Stat. d. öst. Mon. f. 1841. — [5]) Keeß, a. a. O., III, S. 944; Barth, a. a. O., V, 57 f.

560

der Braunkohlenreviere des Elbogner Kreises, erstere mit Vitriolöl, letztere mit Schwefel, Alaun und Eisenvitriol als Hauptprodukten[1]. Diese Unternehmungen wurden am Ende des 19. Jahrhunderts und noch später „Mineralwerke" genannt.

Lukawitz (Auersperg). Zu den ältesten Mineralwerken gehört jenes zu Lukawitz in Böhmen, dessen Anfänge bis in das 17. Jahrhundert zurückgehen. Zuerst wurde der Bau von einer Prager Gesellschaft auf Kuxe betrieben, sodann ging das Werk in den Besitz der Grafen von Schönfeld und später der Fürsten von Auersperg über[2]. In den Achtzigerjahren des 18. Jahrhunderts wurde hier Vitriol-, Schwefel- und Vitriolöl erzeugt, später auch Alaun, Schwefel-, Salpeter- und Salzsäure. Die Erzeugung von englischer Schwefelsäure wurde in Böhmen durch dieses Werk 1808 eingeführt. In den Dreißigerjahren des 19. Jahrhunderts waren da im ganzen 120 Menschen beschäftigt. Bei der Prager Ausstellung von 1836 und bei den Wiener von 1839 und 1845 erhielt diese Unternehmung die silberne Medaille[3].

Mineralwerke von J. D. Starck. Den größten Aufschwung nahmen die Mineralwerke in Böhmen erst seit dem Ende des 18. Jahrhunderts, wobei sich namentlich Johann David Starck die größten Verdienste um diesen Industriezweig erwarb. Johann David Starck (geb. zu Graslitz 1770, gest. 1841) pachtete 1792 das Messingwerk in Silberbach und errichtete daselbst die erste Oleumhütte Böhmens mit 10 Öfen, wodurch er sich das Verdienst sicherte, die Oleumbrennerei in Österreich bleibend eingeführt zu haben. 1796 wurden daselbst 20, 1800 schon 35 Öfen gezählt. Starck erweiterte durch Ankauf anderer Werke seinen Besitz immer mehr und im selben Maße auch die Menge und Mannigfaltigkeit der Produkte. So erwarb er 1802 das Mineralwerk zu Hromitz (welches schon 1578 bestand), 1809 kaufte er die Schmaltenfabrik zu Silberbach, 1816 das sicher in das 17. Jahrhundert zurückreichende Altsattler und zu dem Unterlittmitzer Mineralwerk, an dem er seit dessen Gründung (1800) beteiligt war, im Jahre 1831 auch das Oberlittmitzer; 1826 errichtete er ein Werk in Altsattel zur Erzeugung von eisenfreiem Alaun und in den Jahren 1827—1830 brachte er ebenfalls durch Kauf im Pilsner Kreise zu Wranowitz 6 Vitriolhütten und auf der Herrschaft Plaß 2 Mineralwerke und Kohlenzechen an sich.

Im Jahre 1816 erhielt er die Landesfabriksbefugnis zur Erzeugung von Scheidewasser, Vitriolöl, Vitriol, Alaun und Schmalte; damals beschäftigte er schon 543 Personen.

Sein Verdienst war es, daß der Preis des rauchenden Vitriolöls in den Dreißigerjahren des 19. Jahrhunderts nur mehr ein Zehntel seines Betrages in den Neunzigerjahren des 18. Jahrhunderts ausmachte.

---

[1] Beitr. z. Gesch. d. Gew. u. Erf., I, S. 103; Salz, Gesch. d. böhm. Industrie, 175 f., woselbst auch sehr interessante Ausführungen über die Geschichte des böhm. Bergbaues in der früheren Zeit geboten werden. — [2] Schon 1771 hatte Johann Adam Fürst von Auersperg auf der Herrschaft Wasserburg in Böhmen eine Fabrik von blauem Vitriol, Vitriolöl und Scheidewasser errichtet (A. Min. Inn., V, G. 5, Kart. 2924). — [3] Schreyer, Kom., Fabriken etc. (1790), II, S. 56 f.; derselbe, Warenkabinett, 1799, S. 454 ff.; Schmidt, Gesch. d. Bergbau- und Hüttenwesens, S. 305; Beitr. z. Gesch. d. Gew. u. Erf., I, S. 104, 109; Ber. ü. d. Ausst. Prag, 1829, S. 80, 1836, S. 47 ff.; Wien, 1835, S. 294, 1839, S. 495, 1845, S. 923, 928.

Im Jahre 1835 war er durch die angeführten und noch andere Erwerbungen unter anderem Inhaber zahlreicher Mineralwerke im Egerer und Pilsner Kreise, so vor allem zu Hromitz, Altsattel, Davidsthal (gegründet von Starck 1810), Unterlittmitz, Oberlittmitz, Wranowitz (errichtet 1826), Robschitz und Kasnau, sowie der Schmaltefabrik zu Silberbach. In den Dreißigerjahren beschäftigte er 1500 Menschen, außer welchen auf den Werken noch 420 Stück Zugvieh, 22 Wasser- und 34 Laugenpumpen, 7 Farb- und Mahlmühlen und 2 Dampfmaschinen in Verwendung standen. In dieser Zeit erzeugten diese Unternehmungen jährlich an 18.000 Ztr. Vitriolöl, 16.000 Ztr. Eisenvitriol, 2000 Ztr. zyprischen (Kupfer-) Vitriol, 3000 Ztr. Salzburger Vitriol, 35.000 Ztr. eisenfreien Alaun, 5000 Ztr. Schwefel, 500 Ztr. Schwefelblüte und 2000 Ztr. Schmalte. Gegen Ende der Dreißigerjahre betrug die Zahl der beschäftigten Personen schon über 1800 und nahm bis 1845 noch weiter zu.

Johann David Starck wurde wegen seiner besonderen Verdienste um die chemische Industrie über Empfehlung seitens des böhmischen Gewerbevereines 1837 in den Adelsstand erhoben mit dem Prädikate Edler von. Diese Unternehmungen wurden bei den Prager Ausstellungen von 1831 und 1836, sowie bei der Wiener von 1839 mit der goldenen Medaille ausgezeichnet[1].

Johann David von Starck war es, „der durch rastlose Betriebsamkeit, kaufmännische Gewandtheit und scharfsinnige Benützung der Zeit- und Lokalverhältnisse und durch eine fast fünfzigjährige Tätigkeit den wenig beachteten niederen Bergbau in Böhmen zu einem blühenden Industriezweig erhob, eine heilsame Konkurrenz weckte und die Provinz nicht nur von dem Monopole des Auslandes befreite, sondern dieselbe in den Stand setzte, letzteres mit den früher von dorther bezogenen Produkten selbst zu versorgen"[2].

Die Werke Starcks erzeugten 1840: 23.000 Ztr. rauchendes Vitriolöl, 20.000 Ztr. schwarzen und grünen Eisenvitriol, 2000 Ztr. gemischten Kupfer- und Eisenvitriol, 1500 Ztr. Kupfervitriol, 6000 Ztr. Schwefel, 1500 Ztr. sublimierte Schwefelblüte, 9000 Ztr. eisenfreien Alaun, 2500 Ztr. Salzsäure, 1000 Ztr. Salpetersäure, 3000 Ztr. Glaubersalz, 8000 Ztr. caput mortuum (Engelrot) und 2000 Ztr. Schmalte und Streusand. Die Produktion der Starckschen Werke betrug damals ungefähr zwei Drittel der Gesamtproduktion dieser Art in Böhmen, welch letztere 1840 12.000 Ztr. Alaun, 8500 Ztr. Schwefel, 38.000 Ztr. Eisenvitriol, 3500 Ztr. Kupfervitriol und 43.000 Ztr. Vitriolöl ausmachte[3].

Das Mineralwerk zu Weißgrün im Pilsner Kreise wurde 1778 vom Freiherrn von Ledebur gegründet und ging 1835 an Wilhelm Grafen von Wurmbrand-Stuppach über. Es hatte in den Vierzigerjahren 132 Arbeiter. Seit 1843 wurde daselbst auch englische Schwefelsäure erzeugt[4].

Weißgrün.

[1] Prochaska, Die Firma J. D. Starck; Kreutzberg, Beiträge zur Würdigung der Industrie, II; Kreutzberg, Skizzierte Übersicht, S. 48 f.; Schmidt. a. a. O., S. 291 ff.; Beitr. z. Gesch. der Gew. u. Erf., I, S. 104 ff.; Statth. A. Prag, 1816—1825; Kom., Fasz. I, subn. 18; Ber. über die Ausst. Prag, 1831, S. 86 ff., 1836, S. 42 f., Wien, 1835, S. 299 f., 1839, S. 506 f., 1845, S. 923 ff. — [2] Tafeln z. Stat. d. öst. Mon. f. 1841. — [3] Tafeln z. Stat. d. öst. Mon. f. 1841. [4] Beitr. z. Gesch. d. Gew. u. Erf., I, S. 112; Ber. ü. d. Ausst. Prag, 1829, S. 80, Wien, 1845, S. 933.

Die Vitriolölerzeugung, welche in Böhmen 1798 nur 84 Ztr., 1816 5000 Ztr. und 1836 26.910 Ztr. betrug, war bis 1841 auf 47.000 Ztr. gestiegen, wovon die Starckschen Werke 28.000 Ztr., Graf Wurmbrand in Weißgrün 5000 Ztr., J. A. Clemens in Radnitz 2500 Ztr., die Gewerkschaften in Kozoged 3500 Ztr., Baron Hildebrandt in Slabetz 1600 Ztr., Ritter von Riese in Wranowitz 1600 Ztr., Liewald in Döllintz 1400 Ztr. und mehrere kleinere Gewerkschaften 3800 Ztr. lieferten.

Durch die Steigerung der Produktion sanken die Preise der meisten auf diesen Mineralwerken erzeugten Mineral- und chemischen Produkte zwischen 1792 und 1842 mindestens auf die Hälfte ihres früheren Betrages[1]).

Brosche. Unter den Fabriken chemischer Produkte war in Böhmen die bedeutendste jene von Franz Xaver Brosche in Prag. Sie wurde 1817 errichtet und 1833 bedeutend erweitert. 1835 erhielt sie die Landesfabriksbefugnis. Um die Mitte der Dreißigerjahre hatte die Fabrik acht Laboratorien, und zwar für Bleisalze, Salzsäuren und Zinnsalze, Salpetersäuren, Metallsalze und Farbbeizen, für Soda, Alkali und Erdsalze, für Quecksilberpräparate, das siebente für die Ölsamenmahlmühle und das achte für das Ölpressen und die Ölraffinerie. Diese Fabrik erzeugte um 1840 jährlich 7000—8000 Ztr. englische Schwefelsäure, 3500 Ztr. Salzsäure, 2500 Ztr. Salpetersäure, 6000 Ztr. Glaubersalz, 1500 Ztr. Chlorkalk, 400 Ztr. Zinnsalz, 300 Ztr. salpetersaures Blei, 200 Ztr. arsensaures Kali, 150 Ztr. Weinsteinsäure, 500 Ztr. kristallisierte Soda, 100 Ztr. salpetersaures Kupfer, 80 Ztr. Quecksilberpräparate, 100 Ztr. chromsaures Kali, 200 Ztr. Chromgelb, 30 Ztr. Kupfer-, Zinn-, Zink-, Uran-, Antimon-, Wolfram- und andere Metalloxyde für Glasfabriken, 500 Ztr. flüssige Zinn-, Zink-, Kupfer-, Chrom- und Bleipräparate für die Kattundruckfabriken, 150 Ztr. Salmiakgeist, 150 Ztr. Essigsäure, 30 Ztr. Essig- und Schwefeläther u. a. m. Der Wert dieser Produkte betrug an 200.000—230.000 fl.

Die Unternehmung beschäftigte 40—50 Arbeiter. Die technische Leitung derselben lag lange Zeit in den Händen von Josef Popp, der sich um ihre Entwicklung wesentliche Verdienste erwarb.

Brosche erhielt bei der Wiener Ausstellung von 1835, der Prager von 1836, sowie den Wiener Ausstellungen von 1839 und 1845 die goldene Medaille[2]).

Außerdem gab es in Prag noch einige chemische Fabriken von größerer Brem. Ausdehnung. So die des Chemikers J. A. Brem, welcher das Verdienst hat, die Schwefelsäure unmittelbar aus Eisenkies (statt wie bis dahin aus dem daraus gewonnenen Schwefel oder aus Eisenvitriol) zuerst bereitet zu haben. Seine Fabrik beschäftigte 1836 18 Arbeiter. Um 1840 erzeugte sie 1000 Ztr. englische Schwefelsäure, 400 Ztr. Salpetersäure, 600 Ztr. Salzsäure, 800 Ztr. Glaubersalz, 50 Ztr. Zinnsalz, 250 Ztr. andere chemische Produkte und 600 Ztr. Eisen- und Salzburger Vitriol[3]).

---

[1]) Tafeln z. Stat. d. öst. Mon. f. 1841. — [2]) Kreutzberg, a. a. O., S. 50, Tafeln z. Stat. f. 1841; Statth. A. Prag, 1826—1835, Kom., Fasz. 1, subn. 1 und 440; Ber. ü. d. Ausst. Prag, 1829, S. 81, 1836, S. 33 ff; Wien, 1835, S. 284, 1839, S. 498, 1845, S. 927 f.; Großind. Öst., V, 378. — [3]) Kreutzberg, a. a. O., S. 49; Tafeln z. Stat. f. 1841; Ber. ü. d. Ausst. Prag, 1829, S. 80, 1836, S. 38.

Die chemische Fabrik des Zuckerfabrikanten Richter in Königsaal Richter.
bei Prag erzeugte Alaun, Salmiak, Soda, Bleizucker, Schwefelsäure, Essigsäure,
essigsaures Natron, Salizin, Kreosot, namentlich jedoch Seife für Fabriken.
Die Bleizuckerfabrik wurde 1818 eingerichtet und war die rste in der Monarchie,
welche den Bleizucker mit Anwendung von Holzessig im großen erzeugte. Um
1836 erzeugte dieses Etablissement jährlich 1800 Ztr. Seife, 2000 Ztr. Bleizucker
und 1800 Ztr. Schwefelsäure[1]).

Andere wichtigere chemische Fabriken in Böhmen waren die von J. Braun
und die von M. Prohaska zu Prag, sowie die von L. A. Rossa & Co. in Karolinenthal[2]).

Blaufarbe oder Schmalte wurde in Böhmen schon in den Achtziger- Farben.
jahren des 18. Jahrhunderts von 6 Fabriken erzeugt, worunter die zu Platten
und Presnitz am stärksten betrieben wurden[3]). Der Schmaltefabrikant Johann
Anton Berner in Breitenbach im Elbogner Kreise, dessen Unternehmung
unter Maria Theresia gegründet wurde, erhielt 1830 die Landesfabriksbefugnis[4]).

Im Jahre 1841 waren in Böhmen Blaufarbe-(Schmalte-)fabriken zu
Breitenbach, Jungenhengst, Christophhammer (schon seit dem 18. Jahrhundert),
Silberbach (von Starck), Joachimsthal und Platten (schon seit dem 18. Jahrhundert[5]). 1819 errichtete Karl Kinzelberger in Gemeinschaft mit Wilhelm
Sattler in Smichow eine Farbfabrik[6]). Johann Staniek hatte eine Fabrik
zu Neuhaus im Taborer Kreise, welche neben Berlinerblau auch Blutlaugen-
salz erzeugte und in den Vierzigerjahren an 100 Menschen beschäftigte[7]).

In Mähren und Schlesien bestand 1812 noch keine Anstalt zur Er- Mähren und
zeugung chemischer Produkte. 1812 erhielt zwar Dr. Bayer in Brünn in Ver- Schlesien.
bindung mit Geist und Steigentesch ein derartiges Fabriksprivilegium, ohne
daß diese Unternehmung · jedoch jemals irgend eine Bedeutung erlangt hätte.
Ebenso erging es anderen Versuchen[8]).

Dr. Reichenbach entdeckte auf den fürstlich Salmschen Gütern zu
Blansko 1830 das Paraffin und mehrere andere Teerbestandteile und 1832
das Kreosot, welches er zuerst im großen bereitete und sogar nach Frankreich
und England exportierte. Außerdem erzeugte Dr. Reichenbach daselbst auch
blausaures Kali, Bleizucker und Rotsalz[9]). In den Vierzigerjahren hatte Karl
Hochstetter eine ziemlich namhafte Fabrik chemischer Produkte in Brünn[10]).

In Niederösterreich wurden chemische Produkte mannigfacher Art Nieder-
schon frühzeitig erzeugt, doch entwickelten sich da nur sehr vereinzelt größere österreich.
Betriebe. Zu Ende des 18. Jahrhunderts gründete Leopold Schrattenbach

---

[1]) Kreutzberg, a. a. O., S. 50; Tafeln z. Stat. f. 1841; Ber. ü. d. Ausst. Prag, 1829, S. 82,
1836,'S. 27 ff. — [2]) Kreutzberg, a. a. O., S. 50 f.; Tafeln z. Stat. f. 1841; Ber. ü. d. Ausst. Prag,
1831, S. 91. — [3]) Schreyer, Kom., Fabriken etc., II, S. 68; derselbe, Warenkabinett, S. 481 f.;
André [Neueste Beschreibung (1813) 207] erwähnt in Böhmen fünf Schmaltefabriken u. zw. zu
Graslitz, Breitenbach, Platten, Joachimsthal und Christophhammer. — [4]) Statth. A. Prag,
1826—1835, Kom., Fasz. 1, subn. 158. — [5]) Tafeln z. Stat. f. 1841; Schreyer, Warenkabinett,
S. 481 f. — [6]) Großind. Öst., V, 380. — [7]) Ber. ü. d. Ausst. Wien, 1845, S. 935. — [8]) D'Elvert,
a. a. O., XV, 509 ff. — [9]) Beiträge zur Gesch. d. Gew. u. Erf., I, 95; Tafeln zur Stat. d. öst.
Mon. f. 1841; Ber. ü. d. Ausst. Wien, 1839, S. 501. — [10]) Ber. ü. d. Ausst. Wien, 1845, S. 934.

Staatliche
Nußdorfer
Schwefel-
säure- und
Salmiak-
fabrik.
in Nußdorf bei Wien eine Schwefelsäurefabrik, welche **1801** vom
Ärar angekauft und 1802 bedeutend erweitert wurde. 1800 errichtete das
Ärar in Nußdorf eine Salmiakfabrik, in welcher bis 1807 bloß Urin verwendet wurde, welcher in den Kasernen und Spitälern Wiens gesammelt und
täglich an die Fabrik abgeliefert wurde, seit 1807 auch Knochen.

Diese zwei Fabriken bildeten seit dem Ankaufe der ersteren durch das
Ärar eine Einheit und waren als k. k. Salmiak-, Vitriolöl- und chemische
Warenfabriken zu Nußdorf und Balleisen bei Nußdorf zu Anfang
der Zwanzigerjahre des 19. Jahrhunderts die bedeutendste Unternehmung
dieser Art, welche damals unter der Leitung von Franz Freiherrn von Leithner
stand[1]). Diese Fabrik erzeugte[2]):

Im Jahre	Kupfer-vitriol	Sublimierten Salmiak	Ammoniak	Chemische Salze	Schwefel-säure	Sonstige Säuren	Wert der Produktion
			in Zentnern				in fl. C. M.
1828	1.399	424	24	1.344	1.686	241	90.506
1835	600	467	15	1.906	2.078	453	88.973
1840	—	262	17	1.073	4.124	306	60.489

Zahlreiche andere Fabriken chemischer Produkte wurden seit dem Ende
des 18. Jahrhunderts in Niederösterreich ins Leben gerufen. So errichtete
Gabriel Stapf & Co. 1785 eine Kremortartari- und Weinessigfabrik
zu Nußdorf[3]), 1793 wird ein priv. Pottasche- und Berlinerblaufabrikant
in Wien, namens Gabriel Schnabel, erwähnt[4]). Im selben Jahre begegnet
man auch einer Blauvitriolfabrik von Magdalena Pflaum[5]).

Im Jahre 1803 wurden in Wien vier Fabriken gezählt, welche verschiedene
chemische Waren verfertigten; darunter die k. k. priv. chemische Produktenfabrik des Johann Konrad Adam (gegründet in den Achtzigerjahren des 18. Jahrhunderts, erzeugte sie schon 1794 jährlich gegen 1200 Ztr.
einer zur Bleiche verwendbaren Pottasche[6]), welche Bergblau, Berggrün, Berlinerblau, caput mortuum, Frankfurterschwarz, Ockergelb, Pottasche, kristallisierte Soda und andere chemische Produkte erzeugte; sodann die chemische Fabrik der Gebrüder Kayerlin, welche Berlinerblau, Kupfervitriol und Frankfurterschwärze produzierte. Karl Kirchmayer lieferte
hauptsächlich Scheidewasser und Kupfervitriol.

Die vorzüglichste Unternehmung war jedoch die k. k. priv. chemische
Warenfabrik von Michael Jori, welche Alaun, Alkohol, Bergblau, Berg-

[1]) Keeß, a. a. O., III., S. 969 f.; Großind. Öst., V, S. 378; Beitr. z. Gesch. d. Gew. u.
Erf., I, S. 109 ff; Keeß u. Blumenbach, a. a. O., II, 734, 932 f.; H. K. A. Kom., N.-Ö., Fasz. 72,
Nr. 13 ex dec. 1799; A. d. Min. In., V, G. 5, Karton 2934 (3. Mai 1800); Staatsrat 1799, Nr. 2641,
4594, 1801, Nr. 2621. — [2]) Tafeln z. Stat. f. 1828, 1835, 1840. — [3]) H. K. A. Kom., N.-Ö., Fasz. 72,
Nr. 43 ex jul. 1785, Nr. 75 u. 104 ex majo 1786, Nr. 33 ex jun. 1799. — [4]) H. K. A. Kom.,
N.-Ö., Fasz. 72, Nr. 5 ex apr. u. Nr. 27 ex jun. 1793, Nr. 6 ex apr. u. Nr. 37 ex jul. 1800. —
[5]) H. K. A. Kom., N.-Ö., Fasz. 72, Nr. 10 ex jan. 1793. — [6]) H. K. A. Kom., N.-Ö., Fasz. 72,
Nr. 68 ex majo 1794; Keeß, a. a. O., III, S. 970.

grün, Berlinerblau, caput mortuum, Karmin, Kremortartari, Druckerschwärze, Frankfurterschwärze, Grünspan, Kalkblau, Quecksilberpräparate, Mineralgelb, Ockergelb, Pottasche, Scheidewasser, Soda, Kupfervitriol, Vitriolöl, Bleiwasser u. a. erzeugte. Diese Unternehmung hatte einen Absatz, der sich bis in das Ausland erstreckte[1]).

In derselben Zeit erzeugte in Niederösterreich Quecksilberpräparate vorzüglicher Qualität J. J. Jansen zu Sechshaus bei Wien, welcher außer allen Quecksilberpräzipitaten auch andere chemische Produkte, wie Salpeter- und Salzsäure, lieferte. Jansen hatte sich durch Reisen besonders in Frankreich viele Erfahrungen erworben und die Erzeugnisse seiner Fabrik waren von einer solchen Güte, daß er sie nicht nur in der ganzen Monarchie, sondern auch im Auslande, ja selbst in Amerika absetzte. (In den Zwanzigerjahren des 19. Jahrhunderts stellte diese Fabrik den Betrieb ein[2]).

Zu Hietzing bestand zu Anfang des 19. Jahrhunderts die k. k. priv. Bleiweiß- und Kreidenfabrik des Freiherrn van Leykam (welche noch in den Zwanzigerjahren bestand[3]); eine zweite k. k. priv. Bleiweißfabrik befand sich 1803 zu Hernals und wurde von den Brüdern Meisl betrieben, welche auch Kremserweiß erzeugten.

In Klosterneuburg betrieb damals Philipp Warmund eine Bleiweißfabrik. Ebenso wurde dieses Produkt auch von der chemischen Fabrik zu Kirchberg am Wechsel (von Ignaz von Mitis) geliefert.

Außerdem wies Niederösterreich damals zwei k. k. priv. Berggrünfabriken auf, die eine zu Penzing unter der Firma Hoffer & Weber, die zweite zu Hernals von Leopold von Hükl. In Wien betrieb Theresia Bogini eine Berggrünfabrik.

An Berlinerblaufabriken bestanden 1803 in Niederösterreich vor allem die zu Sechshaus bei Wien von Friedrich Spranger & Co. (gegründet 1793[4]) mit großem Absatze nach dem Auslande, sodann eine zweite zu Reindorf bei Wien von Melchior Sigmund und Köllinger. Für Berlinerblau kamen außerdem noch in Betracht die chemischen Fabriken von Michael Jori, Johann Konrad Adam und Gebrüder Kayerlin in Wien, die von Mitis zu Kirchberg und die von Alois Blumenfeld zu Dornbach bei Wien.

Schmalte erzeugte damals die k. k. Fabrik zu Schlöglmühl bei Gloggnitz, welche vom Ärar betrieben wurde und sehr viel besonders nach Holland exportierte[5]). Diese Fabrik war 1781 zur Verarbeitung ungarischer Kobalterze gegründet worden[6]) und nahm gleich einen großen Aufschwung, so daß sie sich gut rentierte. Der Reingewinn betrug 1784: 6714 fl. 50 kr., 1785: 16.635 fl. 11 kr., 1786: 21.879 fl. 54 kr., 1787: 28.079 fl. 42 kr., 1788: 27.109 fl. 25 kr.[7])

Erzeugt wurde 1828: 1161 Ztr. Blaufarbe und 21 Ztr. Arsenik im Werte von 14.178 fl. C. M., im Jahre 1835: 2225 Ztr. Blaufarbe im Werte von 33.635 fl. C. M.

(Randnotiz:) Ärarische Schmaltefabrik zu Schlöglmühl.

---

[1]) Demian, chem. Fabriken in N.-Ö. in Archiv für Geogr. u. Stat. 1803, II, S. 455 ff. — [2]) Keeß u. Blumenbach, a. a. O., II, S. 734. — [3]) Keeß, a. a. O., III, S. 1002. — [4]) Beitr. z. Gesch. d. Gew. u. Erf., I, S. 124. — [5]) Keeß u. Blumenbach, a. a. O., II, S. 753; Demian, a. a. O., S. 375 ff. — [6]) Keeß, a. a. O., III, S. 1003; Beitr. z. Gesch. d. Gew. u. Erf., I, S. 125, Staatsrat 1781, Nr. 1806. — [7]) Staatsrat 1789, Nr. 238.

und, im Jahre 1840: 834 Ztr. Blaufarbe und 39 Ztr. Arsenik im Werte von 16.629 fl. C. M.[1]). Diese Fabrik wurde zu Anfang der Vierzigerjahre aufgelassen. Eine zweite Schmaltefabrik war die von Steiner & Co. zu Pottenstein.

Grünspan lieferte die Grünspanfabrik des priv. Großhändlers Bernhard von Grandin & Co., sowie die chemische Fabrik von Michael Jori[2]).

Josef von Saurimont erhielt 1804 ein achtjähriges ausschließendes Privileg auf die Erzeugung von Bleiweiß ohne Essigsäure und ohne Feuer. 1813 scheint er diese Fabrikation noch ausgeübt zu haben[3]).

Im Jahre 1805 erlangte Johann Göttinger die fabriksmäßige Befugnis zur Erzeugung chemischer Produkte zu Hernals[4]).

Die meisten dieser Unternehmungen waren von geringem Umfang und gelangten niemals zu so großer Ausdehnung, daß sie als wirkliche Fabriken angesehen werden könnten. Ein wirklich großes Etablissement war die staatliche Salmiak-, Schwefelsäure- und chemische Warenfabrik zu Nußdorf. Außerdem war in den Zwanzigerjahren des 19. Jahrhunderts die größte eigentliche chemische Warenfabrik die ehemalige Unternehmung von Johann Konrad Adam, welche damals den Brüdern Seyschab gehörte[5]).

In den Dreißigerjahren des 19. Jahrhunderts gab es in Niederösterreich und Wien zahlreiche Unternehmungen für chemische Produkte, darunter mehrere landesbefugte Fabriken. So hatte Franz Xaver Kukla eine landesbefugte Fabrik chemischer Produkte in Wien, Johann Lafontaine eine chemische Produkten- und Farbenfabrik in Unter-Meidling bei Wien (er beschäftigte 1839 36 Personen). In Ottakring bei Wien bestand die Fabrik von Josef Siegl. Dieser war der erste, der im Inlande Reibzündhölzchen verfertigte. Sonst erzeugte er chemische Farben. Bei der Ausstellung von 1845 wurde er mit der silbernen Medaille ausgezeichnet. Außerdem bestand weiter die staatliche Schmaltefabrik zu Schlöglmühl bei Gloggnitz (welche zu Anfang der Vierzigerjahre aufgelöst wurde) und die staatliche Salmiakfabrik zu Nußdorf[6]).

Die alte von Spranger gegründete Fabrik zu Sechshaus ging 1819 an Anton Hutterer & Eidam und 1822 an Georg Piller & Sohn über, welche sie 1837 vergrößerten und sich mit deren Erzeugnissen 1839 und 1845 an den Gewerbeausstellungen in Wien beteiligten[7]).

Ebenfalls schon in den Zwanzigerjahren wird eine Fabrik chemischer Produkte zu Schleinz bei Wr.-Neustadt erwähnt, welche in den Vierzigerjahren Friedrich Mathes gehörte, jedoch nur acht Arbeiter beschäftigte[8]).

---

[1]) Tafeln zur Stat. f. 1828, 1835, 1840. — [2]) Keeß u. Blumenbach, a. a. O., II, S. 753; Demian, a. a. O., S. 375 ff. — [3]) H. K. A. Kom., N.-Ö., Fasz. 72, Nr. 1 ex oct. 1804, Nr. 51 ex majo 1805, Nr. 22 ex mart. 1813. — [4]) H. K. A. Kom., N.-Ö., Fasz. 72, Nr. 11 ex apr. 1805. — [5]) Keeß, a. a. O., III, S. 970; Wiener-Stadt. A., Statist. Bemerkungen über die Vorstadtgemeinden 1829, Landstraße. — [6]) Ber. ü. d. Ausst. Wien 1835, S. 297 f., 1839, S. 492, 503 f., 1845, S. 929 f.; Tafeln z. Stat. f. 1841. — [7]) Beitr. z. Gesch. d. Gew. u. Erf., I, S. 124; Ber. ü. d. Ausst. Wien, 1839, S. 491, 1845, S. 941. — [8]) Keeß, u. Blumenbach, a. a. O. II, S. 733; Ber. ü. d. Ausst. Wien, 1845, S. 935.

Die privilegierten Großhändler in Wien Ludwig Robert & Co. gründeten 1804 eine Farbwarenfabrik zu Himberg unterm Wiener Wald und 1828 die Fabrik chemischer Produkte zu Oberalm in Salzburg und zwar mit Verwendung des im k. k. Sudwerke zu Hallein erzeugten Kochsalzes, welches den Unternehmern vom Salinenärar um einen viel niedrigeren als den allgemeinen Verschleißpreis überlassen wurde. In den Vierzigerjahren beschäftigten diese Unternehmer 100—120 Arbeiter und erzeugten jährlich 100.000 Ztr. englische Schwefelsäure, sodann an anderen Produkten Salzsäure, Glaubersalz, Chlorkalk, salzsaures Zinnoxyd, salzsauren Braunstein und Chlorzinn[1]).

Zu den bedeutendsten chemischen Fabriken Niederösterreichs gehörte in den Vierzigerjahren die von C. Wagenmann, dem Erfinder der Schnellessigfabrikation, zu Unter-Liesing (gegründet 1828), welche 1845 an 45 Arbeiter ernährte und namentlich Bleizucker, Chlorkali, Vitriol, Weinsteinsäure und englische Schwefelsäure erzeugte. Bei der Ausstellung des Jahres 1845 wurde sie mit der silbernen Medaille ausgezeichnet[2]).

Die Farbenbereitung wurde besonders in und um Wien von zahlreichen Unternehmungen betrieben. Mehrere Farben wurden in Österreich erfunden, so das Kobaltblau von Josef Leitner, Arkanisten der Wiener Porzellanfabrik im Jahre 1795, das Mitisgrün 1817 vom Hofrate von Mitis in seiner Fabrik zu Kirchberg, das Offenheimerrot von den Gebrüdern Offenheimer, worauf sie 1816 ein zehnjähriges Privileg erhielten[3]). Am bedeutendsten war in Wien schon um 1820 und blieb es auch weiterhin die privilegierte Farbenfabrik von Alois Neumann[4]).

In Oberösterreich bestand die chemische Fabrik von Ludwig Ploy zu Oberndorf im Innkreise, welcher sich namentlich mit der Erzeugung von Phosphorpräparaten beschäftigte. Zu Anfang der Vierzigerjahre erzeugte sie jährlich an 600 Ztr. Hirschhorngeist und -öl, 30 Ztr. Kubeben- und Lorbeeröl, 150 Ztr. Phosphor und Phosphorsäure, 100 Ztr. Salmiakgeist, 3 Ztr. Phosphorsalze, 3000 Ztr. Schwefelsäure, 5 Ztr. Schwefelalkohol, 10 Ztr. Goldschwefel, 80 Ztr. Bittersalz u. a. Sie beschäftigte 50 Personen[5]).

Ober-österreich.

Im Salzburgischen bestand nur die oben erwähnte bedeutende Fabrik chemischer Produkte zu Oberalm von Robert & Co.[6]).

Salzburg.

In Innerösterreich sind vor allem die Bleiweißfabriken zu erwähnen. Eine Bleiweißfabrik wurde zu Klagenfurt 1759 durch Michael Freiherrn von Herbert gegründet, welcher wegen seiner Verdienste um die Industrie von Maria Theresia in den Freiherrnstand erhoben wurde. 1792 wurde eine Filialfabrik in Wolfsberg errichtet, die einen großen Teil des für die Fabri-

Inner-österreich. Kärnten.

[1]) Tafeln z. Stat. f. 1841; H. K. A. Kom. Kam., Fasz. 57, Nr. 90 ex sept. 1828; Staatsrat 1837, Nr. 6392; 1844, Nr. 614; Ber. ü. d. Ausst. Wien, 1835, S. 287, 1845, S. 926. — [2]) Beitr. z. Gesch. d. Gew. u. Erf., I, 113; Großind. Öst., V, 382; Tafeln z. Stat. f. 1841; Ber. ü. d. Ausst. Wien, 1845, S. 929. — [3]) Tafeln z. Stat. f. 1841; Beitr. z. Gesch. d. Gew. u. Erf., I, S. 124; Keeß, a. a. O., I, 190; Keeß u. Blumenbach, a. a. O., II, 743 u. 746; H. K. A. Kom. Kam., Fasz. 57, Nr. 33 ex majo 1816. — [4]) Keeß, a. a. O., III, S. 1001; Tafeln z. Stat. f. 1841. — [5]) Tafeln z. Stat. f. 1841; Ber. ü. d. Ausst. Laibach, 1844, S. 49 ff., Wien, 1845, S. 931. — [6]) Vgl. oben auf dieser Seite.

kation nötigen Essigs aus dem in der Umgebung häufig wachsenden Obste gewann. Das Blei bezogen diese Fabriken aus den Bleibergwerken Kärntens und bekamen vom Staate dazu ein sechsmonatliches Zahlungsrespiro. 120 bis 150 Arbeiter waren fortwährend in diesen zwei Etablissements beschäftigt, welche in den Vierzigerjahren jährlich an 10.000 Ztr. Bleiweiß lieferten und teilweise ins Ausland exportierten. Die Unternehmung erhielt bei der Ausstellung in Wien 1835 und 1839 die silberne Medaille, in Klagenfurt 1838, in Graz 1841, in Laibach 1844 und in Wien 1845 die goldene Medaille. Ihre Erzeugnisse erfreuten sich europäischen Rufes. In den Vierzigerjahren gehörte diese Unternehmung Franz Paul Freiherrn von Herbert[1]).

Eine andere Fabrik, welche ebenfalls Michael Freiherrn von Herbert die Entstehung verdankte, war die in den Vierzigerjahren des 19. Jahrhunderts Ignaz Freiherrn von Herbert gehörige Glätte- und Mennigfabrik zu Reifnitz im Klagenfurter Kreise. Zuerst war die Fabrik in Klagenfurt, 1806 wurde sie nach Reifnitz versetzt. Um 1840 erzeugte sie jährlich 12.000 bis 15.000 Ztr. Minium und 3000 bis 4000 Ztr. Glätte[2]). Bleiglätte erzeugte auch Johann B. Egger in seiner Fabrik zu St. Martin bei Villach. Seine Produktion betrug jährlich 1200 bis 1500 Ztr. Bleiglätte und 250 bis 300 Ztr. Minium[3]).

Eine Bleiweißfabrik wurde 1816 von Ferrari della Torre zu St. Johann bei Villach gegründet und ging 1831 an Ernst Dietz über. 1836 baute Dietz eine zweite Fabrik dieser Art in Obervellach. Beide beschäftigten gegen Ende der Dreißigerjahre an 50 Arbeiter. 1838 betrug die Produktionsmenge 500 Ztr. reines kohlensaures Bleioxydul und 4700 Ztr. Bleiweiß[4]).

Johann Matthias von Koller gründete eine Bleiweißfabrik zu St. Veit an der Glan, welche die Landesbefugnis erhielt und dann an den Grafen von Egger überging. In den Vierzigerjahren beschäftigte sie an 15 Arbeiter und erzeugte jährlich ungefähr 1600 Ztr. Bleiweiß[5]).

Steiermark. In der Steiermark errichteten Jakob Meßner und Josef Pesendorfer 1836 zu Rottenmann eine landesbefugte Bleiweißfabrik, welche bald 40—50 Arbeiter aufwies und viel exportierte. In der Mitte der Vierzigerjahre betrug die Arbeiterzahl schon 80—100 Köpfe. Eine zweite Bleiweißfabrik hatte Gregor Komposch zu Zellnitz bei Marburg[6]).

F. R. Gasteiger errichtete 1833 eine Weinsteinfabrik zu Marburg, die einzige ihrer Art in der Steiermark[7]).

In Graz hatten die Gebrüder von Emperger in den Zwanzigerjahren

---

[1]) Beitr. z. Gesch. d. Gew. u. Erf., I, S. 123; Staatsrat 1797, Nr. 4150; Ber. ü. d. Ausst. Klagenfurt, 1838, S. 91 f., Graz, 1841, S. 117, Laibach, 1844, S. 47, Wien, 1835, S. 286, 1839, S. 493, 1845, S. 937. — [2]) Tafeln z. Stat. f. 1841; Ber. ü. d. Ausst. Klagenfurt, 1838, S. 76, Laibach, 1844, S. 44, Wien, 1839, S. 494, Graz, 1841, S. 119 f. — [3]) Ber. ü. d. Ausst. Laibach, 1844, S. 45. — [4]) Ber. ü. d. Ausst. Klagenfurt, 1838, S. 79 f. — [5]) Tafeln z. Stat. f. 1841; Ber. ü. d. Ausst. Klagenfurt, 1838, S. 82, Laibach, 1844, S. 45. — [6]) Tafeln z. Stat. f. 1841; Ber. ü. d. Ausst. Graz, 1841, S. LXI, 118 f., Wien, 1845, S. 938; Verz. ü. d. Ausst. Linz, 1847, S. 8, 364. — [7]) Ber. ü. d. Ausst. Klagenfurt, 1838, S. 84, Graz, 1841, S. 125.

des 19. Jahrhunderts eine chemische Produktenfabrik. 1841 wurden in dieser Stadt zwei chemische Fabriken gezählt[1]).

In Idria in Krain befand sich die Zinnoberfabrik des ärarischen Queck- silberbergwerks. Im Jahre 1828 erzeugte sie um 129.500 fl. C. M. dieser kost- baren Mineralfarbe, im Jahre 1835 um 197.580 fl., 1840 um 221.662 fl. C. M. Die Zinnobererzeugung war sehr schwankend, was folgende Zahlen ver- anschaulichen[2]):

Krain.

Zinnobererzeugung in Idria in Ztr. 1831—1840.

1831	1832	1833	1834	1835	1836	1837	1838	1389	1840
802	605	1211	1211	1169	187	915	875	1027	1035

In Tirol bestand schon in den Neunzigerjahren des 18. Jahrhunderts in Hall eine auf Grund von günstig ausgefallenen von Anton Eyß von Solheim vorgenommenen Proben errichtete staatliche Salmiakfabrik, welche die erste Hälfte des 19. Jahrhunderts überdauerte. Sie war von keiner großen Bedeutung und erzeugte 1828: 89 Ztr. Salmiak, 14 Ztr. ordinäre Magnesia und 30 Ztr. feine Magnesia im Werte von 7206 fl. C. M., im Jahre 1835: 100 Ztr. Salmiak und 26 Ztr. feine Magnesia im Werte von 5818 fl. und im Jahre 1840 nur 82 Ztr. Salmiak im Werte von 4134 fl. C. M.[3]).

Tirol.

In Trient gründete Antonio Fedrigoni 1843 eine Bleiweißfabrik, welche 1845 35 Arbeiter beschäftigte[4]).

In Görz hatte Salomon Luzzatto eine Weinsteinraffinerie mit einem Betriebspersonale von 30 Arbeitern[5]).

Görz.

Parfümeriewaren.

Die Parfümeriewarenerzeugung bewegte sich fast durchweg in den Formen des Kleingewerbes. In Böhmen war der größte Unternehmer dieser Art der Prager Destillateur und Parfümeriewarenerzeuger Daniel Korda, dessen Etablissement sich nicht nur durch bedeutenden Umfang, sondern auch durch die Vorzüglichkeit der Erzeugnisse auszeichnete. Er erhielt 1821 die Landesfabriksbefugnis[6]).

In Niederösterreich gründeten Treu und Nuglisch 1831 eine Par- fümeriewarenfabrik in Wien, nachdem sie schon seit 1820 eine solche Unter- nehmung in Berlin betrieben hatten. Gegen Ende der Dreißigerjahre beschäf- tigten sie schon bei 200 Arbeiter und erhielten bei der Wiener Gewerbeausstellung von 1835 die bronzene, 1839 die silberne und 1845 die goldene Medaille[7]).

[1]) Keeß, a. a. O., III, 971; Tafeln z. Stat. f. 1841. — [2]) Tafeln z. Stat. f. 1828, 1835, 1840; Ber. ü. d. Ausst. Graz, 1841, S. LXI. — [3]) Keeß, a. a. O., III, S. 947 und 970; Beitr. z. Gesch. d. Gew. u. Erf., I, S. 111; Staatsrat 1786, Nr. 2867, 1787, Nr. 3295, 1790, Nr. 1485; Ber. ü. d. Ausst. Wien, 1845, S. 936; Tafeln zur Stat. f. 1828, 1835, 1840. — [4]) Beitr. z. Gesch. d. Gew. u. Erf., I, S. 123; Ber. ü. d. Ausst. Wien, 1845, S. 939. — [5]) Ber. ü. d. Ausst. Wien, 1839, S. 491, 1845, S. 934 u. 954. — [6]) Kreutzberg, Skizz. Übersicht, S. 52; Statt. A. Prag, 1816—1825, Kom., Fasz. 1, subn. 102; Ber. ü. d. Ausst. Prag, 1831, S. 96. — [7]) Ber. ü. d. Ausst. Wien, 1835, S. 292, 1839, S. 478, 1845, S. 956.

Außerdem waren nur noch A. Brichta in Prag, J. B. Filz in Wien und A. Karl Leyer in Graz bekannt[1]).

Die Seifenfabrikation.

Die Seifenfabrikation[2]) war noch bis in das 19. Jahrhundert hinein ungefähr auf derselben Stufe wie vor Jahrhunderten. Charakteristisch dafür ist die bis 1812 bestandene Bezirkseinteilung für Unschlitt und die Satzung auf Seifensiederwaren, was einer Entwicklung von Großbetrieben sicherlich nicht förderlich war. Man benützte damals zur Seifensiederei fast durchweg Pottasche und erzeugte hauptsächlich gewöhnliche Talgseife aus Rindertalg.

Zur Emporbringung der Seifensiederei in Wien und zum zweckmäßigeren Betriebe derselben haben die in den ersten Jahrzehnten des 19. Jahrhunderts gehaltenen außerordentlichen Vorlesungen von Prof. Dr. Benjamin Scholz an der Wiener Universität über dieses Gewerbe sicher viel beigetragen.

Im Jahre 1810 erzeugte der Wiener Seifensieder Anton Schlesinger zuerst die sogenannte Membran-, Schwarze Leim- und Fleischgrammelseife aus Fasern und Membranen und erhielt dafür vom Kaiser eine Belohnung von 10.000 fl. Schlesinger gehörte damals und noch später zu den bedeutenderen Seifensiedern Wiens, deren es um 1820 35 bürgerliche und 10 befugte neben einem Kunstseifensieder gab.

Chiozza.　Die ausgedehnteste Seifenfabrik war lange Zeit die von C. A. Chiozza in Triest, ja nicht nur die bedeutendste der Monarchie, sondern des europäischen Kontinents überhaupt. Diese Ölseifenfabrik wurde 1780 von Franz Casetti und C. A. Chiozza gegründet, ging 1781 an letzteren allein und 1815 an dessen drei Söhne über. Zu Ende des 18. Jahrhunderts beschäftigte sie 180—200 Arbeiter. 1817 erhielt sie das Recht, den kaiserlichen Adler in Siegel und Schild zu führen. Da sie jedoch seit der Vereinigung der oberitalienischen Provinzen mit Österreich und der Ausdehnung des Zollverbandes auf dieselben (1817) den Absatz dahin größtenteils verlor (da Triest als Freihafen außerhalb des Zollkordons lag), konnte sie sich nicht mehr auf ihrer ursprünglichen Höhe erhalten. 1835 hatte sie ein Betriebspersonal von 50 Arbeitern, welches sich in den Vierzigerjahren noch um etwas verkleinerte. Dennoch blieb diese Unternehmung auch damals eine der wichtigsten der Monarchie und erhielt bei der Wiener Ausstellung von 1839 die goldene, bei der von 1845 die silberne Medaille. Gegen Ende der Dreißigerjahre erzeugte sie jährlich 18.000 Ztr. Seife.

Ebenfalls zu Triest bestand noch die bedeutende Seifenfabrik von Anselmo Finzi, gegründet 1805, seit 1808 landesbefugt. Ihre Produktion belief sich in den Dreißigerjahren auf 9000 Ztr. Ölseife, ihr Betriebspersonal

---

[1]) Ber. ü. d. Ausst. Wien, 1845, S. 956; Kreutzberg, a. a. O., S. 52. — [2]) Keeß, a. a. O., III, S. 423—433; Beitr. z. Gesch. d. Gew. u. Erf., I, S. 128 f.; Kreutzberg, a. a. O., S. 52; Tafeln z. Stat. f. 1841; Innerösterr. Ind. u. Gew. Bl. 1839, S. 16; H. K. A. Kom. Kom., Fasz. 29, Nr. 133 ex febr. 1817; Statth. A. Präg, 1836—1840, Kom., Fasz. 104, Nr. 3, subu. 13; Ber. ü. d. Ausst. Wien, 1835, S. 295, 305, 1839, S. 482 u. 484; 1845, S. 952—954.

·auf 50 Arbeiter. Die Triester Seifenfabrik von G. Piani lieferte zu Anfang der Vierzigerjahre jährlich 13.000 Ztr. Seife.

Gabriel Schlesinger in Prag erhielt 1835 die einfache Fabriksbefugnis zur Erzeugung flüssiger Seife und 1836 die förmliche Befugnis. Seine Unternehmung gewährte 50 Arbeitern Verdienst.

Die Großbetriebe der Kerzenfabrikation, welche in den Dreißigerjahren entstanden (Milly und Apollo), befaßten sich auch mit der Erzeugung von Seife im großen.

Die Kerzenfabrikation.

Bis in die Dreißigerjahre hinein war die Kerzenfabrikation auf die Erzeugung von Wachs- und Unschlittkerzen beschränkt, wobei die Unternehmungen fast durchweg nur lokalen Charakter und deshalb keine große Ausdehnung hatten. Die Wachskerzen waren schon wegen ihres hohen Preises zu einem großen Konsume nicht geeignet; der größte Verbrauch derselben erfolgte durch die Kirchen. In Wien waren in den Zwanzigerjahren zwei landesbefugte Wachskerzenfabriken größerer Ausdehnung, nämlich die von Moriz Edlen von Hönigshof und die von Thomas Mathias Stregczeck[1]).

Die Anwendung fester Stearinsäure zur Kerzenfabrikation in den Dreißigerjahren ermöglichte erst eine Fabrikation im großen, denn mit der Verbesserung der Qualität ging dabei eine bedeutende Verminderung des Preises Hand in Hand. Die dauernde Einführung der Kerzenerzeugung aus Stearinsäure in Österreich fällt nach den nicht erfolgreichen Erzeugungsversuchen durch Josef Schreder seit 1830 in das Jahr 1837.

Die Gebrüder Schrader gründeten in diesem Jahre zu Neusteinhof bei Wien ein Unternehmen zur Erzeugung von sogenannten Margarin- und von Stearinkerzen, welche Unternehmung auch glückte und einen baldigen Aufschwung nahm und 1839 in den Besitz der Gesellschaft „Apollo" überging.

Die Stearinkerzenfabrikation wurde jedoch von Gustav de Milly begründet, der 1837 eine solche Kerzenfabrik in Wien gründete und 1838 eine Aktiengesellschaft mit einem Kapital von 240.000 fl. ins Leben rief. Dadurch war ein Großbetrieb ermöglicht worden und es gelang ihm auch, die teuren Wachskerzen bald mehr und mehr zu verdrängen. 1845 beschäftigte diese Fabrik 140—160 Personen. Bei den Ausstellungen in Wien erhielt sie 1839 und 1845 die goldene Medaille[2]). Milly-Kerzen-fabrik.

Eine zweite große Unternehmung dieser Art wurde 1839 von Gustav de W. F. Mareda Sohn als Verein von 12 Seifensiedern in Wien gegründet. Da die Fabrik in den Räumlichkeiten des ehemaligen Apollosaales am Schottenfelde ihren Sitz hatte, wurden ihre Produkte als Apollokerzen und Apolloseife bezeichnet. Apollo-kerzen-fabrik.

Zur selben Zeit war zu Hernals die k. k. ausschließend priv. erste österreichische Stearinkerzen- und Elainseifenfabrik von Ignaz Hellmer ent-

¹) Keeß, a. a. O., III, S. 393. — ²) Beitr. z. Gesch. d. Gew. und Erf., I, S. 129 ff.; Tafeln z. Stat. f. 1841; Großind. Öst., VI, S. 28, 37, 41; Ber. ü. d. Ausst. Wien, 1839, S. 481, 485; 1845, S. 949 f.; Akten in Statth. A. Wien, Kart. 5762.

standen, welche sich 1840 mit der Apollofabrik vereinigte unter der gemeinsamen Firma: Apollokerzenfabrik der ersten österr. Seifensiedergewerkschaft. Es wurde dies die größte Unternehmung der Monarchie, welche 1845 ein Arbeitspersonal von 250—300 Köpfen aufwies. Seit 1846 hatte die Unternehmung außerdem noch eine Filiale in Penzing, wo die für den Ausfuhrhandel bestimmten Kerzen in englischer Form und nach englischem Gewicht erzeugt und bis nach Amerika versendet wurden.

Die zwei großen Unternehmungen Milly und Apollo erzeugten 1841 zusammen 9000 Ztr. Stearinkerzen und 13.000 Ztr. Elainseife[1]).

Außer Wien waren auch zu Prag und Triest solche Fabriken entstanden. Die Fabrik von F. A. Müller & Söhne in Prag beschäftigte 1845 an 50 Arbeiter und erzeugte Stearinkerzen und Seife, die Fabrik Anton Machlig in Triest beschäftigte 25 Arbeiter[2]).

Siegellack
und Schuhwichse.

Siegellack wurde vor allem in der landesbefugten Federkielfabrik der Gebrüder Lewy in Prag erzeugt. Diese Unternehmung wurde 1820 gegründet, erhielt 1828 die Landesbefugnis und wurde 1830 namhaft erweitert. Es wurde daselbst neben Federkielen besonders Siegellack (in den Vierzigerjahren 300—400 Ztr. jährlich) und Schuhwichse (in den Vierzigerjahren an 580.000 Dutzend Schachteln) fabriziert. Die Unternehmung beschäftigte über 100 Arbeiter[3]). In Wien hatte Anton Haumer eine landesbefugte Siegellackfabrik[4]).

Künstlicher Dünger.

Auch die Anfänge der Erzeugung von künstlichem Dünger gehen in das erste Viertel des 19. Jahrhunderts zurück. Der Wirtschaftsbesitzer Bernhard Petri zu Theresienfeld bei Wr.-Neustadt erhielt 1824 ein fünfjähriges Privileg auf die Erfindung a) aus animalischen, vegetabilischen und kalischen Bestandteilen einen Dünger künstlich zu erzeugen, welcher die Verflüchtigung der Gasarten verhindert, somit die Dungkraft erhält und verstärkt; b) diesen Dünger auf eine neue zweckmäßige und vorteilhafte Art zu verwenden[5]). In der Mitte der Dreißigerjahre wurde bei Mies in Böhmen chemisches Knochenmehl als Düngungsmittel von einer Gesellschaft im großen erzeugt[6]).

Ölfabrikation.

Die Gewinnung von Olivenöl in Istrien und Dalmatien war nicht fabriksmäßig. Zu Anfang des 19. Jahrhunderts gab es aber auch im Inneren der Monarchie noch keine Ölfabriken.

Im Jahre 1811 erhielt Graf Ferdinand von Palffy die Landesbefugnis zu einer Ölraffinerie in Hernals, welches Unternehmen 1818 an August Leon überging und ziemlich bedeutend gewesen sein soll[7]). Der eigentliche

---

[1]) Tafeln z. Stat. f. 1841; Beitr. z. Gesch. d. Gew. u. Erf., I, S. 132; Ber. ü. d. Ausst. Wien, 1839, S. 485, 1845, S. 950 f.; Akten in Statth. A. Wien, Kart. 5762; Großind. Öst., VI, 28, 37. — [2]) Tafeln z. Stat. f. 1841; Ber. ü. d. Ausst. Wien, 1845, S. 951. — [3]) Kreutzberg, a. a. O., S. 54; Tafeln z. Stat. f. 1841; Ber. ü. d. Ausst. Prag, 1831, S. 147, 1836, S. 149, Wien, 1835, S. 343, 1839, S. 487, 1845, S. 542. — [4]) Ber. ü. d. Ausst. Wien, 1839, S. 487. — [5]) Keeß u. Blumenbach, a. a. O., II, 727. — [6]) Kreutzberg, Skizz. Übersicht, S. 52. — [7]) H. K. A. Kom. Kom., Fasz. 29, Nr. 96 ex jan. 1818; André, Neueste Beschreibung (1813), S. 211; Redl, Adressenbuch, 1831, S. 181.

Begründer der österreichischen Ölindustrie war jedoch David Gabriel Fischel, welcher 1822 die erste Rübsamenölfabrik in Prag begründete. 1825 erhielt er die einfache Fabriksbefugnis, 1827 die förmliche. Damals beschäftigte die Fabrik über 60 Arbeiter. In diesem Jahre brannte die Fabrik ab, worauf sie Fischel nach Smichow verlegte, wo er sie bis 1830 betrieb. Dann gründete er seine Ölfabrik in Karolinenthal. Er hat zuerst die Bedeutung dieser Industrie erkannt und für den Anbau von Raps- und Ölsaaten Propaganda gemacht. Salomon Tedesco, der bis 1828 Kompagnon Fischels gewesen war, erhielt 1829 die einfache, 1833 die Landesbefugnis zur Rübölerzeugung in Prag. 1833 hatte seine Unternehmung 30 Arbeiter[1]).

Bis in das 19. Jahrhundert hinein waren Stahl, Feuerstein und Zunder die allgemeinen Behelfe, mit denen man Funken schlug und geschwefelte Fäden zum Brennen brachte. Erst seit dem zweiten Jahrzehnte des 19. Jahrhunderts wurde es allmählich anders.

Zündwaren fabrikation

Wirklich brauchbare Zündhölzchen wurden in Österreich erst zu Anfang der Dreißigerjahre erzeugt. Im Jahre 1843 wurde die Fabrikation von Friktionszündhölzchen für eine freie Beschäftigung erklärt[2]).

Zu ihrer schnellen Verbreitung führte die große Unternehmung von Bernhard Fürth. Diese führte (gegründet 1838 in kleinem Maßstabe) zu Anfang der Vierzigerjahre in Böhmen die Fabrikation von Phosphor- und Zündprodukten ein, und zwar zu Schüttenhofen und Goldenkron, und erhielt die Landesfabriksbefugnis. Schon in der ersten Hälfte der Vierzigerjahre beschäftigte diese Unternehmung an 400 Menschen. Bei der Wiener Ausstellung von 1845 erhielt sie die silberne Medaille[3]).

Für Zündkapseln war am bekanntesten die Fabrik von Sellier & Bellot in Prag. Dieses ·Unternehmen wurde 1825 gegründet und beschäftigte 1829 schon 45 Personen zu Hause und außerdem noch weit mehr mit der Erzeugung der erforderlichen Materialien. Es war dies die berühmteste Unternehmung dieser Art; bei zwei Prager Gewerbeausstellungen und bei der Wiener Ausstellung von 1845 erhielt sie die goldene Medaille. 1845 betrug die Zahl der Arbeiter 118[4]).

Für Zündrequisiten und Knallpräparate war bekannt auch die Fabrik von Stefan von Rómer in Wien, welcher die Zündhölzchenfabrikation in Österreich eingeführt haben soll, die Friktionsfeuerzeuge durch Benützung des Bleihyperoxyds sehr vervollkommnete und zuerst (seit 1833) Phosphor dazu verwendete[5]).

Die Unternehmung der Fabrikanten von Siegellack, Zündrequisiten und sonstigen chemischen Produkten Preshel & Pollak in Wien, welche Unter-

---

[1]) Statth. A. Prag, 1826—1835, Kom., Fasz. 1, subn. 77; Beitr. z. Gesch. d. Gew. u. Erf., I, 141. — [2]) Statth. A. Wien, 1843, A. 7, Nr. 36.103. — [3]) Ber. ü. d. Ausst. Wien, 1845, S. 948; Großind. Öst. (1898), V, S. 402 ff. — [4]) H. K. A. Kom. Kam., Fasz. 29, Nr. 135 ex sept. 1829; Großind. Öst. V, 383; Ber. ü. d. Ausst. Prag, 1829, S. 72, 1836, S. 122, Wien, 1835, S. 291, 1845, S. 947; Großind. Öst. (1908), II, S. 169. — [5]) Tafeln zur Stat. f. 1841; Ber. ü. d. Ausst. Wien, 1835, S. 288; vgl. dazu auch die ausführliche und schöne Darstellung der ersten Anfänge der Zündhölzchen im Bericht ü. d. allgem. Agrikultur- und Industrieausst. zu Paris, 1855, Chem. Produkte, S. 38 ff.

nehmung ebenfalls schon seit 1833 Phosphorzündhölzer erzeugte, hatte in den Vierzigerjahren eine große Ausdehnung, da sie über 200 Menschen beschäftigte[1].

Leuchtgas-
industrie. Die Leuchtgasindustrie hatte sich in der ersten Hälfte des 19. Jahrhunderts noch fast gar nicht entwickelt. Die Verwendung von Gas zu Beleuchtungszwecken beginnt in Österreich zwar schon im 2. Jahrzehnt, aber in ganz kleinem Maßstabe und nicht zu Erwerbszwecken.

Die erste Unternehmung, welche die Gasbeleuchtung gewerbsmäßig ausnützen wollte, war die österreichische Gasbeleuchtungsgesellschaft (gegründet 1828 von Dr. Georg Pfendler, welcher in diesem Jahre ein Privileg auf mehrere Verbesserungen in der Gasbeleuchtung erhielt), welche 1839 bis 1843 Teile der Inneren Stadt Wiens mit Gas beleuchtete. Sie wurde jedoch bald darauf von der englischen Gasbeleuchtungsgesellschaft abgelöst, welche 1845 die Beleuchtung der Inneren Stadt übernahm[2].

XXVI. Kapitel.
Die Zuckerindustrie.
I. Die Raffinierung von Kolonialzucker.

Die erste Idee einer Zuckerfabrikation im Inlande tauchte im Jahre 1722 auf, als Karl VI. der orientalischen Gesellschaft die Befugnis zur Gründung einer Zuckerraffinerie erteilte, welches Projekt aber nicht zur Ausführung kam. Damals handelte es sich nicht um Erzeugung von Zucker aus inländischen Stoffen, sondern um Raffinierung von eingeführtem rohen Kolonialrohrzucker.

Die erste in der Monarchie zustandegekommene Zuckerraffinerie war die im Jahre 1750 von einer holländischen Gesellschaft in Fiume gegründete, welche von Maria Theresia ein Privileg erhielt, das ihr auch eine Zollbegünstigung für ihre nach dem Inland[3] eingeführten Produkte zusicherte. Nach Erlöschung dieses Privilegs im Jahre 1775 wurde diese Fabrikation freigegeben. Bald darauf entstanden mehrere andere Fabriken; so die von Joh. Georg Simon et Co. 1778 gegründete in Triest, dann eine zweite in Klosterneuburg (1784), weitere in Böhmen in Königsaal und durch den Leinwandhändler Anton Sperling zu Neuhof bei Neustadt an der Mettau.

Die Raffinerie in Königsaal wurde 1785 von Herrn v. Sauvaigne, der früher bei der Triester und der Klosterneuburger Raffinerie hinlängliche Beweise seiner Kenntnisse in diesem Fache geliefert hatte, gegründet, und zwar als Aktiengesellschaft mit einem Kapital von 150.000 fl., wobei die Wiener Bankiers Fries am stärksten interessiert waren. Josef II. überließ zu diesem Zwecke das dortige Klostergebäude unentgeltlich.

---

[1] Ber. ü. d. Ausst. Wien, 1845, S. 948, Paris, 1855, Chem. Prod. S. 38 ff. — [2] J. H. Gray, Die Stellung der privaten Beleuchtungsgesellschaften zu Stadt und Staat; die Erfahrungen in Wien, Paris und Massachusetts in „Sammlung nationalökon. und stat. Abhandlungen des staatsw. Seminars zu Halle a. d. S., herausg. von J. Conrad, Bd. VIII, Heft 4, 1893, S. 2—12; Statth. A. Wien, Indices 1828 ff. und die sehr spärlichen noch vorhandenen Akten in Karton 6067; Beitr. zur Gesch. d. Gew. u. Erf., I, 100 fl.; H. K. A. Kom. Kam., Fasz. 29, Nr. 117 ex jul. 1828. — [3] Fiume war als Freihafen außerhalb des Zollverbandes.

Die Sperlingsche Raffinerie zu Neuhof entstand in derselben Zeit. Sperling hatte sich auf weiten Reisen in den berühmtesten Raffinerien des Auslandes reiche Kenntnisse und Erfahrungen angeeignet. Außerdem hatte er sich aus Portugal einen sehr geschickten Raffineur, Domingo Gonçalez di Sta Marta kommen lassen[1]).

Um die Zuckerraffinerie im Inlande zu befördern, verbot Kaiser Josef im Jahre 1789 die Einfuhr ausländischer Raffinade[2]).

In Ungarn wurde in den Neunzigerjahren des 18. Jahrhunderts auch eine Zuckerraffinerie zu Ödenburg errichtet[3]).

Im Jahre 1809 war die Fiumaner Raffinerie, nachdem sie zu Anfang des Jahrhunderts über 300 Menschen beschäftigt hatte, infolge der eingetretenen politischen Ereignisse gezwungen, ihren Betrieb einzustellen. Nachdem die 1778 begründete Triester Raffinerie schon 1803 eingegangen war, mußten jetzt auch zwei andere daselbst entstandene Fabriken, die von Mörtel und die von Vivante, infolge der Konfiskation ihrer Zuckervorräte durch die Franzosen ihren Betrieb einstellen. Die zwei letzteren gingen später in das Eigentum von Ritter & Co. über[4]). Erst nach 1813 konnten diese Zuckerraffinerien ihre Tätigkeit wieder beginnen. 1814 wurde in Triest die erste, 1816 die zweite Raffinerie von J. C. Ritter & Co. in Betrieb gesetzt. 1816 begann auch die Fiumaner Gesellschaft in einer und bald darauf noch in einer zweiten Raffinerie wieder zu arbeiten.

Die Unternehmungen in den Hafenstädten, welche nicht zum Zollverbande der Monarchie gehörten, hofften, die ehemaligen Zollbegünstigungen wieder zu erlangen, ohne welche sie sich gegen die Konkurrenz der englischen Raffinerien, welche eine Ausfuhrprämie genossen, nicht behaupten konnten, namentlich da auch das unter Josef erlassene Einfuhrverbot fremder Raffinade gleich nach dem Tode Leopolds wegen der unaufhörlichen Vorstellungen der Kaufleute wieder aufgehoben worden war. Die Staatsverwaltung fand es aber nicht für angezeigt, den in den Freihäfen bestehenden Raffinerien Zollbegünstigungen zu erteilen, da die Möglichkeit zum Schleichhandel zu groß war. Hingegen wurden den Raffinerien, welche in den zum Zollverbande gehörigen Ländern entstanden, Zollbegünstigungen für den Bezug von Rohzucker bewilligt. Diese Begünstigungen bestanden in einem niedrigen Zoll auf Zuckermehl sowie darin, daß den Raffineuren gegen eine Realhypothek der Zoll auf eine bestimmte Zeit kreditiert wurde (Hofkammerverordnung vom 27. Dezember 1812, Kommerz-hofkommissionsdekret vom 2. September 1818). Von den Fabriken in den Hafen-

---

[1]) Schreyer, Warenkabinett, 528 ff.; derselbe: Kommerz, Fabriken etc., II, 79; derselbe Kommerz, Fabriken etc. in Briefen, I, 77—85; Neumann, Entwurf einer Geschichte der Zucker-ind. in Böhmen, S. 2; Riegger, Materialien, I, 844 f.; Demian, Darstellung d. ö. Mon., I, 150; Keeß, a. a. O., III, 292 f., IV/II, 99; Beiträge zur Gesch. d. Gew. u. Erfind., I, 184; H. K. A. Kom., N.-Ö., Fasz. 71, Nr. 82 ex majo 1790; Kom. Kom., Fasz. 24, Nr. 44 ex febr. 1819; Schreyer (Warenkabinett) gibt als Kapital der Königsaaler Raffinerie 750.000 fl. an. Vgl. auch Gesch. d. österr. Land- u. Forstwirtschaft und ihrer Industrien, 1848—1898, Bd. III, S. 605 f. — [2]) Barth, a. a. O., VI, 662. — [3]) Demian. a. a. O., III a, 240. — [4]) Demian, a. a. O., III b, 208; H. K. A. Kom. Kom., Fasz. 24, Nr. 44 ex febr. 1819.

städten erhielt nur die Fiumaner Kompagnie 1818 auf fünf Jahre Begünstigungen bei der Einfuhr in das Zollinland, damit sie während dieser Zeit ihre gänzliche Liquidation durchführen könne. Ritter & Co. in Triest erhielt hingegen die Erlaubnis, seine Fabriken in eine Stadt innerhalb des Zollverbandes zu übersetzen, und übersiedelte im Jahre 1819 nach Görz. 1821 wurde in Görz eine zweite Raffinerie von Christoph Hartmann errichtet[1]).

Die Königsaaler Raffinerie war infolge der Aufhebung des Einfuhrverbotes fremden raffinierten Zuckers derart gesunken, daß sie um die Jahrhundertwende nur mehr schwach betrieben wurde und im Jahre 1802 den Betrieb ganz einstellen mußte[2]).

Gegen Ende des zweiten Jahrzehnts des 19. Jahrhunderts entstanden hingegen mehrere neue Unternehmungen. So begegnet man einer Raffinerie in Wiener-Neustadt, seit 1819 im Besitze von Reyer & Schlick (früher von Friedrich Wilhelm Trenter[3]), dann um dieselbe Zeit in Wien den Raffinerien von Wilhelm August Gosmar (Landesbefugnis 1819[4]) (früher von Heinrich Schimper), Vinzenz Mack (Landesbefugnis 1818[5]) und Michael Raffelsberger[6]).

In dieser Zeit war die bedeutendste inländische Zuckerraffinerie jene von Ritter in Görz. Der Ausdehnung nach folgte ihr jene in Fiume, welche aber damals schon sehr schwach betrieben wurde. Außerdem bestand noch weiter die Ödenburger (Johann Ruprecht), die Hartmannsche in Görz (Christoph Hartmann und Wilhelm Beer) und eine kleine Rittersche in Triest; die Klosterneuburger war inzwischen schon eingegangen[7]). Später ging die Hartmannsche in Görz auch an Ritter über, die Königsaaler 1812 an Anton Richter. 1823 wurde dem H. E. Herz, der 1819 mit Anton Richter in Gesellschaft getreten war, die Landesfabriksbefugnis zur Errichtung einer Zuckerraffinerie in Prag verliehen; zugleich wurde ihm der Ankauf christlicher Realitäten zu diesem Zwecke bewilligt[8]).

Im Jahre 1824 entstand eine Zuckerraffinerie-Aktiengesellschaft zu Geydorf bei Graz (Direktor war Johann Dumreicher Edler von Österreicher[9]), außerdem bald darauf zwei neue Raffinerien in Wien, die von Anton Josef Eugen Bonnet de Bayard (1827[10]) und die von Adolf Grohmann (1827[11]), endlich eine zu Klosterneuburg durch Lorenz Anstoß (1825[12]). Außerdem waren um 1830 weiter in Betrieb die Ödenburger von Ruprecht und in Fiume die von Moline[13]).

[1]) Neumann, a. a. O., S. 2 f.; Schreyer, Warenkabinett, 530; Keeß, a. a. O., III, 292 ff., IV/II, 100; H. K. A. Kom. Kom., Fasz. 14, Nr. 165 ex oct. 1817, Nr. 1 ex aug. 1819; Fasz. 24, Nr. 32 ex nov. 1818, Nr. 169 ex majo 1819, Nr. 20 ex febr. 1821, Nr. 245 ex apr. 1824; Barth, a. a. O., VI, 663. —[2]) Schreyer, Warenkabinett, 531; Neumann, a. a. O. 2. —[3]) H. K. A. Kom. Kom., Fasz. 24, Nr. 26 ex sept. 1819. — [4]) H. K. A. Kom. Kom,. Fasz. 24, Nr. 91 ex jan. 1819. —[5]) H. K. A. Kom. Kom., Fasz. 24, Nr. 55 ex dec. 1818, Kom. Kam., Nr. 11 ex dec. 1818. — [6]) Keeß, a. a. O., III, 292 f. — [7]) Keeß, a. a. O., III, 293. — [8]) St. A. Prag, 1816—1825, Kom., Fasz. 1, subu. 168 (24. März 1823); H. K. A. Kom. Kom., Fasz. 24, Nr. 148 ex martio 1823, Nr. 229 ex apr. 1824. — [9]) K. H. A. Kom. Kom., Fasz. 24, Nr. 141 ex oct. 1826. — [10]) H. K. A. Kom. Kam., Fasz. 24, Nr. 72 ex jun. 1827. — [11]) H. K. A. Kom. Kam., Fasz. 24, Nr. 148 ex dec. 1827. — [12]) H. K. A. Kom. Kam., Fasz. 24, Nr. 19 ex oct. 1825. — [13]) Keeß u. Blumenbach, a. a. O., II, 136 ff.

Im Jahre 1828 erhielten Rosmann und Pelican die Landesfabriksbefugnis für eine Zuckerraffinerie in Laibach[1]), legten dieselbe jedoch bald darauf zurück. Dagegen erhielten 1831 die Triester Handelsleute Dutilh, Tichy & Co. dieselbe Befugnis und übernahmen das Etablissement der erstgenannten[2]). 1832 erhielten Czeike, Dutilh und Tichy die Landesbefugnis zum Betriebe einer Zuckerraffinerie in Graz. Die 1824 nach dem Projekte von Dumreicher als Aktiengesellschaft gegründete Zuckerraffinerie in Graz war nämlich 1827 ganz abgebrannt. Bald darauf war sie von derselben Gesellschaft unter dem Namen „Grazer Zuckerraffinerie" wieder aufgeführt worden und gelangte nun 1832 durch öffentliche Veräußerung in den Besitz des Handlungshauses Czeike, Dutilh und Tichy in Triest. Dieses begann 1833 mit dem Betriebe, welcher jedoch 1837 infolge der Krise in den Vereinigten Staaten aufhörte, worauf die Raffinerie in den Besitz der Wiener Großhändler und Bankiers Arnstein und Eskeles überging. Zu Anfang der Vierzigerjahre beschäftigte diese Fabrik 110 Arbeiter[3]).

Im Jahre 1829 erhielt Franz Gottlieb Oehler die Landesfabriksbefugnis zur Zuckerraffinerie in Wien auf der Landstraße. 1837 ging diese Fabrik an seinen Sohn Friedrich August über[4]).

Durch diese zahlreichen inländischen Raffinerien war der Import von Raffinade schon bedeutend vermindert worden. Seit dem Jahre 1817 (Kommerzhofkommissionsdekret vom 27. Juni) wurde die Verleihung von kleinen Zuckersiedereibefugnissen eingestellt, „weil einerseits dadurch der Zweck der Vermehrung der inländischen Zuckererzeugung nicht erreicht, andererseits aber dadurch Veranlassung zu Ansprüchen auf Zollbegünstigungen und Gelegenheit zu Mißbräuchen verschafft" wurde, „überhaupt aber nur die Vermehrung der förmlichen Zuckerraffinerien nützlich und wünschenswert" schien[5]). Zugleich wurde 1818 zur Begünstigung der inländischen Raffinerien durch allerhöchste Entschließung vom 2. September der Zoll auf weißes Zuckermehl zum Gebrauche der Raffinerien mit zwei Dritteln, für alle übrigen Gattungen aber, sowie für Moskovade, mit einem Drittel des Einfuhrzolles für Zuckermehl, welches zum Handel bestimmt war, bemessen und dieses Verhältnis als bleibende, auf jeden veränderten Zollsatz für Zuckermehl zum Handel anzuwendende Norm festgesetzt. Kleine Zuckersiedereien, zu deren Errichtung überhaupt keine Befugnisse mehr verliehen wurden, blieben von dieser Begünstigung ausgeschlossen. Raffinerien durften nach dieser Entschließung überhaupt nur mehr nach Erlangung einer Landesfabriksbefugnis errichtet werden und zur Verleihung diesbezüglicher Landesbefugnisse sollte nur die Hofkammer berechtigt sein. Auch wurde angeordnet, daß der Gesuch-

---

[1]) H. K. A. Kom. Kam., Fasz. 24, Nr. 55 ex apr., Nr. 83 ex julio 1828. — [2]) H. K. A. Kom. Kam., Fasz. 24, Nr. 126 ex oct. 1830, A. d. k. k. Fin. Min., Kom., Fasz. 24, Nr. 144 ex jan. 1831. — [3]) A. d. k. k. Fin. Min., Kom., Fasz. 24 Nr. 111 ex nov. 1832, Nr. 21. u. 117 ex nov. 1837; Frankenstein, Fabriksbilderatlas, 1842, S. 16 f. — [4]) A. d. k. k. Fin. Min., Kom., Fasz. 24, Nr. 77 ex majo 1837. — [5]) H. K. A. Kom. Kom., Fasz. 24, Nr. 31 ex aug. 1818.

steller einen hinreichenden Fonds ausweisen müsse[1]). Außer den Zollbegünstigungen wurde den Raffinerien für das aus dem Auslande bezogene Zuckermehl ein Zollkredit gewährt[2]).

Im Jahre 1841 standen folgende Kolonialzuckerraffinerien in Betrieb[3]):

Land		Betriebsort	Eigentümer	Jährliche Erzeugungsmenge Zentner	Anmerkung
Niederösterr.	1	Wien . . .	Michael Raffölsberger	10.600	
„	2	Wien . . .	Ignaz Mack	25.000	
„	3	Wien . . .	Friedrich Oehler . .	14.200	Landesfabriksprivilegium v. 16. Juni 1829[4])
„	4	Wien . . .	D. Zinner & Co. . . .	12.000	
„	5	Wien . . .	J. M. Miller	7.100	Früher Grohmann[5])
„	6	Ober-St. Veit bei Wien .	W. Heinrich von Wertheimstein	6.600	Seit 1839[6])
„	7	Wr.-Neustadt	Reyer & Schlick . . .	45.000	
Steiermark .	8	Graz	Arnstein u. Eskeles .	23.500	
Krain . . .	9	Laibach . .	Arnstein, Eskeles, Brentano & Co. . .	23.000	
Küstenland .	10	Görz . . .	Gebrüder Ritter von Záhony	40.000	
Tirol	11	Trient . . .	Aktiengesellschaft . .	18.000	Landesfabriksbefugnis 11. Mai 1830[7])
Böhmen . .	12	Königsaal .	Anton Richter & Co.	1.300	
„ . .	13	Prag	H. E. Herz	unbedeut.	
„ . .	14	Smichov . .	Josef Bärenreither .	2.000	
„ . .	15	Karolinental	Bense & Pettermann .	6.700	
Mähren . . .	16	Datschitz . .	Franz Grebner, Baron Widmann u. G. G. di Pietro Sartorio .	4.000	
Ungarn . .	17	Ödenburg .	J. Rupprecht	11.500	
„ . .	18	Pest	Aktiengesellschaft . .	—	
„ . .	19	Preßburg . .	Gebrüder Kießling .	500	

Zu dieser Zeit war neben der Raffinierung auch die Zuckererzeugung aus Runkelrüben im Inlande schon zur Blüte gelangt.

II. Die Zuckerfabrikation aus inländischen Stoffen.

A. Die Zuckerfabrikation aus Runkelrüben bis 1816.

Der Berliner Apotheker Marggraf entdeckte 1745 den Zuckergehalt der Runkelrübe. Aber erst 1786 nahm sein Schüler Achard den Gedanken der

[1] Kopetz, a. a. O., I, 342, II, 95 f., 489; St. A. Prag, 1816—1825, Kom., Fasz. 1, subu. 1. Zirkularverordnung vom 29. Sept. 1818; Zur Verleihung von Landesbefugnissen f. andere Industriezweige war die Landesstelle berufen. Auch eine Fondsausweisung war bei den übrigen Gewerben (abgesehen von den Handelsbefugnissen) nicht notwendig. Hier waren diese Vorsichten wegen der Zollbegünstigungen erforderlich. — [2] Staatsrat 1832, Nr. 3414; vgl. auch oben S. 575. — [3] Tafeln zur Stat. d. ö. Mon. f. 1841; Ber. ü. d. Ausst. Wien, 1845, S. 993 ff. — [4] H. K. A. Kom. Kam., Fasz. 24, Nr. 118 ex junio 1829. — [5] A. d. k. k. Fin. Min., Kom., Fasz. 24, Nr. 89 ex aug. 1839. — [6] A. d. k. k. Fin. Min., Kom., Fasz. 24, Nr. 151 ex jul. 1839. — [7] H. K. A. Kom. Kam., Fasz. 24, Nr. 82 ex majo 1830.

praktischen Rübenzuckererzeugung auf und wurde so der eigentliche Begründer dieses Industriezweiges.

Die ersten Versuche dieser Fabrikation in Österreich fallen in das Ende des 18. Jahrhunderts. Erste Versuche.

In den Jahren 1799 und 1800 wurden, über Aufforderung des Ministers des Innern, Grafen von Saurau, durch Professor Jacquin Versuche zur Erzeugung von Runkelrübenzucker im botanischen Garten in Wien gemacht, wozu Professor Jordan die Rüben in der Umgebung von Wien baute. Dr. Ries gründete 1802 infolge dieser Versuche ein Etablissement bei St. Pölten, welches aber wegen der bei der französischen Invasion erlittenen Beschädigungen 1806 wieder einging. Innerhalb der Linien Wiens war der Fabrikant chemischer Produkte Konrad Adam der erste, welcher die Fabrikation von Runkelrübenzucker im großen und mit Erfolg betrieb. Auf der gräflich Wrbnaschen Herrschaft Hořowitz in Böhmen war damit schon 1800 angefangen worden. Die darauf gesetzten Hoffnungen erfüllten sich aber nicht, und alle diese Versuche wurden bald wieder eingestellt[1]).

Als nun die Kontinentalsperre (1806—1813) in kurzer Zeit ein ungeahntes Steigen der Zucker- und Syruppreise hervorrief, da erst schien die Zeit günstig, um an die Errichtung von Runkelrübenzuckerfabriken im Inlande zu schreiten. So entstanden seit 1810 die ersten wirklichen Rübenzuckerfabriken Österreichs. Sehr wichtig war dabei, namentlich in Böhmen, die rege Unterstützung dieser Bestrebungen durch die ökonomisch-patriotische Gesellschaft in Prag. In Kärnten war diesbezüglich die ständische Ackerbaugesellschaft zu Klagenfurt eifrig tätig. Kontinentalsperre.

Der erste, der in Österreich und zwar in Böhmen Rübensyrup und Rübenzucker im großen, also gewissermaßen fabriksmäßig, zu erzeugen verstand, war Ludwig Fischer zu Žak bei Časlau. Bald wurde ebenfalls unter der Leitung Fischers eine zweite Fabrik von der Baronin Racsutsky bei Časlau errichtet. Der Kreishauptmann Johann Edler von Beierweck gründete 1811 zwei Fabriken, eine in Časlau und eine in der Nähe dieser Stadt. Der Industrielle Jakob Veith, Besitzer der Herrschaft Liboch bei Melnik, errichtete im selben Jahre ebenfalls zwei Zuckerfabriken, eine zu Liboch und eine zu Semil. In derselben Zeit legte Fischer eine Filiale seiner Fabrik, unter Teilnahme der Frau Rosa Náchodský, in Kbel an. Ebenso wurde im selben Jahre eine Fabrik als Aktiengesellschaft unter der Firma Fiala & Co. in Časlau gegründet, welche auch eine Filiale in Křesetic errichtete. Auf Kosten der Gräfin Marianne von Thun wurde in derselben Zeit eine Zuckerfabrik in Kulm in Nordböhmen gegründet, endlich noch die Fabrik unweit vom Prager Strahover Tore von Blumentritt & K. Neudeck. So gab es Ende 1811 bloß in Böhmen mehrere Rübenzucker- Ludwig Fischer.

---

[1]) Neumann, a. a. O., 11 ff.; Keeß, a. a. O., III, 297; Kurze Geschichte der Zucker- und Syruperzeugung auf der gräfl. Wrbnaschen Herrschaft Hořowitz in Böhmen, 1800—1805 in „Vaterländische Blätter", 1811, Nr. 18. Vgl. auch Gesch. d. öst. Land- und Forstwirtsch. und ihrer Industrien, 1848—1898, Bd. III, S. 606 ff.

fabriken. Darunter waren am bedeutendsten jene zu Žak, Kbel, Časlau, Liboch, Kulm und Prag[1]).

Noch im Jahre 1811 beschloß Graf Canal, Präsident der ökonomisch-patriotischen Gesellschaft, auf eigene Kosten auf seinem Meierhofe hinter dem Roßtore bei Prag eine Versuchsanstalt zu errichten, in welcher jedermann Gelegenheit geboten werden sollte, sich mit der Zuckerfabrikation vertraut zu machen.

Im Jahre 1812 gewann die Zucker- und Syrupfabrikation aus Rüben eine noch größere Ausdehnung. Von der ökonomisch-patriotischen Gesellschaft in Prag wurde Professor Franz Schmidt zu Direktor Achard nach Kunern in Preußisch-Schlesien geschickt, damit er in dessen Kursen diese Fabrikation theoretisch und praktisch erlerne, wofür er verpflichtet wurde, seine Erfahrungen den böhmischen Zuckerfabriken und Interessenten mitzuteilen.

Neu entstand im Jahre 1812 in Böhmen das erwähnte Institut, dessen Betrieb teils Graf Canal selbst, teils Professor Schmidt leitete, zugleich als Lehranstalt für Landwirte. Sodann die Fabrik in Blatna, angelegt von Baron Hildebrand und eine kleine Fabrik in Bukowan bei Březnic von Maximilian Hüllner. Endlich noch die fürstlich Auerspergsche Runkelrüben- und Ahornzuckerfabrik auf der Herrschaft Žleb im Časlauer Kreise, deren Direktor Böhringer war.

Damit war aber auch der Höhepunkt dieses ersten Anlaufes zur Schaffung eines neuen Industriezweiges erreicht.

Im Jahre 1813 hatten die Fabriken in Časlau, Prag, Semil, Blatna und Bukowan den Betrieb schon eingestellt. Andererseits wurde aber von der patriotisch-ökonomischen Gesellschaft im chemisch-physikalischen Universitätslaboratorium am Klementinum in Prag eine Lehranstalt für Zuckerfabrikation errichtet.

Neu entstandene Unternehmungen waren die vom Postmeister Knirsch bei Kolin, von Steiger in Trajan bei Prag, von Baron Hochberg in Hlubosch. In Niederösterreich die Zuckerfabrik des Hofrates Johann Chr. Waickardt zu Inzersdorf bei Wien.

In Ungarn wurde vom Erzherzog Palatin Josef auf der Staatsherrschaft Acsa die Rübenzuckererzeugung unter der Direktion von Dr. Ries eingeleitet. Bei Ofen sollte in einem eigenen Gebäude eine Musteranstalt für Ungarn errichtet werden. Die Baronin Orczy hatte in Pest ein großes Gebäude nach Achards Vorschrift aufgeführt und durch drei Jahre Rohzucker erzeugt sowie die Viehmästung durch die Rübenabfälle betrieben.

Nach Aufhebung der Kontinentalsperre gingen jedoch alle die Etablissements in Österreich und Ungarn wieder ein, da sie wegen der noch zu unvollkommenen Erzeugungsmethoden die Konkurrenz des Kolonialzuckers nicht auszuhalten vermochten. Am längsten erhielt sich die Veithsche Fabrik in Liboch, welche erst 1821 den Betrieb einstellte[2]).

Die Staatsverwaltung hat die Versuche, Zucker aus Runkelrüben zu er-

---

[1]) Neumann, a. a. O., 16—48; Keeß, a. a. O., III, 297; Vaterl. Blätter, 1813, Nr. 29, 30. — [2]) Neumann, a. a. O., 45—73; Keeß, a. a. O., III, 297 f.; St. A. Prag, 1806—1815, Kom., Fasz. 1, subn. 1, 68, 70, 80, 157.

zeugen, sowie die Fabrikation selbst mit großem Interesse verfolgt und auf Förderung jede Weise gefördert. durch die Staats-

Als Ludwig Fischer zu Anfang 1810 um ein Fabrikprivilegium zur Er- verwaltung zeugung von Rübenzucker ansuchte, da wurde vom böhmischen Gubernium eine Kommission eingesetzt, welcher außer dem Časlauer Kreishauptmanne noch Kommerzienrat Rößler und der Professor der Chemie am Prager polytechnischen Institute Neumann angehörten, um diese Fabrikation zu prüfen und sodann über die Art und Weise des Anbaues der Rüben und der Zuckererzeugung Bericht zu erstatten. Das Gubernium leitete das Gutachten über die Resultate dieser Untersuchung unter dem 10. Jänner 1811 an die Hofkammer.

Die Kommission hatte alles genau untersucht, der Fabrikation beigewohnt und sie aufs genaueste geprüft, die Verfahrensart Fischers mit jener Achards verglichen, die Vorteile des Unternehmens in „ökonomischer, kommerzieller und kameralistischer" Hinsicht gewürdigt. Aus allem ging die hohe Bedeutung der Unternehmung hervor, weshalb das Kreisamt die Verleihung verschiedener Auszeichnungen (Orden, Adel) sowie die Einführung von Unterricht über diese Fabrikation vorschlug. Fischer sei der erste in Böhmen, der die volle Benützung der Runkelrüben gezeigt, folglich die Bahn gebrochen habe; es solle ihm deshalb, namentlich aber wegen der vielen kostspieligen Versuche, eine Belohnung von 20.000 fl. zuerkannt werden. Die Landesfabriksbefugnis sei ihm auf alle Produkte (Syrup, Rum, Branntwein und Kaffeesurrogate) mit Ausnahme des Zuckers, dessen bisherige Erzeugung bloß ein nicht bedeutender Versuch gewesen sei, ohne Anstand zu verleihen.

Das Gubernium hatte sich dem Antrage, Fischer eine Auszeichnung zu erteilen, angeschlossen, weil auf Grund seiner Versuche seitdem noch drei Zuckerfabriken in Böhmen entstanden waren, und ihm außerdem die angesuchte Landesfabriksbefugnis zur Erzeugung des Syrups, des Rohzuckers, der verschiedenen Branntweingattungen und von Kaffeesurrogaten aus Runkelrüben verliehen. Zugleich trug es bei der Hofkammer an, daß ihm die große goldene Ehrenmedaille und die Hälfte der von ihm zu den Versuchen nach seinen Angaben verausgabten Summe von 20.000 fl. in Bankozetteln als Belohnung zugestanden werden möge.

Daraufhin verlieh ihm der Kaiser mit allerhöchster Entschließung vom 9. März 1811 die große goldene Ehrenmedaille als einen Beweis allerhöchster Zufriedenheit unter der Bedingung, daß er mit der zugesicherten Bereitwilligkeit jedermann über das Verfahren Unterricht gebe. Das aufgenommene Kommissionsprotokoll über den Zustand dieses Unternehmens sei durch Rößler und Neumann in eine zur allgemeinen Belehrung des Publikums geschriebene, gedrängte Abhandlung zu redigieren, auf Kosten des Staates in Druck zu legen und der durch den Verkauf sich ergebende Überschuß Fischer zuzuwenden.

Außerdem solle Fischer eine weitere Geldbelohnung zugesichert werden, wenn er nach Vervollkommnung der eigentlichen Zuckererzeugung im großen seine Fabrik wirklich herstelle und mit gutem Erfolge in Gang bringe.

Endlich wurde die Verteilung der erwähnten Abhandlung auf den Kamerälgütern sowie allgemeine Aneiferung und Aufmunterung zur Betätigung auf diesem Gebiete angeordnet.

Das böhmische Gubernium wurde aufgefordert, Bericht zu erstatten, ob es nicht rätlich wäre, auf einem Staatsgut in Böhmen eine solche Zuckerfabrik zu errichten, welches Staatsgut hiezu am geeignetsten wäre und binnen welcher Zeit und mit welchen Kosten dies zustande gebracht werden könnte[1]).

Das Gubernium meinte, die Errichtung einer Zuckerfabrik auf einem Staatsgute wäre vorteilhaft und die Herrschaft Plaß dazu am geeignetsten. Man kam jedoch von diesem Plan ab und beschloß, vorläufig die Resultate der von Privaten bereits eingeleiteten Unternehmungen abzuwarten, um daraus die volle Überzeugung zu schöpfen, ob und inwieweit die Zuckererzeugung aus Runkelrüben zum Besten des Staates durch Errichtung staatlicher Fabriken zu unterstützen sei[2]).

Schon durch Hofkammerdekret vom 21. Februar 1811 war auf Befehl des Kaisers genaue Auskunft abverlangt worden, welche Fortschritte die Versuche und Unternehmungen, Zucker aus Ahorn, Runkelrüben, Mais, Weintrauben und Zwetschken zu erzeugen, gemacht haben. Daraufhin erging vom böhmischen Gubernium am 12. April ein Zirkular an alle Kreisämter mit der Anordnung, zur Beförderung der Zuckererzeugung, vorzüglich aus Ahornsaft und Runkelrüben, nach dem ganzen Umfang ihres Wirkungskreises durch Aufforderungen, Aufmunterungen, Belohnungen und sonstige ohne Zwang zum Ziele führende Mittel mitzuwirken und sich die Vermehrung und Kultur der Ahornbäume, den Anbau der Runkelrüben und die Verarbeitung ihrer Säfte zu Syrup und Zucker sorgfältigst angelegen sein zu lassen. Das Kreisamt werde durch eine diesbezügliche Abhandlung über die Art und die Vorteile der Zuckererzeugung aus Runkelrüben belehrt werden. Auch habe am Schlusse jedes Jahres einen genauen Bericht zu erstatten über die Fortschritte der Zuckererzeugung aus inländischen Produkten, namentlich aus Ahorn und Runkelrüben, über den Anbau junger sowie über die Benützung schon bestehender Ahornbäume, über den Anbau und die Benützung der Runkelrüben, über die Menge, Beschaffenheit und den Preis derselben, über die dabei gemachten Erfahrungen, die sich ergebenden Anstände und Schwierigkeiten sowie die Erwartungen für die Zukunft, endlich über die Individuen, welche sich dabei besonders ausgezeichnet haben, und über die Art, wie sie zu belohnen wären[3]).

Vom Wunsche geleitet, besondere Verdienste auf diesem Gebiete zu belohnen, trug das böhmische Gubernium unter dem 14. Mai 1812 bei der Hofkammer auf eine Geldbelohnung für Fischer im Betrage von 10.000 fl. an, weil seine Fabriksunternehmung eine der bedeutendsten und vollkommensten in Böhmen war und seitdem mehrere Rübenzuckerfabriken im Inland entstanden waren.

---

[1]) Neumann, a. a. O., 24 f.; St. A. Prag, 1806—1815, Kom., Fasz. 1, subn. 68. — [2]) St. A. Prag, 1806—1815, Kom., Fasz. 1, subn. 68. — [3]) St. A. Prag, 1806—1815, Kom., Fasz. 1, subn. 1.

Da schon verschiedene Abhandlungen über diese Fabrikation im In- und Ausland erschienen waren, meinte das Gubernium, man solle entweder von der anbefohlenen Drucklegung und Verbreitung der Abhandlung über die Fischersche Methode, namentlich da sie sich inzwischen schon stark geändert und verbessert habe, ganz absehen oder aber sie zunächst berichtigen und vervollständigen lassen.

Eine Geldbelohnung für Fischer wurde nicht bewilligt, weil der Zucker noch Rübengeschmack hatte und viel teurer zu stehen kam als der eingeführte fremde Zucker. Die Redigierung der Abhandlung über seine Fabrikationsmethode sollte ihm überlassen werden, wobei Rößler und Neumann ihre Bemerkungen hinzufügen sollten (Hofdekret vom 9. Juni 1812).

Fischer wollte sich jedoch zur Verfassung der Abhandlung nicht herbeilassen, weshalb durch Hofkammerdekret vom 15. September angeordnet wurde, man solle davon überhaupt ganz absehen[1]).

Zugleich wurde, zur Emporbringung der Zuckererzeugung aus inländischen Produkten, für wünschenswert erklärt, daß die bei Zuckerfabrikanten in Anwendung gebrachten besonderen Methoden und Vorrichtungen, insoferne sie allgemeine oder teilweise Verbesserungen des bekannten Produktionsprozesses darstellen, zur allgemeinen Kenntnis gelangen. Es wurde daher den Unterbehörden aufgetragen, dies, ohne jedoch den Fabriksinhabern irgend einen Zwang anzulegen, d. h. nur mit deren Zustimmung, zu erheben und darauf die Anzeige an die Regierung zu erstatten, damit zweckmäßig verfaßte Beschreibungen dieser neuen Einrichtungen in den Vaterländischen Blättern eingeschaltet werden[2]).

So erschien auch in dieser Zeit in den Vaterländischen Blättern ein Aufsatz von Hofrat J. Chr. Waickardt über den Anbau der Runkelrüben und die Erzeugung des Zuckers aus denselben, mit dem Vermerke ,,auf unmittelbaren allerhöchsten Befehl seiner Majestät eingeruckt"[3]).

Die patriotisch-ökonomische Gesellschaft in Böhmen verfaßte für das Jahr 1813 nach den kreisämtlichen Berichten eine tabellarische Übersicht über die Fortschritte der böhmischen Zuckererzeugung aus Runkelrüben. Sie glaubte die Ursache des geringen Fortschrittes und des vielfachen Rückschreitens dieses Industriezweiges im Kriegszustand und in verschiedenen noch immer herrschenden Vorurteilen suchen zu müssen.

Für die Zukunft versprach sie sich größere Erfolge von den Runkelrüben als vom Ahorn, weil sich die Rübenzuckerfabrikation mit größeren und kleineren Ökonomien ohne Schwierigkeit verbinden lasse und außerdem die Viehmästung durch die Rübenabfälle und die Düngererzeugung der Landwirtschaft zuträglich sei. Die Rübenabfälle seien auch zur Verwendung bei der Branntweinbrennerei geeignet.

Nach der erwähnten Tabelle stellte sich die Rübenzuckerfabrikation Böhmens für das Jahr 1813 folgendermaßen dar[4]):

---

[1]) St. A. Prag, 1806—1815, Kom., Fasz. 1, subn. 68. — [2]) Barth, a. a. O., IV, 667 f. — [3]) Vaterl. Blätter, 1812, Nr. 99. — [4]) St. A. Prag, 1806—1815, Kom., Fasz. 1, subu. 70.

Rüben-zucker-erzeugung in Böhmen im Jahre 1813.	Kreis	Herrschaft	Flächeninhalt der mit Runkelrüben bebauten Äcker	Menge der geernteten Runkelrüben	Auf Zucker und Syrup wurden benützt	Erzeugt wurde		Anmerkung
						Syrup	Zucker	
				Zentner		Pfund		
	Bydschower	Gut Seriwan . . .	3 Mtz. in der Brache	273	246	1.108	—	Diese Erzeugung wird auf Kosten der Obrigkeit unter der Leitung des Verwalters Koblitz betrieben
	Budweiser	Stadt Budweis Gerichtsadvok. Math. Heinrich Hlawa . .	400 Quadratklafter	60	20	120	6	Sind als unbedeutende Versuche zu betracht.
		Bürger Adalb. May .	24 Mtz.	180	180	2.000	—	
		Bürger Adalb. Binder	12 Mtz.	910	910	6.300	—	
	Časlauer	Gut Žak	60 Mtz. in der Brache	6.000	5.870	20.000	10.000	Diese Fabrik wurde von Fischer errichtet. Privileg 10. Jänner 1812
		Gut Kbel	49 M. in der Brache.	1.715	1.100	7.150	1.650	Diese Fabrik wurde von Fischer als Filiale errichtet
		Herrschaft Žleb . .	10 M. in der Brache.	1.992	1.922	5.829	3.120	Auf Kosten des Fürsten Auersperg durch den Waldmeister Böhringer betrieben
	Kaurzimer	Graf Canal	47¹/₂ Mtz. in der Brache	140	120	1.000	—	—
		Herrschaft Liboch .	20 Mtz. im Hopfengart.	5.280	9.400	4.100	5.500	Durch Jakob Veit
		Herrschaft Kulm .	106 Mtz.	6.800	6.800	7.235	5.140	Auf Kosten der Gräfin Thun durch Direktor Becke errichtet. Hat aber durch den Krieg soviel gelitten, daß sie vielleicht für immer außer Wirksamkeit gesetzt worden ist.
		Summe . . .		23.350	26.568	54.842	25.416	

Das böhmische Gubernium schickte diese Zusammenstellung an die Hofkammer ein und warf zugleich, angesichts des Umstandes, daß die patriotischökonomische Gesellschaft sich in der Folge einen glücklicheren Fortgang der Zuckererzeugung aus Runkelrüben versprach, die Frage auf, ob und inwieweit die Staatsgüteradministration zur Mitwirkung bei diesem Industriezweige auf den Staatsgütern anzuweisen wäre.

Verfall nach Aufhebung der Kontinental-sperre.

Inzwischen war aber durch Aufhebung der Kontinentalsperre der große Rückschlag eingetreten und die meisten Zuckerfabriksunternehmungen gingen ein. Deshalb kann es nicht wundernehmen, daß die Hofkammer mit Bezug auf die obige Anregung des böhmischen Guberniums im Jahre 1815 meinte, es könne, da selbst unter dem Einflusse des Kontinentalsystems die Zuckererzeugung aus inländischen Produkten keinen guten Fortgang genommen habe, unter den so wesentlich zum schlechteren geänderten Verhältnissen von neuen Unternehmungen dieser Art, besonders von Seite der zu jedem produktiven Betriebe minder geeigneten Staatsverwaltung, keine Rede mehr sein; vielmehr müsse sich die Staatsverwaltung nunmehr aller mittelbaren und unmittelbaren Beförderung solcher bloß durch besondere Verhältnisse rege gewordenen Versuche enthalten und selbe ganz allein dem privaten „Spekulationsgeiste" überlassen. Auch die Hofkanzlei schloß sich dieser Ansicht an[1]).

¹) H. K. A. Kom. Kam., Fasz. 24, Nr. 11 ex febr., Nr. 57 ex mart. 1815.

Die Berechtigung dieser Anschauung wurde durch die Berichte über den Stand der Zuckererzeugung in den Jahren 1812—1815 bestätigt. Daher meinte die Hofkanzlei 1816, ihres Erachtens hätten diese Berichte in staatswirtschaftlicher Hinsicht nur mehr das Interesse, daß sie den vermehrten Anbau von Runkelrüben ausweisen, welche sich als ein vorteilhaftes Viehfutter empfehlen. Sie war daher der Meinung, daß es von der Abforderung von Ausweisen über die Zuckererzeugung künftighin ganz abkommen solle und daß es ebenso nicht mehr an der Zeit sein dürfte, auf besondere Belohnungen für jene anzutragen, die sich in den früheren Jahren bei der Zuckererzeugung auszeichneten, dies um so weniger, als diejenigen, die sich Verdienste erworben haben, schon im Vortrage vom 9. September 1813 angeführt worden seien und ihnen hierüber teils das unmittelbare allerhöchste Wohlgefallen, teils jenes der Hofkanzlei zu erkennen gegeben worden sei.

Die Hofkammer stimmte diesen Ausführungen bei, insbesondere auch, daß man von der weiteren Einsendung der jährlichen Ausweise über die Zuckererzeugung absehen solle, „da die Abforderung der jährlichen Ausweise über die inländische Zucker- und Syruperzeugung immer noch als ein Zeichen eines besonderen Anteiles, welchen die Staatsverwaltung an diesen Industrieunternehmungen nimmt, angesehen werden" könnte und da überdies damit ein unnützer Zeit- und Müheaufwand verbunden sei[1]).

Im Mai 1816 erging darauf die allerhöchste Entschließung, daß bei dem Umstand, als die geänderten Verhältnisse des Handels von den Unternehmungen zur Erzeugung von Zucker und Syrup aus inländischen Stoffen keine günstigen Erfolge mehr erwarten lassen, dieser Zweig der Industrie daher aufgehört habe, für den Staat der Gegenstand einer besonderen Aufmerksamkeit zu sein, es für die Zukunft von der Überreichung jährlicher Ausweise über den Fortgang der Erzeugung sowie auch von der Erteilung besonderer Belohnungen oder Belobungen derjenigen, welche sich dabei auszeichneten, abzukommen habe (Hofkanzleidekret vom 24. Mai 1816[2]).

Damit hatte diese erste Periode der inländischen Runkelrübenzuckererzeugung ihr Ende gefunden.

B. Die Zuckerfabrikation aus anderen inländischen Produkten.

Nicht nur mit Runkelrüben, sondern auch mit mehreren anderen Produkten wurden zu Ende des 18. und zu Anfang des 19. Jahrhunderts Versuche zur Zuckerfabrikation gemacht. So vor allem mit Ahorn, Stärke, Trauben, Honig und Maisstengeln[3]).

Die Versuche der Zuckerbereitung aus dem Safte des Ahornbaumes, welche unter allen die größte Bedeutung erlangten, gehen bis 1767 zurück[4]); zuerst geschah dies durch die Franzosen in Kanada[5]). Von den österreichischen

---

[1]) H. K. A. Kom. Kam., Fasz. 24, Nr. 9 u. 37 ex mart., Nr. 3 ex apr. 1816. — [2]) H. K. A. Kom. Kam., Fasz. 24, Nr. 9 u. 37 ex mart., Nr. 30 ex jun. 1816; Barth, a. a. O., VI, 668; St. A. Prag, 1816—1825, Kom., Fasz. 1, subu. 1. — [3]) Keeß, a. a. O., III, 295. — [4]) Beiträge zur Gesch. d. Gew. u. Erfind., I, 186. — [5]) Neumann, a. a. O., 5.

Ländern waren es hauptsächlich Böhmen und Mähren, in welchen die Kultur des Ahorns, die Anlage von Plantagen und die Erzeugung von Ahornzucker eine größere Verbreitung erlangten.

In Mähren wurde die Zuckerbereitung aus Ahornsaft um 1800 auf der fürstlich Liechtensteinschen Domäne Eisgrub eingeführt. Im Jahre 1809 wurde daselbst eine Raffinerie erbaut, in welcher der auf der ganzen Herrschaft aus dem Ahornsafte gewonnene Rohzucker gereinigt wurde. 1810 wurde in Plumenau bei Proßnitz eine weitere Fabrik dieser Art errichtet. Größere Bedeutung erlangte diese Fabrikation erst durch Aneiferung seitens der Regierung in den Jahren 1811 bis 1813[1]).

Hofdekret vom 19. August 1810.

Es erging diesbezüglich am 19. August 1810 an alle Länderstellen ein Hofdekret folgenden Inhalts: „Bei den beträchtlichen Geldsummen, die alle Jahre den österreichischen Staaten für Zucker entgehen und bei den nicht mehr zweifelnden Beweisen, daß aus Ahornsaft ein guter, genußbarer Zucker erzeugt werden kann, hat Seine Majestät, zumal allerhöchst derselben äußerst daran gelegen ist, die Erzeugung eines inländischen Zuckers auf alle mögliche Weise zu befördern, zu befehlen geruht, die Anpflanzung des so nützlichen Ahornbaumes in allen Wäldern der Monarchie möglichst zu verbreiten. Es ist daher in Ansehung der Privaten zu trachten, durch Überzeugung von dem aus selben für den Staat entspringenden Nutzen sowie durch sonstige zweckmäßige Mittel sie zur gedachten Baumzucht und Anpflanzung aufzumuntern. Ferner haben Seine Majestät befohlen, daß über die Erzeugung des Zuckers aus Ahornsaft und über die Art, sie zu bewirken, Versuche, und zwar zuerst in Wien, dann aber auf gleiche Art auf allen Universitäten und Lyzeen der gesamten Monarchie, wo chemische Lehrstühle sich befinden, angestellt und die Resultate davon öffentlich bekanntgemacht werden sollen, worüber die Landesstelle seinerzeit die weitere Weisung erhalten wird"[2]).

In Böhmen hatte damals der fürstlich Auerspergsche Waldmeister Karl Böhringer in Liban Zucker aus Ahornsaft erzeugt. Außerdem wurde auch auf der fürstlich Auerspergschen Herrschaft Trawny Ahornzucker produziert. Schon im Mai 1810 überreichte Böhringer dem böhmischen Gubernium eine Probe des von ihm erzeugten Zuckers. Über Aufforderung des Hofkammerpräsidiums verfaßte er sodann eine Abhandlung über die Ahornzuckererzeugung in den kaiserlich-königlichen österreichischen Staaten[3]). Im September desselben Jahres erhielt er die goldene Ehrenmedaille; dem Fürsten Auersperg aber wurde das allerhöchste Wohlgefallen zu erkennen gegeben mit dem Beisatze, daß man von seiten der Staatsverwaltung der von ihm angetragenen Gründung einer eigenen Fabrik zur Erzeugung des Ahornzuckers mit Freude entgegensehe und diese Unternehmung möglichst zu fördern bedacht sein werde[4]).

---

[1]) Neumann, a. a. O., 6. — [2]) St. A. Prag, 1806—1815, Kom., Fasz. 1, subu. 1. —
[3]) Manuskript datiert: Liban, 11. Juli 1810, St. A. Prag, 1806—1815, Kom., Fasz. 1, subu. 70.
— Die Abhandlung erschien in Druck in Wien 1810. — [4]) St. A. Prag, 1806—1815, Kom.,
Fasz. 1, subu. 70, Hofdekret vom 11. Sept. 1811.

Die Böhringersche Abhandlung wurde von der Hofkammer an die Länderstellen zur zweckmäßigen Verteilung im Lande versendet. Außerdem wurde
den Länderstellen aufgetragen, am Ende jedes Jahres Bericht zu erstatten über
den Anbau und die Benützung der Ahornbäume, über die dabei gemachten
Erfahrungen und über die Individuen, welche sich hierin besonders ausgezeichnet
haben[1]).

Die patriotisch-ökonomische Gesellschaft in Prag war auch
gleich zur Stelle und hatte durch Professor Dr. Mikan eine Abhandlung
über der Zuckererzeugung aus Ahornsaft verfassen und in Druck legen lassen,
wofür der Gesellschaft sowohl, als auch dem Verfasser die allerhöchste
Zufriedenheit bekannt gegeben wurde[2]).

Zugleich beschloß die Gesellschaft, demjenigen, der in Böhmen bis Anfang
Mai 1811 die größte Menge Ahornzucker erzeugt und ihr einsendet, die größere
goldene Medaille der Gesellschaft zu verleihen[3]).

Unter dem 16. Februar 1811 erging von der Staatsgüteradministration
ein Zirkular an alle ihr unterstehenden Ämter wegen Erzeugung von Zucker aus
Ahornsaft[4]). Durch Hofdekret vom 21. Februar wurden die Länderstellen
und Kreisämter zur größtmöglichen Förderung und Aufmunterung der Zuckerfabrikation aus Ahorn und Rüben angewiesen[5]).

Im selben Jahre 1811 befahl der Kaiser, um die so gemeinnützige Zucker-
und Syrupgewinnung aus Ahornsaft möglichst zu verbreiten, ausdrücklich,
es solle von der Hofkammer in Münz- und Bergwesen der Auftrag erlassen werden,
daß auf allen unter ihrer Regie und Leitung stehenden Staatsgütern aus den
daselbst vorfindigen Ahornbäumen soviel als möglich Zucker und Syrup erzeugt
werde. Nebstbei solle auch die Anpflanzung und Kultur von Ahornbäumen,
insoweit dies ohne Abbruch anderer Kulturzweige geschehen könne, nach Möglichkeit gefördert werden[6]).

In Böhmen wurden in dieser Zeit Versuche der Zuckerfabrikation aus
Ahornsaft vom Fürsten Colloredo-Mannsfeld auf dessen Herrschaft
Dobrzisch und auf der fürstlich Windischgrätzschen Herrschaft
Tachau unternommen[7]). Außerdem verlegte sich der Wirtschaftsdirektor
Max Schenk auf dem Gute Wrschowitz und Nusle bei Prag auf
die Ahornzuckererzeugung und Ahornbaumzucht, wofür er vom Gubernium
belobt wurde[8]). Ähnliche Versuche fanden auch an anderen Orten statt. Die
patriotisch-ökonomische Gesellschaft beschloß in bezug auf die Zuckererzeugung für 1811 folgende Prämien zu verteilen: dem Waldmeister Böhringer die größere goldene Medaille, den fürstlich Colloredo-Mannsfeldschen
Beamten Wirtschaftsdirektor Wokurka und Forstmeister Bohutinsky zu Dobrzisch (Berauner Kreis) die kleinere goldene Medaille, dem gräflich Rudolf

---

[1]) St. A. Prag, 1806—1815, Kom., Fasz. 1, subn. 1, Kofkammerdekret vom.8. Jänner 1811.
— [2]) St. A. Prag, 1806—1815, Kom., Fasz. 1, subn. 70, Hofkanzleidekret vom 4. März 1811.
— [3]) Vaterl. Blätter, 1811, Nr. 13. — [4]) St. A. Prag, 1806—1815, Kom., Fasz. 1, subu. 70.
— [5]) Siehe oben S. 582. — [6]) St. A. Prag, 1806—1815, Kom., Fasz. 1, subn. 70, Hofdekret
vom 12. Okt. 1811. — [7]) St. A. Prag, 1806—1815, Kom., Fasz. 1, subn. 70; Keeß, a. a. O.,
III, 300. — [8]) St. A. Prag, 1806—1815, Kom., Fasz. 1, subn. 70, Mai 1811.

Czerninschen Forstmeister Wachtel im Taborer Kreise die größere silberne Medaille, dem herzoglich kurländischen Oberamtmanne Winter zu Nachod die kleinere silberne und dem Gutsbesitzer von Tiechobus (Taborer Kreis) Hofmann ebenfalls die kleinere silberne Medaille[1]).

Außerdem erhielt 1814 noch der Rakonitzer Verwalter Schenk die große silberne Medaille[2]).

Im Jahre 1812 wurden Versuche zur Erzeugung von Zucker aus Ahornsaft auch in Niederösterreich und zwar im Prater bei Wien und zu Gutenbrunn (ob dem Manhartsberge) gemacht, die aber nicht lange dauerten[3]).

Bald darauf wurde mit der Aufhebung der Kontinentalsperre und der damit wieder begonnenen Einfuhr ausländischen Zuckers die inländische Zuckererzeugung wieder unmöglich. Die Staatsverwaltung stellte denn auch, das Kommende vorhersehend, im Jahre 1813 die Ahornzuckererzeugung auf den Staatsgütern ein. In diesem Jahre waren in Böhmen aus Ahornsaft im ganzen 400 Pfund Zucker und 6335 Pfund Syrup erzeugt worden[4]).

Nicht genug, daß man über die Zuckererzeugung aus Ahorn zwei Abhandlungen hatte (von Böhringer und Dr. Mikan) ließ die niederösterreichische Regierung auf kaiserlichen Befehl im März 1812 durch den Professor an der theresianischen Ritterakademie Franz Schmidt eine Abhandlung über die Kultur der Ahornbäume verfassen. Noch im selben Jahre überreichte dieser sein Manuskript, ohne einen Anspruch auf Belohnung oder Vergütung zu machen, worauf der Kaiser bewilligte, daß diese Abhandlung auf Staatskosten in Druck gelegt und dem Verfasser die allerhöchste Zufriedenheit zu erkennen gegeben werde. Nachdem der Druck in der Staatsdruckerei bereits ganz vollendet war und zur Vollständigkeit nur noch die von Prof. Schmidt zurückgehaltenen Kupfertafeln fehlten, stellte dieser Ende 1811 die Bitte, ihm entweder den Gewinn von 8000 fl., den er durch eigene Benützung dieses Geistesproduktes hätte beziehen können, zu vergüten oder die veranstaltete Auflage von 5000 Exemplaren gegen Ersatz der Druckkosten zu überlassen. Als ihm letzteres bewilligt wurde, verweigerte er die Übernahme, mit der Bemerkung, daß die Druckkosten zu hoch seien. 1814 widerrief er alle früheren Anerbieten und verlangte nur Ersatz seiner Auslagen (2426 fl.) nebst 100 Exemplaren der Abhandlung. Da man aber nun einsah, daß unter den geänderten Verhältnissen, „welche die Zuckererzeugung aus inländischen Produkten wohl bald in ihr voriges Nichts zurückführen werden", die Arbeit nicht mehr den Wert hatte, den sie zwei Jahre vorher gehabt hätte, so wurde dem Prof. Schmidt im Dezember 1814 das Manuskript und die ganze Auflage unentgeltlich überlassen[5]).

---

[1]) St. A. Prag, 1806—1815, Kom., Fasz. 1, subn. 70, Aug. 1812. — [2]) H. K. A., Kommerzkämmer, Fasz. 24, Nr. 57 ex märt. 1815 (Ber. d. b. Gub. vom 5. Jän. 1815). — [3]) Blumenbach, Landeskunde, II, 163; Vaterl. Bl. 1812, Nr. 8, 9. — [4]) St. A. Prag, 1806—1815, Kom., Fasz. 1, subn. 70; Tabelle der Zuckererzeugung i. J. 1813. — [5]) H. K. A. Kom. Kam., Fasz. 24, Nr. 57 ex sept., 56 ex oct., Nr. 86 ex dec. 1814, Nr. 39 ex jun. 1815. Der Titel der Abhandlung lautete: „Anleitung zur sicheren Erziehung und Vermehrung derjenigen Ahornarten, die allgemein vermehrt zu werden verdienen". Wien, 1812, Staatsdruckerei.

Um so mehr muß es auffallen, daß kurz vorher eine Abhandlung des Abtes Mitterspacher über die Zuckererzeugung aus dem Safte der Maisstengel und des Ahorns den Länderstellen zugestellt wurde, zur Verteilung „nur an solche Individuen, von denen man mit Recht vermuten kann, daß sie wirklich einen nützlichen Gebrauch davon machen werden"[1]).

In Galizien wurden auch einige Versuche zur Zuckererzeugung aus Ahorn und anderen Pflanzen unternommen, aber schon 1813 nicht mehr fortgesetzt, da sie sich als nicht lohnend erwiesen hatten[2]).

In Innerösterreich waren zu wenige Ahornbäume vorhanden, als daß man sich mit solchen Versuchen hätte abgeben können. Wohl aber wurde daselbst 1811 und 1812 die Zuckererzeugung aus Maisstengelsyrup versucht. 1813 ruhten auch diese Versuche, weil keine Arbeiter aufzutreiben waren, und wurden auch künftighin nicht mehr aufgenommen, da sie sich als nicht lohnend herausgestellt hatten. Die vorhandenen Apparate wurden versteigert[3]).

Die Zuckerbereitung aus Maisstengeln geht auf das Jahr 1786 zurück, in welchem ein Weltpriester in Wien ein zwölfjähriges ausschließendes Privileg darauf erhielt. 1810 machte Dr. Neuhold in Graz die ersten Proben, worauf die erwähnten Versuche folgten[4]).

Stärkesyrup und -zucker hat in Österreich zuerst Holzmann in Teschen erzeugt, aber ohne größere Erfolge zu erzielen. Mit der Erzeugung von Traubensyrup hat sich zuerst Dr. Ries in Ungarn versucht, die Versuche 1808 fortgesetzt und 1810 mit Unterstützung des Erzherzogs-Palatins Josef auf dessen Gut Uröm bei Ofen eine Fabrik errichtet, welche bis 1813 größere Mengen Traubensyrup erzeugte und nach Wien lieferte[5]).

Im Jahre 1812 beschäftigte sich in Mödling bei Wien Lorenz Vinier mit der Fabrikation von Syrup aus Birnen[6]). Im Jahre 1814 suchte Josef Möhling, Bergmeister zu Rothau in Böhmen um Verleihung eines ausschließenden Privilegiums auf die Erzeugung von Zucker und Syrup aus Erdäpfeln an, ohne es jedoch zu erhalten[7]).

Nach Aufhebung der Kontinentalsperre gingen die meisten Fabriken dieser Art ein, die übriggebliebenen hielten sich kaum und verloren jede Bedeutung. Selbst während des Kontinentalsystems hatten die meisten Unternehmungen zur Zuckererzeugung aus Ahornsaft fast gänzlich fehlgeschlagen und alle Versuche auf Staats- und Fondsherrschaften waren mit einem so unverhältnismäßigen Kostenaufwande verbunden, daß die Fortsetzung derselben gegen alle Grundsätze der Ökonomie gestritten hätte. Deshalb war die Staatsverwaltung 1815 der Meinung, es könne von einer weiteren direkten oder indirekten staat-

---

[1]) St. A. Prag, 1806—1815, Kom., Fasz. 1, subn. 1. Der Titel der Arbeit heißt: „Johann Burgers M. D., Abhandlung über die Erzeugung des Zuckers aus dem Safte der Maisstengel und der Ahorne, kurzgefaßt vom Abte Ludwig Mitterspacher". Ofen, 1813. — [2]) H. K. A., Kommerzkammer, Fasz. 24, Nr. 65 ex majo 1815. — [3]) H. K. A., Kommerzkammer, Fasz. 24, Nr. 25 ex aug. 1814, Nr. 26 ex febr. 1815. — [4]) Keeß, a. a. O., III, 303 f. — [5]) Keeß, a. a. O., III, 301 ff. — [6]) H. K. A. Kom., N.-Ö., Fasz. 71, Nr. 37 ex jun. 1812. — [7]) H. K. A. Kom. Kam., Fasz. 24, Nr. 24 ex mart. 1814.

lichen Unterstützung dieses Fabrikationszweiges keine Rede mehr sein. Die Hofkammer war selbst der Ansicht, daß das böhmische Gubernium in seinem sonst lobenswerten Eifer zu weit gegangen war, indem es den von der patriotisch-ökonomischen Gesellschaft erhaltenen Aufsatz über die Zuckererzeugung aus Ahornsaft sogleich allen Kreisämtern zur weiteren Bekanntmachung und mit dem Auftrage mitgeteilt hatte, sich die Verbreitung dieses Industriezweiges tätigst angelegen sein zu lassen. ,,Solche Abhandlungen über noch sehr problematische Unternehmungen sind wohl zur Aufnahme in ein hiezu bestimmtes Nationalblatt, aber nicht zur amtlich empfehlenden und aneifernden Bekanntmachung durch die Staatsbehörden geeignet, deren Urteilen und Aufforderungen hiedurch leicht auch für wichtige und wirklich gemeinnützige Gegenstände das öffentliche Zutrauen entgehen kann"[1].

Der ganze Vorteil, der in staatswirtschaftlicher Hinsicht aus diesen Versuchen erwuchs, war der, daß namentlich in Böhmen durch Pflanzung von Ahornbäumen, einer schnell wachsenden Holzgattung, hie und da auf die Vermehrung des Waldstandes vorteilhaft eingewirkt worden war. So waren im Jahre 1812 in Böhmen allein 360 Mtz. Wald mit Ahornsamen bebaut und 249.843 Ahornbäume gepflanzt worden[2].

Selbst das sonst so optimistische böhmische Gubernium war jetzt der Anschauung, daß bei der schon geweckten Aufmerksamkeit mehrerer privater Unternehmer und bei den Handelsverhältnissen nach Aufhebung des Kontinentalsystems jede Aufmunterung von seiten der Regierung überflüssig sein dürfte.

Durch Hofdekret vom 24. Mai 1816 wurde endlich die Überreichung der jährlichen Ausweise über diese Fabrikation ebenso wie die Erteilung von Belohnungen oder Belobungen an diejenigen, welche sich in diesem Industriezweige besonders auszeichnen sollten, sistiert[3].

So endete diese Periode vieler mühevoller Versuche. Die großartige Unterstützung seitens der Staatsverwaltung konnte nach dem Aufhören des Kontinentalsystems nichts helfen. Die vielen Aufmunterungen seitens der Regierung dürften selbst dazu beigetragen haben, daß zahlreiche übereilte Unternehmungen gegründet wurden und man vielfach glaubte, ,,daß nur der Wille erforderlich sei, um Zucker und, bei dessen hohen Preisen, Geld zu machen". Die Fabrikationsmethoden waren noch unvollkommen; viele Unternehmer wußten von der Fabrikationstechnik überhaupt nichts. Daher wurde meist schlechte Ware erzeugt, für die kein Abnehmer gefunden werden konnte[4].

Die Zeit für eine inländische Zuckerindustrie war noch nicht gekommen, weil die Produktionstechnik noch nicht so weit entwickelt war, um ein genügend billiges Produkt zu liefern.

---

[1] H. K. A. Kom. Kam., Fasz. 24, Nr. 11 ex febr. 1815. — [2] H. K. A. Kom. Kam., Fasz. 24, Nr. 72 ex aug. 1814, Nr. 3 ex apr. 1816. — [3] H. K. A. Kom. Kam., Fasz. 24, Nr. 9 u. 37 ex mart., Nr. 3 ex apr., Nr. 30 ex jun. 1816; St. A. Prag, 1816—1825, Kom., Fasz. 1, subu. 1; Hofdekret vom 24. Mai 1816; Barth, a. a. O., VI, 668; vgl. auch oben S. 585. — [4] Keeß, a. a. O., III, 299.

C. Die Zeit von 1816 bis 1829.

Nicht nur in Österreich gingen die Rübenzuckerfabriken nach Aufhebung der Kontinentalsperre zugrunde, dies geschah in gleicher Weise auch in Deutschland. In Österreich stellte als letzte die Libocher Fabrik im Jahre 1821 den Betrieb ein. Nur in Frankreich erhielten sich einige Unternehmungen durch die ganze Periode hindurch, in welcher in Österreich und Deutschland die Zuckerfabriken sich nicht hatten halten können, bis in den Dreißigerjahren die dauernde Einführung dieses Industriezweiges gelang. Unter jenen Fabriken, welche sich nach 1815 in Frankreich erhielten, war die des Grafen Chaptal bei Paris die vorzüglichste. Chaptal tat durch seine Schriften und sein Beispiel bis zur Überzeugung dar, daß die Rübenzuckerfabrikation die Konkurrenz mit dem Rohrzucker bestehen könne, und bildete Zöglinge aus, welche mehrere neue Fabriken errichteten, so daß Frankreich im Jahre 1820 wieder an 20 Zuckerfabriken besaß. Dies war nur möglich dank den hohen Zöllen auf Kolonialzucker und den bedeutenden Prämien, welche die französische Regierung für die Ausfuhr von raffiniertem Zucker zahlte. Auch war die Fabrikationstechnik in Frankreich viel vollkommener, als sie es in Österreich gewesen war[1].

Doch auch in Österreich begann es sich bald wieder zu regen. Noch hatte die letzte Fabrik aus der früheren Periode ihre Pforten nicht geschlossen, als im Oktober 1821 Dr. Johann Franz Ries in Wien um Bewilligung zur Errichtung einer Musteranstalt zur Erzeugung von Runkelrübenzucker und um Verleihung zweier ausschließender Privilegien a) auf die Benützung von Knochen, b) auf die Benützung der Abfälle zum Düngen der Runkelrübenfelder ansuchte.

Auf positive staatliche Unterstützung wollte sich die Kommerzhofkommission nicht einlassen, obwohl sie die Bedeutung, welche die Zuckererzeugung erlangen konnte, nicht verkannte und dabei namentlich auf Frankreich hinwies[2]. Unter dem 26. Dezember 1821 erstattete sie hierüber einen Vortrag. Dr. Ries wies in seinem Ansuchen darauf hin, daß das Scheitern der früheren Versuche bloß der Unkunde und der fehlerhaften Manipulation zuzuschreiben sei, daß hingegen bei den seitdem gemachten Erfahrungen diese Fabrikation eine ganz andere Gestalt und allgemeinen Kredit gewonnen habe. Er betonte außerdem die Möglichkeit der Ersparung der großen für Kolonialzucker ins Ausland gehenden Summen, die Beförderung des Ackerbaues durch den Rübenanbau und die Vorteile, welche von der Mästung des Viehes durch die Rübenabfälle entstehen würden.

Zur dauernden Einführung dieses Industriezweiges in der Monarchie schlug er die Errichtung einer Musteranstalt als unumgänglich notwendig vor. Das Urteil des polytechnischen Institutes über die Möglichkeit, die Rübenzuckerfabrikation mit Vorteil zu betreiben, lautete günstig. Die Hofkammer stimmte der Meinung der Kommerzhofkommission bei, daß sich der Staat auf positive Unterstützungen nicht einlassen, sondern solche Unternehmungen der „Privat-Konvenienz" überlassen solle. Daher trug die Kommerzhof-.

---

[1] Diviš, Beiträge zur Gesch. d. Zuckerind. in Böhmen, S. 1; Keeß, a. a. O., III, 298. —
[2] H. K. A. Kom. Kom., Fasz. 24, Nr. 86 ex oct., Nr. 68 ex nov. 1821.

kommission in ihrem Vortrage an, man solle dem Bittsteller die angesuchte unentgeltliche Einräumung eines staatlichen Fabriksgebäudes in Simmering und
Überlassung von Pachtgründen zum Rübenanbau nicht bewilligen. Vielmehr
sollte Dr. Ries freigestellt werden, für seine Unternehmung um eine Fabriksbefugnis einzuschreiten, auf das Neue aber um ein ausschließendes Privilegium
mit jenen Begünstigungen, welche das Patent vom 8. Dezember 1820 gewährte,
und, zur Erleichterung seines Unternehmens, eventuell auch um Errichtung
einer Privataktiengesellschaft anzusuchen. Durch allerhöchste Entschließung
vom 15. Jänner 1822 wurde dieses Einraten der Kommerzhofkommission
genehmigt[1]).

Zur Ausführung dieses Projektes kam es nicht.

Inzwischen machte die Produktionstechnik, namentlich in Frankreich immer
immer größere Fortschritte. Deutschland folgte bald nach. Schon 1820 konnte
Keeß schreiben: „so ist dieser Erwerbszweig jetzt in Frankreich und Deutschland zu einer Sicherheit in der Ausführung gelangt, welche hoffen läßt, daß bald
in den österreichischen Staaten wieder Unternehmungen zur Erzeugung des
Rohzuckers aus Runkelrüben entstehen werden"[2]).

In Österreich hört man dennoch noch lange nichts von einer inländischen
Zuckerproduktion, wenn auch einzelne Privilegienverleihungen bezeugen, daß
das Interesse für diesen Gegenstand wach war. So erhielt der Hauptmann
Anton Fröhlich zu Kolin 1826 ein fünfjähriges Privileg auf die Erfindung
1. aus Kartoffeln mittels neuer Maschinen die feinste Stärke zu bereiten, 2. die
Stärke ohne Zusatz von Schwefelsäure in Zucker zu verwandeln. Franz
Strauß & Co. zu Groß-Höflein in Ungarn erhielt 1827 ein fünfjähriges
Privileg auf die Erfindung, mittels einer neuen Vorrichtung aus Weizen- und
Kartoffelstärke Zucker zu erzeugen und diesen so wie jeden Kolonialrohzucker
im dritten Teile der bisher nötigen Zeit zu raffinieren. Im selben Jahre erlangte
der Handelsmann John Galloway in Fiume ein fünfjähriges Privileg auf
die Erfindung, aus Mais, Weizen, Gerste, Hafer, Roggen, Reis, Erbsen usw.
kristallinischen Zucker zu erzeugen[3]).

Bald darauf aber sollte auch in Österreich wieder zur Erzeugung von Zucker
aus Runkelrüben übergegangen werden.

D. Die Rübenzuckerindustrie seit 1829.

Seit dem Jahre 1828 wurde auf der freiherrlich von Dalbergschen
Herrschaft Datschitz in Mähren begonnen, Zucker aus Runkelrüben zu
erzeugen. Im Jahre 1830 zeigte der Bevollmächtigte des Freiherrn von Dalberg,
Oberleutnant Franz Grebner, der Hofkanzlei die Resultate dieser Versuche
an, sendete Proben der gewonnenen Zuckersorten ein und überließ es der Staatsverwaltung, welche Begünstigungen sie dieser Fabrikation angedeihen zu lassen
für gut finden werde, indem er zugleich die Vorteile der weiteren Verbreitung
derselben hervorhob. Unter der Voraussetzung, daß auf ein Joch 300 Ztr.

---

[1]) H. K. A. Kom. Kom., Fasz. 24, Nr. 191 ex jan. 1822. — [2]) Keeß, a. a. O., III, 299.
— [3]) Keeß u. Blumenbach, a. a. O., II, 148 f.

Rüben gepflanzt werden können, daß ein Zentner Rüben 3 Pfund Rohzucker liefert und bei der Annahme, daß von der ganzen Ackerbaufläche der Monarchie von 41 Millionen Joch 40.000 Joch zum Anbau von Rüben verwendet würden, berechnete er, daß 4½ Millionen Gulden, welche jährlich für ausländischen Zucker ans Ausland gezahlt wurden, erspart würden, abgesehen von den Vorteilen einer besseren Kultur des Bodens, dem Gewinne an Futter für das Vieh, der vermehrten Düngererzeugung und anderem.

Da die Sache der Hofkanzlei alle Aufmerksamkeit zu verdienen schien, so erhielt der Iglauer Kreishauptmann den Auftrag, sich ehemöglichst nach Datschitz zu verfügen, mit Zuziehung eines sachverständigen Ökonomen und eines Chemikers das Detail der dortigen Unternehmung mit Rücksicht auf die benützte Bodenfläche, den Regieaufwand, die Qualität und Quantität des Produktes, dessen Benützung zur Erzeugung des Zuckers und zur Viehmästung und den Produktionsprozeß zu untersuchen und Bericht zu erstatten. Der Kreishauptmann von Gersch begab sich mit dem Iglauer Apotheker Heller als Chemiker und dem Direktor der Herrschaft Teltsch Hontschik, einem erfahrenen Ökonomen, dahin und erhielt auch die nötigen Aufschlüsse.

Die 1828 im kleinen unternommene Zuckererzeugung war 1829 bedeutend erweitert worden; 13 Metzen des aus Bayern erhaltenen Samens hatten 600 Metzen Rüben geliefert, wovon 520 zur Zuckererzeugung verwendet und 1650 Pfund Rohzucker und 10 Ztr. Syrup gewonnen worden waren.

Der Produktionsprozeß war damals folgender: Die Prozedur begann mit dem Zerkleinern der Rüben auf einer Reibscheibe, wozu drei Menschen notwendig waren. Die so gewonnene Masse wurde nacheinander gepreßt, mit Schwefelsäure gemischt, mit Zusetzung von Kalk geläutert, gehörig abgedampft und nachdem sie einen Zusatz von tierischer Kohle erhalten hatte und durch Beimischung von Blut, Milch oder Eiweiß geklärt worden war, in blecherne Formen gegossen, worin sich nach etwa drei Wochen der kristallisierte Zucker ausschied, um sodann durch Pressen vom Syrup getrennt zu werden, worauf er, nach abermaliger Pressung als Rohzucker zur Raffinierung kam.

Im Jahre 1830 sollten auf diese Art 200 Ztr. Rohzucker erzeugt und auf der demselben Besitzer gehörigen Herrschaft Walleschau in Böhmen eine ähnliche Fabrik in größerem Maßstabe errichtet werden. Nach den 1829 in Datschitz gemachten Erfahrungen gab 1 Ztr. Rübe 3 Pf. Rohzucker und ebensoviel Syrup; die Abfälle wurden mit Vorteil zum Füttern der Schafe und der Syrup zur Spiritusbrennerei verwendet. Die Regiekosten betrugen für 18 Ztr. Rüben 7 fl. 57 kr.; die daraus erzeugten 54 Pf. Zucker und 54 Pf. Syrup im Werte von 14 fl. 34 kr. lieferten somit einen Gewinn von 6 fl. 37 kr.

Um ihr Gutachten über diese Angelegenheit wurden nun von der Hofstelle befragt der Professor der technischen Chemie und der Direktor des Wiener polytechnischen Institutes. Der erstere meinte, die Sache verdiene alle Anerkennung von seiten der Staatsverwaltung und sollte sich der Steuerfreiheit erfreuen. Der ausländische Zucker sollte mit höheren Zöllen belegt werden, da der inländische Produzent mit dem ausländischen nur sehr schwer die Konkurrenz aushalten könne, da dem letzteren Sklavenhände zu Gebote stehen und

er den Zucker außerdem aus einem weit zuckerhältigeren Materiale, dem Zucker-
rohre, gewinne und nichts oder wenig beisteuere, seine Preise daher leicht sehr
tief ansetzen könne. Durch Belehrung, meinte der Professor weiter, könnte
auf die Emporbringung dieses Industriezweiges eingewirkt werden, wenn die
Unternehmer jedem Interessenten den Zutritt in ihre Fabrik gestatten, wenn
die in mehreren Fabriken gemachten Erfahrungen gesammelt und durch den
Druck bekannt gemacht und auch am polytechnischen Institute die ganze
Fabrikation praktisch gezeigt würde, zu welchem Zwecke die Bereisung der
Fabriken durch den Professor, die Anschaffung von Modellen und die wirkliche
Darstellung des ganzen Verlaufes der Fabrikation von Zucker aus Rüben er-
forderlich wäre.

Nach Versicherung des Direktors Prechtl unterschied sich das auf der
Herrschaft Datschitz angewendete Verfahren nicht wesentlich von jenem,
welches schon Achard in seinem Werke über die Zuckerfabrikation aus Runkelrüben dargestellt hatte. Nach seiner Meinung müßten solche Unternehmungen
in ihrem eigenen Interesse die kräftigste Aufmunterung finden. „Die Einwirkung der Staatsverwaltung hätte sich daher auf die Befreiung
von der Erwerbsteuer, auf die offizielle Bekanntmachung der
in dem oben erwähnten kommissionellen Protokolle enthaltenen
Daten mit dem Beisatze zu beschränken, daß zur praktischen
Bildung von Individuen in diesem Industriezweige der Zutritt
in Grebners Fabrik jedermann gestattet sei". Für diese Willfährig-
keit soll letzterem eine Belohnung zuteil werden.

Die Hofkanzlei hielt es für wünschenswert, daß die Landwirte auf eine
möglichst ausgebreitete und fruchtbringende Benützung ihres Bodens für
industrielle Unternehmungen aufmerksam gemacht werden, da Europa nicht
mehr, wie in früheren Zeiten, Getreide in außereuropäische Länder ausführe.
Namentlich deshalb sei vom Standpunkte der Landwirtschaft die Zuckererzeugung zu begrüßen, weil dadurch selbst im Winter, wo die Erwerbswege
beschränkt sind, viele Menschen eine lohnende Beschäftigung finden. Ob die
Fabrikation von Zucker aus Runkelrüben so ins große getrieben werden könne,
um die ganze Zuckereinfuhr aus dem Auslande entbehrlich zu machen, müsse
erst die Erfahrung lehren.

Immerhin dürfte sie aber als eine einträgliche, somit nützliche Nebenbeschäftigung der Landwirte anzusehen sein. In keiner Beziehung werde
jedoch die Staatsverwaltung darauf einen anderen Einfluß nehmen können, als
durch Bekanntmachung und Anempfehlung dieser Fabrikation das Privatinteresse zu wecken; dem eigenen Bemühen der Privaten bleibe es dann überlassen, das mit allen seinen nützlichen Folgen kundgemachte Verfahren anzuwenden und noch weiter zu vervollkommnen.

Der Referent der Hofkanzlei war daher der Meinung, daß Oberleutnant
Grebner oder dessen Bruder, der die französischen Rübenzuckerfabriken auf
eigene Kosten bereist hatte, aufzufordern wäre, eine kurze, populär gefaßte
Abhandlung über die zur Zuckerbereitung geeigneten Rüben, das Produktions-
verfahren und den sich daraus ergebenden Nutzen zu verfassen, welche Ab-

handlung sodann allen Länderstellen zur allgemeinen Verbreitung mit dem Beisatze mitzuteilen wäre, daß die Interessenten die Manipulation in Datschitz jederzeit ansehen können, weil Grebner erklärt habe, dies gestatten zu wollen. Die übrigen Räte der Hofkanzlei waren jedoch der Ansicht, dies alles sei nicht notwendig. Es sei schon allgemein bekannt, daß aus Runkelrüben Zucker erzeugt werden könne; in ausländischen und inländischen Werken und Zeitschriften seien ausführliche Belehrungen und Nachrichten über diesen Industriezweig enthalten; wer Gelegenheit und Geld zu solchen Unternehmungen habe, könne sehr leicht den Weg finden, den er einzuschlagen habe. Da aber Oberleutnant Grebner das entschiedene Verdienst habe, als erster die Zuckererzeugung aus Runkelrüben in Österreich wieder in Anregung gebracht zu haben, so werde in Antrag gebracht, ihm das allerhöchste Wohlgefallen zu erkennen zu geben, dies in den Zeitungen ehrenvoll zu erwähnen und das mährische Gubernium anzuweisen, der dortigen ökonomischen Gesellschaft sämtliche Akten hierüber mitzuteilen, damit sie darüber in der von ihr herausgegebenen Zeitschrift berichte.

Bezüglich der vorgeschlagenen Steuerbefreiung war die Hofkanzlei der Meinung, daß der Steuerbetrag nicht leicht so bedeutend werden könne, um von einer Unternehmung abzuschrecken. Hohe Zölle begründen andererseits Monopole zum Nachteile der Konsumenten und seien um so mehr unangemessen, als die österreichische Staatsverwaltung bemüht sei, die Zölle zu ermäßigen.

Unter dem 2. April 1830 erstattete die Hofkanzlei dem Kaiser darüber einen Vortrag[1].

Erst in Oktober 1834 erfloß darauf die allerhöchste Entschließung mit der Anordnung, die Resultate der Unternehmung Grebners durch die Blätter öffentlich bekannt zu machen und besonders die Landwirtschaftsgesellschaften aufzufordern, diesem Gegenstande ihre besondere Aufmerksamkeit zu widmen[2].

So war diese zu Datschitz in Mähren gegründete Unternehmung die erste Runkelrübenzuckerfabrik in Österreich nach dem Aufhören der Kontinentalsperre und, die Unternehmungen der Jahre 1810 bis 1814 nur als vorübergehende Versuche anzusehen sind, im eigentlichen Sinne die erste inländische Zuckerfabrik überhaupt[3].

Inzwischen hatte in Galizien Franz von Mrozowicki im Jahre 1830 in Gesellschaft seines Vaters und seines Bruders eine Rübenzuckerfabrik auf dem Gute Sokolowka im Brzezaner Kreise und eine zweite in Puzniki im Stanislauer Kreise errichtet und die Bitte gestellt, es möge zur näheren Beleuchtung seiner Angaben eine eigene Untersuchung veranstaltet werden. Die Hofkanzlei beauftragte das galizische Landespräsidium, wenigstens auf einem der genannten Güter eine genaue Untersuchung durch den Kreishauptmann mit Zuziehung von zwei Sachverständigen vornehmen zu lassen, sodann

[1] H. K. A. Kom. Kam., Fasz. 24, Nr. 109 ex sept. 1830; vgl. auch Oberländer, Die Zuckerind. d. Brünner Kammerbezirkes in Festschr. d. H. u. Gew. Kammer, Brünn, 1909, S. 90. — [2] Staatsrat 1830, Nr. 2063. — [3] Vgl. auch Diviš, a. a. O., S. 3.

das Resultat der Hofkanzlei vorzulegen samt der Mitteilung, ob nicht ähnliche Unternehmungen auf anderen Gütern Galiziens zur Kenntnis des Landespräsidiums gelangt seien, endlich zugleich auch ein Gutachten zu erstatten, welche Anerkennung zur Belohnung der Unternehmer und zur Aufmunterung anderer Güterbesitzer am angemessensten sein dürfte.

Nach dem Berichte des galizischen Guberniums erzeugte in diesem Lande auch Graf Fresnel Zucker. Außerdem suchte Graf Potocki, welcher die Errichtung einer Runkelrübenzuckersiederei und Raffinerie zu Zbarasz beabsichtigte, um zehnjährige Erwerbsteuerfreiheit für dieses Unternehmen an, mit der ausdrücklichen Erklärung, daß er ohne diese Begünstigung von seinem Vorhaben abstehen würde. Das Landespräsidium unterstützte dieses Gesuch.

Indem die Hofkanzlei dies der Hofkammer mitteilte, führte sie zugleich aus, daß dieser Bericht bereits eine größere Verbreitung der Zuckerfabrikation aus inländischen Stoffen zeige und daß diese daher die Aufmerksamkeit der Staatsverwaltung in erhöhtem Grade in Anspruch nehmen müsse. Bei der Würdigung der angesprochenen Steuerfreiheit komme weniger der nicht bedeutende Vorteil, den die Unternehmungen aus dieser Befreiung ziehen würden oder die geringe Einbuße des Steuerfonds in Betracht; der entscheidende Gesichtspunkt liege vielmehr darin, durch eine Begünstigung dieser Art die Teilnahme der Staatsverwaltung an der Verbreitung und an dem Gedeihen dieser Unternehmungen zu manifestieren und dadurch zur Verallgemeinerung einer die Sache fördernden Überzeugung nach Möglichkeit beizutragen. Da dieser neue Industriezweig in anderen Staaten, insbesondere aber in Frankreich schon bedeutende Fortschritte gemacht habe und dort wirksame Unterstützung und Aufmunterung erhalte, dürfe auch die österreichische Staatsverwaltung nicht anstehen, den Anforderungen der Industrie fördernd zur Seite zu stehen. Schon aus Rücksicht auf die „Opinion" halte es daher die Hofkanzlei für rätlich, bei Seiner Majestät darauf anzutragen, daß allen Unternehmungen, die ausschließlich die Zuckererzeugung aus Runkelrüben zum Gegenstande haben, eine zehnjährige Befreiung von der Erwerbsteuer zugestanden werde, wobei jedoch die eigentliche Zuckererzeugung von der Raffinerie, die bereits einen besonderen Industriezweig bildete und allgemein besteuert war, besonders zu unterscheiden wäre.

Die Hofkammer führte in ihrer Antwortnote vom 21. September 1830 aus, es erscheine bei den gegenwärtigen Verhältnissen des Getreidebaues und der Landwirtschaft schon an und für sich aus nationalökonomischen Gründen dringend und wichtig, der Landwirtschaft alle Mittel und Wege zu erleichtern, um durch den Betrieb von Nebenzweigen der landwirtschaftlichen Industrie die so sehr herabgesunkene Rente von Grund und Boden auf einen höheren Grad von Ertragsfähigkeit zu bringen. Der vermehrte Anbau und die zweckmäßige Benützung der Runkelrüben dürfte vielseitigen Gewinn für die Landwirtschaft versprechen. Nach den neuesten Fortschritten der Chemie sei es möglich, guten und brauchbaren Zuckerstoff aus Runkelrüben, selbst in kleinsten Quantitäten bei Hause, ohne viele kostspielige

Vorrichtungen zu erzeugen. Der abfallende Syrup sei zur Branntweinerzeugung, alle anderen Abfälle aber vorzüglich zum Viehfutter geeignet. Der
Anbau der Runkelrüben stehe auch in genauer Verbindung mit den neuesten
rationellen Landbaumethoden, mit dem Futter- und Kräuterbau und der Stall-
fütterung. In Frankreich, wo die Benützung der Runkelrüben und ihre Kultur
am weitesten gediehen und in der größten Ausdehnung durchgeführt worden
sei, werde diese landwirtschaftliche Industrie in den kleinsten Wirtschaften
betrieben. Es sei dies ein vorteilhafter Nebenerwerb, der auch
von Weibern und Kindern nach geringer Vorübung allenthalben
betrieben werden könne. Ohne große Vorauslagen werfe diese Nebenbeschäftigung Zucker und Branntwein für den Hausbedarf ab und sei nebstbei
für die Viehzucht ungemein nützlich. Die große Menge solcher kleinerer Unternehmungen würde sodann auch hinreichende Überschüsse an rohem Zucker
für die größeren Raffinerien liefern, die aber schon aus der Reihe der landwirtschaftlichen Industrie und des häuslichen Nebenerwerbs in die Kategorie der
eigentlichen Industrieetablissements übergehen. Es würde daher die Befreiung
der Runkelrübenzuckererzeugung von der Erwerbsteuer, insofern derselbe in
noch unraffiniertem Zustande als syruphaltiges Mehl erzeugt wird, um so
weniger einem Anstande unterliegen, als dieser Zweig der landwirtschaftlichen
Industrie, insolange er als häuslicher Nebenerwerb betrieben wird, in die Kategorie jener rohen Produkte der landwirtschaftlichen Industrie zu gehören
scheine, welche schon der § 2 des Erwerbsteuerpatents überhaupt von der Entrichtung der Erwerbsteuer ausnehme. Gleichwie die Erzeugung von
Butter, Käse, Schmalz, Wein u. dgl. der Erwerbsteuer nicht
unterzogen werden könne und schon durch die Grundsteuer getroffen sei, so könne man nicht wohl einsehen, wie die Erzeugung
von Rohzucker und Syrup aus Runkelrüben der Erwerbsteuer
unterzogen werden könnte, indem hier die Rübe so wenig als dort die
Milch und die Traube als Produkt der landwirtschaftlichen Industrie, sondern
bloß als Urstoff angesehen werden könne. Da man dem sicheren Vernehmen
nach auch in Ungarn anfange, Runkelrübenzucker zu erzeugen und dieses
Produkt zollfrei in die deutsch-slawischen Erblande eingeführt werden dürfe,
so sei es einleuchtend, daß solche Unternehmungen in letzteren kaum aufkommen könnten, wenn man ihnen nicht gleichfalls die tunlichste Erleichterung
gewähren würde. Es bedürfe demnach, so meinte die Hofkammer, nur einer
allgemeinen Erläuterung des Erwerbsteuerpatents, wonach die Erzeugung
von Zucker aus Runkelrüben oder anderen inländischen Produkten, insofern
dieselbe nicht als Zuckerraffinerie betrieben werde, in die Klasse jener Produkte
der landwirtschaftlichen Industrie gehöre, welche von der Entrichtung der
Erwerbsteuer befreit seien[1]).

Darauf erstattete die Hofkanzlei einen diesbezüglichen Vortrag und mit Befreiung ve
der Erwerb
steuer auf
10 Jahre
(1831).
allerhöchster Entschließung vom 11. Jänner 1831 gestattete der Kaiser, nicht
im Sinne der Auffassung der Hofkammer, sondern „als Ausnahme von dem

[1]) H. K. A. Kom. Kam., Fasz. 24, Nr. 109 ex Sept. 1830.

Gesetze", daß jene industriellen Unternehmungen, welche auf die Erzeugung von Zucker aus inländischen Produkten gerichtet sind, durch zehn Jahre von der Erwerbsteuer befreit bleiben sollen. Sollte jedoch mit diesen Unternehmungen zugleich die Zuckerraffinerie oder eine Branntweinbrennerei aus den Abfällen betrieben werden, so hätte, jedoch nur bezüglich der Nebenfabrikation und des aus derselben hervorgehenden besonderen Gewinnes, die ordnungsmäßige Heranziehung zur Erwerbsteuerleistung einzutreten. Zugleich befahl der Kaiser, diese Entschließung gehörig kundzumachen und sie durch die Länderstellen den Landwirtschaftsgesellschaften mit der Bemerkung mitzuteilen, Seine Majestät erwarte von ihrem gemeinnützigen Wirken zur Beförderung der Landeskultur, daß sie dem Entstehen und der Aufmunterung zu solchen Unternehmungen ihre besondere Aufmerksamkeit widmen werden und gestatte ihnen, im ordentlichen Wege jene entgegenstehenden Hindernisse, die nur durch die Staatsverwaltung beseitigt werden können, mit geeigneten Vorschlägen zur Sprache zu bringen[1]).

So merkwürdig auch vielfach die Ansichten der maßgebenden Hofstellen über die Möglichkeit der Ausdehnung der Zuckerfabrikation erscheinen mögen, es kann doch nicht geleugnet werden, daß sie bestrebt waren, dem jungen Industriezweige möglichst aufzuhelfen.

Auf Grund der erwähnten allerhöchsten Entschließung wurde die patriotisch-ökonomische Gesellschaft in Böhmen vom Prager Gubernium unter dem 25. Februar 1831 aufgefordert, die Erzeugung von Zucker aus einheimischen Produkten, vorzüglich aus Runkelrüben, nach Möglichkeit zu befürworten, geeignete Mittel zur Förderung dieser Industrie aufzusuchen und diesbezüglich Vorschläge zu erstatten.

Der Referent der Gesellschaft, Dr. M. Kalina von Jäthenstein, verfaßte nun eine Denkschrift, in welcher er die Ursachen der bisherigen Mißerfolge der heimischen Zuckerproduktion und die zu einer erfolgreichen Produktion unumgänglich notwendigen Bedingungen auseinandersetzte. Als Ursachen des Mißerfolges glaubte er hinstellen zu können vor allem die geringe Ausbeute von nur 2 bis 2½%, während die französischen Fabrikanten 6—7% erzielten; weiters auch Mangel an den nötigen chemischen und technischen Vorkenntnissen. Als Haupthindernis bezeichnete er jedoch das Vorurteil, daß die Zuckerindustrie bei den herrschenden niedrigen Preisen des Kolonialzuckers, welche selbst bedeutend niedriger waren, als zur Zeit der Aufhebung der Kontinentalsperre, sich nicht rentieren könne. Zur Abhilfe schlug er vor: 1. das Publikum über die bisherigen Fortschritte in den chemischen und technischen Wissenschaften zu belehren, welche die Erzielung einer Ausbeute von 3—4% gestatten. 2. Es sollen auf Staatskosten Fachmänner zum Studium dieser Fabrikation nach Deutschland und Frankreich geschickt werden. Auch empfehle es sich, Prämien

---

[1]) A. d. k. k. Fin. Min., Kom., Fasz. 24, Nr. 3 ex mart. 1831; St. A. Prag, 1826—1835, Kom., Fasz. 1, subn. 1. Zirkulare d. böhm. Gub. v. 25. Febr. 1831; Diviš, a. a. O., 5.

für neue Fabriken zu bestimmen, welche drei aufeinanderfolgende Jahre hindurch ununterbrochen Zucker erzeugen würden. Die Errichtung von Rübenzuckerfabriken würde endlich sehr gefördert werden, wenn den Unternehmern geeignete entbehrliche Gebäude auf den Staatsherrschaften auf eine Reihe von Jahren unentgeltlich oder gegen mäßigen Zins zur Verfügung gestellt würden, denn die Herstellung eigener Gebäude erschöpfe oft den ganzen Fonds des Unternehmungslustigen[1]).

Mit Zuschrift vom 30. Juni 1831 teilte die patriotisch-ökonomische Gesellschaft dem Gubernium mit, die Vermehrung der Zuckerfabrikation würde am ehesten durch Verbreitung der Kultur von Runkelrüben erreicht, weil diese allein zu dieser Industrie mit Vorteil verwendet werden können. Daher habe die Gesellschaft schon im letzten Frühjahre Samen von weißen Runkelrüben besorgt und in den Gärten des pomologischen Vereines angebaut, was künftig jedes Jahr geschehen werde, um so imstande zu sein, die Landwirte Böhmens mit echten Samen zu versehen. Ferner habe sie über diesen Gegenstand zwei Aufsätze für ihre nächstjährigen Wirtschaftskalender verfassen lassen, einen für den großen Kalender ,,über den Wert der Runkelrüben besonders zur Zuckerfabrikation", und den zweiten für den kleinen Kalender ,,Anleitung zum Anbau der Runkelrüben". Als ein weiterer sehr zweckmäßiger Schritt erschien der Gesellschaft, auf die Kenntnis der Sache und auf die Verbreitung des besten technischen Verfahrens einzuwirken. Daher beriet sie in mehreren Versammlungen, ob es nicht angezeigt wäre, ein geeignetes Individuum in der neuesten Methode der Zuckerfabrikation praktisch ausbilden zu lassen und beschloß, diese Ausbildung im Auslande, wo die Zuckerfabrikation bereits einen hohen Grad von Vollkommenheit erreicht hatte, zu suchen. Da man aber bald darauf in Erfahrung gebracht hatte, daß die Zuckerfabrikation aus Runkelrüben auf der gräflich Colloredoschen Herrschaft Staatz in Niederösterreich bereits im großen mit den besten Erfolge betrieben werde, unter der Leitung des Dr. Julius Krause, der durch acht Monate die besten Fabriken Frankreichs bereist und sich die dortige Manipulation vollkommen angeeignet hatte[2]), so beschloß die Gesellschaft in ihrer Sitzung vom 29. Juni, auf ihre Kosten ein Individuum an diese Anstalt nach Staatz zu schicken, damit es das ganze technische und chemische Verfahren mittels eigener Handanlegung erlerne, um sodann diese Kenntnisse in Böhmen verbreiten zu können. Zugleich sollten sich, um auch den landwirtschaftlichen Teil und das Maschinenwesen dieser Anstalt genau kennen zu lernen, einige Mitglieder der Gesellschaft dahin verfügen, um alles an Ort und Stelle selbst zu sehen und zu beurteilen, was durch schriftliche Mitteilung nicht leicht erreicht werden könne.

Da aber bald darauf die Cholera ausbrach und sich deshalb niemand nach Staatz begeben wollte, andererseits zu befürchten war, daß wegen der schnellen

[1]) Diviš, a. a. O., 4—7. — [2]) Dr. Krause hatte mit Unterstützung der k. k. Landwirtschaftsgesellschaft in Wien eine Studienreise nach Deutschland unternommen. Im Jahre 1834 veröffentlichte er eine ausführliche Schrift: ,,Darstellung der Fabrikation des Zuckers aus Runkelrüben in ihrem gesamten Umfange" (Gesch. d. österr. Land- u. Forstw. u. ihrer Industrien, III, S. 614).

Ausbreitung der Seuche auch der Betrieb daselbst eingestellt werden könnte, so wurde die Absendung eines Individuums dorthin auf das nächste Jahr verschoben[1]).

In der Prager Zeitschrift „Bohemia' war am 23. Mai 1830 ein sichtlich von amtlicher Seite angeregter Artikel erschienen, mit dem Titel: „Aufforderung zur Anlegung von Fabriken zur Erzeugung des Zuckers aus Runkelrüben", welchem ein aus der Beilage der „Allgemeinen Zeitung" vom 9. Mai desselben Jahres reproduzierter Aufsatz Karl Weinrichs angeschlossen war, der ausführlich über die Fortschritte der Zuckerfabrikation aus Runkelrüben handelte. Durch diesen Artikel ermuntert, berief Fürst von Thurn-Taxis Weinrich nach Böhmen und betraute ihn mit der Errichtung einer Zuckerfabrik, der Heranbildung der Werkmeister sowie mit der technischen Leitung derselben. Die Fabrik entstand denn auch 1831 in Dobrawitz[2]).

Weinrich hatte sich die Kenntnisse über diese Fabrikation auf einer 1829/30 unternommenen Reise in den französischen Fabriken erworben und mehrere Aufsätze darüber verfaßt. Die Erfolge, die er mit seinen Gründungen in Böhmen erzielte, haben wesentlich zur schnellen Verbreitung dieser Fabrikation beigetragen, so daß er in diesem Sinn als einer der Begründer der österreichischen Rübenzuckerindustrie hingestellt werden kann. Auf ihn gehen noch mehrere Fabriksgründungen dieser Art zurück; so errichtete er 1837 auch eine eigene Zuckerfabrik in Sadska in Böhmen, welche er bis 1849 in eigener Regie betrieb. Mehrere andere Fabriken waren überdies seiner Obhut anvertraut[3]).

Wie oben erwähnt, hatte die patriotisch-ökonomische Gesellschaft beschlossen, die Zuckerfabrik zu Staatz in Niederösterreich durch eine Kommission besuchen zu lassen und dies wegen der Cholera auf das Jahr 1832 verschoben. Als nun die Gesellschaft erfuhr, daß in der Zwischenzeit eine Runkelrübenzuckerfabrik in Dobrawitz eingerichtet worden war, beschloß sie, diese besichtigen zu lassen, wozu Fürst von Thurn-Taxis die Bewilligung erteilte. Am 2. Februar 1832 fand diese kommissionelle Besichtigung statt. Das darüber aufgenommene Protokoll schildert das ganze Verfahren nach Weinrichs Methode bis ins einzelne. Der ganze Prozeß zerfiel in einen mechanischen und einen chemischen Teil. Zum ersteren gehörte das Waschen, Reiben und Pressen der Rüben, zum letzteren das Reinigen, Klären, Eindichten und Kristallisieren des Saftes. Die Gesellschaft meinte in ihrem am 20. Februar 1832 an das böhmische Gubernium gerichteten Schreiben, durch welches sie demselben das Resultat der Besichtigung mitteilte, daß, da diese Zuckerfabrik den größten in Frankreich bestehenden gleichkomme, 10 bis 15 in diesem Maßstabe errichtete Fabriken nahezu den ganzen Zuckerbedarf von Böhmen decken könnten und so die Einfuhr von Kolonialzucker in 10 bis 20 Jahren ganz aufhören dürfte[4]). Am 4. Februar 1831 hatte die Dobrawitzer Fabrik die einfache Fabriksbefugnis erhalten und

[1]) St. A. Prag, 1826—1835, Kom., Fasz. 1, subn. 1; Schreiben der patr.-ök. Ges. an das Gub. vom 30. Juni u. 4. Okt. 1831. — [2]) Eine kurze Übersicht über die Gesch. dieser Fabrik in Beilage zur Wiener Zeitung v. 8. August 1903, S. 28. — [3]) Diviš, a. a. O., 9—18; Großind. Öst., V, 174 f. — [4]) St. A. Prag, 1826—1835, Kom., Fasz. 1, subn. 1; Großind. Öst., V, 176.

schon am 18. November desselben Jahres wurde ihr die Landesbefugnis verliehen[1]).

Die Dalbergsche Fabrik zu Datschitz in Mähren hatte wegen Mangel an Rüben den Betrieb daselbst einstellen müssen und wurde 1832 nach Sukdol in Böhmen übertragen, in Datschitz hingegen eine Zuckerraffinerie zur Raffinjerung von inländischem Rüben- und ausländischem Zuckermehl errichtet.

In Mähren machte sonst zu Schwarzkirchen im Jahre 1831 der Postmeister Kier glückliche Versuche mit dem Anbau von Runkelrüben und der Erzeugung von Zucker daraus. In Schlesien legte 1832 Heinrich Graf von Larisch zu Ober-Suchau bei Karwin eine Anstalt zur Erzeugung von Rübenzucker an[2]).

Von nun an nahmen die Fabriken an Zahl immer mehr zu. Am 6. Oktober 1831 erhielt Fürst Friedrich Öttingen-Wallerstein die förmliche Landesfabriksbefugnis auf die Erzeugung und Raffinerie von Runkelrübenzucker in Kleinkuchel, auf seiner Herrschaft Königsaal bei Prag[3]). 1832 wurde diese Fabrik in Betrieb gesetzt unter der Leitung von Dr. Friedrich Kodweiß, der sich neben Weinrich um die österreichische Zuckerindustrie die größten Verdienste erwarb. Nach der Kampagne 1834 wurde diese Fabrik nach Königsaal selbst verlegt. Durch ihre ausgezeichneten Erfolge ermutigt, ließ der Fürst unter der Aufsicht Kodweiß eine zweite Fabrik in Neuhof erbauen und vertraute sie auch dessen Leitung an[4]).

Auch in Galizien wurden schon mehrere Zuckerfabriken betrieben[5]).

In Böhmen waren außer den erwähnten noch 1830 eine Fabrik in Chudenitz bei Klattau im Schloßgebäude des Grafen Eugen Czernin nach dem Muster der Fabrik in Datschitz, im selben Jahre die Fabrik in Bezděkau bei Klattau von Ritter von Strohlendorf (Juli 1832 Landesbefugnis auf Runkelrüben- und Rohzuckerraffinerie) und im Jahre 1832 die Zuckerfabrik zu Svinař bei Karlstein vom Gutsbesitzer A. J. Oppelt errichtet worden[6]).

Im Jahre 1831 war auf der Prager Gewerbeausstellung auch schon Runkelrübenzucker aus der gräflich Czerninschen Fabrik zu Chudenitz, welcher in der Königsaaler Raffinerie von Richter raffiniert worden war, ausgestellt[7]).

Im Jahre 1832 bestanden in Österreich-Ungarn schon 19 Rübenzuckerfabriken[8]) und zwar:

In Niederösterreich eine.

1. Auf der Herrschaft Staatz im Viertel unter dem Manhartsberge, wo Graf Ferdinand Colloredo seit 1830 den Rübenbau und die Zuckerfabrikation betrieb.

Fabriken 1832.

---

[1]) St. A. Prag, 1826—1835, Kom., Fasz. 1, subn. 114. — [2]) D'Elvert, Zur Kulturgesch. Mährens usw., XIX, 578 f. — [3]) St. A. Prag, 1826—1835, Kom., Fasz. 1, subn. 252. — [4]) Diviš, a. a. O., 22—25. — [5]) A. d. k. k. Fin. Min., Kom., Fasz. 24, Nr. 77 ex junio 1831. Stanislaus von Mrozowicki erhält die Landesbefugnis für seine Fabriken in Sokolowka und Puzniki im Stanisl. Kreise; letztere brannte im Febr. 1832 ab (1832 ex junio Nr. 91). — [6]) Diviš, a. a. O., 44—50, St. A. Prag, 1826—1835, Kom., Fasz. 1, subn. 261, 1832 Juli 33. — [7]) Bericht ü. d. Prager Ausst. von 1831, S. 95. — [8]) Notizen über Produktion, Kunst, Fabriken und Gewerbe, I, 33 ff.

In Mähren eine.

2. Die dem Freiherrn von Dalberg gehörige Fabrik zu Datschitz.

In Böhmen sechs.

3. Die des Fürsten von Thurn und Taxis zu Dobrawitz, welche in großem Stile betrieben wurde;

4. die des Fürsten von Oettingen zu Kuchelbad bei Prag;

5. die des Freiherrn von Dalberg zu Malleschau im Časlauer Kreise;

6. die des Grafen Czernin zu Chudenitz im Klattauer Kreise;

7. die von Oppelt zu Svinař in Berauner Kreise;

8. die des Ritters von Strohlendorf zu Bezděkau im Klattauer Kreise.

In Galizien drei.

9. Die von Mrozowicki zu Sokolowka im Brzezaner Kreise;

10. die des Grafen Fresnel zu Puzniki;

11. die des Grafen Potocki zu Olszanica bei Lemberg.

In Ungarn fünf.

12. und 13. Die des Nikolaus von Laczny zu Nagy-Födémes und Bátorkész im Neitraer Komitate seit 1830;

14. die des Grafen Karl Forgách zu Ghymes im Neitraer Komitate;

15. die des Grafen Apponyi in der Nähe von Preßburg;

16. die von Záhony zu Záhony im Unghvarer Komitate.

In Siebenbürgen eine.

17. Die dem Freiherrn von Josika gehörige zu Czáky Gorbo bei Klausenburg.

In Kärnten eine.

18. Die von Ritter von Moro zu Viktring bei Klagenfurt seit 1830.

Im Venezianischen eine.

19. Zu Monastier bei Treviso, den Brüdern Schram in Triest gehörig. Außerdem war in Ungarn schon 1829 zu Neusohl eine Aktiengesellschaft für Runkelrübenzuckerfabrikation gegründet worden, welche aber aus Mangel an Rüben lange großen Schwierigkeiten begegnete[1]).

Böhmen 1834/35.

Im Jahre 1834 erhielt das Handelshaus Krug & Bärenreither die einfache Fabriksbefugnis auf die Erzeugung von Rübenzucker und Kartoffelsyrup zu Ober-Stromka bei Prag, welche Fabrik im Jahre 1835 nach Karolinenthal verlegt wurde[2]). Ebenso wurde eine gleiche Befugnis dem Johann Freiherrn von Henninger, Besitzer der Güter Smolotell und Ertischowitz im Berauner Kreise erteilt, welcher die Fabrik auf letzterem Gute errichtete[3]).

Privilegien.

Während nach dem damaligen Privilegiensysteme auf Lebensmittel keine Alleinrechte verliehen werden konnten, wurde zur Beförderung der Vervollkommnung der Zuckererzeugungsmethoden durch allerhöchste Entschließung vom 9. Mai 1834 bewilligt, daß künftighin auch auf die Erzeugung und Raffinierung von Zucker Privilegien verliehen werden dürfen[4]).

---

[1]) Bericht ü. d. Wiener Ausst. v. 1845, S. 1015. — [2]) St. A. Prag, 1826—1835, Kom., Fasz. 1, subn. 400, 1834, Nov. 6. — [3]) St. A. Prag, 1826—1835, Kom., Fasz. 1, subn. 401, 1834, Okt. 25; Diviš, a. a. O., 51. — [4]) St. A. Prag, 1826—1835, Kom., Fasz. 1, subn. 1; vgl. auch oben S. 254.

Die Unternehmungslust war schon genügend geweckt und fortwährend entstanden neue Zuckerfabriken. So berichtete das galizische Gubernium unter Galizien. dem 3. Juni 1833, daß in den Fabriken zu Sokolowka und Olsanica zusammen 688 Ztr. Zuckermehl und in der letzteren Fabrik allein 240 Ztr. Raffinade erzeugt wurden. Die Fabrik in Puzniki, die im Frühjahr 1832 abgebrannt war, wurde wieder aufgebaut. Außerdem beabsichtigten damals die Dominien Zbarasz im Tarnopoler, Bialykamien im Zloczower und Biskowice im Samborer Kreise die Zuckererzeugung aus Runkelrüben aufzunehmen. Namentlich der Grundherr von Zbarasz, Graf Franz Potocki, hatte zu diesem Behufe ein ansehnliches Gebäude in Zbarasz mit großen Kosten adaptiert. Außerdem hatte im Jahre 1833 die von Johann Depaux & Anthim Ritter von Nikorowicz errichtete Fabrik in Krzywczyce die einfache Fabriksbefugnis erhalten, welche Unternehmung in der Nähe Lembergs ein vorzügliches Gedeihen versprach[1]).

In Niederösterreich begegnet man 1834 außer der Staatzer Fabrik Nieder- noch der des Franz Fleischhacker zu Neulengbach[2]). Im selben Jahre österreich. bestand in Kahlenbergerdorf eine Kartoffelzuckerfabrik unter der Leitung des Chemikers Heinrich F. A. Ludwig. Er erzeugte unter anderem auch sogenannten „Gesundheitszucker"[3]).

In Kärnten, wo die Gebrüder Ritter von Moro als erste die Erzeu- Kärnten. gung von Rübenzucker begonnen hatten, betrieb eine solche Fabrik seit 1833 auch Thaddäus von Lanner, Gutsbesitzer zu Krumpendorf im Klagenfurter Kreise[4]). Im Frühjahr 1837 begann auch das Benediktinerstift St. Paul den Bau einer Rübenzuckerfabrik in Wasserhofen und im November desselben Jahres wurden bereits 1600 Ztr. selbst gebauter Rüben verarbeitet[5]). 1839 beschäftigten sich in diesem Lande mit dieser Fabrikation auch ein Herr von Schwerenfeld und Ferdinand von Knappitz[6]).

In Krain hatte Michael Ritter von Pagliaruzzi Versuche unter- Krain. nommen, Rohzucker aus Rüben zu erzeugen[7]).

In der Steiermark, wo sich die Landwirtschaftsgesellschaft Mühe gab, Steiermark. diesen Industriezweig einzuführen, wurden vielfache Versuche unternommen; dies vornehmlich von Alois Geyer in Voitsberg, von Oblasser in Florian und von Wilhelm Scheiggl in Marburg. Bis 1840 war jedoch nur eine einzige Unternehmung zur Rübenzuckererzeugung und zwar zu Eppenstein von Karl Ebersberg errichtet worden[8]).

In Oberösterreich erhielt 1836 der Besitzer der Herrschaft Aurolz- Ober- münster, Maximilian Graf Arco, die Landesfabriksbefugnis zur Erzeugung österreich. von Rohzucker aus Rüben und zur Raffinierung desselben[9]).

---

[1]) A. d. k. k. Fin. Min., Kom., Fasz. 24, Nr. 3 ex julio 1833. — [2]) A. d. k. k. Fin. Min., Kom., Fasz. 24, Nr. 36 ex apr. 1834. — [3]) Bericht ü. d. Wiener Ausst. von 1835, S. 307. — [4]) Bericht ü. d. Klagenfurter Ausst. von 1838, S. 86. — [5]) Bericht ü. d. Klagenfurter Ausst. 1838, S. 85. — [6]) A. d. k. k. Fin. Min., Kom., Fasz. 29, Nr. 57 ex sept. 1839. — [7]) Bericht ü. d. Klagenfurter Ausst. 1838, S. 91. — [8]) Innerösterr. Industrie- u. Gewerbsblatt, 1840, S. 331. — [9]) A. d. k. k. Fin. Min., Kom., Fasz. 24, Nr. 113 ex jul. 1836; Ber. ü. d. Wiener Ausst. v. 1845, S. 1014.

In Böhmen nahmen die Fabriken derart zu, daß im Betriebsjahre 1835/36 schon folgende bedeutende Runkelrübenzuckerfabriken in Betrieb standen[1]):

	Name des Besitzers	Standort	Zeit der Errichtung	Eingerichtet auf die Verarbeitung von Zentnern Rüben zu Syrup oder Zucker
1	Fürst Thurn und Taxis .	Dobrawitz	1831	100.000, Syrup u. Zucker
2	Waagner	Smidar	1835	80.000, Syrup
3	Oppelt u. Weinrich . . .	Schlan	1835	60.000, Syrup
4	Fürst v. Kinsky	Slonitz	1835	40.000, Zucker
5	Fürst v. Lobkowitz . . .	Bilin	1835	40.000, Zucker
6	Fürst v. Oettingen-Wallerstein	Königsaal	1831	30.000, Syrup u. Zucker
7	Richter	Königsaal	1835	30.000, Syrup
8	Ritter v. Eisenstein . . .	Philippshof (Časl. Kr.) .	1835	30.000, Syrup
9	Ritter v. Neupauer . . .	Stranow	?	30.000, Syrup
10	Graf v. Czernin	Chudenitz	1830	20.000, Zucker
11	Baron v. Strohlendorf . .	Bezděkau.	1830	20.000, Zucker
12	Baron Dalberg	Sukdol	1832	20.000, Zucker
13	Krug & Bärenreither . . .	Oberstromka	1833	20.000, Syrup
14	Oppelt	Svinař	1832	20.000, Syrup u. Zucker
15	Baron v. Henninger . . .	Ertischowitz	1834	20.000, Zucker
16	Graf Wurmbrand	Liblin	1834	20.000, Zucker
17	Ritter v. Riese	Jungferbrzezan	1835	20.000, Zucker

Die Dobrawitzer Fabrik beschäftigte 1835 an 200 Arbeiter und wies an technischen Vorrichtungen auf: 1 Reibmaschine mit 2 Doppelzylindern, die, mittels eines Göpels in Bewegung gesetzt, imstande war, in 22 Arbeitsstunden 800 bis 900 Ztr. Rüben zu zerreiben, 10 doppelte Schraubenpressen zum Ausdrücken des Saftes, 8 Abdampfkessel und 10 kupferne Eindickkessel. Die Richtersche Fabrik in Königsaal übernahm auch von anderen Fabriken Syrup zur Weiterverarbeitung. Oppelt in Svinař verarbeitete außer Rüben auch Erdäpfelstärke und Erdäpfelsyrup. Die Fabrik zu Oberstromka beschäftigte 1835 98 Arbeiter; der daselbst produzierte Rohzucker wurde in der denselben Besitzern gehörigen Raffinerie in Karolinenthal weiter verarbeitet, welche auch Syrup von anderen Fabriken übernahm. Die Fabrik zu Bezděkau hatte 1835 50 Arbeiter, die zu Philippshof ebenfalls 50, die Ertischowitzer 32. Die Arbeitsperiode dauerte 6 bis 7 Monate. Die Vervollkommnung der Technik zeigte sich schon darin, daß die durchschnittliche Ausbeute 6% Zucker und 2½ bis 3% Melasse lieferte.

Zur weiteren Hebung dieses Industriezweiges wurden von der patriotisch-ökonomischen Gesellschaft dem Gubernium 1836 folgende Anträge gemacht: a) der Ausfuhrzoll auf Knochen soll erhöht werden, b) der Anbau von Rüben weiterhin empfohlen werden, c) der gegenwärtige Zollsatz auf die Zuckereinfuhr beibehalten werden, d) die seinerzeit auf inländischen Zucker einzuführende Verbrauchssteuer soll bei dessen Ausfuhr rückvergütet werden. Das Gubernium fand jedoch keine Veranlassung, in eine nähere Vergutachtung dieser Vorschläge einzugehen.

---

[1]) Mitteilungen f. Gew. u. Handel, Bd. 2 (1836) S. 172; St. A. Prag, 1826—1835, Kom., Fasz. 1, subn. 323, 466, 480.

Unter den Personen, welche sich nach Angabe der Landesstelle um die Zuckerindustrie besondere Verdienste erworben hatten, ragten besonders hervor die Fürsten Thurn-Taxis und Oettingen-Wallerstein, sodann Oppelt, Weinrich, Kodweiß und Oberleutnant Grebner[1]). Am vorzüglichsten haben sich Weinrich, Kodweiß und Richter auf diesem Gebiete betätigt. Später wurde das sogenannte „böhmische Verfahren" der „Weinrich-Kodweißsche Läuterungsprozeß" genannt. Im Jahre 1835 arbeiteten etwa drei Fünftel der gesamten Zuckerfabriken Böhmens unter der Aufsicht Kodweiß' und Weinrichs und die Mehrzahl der böhmischen Zuckerfabrikanten verdankten ihnen ihre Ausbildung[2]).

In der Richterschen Raffinerie zu Königsaal wurde seit 1812 bloß Kolonialzucker raffiniert. Bis 1819 büßte Richter wegen der herrschenden schwierigen Verhältnisse fast sein ganzes Vermögen ein. Erst nachdem den inländischen Raffinerien 1818 Zollbegünstigungen zugestanden worden waren, hob sich das Unternehmen wieder; 1834 führte Richter die Fabrikation von Rübenzucker ein und stattete seine Fabrik mit den modernsten Produktionsmaschinen und mit Dampfmaschinen aus. 1837/38 organisierte er eine ganze Gesellschaft von Gutsbesitzern, welche auf eigene Rechnung Rübensaft erzeugten, der dann in der Königsaaler Zentralzuckerfabrik zu reiner Raffinade verarbeitet wurde. Dies gab den Anstoß zur Entstehung zahlreicher neuer Rübenzuckerfabriken in den Jahren 1837 und 1838. Richter opferte bedeutende Geldsummen auf die Anschaffung verschiedener Maschinen und auf Versuche und seine Fabrik war ein wirklich nationales Unternehmen, eine Versuchsanstalt und ein Bildungsinstitut für eine ganze Reihe einheimischer Zuckerfabrikanten. Er starb 1846[3]). *Richter.*

Richters Beispiele folgte F. Frey in Wysočan bei Prag. 1832 unternahm er daselbst die ersten Versuche in der Rübenzuckerfabrikation. 1835 erwarb er selbst die Baustätte, wo er die Fabrik errichtete und baute auf eigenen Grundstücken Rüben. Dieser Rübenbau zu Wysočan wurde zu einer Schule für die ganze weite Umgegend. Frey kaufte außerdem auch Syrup von anderen Fabriken, um ihn zu raffinieren[4]).

Die Fortschritte der Zuckerindustrie in den Jahren 1831—1835 wären noch größer gewesen, wenn nicht der Mangel an Rüben dies gehindert hätte, was teils im Mißraten der Rüben infolge der trockenen Jahrgänge, teils im geringen Anbau und dem Mangel an den hiezu nötigen Kenntnissen zum rationellen Betriebe dieses Wirtschaftszweiges seitens der Ökonomen begründet war. Die patriotisch-ökonomische Gesellschaft hatte in ihren Kalendern 1832/33 umfassende Belehrungen über den Rübenanbau veröffentlicht. Ebenso verfaßte K. Weinrich eine Anleitung zum Anbau von Runkelrüben. Seine Ausführungen wurden zuerst in den Berichten der patriotisch-ökonomischen Gesellschaft abgedruckt, welche 1835 2000 Exemplare davon dem Landespräsidium

[1]) St. A. Prag, 1836—1840, Kom., Fasz. 104, Nr. 2, subu. 2, 29. April 1836; Kreutzberg, Skizzierte Übersicht (1836), S. 56 ff.; Diviš, a. a. O., 72 f.; Ber. ü. d. Prager Ausst. v. 1836, S. 51. — [2]) Beiträge zur Gesch. d. Gew. u. Erf., I, 186; Diviš, a. a. O., 25 f. — [3]) Diviš, a. a. O., 53—57; Ber. ü. d. Prager Ausst. v. 1836, S. 27 f. — [4]) Diviš, a. a. O., 57 f.

mit dem Ersuchen überreichte, dieselben im Lande unentgeltlich verteilen zu lassen.

Manche Fabrik hatte bloß aus Mangel an Rüben oder wegen der schlechten Qualität derselben den Betrieb einstellen müssen. Der Rübenanbau wurde namentlich seitens der kleinen Landwirte irrationell betrieben, weshalb er sich auch nicht rentabel gestaltete. Auch war die Qualität der Rüben meist schlecht. Auf den Domänen der reichen Grundherren ging der Anbau rationeller vor sich, weshalb auch die Erfolge dementsprechend bessere waren[1]).

Ein großer Teil der kleinen Fabriken war bloß auf die Erzeugung von 30⁰ Baumé eingedicktem Syrup eingerichtet, welcher dann in den vollkommener eingerichteten Fabriken weiter verarbeitet wurde. Diese verarbeiteten den Syrup in 5 bis 6 Monaten zu Rohzucker und die übrige Zeit brachten sie mit dem Raffinieren zu[2]).

Die Zuckererzeugung aus inländischen Stoffen wurde zu dieser Zeit von den Behörden, insofern der Unternehmer diese Stoffe auf eigenen Grundstücken erzeugte, als eine freie landwirtschaftliche Industriebeschäftigung aufgefaßt, zu deren Betriebe die Erwirkung einer Gewerbebefugnis nicht notwendig war. Die gewerbsmäßige Behandlung dieser Beschäftigung hatte nur dann einzutreten, wenn die hiebei verwendeten inländischen Stoffe auf fremdem Boden gewonnen wurden[3]).

Mähren. In Mähren, wo die neue Periode der Zuckerindustrie ihren Anfang genommen hatte (Datschitz), begegnet man weiteren Gründungen erst verhältnismäßig spät. Im Juni 1836 erhielt Hugo Karl Altgraf zu Salm, Besitzer der Herrschaft Raitz, die einfache Fabriksbefugnis zur Erzeugung von Rübenzucker und gründete die Fabrik in Gemeinschaft mit Dr. Reichenbach[4]).

Seelowitz. Im selben Jahre wurde das große Etablissement in Groß-Seelowitz begonnen und bis 1838 fertiggestellt. Mit der Errichtung dieser Fabrik trat die österreichische Zuckerindustrie aus ihrer Kindheit heraus, um selbständig dazustehen. In Seelowitz waren alle Fortschritte, welche die Zuckerindustrie im Auslande gemacht hatte, vereinigt, so daß unter der energischen Leitung Florent Roberts (eines Franzosen) dieses Unternehmen bald als Muster nicht nur für Österreich, sondern für alle Staaten angesehen werden mußte. 1842 brannte die Fabrik zwar ab, wurde aber bald wieder aufgebaut und mit weiteren Verbesserungen versehen. Von hier aus sollten später bahnbrechende Erfindungen, welche die Technik der Zuckergewinnung auf eine ganz neue Grundlage stellten, ausgehen[5]). Im Jahre 1845 hatte diese Unternehmung zwei Dampfmaschinen von 4 und 15 Pferdekräften; 6 eiserne Kesselapparate dienten zur Erzeugung des nötigen Dampfes. Hiedurch wurden 2 Waschtrommeln, 2 Reiben, 2 Kontinuepressen, 6 Crespelsche Pumpen und 1 Pumpe, welche täglich 3000 Eimer Wasser hob, in Bewegung gesetzt. Bei vollem Betriebe waren zur

[1]) Diviš, a. a. O., 61—65. — [2]) Diviš, a. a. O., 52. — [3]) A. d. k. k. Fin. Min., Kom., Fasz. 24, Nr. 37 ex dec. 1837. — [4]) St. A. Brünn, Fasz. 39, 1836, Juni 4.; Ber. ü. d. Wiener Ausst. v. 1839, S. 468; Großind. Öst., V, S. 156. — [5]) Beiträge zur Gesch. d. Gew. u. Erf., I, 187 f.; Oberländer in Festschr. d. Brünner H. u. G. K., 1909, S. 90.

Läuterung 6 Kessel, jeder zu 20 Eimer Saft und 2 Degrandsche Sudkessel (Vacuumapparate) zum Abdampfen und Garkochen des Saftes in Tätigkeit. Die Läuterung erfolgte mit Kalk ohne Zusatz von Schwefelsäure. Die Kontinuepressen waren in der Werkstätte der Wien-Gloggnitzer Eisenbahn verfertigt worden. Die Seelowitzer Fabrik beschäftigte damals von September bis Ende März 200 Arbeiter[1]).

Im Jahre 1836 wurde in Mähren die Graf Stockauische Fabrik in Na-pagedl gegründet, wobei Dr. Friedrich Kodweiß in maßgebender Weise beteiligt war.

Folgende Tabelle veranschaulicht die weitere Entwicklung der mährischen Zuckerindustrie[2]):

Name des Besitzers	Kreis	Fabriksort	Zeit der Errichtung (der öffentlichen Bekanntmachung)
Graf Larisch-Mönnich	Teschen . .	Ober Suchau	Juli 1837 (Anzeige u. d. Erricht.schon1834)
Ritter von Wachtler (aufgel. 1852)	Hradisch . .	Wsetin	Okt. 1837
Graf von Stockau	dto . . .	Napagedl	28. Okt. 1837
Friedrich Frh. v. Schöll	Brünn . . .	Tischnowitz.	1. Nov. 1837
Ignaz, Albert u. Leop. R. v. Neuwall	dto. . . .	Martinitz (Klobauk) .	Dez. 1837
Hugo Karl Altgraf v. Salm . . .	dto. . . .	Raitz	1. Jän. 1838
Robert & Co., Wiener Großhändler	dto. . . .	Seelowitz	5. Febr. 1838
Christian Daniel Satzger	dto. . . .	Eichhorn	4. Febr. 1839
J. A. Blahut (1858 eingegangen) .	Prerau . . .	Fulnek	15. Apr. 1839
Graf St. Genois	Olmütz . .	Czellechowitz	Dez. 1838
Ritter von Weissenburg (1844 aufgehoben)	dto. . .	Hluchow	15. Jän. 1841
Franz Graf Dietrichstein	Brünn . . .	Sokolnitz	1841
Graf v. Stockau	Hradisch . .	Rimnitz	1. Nov. 1841
Bernard Back	Olmütz . .	Proßnitz	Febr. 1844
Karl Schößler	Hradisch . .	Gaya	Jänner 1846
Moriz Graf Strachwitz	Olmütz . .	Schebetau	4. Aug. 1846
Laurenz Czernotzky	Prerau . . .	Freiberg	Dez. 1846
Johann Putterlik	Brünn . . .	Brünn	Jänner 1847
Franz Ruprecht	Olmütz . .	Olmütz	Jänner 1847
Johann Kier	Brünn . . .	Schwarzkirchen	März 1847
Anton Römisch.	Prerau . . .	Mähr.-Ostrau	März 1847
Friedrich Kurzweil	Hradisch . .	Bisenz	15. Sept.1848

Mit der Verallgemeinerung des Dampfbetriebes seit dem Anfange der Vierzigerjahre begann erst der eigentliche Aufschwung der Zuckerindustrie. Früher waren nur wenige Fabriken auf dem Dampfbetrieb eingerichtet, so bis 1840 von den 52 böhmischen Fabriken nur 7[3]).

In Mähren und Schlesien bestanden 1843 13 Zuckerfabriken; 3 verarbeiteten die Rüben bloß zu Syrup, darunter auch jene des Grafen Dietrichstein zu Protiwanow bei Brünn. 6 bereiteten aus selbsterzeugtem Syrup Rohzucker, worunter jene zu Gustavshof bei Eichhorn, zu Sokolnitz, Tischnowitz, Napagedl

---

[1]) Ber. ü. d. Wiener Ausstellung v. 1845, S. 1009 f. — [2]) D'Elvert, a. a. O., XIX, 605 f. — [3]) Diviš,. a. a. O., 79 ff.

und Wsetin. 5 Fabriken raffinierten den aus selbsterzeugtem Syrup gewonnenen Rohzucker sowie sie auch erkauften Syrup und Rohzucker weiter veredelten. Die verarbeitete Rübenmenge betrug zu Martinowes (Martinitz) bei Klobauk 102.000 Ztr., zu Raitz 51.000 Ztr., zu Seelowitz 140.000 Ztr., zu Czellechowitz 64.000 Ztr., endlich zu Ober-Suchau, 70.000 Ztr.

Die Fabriken in Mähren vervollkommneten sich immer mehr, so daß sie im Jahre 1846 in bezug auf Umfang und Betriebseinrichtungen die böhmischen Fabriken überholten. In diesem Jahre verarbeiteten die 13 mährischen Fabriken zusammen 814.000 Wr.Ztr. Rüben, die 31 böhmischen hingegen 693.600 Wr. Ztr.[1])

Nieder-österreich. In Niederösterreich wurde 1844 die Rübenzuckerfabrik zu Dürn-krut von Ghirardello & Dolainski gegründet. In derselben Zeit befand sich eine landesbefugte Rübenzucker- und Kartoffelsyrupfabrik zu Kemmelbach ob dem Wiener Walde[2]).

Zucker-erzeugung Österreich-Ungarns im Jahre 1844. Über die Menge der in Österreich-Ungarn angebauten Rüben und des daraus erzeugten Zuckers gibt folgende Tabelle für das Jahr 1844 Aufschluß[3]):

Land	Anzahl der niederösterreichischen Joche		Menge in Wiener Zentnern	
	des ganzen Ackerlandes	des für den Runkelrübenbau verwendeten Ackerlandes	an Runkelrüben	an daraus erzeugtem Zucker
Niederösterreich	1,399.910	183	55.000	2.750
Oberösterreich	850.578	40	12.000	600
Steiermark, Kärnten u. Krain	1,204.878	17	5.000	250
Böhmen.	3,890.812	2.333	700.000	35.000
Mähren und Schlesien . . .	2,362.630	2.000	600.000	30.000
Galizien	5,804.114	717	215.000	10.750
Summe . . .		5.290	1,587.000	79.350
Ungarn	14,455.872	1.333	400.000	20.000
Siebenbürgen	1,286.396	77	23.000	1.150
Die ganze Monarchie . . .		6.700	2,010.000	100.500

Zucker-fabriken im Jahre 1844. Im Jahre 1844 waren folgende Rübenzuckerfabriken in der Monarchie in Betrieb[4]):

Land	Name des Eigentümers	Betriebsort	Land	Name des Eigentümers	Betriebsort
Nieder-österr.	Ghirardello & Dolainski .	Dürnkrut	Böhmen	Frh. C. v. Dalberg . . .	Sukdol
Ober-österr.	Graf Arco	Aurolzmünster		Adalb. Patzelts Wtwe. . .	Czaslau
Illyrien	Gebrüder Moro.	Viktring		Fürst Ferd. Kinsky . .	Martinowes
	Thaddäus Lanner . . .	Krumpendorf		Fürst Lobkowitz	Bilin
Böhmen	Anton Richter & Co.. .	Königsaal		Fürst Oettingen-Waller-	
	Fürst Oettingen-Waller-			stein	Neuhof
	stein	Königsaal		Martin Wagner.	Girna
	Graf Oktav. Kinsky . .	Chlumetz		Franz Pistel	Raditsch
	Fürst Thurn-Taxis . . .	Dobrawitz		Anton Oppelt	Schlan
	Joh. Gedliczka	Przibram		Fürst Ferd. Lobkowitz . .	Ulbersdorf
	Graf Colloredo-Mannsfeld	Pradlo		Joh. Heinr. Lendeke . .	Lieben
				Stift Strahow	Mühlhausen
				Aktiengesellschaft . . .	Budweis

---

[1]) Diviš, a. a. O., 85—88. — [2]) Ber. ü. d. Wiener Ausst. v. 1845, S. 1012, 1016. — [3]) Ber. ü. d. Wiener Ausst. v. 1845, S. 1006. — [4]) Bericht ü. d. Wiener Ausst. v. 1845, S. 993—1000.

Land	Name des Eigentümers	Betriebsort	Land	Name des Eigentümers	Betriebsort
Böhmen	Fürst Colloredo-Mannsfeld	Ledetsch	Mähren und Schle-	Graf Dietrichstein . . .	Protiwanow
	Derselbe	Dobrzisch	sien	Gräfin Reichenbach-Lessonitz	Wranow
	Karl Weinrich	Sadska		Phil. Semsch	Regens
	M. H. Satzger (früher Bärenreither)	Lieblitz	Galizien	R. v. Weissenburg . . .	Hluehow
	Friedrich Frey	Wysočan		Graf Fresnel	Olszanica
	Fürst Joh. Lobkowitz .	Krzimitz		Joh. Kwiech	Czarnuszowice
	J. H. W. Lendeke . . .	Neu-Bydschow		A. v. Nikorowicz	Krzywczyce
	M. Fr. R. v. Riese . . .	Wodolka		Josef Malisz	Bialikamien
	Martin Wagner	Smidar		Fürst Karl Jablonowsky	Niezniow
	Heinr. Herz	Libniowes		Alfr. Graf Potocki . . .	Lancut
	Schuller & Co.	Zasmuk		Derselbe	Wierzawice
	R. v. Eisenstein	Philippshof		Graf Dieduszycki . . .	Tlumacz
	R. v. Neubauer	Wanczurow		G. Romaszkans Erben .	Koszylowce
	v. Hildprandt	Blatna		C. Uruskis Erben . . .	Szlachecka
	Fürst Taxis und Graf Schönborn	Luschan	Ungarn	Aktiengesellschaft . . .	Neusohl
	Fürst Taxis und Baron Zesmer	Litschkau		Aktiengesellschaft . . .	Kaschau
Mähren und Schle- sien	Franz Grebner, Baron Widmann u. G. G.			Aktiengesellschaft . . .	Szered
	Pietro Sartorio	Datschitz		Graf Al. Almásy	Kétegyház
	Graf Larisch	Ober-Suchau		Graf L. Batthyany . .	Ikervár
	H. K. Altgf. zu Salm . .	Raitz		Prinz Coburg-Koháry .	Edelény
	Graf Stockau	Napagedl		von Czindery	Szigetvár
	Gebr. R. v. Neuwall . .	Klobauk		Fürst Esterházy	Esterház
	R. v. Wachtler	Wsetin		Graf A. Forgách	Gács
	Robert & Co.	Groß-Seelowitz		Graf K. Forgách . . .	Ghymes
	Graf St. Genois	Czellechowitz		Baron Jeszenak	Wilke
	J. A. Blahnd	Fulnek		Gebr. Kießling	Preßburg[1])
	Ch. D. Satzger	Gustavsthal bei Eichhorn		Koller	Karva
				v. Láczny	Födémes
	Fried. Frh. v. Schöll. .	Tischnowitz		V. Meyer und v. Adámovics	Csepin
	Fr. Graf Dietrichstein .	Sokolnitz		Fürst Odescalchi	Szolcsány
	Graf Stockau	Rimnitz		von Ritter	Záhony
	Bern. Back	Proßnitz		A. V. Sibrik	Csecsény
	Herrschaft Schebetau .	Schebetau	Sieben- bürgen	Gebr. Woymar	Tyrnau
				Gesellschaft (A. Popper)	Klausenburg
				Freiin Josika	Gorbó
				Aktiengesellschaft . . .	Hermannstadt

Am wichtigsten unter den Fabriken in Ungarn waren die von Meyer und Adámovics zu Csepin (gegründet 1836[2]), des Prinzen Coburg-Koháry zu Edelény, die Aktiengesellschaften zu Neusohl, Kaschau, Szered, die Fabrik des Grafen Batthyany zu Ikervár und die des Czindery zu Szigetvár[3]).

Wenn auch die Zuckerindustrie der österreichisch-ungarischen Monarchie zu Anfang der Vierzigerjahre den inländischen Konsum noch bei weitem nicht zu decken vermochte (1841 betrug die Einfuhr fast 7 Millionen Gulden, die Ausfuhr nur 698 fl.[4]), so war doch der Grund zu ihrer weiteren Entwicklung gelegt. Auf diesem Wege fortschreitend, mußte der inländische Zucker in nicht ferner Zeit nicht nur den Bedarf der Monarchie befriedigen, sondern auch zu einem wichtigen Ausfuhrartikel werden.

XXVII. Kapitel.

Die Maschinenindustrie[5]).

Das Heimatland der Maschinenindustrie ist England, welches gerade durch seine Maschinen auf industriellem Gebiete einen gewaltigen Vorsprung vor allen

---

[1]) Gegründet 1838 (Ber. ü. d. I. ungar. Gewerbeausst. i. J. 1842, S. 8). — [2]) Ber. ü. d. I. ung. Gewerbeausst. i. J. 1842, S. 7. — [3]) Ber. ü. d. Wiener Ausst. v. 1845, S. 1008. — [4]) Tafeln zur Stat. d. öst. Mon. f. 1841. — [5]) Über die Stellungnahme der Staatsverwaltung zum Maschinenwesen, vgl. oben Kap. VIII.

anderen Staaten erlangte. In Österreich kann von einer solchen Industrie vor dem 19. Jahrhundert überhaupt keine Rede sein, da kompliziertere Maschinen vorher noch auf keinem Gebiete der Industrie in Verwendung standen. Erst als seit dem Anfange des 19. Jahrhunderts bei den größeren Fabriksunternehmungen immer mehr Maschinen verwendet wurden, machte sich das Bedürfnis nach einer inländischen Erzeugung geltend. Zunächst errichteten einige größere Fabriksunternehmer, namentlich in der Textilindustrie, eigene mechanische Werkstätten, in welchen die für ihren Fabrikbetrieb nötigen Maschinen gebaut wurden. Ebenso verfertigten auf Bestellung die größeren Eisenwerke in Böhmen, Mähren und Innerösterreich Maschinenbestandteile aller Art. Als aber der inländische Bedarf mehr angewachsen war, begannen nach und nach auch selbständige Unternehmungen zu entstehen, um sich nur mit der Erzeugung von Maschinen abzugeben, ebenso wie sich die größeren Eisenwerke immer mehr auf dieses Gebiet verlegten. Das starke Anwachsen der Baumwollspinnereien und Appreturanstalten für Schaf- und Baumwollwaren, das Überhandnehmen von Dampfmaschinen in den Fabriksbetrieben, das Aufkommen der Dampfschiffahrt und der Eisenbahnen ermöglichten erst die Entwicklung dieses neuen Industriezweiges. Selbst Schlosser, Kupferschmiede und Inhaber kleinerer Werkstätten begannen in den größeren Städten sich immer mehr mit Reparaturen und auch mit der Erzeugung von Maschinen abzugeben. Doch ging die Entwicklung ziemlich langsam vor sich, da beim relativ sehr hohen Preis aller Maschinen dazu gewöhnlich ein großes Betriebskapital nötig war und auch nur gelernte und in der Mechanik bewanderte Arbeitskräfte, sowie theoretisch gebildete und praktisch erfahrene Leiter verwendet werden konnten. Daher konnte eine heimische Maschinenindustrie nur allmählich entstehen und sich nur nach und nach der Vollkommenheit nähern, die notwendig war, um das Inland selbst zu versorgen und mit den durch lange Übung und ausgedehnten Betrieb schon viel früher erstarkten Maschinenbauunternehmungen des Auslandes konkurrieren zu können.

Als sich seit dem Anfange des 19. Jahrhunderts die Spinnmaschinen und später die mechanischen Webstühle in Österreich Eingang verschafften, war die Grundlage für eine inländische Maschinenindustrie, nämlich der steigende Bedarf von Maschinen, gegeben. Das strenge Verbot, das England auf die Ausfuhr von Spinnmaschinen oder deren Zeichnungen gesetzt hatte, konnte dies auf die Dauer nicht hindern. Altgraf Hugo zu Salm brachte 1802 gemeinsam mit dem Brünner Landschafts-Apotheker Petke nach Überwindung mancher Gefahr Zeichnungen aller Schafwollspinnmaschinen nach Brünn und gründete sodann im Vereine mit anderen unternehmenden Männern in Brünn die erste österreichische „Schafwollspinnmaschinen-Errichtungsanstalt". Diese erste Werkstätte konnte sich aber nicht lange behaupten[1]).

Um dieselbe Zeit bemühten sich auch Freiherr von Kolbielski und mehrere andere um Privilegien zur Anlegung von Fabriken von englischen Spinnmaschinen, jedoch ohne Erfolg. Ja es wurde sogar seit 1803

---

[1]) Festschr. d. Brünner Handeskamm., 1909, S. 68.

die Befugniserteilung zur Aufstellung von Baum- und Schafwollspinnmaschinen von der Bewilligung der Hofkammer abhängig gemacht und auf die Verspinnung von Flachs mit Maschinen wurden überhaupt keine Befugnisse verliehen[1]). Daß ein solches Verhalten der Regierung, auch wenn diese Bestimmungen nicht in maschinenfeindlichem Sinne gebraucht wurden und bezüglich der noch nicht erfundenen Flachsspinnmaschine auch ganz wirkungslos bleiben mußten[2]), nicht gerade zur Errichtung von Maschinenfabriken ermuntern konnte, ist begreiflich. Als sich diese Stellung der Staatsverwaltung seit 1811 geändert hatte[3]), da begannen sich unternehmende Männer bald wieder zu regen. Im Jahre 1812 errichtete Altgraf Salm zusammen mit Johann Arzberger und Johann Wilhelm Götz in Daubrawitz in Mähren eine Fabrik „zur Verfertigung aller Art mathematischer, physikalischer, astronomischer und technischer Instrumente und Werkzeuge und aller Gattungen Maschinen zum Gebrauche des Ökonomen, Technikers, Handelsmannes, Geometers und Astronomen". Bald waren daselbst gegen 30 „geschickte Handwerker und Künstler" fortwährend beschäftigt. Auch Dampfmaschinen sollten gebaut werden. Aber auch diese Gründung hatte keinen Erfolg, was in dieser Zeit der größten wirtschaftlichen Depression und der äußeren Wirren wohl begreiflich erscheint, und hörte schon 1815 auf[4]). Hatte doch auch die mit beträchtlichen Unterstützungen und einem ausschließenden Privileg 1815 errichtete Fabrik von Girard, die einerseits Flachsspinnmaschinen bauen, anderseits die Flachsspinnerei selbst hätte betreiben sollen, trotz der fortwährenden Vorschüsse und Förderungen keinen positiven Erfolg[5]).

Nicht nur, daß die Einführung von Maschinen größere Kapitalien erforderte, deren Investierung in einer politisch unruhigen Zeit, in welcher überdies gerade eine große finanzielle Krise ihre zerstörenden Wirkungen geltend machte, nur wenige riskieren konnten und von diesen wenigen kaum einzelne wagten, sondern es trat außerdem gerade bei den Industriezweigen, die vorher im größten Aufschwunge begriffen gewesen waren, seit der Finanzkrise und dem Aufhören der Kontinentalsperre eine fast vollständige Stockung ein, die erst um die Mitte der Zwanzigerjahre gänzlich schwand (vor allem in der Baumwollspinnerei und Baumwollwarenfabrikation). Anderseits mußten der große Arbeitermangel, der in jener Zeit herrschte, sowie die durch die Lebensmittelteuerung stark gestiegenen Löhne fördernd auf die Einführung von Maschinen wirken.

So kam es, daß bald neue Versuche zur Maschinenfabrikation gemacht wurden. Ja man wagte sich bald sogar an die Erzeugung von Dampfmaschinen heran. Die erste in Österreich hergestellte Dampfmaschine wurde 1806 von Ritter von Gerstner im Gebäude der polytechnischen Lehranstalt in Prag zu Lehrzwecken aufgestellt. Das zum Bau erforderliche Eisenmaterial

---

[1]) Vgl. oben S. 185 ff. — [2]) Vgl. oben S. 187 ff. u. 365 ff. — [3]) Vgl. oben S. 190 ff. u. 366 ff. — [4]) Festschr. d. Brünner Handelskamm., S. 68; Stattb. A. Brünn, 1812, September 4; D'Elvert, a. a. O., XV, S. 371, 404.— [5]) Vgl. oben S. 191 ff.

wurde vom Grafen von Wrbna von seinem Eisenwerke in Hořowitz' unentgeltlich geliefert. Im Jahre 1810 ließ ebenfalls zu Lehrzwecken Graf Bouquoy eine Dampfmaschine auf der Herrschaft Rothenhaus erbauen. 1815 erbaute der Mechaniker des Prager polytechnischen Institutes Johann Božek eine Dampfmaschine, die zur Fortbewegung eines Wagens diente[1]).

Mähren. Die österreichische Maschinenindustrie nahm in Mähren ihren Ausgang. 1815 erbaute der Pächter der Eisenwerke zu Stiepanau in Mähren, der Engländer Baildon im Auftrage des Brünner Feintuchfabrikanten Christian Wünsch eine doppelt wirkende Dampfmaschine mit Rotationsbewegung, die erste, die in Mähren hergestellt wurde. Infolge ihrer unzureichenden Leistungsfähigkeit von 4 bis 6 Pferdekräften erfüllte sie jedoch die in sie gesetzten Hoffnungen nicht. Da sich auch in der Konstruktion und Ausführung wesentliche Mängel zeigten, mußte sie bald völlig außer Betrieb gesetzt werden. Diese schlechten Erfahrungen schreckten zunächst von weiteren kostspieligen Versuchen ab und es dauerte seitdem mehrere Jahre, bis überhaupt in Österreich die erste brauchbare Dampfmaschine inländischer Erzeugung aufgestellt werden konnte[2]). Auch war gerade um diese Zeit aus den oben angeführten Gründen sicher keine genügende Nachfrage nach den noch so kostspieligen[3]) Dampfmaschinen zu erwarten.

Boner, Eylardy und Daehlen. Im Jahre 1815 erhielten die eingewanderten „Maschinisten" Boner (aus Westfalen), Eylardy (aus Bremen) und Daehlen (aus Eupen) von der Regierung ein Fabrikprivileg zur Verfertigung aller Arten Maschinen für die Wollwarenerzeugung in Brünn. Im selben Jahre beschäftigten sie schon in den Schlosserwerkstätten 14 Arbeiter, in den Tischlerwerkstätten 10, in der Drechslerei 3, in der Gelbgießerei 1 Arbeiter. Diese Unternehmung übte auf die Ausbreitung der maschinellen Technik in der Brünner Wollindustrie keinen unerheblichen Einfluß aus.

Vor den Zwanzigerjahren war die ganze Maschinenfabrikation Österreichs noch in den Kinderschuhen, es waren mehr Versuche, welche keinen durchschlagenden Erfolg hatten. Erst in den Zwanzigerjahren wurde es allmählich Heinrich anders. Der Mann, der diese neue Richtung einleitete, war Heinrich Luz, Luz. ein Württemberger, der 1818 nach Österreich einwanderte und 1821 im Vereine mit dem Tuchindustriellen Schöll in Schlapanitz bei Brünn eine Maschinenwerkstätte zur Erzeugung von Dampfmaschinen Wattschen Systems gründete. Dieser Unternehmung war ein voller Erfolg gegönnt. Im Jahre 1825 entstand hier die erste Dampfmaschine inländischen Ursprungs, welche sich im Betriebe bewährte. Dieses Jahr ist denkwürdig in der Geschichte der österreichischen Maschinenindustrie und könnte im gewissen Sinne als das Geburtsjahr derselben angesehen werden. Der Anfang war gemacht und die Fortsetzung des Begonnenen minder schwierig. Diese Fabrik übersiedelte 1836 nach Brünn und setzte mit großem Erfolge den Bau von Dampfkesseln und von

[1]) Mitteil. f. Gew. u. Hand. (1835), I, S. 515. — [2]) Festschr. d. Brünner Handelskamm., S. 68 f.; Breindl in Schram, Vaterl. Denkwürdigkeiten, II, S. 134 ff. — [3]) Über die Preise der Dampfmaschinen vgl. unten S. 623.

Appreturmaschinen für die Schafwollwarenindustrie fort. Sie erzeugte außerdem auch andere Maschinen und Instrumente, wie hydraulische Pressen, Dampfkessel für Runkelrübenzuckerfabriken, Turmuhren aus Gußeisen u. dgl.[1]).

Neben Luz erwarb sich der Niederländer Peter Comoth um die Maschinenindustrie in Mähren große Verdienste. Er erhielt 1821 die einfache Fabriksbefugnis zur Erzeugung von Wasser- und anderen Triebwerken, dehnte später seine Erzeugung auch auf Schrobel-, Spinn-, Scher- und Dampfmaschinen aus und war zu Ende der Dreißigerjahre weit bekannt[2]). Peter Comoth.

Diese zwei Fabriken entwickelten sich sehr günstig, da ja immer mehr die Erkenntnis durchdrang, daß der Maschinenbetrieb wesentliche Vorteile biete und die Erhaltung der Konkurrenzfähigkeit in erster Linie von der Anwendung der besten technischen Errungenschaften abhänge. Das Zunehmen dieser Ansicht erhellt gerade aus der immer mehr steigenden Verwendung von Dampfmaschinen. Während zu Ende des Jahres 1830 im Inlande kaum 18 Dampfmaschinen in Betrieb standen, wuchs diese Zahl bis 1841 auf 231 an. Von diesen waren 150 mit 1628 Pferdekräften im Inland erbaut, darunter 44 mit 354 Pferdekräften bei Heinrich Luz und 7 mit 40 Pferdekräften bei Peter Comoth. Somit war der Zahl nach ein Drittel aller bis 1841 im Inland erbauten Dampfmaschinen von diesen zwei Fabriken ausgegangen[3]).

Mehrere sonstige Maschinenwerkstätten, die in Brünn in den Dreißigerjahren entstanden, gelangten zu keiner größeren Bedeutung. Wohl aber entstanden außerhalb Brünns in Mähren und Schlesien noch andere größere Unternehmungen dieser Art.

Im Jahre 1825 war unter Leitung des berühmten Chemikers und Technikers Dr. Reichenbach, den Altgraf Salm zur Ausführung seiner Pläne 1821 aus Deutschland berufen hatte, in Verbindung mit dem Eisenwerke zu Blansko eine Maschinenwerkstätte entstanden, welche unter anderem die Erzeugung von Schnelldruckmaschinen, hydraulischen Pressen und Dampfmaschinen in Angriff nahm. Die Unternehmung entwickelte sich sehr gut und erstreckte ihre Fabrikation allmählich auch auf Räderwerke, Mühlen und Pumpwerke, Reiben für die Zuckerfabriken, Drehbänke, Hobel-, Bohr- und landwirtschaftliche Maschinen. Im Jahre 1840 wurde dieser Werkstätte eine zweite angegliedert. Bis 1841 waren daselbst 4 Dampfmaschinen mit 46 Pferdekräften erbaut worden[4]). Blansko.

Außerdem wurden in dieser Zeit in Mähren und Schlesien noch Dampfmaschinen erzeugt von Pflieger in Bielitz (gegründet 1836, erzeugte auch

---

[1]) Festschr. d. Brünner Handelskamm., S. 69 f.; Großind. Öst., III, S. 40; Keeß, a. a. O., II, S. 119; Verz. d. Ind. Ausst. in Brünn, 1836, S. 12; Frankenstein, Fabriksbilderatlas, 1843, S. 4; Schram, Ein Buch für jeden Brünner, III, S. 101; H. K. A. Kom., Praes. 1819, Nr. 287; Statth. A. Brünn, 1815, Jänner 5.; D'Elvert, a. a. O., XV, S. 404. — [2]) Auch die ärarische Wollenzeug- und Tuchfabrik in Linz bediente sich seiner „berühmten Spinnmaschine" (Pillwein, Wegweiser durch Linz, S. 287). — [3]) Vgl unten S. 621. — [4]) D'Elvert, a. a. O., XV, S. 435, XIX, S. 86; Festschr. d. Brünner Handelskamm., S. 70; Tafeln z. Stat. f. 1841; Schram, Ein Buch für jeden Brünner, III, S. 101; vgl. auch S. 621.

Schermaschinen,. beschäftigte 1845 36. Arbeiter und 1 Dampfmaschine von 3 Pferdekräften), Adelmann in Teschen und in den Eisenwerken von Witkowitz und Zöptau[1]).

Die Firma Luft in Troppau lieferte seit dem Ende der Dreißigerjahre Maschinen und Apparate für Runkelrübenzuckerfabriken[2]).

Außer diesen Unternehmungen waren nur noch die Werkstätte für Baumwoll- und Streichgarnspinnmaschinen von Thomas Bracegirdle, der früher seine Fabrikation in Harzdorf bei Reichenberg und in Gablonz ausgeübt hatte und 1844 nach Brünn übersiedelte, von Bedeutung, da sie namentlich in der Erzeugung von Streichgarnspinnmaschinen einen hohen Grad von Vollkommenheit erreichte[3]).

In Brünn gab es auch mehrere Unternehmungen, welche Schrobel-, Spinn- und Schermaschinen, sowie Schaf- und Baumwollkratzen erzeugten[4]).

Die mährische Maschinenindustrie war in den Vierzigerjahren noch nicht genug entwickelt, um dem schnellen Aufschwunge, namentlich der Brünner Schafwollindustrie zu folgen und den Gesamtbedarf an Maschinen zu decken, so daß zahlreiche Maschinen aus dem Auslande beschafft werden mußten. Der vielfache Mangel an allen Anforderungen entsprechendem Rohmaterial und an genügender geschulter Arbeiterschaft bildete ein wesentliches Hemmnis, welches nur allmählich überwunden werden konnte[5]).

Böhmen. In Böhmen haben die Dampfmaschinen erst seit 1823 Eingang gefunden. Ihre späte Einführung und nicht sehr große Verbreitung ist dem Umstande zuzuschreiben, daß die böhmische Industrie ihren Sitz größtenteils in der Nähe der Randgebirge hatte, wo zahlreiche vorzügliche Wasserkräfte als Triebkraft benützt werden konnten.

Edw. Thomas. Die erste Unternehmung, welche in Böhmen Dampfmaschinen erzeugte, war die Maschinenbaufabrik von Edward Thomas, gegründet 1820 von Edward und James Thomas in Reichenberg als Atelier zur Herstellung Bracegirdle. größerer Maschinen und Triebwerke, 1830 jedoch unter Mitwirkung von Bracegirdle als Werkstätte zur Herstellung von Spinn-, Web- und Appreturmaschinen nach Altharzdorf bei Reichenberg und später in die Prager Vorstadt Karolinenthal übertragen. Von den um die Mitte der Dreißigerjahre in Böhmen in Gang befindlichen 25 Dampfmaschinen mit 302 Pferdekräften waren 9 mit 116 Pferdekräften aus diesen Werkstätten hervorgegangen mit Ausnahme der Dampfkessel, welche aus England bezogen worden waren.

Bracegirdle blieb nach der Übertragung dieser Unternehmung nach Karolinenthal selbständig in Altharzdorf, übersiedelte später nach Gablonz und 1844 nach Brünn[6]).

---

[1]) D'Elvert, a. a. O., XV, S. 435; Tafeln z. Stat. f. 1841; Ber. ü. d. Ausst. Wien, 1845, S. 893; vgl auch S. 621. — [2]) Beitr. z. Gesch. d. Gew. u. Erf., I, S. 188. — [3]) Großind. Öst., III, S. 40; Festschr. d. Brünner Handelskamm., S. 71; Tafeln z. Stat. f. 1841; Ber. ü. d. Ausst. Wien, 1845, S. 893. — [4]) Schram, Ein Buch für jeden Brünner, III, S. 101 f. — [5]) Festschr. 71. — [6]) Kreutzberg, Skizz. Übersicht 1836, S. 117 f.; Tafeln z. Stat. 1841; Hallwich, Reichenberg u. Umgebung, S. 518 f.; nicht ganz richtig die Darstellung in Großind. Öst., III, S. 40.

Bis 1835 waren in der Thomasschen Maschinenfabrik schon erbaut worden: 10 Dampfmaschinen, 6 Dampfapparate, 4 Dampfheizungen, 7 Dampftrocken-apparate, 14 eiserne Wasserräder, 2 englische Mangeln, 5 eiserne Pumpwerke und 4 hydraulische Pressen; bis Ende 1841 schon 35 Dampfmaschinen mit 434 Pferdekräften.

In der Werkstätte von E. Thomas & Bracegirdle, später Bracegirdle allein zu Harzdorf wurden schon in der Zeit zwischen 1830 und 1835 viele Hunderte von Maschinen für Baumwollspinnereien, Baumwollwebereien, Schafwoll-spinnereien, für die Tuchappretur, Kammgarnspinnerei, Florettseidengarn-spinnerei und anderes erzeugt[1]).

Außerdem befand sich in Böhmen in der ersten Hälfte der Dreißigerjahre eine Maschinenwerkstätte von Leopold Thomas zu Graslitz, sodann mehrere solche Etablissements zur Erzeugung von Maschinen für die Spinnerei, Weberei, Druckerei und Appretur in Reichenberg. In letzterer Stadt bestand auch die Unternehmung von Völkelt & Williams, von welcher die verschie-densten Maschinerien und Apparate für die Papierfabrikation, sowie die größeren Einrichtungen für Eisen-, Walz- und Hammerwerke geliefert wurden.

In Prag zeichneten sich in derselben Zeit David Evans & Josef Lee (einfache Fabriksbefugnis zur Maschinenerzeugung vom 18. Dezember 1834) aus, welche vorzügliche Bobbinetstühle und Kraftwebemaschinen lieferten, ebenso wie auch Dampfmaschinen und zahlreiche andere Maschinerien[2]).

Die Schlosserwarenfabrik von Franz Frenzl in Prag erzeugte Schrau-benpressen für Öl- und Runkelrübenzuckerfabriken, außerdem Dampfkessel und landwirtschaftliche Maschinen[3]).

Bekannt waren ferner die Werkstätten von J. Faltis in Trautenau für Flachsspinnmaschinen, Lorenz & Sohn in Arnau für Papier-maschinen, B. Kohl in Reichenberg, R. Holmes zu Neudeck, James Park zu Beraun für alle Arten von Dampf- und anderen Maschinen. Außerdem hatten die größeren Baumwollspinn-, Kattundruck- und andere Fabriken auch fernerhin eigene Maschinenwerkstätten für ihren eigenen Bedarf.

Die Firma Gottschald, Breitfeld & Co. in Prag baute in den Vierziger-jahren auch Dampfmaschinen[4]). Josef Ringhoffer und Salomon Huber Ringhoffer. in Prag erwarben sich große Verdienste um die Fabrikation von Maschinen für Runkelrübenzuckerfabriken[5]).

Die Fabrik von Ringhoffer in Smichow wurde 1771 als Kupfer-schmiedwerkstätte errichtet, von welcher namentlich Braupfannen geliefert wurden. Nach dem Tode des Begründers Franz Ringhoffer übernahm 1827 sein Sohn Josef die Unternehmung. Dieser hatte schon 1820 in Kamenitz bei Eule ein Kupferhammerwerk für größere Produkte errichtet und erweiterte nunmehr

---

[1]) Mitt. f. Gew. u. Hand., I (1835), S. 516 ff.; Tafeln z. Stat. f. 1841. — [2]) Kreutz-berg, a. a. O., 1836, S. 118; Tafeln z. Stat. f. 1841; Statth. A. Prag, 1826—1835, Kom., Fasz. I, subn. 414. — [3]) Kreutzberg, a. a. O., S. 118; Frankenstein, Fabriksbilderatlas, 1843, S. 3. — [4]) Frankenstein, Fabriksbilderatlas, 1843, S. 3. — [5]) Großind. Öst., III, S. 105; Beitr. z. Gesch. d. Gew. u. Erf., I, S. 188; Diviš, Beitr. zur Gesch. d. Zuckerind., S. 150.

616

auch die Smichower Unternehmung beträchtlich, namentlich durch Erzeugung von Betriebseinrichtungen für Zuckerfabriken und Spiritusbrennereien. Er erhielt 1832 den Titel k. k. Hofkupferschmiedmeister und 1843 die Fabriksbefugnis zur Erzeugung von Kupfer- und Metallwaren[1]).

Niederösterreich. Niederösterreich. Webstühle und Maschinen wurden in Wien schon zu Ende des 18. Jahrhunderts vielfach verfertigt. Doch machte die Maschinentischlerei erst seit 1800 und noch mehr seit 1806 größere Fortschritte. In den Zwanzigerjahren wurden in Wien schon alle Fabrikseinrichtungen in sehr vollkommener Art verfertigt. Eine ganze Reihe von Maschinentischlern tat sich auf diesem Gebiete hervor, so Math. Lackner und Sebast. Seyfried für Weber- und Zeugmacherstühle, Miro, Walthör u. a. für Mühlstühle, Georg Hennig, Johann Bausemer und Josef Melz für Jacquardstühle, Arzt und Felix für Spulmaschinen und Strumpfwirkerstühle. Andere wiederum erzeugten Spinnmaschinen, wie Houlden und Koch. Außerdem hatten die Spinnfabriken eigene Werkstätten zur Erzeugung der benötigten Maschinen[2]). 1806 erhielten Tylor & Royce die Landesfabriksbefugnis zur Erzeugung von Spinn- und anderen Maschinen und Werkzeugen, sowie zur Ausübung der Wollspinnerei[3]).

Dies alles war jedoch noch keine Maschinenindustrie im modernen Sinne. Diese wurde auch in Niederösterreich erst durch die Dampfmaschinen eingeleitet. So entstanden erst seit den Dreißigerjahren mehrere bedeutende Unternehmungen, die sich ausschließlich die Maschinenerzeugung zur Aufgabe stellten.

Dolainski. Ferdinand Dolainski kam 1831 nach Wien und begründete eine Maschinenfabrik. Er war der erste in Österreich, der das Kupferschmiedgewerbe fabriksmäßig betrieb. Der entstehenden inländischen Zuckerindustrie leistete er durch seine Verdampfapparate wertvolle Dienste. Fast alle älteren Zuckerfabriken wurden von ihm eingerichtet. Auch lieferte er Apparate und Maschinen für Brauereien und Brennereien. Die erste Dampfbrauerei in Österreich (Napagedl) war sein Werk[4]).

Schmid. Die Maschinenfabrik von H. D. Schmid in Wien wurde 1831 von Schmid als stillem Gesellschafter und Geschäftsleiter unter der Firma Rollé & Schwilgué gegründet, und zwar auf Veranlassung des Fürsten Metternich als Filiale der gleichnamigen Firma in Straßburg. Von 1840 an wurde sie unter der Firma H. D. Schmid Nachfolger Rollé & Schwilgué fortgeführt. Die Fabrik verfertigte ursprünglich hauptsächlich Brückenwagen, später auch Dampfmaschinen. 1839 beschäftigte sie 50 Arbeiter, um die Mitte der Vierzigerjahre schon eine Dampfmaschine von 10 Pferdekräften und über 200 Arbeiter. Bei den Wiener Ausstellungen von 1835 und 1839 wurde sie mit der silbernen, bei derjenigen von 1845 mit der goldenen Medaille ausgezeichnet. Sie erzeugte damals Dampfmaschinen und alle Gattungen Hilfsmaschinen, Bohr-, Hobel-, Lochmaschinen Winden, Wagen u. a.[5]).

[1]) Großind. Öst., III, S. 105. — [2]) Keeß, a. a. O., III., S. 99; André, Neueste Beschr., S. 190. — [3]) H. K. A. Kom., N.-Ö., Fasz. 72, Nr. 8 ex jul. 1806. — [4]) Großind. Öst. (1898), III, S. 49, (1908), II, S. 237; Beitr. z. Gesch. d. Gew. u. Erf., I, S. 188. — [5]) Großind. Öst., III, S. 98; Tafeln z. Stat. f. 1841; Ber. ü. d. Ausst. Wien, 1835, S. 219, 1839, S. 196, 1845, S. 862.

Die landesbefugte Maschinenfabrik der Wien-Gloggnitzer Eisenbahngesellschaft in Wien wurde 1840 errichtet, wobei die neuesten kostspieligen Werkzeuge aus England beschafft wurden. Sie wurde so großartig eingerichtet, daß sie als Musterwerkstätte für ganz Österreich diente. Zu Ende des Jahres 1841 bestand ihre Einrichtung aus 60 Maschinen, und zwar 20 Drehbänken, 8 Bohrmaschinen, 1 Zylinderbohrmaschine, 5 Hobel-, 4 Schraubenschneidmaschinen, 1 Nietenschneidemaschine, 2 Zirkularsägen, 1 Maschine zum Durchschneiden und Durchlöchern der Kesselbleche, 1 Blechbiegmaschine, 1 Hammerwerk, 1 Lehmmühle für die Gießerei und anderen Vorrichtungen, welche sämtlich mit Ausnahme der Kraniche und der Preßmaschine durch zwei Dampfmaschinen von je 12 Pferdekräften in Bewegung gesetzt wurden. Schon im ersten Jahre lieferte diese Unternehmung 11 Lokomotiven und bis 1845 hatte sie 15 Lokomotiven und 320 Personen- und Frachtwagen erbaut. Um die Mitte der Vierzigerjahre beschäftigte sie über 600 Arbeiter. Bei der Ausstellung von 1845 in Wien wurde ihr die goldene Medaille zuteil[1].

Ähnlich großartig war die um dieselbe Zeit entstandene Werkstätte der k. k. priv. Ferdinands-Nordbahn, welche in den Vierzigerjahren zusammen mit der vorigen zu den großartigsten Maschinenbauanstalten Österreichs gehörte[2]. Im Jahre 1840 wurde auch die Werkstätte der Wien-Raaber Eisenbahngesellschaft in Betrieb gesetzt[3].

Der Amerikaner William Norris gründete um dieselbe Zeit eine Lokomotivfabrik in Wien[4]. In den Vierzigerjahren entstanden außerdem noch mehrere Maschinenfabriken. So die von D. Specker am Tabor in Wien, welche namentlich Spinnstühle, Feuerspritzen und Dreschmaschinen erzeugte. Um die Mitte der Vierzigerjahre beschäftigte sie 235 Arbeiter und hatte 2 Dampfmaschinen' von 12 und 30 Pferdekräften in Betrieb; sie erzeugte auch Lokomotiven (Ausstellung 1845 goldene Medaille[5]).

M. Fletscher & J. Punshon hatten in Wien schon 1833 eine Fabrik zur Erbauung von Dampfmaschinen ins Leben gerufen, welche so gut gedieh, daß ihre Inhaber zu beträchtlichem Vermögen gelangten. Die vielen Aufträge machten eine Ausdehnung des Geschäftes nötig. Deshalb bildete sich 1840 die k. k. priv. Dampfmaschinenfabriksaktiengesellschaft mit einem vorläufigen Kapitale von 510.000 fl. C. M., welche den Betrieb fortführte[6]. Später wurde die Fabrik an William Norris verpachtet[7].

Heinrich Dingler, Maschinenfabrikant in Wien, gründete sein Unternehmen 1830 und erzeugte namentlich Kattundruckwalzen, Metallhobelmaschinen und hydraulische Pressen für Runkelrübenzuckerfabriken. Gegen Ende der Dreißigerjahre hatte er eine selbsterzeugte Dampfmaschine in Betrieb

Marginalien:
Werkstätte der Wien-Gloggnitzer Bahn.
Werkstätte der Nordbahn.
Werkstätte der Wien-Raaber Bahn.
Norris.
Specker.
Fletscher & Punshon.
Dingler.

[1]) Frankenstein, Fabriksbilderatlas, 1843, S. 3; Tafeln z. Stat. f. 1841; Ber. ü. d. Ausst. Wien, 1845, S. 860 f. — [2]) Frankenstein, Fabriksbilderatlas, 1843, S. 3; Ber. ü. d. Ausst. Wien, 1845, S. 851. — [3]) Großind. Öst. III, S. 114 ff. — [4]) Großind. Öst., III, S. 5; Ber. ü. d. Ausst. Wien, 1845, S. 851, 869 f. — [5]) Großind. Öst., III, S. 5; Tafeln z. Stat. f. 1841; Ber. ü. d. Ausst. Wien, 1845, S. 866. — [6]) Inneröst. Ind. u. Gew. Bl., 1842, Beil. z. Nr. 67; Frankenstein, Fabriksbilderatlas, 1843, S. 3; A. d. Fin. Min. 1843, Nr. 1489. — [7]) Tafeln z. Stat. f. 1841.

und beschäftigte 54 Arbeiter, welche Zahl bis 1845 auf 74 stieg. Seit den Vierzigerjahren lieferte er auch Dampfmaschinen[1]).

Bollinger.   Eine der ältesten Maschinenfabriksunternehmungen Wiens war jene von Samuel Bollinger, welche 1820 gegründet wurde, aber erst in den Dreißigerjahren zu Bedeutung gelangte. Gegen Ende der Dreißigerjahre beschäftigte sie 50—80 Arbeiter und verfertigte Maschinen und Einrichtungen jeder Art für Mühlen, Druckpapier-, Zucker-, Seifen-, Öl-, Stearinkerzen- und andere Fabriken. Auch leistete sie Vorzügliches auf dem Gebiete der Dampf- und der hydraulischen Maschinen. Sie erbaute unter anderem auch die Dampfbaggermaschinen zur Ausräumung der Häfen von Triest und Venedig, des Wiener Donau- und des Franzenskanals in Südungarn. Auch lieferte sie Trieb- und Streckwerke, hydraulische und andere Pressen, dann Münzpräge- und Druckmaschinen für Buch- und Kattundruckereien. Vorzügliches leistete sie auf dem Gebiete größerer Dreh- und Schraubenschneidemaschinen, Schneide-, Bohr-, Stoß- und Räderschneidevorrichtungen (Wiener Ausstellung 1839 goldene, 1845 silberne Medaille[2]).

Muller.   Die Maschinenfabrik von Helbig & Müller, später Leo Müller allein, erfreute sich ebenfalls eines sehr guten Rufes und erzeugte namentlich Buchdruckerpressen und alle Arten von Maschinen und Werkzeugen für Buchdruckereien und Schriftgießereien (Wiener Ausstellung 1845 goldene Medaille[3]).

F. X. Wurm.   Ein großes Ansehen genoß der Mechaniker Franz Xaver Wurm. In den Jahren 1811 und 1812 konstruierte er zuerst eine Flachsspinnmaschine, welche er später noch verbesserte. Auch durch andere Erfindungen hatte er sich bemerkbar gemacht. Später errichtete er in Wien eine eigene Werkstätte zur Erzeugung von Maschinen und Apparaten aller Art. Wie sehr sein Talent geschätzt wurde, zeigt schon der Umstand, daß er von der Hofkammer mit der Ausführung des ganzen Maschinen- und Werkbaues im neuen Hauptmünzgebäude in Wien betraut wurde. In den Vierzigerjahren wurde von ihm als dem ,,berühmten Mechaniker" gesprochen. Bei der Wiener Ausstellung von 1845, auf welcher er (,,Ingenieur und Maschinenfabrikant") unter anderem eine Drahtseilflechtmaschine, 1 Wasserturbine und 1 Platindrahtpyrometer ausgestellt hatte, wurde er mit der goldenen Medaille beteilt[4]).

Willmann.   Neben Wurm war damals als Mechaniker geschätzt und hatte sich einen sehr guten Namen gemacht Willmann, der Erfinder der Kartendurchschlagmaschine für den Jacquardstuhl, der für diese Erfindung vom niederösterreichischen Gewerbeverein die goldene Medaille erhielt; außerdem Woitech, Woitech. welcher durch eine zweckmäßige Verbesserung am Jacquardstuhl die Leistungsfähigkeit desselben erheblich steigerte[5]).

---

[1]) Fränkenstein, Fabriksbilderatlas, 1843, S. 3; Großind. Öst., III, S. 5; Ber. ü. d. Ausst. Wien, 1839, S. 194 f., 1845, S. 868. — [2]) Großind. Öst., III, S. 5; Tafeln z. Stat. 1841; Fabriksbilderatlas, 1843, S. 3; Bericht ü. d. Ausst. Wien, 1839, S. 198, 1845, S. 863. — [3]) Fabriksbilderatlas, 1843, S. 3; Tafeln z. Stat, f. 1841; Ber. ü. d. Ausst. 1845, S. 864. — [4]) ·Beitr. z. Gesch. d. Gew. u. Erf., II, S. Fabriksbilderatlas, 1843, S. 3; Ber. ü. d. Ausst. Wien, 1839, S. 186 f.; 1845, S. 864. — [5]) Tafeln z. Stat. f. 1841.

Im Jahre 1843 wurde in Wien die Maschinenbauanstalt von Weniger & Co. aus St. Gallen in Betrieb gesetzt. Weniger & Co.

Außerhalb Wiens war in Niederösterreich besonders erwähnenswert die 1838 gegründete Maschinenbau- und Nägelfabrik, Hammerwerkstätte und Gießerei von Philipp Schmidt bei Wr.-Neustadt, welche um die Mitte der Vierzigerjahre an 100 Personen beschäftigte und hauptsächlich Maschinen für Spinnereien baute (1845 goldene Medaille). In derselben Stadt wurde 1842 die Fabrik von G. Sigl gegründet, welche sich damals hauptsächlich mit der Herstellung von Schnellpressen beschäftigte; 1840 wurde die Dampfmaschinenfabrik von Prävenhuber, Günther & Armbruster in Wr.-Neustadt errichtet, welche auch Lokomotiven baute, 1845 bei 32 Hilfsmaschinen ein Betriebspersonal von 250 Arbeitern aufwies und bis dahin schon 20 Lokomotiven für die Nordbahn und Staatseisenbahn geliefert hatte (1845 goldene Medaille). Im Jahre 1845 ging die Fabrik in den Alleinbesitz von Günther über[1]. Schmidt.
G. Sigl.
Prävenhuber, Günther & Armbruster.

Die Schraubenfabrik von Brevillier & Co. in Neunkirchen erzeugte auch Maschinenbestandteile[2]. Brevillier & Co.

Auf dem Gebiete der landwirtschaftlichen Maschinen wurden in Österreich auch so manche Verbesserungen vorgenommen. So wurde 1817 zu Vösendorf in Niederösterreich die erste Erntemaschine nach dem Systeme von James Smith vom Modellisten der Wiener Landwirtschaftsgesellschaft Abbé Harder erbaut und angewendet. Im Jahre 1818 trat Severin Zugmayer, Inhaber einer priv. Leistenstäbe- und Handwerkzeugfabrik zu Waldegg bei Wr.-Neustadt mit seinen wesentliche Verbesserungen aufweisenden Pflügen auf, die große Verbreitung fanden. Landwirtschaftliche Maschinen.

In Wien bestanden um diese Zeit mehrere „Mechaniker und Maschinisten", welche nebst anderen Maschinen auch Ackerwerkzeuge verfertigten.

Kronprinz Ferdinand brachte 1818 die Fellenbergsche Säemaschine gelegentlich einer Reise aus der Schweiz nach Österreich.

Die älteste Ackerwerkzeugfabrik war die von Anton Burg in Wien gegründet 1798, lange Zeit die einzige dieser Art. Burg kam 1790 aus Deutschland nach Wien und bemühte sich fortwährend um die Verbesserung der Ackergeräte. Wegen seiner Verdienste wurde ihm vom Kaiser Franz der Titel eines k. k. Hofackerwerkzeug- und Maschinenfabrikanten zuteil. Er erzeugte verschiedene Pflugarten, Getreidereinigungsmaschinen, verbesserte Dreschmaschinen, Säemaschinen u. a. Bei den Ausstellungen in Wien wurde er 1835 und 1839 mit der bronzenen Medaille ausgezeichnet, im Jahre 1845 bekam diese „Musterwerkstätte für Ackerbaugeräte" die goldene Medaille. Diese Fabrik erzeugte außer Maschinen auch Modelle derselben für die landwirtschaftlichen Institute und Lehranstalten und besaß selbst eine ausgezeichnete vollständige Sammlung solcher Modelle. Anton Burg

---

[1] Fabriksbilderatlas, 1843, S. 3; Großind. Öst., III, S. 5, 33; Tafeln z. Stat. f. 1841; Ber. ü. d. Ausst. Wien, 1845, S. 861, 865. — [2] Fabriksbilderatlas, 1843, S. 3; vgl. auch S. 490.

Außer dieser Fabrik sind für landwirtschaftliche Maschinen noch erwähnenswert die Werkstätten von Sebast. Jobst, Georg Hennig, Rudolf und Samuel Bollinger[1]).

Außerdem war es insbesondere die fürstlich Salmsche Maschinenfabrik zu Dobrawitz bei Olmütz, die besonders in der Verfertigung von Häckselschneidemaschinen Hervorragendes leistete.[2])

Ober-
österreich. In Oberösterreich bestand eine Maschinenfabrik bei Wels. Dort hatte Christian Steininger zuerst eine Blechhütte mit einem Walzwerk, später noch ein zweites Walzwerk errichtet. 1832 erbaute er ein neues Gebäude mit einem Streckwalzwerk, 1 Puddling-, Schweiß- und Kupolofen. Später führte er auch ein großes Gebäude zur Maschinenfabrikation auf. 1838 gründete er eine Aktiengesellschaft, welche sich unter der Firma „k. k. priv. Noitzmühler Eisenblech- und Maschinenfabriks-Aktiengesellschaft" konstituierte. Friedrich Marquardt wurde technischer Direktor. Diese Unternehmung erzeugte allerlei Maschinen, insbesondere aber hydraulische Pressen und Dampfmaschinen. 1839 nahm Marquardt die Fabrik selbst in Pacht[3]).

Inner-
österreich. In Innerösterreich bestanden mehrere mit den größeren Eisengießereien verbundene Maschinen- und Appretierungswerkstätten. Am bedeutendsten in diesem Fache waren die k. k. Eisengußwerke zu Mariazell, St. Stephan und Neuberg. Ebenso wurden Maschinen erzeugt auf dem fürstlich Auerspergschen Gußwerke zu Hof bei Neustadtl in Unter-Krain und bei der Gewerkschaft Brückl in Kärnten. Im Gußwerke zu Mariazell wurden schon seit 1822 (?!) Dampfmaschinen bis zu 100 Pferdekräften gegossen[4]).

Tirol. In Tirol war am wichtigsten die 1841 in Betrieb gesetzte k. k. landesprivilegierte Maschinenfabrik zu Innsbruck (früher unter der Firma k. k. priv. Baumwollspinn-, Band- und Maschinenfabrik von Ganahl & Rhomberg). Bei der Gründung hatte sie 32 eiserne Drehbänke, 3 Hobelmaschinen, sowie Bohr-, Schleif- und Poliermaschinen und 62 Arbeiter[5]).

Vorarlberg. In Vorarlberg hatte J. Ign. Rüsch in Dornbirn eine Maschinenfabrik und Eisengießerei, deren Anfänge bis 1827 zurückreichen, namentlich zur Erzeugung von Maschinen für die Textilindustrie[6]). Außerdem arbeiteten für die Vorarlberger Spinnfabriken je eine Werkstätte zu Frastanz (1841 30 Arbeiter) und Feldkirch (1841 60 Arbeiter[7]).

Im Jahre 1841 wurden in Österreich folgende Maschinenfabriken und mechanische Werkstätten gezählt[8]):

---

[1]) Beitr. z. Gesch. d. Gew. u. Erf., I, S. 49 ff.; Großind. Öst., III, S. 5; Keeß, a. a. O., III, S. 102; Tafeln z. Stat. f. 1841; Ber. ü. d. Ausst. Wien, 1835, S. 224, 1839, S. 190 ff.; 1845, S. 884. — [2]) Beitr. z. Gesch. d. Gew. u. Erf., I, 53. — [3]) Ber. ü. d. Ausst. Wien, 1839, S. 179 f. — [4]) Fabriksbilderatlas, 1843, S. 4; Keeß u. Blumenbach, a. a. O., II, S. 357; Tafeln z. Stat. f. 1841; Ber. ü. d. Ausst. Graz, 1841, S. LXI; D'Elvert, a. a. O., XV, S. 399; vgl. auch oben S. 485 f. — [5]) Fabriksbilderatlas, 1843, S. 4; vgl. auch S. 312. — [6]) Großind. Öst., 1898, III, S. 111; 1908, II, S. 268. — [7]) Tafeln z. Stat. f. 1841. — [8]) Tafeln z. Stat. f. 1841; Über die Eisenwerke, welche Maschinen u. Maschinenbestandteile lieferten, vgl. S. 448 ff.

Land	Standort	Landesbefugte Unternehmungen	Einfache Unternehmungen
Niederösterreich . . .	Wien	9	35
	Wiener-Neustadt, Neubruck	—	2
Oberösterreich . . .	Noitzmühle	1	—
Steiermark	Mariazell, Neuberg, St. Stephan	3	—
Kärnten	Frantschach, St. Johann am Brückl	—	2
Krain	Hof	1	—
Küstenland	Triest	1	1
Tirol	Innsbruck	1	—
	Frastanz, Feldkirch	—	2
Böhmen	Gablonz	1	—
	Prag 2, Beraun, Komorau, Althütten (Dobrzisch), Althütten (Pürglitz), Hollaubkau, Stiahlau, Prommenhof, Plan, Klabowa, Sorghof, Neudeck, Kallich, Eleonorahütte, Engenthal, Rosahütte, Ransko	—	18
Mähren und Schlesien	Fulnek, Blansko, Zöptau, Witkowitz, Friedland, Teschen	—	6
	Zusammen . . .	17	66

In Triest war es vor allem die Maschinenwerkstätte des österreichischen   <small>Triest.</small> Lloyd, welche zu den großartigsten Unternehmungen dieser Art gehörte, jedoch zunächst nur für die eigene Dampfschiffahrt tätig war, deren Bedürfnisse einschließlich des Baues der Dampfschiffe sie fast ganz zu versorgen imstande war[1]).

Im Jahre 1841 waren in Österreich ohne die oberitalienischen Provinzen <small>Dampf-</small> 150 Dampfmaschinen mit 1628 Pferdekräften inländischen Ursprungs in Be- <small>maschinen.</small> trieb, neben 74 mit 1191 Pferdekräften ausländischen Ursprungs. Die besten Dampfmaschinen erzeugten Fletscher & Punshon in Wien, welche bis Ende 1841 28 Dampfmaschinen mit 766 Pferdekräften geliefert hatten. Ihnen zunächst folgte die Maschinenfabrik von Edw. Thomas bei Prag, aus welcher 35 Maschinen mit 434 Pferdekräften und jene des H. Luz in Brünn, aus der 44 Maschinen mit 354 Pferdekräften hervorgegangen waren. Der Maschinenbauer Comoth in Brünn hatte 7 Maschinen mit 40 Pferdekräften, Evans in Prag 4 mit 40 Pferdekräften, Bollinger in Wien 5 mit 34 Pferdekräften, Dolainski in Wien 3 mit 26 Pferdekräften, Dingler in Wien 4 mit 18 Pferdekräften, Pflieger in Teschen 3 mit 15 Pferdekräften erbaut. Von den übrigen Mechanikern und zwar von Sartory, Prick, Wurm, Denischer in Wien, Fenzl und Manbach in Prag, Minder in Neuhütten, Holmes in Neudeck, Adelmann in Teschen, Gugy in Salzburg und Kohl in Reichenberg waren bis Ende 1841 im ganzen 15 Maschinen mit 161 Pferdekräften geliefert worden. In den Eisenwerken zu Witkowitz und Zöptau waren 7 Maschinen mit 78 Pferdekräften, in dem zu Blansko 4 mit 46 Pferdekräften, in dem zu Stiahlau eine Maschine mit 4 Pferdekräften, endlich in den Werken zu Görkau, Saaz und Soluki 3 Maschinen mit 52 Pferdekräften verfertigt worden.

---

[1]) Tafeln z. Stat. f. 1841.

Von den ausländischen Maschinen stammten 25 mit 414 Pferdekräften aus England, 20 mit 327 Pferdekräften aus Belgien, 24 mit 432 Pferdekräften aus Preußen, 3 mit 56 Pferdekräften aus Sachsen, 2 mit 36 Pferdekräften aus Frankreich, 1 mit 36 Pferdekräften aus der Schweiz und 1 mit 6 Pferdekräften aus Baden.

Folgende Zahlen veranschaulichen die rasche Zunahme der inländischen Dampfmaschinenerzeugung seit den Dreißigerjahren und die Verteilung der Dampfmaschinen auf die einzelnen Kronländer:

Die Dampfmaschinen wurden erbaut im In- oder Auslande (ohne Lokomotiven und Dampfschiffe) samt der Lombardei und Venetien.

Jahr	Im Inlande		Im Auslande		Jahr	Im Inlande		Im Auslande	
	Zahl der Maschinen	Pferdekräfte	Zahl der Maschinen	Pferdekräfte		Zahl der Maschinen	Pferdekräfte	Zahl der Maschinen	Pferdekräfte
1816	—	—	1	10	1833	6	66	2	16
1820	—	—	1	6	1834	8	72	10	126
1823	—	—	2	30	1835	8	71	5	46
1824	—	—	1	10	1836	9	76	9	132
1825	2	10	2	56	1837	20	197	8	163
1826	2	66	—	—	1838	18	225	7	105
1828	1	4	1	10	1839	18	242	6	102
1829	1	6	—	—	1840	24	287	9	200
1830	2	22	2	25	1841	26	269	10	206
1831	5	26	2	26					
1832	2	9	1	22	Zusammen.	152	1.648	79	1.291

Nach ihrem inländischen oder ausländischen Ursprunge verteilten sich 1841 die Dampfmaschinen auf die einzelnen Provinzen folgendermaßen (ohne Lokomotiven und Dampfschiffe[1]).

Land	Im Inlande		Im Auslande	
	Zahl der Maschinen	Pferdekräfte	Zahl der Maschinen	Pferdekräfte
Niederösterreich	37	418	19	340
Oberösterreich	2	12	—	—
Steiermark	—	—	1	8
Kärnten und Krain	2	90	2	23
Küstenland	2	18	1	35
Tirol	—	—	1	14
Böhmen	55	595	24	455
Mähren	51	479	26	316
Galizien	1	16	—	—
Lombardei	—	—	3	24
Venetien	2	20	2	76
Zusammen . . .	152	1.648	79	1.291

[1] Über die Verwendung von Dampfmaschinen in den einzelnen Industriezweigen, vgl. oben S. 179 f.

„Wird das Kapital berechnet, welches die österreichische Industrie zur Anschaffung der Dampfmaschinen verwendet hat, so verursachten die stehenden Maschinen, von welchen die Pferdekraft 1841 400—600 fl. kostete, bloß zu dem niedrigsten Ansatze von 400 fl. berechnet und ohne Rücksicht auf die teure Anschaffung der Maschinen in den früheren Jahren einen Aufwand von 1,175.600 fl." (samt der Lombardei und Venedig, welche jedoch nur 7 Dampfmaschinen mit 120 Pferdekräften aufwiesen[1]).

Der bedeutende Anschaffungspreis erklärt denn auch die nur allmähliche Einführung dieses wichtigen Betriebsmittels in Österreich. Für kleinere Unternehmungen war dieser Preis zu hoch, um durch Anschaffung einer solchen Maschine ihrem Fabriksbetrieb eine größere Ausdehnung zu geben. Trotzdem mußte die Verwendung von Dampfmaschinen allmählich einen immer größeren Umfang annehmen.

Zu Anfang der Vierzigerjahre des 19. Jahrhunderts bestanden in Österreich erst wenige größere Betriebe der Maschinenindustrie, dennoch aber schon vielversprechende Ansätze zu einer weiteren gedeihlichen Entwicklung.

XXVIII. Kapitel.

Die wichtigsten sonstigen Industriezweige.

A. Die Fabrikation physikalischer Instrumente und die Uhrenerzeugung.

Die Fabrikation von physikalischen und optischen Instrumenten hat sich nur in den größeren Städten entwickelt, vor allem in Wien, wo teilweise schon zu Ende des 18. Jahrhunderts eine Reihe von größeren Werkstätten dieser Art entstand.

Eine der vorzüglichsten Werkstätten, namentlich für optische Instrumente, war jene der Brüder Voigtländer. Johann Christof Voigtländer war Voigtländer 1755 aus Leipzig nach Prag und 1757 nach Wien kam, wo er 1762 eine Werkstätte eröffnete. 1797 erhielt er wegen der Vortrefflichkeit seiner Instrumente die Landesbefugnis, welche nach seinem im selben Jahre erfolgten Tode auf seine zwei älteren Söhne überging, die das Unternehmen noch weiter ausdehnten und vervollkommneten. Der Begründer dieser Werkstätte Johann Voigtländer hat sich Verdienste um die inländische Industrie auch dadurch erworben, daß er viele größere Maschinen für die inländischen Fabriken verfertigte. Er erfand nebst anderen Werkzeugen eine sehr vorteilhafte Schraubenschneidemaschine und Metalldrehbank, womit er im Inland als erster zum besonderen Vorteile der Tuch- und Kattunfabriken große Pressen mit eisernen Schrauben, deren einige über 1000 Pfund wogen, mit Metallmuttern, wie auch für die Wollenzeug- und Seidenwarenfabriken Appreturmangen mit großen metallenen und hölzernen Zylindern und eisernen Achsen, für Buchdrucker Preßschrauben mit vielen Gewinden und andere Maschinen aufs genaueste verfertigte. Auch versah er mehrere inländische Papierfabriken mit Holländern aus Eisen und

---

[1] Tafeln z. Stat. f. 1841.

624

anderen Metallen. In den Zwanzigerjahren des 19. Jahrhunderts war diese Unternehmung noch die bedeutendste Wiens. Später erzeugte sie nur optische Instrumente, beschäftigte 1841 12 Arbeiter und erfreute sich eines guten Rufes im In- und Auslande[1]).

Plößl. Im Jahre 1823 gründete Simon Plößl seine optisch-mechanische Werkstätte und brachte diesen Industriezweig zu hoher Vollkommenheit. Aus seiner Werkstätte gingen große astronomische Instrumente hervor, welche er für die in- und ausländischen Sternwarten verfertigte, ferner Mikroskope, Fernrohre und Feldstecher, deren sich sogar die französische Armee bediente, und Brillen. 1840 beschäftigte er 28, 1845 36 Arbeiter. Bei den Ausstellungen zu Wien 1835, 1839 und 1845 wurde er mit der goldenen Medaille ausgezeichnet[2]).

Außer Voigtländer und Plößl war in Wien als Optiker noch Prokesch erwähnenswert, welcher 1841 12 Arbeiter beschäftigte und ausgezeichnete optische Instrumente lieferte[3]).

Für geometrische, physikalische und chemische Apparate bestand bis zum Ende des 2. Jahrzehnts des 19. Jahrhunderts in Wien keine größere Unternehmung. Im Jahre 1819 wurde vom bayrischen Salinenrate Ritter von Reichenbach die mechanische Werkstätte am polytechnischen Institute in Wien errichtet, welche, mit den vorzüglichsten Werkzeugen und Maschinen versehen, alle astronomischen und geodätischen Instrumente für die inländischen Sternwarten, für den Generalstab und die Katastralvermessung verfertigte. Sie erzeugte in den Vierzigerjahren jährlich um 8000—10.000 fl. Instrumente. Diese Werkstätte gab den Anstoß zu einem großen Aufschwunge dieser Fabrikation, so daß sich bald verschiedene solche Werkstätten in Wien entwickelten, welche nicht nur den inländischen Bedarf deckten, sondern sogar mit den englischen und französischen Erzeugnissen im Auslande die Konkurrenz aufnahmen.

Kraft. Unter den Werkstätten, die später entstanden, ist besonders zu nennen die landesbefugte, sich eines ausgebreiteten Rufes erfreuende Unternehmung des Mechanikers Karl Eduard Kraft (gegründet 1824[4]). Sie erzeugte Nivellier- und Feldmeßinstrumente, Kompasse, Wasserwagen, Reißzeuge u. ä. 1841 belief sich die Zahl der Gehilfen auf 20. Bei der Wiener Ausstellung von 1845 erhielt diese Unternehmung die goldene Medaille.

Von größerer Bedeutung waren auch die Werkstätten von Josef Schablaß und von L. J. Kappeller[5]).

Die vorzüglichste Unternehmung für die Erzeugung von Wagen und Gewichten war die 1798 gegründete, seit 1807 unter der Firma Florenz betriebene Fabrik in Wien[6]).

---

[1]) Keeß, a. a. O., III, S. 764 ff.; Tafeln z. Stat. f. 1841; Ber. ü. d. Ausst. Wien, 1845, S. 904. — [2]) Beitr. z. Gesch. d. Gew. u. Erf., II, 35; Tafeln z. Stat. f. 1841; Ber. ü. d. Ausst. Wien, 1839, S. 163, 1845, S. 904 f. — [3]) Tafeln z. Stat. f. 1841; Ber. ü. d. Ausst. 1845, S. 904. — [4]) Amtl. Katalog der Weltausst. Wien 1873, S. 394. — [5]) Keeß, a. a. O., III, S. 764; Beitr. z. Gesch. d. Gew. u. Erf., II, S. 38; Tafeln z. Stat. f. 1841; Ber. ü. d. Ausst. Wien, 1845, S. 874 f., 907. — [6]) Großind. Öst., 1898, III, 287 ff.

In Prag hatte seit 1819[1]) Wenzel Batka eine bedeutende Fabrik che-
misch-physikalischer Instrumente. 1845 beschäftigte er in und außer
Haus 75 Personen[2]).

Die Uhrmacherei war in der ersten Hälfte des 19. Jahrhunderts in   Uhren.
Österreich noch durchweg handwerksmäßig. Sie beschränkte sich bei den
Taschenuhren auf die Repassierung der aus der Schweiz bezogenen Uhren.
Charakteristisch dafür ist der Umstand, daß der Prager Uhrmacher Josef Seher
bei der Prager Gewerbeausstellung des Jahres 1836 besonders ehrenvoll erwähnt
wurde, weil er eine Taschenuhr ganz selbst verfertigt hatte, „da die gänzliche
Verfertigung von Taschenuhren durch einen Uhrmacher unter die äußerst seltenen
Fälle" gehörte[3]). Eine eigentliche Taschenuhrfabrikation hatte sich trotz der
Bemühungen der Regierung nicht recht entwickeln können. Kaiser Josef hatte
1789 eine Genfer Uhrenfabrikantenkolonie, die sich 1785 in Konstanz
niedergelassen hatte, von dort nach Wien verpflanzt und ihr neben einer Reihe
anderer Begünstigungen ein eigenes Gebäude zur Unterbringung ihrer Arbeiter,
eine Werkstätte auf Kosten des Staates, die zollfreie Einfuhr ihrer Werkzeuge
und Habseligkeiten, den Ersatz der Reise und Übersiedlungskosten, einen unverzinslichen Vorschuß von 20.000 fl. auf 6 Jahre und einen jährlichen Beitrag
für 18 Lehrlinge durch 4 Jahre und zwar für jeden den Betrag von 90 fl. eingeräumt. Die Gesellschaft ging wegen vielfacher Anfeindungen durch die Wiener
Uhrmacher schon vor 1800 ohne wirkliche Auflösung allmählich auseinander[4]).

Von Wichtigkeit war besonders in Wien, Prag und Graz die Verfertigung
von Penduluhren, welche in Wien nur handwerksmäßig ohne Teilung der Arbeit,
in Prag und Graz aber auch fabrikmäßig betrieben wurde[5]).

In Prag zeichnete sich besonders der Kunstuhrmacher Josef Kossek   Kossek.
aus, der bei der Ausstellung des Jahres 1829 mit der goldenen Medaille bedacht
wurde, weil er der erste war, der durch Einrichtung eines „Merkurial-Kompen-
sationspendels" einen immerwährend gleichförmigen Gang der Penduluhren
erreichte. Bei der Ausstellung des Jahres 1836 wurde ihm als höchste Auszeichnung die Ernennung zum wirklichen Mitgliede des Vereines zur Ermunterung des Gewerbsgeistes in Böhmen zuteil[6]).

Die Kunst- und Spieluhrmacher Willenbacher & Ržebitschek in
Prag (gegründet 1813 zu Josefstadt, 1828 nach Prag übersiedelt) beschäftigten
in den Dreißigerjahren 47 Arbeiter und erhielten 1836 bei der Prager Ausstellung
die goldene Medaille[7]).

Der Prager Uhrenfabrikant Karl Suchy (gegr. 1820) beschäftigte gegen
Ende der Vierzigerjahre über 35 Gehilfen und erzeugte um 1840 jährlich an
1000 Penduluhren[8]).

---

[1]) Amtl. Katalog der Weltausst. Wien, 1873, S. 393. — [2]) Ber. ü. d. Ausst. Wien,
1835, S. 302, 1845, S. 905, 909. — [3]) Ber. ü. d. Ausst. Prag, 1836, S. 140. — [4]) Keeß, a.
a. O., III, 755 ff.; Beitr. z. Gesch. d. Gew. u. Erf., II, 79; Tafeln z. Stat. f. 1841; Staatsrat 1789, Nr. 1474; H. K. A. Kom., I.-Ö., Fasz. 96/1, 1785 ff.; N.-Ö., Fasz. 101, 1789 ff. —
[5]) Taf. z. Stat. 1841. — [6]) Ber. ü. d. Ausst., Prag, 1836, S. 130. — [7]) Ber. ü. d. Ausst. Prag,
1836, S. 132 f., Wien, 1839, S. 449. — [8]) Taf. z. Stat. f. 1841; Großind. Öst., III, S. 292.

Jäkle. In Graz war die landesbefugte Uhrenfabrik der Gebrüder Jäkle weit bekannt. Sie wurde 1817 von Bernhard Jäkle und Josef Geist gegründet und ging 1824 an Jäkle allein über. Seit 1827 nahm dieser seine beiden Brüder als Gesellschafter auf. Im Jahre 1833 beschäftigte die Fabrik 35 Arbeiter in Graz und über 10 in Wien. Sie erzeugte in den Dreißigerjahren jährlich an 4000 Stockuhren und versendete viel nach Italien, der Türkei und Deutschland. Bei der Klagenfurter Ausstellung des Jahres 1838 erhielt sie die goldene Medaille[1]).

Die Wiener und Prager Pendeluhren fanden auch starken Absatz im Auslande, vor allem in der Türkei, in Italien und Deutschland, aber auch in Frankreich, England und Amerika[2]).

Lampen. Alle bedeutenden Lampenfabriken entstanden erst in den Vierzigerjahren. Darunter waren am wichtigsten jene von Christian Kauffmann, welche 1845 über 40 Arbeiter aufwies und jene von G. Böttger (gegr. 1841) mit 16—20 Arbeitern. Im Jahre 1841 wurde auch die Fabrik von Öllampen und lackierten Blechwaren der Gebrüder Ditmar in Wien gegründet und machte bald bedeutende Geschäfte mit dem Auslande, besonders mit Nord- und Südamerika[3]).

B. Die Fabrikation von Musikinstrumenten

war besonders in Niederösterreich und in Böhmen und zwar speziell in den Hauptstädten ein blühendes Gewerbe.

In Wien stand an erster Stelle die Fabrikation von Klavieren, welche seit dem Anfange des 19. Jahrhunderts einen solchen Aufschwung nahm, daß sie sich bald eines Weltrufes erfreute. Die Tochter des berühmten Instrumentenmachers Andreas Stein in Augsburg, welche nach dessen Tode den Musikmeister Streicher. Andreas Streicher geheiratet hatte, nahm ihren ältesten Bruder zu sich und ließ sich 1794 in Wien nieder. Dies war der Anfang der Streicherschen Klavierfabrik auf der Landstraße. Ihr Sohn Johann Bapt. Streicher beteiligte sich später an dem Geschäfte und führte es seit 1833 selbständig weiter. In dieser und der folgenden Zeit gehörte diese Unternehmung zu den ersten der Monarchie. Bei den Gewerbeausstellungen zu Wien in den Jahren 1835 und 1839 erhielt sie die goldene Medaille, bei der von 1845 war sie außer Preisbewerbung, da ihr Inhaber Mitglied der Beurteilungskommission war[4]).

Graf. Konrad Graf gründete seine Klavierfabrik im Jahre 1804, machte allmählich immer weitere Fortschritte, beschäftigte 1810 10 Arbeiter, erhielt 1824 den Titel eines Hofklaviermachers und hatte seit 1826 schon 40 Arbeiter. Um 1830 war seine Unternehmung die bedeutendste dieser Art. Später wurde sie von Streicher, Stein und Bösendorfer überflügelt. Bei der Ausstellung des Jahres 1835 erhielt er die goldene Medaille[5]).

Bösendorfer. Neben diesen war in den Zwanzigerjahren die Unternehmung von Brodmann bekannt. Dieses Geschäft ging 1828 an Ignaz Bösendorfer über,

---

[1]) Ber. ü. d. Ausst. Klagenfurt, 1838, S. 106 ff.; Laibach, 1844, S. 122. — [2]) Taf. z. Stat. f. 1841. — [3]) Ber. ü. d. Ausst. Wien, 1845, S. 912 f. — [4]) Beitr. z. Gesch. d. Gew. u. Erf., II, S. 105 ff.; Ber. ü. d. Ausst. Wien, 1835, S. 321, 1839, S. 463, 1845, S. 814. — [5]) Beitr. z. Gesch. d. Gew. u. Erf., II, S. 106; Ber. ü. d. Ausst. Wien, 1835, S. 319.

welcher es erweiterte und zu Weltruf brachte. Bei den Wiener Ausstellungen von 1839 und 1844 wurde dieser Unternehmung die goldene Medaille
zuteil[1]).

Ansehnliche und vorzügliche derartige Betriebe hatten in Wien außerdem
noch Seuffert Sohn & Seidler (1845 goldene Medaille), J. A. Schweig-
hofer (gegründet 1832[2]), (1845 goldene Medaille) und Friedrich Hoxa (1839
silberne, 1845 goldene Medaille[3]).

Die Zahl der Klaviermacher war aber in der Residenz eine sehr große.
Am Ende der Zwanzigerjahre gab es 38 Meister und 60 Befugte, zu Anfang der
Vierzigerjahre betrug ihre Zahl 120. Schon in den Zwanzigerjahren waren die
Wiener Klaviere in ganz Europa bekannt und der Export stieg immer mehr
nach der ganzen Welt[4]).

Außer Wien kam nur noch Prag, wenn auch bei weitem nicht in diesem Maße,
in der Klavierfabrikation einigermaßen in Betracht. Der bekannteste Klavier-
fabrikant war daselbst der k. k. Hoforgel- und Fortepianobauer Josef
Gartner[5]).

In Böhmen, welches namentlich viel Blechinstrumente erzeugte, ist
noch erwähnenswert die landesbefugte Resonanzboden- und Instrumen-
tenhölzerfabrik von D. Bienert & Sohn zu Moderhäuser im Prachiner
Kreise (gegründet 1826[6]) und die Hoyersche Fabrik für Musikinstrumente
zu Schönbach im Elbogner Kreise, welche in den Vierzigerjahren an 150 Arbeiter aufwies[7]). Außerdem Bohlands Fabrik zu Graslitz[8]).

In Wien bestand in den Vierzigerjahren für Blechinstrumente die
Metallblasinstrumentenfabrik von Leopold Uhlmann, welche Kommissionslager in Odessa, Triest, Ancona, Brüssel, Paris, London, Stockholm und St. Petersburg hielt und ihre Erzeugnisse nach der ganzen Welt exportierte. Ihr Betrieb
war bedeutend, weshalb ihr bei der Ausstellung von 1845 die goldene Medaille
erteilt wurde[9]).

C. Die Roßhaarindustrie.

In größerem Maßstabe wurde dieser Industriezweig nur in Krain betrieben
und zwar in Ober-Krain in der Gegend von Krainburg. Neben der Eisen- und
Lederindustrie war dies der bedeutendste gewerbliche Erwerbszweig dieses
Landes. Sicher wurde diese Fabrikation daselbst schon im 17. Jahrhunderte,
ja vielleicht noch früher ausgeübt. Die Männer, welche durch Organisierung
des Handels mit Roßhaarsiebböden eine bedeutende Erweiterung dieses Erwerbs-

---

[1]) Beitr. z. Gesch. d. Gew. u. Erf., II, S. 106; Ber. ü. d. Ausst. Wien, 1839, S. 462, 1845,
S. 816; Katalog der österr. Abt. der Weltausst. in Sidney, 1879, S. 37. — [2]) Katalog der
österr. Abteil. d. Pariser Ausst. v. 1867, S. 43. — [3]) Ber. ü. d. Ausst. Wien, 1839, S. 465,
1845, S. 816 ff. — [4]) Keeß, a. a. O., III, S. 202 f.; Keeß u. Blumenbach, a. a. O., II, S. 33;
Blumenbach, Landeskunde, II, S. 162 f.; Ber. ü. d. Ausst. Wien, 1835, S. 321 ff., 1839,
S. 456 ff., 1845 S. 813 ff. — [5]) Ber. ü. d. Ausst. Prag, 1829, S. 77, 1831, S. 173, 1836, S. 134.
— [6]) Österr. auf der intern. Ausst. London, 1862, S. 39. — [7]) Taf. z. Stat. f. 1841; Ber. ü. d.
Ausst. Prag, 1836, S. 134, Wien, 1845, S. 813. — [8]) Beitr. z. Gesch. d. Gew. u. Erf., II, S. 104.
— [9]) Ber. ü. d. Ausst. Wien, 1845, S. 838.

zweiges und dadurch eine wirklich starke Ausdehnung der Fabrikation ermöglichten, waren Johann Josef Jenko von Jenkensheim, Realitätenbesitzer in Stražiše, Matthäus und Vinzenz Demscher, Realitätenbesitzer in Dörfern, Peter Heiß in Lak, Natalis Pagliaruzzi in Krainburg und Johann Oman. Natalis Pagliaruzzi, geboren 1745 zu Karfreit, gestorben 1832, wurde wegen seiner Verdienste um diesen Industriezweig von Kaiser Franz 1809 in den Ritterstand erhoben (Ritter von Kieselstein). Johann Oman war es hingegen, der in den Achtzigerjahren des 18. Jahrhunderts mit Krainer Siebböden die Sinigaglier Messe besuchte, welche damals der Hauptstapelplatz dafür war, und so den Absatz erleichterte.

Die Fabrik von Johann Oman in Stražiše ging dann an Anton Locker in Krainburg über, die von Pagliaruzzi (1823 Landesbefugnis[1]) 1830 an seinen jüngeren Sohn Michael und zu Anfang der Vierzigerjahre an die Gebrüder Locker, welche auch die Fabrik ihres Vaters weiterführten. Schon vor 1830 waren noch zwei wichtige Unternehmer auf diesem Gebiete aufgekommen, nämlich Anton Globotschnig in Stražiše und Kaspar Kandutsch in Krainburg, welch letzterer seine Unternehmung bald darauf an Kaspar Prevz übertrug.

So befand sich in den Vierzigerjahren die gesamte Roßhaarindustrie Ober-Krains in den Händen der Gebrüder Locker in Krainburg, Anton Globotschnigs in Stražiše und Kaspar Prevz in Krainburg, zu welchen sich noch als der jüngste Unternehmer Josef Benedig in Stražiše hinzugesellte.

Die Haupterzeugnisse waren Siebböden, in zweiter Linie Roßhaarstoffe für Möbelüberzüge und Krawatten. Den Rohstoff bezogen diese Fabrikanten aus Rußland, Bayern, Polen und Ungarn.

Die Erzeugung war keine fabriksmäßige, sondern nur Heimarbeit. Im Jahre 1844 waren in Ober-Krain bei dieser Fabrikation im ganzen 176 Familien und 1137 Individuen beschäftigt mit 427 Webstühlen. Zu jedem Webstuhle gehörte ein Einfadler, welche Arbeit größtenteils von Kindern von 6—12 Jahren beiderlei Geschlechts besorgt wurde.

Der Wert der Jahresproduktion dieses Industriezweiges in Ober-Krain betrug in den Vierzigerjahren über 100.000 fl.[2]). Globotschnig und Prevz beschäftigten damals jeder über 200, Locker über 300 Menschen[3]).

Außer in Krain wurden in der ersten Hälfte des 19. Jahrhunderts Roßhaarwaren noch in Wien erzeugt, jedoch bei weitem nicht in derselben Ausdehnung[4]).

D. Die Strohwarenerzeugung.

Die Strohwarenindustrie, vor allem die Erzeugung von Strohhüten, erreichte in der ersten Hälfte des 19. Jahrhunderts nur in Wien eine größere Be-

---

[1]) Statth. A. Prag, 1816—1825, Kom., Fasz. I, subn. 181. — [2]) Beitr. z. Gesch. d. Gew. u. Erf., I, S. 280 ff.; Ber. ü. d. Ausst. Laibach, 1844, S. 88—91. — [3]) Ber. ü. d. Ausst. Klagenfurt, 1838, S. 127 ff., Graz, 1841, S. 107, Laibach, 1844, S. 74, 80, 81, Wien, 1839, S. 327, 1845, S. 536 f. — [4]) Tafeln z. Stat. f. 1841; Ber. ü. d. Ausst. Wien, 1839, S. 326; Redl, Adressenbuch, 1818, S. 165, 1831, S. 194.

deutung, wo sich schon zu Anfang des Jahrhunderts einzelne größere Unternehmungen dieser Art entwickelten. Die Regierung ließ es auch nicht an Unterstützungen, Geldbelohnungen, Lehrlingsbeiträgen und Belobungen mangeln, um diesen Industriezweig einheimisch zu machen[1]). Zur Hebung der Strohhutfabrikation wurde durch Hofkammerdekret vom 3. April 1810 den Fabrikanten, welche feine Stroh- und Holzhüte verfertigten, bewilligt, Strohgeflechte, Bänder und Holzplatten gegen Entrichtung eines Einfuhrzolles von 20% statt des gewöhnlichen von 60% einzuführen[2]). Unter dem 27. Mai 1808 wurden auch zweckdienliche Weisungen über die Mittel zur Hebung der Fabrikation von Stroh- und Basthüten erlassen und diesem Beschäftigungszweige jede Beförderung zugesagt[3]).

In den Zwanzigerjahren war in Wien am wichtigsten die Fabrik von Maria von Mießel & Josef von Peribona, welche neben mehreren Flechtmaschinen mehr als 130 Arbeiterinnen aufwies[4]). In den Dreißigerjahren war am bedeutendsten die Strohhutfabrik von Angelo Bicchierai (hatte 1813 schon eine ziemlich große Ausdehnung, beschäftigte 1817 18 Arbeiterinnen und 8 Kinder[5]), welche ein Betriebspersonal von 80 Köpfen aufwies, sodann die Fabrik von Anna Veneziani.

In Krain begann die Strohhutindustrie schon zu Ende des 18. Jahrhunderts, und zwar zu Jauchen; im 19. Jahrhundert begann man schon mit feineren Geflechten. Doch bestanden da noch keine großen Unternehmungen.

Im Jahre 1841 wurden in Österreich nur zwei landesbefugte Strohhutfabriken und eine einfache Strohsesselfabrik in Wien, sowie vier einfache Strohhutfabriken in Prag gezählt[6]).

E. Die Kautschukindustrie.

Der Begründer der österreichischen Kautschukindustrie ist Johann Nepomuk Reithofer. Geboren 1781 zu Feldsberg hielt er sich in seiner Jugend lange in Deutschland und Frankreich auf, studierte daselbst namentlich Chemie und beteiligte sich an verschiedenen technischen Unternehmungen. Nach Österreich zurückgekehrt, übersiedelte er 1821 nach Wien und führte hier seine Idee, den Kautschuk zur Erzeugung von elastischen Geweben zu benützen, aus. Diese Anwendung des Kautschuks zur Erzeugung von Geweben beliebiger Elastizität ist somit österreichischen Ursprungs, eine Erfindung Reithofers. Er erzeugte Hosenträger, Schuhe, Überschuhe, wasserdichte Röcke, Mäntel u. a. und beschäftigte gegen Ende der Dreißigerjahre über 100, in der Mitte der Vierzigerjahre schon über 200 Arbeiter. Bei der Wiener Ausstellung von 1835 erhielt er die bronzene, 1839 die silberne, 1845 die goldene

Reithofer.

---

[1]) H. K. A. Kom., N.-Ö., Fasz. 72, Nr. 22 ex majo 1810. — [2]) Barth, a. a. O., VI, S. 703. — [3]) Staatsrat 1808, Nr. 4565. — [4]) Keeß u. Blumenbach, a.a. O., I, 553, 564. — [5]) H. K. A. Kom. Kom., Fasz. 29, Nr. 214 ex dez. 1817; Kom., N.-Ö., Fasz. 72, Nr. 41 ex febr. 1813. — [6]) Keeß, a. a. O., II, 525 ff.; Beitr. z. Gesch. d. Gew. u. Erf., I, 273 ff.; Taf. z. Stat. f. 1841; Ber. ü. d. Ausst. Prag, 1836, S. 98, Wien, 1839, S. 377 f., 1835, S. 332. Alle Strohhutfabriken Wiens aufgezählt bei Redl, a. a. O., 1818, S. 136 f., 1831, S. 154 f.

Medaille. In dieser Zeit war diese Unternehmung noch die einzige größere dieser Art im Inlande[1]).

F. Die Erzeugung von Wachsleinwand.

Die Erzeugung von Wachsleinwand ist alt, hat sich aber erst im 19. Jahrhunderte vervollkommnet. In den Achtzigerjahren des 18. Jahrhunderts wurde in Böhmen dieser Erwerbszweig von 22 „Fabrikanten" betrieben, davon im großen in der Graf Kinskyschen Manufaktur zu Bürgstein[2]).

Vor dem 19. Jahrhunderte wurde diese Fabrikation nur schwach betrieben und beschränkte sich auf ganz ordinäre Packleinwand und ordinären Wachstaffet.

Die erste ordentliche Wachsleinwandfabrik errichtete Freiherr von Pichler zu Ende des 18. Jahrhunderts in Perchtoldsdorf bei Wien mit französischen Arbeitern, welche sich jedoch nicht lange hielt. Der eigentliche Begründer der österreichischen Wachsleinwandindustrie ist Leopold Schedl, welcher zu Anfang des 19. Jahrhunderts eine Fabrik in Wien errichtete und mehrere neue Wachsleinwandartikel einführte. Um 1820 war neben dieser noch die Fabrik von Syring in Hernals bei Wien und die von Josef Groll (bestand schon 1818) in Wien hervorragend; in Böhmen die gräflich Kinskysche[3]). In den Dreißiger- und Vierzigerjahren waren ebenfalls die Fabriken von Leopold Schedl & Sohn, von Syring und die der Gebrüder Groll bedeutend[4]).

Im Jahre 1841 wurden in Wien und Umgebung 6 Wachsleinwandfabriken gezählt, in Böhmen eine zu Brenn bei Böhm.-Leipa (Philipp Ludwig Bachheibel[5]).

G. Die Möbel-, Tischler- und Drechslerwarenerzeugung.

Die Möbelfabrikation und Tischlerei hat sich erst im Laufe des 19. Jahrhunderts derart entwickelt, daß sich Großbetriebe bilden konnten. Die erste Danhauser. große Möbelfabrik Österreichs war die von Josef Danhauser in Wien. Gegründet 1804 erhielt sie 1808 die Landesbefugnis und beschäftigte in diesem Jahre schon 130 Arbeiter. Danhauser dehnte sein Geschäft auch auf die Verfertigung von Pasten zur Möbelverzierung aus und so stand, da er alle Gattungen von Einrichtungsgegenständen erzeugte, schon 1814 eine Anstalt da, wie sie in Österreich sonst nirgends zu finden war[6]).

Sehr ausgedehnt war in den Dreißigerjahren die landesbefugte Holzbronze- und Möbelfabrik von Klemens List in Wien mit einem Betriebspersonale von 100 Arbeitern[7]). Ebenso beschäftigte der Tischlerwarenfabrikant Fried-

---

[1]) Beitr. z. Gesch. d. Gew. u. Erf., I, S. 354; Ber. ü. d. Ausst. Wien, 1835, S. 336, 1839, S. 328, 1845, S. 539 f. — [2]) Schreyer, Kom., Fabriken etc. (1790), II, S. 112. — [3]) Keeß, a. a. O., III, 253—258; Ber. ü. d. Ausst. Wien, 1839, S. 336, 1845, S. 569; Redl, Adressenbuch, 1818, S. 201. — [4]) Ber. ü. d. Ausst. Wien, 1835, S. 337, 1839, S. 336, 1845, S. 569 f.; Graz, 1841, S. 115; Redl, Adressenbuch, 1831, S. 230 f. — [5]) Taf. z. Stat. f. 1841; Ber. ü. d. Ausst. Prag, 1836, S. 146. — [6]) Keeß, a. a. O., III, 94 f.; Beitr. z. Gesch. d. Gew. u. Erf., I. S. 400. — [7]) Ber. ü. d. Ausst. Wien, 1835, S. 315, 1839, S. 387.

rich Röhrs in Prag, der 1840 die Landesbefugnis erhielt, 100 Arbeiter[1]). Noch ausgedehnter war die 1800 begründete Fabrik von Franz Feigel in Prag. Diese war die älteste Tischlerwarenfabrik Böhmens und umfaßte auch die Drechslerei, Tapeziererei und Strohsesselflechterei. In den Dreißigerjahren ernährte sie an 200 Menschen[2]).

Die wichtigste Neuerung auf dem Gebiete der Möbelerzeugung in der ersten Hälfte des 19. Jahrhunderts war die Einführung der Möbel aus gebogenem Holze durch Michael Thonet, der 1834 die ersten Versuche *Thonet.* damit machte und, später vom Fürsten Metternich nach Wien berufen, hier zuerst diese bald so wichtig gewordene Möbelerzeugungsart einführte[3]).

Parketten wurden namentlich in Wien und Prag fabriksmäßig erzeugt. Die wichtigste Fabrik dieser Art in Wien war die von Leistler. Sie wurde von Matthias Leistler 1794 gegründet und 1828 von dessen Sohn Karl übernommen. Der letztere errichtete 1842 in Gumpendorf eine Fabrik zur Erzeugung von Möbeln, feinen Tischlerwaren und Parketten. Außerdem hatte die 1837 gegründete Parkettenfabrik von Stephan Barawitzka & Sohn eine große Ausdehnung[4]).

Die Drechslerei wurde besonders in Wien rege betrieben, aber im allgemeinen nur handwerksmäßig. Der Aufschwung dieser Beschäftigung rührt seit dem Anfang des 19. Jahrhunderts her, und zwar hauptsächlich infolge des Allgemeinerwerdens des Tabakrauchens. Vor allem wurden Tabakpfeifenröhren erzeugt. Später ging man zur Galanterie- und Spielwarenerzeugung über, worin in Wien sehr Schönes geleistet wurde. Neben Holz wurde dazu in Wien namentlich Perlmutter verwendet. Im Jahre 1841 wurden in der Residenz 36 Erzeuger von Perlmutterknöpfen, 8 sonstige Perlmutterwarenverarbeiter, welche sich ausschließlich und viele Drechsler, welche sich nebenbei mit der Erzeugung solcher Waren beschäftigten, gezählt. In der Erzeugung von Perlmutterwaren stand Wien in Europa an erster Stelle.

Hölzerne Spielwaren wurden auch in Oberösterreich und Salzburg in der Gegend von Hallein, Gmunden und Traunkirchen, in Tirol (Grödnertal), sowie in Böhmen in großer Menge verfertigt. In Böhmen war am bekanntesten die große Spielwarenfabriksunternehmung von E. A. Müller zu Oberleutensdorf, welche in den Dreißigerjahren gegen 500 Menschen beschäftigte.

In Krain wurden namentlich in der Gegend von Reifnitz hölzerne Löffel, Bottiche, Reifen u. dgl. in großer Menge erzeugt[5]).

H. Die Erzeugung von türkischen Kappen und Hüten.

Die Anfänge der Fabrikation türkischer Kappen fallen in Österreich in die *Türkische* letzten Jahrzehnte des 18. Jahrhunderts. Im Laufe weniger Jahrzehnte ent- *Kappen.* wickelte sich dieser Fabrikationszweig so stark, daß er um die Mitte des 19. Jahr-

---

[1]) Statth. A. Prag, 1836—1840, Kom., Fasz. 104, Nr. 3, subn. 176. — [2]) Ber. ü. d. Ausst. Prag, 1836, S. 144. — [3]) Beitr. z. Gesch. d. Gew. u. Erf., I, S. 401. — [4]) Beitr. z. Gesch. d. Gew. u. Erf. I, S. 398; Großind. Öst., III, S. 311, 316. — [5]) Keeß, a. a. O., III, S. 120 f.; Beitr. z. Gesch. d. Gew. u. Erf., I, 440 f.; Tafeln z. Stat. f. 1841; Ber. ü. d. Ausst. Prag, 1836, S. 147, Klagenfurt, 1838, S. XXXII, Wien, 1845, S. 775; Verz. ü. d. Ausst. Linz, S. 10 ff.

632

hunderts schon imposant dastand. In den Neunzigerjahren des 18. Jahrhunderts
hatte man gegen die Ausbreitung dieser Fabrikation Bedenken „„weil diese
roten für die Levante bestimmten und daselbst schon lange üblichen Mützen
doch mit den französischen sogenannten Freiheitsmützen einige Ähnlichkeit,
wenigstens der Farbe nach zu haben schienen"[1]). Später, namentlich seit dem
Anfange des 19. Jahrhunderts bereitete die Staatsverwaltung der Entstehung
solcher Fabriken keine Schwierigkeiten, war vielmehr bemüht, dazu aufzumuntern.

Die älteste Fabrik von türkischen Kappen (Fez) dürfte die in den Achtzigerjahren des 18. Jahrhunderts zu Kumrowitz bei Brünn gegründete Unternehmung
von Johann Bartholomäus Seitter sein. Nach seinem Tode (1796) wurde
sie von der Witwe und dem Sohne Matthias Abraham Seitter fortgeführt und
erhielt 1798 wegen ihrer großen Ausdehnung die Landesfabriksbefugnis. Seit
1810 wurde sie von Leopold und Bartholomäus Seitter betrieben, welche 1811
ihre Erzeugung auch auf Tuch und Kasimir ausdehnten[2]).

In Linz bestand zu Anfang des 19. Jahrhunderts eine k. k. priv. orientalische Käppchenfabrik, welche 1807 an den Hof- und Gerichtsadvokaten Josef
Preuner und Sebastian Zimmermann überging und angeblich über
2000 dürftigen Menschen Verdienst gewährte[3]).

Am Anfange des 19. Jahrhunderts begann diese Fabrikation auch in Strakonitz in Südböhmen. Ein 1809 daselbst zurückgebliebener französischer
Soldat erteilte die ersten Unterweisungen in der weiteren Behandlung der Ware,
lehrte das Filzen und Färben, so daß die Fabrikation bald größere Fortschritte
machte und man fertige Ware nach Linz und Wien zum Verkaufe bringen konnte;
Seit 1816 wurden Strumpfwirkstühle als mechanisches Hilfsmittel verwendet.

Fürth. Im Jahre 1818 gründete Wolf Fürth seine Fezfabrik in Strakonitz. Sie
nahm einen solchen Aufschwung, daß sie 1828 schon über 900 Menschen beschäftigte, einen großen Export nach dem Oriente aufweisen konnte und in
diesem Jahre die Landesfabriksbefugnis erhielt.

Eine zweite große Fabrik dieser Art in Strakonitz war die der Brüder
Weil. Moyses und Wolf Weil, deren bescheidene Anfänge bis 1816 zurückreichen.
Sie erhielten 1828 die einfache Fabriksbefugnis und 1836, weil sie über 1500
Menschen beschäftigten, die Landesfabriksbefugnis.

Stein. Im Jahre 1832 wurden die Fezfabriken von Stein & Co. in Strakonitz
und Mutenic gegründet.

In Pisek entstanden zwei kleinere Unternehmungen dieser Art, darunter
Wlach. die von Johann Wlach[4]).

In Niederösterreich wurde 1809 dem Johann Reißer zu Inzersdorf die Befugnis zur Errichtung einer türkischen Käppchenfabrik erteilt,

---

. [1]) Vgl. oben S. 15 f. — [2]) D'Elvert, a. a. O., XIX, S. 83; André, Neueste Beschreibung,
S. 185. — [3]) H. K. A. Kom., N.-Ö., Fasz. 72, Nr. 20 ex febr. 1807, Nr. 6 ex febr. 1808, Nr. 31
ex aug. 1810; Redl, Adressenbuch, 1818, S. 312. — [4]) Statth. A. Prag, 1836—1840, Kom.,
Fasz. 104, Nr 21, subu. 5, 1836 Okt. (Weil); Großind., IV, 393, 396; Katalog der österr. Abt. der
Pariser Ausstellung, 1867, S. 103, 1878, S. 147.

„da die noch nicht hinlänglich betriebene Fabrikation der türkischen Käppchen alle nur mögliche Aufmunterung und Unterstützung verdient"[1]. Diese Fabrik (die Vorarbeiten geschahen zu Strakonitz in Böhmen, während in Inzersdorf nur die Appretur erfolgte) scheint bald eine größere Ausdehnung erlangt zu haben, denn sie wird 1813 schon als k. k. priv. türkische Kappelfabrik erwähnt[2]. Im Jahre 1810 wurde den Brüdern Stache und dem Josef Schweisthaler in Wien, „die schon einen bedeutenden Absatz im Inland und ins Ausland vorzüglich in die Türkei" hatten, die förmliche Fabriksbefugnis zur Erzeugung von türkischen Kappen verliehen[3].

Im Jahre 1841 waren in Strakonitz zwei landesbefugte Fezfabriken (Fürth und Weil), in Pisek zwei einfache, in Wien zwei einfache (darunter die von A. Volpini[4]) und in Brünn eine einfache Fabrik. Die jährliche Erzeugung dieser Fabriken betrug über 216.000 Dutzend im Werte von 734.000 fl. Dieser Industriezweig hatte sich in Österreich in so erstaunlich kurzer Zeit derart entwickelt, daß er in den Vierzigerjahren für die alten Zentren dieser Fabrikation Marseille, Orleans, Venedig und Livorno schon eine schwere Konkurrenz bedeutete[5].

Die Erzeugung von Hüten wurde meist von Hutmachern handwerksmäßig betrieben. Hüte.

In Prag wurden schon im 18. Jahrhundert sehr gute Hüte verfertigt und vielfach ins Ausland versendet. Zu Ende des Jahrhunderts wird daselbst eine Hutfabrik von Lippmann genannt, die eine große Ausdehnung hatte[6]. Dieser Industriezweig entwickelte sich auch später in Böhmen sehr gut. In den Dreißigerjahren des 19. Jahrhunderts waren in Prag mehrere große Hutfabriken, so die von W. Stuchly, Josef Wanig, Josef Muck und Karl Kriese. Die letztgenannte Unternehmung (landesbefugt seit 1834) in der Vorstadt Karolinenthal beschäftigte damals an 100 Arbeiter, die bei 6 Kesseln, in welchen wöchentlich fünfmal gefärbt wurde, jährlich über 21.000 Hüte, darunter 2000 Militärhüte erzeugten. In den Vierzigerjahren betrug ihre Arbeiterzahl schon an 200. Diese Fabrik exportierte nach New York, England, Deutschland und allen Provinzen Österreichs. Die Fabrik von Muck (gegründet 1830, landesbefugt seit 1838) wies in den Vierzigerjahren 50—60 Arbeiter auf[7]. In Niederösterreich und in Wien, wo sich auch zahlreiche Hutmacher befanden, bestanden damals noch keine Fabriken so großen Umfanges. Hingegen wurden hier mehr Seidenhüte erzeugt als in Prag[8].

---

[1]) H. K. A. Kom., N.-Ö., Fasz. 72, Nr 6 ex apr. 1809; Staatsrat 1809, Nr. 882. — [2]) H. K. A. Kom., N.-Ö., Fasz. 72, Nr. 49 ex apr. 1813. — [3]) H. K. A. Kom., N.-Ö., Fasz. 72, Nr. 31 ex aug. 1810. — [4]) Großind. (1908), Bd. III, S. 95; Katalog der österr. Abteilung d. Pariser Ausst. 1867, S. 106; Wiener Stadt-A., Statist. Bemerkungen über die Vorstadtgemeinden, 1829, Gumpendorf. — [5]) Tafeln z. Stat. f. 1841; Großind. Öst., IV, S. 393, 396; Ber. ü. d. Ausst. Prag, 1831, S. 171, 1836, S. 105, 117, Wien, 1845, S. 413. — [6]) Schreyer, Kom., Fabriken etc. (1790) I, S. 198; derselbe, Kom., Fabriken etc. in Briefen (1793/94), I, S. 14; derselbe, Warenkabinett (1799), S. 163. — [7]) Kreutzberg, Skizz. Übersicht (1836), S. 102 f.; Ber. ü. d. Ausst. Wien, 1845, S. 625, Statth. A. Prag, 1826—1835, Kom., Fasz. 9, subn. 19 (Kriese), 1836—1840, Kom., Fasz. 104, Nr. 3, subn. 62 (Muck). — [8]) Keeß, a. a. O., II, S. 1 ff., Keeß u. Blumenbach, a. a. O., I, S. 33 f.; Ber. ü. d. Ausst. Wien, 1839, S. 416 ff., 1845, S. 623 ff.

I. Die Bierbrauerei.

Mannigfache Umstände haben es bewirkt, daß die Epoche der Großbetriebe auf dem Gebiete der Bierbrauerei erst um 1848 begann. Vor allem waren da ein Hemmnis die starren Brau- und Schankrechte, welche in den wichtigsten Ländern Städte und Dominien seit jeher hatten und welche durch strenge Bezirkseinteilungen geschützt waren. Solange dieser Zustand dauerte, konnten die Maßnahmen der Staatsverwaltung zur Hebung der Bierbrauerei keinen rechten Erfolg versprechen.

Durch Zirkular vom 24. Jänner 1811 wurde der freie Bierverkehr ausgesprochen, jedoch nur für Wien, während für das flache Land die bis dahin beobachtete Einteilung der Bräuer in gewisse Bezirke unverändert blieb. Auch mußte die Zugehörigkeit der Bierbrauerei zu den Polizeigewerben mancherlei Übelstände zur Folge haben.

Zu einer Milderung dieser Beschränkungen der Erzeugung und des Verkehrs führte der Umstand, daß „die Behörden sich seit 1813 zur Pflicht machten, der Biererzeugung, folglich auch der Entstehung neuer Brauhäuser keine Hindernisse in den Weg zu legen, um dem Publikum nicht nur Bier in hinreichender Menge, sondern auch in entsprechender Qualität und in billigen Preisen zu verschaffen". Auch wurde seit dieser Zeit kein Anstand genommen, vermögenden Individuen, welche Brauereien zu errichten wünschten, selbst wenn sie dieselbe nicht zunftmäßig erlernt hatten, dies zu gestatten und bei Erteilung solcher Berechtigungen sollte keineswegs nach der Strenge der für die Verleihung von Polizeigewerbebefugnissen bestehenden Vorschriften vorgegangen werden, weil sich ihr Absatz nicht auf den Standort beschränkte. Dieser Gedankengang wird auch von einem niederösterreichischen Regierungsdekrete vom 30. September 1815 ausgesprochen mit den Worten: „Die notorisch schlechte Qualität des hierländigen Bieres[1]), dessen Verbesserung zu bewirken den Behörden zur Pflicht gemacht ist und schon durch Sanitätsrücksichten geboten wird, macht eine Vermehrung der Brauhäuser, um dadurch eine lebhaftere Konkurrenz unter den Biererzeugern hervorzubringen, höchst notwendig und es wird dadurch sehr erwünscht, wenn große Kapitalisten die Errichtung solcher gemeinnütziger Unternehmungen im großen bewirken, wodurch man hoffen dürfe, daß die Brauereien auch hierlandes jene Güte und Vollkommenheit erreichen werden, die sie im Auslande und selbst in anderen Provinzen der Monarchie wirklich behaupten". Ebenso sprach sich die Hofkanzlei wiederholt und auch unter dem 26. Juni 1826 aus Anlaß einer Beschwerde des Wiener Bräuervereines aus, daß die Verleihung von Braubefugnissen nach Analogie der Fabriksbefugnisse zu behandeln sei, welcher Anschauung sich die Hofkammer unter dem 17. August 1829 anschloß.

[1]) Auch André (Neueste Beschreibung, 213) erwähnt (i. J. 1813) die durchweg schlechte Qualität des inländischen Bieres. Ebenso war den Wiener Bierbräuern schon 1780 wegen der häufigen Klagen des Publikums über die schlechte Qualität des Bieres angedroht worden, daß „im Falle, sie bierbräuer bei einer etwa weiters vornehmenden Untersuchung dieses Unfugs überführet würden, wider selbe mit schärfster Andung fürgegangen werden solle" (Wiener Stadt-A., Intim. Dekr. 1780).

Der durch Entschließung vom 24. Oktober 1816 gegen Beobachtung der Steuervorschriften erfolgten allgemeinen Bewilligung der Bierbrauerei zum eigenen Konsum kommt keine besondere Bedeutung zu[1]).

Furcht vor Holzmangel führte wie bei anderen Industriezweigen auch hier zur Bestimmung, die ein Hofkanzleidekret vom 25. September 1798 festsetzte, daß zur Errichtung eines neuen Brauhauses die Befugnis nur unter der ausdrücklichen Bedingung erteilt werden solle, daß die Kessel entweder mit Steinkohlen oder mit Torf geheizt würden, was aber nicht eingehalten worden zu sein scheint[2]).

Mit Rücksicht auf die erwähnten Brau- und Schankrechte konnten selbst Privilegien auf Erfindungen und Verbesserungen auf dem Gebiete der Erzeugung geistiger Getränke in jenen Provinzen, in welchen, wie in Böhmen, Mähren, Schlesien und Galizien ausschließende Rechte bezüglich der Bier- und Branntweinerzeugung den Dominien und Städten zustanden, nur mit der Beschränkung erteilt und ausgeübt werden, daß den Erzeugungs-, Schank- und Propinationsrechten in jenen Orten, wo sie bestanden, nicht zu nahe getreten, und daß bei der Ausfertigung der Urkunden über solche Privilegien eine diesbezügliche Klausel eingeschaltet werde (Hofdekret vom 24. November 1825[3]).

Der Versuch, den die Hofkammer 1831 und 1846 unternahm, neben mehreren anderen Gewerben auch die Bierbrauerei aus der Reihe der Polizeigewerbe auszuscheiden, führte zu keinem Ziele[4]).

Bei diesen Umständen konnten auch alle sonstigen Bemühungen zu keinem rechten Erfolge führen. So die vielfachen Verbesserungen in der Biererzeugung und die darauf namentlich seit dem Zwanzigerjahren des 19. Jahrhunderts erteilten Privilegien[5]).

Zur Verbesserung der Produktionstechnik und der Qualität des Bieres hatte schon 1806 Professor Johann Bapt. Herrmann in München Vorschläge zur Errichtung einer öffentlichen Lehranstalt über die Ökonomie des Brauwesens veröffentlicht und die Grundzüge des Lehrplans einer solchen Anstalt entworfen. Der Mangel einer Lehranstalt wurde auch gefühlt und die böhmischen Bierverleger und Oberältesten der Bierbräuergewerbe suchten 1816 um Errichtung einer Unterrichtsanstalt für Bierbrauerei und Branntweinbrennerei in Verbindung mit dem Prager polytechnischen Institute an, wobei sie sich bereit erklärten, alle hiezu erforderlichen Einrichtungs- und Unterhaltungskosten selbst zu tragen.

Teilweise wurde dies im Jahre 1818 in Prag verwirklicht, als Professor Steinmann an der Technik Vorträge über die chemischen Grundsätze des Bierbrauens abzuhalten begann. Der Direktor des polytechnischen Institutes Ritter von Gerstner richtete an die Brauer eine Einladung zum Besuche dieser Vorlesungen mit dem Hinweise, daß diese Versuche dazu dienen sollen,

[1]) A. d. Fin. Min., Kom., Fasz. 29, Nr. 56 ex febr. 1831; Staatsrat 1831, Nr. 3069; Barth, a. a. O., III, S. 368 ff.; Kopetz, a. a. O., I, S. 488. — [2]) Barth, a. a. O., III, S. 369. — [3]) Kopetz, a. a. O., II, S. 68; Harkup, Beitr. etc., S. 178. — [4]) Vgl. oben S. 138 ff. — [5]) Keeß u. Blumenbach, II, S. 166 ff.

zu entscheiden, ob in Verbindung mit dem polytechnischen Institute die Errichtung einer eigenen Braufachschule möglich wäre.

Die Prager technische Hochschule hat sich um die Bierbrauerei nicht unwesentliche Verdienste erworben. Karl Balling, Professor der Chemie an dieser Anstalt, veröffentlichte 1844—1847 sein bahnbrechendes Werk über Gärungschemie und konstruierte zuerst einen verläßlichen Sacharometer[1]). Die bis dahin in allen Ländern verschiedene und ungleichmäßige Besteuerung des Bieres wurde durch das auf Grund der allerhöchsten Entschließung vom 25. Mai 1829 erflossene Verzehrungssteuerpatent vereinheitlicht und auf eine für die folgende Zeit maßgebende Grundlage gestellt.

Die Bierbrauerei ist in Böhmen schon im 11. Jahrhundert urkundlich nachweisbar und bereits zu Anfang der Neuzeit war berühmt das Bier von Rokycan, Schlan, Saaz, Komotau, Görkau, Mies, Klattau und Böhmisch-Brod. In Mähren läßt sich die Bierbrauerei urkundlich bis zum Anfange des 13. Jahrhunderts zurückverfolgen. Hier war besonders das Bier von Iglau und Neutitschein rühmlichst bekannt, in zweiter Linie auch dasjenige von Brünn, Olmütz, Schönberg, Meseritsch und Trebitsch.

Auch in der Steiermark reichen die Anfänge des Braugewerbes bis in das Mittelalter zurück.

In Niederösterreich war der ausgebreitete Weinbau der Entwicklung der Bierbrauerei hinderlich; dennoch entstanden in den Städten schon frühzeitig zahlreiche Brauereien. Bereits im 16. Jahrhundert war das Bier von Hütteldorf und St. Marx, im 17. das von Simmering und Schwechat weit bekannt. Im Jahre 1732 wurden in Wien und weiterer Umgebung 34 Brauhäuser gezählt. Das Brauhaus in St. Marx ist sehr alt; sein Aufschwung beginnt aber erst mit dem Übergang in den Besitz der Familie Mautner im Jahre 1840. Die Brauerei in Perchtoldsdorf wurde 1628 gegründet; im Jahre 1828 ging sie an Grienauer über. Die Brauerei in Schellenhof entstand 1732, die zu Wiener-Neudorf 1769, die in Jedlesee 1784. Das Brauhaus in Simmering wurde 1766 errichtet und ging 1821 in den Besitz der Familie Meichl über. Die Brauerei in Brunn am Gebirge wurde 1790 gegründet, die zu Nußdorf 1819, die zu Liesing 1838, die zu Währing und die zu Hernals im Jahre 1839.

Die schlechte Qualität des inländischen Bieres zu Anfang des 19. Jahrhunderts wurde erst behoben, als das vollkommene englische Mälzungs- und Brauverfahren samt den vollendeten technischen Einrichtungen bekannt wurde und Verbreitung fand. „Eisen und Kohle, Maschinen und Dampfkraft waren jene Elemente, denen das englische Brauwesen seine Größe verdankte". Durch die Anwendung dieser Faktoren konnten auch in Österreich allmählich Großbetriebe dieses Industriezweiges entstehen[2]).

Als der Begründer der modernen österreichischen Bierindustrie kann mit Dreher. Recht Anton Dreher (geb. 1810, gest. 1863) bezeichnet werden, der von seiner Mutter im Jahre 1836 die in das 17. Jahrhundert zurückreichende Brauerei

------

[1]) Keeß, a. a. O., III, 326 f.; Großind. Öst., V, 209; Jelinek, a. a. O., 55. — [2]) Gesch. d. öst. Land- und Forstwirtschaft u. ihrer Industrien, III, S. 491—564. .

zu Klein-Schwechat übernahm und dem es durch Verbesserungen und Neuerungen nach allen Richtungen ein Bier herzustellen gelang, wie es bis dahin in Österreich nirgends in dieser Vollkommenheit bereitet worden war. Seit 1840 wurden so in der Schwechater Brauerei, welche sich seit 1794 im Besitze der Familie Dreher befindet, untergärige Biere erzeugt[1]).

Einen zweiten Markstein in der Geschichte der österreichischen Bierbrauerei bildet die Errichtung des neuen bürgerlichen Brauhauses in Pilsen, das 1842 in Betrieb gesetzt wurde, als der großartigste Vertreter einer neuen Zeit[2]).

Größere Bierbrauereien, d. h. solche, welche die Biererzeugung fabriksmäßig betrieben, wurden 1841 gezählt[3]): in Wien 5, im übrigen Niederösterreich 38, in Linz 3, im übrigen Oberösterreich 21, in der Steiermark 8, in Triest 2, in Prag 27, im übrigen Böhmen 108 und in Galizien 4.

XXIX. Kapitel.

Schlußbetrachtungen.

Vergleicht man den industriellen Zustand der Monarchie beim Regierungsantritte Kaiser Franz' I. mit demjenigen gegen Ende der Dreißigerjahre des 19. Jahrhunderts, so kann kein Zweifel darüber bestehen, daß in dieser Periode der Grund zur österreichischen Großindustrie gelegt wurde, ja dieselbe geradezu geschaffen wurde. Alte, jahrhundertelang schon in den Ländern des Habsburgerreiches ausgeübte Beschäftigungszweige veränderten in dieser Periode zum großen Teile ihr Gepräge und zeigten am Ende des hier in Betracht gezogenen Zeitraumes schon ein ganz anderes Aussehen. Die Maschinen ermöglichten jetzt eine Produktion im großen, wie sie früher kaum geahnt werden konnte, sie vereinfachten aber auch den Produktionsprozeß bei gleichzeitiger Verbürgung der größtmöglichen Gleichartigkeit der Erzeugnisse, sie verbilligten endlich Fabrikation und Produkte; andererseits aber trugen sie dazu bei, die Industrie immer mehr zu einer Domäne des Kapitals und zwar des Großkapitals zu machen, da der kleine Mann nicht imstande war, diese kostspieligen Betriebseinrichtungen sich anzuschaffen und selbst der mit einigem Kapital versehene es nicht wagen konnte, sein ganzes bewegliches Vermögen in Maschinen zu investieren, die ihre Brauchbarkeit noch nicht durch langjährige Erfahrung erprobt hatten.

So kamen allmählich unter Kaiser Franz in der Textilindustrie die mechanischen Spinnmaschinen in Verwendung, in der Weberei der Schnellschütze, der Textildruck entwickelte sich in ungeahnter Weise durch das Aufkommen der Walzendruckerei. Bei der Eisenproduktion und -verarbeitung kamen bahnbrechende Verbesserungen auf (z. B. der Puddelprozeß). In der Eisen- und Metallindustrie verdrängten die Walzwerke die früher namentlich für die Blech- und Drahterzeugung ausschließlich verwendeten Hämmer, die Papierindustrie

---

[1]) Beitr. z. Gesch. d. Gew. u. Erf,. I, 198; Großind., Öst., V, 232. — [2]) Hallwich, Industrie Böhmens in Öst.-Ung. Mon. in W. u. B., Böhmen, S. 663. — [3]) Tafeln zur Stat. d. öst. Mon. f. 1841.

wurde durch das Aufkommen von Maschinen auf eine ganz andere Grundlage gestellt. Mehrere Beschäftigungszweige, deren Anfänge mehr oder weniger weit zurückreichen, entwickelten sich erst in dieser Periode zu wirklichen Industriegruppen; so die Porzellanindustrie, die früher in Österreich nur durch die staatliche Wiener Manufaktur vertreten war, die chemische Industrie und die Maschinen- und Instrumentenfabrikation, welche beiden letzteren sich vorher nur in den engen Grenzen von kleinen Laboratorien und mechanischen Werkstätten bewegt hatten. Einzelne Industriezweige verdanken in Österreich überhaupt erst dieser Periode ihre Entstehung, wie die Erzeugung von Zucker aus Runkelrüben, die Verfertigung von türkischen Kappen, die Erzeugung von Dampfmaschinen und Eisenbahnbestandteilen, die Leuchtgasindustrie und am Ende dieser Periode die Stearinkerzenerzeugung.

Die Fortentwicklung der einzelnen Industriezweige in technischer Beziehung ist den damals schnell aufeinanderfolgenden, vielfach bahnbrechenden Erfindungen zu verdanken, kann somit keineswegs in erster Linie der Industriepolitik dieser Periode zugeschrieben werden. Andererseits darf aber nicht übersehen werden, daß die industriefreundlichen Maßnahmen der Staatsverwaltung viel dazu beigetragen haben, namentlich insofern es sich darum handelte, aus früheren Zeiten herrührende Hindernisse der freien Entfaltung der industriellen Betriebsamkeit möglichst zu beseitigen oder doch zu mildern, die Verbreitung neuer Hilfsmittel und nützlicher Einrichtungen zu fördern, zu Verbesserungen anzueifern, nützliche Leistungen anzuerkennen, Verdienste zu belohnen. Der später erfolgte auch formelle Übergang zum System der Gewerbefreiheit, nachdem schon 1809 die „Industrialfreiheit" zur gesetzlichen Grundlage der Kommerzialleitung erklärt worden war, ist nur der folgerichtige Schlußakt der gesamten Gewerbepolitik seit Maria Theresia, besonders aber seit dem Anfange des 19. Jahrhunderts. Betrachtet man die franziszeische Industriepolitik sine ira et studio, so kann nicht geleugnet werden, daß die erleuchteten Behörden dieser Periode den Kampf gegen die wirtschaftliche Gebundenheit und Engherzigkeit mit großer Energie, Ausdauer und Konsequenz führten und daß sie es waren, welche so die wirtschaftliche Unabhängigkeit und den Aufschwung des Bürgertums erkämpften, was später zu dessen politischer Reife und Machtstellung führen mußte. Was auf rein politischem Gebiete als „Kannengießerei" verpönt und verfolgt sich nicht regen durfte, dasselbe Prinzip wurde von den Kommerzbehörden als unumstößliches und unantastbares Dogma verfochten und gehandhabt: die größtmögliche Liberalität. Wenn auch die Neuregulierung der Gewerbeverfassung in diesem Sinne trotz vielfacher Anläufe nicht gelang, so wurde doch das ganze Gewerbewesen möglichst liberal behandelt; viele beschränkende Bestimmungen wurden ausdrücklich aufgehoben, andere gerieten durch Nichtanwendung in Vergessenheit. Vieles wurde auf gewerbegesetzlichem und -politischem Gebiete neu geschaffen, anderes zum erstenmal erwogen, um erst später verwirklicht zu werden. In diese Periode fällt die erste gesetzliche Regelung des Patentwesens, die Gründung von großartigen technischen Lehranstalten, wodurch es erst ermöglicht wurde, daß alle neuesten Errungenschaften der chemischen und technischen Wissenschaften bald den Weg in die Werkstätten zur praktischen Ausführung fanden, in dieser Periode beschäftigte sich die österreichische Staatsverwaltung zum erstenmal mit der Frage der Organisierung der Industrie zu Handelskammern als beratenden Körperschaften, ebenso wie zum erstenmal und zwar von seiten der staatlichen Behörden, Industrieausstellungen veranstaltet wurden.

Die obige Darstellung über die Entwicklung der einzelnen Industriezweige, wobei namentlich auf die Schilderung des Umfangs und der Betriebsverhältnisse der größeren Unternehmungen besonderes Gewicht gelegt wurde, zeigt deutlich, daß manche Industriegruppen schon eine für die damaligen Verhältnisse gewaltige Ausdehnung erlangt hatten, was namentlich von jenen Zweigen gilt, deren Absatz infolge der Unentbehrlichkeit ihrer Produkte und des Anwachsens der Bevölkerung und ihrer Bedürfnisse ein sehr großer sein mußte, wie bei der Eisenund Textilindustrie.

Wenn auch die ersten Anfänge des Kapitalismus in den raffinierten Bedürfnissen der Hofhaltungen und der Schlösser der Patrizier des 17. und 18. Jahrhunderts zu suchen sind, Anfänge, die schon wegen der relativ geringen Zahl und Menge der dabei in Betracht kommenden Konsumenten und Produkte keiner besonderen Progression fähig sein konnten, so kamen doch jene Bedingungen, welche zur Entstehung gewaltiger Kapitalien führten, erst um die Wende des 18. und 19. Jahrhunderts auf. Selbst die Befriedigung der stark angewachsenen Bedürfnisse des Militarismus, wobei auch in Kriegszeiten kaum 200.000 Menschen zur Ausrüstung mit Kleidern und Waffen und zur Verpflegung in Betracht kamen, mußte bald als unbedeutend empfunden werden, nachdem die fortschreitende Technik der Maschinen eine derartige Verbilligung der unentbehrlichsten Produkte ermöglicht hatte, daß für den Absatz Millionen von Abnehmern in Betracht kommen mußten, welche bis dahin durch alle Jahrhunderte hindurch das Meiste selbst im Hause zu erzeugen gewohnt gewesen waren.

Bei der Beurteilung des Umfanges der damaligen industriellen Produktion und bei ihrer Vergleichung mit den gegenwärtigen Verhältnissen dürfen mehrere Umstände nicht außer acht gelassen werden, die für die spätere Entwicklung von ausschlaggebender Bedeutung geworden sind, wie vor allem das Aufkommen und die Verbreitung der Dampfschiffahrt und der Eisenbahnen, die Verbesserung des Nachrichtendienstes durch Telegraph und Telephon, die Erleichterung der internationalen Konkurrenz durch das Fallenlassen der prohibitiven Zollpolitik, die großartige Entwicklung auf dem Gebiete der Geld- und Kreditorganisation, die Folgen der Grundentlastung und endlich die starke Zunahme der Bevölkerung.

Billige und leistungsfähige Verkehrsmittel sind für viele Industriezweige geradezu eine Lebensfrage, vor allem für jene, welche auf eine Massenproduktion billiger Waren eingerichtet sind. Auch eine starke Verbreitung des Steinkohlenverbrauches, welcher Brennstoff nur an wenigen Orten der Monarchie gewonnen wird, konnte erst durch die Eisenbahnen ermöglicht werden. Eine wesentliche Verbesserung der von früher her stammenden schlechten Landwege bedeuteten zuerst die unter Karl IV. durchgeführten großartigen Kunststraßen, welche von Wien aus die Alpen überquerten und so die Hauptstadt mit den inner- Straßen-wesen.

640

österreichischen Provinzen und den zwei wichtigsten Seehäfen verbanden. Auch die 90 *km* lange Linienstraße zwischen Karlstadt und Fiume, die Karolinenstraße zwischen Karlstadt und Porte-Ré sowie die prachtvolle Kunststraße, welche Siebenbürgen über den Rotenturmpaß mit der Wallachei verbindet, wurden in dieser Zeit gebaut. Die Pflege und der Ausbau des Straßenwesens wurde von Maria Theresia und noch intensiver von Josef II. fortgesetzt. Der letztere unternahm die Anlage einer großartigen Straße durch Mähren, Schlesien, Galizien und die Bukowina, den bewundernswerten Bau der Straße über den Arlberg und ihm verdankt neben mehreren anderen Straßen im Küstengebiete Kroatiens auch die Josefinerstraße von Karlstadt nach Zengg (105 *km*) ihre Entstehung, welche als eine der schönsten Straßen Europas galt. Leopold II. beseitigte das verderbliche System der Straßenverpachtung. Unter Franz I. wurde die Wien-Triesterstraße, hauptsächlich der Übergang über den Semmering, bedeutend verbessert und seit dem Beginne des 19. Jahrhunderts wurde dem Straßenbau und der Straßenpflege eine besondere Sorgfalt zuteil, indem dafür bedeutende Summen ausgegeben wurden. Zu Anfang der Zwanzigerjahre wurde die großartige Straße über das 2760 *m* hohe Stilfserjoch (Etsch-Adda) mit einem Kostenaufwande von 2·9 Millionen Gulden angelegt, welche eine unmittelbare Verbindung Tirols mit der Lombardei herstellte und noch heute die höchste fahrbare Straße Europas ist. In derselben Zeit erfolgte der Bau der 114 *km* langen Ampezzanerstraße von Conegliano nach Toblach. So wies Österreich zu Anfang der Vierzigerjahre schon ein dichtes Netz von mustergültigen, Wien mit allen Teilen der Monarchie verbindenden „Kaiserstraßen" auf, die damals, in der Zeit der ersten Anfänge des Eisenbahnwesens für die wirtschaftliche Entwicklung des Landes von eminenter Bedeutung waren[1]).

Wasserstraßen.
Bei der großen Wichtigkeit, welche die Schiffahrt und Flößerei auf den Flüssen West- und Mitteleuropas schon im frühen Mittelalter hatte, und der Überlegenheit der Binnenwasserwege gegenüber den Straßen, welche letzteren weder einen Massen- noch einen billigen Transport ermöglichten, ist es begreiflich, daß es auch in Österreich nicht an Versuchen gefehlt hat, die natürlichen Wasserwege auszugestalten und durch künstliche zu einem zusammenhängenden Verkehrsnetze zu verbinden. Die Bestrebungen, die Donau mit der Moldau durch einen Schiffahrtskanal zu verbinden, reichen bis in das 14. Jahrhundert zurück und meldeten sich auch späterhin öfter, um aber immer, weniger an den technischen Schwierigkeiten, als an den großen Kosten zu scheitern. Intensiver beschäftigte man sich mit diesen Fragen im 18. und 19. Jahrhunderte. Maria Theresia errichtete 1773 Schiffahrts- und Wasserbaudirektionen, welchen die Verbesserung der Flußschiffahrt und die Strompolizei oblag. Unter Franz I. wurde 1793—1801 der 110 *km* lange Franzenskanal behufs Verbindung der Donau mit der Theiß von Privaten erbaut und 1845 an den Staat übertragen, ferner zur besseren Benützung der Bega der 121·5 *km* lange Begaschiffahrts-

---

[1]) P. F. Kupka, Die Eisenbahnen Österreich-Ungarns 1822—1867, Leipzig, 1888, Einleitung S. 1—4; Versuch einer Darstellung der öst. Mon. in stat. Tafeln (Tafeln zur Stat. d. öst. Mon), 1828, Tafel 68: Straßenkarte von Österreich.

kanal angelegt. Von einer Gesellschaft wurde 1795 der Bau eines Schiffahrts-kanals, der von Wien über Ungarn bis nach Triest hätte führen sollen, be-gonnen, welcher aber nur in einer Länge von 66 *km* von Wien bis über Wr.-Neustadt vollendet wurde und später an den Staat fiel. Auch die Idee der Verbindung der Moldau mit der Donau wurde seit 1807 wiederum eingehenden Studien unterzogen, welche sich lange hinzogen und endlich, infolge der inzwischen aufgekommenen Eisenbahnen in die Anregung der Verbindung der beiden Flußgebiete durch eine Eisenbahn ausklangen[1]).

Wenn in Österreich die Wasserstraßen bei weitem nicht jene hohe Bedeutung erlangten wie in Frankreich und Deutschland, so kann daraus vernünftigerweise der Staatsverwaltung um so weniger ein Vorwurf gemacht werden, als die eigen-artigen, schwierigen Bodenverhältnisse der Monarchie einem solchen Unter-nehmen große, technisch schwer überwindliche, finanziell aber sicher unüber-steigbare Hindernisse in den Weg legen mußten.

Die Elbeschiffahrt, welche für Böhmen eine große Bedeutung hatte, wurde durch die Elbeschiffahrtsakte vom 23. Juni 1821 für frei erklärt, wobei auch die zahlreichen vom Mittelalter herrührenden verschiedenen Abgaben wesentlich beschränkt und die früher üblich gewesenen Schikanen gegenüber den österreichischen Schiffern abgestellt wurden[2]).

Erst den Eisenbahnen war es vorbehalten, das Verkehrswesen Österreichs auf eine den Bedürfnissen der industriellen Fortentwicklung entsprechende neue Grundlage zu stellen und so die Hauptbedingungen für den weiteren be-schleunigten wirtschaftlichen Aufschwung der Monarchie zu schaffen.

Die erste Eisenbahn in Österreich war die für den Pferdebetrieb eingerichtete Strecke von Budweis nach Linz, welche, nachdem der Betrieb auf Teilstrecken schon 1827 aufgenommen worden war, im Jahre 1832 vollendet wurde. Im Jahre 1836 wurde im Anschlusse daran die Linie von Linz nach Gmunden dem Verkehre übergeben. Mit Dampf betriebene Eisenbahnen kamen in Österreich aber erst nach dem Tode Franz' I. auf und zwar als erste die Nordbahn (Privi-legium 1836), auf welcher der Verkehr, nachdem er auf einer kurzen Strecke schon 1837 begonnen hatte, seit dem 7. Juli 1839 bis Brünn reichte. Im Jahre 1841 hatte die Nordbahn 32 Lokomotiven, von denen die stärkste nur 45 Pferde-kräfte aufwies. Im Jahre 1839 erhielt eine Gesellschaft die definitive Bewilli-gung zum Bau der Wien-Gloggnitzer Bahn, welche den Verkehr bis Wr.-Neu-stadt im Jahre 1841 eröffnete. Die Gesamtlänge der österreichischen Eisenbahnen samt der Pferdebahn Budweis-Gmunden betrug 1841 nur 75 7/8 Meilen (575·6 *km*).

Ebenso war die Entwicklung der Dampfschiffahrt anfangs sehr langsam. Die Donau-Dampfschiffahrtsgesellschaft wurde 1830 gegründet und wies 1831 einen Dampfer, 1841 deren 23 auf. Der österreichische Lloyd (ge-

Eisen-
bahnen.

Dampf-
schiffahrt.

---

[1]) Kupka, a. a. O., 1—6. — [2]) Strisower, Art. Elbe im öst. St. W. B., 2. Aufl., A. Beer, Die österr. Handelspolitik im 19. Jahrhundert, S. 12; Grunzel, System der Verkehrspol., S. 156 f.; Krauß-Elislago, Autobiogr., S. 177; Versuch einer Darstellung der österr. Mon. in statist. Tafeln (Tafeln zur Stat. d. öst. Mon.), 1828, Tafel 70: Flußkarte Österreichs samt ge-bauten und projektierten Kanälen.

gründet 1833, betrieb die Dampfschiffahrt seit 1836) hatte 1837 7 Dampfer, 1841 deren 10, wobei allerdings der größte einen Gehalt von nur 467 Tonnen aufweisen konnte[1]).

Unter Kaiser Franz war somit der Verkehr noch ganz auf die schon früher vorhandenen Hilfsmittel angewiesen, vor allem auf die Straßen. Erst einer späteren Zeit war es vorbehalten, die staatliche Eisenbahn- und Tarifpolitik in den Dienst der nationalen wirtschaftlichen Entwicklung zu stellen als eines der wesentlichsten Mittel der staatlichen Industriepolitik für den inneren Absatz sowohl als auch für den auswärtigen Handel.

Außen-
handel.
Auch die Daten über den Außenhandel jener Zeit illustrieren deutlich den kommerziellen Zustand als den einer Periode, in der zum Mangel an leistungsfähigen Verkehrsmitteln noch die gegenseitige zollpolitische Abhaltung der auswärtigen Konkurrenz seitens der meisten Staaten hinzukam und den internationalen Handelsverkehr lähmte. Die Einfuhr der Monarchie samt Oberitalien betrug im Jahr 1841 nur 105·8 Millionen Gulden C. M., die Ausfuhr 103·2 Millionen. Die durchschnittliche Einfuhr in den Jahren 1831—1840 belief sich auf 87·39 Millionen, die Ausfuhr auf 89·69 Millionen Gulden.

Von der Einfuhr für 1841 entfielen 12·2 Millionen auf Kolonialwaren (meist Zucker und Kaffee), 7·3 Millionen auf Farben und Farbstoffe, 22·4 Millionen auf Rohstoffe, 10·69 Millionen auf Garne und 4·97 Millionen auf Fabrikate. Auf die Einfuhr von Natur- und landwirtschaftlichen Erzeugnissen entfielen 52·8 Millionen, auf die von Rohstoffen und Industrieprodukten 53 Millionen Gulden[2]).

Von der Ausfuhr im Jahre 1841 entfielen 23·2 Millionen auf Natur- und landwirtschaftliche Erzeugnisse, 42·2 Millionen auf Rohstoffe und 29 Millionen auf Fabrikate[3]). Wie geringfügig nehmen sich diese Zahlen gegenüber dem späteren gewaltigen Aufschwunge aus. So groß sind die Wandlungen, welche die modernen Verkehrsverhältnisse zusammen mit dem Anwachsen der Bevölkerung, der Befreiung des auswärtigen Handels von unnötigen Fesseln und den sonstigen oben erwähnten Errungenschaften der späteren Zeit hervorriefen.

Ebenso unbeträchtlich war der Verkehr zwischen Österreich und Ungarn, welche Länder noch durch eine Zwischenzollinie voneinander getrennt waren. Im Durchschnitte der Jahre 1831—1840 betrug die Einfuhr aus Ungarn 46·2 Millionen Gulden, darunter 22·32 Millionen Rohstoffe, 8·2 Millionen Getreide und sonstige Felderzeugnisse, 5·86 Millionen Schlachtvieh. Die Ausfuhr nach Ungarn belief sich auf 30·79 Millionen Gulden, darunter 27·4 Millionen Gulden Industrieerzeugnisse. Schon damals bildete somit Ungarn für die österreichische Industrie ein Absatzgebiet, welches an Bedeutung dem gesamten übrigen Auslande nicht nachstand.

---

[1]) Tafeln zur Statist. der österr. Monarchie für 1841; Kupka, a. a. O. — [2]) Die gegenwärtige Einfuhr von roher Baumwolle allein ist viel größer als die Gesamteinfuhr der damals noch umfangreicheren Monarchie. (Sie betrug 1911: 300.5 Mill., 1912: 317.2 Mill. Kronen.) — [3]) Gegenwärtig ist die Ausfuhr von Zucker, somit eines Produktes, welches damals noch in großen Mengen eingeführt werden mußte, größer als die Gesamtausfuhr der Monarchie in jener Zeit.

Die Bevölkerung der Monarchie, welche damals, unter der Herrschaft der Prohibition und des infolge der schwierigen Verkehrsverhältnisse behinderten Exports, der wichtigste, für viele Industriezweige überhaupt der ausschließliche Konsument war, betrug[1]): Bevölke-
rung.

J a h r	Österreich (ohne Lombardei und Venedig)	U n g a r n	Österreich-Ungarn
1800	13·3 Millionen	10·— Millionen	23·3 Millionen
1820	14·— ,,	12·7 ,,	26·7 ,,
1840	17·— ,,	15·4 ,,	32·4 ,,

Dabei war die Bevölkerung nicht wohlhabend und meist bedürfnislos, in den ersten 25 Jahren der Regierung Franz' I. überdies durch die unaufhörlichen Kriegsereignisse in ihrer Kaufkraft wesentlich geschwächt. Das wenige, was überhaupt benötigt wurde, wurde meist durch den Hausfleiß selbst erzeugt. Nur in den Städten pulsierte einigermaßen ein intensiveres Geschäftsleben und machte sich seit dem Ende des 18. und namentlich in den ersten Jahrzehnten des 19. Jahrhunderts der Luxus und der Wechsel der Mode immer mehr geltend.

In der auswärtigen Handelspolitik behauptete die Prohibition lange das Feld. Die Tarife von 1822 und 1829 bedeuteten zwar eine teilweise Abschwächung dieses Systems nebst einer Erleichterung der Durchfuhr. Aber selbst im Zolltarife vom 27. Dezember 1838, der eine einheitliche Zusammenfassung der zahlreichen Partialtarife und Nachträge zu denselben bildete, verblieben noch 69 Einfuhr- und 10 Ausfuhrverbote[2]). Auswärtige
Handels-
politik.

Bei Berücksichtigung aller Umstände, welche der industriellen Entwicklung· förderlich oder hinderlich waren, darf nicht vergessen werden, daß die Hauptleistung bei der Begründung von Unternehmungen und. Einführung neuer Industriezweige doch von der Unternehmungslust und dem hingebungsvollen Eifer einzelner Männer abhing, welche ihr ganzes Denken und ihre volle Arbeitskraft darauf richteten und ihr Vermögen darauf verwendeten. Wenn sie auch dabei in erster Linie vom eigenen Interesse geleitet wurden, so wird dadurch um so weniger ihr Verdienst geschmälert, auch zum Wohle und Nutzen der Allgemeinheit im großen Maße beigetragen zu haben, als es nur wenige Beschäftigungszweige geben kann, bei welchen nicht in erster Linie der Nutzen für den dabei Beschäftigten und erst in zweiter Reihe der damit für die Allgemeinheit in Betracht kommende Vorteil ausschlaggebend ist. Aus diesem Grunde wurde auch in den obigen Ausführungen nicht so sehr auf die statistische Beschreibung und Erfassung der Produktion und der Fabrikationseinrichtungen Gewicht gelegt, als auf einzelne Unternehmungen, welche auf ihrem Gebiete

---

[1]) Vgl. v. Inama-Sternegg u. L. Elster, Art. Bevölkerungswesen in Handwörterbuch d. Staatsw., 3. Aufl.; Tafeln zur Statist. für 1840 u. 1841. — [2]) Bráf, Art. Handelsvertr. im österr. Staatswörterbuch, 2. Aufl.

hervorragten und die Männer, welche dadurch die österreichische Großindustrie schufen.

Wenn man die persönlichen Verdienste auf diesem Gebiete einer gerechten Würdigung unterziehen will, so darf endlich auch jener Männer nicht vergessen werden, die in den stillen Räumen der Amtsstuben, fern vom Getriebe der Öffentlichkeit die industrielle Entwicklung des österreichischen Kaiserstaates ständig mit klarem Blicke verfolgten, die bestehenden gesetzlichen Einrichtungen mit dem jeweiligen Stande der Produktion und ihrer Bedürfnisse in Einklang zu bringen und neue Wege staatlicher Förderung für dieselbe ausfindig und gangbar zu machen sich bemühten. Der Ruhm siegreicher Feldherren, erleuchteter Gelehrter und Künstler wird durch Erz und Stein künftigen Geschlechtern verkündet und ständig vor Augen gehalten. Der Name des Feldherrn pflanzt sich zudem von Generation zu Generation fort und wird in Wort und Schrift gepriesen, die Unsterblichkeit des Künstlers und Gelehrten verbürgen die Werke, welche seinen Namen der Nachwelt erhalten. Nicht leicht kann hingegen ein Standbild ausfindig gemacht werden, das einem hervorragenden Beamten wegen seiner beruflichen Verdienste gewidmet wäre. Seine Werke, welche das Feld seiner Tätigkeit vor Augen führen und vielfach von einer geradezu ungeheueren Emsigkeit und von unerschöpflichem Pflichteifer zeugen, diese Werke liegen stumm in den verstaubten Faszikeln der Archive. Diese stummen Zeugen langjähriger hingebungsvoller Betätigung im Dienste des Staates und der Allgemeinheit sprechen dem Forscher gegenüber eine so deutliche Sprache, daß es geradezu unverantwortlich wäre, bei der Würdigung jener Faktoren, welche die Industrialisierung Österreichs angebahnt haben, nicht auch jener Beamten zu gedenken, welche sich dabei in hervorragendem Maße, ja vielfach mit geradezu staunenswerter Beharrlichkeit in der Verfolgung der als richtig anerkannten Ziele, beteiligt haben.

Vor allem ist hier Josef Franz Stanislaus Graf v. Herbersteiner-Moltke zu erwähnen, geboren 1757, gestorben am 31. März 1816. Er zeichnete sich schon 1781 durch seine tüchtigen Arbeiten aus, stieg sodann von Stufe zu Stufe hinauf, bis er 1810 Vizepräsident und 1816 kurz vor seinem Tode Präsident der k. k. Hofkammer wurde. Er besaß umfassende Kenntnisse im Fabrikswesen und war mit allen die Staats- und Volkswirtschaft berührenden Fragen aufs Beste vertraut. Die Ausarbeitungen, die er während seiner Tätigkeit als Kommerzreferent lieferte, zeigen ihn als einen Mann, der alle Materien seines Wirkungskreises bis in die kleinsten Einzelheiten souverän beherrschte und überdies die Feder sehr leicht führte, was ihm die zielbewußte Verfolgung seiner Grundsätze ungemein erleichterte. Im Kampfe der Hofstelle um die Befreiung der Industrie von unnötigen Fesseln und überhaupt um Durchsetzung einer liberalen Behandlung der Gewerbeangelegenheiten stand er lange Zeit in der vordersten Reihe. Zurückgezogen von der Gesellschaft, lebte er ganz seinem Berufe und seinen Studien, bis der Tod seiner Tätigkeit ein Ende setzte. Die österreichische Industrie hat vollen Grund, dieses Mannes, der ihre Interessen lange Jahre mit voller Hingebung und nicht ohne Erfolg selbstlos vertrat, ehrerbietig zu gedenken. Kaiser Franz anerkannte sein Wirken nicht nur durch seine Berufung auf eine so hohe Stellung, sondern auch durch die Verleihung des goldenen Zivil-Ehrenkreuzes[1]).

Ein zweiter Mann, dem die österreichische Industrie viel verdankt, ist *Philipp Ritter v. Stahl*, geboren 1762 zu Speyer, gestorben am 26. Jänner 1831 in Wien. Nicht so sehr seine Tätigkeit im politisch-administrativen Dienste ist es, die ihm Gelegenheit bot, sich auszuzeichnen, sondern seine Ernennung zum Präsidenten der Kommerzhofkommission, welche Stelle er bis zur Aufhebung der Kommission im Jahre 1824 bekleidete, um dann zum Kanzler der vereinigten Hofkanzlei ernannt zu werden. Die Tätigkeit der Kommerzhofkommission, deren Bedeutung für Industrie und Industriepolitik oben gewürdigt wurde, bietet ein klares Bild der Intentionen ihres Präsidenten Ritter v. Stahl und ihres Referenten Anton v. Krauß. Ganz im Sinne der schon von Herberstein-Moltke verfolgten Ziele war auch Stahl unaufhörlich bemüht, den Weg des Fortschrittes für die Industrie immer gangbarer zu machen, der Industrieförderung neue Bahnen zu weisen, Härten zu mildern, Angriffe abzuwehren. Wenn es ihm ebenso wie seinem ebenbürtigen Mitarbeiter auch nicht immer gelang, seine Ideen durchzusetzen, so kann dadurch sein Verdienst eher erhöht, denn geschmälert werden[2]).

Die hervorragendsten Verdienste um Österreichs Gewerbe und Industrie hat sich jedoch *Anton Ritter v. Krauß-Elislago*[3]) erworben, der, ganz von den Ideen des wirtschaftlichen Liberalismus beseelt, länger als ein Menschenalter hindurch der österreichischen Industriepolitik den Stempel seiner Persönlichkeit aufgedrückt hat und sich auch mit Erfolg schriftstellerisch betätigte. Geboren in Wien am 9. Oktober 1777 als Sohn eines Hofrats beim Hofkriegsrate, kam er, nachdem er seit 1796 in verschiedenen Staatsanstellungen, vor allem als Legationssekretär bei der kaiserlichen Gesandtschaft am dänischen Hofe, beschäftigt gewesen war, im Jahre 1806 zur k. k. Hofkammer, wo er mehrere Jahre das Kommerzreferat führte. Im Jahre 1812 wurde er Regierungsrat bei der niederösterreichischen Landesregierung, um sodann bei der Errichtung der Kommerzhofkommission die Stelle des Referenten bei derselben zu erhalten, die er bis zur Aufhebung der Kommission im Jahre 1824 bekleidete. In diesem Jahre wurde er zum wirklichen Hofrate bei der allgemeinen Hofkammer ernannt, welche Stelle er erst am 29. Mai 1849 verließ, um nach 52 jähriger Dienstleistung in den Ruhestand zu treten. Im Jahre 1831 wurde er zum Beisitzer der Hofkommission in Justizgesetzsachen, 1843 zum Beisitzer der Hofkammer in Münz- und Bergwesen ernannt. In den Jahren 1835 und 1839 leitete er die Arbeiten zu den Wiener Gewerbeausstellungen und 1845 war er Stellvertreter des Hofkammerpräsidenten Freiherrn v. Kübeck im Vorsitz der zur Leitung der in diesem Jahre stattgefundenen Wiener Gewerbeausstellung bestimmten Hofkommission.

Es würde viel zu weit führen, wollte man seine umfassende Tätigkeit bei der Hofkammer und der Kommerzhofkommission hier eingehend würdigen.

(Marginalien: Philipp Ritter von Stahl. — Anton Ritter von Krauß-Elislago.)

---

[1]) Eine kurze Würdigung seiner Persönlichkeit siehe in Wurzbachs Biogr. Lex. d. Kaisert. Österreich. — [2]) Eine kurze Darstellung seines Lebensganges bei Wurzbach, a. a. O. — [3]) Vor 1845 Anton Edler von Krauß.

Vielfach ist dies bei den obigen Ausführungen schon geschehen, allerdings nicht
in erschöpfender Weise, da er außerdem bei der Lösung aller der zahlreichen
anderen Probleme, welche die Kommerzbehörden jener Zeit beschäftigten,
in den obigen Ausführungen aber nicht berücksichtigt wurden, den intensivsten,
meist sogar einen führenden Anteil nahm. Sein Geist beherrschte fast den ganzen
in den obigen Ausführungen berücksichtigten Zeitraum der österreichischen
Industriepolitik. Über 30 Jahre seines öffentlichen Wirkens sind, um seine
eigenen Worte zu gebrauchen, ,,in fortwährenden Kämpfen mit dem Zunft- und
Monopolgeiste der Handels- und Gewerbekorporationen verstrichen, welche
keine Mittel und Wege unversucht ließen, um dem in der Richtung der allmählichen Befreiung des Handels und der Industrie von verderblichen Hemmungen
ihrer gedeihlichen Entwicklung fortschreitenden Geiste der Gesetzgebung
Hindernisse aller Art in den Weg zu legen und veraltete Vorurteile geltend zu
machen''[1]. Auf dem Gebiete der Handelspolitik trat er für einen Übergang
von der Prohibition zu einer vernünftigen Schutzzollpolitik ein[2].

Von den Männern, deren Wirkungskreis lokal beschränkt, aber dennoch
nicht unbedeutend war, wären ehrenvoll zu erwähnen Josef Schreyer
und Stephan v. Keeß. Der erstere war zu Ende des 18. und zu Anfang des
19. Jahrhunderts Fabrikeninspektor in Böhmen, in welcher Eigenschaft er
stets energisch für die Interessen der Industrie eintrat, wobei ihm seine genauen
Kenntnisse auf diesem Gebiete zustatten kamen. Auch erwarb er sich durch
seine literarische Tätigkeit nicht zu unterschätzende Verdienste, da seine Werke
zu den besten Beiträgen zur Geschichte der damaligen Industrie Böhmens
gehören. Stephan v. Keeß, ein Mann von großem technischen Wissen, der
alle Zweige der Industrie bis in die kleinsten Details in staunenswerter Weise
beherrschte und selbst durch zahlreiche Erfindungen und Verbesserungen
sich auszeichnete, leistete während seiner Tätigkeit bei der niederösterreichischen Fabrikeninspektion den Kommerzbehörden durch seine musterhaften
Gutachten in Fabriks- und Privilegienangelegenheiten unschätzbare Dienste.
Seine Werke über die damalige industrielle Entwicklung Österreichs bekunden
umfassende technologische Kenntnisse und sind für den Forscher, der das
Entstehen der Industrie von der technischen Seite verfolgen will, unentbehrlich[3].

Der Nutzen, welcher der österreichischen Industrie durch die Tätigkeit
dieser Männer zuteil wurde, ist, wenn er sich auch quantitativ nicht bestimmen
läßt, doch zweifellos ein außerordentlicher. Das Andenken dieser Beamten
soll daher in industriellen Kreisen hochgehalten werden. Wenn die österreichischen Industriellen einem Beamten für seine Verdienste ein Denkmal
errichten wollten, von jenen, die in der ersten Hälfte des 19. Jahrhunderts
gewirkt haben, wäre Anton Ritter von Krauß-Elislago dazu zweifellos der
würdigste.

---

[1] Autobiographie, S. 223. — [2] Vgl. darüber sein Werk: Entwurf eines neuen österreichischen Zolltarifs auf Grundlage eines zeit- und zweckgemäßen Übergangs von dem als
nicht länger haltbar anerkannten Systeme der Handelsverbote zu dem System eines kräftigen
Schutzes der inländischen Industrie, Wien, 1842, Staatsdruckerei. — [3] Eine kurze Biographie
von Keeß bei Wurzbach, a. a. O.

Anhang.

I. Verzeichnis der benützten Werke[1]).

André C. C., Neueste geogr.-stat. Beschreibung des Kaiserthumes Österreich, Weimar 1813, in: Neueste Länder- und Völkerkunde, Bd. XV.

Auspitzer Emil, siehe Jahre, Fünfzig.

Balling Carl J. N., Die Eisenerzeugung in Böhmen, geschichtlich, statistisch usw. dargestellt usw. Prag 1849.

Barth von Barthenheim, J. L., Graf von, Allgemeine österr. Gewerbs- und Handelsgesetz- kunde, 7 Bde. Wien 1819/20.

Beer A., Die österr. Handelspolitik unter Maria Theresia und Josef II., Archiv f. österr. Gesch., Bd. 86.

— A., Die Zollpolitik und die Schaffung eines einheitlichen Zollgebietes unter Maria Theresia. Mitt. d. Inst. f. österr. Geschichtsforschung, XIV.

Beidtel Ignaz, Geschichte der österr. Staatsverwaltung 1740—1848. Herausg. v. A. Huber, 2 Bde. Innsbruck 1896.

Beiträge zur Geschichte der Gewerbe und Erfindungen in Oesterreich von der Mitte des 18. Jahrh. bis zur Gegenwart. Redigiert von W. F. Exner, 2 Bde. Wien 1873.

Beitrag, Kurzer, zur Geschichte der patriotisch-ökonomischen Gesellschaft im Königreiche Böhmen. Prag 1862.

Bericht der Beurteilungskommission über die im Jahre 1829 unter der Leitung des böhmischen k. k. Landesguberniums stattgefundene öffentliche Ausstellung der Industrieerzeugnisse Böhmens. Prag 1831.

— der Beurteilungskommission über die Ausstellung der Industrieerzeugnisse Böhmens vom Jahre 1831. Prag 1833.

— der Beurteilungskommission über die im Jahre 1836 stattgefundene .... Ausstellung der böhmischen Gewerbsprodukte usw. Prag 1837.

— über die erste allgemeine österreichische Gewerbsproduktenausstellung im Jahre 1835. Wien 1836.

— über die zweite allgemeine österreichische Gewerbsproduktenausstellung im Jahre 1839. Wien 1840.

— über die dritte allgemeine österreichische Gewerbeausstellung in Wien 1845, Wien 1846.

— über sämtliche Erzeugnisse, welche für die erste, zu Klagenfurt im Jahre 1838 veranstaltete ..... Industrieausstellung ..... eingeschickt worden sind. Gratz 1839.

— über sämtliche Erzeugnisse, welche für die zweite, zu Graz im Jahre 1841 veranstaltete ..... Industrieausstellung ..... eingeschickt worden sind. Gräz 1843.

— über sämtliche Erzeugnisse, welche für die dritte, zu Laibach im Jahre 1844 veranstaltete ..... Industrieausstellung ..... eingeschickt worden sind. Graz 1845.

— über die erste ungarische Gewerbeausstellung im Jahre 1842 von L. Kossuth. Pest 1843.

Bidermann Herm. Ign., Die technische Bildung im Kaiserthume Österreich. Wien 1854.

Blätter, Vaterländische, für den österreichischen Kaiserstaat, Jahrg. 1811, 1812, 1814.

---

[1]) Werke, denen nur unbedeutende Details entnommen wurden oder auf die nur hingewiesen wurde, ohne ihren Inhalt näher zu berücksichtigen, sind hier nicht angeführt, sondern nur an der betreffenden Stelle dieses Buches.

Blumenbach W. C. W., Neueste Landeskunde von Österreich unter der Enns, II. Aufl., 2 Bde. Güns 1834/35.

Bujatti Franz, sen., Die Geschichte der Seidenindustrie Österreichs in: Monographien des Museums f. Gesch. der österr. Arbeit, Heft IV.

Commerzialschema der k. k. Residenzstadt Wien nebst Beschreibung aller Merkwürdigkeiten derselben, insbesondere . . . . . . Fabriken, Kommerzialprofessionisten, des Handelsstandes usw. (von Ch. Löper). Wien 1780.

Cronbach Else, Die österr. Spitzenindustrie. In: Wiener staatswissensch. Studien von Bernatzik u. Philippovich, VII (1908).

Darstellung, Kurze, des gesamten österr. Eisenhandels im südl. Rußland und zu Triest. Graz 1838.

Debrois Johann, Aktenmäßige Krönungsgeschichte des Königs von Böhmen, Leopold II. Prag 1792.

De Luca Ignaz, Geographisches Handbuch von dem österreichischen Staate, 6 Bde. Wien 1790 ff.

Demian J. A., Darstellung der österr. Monarchie nach den neuesten statistischen Beziehungen, 6 Bde. 1804.

— J. A., Abhandlung über die chemischen Fabriken in Österreich unter der Enns, in Archiv f. Geogr. u. Statistik, herausg. von Freih. v. Liechtenstern, 1803.

— J. A., Die Seidenmanufakturen in Österreich unter der Enns. In: Archiv f. Geogr. u. Statistik, herausg. von Freih. von Liechtenstern, 1804.

Denkbuch über die Anwesenheit Ihrer k. k. Majestäten Franz I. und Caroline Auguste in Böhmen im Jahre 1833. Prag 1836.

Deutsch Helene, Die Entwicklung der Seidenindustrie in Österreich 1660—1840 in Studien zur Sozial-, Wirtschafts- u. Verwaltungsgesch., herausg. v. Karl Grünberg, Heft III. Wien 1909.

Diviš Joh. V., Beiträge zur Geschichte der Zuckerindustrie in Böhmen, Zweite Epoche 1830 bis 1860. Kolin 1891.

Elvert Christian, Ritter D', Zur Kulturgeschichte Mährens und Öst.-Schlesiens in Schriften der hist.-stat. Sektion der k. k. mähr.-schles. Gesellschaft zur Beförderung des Ackerbaues, der Natur- und Landeskunde, Bd. 15, 18 u. 19. Brünn 1866, 1868, 1870.

Erdbeschreibung, Allgemeine merkantilische, auch Handlungs- und Fabriken-Adreßbuch von Böhmen und Mähren, Ronneburg und Leipzig 1802. (Das Gewerbfleißige Deutschland, Bd. IV.)

Exner W. F., Das k. k. polytechn. Institut in Wien, seine Gründung, seine Entwicklung und sein jetziger Zustand. Wien 1861.

— vgl. auch Beiträge.

Falke Jakob, von, Die k. k. Wiener Porzellanfabrik. Wien 1887.

Ferro Franz, R. v., Die kaiserlich-königliche Innernberger Hauptgewerkschaft bis 1845 in: Die montanistische Lehranstalt zu Vordernberg, Ein Jahrbuch, Jahrgang 1843—1846.

Festschrift der Handels- und Gewerbekammer in Brünn. Brünn 1909.

— zur Jahrhundertfeier des Joanneums. Graz 1911.

Folnesics J. u. Braun E. W., Geschichte der k. k. Wiener Porzellanmanufaktur. Wien 1907.

Frankenstein Karl von, Allgem. histor.-statistisch-topographischer Fabriksbilderatlas der österr. Monarchie. Beilage zum innerösterr. Industrie- und Gewerbeblatt. 1842/43 ff.

Friese Franz, Übersicht der österr. Bergwerksproduktion in den Jahren 1823—1854. Wien 1855.

Geschichte der österr. Land- und Forstwirtschaft und ihrer Industrien, 1848—1898, 4 Bde. u. 1 Erg.-Bd. Wien, 1899—1901.

— des Vereins zur Ermunterung des Gewerbsgeistes in Böhmen. Prag 1858.

Göth Georg, Das Joanneum in Gratz. Graz 1861.
— Georg, Vordernberg in der neuesten Zeit. Wien 1839.
— Georg, Das Herzogtum Steiermark, geographisch-statistisch-topographisch dargestellt usw., 3 Bde., 1840/43.

/ Großindustrie Österreichs, Die, 6 Bde. Wien 1898. -
— Österreichs, Die, 3 Bde. Wien 1908.

Grunzel Josef, Die Reichenberger Tuchindustrie in ihrer Entwicklung vom zünftigen Handwerk zur modernen Großindustrie. In: Beiträge zur Gesch. d. deutsch. Ind. in Böhmen, V, 1898.

Haase Theodor, Die Bielitz-Bialaer Schafwollwarenindustrie in ihrer historischen Entwicklung. Teschen 1873.

Hallwich Hermann, Anfänge der Großindustrie in Österreich. Wien 1898.
— Hermann, Firma Franz Leitenberger, 1793—1893 in Beiträge zur Gesch. d. deutsch. Ind. in Böhmen, II. Prag 1893.
— Hermann, Industrie und Handel Böhmens in: Die österr.-ung. Monarchie in Wort und Bild, Bd. Böhmen, II. Wien 1896.
— Hermann, Reichenberg und Umgebung, Reichenberg 1874.

Handels- und Gewerbekammer Wien, Die, 1849—1899. Wien 1899.

Harkup Josef, Beiträge zur Kenntnis der Handels- und Gewerbsverfassung des österr. Kaiserstaates usw. Wien 1829.

Hecht Otto, Die k. k. Spiegelfabrik zu Neuhaus in Niederösterreich, 1701—1844 in: Studien zur Sozial-, Wirtschafts- und Verwaltungsgeschichte, herausg. von Karl Grünberg, Heft IV, 1909.

Hieke W., Literatur zur Gesch. d. Industrie in Böhmen bis zum Jahre 1850 in: Beiträge zur Gesch. d. deutsch. Ind. in Böhmen, Bd. 1, 1893.

Hohler C. Th., Histor.-pol. Erläuterung über Bankanstalten überhaupt und über die österr. Nationalbank insbesondere. Wien 1816.

Hundert Jahre Arbeit, Bericht über die allg. Landesausstellung in Prag 1891 usw., 3 Teile. Prag 1892.

Jahre, Fünfzig, gewerblicher Bestrebungen, Festschrift des niederösterr. Gewerbevereines, verf. von E. Auspitzer. Wien 1890.

Jelinek, siehe Institut.

Institut, Das ständisch-polytechnische, zu Prag. Programm zur fünfzigjährigen Erinnerungsfeier usw., redigiert von K. Jelinek. Prag 1856.

Industrie- u. Gewerbsblatt, Innerösterreichisches, herausg. v. Karl von Frankenstein. Graz 1839—1847.

Justi J. H. G. v., Vollständige Abhandlung von den Manufakturen und Fabriken, II. Ausg., 2 Bde. Berlin 1786.

Katalog der Erzeugnisse Österr. Industrie in der allgem. Gewerbsproduktenausstellung zu Wien im Sept. 1835.
— der Gewerbeausstellung im königl. Zeughause in Berlin 1844.
— der allgem. deutschen Industrieausstellung zu München im Jahre 1854.
— Amtlicher, der Wiener Weltausstellung 1873.

Keeß Stephan, Edler von, Darstellung des Fabriks- und Gewerbswesens im österreichischen Kaiserstaate, 4 Bde. Wien 1819 ff.
— Stephan, Ritter von, und Blumenbach W. C. W., Systematische Darstellung der neuesten Fortschritte in den Gewerben und Manufakturen und des gegenwärtigen Zustandes, 2 Bde. Wien 1829/30.

Klimburg Rud., Freih. von, Die Entwicklung des gewerblichen Unterrichtswesens in Österreich. In: Wiener staatsw. Studien von Bernatzik und Philippovich, Bd. II, Heft 1, 1900.

Knolz Jos. Joh., Darstellung der Verfassung und Einrichtung der Baumwollspinnereifabriken in Niederösterreich. Wien 1843.

Kommerzialschema siehe Commerzialschema.

Kopetz W. Gustav, Allgemeine österreichische Gewerbsgesetzkunde, 2 Bde. Wien 1829.

Krauß Anton, Edler von, Geist der österr. Gesetzgebung zur Aufmunterung der Erfindungen. Wien 1838.

Krauß-Elislago Anton, Ritter von, Autobiographie. Wien 1849.

Kreutzberg, Dr. K. J., Der Verein zur Ermunterung des Gewerbsgeistes in Böhmen, Seine Begründung und Wirksamkeit. Prag 1833.

— Dr. K. J., Skizzierte Übersicht des gegenwärtigen Standes und der Leistungen von Böhmens Gewerbs- und Fabriksindustrie. Prag 1836.

— Dr. K. J., Beiträge zur Würdigung der Industrie und Industriellen Österreichs, 3 Hefte, Prag 1854 ff.

Kropatschek Josef, Österr. Gesetze, welche den Kommerzialgewerben und den Gewerbsleuten insbesondere vorgeschrieben sind. Wien 1804.

Kunstgewerbeblatt 1890 ff.

Kupka P. F., Die Eisenbahnen Österreich-Ungarns 1822—1867. Leipzig 1888.

Kurrer W. H., von, Geschichte der Zeugdruckerei, II. Aufl. Nürnberg 1844.

Langer Eduard, Firma Schrolls Sohn, in Beiträge zur Gesch. d. deutsch. Ind. in Böhmen, Bd. IV. Prag 1895.

Lehranstalt, Die steiermärkisch-ständische montanistische, zu Vordernberg; Ein Jahrbuch usw. Wien 1841 ff.

Migerka Franz, Rückblicke auf die Schafwollwarenindustrie Brünns, 1765—1864. Brünn 1890.

Miklitsch Karl, Die Ledererzunft in Neumarktl, in Laibacher Zeitung 1910, Nr. 224—238.

Mises L. v., Zur Geschichte der österr. Fabrikgesetzgebung in Zeitschrift für Volkswirtschaft, Sozialpolitik und Verwaltung, XIV (1905).

Mitteilungen des mähr. Gewerbemuseums, 1890 ff.

Mitteilungen für Gewerbe und Handel, herausg. vom Verein zur Ermunterung des Gewerbsgeistes in Böhmen, 3 Bde., 1834—1841.

Müllner Alfons, Geschichte des Eisens in Innerösterreich von der Urzeit bis zum Anfang des 19. Jahrhunderts. Erste Abt. Gesch. des Eisens in Krain, Görz und Istrien. Wien und Leipzig 1909.

Neumann K. C., Entwurf einer Geschichte der Zuckerindustrie in Böhmen, Erste Periode 1787—1830. Prag 1891.

Noback Viktor, Über die erste Gewerbeausstellung anno 1791 usw. Prag 1873.

Notizen über Produktion, Kunst, Fabriken und Gewerbe zur Belehrung usw. Wien 1833.

Oberländer, siehe Offermann.

Offermann Joh. Heinr. in Brünn, k. k. priv. Militär- und Feintuchfabrik 1876—1911, verfaßt von A. Oberländer. Brünn 1912.

Orth Louis, von, Über die mechanische Flachsspinnerei usw. Wien 1841.

Pantz A. v., Die innernberger Hauptgewerkschaft 1625—1788. In: Forschungen zur Verf. u. Verw. Gesch. der Steiermark, VI/2, 1906.

— Ignaz, R. v., und Atzl A. Jos., Versuch einer Beschreibung der vorzüglichsten Berg- und Hüttenwerke des Herzogtums Steiermark. Wien 1814.

Pillwein B., Neuester Wegweiser durch Linz usw. Linz 1837.

Pogatschnigg Valentin, Beiträge zur Gesch. der steirischen Glasindustrie in: Berichte der k. k. Gewerbeinspektoren über ihre Amtstätigkeit im Jahre 1893. Wien 1894.

Přibram Karl, Geschichte der österr. Gewerbepolitik von 1740 bis 1860, I. Bd, 1740—1798. Leipzig 1907.

Prochaska A., Die Firma Joh. Dav. Starck usw. Pilsen 1873.

Protokoll der I., II. u. III. allgem. Versammlung des Vereines zur Beförderung der Industrie und Gewerbe in Innerösterreich, 1838, 1839 und 1840. Graz.

Reden, Freih. v., Denkschrift über die österr. Gewerbeausstellung in Wien 1845. Berlin 1846.

Redl Anton, Handlungs-, Gremien- und Fabriken-Adressenbuch des österr. Kaiserthums, benützt Jahrg. 1818 und 1831.

Reschauer H., Geschichte des Kampfes der Handwerkerzünfte und der Kaufmannsgremien mit der österr. Bureaukratie vom Ende des 18. Jahrh. bis 1860. Wien 1882.

Revue österr. Zustände, 3 Bde. Leipzig 1842—1845.

Riegger Joseph, von, Archiv der Geschichte und Statistik insbesondere von Böhmen. Dresden 1792.

— Joseph, von, Materialien zur alten und neuen Statistik von Böhmen, 4 Bde. Prag u. Leipzig 1787—1793.

Salz Arthur, Geschichte der böhmischen Industrie in der Neuzeit. München und Leipzig 1913.

Schebek Edmund, Böhmens Glasindustrie und Glashandel. Quellen zu ihrer Geschichte. Prag 1878.

Schiff Walter, Die ältere Gewerbestatistik in Österreich usw. in Stat. Monatschr., N. F. XII, 1907.

Schirek Karl, mehrere Aufsätze über die mährischen Steingutfabriken in Mitt. des mährischen Gewerbemuseums in Brünn 1891 ff.

— Karl, Mährens Glasindustrie in Mitt. des mähr. Gewerbemuseums in Brünn 1891 ff.

Schmidt von Bergenhold J. F., Übersichtliche Geschichte des Bergbau- und Hüttenwesens im Königreich Böhmen usw. Prag 1880.

Schram Wilhelm, Ein Buch für jeden Brünner, Bd. III. Brünn 1903.

— Wilhelm, Vaterländische Denkwürdigkeiten, Bd. II. Brünn 1907.

Schreyer Josef, Kommerz, Fabriken und Manufakturen des Königreiches Böhmen, 2 Bde. Prag u. Leipzig 1790.

— Josef, Über Kommerz, Fabriken und Manufakturen im Königreiche Böhmen in Briefen. Prag u. Leipzig 1793/94.

— Josef, Warenkabinett oder Niederlage der in Böhmen erzeugten Warenartikel und Naturprodukte usw. Prag u. Leipzig 1799.

Sobitschka J. R., Entstehung und Gebrauch des Handschuhes. Prag 1891.

Srbik H. R. v., Die kaiserliche Spiegelfabrik zu Neuhaus 1701—1725. Mitt. des Inst. f. österr. Geschichtsforsch. 1911.

— H. R. v., Der staatliche Exporthandel Österreichs von Leopold I. bis Maria Theresia. Wien u. Leipzig 1907.

Stamm Ferdinand, Die Thonwaarenindustrie Böhmens. Prag 1883.

Stiassny Paul, Der österr. Staatsbankerott von 1811. Wien und Leipzig 1912.

Tafeln zur Statistik der österr. Monarchie 1828 ff.

Töpfer A., Betrachtungen über die Frage: Sind die . . . . Fabriken dem Vaterlande nützlich? Wien 1817.

Verfassung des k. k. polytechnischen Instituts in Wien. Wien 1818.

Verzeichniß der im Monate August 1828 im k. k. priv. Redoutengebäude in Prag . . . ausgestellten . . . Gewerbsprodukte und Namen der Produzenten.

— der mähr.-schles. Gewerbserzeugnisse, welche zu der 1836 veranstalteten Gewerbsproduktenausstellung eingesendet wurden. Brünn 1836.

Verzeichnis der im Monate Mai 1839 in Wien öffentlich ausgestellten Gewerbserzeugnisse
der österr. Monarchie.

— der für ausgezeichnete industrielle Leistungen bei der Gewerbeausstellung vom Jahre 1845
zuerkannten Preismedaillen usw. Wien 1845.

Verzeichniß der im Jahre 1845 in Wien öffentlich ausgestellten Gewerbserzeugnisse der
österreichischen Monarchie, 3 Hefte. Wien 1845.

— der in den Mandatariats-Bibliotheken des Vereins zur Beförderung und Unterstützung der
Industrie und Gewerbe in Innerösterreich usw. aufgestellten technologischen Bücher.
Linz 1843/47.

Verzeichnis der k. k. privilegierten, bürgerlichen und befugten Herren Seidenzeug-, Sammt-
und Dünntuchfabrikanten in Wien, 1826.

Verzeichniß der zu der . . . . vierten Gewerbeproduktenausstellung zu Linz im September
1847 eingesendeten Ausstellungsgegenstände. Linz 1847.

Weber Ottokar, Die Entstehung der Porcellan- und Steingutindustrie in Böhmen in: Beiträge
zur Gesch. der deutsch. Ind. in Böhmen, III. Prag 1894.

Wildner Ignaz, Das österreichische Fabrikenrecht. Wien 1838.

Zeitschrift, Encyklopädische, des Gewerbewesens. Prag 1838—1844.

II. Alphabetisches Sach- und Namenregister.

B. = Baumwolle, *Bi.* = Bier, *C.* = chemische Industrie, *E.* = Eisen, *F.* = Fez, *G.* = Glas,
Gr. = Graphit, *H.* = Holz, *Hd.* = Handschuhe, *Hu.* = Hüte, *I.* = Instrumente, *K.* = Kerzen,
L. = Leinen, *La.* = Lampen, *Ld.* = Leder, *M.* = Metalle, *Ma.* = Maschinen, *P.* = Papier,
Po. = Porzellan oder Steingut, *Rh.* = Roßhaar, *S.* = Schafwolle, *Sd.* = Seide, *Sf.* = Seife,
Sp. = Spitzen, *St.* = Strohwaren, *T.* = Ton, *U.* = Uhren, *Wl.* = Wachsleinwand, *Z.* = Zucker,
Zü. = Zündwaren.

Abele, *G.* 524, 530, 531.
Achard, *Z.* 578, 580.
Achenrain, *M.* 506 f.
Acsa, *Z.* 580.
Adam, *C.* 564, 565 f.
— *Z.* 579.
Adámovics v., *Z.* 609.
Adamstal, *E.* 460 f., 462 f.
Adelmann, *Ma.* 614, 621.
Adelsberg, *S.* 356, *M.* 510.
Adelsstand siehe Auszeich-
    nungen.
Adersbach, *L.* 376.
Admont, *E.* 469, 491.
Adolphhütte, *G.* 524, 527,
    537.
Adolphstal, *E.* 451, 453, 457.
Aebly, *B.* 312.
Aichen v., Hofrat 36.
Aichinger, *Ma.* 366.
— *P.* 435.
Aigen, *B.* 313.
Aigner, *B.* 286.
Aiguebelle, Frh. v., *C.* 557.
Akademie d. bild. Künste
    161.
Aktienrecht 79 f.
Ala, *Sd.* 390, 402.
Alberti, *G.* 525.
Alexowitz, *P.* 431 f.

Algersdorf, *B.* 298.
Almásy, Graf, *Z.* 609.
Aloistal, *E.* 462 f.
Altadonna, *Sd.* 401.
Altbenediktental, *G.* 537.
Altdorf, *E.* 466.
Alt-Ehrenberg, *B.* 298.
Altenberg, *P.* 426, 431 f.
Altenburg, *P.* 431.
Altfranzenstal, *B.* 298. .
Althabendorf, *S.* 342, *L.* 364,
    372.
Althammer, *E.* 477.
Althann, Graf v., 36.
Althart, *B.* 307, 308, 309,
    G. 533.
Altharzdorf, *Ma.* 614 f.
Althütten, *E.* 449, 451, 455,
    456, 457, 458, *G.* 525, 533,
    Ma. 621.
Altlechner, *Sd.* 398.
Alt-Rohlau, *Po.* 549, 551 f.
Altsattel, *C.* 560 f.
Altstadt, *P.* 431.
Altwarnsdorf, *B.* 298, 300,
    303.
Amon, *Sd.* 398.
Amonsgrün, *G.* 525.
Amschelberg, *Ld.* 416.
Amsler, *B.* 307.

Amstötter, *T.* 544.
Andel, *G.* 539.
Andersch, *B.* 305.
Andre & Bräunlich, *Sd.* 387,
    389, 392, 399, 401.
Andree, *G.* 538.
Angerstein, *Ld.* 415.
Ankemius, *B.* 283, 286 f.
Anstoß, *Z.* 576.
Anton, Erzherzog, 241.
Antonienwald, *G.* 528.
Antoniwald, *G.* 523, 529.
Apollo, *K.* 571 f.
Appel, *Ld.* 413.
Apponyi, Graf, *Z.* 602.
Ärarialfabriken, *Sp.* 362 ff.,
    Po. 540 ff., *S.* 353,
    C. 564 f., *G.* 533 f., 538,
    M. 506 f.
Ärarialleinwandeinkaufs-
    anstalt 368 f.
Ärarialvorschüsse 363, 443 f.
Arbeiterschutz und Arbeiter-
    fürsorge 8, 102, 103,
    120 ff., 297 Anm., 332,
    343, 373, 513, 528, 530.
Arbeitsvertrag 60.
Arco, Graf, *Z.* 603, 608.
Arlt, *M.* 504.
Armbruster, *Ma.* 619.

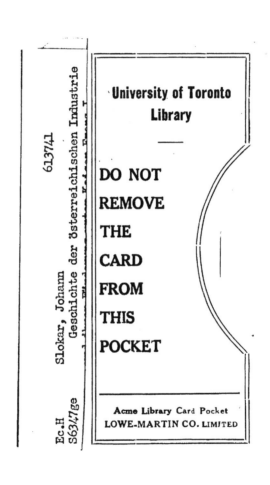

CPSIA information can be obtained
at www.ICGtesting.com
Printed in the USA
BVHW04*1722060818
523683BV00018B/1376/P